CATALOGUE GÉNÉRAL

DES

MANUSCRITS

DES BIBLIOTHÈQUES PUBLIQUES

DES DÉPARTEMENTS

PUBLIÉ SOUS LES AUSPICES DU MINISTRE DE L'INSTRUCTION PUBLIQUE

TOME PREMIER

PARIS

IMPRIMERIE NATIONALE

M DCCC XLIX

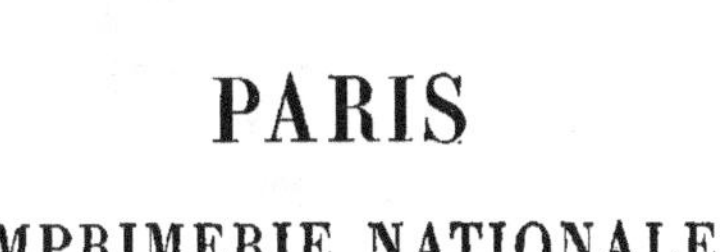

Le 3 août 1841, une ordonnance royale, rendue sur le rapport, en date du même jour, de M. Villemain, ministre de l'instruction publique, prescrivit la rédaction et la publication d'un Catalogue général des manuscrits contenus dans les bibliothèques publiques des départements.

M. Villemain disait, dans son rapport au roi :

Sire,

Les bibliothèques publiques de beaucoup de villes des départements, formées ou augmentées à l'époque de la dispersion d'anciens dépôts, renferment un grand nombre de manuscrits, les uns encore ignorés, les autres imparfaitement connus. Un décret du 20 février 1809 a réglé ce qui peut concerner la publication de ces manuscrits, mais aucune mesure générale n'a été prise pour en constater l'existence et en assurer la conservation. Sur beaucoup de points de la France, les autorités locales se sont occupées de faire rédiger les catalogues des bibliothèques dont la surveillance leur est confiée; mais la plupart de ces catalogues, exacts quant aux livres, sont tout à fait insuffisants quant aux manuscrits; et très-peu ont été publiés. Il a paru, en outre, en France et à l'étranger, quelques travaux particuliers ayant pour objet d'appeler l'attention sur nos collections manuscrites. Ces premiers essais, soit par les indications utiles qui s'y trouvent, soit par les inexactitudes qu'il n'était guère possible d'y éviter, font d'autant mieux sentir de quel prix serait pour la science un corps de renseignements du même ordre, mais complets et authentiques.

A cet égard, Sire, les inspections récemment prescrites dans les bibliothèques de plusieurs villes des départements ont amené déjà d'utiles résultats; mais ce qui seul permettrait d'arriver tout à la fois à la connaissance facile des manuscrits dont l'existence est constatée, et à la découverte de documents précieux, anciennement cités, et qui, jusqu'ici, n'ont pu être retrouvés dans les dépôts des villes, où il est probable qu'ils existent encore, ce serait la rédaction, sur un plan uniforme, d'un Catalogue général renfermant le détail sommaire et précis de tous les manuscrits des bibliothèques communales, avec des extraits de ceux qui présenteraient le plus d'intérêt. On s'aiderait utilement, pour la prompte exécution de ce projet, de quelques notices déjà préparées, de renseignements qui seraient envoyés des lieux mêmes par un grand nombre d'hommes instruits et zélés, enfin de quelques explorations spéciales, qui pourraient être confiées à des élèves de l'école des chartes, comme on l'a déjà pratiqué dans quelques-uns de nos dépôts les plus considérables, sur la demande et avec les subventions particulières des villes.

La publication d'un pareil travail, exécuté avec le concours et l'appui des communes, qui conserveraient tous leurs droits sur les manuscrits que possèdent actuellement leurs bibliothèques, ajouterait au prix de ces collections, soit en assurant leur durée et en les faisant mieux connaître, soit en permettant quelquefois de les compléter par la réunion des parties dispersées d'un même ouvrage ou d'un même recueil. On comprend de quel secours seraient, pour ce dernier résultat, les indications d'un catalogue général.

La modique allocation portée au budget du ministère de l'instruction publique pour le service général des bibliothèques, et, au besoin, un prélèvement sur les fonds des souscriptions, suffiront pour assurer la publication de ce catalogue, et permettront de la terminer en peu d'années.

Tel est, Sire, l'objet de l'ordonnance que j'ai l'honneur de soumettre à l'approbation de Votre Majesté. Les dispositions qu'elle contient ne s'appliqueront qu'aux bibliothèques des départements autres que le département de la Seine, celles de Paris étant placées dans des conditions qui rendent une semblable mesure moins nécessaire pour elles.

La publication d'un travail ainsi conçu vous paraîtra, Sire, une entreprise utile et toute française, digne d'être spécialement autorisée par vous. Elle doit garantir, concentrer, mettre en lumière une foule de matériaux dispersés sur tous les points de la France, et qui intéressent notre histoire politique et littéraire. Elle doit rendre la science plus facile aux érudits de toutes nations qui ont besoin d'explorer nos dépôts. Enfin, Sire, en formant l'indispensable complément de la *Collection des documents inédits sur l'histoire de France*, elle suscitera de nouvelles recherches, elle donnera naissance à de nouvelles publications; et il est permis d'espérer qu'elle surpassera en importance, comme en étendue, les recueils du même genre publiés dans des contrées voisines, et qui sont consultés par toute l'Europe savante.

L'ordonnance royale était ainsi conçue :

ARTICLE PREMIER.

Il sera dressé et publié un Catalogue général et détaillé de tous les manuscrits, en langues anciennes ou modernes, actuellement existants dans les bibliothèques publiques des départements.

ART. 2.

Chacun desdits manuscrits, de quelque dépôt antérieur qu'il provienne, sera, après les communications nécessaires, laissé ou immédiatement rétabli dans celle des bibliothèques publiques dont il fait maintenant partie, sauf le cas où la translation dans une autre bibliothèque en serait faite par voie d'échange ou autrement, après délibérations des autorités locales, régulièrement approuvées par notre ministre de l'instruction publique.

ART. 3.

Les frais de publication dudit Catalogue seront annuellement prélevés sur les fonds portés au budget du ministère de l'instruction publique pour le service général des bibliothèques, et, au besoin, sur le fonds du même budget affecté aux souscriptions.

ART. 4.

Notre ministre secrétaire d'état au département de l'instruction publique est chargé de l'exécution de la présente ordonnance.

Fait au château de Saint-Cloud, le 3 août 1841.

LOUIS-PHILIPPE.

Par le roi :

Le ministre secrétaire d'état au département de l'instruction publique,

VILLEMAIN.

Le 2 septembre de la même année, les deux arrêtés ci-après du ministre de l'instruction publique instituèrent une commission permanente, chargée de diriger l'entreprise du Catalogue général des manuscrits des départements, et déterminèrent la composition de cette commission :

Le ministre secrétaire d'état au département de l'instruction publique, grand maître de l'Université de France,

Vu l'ordonnance royale du 3 août 1841, concernant la publication d'un Catalogue général des manuscrits des bibliothèques communales des départements,

Arrête ce qui suit :

ARTICLE PREMIER.

Il est établi près du ministère de l'instruction publique une commission de cinq membres, chargée d'assurer les travaux relatifs à la confection du Catalogue général des manuscrits existants dans les bibliothèques des villes des départements.

L'inspecteur général des bibliothèques de France aura droit d'assister aux séances de cette commission.

Art. 2.

Ladite commission examinera les mentions et notices de manuscrits qui seront adressées au ministre de l'instruction publique.

Elle indiquera ceux des ouvrages pour lesquels il y aura lieu de demander soit un supplément de description, soit la communication même du manuscrit.

Art. 3.

Le président de la commission rendra compte, par un rapport trimestriel, de l'état du travail. Il mentionnera les personnes qui auront contribué à seconder la rédaction du Catalogue général et auxquelles il pourra être accordé un exemplaire imprimé de ce Catalogue.

Art. 4.

Le secrétaire de la commission sera spécialement chargé de surveiller la publication des parties successives du Catalogue.

Fait à Paris, le 2 septembre 1841.

Signé Villemain.

Le ministre secrétaire d'état au département de l'instruction publique, grand maître de l'Université de France,

Arrête :

Article premier.

Sont nommés membres de la commission chargée, par arrêté de ce jour, d'assurer les travaux relatifs à la confection du Catalogue général des manuscrits existants dans les bibliothèques des villes des départements :

MM. Le Clerc, membre de l'Institut, président de la commission;
Hase, membre de l'Institut,
Reinaud, membre de l'Institut,
Libri, membre de l'Institut,
Danton, chef du secrétariat au ministère de l'instruction publique.

ART. 2.

M. Libri remplira les fonctions de secrétaire de la commission.

Fait à Paris, le 2 septembre 1841.

Signé VILLEMAIN.

La commission arrêta le plan sur lequel la description des manuscrits devrait être faite : plusieurs catalogues furent aussitôt entrepris sur ce plan. Ceux des collections d'Autun, de Laon, de Montpellier et d'Albi, qui renferment beaucoup de manuscrits précieux par leur antiquité, furent désignés pour composer, dans ce même ordre, le premier volume du Catalogue général. On décida, en outre, qu'un appendice, placé à la fin du volume, présenterait quelques-unes des pièces inédites les plus importantes.

L'impression des catalogues d'Autun et de Laon fut terminée en 1846.

Dans la même année, M. Libri se démit des fonctions de membre et de secrétaire de la commission, et cessa entièrement de participer à ses travaux. M. Félix Ravaisson, inspecteur général des bibliothèques, reçut la mission de reviser les catalogues demeurés imparfaits, et fut chargé dès lors de la surveillance de l'impression.

Le volume que nous publions aujourd'hui comprend donc : le catalogue des manuscrits de Laon, rédigé par M. Félix Ravaisson; celui des manuscrits des deux bibliothèques de la ville et de la faculté de médecine de Montpellier, rédigé par M. Libri, avec le concours des conservateurs de ces bibliothèques, MM. Blanc et Kühnholtz; celui des manuscrits d'Albi, rédigé par M. Libri, et revu par M. Félix Ravaisson, ainsi que les deux précédents; enfin un appendice, composé d'ouvrages ou morceaux inédits tirés de divers manuscrits de la bibliothèque de la ville de Laon et de celle de la faculté de médecine de Montpellier. Les notices des manuscrits grecs qui se trouvent dans la bibliothèque de la faculté de médecine de Montpellier sont entièrement dues à M. Hase; les notices et traductions des manuscrits orientaux de la même bibliothèque, à M. Reinaud; le commentaire du manuscrit latin coté 463, de la bibliothèque de Laon, à M. Victor Le Clerc, qui a aussi fourni, pour les différents catalogues dont ce premier volume est formé, de nombreuses rectifications ou additions.

Les tables qui terminent le volume ont été faites par M. Taranne, l'un des secrétaires des comités historiques près le ministère de l'instruction publique.

CATALOGUE
DES MANUSCRITS
DE
LA BIBLIOTHÈQUE
DU SÉMINAIRE D'AUTUN

EXTRAIT DU Ier VOLUME

DU CATALOGUE GÉNÉRAL DES MANUSCRITS

DES BIBLIOTHÈQUES DES VILLES DE FRANCE.

MANUSCRITS

DE

LA BIBLIOTHÈQUE

DU SÉMINAIRE D'AUTUN.

AVERTISSEMENT.

Déjà célèbre du temps des Romains par ses écoles si florissantes et si souvent citées; se relevant une des premières après les invasions des barbares dans les Gaules; riche de ses souvenirs et des restes précieux de l'antiquité, la capitale des Éduens a semblé devoir figurer à la tête d'un recueil dans lequel, à défaut d'une classification qui aurait entraîné de trop longs retards, l'ancienneté des manuscrits devenait naturellement un motif de préférence. Les volumes dont on va lire la description ont appartenu presque tous aux différents établissements ecclésiastiques de la ville d'Autun, et surtout à la bibliothèque du chapitre. Ils devinrent propriété nationale, vers la fin du siècle dernier, et le gouvernement les a laissés en dépôt au séminaire d'Autun, où, grâce à la parfaite obligeance des supérieurs de cet établissement, nous avons pu les examiner à loisir [1].

C'est de la bibliothèque de la cathédrale que proviennent les plus anciens de ces manuscrits. Ils y avaient été déposés par plusieurs évêques d'Autun, au premier rang desquels il faut placer Walterius, qui florissait vers la fin du xe siècle, et dont le nom se lit encore sur quelques volumes. Walterius doit être considéré comme le véritable fondateur de la bibliothèque du chapitre. Un manuscrit [2] contemporain donne la liste, fort incomplète à la vérité, des ouvrages que cet ami zélé des lettres avait, suivant la formule alors en usage, offerts à saint Nazaire, patron de l'ancienne cathédrale.

[1] Il y a aussi une bibliothèque publique à Autun; mais, dans cette bibliothèque où l'on a dit autrefois qu'il existait plusieurs manuscrits sur vélin, nous n'avons trouvé actuellement que deux recueils sur papier, tous les deux du xviiie siècle, et qui n'ont aucune importance. Le premier porte le n° 215; il contient un Choix de poésies françaises, en six vol. in-4°; le second est une Correspondance politique d'Utrecht, etc. de 1713 à 1715, en un volume in-folio.

[2] C'est le n° 22 du catalogue placé à la suite de cet Avertissement.

Enrichie successivement par le cardinal Rolin, par Jacques Hurault, qui fut, au commencement du XVIe siècle, ambassadeur du roi de France auprès de la république de Florence, et par d'autres évêques, cette collection s'accrut encore par le legs que, peu de temps après, lui fit de ses livres le chanoine Guillaud. Hurault la transféra de la basilique de Saint-Nazaire à l'église de Saint-Lazare, nouvelle cathédrale, et c'est là que plus tard elle attira l'attention de dom Martène, qui l'examina avec soin et qui, dans sa relation du Voyage littéraire de deux religieux Bénédictins, déclara qu'il y avait dans cette bibliothèque des manuscrits aussi anciens qu'en aucune autre cathédrale de France. Elle arriva presque intacte jusqu'à la révolution; et, malgré les dangers qu'elle dut courir à cette époque de bouleversement, ce n'est pas alors qu'elle a éprouvé les pertes les plus considérables. C'est seulement dans les premières années de la Restauration que deux livres d'un prix inestimable, un Horace et un Virgile très-anciens, qui faisaient partie de la bibliothèque du séminaire d'Autun, et qui brillaient parmi les manuscrits les plus précieux qu'il y eût en France, ont disparu. On ignore les circonstances de cette perte si regrettable; cependant, parmi les versions que nous avons recueillies dans le pays, la plus accréditée est que ces livres furent, sur de puissantes recommandations, confiés à une personne dont le nom est resté inconnu, et qui ne les a jamais restitués. Quoi qu'il en soit, il n'est guère présumable que des manuscrits de cette importance aient été détruits. Ajoutons qu'ils n'ont figuré dans aucune vente, et qu'on peut affirmer qu'aucune des grandes bibliothèques de l'Europe n'en a fait l'acquisition[1]. Il faut espérer que nos regrets, exprimés publiquement, presque officiellement même, pourront amener la découverte de ces manuscrits si précieux.

Avant la révolution, la bibliothèque de la cathédrale d'Autun avait déjà essuyé une grande perte. Des notes que nous avons lues au séminaire prouvent que, dans le siècle dernier, M. de la Roquette, évêque d'Autun, ayant emprunté à cette bibliothèque un manuscrit

[1] En 1804, Millin a vu à Autun le manuscrit d'Horace. M. Hænel, qui parle de ces deux manuscrits d'après des témoins oculaires, dit que l'Horace était du VIe siècle et le Virgile du siècle suivant, et il ajoute qu'ils étaient tous deux complets. (Voyez Millin, *Voyage*, tom. I, pap. 328; et Hænel, *Catalogi*, col. 61.)

en lettres d'or, contenant l'ouvrage *De schismate donatistarum*, par saint Optat, évêque de Milève, en fit cadeau au coadjuteur de Reims. On ignore ce que ce riche volume a pu devenir [1].

Malgré ces pertes qui, comme l'attestent les fréquentes lacunes qu'on rencontre dans les numéros d'ordre des manuscrits, ne sont pas les seules qu'elle ait éprouvées, la bibliothèque du séminaire d'Autun mérite, à plus d'un titre, de fixer l'attention des érudits. Il serait difficile, en effet, de rencontrer ailleurs, dans un nombre si restreint de volumes, autant de manuscrits remarquables sous le rapport de la paléographie, de l'histoire littéraire et de l'histoire des arts. Les deux évangéliaires en lettres onciales qu'on y voit d'abord [2], excitent l'intérêt, non-seulement à cause de leur antiquité, mais aussi par les grandes miniatures dont ils sont ornés, et qui donnent une idée bien frappante de l'état de barbarie dans lequel étaient tombés les arts en Occident avant l'avénement de Charlemagne. Le premier de ces deux évangéliaires se recommande aussi à cause de la date qu'il porte; car on sait que les manuscrits en lettres onciales et datés sont fort rares. La note si naïve, si touchante même, quoique si grossière, par laquelle le copiste Gundohinus nous annonce qu'il a écrit ce volume à la prière d'une femme et d'un moine, sera lue avec intérêt. Plusieurs autres manuscrits [3], antérieurs à Charlemagne, se distinguent par la beauté des caractères, comme par une orthographe singulière, souvent barbare, et que, suivant l'exemple des plus illustres maîtres, nous nous sommes fait un devoir de reproduire fidèlement. Cette orthographe présente des particularités qu'on rencontre aussi dans les inscriptions découvertes à Autun, et qui tiennent peut-être à la manière dont les Éduens prononçaient le latin. Deux des volumes que nous venons de citer sont palimpsestes, et l'un d'eux paraît offrir, dans les traces des caractères qui ont été effacés, un nouvel exemple de cette écriture minuscule romaine qu'on ne rencontre que bien rarement. Parmi les manuscrits

[1] Millin annonce que ce manuscrit a passé à la Bibliothèque royale. (Millin, *Voyage*, tom. I, p. 332.) D'après les renseignements qui nous ont été donnés obligeamment par MM. les conservateurs de ce grand établissement, il paraît qu'une telle assertion est tout à fait inexacte.

[2] Voyez les numéros 3 et 4.

[3] Ce sont les numéros 20, 21, 23, 24, 27, 107.

postérieurs à Charlemagne, nous n'en citerons que deux[1], un Sacramentaire et un Priscien. Le Sacramentaire, du IXe siècle, est exécuté avec une rare perfection calligraphique et contient des miniatures d'une délicatesse merveilleuse. Nous n'avons jamais vu aucun autre manuscrit aussi propre à témoigner du degré de perfection auquel étaient arrivés certains arts, en France, au IXe siècle. Un ancien commentaire, qui accompagne le Priscien, renferme un très-grand nombre de mots écrits en notes tironiennes et mérite d'être remarqué. A l'aide des renvois qui se reproduisent d'une manière régulière, et d'après d'autres particularités qu'offre ce volume, il paraît pouvoir servir à enrichir les alphabets tironiens déjà connus.

Quelque soin que l'on puisse apporter dans la rédaction de ces sortes d'ouvrages, on comprend que la publication d'un catalogue raisonné, fait d'après des notes prises depuis longtemps, et sans qu'au moment de l'impression il soit possible d'avoir les manuscrits sous les yeux, présente de très-grandes difficultés. C'est là, pourtant, une condition nécessaire à laquelle il a fallu se soumettre, tout en sentant l'impossibilité d'éviter complétement les inadvertances et les omissions que doit entraîner le défaut de moyens de vérification. Heureusement M. le chanoine de Voucoux a eu la bonté de nous adresser d'Autun quelques notes supplémentaires. Nous nous empressons de l'en remercier ici, et d'offrir en même temps l'expression de notre reconnaissance à MM. Victor Le Clerc, Hase et Reinaud, membres de la commission du Catalogue général des manuscrits, qui ont bien voulu lire ce catalogue et l'enrichir de savantes remarques. Cependant, nous le répétons, rien ne saurait suppléer à l'absence des manuscrits. Les volumes qui, en petit nombre, composent ce catalogue suffiraient déjà pour démontrer, comme nous l'avons dit ailleurs[2], que les provinces de France sont aussi riches en monuments littéraires d'un haut intérêt, que les provinces de certains pays, dont les érudits visitent avec empressement les bibliothèques.

[1] Les numéros 19 *bis* et 40. — [2] Voyez le Journal des Savants, janvier 1842, p. 55.

G. LIBRI.

LISTE

DES

ÉDITIONS CITÉES DANS LE CATALOGUE DES MANUSCRITS

DU SÉMINAIRE D'AUTUN.

Alcuini (*Beati Flacci Albini, seu*) *Opera.* — Ratisbonæ, 1777; 2 tom. en 4 vol. in-fol.

Evangelium quadruplex latinæ versionis antiquæ, seu veteris italicæ, a Josepho Blanchino. — Romæ, 1749; 4 vol. in-fol.

Fabricii (*J. Alb.*) *Bibliotheca latina mediæ et infimæ ætatis, aucta a J. Mansi.* — Patavii, 1754; 6 vol. in-4°.

Fantuzzi, Scrittori bolognesi. — Bologna, 1781-1794; 9 vol. in-fol.

Gallia christiana. — Parisiis, 1715-1785; 13 vol. in-fol.

Hænel, Catalogi librorum manuscriptorum. — Lipsiæ, 1830, in-4°.

Histoire littéraire de la France. — Paris, 1733-1842; 20 vol. in-4°.

Jourdain, Recherches critiques sur l'âge et l'origine des traductions latines d'Aristote. — Paris, 1819; in-8°.

Martene, Thesaurus novus anecdotorum. — Lutetiæ Parisiorum, 1717; 5 vol. in-fol.

Mazzuchelli, gli scrittori d'Italia. — Brescia, 1753-1763; 2 tomes en 6 vol. in-fol.

Millin, Voyage dans les départements du midi de la France. — Paris, 1807; 5 vol. in-8°, avec atlas.

Muratori, Antiquitates italicæ medii ævi. — Mediolani, 1738-1742; 6 vol. in-fol.

Nouveau traité de Diplomatique, par deux religieux Bénédictins. — Paris, 1750-1765; 6 vol. in-4°.

PAMELII *Missale SS. Patrum latinorum.* — Coloniæ, 1610; 2 vol. in-4°.

QUETIF et ECHARD, *Scriptores ordinis Prædicatorum.* — Parisiis, 1719-1721; 2 vol. in-fol.

SARTI, *de claris Archigymnasii Bononiensis professoribus.* — Bononiæ, 1769-1772; 2 vol. in-fol.

Voyage littéraire de deux religieux Bénédictins de la Congrégation de Saint-Maur. — Paris, 1717-1724; 2 vol. in-4°.

MANUSCRITS

DE

LA BIBLIOTHÈQUE

DU SÉMINAIRE D'AUTUN.

N° 2. Grand in-4° oblong. – (Textus prophetarum.) — IX-Xe SIÈCLE.

Ce manuscrit, incomplet, se termine au commencement de « Aggeus propheta. » Au milieu du premier cahier on a placé une bande de parchemin pour renforcer les coutures; elle contient un fragment d'un registre de redevances de l'église d'Autun. Dans ce fragment, qui paraît de la première moitié du XIe siècle, on lit différents noms en latin, entre autres *La Cella*, avec l'article.

3. Petit in-folio carré sur vélin. – « In nom. Sc̄ Trinitates in« cipiun. canonis vel prolog. libri hujus evangelii. » – « Com« mentatio ponderum omnium. » — Incipit : « Talentum CXXV « libras. » – « Ratio annorum ab Adam usq; ad Xp̄m. » – « Ex« cerpta de libro Sc̄i Hieronimi prb̄tri. » – « Excerpta de libro « Sc̄i prb̄tri Hyeronimi ad papam Gaudentiū de his qui fal« savit Eusebium emisinus et de quibus calumniatur. » – « Eplecit prefatio incepet prologus. » – « Eplecet prologus « incp̄t canonis. – « Excerpta ex libro Sc̄ Hieronimi cuius est

« supra. » – « Quatuor evangelia. » – « Eplecit Sc̄ Johannis « liber novissemus. » — VIIIe SIÈCLE.

Ce manuscrit très-important est écrit en lettres onciales ; il contient quelques annotations marginales en caractères mérovingiens. Les initiales, de différentes couleurs, sont zoomorphiques ; les titres sont en capitales carrées. Le vélin est fort épais ; plusieurs feuillets manquent. Il y a au commencement une page avec des miniatures extrêmement grossières, qui représentent Jésus-Christ au milieu de deux anges, appelés *cyrabin* dans le manuscrit ; autour sont quatre médaillons portant les attributs des quatre évangélistes. Jésus-Christ est sans barbe ; il n'a pas la physionomie qui a été adoptée depuis comme type. A la fin on voit les figures des quatre évangélistes en pied ; elles occupent chacune une page et sont aussi informes que la première miniature. Une des choses qui donnent le plus de prix à ce manuscrit, c'est qu'il est daté et qu'il porte le nom du copiste *Gundohinus*. Il est de la troisième année du règne de Pepin, c'est-à-dire de l'an 754, comme on le verra par la souscription qu'on va lire. L'orthographe est barbare : nous nous sommes appliqué à la reproduire exactement dans le titre ainsi que dans la note qui suit. Les chiffres sont en lettres romaines capitales ou minuscules. Chaque Évangile est précédé d'un *capitularium* et d'un *brevis* ou *breviarium* par chapitres. A la fin on lit cette curieuse note en caractères mérovingiens : « In nom̄ Sc̄e trinitatis alme matris familiæ « fausta supño amore accinsa hoc opus optimū in honore sci johannis et sc̄æ « mariæ mater dn̄i nostri ih̄u xp̄i patrare rogavit devote Ego hac re inperitus « gundohinus poscente fulculfo monacho et si non ut dibui p̄ saltim ut valui a « capite usque ad sui consum̄acionis fenem p̄ fecere cum summo curavi amore « magis volui meam detegire inprudentia quam suis renuere petitionibus per « inobediencia sicut in pelago quis positus desideratus est porto ita et scriptore « novisseæs versus. Queso orate pro me scriptore inperito et peccatore si dō « habiatis propitio et adiutore. Et aliquid mihi deregetis in vestra visitatione « ut melius commemorem vestrum nomen gaudente in dn̄o semper forase « (fortasse?) qui legitis. Scilicet patravi vosevio (?) in minse iulio anno tertio « regnante gloriosissemo domino nostro pippino rege qui regnet in ævis et « hic et in æternum amen. » Comme nous venons de le dire, le corps de l'ouvrage est en lettres onciales, et la souscription en caractères mérovingiens. C'est là une nouvelle preuve à l'appui de ce qu'on a souvent remarqué sur l'emploi des anciens caractères, dans la liturgie et dans les livres saints, par des écrivains qui avaient cessé d'employer habituellement ces caractères. Pareille chose est arrivée pour l'écriture gothique : on trouve assez fréquemment des manuscrits de liturgie du XVIIe et du XVIIIe siècle, en caractères gothiques. Ce volume est cité dans le Voyage littéraire de deux religieux Bénédictins (tom. I, part. 1re, p. 151).

N° 4. Petit in-folio sur vélin. – (Quatuor evangelia cum præfationibus.) — VIIIe SIÈCLE.

Ce manuscrit incomplet, en lettres onciales, est mieux écrit et semble plus ancien que le volume précédent : l'orthographe aussi est moins mauvaise. Les préfaces et les canons sont en écriture mérovingienne. Les canons sont séparés et encadrés dans des espèces de colonnes coloriées et surmontées d'arcades. Il y a très-peu d'abréviations dans le texte. Le commencement de l'Évangile de saint Matthieu est noté en musique ancienne. A la marge du chapitre troisième de l'Évangile de saint Marc on lit le nom d'*Eldradus*. Les gardes contiennent des psaumes en minuscule caroline avec la musique notée. Cet évangéliaire, qui est mentionné dans le Voyage littéraire de deux religieux Bénédictins (tom. I, part. 1re, p. 151), contient quelques figures plus petites et moins grossières que celles qu'on voit dans le manuscrit précédent.

5. In-folio sur vélin. – (Textus quatuor Evangeliorum, cum præfationibus sancti Hieronymi et indice lectionum Evangelii per annum.) — IXe SIÈCLE.

Dans ce manuscrit, d'écriture minuscule, les canons sont, comme dans le volume précédent, entourés et encadrés par des colonnades. Le commencement de l'Évangile de saint Matthieu est en grandes lettres : les premières lignes sont alternativement noires et oranges. Sur les gardes, on trouve *nomina episcoporum ecclesie Lucdunensis,* d'une écriture qui paraît du xe siècle. Les deux derniers évêques cités sont *Agobardus* et *Amolo.* On prétend que ce volume a appartenu à *Amolon.* A la fin du prologue de saint Matthieu, il y a une note marginale d'une écriture cursive très-singulière.

6. In-folio sur vélin. – (Evangelia et epistolæ per annum.) — Xe SIÈCLE.

Ce manuscrit, de plusieurs mains, est incomplet au commencement et à la fin : en outre il a été rongé par les souris.

6 A. In-4° sur vélin. (Recueil.) – 1° Proverbia. – 2° Ecclesiastes. – 3° Cantica canticorum. – 4° Liber sapientie. – 5° Ec-

clesiasticus. – 6° « Incipit tractatus Remigii monachi in can« ticum canticorum. » – Incipit : « Osculetur me osculo oris « sui. Salomon inspiratus composuit hunc libellum de nup« tiis Christi et Ecclesiæ. » – Desinit : « Fiat fiat gratia divina « donante. » — 7° Passio S. Jacobi. – 8° Adventus acceptioque corporis beatissimi Pat. Benedicti in agro Floriacensi. – 9° Passio S. Bartholemei apostoli. – 10° Passio S. Thome apostoli. — XIe SIÈCLE.

Plusieurs de ces ouvrages sont incomplets. Le traité de Remi (d'Auxerre) a paru sous le nom d'Haimon d'Halberstat. (Voyez l'Histoire littéraire de la France, tome VI, p. 106-107.) Ce manuscrit est de diverses mains.

N° 7. In-folio sur vélin. – (Homiliæ in evangelia.) – Incipit : « Evan« gelicæ hujus lectionis intellectus superiori narrationi he« rere videtur. » – Desinit : « Ecce ego mitto ad vos prophetas « et reliqua. » — Xe SIÈCLE.

Ce volume est de plusieurs mains; il est incomplet au commencement et à la fin.

7 *bis*. In-folio sur vélin. – 1° Lectionarium æduense. – 2° Vita S. Hilarii. — XIIIe SIÈCLE.

On y lit cette note : « Ex dono D. Gauthier episcopi æduensis. »

8. In-folio sur vélin. – Psalterium æduense. — XVe SIÈCLE.

8*. In-folio sur vélin. – Missale romanum. — XIIIe-XIVe SIÈCLE.

Incomplet au commencement et à la fin.

9. Petit in-folio sur vélin. – Collectarium æduense. — XIIe-XIIIe SIÈCLE.

11. In-4° sur vélin. – (Antiphonarium cum cantu.) — XIIe SIÈCLE.

La musique est notée et réglée. Ce manuscrit est incomplet à la fin.

N° 13. In-folio sur vélin. – (Anonymi explanatio Isaiæ prophetæ.) – Incipit (præfatio) : « Isaias propheta nobili pro-« sapia ortus. » – Incipit (explanatio) : « Visio Isaiæ filii Amos, « quam vidit super Iudam et Ierusalem in dieb. Otie, Ioa-« tam, Acaz et Ezechie regum Iuda. » – Desinit : « Quia non « gaudebunt de reproborum dapnatione, sed de sua. » — Xe SIÈCLE.

Ce manuscrit a appartenu à Saint-Lazare et Saint-Nazaire d'Autun. (Voyez le Voyage littéraire de deux religieux Bénédictins, tom I, part. 1re, p. 156.)

15. In-folio sur vélin. – S. Augustini sermones de verbis Domini. — IXe-Xe SIÈCLE.

L'écriture est de plusieurs mains; ce volume provient de Saint-Nazaire d'Autun. Une main moderne y a écrit : « *Ex. dono Walterii.* »

16. In-folio sur vélin. – S. Augustini de civitate Dei (IX libri tantum priores). — IXe-Xe SIÈCLE.

Manuscrit en minuscule caroline, et fort beau.

17. In-4° sur vélin. – Liber Sc̄i Hieronimi in Danielem prophetam. — IXe SIÈCLE.

Ce volume, écrit en minuscule caroline, contient des annotations plus modernes : il est incomplet à la fin.

17 A. In-4° sur vélin. – (Epistolæ et opuscula S. Hieronymi.) — Xe SIÈCLE.

Ce manuscrit, de différentes mains, est en minuscule caroline; il porte ces mots : *ex dono Walterii.*

19. Petit in-folio sur vélin. – (Parabolæ Salomonis, et ceteri quatuor libri morales cum præfationibus S^{ti} Hieronymi et notis marginalibus.) — IXe – Xe SIÈCLE.

Il manque à ce volume et à plusieurs autres de la même bibliothèque une portion des marges, qui ont été coupées par bandes. A-t-on enlevé ces bandes pour faire des espèces de *brevets* ou amulettes? C'est du moins ce que l'on faisait au Mont-Cassin, lorsque Boccace alla visiter ce couvent. (Voyez Muratori, *Antiquitates*, tom. I, col. 1298.) On lit sur les gardes le nom de *Gunitberto*. Le manuscrit est incomplet.

N° 19 *bis*. In-folio sur vélin. – (Sacramentorum liber S. Gregorii papæ.) — IXe SIÈCLE.

Magnifique manuscrit enrichi de miniatures, d'encadrements et de lettres d'or et de différentes couleurs. Il est parlé de ce volume dans le Voyage littéraire de deux religieux Bénédictins (tom. I, partie 1re, p. 151 et suiv.); mais les figures qu'on a reproduites dans cet ouvrage manquent de vérité, et n'ont pas la finesse des miniatures de cet admirable volume, qui nous semble destiné à jeter un nouveau jour sur l'histoire des arts au IXe siècle. Le commencement du livre est écrit en capitales d'or. Au-dessus de la première figure gravée dans le Voyage littéraire, page 153 (cette figure, en deux compartiments, occupe toute la page), on lit des vers que dom Martène a déjà donnés :

Pontificū ē propriū conferre per ordinē honores
Quos qui suscipiunt studeant servare pudice.

Pontifices caveant Dñi ne mystica vendant
Cumque gradus dederint videant ne munera sumant.

Dans ce manuscrit, S. Grégoire est peint en pied, en or et en couleur sur un fond vert, encadré dans un rectangle pourpre avec une bordure en or. Le portrait est accompagné de ces quatre vers :

Gregorii hoc opus est mundi per climata noti
Doctoris magni presulis egregii.

Qui quod composuit Dñm exaudire precetur
Ne labor hic noster tendat ad esse nihil.

On remarque dans quelques pages différentes lignes en très-grandes lettres en or ou en couleur sur un fond pourpre. Plusieurs médaillons sont exécutés avec une extrême délicatesse. Un de ces médaillons représente la *Cène:* on y voit l'hostie à droite, et à gauche un poisson. Dans le médaillon où *Raganaldus abbas* donne la bénédiction au peuple, médaillon que dom Martène a reproduit, les rangées des figures sont plus écartées que ne le ferait croire la gravure du Voyage littéraire : l'original est entouré de quatre autres petits médaillons où sont représentées les quatre vertus théologales en or sur un fond bleu foncé. L'argent a généralement disparu des miniatures; l'or s'est conservé.

Nous n'avons rien pu trouver de bien positif au sujet de cet abbé Raganaldus, pour lequel le volume paraît avoir été exécuté. Ce manuscrit est très-important pour l'histoire de la liturgie. On y rencontre des mots grecs dans la liturgie latine : par exemple, *pisteusis* pour *credo*. On sait que dans d'autres textes le *credo* est appelé *pisteugis*. Voyez au sujet du *Liber sacramentorum* le *Missale* de Pamelius (tom. II, p. 177).

N° 19 A. Petit in-folio sur vélin. – Expositiones libri Genesis ex diversis patribus. — IXe–Xe SIÈCLE.

20. In-4° oblong sur vélin. – « 1° Incipit liber de allegorū (*sic*) « (dialogorum) Gregorii papæ. » – « 2° S. Augustini enchiri- « dion de fide et spem (*sic*) et caritate. » — VIIIe SIÈCLE.

L'orthographe de ce manuscrit, en caractères mérovingiens, est tout à fait barbare. L'écriture paraît être du commencement du VIIIe siècle. Ce volume a beaucoup d'importance, parce qu'il concourt par son antiquité à établir que ces Dialogues ne sont pas, comme on l'a quelquefois supposé, d'un auteur plus moderne. Il est question de ce manuscrit dans le Voyage littéraire de deux religieux Bénédictins (tom. I, part 1re, p. 151). L'*Enchiridion* est incomplet à la fin.

20 A. In-folio oblong sur vélin. – « Cassiodori senatoris exigui « servi dei iam dño prestante conversi incipit exposicio « psalmorum. » — VIIIe SIÈCLE.

Ce manuscrit, également en caractères mérovingiens, semble moins ancien que le précédent. Il commence au psaume CI, et paraît avoir beaucoup de rapport avec un autre texte du même ouvrage qui a appartenu au président Bouhier (C. 26 in-folio) et qui se trouve actuellement dans la bibliothèque de Troyes.

20 B. In-4° sur papier. – (Histoire de l'ancien et du nouveau Testament en français.)—XVe SIÈCLE.

Incomplet. Ce volume, sans titre, commence ainsi : « Et Moyses dit aux « deux anchanteurs le mien Dieu est sans per et fet toute chose, » et il porte à la fin les deux notes suivantes : « Qui scripsit scribat. Semper cum Deo « vivat : Estienne de Vaux. » — « Pellissier m'a vendu le present livre en l'an « mil IIII^c IIII^xx et VI. Maton... Patom. »

N° 21. In-4° oblong sur vélin.—(S. Gregorii papæ expositio moralis in librum Job.) — VIIIe SIÈCLE.

Ce manuscrit mérovingien, incomplet au commencement, au milieu et à la fin, ne contient que les cinq premiers livres de ce commentaire. Il est en partie palimpseste. Les anciens caractères sont en lettres onciales, et paraissent remonter au VIe siècle. L'ouvrage qu'on a gratté semble contenir la version italique de l'Évangile. On sait qu'une telle version, publiée par Joseph Bianchini, à Rome, en 1749, fut abandonnée de bonne heure. Ce volume est cité dans le Voyage littéraire de deux religieux Bénédictins (tom. I, part. 1re, p. 155). Dom Martène n'avait pas remarqué que ce manuscrit est palimpseste.

21 *bis*. In-folio sur vélin.—Baysius super decretum.—Incipit: « Reverendo in Christo patri suo Gernido Dei gratia episcop. Sabinens. Guido de Baysio Bononiensis archidiaconus « suus clericus et capellanus. » — XIVe-XVe SIÈCLE.

Il y a dans ce livre, avec de petites vignettes, une initiale ornée qui représente un jeune homme à genoux devant un évêque, et tenant un volume qu'un docteur ou chapelain présente avec lui au prélat. Gui de Baisio, ou de Baifio, natif de Reggio en Lombardie, fut, au treizième siècle, un des plus célèbres canonistes de l'école de Bologne. Son commentaire sur le Décret a été plusieurs fois imprimé sous le titre de *Rosarium*. (Voyez Mazzuchelli, *gli Scrittori d'Italia*, tom. II, part. 1re, p. 72.) A la fin du premier livre on lit: « Johannes de Suttone scripsit hunc librum nuncupatum archidiaconi..... et « est fidelis scriptor Oxoniæ, etc. »

22. In-folio sur vélin. – (S. Gregorii papæ expositio moralis in Job.) — X^{e}-XIe SIÈCLE.

Ce manuscrit contient beaucoup d'abréviations: il renferme les dix premiers livres seulement de ce commentaire. Après l'*explicit* du dixième livre on lit ce qui suit: « Hunc librum cum cæteris moralium qui sequuntur dedit « Beato Nazario suus pontifex Walterius. Contulit etiam ille omnes codices quos « ipse aut plures scribi fecit aut nonnullos dono acquisivit, quorum quoque « numerus hic annotantur et tituli. Horum autem quemlibet si quis ab hujus « loci jure quocumque modo subtraxerit, ultione anathematis, donec restituet, « percussum se noverit. — Hinč et alios de moralibus. — Duo Homilias Gregorii « super Ezechiel. — Augustini de Confessione. — Augustini de verbis Domini.

« — Expositiones super libros Regum. — Daniel et Eschie. — Boœtium de con-« solatione philosophyæ. — Duos epistolarum Hieronimi. — Duos quoque de « canonibus. In expositione librorum Salomonis Parabolarum videlicet Eccle-« siastes et Can..... » La suite de ce catalogue manque. Walterius a occupé le siége épiscopal d'Autun de l'an 977 à l'an 1023. Dans le *Gallia christiana* (tom. IV, col. 376-379), il est parlé du zèle de Walterius pour les bonnes mœurs et pour la réforme de la discipline ecclésiastique.

N° 23. In-4° oblong sur vélin. – 1° (Isidori hispalensis libri tres sententiarum.) – 2° (Excerpta sententiarum S. Gregorii papæ de virtutibus et vitiis.) — VIIIe SIÈCLE.

Ce manuscrit, en caractères mérovingiens, est écrit sur un parchemin assez épais. L'orthographe en est fort singulière : on y trouve souvent le *b* pour le *p* (par exemple *scribtura* pour *scriptura*), ce qu'on voit aussi dans quelques inscriptions découvertes à Autun. A la marge d'un feuillet du troisième livre du traité d'Isidore, on lit le nom de *Maimbertus*. Le premier ouvrage est anonyme et incomplet; il y manque, presque en entier, les dix premiers chapitres du premier livre. On reconnaît cependant que ce traité, qui a été imprimé, est d'Isidore. Pour le prouver, il suffira de citer le passage suivant, tiré du chapitre *De libris gentilium*, qui fait partie du troisième livre : « Poetæ ideo in libris suis Venerem impudicam Martemque adulterum deos « appellare voluerunt ut persuaderent mentes hominum quasi deos imitare « in malum ut dum libidines a persuasione ad instar eorum flagitia confiden-« ter committunt non quasi homines perditos sed quasi celestes deos imitare « viderentur. Ideo proibetur christianis figmenta legere poetarum...... in lectione « non verba sed veritas amanda. »

24. Petit in-4° sur vélin. – (Joannes Cassianus de capitalibus vitiis, sive institutionum liber quintus et sequentes.) — VIIe SIÈCLE.

Une note, qui paraît remonter au Voyage des Bénédictins, annonce que ce manuscrit a onze cents ans. Dans une carte qui sert de titre, on le dit du VIIe siècle. L'écriture est une demi-onciale mérovingienne; les mots sont rarement séparés; le vélin est inégal dans son épaisseur. Quelques feuillets du vélin le plus fin sont palimpsestes; d'autres ne sont écrits que d'un seul côté. Le volume porte des notes marginales en minuscule caroline et en écriture mérovingienne, avec de la musique d'ancienne notation. On y lit ces mots, *Alleluia, Ostende alleluia; Fulgida alleluia; Hieronimi alleluia; Sirena alleluia,* pour titres de diverses notations musicales qu'on a écrites sur une page de vélin laissée en blanc par le copiste. Les cahiers sont numérotés; le seizième est palimpseste. Il est difficile de distinguer l'ancienne écriture, qui paraît être cependant une minuscule ou une onciale fort petite. Toute trace d'encre a disparu, et il ne reste qu'une marque très-fugitive du creux des lettres. On sait que les paléographes ont disputé beaucoup sur l'existence de l'ancienne minuscule : sans pouvoir servir à constater à lui seul un fait controversé, ce manuscrit doit être cité comme une nouvelle preuve à l'appui de la savante opinion des Bénédictins, qui ont établi par de nombreux arguments l'existence de l'écriture minuscule à une époque fort reculée. (Voyez le Nouveau Traité de Diplomatique, tom. III, p. 25 et suiv.) Les anciennes lignes sont beaucoup plus rapprochées que les lignes de l'écriture actuelle (voyez aussi le quatorzième cahier). Ce même seizième cahier porte à la marge ces mots (du xe-xie siècle, en latin barbare) : *Memorum Sĩe Benignis;* ce qui ferait croire que ce manuscrit a appartenu autrefois à Saint-Bénigne d'Autun, église très-ancienne. Il n'y a presque pas d'abréviations dans ce volume; on y trouve pourtant l'N lié au T, SPU pour SPIRITU, etc. Excepté dans les feuillets palimpsestes, ce manuscrit n'est pas réglé, tandis que les deux Évangéliaires (n°s 3 et 4) en onciales sont réglés, ainsi que les plus anciens manuscrits de ce dépôt, tels que les n°s 5, 23, etc. Celui qui nous occupe paraît plus ancien que les n°s 3 et 4 déjà cités; cependant l'onciale y est altérée, tandis qu'elle est pure dans les deux autres. Ce volume est cité dans le Voyage littéraire de deux religieux Bénédictins (tom. I, partie 1re, p. 151).

N° 27. In-4° sur vélin. — Honorii Augustodinensis (ut videtur) expositiones in Pentateuchum ex Isidoro juniore abbreviatæ. — VIIIe SIÈCLE.

Sous ce titre, qui est moderne et fautif, puisque Honorius d'Autun vivait au XIIe siècle, se trouve une réunion de fragments écrits en différents caractères : en demi-onciale, et en cursive mérovingienne et lombardique. On ne sait si c'est là un seul ouvrage, ou si ces fragments appartiennent à plusieurs commentateurs. Le commentaire sur la Genèse (en caractères mérovingiens) commence ainsi : « Curiosa rerum gestarum que aligoreis sunt obtecta « figuris ex libris maiorum breviter excepta perstruximus. » Les Nombres (en petite onciale bâtarde) commencent par ces mots : « Ideo hic liber unus ex « quinque libris Moisi Numeri appellatus. » A la fin de la Genèse, on lit *Rodulf.* Le Voyage littéraire de deux religieux Bénédictins (tom. I, part. 1re,

p. 154.) donne à cet ouvrage le titre d'exposition du Pentateuque tirée des passages de saint Augustin et saint Ambroise, de saint Jérôme, d'Origène, de saint Fulgence et de saint Grégoire : « Le caractère de ce manuscrit (ajou- « tent-ils) est de mille ans, mais l'ouvrage est du temps de saint Grégoire, « comme il paraît par ces mots du titre : « *Et nostri temporis Gregorio.* » Le titre que les Bénédictins citent ainsi n'existe plus ; le manuscrit a été mutilé après leur voyage, et il est à présent incomplet.

N° 28. In-4° sur vélin. – Expositio allegorica Bede presbiteri in Esdram et Nehemiam. — Xe SIÈCLE.

Des fragments écrits sur les gardes paraissent avoir appartenu à un ancien passionnaire.

29. In-4° oblong sur vélin. – (Bedæ expositio in Marci evangelium.) — Xe SIÈCLE.

Incomplet.

29*. In-folio sur vélin. – Psalterium æduense. — XVe SIÈCLE.

29 A. In-folio sur papier. – Lectionarium. — XVIIe SIÈCLE.

30. In-folio sur vélin. – (Bedæ expositio in Marci Evangelium.) — IXe-Xe SIÈCLE.

Incomplet au commencement.

31. In-folio sur vélin. – (Flori Diaconi expositiones in omnes divi Pauli epistolas, exceptis ad Galatas et ad Titum.) – Incipit : « Ad Romanos Achornito (a Corintho) civitate me- « tropoli Achaiæ regionis Græcorum scribsit Apostolus « Romanis hanc epistolam. » – Desinit : « Gratiæ autem debe- « mus hic accipere fidem Christi cum ex sec. » — Xe SIÈCLE.

Ce manuscrit est de plusieurs mains ; il contient beaucoup d'abréviations. L'ouvrage de Flore a été publié sous le nom de Bède, suivant Fabricius. (*Bibliotheca latina mediæ et infimæ ætatis*, tom. II, p. 63.)

N° 32. In-folio sur vélin.-Liber de proprietatibus rerum, auctore Bartholomeo anglico ordinis prædicatorum. — XIVe SIÈCLE.

On lit à la fin de cet ouvrage si souvent imprimé : « Hic liber fuit magī « Iohnis de Bourbonio quond. canon. remensis : postea æduensis ecclesiæ de- « cani 1330. »

33. In-folio sur vélin. (Recueil.) – Vita S. Viventii. – Sermo D. Hieronymi ad Paulam et ad virgines sub ea degentes. – Ejusdem alius sermo de Beata Maria. – Vita S. Germani (cum versibus præcedentibus). – Memoriale miraculorum Archangeli Michaelis. – Passio SS. Tiburti, Valeriani et Ceciliæ. – Passio trium virginum, Spes, Fides, Caritas. – Passio SS. Victoris et Corone. – Passio S. Adriani et sociorum eius. – Passio S. Marcelli. – Decii imperatoris persecutio in Xños. – Passio S[e] Luciæ virginis. – Passio S. Clementis. – Passio BB. MM. Cosme et Damiani. – Passio SS. MM. Crissanti et Darie. — Xe SIÈCLE.

Ce manuscrit, dont l'orthographe est fort irrégulière, commence par un feuillet où se trouvent, « Versus Beati Eugenii de brevitate huius vitæ. Versus Gatiscalci, » et des recettes de médecine. Il contient quelques annotations et additions plus modernes : il est incomplet à la fin.

34. In-4° sur vélin. (Recueil.) – (Vitæ et passiones sanctorum, scilicet) : Passio Beatorum Apostolorum Petri et Pauli. – Passio S. Andree. – Passio S. Apollinaris. – Passio S. Petri episcopi Alexandrini. – Passio SS. Mariani et Jacobi. – Passio S. Sixti episcopi. – Passio S. Laurentii archidiaconi. – Passio S. Ypoliti. – Passio S. Leocadie. – Passio S. Corneli episcopi. – Passio S. Cypriani. – Passio S. Babile cum tribus parvulis. – Passio S. Alexandri. – Passio S. Victoris. – Passio SS. Romani et Barale et Ysicii. – Passio S. Marcelli. – Passio S. Ferreoli. – Passio SS. trium geminorum Speusippi, Melasippi,

Elasippi. – Passio SS. Victorini, Victoris, Nicefori et Claudiani. – Passio S. Albani. – Passio S^e^ Chrispine. – Passio S^e^ Agathes. – Passio S^e^ Lucie. – Passio S^e^ Afre. – Passio S^e^ Agnes virginis. – Passio S^e^ Vilianæ virginis. – Passio S. Clementis martyris. – Passio S. Valentini presbiteri. – Passio SS. Gervasi et Protasi. – Passio S. Columbe virginis. – Passio S. Stephani protomartyris. — IXe-Xe SIÈCLE.

Au verso du catalogue des saints, que nous avons reproduit exactement, on lit ces noms : « Abbo Decanus, Wilelmus, Stefanus. »

N° 35. In-4° sur vélin. (Recueil.) – 1° Passio S. Vincentii. – 2° (Duplex vita S. Gregorii papæ.) – Incipit I^a^ vita : « Gregorius « ab urbe romana patri Gordiaci. » – Incipit II^a^ vita : « Nichi- « lominus ex libro qui a Græcis limon dicitur, a Latinis « vero intelligitur campus aut pratum. » – 3° S. Gregorii dialogorum libri IV. — XIIe SIÈCLE.

Ce manuscrit est de plusieurs mains. Le n° 1 est incomplet.

36. In-4° sur vélin. (Recueil.) – 1° (Alchuini de Fide SS. Trinitatis.) – 2° (Questiones Alchuini necnon et Fredegisi cum epistola nuncupatoria.) – 3° Alchuini epistola ad Eulaliam virgin. de ratione animæ. – 4° (Fragmenta legis Salicæ.) – Incipit : « Si quis vero canem custodem domus « sive curtis, qui die ligari solet ne damnum faciat, post « solis occasum solutum furatus fuerit vel occiderit dctos « (sexcentos) deñr qui faciunt sold xv culp. iud. excep. cap. « et delatura. Si vero canem pastorem furatus fuerit vel « occiserit CXX deñr qui faciunt sold. III culp. iud. except. « capitale et delatura. » – Desinit : « Si quis homo aliquem « persequens fugitivum aut liberum. » — IXe-Xe SIÈCLE. – 5° Quæstiones Augustini de Scriptura. — XIe SIÈCLE.

Ce recueil est de différentes mains et de diverses époques. A la fin du n° 1 il y a une invocation latine en caractères grecs dont voici le commencement : ω BHAΘA ΘPYNTΘAC. (Voyez *Beati Flacci Albini seu Alcuini opera*, tom. II, vol. Ier, p. 702, 737 et 739, et tom. II, pars 1a, *opusc. liturg.* p. 146.) Dans la loi Salique on doit remarquer l'abréviation dctos, qui n'est probablement qu'une manière particulière d'écrire l'abréviation dctos ou DCtos. Ce manuscrit est incomplet.

N° 38. In-8° carré sur vélin. – « Fortunati presbit. itali opera. » — IXe-Xe SIÈCLE.

Ce manuscrit de Fortunat (ainsi que le Solin du numéro suivant) porte une chaîne de fer attachée à la reliure en bois. Le texte ne semble pas très-pur : il y a beaucoup de transpositions.

39. In-4° carré sur vélin. – 1° Incipit : « C. Iulii Solini sive « grammatī polihistor ab ipso editus et recognitus. » — Desinit : « Solinus explicit feliciter. Studio et diligencia... « Teodosii invictissimi fē principis feliciter prescriptus. « C. Iulii Solini sive grammatici poliystor ab ipso editus « et recognitus. » – 2° Libellus de vita et moribus impera- « torum breviatus ex libris Sexti Aurelii Victorini » (a Cæsare Augusto usque ad Theodosium.) – Desinit : « Tantum « pudori tribuens et continentiæ. » — XIe SIÈCLE.

Ce manuscrit est de plusieurs mains. A la fin du Solin on lit une pièce de vingt-deux vers ; elle commence ainsi :

Bithia marmoreo fecundam pandere ponto.

Le dernier vers est celui-ci :

Vos quoque qui resono colitis cava tempea cytia.

Ces vers ont été publiés plus corrects.

40. In-4° sur vélin. – Collectarium cum canone missæ. — XIIe SIÈCLE.

Incomplet.

40 *. In-folio carré sur vélin.–(Prisciani grammatici opera.)—

« Incipit præf̄t Prisciani gram̄atici cæsarien̄s. Iuliano con-
« suli ac patricio. » — IXe SIÈCLE.

Magnifique manuscrit en minuscule caroline très-belle. A la fin on lit : « Explicit liber XVI de coniunctione. » Il y a beaucoup d'annotations marginales du même siècle qui forment une espèce de commentaire perpétuel. On trouve dans ces annotations, qui sont en très-petits caractères, de nombreuses notes tironiennes. Comme les renvois se reproduisent avec une grande régularité, ces notes paraissent pouvoir être interprétées sans beaucoup de difficulté et devoir servir à augmenter les glossaires tironiens déjà connus.

N° 40 A. In-folio carré sur vélin. – Incipit historia Francorum collecta a beato Gregorio turonensi episcopo. — XIe SIÈCLE.

Donné au chapitre, en 1709, par M. de Senaux, évêque d'Autun. Ce manuscrit est incomplet. A la fin il y a quelques feuillets de comput et de l'ordre pascal avec beaucoup de chiffres romains.

40 B. In-folio sur vélin. – A. M. Severini Boetii de musica. — XIIe SIÈCLE.

Beau manuscrit avec les figures en or et en couleur. Tous les chiffres sont romains sans valeur de position : le nombre 4655, par exemple, est écrit ainsi : $\overline{\text{IIII}}$DCLV. On trouve à la fin un fragment de deux feuillets sur la musique. Ce volume a été acheté par le directeur du séminaire, il y a environ vingt ans.

41. Grand in-folio sur vélin. – Catholicon J. Balbi de Janua. — XIVe-XVe SIÈCLE.

41 A. Grand in-folio sur vélin. – Liber coralis. — XVe SIÈCLE.

Ce manuscrit est incomplet.

44. In-folio sur vélin. – Liber Psalmorum cum glossis ex commentario. — XIVe SIÈCLE.

45. In-folio sur vélin. – Expositiones librorum Regum. — XIe SIÈCLE.

Bien qu'ancien, ce manuscrit est rempli d'abréviations.

N° 46. In-folio sur vélin. – Nicolai de Lyra postillæ super quatuor evangelia. — XIVe SIÈCLE.

47. In-4° sur vélin. – B. Pauli epistola cum glossis. — XIIIe SIÈCLE.

Il y a des initiales fort jolies.

48. Petit in-folio sur vélin. – Thomæ de Courcellis lectura super epistolas Pauli et evangelium Johannis. — XVe SIÈCLE.

Ce manuscrit est cité dans le Voyage littéraire de deux religieux Bénédictins (tom. I, part. Ire, p. 155).

49. Deux volumes in-folio sur papier. – Guillaud commentarius in Novum Testamentum. — XVe SIÈCLE.

Tous les écrits de Guillaud qui se trouvent dans cette bibliothèque sont autographes; ils ont été presque tous imprimés (à Paris, de 1550 à 1562). Le chanoine Guillaud légua ses livres au chapitre d'Autun. Son nom est écrit parfois *Guilliaud.*

50. In-folio sur papier. – 1° Sermones dominicales fratris de Abbate fratrum Minorum. – 2° Sermones de religione christiana S. Bernardini ejusdem ordinis. — XVe SIÈCLE.

Au sujet de François de Abbate d'Asti, de l'ordre des frères Mineurs, auteur de ces sermons, on peut consulter Mazzuchelli (*Gli Scrittori d'Italia*, tom. I, part. Ire, p. 13-14). Les sermons de saint Bernardin ont été imprimés.

51. In-4° sur vélin. – Fratris Ferrarii sermones. — XIVe SIÈCLE.

Incomplet. Le titre est moderne.

51 A. In-folio sur vélin. – Fundationes et anniversaria ecclesiæ æduensis. — XVe-XVIe-XVIIe SIÈCLE.

51 B. In-4° sur papier. – Manuel des revenus de l'église de

Nostre-Dame du chastel d'Ostun (*sic*) pour les années 1566-1571. — XVIe SIÈCLE.

N° 53. In-4° oblong sur vélin. – Sermones dominicales. — XIIIe SIÈCLE.

Incomplet.

54. In-8° sur vélin. – Sermones dominicales et homiliæ. — XIVe SIÈCLE.

55. In-folio sur vélin. – Petri Lombardi sententiarum libri IV. — XIVe-XVe SIÈCLE.

Incomplet.

55 A. In-folio sur vélin. – Petri Lombardi sententiarum libri IV. — XIVe SIÈCLE.

55 B. In-folio sur vélin. – Petri Lombardi sententiarum libri IV. — XIVe SIÈCLE.

56. In-folio sur vélin. – S. Thomas de Aquino super quarto sententiarum. — XIVe SIÈCLE.

56 A. In-folio sur vélin. – S. Thomas de Aquino super quarto sententiarum. — XIVe SIÈCLE.

57. In-folio sur vélin. – S. Thomas de Aquino summa (prima pars tantum). — XIVe SIÈCLE.

58. In-4° sur vélin. (Recueil.) – 1° Alberti de Brixia, ordinis prædicatorum, de officio sacerdotis. – Incipit : « Quoniam, « ut ait beatus Ieronimus, sacerdotis officium est respondere

« de lege. » – 2° Abbreviatio de secunda secundæ D. Thomæ. — XVe SIÈCLE.

Suivant Quétif et Echard (*Scriptores ordinis Prædicatorum*, tom. I, p. 526), le traité d'Albert de Brescia serait inédit. A la fin de ce traité on lit ce qui suit : « Explicit liber de officio sacerdotis compilatus a fratre Alberto de Bri-« cia de ordine fratrum Prædicatorum, ex summa et libris questionibus et « tractatibus S. Thomæ de Aquino de eodem ordine. Scriptus Parisiis per me « Johannem Besson alias Lamberti in artibus magistrum. Parisiis, anno Do-« mini 1454. » Avant la table, il y a huit vers relatifs aux préceptes du Décalogue et de l'Église et aux sacrements.

N° 59. In-folio sur vélin. – 1° Fr. Alberti de Brixia ord. Prædicat. de officio sacerdotum. – 2° Circa idem officium tractatus Hugonis cardinalis ejusdem ordinis. — XVe SIÈCLE.

59 B. In-folio sur papier. – Registre des délibérations du Conseil épiscopal des années 1761-1763. — XVIIIe SIÈCLE.

59 C. In-folio sur papier. – Registre de la Chambre ecclésiastique du diocèse d'Autun pour l'année 1781. — XVIIIe SIÈCLE.

59 D. In-folio sur papier. – Registre de la Chambre ecclésiastique du diocèse d'Autun pour les années 1667-1691. — XVIIIe SIÈCLE.

60. In-folio sur vélin. – Horologium sapientiæ. – Incipit : « Sentite de Domino in bonitate. » — XVe SIÈCLE.

Ouvrage mystique du dominicain Henri Suso, dont les manuscrits sont nombreux, et qui a été souvent imprimé et traduit.

60 *bis*. In-folio sur vélin. – Missale. — XVe SIÈCLE.

Incomplet.

N° 61. In-folio sur papier. – La Tour de David, traduit de l'espagnol du P. Lemos. – Deux exercices dramatiques sur l'éternité de la félicité du ciel et sur l'éternité des peines de l'enfer. — XVIIIe SIÈCLE.

62. In-4° sur vélin. – Manuale collectum de summa confessorum. — XIVe-XVe SIÈCLE.

62 A. In-4° sur vélin. – Rituale æduense. — XVe SIÈCLE.

63. In-8° sur vélin. – Liber sententiarum ex diversis voluminibus. — XIVe SIÈCLE.

64. In-folio sur papier. – Guillaud (ut videtur), æduensis canonici, tractatus theologici. — XVIe SIÈCLE.

64 *bis*. In-folio sur papier. – Lectiones de philosophia. — XVIe SIÈCLE.

Ce manuscrit de peu d'importance commence à la cinquième leçon.

65. Quatre volumes in-4° sur papier. – (Excerpta theologica.) — XVe SIÈCLE.

Ce sont des mélanges et des extraits sans valeur.

65 A. In-8° sur papier. – Rhetoricæ pars tertia, de locutione, a Dominico Segoillot. — XVIIIe SIÈCLE.

C'est un cahier d'écolier, daté de 1785.

65 B. In-4° sur papier. – Lunizaloti de Vistorinis jurisconsulti et senatoris ducalis, oratio in consistorio ducali anno 1496 habita. — XVIe SIÈCLE.

65 C. In-8° sur vélin. – Antiphonarium. — XVIe SIÈCLE.

N° 67. In-4° sur vélin. – Petri Comestoris historia scholastica evangelica et actuum apostolorum. — XIIIe-XIVe SIÈCLE.

67 A. In-folio sur vélin. – 1° Liber qui intitulatur magnus moralium liber (Aristotelis). – Incipit: « Quoniam eligimus « dicere de moralibus primum utique. » – 2° Liber politicorum (Aristotelis). – 3° Retorica (Aristotelis). — XIIIe SIÈCLE.

Ces traductions furent faites d'après le grec. A la fin du *Politicorum* on lit les mots suivants: « Reliquum hujus operis in greco nondum inveni. » Ce passage, comme l'a remarqué Jourdain dans ses Recherches critiques sur l'âge et l'origine des traductions latines d'Aristote (p. 195), se rencontre dans plusieurs manuscrits. Sur les gardes, il y a des *secrets* fort libres.

68. In-folio sur vélin. – Flores sanctorum editi per fratrem Ja. (Jacobum de Voragine) de ordine Prædicatorum. — XIVe SIÈCLE.

Incomplet à la fin.

68 A. In-4° sur vélin. – Flores sanctorum editi per fratrem Jacobum de Voragine ordinis Prædicatorum. — XIIIe SIÈCLE.

Incomplet.

69. In-folio sur vélin. – Liber miraculorum S. Ludovici episcopi. — XIVe-XVe SIÈCLE.

70. In-folio sur vélin. – 1° Ypocratis aphorismi cum commentario. – 2° Pronosticorum ejusdem cum commentario. – 3° G. (Galeni) Tegni cum comment. Haly. — XIVe SIÈCLE.

Sur les gardes il y a quelques fragments du Code de Justinien.

74. In-4° sur vélin. – 1° Sermones pœnitentiales. – 2° Chronica Martini Poloni. — XIVe-XVe SIÈCLE.

N° 75. In-4° sur papier. (Recueil.) – 1° Pogii florentini de infelicitate principum. – 2° Mafei Vegii de felicitate et miseria. – 3° Guarini veronensis de assentatoris et amici differentia ex Plutarcho. — XVe SIÈCLE.

76. In-4° sur papier. – (Recentioris et incogniti poetæ varia carmina.) — XVIe SIÈCLE.

Ce manuscrit est détérioré au commencement. Les poésies n'offrent aucun intérêt : on y lit le nom de Jacques Billy.

76* In-4° sur papier. – (Recentioris poemata anonyma, cum quibusdam epistolis Pelletarii et aliorum.) — XVIe SIÈCLE.

On remarque dans ce manuscrit des dates comprises entre 1525 et 1539. La signature de Jean Pelletier se trouve sur une des gardes. On lit dans ce volume la note suivante : « L'an 1525, le 3 de septembre jor de dimanche, « à trois heures après midi, fut faict tremblement de terre à Beaulieu et lieux « voisins, et le lendemain toute la journée grosse pluye avec tonnerre et « éclairs. » Les poésies sont autographes.

78. In-4° sur papier. – Joannis de Cuye orationes et poemata sacra, D. Gaye æduensi canonico dicata. — XVIe SIÈCLE.

79. In-8° sur papier. – Oratiuncula (J. Martel?). — XVIe SIÈCLE.

79 A. Deux volumes in-4° sur papier. – Prières diverses. — XVIIIe SIÈCLE.

Incomplet.

79 B. In-8° sur papier. – Physica experimentalis. — XVIIIe SIÈCLE.

Ce sont des cahiers d'écolier.

79 C. In-8° sur vélin. – Processionale æduense. — XVe-XVIe SIÈCLE.

N° 80. In-folio sur vélin. - Decretum Gratiani cum glossis. — XIVe SIÈCLE.

80. A. In-folio sur vélin. - Decretum Gratiani cum glossis. — XIIIe SIÈCLE.

81. In-folio sur vélin. - Summa canonum decretorum (cum versibus memorativis). — XIVe SIÈCLE.

82. In-folio sur vélin. - Libri quinque decretalium cum commentario. — XIVe SIÈCLE.

83. In-folio sur vélin. - Apparatus Joh. Andreæ super sexto decretalium. — XIVe SIÈCLE.

Avec de petites miniatures fort jolies.

83. A. In-folio sur papier et sur vélin. - Novella Joh. Andreæ super libro primo decretalium. — XVe SIÈCLE.

84. In-folio sur papier et sur vélin. - Novella Joh. Andreæ super libro secundo decretalium. — XVe SIÈCLE.

Ce manuscrit porte la date de 1408.

85. In-folio sur papier et sur vélin. - Novella Joh. Andreæ super libro tertio decretalium. — XVe SIÈCLE.

Volume aussi daté de 1408.

86. In-folio sur papier et sur vélin. - Novella Joh. Andreæ super libro sexto decretalium. — XVe SIÈCLE.

Ce manuscrit porte la date de 1429.

87. In-folio sur papier et sur vélin. - Joh. Andreæ novellæ super regulis juris. — XVe SIÈCLE.

N° 89. In-folio sur vélin. – Joh. Andreæ apparatus in Clementinas. — XIVe SIÈCLE.

Ces ouvrages de J. d'André ont été souvent imprimés.

90. In-folio sur vélin. – Extravagantes Johannis XXII cum commentario. — XIVe SIÈCLE.

92. In-folio sur vélin. – Commentaria in quinque libros decretalium. — XIVe SIÈCLE.

93. In-folio sur vélin. – Super quinque libros decretalium glossæ quatuor. — XIVe-XVe SIÈCLE.

94. In-folio sur vélin. – Henrici Voich (seu Boich) super primo et sexto decretalium. – Incipit : « Venerabilibus et « discretis viris doctoribus licentiatis et aliis scolaribus au- « ditorium suum decretalium de mane. . . . . ineuntibus « Henricus Bohic Leonensis diocesis in Britannia inter alios « utriusque juris professores minimus cum sui recommen- « datione salutem. » — XVe SIÈCLE.

Le commentaire sur le Sexte paraît inédit. On lit à la fin : « Hic est finis « quem ille imposuit qui est omnium principium atque finis xxxv die ab « exordio de suā III et fide. In anno D. 1348 die jovis post octaba Epiphaniæ « ejusdem cui pro infinitis beneficiis quæ mihi tribuit et specialiter pro eo « quod non obstantibus mortalitate que in istis partibus malescit me per- « duxit ad finem hujus operis perpetuas infinitas benedictiones gratias refero « sicut possum : Cui cum Patre et Spiritu Sancto sit honor et gloria ab æterno « et nunc, et per infinita secula seculorum. Amen. »

95. In-folio sur vélin. – Summa domini Henrici cardinalis Hostiensis. — XVe SIÈCLE.

96. In-folio sur vélin. – 1° Liber decretalium Bonifacii VIII. –

2° Guillelmi de Mandagoto archidiaconi nemausensis libellus de electionibus faciendis. — XIVe SIÈCLE.

Ouvrages imprimés plusieurs fois. Sur Guillaume de Mandagoto, ou de Mandagozzo, on peut voir Fabricius. (*Bibliotheca latina mediæ et infimæ ætatis*, tom. III, p. 154.)

N° 97. In-4° sur vélin. – Casus breves decretalium. — XIVe SIÈCLE.

98. In-4° sur vélin. – Egidii de Foscariis, civis Bononiensis, de foro ecclesiastico. — XIIIe-XIVe SIÈCLE.

Consultez le Voyage littéraire de deux religieux Bénédictins (t. I, part. 1re, p. 155-156). Ce traité d'un des plus célèbres jurisconsultes de l'école de Bologne, dont le véritable nom était *Foscarari*, paraît inédit. (Voyez Sarti, *De claris archigymnasii Bononiensis professoribus*, tom. I, p. 368-372; et Fantuzzi, *Scrittori bolognesi*, tom. III, p. 341-346.) C'est probablement le même ouvrage qui a été souvent cité sous ce titre : *De ordine judiciario in foro ecclesiastico.*

99. In-folio sur papier. – Officialitatis leges et statuta Æduensis civit. — XVe-XVIe SIÈCLE.

Incomplet. Sur les gardes on lit : *Chasseneu.*

99 A. In-8° sur vélin. – Preces piæ cum calendario. — XVe SIÈCLE.

Avec miniatures.

99 C. In-4° sur vélin. – Livre des bonnes mœurs. — XVe SIÈCLE.

Ouvrage mystique insignifiant.

99 D. Petit in-4° sur vélin. – Proprium sanctorum per annum. — XIIIe SIÈCLE.

100. In-folio sur papier et sur vélin. – Bartholus super secundam partem Infortiat. — XVe SIÈCLE.

N° 101. In-folio sur vélin. – Codex Justiniani cum glossis (Novellæ novem libri priores). — XIVe SIÈCLE.

Ce manuscrit a appartenu à Antoine Juis, official d'Autun au XVe siècle. Il porte sa signature.

101 A. In-folio sur vélin. – Terrier du prieuré de S.-Denis en Vaux, fait par ordre de M. Gabriel de la Roquette, évêque d'Autun, par Artus Bruneau, etc. — XVIIe SIÈCLE.

101 B. In-folio sur papier et sur vélin. – Livre de la confrérie du Saint-Sacrement d'Autun. — XVIIIe SIÈCLE.

102. Trois volumes in-folio sur papier et sur vélin. – Lectura Bartholomei de Saliceto in primum, tertium et octavum codicis Justiniani. — XVe SIÈCLE.

105. In-folio sur papier. – Lectura Bartholomei de Saliceto super quarto codicis. — XVe SIÈCLE.

106. In-folio sur papier. – Lectura Bartholomei de Saliceto super sexto codicis. — XVe SIÈCLE.

Ces ouvrages de Barthélemi de Saliceto ont été imprimés.

107. In-4° carré sur vélin. – S. Augustini sermones super psalmos. — VIIe SIÈCLE.

Manuscrit en demi-onciale mérovingienne. L'écriture est régulière avec très-peu d'abréviations : les mots sont rarement séparés. Les titres sont en rouge. Il s'y trouve quelques notes marginales en écriture lombarde. Les pages sont réglées à la pointe sèche : quelques feuillets sont d'un vélin très-mince. On peut juger de l'orthographe d'après le passage suivant : « Neque « detis inquit locum diabolo etenim si intravit et possedit adtende quia tu « neglegegenter. » Sur la garde il y a un fragment de parchemin du Xe siècle où il est parlé d'Hérode, de Saturne, d'Alexandre, etc. Ce manuscrit, qui commence au psaume 141 et se termine au psaume 148, est incomplet à la fin et au milieu. Les marges sont coupées en divers endroits. Les Bénédictins, qui ont cité ce manuscrit, croyaient, en 1708, qu'il avait onze cents ans. (*Voyage littéraire de deux religieux Bénédictins*, tom. I, 1re partie, p. 151.)

N° 108. Grand in-folio sur vélin. - Missale æduense. — XVe SIÈCLE.

Incomplet : il y a des miniatures. Donné par le cardinal Rolin.

108 A. Grand in-folio sur vélin. - Missale æduense. — XVe SIÈCLE.

Donné par le cardinal Rolin. Le volume a de beaux encadrements.

109. Grand in-folio sur vélin. - Missale æduense. — XVe SIÈCLE.

Donné par le cardinal Rolin.

110. In-folio sur vélin. - Missale æduense. — XVe SIÈCLE.

Donné par le cardinal Rolin.

113. In-folio sur vélin. - Missale æduense. — XVe SIÈCLE.

Incomplet. Il a été donné par le cardinal Rolin. Ce volume était orné de miniatures dont plusieurs ont été arrachées. On voit sur les gardes un fragment de lectionnaire dont l'écriture est du IXe-Xe siècle.

114. In-folio sur vélin. - Missale æduense. — XVe SIÈCLE.

Donné par le cardinal Rolin. Il y a des miniatures.

114 A. In-folio sur vélin. - Missale æduense. — XVe SIÈCLE.

Donné par le cardinal Rolin. Incomplet : il y a quelques miniatures.

115. In-folio sur vélin. - Missale æduense. — XVe SIÈCLE.

Donné par le cardinal Rolin. Incomplet.

116. In-folio sur vélin. - Missale æduense. — XVe SIÈCLE.

Il y a des miniatures.

N° 117. In-folio sur vélin. – Missale æduense. — XVe SIÈCLE.

Avec miniatures.

118. In-folio sur vélin. – Missale æduense. — XIVe SIÈCLE.

118 *bis*. In-folio sur vélin. – Missale æduense. — XVe SIÈCLE.

Avec de petites miniatures. Donné à l'église d'Autun par le cardinal Rolin, qui l'acheta en 1475 pour la somme de trente-cinq francs (trigenta quinque francorum).

119. In-folio sur vélin. – Missale æduense. — XVe SIÈCLE.

119 A. In-folio sur vélin. – Antiphonarium cum cantu. — XVe SIÈCLE.

Incomplet.

120. In-folio sur vélin. – Missale æduense. — XVe SIÈCLE.

121. In-folio sur vélin. – Missale æduense. — XIVe SIÈCLE.

123. Deux volumes in-folio sur vélin. – Missale æduense. — XVe SIÈCLE.

Incomplet.

124. In-folio sur vélin. – Missale æduense. — XIVe-XVe SIÈCLE.

C'est le second volume seulement.

125. In-4° sur vélin. – Missale romanum ad ritus æduenses accomodatum. — XIIe, XIIIe et XIVe SIÈCLE.

Les diverses parties de ce manuscrit incomplet ont été écrites à différentes époques.

126. In-4° sur vélin. – Missale æduense. — XVe SIÈCLE.

N° 127. In-4° sur vélin. – Epistolæ per annum. — XIVe SIÈCLE.

129. In-folio sur vélin. – Pontificale romanum. — XVe SIÈCLE.

Ce manuscrit, orné de belles miniatures, a appartenu à Antoine de Châlon, évêque d'Autun, mort en 1500.

130. In-4° sur vélin. – Evangelia per annum. — XIIe-XIIIe SIÈCLE.

Ce manuscrit renferme quelques miniatures; il est incomplet à la fin.

131. Petit in-folio sur vélin. – Prosæ variæ, Epistolæ et Evangelia per annum. — XIIIe SIÈCLE.

132. Petit in-folio sur vélin. – Collectarium æduense cum canone missæ. — XIIIe SIÈCLE.

134. Grand in-folio sur vélin. – Missale æduense. — XVe SIÈCLE.

Donné par le cardinal Rolin.

135. In-folio sur vélin. – Psalterium et lectionarium æduense. — XVe SIÈCLE.

Incomplet. Donné par le cardinal Rolin, et décoré de ses armes.

136. Grand in-folio sur vélin. – Breviarium cum psalterio. — XIVe SIÈCLE.

138. In-folio sur vélin. – Psalterium æduense. — XIVe-XVe SIÈCLE.

139. In-4° sur vélin. – Psalterium cluniacense. — XIVe SIÈCLE.

Ce manuscrit est brisé : il a été acquis récemment et paraît avoir appartenu à l'église de Saint-Marcel de Châlon.

N° 139 A. In-4° sur vélin. – Psalterium et rituale ad provinciam Lugdunensem accommodata. — XIVe SIÈCLE.

Ce manuscrit paraît provenir de l'église de Saint-Andoche d'Autun.

139 B. In-4° sur vélin. – Sermones Cancellarii : pars estivalis. — XIIIe-XIVe SIÈCLE.

140. In-4° sur vélin. – Missale æduense. — XVe SIÈCLE.

Incomplet.

143. In-folio sur vélin. – (Anniversaria benefactorum ecclesiæ æduensis ab anno 1209 ad annum 1380.)— XIIIe-XIVe SIÈCLE.

Il manque à ce manuscrit, intéressant pour l'histoire d'Autun, quatre jours du mois de novembre et les vingt-quatre derniers jours du mois de juin. Les cahiers de la fin sont transposés. Deux feuillets de garde sur vélin d'une écriture du IXe siècle contiennent des matières ecclésiastiques; peut-être un commentaire sur quelques parties de la Bible.

143 A. In-folio sur papier. – Lectionarium. — XVIIe SIÈCLE.

Ce manuscrit est incomplet.

143 B. In-folio sur vélin. – Missa pro pace (cum cantu et musica). — XIVe SIÈCLE.

144. In-folio sur papier. – Catalogus ordinatorum a pontificatu Jacobi Hurault. — XVIe SIÈCLE.

145. In-4° sur vélin. – Missale romanum. — XIIIe-XIVe SIÈCLE.

Les additions appartiennent au rite de l'église d'Autun.

146. In-4° sur vélin. – Missale ordinis fratrum minorum. — XIVe SIÈCLE.

N° 146 A. In-folio sur vélin. – Biblia sacra (cum epist. S. Hieronymi ad Paulinum, etc.). — XIVe SIÈCLE.

148. In-folio sur vélin. – Antiphonarium et psalterium æduense cum cantu. — XVe SIÈCLE.

Incomplet. Donné par le cardinal Rolin.

148 *. In-folio sur vélin. – Antiphonarium et psalterium æduense cum cantu. — XVe SIÈCLE.

Donné par le cardinal Rolin.

148 A. In-folio sur papier. – Bartholomei de Saliceto lectura in codicem Justiniani (repetitæ prælectionis). — XVe SIÈCLE.

Incomplet. Cet ouvrage a été imprimé plusieurs fois.

148 A. In-folio sur vélin. – Antiphonarium et psalterium æduense cum cantu. — XVe SIÈCLE.

Donné par le cardinal Rolin.

150. In-folio sur vélin. – Antiphonarium æduense cum cantu. — XVe SIÈCLE.

Incomplet.

150. * Neuf volumes in-folio sur vélin. – Antiphonaria varia cum cantu. — XVe-XVIe SIÈCLE.

Ces volumes sont incomplets.

150 A. In-folio sur papier. – Antiphonarium cum cantu. — XVIIe SIÈCLE.

151. In-folio sur vélin. – Antiphonarium cum cantu. — XVe SIÈCLE.

Incomplet.

N° 151*. In-folio sur vélin. - Antiphonarium æduense cum cantu. — XIIIe SIÈCLE.

Ce volume contient le propre des saints.

151 A. In-folio sur vélin. - Antiphonarium æduense cum cantu. — XIIIe SIÈCLE.

Avec des additions du XVe siècle. Ce volume contient le propre des saints.

152. In-folio sur papier. - Officium cantoris (cum cantu et musica). — XVIe SIÈCLE.

153. In-8° sur vélin. - Processionale æduense. — XVe-XVIe SIÈCLE.

X. In-4° sur vélin. - Ordinarius S. Symphoriani æduensis. — XIIIe SIÈCLE.

Incomplet.

Z. Petit in-4° sur vélin. - Processionale S. Martini æduensis. — XIIIe SIÈCLE.

Incomplet.

G III. In-4° sur vélin. (Recueil.) - 1° « In Christi nomine incipit « liber sentenciarum. De Caritate. Dominus dicit in Evange- « lio. » - 2° « Incipit dicta S. Hieronimi » (De cursu ecclesiastico). - 3° « Incipit canon S. Silvestri et CCLXXXXIIII episco- « porum. » - 4° « Incipit liber Tobie » (abbreviatus). - 5° (Indictiones ad annos 850, 851, 852.) - 6° « Incipiunt in- « terrogationes : Quid ex Deo primum processit ? » - 7° « Ca- « pitula patrum traditionum suscepim̃ quomodo solemnis « ordo ecclesiae agetur quibus vel instructionibus kanon « ecclesiasticus decoratur. » - Incipit : « Germanus ep̃s parisius

« scripsit de missa. » – 8° Expositio in missa. – 9° (Vocabularium.) – Incipit : « Baptizare hoc est. » – 10° (Epistola Alcuini.) – Incipit : « Filio carissimo Adoino presbitero. » — IXe SIÈCLE.

Ce manuscrit, important pour l'histoire de la liturgie en France, provient de Saint-Martin d'Autun. Le n° 7 a été publié par dom Martène d'après ce texte (Voyez le *Thesaurus novus anecdotorum*, tom. V, col. 91-100 ; voyez aussi le Voyage littéraire de deux religieux Bénédictins, tom. I, 1re partie, p. 159 ; et l'Histoire littéraire de la France, tom. III, p. 312-316) ; mais le savant bénédictin n'a pas donné en entier le commencement, que nous avons reproduit ici scrupuleusement. Le n° 9 est consacré à l'explication des mots employés dans les cérémonies du baptême. Le n° 10 est incomplet.

FIN DU CATALOGUE DES MANUSCRITS DU SÉMINAIRE D'AUTUN.

MANUSCRITS

DE

LA BIBLIOTHÈQUE

DE LAON.

AVERTISSEMENT.

Les manuscrits de la bibliothèque publique de la ville de Laon proviennent presque tous de plusieurs établissements religieux de la ville ou des environs, détruits par la révolution française, savoir : la cathédrale, ou Notre-Dame de Laon ; les abbayes de Vauclair, de Cuissy, de Saint-Vincent, de Saint-Jean, de Foigny, de la Valroi et du Val-Saint-Pierre. Deux manuscrits ont été donnés récemment par des particuliers ; quelques autres, en petit nombre, ne portent aucun indice qui en fasse connaître l'origine.

Le fonds de la cathédrale est le plus considérable, et par le nombre des manuscrits qu'il renferme, et par l'antiquité de la plupart de ces manuscrits. Quelques-uns remontent au VIIIe siècle, si ce n'est même au VIIe ; beaucoup d'autres au IXe, qui fut celui où l'église de Laon eut peut-être le plus de splendeur. Parmi ces derniers plusieurs portent une inscription attestant qu'ils furent donnés à Dieu et à Notre-Dame de Laon par l'évêque Didon : « Hunc librum dedit domi-« nus Dido episcopus Deo et Sanctæ Mariæ ; si quis abstulerit, iram « Dei et ejusdem genitricis offensam incurrat. » Didon occupait déjà le siége épiscopal en 883, et il assistait encore au concile qui fut tenu à Reims en 893[1].

D'autres manuscrits du même siècle, en assez grand nombre, présentent cette inscription : « Istum librum dederunt Bernardus et Ade-« lelmus Deo et Sanctæ Mariæ Laudunensis ecclesiæ ; si quis abstule-« rit, offensionem Dei et sanctæ Mariæ incurrat. » Quels sont ces deux donateurs, Bernard et Adelelm ? C'est ce que j'ai cherché à découvrir, et j'apporterai ici la conjecture à laquelle je me suis arrêté.

Les manuscrits étaient rares et chers au IXe siècle ; on n'en trou-

[1] *Gallia christiana*, tom. IX, col. 519.

vait guère que dans les couvents et les chapitres où on les copiait; à peine quelques-uns ailleurs, et seulement chez les princes lettrés, comme les Alfred et les Charles le Chauve, qui s'en procurèrent avec de grandes dépenses, en les faisant exécuter tout exprès. Les deux personnages qui firent à Notre-Dame de Laon un don si précieux ne pouvaient donc être que d'un très-haut rang. Or, selon toute apparence, ce n'étaient pas des clercs. D'abord, dans l'*ex dono,* on n'eût pas manqué de joindre leurs titres à leurs noms, comme nous venons de voir qu'on l'avait fait, dans le même temps, pour l'évêque Didon. En second lieu, un clerc n'aurait guère pu faire un semblable présent qu'à l'église ou au couvent auxquels il eût lui-même appartenu. Or, nous ne voyons pas figurer, à cette époque, les noms de Bernard et d'Adelelm parmi ceux des dignitaires de la cathédrale de Laon, ni des différents monastères du diocèse.

Mais, d'un autre côté, comment deux laïques auraient-ils pu former, avec le temps et les dépenses nécessaires, une collection de manuscrits très-importante pour une semblable époque, sans que les historiens contemporains, si attentifs à ce qui intéressait les lettres et les sciences, en eussent fait la moindre mention? Il fallait donc, ce semble, que quelque circonstance extraordinaire fût venue leur donner, à tous deux à la fois, la disposition d'une des rares *librairies* de ce temps. Or, ces traits divers, j'ai cru les trouver réunis dans l'histoire de deux personnages éminents de la cour de Charles le Chauve.

Parmi les conseillers que Charles le Chauve institue, en 877, par son testament, auprès de son fils Louis le Bègue, nous voyons figurer « le comte Adelelm et le comte Bernard; » et, dans le même acte, il les nomme parmi ses exécuteurs testamentaires, préposés à la distribution de ses aumônes et spécialement chargés de la répartition des livres contenus dans son trésor. N'est-il pas naturel de penser que c'est de ce trésor impérial que les deux comtes tirèrent effectivement les manuscrits dont nous recherchons en ce moment l'origine? Il semble que cette conjecture satisfait à tous les éléments de la question.

Cependant il y a une difficulté à lever dans les termes mêmes de la dernière volonté de Charles le Chauve. Il ne laisse point à ses exécuteurs testamentaires la faculté de disposer à leur gré de ses livres. Il leur prescrit de les partager entre Saint-Denys, Sainte-Marie de Compiègne, et son fils[1]. Il n'est pas permis de croire qu'ils en aient pu distraire une partie pour la donner, de leur autorité privée, à Sainte-Marie de Laon. Mais, ce qu'on peut supposer aisément, c'est que Louis le Bègue, moins lettré et moins curieux de livres que son père, abandonna son lot, en totalité ou en partie, à ses deux conseillers, et que, dès lors, ceux-ci purent légitimement en faire présent à l'une des métropoles les plus illustres du siècle. Remarquons, en outre, que l'un des deux comtes, Adelelm, avait possédé dans le comté de Laon le bénéfice de Chausse (Cadussa villa) et deux églises que Charles le Chauve donna à l'abbaye de Saint-Denis[2].

Quelques manuscrits furent offerts à la cathédrale de Laon, dans le XIIIe siècle, par un de ses archidiacres, Adam de Cortlandon; mais ce ne sont que ses propres ouvrages, et on trouverait difficilement des productions plus complétement dépourvues de mérite et d'intérêt.

Enfin, un chanoine de Laon, nommé Michel Casse, qui fut chan-

[1] *Capitulare Caroli Calvi, apud Carisiacum*, anno 877. — « ART. XIII : Si nos in Dei sanctorumque ipsius servitio mors præoccupaverit, eleemosynarii nostri, secundum quod illis commendatum habemus, de eleemosyna nostra decertent : et libri nostri, qui in thesauro nostro sunt, ab aliis, sicut dispositum habemus, inter S. Dionysium et S. Mariam in Compendio et filium nostrum dispertiantur ; id est : Hincmarus, venerabilis archiepiscopus ; Franco, episcopus ; Odo, episcopus ; Gauzlinus, abbas ; Arnulfus, comes ; Bernardus, comes ; Chonradus, comes ; Adelelmus, comes. Similiter de his quæ ad eleemosynam conjugis nostræ pertinent, si ipsa obierit, faciant. Quæ vero superfuerint, ab ipsis salventur usque ad nostram, Deo dante, interrogationem. — ART. XV. Qualiter et quo ordine filius noster in hoc regno remaneat, et qui debeant esse, quorum auxilio utatur, et vicissitudine cum eo sint. Videlicet ex episcopis..... ex comitibus vero, aut Theudericus, aut Balduinus, sive Chuonradus, seu Adelelmus, alternatim cum illo consistant, et, quanto sæpius pro nostra utilitate potuerint, Boso et Bernardus. » (*Scriptores rerum gallicarum*, tom. VIII, p. 701, 702.)

[2] *Script. rer. gallic.* t. VIII, p. 601.

celier de Noyon, au xive siècle, donna à Notre-Dame de Laon plusieurs manuscrits, qu'il avait achetés, et qui sont généralement de quelque valeur.

Mais le chapitre possédait encore, au xviiie siècle, beaucoup de manuscrits qui ne se retrouvent plus aujourd'hui dans la bibliothèque de la ville. C'est ce dont on pourra se convaincre en comparant avec le catalogue qu'on va lire celui qu'a donné le P. Montfaucon, dans sa Bibliothèque des bibliothèques de manuscrits[1]. Et, malheureusement, parmi les volumes qui ont disparu, il en est plusieurs des plus précieux, soit par leur contenu, soit par leur antiquité. Tels sont, par exemple, entre ceux auxquels le savant bénédictin applique la qualification, un peu vague, *antiquissimus* ou *summæ antiquitatis*, les Actes du troisième concile de Constantinople; Saint Denys l'Aréopagite; un commentaire sur les Évangiles, de l'an 807; celui d'Hésychius sur le Lévitique; Frodoard; la Chronique de saint Julien de Tolède; deux Histoires des papes, etc. etc.; parmi les manuscrits dont l'âge n'est aucunement indiqué, quelques auteurs anciens, Térence, Cicéron, Claudien, etc. Toutes ces richesses auront disparu dans les désordres qui suivirent la confiscation des établissements religieux.

Montfaucon a aussi donné[2], à la suite du catalogue de la cathédrale, celui de l'abbaye de Vauclair, *Vallis-Clara,* qu'il appelle, par erreur, Vauclerc, *Vallis-Clericorum;* et un certain nombre des manuscrits qui y sont mentionnés manquent également aujourd'hui. Cependant les pertes sont ici moins regrettables. Les manuscrits de Vauclair sont, en général, moins anciens et moins précieux que ceux de la cathédrale. Mais, enfin, pour ces deux fonds réunis, le catalogue de Montfaucon indique plus de cent manuscrits de plus que le nôtre.

Après les fonds de Vauclair et de la cathédrale, le plus considérable est celui de l'abbaye de Cuissy, qui appartenait à l'ordre de

[1] T. II, p. 1292-1299. — [2] Pag. 1299-1302.

Prémontré. Puis, viennent ceux de Saint-Vincent, de Val-Saint-Pierre, de Saint-Jean, de Foigny, de la Valroi.

Saint-Vincent n'était, jusqu'en l'année 580, qu'une simple chapelle. Brunehaut en fit alors un monastère. Au IXe siècle, les Normands le détruisirent. Ce fut l'évêque Didon qui le rétablit, en y transportant douze chanoines de Saint-Bottien [1].

Les auteurs du *Gallia christiana* ne donnent aucun renseignement sur le couvent de Val-Saint-Pierre.

Saint-Jean de Laon, de l'ordre de saint Benoît, était le couvent le plus ancien de la ville, après Saint-Vincent. Depuis l'an 840, il était occupé par des femmes, auxquelles on substitua des hommes en 1128 [2].

Le couvent de la Valroi appartenait à l'ordre de Cîteaux. Ce fut le célèbre Guerric, abbé d'Igny, qui le fonda, en 1148, en y envoyant douze moines, sous la conduite d'un abbé [3].

Les manuscrits de la bibliothèque de Laon offrent un assez grand nombre de monuments inédits, ou du moins que je crois tels. On trouvera réunies dans l'Appendice, à la fin du volume, quelques pièces qui m'ont semblé mériter, à divers titres, d'être publiées.

La première est un fragment considérable d'un commentaire sur l'Évangile de saint Jean, que je crois pouvoir attribuer au célèbre fondateur de la philosophie et de la théologie mystique au moyen âge, Jean Scot Érigène. Ce morceau ne porte pas de titre ni de nom d'auteur dans le manuscrit; mais il me paraît impossible d'y méconnaître l'ouvrage de Jean Scot. D'abord l'écriture du manuscrit est du IXe siècle, du temps où ce personnage a vécu; ensuite l'ouvrage même est tout entier conçu et exécuté dans sa manière, très-facile à reconnaître. La doctrine est bien celle dont le grand dialogue *De divisione naturæ* présente le développement, et qui est empruntée presque entièrement aux écrits du prétendu saint Denys l'Aréopa-

[1] *Gall. christ.* tom. IX, col. 519.

[2] *Ibid.* col. 587-589.

[3] *Gall. christ.* tom. IX, col. 312.

gite et de son commentateur saint Maxime. Les auteurs qu'on cite de préférence dans notre Commentaire sont saint Denys, saint Maxime et saint Grégoire de Nazianze, c'est-à-dire les auteurs favoris de Jean Scot, et qu'il fut à peu près le premier à faire connaître en Occident. On y étale cette connaissance de la langue grecque qui était un des principaux titres du savant Irlandais à l'admiration de ses contemporains, et dont il fait parade dans tous ses ouvrages. On affecte, comme lui, d'employer des mots grecs latinisés; enfin, l'élocution a ce tour poétique, tout particulier, qui caractérise les écrits de Scot Érigène; c'est tout à fait le style de son Homélie sur l'Évangile de saint Jean, que j'ai publiée ailleurs[1], et qui, du reste, est tout à fait distincte du présent commentaire.

Malheureusement nous n'avons ici de cet ouvrage qu'un fragment comprenant le commentaire de la plus grande partie des cinq premiers chapitres de saint Jean, et du commencement du sixième. Il est très-regrettable que nous n'ayons pas du moins le commentaire du reste de ce dernier chapitre. On y aurait sans doute trouvé une exposition complète de la doctrine de Scot Érigène sur l'Eucharistie, doctrine dont on n'a guère jugé jusqu'à présent que par celle de Bérenger de Tours, qui faisait profession de la suivre, mais qui s'en écartait, ce semble, assez notablement[2]. Les deux passages suivants du fragment que nous publions fournissent quelques lumières nouvelles sur la théorie propre à notre auteur : « Spiritualiter eum (Salvatorem) im« molamus, et intellectualiter mente, non dente, comedimus. — « Spiritualis homo. . . . . negat Christum carnem esse, quam jam in « spiritum versam esse intelligit... Caro ipsius (Christi) exaltata est, « et mutata in animam rationabilem. » — Du premier de ces deux passages, il paraît résulter que Jean Scot niait la présence réelle du

[1] *Rapports au Ministre de l'instruction publique sur les bibliothèques des départements de l'Ouest, suivis de pièces inédites.* Paris, 1841, in-8°.

[2] *Berengarii Epistola ad Lanfrancum* (in not. ad vit. Lanfr. pag. 22, ed. d'Achery) : « Joannem. . . . . cujus sententiam de eu« charistia probamus. »

corps de Jésus-Christ, tandis que Bérenger prétendait l'admettre, et ne rejeter que la transsubstantiation [1]. Dans le second on aperçoit la raison sur laquelle il fondait son opinion, et qui était que la chair de Jésus-Christ avait été changée en esprit, et que, par conséquent, Jésus-Christ n'avait plus de corps et n'était qu'esprit pur. En effet, dans le *De divisione naturæ,* si Scot Érigène reconnaît un corps à Jésus-Christ, il soutient que ce corps est tout esprit, exempt de toutes les conditions, soit du temps, soit de l'espace [2]; et il ajoute que tels seront tous les corps dans l'état glorieux de la vie future [3]. Il avait emprunté cette théorie des *corps spirituels* aux Pères de l'Église grecque, tels que saint Grégoire de Nazianze, et à saint Ambroise, qui leur est généralement conforme.

C'est aussi par conjecture que j'ai attribué à Raymond de Pennafort la Somme pastorale, qui forme le n° 3 de l'Appendice. En effet, dans le manuscrit elle ne porte pas de nom d'auteur; mais on sait que Raymond avait composé un traité sur le même sujet et sous le même titre. L'écriture du manuscrit est de son temps, et on y mentionne les canons promulgués par le cardinal Gala ou Galon, dans la première moitié du XIIIe siècle, qui est précisément l'époque où vécut Raymond. Enfin, le même volume renferme un autre ouvrage de ce célèbre canoniste, la *Summa de casibus*, aussi sans nom d'auteur.

Quant aux trois sermons de Rathier de Vérone, ils complètent la publication des œuvres de cet auteur qui avait été entreprise par le savant bénédictin D. Luc d'Achéry; c'est cette considération qui m'a seule déterminé à les publier.

M. Victor Le Clerc ayant offert de se charger du soin de publier, avec un commentaire critique et historique, le Glossaire latin qui

[1] Voy. *Berengarius Turonensis*, von G. E. Lessing, 1770, in-4°, p. 185.

[2] *De divisione naturæ*, edit. Th. Gale, Oxon. 1681; in-fol. p. 52-53, 257, 297.

[3] *De divis. naturæ*, ed. Th. Gale, Oxon. p. 293.

fait partie du manuscrit 463, et qui renferme des fragments inédits de plusieurs auteurs anciens, dont quelques-uns appartiennent au siècle d'Auguste, j'ai accueilli avec empressement cette proposition, ne croyant pouvoir mieux faire, dans l'intérêt du public, que de remettre cette partie de ma tâche en des mains si savantes et si exercées.

En outre, dans le cours de mon propre travail, j'ai été redevable à l'obligeance et à l'érudition de MM. Le Clerc et Hase de plusieurs indications et additions précieuses. Je désire qu'ils trouvent ici l'expression de ma sincère reconnaissance.

Félix Ravaisson.

LISTE

DES

ÉDITIONS CITÉES DANS LE CATALOGUE DES MANUSCRITS

DE LA BIBLIOTHÈQUE DE LAON.

Acta sanctorum, edid. Bollandus et Henschenius, etc. — Antuerpiæ, 1643-1794; 53 vol. in-fol.

Achery (D'), Spicilegium, sive collectio veterum aliquot scriptorum. — Parisiis, 1723; 3 vol. in-fol.

Alberti Magni Opera, ed. Petrus Jammy, ordinis Prædicatorum.—Lugduni, 1651; 21 vol. in-fol.

Alcuini Opera. — Ratisbonæ, 1777; 2 vol. in-fol.

S. Ambrosii Opera, edid. PP. ordinis S. Benedicti. — Parisiis, 1686; 2 vol. in-fol.

S. Anselmi Opera, ed. Gabriel Gerberon. — Parisiis, 1675; in-fol.

S. Augustini Opera, edid. PP. ordinis S. Benedicti. — Parisiis, 1679-1700; 11 vol. in-fol.

Alliaco (Petri de) Tractatus et sermones. — Argentorati, 1490; in-fol.

Barthii (Gaspardi) Adversaria. — Francofurti, 1624; in-fol.

S. Basilii Magni Opera. — Parisiis, 1721; 3 vol. in-fol.

Bedæ Venerabilis Opera. — Coloniæ, 1688; 8 vol. in-fol.

S. Bernardi Opera, cura Joannis Mabillon. — Parisiis, 1690; 2 vol. in-fol.

Bibliotheca maxima veterum Patrum. — Lugduni, 1677; 30 vol. in-fol.

S. Bonaventuræ Opera. — Romæ, 1588-1596; 8 vol. in-fol.

Bulæi (Egassii) Historia Universitatis Parisiensis. — Parisiis, 1665-1673; 6 vol. in-fol.

CANGE (*Caroli du Fresne du*) *Glossarium mediæ et infimæ latinitatis, cum indice auctorum.* — Parisiis, 1665-1673; 6 vol. in-fol.

CASSIANI (*Joannis*) *Opera.* — Atrebati, 1628; in-fol.

CASSIODORI *Opera.* — Rothomagi, 1679; 2 vol. in-fol.

Catalogus manuscriptorum codicum Bibliothecæ regiæ Parisiensis. — Parisiis, 1739-1744; 4 vol. in-fol.

CAVE (*Guillelmi*) *Historia litteraria scriptorum ecclesiasticorum.* — Oxonii, 1743; in-fol.

COMBEFISII (*Franc.*) *Bibliotheca Patrum concionatoria.* — Parisiis, 1662; 8 vol. in-fol.

COTELERII *Collectio Operum SS. Patrum qui temporibus apostolicis floruerunt, ed. 2ª, cur. J. Clerico.* — Amstelodami, 1724; 2 vol. in-fol.

COUSIN (*Victor*), *Introduction aux ouvrages inédits d'Abélard.* — Paris, 1836; in-4°.

DOUJAT (*Joannis*) *Prænotionum canonicarum libri V.* — Parisiis, 1587; in-4°.

ESPEN (*Zegeri Bernardi Van*) *Tractatus historico-canonicus in canones.* — Leodii, 1693, in-4°.

ECUY (*De L'*), *Essai sur la Vie de Jean Gerson.* — Paris, 1832; 2 vol. in-8°.

S. EPHRÆM SYRI *Opera.* — Romæ, 1736; 6 vol. in-fol.

FABRI (*Jac. Stapulensis*) *Commentarius in epistolas S. Pauli.* — Parisiis, 1512; in-fol.

FABRICII (*Jo. Alberti*) *Bibliotheca græca, edid. Harles.* — Hamburgi, 1790-1811; 12 vol. in-4°.

FABRICII (*Jo. Alb.*) *Bibliotheca latina, nunc melius delecta, rectius digesta et aucta diligentia J. Aug. Ernesti.* — Lipsiæ, 1773; 3 vol. in-8°.

FABRICII (*Jo. Alberti*) *Bibliotheca latina mediæ et infimæ ætatis, cum supplemento Christiani Schoettgenii, editio prima italica a P. Joanne Dominico Mansi.* — Patavii, 1754; 6 vol. in-4°.

FABRICII (*Jo. Alberti*) *Codex pseudepigraphus Veteris et Novi Testamenti.* — 1722; 2 vol. in-8°.

Gallia christiana nova, opera Dionysii Sammarthani. — Parisiis, 1715-1785; 13 vol. in-fol.

S. GREGORII *Magni Opera.* — Parisiis, 1705; 4 vol. in-fol.

S. *Gregorii Turonensis Opera, cura D. Rainart.* — Parisiis, 1699; in-fol.

Héméré (*Claud.*), *De Academia Parisiensi.* — Parisiis, 1738; in-fol.

S. *Hieronymi Opera, cura PP. ord. S. Benedicti.* — Parisiis, 1693; 5 vol. in-fol.

Hildeberti Cenomanensis Opera, studio D. Beaugendre. — Parisiis, 1708; in-fol.

Hincmari Opera, ed. Jac. Sirmond. — Parisiis, 1645; 2 vol. in-fol.

Histoire littéraire de la France. — Paris, 1733-1842; 20 vol. in-4°.

Holstenii (*Lucæ*) *Codex regularum quas S. Patres monachis et virginibus sanctimonialibus servandas præscripsere, collectus olim a S. Benedicto, Anianensi abbate.* — Parisiis, 1663; in-4°.

Hugonis de S. Caro Postillæ, sive breves commentarii in universa Biblia. — Lugduni, 1669; 8 vol. in-fol.

Hugonis de S. Victore Opera. — Rotomagi, 1648; 3 vol. in-fol.

Isidori Hispalensis Opera. — Coloniæ, 1617; in-fol.

Jacobus (*Ludovicus*), *Bibliotheca pontificia.* — Lugduni; 1643, in-4°.

Jourdain, Recherches critiques sur l'âge et l'origine des traductions latines d'Aristote. — Paris; 1819, in-8°.

Labbe, Collectio SS. Conciliorum. — Parisiis, 1671; 17 vol. in-fol.

Launoii (*Joannis*) *Regii Navarræ gymnasii Parisiensis historia.* — Parisiis, 1677; in-4°.

Lelong (*Jacobus*), *Bibliotheca sacra.* — Parisiis, 1723; in fol.

S. *Leonis Magni Opera, ed. Quesnel.* — Parisiis, 1675; in-4°.

Mabillon, Vetera Analecta. — Parisiis, 1723; in-fol.

Mabillon, Acta Sanctorum ordinis S. Benedicti in sæculorum classes distributa. — Parisiis, 1668-1702; 9 vol. in-fol.

Mabillon, De re diplomatica. — Parisiis, 1681; in-fol.

Martène et Durand, Veterum scriptorum et monumentorum amplissima collectio. — Parisiis, 1724-1733; 9 vol. in-fol.

Mauguin (*Gilbert*), *Veterum scriptorum qui* IX*e* *sæculo de gratia scripsere, Opera.* — Parisiis, 1650; 2 vol. in-4°.

Medici latini veteres. — Venetiis, Aldus, 1547; in-fol.

Mémoires de Trévoux. — Mars 1717.

Miræi (Auberti) Auctarium in J. Alb. Fabricii Bibliothecam ecclesiasticam.—Hamburgi, 1718; in-fol.

Montfaucon, Bibliotheca bibliothecarum manuscriptorum.— Parisiis, 1739; 2 vol. in-fol.

Montfaucon, Palæographia græca. — Parisiis, 1708; in-fol.

Novum Testamentum, ed. Robertus Stephanus. — Parisiis, 1532; in-fol.

Opuscula Græcorum sententiosa et moralia, ed. Orelli. — Lipsiæ, 1819; in-8°.

Ossinger, Bibliotheca Augustiniana historica, critica et chronologica. — Ingolstadii, 1768; in-fol.

Oudin (Casimir), De scriptoribus ecclesiasticis. — Lipsiæ, 1722; 3 vol. in-fol.

Pancirolus (*Guido*), *De claris legum interpretibus libri IV.*—Venetiis, 1637; in-4°.

Paulin Pâris, Les manuscrits français de la Bibliothèque du Roi, t. III et IV. — Paris, 1840, 1841; in-8°.

Patricii (Franc.) Discussionum peripateticarum tomi IV. — Basileæ, 1581; in-fol.

Pistorius, Rerum Germanicarum scriptores. — Francofurti, 1613.

Pitseus, Relationum historicarum de rebus Anglicis, seu de academiis et illustribus Angliæ scriptoribus tomus primus. — Parisiis, 1619; in-4°.

S. Prosperi Opera. — Parisiis, 1711; in-fol.

Possevini Apparatus sacer de scriptoribus Veteris et Novi Testamenti. — Coloniæ Agrippinæ, 1608; 2 vol. in-fol.

Quétif et Echard, Scriptores ordinis Prædicatorum. — Parisiis, 1719; 2 vol. in-fol.

Robert (A. C. M.), Essai sur les fabulistes avant La Fontaine.—Paris, 18... in-8°.

Sanderus, Bibliotheca Belgica manuscripta. — Lille, 1641-1643; 2 part. in-4°.

Sarti, De claris archigymnasii Bononiensis professoribus. — Bononiæ, 1769; 2 vol in-fol.

Scriptores rerum Gallicarum et Francicarum. — Parisiis, 1736-1840; 20 vol. in-fol.

Sirmond, Concilia antiqua Galliæ. — Parisiis, 1629; 3 vol. in-fol.

Surius, Vitæ Sanctorum. — Coloniæ Agrippinæ, 1618; 7 vol. in-fol.

Sixtus Senensis, Bibliotheca sacra. — Neapoli, 1742, 2 vol. in-fol.

S. *Thomæ Aquinatis Opera.* — Parisiis, 1660; 23 vol. in-fol.

Tissier, Bibliotheca Patrum Cisterciensium. — Bonofonti, 1660; 6 vol. in-fol.

Trithemius (Joannes), Catalogus scriptorum ecclesiasticorum. — Parisiis, 1512; in-4°.

Ughelli (Ferdin.), Italia sacra. — Romæ, 1644-1662; 9 vol. in-fol.

Visch (De), Bibliotheca scriptorum ordinis Cisterciensis. — Coloniæ, 1656, in-4°.

Vincentius Bellovacensis, Speculum majus. — Argentinæ, 1473-1476, 3 vol. in-fol.

Wadding, Scriptores ordinis Minorum. — Romæ, 1650; in-fol.

Wadding, Annales ordinis Minorum. — Romæ, 1731-1745; 19 vol. in-fol.

MANUSCRITS

DE

LA BIBLIOTHÈQUE

DE LAON.

N° 1. Petit in-folio sur vélin. – (Summarium vel dictionarium Guillelmi Britonis.) – Incipit : « Difficiles studeo partes. » — XIVe SIÈCLE.

Provient du Val-Saint-Pierre. Sur deux colonnes. Daté de l'an 1356. Ducange a publié, dans la préface de son Glossaire (§ 49), les vers par lesquels cet ouvrage commence et finit. Ce n'est pas seulement, comme l'ont dit les bibliographes qui en ont parlé (Pitseus, *De illustribus Angliæ scriptoribus*, p. 481; Wadding, *Scriptores ordinis Minorum*, p. 150; Fabricius, *Bibliotheca latina mediæ et infimæ ætatis*, v. *Guillelmus Brito; Histoire littéraire de la France*, tom. XVII, p. 356), un dictionnaire explicatif des mots de la Bible, quoique le titre, dans plusieurs manuscrits, et les vers placés au commencement, n'annoncent pas autre chose; c'est plutôt une encyclopédie alphabétique abrégée. Le premier article, qui est la lettre A, est ainsi conçu : « A littera, sicut dicit Ysidorus in primo libro Ethimologiarum, ideo in omnibus linguis est prior, quia ipsa nascencium vocem aperit. Unde O. (Orosius?) in Historiis : masculus recenter natus ejulando dicit *a*, mulier vero *e*, unde versus : « E profert aut A, quisquis procedit ab Eva. » Item dicit PS. (Priscianus) in Tractatu de interpretatione : A præpositio est et interjectio. Etenim præpositio, ut : a summo ad imum; interjectio, ut in Bucolicis : « A! tibi ne teneras glacies secet aspera plantas. » Et nos possimus addere quod est interjectio dolentis, ut dicitur *aaa Domine Deus!* Item nomen est ipsius littere, sicut supra dictum est. »

N° 2. In-folio sur vélin. – (Dictionarium Guillelmi Britonis.) — XIVe SIÈCLE.

Provient du Val-Saint-Pierre. Sur deux colonnes.

3. In-folio sur vélin. (Recueil.) – 1° « Incipit Compendium « litteralis sensus tocius divine Scripture editum a fratre P. « (Petro) Aureoli, ordinis fratrum Minorum, et primo com- « mentatio sacre scripture in generali. – Incipit : « Venite « ascendamus. » – 2° « Incipit liber de Exemplis sacre scripture « compositus a fratre Nicholao de Hanapis, ordinis Predi- « catorum, patriarcha Hierosolymitano. De miraculis, etc. » — XIVe SIÈCLE.

Provient de Notre-Dame de Laon. Le n° 1 est l'abrégé de la Bible de Pierre Oriol. (Voyez Wadding, *Scriptores ordinis Minorum,* p. 276, et Fabricius, *Bibliotheca latina mediæ et infimæ ætatis,* tom. V, p. 243.) Pour le n° 2, voyez Quétif et Echard, *Scriptores ordinis Prædicatorum,* tom. I, p. 422; Fabricius, tom. III, p. 187, et l'Histoire littéraire de la France, tom. XX, p. 51-78. Sur les feuillets de garde on lit : 1° deux lettres d'Urbain IV aux doyen et chapitre de Laon, accordant des priviléges à leur église. Ces lettres ne sont point celles qui ont été publiées par Martène et Durand (*Amplissima collectio,* tom. II, col. 1224-1264). 2° Une lettre de Calixte II au doyen Gui de Montaigu et au chapitre de Laon, en confirmation d'une propriété dans un faubourg de la ville, et de priviléges. 3° Une lettre de Roger Ier, évêque de Laon, au doyen Robert Ier et au chapitre, en confirmation des priviléges accordés par Calixte II. 4° Un privilége accordé à l'église de Laon par Louis VIII. Enfin, sur un feuillet en tête du volume, on lit : « Iste liber decostitit michi Johanni Gomardi, officiali Belva- « censi, viginti quinque solidorum monete fortis, die martis ante purificatio- « nem, anno D^{ni} MCCCLIV. »

4. In-4° sur vélin. – « Incipit liber Aurelii Augustini in Ge- « nesis ad litteram. » — IXe SIÈCLE.

Provient de Notre-Dame de Laon. Les titres sont en petites capitales, d'un rouge qui a noirci.

4 *bis.* In-folio sur vélin. – « Incipit liber S. Augustini de « plasmatione primi hominis. » — IXe SIÈCLE.

Provient de Notre-Dame de Laon. Ce sont les six derniers livres du commentaire de saint Augustin : de Genesi ad litteram. (*S. Augustini Opera*, tom. III.)

N° 5. In-folio sur vélin. – (Rabani Mauri Commentarius in Genesim.) — XIIe SIÈCLE.

Provient du Val-Saint-Pierre. A la fin sont plusieurs petits poëmes, probablement transcrits d'un plus ancien manuscrit. Le premier nous apprend le nom d'un copiste :

Scribitur iste liber satis utilis arte Bovonis,
Sub Genesis titulo, modulis plenus rationis, etc.

Ce Bovon ne serait-il pas le même qu'un abbé de ce nom, à Corvey, en Westphalie, qui se distingua dans les lettres au IXe siècle? (Voyez l'Histoire littéraire de la France, tom. V, p. 654.)

6. In-4° sur vélin.–(Rabani Mauri Commentarius in Exodum.) – Incipit : « Inter cæteras scripturas quas Pentatheucus con« tinet merito liber Exodi eminet. » – Desinit : « Commenta« riorum HRabani M. in Exodum liber quartus explicit. » — IXe SIÈCLE.

Provient de Notre-Dame de Laon. Les deux premières lignes du texte, citées ci-dessus, sont en petites onciales et en rouge. Sur un feuillet de garde, en tête du volume, on lit : « Hunc librum dedit domnus Dido episcopus Deo « et Sanctæ Mariæ ; si quis abstulerit, iram Dei et ejusdem genetricis offen« sam incurrat. »

7. Petit in-folio sur vélin. (Recueil.) – 1° (Petri de Riga Aurora.) – 2° (Genesis cum glossa ordinaria.) — XIIIe SIÈCLE.

Provient de Vauclair. Sur deux colonnes. Le n° 1 est incomplet, et comprend seulement le Pentateuque, Josué, les Juges, Ruth, les Rois, les Machabées, Tobie, Esther, Judith, Daniel, les Évangiles. A la fin du livre de Tobie, on lit : « Explicit expositio Bede super Tobiam. » (Voyez, sur Pierre de Riga, l'Histoire littéraire de la France, tom. XVII, p. 26-35.)

8. Grand in-folio sur vélin. – (Genesis, Exodus, Leviticum cum glossa ordinaria.) — XIIIe SIÈCLE.

Provient du Val-Saint-Pierre. Sur deux colonnes. Le Lévitique est incomplet ; la fin manque depuis le sixième verset du huitième chapitre.

N° 8 *bis*. In-folio carré sur vélin. – (Commentarius in Pentateuchum.) – Incipit : « In Exodo legitur. » — XIIIe SIÈCLE.

Provient de Vauclair. Sur deux colonnes. Il manque un ou plusieurs feuillets à la fin du volume.

9. In-4° sur vélin. – (Leviticus et Deuteronomium cum glossa ordinaria.) — XIIe SIÈCLE.

Provient de Foigny. Reliure ancienne.

10. In-4° sur vélin.–(Daniel et Deuteronomium cum glossa.) — XIIe SIÈCLE.

Provient de Vauclair. La première lettre de chacun de ces deux livres est décorée richement et dans un beau style. La glose est placée sur les marges et entre les lignes du texte.

11. In-4° carré sur vélin. – (Origenis homeliæ in Leviticum.) – Incipit : « ..... tum (commentum) Origen. super Levit. » – Desinit : « Explicant Origenis in Leviticum Omelie sive « oratiuncule numero XVI. » — X^{e} – XIe SIÈCLE.

Provient de Notre-Dame de Laon. Le titre, en grandes capitales rouges, est à moitié effacé; la première page est en partie détruite. Au bas de la dernière, on lit ces vers, desquels il résulte qu'un nommé Hartgaire avait pris soin de retrancher du texte d'Origène les erreurs qui s'y trouvaient :

Quisquis ad æternæ festinas gaudia vitæ,
Hos flores typicos devota mente require,
Noxia quo valeas contempti linquere secli,
Et tandem capias cœlestis præmia regni.
Hartgarii memor esto, precor, qui noxia cuncta,
Quæ potuit, rasit, nec non condigna remisit.

Cet Hartgaire ne serait-il pas le même qu'Halitgaire, archevêque de Cambrai au IXe siècle, mort en 831, de qui on a un Traité des vertus et des vices, imprimé parmi les œuvres de Raban Maur, et un Pénitentiel? (Fabricius, *Bibliotheca latina mediæ et infimæ ætatis*, tom. III, p. 185; *Histoire littéraire de la France*, t. V, p. 100-103.)

N° 12. In-folio sur vélin. — (Psalterium et hymni.)—XIVe SIÈCLE.

Provient de Notre-Dame de Laon. Au commencement du manuscrit est un calendrier avec ces douze vers, en tête des douze mois, sur les jours malheureux, *dies ægyptiaci :*

Prima dies mensis et septima truncat ut ensis.
Quarta subit mortem, prosternit tertia sortem.
Primus mandentem dirumpit, quarta bibentem.
Denus et undenus sicut mors est alienus.
Tertius occidit, et septimus ora relidit.
Denus pallescit, quindenus federa nescit.
Tredecimus mactat julii, denus labefactat.
Prima subit mortem, perditque secunda cohortem.
Tertia septembris, et denus fert male membris.
Tercius et denus fit mortis vulnere plenus.
Quinta subit mortem, prosternit tercia sortem.
Septimus exsanguis, virosus denus ut anguis.

13. In-folio sur vélin. — (Psalterium.) — XIIIe SIÈCLE.

Provient de Cuissy. Écrit en gros caractères. Au commencement est un calendrier avec une lettre historiée en tête de chaque mois, renfermant un personnage occupé aux travaux de la saison. La lettre initiale du premier psaume, qui était sans doute grande et belle, a été enlevée.

14. In-folio carré. — (Psalterium cum glossa.) — IXe SIÈCLE.

Provient du Val-Saint-Pierre. Il manque les vingt-trois premiers psaumes, et une partie du vingt-quatrième. La glose n'est point celle de Strabus, dite glose ordinaire. Sur le psaume XXV, elle commence ainsi : « Dicitur psal- « mus iste XXV, a numero sacramenti. » Elle ne dépasse pas le milieu du psaume LXVII. Les derniers feuillets sont d'une écriture du XIIe siècle.

15. In-folio sur vélin. — (S. Augustini sermones in Psalmos CXI, CXII, CXIII, CXIV, CXV, CXVI, CXVII, CXVIII.) — « Incipit tractatus de Psalmo centesimo undecimo : Crede quod « adtendis. » — XIe SIÈCLE.

Provient de Cuissy.

16. In-folio sur vélin.—(S. Augustini sermones in Psalmos LXXI,

LXXII, LXXIII, LXXIV, LXXV, LXXVI, LXXVII, LXXVIII, LXXIX, LXXX.) — Xe SIÈCLE.

Provient de Notre-Dame de Laon. Sur quelques feuillets de garde qui précèdent et suivent, est un tableau des recettes de la cathédrale de Laon, en 1311.

N° 17. In-folio sur vélin. – « Incipit glosula magistri G. uni-« versalis super Psalterium : In nomine sanctæ, etc. » — XIIe SIÈCLE.

Provient de Vauclair. Sur deux colonnes. G. est ici l'initiale de *Gilberti*, et l'auteur de ces gloses est Gilbert l'Universel, qui avait commenté tout l'Ancien Testament, et écrit une glose spéciale sur les psaumes. (Voyez Cave, *Historia litteraria scriptorum ecclesiasticorum*, p. 576; Lelong, *Bibliotheca sacra*, tom. II, p. 744; et l'Histoire littéraire de la France, tom. XI, p. 236-243. Ce dernier ouvrage, p. 241, indique le présent manuscrit.) Voyez plus bas les nos 43 et 71. A la fin du volume est une table pour le calcul du cycle pascal.

18. In-folio sur vélin. – (Petri Lombardi Commentarius in Psalmos.) – Incipit : « Cum omnes prophetias. » – XIIe SIÈCLE.

Provient du Val-Saint-Pierre. Sur deux colonnes. Quelques lettres tournures dracontines, etc. magnifiquement exécutées.

19. In-folio sur vélin. (Recueil.) – 1° (Leviticus cum glossa ordinaria.) – 2° Magister Hugo super Leviticum. – Incipit : « Liber Leviticus hebraice. » — XIIIe SIÈCLE.

Provient de S. Vincent. Au n° 1, la plus grande partie du premier feuillet est détruite. Le n° 2 est incomplet. Voyez *Hugonis a S. Victore Opera*, tom. I, p. 31-36.

20. In-4° sur vélin. – (Adami de Cortlandon Miscellanea theologica.) – « Incipit introitus ad Michaelem Senonensem ar-« chiepiscopum. Reverendo patri et domino Michaeli, Dei « gratia Senonensi archiepiscopo, A. permissione Dei Lau-« dunensis dictus decanus, etc. » – XIIIe SIÈCLE.

Provient de Cuissy. Sur deux colonnes. C'est l'ouvrage que Casimir Oudin (*de Scriptoribus ecclesiasticis*, tom. II, col. 1702, 1703) désigne par le titre inexact, « Variæ quæstionum in sacram Scripturam solutiones. » Voyez sur Adam de Cortlandon ou Courtlandon, l'Histoire littéraire de la France (tom. XVII, p. 334-336), où ce manuscrit est cité d'après Oudin. Mais on y a fait, par erreur, deux personnages distincts de Michel de Corbeil et de Michel, archevêque de Sens. (Voyez *Gallia christiana*, tom. XII.) Sur un feuillet de garde est consignée la mention de l'acte de fidélité fait à l'église de Cuissy, en 1260, par Geoffroi de Konkerolles, bailli de Vermandois.

N° 21. In-folio sur vélin.–In nomine S. Trinitatis, incipit prologus S. Paterii discipuli B. Gregorii : « Cum beatissimi « atque. » – XIIIe SIÈCLE.

Provient de Vauclair. Sur deux colonnes. Ce sont les commentaires de S. Patère, tirés des œuvres de S. Grégoire, sur l'Ancien et le Nouveau Testament.

22. In-12 sur vélin. – (Commentarius in quosdam locos veteris Testamenti). – Incipit : « Descendit Abram in Egiptum, etc. » – Desinit : « Hic tangit quatuor. » — XIIIe SIÈCLE.

Provient de S. Vincent.

23. In-4° sur vélin. – (Commentarius in Cantica canticorum.) – Incipit : « Scriptura sacra morem rapidissimi fluminis te« nens, sic humanarum mentium profunda replet ut semper « exundet, sic haurientes satiat ut inexhausta permaneat. « Profluunt ex ea spiritualium sensuum gurgites abundan« tes, et transeuntibus aliis alii surgunt, et imo non transeun« tibus, quia sapientia immortalis est, sed emergentibus et « decorum suum ostendentibus aliis alii non deficientibus « succedunt, sed manentes subsequuntur, ut unusquisque « pro modo capacitatis sue in ea repperiat unde se copiose « reficiat, et aliis, unde se fortiter exerceant, derelinquat. » – Desinit : « Studio intentionis potest haberi. » – XIIIe SIÈCLE.

Provient de l'abbaye de Vauclair. Ce commentaire est divisé en plusieurs livres. Le manuscrit finit à la quatrième page du sixième livre. Au-dessous de la dernière ligne, est écrit, d'une écriture du XIIIe siècle, comme le reste du manuscrit : « Anno Domini MCCLVII, quinta littera dominicali cur« rente, epacta tertia, concurrens septimus, indictio XV, VIII idus aprilis in « die Parasceve Domini, sub Ægidio abbate decimo hujus loci, intravit con« ventus Vallisclare in novam basilicam primo ibidem Deo serviturus. » Puis, d'une main moderne : « Sed quia hæc basilica remanserat imperfecta, dom« nus Marinus abbas vel prædecessor ejus vel uterque simul curavit eam per« fici ut nunc est, fuitque sub Marino dedicata 17 die junii an. Dom. 1540. » Au bas de la page précédente, d'une main également moderne : « Anno 1134, « decimo kalendas junii, fundata fuit Vallisclara, procurante et adjuvante « domino Bartholomeo episcopo Laudunensi. »

N° 24. Petit in-folio sur vélin. – Interpretationes Hebreorum nominum et de nominibus urbium et locorum Hebreorum cum interpretatione eorum. « Æthiopiam, etc. »—IXe SIÈCLE.

Provient de Notre-Dame de Laon. Ce sont les deux ouvrages de S. Jérôme (voyez *S. Hieronymi Opera*, tom. II, 1386), moins la préface, et la fin du premier, depuis Zabulon, et du second, depuis Chii.

25. In-4° sur vélin. (Recueil.) – 1° (S. Hieronymi interpretationes Hebraicorum nominum.) – « Incipit Præfatio beati « Hieronimi in libro nominum : Philo vir disertissimus. » – 2° (Opuscula Richardi a S. Victore.) – *a*. Tractatus Magistri Ricardi super quosdam psalmos et quarumdam sententias scripturarum. « *Quare fremuerunt gentes*, » etc. « Quid per gentes. » – *b*. Sermones in diem Dominicam. Incipit : « Sex sunt dies. » – Desinit : « ad cognitionem Dei. » – *c*. Super precationem. – Incipit : « Quo studio et. » Desinit : « Ara cordis adoletur. » – *d*. Super hoc loco sacræ Scripturæ : *In illa die nutriet homo vaccam*, etc. – Incipit : « Labor parvus sed. » – Desinit : « æternum satietate gau« dere. » – *e*. Super pœnitentia. – Incipit : « Causam quam « nesciebam. » – Desinit : « mentis humilitate custoditus. » – *f*. Incipit Prologus Ricardi in libro de statu interioris hominis post lapsum. – Incipit : « Sero quidem misi. » – *g*. (In-

terpretationes quorumdam locorum veteris Testamenti.) — Incipit : « *Ego Nabugodonosor quietus eram in domo mea, et « florens in palatio meo...* Quid per domum intelligimus. » — Desinit : « Postea oculos amisit. » — XIIIe ou XIVe SIÈCLE.

Provient de Vauclair. Pour le n° 2, *a*, voyez *Richardi a S. Victore Opera*, tom. II, p. 425. — *f. Ibid.* tom. I, p. 23.

N° 26. In-4° sur parchemin carré. — (Cassiodori Commentarius in psalmos.) — Incipit : « In primo libro Paralipomenon. » — IXe SIÈCLE.

Provient de Notre-Dame de Laon. Écriture anglo-saxonne. (*Cassiodori Opera*, tom. II, p. 1.) Il manque ici le premier chapitre.

27. In-folio carré sur vélin. — (Cassiodori Commentarius in Psalmos.) — IXe ou Xe SIÈCLE.

Provient de l'abbaye de S. Vincent. Sur deux colonnes. Écriture fine. Incomplet.

28. In-folio sur vélin. — Petri Lombardi Commentarius in Psalmos. — Incipit : « Cum omnis prophetia. » — XIIIe SIÈCLE.

Provient du Val-Saint-Pierre. Sur deux colonnes. Les premiers feuillets sont très-endommagés, et il en manque plusieurs à la fin.

29. In-folio sur vélin. — (Psalterium glossatum.) — XIIe SIÈCLE, fin.

Provient de Vauclair. Beau manuscrit. Quelques belles lettres tournures, dont la première très-grande, sont peintes en or, rouge, azur et vert.

30. Petit in-folio sur vélin. — Commentarius in Psalmos. — Incipit : « Christus integer, caput cum membris, est materia « hujus libri. » — XIIe SIÈCLE.

Provient de S. Vincent. Sur deux colonnes. Incomplet. Plusieurs feuillets manquent à la fin du manuscrit. Sur un feuillet de garde qui est en tête, se trouve un fragment d'un commentaire sur le traité de Priscien, *De Constructione,* commençant ainsi : « Quoniam in arte proposuit auctor tractare de « litteris. »

N° 31. In-folio sur vélin. – (S. Ambrosii Commentarius in Psalmum *Beati immaculati.*) – Incipit : « Licet mystico quoque. » — XIIe SIÈCLE.

Provient de Vauclair. Sur deux colonnes. (*S. Ambrosii opera*, tom. I, p. 971.) Au revers du dernier feuillet, et sur un demi-feuillet qui suit, est une lettre adressée par un moine de Saint-Omer, nommé Osto, à la comtesse de Flandre Sibylle (m. 1163 ou 1167), la célèbre fille du comte d'Anjou, Foulques le jeune. Cette lettre renferme l'histoire d'une jeune fille de Carcassonne qui, après être morte, revint à la vie, mais qui continua de passer plusieurs jours, chaque semaine, comme morte, et qui, pendant ce temps, possédée de l'esprit de Dieu, prêchait et enseignait le peuple, les yeux fermés, dans un état d'insensibilité absolue, puis, revenue à elle-même, ne se souvenait de rien. On reconnaît, dans la description du moine, les phénomènes de l'extase. Il ajoute que le miracle, comme il l'appelle, fut raconté en sa présence, par un autre moine qui en avait été témoin, au général de sa province et au roi, c'est-à-dire à Louis le Jeune. « Reverende do« mine sue Sibille Dei gratia Flandrensium comitisse, frater Osto de S. Au« domaro servus sanctitatis vestre, desiderio sumpnorum (summorum), a « bonorum operum nulla occupatione tepescere. De salute anime vestre omni « modo solliciti, mira et inaudita, quæ in partibus Carcasone evenerunt, « excellentie vestre notificare curavimus. Hoc autem, omni semota hesitatione, « tanquam ex ore meo audissetis, credere non dubitetis. Ab illo enim fratre « nostro hec accepi, qui nullatenus mentiretur, qui etiam regi et magistro nos« tro et multis fratrum nostrorum, qui ibidem eramus, sicut viderat et audierat, « hoc retulit. Est itaque in urbe Carcasona puella quedam XI annorum, mire « sanctitatis et inaudite bonitatis, que vocabulum ex re accepit Bona. Hec au« tem, cum octo esset annorum, in prandendo expiravit, et ita per tres dies et « quatuor noctes intumulata remansit. In quarto vero diluculo diei, anima ad « corpus rediit, et his qui aderant pre timore stupefactis, a seculis inaudita « puella retulit. Ab illo ergo die singulis ebdomadibus in crepusculo noctis « ferie quarte animam celo reddit, et ita usque ad diluculum Dominice diei « velut mortua remanet. Per illud itaque transitus ejus spacium, Spiritus « Sanctus corpus ejus intrat, qui per eam, tanquam instrumentum suum, docet

« populum et instruit, oculis ejus non apertis, sed motis tantum ore et ma-
« nibus. In die siquidem Jovis, primo sermonem fecit ad populum de prodi-
« tione qua prodidit Christum Judas Judeis, et de penitentia qua sacerdotibus
« peccata confiteri in remissionem peccatorum nos oporteat. Deo enim, cui
« nihil extat occultum, non indigemus confiteri. De his et de ceteris similiter
« sermonem faciens, quaque vice, tanto spatio loquitur quanto leugam aliquis
« posset ire. Sexta autem feria, de Passione Domini nostri J.-C. et de cruce et
« ejus virtute, et de vulnere quo vulneratus est, et de alapis quas ei dederunt
« Judei, manibus ostendens qualiter omnia facta fuerunt, ter in die ad popu-
« lum loquitur, et quaque vice eo, quo supra dictum est, spatio. Spineam vero
« coronam hujusmodi fuisse dicit : ad modum videlicet parvi pulvinaris saccu-
« lum fecerunt, quem spinis impleverunt, et capiti Christi imposuerunt, et
« baculis desuper percusserunt. Sabbato vero de sacramento baptismi et ejus
« virtute ter in die, et quaque vice eo, quo supra dictum est, spacio ad populum
« loquitur. Docet etiam qualiter infans in peccatis concipiatur, et qualiter in
« utero matris alatur, et ejus naturam rationabilius, quam aliquis phisicus
« disserere possit, elucidat. Dicit preterea qualiter diabolus possideat infantem,
« ex quo vivere incipit. Unde non mirum est, ait, si, cum nascitur infans,
« clamat velut possessus a demone, donec ad sacramentum baptismatis prove-
« hatur. Tunc vero diabolus videns cum stola et aqua benedicta sacerdotem
« venientem, pavet et miratur. Sed cum immergitur aqua diabolus, rugiens
« exit a puero, semper tamen insidiando comitatur. Nec mirum, cum prorsus
« doleat tale habitaculum se amisisse. In diluculo autem dominice diei, ante-
« quam anima ad corpus redeat, decimum et ultimum sermonem [facit] de
« Domini resurrectione, et gaudio eorum qui Deum in presenti seculo digne
« coluerunt et ei servierunt. Cum autem anima ad corpus redit, ea qua sur-
« rexit Christus hora surgit a lecto, et abluto ore et manibus audit missam,
« deinde adorat Crucem, et postea accipit corpus Domini. De aqua vero, qua
« ipsa abluit manus et os, febricitantes et egroti bibentes sanantur. Si quis au-
« tem, postquam anima ad corpus redit, ab ea quesierit quid dixerit in transitu
« illo, nescire se aliquid dixisse asserit, velut somnians fortuitu loquens, evi-
« gilans nescit quid dixerit. Post hoc multitudo populorum, que illam sequi-
« tur, ei offerre festinat et peccata sua confitetur; et que ei offeruntur, paupe-
« ribus erogare jubet, nil sibi retinens. Si quis autem ad comedendum ei
« aliquid dederit, quidquid sit comedit, parum tamen, et dicit se nunquam
« comesturam, nisi pro evitando scandalo. Deinde frater noster magister pro-
« vintie, qui hoc nobis retulit quando ab ea discedens ad nos venit, secreto ab
« ea quesivit, pro quibus peccatis plures dampnantur apud inferos. Ipsa vero
« dixit quod pro superbia, luxuria et usura. Et assidue perseverat in oratio-

« nibus et lacrimis, non pro suis, quam nullo modo putant peccare, sed pro « sceleribus impiorum. Episcopi quoque partium illarum et sapientes religiosi- « que viri multum illam appreciantur et ei per omnia favent. Ipsa vero maxime « ecclesiam et clericos diligit et veneratur, quamvis ei multa tormenta intu- « lerint. Nam plumbum fervens et calidum ferrum inter scapulas et in plantis « pedum temptando miserunt, ipsa vero immota velut lapis manebat. Hec au- « divimus et multo plura que vobis scribere nequaquam possumus, que vobis « ore ad os, Deo favente, loquar. »

N° 31 *bis*. In-folio sur vélin. (S. Ambrosii Commentarius in Psalmum *Beati immaculati.*) — XIIIe SIÈCLE.

Provient de Cuissy. Sur deux colonnes. Le commencement et la fin manquent.

32. In-4° sur vélin. (Commentarius in Psalmos.) – Desinit : « Finis distinctionum post Meldensem collectarum, amen. » — XIIIe SIÈCLE.

Provient de Saint-Vincent. Le commencement manque. Cet ouvrage est le même qui se trouve dans le manuscrit 153, n° 2. Voyez plus bas la notice de ce manuscrit.

32 *ter*. In-4° sur vélin. (Recueil.) – (Commentarius in Psalmos.) – Desinit : « In eterna beatitudine collocabitur. Expliciunt « glose super Psalterium. » – 2° (Epistola ascetica.) – Incipit : « Dulcissimo cordis sui reclinatorio domino H. de B. et in « Christo venerabili humili abbatisse, frater N. pauperum « Christi pauperrimus. De quo non dubitet. » — XIIIe SIÈCLE.

Provient de Cuissy. Sur deux colonnes. Le commencement du commentaire manque.

33. In-folio sur vélin. – (Cassiodori commentarius in Psalmos.) XVe SIÈCLE.

Provient du Val-Saint-Pierre. Sur deux colonnes. Au premier feuillet, vignette avec trois geais assez délicatement exécutés. Au commencement et à la fin du volume on lit : « Liber iste est ecclesie Laudunensis ex dono magistri « Michaelis Casse, canonici ejusdem et cancellarii Noviomensis ; oretur pro eo. » Deux feuillets de garde sont formés avec deux copies de chartes concernant un Jean Casse, sans doute parent du donateur du manuscrit. Sur l'un des feuillets de garde, un chanoine de Laon, nommé Jean Baudequin, a consigné quelques événements de l'année 1493, entre autres, l'entrée de Charles VIII à Florence; un orage arrivé à Laon; la chute du tonnerre sur le clocher, etc.

N° 34. In-12 sur vélin.—« In nomine Jhesu Christi incipit devota « contemplatio, seu expositio beati ac gloriosissimi Bernardi « primi, Clarevallis abbatis, super Psalmum penitençialem « *Miserere mei Deus.* Fortissime Deus spiritum. » – Desinit : « Explicit, etc. hoc anno 1469. » — XVe SIÈCLE.

Provient de Saint-Vincent.

35. In-4° sur papier. (Recueil.) – 1° (Paraphrasis psalmorum metrice.) – 2° (Varia poemata in Novum Testamentum.) — XVIIIe SIÈCLE.

Provenance inconnue.

36. In-folio sur vélin. – Incipit expositio Magistri Hugonis de ordine predicatorum super Isaiam. Expositio prologi : « Habemus firmiorem sermonem. » — XIIIe SIÈCLE.

Provient du Val-Saint-Pierre. C'est le commentaire d'Hugues de Saint-Cher sur Isaïe. (Voy. *Hugonis de S. Caro opera*, tom. IV, p. 2.)

37. In-folio carré sur vélin. – (Haimonis Halberstadiensis Commentarius in Isaiam.) – Incipit : « Ysaias propheta nobili prosapia ortus. » — IXe SIÈCLE.

Provient de Notre-Dame de Laon. Le commentaire, sur deux colonnes, commence ici où le fait commencer Trithème, et ne présente point la préface qu'on trouve dans les éditions, et qui renferme une histoire abrégée du peuple hébreu, depuis la division des douze tribus jusqu'après la captivité. (Voyez *Histoire littéraire de la France*, tom. V, p. 116.) Cette préface pourrait bien ne pas être d'Haimon et avoir été placée après coup en tête de son ouvrage. En outre, on ne trouve pas ici, non plus que dans les imprimés, la division en trois livres que Trithème indique.

38. In-folio carré sur vélin. – S. Hieronimi expositio in quin-

que prophetas Joël, Jonas, Michæum, Naum et Abacuc. — IXe SIÈCLE.

Provient de Notre-Dame de Laon. Sur deux colonnes. Sur un feuillet de garde on lit : « Istum librum dederunt Bernardus et Adelelmus Deo et S. « Mariæ Laudunensis ecclesiæ ; si quis abstulerit, offensionem Dei et S. Mariæ « incurrat. » (*Hieronymi opera*, tom. III.)

N° 38 *bis*. In-8° sur vélin. (Recueil.) – 1° (Tractatus de computo.) — XIIe SIÈCLE. – 2° (Tractatus de liturgia.) – XIIIe SIÈCLE. – 3° (Boetii Musica.) Prohemium : « Musicam naturaliter « nobis esse conjunctam. » — XIIe SIÈCLE. – 4° (Commentarius in tractatum de computo, metrice.) — XIIIe SIÈCLE.

Provient de M. de Cambronne. Au n° 1, la table de comput est précédée d'une pièce de trente vers, contenant l'explication des embolismes :

Decennovennalis cycli firma constat ratio,
Ut duarum sit in eo partium divisio,
Per annos embolismorum simulque communium, etc.

(Sur le cycle de dix-neuf ans, comparez Beda, *de Ratione temporum*, c. 42.) Ce traité est incomplet. Vers le milieu, est intercalée une chronique de Normandie, et principalement de l'abbaye du Bec, de l'an 851 à l'an 1138, occupant un peu plus d'une page, et commençant ainsi : « Anno ab « incarnatione Domini DCCCLI venit Hastingus in regnum Francorum. » Au n° 2 le commencement manque. La fin est : « verius enim invenit amans quam « disputans. » Au n° 3 la fin manque. Au n° 4 il manque toute la première partie et le commencement du préambule du commentaire sur la seconde. Après la fin de ce préambule, où le commentateur avoue être très-redevable au célèbre computiste Helpric, on lit :

Addita cum septem dant octo bis tria clavem.
Per numerum talem generat premissa sequentem;
Sique quater dena superes tolles (*lege* super extolles) tria dena,
Clavis ab undenis ad quadraginta refertur.

« *Addita cum septem*. Executa prima parte operis, que [ac] promiserat in « kalendario, consequenter agit in secunda de cunctis terminis festivita- « tum, etc. » La fin du traité manque. C'est peut-être le *Computus novus et ecclesiasticus*, en vers, avec un commentaire en prose, que Mansi (Fabricius, *Bibliotheca latina mediæ et infimæ ætatis*, tom. I, p. 407) indique comme imprimé à Venise, en 1519.

N° 39. In-4° sur vélin. 2 volumes. – (Joachimi abbatis commentarius in Jeremiam.) – Prologus super Jheremiam prophetam : « *Verba Jheremie filii,* » etc. — XIVe SIÈCLE.

Provient de Notre-Dame de Laon. Sur deux colonnes. Incomplet. Edit. Venet. 1519, 1525, in-4°; Colon. 1577, in-8°. (Voyez Fabricius, *Bibliotheca latina mediæ et infimæ ætatis*, tom. IV, p. 40.)

40. In-folio sur vélin. – (Liber Josue, et liber Judicum, cum glossa.) — XIIIe SIÈCLE.

Provient de Notre-Dame de Laon. La glose cesse presque entièrement au dixième verset du quatorzième chapitre.

41. In-folio sur vélin. – (S. Hieronimi expositio in minores prophetas.) — XIIe SIÈCLE.

Provient de Vauclair. Sur deux colonnes. Reliure ancienne en peau de truie à clous de cuivre. A la fin du second volume, on lit ces vers :

Ponitur hic meta, cum scribitur iste propheta.
Ieronimus dixit calamus quod in ordine scripsit,
Voces dans varias. Sacer iste dei Malachias
Quid sit, quid loquitur, querentibus hic aperitur.
Esdre pontificis liber est. Quod si mihi dicis :
Quare dicatur Malachia? teste probatur
Hoc ex historia que texitur in Malachia.
Nomina bina quidem, sed qui prior alter et idem.
Increpat adversos, jam de Babilone reversos
Judeos, regem nec habentes, nec sibi legem
Scriptam servantes, animum sed ad ydola dantes.
Præcinit hebream venturum philosophiam.
Hic spectare potes si bene cuncta notes.

41 *bis*. In-folio sur vélin. – (Duodecim minores prophetæ, cum glossa ordinaria.) – XIIIe SIÈCLE.

Provient de S. Jean.

42. In-folio sur vélin. – (Duodecim minores prophetæ, cum glossa.) — XIIe SIÈCLE.

Provient de Vauclair. Reliure ancienne à clous de cuivre.

N° 43. In-folio sur vélin. – (Gilberti universalis commentarius in Jeremiæ lamentationes.) – XIIIe SIÈCLE.

Provient de l'abbaye de Cuissy. Le premier feuillet manque. Le manuscrit commence à « Paschasius : Sunt Cantica canticorum. » Sur un feuillet de papier, placé en tête du manuscrit, une main du dernier siècle a rétabli le commencement d'après le manuscrit 576 de la bibliothèque du Roi. La plus grande partie de ce commentaire est tirée de celui de Paschase Radbert. Voyez plus haut le manuscrit n° 17.

44. In-4° sur vélin. (Recueil.) – 1° (Commentarius in Jeremiæ lamentationes.) – Incipit : « Jeremias destructionem Jerusa- « lem. » – 2° (Fragmenta variorum sermonum.) – 3° (Commentarius in S. Pauli epistolas.) – Incipit : « Sicut in pro- « phetica doctrina. » – 4° (Alberti Magni commentarius in duodecim minores prophetas.) – Incipit : « *Ossa duodecim « prophetarum pullulant,* » etc. Hoc legitur in fine Ecclesiastici. — XIIIe SIÈCLE.

Provient de Vauclair. Sur deux colonnes. Ce manuscrit est de diverses écritures semi-cursives très-fines.

45. In-4° sur vélin. – (Prophetæ, Tobias, Job, Macchabæi, Proverbia, Ecclesiastes, Canticum canticorum, Liber sapientiæ, Ecclesiasticus, S. Pauli Epistolæ, Epistolæ canonicæ, Corinthiorum ad S. Paulum et Pauli ad Corinthios epistolæ apocryphæ). — XIIIe SIÈCLE.

Provient de S. Vincent. A deux colonnes. En tête des épîtres de S. Paul, on lit ces vers mnémoniques :

Romam prima, due post hanc venere Corinthum;
Quarta monet Galathas, et quinta fit Ephesianis;
Sextaque Philippis, et septima missa Colossis.
Octavam nonamque legunt Tessalonicenses.
Bina Timoteum, Titum dehinc una salutant.
Deinde Philemoni Paulus, post scribit Hebreis.
Ro. Cor. bis, Gal. Ephe. Phi. Co. Te. b. Timo. bis Ti. Phil. Hebre.

46. In-folio sur vélin. (Recueil.) – 1° (In nomine Dei summi

incipit egloga quam scripsit Ysidorus de Moralibus.) – Incipit : « Inter multos sepe queritur quis libri beati Job « scriptor habeatur. » – Desinit : « laudis exultatione as- « sumpsit. » – 2° (Petri Blesensis Commentarius in Job.) – Incipit : « Henrico Dei gratia. » – 3° (Vita Christi.) — XIIIe SIÈCLE.

Provient de Cuissy. Sur deux colonnes. N° 1; l'Isidore, auteur de ce commentaire extrait de celui de S. Grégoire, est probablement Isidore de Séville qui, selon Trithème, avait commenté Job (Oudin, *de Scriptoribus ecclesiasticis*, tom. I, col. 1589). Le n° 2 est imprimé parmi les œuvres de Pierre de Blois. Il n'y a que trois feuillets de ce commentaire. Au n° 3 la fin manque; le commencement est : « De conceptione precursoris. Fuit autem in diebus « Herodis regis Judee. »

N° 47. In-folio sur vélin. – Commentarius S. Gregorii Magni in Job. — XIIe SIÈCLE.

Provient de Vauclair. A deux colonnes. Ce manuscrit, d'une belle exécution, ne renferme, ainsi que le suivant, que cinq livres du commentaire de saint Grégoire, le trentième et les suivants jusqu'au trente-cinquième inclusivement. A la fin :

Previa manserunt miroque modo patuerunt.
Scriba sit in cœlis, ubi regnat turba fidelis.

48. Grand in-folio sur vélin. – (S. Gregorii Magni Commentarii in Job libri XXX-XXXV.) — Xe SIÈCLE.

Provient de Notre-Dame de Laon. Sur deux colonnes.

49. In-folio sur vélin. – « Incipit proemium beati Gregorii pape urbis Rome ad Leandrum Hispalitanum (Hispalensem) episcopum in expositione moralium libri beati Job, etc. » — XIIe SIÈCLE.

Provient de l'abbaye de Vauclair. Les dix premiers livres seulement.

51. Petit in-folio sur vélin. – (Liber Job, cum glossa.) — XIIe SIÈCLE.

Provient de Notre-Dame de Laon. Sur les feuillets de garde qui précèdent et suivent, on lit quelques extraits de commentaires sur divers passages de l'Écriture et un fragment du traité de S. Augustin : « De vera fide. »

N° 52. In-folio sur vélin. – (Job, cum glossa.) — XIIIe SIÈCLE.

Provient de Cuissy. Incomplet. Écriture belle et régulière. La glose est tirée des Morales de S. Grégoire.

53. In-folio sur vélin. – (Esther, Tobias, Judith, cum glossis.) — XIIIe SIÈCLE.

Provenance inconnue.

54. In-folio sur vélin. – Incipit expositio fratris Hugonis, de ordine predicatorum, in libro Sapientie. – Incipit prologus ejusdem : « Fili, concupiscens sapientiam. » – Desinit : « liberans et salvans. » – XIIIe SIÈCLE.

Provient de Saint-Pierre. Sur deux colonnes. Ce manuscrit, quoique de la fin du XIIIe siècle, présente, par une exception très-rare, quelques lettres initiales de couleur verte, mais d'un vert jaunissant et d'un ton louche. L'auteur de la *Bibliotheca sacra*, le P. Lelong, n'indique pas ce commentaire. C'est celui de Hugues de Saint-Cher. (Voyez Quétif et Echard, *Scriptores ordinis Prædicatorum*, t. I, p. 200, et l'Hist. littér. de la France, t. XIX, p. 38-49.)

55. In-folio carré. – (Bedæ Commentarius in Salomonis proverbia). — IXe SIÈCLE.

Provenant de Notre-Dame de Laon. Relié en bois. (*Bedæ opera*, t. IV, p. 633.)

56. In-8° sur vélin. (Recueil.) – 1° « Incipit expositio Bede « presbiteri super parabolas Salomonis. Parabole Salomonis « filii. » – Desinit : « Explicit expositio venerabilis Bede pres« byteri in libro parabolarum Salomonis. » – 2° Sermo S. Augustini de Proverbiis Salomonis ab eo loco quo scriptum est, « *Mulierem fortem quis inveniet*, usque ad id : *et laudent « eam in portis opera ejus.* » – Incipit : « Præstabit nobis. » – Desinit : « Explicit sermo S. Augustini Ypponensis episcopi. »

– 3° (Epistola Alexandri papæ III ad Henricum archiepiscopum Remensem et ejus suffraganeos.) – « Alexander, etc. « A nostra vel. » — XIIIe SIÈCLE.

Provient de Vauclair. Au n° 3, la lettre indiquée fait partie du *Registrum Epistolarum Alexandri III*, publié dans l'*Amplissima collectio* de Martène et Durand, tom. II. C'est celle qu'on trouve à la colonne 719. Dans notre manuscrit, elle finit aux mots : « Exemplo vestro studeatis solidare. »

N° 57. In-4° sur vélin. (Recueil.) – 1° Parabole Salomonis secundum Hebraicam veritatem translate ab Eusebio Jeronimo presbytero petente Cromatio (Chromatio) et Eliodoro (Heliodoro) episcopis. Jeronimus : « Jungat epistola, etc. » – 2° Prologus S. Jeronimi super Ecclesiasten. – Incipit : « Memini hoc ferme. » – 3° (Serlonis poemata.) – 4° S. Bernardi Sermones in Cantica canticorum. – 5° Sermo in dedicatione ecclesie. « *Locutus est Dominus, etc.* Quia ad festivitatem. » — XIIe et XIIIe SIÈCLE.

Provient de Vauclair. Ce manuscrit est de diverses écritures de la fin du XIIe siècle et du commencement du XIIIe. Au n° 1, le texte des Proverbes est accompagné d'une glose marginale et interlinéaire. La lettre majuscule initiale est richement historiée de figures bizarres, entrelacées dans le goût du XIIe siècle, mais seulement dessinées à la plume. Le n° 2 est un commentaire faussement attribué à saint Jérôme. Ce livre, écrit de la même main que le précédent, est également accompagné d'une glose marginale et interlinéaire. Le n° 3 est d'une autre écriture plus grosse ; l'auteur se fait connaître, au septième vers du premier de ces poëmes, en se nommant lui-même Serlon. Le premier de ces poëmes, commençant par « Dactile, quid latitas, » se trouve aussi dans un manuscrit du Vatican et dans un manuscrit du Musée britannique, d'après lequel on en rapporte cinq vers dans le tome XV, p. xiij, de l'Histoire littéraire de la France, à l'article de Serlon, qu'on y suppose, peut-être sans preuve suffisante, avoir été chanoine de Bayeux. Mais les auteurs de l'Histoire littéraire n'ont pas connu le sujet de ce poëme. Il traite de la différence de signification des mots en deux syllabes qui se ressemblent par le son :

Dactile, quid latitas? Exi, quid publica vitas?
Quid vetat audiri, que fas, quid inutile sciri?

Non alios cura, nisi qui norunt tua jura.
Ergo versifico. Dic cuivis, que tibi dico.
Accipe quas curas partes in carmine ponas,
Que confusa sono diversa vocabula pono.
Nunc me Serlonem non respice, sed rationem.
Si bene stat, sic sit, si non, non qui male dixit.
Si placeo nulli, quid nullo carius illi?
Christum semper amo, cujus non solvar ab hamo.
Dicitur arbor acer, vir fortis et improbus acer, etc.

Il semble donc que ce devrait être le même ouvrage que le poëme *De dictionibus disyllabis*, dont Leland (c. 121) et Bale (tom. II, p. 191) font auteur Serlon de Paris ou le Grammairien, qu'ils donnent pour Anglais. Notre Serlon porte effectivement aussi le surnom de *Parisiacensis* dans le titre d'une autre pièce de vers, dont les auteurs de l'Histoire littéraire ont rendu compte : du moins, les deux Serlon n'en doivent faire qu'un. Mais Leland et Bale citent comme les premiers mots du *De dictionibus disyllabis*, « Dactyle conveniens digitis, » ce qui ne s'accorde pas avec le manuscrit de Laon, ni avec ceux du Vatican et du Musée britannique; peut-être donc est-ce, en effet, le commencement d'une pièce différente, quoique analogue. Le second poëme, composé de seize vers seulement, est une épître de consolation adressée à un roi sur la mort de son fils Guillaume, qui avait péri dans un naufrage, c'est-à-dire évidemment à Henri Ier, roi d'Angleterre, sur la mort de son fils unique, en 1120 :

Accidit hora gravis, Thomeque miserrima navis,
Quam male recta fuit! rupe soluta perit.
Flebilis eventus, cum nobilis illa juventus
Est immersa mari perditione pari.
O dolor immensus! neque nobilitas neque census
Adportat, revocat, quos maris unda necat.

Le n° 4 est incomplet; il n'y a que les sept premiers sermons, moins la fin du septième.

N° 58. In-4° sur vélin. (Recueil.) – 1° (Proverbia Salomonis cum S. Hieronymi epistola ad Chromatium et Heliodorum.) – 2° (Ecclesiastes.) – 3° (Cantica canticorum cum glossa.) – 4° (Liber Sapientiæ.) – 5° (Ecclesiasticus.) — IXe SIÈCLE.

Provient de Saint-Vincent. Les cinq premiers feuillets du livre de la Sagesse, remplaçant sans doute les feuillets primitifs qui avaient été détruits, sont d'une écriture du XIe siècle.

N° 59. In-folio sur vélin. — Capitula in Cantica canticorum — Incipit Sermo primus Gisleberti monachi super Cantica canticorum. « Varii sunt amantium affectus. » — XIIIe SIÈCLE.

Provient de l'abbaye de Vauclair. Reliure ancienne en peau de truie. Ces homélies, qui devraient être au nombre de quarante-huit (le manuscrit s'arrête avant la fin de la quarante-septième), et qui font suite aux Discours de saint Bernard sur le Cantique des Cantiques, ont été imprimées d'après cet exemplaire même, dans le saint Bernard de Mabillon. (Voyez l'édition de Gaume, tom. II, 1re partie, col. 17-334, et l'Histoire littéraire de la France, tom. XIII, p. 461-469.)

60. In-8° sur vélin. (Recueil.) — 1° Excerpta de libris sancti Ambrosii super Cantica canticorum, de Apologia David. — Incipit : « *Osculetur me osculo oris sui.* Non hic feditatis in« centiva. » — Desinit : « servare se debet et custodire. Expli« cit expositum beati Ambrosii Mediolanensis episcopi de « Cantico canticorum, ex diversis libris ejusdem sancti con« fessoris exquisite assumptum. » — 2° Quid et quare fiat in ecclesia. — Incipit : « Necessarium est nobis..... — Pauca de « multis summatim excepimus, ne aut scientibus talia esse« mus tediosi, aut non capacibus ad intelligendum difficiles « et onerosi. Ut ergo ab omnibus intelligeremur, ornatum « omnium verborum et sententiarum potius evitavimus quam « secuti sumus. Dicam ergo primum de edificatione et con« secratione ipsius ecclesie et de variis illius sacramentis « solemnibus que in ea celebrantur, secundo autem de diver« sis consuetudinibus quas in ea observamus, in qua etiam « parte de vestibus sacerdotum et de expositione misse « ante omnia dicemus. » — Desinit : « cujus ministri sumus, « Amen. » — 3° (Fragmentum de elementis, etc.) — Incipit : « Celum, sol, luna que nunc festinant cursum. — Desinit : « a domino benedicta. » — 4° (Fragmentum de inferno et paradiso.) — Incipit : « In inferno novem sunt species tor-

« mentorum. » – Desinit : « Taliter rex celestis milites suos « instruxit, ut patiencia malitiam, humilitate superbiam, « innocentia rabiem superent. » – 5° Penitentia regis David. – Incipit : « Miserere mei Domine.... » – Desinit : « Talem « glorificationem assequetur cum Davide quicumque peni- « tentiam et humilitatem imitatus fuerit David. » – 6° Sacrificium Abrahe. – Incipit : « Immola Domino sacrificium « laudis sue, quia nunc spetiosa laus in ore peccatoris. » – Desinit : « ergo ostendet tibi salutare suum. » – 7° Sermo de Assumptione beate genitricis Dei Marie. – Incipit : « Quantum video, fratres, mirabili quadam suavitate ca- « ritatis. » — XIIIe SIÈCLE.

Provient de Vauclair. Les rites dont il est traité dans le n° 2 se rapportent à la construction et à la consécration des églises, aux solennités qu'on y célèbre, au costume des prêtres et aux cérémonies de la messe. La première partie présente de nombreuses analogies avec le traité « De « dedicatione ecclesiæ, » de Remi d'Auxerre. A partir du chapitre « De con- « secratione basilicæ, » jusqu'au milieu de celui qui a pour titre : « Quid « significetur in varia unctione altaris, » le traité anonyme est presque partout conforme à celui de Remi pour le fond et l'ordre des idées, mais moins développé, en général, quoique plus complet sur certains points, comme par exemple, sur les sacrements, les costumes des prêtres, la messe, etc. Les deux ouvrages diffèrent entièrement par le commencement et la fin. Le n° 3 traite de la sanctification des éléments, des astres, etc. par le baptême et la mort de Jésus-Christ et des saints. Pour le n° 7, voyez *Hugonis de S. Victore opera,* tom. II, p. 630. — Sur les feuillets de garde on lit les fragments d'un traité sur l'interprétation des rites liturgiques, dont le chapitre CXXVI a pour titre : « De hebdomadario invitatorii. »

N° 61. In-folio sur vélin. (Recueil.) – 1° (Historiæ sacræ mystica expositio.) – Incipit : « Historia sacre legis. » – 2° (Petri Cantoris Verbum abreviatum) : « Contra superfluitatem et pro- « lixitatem glosarum, etc. » — XIIIe SIÈCLE.

Provient de Cuissy. Sur deux colonnes. Les deux ouvrages sont incomplets. Celui de Pierre le Chantre a été imprimé à Mons, en 1639, in-4°. Voyez l'Histoire littéraire de la France, tom. XV, p. 283-303.

62. In-folio sur vélin. – Quatuor evangelia. — XIIe SIÈCLE.

Provient de Saint-Pierre. Sur deux colonnes; il manque le premier feuillet, contenant le commencement du prologue sur saint Mathieu.

N° 63. In-folio sur vélin. (Evangelia.) – 1° Incipit : Præfatio S. Hieronymi presbyteri in Evangelio. – 2° Hieronimus Damaso papæ. – Incipit : « Sciendum etiam. » – Desinit : « Explicit argumentum. » – 3° Incipit præfatio domini Hieronymi presbyteri in libro quarto Evangeliorum. « Plures « fuisse. » – 4° Incipiunt epistolæ Eusebii episcopi. « Euse- « bius Carpiano fratri in Domino salutem. » – 5° Canones Eusebii. – 6° Incipit prologus in Mathæum. – Desinit : « Quærentibus non tacere. » Explicuit prologus in Matheum. Incipiunt capitula in Matheum. – 7° Incipit Evangelium Mathæi. – 8° Incipit Evangelium Marci. – 9° Incipit prologus in Lucam. – 10° Incipiunt capitula in Evangelio Lucæ. Incipit Evangelium Lucæ. – 11° Incipit prologus in Johannem : « Hic est Joannes. » – 12° Incipiunt capitula in Evangelio Johannis. Incipit Evangelium Johannis. – 13° Incipit Capitulare Evangeliorum de anni circulo. — IXe SIÈCLE.

Provient de Notre-Dame de Laon. Magnifique manuscrit exécuté sur beau vélin, avec le plus grand luxe; demi-reliure moderne en velours rouge; dorure sur tranche. Au n° 1, le titre occupe toute la première page; il est en grandes capitales, sur cinq lignes alternativement or et rouge; dans un cadre gris, blanc, rouge et or. Au verso : « Beato Papæ Damaso Hieronimus. » Cette suscription est en deux lignes capitales d'or; tout le reste de la page est occupé par la lettre initiale du premier mot « Novum, » de la lettre de saint Jérôme; entre les branches supérieures de cette lettre, un O, un W et un M complétant le mot « Novum. » Toute la lettre de saint Jérôme est en onciales, la première page, en lettres d'or, est environnée d'un cadre rouge et or. Au n° 2, le titre est en capitales rouges; c'est l'addition que les Bénédictins ont jugée être apocryphe. Cette addition est donc disposée et intitulée dans ce manuscrit, comme elle l'est dans celui de Saint-Germain, n° 6, dont parlent les Bénédictins (*S. Hieronymi opera*, tom. I, p. 1427, note 6); elle est écrite en onciales. Au n° 3 est la préface de saint Matthieu (*S. Hieronymi opera*, tom. IV, p. 2), en onciales. Au n° 4, le titre et la suscription sont en capitales d'or, accompagnés d'ornements, également en or. Toute la lettre d'Eusèbe est en onciales. Cette lettre a été traduite par saint Jérôme (voyez *Possevini Apparatus sacer de scriptoribus Veteris et Novi Testamenti*); elle manque dans plusieurs éditions. Elle se trouve en grec à la tête de l'édition du Nouveau-Testament de Robert Estienne, en latin et en grec dans le tome VI, p. 97 (première édition), de la Bibliothèque grecque de Fabricius; mais Fabricius ne donne pas la traduction latine comme étant de saint Jérôme. Au n° 5, les Canons sont disposés entre des colonnes peintes avec soin et liées entre elles par des arcades cintrées. Au n° 6, le titre est en capitales d'or, sur fond pourpre encadré d'or; le reste de la page est occupé par les premiers mots en capitales d'or, avec initiales de très-grande dimension. La page suivante, au verso, est richement encadrée d'or et écrite en onciales d'or, tout le reste du prologue en onciales, mais en noir; le prologue est l'*Argumentum* anonyme qui a été souvent imprimé. Au n° 7, le titre, en grandes capitales d'or, entouré d'un riche encadrement, occupe toute la première page; le verso est occupé par ces mots : « Liber generationis Jesu Christi filii David filii Abraham. » L'L avec l'I qui la coupe, magnifiquement exécutés, flanqués des animaux symboliques des quatre évangélistes, chacun peint en or sur un disque de pourpre. Chacun de ces animaux a la tête entourée d'une auréole. La première page de la généalogie de Jésus-Christ est écrite en onciales d'or; tout le reste de la généalogie, ainsi que le premier verset suivant, est aussi en lettres onciales, mais noires. La première ligne de chaque chapitre en onciales d'or, dans cet évangile et dans les trois autres. Au n° 8 le titre est en grandes capitales, occupant toute la page richement encadrée; aux quatre coins de la page, les animaux symboliques des évangélistes. Au revers, la page est richement encadrée; les trois premières lignes sont en lettres d'or. Au n° 9 le titre est en grandes capitales d'or, occupant toute la page. Ce prologue est celui qui a été faussement attribué à saint Jérôme (*Hieronymi opera*, tom. V, p. 924). Les deux premières lignes en lettres d'or capitales et onciales; le reste en onciales et en noir. Au n° 10, le titre est en capitales d'or, occupant toute une page richement encadrée. Aux angles, les animaux symboliques avec les noms des quatre évangélistes : le chérubin tient à la main une croix. Au verso, les cinq premiers mots en capitales d'or, le premier de grande dimension. La lettre initiale très-grande et très-ornée. Le n° 11 est le prologue anonyme souvent imprimé. Le titre en belles capitales d'or, les treize premiers mots en onciales d'or. Au n° 12, le titre est en grandes capitales d'or, occupant une page richement encadrée; aux coins, les animaux symboliques. Le verso richement encadré. Les premiers mots, « In principio erat verbum, » en grandes capitales d'or. Le n° 13 est d'une belle écriture un peu plus récente que celle de l'Évangiliaire. Quelques feuillets sont transposés et placés, par la faute du relieur, entre deux pages de l'évangile de saint Jean.

N° 63 *bis*. In-folio sur vélin. – (Quatuor evangelia.) — XIIIe SIÈCLE.

Provient de Vauclair. Sur deux colonnes. Dans ce manuscrit, la lettre de S. Jérôme au pape Damase « Novum opus, etc. » comprend l'addition « Sciendum etiam, etc. » qui en est séparée dans le n° 63.

64. In-folio sur vélin. – (Lectionarium.) — XIVe SIÈCLE.

Provient de Notre-Dame de Laon. Livre de chœur, en gros caractères. Quelques feuillets d'une écriture moderne, imitant le caractère du reste du manuscrit.

66. In-4° sur vélin. – (Evangelium S. Matthæi, cum glossa.) – Incipit : « Cum multi scripsisse. » — XIe SIÈCLE.

Provient de Saint-Vincent.

67. In-folio sur vélin. – (Paschasii Radberti Commentarius in Evangelium S. Matthæi.) « Incipit prolog̃. P. R. monacho-« rum peripsema in Matheo Evgã » (Evangelista). – Incipit expositio in Matheo P. R. monachorum peripsema votorum (*sic*), liber primus.... : « Dum sacræ professionis. — Xe SIÈCLE.

Provient de Notre-Dame de Laon. Le revers du premier feuillet est entièrement occupé par le titre du prologue en grandes capitales, formant quatre lignes rouges et noires alternativement. Au-dessus du mot grec *peripsema* est écrite, en minuscules, la glose : « Id est purgamenta. » Après le prologue, terminé par « Explicit præfatio contra eos qui genealogiam Christi dicerent non pertinere ad evangelium, » suit le titre de l'ouvrage. Le commentaire de Pascase Radbert est imprimé dans ses œuvres et dans la bibliothèque des Pères. Sur la reliure et au haut de la première page on lit ce titre erroné, écrit par une main du XVIIIe siècle : « Remigius Autissiodorensis in Mathæum. » Sur le feuillet de garde le copiste a écrit, « Probatio pennæ, » c'est-à-dire, essai de la plume. C'est donc avec une plume qu'il écrivait. L'écriture est grande et belle, un peu négligée vers la fin.

N° 68. Petit in-folio sur parchemin.–Incipit disputatio Evangelii secundum Matheum. — VIIIe SIÈCLE.

Provient de Notre-Dame de Laon. Ce titre, qui vient après la préface, est en capitales de grandes dimensions, avec lettres incluses et conjointes, sur quatre lignes alternativement rouges et noires. Le caractère du corps du texte est grand et un peu contourné. C'est le commentaire attribué à S. Jérôme.

69. In-folio sur vélin. (Recueil.) – 1° (Evangelium secundum Matthæum cum glossa.) – 2° (Versus de variis locis Sacræ Scripturæ.) – Incipiunt : « Vicit Adam veterem gula, gloria, « vana cupido; Dum comedit, vincit gula; vincit gloria, dum « vult, etc. » – 3° (Petri Lombardi Commentarius in Psalmos.) – Incipit : « Cum omnes prophetas. » — XIIIe SIÈCLE.

Provient de Vauclair. Sur deux colonnes. Reliure du XIIIe siècle, à gros clous de cuivre très-saillants.

70. In-4° sur vélin. (Recueil.) – 1° (Evangelium secundum Matthæum cum glossa.) – 2° (Excerpta e decretalibus Gregorii IX et Bonifacii VIII de Clericis.) – 3° (Liber Job cum glossa.) – Incipit : « Liber iste etiam apud Hebreos obliquus « fertur et lubricus. » – 4° Excerpta sententiarum magistri Petri circa res divinas. — XIIe et XIIIe SIÈCLE.

Provient de l'abbaye de Cuissy. Sur la première page de la glose sur Job est une peinture à teintes plates représentant un prélat nimbé dictant sous l'inspiration du Saint-Esprit, figuré par une colombe également nimbée, à un clerc qui écrit avec une plume et tient de la main gauche un couteau ou canif. Au-dessus de la tête de ce clerc on lit : « Petrus. » Cette peinture représente probablement le pape S. Grégoire, auteur du célèbre commentaire moral sur Job et son diacre Pierre. Au-dessus du nom de Petrus est une main qui descend en bénissant. Le n° 4 se compose d'extraits des Sentences de Pierre Lombard.

N° 71. In-4° sur vélin. (Recueil.) – 1° (Evangelium secundum Matthæum cum glossa.) – Incipit : « Cum multi scripsisse. » – 2° Glose perutiles in lamentationes Jeremie compilate a magistro Gisliberto universali. – 3° (Tractatus de computo ecclesiastico.) – Incipit : « Alios regulares mensium qui ad « kalendarum lunam inveniendam ascribuntur. » – Desinit : « si nihil remanserit XXVIII est. » — XIIe SIÈCLE (fin).

Provient de Vauclair. Voyez plus haut, manuscrits 17 et 43. Il semble que le commencement du n° 3 manque. L'auteur fait connaître qu'il écrit en 1169 : « Et hoc anno transacto erit indictio III et anni ab Incarnatione Domini « mille CLXX. »

72. In-4° sur vélin. – Commentarius S. Hieronimi in evangelium secundum Matthæum. — IXe SIÈCLE.

Provient de Notre-Dame de Laon. Il manque à la fin plusieurs feuillets. Le manuscrit finit par ces mots du CXXXIII^e chapitre : « et in eo. » Ce commentaire est faussement attribué à S. Jérôme.

73. In-4° sur vélin. – (Evangelium secundum Matthæum cum glossa.) – Incipit : « Cum multi scripsisse. » — XIIIe SIÈCLE.

Provient de Saint-Vincent.

74. In-4° sur vélin. (Recueil.) – 1° (Evangelium secundum Matthæum cum glossa.) – Incipit : « Cum multi scripsisse. » – 2° (Cantica canticorum, cum glossa.) — XIIIe SIÈCLE.

Provenant de Saint-Vincent. Quelques feuillets manquent à la fin du manuscrit. Entre les deux ouvrages se trouvent quelques pages de mélanges et extraits théologiques très-courts et sans importance.

75. In-4° sur vélin. (Recueil.) – 1° Concordantia de septem petitiones (*lege* petitionibus) et de septem donis Spiritus sancti et de octo beatitudinibus.) – Incipit : « Item hae septem petitiones. » – 2° Incipit epistola Hieronimi de generibus musicorum ad Dardanum. – 3° Libellus de quatuor virtu-

tibus, prudentia, fortitudine, temperantia et justitia, qui pretitulatur Formula vite honeste, editus a quodam Martino episcopo ad Mironem regem, incipit. – 4° (Commentarius in Evangelium secundum Matthæum.) — Xe SIÈCLE.

Provenant de Saint-Vincent. Ce petit opuscule sur le rapport des sept demandes de l'oraison dominicale avec les sept dons du Saint-Esprit et les huit béatitudes, paraît avoir été ajouté après coup sur le feuillet qui contient dans sa partie inférieure le titre du n° 2. Ce n° 2 est une lettre imprimée parmi les ouvrages supposés de S. Jérôme. Le n° 3 est un ouvrage souvent imprimé. Le n° 4 est un commentaire attribué à S. Jérôme. Sur un des premiers feuillets de ce manuscrit on lit ces mots, écrits dans le même temps : « Hunc librum dedit Reinus Deo et S. Vincentio; si quis illum abstulerit, offensionem Dei incurrat. » Et sur le premier feuillet : « Quadraginta quatuor sex « libros inveni. » C'est probablement le compte des manuscrits que possédait alors l'abbaye Saint-Vincent.

N° 76. In-folio sur vélin. – (Evangelia secundum Joannem et secundum Marcum, cum glossis.) — XIIIe SIÈCLE.

Provient de Notre-Dame de Laon.

77. In-4° sur vélin. – (Evangelium secundum Joannem, cum glossa.) – Incipit : « Alii evangeliste, etc. » — XIIe SIÈCLE.

Provient de Saint-Vincent. Il manque à la fin plusieurs feuillets.

78. In 4° sur vélin.–1° (Evangelium secundum Joannem, cum glossa.) – Incipit : « Alii evangeliste. » – 2° (Epistolæ canonicæ, cum glossa.) — XIIIe SIÈCLE.

Provient de Saint-Vincent. Il y a des initiales peintes et ornées. Les épîtres canoniques sont suivies du prologue attribué à saint Jérôme : « Non ita est ordo, etc. »

79. In-folio sur vélin. – Incipit liber Albini super Johannem. — XIIIe SIÈCLE.

Provient de Mont-Dieu. Sur deux colonnes. C'est le commentaire d'Alcuin sur l'Évangile de S. Jean, précédé de la lettre de Gisèle et Rictrude. Une page qui termine le manuscrit est remplie par des interprétations de quelques noms propres hébraïques et grecs.

N° 80. In-folio sur vélin. (Recueil.) – 1° (Commentarius in Evangelium S. Joannis.) – Incipit : « In nomine Patris et Filii et « Spiritus sancti. *In principio erat verbum.* Quasi multitudine « intelligitur. » – Desinit : « sanctis non desunt. » – 2° Vita « domine Marie de Œgnies scripta a domino Jacobo de « Viteri. » – 3° Incipit : « Dominus Thomas de Radolio « de beato Petro venerabili Clarevallis abbate multa fide-« liter ac devote descripsit; sed plurima pretermisit, de « quibus aliqua, que a viris fidelibus narrari audivi, moveor « annotare. » – Desinit : « Dominus Sabaoth. » — XIIIe SIÈCLE.

Provient de Notre-Dame de Laon. Le n° 1 serait-il le commentaire de Raban Maur dont les éditeurs de ses œuvres font mention, mais qu'ils n'avaient pu retrouver? Il y a un titre distinct pour l'explication de la Cène : « Incipit de cena dominica. » — 2° La vie de Marie d'Oignies, par Jacques de Vitry, a été souvent imprimée. (Voyez l'Histoire littéraire de la France, tom. XVIII, p. 222.) Le n° 3 se compose des additions anonymes à la vie de Pierre Monoculus, abbé de Clairvaux, par Thomas Radolius. Voyez le même ouvrage, tom. XIV, p. 620.

81. In-4° sur vélin.–(Commentarius in Evangelium secundum Joannem.) — IXe SIÈCLE.

Provient de Notre-Dame de Laon. Ce commentaire est incomplet. Le manuscrit commence par « In propria venit, » hoc est in humanam naturam incarnatus est, et finit, dans le courant de l'explication du miracle de la multiplication des pains, par ces mots : « duobus sensibus conveniens. » Ce n'est point le commentaire de Bède ni celui d'Alcuin; selon toute apparence, c'est celui de Jean Scot Érigène. On y remarque en effet de fréquentes citations de mots grecs et quelquefois des mots grecs latinisés (par exemple, *chasmate*, de χάσματι). Or, on sait que Scot Érigène aimait à faire ainsi étalage de ses connaissances dans la langue grecque. On y trouve également la doctrine bien reconnaissable de l'auteur du *De divisione naturæ*. Voyez l'APPENDICE à la fin du volume.

82. In-4° sur vélin. – (Evangelium secundum Joannem, cum glossa ordinaria.) — Commencement du XIIIe SIÈCLE.

Provient de l'abbaye de Cuissy. Belle écriture.

N° 83. In-4° sur vélin. (Recueil.) – 1° (Commentarius in Evangelium secundum Joannem.) – Incipit : « *In principio erat* « *Verbum.* Verbum substantia intelligitur. » – 2° (Bedæ Commentarius in evangelium secundum Marcum.) — Commencement du XIIIe SIÈCLE.

Provient de Cuissy. Le n° 1 n'est pas le commentaire de Bède, comme on l'a écrit en marge et au dos du volume ; il en est l'abrégé, et, en quelques endroits, la reproduction littérale ; il est incomplet. Pour le n° 2, voyez *Bedæ opera*, tom. V, p. 92.

84. In-folio sur vélin. – Alcuini commentarius in Evangelium secundum Johannem. — IXe SIÈCLE.

Provient de Notre-Dame de Laon. Sur deux colonnes. La suscription de la lettre de Gisèle et Rictrude, qui précède ce commentaire, est en rouge, sur dix lignes, dont la première en grandes capitales, les autres en capitales et onciales moyennes. Le titre et la première ligne de chaque chapitre sont également en rouge. Il manque à la fin quelques feuillets. En haut d'une des pages, on lit : « Scrisit (scripsit) Humbertus. »

85. In-4° sur vélin. – (Evangelium secundum Johannem cum glossa ordinaria.) — XIIe SIÈCLE.

Provient de l'abbaye de Vauclair. Sur le feuillet de garde, à la fin du volume, on lit les épitaphes suivantes d'un Nicolas, abbé de Vauclair, probablement Nicolas II, qui fut abbé de 1222 à 1227 (*Gallia christiana,* tom. IX, pag. 635), et d'un Gobert de Montchâlons, dont le *Gallia christiana* ne dit rien.

Epitaphium Nicholai abbatis Vallis Clare.

Quem tegit haec tumba turtur fuit atque columba,
Hoc titulo dignus qui celebs atque benignus.

Aliter.

Hic jacet abbatum flos, jaspis, aroma ; beatum
Judico conventum quem ditat tale talentum.

Aliter.

Migras undena maii Nicholae kalenda,
Cujus mens azima, cujus fuit os sine menda.
Te gaudens Abrahe sinus excipiat, Nicholae.
In libro vite digitus scribat Domini te.

DE ANNIVERSARIO GOBERTI DE MONTE-CABILONIS.

Anno milleno biscentenoque viceno
Sexto G. moritur, Damasique die sepelitur.

Epitaphium ejusdem.

Continet hoc bustum Gobertum fronte venustum,
Corpore robustum, morum moderamine justum.

Aliter.

Hic jacet, hinc surget Gobertus vir reverendus,
Quem non objurget judex in fine tremendus.

Aliter.

Occubuit pacis sol, morum formula, legum
Sanctio, milicie specimen, victoria regum.

Planctus cum laude.

Pulcher eras, fortis, prudens, Paris, Hector, Ulixes,
Nunc quoque felix es celestis in arce cohortis.

Amica consolatio.

Flere tuum noli Gobertum, Mons-Cabilonis.
Regnat in arce poli monachis hic inde patronus.

A côté des vers précédents se trouvent ceux-ci :

Vox exterioris hominis.

Surgam qui jaceo, latrante licet Saduceo,
Spirituique meo reddar uterque Deo.

N° 86. In-4° sur vélin. – (S. Augustini Sermones in epistolam S. Johannis.) – Incipiunt : « Hesternus et crastinus. » – Desinunt : « Christum prædicanti. Amen. » — IXe SIÈCLE.

Provient de Notre-Dame de Laon. Il manque le premier sermon et une partie du second. Sur le premier feuillet de garde, qui a peut-être appartenu d'abord à un autre manuscrit, est écrit d'une main de la fin du IXe siècle : « Hic est de tribus generibus credibilium, de VII causis quibus « justus cadit in die. »

87. In-folio sur vélin. – « Incipit tractatus S. Augustini in epistola S. Johannis. » — Xe SIÈCLE.

Provient de Saint-Vincent.

N° 88. In-folio sur vélin.–(S. Thomæ de Aquino Commentarius in Evangelia secundum Lucam et Johannem.)—XIIIe SIÈCLE.

Provient de Notre-Dame de Laon. Sur deux colonnes. Les lettres initiales sont peintes en or et azur.

89. In-folio sur vélin.–(Evangelium secundum Lucam, cum glossa.) — XIIIe SIÈCLE.

Provient de Notre-Dame de Laon. Au verso du dernier feuillet sont quelques vers latins, entre autres « Regulae Ticonii. » C'est un sommaire des règles de Tychonius (*Bibliotheca Patrum*, tom. VI, p. 49):

Regula prima caput nostrum cum corpore jungit.
Corpore de vero loquitur mixtoque secunda.
Tertia describit quid lex, quid gratia possit.
Quarta genus, speciem, totum partemque rependit.
Tempora disjungit majora minoraque quinta.
Sexta refert iterum que primo facta fuerunt.
Septima serpentis sibi membra caputque resolvit.

90. In-folio sur vélin.– (Eavngelium secundum Lucam, cum glossa.)—XIIIe SIÈCLE.

Provient de Notre-Dame de Laon. La glose est marginale et interlinéaire.

91. In-folio sur vélin.–(Evangelium secundum Marcum, cum glossa.) — XIIIe SIÈCLE (sub initio).

Provient de Saint-Vincent. Lettres tournures peintes en or et azur, d'un goût simple. La glose est marginale et interlinéaire.

92. In-4° sur vélin. (Recueil.) – 1° (Bedæ Commentarius in evangelium secundum Marcum.) – Desinit : « Explicit expo- « sitionis in evangelium Marci liber quartus Bedæ famuli « Christi et presbiteri. » – 2° (Excerpta ex tractatu ejusdem de Locis sanctis.) – Incipit : « Supra montis Syon planitiem. » – 3° Item dicta de Ascensione Domini ejusdem sapientis, videlicet S. Arculfi. — IXe SIÈCLE.

Provient de Notre-Dame de Laon. Au n° 3, les mots « videlicet S. Arculfi » sont d'une autre main que le reste du titre. C'est un fragment du livre d'Adamanus, « De locis sanctis, » qu'il écrivit sur les renseignements que lui donnait saint Arcoul. (Voyez Mabillon, *Acta Sanctorum ordinis S. Benedicti*, sæc. III, part. II, p. 456; l'Histoire littéraire de la France, t. III, p. 650-652.)

N° 93. In-folio sur vélin. – Beda super Marcum. — IXe SIÈCLE.

Provient de Notre-Dame de Laon. Beau manuscrit, sur deux colonnes, à grandes marges. Les titres, en capitales et onciales, forment des lignes rouges et noires, alternativement. Les deux derniers feuillets ont été endommagés et en partie détruits par les rats.

94. In-folio sur vélin. – Expositio Evangelii et epistolarum anni totius, authore Joanne de Abbatisvilla. – Incipit : « Cum sacrosancta mater. » — XIIIe SIÈCLE.

Provient de Cuissy. Sur deux colonnes. Le titre est d'une écriture du XVIIIe siècle. Les ouvrages de Jean Halgrin d'Abbeville sont inédits. Voyez l'Histoire littéraire de la France, tom. XVIII, p. 162-177, où le prologue de celui-ci a été traduit.

95. In-4° sur vélin. – (Evangelium secundum Marcum, cum glossa.) — XIIe SIÈCLE.

Provient de Cuissy. La glose est tirée de divers auteurs et particulièrement de S. Jérôme et de Bède. Il manque les sept derniers versets, le dernier feuillet du volume en ayant été arraché.

96. In-4° sur parchemin. – Hæc (*lege* hic) insunt expositiones in epistolis canonicis apostolorum, id est Clementis episcopi Alexandrini, Didymi et Augustini et ceteri (*sic*). Caute lege et intellege, quia expulsi sunt de Roma. Ex opere Clementis Alexandrini cujus titulus est pery hipothyposeon (*lege* peri hypotyposeon), (de) descriptionibus adumbratis, in epistola Petri prima catholica. — VIIIe ou IXe SIÈCLE.

Provient de Notre-Dame de Laon. Commentaires attribués à S. Clément, sur la première épître de S. Pierre, celle de S. Jacques, et la première de S Jean, jusqu'à ces mots, « Hoc est quod tenebræ transierunt, » où il manque au manuscrit un feuillet qui devait contenir le reste. (*Bibliotheca Patrum*, tom. III, p. 231.) Sur ce feuillet se trouvait aussi le commencement des commentaires de Didyme, qui a été suppléé au haut de la page suivante par une main moderne. C'est Cassiodore qui avait fait réunir et traduire sur le texte grec ces commentaires, ainsi qu'il l'atteste dans le passage suivant (*Instit. div. litt.* c. 8) : In epistolis « autem canonicis Clemens Alexandrinus presbyter, qui et Stromateus vocatur, « id est in epistola sancti prima Petri, sancti Johannis prima et secunda, et Jacobi, « quædam attico sermone declaravit. Ubi multa quidem subtiliter, sed aliqua « incaute locutus est; quæ nos ita transferri fecimus in latinum, ut exclusis « quibusdam offendiculis, purificata doctrina ejus securior posset hauriri. Sanc« tus quoque Augustinus epistolam Jacobi apostoli solita diligentiæ suæ curio« sitate tractavit, quam vobis in membranaceo codice scriptam reliqui. Sed « cum de reliquis canonicis epistolis magna nos cogitatio fatigaret, subito nobis « codex Didymi græco stylo conscriptus in expositionem septem canonicarum « epistolarum, Domino largiente, concessus est, qui ab Epiphanio viro disertis« simo, divinitate juvante, translatus est. In epistola vero prima beati Johannis « sanctus Augustinus decem sermonibus multa et mirabiliter de charitate dis« seruit. » Nous avons rapporté ce passage, parce qu'on doute que ces commentaires, qui nous sont venus sous le nom de S. Clément, soient véritablement de ce Père, et que le titre du manuscrit de Laon, en indiquant la source d'où ils proviennent, semble confirmer le témoignage de Cassiodore; car on sait que S. Clément avait effectivement écrit des Ὑποτυπώσεις, et il en reste même d'autres fragments. Le titre que portent ces commentaires dans la bibliothèque des Pères, apparemment d'après les manuscrits, « Adumbrationes, » indiquait déjà cette source.

Nº 97. In-4° sur vélin. — Aurelii Augustini episcopi de consensu Evangelistarum incipit liber. — IXe SIÈCLE.

Provient de Notre-Dame de Laon. Le titre est en grandes capitales noires avec lettres incluses et conjointes. Sur le premier feuillet de garde on lit : « Hunc librum dedit dominus Dido episcopus Deo et S. Mariæ. Si quis abstu« lerit, offensionem Dei et S. Mariæ incurrat. »

98. In-folio carré sur vélin. (Recueil.) — 1° (Apocalypsis.) — 2° In nomine sanctæ et individuæ Trinitatis incipit explanatio Haymonis super Apocalypsim Johannis apostoli. « Legimus « in Ecclesiastico. » — 3° Incipiunt glosæ super Cantica canti-

corum : « Salomon trinomius fuit. » – Desinit : « dulcissima aromata redolent. » – XIIe SIÈCLE.

Provient du Val-Saint-Pierre. Sur deux colonnes. Le n° 2 est un commentaire d'Haimon d'Halberstadt, élève d'Alcuin. Le n° 3 n'est point le commentaire de Remi d'Auxerre, quelquefois attribué à Haimon (voyez *Sixti Senensis Bibliotheca sacra,* t. I, p. 464, éd. de 1742, et l'Histoire littéraire de la France, tom. V, p. 115, et tom. VI, p. 106), commençant par : « Salomon « inspiratus, » et qui a été imprimé parmi les œuvres de Cassiodore, tom. II, p. 505.

N° 99. In-folio sur vélin. – (Passionarium.) – XIIIe SIÈCLE.

Provient de Cuissy. Écrit en gros caractères liturgiques, suivi de la bénédiction du cierge pascal, notée en musique.

99 *bis.* In-4° sur vélin. – (Passionarium.) — XIIIe SIÈCLE.

Provient de l'abbaye de Vauclair. Incomplet. Le dernier Évangile est précédé de la bénédiction du cierge pascal, notée.

100. In-4° sur vélin. – (Concordantia evangeliorum.) — XIIIe SIÈCLE.

Provient de Cuissy. Il manque plusieurs feuillets à la fin du volume. Cette Concordance des Évangiles est précédée d'une préface commençant par ce texte de l'Apocalypse, « Vidi angelum volantem, » et est accompagnée d'une glose.

101. In-8° sur vélin. (Recueil.) – 1° (Juvenci Historia evangelica.) – Desinit : « Finiunt quatuor libri Juvenci. – 2° Incipiunt versus ejusdem. « Has mea mens, etc. » – 3° Finiunt versus Juvenci de quatuor. Epygramma Prosperi Evangeliorum. (*lege:* Finiunt versus Juvenci de quatuor Evangeliis. -Epigrammata Prosperi.) — IXe SIÈCLE.

Provient de Saint-Vincent. Au n° 1, le commencement de Juvencus manque. Le manuscrit commence à ce vers :

Cæsaris Augusti jussis per plurima terræ.

Au n° 3, les Épigrammes de S. Prosper sont aussi incomplètes; le manuscrit finit avec le premier vers de la 64e. Chaque épigramme est précédée du passage correspondant de S. Augustin.

N° 102. In-folio carré sur vélin. (Recueil.) – 1° (Apocalypsis cum glossa ordinaria.) – Incipit : « Hec inter reliquos novi Testa-« menti libros prophetia vocatur. » – 2° (Tractatulus de duodecim lapidibus mysticis.) – XIIIe SIÈCLE.

Provient de Vauclair. La reliure est du même temps que le manuscrit, en vélin garni de son poil. Le n° 2 est le même traité, très-court, qui se trouve dans le manuscrit 112.

103. Grand in-folio sur vélin. – (Commentarius in epistolas S. Pauli.) – Incipit : « Principia rerum requirenda sunt. » — XIIIe SIÈCLE.

Provient du Val-Saint-Pierre. Manuscrit à deux colonnes, d'une écriture régulière, de la première partie du XIIIe siècle. Quelques belles lettres tournures, richement peintes et historiées en or, rouge, bleu, vert. Dans une lettre initiale du mot « Paulus » est peint un buste de S. Paul.

104. Grand in-folio sur vélin. (Recueil.) – 1° Incipiunt notabilia super epistolam Pauli ad Romanos. – Desinit : « Expliciunt extractiones epistolarum Pauli. » – 2° Incipit prefatio Innocentii papæ tertii de officio misse. – Desinit : « Bene-« dictus ille sit qui pro anima scriptoris presentis operis « orabit. » — XIIIe SIÈCLE.

Provient de Notre-Dame de Laon. Sur deux colonnes. Ce commentaire est indiqué dans Montfaucon (*Bibliotheca bibliothecarum manuscriptorum*, tom. II, p. 1292), comme paraissant avoir pour auteur Jean de Nemours, chanoine de Laon. (Voyez *Histoire littéraire de la France*, tom. XVII, p. 398.) Le traité d'Innocent III sur l'office de la messe a été souvent imprimé. (Voyez Fabricius, *Bibliotheca latina mediæ et infimæ ætatis*, tom. IV, p. 35.)

105. Grand in-folio sur vélin. – (Bedæ commentarius in epistolas S. Pauli.) — IXe SIÈCLE.

Provient de Notre-Dame de Laon. Sur deux colonnes. Il manque quelques feuillets à la fin. Ce commentaire est imprimé parmi les œuvres de Bède (tome VI, p. 31). Mais on ne lit pas, dans l'imprimé, le titre développé qui se trouve ici, et qui est ainsi conçu : « In nomine Domini et Salvatoris « nostri J. C. In hoc volumine continetur expositio epistolarum beati Pauli « apostoli, collecta et in ordinem digesta ex libris S. Augustini episcopi doctoris « exsimii et fidelissimi, sicut singulis suis locis adscripti sunt. In qua expo- « sitione licet nonnulla ex verbis apostoli omissa videantur, tamen, Deo auxi- « liante et per doctorem mirabilem mirabiliter agente, quæcumque diffici- « liora, profundiora vel excellentiora ibi inveniuntur, tam diligenter pene « omnia et præclare tractata sunt, ut, divina gratia adspirante, pio et pru- « denti ac studioso lectori sufficere possint ad instructionem doctrinæ, ad « exercitationem ingenii, et ad ea quæ intermissa sunt facilius investiganda, « atque, in quantum Dominus adjuverit, penetranda; cui profecto nec pro- « lixitas nec multiplicitas expositionis debet esse onerosa; quæ ob hoc præci- « pue accurata est, ut sensus studentium magis magisque exerceatur legendo, « et intelligendo vivacius atque uberius instruatur. » Ce titre est écrit tout entier en petites capitales, mêlées d'onciales.

N° 106. Grand in-folio sur vélin. – Origenis Commentarius in epistolam S. Pauli ad Romanos. — XIIIe SIÈCLE.

Provient de l'abbaye de Vauclair. Écrit sur deux colonnes, avec lettres tournures rouges et vertes. La reliure, à clous et fermoir, est du même temps que le manuscrit.

107. Petit in-folio sur vélin. – Incipit tractatus S. Ambrosii episcopi Mediolanensis super Epistolam Beati Pauli apostoli ad Romanos. — IXe SIÈCLE.

Provient de Notre-Dame de Laon. Le titre est en capitales, sauf les lettres D, M et U qui sont onciales. Sur un feuillet de garde à la fin, on lit : « Ericus « sprisit (*lege* scripsit), et au-dessous,

i. magister i. discipuli.
Istius didascali matites sunt isti

En face de ces mots *matites* (pour *mathites*, *μαθηταί*) sont les deux listes suivantes, présentant probablement les noms de moines confrères d'Éric et ses disciples, divisés en deux chœurs :

Geraldus cantat invitatorium.

Hoidilo cantat I.
Bertoldus II.
Frotulfus III.
Tetboldus IV.
Serilo V.
Gerverus VI.
Bevo VII.
Rainardus VIII.
Frodo VIIII.
Gunduinus primam.
Gisleboldus II.
Rorico III.
Raimboldus IV.
Etto V.
Euracrus VI.
Albertus VII.
Ansigisus VIII.
Rodulfus VIIII.

On remarquera que tous ces noms sont germaniques. — Il y a un Heiric qui fut le maître du célèbre Hucbald, de St. Amand. (*Histoire littéraire de la France,* tom. V, p. 553.)

N° 108. In-folio sur vélin. – (S. Pauli Epistolæ, cum glossa.) — Commencement du XIIe SIÈCLE.

Provient de Vauclair. Manuscrit sur beau vélin et d'une belle exécution, avec des lettres initiales tournures de très-grande dimension, richement décorées et peintes en or, azur, rouge et vert, dans le goût roman, ornées de feuillages simples ou d'oiseaux. La glose est marginale et interlinéaire.

109. In-4° sur vélin. – (Glossæ in Novum Testamentum.) — XIIe et XIIIe SIÈCLE.

Provient de l'abbaye de Vauclair. Sur les feuilles de garde, au commencement et à la fin du volume, sont les pièces suivantes : N° 1, une Table de diverses matières théologiques. N° 2, une table chronologique de 1129 à 1183, très-aride. Il y est relaté que l'abbaye de Vauclair fut fondée le 10 des calendes de juin de l'an 1134. N° 3, la passion de S. Marc, évangéliste. Le commencement est : « S. Marcus evangelista discipulus, etc. » N° 4, Épîtres de S. Paul avec glose; incomplètes. N° 5, Alcuinus de fide sanctæ trinitatis. (*Alcuini opera,* p. 702.) N° 6, une lettre du pape Alexandre III à Gilbert, abbé de Cîteaux (*Gallia christiana*, tom. IV, col. 987), et aux autres membres de l'ordre, confirmant leurs constitutions : « Sacrosancta romana ecclesia. » Lettre du même à l'archevêque de Cantorbéry et à ses suffragants : « Ad audientiam nostram. » *It.* à l'archevêque d'York : « Fraternitatem tuam scire. » N° 7 « Incipiunt glose G. Babionis super Matheum. Dominus ac redemptor « noster. » Commentaire imprimé parmi les œuvres de S. Anselme, tom. III, p. 799. Oudin nomme l'auteur *Pierre* Babion, et le fait vivre au XIVe siècle. N° 8, « Regula canonicorum Premonstratensium; » c'est la lettre du pape Urbain IV, confirmant les constitutions des Prémontrés. N° 9, Règlement pour vêtir, du produit des dîmes, dix-huit pauvres chaque année, savoir : huit, en hiver, des vêtements suivants : « Camisia, braccis, caligis, soccis, « subtularibus, tunica, cappa, sive mentello, aut pellibus. » Et dix en été : « Nova clamide (chlamyde) sive cappa, camisia, braccis, soccis, subtula- « ribus. » N° 10, un fragment, sans titre, des prophéties de Merlin : « Suc- « cedet leo justitie ad cujus rugitum gallicane turres et insulani dracones « tremebunt. » A la fin : « multiplicabuntur segetes. » N° 11, l'Histoire de la Vierge, faussement attribuée à S. Jérôme, avec les lettres, également apocryphes, de Chromatius et Heliodorus à S. Jérôme, et de S. Jérôme à ceux-ci (tom. V, p. 445, 199), et de plus, le prologue suivant, qui ne se trouve pas dans les imprimés : « Incipit prefatio beati Hieronimi presbiteri de ortu beate Marie « ad Helyodorum episcopum : « Petis a me petitiunculam opere quidem levem, « sed cautela falsitatis admodum gravem. Postulas enim ut stilo digeram, si « quid alicubi forte de nativitate sancte ac beatissime virginis Marie, usque ad « incomparabilem ejus partum et prima Christi rudimenta, inveni. Res qui- « dem non difficilis actu, sed periculo, ut dixi, veritatis admodum presump- « tuosa. Jam hoc quod a me nunc capite cano exposcis, adolescentulum me « in quodam libello, qui in manus meas incidit, legisse noris; et certe tanti « temporis intercessu et aliarum non levium rerum interventu facile aliqua « memorie elabi potuerunt. Unde non injuste argui possum, aliqua me, si « tue petitionis obtemperavero, aut prætermittere, aut addere, aut mutare. « Quod ut fieri posse non nego, sic me ex voluntate facere non concedo. Itaque « tam tuis votis satisfaciens quam legentium curiositati consulens, tam te quam « quemlibet lectorem moneo, memoratum libellum, si bene memini, quan- « tum ad sensum pertinet, hujusmodi prefationem habuisse. »

N° 110. Petit in-folio sur vélin. (Recueil.) — 1° Expositio Bede presbyteri in actus apostolorum. — 2° Dictionarium geographicum. — Incipit : « Acheldemac, ager sanguinis. » — 3° Maledictio sancte Crotildis, que numquam impune dicitur : « Ex auctoritate dei patris, etc. »–4° Incipit liber S. Ambrosii de Sacramentis, id est de baptisterio. – 5° Incipit prologus in septem epistolis canonicis. Incipit tractatus Bede presbiteri in epistola S. Jacobi apostoli, etc. – 6° Excerpta ex S. Augustini libro de civitate Dei. – Incipit : « Augustinus in libro primo de Civitate Dei, quod non prosit impio sepultura preciosa, etc. » — XIIe SIÈCLE.

Provient de Cuissy. Le n° 2 est un dictionnaire tiré en partie de Bède, *De locis sanctis* (tome III, page 363), et d'Isidore de Séville, *Originum liber* XIV (p. 330). Le n° 3 contient une longue formule de malédiction qui se termine, comme celle de l'excommunication, par l'extinction symbolique du flambeau : « Et sicut extinguitur candela de manibus meis, ita extinguantur lucerna eorum et vita eorum et sanitas et prosperitas eorum et copia, etc. » Le n° 5 est un commentaire de Bède sur les Épîtres canoniques. Sur le dernier feuillet on lit ce catalogue des manuscrits que possédait alors l'abbaye de Cuissy : « Libri S. Marie Cuissiaci : Duo volumina historiarum. « Tria volumina omeliarum. Duo volumina Moralium (S. Gregorii in Job). « Breviarium. Passionarium. Augustinum super: *Dixit dominus*. Ambrosium « super : *Beati immaculati*. Augustinum super : *Ad Dominum cum tribularer*. « Augustinum, de confessionibus. Gregorius super Jezechielem. Rabanum su- « per Exodum. Actus apostolorum. Librum sancte Marie. Isidorum de summo « bono. Librum Jhesu Nave. Origenem super Leviticum. Missale unum. Gra- « duale unum. »

N° 111. In-4° sur vélin. (Recueil.) – 1° (Epistolæ canonicæ.) – 2° (Apocalypsis.) – 3° (Libri Tobiæ et Ruth.) — XIIIe SIÈCLE.

Provient de Notre-Dame de Laon. Le texte est écrit au milieu des pages seulement, et préparé pour recevoir une glose continue; mais il n'y a que quelques notes éparses sur les Épîtres et l'Apocalypse.

112. In-4° sur vélin. (Recueil.) – (Epistolæ canonicæ, cum glossa.) – 2° (Canticum canticorum, cum glossa.) – 3° (Apocalypsis, cum glossa.) – Incipit prologus : « Omnes qui pie « volunt vivere in Christo. » – 4° (De duodecim mysticis lapidibus.) – Incipit : « Jaspis viridis virorem inmarcentem

« significat. » – Desinit : « virtutum multiplicitas. Finit de « XII lapidibus. » — Commencement du XIIIe SIÈCLE.

Provient de Saint-Vincent. Le n° 1, en tête duquel il manque quelques feuillets, commence par les derniers mots de l'Épître de saint Jacques. Le n° 2 est mutilé au commencement.

N° 113. In-folio sur vélin. (Recueil.) – 1° (Anonymi, de Trinitate.) – Incipit : « In terris visus est et inter homines conver« satus est, et in ipso cognitus est pater. » – Desinit : « cui « honor et gloria in sæcula sæculorum. Amen. Alleluia. Ex« plicit de Trinitate fidei catholicæ. » – 2° Incipit libellus episcoporum catholicorum ad Unericum regem Wandalorum datum. Incipit : « Regali imperio fidei. » – Desinit : « Explicit libellus directus sub d. XVII kal. Mai. per Janua« rium Zattarensem Villaticum de Casis Medianis et Bo« nifatium Foratianensem, et Bonifatium Gratianensem « provintiæ Bizacenæ. » – 3° (Præfatio et oratio prævia soliloquiorum S. Augustini.) – 4° Incipit sermo de fluxu sanguinis : « Statio medici temporalis. » – Desinit : « Explicit « de fluxu sanguinis Jhesu Christi; fautor esto scribentem « hunc sermonem. » – 5° Incipit sermo de natale S. Cypriani : « Hodierna reddenti non. » – 6° Incipit sermo resurrectionis Domini : « Post laborem noctis præteritæ. » – Desinit : « Explicit sermo de die lucis. » – 7° Incipit sermo de Nativitate Domini : « Thalamus Mariæ et. » – 8° Incipit de nativitate S. Johannis : « Ecce amicus sponsi. » – 9° Incipit dogma fidei catholicæ : « Credimus unum Deum esse pa« trem. » – 10° Incipit epistola fidei catholicæ in defensione trium capitulorum : « Movet quosdam, etc. » – 11° Incipit carmen natalis Domini nostri Jhesu Christi :

A solis ortus cardine
Et usque ad terræ limitem

Christum canemus principem
Natum Maria virgine, etc.

Desinit carmen :

Calcavit unicus Dei,
Seseque cœlis reddidit.

— 12° Incipit epistola S. Hieronymi ad Oceanum et Sofronium de vita clericorum. « Deprecati estis. » — 13° Incipit liber de quatuor virtutibus, hoc est caritatis, continentiæ, patientiæ et pœnitentiæ. — Incipit : « Dominæ meæ dilectæ. » — Desinit : « ei virginum beatarum. » — IXe SIÈCLE.

Provient de Notre-Dame de Laon. Les diverses pièces que ce manuscrit contient sont énumérées dans une table placée en tête, écrite en capitales moyennes, mêlées de quelques onciales, formant des lignes alternativement rouges et noires, et commençant ainsi : « In hoc corpore continentur, id est, etc. » Le n° 1 occupe quatorze feuillets; il est, en grande partie, composé de citations de textes sacrés, et écrit d'une manière barbare. Il s'y trouve cette pensée remarquable, que le Père est le sens dont le Fils ou Verbe est le mot. Le n° 2 est la profession de foi adressée à Hunéric, sur son ordre, par les évêques d'Afrique. (Labbe, *Concilia*, tom. IV, col. 1128.) Ensuite vient la table des évêques, également publiée par Labbe (*ibid.* col. 1141), et auparavant par Sirmond, mais avec quelques fautes dans les noms des diocèses, que ce manuscrit donne le moyen de corriger. Le n° 3 est imprimé parmi les œuvres de S. Augustin, tom. I, p. 355. Le n° 4 est un sermon anonyme sur l'histoire de la femme affligée d'un flux de sang, écrit dans une prose poétique et rimée presque partout. Le n° 9 est un traité attribué à Gennade de Marseille, souvent imprimé (voyez l'Histoire littéraire de la France, tom. II, p. 639-642.) Le n° 10 est une épître de Facundus, pour la défense des trois chapitres, publiée dans le *Spicilegium* de d'Achery (t. III, p. 307). Le n° 11 est l'hymne de Noël par Sedulius. Le n° 12 est la lettre faussement attribuée à saint Jérôme, qui est imprimée parmi ses œuvres supposées, tom. V, p. 412; mais dans les éditions, la lettre est adressée à Océanus seul, et le nom de Sofronius figure mal à propos parmi les prénoms de S. Jérôme. Le n° 13 occupe vingt-quatre feuillets. Il paraît, par le prologue, qu'il est adressé à une abbesse; en voici le commencement: « Dominæ meæ dilectæ et debita reverentia profe- « rendæ atque in Christi dilectione honorandæ venerabili filiæ pater æternam « in Deo salutem. Licet tam novi ac veteris testamenti frequens continuaque

« præmeditatio, quam ecclesiasticorum doctorum grata luminosaque instruc-« tio ad eruditionem vel edificationem vestræ sufficiat sanctitatis: pro reli-« giosis tamen etiam operibus vestris, quibus in honore Dei beneficentiam « indigentibus exhibetis, nos etiam hoc perparvum opusculum vobis vestræ-« que Deo amabili congregationi præmittere curavimus ad legendum, in quo « de virtutibus caritatis, continentiæ, patientiæ et pœnitentiæ, per inlu-« minationem Domini Dei nostri nos certum est peregisse, quatenus id quod « avidius ac dulcius a Domino promereri flagrantissime exoptatis, ejus re-« lectione quam citissime prænoscatis, etc. »

N° 114. In-4° sur vélin. – (Paschasii Radberti liber de Corpore et sanguine Domini.) – « Incipit prologus. Dilectissimo filio « Placido et vice Christi præsidenti magistro alternis mo-« nasticæ disciplinæ successibus Pascasius Radbertus con-« discipulo salutem. Novimus, etc. » — IXe SIÈCLE.

Provient de Notre-Dame de Laon. Sur ce début du prologue, comparez D. Martène, *Amplissima collectio*, tom. IX, col. 378. Dans ce manuscrit, l'ouvrage de Radbert est divisé en vingt-deux livres. On ne lit pas en tête les deux préfaces en prose et en vers à Charles le Chauve.

115. In-folio sur parchemin. (Recueil.) – 1° Incipit liber S. Ambrosii exameron, id est de operibus sex dierum : « Tantumne opinionis. » – 2° Incipit liber S. Basilii Cesariensis episcopi exameron, id est de operibus sex dierum. Prefatio : « Eustachius Sincletice. » – Incipit textus ejusdem libri ab Eustachio de greco in latinum translati : « In prin-« cipio fecit. » – Desinit : « Explicit disputatio adversus eos, « qui creaturam Dei allegorice, non vere, commentantur « productam. » – 3° Incipit prefacio Rufini in sermonibus S. Basilii episcopi. – Incipit omelia prima de psalmo primo. – Desinit : « Omnis scripture divinitas. » — XIIIe SIÈCLE.

Provient de Notre-Dame de Laon. Sur deux colonnes. Avant d'appartenir à la cathédrale de Laon, ce manuscrit avait appartenu à l'abbaye de Saint-Thierry, près de Reims. Au bas de quelques pages, de la même main que le texte, on lit : « Liber S. Bartholomei apostoli sanctorumque confes-« sorum Theodorici et Theodulfi. Auferenti sit anathema. » Pour le n° 2 voyez *S. Basilii opera*, tom. I, ad calcem. Au n° 3 il manque les homélies IV et V. Voyez *S. Basilii opera*, tom. II, p. 726-730. Cependant les six autres sont intitulées de suite *prima*, *secunda*, *tertia*, *quarta*, *quinta* et *sexta*.

N° 116. In-folio sur vélin. (Recueil.) – 1° (S. Ambrosius de Mysteriis.) – Incipit : « De moralibus cotidianum. » – 2° (S. Ambrosius de Officiis) : « Non arrogans videri. » – Desinit : « Solet « restituere proventus. » — XIIe SIÈCLE.

Provient de Cuissy. Manuscrit d'une belle écriture de la fin du XIIe siècle, ou peut-être du commencement du XIIIe, à lettres tournures richement ornées et historiées, excepté les premières, qui ne sont qu'à demi peintes ou esquissées à la plume. Le n° 2 est incomplet, parce qu'il manque quelques feuillets au manuscrit.

117. Petit in-folio sur vélin. (Recueil.) – 1° Incipit prefatio in libro secundo de sacramentis christiane fidei : « Magne « sunt in. » – Desinit : « Ecce quod erit in fine sine fine. » Explicit. – 2° De origine artium didascalicon Hugonis. Primus liber de studio legendi. – Incipit : « Omnium expeten-« dorum prima. » – Desinit : « Conticescere est tacere. Explicit « liber quartus. » — XIIIe SIÈCLE.

Provient de Saint-Vincent. Ce manuscrit est d'une belle écriture régulière, avec de belles marges. Le n° 1 est la seconde partie du grand Traité des sacrements de Hugues de Saint-Victor. 2° Le Didascalicon du même. (*Hugonis a S. Victore opera*, tom. III, p. 1, et seqq.)

118. In-folio carré sur vélin. – S. Gregorii magni liber sacramentorum. — Xe SIÈCLE.

Provient de Vauclair. Le recto du premier feuillet est occupé par ces dix vers écrits en onciales et capitales, qui ne sont pas sans mérite :

Gregorius præsul meritis et nomine dignus,
Sedis apostolicæ custos vigil atque magister,
Inter scripturæ numerosa volumina sacræ,
Quæ pius afflatu finxit dictante superno,

Hunc quoque catholicus (*lege* catholicis) librum cantoribus aptum
Edidit, armonicis concentibus amplificando;
Ut, cui divinæ cura est insistere laudi,
Compunctus gemino moveatur carminis actu,
Verbaque cum sonitu mentem mollire canentis
Et gratam Domino valeant offerre potenti.

N° 119. In-folio carré sur vélin. – S. Gregorii liber sacramentorum. — XIe SIÈCLE.

Provient de Notre-Dame de Laon. Incomplet.

120. In-folio sur vélin. – S. Gregorii Magni liber sacramentorum. — XIIe SIÈCLE.

Provient de Notre-Dame de Laon. Incomplet. En tête du volume est un calendrier incomplet avec quelques obits.

121. In-folio sur vélin. (Recueil.) – 1° Incipit liber sancti Effrem diaconi de compunctione cordis et contritione spiritus : « Dolor me compellit. » – 2° Sermo incipit : « O admira- « biles viri, festinate ut ad æterna pascua veniatis. » – Desinit : « Nullus de suis viribus præsumat. Explicit liber primus. » – 3° Incipit liber II beati Effrem diaconi de judicio Dei et resurrectione, et de regno cœlorum et munditia animæ : « Gloria omnipotenti Deo. » – Desinit : « Explicit liber II. » – 4° Incipit liber tertius de beatitudine animæ : « Beatus qui odio. » – Desinit : « Explicit liber III. » – 5° Incipit liber IIII beati Effrem diaconi de penitentia : « Dominus Noster J. C. » – 6° Incipit liber quintus sancti Effrem : « In luctaminibus « hujus. » – 7° Incipit liber beati Effrem diaconi de die judicii : « Venite, dilectissimi fratres. » – Explicit liber sancti Effrem. 8° I. Incipit ammonitio sancti Cesarii, per quam ostenduntur tria genera elemosinarum, quibus peccata absque labore corporis redimi possunt : « Pius et misericors Do- « minus. » – 9° II. De lectione apostoli : *Cujus opus permanserit.* – 10° III. Ammonitio per quam docemur, ut cogitationes

debeamus fugere, et eas jugiter quæ sanctæ sunt cum Dei adjutorio in corde servare : « In scripturis sanctis. » – 11° IIII. Ammonitio per quam suadetur ut omnis populus, donec divina mysteria celebrantur, in ecclesia fideliter exspectet : « Rogo vos, fratres karissimi, et paterna. » – 12° VIII. Ammonitio ad populum : « Si velitis agnoscere. » – 13° IX. Ammonitio ut pro capitalibus criminibus, sine aliqua dissimulatione, ad medicamentum pœnitentiæ recurratur : « Quoties evenerit, fratres. » – 14° X. Item alia ammonitio de eadem re : « Rogo vos, fratres karissimi, ut si. » – 15° XI. Ammonitio ut pro salute animæ aspera prædicatio non solum (non) respuatur, sed etiam ardenti desiderio requiratur : « Quotiescumque, fratres karissimi. » – 16° XII. Ammonitio ad illos qui..... frequentius faciunt, et rapinas exercent, et adulteria cotidiana committunt : « Rogo vos, fratres, dili-« gentius. » – 17° XIII. Incipit ammonitio excerpta de libris antiquorum patrum, ut qui se crimina capitalia fecisse cognoscit, ad pœnitentiæ medicamenta, sine aliqua dissimulatione, confugiat : « Unde vos frequenter. » – 18° XIIII. Ammonitio ista continet qualiter, pro peccato primi hominis, de paradiso in infernum mundi hujus projecti simus, et ut ad inferiorem infernum non mereamur peccatorum pondere venire, bonis operibus, velut quibusdam gradibus, ad superiorem ac principalem patriam totis viribus conemur ascendere : « Scio, fratres karissimi. » – 19° XV. Incipit ammonitio de illis qui pœnitentiam petunt : « Quotiescumque, fratres karissimi. » – 20° XVI. Incipit ammonitio ad eos qui putant quod illis ad vitam æternam sufficiat, si male non fecerint, etiamsi bona implere noluerint : « Multi sunt, fratres. » – 21° XVII. Incipit ammonitio per quam ostenditur quid intersit inter illam pœnitentiam quæ cum bonis operibus semper agitur, et illam quæ in infirmitate vel fine vitæ accipitur : « Multi de fratribus. » – 22° XVIII. Ammonitio ut, quia semper peccata subripiunt, semper pro illis pœnitentia agatur, et nemo ad extremum vitæ suæ pœnitentiam tam accipere quam agere, periculosa dissimulatione, reservet : « Rogo, fratres karissimi. » – 23° XIX. Ammonitio ista continet quomodo pius et misericors Dominus in potestate nostra posuerit qualiter in die judicii judicemur, et quod unicum ac singulare medicamentum sit contra omnium peccatorum vulnera dilectio inimicorum : « Pius et misericors. » – 24° XX. Castigatio ad eos qui, uxores habentes, adulteria committere nec erubescunt, nec metuunt. Arguit etiam illos qui sibi, ante uxores et post uxores, concubinas infelici consortio voluerint adhiberi : « Rogo vos, fratres. » – 25° XXI. Ammonitio ut malum ebrietatis totis viribus caveatur : « Licet propitio Christo. » – 26° XXII. Incipit ammonitio ad cavendum ebrietatis malum : « Frequenter caritatem vestram. » – 27° XXIII. Incipit exortatio ad tenendam vel custodiendam caritatem. Ostendit etiam ammonitio ista quod nullus se unquam in veritate poterit excusare, quod veram caritatem habere non possit. Aliquas etiam sententias de omelia beati Augustini quam de caritate scripsit, prout nobis opportunum visum est, huic sermoni credimus inserendas. – 28° XXIIII. Incipit ammonitio quæ ostendit quod, ab initio sæculi, omnes scripturæ humiles benedixerint, et eos qui perseverant in superbia maledixerint : « In scripturis sanctis. » – 29° XXV. Incipit expositio fidei et interpretatio nominis ejus : « In omnibus divinis. » – 30° Incipit tractatus de Adam : « Cum Deus opifex. » – Desinit : « Ipsa genuit Salvatorem. » – 31° (Præcepta moralia) : « Hujus expeditionis curam quam non

« tacere cogeris, sed clamare, ne præveniatur simplex, etc. » — 32° (Fragmentum glossæ in ultimum caput secundæ epistolæ S. Petri) : « Sanctus Petrus in. » — 33° Breve excerptum ex S. Hieronymo in Esaiam. — Incipit : « In Isaia « Hieronimus. *Vidi Dominum sedentem, etc.* Vidit et Daniel. » — 34° (Excerptum e Moralibus in Job S. Gregorii.) De moralia (*sic*) Gregorii pape in parte II libri sexti : « Ingredieris in abundantia. » — 35° Incipit de miraculis sanctorum (liber) quem sancte memorie Gregorius conscripsit. — 36° (Gregorii Turonensis historiæ ecclesiasticæ sexti libri capitulum vigesimum nonum, de morte Disciolæ). — 37° (It. decimi libri caput primum.) — 38° (It. septimi libri caput primum.) — 39° (It. decimi libri caput vigesimum quartum.) — 40° Incipit omelia in Pascha multum tremenda : « O fratres dilectis« simi, præsentem diem venerare debemus. » — 41° Incipit omelia de sententia S. Petri et de judicio Dei : « Audi, frater « karissime, qualem sententiam detulerunt nostri defenso« res. » — 42° Incipit sermo de natale Domini : « Sanctam et « desirabilem. » — 43° Excerptum e sermone S. Augustini. — 44° Incipit omelia de die dominico ante lætanias : « Ecce, « fratres, dies sancti ac spirituales adveniunt. » — 45° Incipit regula beati Basili. — 46° De Trinitate incipit : « Omni« potentem Deum Trinitatem ita esse crediderunt. » — IXe SIÈCLE.

Provient de Notre-Dame de Laon. Sur les n°s 1, 2, 3, 4, 5, 6, 7, voyez *Opera S. Ephrem*, in-folio, tom. I, Prolegomena, p. LXXXI, Romæ, 1732, et tom. I, p. 183, 192, 248. On peut voir, par ce qui est dit dans les prolégomènes de cette édition de S. Ephrem, qu'un des manuscrits qui y furent employés (Codex Casanatensis) ressemblait beaucoup à celui de Laon, par l'ordre dans lequel les sermons y étaient disposés, et les titres qu'ils y portaient. Le n° 8 est imprimé dans la *Bibliotheca Patrum*, édit. 1677, tom. VIII, p. 828; le n° 10, *ibid.* pag. 829; le n° 12, *ibid.* tom. XXVII, p. 332; le n° 13, *ibid.*

tom. VIII, pag. 832; le n° 14, *ibid.* pag. 833; le n° 15, *ibid.* p. 834; le n° 16, *ibid.* p. 835; le n° 17, *ibid.* p. 836; le n° 18, *ibid.* tom. XXVII, p. 338; le n° 19, *ibid.* p. 324; le n° 20, *ibid.* p. 327; le n° 21, *ibid.* p. 325; le n° 22, *ibid.* p. 326; le n° 23, *ibid.* p. 333; le n° 24, *ibid.* le n° 25, dans *S. Augustini opera*, t. V, p. 490; le n° 26, dans la *Bibliotheca Patrum*, tom. XXVII, p. 329. Au n° 27 ces derniers mots, « Aliquas, etc. » semblent être de S. Césaire lui-même. Le n° 30 est un opuscule très-court sur la Chute et la Rédemption, probablement de quelque auteur du VIIIe ou du IXe siècle. Le n° 36, depuis les mots « In monasterio autem. » Le n° 37 commence aux mots « Diaconus noster. » Au lieu de l'homélie de S. Grégoire, rapportée par l'historien, il y a ici, après les premiers mots : « Require in omeliarum [libro] ubi S. Gregorius de mortalitate « fecit. » Au n° 42 le prédicateur adresse aux fidèles l'exhortation suivante, en tête de laquelle on lit : « De continentia : Quotiescumque aut dies natalis Domini, « aut reliquæ festivitates adveniunt, sicut frequenter admonui, ante plures « dies, non solum ab infelici concubinarum consortio, sed etiam a propriis « uxoribus abstinete. » Au n° 45, malgré le titre, la règle monastique qu'il précède n'est point celle de S. Basile, composée, comme on sait, d'une suite de réponses à des questions proposées par des moines ; c'est une règle de conduite morale plutôt que de pratique extérieure, et dont le commencement semble imité de celle de S. Benoît. La règle de S. Benoît commence par : « Ausculta, o fili, præcepta magistri, et inclina aurem cordis tui, et « admonitionem pii patris libenter excipe, et efficaciter comple, ut ad eum « per obedientiæ laborem redeas, a quo per inobedientiæ desidiam re- « cesseras. Ad te ergo nunc meus sermo dirigitur, quisquis abrenuntians « propriis voluntatibus, Domino Christo vero regi militaturus, obedientiæ « fortissima atque præclara arma sumis, etc. » Et celle-ci, par : « Audi, fili, « monitionem patris tui, et inclina aurem tuam ad verba mea. Commoda « mihi libenter auditum, et corde credulo cuncta quæ dicuntur ausculta ; « cupio enim te instruere quid sit spiritualis militia, et quibus modis regi « tuo debeas militari. » On trouve dans cet ouvrage les mots barbares *incrassare*, *capulare*, qui paraissent indiquer un auteur à peu près du même temps que le manuscrit. Mabillon (*Analecta*, tom. IV, p. 637) vit à Reichenau un manuscrit du volumineux commentaire d'Hildemar sur la règle de S. Benoît, qui portait ce titre : « Incipit expositio Basilii abbatis super re- « gulam S. Benedicti abbatis primitus. » (Voy. l'Histoire littéraire de la France, tome XV, p. 38.) Peut-être Hildemar portait-il aussi le nom de Basile, et la règle qui est contenue ici doit-elle lui être attribuée. Le n° 46 est le commencement d'un traité sur la Trinité.

N° 122. In-4° sur vélin. (Recueil.) – 1° Prosperi de vocatione omnium gentium libri duo.–2° Papæ Leonis epistolæ missæ ad Orientem de heresi euthichiana (*lege* eutychiana), numero V. Ad Juvenalem hierosolimitanum episcopum I. Ad Julianum episcopum constantinopolitanum I. Ad Augustum (*sic*) Pulcheriam epistola I. Ad Leonem Augustum epistola I. Ad Constantinopolitanos epistola I. IXe SIÈCLE.

Provient de Notre-Dame de Laon. En tête du manuscrit est une table écrite dans le même temps. L'antiquité de ce manuscrit peut compter parmi les preuves qui doivent faire attribuer le *de Vocatione gentium* à S. Prosper. (*Opera S. Prosperi*, p. 843; et *Opera S. Leonis*, tom. I, p. 1.) Les cinq lettres du n° 2 sont imprimées dans les œuvres de S. Léon, tom. I, pp. 660, 485, 489, 697, 517. A la fin de la lettre à Juvénal, après « mentita sit veritas, » le manuscrit donne, au lieu de la souscription qu'on lit dans l'édition : « Particulam dominicæ crucis cum eulogiis tuæ dilectionis veneranter « accepi, » et, au lieu de « Ad Julianum, episcopum *Coensem*, » que porte l'imprimé : *Constantinopolitanum*.

122 *bis*. In-4° sur parchemin. – (Alcuini liber de Processione Spiritus Sancti.) – Incipit : « In nomine Sanctæ Trinitatis « testimonia ex sacris voluminibus collecta incipiunt, qui- « bus aperte ostenditur quod Spiritus Sanctus Patris et « Filii vocatur spiritus. Serenissimo Augusto Karolo salus, « pax, virtus, vita, victoria, etc. — IXe SIÈCLE.

Provient de Notre-Dame de Laon. Ce traité a été imprimé d'après ce manuscrit même, dans la seconde et dernière édition des œuvres d'Alcuin. Dans le titre et en d'autres endroits, quelques lettres onciales. A la suite de ce traité se trouvent trois feuillets servant de garde, dont le premier, d'une écriture du Xe siècle, contient un fragment d'explication de S. Augustin : « Domini Augustini explicatio : Certe vita est Christus, etc. » Les deux autres, d'une écriture qui paraît appartenir au VIIIe siècle, contiennent un fragment d'un sermon. Sur le verso du premier feuillet de garde, on lit, d'une écriture de la fin du IXe siècle : « Alcuinus de processione Sancti Spiritus. Hunc « libellum dedit dominus Dido episcopus Deo et Sanctæ Mariæ Laudunensis « ecclesiæ. Si quis abstulerit, offensionem Dei et Sanctæ Mariæ incurrat. »

N° 123. In-4° sur vélin. (Recueil.) – 1° Johannis presbiteri Damasceni liber primus incipit, in quo est traditio certe fidei, capitulis divisa centum, ab Ingundione, judice Pisano, de greco in latinum, domino tercio Eugenio beate memorie papa, translatus, quoniam incomprehensibilis est Deus, et quoniam non oportet querere et scrutari que non sunt tradita nobis a sanctis patribus philosophis et evangelistis. – Incipit : « Deum nemo vidit. » – Desinit : « est gaudium fructificanter. Explicit liber Damasceni. » – 2° Incipit prologus Boetii de Trinitate ad Johannem papam et Symacum. – Incipit : « Domino et patri. » – Desinit : « rationemque con« junge. Explicit liber Boetii de Trinitate. » – 3° Incipit ejusdem ad eumdem, quo modo substantie in eo quod sunt bone sunt, cum non sunt substantialia bona de ebdomatibus. – Incipit : « Postulas et de ebdomatibus. » – Desinit : « vero bona sunt. » – 4° Incipit liber Boetii de duabus naturis et una persona Christi contra Euticen et Nestorium. - Incipit : « Domino sancto « ac. » – Desinit : « omnium bonorum causa. » – 5° Anitii Mallii Severini Boetii consularis liber primus de phylosophyca consolatione. – Incipit : « Carmina qui quondam. » – Desinit : « judicis cuncta cernentis. Explicit. » — XIVe SIÈCLE.

Provient de Notre-Dame de Laon. L'ouvrage de S. Jean Damascène est accompagné d'une glose marginale. Sur deux feuillets de garde, en tête du volume, sont des tables synoptiques des puissances, passions, vertus et habitudes de l'âme humaine.

124. In-folio sur vélin. (Recueil.) – 1° S. Bernardus, de Consideratione. – 2° Idem : De diligendo Deo. – 3° (Oratio ad Christum.) – Incipit : « Summe sacerdos et vere Pontifex. » – Desinit : « Explicit oratio beati Ambrosii. » — XIVe SIÈCLE.

Provient de Notre-Dame de Laon. Le n° 3 est imprimé parmi les Œuvres de S. Anselme.

N° 125. In-4° sur papier. (Jacobi de Ancarano) Consolatio peccatorum : « Postquam per scientie lignum. » — XVe SIÈCLE.

Provient de Notre-Dame de Laon. (Voyez Fabricius, *Bibliotheca latina mediæ et infimæ ætatis*, tom. III, p. 3 et p. 19.)

126. In-folio carré sur vélin. – (Guillelmi Peraldi) Summa de virtutibus et vitiis. — XIIIe SIÈCLE.

Provient de l'abbaye de Cuissy. A deux colonnes.

127. In-folio sur vélin. – De præscientia Dei et libero arbitrio hominis, per Almaricum Bochardum. P. R. S. P. SANCTO. — XVIIe SIÈCLE.

Provient de Notre-Dame de Laon. La reliure est en velours. L'écriture imite les caractères d'imprimerie. La dédicace de cet ouvrage est datée de Saint-Jean-d'Angely, 31 décembre 1627.

128. In-folio sur vélin. (Recueil.) – 1° Incipit liber beati Augustini de natura boni : « Summum bonum quo. » – 2° (Excerpta ex libris Augustini.) – 3° Incipit retractatio in librum de immortalitate animæ. – 4° Aurelii Augustini liber de immortalitate animæ incipit. – 5° (Idem de Symbolo.) Aurelii Augustini liber primus de sinbolo incipit. – 6° Incipit liber beati Augustini contra adversarium legis et prophetarum. – 7° Incipit liber sancti Augustini episcopi ad Paulinum Nolensem episcopum de cura pro mortuis gerenda. – 8° Aurelii Augustini liber primus de Genesi contra Manicheos incipit. – 9° Item Augustini de vera religione incipit ad Nomanianum. – 10° Aurelii Augustini liber de perfectione justicie incipit ad Paulum et Eutropium contra definitiones Celestii. – 11° Incipit liber sancti Augustini contra epistolam fundamenti. – 12° Liber beati Augustini contra Manicheos. – 13° Incipit sermo Arrianorum. – 14° Aurelii Augustini contra istam Arrianorum perfidiam. – 15° (Augustini liber

de Natura, et origine animæ.) – 16° Retractatio Aurelii Augustini super libros contra Achademicos. – Aurelii Augustini liber primus contra Achademicos, etc. – 17° Incipit retractatio beati Augustini in libros de ordine. – Incipit liber primus beati Augustini de ordine universi, etc. – 18° Sententia Aurelii Augustini ex libro retractationum in librum octoginta trium questionum. – 19° Incipit liber beati Augustini de cataclismo. – 20° Incipit disputatio beati Augustini contra Felicianum hereticum de Trinitate. – 21° (Gennadii?) Liber de ecclesiasticis dogmatibus sive de diffinitionibus recte fidei. – 22° Augustini liber de fide rerum invisibilium incipit. – 23° Incipit liber Enchiridion beati Augustini ad Laurentium. – 24° Incipit prologus in Monologion venerabilis Anselmi Cantuariensis episcopi. – Incipiunt Monologion libri Anselmi. – 25° Incipit proslogion libri Anselmi. – 26° (Ejusdem) de incarnatione Verbi ad summum Urbanum pontificem. – 27° Incipit liber de grammatico Anselmi Cantuariensis. – 28° Incipit primus liber cur Deus homo Anselmi. Desinit : « Explicit Cur Deus homo. » — XIIIe SIÈCLE.

Provient de Notre-Dame de Laon.

N° 129. In-4° sur vélin. (Recueil.) – 1° (Excerpta e S. Augustini Retractationibus.) – 2° (S. Augustini de Utilitate credendi). – Desinit : « Explicit de utilitate credendi. » – 3° Liber beati Augustini de gratia novi testamenti ad Honoratum. – 4° Liber beati Augustini de natura boni. – Incipit prologus : « Liber « de natura boni adversus Manicheos est, ubi ostenditur na- « turam incommutabilem Deum esse, ac summum bonum, « atque ab illo œsse ceteras naturas, sive spirituales sive « corporales, atque omnes in quantum natura sunt bonas « esse, et quid vel unde sit malum, et quanta mala Mani-

« chæi ponant in natura boni et quanta bona in natura « mali, quas naturas finxit error ipsorum. Hic liber sic in- « cipit : « Summum bonum. » – 5° Ejusdem de octo quæstionibus ex vetere Testamento. — Xe SIÈCLE.

Provient de Notre-Dame de Laon. Le commencement du n° 1 manque.

N° 130. In-folio sur vélin.– S. Augustini de Trinitate.— IXe SIÈCLE.

Provient de Notre-Dame de Laon. En tête est une table des chapitres. Sur cent quarante feuillets, dont ce manuscrit se compose, il y en a six de suite d'une écriture du XIIIe siècle.

131. In-4° sur vélin.– Incipit liber Aurelii Augustini de catechizandis rudibus. — IXe SIÈCLE.

Provient de Notre-Dame de Laon.

132. In-folio sur vélin. (Recueil.) – 1° S. Augustini liber de doctrina christiana.– 2° Ejusdem de moribus ecclesie catholice. – 3° Incipit prefatio beati Fulgentii episcopi de quatuor questionibus et de predestinatione Dei ad Monimum, etc. – 4° S. Augustini Retractationes. — XIIe SIÈCLE.

Provient de l'abbaye de Vauclair. Reliure du XIIe ou XIIIe siècle, en peau de truie et avec des clous de cuivre. Le n° 3 est le premier des trois livres de saint Fulgence « Ad Monimum. » (*Bibliotheca Patrum*, tom. IX, p. 16-25.) Le n° 4 est incomplet.

133. In-4° carré sur vélin. (Recueil.) – 1° S. Augustinus de Trinitate. – 2° Incipit conflictus viciorum et virtutum Parisius elucidatus secundum magistrum Stephanum de Longue Tonne, Cantuariensem archiepiscopum, de viciis capitalibus et surculis eorum, de virtutibus et surculis earum.– Incipit: « Superbia, inobedientia, præsumptio. » — XIVe SIÈCLE.

Provient de Saint-Vincent. Le n° 2 n'est pas mentionné dans les catalogues qu'on a donnés des ouvrages d'Étienne de Langton (voyez Fabricius.

Bibliotheca latina mediæ et infimæ ætatis, tom. IV, p. 242-3), à moins que ce ne soit le *Summa de diversis*, qui commençait, selon Cave (*Historia litteraria Scriptorum ecclesiasticorum*, p. 621), par, « De criminibus, » où il faudrait lire, comme ici dans le titre du premier chapitre, « De viciis. » Ce pourrait être aussi la Somme dont parle Oudin (*De scriptoribus ecclesiasticis*, tom. II, col. 1701). On ne doute pas, du moins, qu'il n'y eût une Somme d'Étienne de Langton. (Voy. l'Hist. litt. de la France, tom. XVIII, p. 50-56.)

N° 134. In-8° sur vélin. (Recueil.) – 1° Incipit liber S. Augustini cujus titulus est de mendatio. – 2° (S. Augustini epistolæ.) — IXe SIÈCLE.

Provient de Saint-Vincent. Au n° 1, le titre et les trois premières lignes du texte sont en petites capitales et onciales rouges. (Voy. *S. Augustini Opera*, tom. VI, p. 419.) Le n° 2 renferme les lettres XVIII, XX, XIX, I, XV, II, V, VI, VII, VIII, IX, XIV, XIII, X, IV, de l'édition des Bénédictins. Le manuscrit est incomplet.

135. In-folio sur vélin. (Recueil.) – 1° Altercatio beati Augustini contra Felicianum Arrianum de Trinitate. « Extor« sisti mihi, dilectissime. » – 2° Incipit liber Aurelii Augustini de opere monachorum. – 3° Incipit ejusdem de fide et operibus. – 4° Incipit ejusdem de bono virginali. – 5° Incipit Expositio sancti Augustini in symbolo. – 6° Incipit ejusdem de oratione dominica. – 7° Incipit de bono viduitatis. – 8° Incipit liber I Aurelii Augustini episcopi de cura gerenda pro mortuis ad Paulinum episcopum. – 9° Incipiunt de octo quæstionibus ad Dulcitium. Desinit : « Ex« plicit de octo quæstionibus. » — FIN DU IXe SIÈCLE.

Provient de Notre-Dame de Laon. Sur un feuillet de garde, on lit: « Hunc « librum dedit dominus Dido episcopus Deo et sanctæ Mariæ. Si quis abstu« lerit, iram Dei et ejusdem genitricis offensam incurrat. » Le n° 1, faussement attribué à saint Augustin, se trouve dans l'appendice du tome VIII de ses Œuvres, p. 71. Il est suivi ici de deux fragments anonymes, dont le premier, sans titre, sur le Saint-Esprit, et commençant par : « Catholicæ fidei « fidissimum fundamentum ; » le second, fort court, intitulé, « De contem« nenda morte, » et commençant par ces mots : « Omnis causa martyrii. »

N° 136. In-folio sur parchemin. (Recueil.) – 1° (S. Augustini) de symbolo. « Accipite regulam fidei. » – 2° (Ejusdem) de quatuor virtutibus caritatis.–3° (Ejusdem) de cantico novo. – 4° (Ejusdem) de quarta feria. – 5° (Ejusdem) de cataclysmo. – 6° (Ejusdem) de tempore barbarico. – 7° (Ejusdem) de fide catholica. – 8° (Ejusdem) contra Felicianum Arrium.–9° De spiritu sancto. – Incipit : « Catholicæ fidei « fidelissimum. » – 10° De contemnenda morte. « Omnis « causa martyrii. » – 11° Incipit liber Aurelii Augustini de opere monachorum. – 12° Incipit ejusdem de fide et operibus. – 13° Incipit ejusdem de bono virginali. – 14° Incipit Expositio S. Augustini in symbolo. « Sacrosancti martyrii « symbolum. » – 15° Incipit ejusdem de oratione dominica. – 16° (Ejusdem.) Incipit de bono viduitatis. – 17° Incipit liber I Aurelii Augustini episcopi de cura gerenda pro mortuis. – 18° Incipiunt de octo quæstionibus ad Dulcitium. — IXe SIÈCLE.

Provient de Notre-Dame de Laon. Sur deux colonnes ; en tête est une table contemporaine du manuscrit, très-incomplète. Sur le premier feuillet de ce manuscrit, on lit : « Hunc librum dederunt Bernardus et Adelelmus « Deo et sanctæ Mariæ Laudunensis ecclesiæ. Si quis abstulerit, offensionem « Dei et S. Mariæ incurrat. » Le n° 7 se compose des « Definitiones orthodoxæ « fidei. » Les n°s 9 et 10 sont les deux mêmes fragments que le manuscrit précédent présente également après la dispute contre Félicien. Le n° 13 est le traité « De virginitate. »

137. In-folio sur vélin. – Pauli Orosii historiæ. — VIIe-VIIIe SIÈCLE.

Provient du Val-Saint-Pierre ; écriture franco-gallique, semblable à celle du manuscrit 423. Les lettres capitales sont formées et peintes grossièrement. Les titres sont composés de lignes rouges et vertes alternativement. Sur le premier feuillet est représentée une croix grecque, l'agneau pascal au centre ; et, aux quatre extrémités, les bustes des évangélistes, dont chacun a pour tête celle de l'animal qui est son attribut.

N° 138. In-folio carré sur vélin. – De miraculis divina potestate factis. « Creatio rerum fuit. » — XVe SIÈCLE.

Provient de Notre-Dame de Laon. Sur deux colonnes. C'est l'ouvrage de Nicolas de Hanapes, « Virtutum vitiorumque exempla, » très-souvent imprimé; et ces mots *De miraculis*, etc. forment le titre du premier chapitre de l'ouvrage, qui en a cent trente-quatre. Avec ce manuscrit est reliée une partie d'un livre imprimé sur vélin, au XVe siècle ou au commencement du XVIe, composé du recueil des passages de l'Ancien-Testament qui entrent dans les offices des différents jours de l'année.

139. In-folio sur vélin. (Recueil.) – 1° Incipit divini mysterii expositio edita a Cynomanensi (Cenomanensi) episcopo nomine Hildeberto : « Scribere proposui. » – 2° Ad personam patris. – 3° (Cantica canticorum.) – 4° Homiliarium super S. Marie festivitatibus et dedicatione. — XIIe SIÈCLE.

Provient de l'abbaye de Cuissy; écrit à deux colonnes. Pour le n° 1, voyez *Opera Hildeberti*, col. 1135. Pour le n° 2, *ibid.* Le n° 3 est composé de sermons de saint Augustin, de saint Jérôme, de Bède. Au n° 4, la première homélie est celle de Bède sur l'Assomption, commençant par « Magnæ devotionis et « fidei. »

140. Petit in-folio sur vélin. (Recueil.) – 1° (Hugonis de S. Victore liber de Sacramentis.) « Incipit prologus in libro « de sacramentis ad secundam eruditionem sacri eloquii, « quod est fundamentum scientie. » – 2° (Ejusdem) de arca Noe. – 3° (Ejusdem) de institutione noviciorum. – 4° Commentarius in Exodum. Incipit : « Integra et « perfecta moralitas. » – 5° (Theologiæ moralis miscellanea.) – Incipit : « Scire Deum summa est scientia. » – 6° Incipit vita beati Rigoberti Remorum archiepiscopi. « Fuit in diebus. » — XIIe SIÈCLE.

Provient de l'abbaye de Vauclair; écrit sur deux colonnes. La première partie seulement du n° 1 est imprimée dans *Hugonis de S. Victore opera*, tom. III, p. 417-435; le n° 2, *ibid.* t. II, p. 298; et le n° 3, *ibid.* tom. II, p. 26. Dans les mélanges du n° 5, il est principalement question des trois vertus théologales, des trois degrés de l'amour, de l'amour de Dieu et du prochain, etc. Il y a aussi quelques sermons. Le n° 6 est imprimé dans *Acta Sanctorum Boll.* tom. I, p. 174-180.

N° 141, 142, 143. Trois volumes grand in-folio sur vélin. — Alexandri Halensis summa. — Incipit : « Quoniam, sicut dicit « Boetius. » — XIIIe SIÈCLE.

Provient de Notre-Dame de Laon. Sur deux colonnes. Cette Somme est incomplète. Le premier volume renferme le premier livre ; le second et le troisième renferment la première et la seconde partie du second livre. (Voyez l'Histoire littéraire de la France, tom. XVIII, p. 318.)

146. In-4° sur papier. (Recueil de divers ouvrages ascétiques.) — 1° Sepius rogatus a condiscipulis. » — Desinit : « Explicit Lucidarius. » — 2° De conceptione beate Marie virginis. « In excelso celorum throno. » — Desinit : « Compi- « lata in oppido S. Quintini per a Deo datum virum ma- « gistrum Johannem de Luto concanonicum atque scho- « lasticum bene meritum ecclesie sancti Quintini ejusdem « oppidi. — 3° (De sex alis Cherubim.) — Incipit : « Prima « ala est confessio. » — Desinit : « Explicit summa de Che- « rubin. » — 4° (Evangelium passionis secundum Johannem.) — 5° (Tractatus de vitiis, virtutibus, et donis Spiritus sancti.) —Incipit : « Theologie due sunt partes. » — Desinit : « Expli- « cit tractatus de virtutibus, viciis, et donis Spiritus sancti. » — 6° (Varii sermones.) — Primus sermo de Virgine incipit : « Ave maris stella. » — Desinit : « Explicit navis salutis. » Secundus incipit : « Deum time. » — Desinit : « Explicit sermo « brevis de modo perveniendi ad timorem servilem et filia- « lem, etc. » — 7° Incipit devotus tractatulus de spiritualibus ascensionibus, et primo de quinque necessariis in hiis (*sic*) proficere volenti. « Beatus vir cujus. » — Desinit : « inces-

« sabiliter juvant. – Amen. » – 8° Incipit liber fratris Bonaventure ordinis minorum, de triplici via per quam pervenitur ad veram sapientiam. « Ecce descripsi eam. » – Desinit : « In secula seculorum. Amen. » – 9° Quid sit Deus secundum Bernardum. – 10° Prologus in Itinerarium mentis in Deum : « In principio primum. » – 11° Queritur unde tanta in corde hominis vicissitudo oriatur. – Incipit : « Queritur quo modo. » – 12° Prefatio super septem psalmos penitentiales a Petro de Alliaco episcopo Cameracensi, postmodum et S. Chrisogoni presbitero cardinale. – Incipit : « Vera penitentia sicut. » – 13° (Opusculum theologicum.) – Incipit : « Quatuor esse dicuntur que na« ture gratiam devotionis adaugent. » – 14° Gildebertus (Hildebertus) Cenomanensis episcopus de confessione sancte Trinitatis in oratione ad sanctam Trinitatem, quam composuit in vinculis dum pro Christo positus esset. – Incipit : « Alpha et omega, magne Deus, Hely, Hely, Deus meus. » – 15° Versus de laude crucis : « Omnibus arboribus arbor « pretiosior est crux, etc. » – 16° Vers français sur les sept péchés capitaux. « Orgueil te fait Dieu mesconnoitre, etc. » — XVe SIÈCLE.

Provenance inconnue. Ce manuscrit avait été écrit par un sieur de Flavigny ou Flavignies, qui a mis son nom au bas de la plupart des pièces qu'il renferme. « Pertinet mihi de Flavignies. » Sur le feuillet de garde, à la fin du volume, il a consigné la mémoire de la naissance d'un fils qu'il eut à Laon, le 10 mai 1474, de sa femme Isabeau de Fontenoy; sur le même feuillet, il a écrit une recette pour faire de l'encre. Le n° 1 est imprimé en tête de l'appendice des œuvres de saint Anselme (éd. Gerberon, p. 457), sous le titre : « Eluci« darius, sive dialogus summam totius Christianæ theologiæ complectens. » Le n° 3 est imprimé parmi les œuvres de S. Bonaventure (tom. VII), et parmi celles d'Alain de Lille, mais paraît être de ce dernier. (Voyez Fabricius, *Bibliotheca latina mediæ et infimæ ætatis*, tom. I, p. 35.) Le n° 4 ne se trouve point parmi les œuvres imprimées de saint Bonaventure, et il n'est mentionné, sous le titre qu'il porte ici, par aucun des écrivains qui ont donné les titres des ouvrages de cet auteur. (Voyez Wadding, *Scriptores ordinis Minorum*, p. 62-81.) Mais, selon Trithème, il avait composé un traité intitulé, « Regimen conscientiæ, id est Parvum bonum, lib. I, » qui commençait par : « Ecce descripsi. » C'est donc le même que renferme notre manuscrit. Une chronique de l'ordre des Mineurs, dont Wadding possédait le manuscrit, attribuait à saint Bonaventure un livre intitulé, « Parvum bonum, » mais dont le commencement aurait été : « Evigilans vero anima. » (Wadding, *loc. laud.* p. 66.) Le n° 9 est un fragment du « De consideratione, » de saint Bernard. Le n° 10 est imprimé dans *S. Bonaventuræ opera*, tom. VII, p. 125. A la fin : « Scrip- « tum et completum die septima Martii, anno Dm MCCCCLXIII, per me de « Flavignies. » Le n° 11 se compose de deux pages. Le n° 12 est imprimé dans *Petri de Alliaco tractatus et sermones*, Argentor. 1490, in-f°. Le n° 13 est un recueil des choses qui sont par quatre, par trois, par deux dans la théologie morale; il est suivi de quelques autres mélanges sans importance. Le n° 14 contient les prières imprimées parmi les poésies d'Hildebert du Mans (*Opera*, p. 1337-8), jusqu'au vers « Sed hoc anno dimittatur, » inclusivement. Le titre qu'elles ont ici nous apprend qu'Hildebert les composa dans la prison où il fut jeté par Guillaume le Roux, vers l'an 1099.

N° 147. In-4° sur vélin. (Recueil.) – 1° Incipit sermo de tribus sanctis mulieribus aromata vel unguenta tria in alabastris tribus ad unguendum Jhesum monumento deferentibus, Maria Magdalena et Maria, etc. « Vere mirabiles et viris temporis imitabiles mulieres iste. » – 2° (Prologus in tractatum de philosophia morali.) – 3° De vera amicitia. – Incipit : « Sicut scribit Tulius (Tullius). » – 4° (Sermones.) – Incipit : « *Erudimini qui judicatis terram.* Nolite arbitrari quod « alienum a vobis sumpserim exordium. » 5° Reconciliatio pastorum et ovium. Prologus : « Mirati sumus sepenumero. » – 6° (Animadversiones in epistolam S. Pauli ad Romanos.) – 7° (Sermones varii.) Ad penitentes et contra murmurantes. – Ad pœnitentes in cena Domini. – De Ascensione Domini. – De dedicatione, etc. – 8° Apocalypsis. – 9° (Varii sermones.) - Incipit : « *Tolle virgam et percuties petram.* » –

10° (Varii sermones.) – Incipit : *Quasi stella matutina.* – 11° (Interpretationes quarumdam vocum ad medicinam spectantium.) – 12° (Formulæ medicamentorum.) – 13° (Secundi philosophi vita.) – Incipit : « Secundus philosophus omni tempore philosophatus est. » — XIIIe SIÈCLE.

Provient de Notre-Dame de Laon. Le n° 2 est adressé à un personnage qui n'est pas nommé, mais désigné comme il suit dans ce début : « Quoniam, « Deo inspirante, hujus vite ac future, quod opto, feliciter semita ince-« dis, dignitati tue, que regia estimatur sanctitate, per exortacionem digne « estimavi scribere paucis, et, ut moris esse solet amatoribus intimis, etsi non « indigeas, salutiferis appellare monitis. » L'auteur se fait connaître dans le passage suivant : « Sed ne ignores mittentem, quia prologus clauditur, noveris « quia ego Fredericus servus sanctorum Petri et Pauli transmisi, ut habeas in « eo exercicium ingenii. » Le commencement de l'ouvrage ne se compose que de citations de Sénèque. Le n° 5 est un traité, en deux livres, sur la grâce de Dieu et la nécessité de la pénitence pour y répondre, insipide et sans aucun mérite. Le n° 13 est rapporté par Vincent de Beauvais (*Speculum historiale*, lib. III, cap. LXX). Cette vie a été mise au jour par Gaspard Barthius (*Adversaria*, lib. XV, cap. XVII). L'original grec a été publié par Adam Schier, et réimprimé par Orelli (*Opuscula Græcorum veterum sententiosa et moralia*, tom. I, p. 208), avec les sentences attribuées à Secundus, qu'Holstenius avait données le premier, d'après un manuscrit de la Bibliothèque du roi.

N° 149. In-4° sur vélin. – Incipiunt distinctiones fratris Nicholai de Gorham, ordinis fratrum predicatorum, secundum ordinem alphabeti edite. « Capitulum primum : Abire. Ab-« euntium per hunc mundum alii abeunt male, et alii bene. « Abeunt male tria genera hominum. » — XIVe SIÈCLE.

Provient de Notre-Dame de Laon. A deux colonnes. Au commencement une belle lettre tournure initiale en or et en couleur, avec des appendices courant le long des marges ; celui qui s'étend sur la marge inférieure porte un chien chassant un lapin, représentation fréquente dans les manuscrits de cette époque. L'ouvrage est un dictionnaire ou répertoire théologique et moral. Sur son auteur, Nicolas de Gorham, mort en 1295, voyez Quétif et Echard, *Scriptores ordinis Prædicatorum*, tom. I, p. 438, et l'Histoire littéraire de la France, tom. XX, pag. 324-356.

N° 150. In-8° sur vélin. (Recueil.) – 1° Incipiunt capitula super distinctiones fratris Nicholai de Byard disposite et ordinate secundum abecedarium, etc. – Incipit : « Absconditur malum a dyabolo. » – Desinit : « Dominus terram suam, etc. » Expliciunt distinctiones fratris Nicholai de Byard. – 2° Sermones in vetus et novum Testamentum. — XIIIe SIÈCLE.

Provient de Notre-Dame de Laon. Écrit à deux colonnes, en semi-cursive. La table du n° 1 est précédée et suivie de divers fragments de sermons sur l'Ecriture, d'une très-fine écriture cursive. Le n° 2 est d'une écriture cursive.

151. In-4° sur vélin. – (Cassiani collationes.) Desinit : « Ex« plicit liber Cassiani de collationibus sanctorum patrum. » — XIIe SIÈCLE.

Provient de Saint-Vincent. A la fin est ce vers :

Scriptori merces contingat gloria perpes.

152. In-folio sur vélin. – (Adami de Cortlandon miscellanea theologica. Super actus (apostolorum). – Introitus : « Ibimus « itinere trium. » — XIIIe SIÈCLE.

Provient de Notre-Dame de Laon ; écrit sur deux colonnes.

153. In-folio sur vélin (Recueil.) – 1° (Adami de Cortlandon miscellanea). – Incipit : « Verbum abbreviatum. » – 2° Distinctiones post Michaelem tunc Meldensem decanum, post Senonensem archiepiscopum. Prologus : « Quisquis ad di« vine pagine. » – Desinit : « Finis distinctionum post Melden« sem collectarum. » — XIIIe SIÈCLE.

Provient de Notre-Dame ; écrit sur deux colonnes. En marge : « Opus non « correctum. » Et de même à tous les manuscrits de cet auteur.

156. In-8° sur vélin. (Recueil.) – 1° (Decretalium Gregorii IX libri V.) – 2° (Bonifacii VIII Decretalium sextus liber.) – 3° (Canones concilii Lateranensis IV.) — XVe SIÈCLE.

Provient de Notre-Dame. Écrit à deux colonnes. Le n° 1 est le recueil formé, en 1230, par Raimond de Pennafort. Le n° 2 est le recueil qu'on appelle le Sexte, parce qu'il fait suite aux cinq livres des Décrétales de Grégoire IX, et qui est aussi divisé en cinq livres. Le n° 3 a été imprimé dans le recueil des Conciles du P. Labbe, tom. XI.

N° 157. In-4° sur vélin. (Recueil.) – 1° (Commentarius in Raimundi de Pennaforti Summam de pœnitentia et matrimonio.)–Incipit: « Prologus. *Ait Jeronimus* De pe. (pœnitentia.) » – Desinit: « *Sola intentio;* absque omni pacto. » – 2° (Fragmentum tractatus de jure canonico.) – Incipit: « .... de filis foratis « ad rotam. » – De vita et honestate clericorum. Incipit: « Queritur an clerici in minoribus ordinibus constituti te- « neantur deferre tonsuram. » – De cohabitatione clericorum et mulierum. – De clericis conjugatis. – De prebendis. – De emptione. – De solutionibus. – De donationibus, etc. – 3° Incipit libellus pastoralis, de cura et officio archidiaconi. « Primum officium archidiaconi visitantis circa parochias: « ut erudiat exhortando, arguendo, increpando, instando « opportune, importune, et maxime predicando. Secundum « officium, etc. » – Desinit: « elemosinarias et leprosias. Ex- « plicit summa pastoralis. » – 4° (Canon de vita clericorum.) – 5° (Commentarius, cujus initium deest, in Raimundi de Pennaforti Summam de pœnitentia et matrimonio.)–Desinit: « ex hac causa. » Explicit liber secundus. — XIIIe SIÈCLE.

Provient de Notre-Dame de Laon. Manuscrit composé de plusieurs cahiers, d'écritures différentes. Dans le n° 1, il n'y a qu'une portion du premier livre. Ce fragment remplit cinq pages d'une écriture très-fine. Entre la seconde et la troisième est un autre fragment du même genre, et dépendant peut-être du même ouvrage. Le n° 2 est sous forme de questions; il est écrit d'un caractère très-fin, sur deux colonnes, ainsi que le suivant. Le n° 3 doit être l'ouvrage de Raimond de Pennafort, que le P. Laget, dernier éditeur de sa Somme, avait retrouvé, et voulait publier sous le titre: « De ratione visitandæ diœcesis et curandæ subditorum salutis. » (*Mémoires de Trévoux*, mars 1717.) Le n° 4 est un anathème prononcé par le cardinal Gala, du titre de Ste Marie *in Porticu,* contre les clercs qui avaient chez eux des *focariæ,* et autres femmes suspectes. Voyez l'APPENDICE. — Le n° 5 commence au XXVIIe chapitre du premier livre.

N° 158. In-folio sur vélin. – Incipit Summa de theologia, edita a fratre Thoma de Aquino, ordinis fratrum prædicatorum. Liber primus. Incipit : « Quia catholice veritatis. » – Desinit : « Explicit liber primus Summe fratris Thome de Aquino, « ordinis fratrum prædicatorum, magistri in theologia. » — XIVe SIÈCLE.

Provient de Notre-Dame. A deux colonnes. A la suite de l'*explicit* on lit ces mots : « Hanc primam partem scripsit Guillelmus Gallicus, quem Deus « custodiat. Amen. » Et au bas du dernier feuillet : « Iste liber est ecclesiæ Lau- « dunensis ex dono Michaelis Casse, ejusdem ecclesiæ canonici et cancellarii « Noviomensis. Oretur pro eo. » Au-dessous : « Prima pars Summe beati Tho- « mæ de Aquino super Sententias. »

159. In-folio sur vélin et papier. – (S. Thomæ Aquinatis Summa.) — XVe SIÈCLE.

Provient de Notre-Dame. Quatre feuillets de garde, placés en avant et à la suite du manuscrit, renferment quelques-unes des décrétales comprises dans le *Breviarium* de Bernard Circa.

160. In-folio sur vélin. – (S. Thomæ Aquinatis Summæ liber primus.) — XIIIe SIÈCLE.

Provient de Vauclair. A deux colonnes; manuscrit bien exécuté. Au commencement est une jolie lettre tournure historiée, qui représente l'auteur dictant. A la fin est ce distique qui se trouve fréquemment dans les manuscrits :

Vinum scriptori reddatur de meliori;
Vinum reddatur scriptori, non teneatur.

161. Grand in-folio sur vélin. (Recueil.) – 1° Incipit Summa de materia judiciorum possessoriorum a domino Odone de Senone minore dicto de S. Salvatore, legum professore,

licenciatoque in decretis, anno Domini M° CCC° primo. – Incipit : « Quoniam multum. » – Desinit : « Certi juris est. » – 2° (Commentarii in quosdam locos codicis Justiniani.) — XIVe SIÈCLE.

Provient de Notre-Dame de Laon. Fabricius ne fait pas mention d'un Eudes ou Odon de Sens; mais ce même ouvrage se trouve à la Bibliothèque royale de Paris, ancien fonds latin, n° 4488, et il est indiqué plusieurs fois dans les catalogues de M. Hænel, col. 403, 483, 557. Les commentaires du n° 2 sont en écriture cursive et semi-cursive.

N° 162. In-folio sur vélin. – (S. Gregorii moralium in Job quinta pars.) — XIIe SIÈCLE.

Provient de Cuissy. Sur deux colonnes; d'une écriture régulière, haute et carrée, offrant au premier aspect quelque ressemblance avec celle du XIVe siècle. Quelques lettres tournures d'un beau style, où domine la couleur verte. Sur un feuillet de garde, en tête du volume, on lit cette épitaphe, composée sans doute pour S. Grégoire :

Urbis et orbis honor, sed jam dolor urbis et orbis,
  Rector in orbe potens, pulvis in urbe jacet.
Hoc in fonte sacro pia pleni gratia fontis
  Gratis infudit munera grata poli.
Magne Deus, dare magna potens, per te fuit illi
  Lingua docere fidem, rem dare dextra manus.
Angelici mores, devotio, finis honestus,
  Hunc tibi dant famulum : da requiem famulo.

Au-dessous sont écrits ces vers énigmatiques :

O. sine p. timet i. nisi c. præcesserit aut r.
Si numeres recte, duo sunt tres in die (?) quinque.
Una semel versus transivit et altera tersus.

Le reste du feuillet est occupé par un fragment de sermon et quelques mélanges théologiques. Des mélanges du même genre couvrent deux autres feuillets de garde qui terminent le volume.

163. In-fol. sur vél. – (Sancti Gregorii Dialogi.) — XIIIe SIÈCLE.

Provient de l'abbaye de Saint-Vincent de Laon. Il manque une grande partie de ce manuscrit.

N° 163 *bis*. In-folio sur vélin. (Recueil.) – 1° (Sancti Gregorii Dialogi.) – 2° Bede vita S. Cuthberti. – 3° Brevis commemoratio de venerabili Beda presbitero et monacho catholico doctore sancte ecclesie. – 4° Incipit prologus domini Bede presbiteri in vita sancti Oswaldi regis et martiris Anglorum. – 5° Incipit vita sancti Aidani Lindisfarnensis ecclesie. Hystorie gentis Anglorum libro continetur. – 6° Incipit vita S. Dunstani Cantuarensis episcopi. « Quia dum « in sanctis. » — XIIe SIÈCLE.

Provient de Vauclair. Le n° 2 a été imprimé dans *Bedæ opera*, tom. III, p. 151. Pour le n° 3, voyez *Acta Sanctorum ordinis S. Bened.* sæc. III, P. 1, p. 500. Le n° 4 est la vie de S. Oswald, qui fait partie de l'histoire d'Angleterre de Bède (*Opera*, tom. III, p. 52). Le n° 5, *ibid.* 55. Le n° 6 est la vie de S. Dunstan, donnée sous le nom d'Osbert par Surius (*Vitæ sanctorum*, 19 maii). Elle est suivie du récit des miracles du saint, publié en partie dans les *Acta Sanctorum ordinis S. Benedicti*, sæc. V, p. 691.

164. In-8° très-épais, sur vélin. – Hic incipit Summa fratris Ebrardi de Valle Scholarium. « *Letabor ego super eloquia tua.* « Ps. Super eloquia dominica letandum est triplici ra-« tione. » – Desinit : « per omnia secula seculorum. Amen. « Explicit Summa de Valle Scolarium.....(Ebrardi), qui ad « illa pervenire possit. » — XIVe SIÈCLE.

Provient de Cuissy. A deux colonnes. Après l'*explicit*, on lit : « Et scrip-« sit Victor de Bouteron clericus de Sappo (*Saponetum?* Saponay), cui deus « det bonum finem. »

Dextera Victoris careat gravitate doloris,
In Redemptoris sit situs ille choris.

164 *bis*. In-4° sur vélin. (Recueil.) – 1° (Adami de Cortlandon fragmentum Commentarii moralis in Pentateuchum.) – Incipit : « Ad corrigendos hominum mores. » – 2° (Commentarius in quosdam locos evangelii secundum Matthæum.) – Incipit :

« Venite, et videte, etc. – 3° (Miscellanea ejusdem, ut videtur.) — XIIIe SIÈCLE.

N° 165. In-folio sur vélin. – S. Thome Questiones. 1° De anima. – 2° De spiritualibus creaturis. – 3° De virtutibus. – 4° De malo. – 5° De peccatis. – 6° De vitiis. – 7° De demonibus. — XIVe SIÈCLE.

Provient de Notre-Dame de Laon. Sur deux colonnes. Le n° 1 est imprimé dans *S. Thomæ opera*, tom. VIII, p. 434. Le n° 2, *ibid.* p. 397. Le n° 3, *ibid.* p. 510. Le n° 4, *ibid.* p. 204. Le n° 5, *ibid.* p. 218. Le n° 6, *ibid.* p. 315. Le n° 7, *ibid.* p. 362. Au commencement et à la fin on lit : « Liber iste est ecclesie « Laudunensis ex dono magistri Michaelis Casse, canonici ejusdem et can- « cellarii Noviomensis. Oretur pro eo. »

166. In-folio sur vélin. – (Commentarii morales in plurimos S. Scripturæ locos, præsertim psalmorum.) – Incipit : « De « Aleph mor (moraliter). Quidam psalmus est qui sic incipit : « Beati immaculati. » — XIIIe SIÈCLE.

Provient de l'abbaye de Vauclair. Écrit à deux colonnes. Il manque à la fin du manuscrit un ou plusieurs feuillets.

166 *bis*. In-folio sur vélin. – Hermannus de miraculis S. Marie Laudunensis. — XIIIe SIÈCLE.

Provient de Notre-Dame de Laon. La préface manque. Sur le revers d'un feuillet de garde, est écrit d'une main du XVIIe siècle : « Huic similis est liber « seu historia in magno variarum historiarum, quæ a Carolo Magno imp. inci- « piunt, volumine, apud Helvetios in cœnobio S. Urbani sub ditione pagi seu « cantonis Lucernensis. Et qui vidit, testimonium perhibet. Lescarbot. » L'ouvrage d'Hermann a été publié par D. d'Achery, à la suite des œuvres de Guibert de Nogent.

167. In-folio sur vélin. – S. Bernardi epistole. — XIIe SIÈCLE.

Provient de Notre-Dame de Laon. A deux colonnes. Ce manuscrit contient trois cent treize lettres, dont la dernière est adressée à Ernauld de Bonneval. C'est à peu près l'ancienne collection, et dans l'ordre qu'a suivi Mabillon (*S. Bernardi opera*, tom. I, col. 290), mais avec quelques différences.

N° 168. In-folio sur vélin. (Recueil.) – 1° (S. Bernardi Epistolæ.) – 2° Incipit liber Bernardi de amore quinquepartito : « Ars « est artium. »–3° « Generoso militi et felici Raymundo, etc. » – Desinit : « Explicit epistola beati Bernardi de regimine « familiari. » — XIVe SIÈCLE.

Provient de Notre-Dame de Laon. Manuscrit italien écrit à deux colonnes, d'une belle exécution. La première page est ornée d'une belle lettre initiale historiée renfermant le buste d'un abbé qui, probablement, est S. Bernard, et d'une élégante vignette. Au bas, les armoiries peintes du cardinal qui l'avait fait exécuter. A la fin et au commencement du volume : « Liber iste est ec- « clesie Laudunensis ex dono magistri Michaelis Casse canonici ejusdem et « cancellarii Noviomensis. Oretur pro eo. » Après le premier des trois ouvrages que ce manuscrit renferme, on lit : « Expliciunt epistole S. Bernardi, scripte « per Theodoricum Radulphi de Hirsberc de Polonia, quas complevit infra fes- « tum Ascensionis Dominice et hoc anno Domini MCCCXXX ; quas pro se « scribi fecit et mandavit reverentissimus in Christo pater dominus Raymundus « de Fargis, divina providentia sancte Marie Nove dyaconus cardinalis. Deo « gratias, ex quo omnia, per quem omnia, in quo omnia ; ipsi gloria in secula « seculorum. Amen. » Au revers du même feuillet : « Iste liber est Michaelis « Casse, emptus per eum anno Domini MCCCXLVI, de mense octobris, de « executione et ab executoribus domini cardinalis de Fargis, pro septem flo- « renis. »

169. In-folio sur vélin. – Incipiunt Epistole Petri Bathonensis archidiaconi. — XIIIe SIÈCLE.

Provient de Notre-Dame de Laon. A deux colonnes. Ce sont les lettres de Pierre de Blois. Il y en a ici cent quarante-deux, dont la table termine le volume. Toutes sont imprimées dans le tome XXIV de la *Bibliotheca maxima Patrum*.

169 *bis*. In-4° sur vélin. – Petri Blesensis Epistole. — XIIIe SIÈCLE.

Provient de Notre-Dame de Laon. Ces lettres sont en même nombre et les mêmes que renferme le manuscrit précédent.

N° 170. In-4° sur vélin. (Adami de Cortlandon Miscellanea theologica.) – Incipit : « Verbum abbreviatum. » — XIIIe SIÈCLE.

Provient de Notre-Dame de Laon. En haut de la première page, après la table des matières : « Iste liber est Adæ, etc. » comme dans le manuscrit 153 et en marge : « Opus correptum (correctum). »

171. In-folio sur vélin. – (Adami de Cortlandon Miscellanea.) – Incipit : « Introitus : Calix in manu Domini. » – Desinit : « Reprehendatur ex invidia. » — XIIIe SIÈCLE.

Provient de Notre-Dame de Laon. En haut de la première page : « Iste « liber est Adæ de Cortlandon, etc. » comme dans les mss. 153 et 170, et en marge : « Opus non correctum. » Cet ouvrage est un recueil de mélanges de théologie morale traitée allégoriquement en un très-grand nombre de chapitres détachés. Il paraît insignifiant, comme tous ceux du même auteur.

172. In-4° sur vélin. (Recueil.) – 1° (S. Anselmi Meditationes et orationes.) – 2° Incipit liber supputationum S. Augustini episcopi de divinis Scripturis collectus ad eorum presertim utilitatem qui contemplative vite sunt amatores. « Ante au« tem omnia dicatur iste psalmus : Deus misereatur nostri. » – Incipit prima pars istius libri : « Summa trinitas virtus « una, etc. – Desinit : « in secula seculorum. Amen. Explicit liber beati Augustini de contemplatione et amore sive de supputationibus. – 3° Incipit contemplatio beati Augustini episcopi de passione Domini. – Incipit : « Quis dabit capiti « meo aquam. » – Desinit : « Secula seculorum. Amen. – Explicit contemplatio beati Augustini. » – 4° Incipit liber beati Bernardi de conscientia : « Conscientia in qua perpe« tuo anima est mansura, edificanda est. » – Desinit : « Ex« plicit liber conscientie sive confessionis beati Bernardi. » –5° Incipit liber de contemplatione Bernardi.–6° (S. Anselmi

Oratio.) – Incipit : « Summe sacerdos et vere pontifex. » — XIVe SIÈCLE.

Provient de Notre-Dame de Laon. Au n° 1 les méditations et les prières sont dans cet ordre, savoir : les méditations 21e, 2e, 11e de l'édition de Gerberon ; les prières 41e, 20e, 23e, 24e, la méditation 3e, les prières 49e, 50e, 51e, 62e, 63e, 65e, 66e, 67e, 72e, 70e, 73e, 10e, la méditation 18e, la prière 69e, avec le titre « Oratio ad aliquem confessorem; » la 6e, et enfin une prière à la Trinité, qui ne se trouve pas dans l'édition de Gerberon, et qui commence par « Adesto mihi, Deus pater omnipotens, adesto mihi verum lumen, etc. » Elle n'occupe pas moins de dix-neuf pages. Le n° 2 est un Recueil de prières qui sont, sans aucun doute, faussement attribuées à S. Augustin. Le n° 3 est un ouvrage dans le goût de la « Lamentatio in Passionem Christi, » qui fait partie des œuvres supposées de S. Bernard (tom. II, p. 522); d'ailleurs évidemment apocryphe. Il ne figure pas, non plus que le précédent, dans l'édition des œuvres authentiques et apocryphes de S. Augustin, donnée par les Bénédictins. Le n° 4 est un Traité « De interiori domo seu de conscientia « ædificanda, » imprimé parmi les œuvres supposées de saint Bernard (tom. II, p. 335), mais avec un prologue qui manque dans ce manuscrit. Le n° 5 est imprimé parmi les œuvres supposées de S. Bernard (tom. II, p. 319), sous le titre : « Meditationes piissimæ de cognitione humanæ conditionis. » Le n° 6 est la 29e prière de S. Anselme. Elle est attribuée à S. Ambroise dans la note suivante, écrite à la même époque que le manuscrit et placée à la dernière page : « Hic liber est Michaelis Casse canonici Parisiensis, in quo continentur « meditaciones et oraciones Anselmi, supputationes et contemplacio Augustini, « conscienciarum contemplacio Bernardi, cum oracione Ambrosii « Summe « sacerdos, » ad missam preparatoria celebrandam feliciter. » Sur le feuillet de garde qui suit : « Iste liber est ecclesie Laud. ex dono magistri Michaelis « Casse. Reddatur ei. »

N° 173. In-8° sur vélin. (Recueil.) – 1° Incipit tractatus magistri Hugonis de meditatione : « Meditatio est frequens. » – 2° (Ejusdem) De refectione Dei. – Incipit : « In refectione « duo. » – 3° (Ejusdem) Sermo de quinque septenis. – Incipit : « Quinque septena fratres. » – 4° (Ejusdem) De oblivione preteritorum malorum et memoria et ira. – Incipit : « Insipientem doctus interrogas. » – 5° Incipit soliloquium Hugonis de arra anime : « Homo, loquar secreto. » – 6° (Ejusdem) Incipit prologus in cantico pro assumptione Virginis: « Ac-« cipe, frater carissime. » – 7° (Ejusdem) Incipit de substantia dilectionis : « Cotidianum de dilectione. » – 8° (Ejusdem) Quid vere diligendum sit. – Incipit : « Vita cordis amor. » – 9° (Ejusdem) Quot modis diabolus humilitatem impugnat. – Incipit : « Duobus modis diabolus. » – 10° (Ejusdem) De tribus locis. – Incipit : « Tria sunt loca. » – 11° (Ejusdem) De duobus piscinis. – Incipit : « Contemplantis anima Jeru-« salem. » – 12° (Ejusdem) De septem viciis. – Incipit : « Sep-« tem sunt vicia. » – 13° (Ejusdem) De quinque statibus mutabilitatis humane. – Incipit : « Quinque status habet. » – 14° (Ejusdem) De judicio faciendo. – Incipit : « Quid retri-« buam Domino. » – 15° (Excerpta varia e Patribus.) – 16° De passione Petri et Pauli. – Incipit : « Colligite fratres manna. » – 17° Conflictus civium Babilonie et Jerusalem. – Incipit : « Inter Babilonem et Jerusalem. – 18° Ex privilegio Constantini imperatoris. – 19° (Canones de S. Scripturæ lectione.) – 20° (Decreta papæ Gelasii; excerpta e Patribus.) — XIIe SIÈCLE.

Provient de Vauclair. Pour le n° 1, voyez *Hugonis de S. Victore opera*, tom. II, p. 284. Le n° 2, *ibid.* tom. III, p. 145. Le n° 3, *ibid.* tom I, p. 303. Le n° 4, *ibid.* tom. III, p. 15. Le n° 5, *ibid.* tom. II, p. 223. Le n° 6, *ibid.* Le n° 7, *ibid.* Le n° 8, *ibid.* tom. III, p. 148. Le n° 9, *ibid.* Le n° 10, *ibid.* Le n° 11, *ibid.* Le n° 12, *ibid.* Le n° 13, *ibid.* tom. III, p. 117. Le n° 14, *ibid.* tom. II, p. 632. Le n° 15 est un Recueil d'extraits de divers Pères sur toutes sortes de matières ecclésiastiques et théologiques. Le n° 18 est la prétendue donation de Constantin. Le n° 20 se compose des Décrets du pape Gelase sur le canon des écritures, suivis d'extraits de quelques Pères et de quelques conciles sur le même sujet. Sur le dernier feuillet du volume, se trouvent vingt-quatre vers latins à la louange de J. C., commençant par : « Juste judex « Jesu Christe. »

N° 174. In-folio sur vélin. – Collectio catholice et canonice scripture ad defensionem ecclesiastice hierarchie et ad instructionem et preparationem simplicium fidelium Christi, contra pericula imminentia ecclesie generali per ypocritas pseudopredicatores et penetrantes domos et otiosos et curiosos et gerovagos (gyrovagos). – Incipit prologus : « Sapientia antiquorum. » — XIVe SIÈCLE.

Provient de Notre-Dame. Ce livre fameux, en faveur de l'université de Paris contre les ordres mendiants, a été imprimé à Paris (avec la fausse indication de Constance), en 1632, dans le recueil des œuvres de son auteur, Guillaume de S. Amour.

175. In-4° sur vélin. – (Cassianus) De institutione monachorum et de octo principalibus vitiis. — XIIe SIÈCLE (sub fine).

Provient de Notre-Dame de Foigny. La reliure est du même temps que l'écriture, portant encore sur l'un des plats un petit cadre en cuivre où était enchâssé le titre.

176. In-folio sur vélin. (Recueil.) – 1° (Hugonis de S. Victore De arca Noe.) – Incipit : « Cum sederem aliquando in « conventu. » – 2° (Excerpta e S. Augustino, S. Gregorio, S. Bernardo, Hugone de S. Victore, etc.) – 3° (Regula S. Basilii.) – « Incipit prologus Ruffini presbyteri in libro « S. Basilii, etc. » – 4° (Commentarius in Cantica canticorum.) – 5° (Cantica canticorum.) — XIIe SIÈCLE.

Provient de Vauclair. Le n° 3 est imprimé dans le *Codex regularum* d'Holstenius. Le n° 4 est tiré de différents auteurs; précédé d'un prologue commençant par « In ipsius hujus voluminis foribus. » Au n° 5, le texte est accompagné d'une glose marginale et interlinéaire tirée de S. Ambroise, S. Grégoire, Paschase Radbert, S. Anselme, etc.

177. Petit in-4° sur vélin. (Recueil.) – 1° Incipit Diadema monachorum : « Hunc modicum operis. » – 2° Prefatio in

collatione abbatis Ysaac secunda incipit : « Inter hec ana- « choritarum. » – Incipit collatio : « Infra Egypti regio- « nem. » – 3° Incipiunt excerpta ex opusculis Sanctorum Patrum Hieronimi, Basilii, Johannis, Gregorii, Prosperi, Ysidori. – 4° Miraculum S. Marie, quomodo retraxit ad deum Theophilum de malefico Hebreo et de manu diaboli. – Incipit : « Factum est priusquam. » – 5° (B. Mariæ laudes.) – Incipit : « Castissimum Marie virginis uterum. » – 6° (B. Mariæ miraculum) : « In urbe Constantinopolitana. » – 7° Incipit vita beati Romani Monachi qui fuit alumnus beati Benedicti abbatis : « Adest nobis dies. » – Desinit : « ilico « in lacrimis. » – XIIe SIÈCLE.

Provient de Cuissy. Les titres et les lettres initiales sont en rouge, quelquefois rehaussés de vert. Le n° 1 est l'ouvrage de Smaragde de S. Mihiel. Le n° 2 est la dixième des « Collationes » de Cassien (*Opera*, p. 532). Le n° 7 est incomplet. C'est la vie de S. Romain, disciple de S. Benoît et de S. Maur, par le moine Gilbert, imprimée, par Mabillon, dans le premier volume des *Acta Sanctorum ordinis S. Benedicti*, p. 76, sqq.

N° 178. In-folio sur vélin. (Recueil.) – 1° Incipit prefatiuncula Elisabeth ancille Christi de Sconaugia : « Fuit in die- « bus, etc. » – 2° Incipit liber de vanitate rerum mundanarum et de operibus trium dierum magistri Hugonis : « O munde immunde. » – 3° Incipit liber de tribus diebus, postea que in meditatione constat speculatio rerum, et post lectionem secunda : « Verbum bonum et vita sapiens. » – 4° S. Ambrosii de penitentia. – 5° Incipit ejusdem liber primus de Satyro fratre suo : « Deduximus, fratres dilectis- « simi. » – 6° (Ejusdem) Apologia David. – 7° (Ejusdem) De Nabuth (Naboth). — XIIe SIÈCLE.

Provient de l'abbaye de Vauclair; écrit à deux colonnes; avec reliure ancienne en peau de truie et clous de cuivre, du XIIe ou XIIIe siècle. Le n° 1 contient les Visions de sainte Élisabeth, ouvrage publié à Paris, 1513, et à Cologne, 1628, in-folio. Le n° 2 se compose de deux ouvrages dont le premier est le dialogue en quatre parties, imprimé parmi les œuvres de Hugues de S. Victor, tom. II, p. 255; au lieu des initiales I et D, désignant les interlocuteurs des deux premières parties, et que les auteurs de l'Histoire littéraire de la France (tom. XII, p. 18) ont cru signifier « interrogans » et « docens, » le manuscrit donne en toutes lettres Idalatius et Dindimus. Le n° 3 est le traité « de tribus invisibilibus Dei, » qui forme, dans l'imprimé, le septième livre du *Didascalicon* (*Opera*, tom. III, p. 41), mais qui est un livre à part, et effectivement cité comme tel dans la Vie de Ste Lidwine (*Acta Sanctorum*, 14 april. tom. II, p. 282), où il faut seulement lire « De tribus diebus » au lieu de « De tribus diætis. » (Voyez Fabricius, *Bibliotheca latina mediæ et infimæ ætatis*, tom. III, p. 301, et l'Histoire littéraire de la France, tom. XII, p. 21.) A la fin de ce livre est l'épitaphe suivante :

Fons divinarum magnus defectus aquarum,
O fons plangendus, quia jam non inveniendus.
Semper inest animo fons lucidus et sine limo.
Qui dum manabat, multorum corda rigabat,
Fons est siccatus, sapiens Hugo tumulatus.
Pro quo nunc orent, ejus qui dogmate florent.

Le n° 5 est le traité « De excessu fratris Satyri. » Le n° 7 est incomplet.

N° 179. In-4° sur vélin. (Recueil.) – 1° Guillelmi Peraldi Lugdunensis episcopi ordinis FF. Predicatorum Summa de vitiis. – Incipit : « Primo Ezechielis pedes. » – 2° Summa domini pape de contemptu mundi. – Incipit : « Domino « patri karissimo Petro, etc. » – 3° (Excerpta ex libris S. Augustini.) – 4° Sequitur de septem viciis que significantur per bestiam quam vidit Johannes in Apocalipsi dicens : « *Vidi bestiam, etc.* » – 5° (Formula excommunicationis gallice conscripta) : « De l'autorité de Dieu le pere « et le Fil et le Saint-Esperit. » — XIIIe SIÈCLE.

Provient de l'abbaye de Cuissy; écrit à deux colonnes. Au n° 1, le titre, qui manquait, a été ajouté, d'une main récente. Au bas du dernier des feuillets que cet ouvrage occupe, est transcrit un acte de cession de biens d'une dame nommée Poncia en faveur de son fils Poncard, ou Ponchard, prêtre à Grands-

Champs (presbyter de Grandibus Campis, probablement Grands-Champs dans la Beauce, où il y avait, comme à Cuissy, un couvent de Prémontrés); acte passé à Grands-Champs, en présence des échevins, le vendredi après la Circoncision, en l'année 1275; et au-dessous: « Hic liber est fratris Johannis de Vinariis, canonici Cuissiacensis, quem accepit a domino Poncardo de Grandibus « Campis. Si quis eum invenerit et non reddiderit, anathema sit. Amen, « amen. » Le n° 2 est le « De contemptu mundi » ou « De miseria hominis » du pape Innocent III, imprimé plusieurs fois. En tête du n° 3 est un prologue précédé de ces quatre mauvais vers:

Prologus in verbis exhaustis fonte beato
Præsulis Aurelii salienti gurgite lato.
Sic Augustinum lector cognosce beatum,
Hunc dum sacra fides suscepit fonte renatum.

Le prologue, fort court, commence par les mots : « Quorumdam librorum « gloriosi et incomparabilis doctoris. » Le n° 4 est un opuscule sur les sept vices capitaux.

180. In-folio sur vélin. – (Commentarius in librum Sententiarum.) – Incipit : « Circa prologum primi libri sententia- « rum. » – Desinit : « Finis primi, secundi libri sententiarum, « a venerabili et subtili magistro domino Jacobo de Alta- « Villa. » — XVe SIÈCLE.

Provient de Notre-Dame de Laon; écrit sur deux colonnes. Ce manuscrit est très-endommagé par l'humidité. Il manque la fin du troisième livre et tout le quatrième. Ce commentaire sur le Maître des sentences est inédit. Sur l'auteur, mort en 1393, voyez De Visch, *Bibliotheca scriptorum ordinis Cisterciensis*, p. 163.

181. In-4° sur vélin. – Raymundi de Pennaforti Summa de penitentia et matrimonio. – Incipit: « Quoniam, ut ait Jero- « nimus. » — XIVe SIÈCLE.

Provient de Notre-Dame de Laon. Il manque un ou plusieurs feuillets à la fin du volume. Cette Somme est accompagnée, sur les marges, du commentaire commençant par : « *Ait Jeronimus* De penitentia, » qu'on a déjà vu dans le manuscrit 157.

N° 182. In-4° sur vélin. – (Joannis de Abbatis-Villa sermones.) –Incipit : « Cum sacrosancta mater ecclesia. »—XIVe SIÈCLE.

Sur le feuillet de garde, on lit ce titre, écrit au XVIIe siècle : « Summa « magistri Joannis de Rupella. » Peut-être est-ce la copie d'un titre que le manuscrit portait autrefois, et avant d'être relié. Mais aux premiers mots du texte que nous avons rapportés, on reconnaît la Somme, ou les sermons de Jean d'Abbeville. Voyez plus bas, manuscrit 286. Sur Jean Halgrin d'Abbeville, voyez l'Histoire littéraire de la France, tom. XVIII, p. 162-177, et sur Jean de la Rochelle, tom. XIX, p. 171-173.

183. In-8° sur vélin. – Incipit Summa de casibus : « Quo« niam, ut ait. » – Desinit : – « corriguat (corrigat) et emen« det. » — XIVe SIÈCLE.

Provient de l'abbaye de Vauclair; sur deux colonnes, d'une écriture très-fine. C'est la Somme de Raymond de Pennafort. Voyez ci-dessus, n° 181. A la fin est écrit : « Finita Summa, laudere, potencia summa. »

184. In-4° sur papier. (Recueil.) – 1° Breve compendium diversorum casuum tam collationem quam executionem ordinum ecclesiasticorum impedientium, ex quamplurimis sacrorum canonum aliorumque doctorum locis ad communem omnium claram intelligentiam et utilitatem in unum collectorum per venerandum patrem dominum Hieronimum Machabæum, episcopum Castrensem et pontificiæ capellæ præfectum : « Tempora quibus ordinationes. » – 2° De prosperitate et adversitate Laudunensis ecclesiæ, et interfectione Gualdrici episcopi et Gerardi de Cirisiaco, et succensione duodecim ecclesiarum, una cum electione domini Bartholomæi episcopi et nobilitate ejus. – 3° (Series LXXXI primorum Laudunensium episcoporum.) — XVIIe SIÈCLE.

Provient de Notre-Dame de Laon. Sur un feuillet en tête du manuscrit : « Ensuivent les vers qui estoient gravez sur les deux grosses cloches de l'e-

« glise de Notre-Dame de Laon, avant qu'elles fussent refondues en l'an mil « six cents vingt-deux. » Ce sont des vers latins. L'auteur du n° 1, Girolamo Machabeo, fut évêque de Castro, dans le duché de Parme, de 1543 à 1568. Voyez Ughelli, *Italia sacra*, tom. I, p. 621. Le n° 2 est le « De laudibus beatæ « Mariæ Laudunensis, » de Hermann de Laon.

N° 185. In-4° sur vélin. – Incipit Compendium totius theologie : « Veritatis theologice sublimitas. » – Desinit : « recipiet sine « fine. Amen. » — XIVe SIÈCLE.

Provient de Notre-Dame de Laon. Cet abrégé, divisé en sept livres, et suivi d'une table des chapitres, est celui qui est imprimé parmi les œuvres d'Albert le Grand (tom. XIII) et de saint Bonaventure (tom. VIII, Append.), et qui a été aussi attribué à d'autres auteurs, mais qui paraît devoir être rendu à Hugues de Strasbourg, dominicain du XIIIe siècle. (Voyez Quétif, *Scriptores ordinis Prædicatorum*, tom. I, p. 470; Fabricius, *Bibliotheca latina mediæ et infimæ ætatis*, tom. III, p. 288, et l'Histoire littéraire de la France, tom. XIX, p. 370.) Ce même ouvrage se retrouve dans le manuscrit 198. Sur les feuillets de garde qui précèdent et qui suivent le corps du manuscrit, on lit : « Liber iste est ecclesie Laudunensis ex dono « magistri Michaelis Casse canonici ejusdem et cancellarii Noviomensis. Ore« tur pro eo. »

186. In-4° sur vélin. (Recueil.) – 1° Incipiunt capitula libri Pastoralis primi : « Incipit liber I pastoralis cure editus « a beato Gregorio papa urbis Rome ad beatum Johannem « Ravennatem episcopum. » – 2° Incipit prologus beati Gregorii pape super cantica canticorum : « Postquam a pa« radysi. » – Desinit : « Explicit expositio beati Gregorii pape « super Cantica canticorum. » – 3° (Alexandri papæ III epistola ad capitulum generale Cisterciensis ordinis.) – Incipit : « Alexander episcopus, etc. » « Inter innumeras mun« dani. » – Desinit : « Datum Beneventi, XIIII kl. augusti. » – 4° (Privilegium Innocentii II, S. Bernardo et successoribus ejus in abbatia Clarevallensi concessum.) – Incipit :

« Innocentius episcopus, etc. » « Æquitatis ratio persuadet. » –Desinit : « XIII kal. marcii indictione X, incarnationis Do« minice anno MCXXXII°, pontificatus domni Innocentii « pape II anno III°. » – 5° (Privilegium ab Alexandro III Alexandro abbati Cisterciensi et ejus successoribus concessum.) – Desinit : « Datum Beneventi, etc., XVIII kal febr. in« dictione IIª, incarnationis Dominicæ anno MCLXIX, pon« tificatus vero domni Alexandri pape tertii anno X. » — XIIIe SIÈCLE.

Provient de l'abbaye de Vauclair. Le n° 3 est une lettre ayant pour objet de dissuader l'ordre d'acquérir des biens temporels. Le n° 4 est le privilége par lequel Innocent II confirme saint Bernard et ses successeurs dans toutes leurs possessions, et les exempte de toutes décimes, en considération de l'appui que l'ordre lui avait prêté contre l'anti-pape Anaclet ou Pierre de Léon. Le n° 5 est un privilége par lequel Alexandre III établit que les abbés de l'ordre, condamnés par leurs supérieurs et par le chapitre, ne pourront en appeler à Rome, et confère aux abbés le droit de bénir eux-mêmes leurs novices, lorsque leurs évêques leur refusent la bénédiction épiscopale.

N° 187. In-4° sur vélin. – (S. Gregorii liber Pastoralis.) — IXe OU Xe SIÈCLE.

Provient de Saint-Vincent. Au bas de la première et de la seconde page, le copiste a écrit, « Probatio pennæ, » ce qu'on a déjà vu dans un manuscrit (n° 67) du même temps.

188. In-4° sur vélin. – Incipit liber Pastoralis S. Gregorii pape scriptus ad Johannem episcopum Ravenne. — XIVe SIÈCLE.

Provient de Notre-Dame de Laon.

189. In-4° sur vélin. (Recueil.) – 1° Liber Pastoralis S. Gregorii. – 2° Incipit epistola Clementis ad Jacobum fratrem Domini de obitu S. Petri et ordinatione sua. — XIIIe SIÈCLE.

Provient de S. Vincent. Ce manuscrit est parfaitement exécuté et d'une belle conservation.

N° 190. In-folio sur vélin. – (Guillelmi de Mandagoto) De electionibus. Summaria instructio de hiis que in hoc opusculo continentur. Incipit : « Ut libelli hujus. » — XIVe SIÈCLE.

Provient de Notre-Dame de Laon ; endommagé par l'humidité. Cet ouvrage a été imprimé. (Voyez Fabricius, *Bibliotheca latina mediæ et infimæ ætatis*, tom. III, p. 154.)

191. Grand in-folio sur vélin. – (Guillelmi de Mandagoto) De electionibus. — XIVe SIÈCLE.

Provient de Notre-Dame de Laon ; écrit à deux colonnes. Manuscrit italien ou du midi de la France. L'avertissement, « Ut libelli hujus, » qui vient avant dans le manuscrit précédent, vient après dans celui-ci.

192. Petit in-folio sur vélin. – Libellus a magistro G. (Guillelmo) de Mandagoto archidiacono in Vasconia Nemausensi positus (*lege* compositus) super electionibus faciendis et earum processibus ordinandis. – Incipit : « Salutatio. « Venerabili viro, etc. » — XIVe SIÈCLE.

Provient de Notre-Dame de Laon. Incomplet. Le milieu des pages est occupé par le texte. Une glose, en plus petit caractère, l'encadre entièrement. Elle commence par : « *Venerabili*. Cum illius. »

193. In-8° sur vélin. (Recueil.) – 1° (De quibusdam miraculis.) – Incipit : « Theophilus fuit Macedo. – 2° (Excerpta e S. Bernardo, S. Gregorio et S. Augustino.) – 3° (Tractatus de vitiis.) – Incipit : « Peccatum omnibus modis vitan« dum est. » – 4° (Sermones in festum S. Nicolai.) – Incipit : « *Bonum est viro cum portaverit, etc.* Ista verba non inconve« nienter. » – 5° (Excerpta e vitis sanctorum.) – 6° (Sermones, quorum primus de Trinitate.) – Incipit : « *Tres sunt qui testimonium, etc.* Karissimi, quando considero. » – 7° (Excerpta e cum pluribus poetis.) Flores Ovidii Metamorpho-

seos. – Flores Alexandreidos (Galteri). – Panfili. – Incipit : « Excitat et, etc. » – Desinit : « Fructibus ipsa suis que sit co- « gnoscitur arbor. » – Avionet (Avieni). – Maximiani. – De remedio amoris (Ovidii.) – Ovidii de arte (amandi). – Ovidii sine titulo (in Amoribus). – Ovidii epistolarum. – Juvenalis. – Ovidii fastorum. – Claudiounet (Claudiani). – Oracii (Horatii). – Ysopet (Æsopi?) – Acci. – Claudiani minoris (Mamerti?) – Incipit : « Quisquis habet nummos, etc. » – Desinit : « Casta diu. » Tibulli. – Claudiani. – Lucani. – Sermonum Oracii. Prudentii majoris. – 8° (Versus barbaræ græco-latinitatis.) – Incipit : « Cespitat in phaleris yppus blattaque supinus, etc. » – 9° (Interpretatio quorumdam locorum sacræ Scripturæ et sermones varii.) – 10° (De testimoniis veteris Testamenti pro christiana fide, adversus Judæos.) – Incipit : « Querelam in tuis litteris. » – 11° (Sermones de festis.) — XIIIe SIÈCLE.

Provient de l'abbaye de Cuissy. Diverses écritures cursives et à main posée. Le n° 1 contient des légendes qui paraissent extraites de Césaire d'Heisterbach, ou de Thomas de Cantimpré. Le premier chapitre du n° 2 est intitulé : « De vitio gule. » L'ouvrage est incomplet. Dans les sermons du n° 4, quelques locutions françaises sont mêlées avec le latin; seraient-ce les sermons de Bernard Guidonis? Le n° 7 est une anthologie; le Pamphile qui y figure est peut-être le même que le poëte de ce nom dont il y a des vers dans le *Flores poetarum*, 1505, in-12, imprimé à Cologne.

N° 194. In-8° sur vélin. (Recueil.) – 1° (Fragmenta de cosmologia et meteorologia.) – 2° (Excerpta e quibusdam auctoribus ecclesiasticis.) – 3° (De prædicatione.) – Incipit : « Ad « peticionem cujusdam predilecti satisfaciendum et junio- « res predicatores instruendum tractatus iste qui de arte « predicandi intitulatur constructus est. In quo quatuor « capitula continentur; in quorum primo ponentur qua-

« tuor famosa genera predicationis, et eligemus postmodum « alterum de quo sit tractandum. In secundo capitulo os- « tendetur quid sit predicatio definitive, et que et quot « et quo ordine ad ipsam requirantur. In quarto agetur de « specialibus sermonibus, etc. » – 4° (Anonymi Sermo in hunc textum : *Cœlum dedit pluviam, etc.*) – Incipit : « Con- « suetudo fuit antiquitus. » – 5° Incipit tractatus de pre- destinatione et prescientia et de paradiso et inferno, ubi predestinati et presciti sunt finaliter collocandi; editus a fratre Egidio Romano ordinis fratrum heremitarum sancti Augustini. « Nobili militi in. » – 6° Sermo de B. Thoma vel de quolibet martyre. — Incipit : « Quasi flos egreditur. » – 7° (Tres sermones anonymi.) – Incipit : « Sciendum quod « quosdam. » – 8° (Moralia quædam ordine alphabetico di- gesta.) – Incipit : « *Abjicienda.* Sunt autem quatuor que non « sunt abjicienda. » — XIVe SIÈCLE.

Provient de l'abbaye de Cuissy; écrit à deux colonnes. Dans le n° 1, il est question du soleil, de la lune, des saisons. Le n° 5 a été imprimé. Voyez la *Bibliotheca Augustiniana* d'Ossinger, p. 245. Le dernier article du n° 8 est *Clausura.*

N° 195. In-4° sur vélin. (Recueil.) – 1° (Tractatus de pœniten- tia.) – Incipit : « Que sunt necessaria in vera et perfecta pe- « nitentia. Sequitur videre que. » – 2° (Fragmenta) De feriis sollempnibus; de jejunio diei dominice. – 3° Vita S. Au- gustini. – Incipit : « Inspirante et adjuvante. » – 4° In deposi- tione S. Augustini. – 5° (Sermo S. Gregorii in evengelium S. Matthæi.) « Homo quidam peregre proficiscens, etc. » – 6° Sermo Gregorii Turonensis episcopi. « Beatus autem Se- « verinus. » – 7° Vita S. Gregorii pape. – Incipit : « Grego- « rius hac in urbe Roma. » – 8° In octava apostolorum Petri et Pauli, sermo beati Maximi episcopi. – Incipit : « Cum

« omnes beati. » – 9° Sermo beati Augustini de Incarnatione Domini nostri J. C. – Incipit : « Legimus sanctum Moysen. » – 10° In Inventione sancte Crucis. « Anno ducentesimo « tricesimo. » 11° Incipit vita Yheronimi presbiteri. « Hie- « ronimus noster in. » – 12° Passio SS. Syxti (Xysti), Felicissimi et Agapiti. – Incipit : « In illo tempore. » – 13° In vita beati Laurentii. « Beatus Laurentius dixit. » – 14° Passio SS. Johannis et Pauli. – Incipit : « Igitur postquam Constantini. » – 15° Passio S. Clementis summi pontificis. – Incipit : « Ter- « tius Romane ecclesie. » – 16° In Natale S. Johannis Baptiste sermo beati Augustini. « Incipit : Natalem S. Johannis. » – 17° Martyrium beati Petri apostoli, a S. Lino papa Romano greca lingua conscriptum, et ecclesiis orientalibus missum. – Incipit : « Beatus Petrus apostolus. » – 18° (Excerpta e confessionibus S. Augustini.) – 19° Incipit regula Beati Augustini episcopi. – 20° De sex alis Cherubim expositio. – Incipit : « Prima ala confessio. » – Desinit : « Explicit tractatus « beati Ambrosii de sex alis angelorum et eorum pennis. » – 21° Sermo de horis canonicis. – Incipit : « In Passione Do- « mini distinguntur septem hore. » – 22° (Excerpta e vitis sanctorum.) – 23° In Assumptione B. Marie omelia venerabilis Bede. – Incipit : « Hec lectio, fratres. » – 24° Actus apostolorum. – 25° Epistola Jacobi. – 26° Epistola Petri prima. — XIIIe SIÈCLE.

Provient de l'abbaye de Saint-Vincent. Tout ce volume est divisé en leçons. C'était probablement le livre destiné à la lecture à haute voix, dans le réfectoire de Saint-Vincent. Le n° 1 est incomplet; le commencement et la fin manquent. Au n° 3, l'auteur déclare dans le prologue, qu'il a tiré les éléments de cette vie d'auteurs plus anciens et des ouvrages de S. Augustin lui-même. Le n° 4 est la vie de S. Augustin par Possidius, publiée dans *Surii Acta Sanctorum* (tom. IV, p. 302). Dans le titre, au lieu de *In depositione S. Augustini*, il faut peut-être lire : *Possidii vita S. Augustini, etc.* Le n° 6 est le

IVe chapitre du premier livre de Grégoire de Tours : « De miraculis S. Martini. » Le n° 7 est publié dans les *Acta Sanctorum* (martii, tom. II, p. 130). Le n° 9 est un sermon qui n'est pas compris dans l'édition des Bénédictins. Pour le n° 10, voyez *Acta Sanctorum* (3 maii, init.). Le n° 11 est un abrégé de la vie écrite par Marianus Victorius (tom. V, p. 336). Le n° 12 ne paraît pas avoir été imprimé. Le n° 13 est un extrait des actes imprimés dans Surius (tom. V, p. 97). Le n° 14 est publié dans les *Acta Sanctorum* (junii, tom. V, p. 159). Le n° 15 ne paraît pas avoir été imprimé. Surius (23 novembre) n'a donné qu'une version du Métaphraste. Le n° 16 est compris dans *S. Augustini opera* (tom. V. Appendix, Serm. 197); le n° 17, dans *Acta Sanctorum* (jan. tom. V, p. 424); le n° 19, dans *S. Augustini opera* (tom. I, p. 789). Le n° 20 est un ouvrage d'Alain de Lille, imprimé parmi ses œuvres, et auparavant parmi celles de S. Bonaventure. (Voyez plus haut le manuscrit 146, n° 3.) Ici il est attribué à S. Ambroise. Les nos 23 et 26 sont incomplets.

N° 196. In-4° sur vélin. – (Margarita decreti.) – Incipit : « Inter « alia que. » – Desinit : « Explicit iste liber. » — XIVe SIÈCLE.

Provient de Notre-Dame de Laon. Écrit sur deux colonnes. Cet ouvrage s'appelle aussi la Martinienne, du nom de l'auteur, Martin le Polonais. Voyez le manuscrit suivant.

197. In-4° sur vélin. – Margarita decreti, a fratre Martino domini pape penitentiario et capellano compilata per alphabetum. — XIVe SIÈCLE.

Provient de Notre-Dame de Laon. Écrit à deux colonnes.

198. In-8° sur parchemin. – Compendium theologice veritatis. – Incipit : « Veritatis theologice sublimitas. » — XIVe SIÈCLE.

Provient de l'abbaye de Saint-Vincent. Écrit à deux colonnes. C'est le même ouvrage que renferme le manuscrit 185; mais il n'est pas complet dans celui-ci, à la fin duquel il manque plusieurs feuillets. D'autres, dans le corps du volume, sont très-endommagés et en partie détruits.

N° 199. Petit in-folio long sur vélin. – (Canones concilii quarti Lateranensis.) — IXe SIÈCLE.

Provient de Vauclair. La suscription depuis « Incipit secretarius primus » jusqu'à « Sub die tertio » (cod. tertium) est écrite en capitales régulières, formant des lignes alternativement noires et rouges, et occupe tout le verso du premier feuillet. Sur un feuillet de garde : « Hunc librum dedit domnus « Dido episcopus, etc. »

199 *bis*. — (Adami de Cortlandon Miscellanea.)

Provient de Notre-Dame de Laon. Même ouvrage que renferme le manuscrit 171. Exemplaire tout pareil, portant de même en marge « Opus non correc- « tum. »

200. In-4° sur vélin. – (Collectio canonum et decretorum.) – 1° Canones Apostolorum, L. – Concilii Nicæni, XX. – Ancyrani, XXIV. – Neocæsariensis, XIV. – Gangrensis, XX. – Antiocheni, XXV. – Laodiceni, LIX. – Constantinopolitani, III. – Chalcedonensis, XXVII. – Sardicensis, XXI. – Carthaginensis, et diversorum conciliorum Africanæ provinciæ, CXXXVIII. – 2° Decreta Siricii, XV. – Innocentii I, LVII. – Zozimi, IV. – Bonifacii I, IV. – Cœlestini, XXII. – Leonis I, XLIX. – Gelasii XXVIII. – Anastasii, VIII. – Hormisdæ, IV. – Hilarii, VI. – Simplicii, II. – Felicis (III), I. – Symmachi, V. Item VIII. – Gregorii II, XVII. — IXe SIÈCLE.

Provient de Notre-Dame. Au commencement est une table détaillée, occupant quinze feuillets, dont les deux premiers sont très-endommagés. Il manque aussi quelques feuillets à la fin du volume. En tête du volume est une autre table, écrite au XVIIe siècle, incomplète. Ce recueil est celui de Denis le Petit, augmenté de quelques décrétales. Il est conforme au manuscrit de Pithou qui a été imprimé sous le titre *Codex Ecclesiæ universalis* (Paris, 1687, in-folio); à ces deux différences près qu'il contient de moins, comme la collection originale de Denis le Petit, les Canons du premier concile d'Éphèse, et de plus une décrétale de Félix III, qui est la septième épître de ce pape (publiée dans le tome IV des Conciles de Labbe, p. 105), précédée de l'*Exem-*

plar gestorum concilii Romani (ibid. 1149). Fabricius (*Bibliotheca latina mediæ et infimæ ætatis*, tom. II, p. 35) ne comprend pas les décrets d'Hormisdas dans le recueil de Denis le Petit. Mais Denis donna deux éditions; la première s'arrêtait à Anastase, il conduisit la seconde jusqu'à Hormisdas.

N° 201. In-4° sur vélin. (Recueil.) – 1° (Glossarium.) – Incipit : « *Adam*, sicut beatus Hieronimus tradidit, homo, sive ter« renus, sive terra rubra interpretatur. » – 2° (Collectio canonum et decretorum, et quædam alia.) De eo quod secundum ordinem Romanum facere debemus. – Non liceat episcopum suum episcopatum dimittere. – Ut presbiteri modum debitum servent. – De visione Dei apud Esaiam. – De visione Seraphym. – De gradibus ecclesiasticis. – Non liceat clericum in judicio ad testimonium devocari, etc. — IXe SIÈCLE.

Provient de Notre-Dame de Laon. Écriture large et régulière; orthographe souvent fautive. Les canons et décrets compris sous le n° 2 se rapportent pour la plupart à la vie des clercs, au règlement de la hiérarchie, à l'ordre des monastères, à l'administration des sacrements. Les sources principales sont les anciens conciles de Nicée, d'Ancyre, de Sardique, de Laodicée, d'Afrique, et les lettres de Gélase, d'Innocent I, de S. Grégoire, de S. Boniface, etc. L'ordre est celui des matières. On y a mêlé quelques chapitres ou paragraphes sur des matières de théologie et de droit canonique.

202. Petit in-folio sur vélin. – (Lectionarium.) — XIIIe SIÈCLE.

Provient de l'abbaye de Cuissy. Le lectionnaire est suivi d'un rituel monastique pour l'office des malades et des morts.

203. In-4° sur vélin. – (Rituale.) — XIVe SIÈCLE.

Provenance inconnue. Ce rituel est précédé d'un calendrier. Avant le calendrier est un petit traité d'astrologie judiciaire commençant par ces mots : « Tempus large sumendo, » avec deux tables ainsi intitulées : « Tabula Petri « de Dacia, ad sciendum in quo signo et in quo gradu illius signi sit luna in « qualibet die natali. » — « Tabula ad sciendum quis planetarum regnat in « qualibet hora diei natalis. » Sur Pierre le Dace et ses ouvrages, voyez Trithème, *Catalogus scriptorum ecclesiasticorum*.

N° 204. In-4° sur vélin. – (Rituale monasticum.) — XIVe SIÈCLE.

Provient de l'abbaye de S. Jean.

204 *bis*. In-folio sur vélin. – (Rituale.) — XIIIe SIÈCLE.

Provient de l'abbaye de S. Jean. Quelques grandes lettres tournures, richement peintes.

205. In-8° sur vélin. (Recueil.) – 1° (Ordinarius.) — XIIIe SIÈCLE. – 2° (Formulæ benedictionis aquæ.) – 3° (Hymni.) — XVIIIe SIÈCLE.

Provient de l'abbaye de Vauclair. Le caractère d'écriture du n° 2 est une imitation de celui du XIIIe siècle.

207. Petit in-4° sur vélin. – (Rituale monasticum.) — XIIe SIÈCLE.

Provient de l'abbaye de S. Jean. Recueil de formules et de rites pour la bénédiction du sel et de l'eau, la réception des moines, l'administration de l'Extrême-Onction, l'office de la mort, l'ensevelissement, la bénédiction des cierges, des cendres, l'épreuve de l'eau froide, et l'administration des sacrements. Le rite pour l'épreuve de l'eau froide est précédé de ce préambule historique : « In registro Romane Ecclesie scriptum hoc invenitur. « Romani propter thesaurum S. Petri simul tulerunt Leoni pape oculos, et « linguam olim. At ille evasit vix manus eorum, et venit ad imperatorem Ka- « rolum, ut eum defenderet ab inimicis suis. Et tunc Imperator reduxit eum « Romam, et instituit eum in locum suum; et thesaurum supradictum aliter « non potuerunt invenire, nisi per illud judicium aque frigide. Quod judi- « cium fecerunt beatus Eugenius et Leo et imperator supradictus Karolus. « Hoc judicium ex romana auctoritate omnes susceperunt ecclesie. » Les formules pour l'administration des sacrements sont d'une écriture du XIIIe siècle.

208. Petit in-4° sur vélin. (Recueil.) – 1° Ritus officii morientium et defunctorum. — XIIIe SIÈCLE. – 2° (Lectionarius.) XIVe SIÈCLE.

Provient de l'abbaye de Vauclair. Le n° 2 est écrit en gros caractères.

N° 209. In-4° sur vélin. – (Rituale.) — XIIIe SIÈCLE.

Provient de l'abbaye de Saint-Jean. Formules et rites pour la bénédiction du sel et de l'eau, l'ordination, la réception des moines, l'extrême-onction, l'ensevelissement, le baptême, la dédicace, etc.

210. In-4° sur vélin. – (Rituale.) — XIVe SIÈCLE.

Provient de l'abbaye de Cuissy. Écrit à deux colonnes. Après le rituel est une table, mutilée, des épactes et indictions, de l'an 1344 à l'an 1595, avec un préambule explicatif.

211. In-4° sur vélin. – (Rituale.) — XIVe SIÈCLE.

Provient de l'abbaye de Saint-Vincent. Il manque le commencement. Quelques feuillets ont été remplacés par d'autres en papier, du XVIIe siècle; d'autres sont très-endommagés.

212. In-4° sur vélin. – (Rituale.) — XIIIe SIÈCLE.

Provient de l'abbaye de Cuissy. Écrit en très-gros caractères. Ce rituel renferme quelques offices.

213. In-4° sur vélin. – (Ritus extremæ unctionis; officium defunctorum.) — XIIIe SIÈCLE.

Provenant de l'abbaye de Vauclair. La reliure est du XIIIe siècle, à clous de cuivre, mais délabrée.

214. Petit in-folio sur vélin. – (Officiorum ecclesiasticorum rubricæ.) — XIVe SIÈCLE.

Provient de l'abbaye de Saint-Vincent.

215. In-folio sur vélin. (Recueil.) – 1° (Missale.)–2° (Rituale.) — XIIIe SIÈCLE.

Provient de Notre-Dame de Laon. Au n° 1, il manque un ou deux feuillets au commencement. Le n° 2 est un rituel qui fut rédigé, au nom du chapitre de Laon, par le doyen Lysiard, comme il résulte de cette préface : « Ego Lysiar-

« dus sancte matris Ecclesie Laudunensis decanus, omnibus tam futuris quam « presentibus fideliter Christo servientibus in perpetuum. Ea que inter actus « humanos loca sortiuntur, nubilo oblivionis obfuscante que ex humani corporis « fragilitate progreditur, temporis labente curriculo multociens alterantur; que « vero memoriali cellule committenda sunt ut immutata permaneant, litteris « designari ratio postulat. Et sic consuevit antiquitas. Cum igitur in consuetu- « dinibus nostris diversarum personarum successione et maxime in servitio « ecclesie nostre sepissime altercatio proveniret, communi assensu capituli « nostri statutum est et ab omnibus approbatum, ut ea que ab antecesso- « ribus nostris usualiter tenemus, divino amminiculante consilio, scripto com- « mitterentur, et sic confirmata amodo inconcussa tenerentur. Sciendum est « igitur quod in sabbato adventus Domini, et in omnibus aliis, clericus custos « majus altare panno serico parare debet, et tres libros argento tectos supra « ponere, etc. » Sur le dernier feuillet du volume est la copie de deux actes, l'un de quelques fondations pieuses faites par le doyen Adam de Cortlandon, l'autre d'un dépôt de livres fait par le chapitre de Laon, entre les mains d'un Bertrand Reinier, neveu du seigneur de Laon, en 1247. Sur le doyen Lysiard, voyez *Gallia christiana*, t. IX, col. 561.

N° 216. In-folio carré sur vélin. (Recueil.) — 1° Incipit liber I beati Ambrosii Mediolanensis episcopi de officiis feliciter. — Desinit : « Liber de officiis ministrorum beati Ambro- « sii Mediolanensis episcopi explicit. » — 2° Incipit libellus Bedæ presbyteri de locis sanctis, quem de opusculis majorum abbreviando composuit. Versus ejusdem : « Descripsi « breviter fines situsque locorum. » — IXe SIÈCLE.

Provient de Notre-Dame de Laon. Les titres sont en capitales rouges. Le n° 2 est incomplet. Finit un peu avant le XVe chapitre.

217. In-4° sur vélin. (Recueil.) — 1° (Historia fundationis ordinis Cisterciensis.) — Incipit : « De egressu Cystercium « monachorum de Molismo. In episcopatu Lingonensi, etc. » « — 2° Usus Cistercienses. — 3° Charta charitatis. — Incipit : « Antequam abbatie Cistercienses. » — XIIe SIÈCLE.

Provient de l'abbaye de Cuissy. Le n° 1 est probablement l'*Exordium par-*

vum. (Voyez Tissier, *Bibliotheca Cisterciensis*, tom. I.) Au n° 2, les deux derniers feuillets des *Us* et la Charte de charité sont d'une écriture récente, imitant le caractère du reste du manuscrit. Sur les *Us*, voyez l'Histoire littéraire de la France, tome XI, p. 224-234, et Tissier, *Bibliotheca Cisterciensis*, tom. I. La Charte de charité a été publiée dans ce dernier ouvrage (page 1). Cf. Fabricius, *Bibliotheca latina mediæ et infimæ ætatis*, vv. *Stephanus Boni Fontis, Stephanus Cisterciensis, Stephanus Hardingus.*

N° 218. In-4° sur vélin. (Recueil.) – 1° (Joannes Beleth) De divinis officiis. – Desinit : « philosophi judicaverunt corpora. Explicit « liber iste. » – 2° (Fragmentum de humilitate.) – 3° (Hildeberti Cenomanensis historia Mahumetis.) XIIIe SIÈCLE.

Provient de Notre-Dame. Au n° 1, le commencement manque. Le n° 2 ne comprend qu'une page. Le n° 3, incomplet, est publié dans les œuvres d'Hildebert, p. 1278.

219. In-8° sur vélin. – (Ordinarius Præmonstratensis.) – Incipit : « Ordinem annualis officii. » — XIIIe SIÈCLE.

Provient de l'abbaye de Cuissy. Soixante et dix chapitres, dont il manque les deux derniers et une partie du LXVIIIe.

220. In-4° sur vélin. – Liber Amalarii de officiis ecclesiasticis. — IXe SIÈCLE.

Provient de l'abbaye de Saint-Vincent. Deux grandes lettres initiales ornées et peintes. Les préfaces manquent. A la fin sont les deux lettres d'Amalaire à Jérémie, archevêque de Sens, et de Jérémie à Amalaire, que d'Achery a publiées (*Spicilegium*, tom. VII, p. 164-165). Il manque la fin de celle de Jérémie, depuis « imitantes. » Mais ce manuscrit offre plusieurs leçons meilleures que celles de d'Achery; par exemple, *acutissimo*, pour *accuratissimo*, dans la lettre d'Amalaire; *Hiesus*, pour *Jesus*, dans celle de Jérémie.

221. In-folio sur vélin. – (Rituale Laudunense.) — XIIIe SIÈCLE.

Provient de Notre-Dame. Ce rituel, pour les fêtes des Saints, fut rédigé par ordre du doyen Adam de Cortlandon, en l'année 1223, comme il résulte de ce passage du prologue : « Ea propter que circa sanctorum festivitates in ecclesia « nostra usualiter fieri solent, cum hactenus scripta non fuerint, ne oblivioni « tradantur in posterum, ad peticionem et preceptum domini nostri A. de « Cortlandon Laudunensis decani, in scriptum redigere dignum duximus, « primo quidem generalia premittentes, postea de singulis festivitatibus per « totum anni circulum specialiter tractaturi. » (Voyez l'Histoire littéraire de la France, tom. XVII, p. 335.)

N° 222. In-folio sur vélin. – (Guillelmi Durantis Rationale.) – Desinit : « Explicit Rationale divinorum officiorum. » — XIVe SIÈCLE.

Provient de Notre-Dame. On lit après l'*explicit :*

Scriptor qui scripsit cum Christo vivere possit.

223. In-4° sur vélin. – (Antiphonarium.) — XVe SIÈCLE.

Provient de Notre-Dame de Laon.

224. In-4° sur vélin. – (Pontificale.) — XIIIe SIÈCLE.

Provient de Notre-Dame. Ce manuscrit a été probablement fait pour Anselme, évêque de Laon de 1215 à 1238. Sur le premier folio recto, on lit cet hommage, qui lui est prêté par un abbé du couvent de Thenailles. « Ego « Suggerus, nunc ordinandus abbas canonicorum ad titulum S. Marie Teno- « liensis ecclesie, Premonstratensis ordinis, subjectionem et reverentiam « a sanctis patribus constitutam et obedientiam, secundum preceptum sanc- « torum canonum, tibi, pater Anselme episcope, et huic sancte sedi Laudu- « nensi successoribusque tuis episcopis perpetuo me exibiturum (exhibitu- « rum) promitto, et propria manu confirmo. » Au lieu de signature il y a une croix. Les auteurs du *Gallia christiana* (tom. IX, col. 684), nomment un Suger parmi les abbés de Thenailles dont la date est incertaine; les lignes que nous venons de transcrire indiquent à peu près le temps où il vivait. Sur un feuillet précédent, est la copie d'une lettre de Jacques, patriarche de Jérusalem, datée de Rome, 9 mars 1260, par laquelle il adresse quelques reliques à l'église de Saint-Laurent, à Laon. Sur trois feuillets de garde, est un fragment d'un sermon en français, du commencement du XIIIe siècle : « Marie Magdelene, apres mult de taiches de culpe auz piez de « notre rachateor en larmes, etc. »

N° 225. In-folio sur vélin. – (Missale Præmonstratense.) — XIIIe SIÈCLE.

Provient de l'abbaye de Cuissy. Sur deux colonnes.

226. Petit in-folio sur vélin. – (Missale Præmonstratense.) — XIIe SIÈCLE.

Provient de l'abbaye de Cuissy; incomplet.

226 *bis*. In-folio sur vélin. – (Missale Præmonstratense.) — XIIe SIÈCLE.

Provient de l'abbaye de Cuissy. Les hymnes sont notées selon le système antérieur à Gui d'Arezzo.

227. In-folio sur vélin. – (Missale.) — XIIIe SIÈCLE.

Provient de l'abbaye de Vauclair. A deux colonnes. Il manque, à la fin, un ou deux feuillets.

228. In-folio sur vélin. – Missale beatorum apostolorum Jacobi, Johannis et Thome. — XIIIe SIÈCLE.

Provient de l'abbaye de Vauclair; écrit à deux colonnes, en gros caractères, avec de belles lettres tournures. A la fin : « Rogerus me fecit. »

229. In-folio sur vélin. – (Missale.) — XIIIe SIÈCLE.

Provient de l'abbaye de Vauclair. Sur un feuillet détaché à la fin, on lit quelques prescriptions : « De negligentiis quæ fiunt circa altare. »

230. In-folio sur vélin. – (Missale.) — XIIIe SIÈCLE.

Provient de l'abbaye de Vauclair.

231. Petit in-folio sur vélin. – (Missale.) — XVIe SIÈCLE.

Provient de l'abbaye de Saint-Jean. Initiales assez belles. La première page du texte est encadrée d'or. Sur le recto du feuillet qui précède, est cette dédicace en majuscules d'or, sur fond noir :

Accipe missalis votiva precata libelli,
Æternique pius fautor es obsequii.

anno......, la date est restée en blanc. A la fin est écrit de la même manière :

Per successivas volitantis temporis horas,
Exegi hoc operis; gloria, Christe, tibi.

anno.......

N° 232. In-4° sur vélin. – (Missalia duo.) – 1° XIVe SIÈCLE. – 2° Commencement du XIIIe SIÈCLE.

Provient de l'abbaye de Vauclair. Le n° 1 a de grandes et belles lettres historiées, sur fond d'or.

233. In-folio sur vélin. – (Missale Præmonstratense.) — XIIIe SIÈCLE.

Provient de l'abbaye de Cuissy.

234. In-folio sur vélin. – (Missalis Laudunensis pars æstiva.) XIIIe SIÈCLE.

Provient de Notre-Dame.

235. In-folio sur vélin. – (Missale Laudunense.) — XIIIe SIÈCLE.

Provient de Notre-Dame. A deux colonnes.

236. In-4° sur vélin. – (Missale Remense.) — XIe SIÈCLE.

Provient de Notre-Dame. A deux colonnes. Ce missel est précédé des rites des exorcismes et du baptême.

237. Petit in-folio sur vélin. – (Missale Laudunense.) — XIe SIÈCLE.

Provient de Notre-Dame. Incomplet.

N° 238. Petit in-folio sur vélin. – (Missale Laudunense.) — XIIe SIÈCLE.

Provient de Notre-Dame. Il manque un ou plusieurs feuillets à la fin.

239. In-4° sur vélin. – (Graduale.) — IXe SIÈCLE.

Provient de Notre-Dame. Noté en musique d'un bout à l'autre. L'A de *ad te levavi, etc.* premier dimanche de l'Avent, occupe presque toute la première page. Ce manuscrit est très-endommagé par l'humidité.

240. In-folio sur vélin. – (Graduale.) — XIVe SIÈCLE.

Provient de l'abbaye de Vauclair. La première lettre A, de très-grande dimension, renferme une miniature divisée en deux parties. Dans la partie supérieure, Jésus-Christ tenant de la main gauche, enveloppée de son vêtement, le globe du monde, et bénissant de la main droite; dans la partie inférieure, un prêtre à genoux, offrant, devant un autel, un enfant nu; derrière lui, un diacre debout.

241. In-folio sur vélin. – (Graduale.) — XIVe SIÈCLE.

Provient de l'abbaye de Vauclair. La première lettre A, très-grande, renferme la figure d'un évêque assis, vêtu de blanc et de bleu, avec un nimbe bleu.

242. In-4° sur vélin. – (Collectarium Cisterciense.) — XIVe SIÈCLE.

Provient de l'abbaye de Vauclair.

243. In-4° sur vélin. – (Collectarium Cisterciense.) — XIIe SIÈCLE.

Provient de l'abbaye de Vauclair. Les cinq derniers feuillets sont du XIVe siècle.

243 *ter.* In-4° sur vélin. – (Horæ.) — XVe SIÈCLE.

Ce manuscrit, donné par M. Devisme, bibliothécaire et auteur d'une Histoire de Laon, est très-richement décoré. Il renferme des miniatures nombreuses, mais médiocres.

N° 243 *quater*. In-4° sur vélin. – (Horæ.) — XIVe SIÈCLE.

Ce manuscrit a été donné par le général Serrurier; il est orné de jolies peintures, et de vignettes délicatement exécutées.

244. In-8° sur vélin. – (Missale.) — XIVe SIÈCLE.

Provient de Notre-Dame de Laon.

245. In-4° sur vélin. – (Collectarium.) XIVe SIÈCLE.

Provient de Notre-Dame de Laon; écrit en gros caractères.

246. In-4° sur vélin. – (Lectionarium.) XIIe SIÈCLE.

Provient de l'abbaye de Vauclair.

247. In-folio sur vélin. – (Lectionarium.) — XIVe SIÈCLE.

Provient de l'abbaye de Vauclair.

248. In-8° sur vélin. – (Epistolarium.) — XIe SIÈCLE.

Provient de l'abbaye de Vauclair. Incomplet au commencement et à la fin.

249. In-4° sur vélin. – (Evangeliarium.) — XIIe SIÈCLE.

Provenant de Cuissy. Il manque, à la fin, un ou plusieurs feuillets. Après l'évangile de la Passion est la bénédiction du cierge pascal, notée sur deux portées.

250. In-folio sur vélin. – (Epistolæ et Evangelia totius anni.) — XIIIe SIÈCLE.

Provient de Notre-Dame de Laon. Incomplet au commencement et à la fin.

250 *bis*. Petit in-folio sur vélin. – (Lectionarium.) — XIe SIÈCLE.

Provient de Notre-Dame de Laon.

N° 251. In-folio sur vélin. – (Lectionarium.) — XIIe SIÈCLE.

Provient de l'abbaye de Cuissy.

252. In-4° sur vélin. – (Lectionarium.) — X^e-XIe SIÈCLE.

Provient de Notre-Dame. La première lettre est de toute la hauteur de la page, et richement ornée. Sur un feuillet, à la fin du volume, est le commencement de l'épître pour la fête de saint Thomas, apôtre, tirée de la lettre de saint Paul aux Éphésiens (ch. II, v. 19 et suiv.). Elle est en grec, et ainsi rendue en lettres latines : « Anagnosis tis epistolis machariu Paulu « pros Ephesius : adelphy, ara uketi este xeni ke pariki, alla sinpolite ton « agion ke ikii tu Theu, epikodomithentes epi to themelio ton apostolon ke « profiton, ontos akrogoniu lithu Ysu Christu; en o pasa ikodomi sinarmo- « logumeni auxete is naon agion en kyrrio. En' o ke ymis sinikodomisthe is « katikitirion tu Theu en agio pneumati. » Cette transcription fait connaître la prononciation alors en usage, et déjà assez conforme à celle des Grecs modernes.

253. In-4° sur vélin. – (Breviarium Cisterciense.) — XIIIe SIÈCLE.

Provient de l'abbaye de Cuissy. Publié à Paris, 1534, in-12; 1581, in-4°; 1617, in-8°.

256. Épais in-12 sur papier. – (Breviarium Noviomense, pars æstiva.) — XVe SIÈCLE.

Provient de Notre-Dame. Publié en 1630.

257. In-4° sur vélin. – (Breviarium Laudunense, pars hiemalis.) — XIIIe SIÈCLE.

Provient de Notre-Dame de Laon. Le commencement manque.

258. In-12 très-épais sur vélin. – (Breviarium Laudunense.) — XVe SIÈCLE.

Provient de Notre-Dame de Laon.

N° 257 *bis*. In-4° sur vélin. – (Breviarium Laudunense, pars hiemalis.) — XIVe SIÈCLE.

Provient de Notre-Dame de Laon. La fin manque.

259. In-8° sur vélin. – (Breviarium Laudunense, pars hiemalis.) — XIVe SIÈCLE.

Provient de Notre-Dame de Laon. En tête est un calendrier avec les vers : « Prima subit mortem, etc. »

260. In-8° sur vélin. – (Breviarium monasticum.) — XIVe SIÈCLE.

Provient de Notre-Dame de Laon.

261. In-folio sur vélin. (Recueil.) – (Legenda sanctorum, pars hiemalis.) – 1° (Sermo in Assumptionem B. Mariæ.) – 2° (Sermo in Assumptionem.) – Incipit: « Adest nobis. » – 3° (Sermo in Assumptionem.) – Incipit : « Celebrantes « sollempnitatem. » – 4° Passio S. Symphoriani martyris. – Incipit : « Sub Aureliano principe. » – 5° Passio S. Bartholomei apostoli : « In die tres esse. » – 6° Translatio corporis S. Bartholomei apostoli. – Incipit : « Sicut in histo« riis. » – 7° Legenda de S. Ludovico. – Incipit : « Beatus « Ludovicus quondam. » – 8° Vita S. Augustini. – Incipit : « Ex provincia Africana. » – 9° In decollatione S. Johannis Baptiste, sermo Beati Johannis episcopi. – Incipit : « Hodie « nobis Johannis. » – 10° Item, sermo B. Johannis episcopi. – Incipit : « Heu quid agam? » – 11° Vita S. Egidii. – Incipit : « Sanctorum quidem. » – 12° Vita S. Genebaudi episcopi. – – Incipit : « Babtisatus (*sic*) rex. » – 13° Sermo in nativitate S. Marie. – Incipit : « Approbate consuetudinis est. » – 14° Initium Evangelii secundum Matheum; Omelia lectionis ejusdem. – Incipit : « Expositionem itaque scripturus. »

– 15° In Exaltatione sancte Crucis. – Incipit : « Tempore « illo postquam... » – 16° Passio S. Cornelii episcopi et martyris. – Incipit : « Temporibus Decii Cesaris. » – 17° Passio S. Cipriani episcopi et martyris. – Incipit : « Tusco et « Basso. » – 18° Vita S. Lantberti episcopi et martyris. – Incipit : « Gloriosus vir Lantbertus. » – 19° Passio S. Eustachii sociorumque ejus. – Incipit : « In diebus Trajani. » – 20° Passio beati Mathei apostoli et evangeliste. – Incipit : « Quoniam Deo cura. » – 21° Passio S. Mauricii sociorumque ejus. – Incipit : « Diocletianus quondam Romane. » – 22° De vita et transitu sancte Sallaberge. – Incipit : « Cum beata « Sallaberga. » – 23° Passio SS. Cosme et Damiani. – Incipit : « Licet omnium Sanctorum. » – 24° Dedicatio basilice B. Michaelis archangeli. – Incipit : « Memoriam beati Mi- « chaelis. » – 25° Vita S. Hieronimi presbiteri et confessoris. – Incipit : « Hieronimus noster in. » – 26° (Vita S. Cilinie (?).) – Incipit prologus : « Post vindictam scelerum. » – « Fuit quidam vir venerabilis ac dignus professione, « nomine Montanus. » – 27° In translatione S. Remigii. – Incipit : « Beatus Remigius traditus. » – 28° De S. Leodegario episcopo. – Incipit : « Igitur beatus Leodegarius. » – 29° De S. Benedicta virgine. – Incipit : « Igitur cum jam. » – 30° Passio B. Dionisii episcopi et martyris, et sociorum Rustici et Eleutherii. – Incipit : « Post beatam ac. » – 31° Passio beatissime Anstrude virginis. – Incipit : « Tem- « poribus Dagoberti regis. » – 32° Passio S. Luce evangeliste. – Incipit : « Lucas natione Syrus... » – 33° Evangelium secundum Mattheum. – Incipit : « Loquente Jhesu ad turbas, etc. » 34° Passio SS. martyrum Crispini et Crispiniani. – Incipit : « Cum Maximiani et. » – 35° Passio SS. apostolorum Symonis et Jude. – Incipit : « Simon itaque Chananeus. »

— 36° Passio S. Quintini martiris. — Incipit : « Descriptiones « vite sanctorum, etc. » — Temporibus igitur Diocleciani. — 37° Sermo de eodem. — Incipit : « Inter omnia, dilectissimi. » — 38° Lectiones in festivitate omnium Sanctorum : « Legi« mus in ecclesiasticis historiis quod S. Bonifacius. » — (Sermo in festum omnium Sanctorum.) — Incipit : « Hodie, dilectissimi, omnium. » — 39° (Excerpta e Sulpitii Severi vita S. Martini.) — 40° (Vita S. Severini.) — Incipit : « Beatus « autem Severinus. » — 41° De S. Brictio episcopo et confessore. — Incipit : « Igitur post excessum. » — 42° De S. Aniano. — Incipit : « Illo in tempore. » — 43° Passio S. Cecilie virginis et martiris. — Incipit : « Humanas laudes et. » — 44° Passio S. Clementis episcopi et martyris. — Incipit : « Tertius Romane ecclesie. » — 45° Inventio capitis precursoris Christi. — Incipit : « Quo quidam monachi. » — XIIe SIÈCLE.

Provient de Notre-Dame ; écrit sur deux colonnes. Au n° 1, il manque le commencement. Le n° 2 est le sermon d'Ambroise Autbert, que plusieurs manuscrits donnent à Fulbert de Chartres, par suite de la confusion d'*Autbertus* et de *Fulbertus*. Il est imprimé parmi les sermons supposés de S. Augustin (*S. Augustini opera*, tom. V, Appendix, serm. 208), et dans Combefis, *Bibliotheca Patrum concionatoria*, tom. VII, p. 659. Le n° 7 est d'une écriture du XIVe siècle ; c'est un abrégé de la vie de S. Louis qu'a donnée Surius, tom. IV, p. 272. Le n° 8 est la vie écrite par Possidius, moins le prologue, imprimée dans Surius, tom. IV, p. 303, et dans *S. Augustini opera*, tom. X. Le n° 13 est un sermon de Fulbert de Chartres (*Bibliotheca Patrum*, tom. XVIII, p. 38). Le n° 24 est la légende de saint Michel, imprimée dans Surius, tom. V, p. 322. Sur cette légende, voyez *Jac. Thomasii Dissertationes varii argumenti*, p. 494 (Programma de legenda S. Michaelis archangeli), et divers manuscrits de la bibliothèque d'Avranches, provenant du Mont-St-Michel. Le n° 32 est le prologue placé souvent dans les imprimés, en tête de l'Évangile St. Luc. Le n° 38 est imprimé dans les œuvres de S. Augustin (tom. V, Append. serm. 209). Les n°s 25 et 44 se trouvent aussi dans le manuscrit 195. Ces légendes embrassent, comme on le voit, la seconde moitié d'août, les mois de septembre et d'octobre, et une partie de novembre.

N° 262. In-folio sur vélin. – (Breviarium Laudunense.) Pars estiva. — XIIIe SIÈCLE.

Provient de Notre-Dame. Il manque un ou plusieurs feuillets au commencement et à la fin.

262 *bis*. In-folio sur vélin. – (Breviarium Laudunense.) Pars estiva. — XIVe SIÈCLE.

Provient de Notre-Dame. Sur deux colonnes; incomplet à la fin. En tête est un calendrier avec les vers :

Prima dies mensis, etc.

263. In-folio sur vélin. – (Hymni et prosæ.) — XIIIe SIÈCLE.

Provient de Notre-Dame.

264. In-12 épais, sur vélin et papier (Horæ Noviomenses). — XIVe et XVe SIÈCLE.

Provient de Notre-Dame.

265. In-folio sur vélin. (Recueil.) – 1° « In nomine sanctæ « Trinitatis incipit (*sic*) gesta Salvatoris Domini nostri « Jhesu Christi, quæ invenit Theodosius in prætorio Pontii « Pilati. » – Desinit : « Explicit gesta de Christo filio Dei. » – 2° Incipit liber S. Augustini ad Petrum diaconum de fide sanctæ Trinitatis, et de definitionibus ecclesiasticorum dogmatum : « Credimus unum Deum. » – 3° Explanatio S. Yheronimi de antechristo in Danihel prophetam. – Incipit : « Quod in fine mundi. » – 4° Explanatio S. Heronimi in Danihel prophetam. – Incipit : « Et audivi ego. » – 5° Incipit excerptum de omelia S. Gregorii papæ in Ezechiel, de carnis resurrectione : « Sed quia sermo. » – Desinit : « ratio potentie facientis. » – Explicit de Resurrectione. – 6° Gregorius papa de caritate : « Scimus ut cons-

tat. » — 7° S. Gregorius de equo Dei dicit : « *Ubi audierit « buccinam, dicit vah!* Multos enim. » — 8° Incipit epistola S. Hieronimi de patientia : « Et Samuhel quondam. » — Desinit : « non sum oblitus. » — 9° (S. Hieronymi epistola ad Oceanum.) — Incipit : « Eusebius Hieronimus Oceano salu-« tem : Deprecatus es ut. » — 10° Domino eximio et in Christi caritate plurimum desiderabili filio Donato Fulgentius servorum Christi famulus in Domino salutem. — Incipit : « Nullum bene dico. » — 11° Incipit expositio S. Augustini de secreto glorioso incarnationis domini nostri J. C. — 12° (Expositio evangelii : « *In illo tempore recumbentibus XI disci-« pulis*) (Item, evangelii : « *In illo tempore dixit Jhesus disci-« pulis suis : Quis vestrum habebit.* ») — 13° Incipiunt differentiæ Isidori : « Inter Deum et Dominum. » — Desinit : « de anxie-« tate mentis. » — 14° Incipiunt sententiæ generalis (sic) de opusculis. — 15° (Fragmentum, de filio prodigo.) — Incipit : « *Homo quidam, etc.* murmurantibus de peccatorum « susceptione scribis et Pharisæis. » — Desinit : « et inven-« tus est. » — 16° Omelia de Natali Domini. — 17° (Expositio quorumdam Evangelii locorum.) — Incipit : « *Ductus est « Jhesus in deserto, etc.* Queri a quibusdam solet. » — 18° (Capitularia regis Pippini (752-757) et Caroli magni, de matrimonio.) — 19° (Excerptum e tractatu quodam de Eucharistia.) — Incipit : « Ascendit ad cœlos. » — Desinit : « fiat « ipsa damnatio. » — 20° (Canones de matrimonio, de baptismate.) — Incipit : « Incestis conjunctionibus nihil pror-« sus veniæ reservemus. » — 21° (Sermo.) — Incipit : « Ne-« cessarium est enim unicuique. » — Desinit : « Deus dili-« gentibus se. » — 22° (Sermo in orationem Dominicam.) — Incipit : « *Pater noster.* O quam magna est clementia Dei. » — Desinit : « malo temptamento. Amen. » — 23° (Sermo in Symbolum Apostolorum) : « Quæso vos, fratres. » – 24° (Vita S. Clementis.) « Tertius Romanæ ecclesiæ. » – 25° (Fragmentum sermonis de vita S. Joannis Baptistæ). – Incipit : « Dixit Johannes discipulis. » — IXe SIÈCLE.

Provient de Notre-Dame. En tête du manuscrit est une table du contenu. Au bas de cette table on lit : « Hunc libellum dederunt Bernardus et Adelelmus Deo et S. Mariæ Laudunensis ecclesiæ. Si quis abstulerit, offen-« sionem Dei et B. Mariæ incurrat. » Les titres sont en onciales et capitales mêlées. Au haut de la page du n° 1 est cet avertissement : « Hunc librum, « quem vocant Gesta Salvatoris, nullatenus recipimus, quia nullum habet « pondus auctoritatis, et quia sanctus papa Gelasius, cum LXX episcopis, « viris eruditissimis, inter apocryphas deputavit scripturas. » Le n° 9 est incomplet. Le n° 11 est le commencement d'un traité sur le mystère de l'Incarnation, sous le nom de S. Augustin ; mais toute la page est barrée et presque entièrement grattée, et on y lit ces mots d'une écriture du même temps : « Non est hoc expositum S. Augustini, ut hic falso prætitulatur ; sed a quo-« dam hæretico nimis temerario et garrulo adinventum, et ex sensu proprio « noviter conscriptum. Incarnatio enim Christi magis fide debetur credi, « quam argumentis verborum discuti. » Le titre du n° 14, placé au bas d'une page, est peut-être mutilé : les sentences qu'il semble annoncer manquent. Après le feuillet qu'il termine, viennent huit feuillets, occupés par la pièce suivante, d'une écriture un peu moins ancienne. Le n° 15 est le fragment d'un opuscule sur les trois paraboles de la brebis et de la dragme perdues, et de l'enfant prodigue : il ne reste que l'explication de la dernière. Le titre du n° 17 est faux. Le morceau qu'il précède, et qui commence par, « Non frustra « Beatus Johannes supra pectus Domini in cœna recubuit..... » est un abrégé du commentaire d'Alcuin sur l'évangile de saint Jean. Il n'y en a que trois pages, jusqu'à l'explication du verset « *Et vidimus gloriam ejus.* » Au n° 18, les capitulaires sont dans un autre ordre que celui de la compilation d'Ansegise, de Reginon, des Canons des conciles. Il y a aussi quelque différence dans les termes de certains articles. Le n° 20 porte sur les degrés de parenté qui empêchent le mariage ; sur l'administration du baptême, par nécessité, avec du vin au lieu d'eau. Ces canons ne se trouvent point, si je ne me trompe, dans les collections des conciles, ni dans celles des capitulaires. Ils occupent trois pages. Le n° 21 est un sermon sur l'ensemble de la foi chrétienne, et les bonnes et les mauvaises œuvres. Parmi celles-ci sont énumérés les sacrifices païens auprès des pierres, des fontaines, des lieux consacrés à Jupiter ou à Mercure, et les incantations. Le commencement manque. Le n° 23 est incomplet. Le n° 24 est l'original de la vie de S. Clément qu'a traduit Simon le Métaphraste. Voyez le texte du Métaphraste, dans Cotelier (*Opera Sanctorum Patrum apostolicorum*, tom. I, p. 808). Après la formule finale « In secula seculorum. Amen. » se trouvent ces mots, auxquels rien ne répond dans le Métaphraste : « Martoriça-« tus est (sic) autem venerabilis Dei Clemens episcopus urbis Romæ in civitate « Cersonæ provintiæ Liciæ cent (*leg.* Scythiæ?) quattuor kalendas decembris, « regnante Domino nostro Jhesu Christo, cui gloria in secula seculorum. « Amen. »

N° 266. In-4° sur vélin. – (Hieronymi liber contra Jovinianum.) « Incipiunt capitulationes de libro primo contra Jovinianum, Eusebii Hieronymi. » Desinit : « Explicit in Domino « apologeticum. » — IXe SIÈCLE.

Provient de Notre-Dame de Laon.

268. In-folio sur vélin. – (S. Augustini Retractationes.) « In-« cipiunt capitula libri primi retractationum beati Augus-« tini episcopi. »

Provient de Notre-Dame. Au dernier feuillet, commence une table incomplète des ouvrages de S. Augustin.

269. In-folio sur vélin. (Recueil.) – 1° (S. Augustini confessiones.) – « Incipit retractatio in 1° libro confessionum sancti « Augustini episcopi. » – Desinit : « Explicit liber confessio-« num sancti Augustini Ipponensis episcopi. » – 2° (Vita S. Augustini.) – Incipit prologus in vita S. Augustini Ippo-« nensis episcopi : « Inspirante et adventante sancti Spiritus « gratia qui ubi vult et quantum vult spirans. » – Desinit : « Per omnia secula seculorum. Amen. Explicit vita sancti « Augustini Hypponensis episcopi. – 3° Incipit translatio « ejusdem. « Nunc videtur congruum, si tamen vestra cari-« tas. » – Desinit : « cum quibus in Deo de Deo vivit et

« vivet in secula seculorum. Amen. » – Explicit translatio sancti Augustini episcopi et confessoris. — XIIIe SIÈCLE.

Provient de Vauclair. A deux colonnes. Le n° 2 n'est pas la vie écrite par Possidius.

N° 270. In-folio sur vélin. (Joannis Andreæ glossa in Clementinas.) — XIVe SIÈCLE.

Provient de Notre-Dame. A deux colonnes; la première page est entièrement encadrée par une vignette. Une miniature représente l'auteur offrant son livre au pape.

270 *bis*. In-8° sur vélin. (Recueil.) – 1° (S. Bernardi de Consideratione libri V.) — XIIe SIÈCLE. – 2° (Gualterii Teruanensis vita Caroli Boni, comitis Flandriæ.) – 3° (Panegyricus ejusdem Caroli.) – Incipit : « Karole, tu mea cura « manes; Karole, tu mea flamma calens, etc. » – 4° (Pontificis cujusdam Constitutiones.) — XIIIe SIÈCLE.

Provient de Vauclair. Le n° 2 a été publié d'abord, sans nom d'auteur, par Sirmond, en 1615, in-8°, et réimprimée dans les *Acta Sanctorum* (mart. tom. I, p. 163). N° 3. Le panégyrique est sous la forme d'apostrophes laudatives. Le n° 4 se compose de constitutions sur les clercs, nonnes et chanoinesses, sur les hérétiques, la police générale, etc. Le pape, auteur de ces Constitutions, nomme son prédecesseur Innocent; il renouvelle les dispositions que celui-ci avait prises, en cassant les ordinations faites par le fils de Pierre de Léon : « Illud etiam quod a predecessore nostro papa Innocentio statutum « est innovantes, ordinationes factas a filio Petri Leonis et aliis cismaticis « et ereticis evacuamus et irritas esse censemus. » Le fils de Pierre de Léon est l'antipape Anaclet, qui régna de 1130 à 1138, du temps d'Innocent II. Ces Constitutions doivent donc être du pape Célestin II; elles paraissent être inédites. En voici la fin, qui concerne les hérétiques de la Gascogne et de la Provence, c'est-à-dire apparemment les Patarins, Cathares, Albigeois, etc. « Quia vero apostolica sedes quod rectum est consuevit attenta consideratione « defendere, et quod devium esse invenerit evitare, presentis decreti aucto- « ritate precipimus, ut nullus omnino hominum heresiarchas et eorum se- « quentes, qui in partibus Gasconie aut Provincie aut alibi commorantur, « manu teneat vel defendat, nec aliquis eis in terra sua receptaculum pre-

« beat. Si quis autem vel eos de continuo retinere, vel ad alias partes profi« ciscentes, eorum errori consentiens, recipere forte presumpserit, quo iratus « Deus animas percutit anathemate feriatur; et in terris eorum, donec con« digne satisfaciant, divina celebrari officia interdicimus. »

N° 272. In-folio sur vélin. (Recueil.) – 1° Exposicio VII psalmorum penitencialium a fratre domino papa Innocencio tercio. – Incipit : « Ne inter occupationes. » – Desinit : « in secula se« culorum. Amen. Explicit tractatus domini Innocencii pape « de VII penitentialibus psalmis. » – 2° Incipit exposicio ejusdem super Ave Maria. – Incipit : « Ave Maria, gratia plena. » – Desinit : « ejus magis benedictus. « Explicit exposicio Inno« cencii pape super Ave Maria. » – 3° Incipit exposicio ejusdem super oracione dominica. – Incipit : « Prologus: *Pater « noster, etc.* » – Desinit : « *nos a malo.* Explicit. » – 4° Incipit exposicio Innocentii pape super symbolum. – Incipit: « Pro« logus : *Credo in Deum, etc.* » – Desinit : « Rogemus, etc. « Explicit exposicio domini Innocencii pape super symbo« lum. » – 5° Incipit Prologus ejusdem in articulos fidei [et] sancte ecclesie sacramenta. « Postulat a me. » – Desinit : « et « articulis fidei. Explicit tractatus de sacramentis ecclesie « et de articulis fidei a domino papa Innocencio editus. » – 6° Incipit tractatus de vilitate et miseria condicionis humane editus ab eodem. – Incipit : « Domino patri carissimo. » – Desinit : « quod nihil proderit dampnandis. Expliciunt rubrice « super librum Innocencii pape tercii de miseria conditionis « humane. Deo gratias. » — XIVe SIÈCLE.

Provient de Notre-Dame de Laon. A deux colonnes; les titres sont en rouge. Des ouvrages d'Innocent III que renferme ce manuscrit, le premier et le dernier ont été publiés, celui-là à Cologne, en 1551, in-8°; celui-ci en plusieurs endroits et à plusieurs époques (Colon. 1496, in-8°; Lugd. 1554 et 1641; Duaci, 1633); les autres paraissent être inédits. Voyez Ludov. Jacobus, *Bibliotheca pontificia*, p. 118. Au bas du revers du dernier feuillet, on lit : « Liber iste est Michaelis Casse, anno Domini 1341. » Et plus haut, quelques mots de l'inscription, presque entièrement détruite, « Ex « dono magistri, etc. » qu'on a déja vue dans plusieurs autres manuscrits, et qui attestait que ce volume fut un de ceux dont Michel Casse fit présent au chapitre de Laon.

N° 273. In-folio sur parchemin. (Recueil.) – 1° In nomine Domini nostri J. C. Incipit metrum S. Hilarii Pictavensis episcopi in Genesi. « Paruimus monitis, etc. » – 2° Incipit liber quæstionum super librum Genesis ex dictis SS. PP. Augustini, Gregorii, Hieronimi, Ambrosii, Hilarii, Hisidori (Isidori) Eucherii, et Junillii (Junilii). – Incipit : « D (discipulus) : Primo omnium, præceptor mi, inquiri mihi « necesse est quis hujus libri, qui Genesis apud nos dicitur, « scribtor habeatur. – M (magister) : Sicut amatoribus nos« tris, etc. » – Desinit : « super omnem carnem. » – 3° Alchimi (Alcimi) Aviti episcopi liber incipit de transitu maris rubri. – Incipit : « Hactenus in terris undas. » – 4° (Exodi expositio.) – Incipit : « In Dei nomine orditur prologus. Quædam mys« teria ex libro Geneseos et obscuriora rerum gestarum, quæ « allegoricis sunt obtecta figuris, ex libris majorem (partem) « breviter perstrinximus. Nonnulla vero sequentis legis typica « et figurata mysteria singillatim ex litteris sanctorum viro« rum sublata subjungimus, pauca scilicet ex eorum stillo « promentes. » – Desinit : « Explicit explanatio libri Exodi. » – 5° (Levitici expositio.) – 6° Incipit metrum super Numerum. « Verterat interea. » – 7° Incipit metrum super Deuteronomium. – 8° Incipit metrum Jhesu Nave. – 9° Incipit metrum super librum Judicum. – 10° (Expositio libri Ruth). – Desinit : « in sæcula sæculorum. Amen. Explicit expositum « libri Ruth. » — IXe SIÈCLE.

Provient de Notre-Dame de Laon. A deux colonnes. Les titres sont en onciales et capitales, à lignes alternativement rouges et noires. Les pages sont réglées à la pointe. Au haut de la première page, on lit : « Hunc librum dederunt Bernardus et Adelelmus Deo et S. Mariæ Laudunensis ecclesiæ. Si quis « abstulerit, offensionem Dei et S. Mariæ incurrat. » Le n° 1 est le poëme sur la Genèse, faussement attribué à S. Hilaire de Poitiers. Voyez l'Histoire littéraire de la France, tom. I, 2ᵉ partie, p. 185-6. A la marge on lit : Ad Leo« nem papam. » Le n° 2 n'est point le « Interrogationes et responsiones » d'Alcuin; l'ouvrage occupe quatre-vingt-cinq feuillets. A la marge du n° 3 on lit le chiffre V; et, à la fin : « Alchimi Aviti episcopi explicit de transitu maris rubri liber V. » C'est, en effet, le cinquième livre du plus long des deux poëmes d'Avitus (*Histoire littéraire de la France*, tom. III, p. 129). Le n° 4 est la suite de l'ouvrage n° 2, sur le même plan, mais plus en abrégé; il occupe treize feuillets. Le n° 5 est précédé de vers moraux : « Compleat hanc proprio, etc. » L'ouvrage n'est pas sous la forme de demandes et de réponses, non plus que les livres suivants; il occupe six feuillets. Le n° 6 est une paraphrase en vers occupant près de cinq feuillets; elle est suivie d'une explication abrégée du livre des Nombres, qui en remplit huit et demi. Au n° 7, le *metrum* ou paraphrase en vers, occupe deux feuillets et une colonne; il est suivi d'une explication abrégée, en prose, qui tient quatre feuillets et demi. Au n° 8, le *metrum* occupe cinq feuillets et demi; l'explication, quatre. Au n° 9, le *metrum* occupe cinq feuillets et demi; l'explication, quatre et demi. Le n° 10 occupe un demi-feuillet.

N° 274. In-folio sur vélin. (Ratherii Veronensis opuscula.) 1° Volumen perpendiculorum Rath. Veron., vel visus cujusdam appensi cum aliis multis in ligno latronis. — 2° Conclusio deliberativa, Leodici acta, sive climax syrmatis ejusdem qui cætera, non adeo parvi. — 3° Sermo valde prolixus de Quadragesimo Ratherii Veronensis; ineficax, se vivente, ut est sibi visum, garritus. — 4° Ejusdem, de Quadragesima. — 5° De Pascha. — 6° Qui supra, de ascensione Domini. — 7° Ejusdem, de Pentecosta. — Incipit : « Eia, quid facio, fratres? » — Desinit : « per sæcula benedictus. Amen. » — 8° Idem qui cætera, de proprio lapsu. — Incipit : « Beatus homo qui. » — Desinit : « per « sæcula Deus. Amen. » — 9° Ejusdem synodica ad presbyteros et ordines cæteros forinsecus, id est per universalem diocesim constitutos. — 10° Ejusdem, de Maria et Martha. — Incipit : « Reminisci utinam dignaremini. » — Desinit : « in « sæcula sæculorum. Amen. » — 11° Qualitatis conjectura cujusdam, Ratherii utique Veronensis. — 12° De nuptu cujusdam illicito, ejusdem Ratherii. — 13° Qui supra, de ocioso sermone. — Incipit : « Sententiam scripturæ cujusdam. » — Desinit : « facinora, qui cum patre, etc. » — 14° Itinerarium ejusdem Romam euntis. — 15° Epistolula Martino Ferrariensi directa. — 16° De discordia inter ipsum et clericos. — 17° In canonibus Apostolorum. — 18° Sermo de Pascha. — 19° De octavis Paschæ. — 20° Item, post Pascha. — 21° De Ascensione Domini. — 22° De Pentecoste. — Incipit : « Quid « iterum nunc. » — Desinit : « in sæcula sæculorum. Amen. » — 23° Ratherius, Veronensium episcopus, clericis sibi rebellibus. — 24° Instituit clericos in abbatiola. — 25° Liber apologeticus contra cavillatorem Martianum. — Xe SIÈCLE.

Provient de Notre-Dame de Laon. Beau manuscrit bien conservé. En tête du volume est une table de ce qu'il contient, aussi ancienne que le texte, sauf les trois derniers articles, qui ont été ajoutés récemment. La plupart de ces pièces ont été publiées par d'Achery dans le *Spicilegium* (tom. I, p. 345-400), en grande partie d'après ce manuscrit. Il n'a pas donné les nos 7, 8, 10, 13, 22, quoiqu'il les annonce dans la table des matières de son deuxième volume, comme se trouvant aussi dans un autre manuscrit qui lui appartenait. (Voyez *Histoire littéraire de la France*, tom. VI, p. 371; *Gallia christiana*, tom. IX, col. 560.)

N° 275. In-4° sur vélin. (Recueil.) — 1° (Varii sermones.) — 2° (Tractatus Fr. Johannis Parisiensis de Christo et secta ejus.) — Incipit : « Quoniam occasione cujusdam sermonis quem ad « clerum feceram de adventu domini nostri J. C., ut dicitis, « me rogavit vestra dilectio ut de libris gentilium testimonia « colligerem de Christo et ejus sacrosancta Nativitate, de « Virgine et secta ejus, etc. » — Desinit : « catholica non dis-

« cordet. Explicit tractatus patris Johannis Parisiensis de « Christo et secta ejus. — 3° (De Christo et Apostolis, num quidquam possederint.) — Incipit : « Queritur utrum Chris« tus. » — Desinit : « De eis nutriebatur. Explicit. » — 4° (Fragmenta ejusdem magistri Johannis, de variis theologicis quæstionibus.) — 5° Tractatus de sphera. — Incipit : « Ad evidentiam eorum. » — Desinit : « in secula seculorum. « Explicit tractatus de sphera, editus a magistro Bernardo « de Trilia, conventus Nemausensis. » — 6° (Tractatus chemicus.) — Incipit : « Habet argentum venarum. » — 7° (Commentarius in sphæram Joannis de Sacrobosco.) — 8° (Versus Simonis Leodiensis.) « Musca, calor nimius, etc. » — 9° (De Antichristo.) — Incipit : « Ad habendam notitiam de An« tichristo... » — XIVe SIÈCLE.

Provient de Notre-Dame de Laon; sur deux colonnes, d'une écriture très-abréviée et difficile à lire. Endommagé par l'humidité. N° 2. Le Jean de Paris, auteur de ce traité des témoignages des Gentils sur le Christ et la Vierge, est Jean *qui dort*, auteur du XIVe siècle, à qui on attribue un traité *de Christo et de Antichristo*, dont celui-ci pourrait être la première partie. Voyez Casimir Oudin, *De scriptoribus ecclesiasticis*, tom. III, col. 643, où il transcrit tout le début que nous avons cité. N° 3. La question, si le Christ et les Apôtres avaient possédé quelque chose, soulevée par les Franciscains, était fort débattue au XIVe siècle. Ce traité est peut-être du même auteur que le précédent. N° 5. Fabricius ne fait pas mention de cet ouvrage. Le n° 6 est incomplet. Il n'y a que le commencement du n° 7. Nous citerons ici les vers singuliers compris sous le n° 8 :

Musca, calor nimius, lapides, horrentia vina,
Ventorum subita rabies cum pulvere spisso,
Sexcupedes pulices, serpentes, scorpio, rati,
Hospitium carum, malus hospes, et hospita pejor,
Femina pulchra, ferox, violentia garciferorum,
Impatiens populus et durus, sive malignus,
Pompa superborum, defectus justitieque,
Hæc mala sunt quibus est sedes romana repleta.
Sed tamen omnibus est Pape responsio pejor :
Non faciemus, non faciemus, non faciemus.

Au-dessous : « Facti sunt versus prescripti Avinione, anno Domini MCCCLV, « per magistrum Symonem de Leodio magistrum universitatis Parisiensis, « ibi tum existentem, pontificatus Domini Innocentii pape VI anno tertio. » Le n° 9 est peut-être un fragment du traité *de Christo et de Antechristo* de Jean de Paris.

N° 276. Petit in-folio sur vélin. (Recueil.) – 1° Incipit prologus domni Willelmi monachi S. Martini Tornacensis in Bernardino, quem idem excepit et compilavit de libris et dictis S. Bernardi Clarevallensis. – Incipit : « Cum non essem. » – 2° Incipiunt exceptionum quarumdam collectarum de opusculis beati viri Bernardi abbatis, continentium verba quedam melliflua de beatissima Virgine Dei genitrice Maria. – 3° Incipiunt auctoritates quedam memoria digne, excepte de opusculis B. Bernardi abbatis. – 4° Omelia Origenis. – Incipit : « Maria stabat ad monumentum foris plorans. » — XIVe SIÈCLE.

Provient de l'abbaye de Vauclair. Le n° 1 se compose de dix livres. Voyez Fabricius, *Bibliotheca latina mediæ et infimæ ætatis*, v. *Guillelmus S. Martini*; *Mabillon*, *Analecta*, tom. I, p. 318, 319. Le n° 2 occupe six pages. Le n° 3 occupe une page et demie. Le n° 4 est incomplet.

277. In-folio sur vélin. (Recueil.) – 1° (Hugonis de S. Victore, de Sacramentis liber secundus.) – 2° (Miscellanea.) – Incipit : « De Deo, in Scriptura sacra. » — XIIe SIÈCLE.

Provient de Vauclair. Sur deux colonnes. Le n° 2 est une sorte d'encyclopédie biblique, sur le ciel et la météorologie, les animaux, les parties du corps humain, les eaux, les métaux, les armes, les arbres, etc.

278. In-4° sur vélin. (Recueil.) – 1° (De virtutibus.) – Incipit : « Primo omnium querendum est. » – 2° (De confessione.) – Incipit : « Qui vult facere confessionem suam. » – Desinit : « per Dominum nostrum J. C. » – 3° (Epistola ad eremitam transfugam.) – Incipit : « Quanto amore conten-

« derim et studio ut pariter in heremo moraremur. » – 4° De excommunicatione. – Incipit : « Nota quod Deus et sacerdos. » – 5° (Fragmenta brevissima varii argumenti.) – 6° (Liber Job, Cantica Canticorum, Threni, Evangelium secundum Lucam, metrice.) – Incipit : « Incipit liber Job. *Vir erat in terra Hus, nomine Job.* Nomine Job vir erat, etc. » – 7° (Vita S. Clementis.) « Tertius Romane ecclesie. » – 8° In natali S. Johannis Baptiste, sermo S. Augustini. – Incipit : « Natalem S. Johannis. » – 9° (Breves commentarii in quædam loca Veteris Testamenti.) – 10° (Commentarius in Cantica Canticorum.) – « Incipiunt Cantica Canticorum. Stabat Amos supra murum. » – Desinit : « osculo oris sui. » – 11° Incipit prologus magistri Jacobi de Viteri, in vita Christi ancille sancte Marie de Oegnies, ad dominum Fulchonem Tolosanum episcopum : « Præcepit Dominus « discipulis suis. » – Desinit : « qui cum Patre et Spiritu « sancto vivit et regnat Deus per omnia secula, etc. » — XIIe et XIIIe SIÈCLE.

Provient de l'abbaye de S. Vincent. Le n° 1 n'est que le commencement d'un commentaire sur un traité des vertus chrétiennes; il occupe cinq colonnes. Le n° 5 se compose de fragments sans importance. Au n° 6, le texte est en rouge. Cette paraphrase en vers de quelques livres de la Bible est une partie de l'*Aurora* de Pierre de Riga; elle est incomplète, et s'arrête à un des premiers versets de l'évangile de S. Luc. Pour le n° 7 voyez les manuscrits 195, n° 15, et 265, n° 24.

N° 279. Grand in-folio sur vélin. (Recueil.) – 1° (Carminis in Genesim finis.) – 2° Proba, de Heptatico. – 3° Incipit versus Cipriani, de Sodoma. – 4° Incipit prologus Alcimi Aviti : « Do- « mino sancto in. » – 5° Incipit Dracontii liber primus. – Desinit : « Quo te promittas nimia pietate parentem. Explicit « Dracontii liber primus. » – 6° Incipit liber Geneseos metricus Cipriani. — 7° Incipit liber generationum super librum Genesis ex dictis SS. PP. Augustini, Gregorii, Hieronimi, Ambrosii, Hilarii, Isidori, Eucheri et Junilii. « Δ (discipu-« lus) : primo omnium, præceptor mi... » — IXe SIÈCLE.

Provient de Notre-Dame. Sur deux colonnes. Les six derniers feuillets fort endommagés. Le n° 1 est la fin du poëme sur la Genèse, faussement attribué à S. Hilaire de Poitiers. Le n° 2 est le poëme sur la Genèse composé de centons de Virgile, par Proba Falconia, imprimé dans le *Bibliotheca Patrum* (tom. V, p. 1218). Le n° 3 est publié parmi les œuvres apocryphes de S. Cyprien. Le n° 4 est le premier des deux poëmes d'Avitus, précédé du prologue adressé à Apollinaire. Le n° 5 a été souvent publié. Le n° 6 est le poëme de Juvencus, publié par Martène (*Amplissima collectio*, tom. IX, col. 15). Le n° 7 est le même ouvrage qui est décrit dans le manuscrit 273, n°s 2, 4, 5, 6, 7, 8, 9. Celui-ci finit avant la fin du premier chapitre de l'explication du livre des Juges.

N° 280. In-folio sur vélin. — (Adami de Cortlandon) Super Mattheum. — Incipit : « Venite et videte. » — Desinit : « Multiplex « erit scientia. » — XIIIe SIÈCLE.

Provient de Notre-Dame. Sur deux colonnes. L'auteur adresse cet ouvrage à Michel de Corbeil.

280 *bis.* In-folio sur vélin. — Le même ouvrage. — XIIIe SIÈCLE.

Provient de Notre-Dame. Sur deux colonnes. L'ouvrage est incomplet.

280 *ter.* In-folio sur vélin. — (Ejusdem) de tribus canticis et de quibusdam aliis. — Incipit : « Excusatio. Frange esurienti « panem... »

Provient de Notre-Dame. Sur deux colonnes. Voir, sur ces trois manuscrits, Casimir Oudin, *De scriptoribus ecclesiasticis*, tom. II, col. 1702, 1703.

280 *quater.* Petit in-folio sur vélin. — Cartulaire de la paroisse de S. Remy à la place de la ville de Laon, fait en l'année 1738. — XVIIIe SIÈCLE.

Aucune des chartes que renferme ce recueil n'est antérieure au XVIe siècle.

N° 281. In-folio carré sur vélin. (Recueil.) – 1° (Tractatus de pœnitentia.) – Incipit : « Misericordiam usque, ad cujus tractationem liber primus terminum accepit, sequitur mundatio cordis. » – Desinit : « si volumus edificare super petram. Explicit liber secundus de mundatione cordis. » – 2° Incipit tractatus ejusdem de Natale Domini et de defectu solis. – Incipit : « Hodiernus dies antiqua. » – Desinit : « celestibus meliora. Explicit liber de Natale Domini. » – 3° (Alius tractatus.) – Incipit : « Dominus et Deus noster. » – 4° (Visio Wettini.) « Explicit (*leg.* incipit) visio, etc. » — IXe SIÈCLE.

Provient de l'abbaye de Saint-Vincent. On voit par le début du n° 1 que le premier livre manque. Le n° 4 est la vision de Wettin, moine de Reichenau, publiée par Mabillon dans les *Acta Sanctorum ordinis S. Benedicti*, sæc. IV, pars I, p. 251.

282. In-folio sur vélin. – (Varii sermones.) — XIIIe SIÈCLE.

Provient de l'abbaye de Cuissy. Écrit à deux colonnes. Le commencement manque. Au bas d'un de ces sermons, folio 207, on lit : « Hunc librum scripsit frater Robertus de Wimiaco, canonicus ecclesie beate Marie Cuissiacensis. » Une main moderne a écrit en marge : « Nomen authoris. » C'est probablement d'après cette indication, qu'on avait cru pouvoir attribuer aussi à Robert de Wimy ou Vimy les sermons que renferme le manuscrit 297, et qui sont à peu près de la même écriture. Mais le mot *scripsit* indique ordinairement le copiste et non l'auteur. (Voy. le tome XXI de l'Histoire littéraire de la France.)

283. In-folio sur vélin. – Incipiunt evangelia et sermones eorumdem per omnes dominicas. « *Postquam completi sunt dies octo, etc.* Hodiernus, karissimi fratres, dies. » — XIIIe SIÈCLE.

Provient de l'abbaye de Cuissy. Écrit à deux colonnes.

284. In-4° sur vélin. – (Sermones de tempore.) – Incipit :

« *Ad te levavi animam meam, etc.* Ecce, fratres karissimi, « preclare. » — XIIIe SIÈCLE.

Provient de l'abbaye de Saint-Jean.

N° 285. In-4° sur vélin. (Recueil.) – 1° (De Sacramentis.) – Desinit : « et premia virtutum pervenire possitis, per Domi- « num J. C., etc. » – 2° Incipit epistola beati Ambrosii episcopi contra Auxentium. « Clementissimo imperatori et « beatissimo Augusto Valentiniano Ambrosius episcopus : « Dalmatius me. » – 3° (Ejusdem) de Basilicis tradendis : « Video vos preter solitum... » – 4° « (Ejusdem ad Marcelli- « nam sororem.) « Quoniam omnibus epistolis. » – 5° (Ejus- « dem ad Theodosium) : « Clementissimo, etc. Exercitus « semper. » – 6° (Ejusdem incipit de obitu Theodosii imperatoris.) « Hoc nobis motus. » – 7° (Isidorus Hispalensis) de summo bono. — XIIe SIÈCLE.

Provient de l'abbaye de Saint-Vincent. Le n° 1 se compose de dissertations divisées en cinq livres, formant autant de journées. Le commencement manque. Les n°s 2, 3, 4, 5, sont publiés parmi les lettres de Saint-Ambroise (tom. II). N° 6, *ibid.* p. 1197. Le n° 7 est incomplet.

286. In-4° sur vélin. (Recueil.) – 1° In nomine patris et filii et spiritus sancti incipiunt dicta magistri Guillelmi Autisiodorensis super psalterium. – Incipit : « Sicut habe- « tur II Reg. VI, duplex erat introitus. » – (Johannis de Abbatis-Villa sermones.) – Incipit : « Cum sacrosancta mater « ecclesia. » – Desinit : « Explicit Summa sermonum magistri « Johannis de Abbatis-Villa. » — XIIIe SIÈCLE.

Provient de l'abbaye de Cuissy; écrit à deux colonnes. Le n° 1 paraît être un ouvrage entièrement inconnu. Voyez l'Histoire littéraire de la France (tom. XVIII, p. 115-122), article *Guillaume d'Auxerre*. La fin manque.

N° 287. In-8° sur vélin. – (Guerrici Igniacensis sermones.) — XIIe SIÈCLE.

Provient de Vauclair. On ne trouve pas, dans ce manuscrit, le cinquième sermon sur la Purification, qui parait n'être pas de Guerric.

288. In-8° sur vélin. (Recueil.) – (S. Augustini.) – Incipit expositio super Orationem dominicam. « Oratio dominica pro« prie habetur. » – 2° (Expositio Symboli apostolorum) : « Symbulum græce dicitur. » – 3° (Symbolum quod vulgo dicitur Athanasii.) « Queconque (*lege* quicumque) « vult salvos (*lege* salvus) esse, ante omnia opus est ut te« neat catholicam fidem... » – 4° In nomine Domini summi, incipit expositio mise (*lege* missæ) vel orationum. « Ordo « autem misse. » – 5° (De baptismo.) « Pro quid baptisas ? « Pro omnia peccata. » – 6° Incipit humilia (*lege* homilia) sancti Geronimi (*lege* Hieronymi) : « S. Hieronimus dixit, « quando ille predicavit in deserto : Beatus est ille homo « qui habet oculos spiritales, unde videbit ad cœlis, etc. » – 7° Humilia Sancti Augustini episcopi. « Rogo vos, fratres « karissimi, ut adtentius cogitamus. » – 8° Humilia Sancti Augustini. « Paxionem vel resurectionem. » – 9° Incipit humilia S. Agustini (Augustini) de miseria. « Felis operarius « et. » – 10° Incipit interrogatio cujusdam vel responsio. « Dic mihi quod interrogo tibi : unde factus est corpus « Adam ? Qui respondens, dixit. » – 11° Incipit humilia Sancti Augustini, quali sunt christiani boni et quali sunt mali : « Gaudemus, fratres karissimi. » – 12° Humilia ad populum. « Timor Domini expellit. » – 13° Humilia S. Agustini de die judicii : « O fratres karissimi. » – 14° Incipit de conditione Paradisi : « Plantaverat autem Dominus. » – 15° Humilia ad populum : « Significat Christum ad. » –

16° Incipit humilia S. Hieronimi de falso amico : « Pro-« tector et nutritor noster. » – 17° Incipit humilia de Natale Domini : « Rogo vos, fratres. » – 18° Humilia : « Inter « reliquas beatitudines. » — Xe SIÈCLE.

Provient de Notre-Dame. Les titres sont en grandes capitales avec lettres incluses : l'écriture et l'orthographe, barbares. Le n° 1 ne se trouve pas dans les œuvres de Saint-Augustin. Pour le n° 2 voyez *S. Augustini opera* (Append. Sermo 42), tom. X, p. 675. Le n° 7, *ibid.* Sermo 215, tom. X, p. 366. Le n° 8, *ibid.* Sermo 52, tom. X, pag. 682. Le n° 9, *ibid.* Sermo 39, tom. X, pag. 192. Le n° 11, *ibid.* Sermo 226, tom. X, pag. 367. Le n° 12, *ibid.* Sermo 62, tom. X, p. 747. Le n° 13, *ibid.* Sermo 30 de sanctis et sermo 63, tom. X, page 738. Le n° 17, *ibid.* Sermo 3 de tempore, tom. X, p. 132. Le n° 18 est incomplet.

N° 289. In-8° sur vélin. – (Sermones de festis.) — XIVe SIÈCLE.

Provient de Cuissy. L'écriture est fine et négligée. Le volume est incomplet au commencement et à la fin.

290. Trois volumes in-12 épais, sur vélin. – Incipit Summa de festis quam fecit frater Evirardus, ordinis Vallis Scolarium. – Incipit : « Letabor ego super eloquia Domini. » — XIVe SIÈCLE.

Provient de Vauclair. Écrit à deux colonnes. Évrard ou Ébrard fut prieur de Sainte-Catherine de la Culture, et docteur de l'université de Paris, vers la fin du XIIIe siècle. (Oudin, *De scriptoribus ecclesiasticis*, t. III, col. 492 ; *Histoire littéraire de la France*, tom. XIX, pag. 420.) À la fin du second volume est écrit d'une main du XIVe siècle : « Ego frater Johannes de Provasio emi hunc « librum a magistro Roberto Dyonisii, de collegio Cardinalis....... quem qui-« dem librum habuerat a magistro Bartholomeo, venditore librorum Parisius, « die ultima augusti. »

291. In-8° sur vélin. – (Sermones de diebus festis.) – Incipit : « *Venite post me.* In verbis istis. » – Desinit : « Est cum laude. « Rogemus Christum, etc. » — XIIIe SIÈCLE.

Provient de Cuissy. Écriture fine et demi-cursive. En tête est une table sommaire des matières ; au-dessous de la fin du dernier sermon, on lit : « Iste liber detur pro viginti solidis parisiensibus...... » Il y a cent quarante sermons.

N° 292. In-12 sur vélin fin. (Recueil.) – 1° Incipiunt sermones super epistolas, fratris Willelmi : « Dominica in Adventu. « Domini sermo : *hora est nos jam de sompno surgere, etc.* « Hoc tempus dicitur tempus Adventuum, quia cantus ec- « clesie sunt de adventu Christi. » – 2° (De confessione.) – Incipit: « *In diebus illis salvabitur Juda.* Jer. XXIII, etc. – Desinit : « a criminibus alienis. Explicit tractatus de confes- « sione. » – 3° (Guillelmi Peraldi) Summa de vitiis. – Incipit: « Dicturi de singulis viciis. » – 4° (Sermones varii argumenti.) — XIIIe SIÈCLE.

Provient de Cuissy. Sur deux colonnes; d'une écriture fine et serrée. Au n° 1, quel est le Guillaume auteur de ces sermons? Le n° 3 est incomplet; il n'y a que le commencement.

293. In-12 épais, sur vélin. – (Sermones de festis, et de sanctis.) – Incipit : « Scitote intelligentes. » — XIVe SIÈCLE.

Provient de Cuissy. Sur deux colonnes.

294. In-12 sur vélin. – (Sermones de festis.) — XIIIe SIÈCLE.

Provient de Cuissy.

294 *bis*. In-12 très-épais, sur vélin. (Recueil.) – 1° Incipit prologus in legenda sanctorum. « Universum tempus pre- « sentis. » – 2° (Guillelmi de Malliaco sermones.) – Incipit : « Abiciamus opera tenebrarum. » XIVe SIÈCLE.

Le n° 1 est la légende d'or, ou, comme on traduit improprement, dorée; elle est incomplète. (Voyez Quétif et Echard, *Scriptores ordinis Prædicatorum*, tom. I, p. 483.)

295. In-8° sur vélin, 2 volumes. – (Sermones de festis.) – In-

cipit : « *Præparate corda vestra Domino.* Verba sunt Samuelis. » – Desinit : « ad quam nos perducat, etc. » — XIVe SIÈCLE.

Provient de l'abbaye de Cuissy. Écriture semi-cursive ; le premier volume se termine par une table des matières.

N° 296. In-8° sur vélin. – Incipiunt conclusiones fratris Hymberti, ordinis Cysterciensis, abbatis de Prulliaco, super librum sententiarum. « Quoniam in paucioribus... » – Desinit : « Expliciunt extractiones super quartum librum sententia- « rum continentes veritatem. » — XIVe SIÈCLE.

Provient de Cuissy. Sur deux colonnes. Au commencement, une lettre ornée et une vignette. Sur Humbert ou Hymbert, abbé de Prully, au diocèse de Sens, mort le 14 mars 1298, voyez l'Histoire littéraire de la France, tom. XXI, pour la fin du XIIIe siècle.

297. In-8° sur vélin. – (Roberti de Vimiaco sermones.) – Incipit : « *Preparate corda vestra, etc.* Dicitur vulgariter : *Qui n'est garniz si n'est honiz.* » – Desinit : « non meditabor. Roga- « mus, etc. » — XIIIe SIÈCLE.

Provient de Cuissy. Sur un feuillet de garde, on lit encore, à travers un papier collé par dessus, ce titre d'une écriture moderne : « F. Roberti de Vi- « miaco, canonici Cuissiacensis, conciones, quas tum in capitulis generalibus, « tum in variis anni festis et dominicis habuit... » Voyez n° 282. — M. V. Le Clerc prouve, dans l'Histoire littéraire de la France, t. XXI, que ces sermons sont ceux de N. de Biard, indiqués au n° 308.

298. In-folio sur vélin. — Habentur in hoc codice Adamantini senis, qui et Origenis, in libro Numeri omeliæ, numero XXVIII. Lege feliciter. — IXe SIÈCLE.

Provient de Notre-Dame. Le titre, en capitales, occupe tout le premier feuillet. A la fin des homélies, on lit en petites capitales : « Translatæ in Sicilia apud Syracusas. » A la fin de tout le volume, se trouvent ces deux vers :

Claviger exiguus quondam Lotharius istum
Librum quem cernis, lector, conscribere jussit.

Sur un feuillet de garde : « Istum librum dederunt Bernardus et Adelelmus Deo, etc. » Comme dans les manuscrits 265, 273, etc.

N° 299. In-folio sur vélin. – Incipit liber omeliarum Origenis Adamanti in libro Regum, Esaiæ, Hieremiæ, Hiezechielis. — IXe SIÈCLE.

Provient de Notre-Dame. Le titre est sur quatre lignes, capitales et onciales, alternativement.

300. In-12 très-épais, sur vélin. – (Sermones de festis.) – Incipit : « In principio creavit... » — XIIIe SIÈCLE.

Provient de Vauclair. L'écriture est bizarre, fort large et penchée en arrière.

301. In-12 épais, sur vélin. – Incipiunt sermones dominicales fratris Guidonis, de ordine fratrum Predicatorum. « Notandum in principio... » — XIVe SIÈCLE.

Provient de Vauclair. Écrit à deux colonnes. Les sermons pour les dimanches sont suivis de sermons sur les saints. L'auteur de ces sermons est Bernard Guidonis, dont les ouvrages sont, pour la plupart, inédits.

302. Petit in-folio sur vélin. – Omelia S. Johannis Chrysostomi Constantinopolitane ecclesie episcopi, de superscriptione psalmi quinquagesimi. « Pictores imitantur arte. » — XIIe SIÈCLE.

Provient de l'abbaye du Val Saint-Pierre. Écrit à deux colonnes.

303. In-8° sur vélin. (Recueil.) – 1° (Martini Braccarensis formula vitæ honestæ.) – Incipit : « Gloriosissimo ac tran« quillissimo. » – 2° (Glossa in orationem dominicam.) – Incipit : « Videnda est harum VII petitionum distinctio. » Sermo in eamdem orationem. « Duo sunt, karissimi. » – 3° (Expositio Symboli apostolorum cum sermone in idem Symbolum.) – Incipit : « Notum sit dilectioni. » 4° (Sermones.) – Incipit : « *Assumpsit Jhesus Petrum, etc.* Textum evan« gelice relationis. » – 5° (Vita sanctæ Mariæ Ægyptiacæ.)

–Incipit : « Quidam nomine Zozimas. » 6° (Sermo.) – Incipit : « *Venite et videte.* Nemo, fratres karissimi. » (De muliere forti.) – Incipit : « Mulierem fortem quis. » – 7° (Hugonis de S. Victore summa sententiarum.) – 8° Versus isti compositi de monaco :

Sicut hyemps laurum non urit, nec rogus aurum, etc.

— XIIIe SIÈCLE.

Provient de l'abbaye de Vauclair. Le n° 1 a été souvent imprimé. Au n° 2 le commencement du prologue manque. Le n° 5 est un abrégé de la vie traduite du grec, qui est imprimée dans les *Acta Sanctorum*, 2 avril. Au n° 6, l'explication allégorique de la femme forte vient à la suite du sermon. Le n° 7, qui est imprimé dans le tome III des œuvres de Hugues de Saint-Victor, est ici incomplet. Il commence au chapitre « De qualitate Patris et Filii et « Spiritus Sancti, » et s'étend jusqu'à celui qui est intitulé, « De sacramento « olei, » inclusivement. Le n° 8 est le commencement de l'histoire, en vers, de Ste Marie l'Égyptienne, par Hildebert du Mans.

N° 304. In-4° sur vélin. (Recueil.) – 1° Opusculum B. Bernardi Clarevallensis in laude Virginis Marie. – Incipit prefacio : « Scribere me aliquid. » – 2° Incipiunt capitula in libro ejusdem de XII gradibus humilitatis, etc. – 3° Sermones magistri Richardi. « Scuto circumdabit te. » – Desinit : « dormiam et requiescam. » — XIIIe SIÈCLE.

Provient de Vauclair. Le n° 1 est imprimé dans les œuvres de S. Bernard (tom. I, part. II, p. 935, col. 1665). Pour le n° 2 voyez *S. Bernardi opera*, (tom. II, p. 557, édit. Mabillon). Le n° 3 contient des sermons de Richard de S. Victor, qui ne font pas partie du recueil imprimé de ses œuvres. Il y en a six.

305. In-4° sur vélin. (Recueil.) – (Origenis Commentarius in Leviticum.) – 2° Sententia accepta a domino Eusebio episcopo. – Incipit : « Si quis hominem occiderit sponte, VII an- « nos peniteat. » — XIIe SIÈCLE.

Provient de l'abbaye de Cuissy. Le n° 2 se compose de canons pénitentiaux.

N° 306. In-folio sur vélin. – (S. Gregorii Sermones in evangelia.) – « Incipit epistola beati Gregorii pape urbis Rome ad Se-« cundinum, etc. » — XIIe SIÈCLE.

Provient de Vauclair. Écrit à deux colonnes.

307. In-4° sur vélin. – (S. Leonis papæ sermones cum epistola ad Flavianum.) – Incipit : « Lectis dilectionis tue. » — XIVe SIÈCLE.

Provient de Notre-Dame. Écrit à deux colonnes. Le sermon sur le jeûne est le premier. Sur un feuillet de garde, on lit : « Isti sermones sunt « Michaelis Casse, empti per eum a magistro Leonardo Verul., executore « domini Andree Verul., archiepiscopi Tranensis, Avinione, anno Domini « 1346, de mense Maii, pro tribus florenis. » André de Veroli fut nommé archevêque de Trani en 1342, et mourut l'année suivante à Avignon. Michel Casse fit don du manuscrit à la cathédrale de Laon, comme il résulte de cette inscription placée en deux endroits du volume : « Liber iste est ecclesie Lau-« dunensis ex dono Michaelis Casse, etc. »

308. In-4° sur vélin. – Sermones dominicales fratris N. (Nicolai) de Biard, et primo quatuor historiales, quorum primus est de libro Regum. – Incipit : « Preparate corda vestra. » — XIVe SIÈCLE.

Provient de Notre-Dame. Voyez, sur l'auteur de ces sermons, qui sont inédits, Quétif et Echard, *Scriptores ordinis Prædicatorum*, tom. I, p. 123.

309. In-8° sur vélin. – (Sermones de festis.) – Incipit : « *Dicite filie Sion, ecce rex tuus, etc.* Mandat nobis rex celi. » — XIIIe SIÈCLE.

Provient de Notre-Dame. En tête, une table détaillée, du XVe siècle.

310. In-folio sur vélin. – (Johannis de Abbatis-Villa sermones.) – Incipit : « Cum sacrosancta mater ecclesia, etc. » — XIIIe SIÈCLE.

Provient de Notre-Dame. Écrit à deux colonnes.

N° 311. In-4° sur vélin. — Sermones fratris Johannis de Rupella, ordinis fratrum Predicatorum. — Incipit : « In vigi« lia S. Andree. In fide et levitate, etc. Celebrat ecclesia « beati. » — XIVe SIÈCLE.

Provient de Notre-Dame. Écrit à deux colonnes. Sur Jean de la Rochelle et ses ouvrages, voyez Wadding, *Bibliotheca Minorum*, p. 225, et *Annales Minorum*, ann. 1242; l'Histoire littéraire de la France, tom. XIX, pag. 171-173. On voit que dans ce manuscrit il est qualifié par erreur dominicain, quoiqu'il fût franciscain.

312. In-folio sur papier. — Incipit opus de sanctis fratris Jordanis de Quedelenburch. Prologus : « Jam catulus leo« nis. » — XVe SIÈCLE.

Provient de Notre-Dame. La fin manque. Ces sermons, de Jean de Quedlinburg, ont été publiés à Paris, en 1509, in-8°, et 1521, in-4°. (Voyez Ossinger, *Bibliotheca Augustiniana*.)

313. Grand in-folio sur vélin. — (Homiliarium.) — XIVe SIÈCLE.

Provient de Notre-Dame. Sur deux colonnes. Cet homiliaire est composé de sermons de Bède, S. Augustin, S. Grégoire, S. Maxime, S. Léon, Origène, etc.

314. In-8° sur vélin. — (Homiliarium.) — XIIIe SIÈCLE.

Provient de Notre-Dame. Ce manuscrit est incomplet.

315. In-folio sur vélin. — Homilie de Communi. — 1° In natale apostolorum. « *Vos, amici mei.* » In vigilia unius apostoli. — Omelia beati Augustini episcopi : « Iste locus evan« gelicus. » — 2° In natale unius apostoli. — Omelia beati Gregorii pape : « Cum cuncta sacra. » — 3° Omelia beati Augustini episcopi : « *Hoc est preceptum.* » — 4° Omelia beati Ambrosii episcopi : « *Ecce ego mitto vos.* » — 5° In natale plu-

rimorum apostolorum. – Omelia beati Augustini episcopi : « *Hoc mando vobis.* » – 6° In natale sanctorum evangelistarum. – Omelia beati Gregorii pape : « Dominus ac Salvator « noster. » – 7° Omelia beati Gregorii pape : « Cum constet om- « nibus. » – 8° Sermo beati Augustini episcopi in natale plurimorum martyrum : « Psalmus qui cantatur. » – 9° Item in natale sanctorum martyrum, sermo beati Maximi episcopi : « Sufficere nobis deberent. » – 10° De martyribus, sermo beati Johannis (Chrysostomi) episcopi : « Qui sanctorum merita. » – 11° Omelia beati Gregorii pape : « Quia Dominus ac redemp- « tor. » – 12° Omelia beati Augustini episcopi : « *Amen, amen* « *dico vobis.* » – 13° Omelia beati Gregorii pape : « Si consideremus, fratres. » – 14° Omelia beati Iheronimi presbiteri : « Nolite arbitrari quia. » – 15° Omelia beati Iheronimi presbiteri : « Nichil enim opertum. » – 16° Omelia venerabilis Bede presbyteri : « *Et ipse elevatis.* » – 17° Omelia beati Gregorii pape : « Quia longius ab urbe. » – 18° Omelia venerabilis Bede presbiteri : « Ad hoc fermentum. » – 19° Omelia beati Leonis pape : « Predicante, dilectissimi, « Domino. » 20° Sermo beati Maximi episcopi : « Sanctorum « patrum memorias. » – 21° Sermo beati Maximi episcopi : « Ad sancti ac. » – 22° Omelia beati Fulgentii episcopi : « Do- « minicus sermo quem. » – 23° Omelia beati Gregorii pape : « Lectio sancti evangelii. » – 24° Omelia beati Gregorii pape : « Sancti evangelii, fratres karissimi, aperta. » – 25° Omelia venerabilis Bede presbiteri : « Homo nobilis ille. » – 26° Omelia venerabilis Bede presbiteri : « De se ipso Do- « minus. » – 27° Omelia beati Augustini episcopi : « Inter « parabolas a Domino. » – 28° Omelia beati Gregorii pape : « Sepe vos, fratres. » – 29° Omelia beati Gregorii pape : « Celorum regnum, fratres. » – 30° Omelia beati Gregorii pape : « Sancti evangelii, fratres karissimi. » — XIIe SIÈCLE.

Provient de Cuissy. Écrit à deux colonnes. Cet homiliaire est composé de sermons de S. Ambroise, S. Augustin, S. Jérôme, etc. Sur le dernier feuillet, et d'une écriture plus récente, est une liste des premiers abbés de Cuissy, dont il a été fait usage dans le *Gallia christiana*, tom. IX, col. 671-675. Au verso de ce feuillet, est une pièce de soixante-deux vers, sur l'homiliaire (où l'on voit qu'il a été composé par l'ordre de Lucas, premier abbé de Cuissy), sur l'utilité de l'écriture, etc.

Nos sumus abbati domno Lucæ recitati,
Quo concedente scripti sumus atque jubente.
Quod scripsere patres antiqui, discite fratres.
Hunc librum legite : lux est et janua vite, etc.

Sur le feuillet suivant, après un extrait d'un sermon de S. Augustin, se trouve le catalogue des livres que l'abbaye de Cuissy possédait au XIIe siècle : « Numerus et nomina librorum S. Marie Cuisiaci hic recitantur : « Historia E. (Hegesippi?) in duobus voluminibus. Omiliarii duo. Tria bre- « viaria. Moralium (S. Gregorii magni) duo volumina. Augustinum super « cantica graduum, et ab hinc usque ad : *Omnis spiritus laudet Dominum.* « Bedam super actus Apostolorum et super VII epistolas canonicas. Ambro- « sium super *Beati immaculati.* Rabanum Maurum super Exodum. Gregorium « de cura pastorali. Sententias de diversis voluminibus, quarum principium « est : « Dominus dicit in Evangelio. » Item Augustinum a *Beatus vir qui timet* « *Dominum* ad *Cum tribularer.* Origenem super Leviticum. Elucidarium cum « quibusdam sententiis. Quandam partem Dialogorum Gregorii. Duo paria « decretorum. Duo pronosticon. Quasdam expositiones evangeliorum. De « communi sanctorum cum quibusdam sermonibus. Quamdam partem pas- « sionum sanctorum martirum, cum expositione lamentationum Iheremie. « Duo gradualia. Duo psalteria. Unum antiphonarium. Augustinum de confes- « sionibus. Arcuinum (Alcuinum) de ecclesiastico officio ad Carolum magnum. « Gregorium super Ezechielem. Quosdam sermones in solemnitatibus beate « Marie, et in dedicatione ecclesie. Vitas patrum. » Au bas du recto de ce même feuillet, est une liste, écrite en 1236, des chanoines qui se trouvaient alors en la maison de Cuissy, et qui étaient au nombre de quatorze.

N° 316. In-folio sur vélin. — (S. Bernardi sermones); pars æstiva. — XVe SIÈCLE.

Provient de Vauclair. Sur deux colonnes. Il y a soixante et seize sermons, y compris le sermon sur la mort d'Humbert de Clairvaux. Plusieurs ne se trouvent pas dans l'édition de Mabillon.

N° 317. In-folio sur vélin. – (S. Augustini sermones in Evangelium secundum Joannem. Prima pars.) — XIIe SIÈCLE.

Provient de l'abbaye de Vauclair. Sur deux colonnes. La reliure est du XIIe siècle.

318. In-folio sur vélin. (Recueil.) – 1° (S. Gregorii sermones in Ezechiel.) – 2° (Canon chronologicus ab orbe condito ad Christum.) — XIIe SIÈCLE.

Provient de Vauclair. Sur deux colonnes. La reliure est du XIIe siècle.

319. In-folio sur vélin. – (Taionis sententiarum libri V.) — IXe SIÈCLE.

La première et la seconde page contenant le prologue sont en partie détruites. Ce prologue a été publié par Mabillon, dans ses *Analecta*, avec l'épigramme « Quisquis amas, etc. » L'ouvrage même est resté inédit. Taion était évêque de Sarragosse, au VIIe siècle. (Voyez *Fabricii Bibliotheca latina mediæ et infimæ ætatis*, tom. IV, p. 217.)

320. In-folio sur vélin. – (Petri Lombardi Sententiæ.) — XIIe SIÈCLE, sub fin.

Provient de l'abbaye de Cuissy. Sur deux colonnes. Manuscrit d'une belle exécution. Il contient les livres I et II, moins la dernière phrase du second. A la fin du volume sont trois feuillets contenant un petit traité du comput ecclésiastique, au moyen des dix doigts de la main, avec deux mains figurées. Le commencement est : « Argumentum duarum manuum ad quid valeant. » Au bas de la dernière page : « Anno XIX. Anni ab Adam $\overline{\text{VI}}$ CCC XCV. Anni ab « incarnatione Domini mille CXCVI. Indictio XIIII. Concurrens I^{us}. Clavis XXXVIII. « Epacta XVIII. »

320 *bis*. In-folio sur vélin. – 1° (Petri Lombardi Sententiæ.) – 2° (Tractatus de Antichristo.) – Incipit : « Si quis ea. » — XIVe SIÈCLE.

Provient de Notre-Dame. Écrit à deux colonnes. Le n° 2 est incomplet.

N° 321. In-4° sur vélin. – (Epitome libri sententiarum.) — XIVe SIÈCLE.

Provient de l'abbaye de Cuissy. L'auteur fait connaître son dessein dans ce prologue : « Quoniam, velud Paradisi quatuor flumina, libri sententiarum « ortum (hortum) irrigant ecclesie copiose, nimirum, propter eos qui brevi- « tate gaudent, expedit ut illorum diffusio compendio temperetur, per quod « evitetur mater fastidii prolixitas, dictorum tamen librorum ordo et conti- « nencia nescientibus aliqualiter ignotescat (innotescat); igitur opus subse- « quens aggrediens in nomine Jhesu Christi, notulas magistrales apponam, ut « excepta clarius elucescant. »

322. In-folio sur vélin. – (S. Bonaventuræ Commentarius in quartum librum sententiarum.) — XIVe SIÈCLE.

Provient de Notre-Dame. Écrit à deux colonnes.

323. In-4° sur vélin. – (Humberti de Prulliaco commentarii in libros II, III, IV sententiarum Petri Lombardi.) – Incipit : « Creationem rerum, etc. In isto secundo libro. » — XIIIe SIÈCLE.

Provenance inconnue. Ce manuscrit commence par une table de chapitres. Il n'y a point de titre en tête du second ni du troisième livre. A la fin du second on lit : « Expliciunt fundamenta quæstionum supra librum secundum « sententiarum. » A la fin du troisième : « Expliciunt conclusiones theologice « fratris Ymberti super tercium librum sententiarum. » Au commencement du quatrième : « Incipiunt conclusiones fratris Ymberti super quartum librum « sententiarum. » Et à la fin : « Expliciunt extractiones super quartum librum « sententiarum, continentes veritatem. » Voyez plus haut, manuscrit 296.

324. Petit in-folio sur vélin et papier. – (Francisci de Mayronis commentarius in librum sententiarum.) – Incipit : « Primo « queritur utrum. » – Desinit : « Explicit liber primus. » — XVe SIÈCLE.

Provient de Notre-Dame. Écrit à deux colonnes. Après l'*explicit* : « Laus tibi « gloria Christe. Detur pro pena scriptori pulcra puella. » Puis après la table :

Scribere qui nescit nullum putat esse laborem.

N° 325. In-folio sur vélin. – (Ægidii Romani commentarius in magistrum sententiarum.) – Incipit : « Candor est enim. » — XIVe SIÈCLE.

Provient de Vauclair. En tête est une lettre historiée et une vignette. Ce commentaire a été publié. (Voyez Du Boulai, *Historia Universitatis Parisiensis*, tom. III, p. 671, 672; Ossinger, *Bibliotheca Augustiniana*, p. 244.)

326. In-4° sur vélin. (Recueil.) – 1° (Isidori Hispalensis sententiæ.) – Incipit : « Summum bonum Deus. » – 2° (Ejusdem Synonyma.) — XIIIe SIÈCLE.

Provient de Notre-Dame. Au n° 2, on trouve, au lieu de la lettre d'Isidore à l'archidiacre Braulion, un court avertissement d'un anonyme. « Prologus in « libro S. Ysidori sinonima dictum. In subsequente hoc libro qui nuncupatur « sinonima. » Sur un feuillet de garde, en tête du volume, on lit : « Iste liber « Ysidori de summo bono est Michaelis Casse, emptus per eum de magistro... « de mense decembris, anno XLVI (1346), Parisiis. »

327. In-4° sur vélin. – (Sententiæ ordine alphabetico digestæ.) – Incipit : « Abicere vel deicere, proicere vel repellere. Ab- « jicere se ipsum in comparatione Dei. August. in libro con- « fess. X. Tu refulges, etc. » — XIIIe SIÈCLE.

Provient de Notre-Dame. Ce sont des extraits de divers auteurs ecclésiastiques ou profanes sur des sujets de morale. L'ouvrage est incomplet. Le manuscrit finit dans le cours de l'article *Appetentia*.

328. Petit in-folio sur vélin. (Recueil.) – 1° (Cassiani institutiones.) – 2° (Ejusdem collationes.) — XIIIe SIÈCLE.

Ce manuscrit est à deux colonnes. Le n° 2 est incomplet. La dernière conférence est la dixième, ou la seconde de l'abbé Isaac. Sur le revers du dernier feuillet sont quelques extraits de S. Anselme et de S. Bernard.

328 *bis*. In-4° sur vélin. (Recueil.) – 1° (Cassiani institutiones.) – 2° Incipit de ordine monasterii. « Ante omnia, fratres

« carissimi, diligatur Deus, deinde proximus. » – Desinit : « e vestra salute, amen. » — IXe SIÈCLE.

Provient de Notre-Dame. Manuscrit réglé à la pointe sèche. Au n° 1, le titre suivant est inscrit, non en tête de la première page du texte, mais en regard, sur le verso du feuillet de garde : « Cassiani Massilitani presbyteri libri « de habitu monachorum, et de canonico orationis atque psalmorum modo « secundum Ægyptios. Unus institutionum liber. De origine et qualitate ac « remediis octo principalium vitiorum, libri octo. Ejusdem de ordine monas-« terii liber unus. » La division indiquée dans ce titre pour les Institutions n'est pas suivie dans le texte. Les quatre livres qui traitent de la vie monastique, et les huit suivants, sur les vices, ne font qu'un tout, en douze livres. Au n° 2, la seconde de ces deux règles monastiques est celle qui est imprimée parmi les Œuvres de S. Augustin (tom. I, p. 790-794, ed. Benedict.), et qui paraît avoir été extraite de sa lettre à des religieuses (*ibid.* tom. II, p. 781). Cependant, dans ce manuscrit, on lit au-dessous de la dernière ligne : « Explicit « regula Cassiani feliciter. » Celle qui la précède est imprimée, sans nom d'auteur, dans le *Codex regularum* d'Holstenius (tom. I, p. 137-138, ed. 1759), et parmi les ouvrages faussement attribués à S. Augustin (*S. Aug. Opera*, t. I, *app.* p. 42). Mais déjà, d'après la distribution qu'on y remarque de l'office divin, et qui est identique avec celle que donnent les règles de S. Césaire et de S. Aurélien, dom Calmet avait conjecturé que cette règle devait avoir été écrite pour quelques monastères situés près de la Méditerranée. Et elle est ici sous le titre d'un ouvrage attribué à Cassien, « De ordine monasterii.... » On peut donc croire que c'est effectivement la Règle de cet auteur, mentionnée par S. Benoît d'Aniane, dans sa Concorde, mais qu'il n'a pas fait entrer dans son Code, et qu'on croyait perdue. (Voyez *Hist. littér. de la France*, tom. II, p. 226.)

N° 329. In-4° sur vélin. (Recueil.) – 1° (Tractatus de vita monachorum, in tribus libris, quorum primus titulo non est inscriptus.) – Incipit : « Primo semper debes considerare ad « quid veneris... » Secundus est inscriptus : De reformatione mentis. Tertius, De processu religionis. – Desinit : « in se-« cula seculorum, amen. Explicit tertius liber de profectu « religiosorum. » – 2° (Quædam de moribus et Christianorum disciplina.) — XVe SIÈCLE.

Provient de Notre-Dame. Le n° 2 occupe quatre feuillets.

N° 330. In-4° sur vélin. (Recueil.) – 1° (Regula sancti Basilii.) – 2° (Commonitorium Orosii ad S. Augustinum, et tractatus S. Augustini contra Priscillianistas et Origenistas.) – 3° Incipit de generali justicia, sancti Augustini. — VIII-IXe SIÈCLE.

Provient de Notre-Dame. Les titres sont en rouge, écrits en onciales mêlées de capitales. Le n° 3 se compose de courts fragments d'explications de passages de l'Écriture, probablement extraits de S. Augustin. Le titre ne s'applique qu'au premier de ces fragments, qui commence par « Generalem « justiciam. »

331. In-folio sur vélin. – (Conradi Everbacensis) Exordium ordinis Cisterciensis. — XIIIe SIÈCLE.

Provient de l'abbaye de Foigny. Le manuscrit commence par la table; ensuite vient le prologue en vers : « Quisquis ad eternam, etc. » enfin l'ouvrage même. Il a été publié par Tissier (*Bibliotheca veterum scriptorum ordinis Cisterciensis*, tom. I). Il manque un ou deux feuillets à la fin.

332. In-4° sur vélin. – (Statuta ordinis Cisterciensis.) — XVe SIÈCLE.

Provient de Vauclair.

332 *bis*. In-4° sur papier. – (Statuta ordinis Cisterciensis.) — XVIe SIÈCLE.

Provient de Vauclair.

333. In-4° sur vélin. – (Statuta ordinis Cisterciensis.) « Incipiunt prenotationes sequentium distinctionum. Antequam « abbatie Cistercienses, etc. Ut de facili..... » — XIIIe SIÈCLE.

Provenant de Vauclair. Ces statuts furent arrêtés dans le chapitre général de 1257.

334. In-4° sur vélin. (Recueil.) – 1° (Statuta ordinis Cisterciensis.) – 2° (Epistolæ quorumdam pontificum ad abbatem

et conventum Cistercienses.) Innocentius episcopus: « Cum « illorum absolutio... » – Lucius episcopus : « Cum sitis divi- « nis... » – Desinit : « Datum Veron. II idus decembris. » – Innocentius episcopus : « Cum paci ac. » – Desinit : « Datum « Laterani, XIIII kal. junii, pontif. nostri anno V°. » — XIIIe SIÈCLE.

Provenance inconnue.

N° 335. In-folio sur vélin. (Recueil.) – 1° Incipit prima pars consuetudinum ordinis Cartusiensis, de divino officio uno eodemque modo ab omnibus celebrando, et de libris corrigendis et consuetudinibus non mutandis. – Desinit : « Sigilla autem nostra in testimonium supradictorum pre- « dictorum presenti carte duximus apponenda. Actum anno « Domini MCCCLXXI, mense Julii. » – 2° (Statutorum novorum tertia pars.) — XIVe SIÈCLE.

Provient de Saint-Vincent. Il est dit, dans un avertissement qui précède les statuts des Chartreux, publiés à Bâle (in-folio, 1510), qu'ils furent compilés et rédigés par le général de l'ordre, Riffier, et confirmés dans le chapitre général de 1259.

336. In-folio sur vélin. – 1° (Regula Canonicorum regularium.) « In nomine Dei summi incipit prologus..... » – 2° (In folio ultimo verso legitur) : « Regula formatarum : Græca elementa litterarum. » — IXe SIÈCLE.

Provient de Notre-Dame. Sur deux colonnes. Le n° 1 est la règle établie au concile d'Aix en 816. Le n° 2 est la règle donnée par le concile de Nicée pour l'application des lettres grecques aux épîtres *formées.*

337. In-4° sur vélin. (Recueil.) – 1° (Formulæ epistolarum.) – 2° Condemnatio quam fecit imperator contra regem Robertum. – Incipit : « In nomine Domini. Amen. Henricus « septimus.... » – 3° Littera domini pape ad imperatorem

pro rege Roberto, et sententia. « Clemens episcopus. » — 4° Sompnia Pharaonis. « Victorioso principi..... » — 5° (Formulæ epistolarum.) — 6° (Epistolæ S. Thomæ Cantuariensis, et ad eum directæ.) — XIVe et XIIIe SIÈCLE.

Provient de Notre-Dame de Laon. Le n° 3 est incomplet. Le n° 4, ouvrage de Jean de Limoges, a été publié par Fabricius, mais incomplétement, dans son *Codex pseudepigraphus veteris Testamenti* (tom. I, p. 441-496); il y a joint un supplément dans sa *Bibliotheca latina mediæ et infimæ ætatis*, v. *Joannes Lemovicensis*, tom. IV, p. 91.

N° 338. In-folio sur vélin. (Vitæ sanctorum.) — 1° S. Anastasie. 2° S. Stephani. — 3° S. Johannis evangeliste. — 4° SS. Innocentium. — 5° S. Silvestri. — 6. S. Hilarii. — 7. S. Sebastiani. — 8° S. Agnetis. — 9° S. Vincentii. — 10° S. Agathe. — 11° S. Gregorii magni. — 12° S. Ambrosii. — 13° S. Marie Egyptiace. — 14° S. Narci. — 15° S. Philippi. — 16° S. Jacobi. — 17° SS. Alexandri et Eventii. — 18° S. Marcellini. — 19° S. Primi. — 20° S. Cirici. — 21° SS. Felicis et Adaucti. — 22° S. Barnabe. — 23° S. Gervasii. — 24° S. Juliani. — — 25° S. Columbe. — 26. S. Novitii. — 27° S. Juliane. — 28° S. Felicis Nolani. — 29° S. Georgii. — 30° S. Vitalis. — 31° S. Quiriaci. — 32° S. Gordiani. — 33° S. Pancratii. — 34° S. Aviti. — 35° S. Apollinaris. — 36° S. Abdonis. — 37° SS. Septem Dormientium. — 38° S. Pantaleonis. — 39° SS. Nazarii et Celsi. — 40° S. Agapiti. — 41° S. Eusebii. — XVIe SIÈCLE.

Provient de Notre-Dame de Laon. Le n° 1 n'est pas la vie du Métaphraste, imprimée dans Surius. Le n° 2 est extrait des Actes des Apôtres, c. 7-8. Le n° 3 n'est pas la vie imprimée dans Surius, qui est du Métaphraste. Le n° 4 n'est point dans Surius. Le n° 5 se compose d'Actes apocryphes différents de ceux du Métaphraste, imprimés dans Surius. Le n° 6 est la vie écrite par Fortunat, *Surii Vitæ Sanctorum*, tom. I, p. 188. N° 7, *ibid.* tom. I, p. 302. N° 8, *ibid.* tom. I, p. 338. Pour le n° 9, voyez *Acta Sanctorum Bollandi*, jan.

tom. I, p. 394. N° 10, *ibid.* febr. tom. II, p. 615. N° 11, *ibid.* mart. tom. II, p. 130; au lieu de « Gregorius urbe, etc. » le manuscrit donne : « Gregorius *hac* « urbe, etc. » L'auteur était donc de Rome. Le n° 12 est la vie écrite par S. Paulin de Milan. Pour le n° 13, voyez *Acta Sanctorum Bollandi*, apr. tom. I, p. 76. N° 14, *ibid.* 25 april. N° 15, n° 16 *ibid.* 1 mai. N° 17, *ibid.* mai. tom. I, p. 371. N° 18, *ibid.* tom. I, p. 171. N° 19, *ibid.* jun. tom. II, p. 152. Le n° 20 paraît être inédit. Les vies de SS. Felix et Adauctus contenues dans le n° 21 ne sont pas dans Surius (30 aug.). Pour le n° 22, voyez *Acta Sanctorum*, mai. tom. II, p. 423. N° 23, *Surii Vitæ Sanctorum*, tom. III, p. 357. N° 24, *Acta Sanctorum Boll.* 1 jan. Les actes du n° 25 paraissent être inédits. Ce sont probablement ceux dont Vincent de Beauvais (*Speculum historiale*, lib. XI, c. 104) dit avoir tiré la vie de S. Columba. N° 26, *Surii Vitæ Sanctorum*, tom. VI, p. 383. N° 27, *Acta Sanctorum Bollandi*, febr. tom. II, p. 273. Le n° 28 est extrait de Grégoire de Tours, *de Gloria martyrum*, tom. I, p. 104; depuis « Cum autem imperatorum. » Le n° 29 n'est ni l'une ni l'autre des deux vies imprimées dans Surius, tom. II, p. 273. Le n° 30 n'est pas la vie imprimée dans Surius, tom. II, p. 334. N° 31, *Acta Sanctorum Bollandi*, 2 april. N° 32, *ibid.* mai. tom. II, p. 552. N° 33, *Gregorius Turonensis*, *de Gloria martyrum*, tom. I, p. 39. N° 34, Vies différentes de celles qui sont imprimées dans les recueils de Surius, tom. III, p. 248, et des Bollandistes, jun. tom. III, p. 350. N° 35, *Sur. Vit. Sanct.* tom. IV, p. 275. N° 36, *ibid.* tom. IV, p. 95. Le n° 37 est différent des Actes imprimés dans Surius (tom. IV, p. 317) d'après le Métaphraste. Pour le n° 38, voyez *Sur. Vit. Sanct.* t. IV, p. 317. Le n° 39 n'est pas dans Surius, non plus que le n° 40. Le n° 41 est imprimé dans *Baluzii Miscellanea*, tom. II, p. 141.

N° 339. In-8° sur vélin. – (Jacobi de Voragine legenda Sanctorum.) — XIVe SIÈCLE.

Provient de Notre-Dame. Sur deux colonnes. Au commencement est une lettre ornée en couleur et or, et une vignette.

340. In-4° sur vélin. – (Jacobi de Voragine legenda Sanctorum.) – « Incipit prologus super legendas Sanctorum, quas « compilavit frater Jacobus natione Januensis, de ordine fra- « trum Predicatorum. » — XIVe SIÈCLE.

Provient de Notre-Dame. Sur deux colonnes. Ce manuscrit est bien exécuté, avec de jolies lettres initiales; mais les marges des premiers feuillets sont noircies et gâtées.

N° 341. In-folio sur vélin. – (Martyrologium et necrologium ecclesiæ Laudunensis.) – Incipit : « Ex libris sancti Augustini « qualiter recolendi sunt sancti. Festivitates sanctorum apos-« tolorum, etc. » — XIIIe SIÈCLE.

Provient de Notre-Dame. Les obits qui composent le nécrologe consistent, pour la plupart, en quelques lignes faisant mention de donations au profit de l'église de Laon. Les uns sont insérés entre deux articles du martyrologe, c'est le plus petit nombre ; les autres sont écrits sur des feuilles de parchemin de différentes dimensions. Ces derniers ont été placés, sans ordre chronologique, entre les feuillets du martyrologe. Après le dernier obit, viennent des listes de personnes payant annuellement des rentes ou redevances au chapitre de l'église de Laon. Les écritures postérieures à celle du martyrologe sont des XIVe, XVe et XVIe siècles. Voici l'obit de l'évêque Anselme, qui est un des plus étendus: « Anno Domini M° CC° tricesimo octavo, pridie non. sept., obitus « bone memorie Anselmi quondam Laudunensis episcopi, qui edificavit domos « episcopales de Pratella, et pro majori parte domos episcopales de Poilliaco. « Dedit etiam Deo et beate Marie Laudunensi pannos sericos et indumenta « et ornamenta plurima, tam in pannis sericis et aliis quam etiam argentea « et aurea, libros et redditus, prout infra scripta sunt, videlicet: tunicas, dal-« maticam, casulam, capam, omnia predicta de samito rubeo, cum mitris et « aliis indumentis et ornamentis quibusdam episcopalibus, albam paratam cum « amicto et custodibus pluribus et cinctoriis, stolis, manipulis, colleriis sericis; « toailliam paratam pro altari et toailliam sericam rubeam, casulam unam de « samito viridi, item tunicam, dalmaticam, casulam de purpura nigra, un-« decim pannos sericos ad ornandam ecclesiam diebus solempnibus, pelves ar-« genteos duos cum ampullis duabus argenteis, thuribulum argenteum, pomum « argenteum, crucem parvulam argenteam cum ligno sancte crucis, anulum « aureum episcopalem cum saphiro grosso et optimo, bibliothecam grossam, « librum qui dicitur Ordinarius episcopalis argento coopertum et alium sine « argento, et quedam alia in pannis sericis et rebus argenteis et aureis et aliis, « ad valorem plusquam trecentarum librarum parisiensium. Dedit etiam preter « hec omnia, pro anniversario suo annuatim faciendo, decimam suam de « Grandi-Loco quam acquisierat, exceptis tribus modiis bladi, quos Hermannus « et Odinus habebunt ad vitam ipsorum, et excepto uno modio bladi, quem

« Hellinus cursor quondam prefati episcopi similiter habebit, quamdiu vixerit; « post decessum predictorum Hermanni, Odini et Hellini, dicti quatuor modii « bladi ad ecclesiam Laudunensem libere revertentur, et, in die anniversarii « prefati episcopi, canonicis et capellanis et custodibus Laudunensis eccle- « sie, qui vigilie et misse interfuerint, cum predicta decima equaliter distri- « buentur. »

N° 342. In-4° sur vélin. – (Anastasii bibliothecarii Vitæ paparum.) – Incipit: « Beatus Petrus apostolus et princeps apos- « tolorum Antiochenus filius Johannis.... » – Desinit: « Et « sepultus est in basilica Petri apostoli, VII kal. januar. in- « dict. IV. Explicit. » — IXe SIÈCLE.

Provient de Notre-Dame. Beau manuscrit parfaitement conservé; écrit à longues lignes; réglé à la pointe sèche. En haut du premier feuillet, on lit: « Hunc librum dedit domnus Dido episcopus Deo et sanctæ Mariæ Laudu- « nensis ecclesiæ. Si quis abstulerit, offensionem Dei et sanctæ Mariæ in- « currat. » Cette histoire d'Anastase s'étend jusqu'à Adrien I inclusivement. En tête, est la lettre de S. Jérôme au pape Damase, par laquelle il l'invite à écrire l'histoire des papes, et la réponse de Damase, l'une et l'autre apocryphes; suivies d'une liste chronologique des papes, sur laquelle la durée des règnes est indiquée régulièrement, jusqu'à Adrien Ier exclusivement. De la même main sont les noms des papes jusqu'à Eugène II; puis, d'une autre main, les papes suivants jusqu'à Benoît III inclusivement. On pourrait induire de ce manuscrit que l'auteur n'avait d'abord conduit son ouvrage que jusqu'à Adrien Ier inclusivement, et qu'on en a ici la première édition.

343. Petit in-folio sur vélin. (Recueil.) – 1° Incipit liber de vita SS. PP. « Benedictus Dominus..... » — XIIe SIÈCLE. – 2° Incipit prefatio in purgatorium S. Patricii. « Patri suo « in Christo, preoptato domino H. abbati de Sartis, Fr. H. « monachorum minimus de Psalteria. » — XIIIe SIÈCLE.

Provient de Cuissy. Au n° 1 sont les vies des Pères, imprimées sous le nom de S. Jérôme. L'ouvrage est incomplet. Le titre est d'une écriture plus récente que le texte. Le n° 2 est incomplet. C'est la légende imprimée dans le *Florilegium insulæ sanctorum Hiberniæ* de Thomas Messingham, et ailleurs. (Voyez Fabricius, *Bibliotheca latina mediæ et infimæ ætatis*, tom. III, pag. 227, art. *Henricus Salteriensis*.)

N° 344. In-folio sur vélin (Passionarium). – 1° Acta S. Quentini : « In illo tempore sub Maximiano. » – 2° S. Eustachii : « In diebus Trajani. » – 3° SS. Coronatorum : « Tempore « quo Diocletianus. » – 4° S. Theodori : « Temporibus suis « Maximianus. » – 5° S. Martini : « Plerique mortalium stu- « dio. » – 6° Vita sancti Brittii : « Igitur post excessum. » – 7° Acta S. Cecilie : « Humanas laudes et. » – 8° S. Clementis martyris : « Tertius Romane ecclesie. » – 9° S. Petri Alexandrini : « Sanctus igitur Petrus. » – 10° S. Chrysantii et S. Darie : « Polemius vir illustrissimus. » – 11° S. Andree : « Passionem sancti Andree. » – 12° S. Eligii : « Igitur Eli- « gius Lemovicensis. » – 13° S. Nicolai : « Nicholaus itaque. » – 14° S. Luce : « Cum per universas. » – 15° S. Nicasii : « Beatisimi Nichasii Remorum » – 16° S. Thome apostoli : « Cum apostolis Thomas. » – 17° S. Thome Cantuariensis : « Ad laudem beatissimi. » – 18° S. Macuti : « Gloriosus con- « fessor Christi. » – 19° S. Catherine : « Tradunt annales « historie. » — XIIe SIÈCLE.

Provient de Cuissy. N° 1, *Surii Vitæ Sanctorum*, tom. V, p. 402. N° 2, *ibid.* tom. V, p. 209. N° 3, *ibid.* tom. VI, p. 212. N° 4, *ibid.* p. 228. N° 5, *ibid.* p. 246. N° 6, *ibid.* p. 315; avec quelques variantes. N° 7, *ibid.* t. VI, p. 480. N° 8, *ibid.* p. 484. N° 9, *ibid.* p. 526. N° 10, *ibid.* tom. V, p. 378. N° 11, *ibid.* tom. VI, p. 653; avec quelques variantes. N° 12, *ibid.* p. 11. N° 13, *ibid.* p. 182. N° 14, *ibid.* p. 247. N° 15, *ibid.* p. 364. N° 16, *ibid.* p. 301. N° 17, *ibid.* p. 355. N° 18, *ibid.* p. 349. N° 19, *ibid.* p. 528.

345. In-folio sur vélin. (Recueil.) – 1° Incipit liber gestorum Barlaam et Josaphat servorum Dei, editus greco sermone a Johanne Damasceno viro sancto et erudito. « Cum cepis- « sent monasteria... » – 2° (Legenda S. Brendani.) – Incipit :

« Sanctus Brandanus filius. » – 3° (Jacobi de Vitriaco vita S. Mariæ de Oignies.) — XIIIe SIÈCLE.

Provient de Vauclair. Écrit à deux colonnes. La reliure est du XIIIe siècle. Ces trois ouvrages ont été imprimés.

N° 346. In-folio sur vélin. – Eusebii historia ecclesiastica a Rufino translata. — XIIIe SIÈCLE.

Provient de Vauclair. Écrit à deux colonnes. La reliure est du XIIIe siècle. L'ouvrage est précédé des témoignages de S. Jérôme, du pape Gelase et de Gennadius, sur Eusèbe et Rufin.

347. In-8° sur vélin. – Vita B. Roberti Case Dei abbatis et confessoris. – Prologus in vitam B. Roberti. « Vitam beati « Roberti. » — XVe SIÈCLE.

Provient de l'abbaye de S. Jean. C'est la vie écrite par Marbode de Rennes, imprimée dans le Recueil des Bollandistes, 24 avril. Elle est ici incomplète.

348. In-4° sur vélin. (Recueil.) – 1° (Necrologium.) — XIIIe SIÈCLE. – 2° (Acta ad abbatiam S. Vincentii pertinentia.) — XIIIe SIÈCLE.–3° (Martyrologium.) XIIe et XIVe SIÈCLE. — 4° Regula S. Benedicti. — 5° (Evangelia et epistolæ per totum annum.) — XIVe SIÈCLE.

Provient de l'abbaye de S. Vincent. Le n° 2 est une copie d'actes d'association ecclésiastique de l'abbaye de S. Vincent avec des abbayes ou chapellenies, ou avec de simples moines.

349. In-folio sur vélin. – (Justiniani authentica, cum glossa Accursii.) — XIVe SIÈCLE.

Provient de Notre-Dame. Écrit à deux colonnes. La glose d'Accurse a été imprimée plusieurs fois.

350. Grand in-folio sur vélin. – (Justiniani codex, cum glossa Accursii.) — XIVe SIÈCLE.

Provient de Notre-Dame. Écrit à deux colonnes. Il manque quelques feuillets à la fin du volume; beaucoup d'autres sont endommagés par l'humidité.

N° 351. Grand in-folio sur vélin. – (Justiniani codex, cum glossa Accursii.) — XIVe SIÈCLE.

Provient de Notre-Dame. Écrit à deux colonnes. Manuscrit italien. Les six premiers livres sont complets ; la fin du septième manque.

352. Grand in-folio sur vélin. – (Azonis summa in Justiniani codicem.) – Desinit : « Explicit summa extraordinaria. » — XIVe SIÈCLE.

Provient de Notre-Dame. Écrit à deux colonnes. Manuscrit italien. Une belle vignette encadre la première page.

352 *bis*. Grand in-folio sur vélin. – (Summa Azonis in Justiniani codicem.) « Incipit proemium ad summas codicis per « dominum Azonem componendas : Cum post inventionem « scientie, etc. » — XIIIe SIÈCLE.

Provient de Notre-Dame. Écrit à deux colonnes. La première page est encadrée par une vignette formée d'animaux bizarres. Il manque un ou plusieurs feuillets à la fin du volume.

353. In-folio sur vélin. – (Pandectarum secunda pars, a XXV° libro, cum glossa Accursii.) — XIVe SIÈCLE.

Provient de Notre-Dame. Écrit à deux colonnes. Le texte paraît avoir été écrit en Italie, la glose en France.

354. Grand in-folio sur vélin. – (Pandectarum XII libri ultimi, seu nova Digesta, cum glossa Accursii.) — XIVe SIÈCLE.

Provient de Notre-Dame. Écrit à deux colonnes. Ce manuscrit est d'origine italienne.

355. In-4° sur vélin. – (Capitularium ecclesiæ Laudunensis.) — XIVe SIÈCLE.

Provient de Notre-Dame. Écrit en gros caractères.

N° 356. Petit in-folio sur vélin. – Incipit summa collectionum. Incipit prologus : « Cum collectionis hujus. . . » – Desinit : « Finis istius collectionis... » – (Septem libri his titulis inscripti :) « De republica in communi, etc. – De colligatione « membrorum multiplici ad invicem. – De informatione ho- « minum quantum ad ea que sunt communia omnibus. – « De republica ecclesiastica specialiter et de ejus membris. « – De informatione scolasticorum. – De instructione reli- « giosorum. – De informatione hominum ut sint parati ad « mortem. » — XVe SIÈCLE.

Provient de Notre-Dame.

357. Grand in-folio sur vélin. – (Gregorii IX Decretales, cum glossa Bernardi Parmensis.) — XIVe SIÈCLE.

Provient de Notre-Dame. Écrit à deux colonnes. Très-beau manuscrit italien, avec de belles lettres initiales à vignettes, et renfermant des bustes. En tête de chaque livre est une miniature d'un beau style. C'est la glose qui a été imprimée plusieurs fois, Paris, 1499, in-folio, 1514, in-folio; Bâle, 1500, in-4°. Consultez, sur Bernard de Parme, Pancirole, *De claris legum interpretibus* (lib. III, cap. VIII); et Sarti, *De claris archigymnasii Bononiensis professoribus* (tom. I, p. 348).

358. In-folio sur vélin. – (Innocentii IV commentarius in Gregorii IX Decretales.) — XIVe SIÈCLE.

Provient de Notre-Dame. Écrit à deux colonnes.

359. In-4° sur vélin. – (Gregorii IX Decretales, cum glossa Bernardi Parmensis.) — XIIIe SIÈCLE.

Provient de Cuissy. Écrit à deux colonnes. Voyez le manuscrit 357.

360. Grand in-folio sur vélin. – (Innocentii IV commentarius in Gregorii IX Decretales.) — XIVe SIÈCLE.

Provient de Notre-Dame. Sur deux colonnes. Manuscrit italien. Cet ouvrage a été souvent imprimé.

N° 361. Grand in-folio sur vélin. – (Bartholomæi de Brescia glossa in Gratiani Decretum.) — XIVe SIÈCLE.

Provient de Notre-Dame. Sur deux colonnes. Le texte du décret n'est point dans le manuscrit. Sur l'auteur de la glose, voyez Sarti, *De claris archigymnasii Bononiensis professoribus* (tom. I, p. 339-341).

362. Grand in-folio sur vélin. – (Henrici Hostiensis Summa aurea.) « Incipit prohemium super summa copiosa ab ar« chiepiscopo Ebredunensi super decretales compilata. Alpha « et ω, unum in essentia... » — XIIIe SIÈCLE.

Provient de Notre-Dame. A deux colonnes. A la fin, on lit :

Laus tibi sit, mater, quoniam liber explicit iste
Festo Baptiste, sic tibi, summe pater.
Annos milleno bis centum septuageno
Bis septem numero talia perficio.

Ce qui paraît signifier que le manuscrit fut achevé en 1284, treize ans après la mort de l'auteur, Henri de Suse, cardinal d'Ostie.

363. In-folio sur vélin. – Summa super titulis Decretalium compilata a magistro Gofrido de Trano, domini pape subdiacono et capellano. — XIVe SIÈCLE.

Provient de Notre-Dame. Sur deux colonnes. Cet ouvrage a été publié à Venise, en 1491, et souvent depuis.

364. Grand in-folio sur vélin. – Joannis Andree glossa in Decretales. – Incipit : « In hujus principio. » — XIVe SIÈCLE.

Provient de Notre-Dame. Sur deux colonnes. Beau manuscrit, orné de lettres initiales peintes avec soin. Sur la première page, une petite miniature représente l'auteur offrant son livre au pape. Il manque, à la fin, un ou plusieurs feuillets.

365. In-folio sur vélin. – (Joannis Andreæ glossa in Decretales.) « In hujus libri principio. » — XIVe SIÈCLE.

Provient de Notre-Dame. Quelques initiales finement historiées.

N° 366. Grand in-folio sur vélin. – (Joannis Andreæ glossa in Decretales.) « In hujus libri principio. »—XIVe SIÈCLE.

Provient de Notre-Dame. Sur deux colonnes.

367, 368. Deux volumes grand in-folio sur papier.–(Joannis de Lignano commentarius in Decretales.) – Incipit : « In « nomine Patris... » – Desinit : « Culpe debet ponderari... » — XVe SIÈCLE.

Provient de Notre-Dame. Sur deux colonnes. Cet ouvrage paraît être inédit.

368 *bis*. Deux vol. grand in-folio sur papier.–(Commentarius in primum librum Decretalium Gregorii IX.) – Incipit : « Gregorius Episcopus. Hoc prohemium duobus modis... » – Desinit : « In secula seculorum, amen. » — XVe SIÈCLE.

Provient de Notre-Dame.

369. Grand in-folio sur papier. – (Commentarius Nicolai abbatis in tertium librum Decretalium.) Initium deest. – Desinit : « Explicit lectura domini Nycolai abbatis, doc« toris famosissimi, super 3° libro Decretalium, incepta « necnon completa per me Garbrandum Jacobi Spiernich « de Scyedam, clericum dyocesis Eiectensis. Anno Do« mini 1443, die IX^{a} mensis Aprilis. Amen, amen. » — XVe SIÈCLE.

Provient de Notre-Dame. Sur deux colonnes.

370. In-folio sur vélin et papier. (Recueil.) – 1° Martini Poloni Margarita decreti.) – Incipit prologus in Martiniana de concordantiis decretorum et decretalium. « Inter alia que. » – 2° Sequitur chronica (ejusdem) de gestis Romanorum pontificum et imperatorum. – Desinit : « Explicit cronica « fratris Martini domini pape Penitenciarii et capellani de

« imperatoribus et factis eorum, scripta per manum Jo-« hannis Oliverii existentis in exilio venerabilis nationis « Britanie, pro suo venerabilissimo magistro ac domino, « magistro Guillelmo Froment. Anno domini Miiij° quin-« gentesimo nono, die xx^a mensis Martii. Deo gratias. Pro « ma (magistro) Guillelmo Froment, Lexoviensis diocesis. » — XVe SIÈCLE.

Provient de Notre-Dame. Sur deux colonnes. En tête de chacun des deux ouvrages est une lettre initiale peinte en couleur et or, avec une vignette assez élégante. La *Margarita decreti* a été souvent imprimée, à la suite du Décret et des Décrétales.

N° 371. In-folio carré sur vélin. – (Commentarius in Decretum Gratiani.) – Incipit : « Cum multa super concordiam discor-« dantium canonum sint hactenus edita... » – Desinit : « cauda « jubetur offerri. » — XIIIe SIÈCLE.

Provient de Notre-Dame. Sur deux colonnes. Ce livre est écrit d'un style plein d'affectation.

371 *bis*. In-folio sur vélin. (Recueil.) – 1° (Commentarius in Decretum Gratiani.) Incipit secunda pars : « *Quidam ha-« bens. – Sive mente excedimus, sive sobrii sumus, nobis, etc.* « Mente excedunt prælati per contemplationem, sobrii sunt « per vite active administrationem. Unde apostolus, etc. » – 2° (Commentarius in Decretum Gratiani.) – Incipit : De « jure canonico tractaturus, de jure naturali orditur. » — XIIIe SIÈCLE.

Provient de Notre-Dame. Sur deux colonnes. Au n° 1, l'écriture est négligée, très-fine et serrée. L'ouvrage est incomplet. Il manque le commencement. La glose est sans le texte. Au n° 2, l'écriture est plus régulière que la précédente.

372. Grand in-folio sur vélin. – (Gratiani Decreti secunda

et tertia pars, cum glossa Joannis Teutonici et Bartholomei de Brescia.) — XIVe SIÈCLE.

Provient de Notre-Dame. Sur deux colonnes. Il manque plusieurs feuillets au commencement du volume. Le manuscrit ne commence que vers la fin de la troisième section ou *cause* de la seconde partie. En tête de chaque *cause* est une miniature assez grossièrement exécutée, représentant le sujet dont il y est traité. A la fin est un double *explicit*, où le copiste a consigné son nom. « Explicit textus decretorum. David Galensis de Kedweli scripsit. Valeat et « gaudeat ac vivat in secula seculorum, amen. Explicit apparatus decretorum. « David Galensis de Kedwelli scripsit. Explicit, expliceat, bibere scriptor eat. »

N° 373. Grand in-folio sur vélin. – Innocentii IV commentarius in Gregorii IX Decretales. – Desinit : « Explicit apparatus « domini Innocentii. » — XIIIe SIÈCLE.

Provient de Notre-Dame. Sur deux colonnes. Après l'*explicit* on lit ce vers :

Scriptor opus sciste (*sic*) tenuit labor iste nimis te.

374. Grand in-folio sur vélin. – (Johannis Monachi, seu Ambianensis, commentarius in Sextum librum Decretalium.) – Incipit : « In Dei nomine, amen. Secundum philosophum « scire. » — XIVe SIÈCLE.

Provient de Notre-Dame. Sur deux colonnes. Ce commentaire du cardinal Jean le Moine, fondateur du collége qui portait son nom, a été imprimé.

375, 377. Deux tomes grand in-folio sur vélin. – Même ouvrage que le n° 374. — XIVe SIÈCLE.

Provient de Notre-Dame. Sur deux colonnes. La partie inférieure de tous les feuillets est rongée par l'humidité.

376. Grand in-folio sur vélin. – Même ouvrage. — XIVe SIÈCLE.

Provient de Notre-Dame. Écrit à deux colonnes. La première page est encadrée par une vignette dépendant de la lettre initiale. Une petite miniature représente l'auteur offrant son livre au pape.

N° 378. Grand in-folio sur vélin. – (Joannis Andreæ Commentarius in Sextum librum Decretalium.) – Desinit : « Explicit « apparatus. » —XIVe SIÈCLE.

Provient de Notre-Dame. Sur deux colonnes. Beau manuscrit italien. Belles initiales avec bustes enclavés; évidemment de la même main que les lettres et peintures du manuscrit 357. Le premier feuillet manque.

379. Grand in-folio sur vélin. (Recueil.) – 1° (Joannis Monachi commentarius in Sextum.) – 2° Diginus de regulis juris. – 3° (Clementinæ constitutiones cum glossa Johannis Andreæ.) – Desinit : « Explicit apparatus Jo. Andreæ super Clementinis. » – 4° (Nicolai IV Bulla, S. Francisci regulam confirmans.) – Incipit : « Exivi de Paradiso... » – 5° (Benedicti XII decretalis.) – Incipit : « Vas electionis Paulus. » – 6° (Ejusdem decretalis de præbendarum fructibus.) – Incipit : « Ad providam circumspectam. » – 7° Incipit Apparatus constitutionum domini Clementis papæ quinti, editus a domino Guillelmo de Monte Lauduno, doctorum doctore. – Incipit : « Magnifice bonitatis mireque pietatis viro do- « mino Johanni, inclitissimo infanti illustrissimi principis « domini regis Aragonum filio, ejusque cancellario, Guil- « lelmus de Monte Lauduno minor aliis doctor doctoribus, « salutem ac gradus utriusque salutis consequi juxta votum. « Quoniam e Johanne, etc. » — XIVe SIÈCLE. »

Fonds de Notre-Dame. Sur deux colonnes. Le n° 2 est le Commentaire de Dino de Mughello sur le titre « De regulis juris. » Le n° 3 porte au haut des pages le chiffre VII, parce que les Clémentines forment comme le septième livre du corps des Décrétales. Le n° 5 est un décret de Benoît XII ayant pour but de déterminer les droits de visite ou droits de procuration dans la France, la Navarre, le Dauphiné, la Savoie, la Bourgogne, la Provence, etc. Le n° 7 est inédit, comme tous les ouvrages de Guillaume de Laon. (Voyez Oudin, *De scriptoribus ecclesiasticis*, tom. III, col. 966-968.) Incomplet.

N° 380. In-folio sur vélin.–(Sextus liber Decretalium cum glossa Joannis monachi.) — XIVe SIÈCLE.

Provient de Notre-Dame. La glose est d'une autre écriture que le texte, plus négligée; et elle présente quelques lacunes.

380 *bis*. In-folio sur vélin. (Recueil.) – 1° (Sextus liber Decretalium cum glossa Joannis Monachi.) – 2° (Bulla Nicolai IV regulam sancti Francisci confirmans.) – Incipit : « Exiit qui seminat. » — XIVe SIÈCLE.

Provient de Notre-Dame.

381. Grand in-folio sur vélin. – (Gregorii IX Decretales.) — XIVe SIÈCLE.

Provient de Notre-Dame. Écrit sur deux colonnes. Sur les marges, gloses tirées du commentaire de Bernard de Parme; d'une écriture demi-cursive très-fine.

382. Grand in-folio sur vélin. – (Glossa Joannis Andreæ in Clementinas.) — XIVe SIÈCLE.

Provient de Notre-Dame. Sur deux colonnes. Très-beau manuscrit italien. Sur la première page est une grande miniature représentant l'auteur offrant son livre au pape, assis au milieu de cardinaux et de docteurs. Nombreuses initiales peintes et historiées.

382 *bis*. Grand in-folio sur vélin. – (Innocentii IV Commentarius in Decretales.) – Incipit : « Legitur in Ezechiele. » – Desinit : « Explicit apparatus domini Innocentii. » — XIVe SIÈCLE.

Provient de Notre-Dame. Écrit à deux colonnes. Après l'*explicit*, on lit : « Scriptor opus, etc. » comme au ms. 373.

383. In-folio carré sur vélin. – (Digini de Mughello Commentarius in titulum *De Regulis juris* Sexti libri Decretalium.)

– Desinit : « Explicit apparatus domini Digini super ti. de reg. jur. libro VI Decretalium. — XIVe SIÈCLE.

Provient de Notre-Dame. Ce manuscrit, d'origine italienne, a été endommagé par l'humidité dans sa partie inférieure.

N° 384. In-4° sur vélin. – Incipit libellus super jure canonico, compositus a domino Rofredo Beneventano, in quo tractatur de duodecim articulis qui numerantur in hoc prohemio sive prologo. Incipit : « Super actionibus omnibus compo-« siti sunt libelli per gratiam Jhesu Christi. » — XIIIe SIÈCLE.

Provient de Notre-Dame. (Voyez Sarti, *De claris archigymnasii Bononiensis professoribus*, tom. I, p. 118-126.)

385. In-folio sur vélin. – (..... Extravagantium B. Faven. epi.) — XIIIe SIÈCLE.

Provient de Notre-Dame. Il faut lire ainsi le titre : « Breviarium extravagantium Bernardi Faventini episcopi. » C'est le recueil de Décrétales, dites *extravagantes*, en cinq livres, de Bernard Circa, qui fut évêque de Faenza, puis de Pavie, où il mourut en 1213. (Voyez Ughelli, *Italia sacra*, tom. I, col. 1097; tom. II, col. 500; Doujat, *Prænotiones canonicæ*, p. 551; Van Espen, *Tractatus historico-canonicus*, p. 503; Fabricius, *Bibliotheca latina mediæ et infimæ ætatis*, tom. I, p. 218, 381.) Ce recueil de Décrétales est le premier qui suivit celui de Gratien. Il a été publié, Ilerdæ, 1576, in-fol., et Paris, 1609, in-folio. Il manque à la fin du manuscrit un ou plusieurs feuillets.

386. Grand in-folio sur vélin. (Recueil.) – 1° (Berengerii Biterrensis Oculus, sive Elucidarium summæ Hostiensis.) – Incipit : « Reverendo patri domino suo G. Dei providentia « Ebredunensi archiepiscopo Berengarius. » – 2° Incipit Apparatus constitutionum domini Clementis pape quinti, editus a domino Guillelmo de Monte Handuvo (*lege* Lauduno), decretorum doctore : Magnifice bonitatis..... » – Desinit : « reprehensibilis. Explicit apparatus VII libri decretalium. » – 3° Apparatus extravagantium domini (Joannis) pape XXII.

– Incipit : « Hæc decretalis potest intitulari.... » – Desinit : « plane. Explicit apparatus, etc. » – 4° (Gecellini apparatus.) – Incipit : « Reverentissimo in Christo patri domino suo « Amaldo, Dei gratia S. Eustachii dyacono cardinali, Gecel« linus de Cassanhiis, inter utriusque juris doctores mini« mus, domini pape ac vestri capellanus, cum recomman« dacione sui, ad considerationem presentis operis oculos « interioris perspicacitatis inclinare. Imperfectione in hu« mana creatura. » – Desinit : « simpliciter hic canetur. Ge« cellinus. Datum Avinione, VII idus septembris, anno a « nativitate Domini millesimo CCCXXIII, indictione VI, pon« tificatus sanctissimi patris domini Johannis divina Provi« dentia pape XXII anno VIII°. Explicit apparatus domini « Gecell. de Cassanhis, juris utriusque professoris, do« mini pape capellani, super constitutionibus Clementinis, « per dominum Clementem papam V, et per sanctissimum « patrem dominum Johannem papam XXII publicatis. Deo « gratias. » – 5° « Karissimo filio suo ac socio spirituali do« mino Poncio de Villamuro in jure canonico bachalario « excellenti, G. de Monte Lhauduno, inter alios doctores « decretorum minimus, salutem, et cum sospitate utriusque « hominis presens opus. » – Prologus : Dilecte mi, cum in « juventutis vestre primordio, laboris mei uberibus lac pro« prium vobis paraverim. » – Desinit : « nullis cum simili« bus. » – 6° (De dispensationibus ecclesiasticis.) – Incipit : « Attendens ego Boa. Guitmundus (?) de Arecio, licet in« sufficiens..... » – Desinit : « dulcia poma gerit. Explicit « summa de dispensationibus. Deo gratias. Amen. » – 7° (Fragmentum glossæ Joannis Andreæ in Sextum.) — XIVe SIÈCLE.

Provient de Notre-Dame. La suscription du n° 1 contredit Trithème, selon lequel Bérenger dédia son livre à Guillaume de Mandagot, lorsque celui-ci n'était encore qu'archidiacre de Nîmes. Le livre est ici incomplet, et finit avec l'article *Obligatio.* Pour le n° 4, au lieu de « Gecellinus, » Fabricius et Doujat écrivent « Zenzelinus. » Le n° 7 n'occupe que deux pages.

N° 387. In-4° sur vélin. – Incipit Summa de jure canonico tractans, et expediens multas materias, secundum ordinem alphabeti. « Quoniam ignorans ignorabitur. »–Desinit : « Ex« plicit liber Monaldi. » — XIVe SIÈCLE.

Provient de Notre-Dame. Écrit à deux colonnes. La Monaldine, ou Somme d'or du franciscain Monaldo, a été publiée à Lyon, 1516, in-folio. Wadding (*Scriptores ordinis Minorum,* p. 241) attribue à Monaldo deux Sommes, l'une intitulée, « Summa juris canonici, » commençant par « Quia igno« rans; » l'autre intitulée, « Summa casuum, » commençant par : « Hic primo « agendum est de abbate. » Ces deux ouvrages n'en font qu'un. « Quia igno« rans, » est le commencement du prologue; « Hic primo agendum, » le commencement de l'ouvrage même. Notre manuscrit donne « In primo hic agendum, » et de même les manuscrits 391 et 392.

388. In-8° sur vélin. (Recueil.) – 1° (De Exceptionibus in jure canonico.)–« Incipiunt exceptiones canonice, quarum capi« tula sunt hec : Contra sigillum vel litteras; – Contra ju« dices; – Contra assessores; – Contra auditores; – Contra « locum partibus assignatum; – Contra citationes; – Con« tra executores; – Contra actorem; – Contra procuratorem; « – Contra advocatum; – Contra libellum; – Contra testes; « – Contra sententiam deffinitivam. » – Incipit : « Excipitur « contra sgillum. » – 2° Hic incipit Summa que vocatur *ut vos minores.* – Incipit : « Ut vos minores. » – Desinit : « et ibi « recurramus. » – 3° (Innocentii III de mysteriis missarum.) – « Incipit prologus libri sacramenti de missarum misteriis « a domino Innocentio III facti. Tria sunt in. » – 4° Incipit liber beati Bernardi abbatis Clarevallensis ad Eugenium papam, de consideratione. – 5° Incipit Summa de septem

sacramentis ecclesie, valde utilis.–Incipit : « Totus homo in « culpa fuit. »–Desinit : « Non manifestam. Explicit Summa « de sacramentis valde bona. » – 6° Compilatio presens, materiam habens confessionem, nullum materie profitetur auctorem, sed tot habet auctores quot continet auctoritates, juxta illud :

Cui pater est populus, non habet ille patrem

Cyprianus. *Quiquid scribit transgressio, delet confessio.* « Hunc « modum et. » – Desinit : « ingressus ecclesie prohibetur. « Explicit hoc opus magistri Petri Pictavi apud S. Victo« rem. » — XIVe SIÈCLE.

Provient de Notre-Dame. Le n° 2 est un abrégé de l'ouvrage précédent. A la fin du n° 3 on lit ces deux vers :

Celestis regni fingatur luce perhenni
Librum qui scripsit, necnon qui scribere jussit.

Pour le n° 6, en dépit du titre, l'*explicit* nous apprend que cet ouvrage est de Pierre de Poitiers, qui fut moine de Saint-Victor, à Paris, au XIIe siècle. Sur plusieurs pages sont répandus vers moraux, mémoriaux, satiriques, etc. tels que ceux-ci :

Et lassata viris non est satiata voluptas.
Credo quod argentum removebit impedimentum.
Ordo saccorum fuit intercessor eorum.
Bis sex excipiunt cause de canone late :
Etas, officium, scola, ludus, pellere vim vi,
Janua, religio, senium, sexus, valitudo,
Clericus armatus, soror uxor, filia mater.

N° 389. In-folio sur vélin. (Recueil.) – 1° (Guillelmi Durantis Repertorium.) « A et O Jesus Christus. Incipit repertorium « magistri G. Durantis. » – 2° (Ejusdem) Speculum legatorum.–Incipit : « Reverendo in Christo patri ac domino fra« tri Latino Dei gratia Ostiensi et Velletrensi episcopo, « apostolice sedis legato, Guillelmus Duranti, domini pape

« capellanus, decretorum professor humilimus, reverenciam « debitam et devotam. Super legatos sedis apostolice, etc. » – Desinit : « vivit et regnat. » — XIVe SIÈCLE.

Provient de Notre-Dame. Le n° 2, Traité des attributions et fonctions des légats, a été compris ensuite dans le *Speculum Juris*. Voyez sur Guillaume Duranti, l'Histoire littéraire de la France (tome XX, p. 411-497).

N° 390. Grand in-folio sur papier.–(Repertorium juris canonici, ordine alphabetico digestum.) – Incipit : « Quoniam inter « cetera damna. » – Desinit : « institutio et cetera. » — XIVe SIÈCLE.

Provient de Notre-Dame. Écrit à deux colonnes. Ce répertoire ne s'étend que jusqu'à l'article *Matrimonium*, inclusivement.

391. In-4° sur vélin. – Summa de jure canonico, tractans et expediens multas materias, secundum ordinem alphabeti. – Incipit : « Quoniam ignorans ignorabitur. » – Desinit : « gloria perempniter fulgeamus, amen. » — XIVe SIÈCLE.

Provient de Cuissy. Écrit à deux colonnes. Au commencement, est une belle lettre tournure et une vignette, sur la partie inférieure de laquelle est représenté un chien chassant un lièvre, représentation très-commune dans les manuscrits de ce siècle, comme nous l'avons remarqué plus haut. On voit que cette Somme est la Monaldine, qui est déjà dans le manuscrit 387.

392. In-8° sur vélin. – Summa in jure canonico tractans et expediens multas materias secundum ordinem alphabeti. – Incipit : « Quoniam ignorans, etc. » — XIVe SIÈCLE.

Provient de Saint-Vincent. Sur deux colonnes. C'est encore la Monaldine. Ce manuscrit s'arrête à ces mots de l'article *testis* : « Igitur si testis. »

393. Grand in-folio sur vélin. – In nomine, etc. Speculum judiciale a magistro Guillelmo Durandi compositum. – Incipit : « Reverendo in Christo. » — XIVe SIÈCLE.

Provient de Notre-Dame. Sur deux colonnes. Dans la première lettre est une miniature qui représente l'auteur offrant son livre au pape. Une vignette, qui sort de cette lettre, encadre la page.

N° 394. In-12 sur vélin. (Recueil.) – (Fragmentum Decretalium.) – Desinit : « quis homagium compellatur. Explicit liber quintus. » – 2° (Fragmentum commentarii in Decretales.) – 3° (Fragmentum commentarii in Decretum.) – Desinit liber primus : « Expliciunt casus legales primi libri sum-« marie compositi et compilati. » — XIIIe SIÈCLE.

Provient de Saint-Vincent. A deux colonnes. Le n° 1 contient la fin des Décrétales de Grégoire IX. Au-dessous de l'*explicit*, est ce vers :

Qui scripsit, scribat, semper cum Domino vivat.

395. In-folio sur vélin. – (Azonis Brocardica.) — XIIe SIÈCLE.

Provient de Notre-Dame. A deux colonnes.

396. In-4° sur papier. – (Bonifacini Mantuani practica criminalis.) – Incipit : « Formavit Deus omnipotens. » – Desinit : « cum similibus. Bonifacinus de Ancellinis de Mantua. » — XVe SIÈCLE.

Origine inconnue. Manuscrit italien.

397. In-folio sur papier. – Recueil d'arrests sur diverses matières, par M. Paucher, advocat en parlement, depuis 1261 jusques en 1626. — XVIIe SIÈCLE.

398. In-8° sur vélin. – (Petri de Riga Aurora.) – « Hic incipit « Rige bibliotheca Petri. » – Incipit Aurora. — XIIIe SIÈCLE.

Provient de Cuissy. L'ouvrage est incomplet; il finit vers le milieu de l'histoire de Jéroboam. Sur le premier feuillet de garde, est un fragment d'une écriture de la fin du XIIe siècle, d'un poëme français concernant l'histoire d'Antioche et de la terre sainte.

399. In-folio sur papier. — « Incipit prologus super historia

Troje composita per judicem Guidonem de Colompne Messona (*lege* Messanensem). – Incipit : « Licet quotidie « vetera. » – Desinit : « Explicit liber de casu Troje. » — XVe SIÈCLE.

Provient de Notre-Dame. Cet ouvrage a été souvent imprimé.

N° 400. In-folio sur vélin. – Liber Historiarum Pompeii Trogi. — XIIe SIÈCLE.

Provient de l'abbaye de Saint-Vincent. A deux colonnes; réglé à la pointe sèche. Les titres sont en rouge; la lettre initiale de chaque livre est historiée à la plume seulement; on sait que l'on dessinait à la plume avant de peindre. Une partie des lettres historiées représentent un roi ou prince assis. Il manque, au commencement, un grand nombre de feuillets. L'ouvrage n'est autre que l'abrégé de Justin. Le manuscrit ne commence qu'à ces mots du sixième livre : « ... bella adversus finitimos gerentibus, Thebani... » Chaque livre porte le nom de Trogue Pompée et non celui de Justin. A la fin : « Explicit liber historiarum Pompeii Trogi. » Au-dessous de l'*explicit*, on lit :

Sis memor Alrici, si portas nomen amici.
Librum perrarum, regum quoque stemmate clarum,
Non sine sudore scripsit multoque labore, etc.

« Liber sancti Vincentii Lauduni. Si quis eum abstulerit, hanatema sit. « Amen. » Au revers du feuillet, on lit ces vers bizarres :

Fla facit ardorem, sed *fra* designat odorem.
Forfice fila, pilum cape forfice, forcipe ferrum.
Forfex filorum, forfex datur atque pilorum.
Mancipat ipsa sibi forceps genus omne metalli.

400 *bis*. Vitæ meæ compendium. *Et hæc olim meminisse juvabit.* Virg. *Æn.* I, 207. — 1825.

Copie. Vie de l'abbé de L'Écuy, ancien général de l'ordre de Prémontré, écrite par lui-même.

401. In-folio sur vélin. – (Galteri de Castilione Alexandreis.) — XIIe-XIIIe SIÈCLE.

Provient de Notre-Dame. Quelques feuillets ont été gâtés par l'humidité. A la fin : « Explicit, expliciat ; ludere scriptor eat. » Cet ouvrage a été imprimé.

N° 402. In-folio sur vélin. – (Godefridi Viterbiensis Chronicon universale.) — XIVe SIÈCLE.

Provient de Notre-Dame. Cette chronique a été publiée par Pistorius (*Scriptores rerum germanicarum*, tom. II, p. 14-392). Mais à la fin du manuscrit de Laon sont quelques chapitres qui ne se trouvent pas dans l'imprimé. Le dernier est un catalogue des historiens romains. Quelques parties de la fin de l'imprimé ne se trouvent pas non plus dans ce manuscrit.

403. In-fol. sur vélin. (Recueil.) – 1° De bello judaico et excidio urbis Hierosolymitane libri V. – 2° Palladii Rutili Tauri Emiliani viri illustris opus agriculture. – 3° De architectura valde utilis scientia de libris antiquorum, qui de hoc scripserunt, non parvo labore excerpta. – Incipit : « Multa « oratione de artis. » Desinit : « Pocula cito siccescant. » – 4° (Miscellanea de coloribus, metallis, sphæra, auri et argenti densitate hydrostatice invenienda, auripigmento, etc.) – 5° (Notitia Galliæ.) — XIIe SIÈCLE.

Provient de l'abbaye de Valroi. Sur deux colonnes. Le n° 3 est le traité abrégé d'architecture souvent imprimé à la suite de Vitruve. (Voyez Poleni, *Exercitation. Vitruvianæ secundæ*, p. 171-175.) Au n° 4, une de ces pièces est la confection d'un onguent d'orpiment, qui a été imprimée d'après un manuscrit de la bibliothèque d'Avranches dans les Rapports sur les bibliothèques des départements de l'ouest, 1841, in-8°, pag. 131. Le n° 5 est à peu près conforme à la notice qu'a publiée Sirmond (*Concilia antiqua Galliæ*, t. I), et qui a été réimprimée dans le Recueil des historiens de France (t. I, p. 122). On y trouve quelques villes de plus, et les noms plus modernes de quelques autres.

403 *bis*. In-folio sur vélin. – Incipit prologus Heiesyppi (Hegesippi) historiographi, de excidio Hierosolimorum. « Qua- « tuor libros regnorum. » — IXe SIÈCLE.

Provient de Notre-Dame. La fin manque.

404. In-folio sur vélin.– (Eusebii, Hieronymi, Prosperi Aquitanici, Sigeberti Gemblacensis Chronica.)—XIIe SIÈCLE.

Provient de l'abbaye de Saint-Vincent. La chronique de Sigebert est incomplète, parce qu'il manque au manuscrit plusieurs feuillets. Elle s'arrête à ces mots : « Sol a mane usque ad meridiem minoratus est usque ad, » qui font partie de l'histoire de Theudelinde (an 596). Sur la première page du manuscrit est un fragment du commencement de la chronique d'Isidore de Séville. Au bas de cette page, on lit : « Hic liber sancti Vincentii Laudunensis « cenobii, anno Domini M C XXXVI° scriptus est. Si quis illum quolibet in« genio ab ecclesia alienare voluerit, iram Dei et ipsius sancti in tremendo « judicio incurrat. Fiat, fiat, fiat. Amen. »

N° 405. In-4° sur parchemin. (Recueil.) – 1° Incipiunt capitula libri hujus....... In hoc volumine continentur abjectiones Judeorum et vocationes gentium. Incipit præfatio libri hujus. « Dominæ sanctæ. »–2° Juliani Pomerii libri tres de vita contemplativa et activa. De vitiis et virtutibus. — VIIIe-IXe SIÈCLE.

Provient de S.-Vincent. Écrit à deux colonnes. Les titres sont en capitales entremêlées d'onciales, avec de petites lettres incluses dans les grandes. Pour le n° 1, voyez *Isidori Hispalensis Opera*, p. 367. Le n° 2 s'arrête à ces mots du chapitre XXVIII : « Christo rege omnium vocante perveniunt. »

405 *bis*. In-4° sur papier. – Abrégé des écrits et de la doctrine du vénérable Jean Gerson, chancelier de l'Université de Paris, surnommé le docteur très-chrétien; traduit du portugais d'Antoine Pereira de Figueiredo, membre du tribunal royal de censure, et interprète du secrétariat d'état des affaires étrangères; par M. L'Écuy, ancien abbé de Prémontré. Tom. I. — XIXe SIÈCLE.

Provient de l'abbaye de Prémontré. (Voyez l'Essai sur la vie de Jean Gerson, par M. L'Écuy. Paris, 1832, 2 vol. in-8°.)

406 *bis*. Le portrait historique de l'abbaye de S. Jean d'Amiens, ordre de Prémontré, par le P. Pierre Borée, sous-prieur de ladite abbaye. — XVIIIe SIÈCLE.

Eripuisse quidem tenebris non ultima laus est :
Plus tamen est luci restituisse novæ.

N° 407. In-4° sur vélin. – 1° (Rabani Mauri epistola synodalis ad Hincmarum archiepiscopum Remensem, de Gothescalco.) – 2° (Hincmari Remensis ad Ægilonem, archiepiscopum Senonensem, de Gothescalco.) – 3° (Ejusdem ad eumdem, de Gothescalco.) – 4° (Nicolai I papæ epistola ad Hincmarum Remensem, qua synodum Augustæ Suessionum haberi jubet.) – 5° (Caroli regis epistola ad Nicolaum papam, paulo ante synodum Suessionensem scripta. – 6° (Nicolai papæ epistola ad Carolum regem, ne quid de Wulfado et sociis ejus ante synodi definitionem innovetur.) – 7° (Hincmari epistola scripta Weniloni et ceteris archiepiscopis et episcopis ad synodum Suessionensem convocatis.) – 8° (Hincmari epistola ad synodum, de Ebone.) – 9° (Brevis narratio eorum quæ acta sunt de Ebone in synodo Suessionensi.) – 10° (Hincmari epistola ad archiepiscopos et episcopos in synodo Suessionensi convocatos.) – 11° (Hincmari epistola ad eosdem.) – 12° (Lotharii imperatoris epistola ad Leonem IV papam, de usu pallii, pro Hincmaro archiepiscopo.) – 13° (Benedicti III papæ epistola ad Hincmarum archiepiscopum Remensem. – 14° (Nicolai papæ epistola ad Hincmarum, de rebus ad ecclesiam Remensem pertinentibus.) – 15° (Caroli Calvi epistola ad Nicolaum I papam, de synodo Suessionensi.) – 16° (Concilii Suessionensis III epistola synodica ad Nicolaum papam. – 17° (Hincmari ad Nicolaum papam epistola synodica de Ægilone.) – 18° (Erardi archiepiscopi Turonensis adnuntiatio ad synodum. – 19° (Hincmari epistola ad Ægilonem de Wulfado.) – 20° (Nicolai papæ epistola ad Carolum Calvum, de synodo Suessionensi.) – 21° (Nicolai papæ epistola ad synodum Suessionensem.) – 22° (Ejusdem epistola ad Hincmarum.) – 23° (Nicolai papæ epistola ad Wulfadum et socios ejus.)

— 24° (Hincmari epistola ad Nicolaum papam.) — 25° De tetragono subjecto. — 26° (Nicolai papæ epistola ad Carolum Calvum, ut auxilio sit episcopis ad conventus habendos, etc.) — 27° (Ejusdem epistola ad Hincmarum, de causis odii Græcorum in ecclesiam latinam.) — 28° (Hincmari epistola ad Ebbonem episcopum Belvacensem.) — 29° (Concilii Tricassini epistola ad Nicolaum papam.) — 30° (Retractatio Ebbonis in synodo Theodonis villæ.) — 31° (Diploma Lotharii imperatoris, quo Eboni sedem Remensem restituit.) — 32° (Gregorii IV papæ epistola, qua Ebonem archiepiscopum Remensem depositum in sedem restituit.) — 33° (Hincmari epistola ad Nicolaum papam.) — 34° (Remensium epistola ad Nicolaum papam.) — 35° (Hincmari epistola clericorum ad abbatem Anastasium.) — 36° (Hadriani II papæ epistola ad synodum Tricassinam.) — 37° (Hadriani II papæ epistola ad synodum Suessionensem.) — 38° (Ejusdem epistola ad Carolum Calvum.) — 39° (Ejusdem epistola ad Hincmarum.) — 40° (Ejusdem epistola ad eumdem.) — 41° (Ejusdem epistola ad episcopos in regno Caroli Calvi constitutos.) — 42° (Ejusdem epistola ad eosdem.) — 43° (Ejusdem epistola ad Hincmarum.) — 44° (Hincmari epistola ad Hadrianum II papam.) — IXe SIÈCLE.

Provient de Notre-Dame. Ce manuscrit est celui d'après lequel Sirmond a donné les cinq pièces imprimées sous le titre de *Prætermissa*, à la suite du troisième volume des Conciles de la Gaule, et plusieurs autres répandues dans le corps du volume. Le n° 1 est imprimé dans Sirmond, *Concilia Galliæ*, tom. III, p. 66 (et dans le recueil de ses œuvres, tom. II, p. 1295), et par Mauguin, *Veterum auctorum, etc.* tom. I, p. 3. Le n° 2 est imprimé dans les œuvres d'Hincmar (tom. II, p. 290). Quelques feuillets de la fin de cette lettre sont transposés dans le manuscrit, et placés après les lettres suivantes. Le n° 3 est aussi imprimé dans les œuvres d'Hincmar (tom. II, p. 293). Le n° 4, dans Sirmond, *Concilia Galliæ*, tom. III; *Prætermissa*, p. 611. N° 5, *ibid.* p. 613. N° 6, *ibid.* p. 615. N° 7, *ibid.* tom. III, p. 282, et *Hincmari Opera*, tom. II, p. 265. N° 8,

Concilia Galliæ, tom. III, p. 284. N° 9, *ibid.* tom. III, p. 287. N° 10, *ibid.* p.288. N° 11, *ibid.* p. 290. N° 12, *Scriptores rerum Gallicarum*, t. VII, p. 565. N° 13, *Concilia Galliæ*, tom. III, p. 107. N° 15, *Scriptores rerum Gallicarum*, tom. VII, p. 555. N° 16, *Concilia Galliæ*, tom. III, p. 293. N° 17, *Hincmari Opera*, tom. II, p. 282. N° 18, *Concilia Galliæ*, tom. III, p. 291. N° 19, *Hincmari Opera*, tom. II, p. 285. N° 20, *Scriptores rerum Gallicarum*, tom. VII, p. 415. N° 21, *Concilia Galliæ*, tom. III, p. 303. N° 22, *ibid.* p. 310. N° 23, *ibid.* p. 317. N° 24, *Hincmari Opera*, tom. II, p. 298. Le n° 25 est l'explication, en une page, d'une espèce de carré magique, au moyen duquel, par une combinaison de lettres et de chiffres, on peut prédire l'issue d'une maladie. N° 26, *Concilia Galliæ*, tom. III, p. 338. N° 27, *ibid.* p. 331. N° 28, *Hincmari Opera*, tom. II, p. 809. N° 29, *Concilia Galliæ*, tom. III, p. 353. N° 30, *ibid.* tom. II, p. 568. N° 31, *Scriptores rerum Gallicarum*, tom. VIII, p. 366. N° 32, *Concilia Galliæ*, tom. III, p. 609. N° 33, *Hincmari Opera*, tom. II, p. 312. N° 34, *Concilia Galliæ*, tom. III, p. 617. N° 35, *Hincmari Opera*, tom. II, p. 824. N° 36, *Concilia Galliæ*, tom. III, p. 362. N° 37, *ibid.* p. 364. N° 38, *ibid.* p. 366. N° 39, *ibid.* p. 367. N° 40, *ibid.* p. 382. N° 41, *ibid.* pag. 381. N° 42, *ibid.* pag. 389. N° 43, *ibid.* pag. 390. N° 44, *Hincmari Opera*, tom. II, pag. 689, et *Scriptores rerum Gallicarum*, t. VII, pag. 537.

N°s 408 et 409. 2 vol. in-folio, très-étroit, sur vélin. (Excerpta e variis scriptoribus.) — XVe SIÈCLE.

Provient de Notre-Dame. En tête du premier volume, on lit : « In isto volumine continentur dicta philosophorum, poetarum et aliorum doctorum « cum aliquibus hystoriis, illis maxime que faciunt ad morum commendatio- « nem et viciorum detestacionem, prime partis Speculi hystorialis. » Cependant ces deux volumes renferment des extraits, non-seulement du *Speculum historiale* de Vincent de Beauvais, mais de beaucoup d'autres auteurs. Le second volume porte en titre : « Hec que secuntur excerpta sunt de quarta « parte Speculi hystorialis. »

410. In-4° sur vélin. (Recueil.) – 1° (Othonis Cappenbergensis crustatet ad Computo.) – Incipiunt versus magistri Othonis Capenbergensis abbatis, de aureo numero compositi :

Aureus hac arte numerus formatur aperte.
Taliter inseritur, tali forma reperitur.

Principium Jani totius est caput anni,
Ternarium retinet, ne posterus ordo vacillet.

2° (Visio paradisi et inferni.)–Desinit : « reginæ referatur « gloriæ. » – (Miraculum prope Hierosolymam a quodam eremita editum.) – Incipit : « Fuit quidam nobilis affluensque « satis divitiis. » – (Anonymi epistola ad monachos, ut videtur, de miraculo quodam prope Gratianopolim viso.)– Incipit : « Dilectis in Christo fratribus, in eo qui est caritas. » —XIIe SIÈCLE.–Dialogus de computo. – Incipit : « *Discipulus:* « Hæc ratio numerorum unde primum processit scire nos « debemus. *Magister :* A Deo scilicet. » Opus haud integrum videtur. – Desinit : « distinctionibus vicissitudines tempo- « rum. » – 4° (Versus morales)

Dum noto, dum miror sublimia facta priorum,
Defectus operum cogor deflere meorum, etc.

5° (Hugonis de S. Victore miscellanea.)–Incipit : « Ferculum « fecit sibi rex Salomon de lignis. » – Desinit : « In triplici sede « animæ. » 6° (Sermo de festo omnium sanctorum.) – Incipit : « Natalem sanctorum hodie, fratres karissimi, cum « honore et gaudio celebramus. » – 7° (Sermo de eodem.) « Hodie primordialis festivitatum. » – 8° (Excerpta e sermonibus et commentariis in quosdam sacræ Scripturæ locos.) – 9° (Excerpta e S. Anselmo, de inferno et paradiso.) — XIIIe SIÈCLE.

Provient de l'abbaye de Vauclair. Après les vers, au nombre de trente-deux, qui composent le n° 1, viennent des tables nombreuses entremêlées de quelques explications. L'ouvrage paraît être incomplet. Il finit dans ce manuscrit par une table dont les dernières notations sont k. l. R. k. l. D. Pez et Fabricius ne font point mention d'Othon de Cappenberg, parmi les auteurs qui ont traité du comput. Sur le couvent de Cappenberg, voyez l'addition à la vie de S. Norbert (*Acta Sanctorum*, 6 jun.). Sur le feuillet de garde qui précède le traité d'Othon, on lit le passage de Bède, relatif au cycle pascal, qu'un ange dicta à S. Pacôme, suivi de ces mots : « Sicut subjecte littere indicant, qui et in « Niceno concilio postea confirmatus est, et in magnam auctoritatis excel- « lentiam sublevatus. » Suit la table du cycle, composé de deux colonnes de dix-neuf chiffres, intitulées l'une *claves* et l'autre *termini*. Sur le cycle de neuf ans, voyez Bède, *De ratione temporum*, c. 42. Sur le même feuillet, on lit vingt vers relatifs au calcul des mois et des lunes:

Dena dies Janum concludit ter repetita,
Una subjecta, quam luna tricesima promit.

Les pièces du n° 2 sont la fin d'un recueil de légendes. La vision du paradis et de l'enfer est accordée à un novice par l'intercession de saint Benoît. En tête du n° 3, qui paraît incomplet, se trouve un court extrait de saint Augustin et d'Isidore de Séville, avec ce titre : « Incipit sententia S. Augustini « et B. Isidori in laude computi. » Le n° 4 contient des vers rimés, au nombre de trente-huit. Pour le n° 5, voyez *Hugonis de S. Victore Opera*, tom. III, pag. 112 et suiv.

N° 410 *bis*. In-folio sur vélin. – Inventaire, en latin, du trésor de la cathédrale de Laon. — XVIe SIÈCLE.

Provient de Notre-Dame.

411. In-folio sur vélin. – (Martini Poloni chronicon.) — XVe SIÈCLE.

Provient de Notre-Dame. Les initiales sont restées en blanc. Le titre *Martini chronica*, qu'on lit en haut de la première page, est d'une main moderne. La chronique a été continuée jusqu'au couronnement du roi Charles V, 1364.

412. In-folio sur vélin. (Recueil.) – 1° Tractatus de philosophia naturali, sine titulis. *a*. (Tractatulus de anima.) – Incipit : « Considerate animam quoniam est dupliciter, « aut secundum quod est separata a corpore, aut secundum « quod est conjuncta corpori. » – Desinit : « reminiscentia « ad rationale retorquetur. » – *b*. (Fragmentum de medicina.) – Incipit : « Licet paralysis sit passio. » *c*. (Fragmentum de cœli motu in orbem.) – Incipit : « In opere

« nature. » – *d.* (Fragmentum de paralysi.) « Dicit Avicena « quod. » – *e.* (Opusculum de eo quod omnis creatura creatorem, quantum potest, imitatur.) – Incipit : « Omne quod prorumpit e terra exit in altum. » – *f.* (Fragmentum de quatuor animalibus Ezechielis.) – Incipit : « Post hoc super- « addit. » – Desinit : « Et hoc est quod accepi de dictis « antiquorum Caldeorum in ista intensione. » – *g.* (Fragmentum de plantis.) – Incipit : « Sciendum autem quod cedrus. – *h.* (De strepitu et sibilo.) – Incipit : « Strepitus vero. » – *i.* (De fulmine.) – Incipit : « Tonitrua fiunt tripliciter. » – *j.* (De magnitudine terræ.) – Incipit : « Quod terra se. » – *k.* (De differentia creaturarum brutarum et rationalium.) – *l.* (De reflexione lucis, de speculis, de causarum speciebus.) – Incipit : « Nota quod quedam. » – *m.* (Tractatulus de principiis naturalibus.) – Incipit : « De principiis. » – *n.* (Tractatus de natura cœli.) – Incipit : « In hoc tractatu. » *o.* (Alia quædam fragmenta ad philosophiam naturalem pertinentia.) – 2° Albertus de mirabilibus mundi. – Incipit : « Invisibilia Dei per ea. » – Desinit : « Sub natura in- « telligit. » – 3° Didascalicon Hugonis de S. Victore : « Multi « sunt quos. » – 4° De questionibus Orosyi ad Augustinum, et de responsionibus ejusdem ad eumdem : « Licet quidem « multi et probatissimi viri. » – 5° Isaaci de Stella epistola de anima ad Alcherum. – Incipit : « Dilecto tibi Alchero. » – Desinit : « Explicit Isaac de anima. » – 6° (Tractatus de corde, quod sit animæ sedes.) Incipit : « Anima eo solo « philosophice inquisitionis speculationem admisit, quod « corpori juncta est. » – 7° (Tractatus de sensu et sensato, de memoria et reminiscentia, de somno et vigilia, de longitudine et brevitate vitæ.) – Incipit : « Virtutes corporis « sensiles. » – Desinit : « Dictum est de causa longitudinis et

« brevitatis vite secundum nostrum posse et intellectum. » – 8° (Aristotelis liber de generatione et corruptione.) – Incipit : « Intentio nostra in hoc libro est, quod oportet « determinare causas universales generatorum omnium et « corruptorum naturaliter, et determinare causas altera- « tionis et augmentationis. » – Desinit : « Explicit commen- « tum Averroys. » – 9° (Algazelis metaphysica.) – Incipit : « Usus fecit apud philosophos. » – 10° (Tractatus de fide christiana.) – Incipit : « Clemens papa. » – 11° (De anno lunari.) – 12° (Definitiones de Deo.) – Incipit : « Congregatis « quatuor philosophis, solum eis in questione remansit quid « est Deus, qui communi consilio datis judiciis.....quorum « unus sic proposuit : Deus est monos (monas) monadum, « ex se gignens, in se unum reflectens ardorem. » – 13° (Tractatus de anno lunari.) – Incipit : « In nomine Domini, « scito quod annus lunaris. » – 14° (Avicenæ liber de anima.) Archiepiscopo Tholetane (sedis) R. (Raymundo) reverentissimo Toletane sedis archiepiscopo et Hispaniarum primati Joh. His. (Johannes Hispalensis.) – 16° Logica Avis (Avicenæ). – Incipit : « Quod autem proponi debet « hoc est. » – Desinit : « Hoc autem est quod volumus fa- « cere intelligi de logica. » – 15° Physica Avis (Avicenæ). – Incipit : « Postquam expedivimus nos. » – 17° (Ejusdem metaphysica.) – Incipit : « Quia autem auxilio Dei exple- « vimus tractatum scientiarum logicarum et naturalium et « doctrinalium, convenientius est accedere ad cognitionem « intentionum sapientialium. » – Desinit : « Vicarius Dei in « illo. » — XIIIe SIÈCLE.

Provient de Notre-Dame. Sur deux colonnes. Le fond de ces opuscules et fragments de philosophie naturelle, etc. est tiré d'Aristote et de quelques philosophes arabes. Le n° 2 a été imprimé à Francfort, 1614, in-12. Le n° 4 a été publié à Paris, en 1533, et dans les Œuvres de saint Augustin (tom. IV, p. 420). Le n° 5 a été imprimé dans Tissier, *Bibliotheca Cisterciensis*, tom. VI, pag. 104. L'auteur du n° 6 cite la Métaphysique d'Aristote et saint Denis l'Aréopagite. Il adresse son ouvrage à un Alexandre qu'il appelle très-grand : « Hujus ego (animæ) primum et præcipuum orga« num cum ejusdem virtutibus et operationibus, nostris adhuc ignotum « intentatumque physicis, declarare institui, tuoque opus meum examini, « maxime Alexander, offerendum rectissime censui, cum te et argute judi« candi de singulis discretionem providam, et errata corrigendi scientiam « integram, et ad utrumque exequendum pronam benignitatem habere non « ambigam. Nec te præter equum aut indebite magnum Alexandrum dici « existimes. Si enim vesanus ille Macedo cui, ut ait Senecta (*lege* Seneca), « pro virtute erat felix temeritas, ob promtissimam corporis strenuitatem « cognomen hoc accepit, quanto de illo insigniri equius est qui, ob singu« larem animi frugem, que quia omnes corporis detes (*lege* dotes) longe su« pergreditur, non modo supereminentem verum ex equo contendentem nescit « admittere, quantum ille armorum gloria contemporaneos suos supergressus « est, tantum tu omnibus animi et ingeni fulgore prestitisti, etc. » N° 7. Opuscules sur les sujets des *Parva naturalia* d'Aristote. A la fin du n° 8 est une note où l'on renvoie le lecteur au commentaire d'Albert le Grand. Au n° 10 se trouve ce prologue : « Clemens papa, cujus rem (?) nominis et vite subjecti « senciant, et tu a Domino consequaris celum, scribentes hoc opus tuo devo« tum nomini benignius attendere. Partes occidentalis imperii tot sectorum « (*lege* sectarum) heresibus offici contemplatus ego, sustinui adeo invales« centem iterato primo caminum in confessione Christi nominis corrup« telam, cum ad instar..... serpentis et palam jam se prodere nec formidans « Ecclesie scandalum grave parat et... detrimentum. Ceterum terre orientalis « incole ridiculosa meacomet (Mahomet) doctrina seducti, hiis precipue tem« poribus, non solum verbis, sed armis, professores christiane fidei persequun« tur. Ego autem cum viribus corporis non possim resistere, temptavi scilicet « rationibus eorum maliciam impugnare. Porro sancti Patres judeos a pertina« cia, gentiles ab erroribus virtute miraculorum recedere facientes, auctori« tatibus Novi et Veteris Testamenti productis in medium comprobatam fidem « applicabant. Sed nec miraculorum gratia michi collata, nec (ad) vincendas « hereses sufficit auctoritates inducere, cum illas moderni aut prorsus respuant « aut pervertant heretici. Probabiles igitur nostre fidei raciones, quibus pers« picax ingenium vix possit resistere, studiosius ordinavi, ut qui philosophie « (*lege* prophetiæ?) vel evangeliis contempserit adquiescere, humanis racio« nibus saltem inducatur. He vero probationes, etsi omnes ad credendum

« inducant, non tamen ad fidem plene capessendam sufficiunt usquequaque; « fides enim non habet meritum, ubi humana racio prebet ad plenum ex- « perimentum; hec enim erit gloria nostra perfecta scientia |comprehen- « dere, que nunc quasi per speculum in enigmate contemplamur. Porro cum « (sis) Christi vicarius et Petri apostolorum principis successor, tua interest « in omnem terram semen catholici verbi propalare. Unde titulo tui no- « minis devovi opus istud ascribi, (ut) ubicumque lectum fuerit, excellencie « meritis accrescens auctoritas efficacius moveat inspectores. Nempe edicio- « nem hanc actionem fidei catholice appellavi. In modum ejus artis compo- « sita, diffinitiones et divisiones continet, et propositiones artificioso successu « comprobantes compositum. Quinque igitur libris distinctum est opus, quo- « rum primus agit de una omnium causa, id est de uno Deo eodemque trino; « secundus de mundi, angeli et hominis creatione et arbitrii libertate; tertius « de filio Dei incarnato pro homine redimendo; quartus de sacramentis Eccle- « sie; quintus de resurrectione mortuorum. » L'auteur procède ensuite par propositions détachées, suivies de développements et preuves : « Quisquis est « causa cause est causa causati. Sit enim causatum A, cujus causa B, causa « autem B sit C. A habet esse per B, etc. secundum descriptionem cause et « expositionem. B habet esse per C, cujus (*lege* quod ejus) causa est. Sed, per « primam communem conceptionem, omnis res habet esse per illud quod « causam illius ad esse producit, etc. » L'ouvrage est loin d'être complet. L'auteur ne serait-il pas ce Guillaume de Laon qui avait transmis à Clément IV les ouvrages de Roger Bacon? Le style indique assez que ce ne peut être Roger Bacon lui-même. Le n° 11 est le commencement du traité indiqué ci-dessous, sous le n° 13. Au n° 13 on lit en marge : « Incipiunt lectiones « tabularum secundum Arzachel. » Ce sont sans doute les « Canones super « tabulas Toletanas, » qui se trouvent parmi les manuscrits de la Bibliothèque royale.

N° 413. In-folio sur vélin. (Recueil.) – 1° (Hippocratis Aphorismi, cum Galeni commentario.) – Incipit textus : « *Vita brevis, ars* « *vero longa.* » Incipit commentarius : « Plurimi interpretes « hujus amphorismi (*sic*). » – 2° (Hippocratis Prognosticon.) – Incipit textus : « *Omnis qui medicinæ.* » – Incipit commentarius : « Manifestum est quod Y. (Hippocrates.) » – 3° Galeni ars parva, cum commentario Haly. Textus : « *Tres sunt* « *omnes.* » Commentarius : « Intendimus edere sermonem. » –

Desinit : « Explicit commentum Haly super tegni [τέχνη] « Galieni. Deo gratias. » – 4° (Hippocratis de Morborum acutorum regimine, cum Galeni commentario.) Textus : « Qui de egrotantium. » Commentarius Galieni « Aliqui sen- « tentias. » – Desinit liber tertius : « Explicit peri ton oxeon « nomaton [περὶ τῶν ὀξέων νοσημάτων] Ypocratis. » – Desinit liber quartus : « Explicit commentum Galieni super quarta « parte regiminis acutorum. Deo gratias. » — XIVe SIÈCLE.

Provient de Notre-Dame. Beau manuscrit italien, avec de belles lettres historiées et finement exécutées. Le dernier feuillet du n° 3 se trouve placé à la fin du volume. Il contient, en outre, une liste des ouvrages de l'auteur des versions que ce manuscrit renferme, Gérard de Crémone, traducteur célèbre du XIIe siècle. Cette liste, beaucoup plus étendue que toutes celles qu'ont données les bibliographes modernes, pourra servir à les compléter : « Hec sunt « nomina librorum quos transtulit magister Gerardus Cremonensis : Liber « Aristotelis de compositione bonitatis pure. Liber Aristotelis de naturali « auditu, tractatus VIII. Liber Aristotelis celi et mundi. Liber Aristotelis de « causis proprietatum elementorum, tractatus I. Liber Aristotelis de gene- « ratione et corruptione. Liber Aristotelis metheororum, tractatus III. Dis- « tinctio Alfarabii super librum Aristotelis de naturali auditu. Liber Alfarabii « de scientiis. Liber Jacobi Alchini (Alkendi) de sompno et visione. Expositionem « (expositio) Galieni super librum Ypocratis de regimine acutorum, tractatus III. « (On a vu plus haut, n° 3, que l'*explicit* se trouve, en effet, à la fin du troi- « sième livre; le quatrième a peut-être été trouvé plus tard, et traduit par un « autre que Gérard.) Liber Galieni de elementis (?), tractatus II. Liber de se- « cretis Galieni, tractatus I. Liber G. de contemplationibus. De malitia con- « templationis diverse, tractatus I. De simplici medicina, tractatus I. De crisi, « tractatus I. De criticis diebus, tractatus III. De expositione libri Ypocratis in « pronosticatione, tractatus III. Liber veritatis Ypocratis, tractatus III. Liber « Ysaac de elementis, tractatus III. Liber Ysaac de descriptione rerum et de « differentia inter descriptionem et diffinitionem, tractatus I. Liber Abubecri « Rasis qui dicitur Almansor, tractatus X. Liber divisionum continens CLIIII « capitula cum quibusdam confectionibus ejusdem. Liber Abubecri Rasis in- « troductorius in medicina parvus. Ars libri Albengisesui medicinarum sim- « plicium et arborum. Breviarius Johannis Serapionis, tractatus VIII. Liber « Jacob Alchindi de gradibus, tractatus I. Tegni Galieni cum expositione Haly

« Abrodahan. Liber divinitatis de LXX. Liber de alluminibus et salibus. Liber « luminis luminum. Liber geomantie de artibus divinatricibus. Aviceni Avolai « fecit canonem. »

N° 414. In-4° sur vélin. (Recueil.) – 1° Incipit liber Avicene de viribus cordis et medicamentis cordialibus a magistro Arnaldo, Barchinone (translatum). Capitulum primum, tractatus primus de origine spiritus et generatione et principiis sue generationis et informationis : « Creavit Deus ex conca-« vitatibus. » – Desinit : « opusculum terminandi. Amen. Ex-« plicit tractatus de medicamentis cordialibus. » – 2° Joannis Damasceni Nafrani filii Mesue Crabadini, quod est aggregatio et antidotarium electarum confectionum incipit : « Scripsi-« mus in libris... » – Desinit : « olei camomille. » – 3° Incipit compendiosus tractatus de quibusdam medicamentis conferentibus quibusdam membris. De medicamentis conferentibus cerebro. – Incipit : « De medicamentis conferentibus. » – Desinit : « ventositatem generantia. Explicit compendiosus « tractatus de quibusdam medicamentis conferentibus et « nocentibus quibusdam membris. » 4° (Hippocratis tractatus de...?) – Desinit : « Calorem habentes ita. Explicit liber « Ypo. yper ytoneton. » – 5° (Hippocratis tractatus de aere, aquis et locis.) – Incipit : « Sic etiam dicturi sumus. » – Desi-« nit : Manifesta et aperta. Explicit liber Ypocratis de aere et « aqua. » – 6° Incipit prohemium super librum quem fecit Ypo. (Hippocrates) : « Medicina artium nobilissima. » – Desinit : « Scientie perficiatur. Explicit liber de lege Ypocratis. » — XIIIe SIÈCLE.

Provient de Notre-Dame. Sur deux colonnes. Ce manuscrit est composé de deux parties principales, dont la première, comprenant les n°s 1, 2, 3, a le caractère d'écriture des manuscrits de l'Italie, ou, du moins, du midi de la France. Le commencement du n° 4 est effacé par l'humidité. Au n° 6, après *Ypo*, il y a deux mots presque détruits par l'humidité.

N° 415. In-folio sur vélin.–Incipit liber Constantini Montis Cassini monachi. – Incipit : « Quoniam quidem, ut ait Tullius. » — XIIIe SIÈCLE.

Provient de Notre-Dame. C'est le traité, en sept livres, des maladies et des remèdes, par Constantin l'Africain ; publié à Bâle en 1536, in-folio.

416. In-4° sur vélin. (Recueil.) – 1° Isagoge Johannicii ad tegni (τέχνην) Galieni. – Incipit : « Medicina dividitur in. » – Desinit : « malive discretio. Expliciunt ysagoge Johannicii ad « tegni Galieni. » – 2° Incipit liber pulsuum, qui dicitur Philaretus. « Intentionem habemus in... » –Desinit : « Explicit « liber pulsuum Philareti. » – 3° Incipit primus liber de urinarum differentia, a voce Theophili. – Desinit : « Expliciunt « urine Theophili. » – 4° (Galeni Commentarii in aphorismos Hippocratis, a Constantino Africano versos.) – Incipit : « Prefatio domini Constantini Africani, Montis Cassinensis « monachi, ad Glaconem discipulum suum. – Licet petitio« nibus tuis. » – 5° (Galeni Commentarius in pronosticon Hippocratis.) – Incipit : « Omnis qui medice artis. » – Desinit : « Explicit liber pronosticorum Ypo. cum commento Ga« lieni. » – 6° (Galeni Commentarius in Hippocratis tractatum de morborum acutorum regimine.) – Incipit : « Qui de egro« tantium. » – Desinit : « Explicit regimentum acutarum egri« tudinum. » – 7° (Haly Commentarius in artem medicam Galeni.) – Incipit : « Intendimus edere sermonem. » – De« sinit : Explicit Tegny G. cum commento Hali. » – 8° (Versus de tempore venæ sectioni congruo) :

Tertia fundatur ne sanguis luna minatur, etc.

9°. (Versus de ponderibus) :

Grana quater, quinque scrupuli pro pondere pone, etc.

10°. (Fragmenta quædam ad medicinam pertinentia.) — XIIIe SIÈCLE.

Provient de Cuissy. A deux colonnes. Au n° 3, *A voce* est la traduction de la formule grecque ἀπὸ φωνῆς. Dans les n°s 4, 5 et suivants, le texte d'Hippocrate, traduit en latin, est en plus gros caractères que le commentaire de Galien, également traduit en latin. Ce commentaire n'est point placé sur les marges, mais à la suite de chaque division du texte. Les vers du n° 9 se retrouvent dans le manuscrit 418, n° 9.

N° 417. In-folio sur vélin. (Recueil.) – 1° Constantini Africani de dietis particularibus : « Complevimus in libro primo uni« versalem significationem generis ciborum. » – 2° (Trotulæ liber de Passionibus mulierum.)–Incipit : « Cum auctor uni« versitatis Deus. » – Desinit : « Cumque aqua tepida. Explicit « Trotula. » Et infra : « Qui bene vult fari, bene debet pro« meditari. » – 4° Anathomia Galieni; et loquitur de membris interioribus. – Incipit : « Galienus in tegni (τέχνη.) » – Desinit : « Explicit anathomia secundum Galienum omnium « membrorum. » — XIVe SIÈCLE.

Provient de Notre-Dame de Laon. Le n° 1 est, comme le début l'indique, le second livre du Traité du régime, dont le premier livre est intitulé « Dietæ « universales, » et que Constantin ne fit que traduire d'Isaac le juif. N° 2 : Trotula a été imprimé dans le recueil des *Medici antiqui* (Venetiis, Aldus, 1547, in-fol.), et avec Théodore (Argentor. 1533, 1544). Le n° 4 est un abrégé extrait de Galien (Voyez *Catalogus librorum manuscriptorum Bibliothecæ regiæ*, n°s 6868, 6871 A, etc.)

418. Grand in-folio sur vélin. (Recueil.) – 1° Liber Serapionis agregatus in medicinis simplicibus ex dictis D. (Dioscoridis), G. (Galeni) et aliorum. Translatio Symonis Januensis, interprete Abraham Jude Tortuensi de Arabico in latinum. – Incipit : « Inquit Serapion : Postquam vidi librum Dyos« coridis. » – Desinit : « leto fine illud concludimus. » – 2° In-

cipit pratica puerorum. « Assahaphatia accidit. » – Desinit : « olei quod sufficiat. » – 3° Incipit liber de lege Ypocratis : « Medicina artium preclarissima. » – Desinit : « perficiantur « secretis scientie. » – 4° (Compendium medicinæ.) – Incipit : « In nomine sancte. » – Desinit : « Vivis et regnas, amen. Ex- « plicit thesaurus pauperum. » – 5° Incipit Quid pro quo : « Quoniam ea que sunt. » – 6° Incipiunt synonima antidotarii Nicholay : « Expletis autem specierum. » – 7° Incipit Practica magistri Rogerii de Baronio. – Incipit : « Sicut ab antiquis. » – Desinit : « In presens sufficiant. » – 8° Incipit Summa Rogerii de exhibitione medicinarum laxativarum et opiatarum : « Cum medicinalis artis. » – Desinit : « consuevit menstrua « habere. Explicit Rogerina major scilicet et minor. » – 9° (Versus de ponderibus medicinalibus) :

Grana quater, quinque scrupuli pro pondere poni (?);
In dragmam scrupulus surgit ter multiplicatus, etc.

10° Interpretatio ponderum et mensurarum pertinentium medicine, secundum Dyuscoridem, Archigenem, Andromacum, Serapionem, Alkindum, Galienum et alios quam plurimos. – Incipit : « Granum hordei vel. » – Desinit : « ordei secundum Avicenam. Deo gratias. » — XIVe ou XVe SIÈCLE.

Provient de Notre-Dame de Laon. A deux colonnes. Le n° 1 est un traité volumineux de matière médicale. Le n° 2 est un traité des maladies des enfants. Le n° 3 comprend une demi-colonne. Le titre du n° 5 signifie : Catalogue des plantes médicinales qui peuvent être substituées à d'autres plus rares. Le titre du n° 6 signifie : Glossaire donnant le nom latin des plantes médicinales. L'auteur est peut-être l'Anglais Nicolas Hostresham, à qui Bale et Pits attribuent un Antidotaire (Voyez Fabricius, *Bibliotheca latina mediæ et infimæ ætatis*, tom. V, p. 112), et probablement le même que le Nicolaus de Anglia, dont il existe des commentaires sur Galien dans un des manuscrits de la

Bibliothèque du roi, n° 7015[1]. Le n° 7 est la Pratique de Roger de Parme qui a été plusieurs fois imprimée. (Voyez Fabricius, *Bibliotheca latina mediæ et infimæ latinitatis*, tom. VI, p. 119.) Le n° 8 paraît être inédit. (Voy. *Mansi ad Fabric., ubi supra.*)

N° 419. Grand in-folio sur vélin. – Liber canonis tertius incipit de egritudinibus particularibus que fiunt in membris hominis a capite usque ad pedes manifestis et occultis, continens XXII fen., que complectuntur LIIII tractatus. – Incipit: « Inquit G. (Galenus): Intentio. » – Desinit: « Expletus est tractatus secundus de doloribus horum membrorum, et cum « ipsius complemento completur fen. XXII^a. Et cum ejus « complemento completur liber tercius de curatione egritu« dinum accidentium unicuique membro a vertice capitis « usque ad pedes, Canonis relati ab Abuhali Alhasen Aben« seni, quem sequitur liber quartus de rebus particularibus « que proprie dicende sunt egritudines, que non appro« priantur membro, et de decoratione (*sic*). » — XIVe SIÈCLE.

Provient de Notre-Dame de Laon. A deux colonnes. Ce *liber Canonis tercius* est le troisième livre du célèbre Canon d'Avicenne.

420. In-folio sur parchemin. – Incipiunt epistolæ diversorum de qualitate et observantia medicinæ. – 1° Largius Designatianus filiis suis salutem dicit: « Legi ante hanc Hippo« crati Choi epistulam, etc. » – 2° Antiocho regi Hippocrates: « Eam te in hoc regnandi munere. » – 3° Id. ad Mecenatem: « Quem roganti tibi. » – 4° Incipit epistola Plinii secundi ad

[1] Ne s'agirait-il pas plutôt de l'*Antidotarium* de Nicolas, surnommé *Præpositus*, sur lequel Matthieu Platenius de Salerne (plutôt que Jean, comme dit Fabricius, t. V, p. 302, faute qu'il n'avait pas commise plus haut, page 52, même volume) avait fait un commentaire, qui a servi de guide à Gilles de Corbeil, médecin de Philippe-Auguste, dans son poëme *De compositis medicaminibus?* (Voyez l'édition de Choulants, p. 48, ou Leysel, p. 505.) (*Note de M. V. Le Clerc.*)

amicos de medicina : « Frequenter mihi in peregrinationi-« bus. » – 5° Celsi epistola ad Callistum : « Inter maximos. » – 6° It. ad Pullium Natalem : « Lectis duobus libris. » – 7° Vindiciani epistola ad Valentinianum.–8° (Marcelli Empirici Liber medicamentorum.) – Incipit : « Ad capitis dolores. » — IXe SIÈCLE.

Provient de Notre-Dame de Laon. Les titres sont en lettres onciales et capitales entremêlées. Les n°s 2, 3, 4, 5 et 6 (?) sont apocryphes. Le n° 5 et probablement le n° 6 sont de Scribonius Largus Designatianus, ainsi que le n° 1 ; et peut-être est-il aussi l'auteur des n°s 2, 3 et 4. Ces sept lettres ont été publiées en tête du *Liber medicamentorum,* qu'elles précèdent également ici. (Voyez Fabricius, *Bibliotheca latina*, édition d'Ernesti, tom. III, p. 527-8.) Le n° 8 est incomplet.

N° 421. In-4° sur vélin. (Recueil.) – 1° (Galeni Anatomia.) – Incipit : « Medicorum non solum moderni, verum etiam et « antiqui membra corporis loca appellant. » – 2° « Reveren-« tissimo domino Alfano, etc. Vestre sanctitatis. » – Desinit : « Explicit liber stomachi. » – 3° Capitula libri primi Constantini Affricani phisici de melancolia : « Prologus libri de melancolia Constantini Affricani phisici : Etsi ego Cons-« tantinus. » — XIIIe SIÈCLE.

Provient de Notre-Dame de Laon. Le n° 2 est un traité de l'estomac, par Constantin l'Africain, dédié à Alfano, archevêque de Salerne ; c'est ce même Alfano qui est l'auteur d'une version de Nemesius « De natura hominis, » qui se retrouve dans un manuscrit de la Bibliothèque d'Avranches, et de vers publiés par Ughelli.

422. Sur vélin. – (Recueil.) 1° (Isidori Hispalensis tractatus de natura.) –Incipit : « Domino et filio Sisebuto Esydorus : « Dum in te. » 2° (Ritus benedictionis campanæ.) – Incipit : « Ad signum ecclesiæ benedicendum. » – 3° (Excerpta quædam e conciliorum canonibus de accusandis clericis.) –

4° In nomine sancte Trinitatis incipit liber sententiarum beati Isidori Ispalensis episcopi : « De flagellis Dei : Divinæ « sapientiæ subtilitas. » — 5° Missa propria sacerdotis. — VIIIe OU IXe SIÈCLE.

Provient de Notre-Dame de Laon. Manuscrit réglé à la pointe; les titres sont en capitales et onciales de petite dimension. Quelques figures assez barbares sont jointes au *Tractatus de natura.*

N° 423. In-4° sur vélin. — 1° Incipit liber rotarum sancti Isidori, Ispalensis episcopi. Domino et filio Sesiboto Isidorus : « Dum « in te. » — 2° In nomine sanctæ Trinitatis incipit liber proemiorum de liberis (libris) Novi ac Vetus Testamenti (secundum) plenitudinem quam in canone catholica recipit ecclesia juxta vetustam priorem traditionem; ista est : « In « principio videlicet. » — VIIe OU VIIIe SIÈCLE.

Provient de Notre-Dame de Laon. L'écriture est mérovingienne, du VIIe siècle ou du commencement du VIIIe, semblable au *fac-simile* donné par Mabillon (*De re diplomatica*, p. 359, dernières lignes). Titres et lettres initiales, en capitales peintes à ornements ichthyomorphiques. Figures grossières.

424. In-folio sur vélin. — Oribasii, de plantis. — Xe SIÈCLE.

Provient de Notre-Dame de Laon. Il manque plusieurs pages au commencement et une ou deux à la fin. Le manuscrit commence par cet endroit d'une des tables de chapitres : « VII Diosrobor ; VIII Eviscus, » et finit à « vocem claram facit asmatis. » Après cet ouvrage, sont deux feuillets de garde contenant un fragment d'une histoire des Miracles de la Vierge; d'une écriture lombarde du VIIIe siècle.

425. In-4° sur vélin. — Tabula inventionis dierum in annis Christi. — XIIe SIÈCLE.

Provient de Notre-Dame de Laon. — Sur un feuillet de garde sont quelques fragments d'un traité d'algorithme.

N° 426. Grand in-folio sur vélin. – (Vincentii Bellovacensis Speculi naturalis libri XI-XVIII.) — XIVe SIÈCLE.

Provient de Notre-Dame de Laon. A deux colonnes. Beau manuscrit, orné, à la première page, d'une vignette et d'une grande lettre historiée, représentant un docteur qui instruit un laboureur.

426 *bis*. In-folio sur vélin. (Recueil.)–1° (Palladii Agricultura.) – Desinit : « Paladi Rutili Tauri Æmiliani viri inlustri opus « agriculture explicit. » – 2° (Formulæ medicamentorum.) – Incipit : « Dulcem quem utebar (*sic*) Aristolapius rex, cujus « confectio dat omni corpori fortitudinem, et si quis illum « uti voluerit, etc. » – 3° (Aliæ formulæ.) – 4° Incipit tempus propter sanitatem corporis et cordis quod observare debent. – Incipit : « Mense martio bibat dulce, etc. » – 5° Incipit epistola : « Omnium que tempore, etc. » – 6° De probatione auri et argenti. – Incipit : « Omne aurum purum. » – 7° De mensura ceræ et metalli in operibus fusilibus. – Incipit : « In « fundendis operibus. » — IXe SIÈCLE.

Provient de Notre-Dame de Laon. Les titres sont en capitales, mêlées de quelques onciales. Au n° 1, le commencement manque. Le manuscrit commence à ces mots : « Obruantur, donec munda sine ruderum suspicione occurrat ar- « gilla. » Le n° 4 comprend des prescriptions pour le régime à suivre dans les différents mois de l'année. Il est à remarquer que l'auteur commence par le mois de mars et finit par le mois de février; c'est-à-dire qu'il suit l'ancienne année romaine. Le n° 5 se compose d'autres prescriptions analogues. Les deux recettes indiquées sous les numéros 6 et 7 sont les mêmes qui se trouvent dans le manuscrit 2940 de la Bibliothèque d'Avranches.

427. In-folio sur vélin. (Recueil.) – 1° « (Papiæ Lexicon.) » – 2° (Ejusdem ? Grammatica.) – Incipit : « Petistis a me, « karissimi, ex arte grammatica vobis cumpetentes regulas « dari. » — XIIe SIÈCLE.

Provient de l'abbaye de Vauclair : à deux colonnes. Le n° 1 commence à la lettre P « Incipit de P littera. » Le n° 2 est incomplet.

N° 428. In-4° sur vélin. — (Vegetii de Re militari.) — IXe SIÈCLE.

Provenant de Notre-Dame. Le commencement manque; le manuscrit commence par ces mots de l'une des tables : « .... qui promoventur, XXI. Quid « inter tubicines et cornicines et classicum intersit. » A la fin est cette note transcrite inexactement d'après un plus ancien manuscrit : « Leutropius emen- « davi sine explario (*sic*) Constantinopoli coconsuls Valentiniano Augûs septna « bie (*leg.* Augusto septimum, Avieno ?) » Puis : « Flav. Vegeti Renati viri in- « lustris liber IIII. Explicit feliciter. Amen. » En tête du volume on lit : « Hunc « libellum dedit domnus Dido Deo et S. Mariæ Laudunensis ecclesiæ. Si quis « abstulerit, iram Dei et Sanctæ Mariæ incurrat. »

429. In-folio sur papier. — Incipit liber primus Sophilogii, cujus primus tractatus est de quibusdam inducentibus ad amorem sapientie. — Desinit : « Expliciunt Sophilogia scripta « per manus Georgii Cupere, nacione flamingi, dyocesis « Morinensis, civis Yprensis, finita 1a die mensis septembris « anno 40 circa primam horam post meridiem. Orate pro « eo. — In labore requies. » — XVe SIÈCLE.

Provient de Notre-Dame de Laon. Le *Sophologium*, de Jacques Legrand, a été imprimé à Paris, en 1507, in-4°.

430. In-folio très-étroit. — (Quæstiones et solutiones in Aristotelis varia opera.) — Incipit : « Supra primum et secundum « metaphysice. » — Desinit : « Facit sentire contumeliam. » — XVe SIÈCLE.

Provient de Notre-Dame de Laon.

431. In-4° sur vélin. — (Occami Logica.) — Incipit : « Quoniam « magnos veritatis. » — Desinit : « de consimilibus. Explicit « loyca Ocham compilata per fratrem Guillelmum de or- « dine minorum. » — XIVe SIÈCLE.

Provient de l'abbaye de Vauclair. A deux colonnes. Le texte, après le prologue, commence par « Omnes logice tractatores. » C'est la *Summa logices ad Adamum*, lib. I, edit. Venet. 1591, in-4°.

N° 432. In-folio sur vélin. (Recueil.) – 1° (Aristotelis Metaphysica.) – Incipit : « Omnes homines natura. » – 2° (Ejusdem Ethica.) – Incipit : « Omnis ars et omnis doctrina, similiter « autem et actus et electio. » – Desinit : « Explicit liber Aris« totelis nove translationis. » — XIVe SIÈCLE.

Provient de l'abbaye de Cuissy ; à longues lignes. Le n° 1 est sans titre : il y a quatorze livres. Le n° 2 est d'une écriture différente, plus fine.

433. In-4° sur vélin. (Recueil.) – 1° (Porphyrii Isagoge.) – Incipit : « Cum sit necessarium, Grisarori. » – 2° (Aristotelis Categoriæ.) – Incipit : « Equivoca dicuntur quorum. » – 3° (Ejusdem de Interpretatione.) – Incipit : « Primum oportet « constituere. » – 4° (Gilberti Porretani de Sex principiis.) – Incipit : « Forma est compositioni. » – 5° (Boëthii de Divisionibus.) – Incipit : « Quam magnos studiosis. » – 6° (Ejusdem Topica.) – Incipit : « Omnis ratio disserendi. » – 7° (Aristotelis Analytica priora.) – Incipit : « Primum oportet « dicere. » – 8° (Ejusdem Analytica posteriora.) – Incipit : « Omnis doctrina et. » – 9° (Ejusdem Topica.) – Incipit : « Pro« positum quidem negotii. » – 10° (Ejusdem de Sophisticis elenchis.) – Incipit : « De sophisticis autem. » – 11° (Ejusdem Ethica Nicomachea.) – Incipit : « Omnis ars et omnis « doctrina, similiter autem et operatio et proheresis. » — XIIIe SIÈCLE.

Provient de Notre-Dame de Laon. De larges marges ont été préparées pour recevoir une glose. Les initiales sont peintes et ornées. Les n°s 1, 2, 3 sont les traductions faites par Boëce. La leçon fautive *Grisarori* pour *Chrysaori* se trouve dans un grand nombre de manuscrits. Le n° 4 a été souvent imprimé. Les n°s 5, 6 sont imprimés avec les autres ouvrages de Boëce. Jourdain (*Recherches critiques sur l'âge et l'origine des traductions latines d'Aristote*) ne fait pas mention des traductions comprises sous les n°s 7, 9, 10,

Pour le n° 8, voyez Jourdain, p. 450. Le n° 11 est incomplet. Le manuscrit finit par ces mots du VIIIe livre : « Castus utique appetit que oportet. » Voyez, sur cette traduction, Jourdain, *ibid.* pag. 192, 486. Tous ces ouvrages sont placés à la suite les uns des autres, sans titres ni *explicit.*

N° 434. In-folio sur vélin. (Recueil.) — 1° (Aristotelis) Metaphysica. — Incipit : « Omnes homines natura. » — 2° Phisica. « Quoniam « quidem intelligere. » — 3° De celo et mundo. « De natura « scientia. » — 4° De generatione et corruptione. « De genera- « tione autem. » 5° Metheora. « De primis quidem. » — 6° De anima. « Bonorum notabilium noticiam. » — 7° De sensu et sensato. « Quoniam autem de anima. » — 8° De memoria et reminiscentia. « De memoria autem et memorari. » — 9° De sompno et vigilia. « De sompno autem. » — 10° De longitudine et brevitate vite. « De eo autem quod. » — 11° De juventute et senectute. « De juventute autem. » — 12° De spiritu et respiracione. « De respiracione enim. » — 13° De vita et morte. « Quoniam autem dictum est. » — 14° De causis. « Omnis « causa primaria. » — 15° De proprietate elementorum. « Postquam premissus est. » — 16° De vegetabilibus et plantis : « Tria enim ut. » — 17° De tribus viribus plantarum : « Planta tres habet vires. » — 18° De motu animalium : « De « motu autem. » — 19° De lineis indivisibilibus : « Utrum « sunt indivisibiles. » — 20° De coloribus : « Simplices colo- « rum sunt. » — 21° De mundo : « Multotiens mihi divina. » — 22° Epistola ad Alexandrum : « Aristoteles Alexandro « bene agere. » — 23° De vita Aristotelis : « Aristoteles philo- « sophus de gente. » — 24° De progressu animalium : « De « partibus animalium. » — 25° De phisionomia : « Quoniam « et anime. » — 26° De pomo : « Cum homo creaturarum. » — 27° De intelligentia : « Cum rerum quidem omnium esse. » — Desinit : « Ob hoc brevissimum prologum fecit. » — 28° De inundatione fluvii vel Nili. — 29° De bona fortuna : « Habi-« tum autem utique. » — XIVe SIÈCLE.

Provient de Notre-Dame de Laon. A deux colonnes. Sur le n° 1, voyez Jourdain, p. 482. Sur le n° 2, *ibid.* p. 453. Sur le n° 3 *ibid.* p. 456. Sur le n° 4, *ibid.* p. 460. Sur le n° 5, *ibid.* p. 462. Sur le n° 6, *ibid.* p. 465. Jourdain et, en général, les manuscrits donnent, au lieu de *notabilium*, *honorabilium*. Sur le n° 7, *ibid.* p. 468. La traduction comprise sous le n° 8 n'est pas celle qu'indique Jourdain, p. 469. Sur le n° 9, voyez Jourdain, p. 470. Sur le n° 10, *ibid.* p. 473. Sur le n° 11, *ibid.* p. 471. N° 12, Jourdain n'indique aucune version du « de Respiratione. » Les n°s 13, 14, 15, sont des ouvrages apocryphes souvent imprimés. Sur le n° 16, voyez Jourdain, p. 479. Le n° 17 est le IIe livre de l'ouvrage précédent. Sur le n° 18, voyez Jourdain, p. 475. Sur le n° 19, *ibid.* p. 481. Sur le n° 20, *ibid.* p. 481. N° 21, Jourdain n'indique aucune traduction du « de Mundo. » Le n° 22 est un ouvrage apocryphe, souvent imprimé. Le n° 23 est la *Translatio vetus* de la Vie d'Aristote par Ammonius; souvent imprimée. Sur le n° 24, voyez Jourdain, p. 477. Le n° 25 est peut-être l'ouvrage apocryphe dont parle Jourdain, p. 189. Le n° 26 est un ouvrage apocryphe souvent imprimé. Voyez *Patricii Discussiones peripateticæ*, p. 26. Les n°s 27 et 28 sont aussi des ouvrages apocryphes. Sur le dernier, voyez Patricius, *loco citato*. Le n° 29 est un extrait du IIe livre des *Magna Moralia*, c. 8.

N° 435. In-4° sur vélin. (Recueil.) — 1° (Aristotelis Topica.) « Propositum quidem negotii. » — 2° (De Sophisticis elenchis.) « De sophisticis autem elenchis. » — 3° (Analytica posteriora.) « Omnis doctrina et. » — 4° (Analytica priora.) « Primum « oportet dicere. » — Desinit : « Explicit tota vetus et nova lo-« gica. » — XIIIe SIÈCLE.

Provient de Notre-Dame de Laon. L'*explicit* atteste que le manuscrit contenait de plus, originairement, les Catégories et le « De interpretatione, » précédés de l'Introduction de Porphyre; car ces trois livres réunis composaient la *Logica* ou *Ars vetus*, qui furent connus et commentés dès le IXe siècle. (Cousin, *Introduction aux ouvrages inédits d'Abélard*, p. LXXV et suiv.) On appelait *Logica nova* ou *Ars nova* les Topiques, le Traité des sophismes et les Analytiques, parce que ces traités ne furent connus que plus tard, non, à ce qu'il semble, vers les dernières années seulement du XIIe siècle ou même au XIIIe, comme le pense M. Cousin (p. LI-LIII), mais dès la première moitié du XIIe, puisque Othon de Freysingen, qui mourut en 1148, six ans après Abélard, les avait apportés en Allemagne, *fere primus*, dit son continuateur Radevic (Jourdain, p. 31).

N° 435 *bis*. In-4° sur vélin. (Recueil.) – 1° (Aristotelis Topica.) « Propositum quidem negotii. » – 2° (De Sophisticis elenchis.) « De sophisticis. » – 3° (Analytica priora.) « Primum oportet « dicere. » – 4° (Analytica posteriora.) « Omnis doctrina et. » – 5° (Ethica Nicomachea.) « Omnis ars et, etc. » – Desinit : « Explicit nova Ethica. » – 6° Ethica vetus. « Duplici autem « virtute. » Explicit. — XIIIe SIÈCLE.

Provient de Notre-Dame de Laon. Le texte occupe seulement le milieu des pages, dont les marges sont couvertes de gloses, en écriture cursive. Au n° 5, il n'y a que le premier livre. C'est la traduction dont Jourdain a donné un spécimen, p. 486. Le n° 6, appelé *Ethica vetus*, est un fragment, traduit sur le texte grec, des *Ethica Nicomachæa*, qui s'étendait du commencement du IIe livre jusque vers la fin du IIIe. Le titre *Ethica vetus* signifie que c'est tout ce qu'on connut d'abord de la Morale d'Aristote.

435 *ter*. In-8° sur vélin. (Recueil.) – 1° (Aristotelis Topica.) – Incipit : « Propositum quidem negotii. » – 2° (De Sophisticis elenchis.) « De sophisticis autem. » — XIIIe SIÈCLE.

Provient de Notre-Dame de Laon. Quelques feuillets ont été gâtés par l'humidité, d'autres transposés.

436. In-4° sur papier. – (Questiones in Aristotelis politica.) Recommandatio hujus libri politicorum : « Cum omnium « artium. » – Desinit : « Et hec de presenti questione et de « isto octavo libro politicorum Aristotelis. Explicit octavus « liber politicorum Aristotelis. » — XVe SIÈCLE.

Provient de Notre-Dame de Laon. A deux colonnes. Au-dessous de l'*explicit*, on lit : « Lectura magistri Roberti Cybolli in theologia excellentissimi profes- « soris. » Cette souscription, qui est d'une autre main que le reste du manuscrit, donne à penser que Robert Cibolle est l'auteur du commentaire. Montfaucon (*Bibliotheca bibliothecarum manuscriptorum*, p. 1298 *b*.) donne ainsi le titre de ce manuscrit : « Aristotelis philosophia commentata per mag. Robertum Cibotte. » Cet auteur est appelé indifféremment *Cibole, Ciboulle, Cibotte, Cibueil*. (Voyez Launoy, *Navarræi gymnasii historia*, p. 589; Du Boulay, *Historia universitatis Parisiensis*, tom. V, p. 921. Cf. Paulin Pâris, *Les Mss. français de la Bibliothèque du roi*, tom. IV, p. 162-3.)

N° 437. Petit in-folio sur vélin. – Malli Torcati Aniscii (*lege* Manlii Torquati Anicii) Severini Boetii de consolatione. — XIVe SIÈCLE.

Provient de Notre-Dame de Laon. Beau manuscrit italien, avec lettres ornées et historiées, et vignettes. A la fin de l'ouvrage, on lit : « Qui scripsit « scribat, semper cum Domino vivat. » Suit, sur deux colonnes, une page et demie de vers sur l'orgueil, l'avarice, l'humilité, la charité, la patience, la force, la tempérance, la gourmandise, l'abstinence et la chasteté.

438. In-folio sur vélin. – (Boethii de Consolatione philosophiæ.)–Desinit : « Liber quintus et ultimus cum Dei auxilio « explicit. Laus tibi sit, Christe, quoniam liber explicit iste. « Liber Mallii Torquati Severini Boetii explicit. Amen. » — XIVe SIÈCLE.

Provenance inconnue. Manuscrit italien avec de belles initiales ornées et peintes.

439. Petit in-folio sur vélin. – (Boethii de Consolatione philosophiæ.) — Xe SIÈCLE.

Provient de Notre-Dame de Laon. Le commencement manque. Le manuscrit commence à ces mots : « Infra infima quæque. »

440. In-4° sur papier. – Expositio super librum Boetii de Consolatione secundum fratrem Nicholaum Travet, anglicum, ordinis Predicatorum, sacre scientie professorem. – Incipit prologus : « Expositionem librorum Boetii de Con-

« solatione philosophica aggressurus, votis quorumdam « fratrum satisfacere cupiens.... » – Desinit : « Dominus Deus « unus in essentia, tertius in personis, benedictus in se« cula seculorum. » — XIVe SIÈCLE.

Provient de Notre-Dame de Laon. Ouvrage inédit, mais dont les manuscrits sont communs. Sur l'auteur, voyez *Fabricii Bibliotheca latina mediæ et infimæ ætatis*, tom. V, p. 133.

N° 441. Petit in-folio sur vélin. — Boetius, de Consolatione philosophie. — XIVe SIÈCLE.

Provient de Notre-Dame de Laon. A deux colonnes. Le texte est accompagné d'une glose marginale qui commence ainsi : « Boetius iste nobilissi« mus. » Elle est suivie d'un autre commentaire sur le même ouvrage, dont le commencement manque, et qui se termine par ces mots : « Et metra toti« dem. » Ensuite vient une table avec ce titre : « Incipit tabula super librum « Boecii De consolatione philosophie secundum ordinem alphabeti, quam « fecit frater Vitalis de Fontibus-orbis, ordinis Predicatorum. » Et à la fin : « Explicit tabula super librum Boetii De consolatione philosophie secundum « ordinem alphabeti quam fecit frater Vitalis de Fontibus-orbis, ordinis « Predicatorum, anno Domini MCCCXXXII. » La table est donc de ce Vitalis, mais non pour cela le commentaire, comme le dit Montfaucon (*Bibliotheca bibliothecarum manuscriptorum*, p. 1296), et, d'après lui, le continuateur de Fabricius (*Bibliotheca latina mediæ et infimæ ætatis*, tom. VI, p. 302).

442. In-4° sur vélin. – Cy apres ensuit ung traité trés consolatif pour ceulx qui sont en tribulacion, ou quel sont bien au long declairez plusieurs grans prouffitz qui sont et se treuvent es tribulacions et adversitez patiemment endurés, fait par ung religieux de lordre des Celestins. « Si comme « dit l'apostre. » – Desinit : « le benoist Saint Esperit. Amen. » — XIVe SIÈCLE.

Provient de l'abbaye de Vauclair. Ce traité est divisé en sept chapitres, dont chacun traite de l'un des avantages qu'on peut retirer des tribulations du monde.

N° 443. In-folio sur papier. – Petrarca, de Remediis utriusque fortunæ. — XVe SIÈCLE.

Provient de Notre-Dame de Laon. A deux colonnes. A la fin est la signature du copiste, qui se nommait Gondifflart.

443 *bis.* In-4° sur papier. – Festus et veterem verborum lexicon MS; scriptore, ut et collectore, T. Passeratio. — XVIIe SIÈCLE.

Provenance inconnue. Ce lexique est inédit, et c'est le manuscrit autographe de Passerat.

444. In-folio sur vélin. – (Glossarium græco-latinum.) — IX OU Xe SIÈCLE.

Provient de Notre-Dame de Laon; avec la note « Hunc librum dederunt « Bernardus et Adelelmus Deo et S. Mariæ Laudunensi, etc. » mais d'une écriture du XIe siècle au XIIe. Ce manuscrit faisait partie de la bibliothèque de Saint-Germain, où le virent et s'en servirent Charles Labbe et Ducange. Il retourna ensuite à Laon, puisque Montfaucon, dans sa Paléographie grecque, en 1708, en parle comme de l'un des volumes précieux que possédait le chapitre de cette ville. Dans sa *Bibliotheca bibliothecarum manuscriptorum*, en 1738, il le mentionne à la suite des manuscrits de la bibliothèque de Saint-Germain, mais avec un autre manuscrit qui en avait disparu, sous le titre, *Communes aliarum bibliothecarum codices*, et en ces termes: « Glossarium græ-« cum seu græco-latinum, *in bibliotheca cathedralis Laudunensis*, cujus specimen « dedimus in Palæographia græca, pag. 248. » Ducange confond ce glossaire avec celui qu'on attribue à Philoxène, et qui a été publié pour la première fois par Henri Étienne, d'après un manuscrit de Saint-Germain-des-Prés, et réimprimé par Vulcanius et Charles Labbe. Il en diffère cependant, et Charles Labbe en a tiré des corrections et additions au glossaire de Philoxène, ainsi que quelques vers d'un copiste, nommé Martin, et de Scot Érigène. Ducange, dans la préface de son Glossaire de la latinité au moyen âge, a donné de plus la dédicace. Montfaucon (*Palæographia græca*, pag. 248) a reproduit cette dédicace, publié en outre, avec quelques fautes, des vers sur les péchés capitaux, qui la suivent, et donné un spécimen, fautif aussi, de la première page du Glossaire. Dans la notice par laquelle Charles Labbe a fait connaître ce manuscrit, il a omis les pièces accessoires suivantes: 1° *Versus de octo vitiis.*

Labitur heu nimium præsumpta superbia cosmi.
Tapinosis surgit Christi solamine fulta.
. . . . tonos generat lapsus ellonis amica;
Temperat hos justus jejuna mente politus.
Fornicor in multis letali fraude peremptus.
Me tamen evacuat felix ΕΝΓΡΑΤΕΑ totum.
Servus avaritiæ cunctum deglutit et orbem,
Dissipat et largus hanc pestem falce venustam.
Ira furit nimium, semper sævire parata,
Quam vir pacificus patienter percutit (?) ore,
Anxietas mentis gignit suspiria cordis,
Quæ Christi famuli sedant placamine miti.
Tristitiæ jaculis plures turbantur in orbe;
Quos quoque solatur Christus lætamine sacro.
Dejicit ast alios kenodoxia corde superbo.
Hos restaurat ovans divini lectio verbi.

Entre ces lignes sont les gloses suivantes: au-dessus de *tapinosis* (ταπείνωσις), « humilitas; » au-dessus du premier mot du deuxième vers, dont le commencement est effacé: « id est gula; » de *ellonis* (helluonis): « gluttonis; » de *engratea* (ἐγκράτεια): « continentia; » de *anxietas*: « id est accidia; » de *kenodoxia* (κενοδοξία): « id est vana gloria. » Montfaucon donne, au lieu de *octo*, dans le titre, *Deo et;* au lieu de *cosmi*, *cos...*; au lieu de *falce venustam*, *face venusta;* au lieu de *miti*, *mentis;* au lieu de *dejicit*, *devicit*. 2° Exempla Βαρυτονορυμ, secundum Macrobium Theodosium: Θλίβω tribulo, etc. 3° Alphabet grec, avec la prononciation à côté de chaque lettre. 4° Après le glossaire, divers vocabulaires, entre autres celui-ci : « Græca quæ sunt in versibus Johannis « Scoti. » Ce vocabulaire peut servir pour restituer à Jean Scot des vers mêlés de grec qu'on pourrait rencontrer sans nom d'auteur. 5° Divers morceaux de grammaire et prosodie latine. Enfin dans les vers de Scot Érigène, il y aurait quelques corrections à faire à l'imprimé de Charles Labbe. Ainsi avant βασιλεῖ Καρόλῳ, le manuscrit donne θαυμαστῷ qui complète le vers. Peut-être ce manuscrit a-t-il été composé et exécuté sous la direction de Scot Érigène. — M. Hase a bien voulu ajouter à ce qui précède les observations suivantes : « Il y a de l'analogie entre le manuscrit de Laon, les gloses de Cyrille, celles de Placidus, publiées par M. Angelo Mai, et le manuscrit grec n° 2628 de la Bibliothèque royale. Mais ce dernier est du xve siècle, et le copiste, voulant réduire chaque article à une ligne, a souvent retranché les derniers mots de l'interprétation latine. Parmi les manuscrits renfermant des glossaires grecs-latins, celui de Laon doit être regardé comme un des plus importants, à cause de son contenu, de son ancienneté (il est probablement du xe siècle; Montfaucon le croit même du ixe), et de sa belle conservation ; il devra être nécessairement consulté par le philologue qui un jour entreprendrait une nouvelle édition des glossaires latins et grecs-latins. Les règles et observations grammaticales qui se trouvent aux derniers feuillets semblent tirées des ouvrages de Priscien, peut-être aussi des traités d'Eutychius, de Phocas et de Velius Longus. Enfin, nous croyons reconnaître dans le manuscrit de Laon trois mains différentes, mais contemporaines; la seconde commence à la lettre O. » — Voyez dans l'Appendice un *fac-simile* de ce manuscrit.

N° 445. In-fol. sur vélin. – (Glossarium latinum.) — IXe ou Xe SIÈCLE.

Provient de Notre-Dame de Laon. Ce glossaire, plus ample que celui d'Isidore de Séville, imprimé par Godefroy, parmi ses *Auctores linguæ latinæ*, ne paraît être aucun des autres glossaires qui portent également le nom d'Isidore, et dont Martinius a donné un extrait à la suite de son *Lexicon philologicum;* car il y a dans cet extrait des mots qui ne se trouvent pas dans le manuscrit de Laon. Il manque quelques feuillets au commencement. Le premier mot est *Augustus;* on a ajouté plus tard, au-dessus : *Augusticlavus.* Les derniers mots sont *Vultuosus,* trifus (tristis ?), plus quelques autres mots ajoutés plus tard, et appartenant aussi à la lettre V : *Varix, Voluptas,* etc. Dans l'intérieur du manuscrit, trois feuillets détachés forment une sorte de supplément, renfermant un assez grand nombre de mots. Ce glossaire et le supplément contiennent beaucoup de mots altérés ou barbares, dont plusieurs ne se trouvent pas dans Ducange, par exemple : *Ambes,* campestres; *Bagi,* vana; *Boa* (différent de *Boas,* serpens), animal insequens boves valde; *Bibola,* papyrus ut humorem bibat; *Bilex,* ex virga; *Belivus,* bestiarum morbus, etc. et beaucoup de mots aussi qui ne se trouvent que dans le glossaire de Papias, une des sources d'où probablement celui-ci a été tiré. Sur quelques feuillets qui terminent le manuscrit, se trouvent: 1° Un fragment commençant ainsi : « Incipit præfatio : quamvis enim in « hujus exilii damnosam cecitatem, etc. » Malgré ce titre, « Incipit præfatio, » c'est le commencement, non de la préface, mais du premier livre du Traité d'Alcuin « De fide Sanctæ Trinitatis. » Le fragment s'étend jusqu'à ces mots du quinzième chapitre : « qui eum genuit. » 2° Sermon sur le symbole des apôtres : « Hæc summa est fidei nostræ, dilectissimi, etc. » Autre, sur l'oraison dominicale : « Orate cum silentio audientes, etc. »

446. In-8° sur vélin. (Glossarium.) – Incipit : « *Abjecer,* lapis « adjutor. *Abigit,* expellit, fugat, insequitur. » — XIIIe SIÈCLE.

Provenance inconnue. A deux colonnes. En tête est écrit, d'une écriture

FAC-SIMILE.

Bibliothèque de Laon, Ms. 444, p. 234.

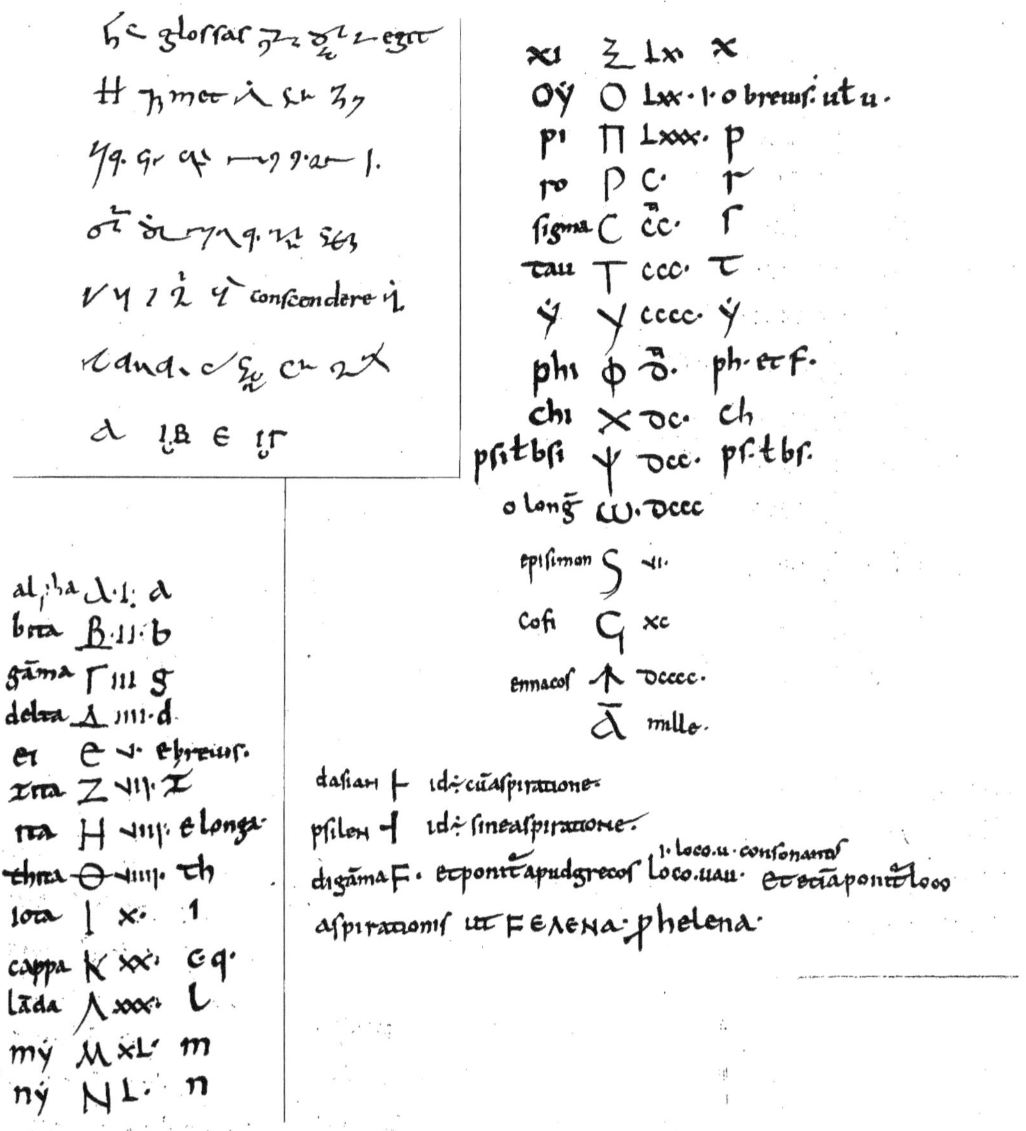

moderne : « Hugutio abbreviatus. » Ce glossaire est en effet un abrégé du Lexique universel d'Ugution, ouvrage omis par Fabricius, vv. *Huguitio* et *Uguitio*. A la fin du volume est écrit en rouge :

Clavis prima datur, si lectio continuatur.

N° 447. In-folio sur vélin. – Incipiunt libri æthimologiarum quos Isidorus junior episcopus ad Sesibutum regem Gothorum et postea ad Braulionem episcopum Augustorum (Cæsaraugustanum) romano stilo edidit. — IXe SIÈCLE.

Provient de Notre-Dame. A deux colonnes.

448. In-4° sur parchemin. (Recueil.) – (1° Fragmentum de significatione nominum græcorum figurarum dictionis.) – Incipit : « Prolempsis (*lege* Prolepsis), Zeuma, Ypozeuxis... » – 2° Dialogus de grammatica. – Incipit : « Fuerunt in scola « Albini magistri duo pueri. » – 3° Incipit orthographia Albini magistri :

Me legat antiquas cupiat qui scire loquelas.
Me spernens loquitur mox sine lege patrum.

« *Æternus, ætas,* per *æ* dyptongon, *ævum* per duo *u u, æqui-* « *tas* per *æ* dyptongon, *æquus,* id est justus; hæc omnia per « dyptongon scribenda sunt, etc. » — IXe SIÈCLE.

Provient de Notre-Dame. Le n° 1 occupe neuf pages et demie. L'ouvrage dont ce fragment est tiré ne serait-il pas de Scot Érigène, ainsi que le glossaire décrit plus haut, n° 444 ? Le n° 2 est un traité imprimé parmi les œuvres d'Alcuin, à la suite de sa grammaire. Le n° 3, traité signalé par Cave parmi les ouvrages perdus d'Alcuin, ne fait pas partie de l'édition de Duchesne. Il occupe seize feuillets du manuscrit, dont la moitié est gâtée par l'humidité et presque illisible.

449. In-4° sur vélin. (Recueil.) – 1° Incipit Summa determinationum composita a magistro Gualterio. « Admiratione « inextimabili extat. » – 2° Incipiunt notule magistri Aynelli de Gaieta : « Nota quod in omni constructione... » – Desinit :

« Expliciunt notule magistri Anelli de Gaieta, de instruc« tione (constructione) latinorum. » – 3° Incipiunt notule localium adverbiorum. « Quoniam de quibusdam. » — XIVe SIÈCLE.

Provient de Notre-Dame. A deux colonnes. Ce manuscrit a été vraisemblablement exécuté en Sicile, ou du moins dans l'Italie méridionale. Le n° 1 est un dictionnaire des principaux mots latins et grecs, avec des exemples tirés de différents auteurs. Il se termine par un épilogue en vers, dont voici la fin :

Invidiam tollas, mea sunt tua; fac tibi prosint
 Dona Dei variis articulata viris.
Discere quam posses doctrinam pluribus annis,
Sub brevitate docet hec præsens Summa Johannis.
Si petis actorem (*lege* auctorem?), doctorum collige florem.
Nomine Gualterii presens hoc carmen (?) amenum
Ad fontem vivum festina desine (*leg.* desere?) rivum.

Ce Gautier est probablement l'Anglais de ce nom qui fut archevêque de Palerme, et enseigna la grammaire à un roi de Sicile, au XIIe siècle. (Fabricius, *Bibliotheca latina mediæ et infimæ ætatis*, tom. III, p. 111.) Le n° 2 se compose de remarques grammaticales. Le n° 3 est probablement du même auteur que l'opuscule précédent. Sur le feuillet de garde placé en tête du manuscrit, d'une écriture cursive du XIIIe siècle, on lit : 1° une adresse des Palermitains aux Messinois, les exhortant à se soulever contre les Français et Charles d'Anjou. Incipit : « Nobilibus civibus urbis egregie Messane sub Pharaone principe, etc. » 2° La réponse négative des Messinois. Le commencement est : « Panormitanis « Messana civitas. » Incomplète. Ces deux pièces sont précédées du titre : « De « rebellione Sicilie. » La première a été publiée pour la première fois par D. Martène, puis réimprimée par Muratori dans le tome X, col. 830-832, de ses *Scriptores rerum italicarum.* — Sur deux feuillets de garde terminant le volume, sont des formules de quelques médicaments, dont l'un est ainsi désigné : « Electuarium magistri Tadei de Bononia, purgans grossos humores « de stomacho. »

N° 450. In-folio. (Recueil.) – 1° Sur vélin. – Incipit Summa dictaminis compilata et sumpta de regestris Urbani et Clementis summorum pontificum per magistrum Riccardum de Pophis, in qua flores dictaminis continentur : « Novitio« rum studia januam. » – Desinit : « per omnia secula se-

« culorum, amen, amen, amen. » Explicit Summa magistri Riccardi de Pophis. – 2° Sur papier. (Jacobi de Vitriaco Historia hierosolymitana.) – Incipit : « Terra sancta pro- « missionis, Deo amabilis. » — XVe SIÈCLE.

Provient de Notre-Dame de Laon. Au n° 1, Richard est probablement le même que Richardus de *Paphiis*, et Richardus de *Pisis*, cités par Montfaucon (*Bibliotheca bibl. manuscriptorum*, pp. 73 et 1374), comme auteurs d'un *Ars dictaminis*, et d'un *Summa dictaminis*; cf. *Fabricii Bibliotheca latina mediæ et infimæ ætatis*, tom. VI, p. 83. Les deux papes des registres desquels sont tirés les protocoles et modèles de lettres sont Urbain V et Clément VII. L'ouvrage doit avoir été écrit à Avignon, lieu de leur résidence. Sur quelques feuillets en vélin, placés avant et après le *Summa dictaminis*, et à la fin du volume, se trouvent quelques protocoles ou modèles de lettres tirés des mêmes sources, et qui forment une sorte d'appendice. Le n° 2 est incomplet.

N° 451. In-folio sur vélin. – (Summa magistri Thomæ de Capua de arte dictaminis.) – Incipit : « In hoc prohemio. » – Desinit : « facto fine, pia laudetur Virgo Maria. Explicit Summa ma- « gistri, etc. Deo gratias. Amen. » – XVe SIÈCLE.

Provient de Notre-Dame.

452. In-4° sur vélin. – (Ciceronis de Officiis.) – Desinit : « Explicit « iste liber de officiis. » — XVe SIÈCLE.

Provient de Notre-Dame. Après l'*explicit* : « Scriptus a Guillelmo Taquenet, « teste suo signo manuali : Taquenet. » Avec un paraphe fort compliqué.

Excellunt cunctos hii libros philosophorum
Libri quos fecit tres Tullius officiorum.
Tu qui sugisti de Virgine virgineum lac,
Celestis regni scriptorem participem fac.

453. In-4° sur vélin. – (Ciceronis Rhetorica ad Herennium.) – Desinit : « Explicit secunda rethorica Tullii, laus Deo et « beate Marie Virgini. » — XVe SIÈCLE.

Provient de Notre-Dame. A longues lignes. Après l'*explicit* : « Nomen scrip- « toris Petrus Hervonin plenus amoris, ut supra dicitur. »

N° 453 *bis*. In-4° sur vélin. (Recueil.) – 1° (Ciceronis de Inventione.) – 2° (Ejusdem Rhetorica ad Herennium.) – Desinit : « M. T. C. ad Herennium liber VI explicit. » – 3° (Boethii de Differentiis topicis.) – Incipit : « Si quis operis. » – 4° Incipiunt controversiæ M. T. C. in Catilinam. — XIIe SIÈCLE.

Provient de Notre-Dame. L'écriture est extrêmement fine. Ce manuscrit a beaucoup souffert de l'humidité ; les marges sont en grande partie détruites, et en plusieurs endroits les mots qui en sont voisins sont effacés ou enlevés.

454. In-4° sur papier. (Recueil.) – 1° Ciceronis de Natura deorum. – 2° (Ejusdem) de Divinatione. – 3° (Ejusdem Timæus.) — XVe SIÈCLE.

Provient de Notre-Dame.

455. Grand in-folio sur papier. (Recueil.) – 1° (Philippi de Pergamo Commentarius in Catonem.) – 2° Liber scaccorum moralisatus, qui intitulatur de moribus hominum et officiis nobilium. – Incipit : « Multorum fratrum ordinis nostri, etc. » — XVe SIÈCLE.

Provient de Notre-Dame. A deux colonnes. Le premier de ces deux ouvrages a été publié dès l'année 1474. Le second, dont l'auteur est Jacques de Cessoles, a été souvent imprimé. Innocent III avait aussi écrit : « Moralisatio scaccarii. »

456. In-folio sur papier. – (Commentarius in Senecæ epistolas.) – Incipit : « Deus creator omnium... » – Desinit : « qui ne hoc « idem, etc. Deo gratias. » — XVe SIÈCLE.

Provient de Notre-Dame.

457. Petit in-4° sur papier et quelques feuillets de vélin. – (Nicolai Treveth Commentarius in Senecæ declamationes.) – Incipit : « In Christo sibi dilecto fratri Johanni de Lechi- « nal (?) illustris regis Angliæ confessori, frater Nicholaus de « Treveth, fratrum Predicatorum minimus, veritatis in eter-

« nitate gloriam contemplari : Exacto septenarii annorum... » – Desinit : « consequentiam trahendus. Explicit liber deci« mus declamationum Senece, ad honorem Domini nostri « J. C. Amen. Expliciunt declamationum Senece expositio« nes super decem libros. » — XVe SIÈCLE.

Provient de Notre-Dame. Plusieurs feuillets sont gâtés et à demi effacés par l'humidité.

458. In-8° sur vélin. – Incipit liber primus Declamationum Senece, etc.

Provient de Notre-Dame de Laon.

N° 459. In-folio sur vélin (Recueil). – 1° (Epitaphium Senecæ.) « Cura, labor, meritum, etc. » – 2° Incipiunt capitula supra singulas epistolas ejusdem ad Lucilium. – Desinit : « Explicit « hoc totum ; pro Christo da mihi potum. » – 3° Ejusdem de vita beata. – Desinit : « Explicit liber Annei Lucii Senece de « beata vita ad Gallionem. » – 4° Ejusdem de consolatione ad Marciam. – Desinit : « Lucii Annei Senece ad Martiam de « consolatione filii liber explicit. » – 5° Ad Helviam matrem, de consolatione. – Desinit : « Lucii Annei Senece ad Helviam « de consolatione filii liber secundus explicit. » – 6° De tranquillitate animi, ad Serenum. – Desinit : « L. A. Senece ad « Serenum de tranq. an. liber explicit. » – 7° Ad Lucilium, de providentia. – Desinit : « Luc. Ann. Senece ad Lucilium « de divina providentia liber explicit. » – 8° De constantia sapientis. – Desinit : « Luc. Ann. Senece ad Serenum, quod « in sapientem nec injuria nec contumelia cadit. » – 9° De beneficiis. – Desinit : « Explicit liber Senece de beneficiis. » – 10° Incipit liber Annei Lucii Senece de ira, ad Novatum. 11° De remediis fortuitorum. « Hunc librum composuit Se« neca, etc. » – 12° Tractatus ejusdem de quatuor virtutibus. – 13° Proverbia ejusdem. – 14° De clementia ad Neronem. – 15° Epistole ad Paulum : « In nomine Domini Jesu « Christi, Sanctus Hieronymus de Seneca in catalogo histo- « ricorum et in libro illustrium virorum, etc. » – 16° De brevitate vite. – Desinit : « Lucii Annei Senece ad Paulum de « brevitate vitæ liber explicit. – 17° (Sententiæ.) – Incipit : « Nichil tam mortiferum ingeniis est quam luxuria. » – 18° Ciceronis, de amicitia. – 19° Ejusdem, de senectute. – 20° (Epitaphia Ciceronis, ab Eustemio, Juliano, Hilario, Palladio, Asclepiadio, Euforbio, Pompilio.) — XIVe SIÈCLE.

Provient de Notre-Dame. A deux colonnes. Tout le manuscrit est gâté à sa partie supérieure par l'humidité, qui a aussi effacé un grand nombre de pages. L'épitaphe de Senèque est d'Hildebert du Mans et est imprimée dans ses œuvres. Les n°s 11, 12, 13, 15 sont des ouvrages apocryphes, qui tous ont été souvent imprimés. Le n° 12 est de Martin de Braga; voyez plus haut, ms. 403. N° 20. Ces épitaphes ont été publiées d'abord par P. Pithou, Paris, 1590, in-12.

N° 460. In-folio sur papier. Commentum in tragedias Lucii Annæi Senece. » – Incipit : « Tria genera theologie. » — XVe SIÈCLE.

Provient de Notre-Dame. A la fin : « Explicit decima et ultima tragedia « Annei Senece, finita scribi anno Domini millesimo quadringentesimo qua- « dragesimo secundo, prima die mensis jullii, per manum Johannis Darquet, « honorandis dominis magistris ac preceptoribus suis singularissimis Guil- « lelmo Aubery, in sacra theologia doctori excellentissimo, et Johanne So- « lerii in eadem facultate formato baccalario, amico carissimo, precipientibus, « hujus libri caritate considerata. Jo. Darquet. »

461. In-folio sur vélin. – (Excerpta e scriptoribus variis.) – 1° (Excerpta e Senecæ Epistolis, de Beneficiis, de Clementia, de Virtutibus, de Remediis fortuitorum.) – 2° (Excerpta e Boethii libro de Consolatione philosophiæ.) – 3° Aristotelis

Ethica vetus. — 4° (Excerpta ex Petri Comestoris Historia scholastica.) — 5° « Incipiunt extractiones super librum qui « dicitur Dysarius : qui liber intitulatur De quinto convivio « Platonis, quia scilicet convivantibus cum Platone condisci- « pulis et sociis suis philosophis, proponebant inter se ques- « tiones mutuo et solvebant; inter quos fuit Eustachius, « Evangelus, Symachus, Serius, Flavianus, Osyus, Furius, « Albinus, et alii, etc. » — 6° Incipit de narrationibus Petri Alphonsi. « Qui timet Deum, etc. » — 7° (Excerpta ex Ovidii de Remedio amoris; *sine titulo;* de Arte amandi; Epistolis Ponticis; Tristibus; Fastis; Metamorphoseon libris.)—(8° Excerpta e Claudiano.) — 9° (Excerpta e Maximiani Elegiis.) — 10° (Excerptæ Geta.) — 11° Disticha Catonis. — 12° (Excerpta e Virgilio.) — 13° (Excerpta e Statio.) — 14° (Excerpta e Lucano.) — 15° (Excerpta e Juvenale.) — 16° (Excerpta e Galteri Alexandreide.) — 17° Incipit Ysopus :

Ut juvet, ut prosit, conatur pagina presens ;
Dulcius arrident seria mixta jocis, etc.

18° (Excerpta ex Horatii epistolis.) — 19° (Excerpta e Prudentio.) — 20° Incipit lapidarius. « Artifices qui margaritas, etc. Caput primum : « Jaspis primus ponitur... » — 21° (Excerpta e S. Fulgentii libro de Prædestinatione.) — 22° (It. ex Isidori Hispalensis Etymologiis.) — 23° (It. e Solini de Mirabilibus mundi.) — 24° (It. e S. Hieronymi Vitis patrum.) — 25° (It. e Sancti Prosperi epsitolis ad Augustinum.) — 26° (It. ex Epistola ad S. Augustinum S. Hilario adscripta.) — 27° (It. e Boethii de Trinitate et de Duabus naturis.) — 28° (It. ex Alani de Insulis Anticlaudiano.) — 29° (It. e Ciceronis Tusculanis quæstionibus.) — 30° Incipit de regulis accentuum :

Accentus varias decet hic distinguere normas.

— Desinit : « Explicit de regulis accentuum secundum Doc-« trinale. » — 31° Incipit tractatus super missam, qui vocatur Speculum ecclesie. « Dicit apostolus. » — XIVe SIÈCLE.

Provient de Notre-Dame de Laon. A deux colonnes. Au n° 1, le *De virtutibus* et le *De remediis fortuitorum* sont des productions faussement attribuées à Sénèque. Les questions traitées dans le n° 5 se rapportent toutes à la médecine. Le n° 6 comprend des extraits du *Disciplina clericalis* de Pierre d'Alphonse. N° 7; ce sont les *Amours* qu'on désignait ainsi : *Sine titulo.* Le n° 10 est d'Hosidius Geta, auteur d'une tragédie. (Voyez Fabricius, *Bibliotheca latina*, L. I, c. 12, § 9.) Le n° 17 renferme cinquante-neuf fables, versifiées en distiques élégiaques, sous le nom d'Ésope. Ce sont les fables de Galfred, publiées au XVe siècle. (Voyez l'Essai sur les fabulistes avant La Fontaine, par A. C. M. Robert, tom. I, p. LXXXVII et suiv.). L'auteur est nommé Æsopus dans Éverard de Béthune. (Voyez Fabricius, *Bibliotheca latina mediæ et infimæ ætatis*, tom. II, p. 74, qui cite en note le premier vers, *Ut juvet, etc.*) Au n° 20, le traité des douze pierres mystiques de l'Apocalypse est celui qu'on a déjà rencontré dans deux manuscrits. Les vers du n° 30 sont ceux dont il y a un commentaire dans le manuscrit 465. *L'explicit* semble signifier que ces règles sont tirées du Doctrinal d'Alexandre de Villedieu. Le n° 31 occupe une demi-colonne seulement. Le reste manque.

N° 462. In-8° sur vélin. (Recueil.) — 1° (Commentarius brevis in Physica Aristotelis.) — Incipit : « Naturalis philosophie prin-« cipales partes sunt octo, quarum prima est de corpore « mobili simpliciter. » — Desinit : « Quibusdam nostris fra-« tribus hæc modica extraximus; inter quæ si sint aliqua « male dicta, mereretur veniam, quia aliis utilioribus, hæc « colligendo, dabatur opera. Si vero fuerint aliqua bene « dicta, gratias postulamus scientie largitori, qui est Chris-« tus benedictus in sæcula sæculorum, amen. » — 2° (Humberti de Prulliaco commentarius in librum primum Metaphysicorum Aristotelis.) — Incipit : « Sicut dicit Boetius. » — Desinit : « natura scire desiderant. Explicit principium pri-« mum metaphysice. » — 3° (Fabulæ versibus expresse) : « De

« gallo et jaspide. – De lupo et agno. – De mure rustico et « urbano. » – 4° (Disticha moralia) :

Verborum levitas, morum fit pondus honestum,
Et nucleum celat arida testa bonum, etc.

– 5° Incipit tabula super librum Ethychorum. – 6° (Versus de libertate.) – 7° ..... super quartum sententiarum; est extracta de lectura fratris Odonis dicti Molet.–Incipit : « Dif-« ferentia sacramentorum veterum..... » – 8° (Excerpta ad mores pertinentia.) — XIVe SIÈCLE.

Provient de l'abbaye de Cuissy. Le n° 2 est le premier livre du Commentaire d'Humbert de Prully sur la métaphysique d'Aristote. Les fables comprises dans le n° 3 sont une partie de celles de Galfred. Le n° 5 est une table alphabétique de l'Éthique d'Aristote. Les vers du n° 6 sont assez remarquables :

Libertas, predulce bonum, bona cetera condit ;
Qua nisi condatur, nil sapit esca mihi.
Libertas animi cibus est et vera voluntas (*leg.* voluptas?).
Quisquis dives ei (*leg.* ea?), ditior esse nequit.
Nolo velle meum pro turpi reddere lucro.
Quas qui vendit opes, hic..... (*suppl.* male?) vivit inops.
Non bene libertas pro toto venditur auro :
Hoc celeste bonum preterit orbis opes.

Suivent quelques autres distiques moraux :

Nemo sibi satis est; eget omnis amicus amico.
Si non vis aliis parcere, parce tibi, etc.

Au n° 7, le commencement du titre a été coupé par le relieur. Je ne trouve dans les bibliographies aucune mention de Eudes Molet. Cet extrait est écrit en grande partie en cursive. Il est incomplet. Le n° 8 est une compilation d'extraits sur des matières de morale et de religion, en cent vingt-neuf chapitres, par ordre alphabétique; en tête on lit ces vers :

Sunt hec collecta libro... galia multa.
Ex alphabeto distincte scripta teneto.
Et positum titulo quodlibet est proprio.

« Duplex est Abstinentia, etc. »

L'ouvrage est suivi de tables pour appliquer les divers chapitres aux différents offices de l'année.

N° 463. In-folio sur vélin. (Recueil.)–1° (Ciceronis liber de synonymis ad Veturium.) « Collegi ea quæ, etc. »–Desinit : « Ex« plicit synonyma artis retorice. » – 2° De ponderibus, de mensuris, etc. « Talentum est pondo LXII, etc. » – 3° De sollemnitatibus, de idolis, etc. « Annus jubeleus (*sic*), etc. » – 4° (Glossarium.) – 5° (Junilii, de partibus divinæ legis.) – Incipit : « Sancto ac beatissimo episcopo Primasio Ni« lius, etc. » – 6° (Hugonis de S. Victore miscellanea. De triplici modo subsistendi) : « Tribus modis res. » – (De ingeniis) : « Multi sunt quos. » – 7° Hugonis de S. Victore Didascalicon : « Incipiunt capitula in libro qui appellatur « didaschalicon Hugonis, id est de origine artium, quod « est introductorii ad artes. » – Incipit : « Omnium expeten« dorum. » – 8° Incipit Hugonis philosophi de modis et virtute orationis. « Domino et patri. » – 9° De anima Christi epistola Galteri de Mauritania : « Hugoni S. Victoris, etc. » – 10° Responsio Hugonis theosophi : « Prudenti ac reli« gioso. » – 11° (Ejusdem de Humilitate.) « Duobus modis « diabolus. » – 12° (Commentarius in Cantica canticorum.) « ... Ibo michi ad montem, etc. Sponsus quidam hic... » – Desinit : « Congregamur, amen. » 13° (Hugonis de S. Victore de Virginitate Mariæ.) « Sancto pontifici G. Hugo. » – (Ejusdem, de Vanitate mundi.) « O munde immunde. » – 15° Incipit soliloquium domni Hugonis de Arra animæ : « Loquar « secreto animæ. » – 16° Incipit tractatus ejusdem de Meditatione : « Meditatio est frequens. » – 16° De Refectione Verbi Dei : « In refectione duo. » – 17° De Quinque septenis : « Quinque septena, frater. » – 18° De Oblivione præteritorum malorum et memoria et ira : « Insipientem doctus in« terrogas. » – 19° De Substantia dilectionis : « Codidianum « de dilectione. » – 20° Quid vere diligendum sit : « Vita

« cordis est. » — 21° De Septem vitiis excertum : « Septem « sunt vitia. » — 22° De Quinque statibus mutabilitatis humanæ : « Quinque status habet. » — 23° De Judicio faciendo : « Quid retribuam Domino. » — 24° Incipit prologus in Cantico pro assumptione Virginis. « Hugo Gerlando salutem. » — 25° Affiguratio mistica trium locorum, Ægypti, deserti, terræque promissionis : « Tria sunt loca. » — 26° (Ejusdem Miscellanea quedam.) — XIIe SIÈCLE.

Provient de l'abbaye de S. Vincent. Le n° 1 est un ouvrage apocryphe, publié à Venise, 1587, in-8°. Le n° 4 est un glossaire qui ne donne, pour chaque mot, que l'indication du genre grammatical auquel il appartient, avec des exemples tirés principalement de divers poëtes du siècle d'Auguste et du moyen âge; parmi ceux-là, quelques-uns dont les ouvrages sont perdus, tels que Rabirius. Ce glossaire a été publié d'après un manuscrit de la Bibliothèque impériale de Vienne, mais incomplétement. Voyez l'Appendice. Au n° 5, dans la suscription, au lieu de Nilius, il faut lire Junilius. C'est l'ouvrage imprimé dans la *Bibliotheca Patrum* (Lugd. tom. X, p. 340-377) et ailleurs. Il n'y en a ici que le premier chapitre et le commencement du second. (Voyez Trithème, *Catalogus scriptorum ecclesiasticorum*, n. 155; Aubertus Miræus, *Auctarium*, p. 27, n° 148; Fabricius, *Bibliotheca latina mediæ et infimæ ætatis*, tom. IV, p. 204, où une partie de cette lettre est citée.) Pour le n° 7, voyez *Hugonis de S. Victore opera*, tom. III, p. 1. N° 8, *ibid.* tom. II, p. 238. N°s 9, 10. La lettre de Gautier a été publiée par Du Boulay, *Historia universitatis Parisiensis*, tom. II, p. 64, sous le nom de Guillaume. (Voyez Oudin, *de Scriptoribus ecclesiasticis*, tom. II, p. 1200.) La réponse de Hugues de S. Victor est imprimée parmi ses œuvres (tom. III, p. 58). Le n° 11 est le titre CCLXXII des Mélanges de Hugues de S. Victor (*Opera*, tom. III, p. 149). Au n° 12, le commencement manque. N° 13, *Hugonis de S. Victore opera*, tom. III, p. 81. N° 14, *ibid.* tom. II, p. 265. N° 15, *ibid.* p. 223. N° 16, *ibid.* p. 145. N° 17, *ibid.* tom. I, p. 303. N° 18, *ibid.* tom. III, p. 115. N° 19, *ibid.* N° 20, *ibid.* p. 248. N° 22, *ibid.* tom. II, p. 632; *ibid.* tom. III, p. 117. N° 24, *ibid.* tom. II, p. 632. N° 25, *ibid.* tom. III. Sur Hugues de S. Victor, voyez l'Histoire littéraire de la France, tom. XII, p. 1-72.

N° 464. In-4° sur vélin. — Retractatio reciprocæ interrogationis et responsionis de pedum regulis. I. De pyrricheo sive dibrachi. II. De spondeo, etc. – Incipit : « Δ. Expositis enig« matum propossicionibus, et degesta metrorum melodia, « jam promisus rerum ordo efflagitat ut multiformes pedum « regulas ex diversis orationum partibus propalare non ab« usna, eorum præsertim quos grammatici sibi usurpare nos« cuntur. M. Generaliter omnium pedum catologus, etc. » – Desinit : « Sæcula sæculorum, amen. » — IXe SIÈCLE.

Provient de Notre-Dame. En haut de la première page on lit : « Hunc librum « dederunt Bernardus et Adelelmus, etc. » comme dans plusieurs autres manuscrits de la même époque. L'ouvrage est un dialogue sur la métrique. D'après le début, il semble que ce soit la suite d'un autre dialogue sur la poétique. Les deux interlocuteurs sont désignés par les deux lettres grecques Δ et M, qui signifient Discipulus et Magister. C'était l'usage d'employer des lettres grecques pour les initiales de ces mots, dans les dialogues de ce genre. Junilius, au VIIe siècle, en avait donné l'exemple, dans son *de Partibus divinæ legis;* il dit dans le prologue : « In duos brevissimos libellos regularia « hæc instituta collegi, addens ipsius dictionis, quantum potui, utilem for« mam ; ut veluti discipulis interrogantibus, et magistro respondente, breviter « singula et perlucide dicerentur. Et ne aliqua confusio per antiquariorum, « ut adsolet, negligentiam proveniret, magistro M græcam litteram, discipulo « vero Δ præposui, ut ex peregrinis characteribus, et quibus latina scriptura « non utitur, error omnis penitus auferatur. » Le poëte Milon de Saint-Amand, oncle du célèbre Hucbald, au IXe siècle, avait composé sur la métrique un livre que Sander dit avoir vu dans la bibliothèque de Saint-Amand. (Voyez *Bibliotheca belgica,* tom. I, p. 57.) Peut-être est-ce le même que renferme le manuscrit de Laon.

N° 465. In-8° sur vélin. (Recueil.) – 1° (Commentarius in Donatum.)–Incipit: « Quoniam ad sapientiam per grammaticam « devenimus. » – Desinit : « est de aliis. Explicit Remigius. » – 2° (Tractatus de re metrica.) – Incipit : « Ad habendam « metrici dictaminis cognitionem. » – Desinit :

Hic labor explicit. Hoc reficit (efficit) ut metra plura
Arte canamus, vel faciamus non sine cura.

3° Tractatus de modis significandi qui reperiuntur in dictionibus et partibus orationis, per quos modos dictiones reponuntur sub specie partis et inter se ad invicem constituuntur. — Incipit : « Primo scire debemus. » — Desinit : « Hic « expliciunt modi significandi quos composuit magister Vin- « centius Chemite (?) — 4° (Tractatus de grammatica.) « Ut « ad sapientiam per grammaticam venire possimus, scien- « dum est quod quinque sunt claves sapiencie. » — Desinit : « legitur a Socrate. » — 5° (Commentarius in versus de accentu.) — Incipit : « *Accentus varias.* Dicto et determinato. » — Desinit : « Et hoc de accentu sufficiat. Explicit accentus ma- « gistro Henrici de Colonia. » — XIVe SIÈCLE.

Provient de l'abbaye de Cuissy. Le Remigius du n° 1 est probablement Remi d'Auxerre. Peut-être ce commentaire sur Donat est-il imprimé dans le *Remigii Grammaticalia.* (Voyez Fabricius, *Bibliotheca latina mediæ et infimæ ætatis,* tom. VI, p. 76.) Le n° 2 est un opuscule très-court. A la fin du n° 4 est ce vers :

Explicit iste liber; sit scriptor crimine liber.

D'après l'époque à laquelle le manuscrit nous semble appartenir, l'auteur du n° 5 ne peut pas être le Henri de Cologne qui vivait au XVe siècle ; le seul personnage de ce nom dont Fabricius fasse mention. Les vers sur l'accent, ici commentés, se trouvent déjà dans le manuscrit 461, n° 30.

N° 466. In-folio carré sur vélin. (P. Terentii comœdiæ.) — XVe SIÈCLE.

Provient de Notre-Dame de Laon. Beau manuscrit exécuté sur vélin très-blanc, mais incomplet, commençant à la première scène du second acte des Adelphes. La distinction des vers n'est pas bien observée. A la fin du manuscrit est l'épitaphe de Térence : « Natus in excelsis, etc. » souvent publiée d'après un manuscrit de la Bibliothèque du Roi. Voyez l'édition de Lemaire, tom. I, p. CLVI.

467. In-folio sur papier. — (Commentarius in comœdias Terentii.) — Incipit : « Cum omnes poetæ. » — XVe SIÈCLE.

Provient de Notre-Dame de Laon ; à la fin est l'épitaphe de Térence :

« Natus in excelsis, etc. » Après le dernier vers : « Scriptus et compilatus per « me Johannem Vilardi, canonicum Laudunensem, et natum Bappalmis in « Atrebatensi diocesi. »

N° 468. In-folio sur vélin. (Recueil.) « Hic contenentur glosse « super Virgilium et Sedulium. » – « Incipiunt glossæ in « initio Bocolicorum. » – 1° Vita Publii Virgilii. – Incipit : « Publius Virgilius Maro genere Mantuanus. » – 2° (Servii in Bucolica prologus.) Servius in initio Bocolicorum : « Bo- « colica, ut ferunt. » – 3° (Ejusdem in Georgica.) Servius in initio Georgicorum : « Virgilius in operibus. » – 4° Incipiunt glossæ in initio Æneidorum : « Primo om- « nium judicium poetæ laudandum est. » – 5° (Servii in Æneida prologus.) Servius in initio Æneidorum. « In ex- « ponendis auctoribus. » – 6° Incipit ratio fabularum de musis fictis, de diis et deabus : « Iste sunt VIIII musæ. » – 7° De proprietate philosophiæ et de VII liberalibus artibus : « Omnis philosophia in tres species dividitur. » – De inventione liberalium artium. – De philosophis. – De poetis. – De sibillis. – De magis. – De diis gentium. – 8° De affinitatibus et propinquitatibus et gradibus affinitatum : « Hæ- « res, hæredis, ab ære dicitur. » – 9° De conjugiis : « Vir « sexum significat. » – 10° De epythetis Virgilii : « Epitheton « est. » – 11° Incipiunt glossæ super Virgilium epithetis suis convenientes : « De prima egloga : Dramaticon dicitur hoc « carmen bucolicum, id est fabulosum. » – 12° Ex (*lege :* in) epistolas Sedulii glossæ. – Desinit : « Expliciunt glossæ « Sedulii. » — IXe SIÈCLE.

Provient de Notre-Dame de Laon. Sur un feuillet de garde on lit : « Istum « librum dederunt Bernardus et Adelelmus Deo et sanctæ Mariæ Laudunen- « sis ecclesiæ. Si quis abstulerit, offensionem Dei et sanctæ Mariæ incurrat. » N° 1, cette vie n'est aucune de celles qui sont imprimées sous les noms de

Donat, de Servius et de Probus. C'est celle que Heyne avait signalée dans un manuscrit de Wolfenbüttel, et qui a été publiée récemment, par M. J. Quicherat, dans la Bibliothèque de l'école des Chartes, t. II, p. 127, d'après le manuscrit 8069 de la Bibliothèque du Roi. Elle est suivie ici d'un commentaire assez étendu. Les nos 2, 3, 4 comprennent les prologues de Servius, qui ne sont pas reproduits littéralement, mais, en général, abrégés, avec quelques additions. Ainsi, après ces mots du prologue des Géorgiques, « Hesiodus ad Persen et Lucretius « ad Memmium, » le manuscrit ajoute : « Sane agriculturæ hujus præcepta non « ad omnes pertinent terras, sed ad solum situm Italiæ, et præcipue Venetiæ; « teste ipso Virgilio, qui ait : Tibi res antiquæ laudis et artis Ingredior, cum « de Italia diceret. » Au n° 4, immédiatement après la phrase « Incipiunt « glossæ, etc. » suivent deux pages de prolégomènes. Le n° 5 est une explication de la mythologie. Les gloses du n° 11 ne sont en général qu'une simple interprétation d'un mot par un autre; par exemple : « Viburna, id est vir- « gulta. Sera, id est tarda. » Elles s'étendent aux Bucoliques, aux Géorgiques, aux six premiers livres de l'Énéide et au commencement du septième.

N° 469. In-4° sur vélin. (Fortunati poemata et vita S. Martini.) — VIIIe ou IXe SIÈCLE.

Provient de Notre-Dame de Laon.

470. In-4° sur vélin. (Recueil.) – 1° Petri de Riga Aurora. – Incipit prologus : « Frequens sodalium meorum. » – 2° Versus Hildeberti venerabilis Cenomannorum episcopi de concordia veteris et novi sacrificii. — XIIe SIÈCLE.

Provient de Notre-Dame de Laon. Au n° 1, les différentes parties de la continuation ne sont point dans l'ordre de la Bible, mais fort en désordre. A la fin du livre de Tobie, comme dans un manuscrit précédent : « Explicit « expositio Bede super Tobiam. » Le n° 2 est le poëme d'Hildebert du Mans sur la messe. (Voyez *Hildeberti opera*, ed. Beaugendre.) Sur un feuillet de garde est un petit poëme en français sur la Rédemption, commençant par :

Cil ki por nos prist char humaine,
Ki nus ieta d'infernal paine,
Vus gart et dedens et defors.

et finissant par :

Amen disons que Dex le face.

N° 471. In-4° sur vélin. (Recueil.) – 1° (Hugonis de S. Victore Summa sententiarum.) – Incipit : « De fide et spe. » – Desinit : « per invocationem Trinitatis. » – 2° (Commentarius in Cantica canticorum.) – Incipit : « *Osculetur me o. o. s.* (osculo « oris sui). Tria sunt oscula. » – Desinit : « constat esse ama-« bilius. » – 3° (Versus de decem plagis Ægypti, de ætatibus mundi, etc.) – 4° Incipit didascalicon magistri Hugonis. – 5° (Jeremiæ lamentationes.) – 6° De nova via nove civitatis. – « Jerusalem civitas inclita. » – 7° (Commentarii in quosdam locos Veteris Testamenti.) – 8° « Leo papa ser-« vus servorum Dei, dilectis filiis suis Galterio venerabili « abbati ecclesie beati Petri Stirpensis ejusque fratribus « canonicam vitam professis, etc. Pie voluntatis affectus. » – 9° (Fragmenta commentariorum et sermonum in Novum Testamentum. – 10° (Versus de paradiso, purgatorio et inferno) :

Cœlum, terra, chaos, distinctio trina loc... Excipiunt animas pro judicio merit.......	orum,
Valde namque bonis celo datur esse per.... Egregieque malis cito redditur ira ge......	henne;
His qui sunt neutrum, sed sunt tamen inter utr Traditur in terra qualis purgatio c.......	umque.

– 11° (Aliud carmen morale.) – 12° (Miscellanea.) – 13° Definitiones de fratribus Grandis-Montis : « Statutum est ut « ulterius. » – 14° (Hugonis de S. Victore De vanitate mundi et rerum transeuntium usu libri quatuor.) – Incipit : « O « munde immunde. » – 15° Incipit soliloquium domni Hugonis de arra anime : « Loquar secreto, etc. » – 16° Incipit tractatus ejusdem De meditatione : « Meditatio est « frequens. » – 17° De Refectione verbi Dei. « In refectione « duo sunt. » – 18° Tractatus de quinque septenis. « Quin-

« que septena, frater. » – 19° De oblivione preteritorum malorum et memoria et ira. « Insipientem doctus interrogas. » – 20° De substantia dilectionis. « Cotidianum de dilec- « tione. » – Desinit : « inordinata cupiditas. » – 21° Quid vere diligendum sit. « Vita cordis amor est. » – 22° De quinque statibus mutabilitatis humane. « Quinque status « habet. » – 23° De judicio faciendo. « Quid retribuam Do- « mino. » – 24° Incipit prologus in cantico pro Assumptione Virginis. « Hugo Gerlando salutem. Accipe frater. » – 25° Affiguratio mistica trium locorum Egypti, deserti, terræ promissionis. « Tria sunt loca. » – 26° (Ejusdem Miscellanea quædam.) — XIIe SIÈCLE.

Provient de Vauclair. Le n° 1 est imprimé dans *Hugonis de S. Victore opera*, tom. III, p. 417. Le n° 2 est incomplet. Le n° 3 se compose des vers d'Hildebert du Mans, et imprimés dans ses œuvres (édit. Beaugendre, col. 1360). Sur le n° 4 voyez *Hugonis de S. Victore opera*, tom. III, p. 1. Le n° 6 comprend une page et demie. Pour le n° 10, il est à remarquer que dans ces vers le purgatoire est placé sur ou dans la terre. Le n° 12 renferme des mélanges de tout genre sans valeur, sauf cette notice chronologique sur un abbé de Clairvaux : « XVII kal. novembris, migravit ab hoc seculo dominus Girardus, abbas sextus Clarevallis. » Le n° 13 se compose des statuts de l'abbaye de Grandmont. Pour le n° 14, voyez *Hugonis de S. Victore opera*, t. II, p. 265. N° 15, *ibid.* p. 223. N° 16, *ibid.* p. 284. N° 17, *ibid.* tom. III, p. 145. N° 18, *ibid.* t. I, p. 303. N° 19, *ibid.* t. III, p. 115. N° 20, *ibid.* N° 21, *ibid.* t. III, p. 148. N° 22, *ibid.* p. 117. N° 23, *ibid.* p. 632. N° 24, *ibid.* t. II, p. 632. N° 25, *ibid.* t. III.

N° 472. Petit in-folio sur vélin. – (Biblia.) — XIIIe SIÈCLE.

Provient de Notre-Dame de Laon. A deux colonnes. Ce manuscrit est bien exécuté, avec de nombreuses lettres initiales peintes et dorées; mais il est endommagé par l'humidité. A la fin est une table.

473. In-4° sur vélin. – (Evangelium secundum Johannem, cum glossa.) — XIIIe SIÈCLE.

Provient de Notre-Dame de Laon. Ce manuscrit est endommagé par l'humidité.

N° 473 *bis*. In-8° sur vélin. – (Evangelia secundum Matthæum et Marcum.) — IXe SIÈCLE.

Provient de Notre-Dame de Laon. L'écriture est fine et régulière. Le manuscrit est extrêmement endommagé par l'humidité.

474. In-folio sur vélin et papier. (Recueil.) – 1° (Guidonis de Monte Rocherii) Manipulus curatorum.–2° (Innocentii III) De officio misse. – XVe SIÈCLE.

Provient de Notre-Dame de Laon. Les nos 1 et 2 ont été souvent imprimés.

475. In-folio sur vélin. – S. Bernardi Sermones in Cantica canticorum. — XIVe SIÈCLE.

Provient de Notre-Dame de Laon. A deux colonnes; très-endommagé par l'humidité.

476. Grand in-folio sur vélin. (Recueil.) – 1° (Decretum Gratiani cum glossa.) – 2° (Stemma.) — XIIIe SIÈCLE.

Provient de Notre-Dame de Laon. Manuscrit à deux colonnes, d'une fine et belle écriture parfaitement régulière; mais endommagé par l'humidité. Le n° 1 est incomplet. Le n° 2 est un tableau généalogique, avec figures d'un beau caractère, représentant les degrés de parenté.

477. In-folio sur vélin. In-folio sur papier. (Recueil.) Trois exemplaires. – 1° « L'histoire de la sacree victoire obtenue « à Laon contre Beelzebub par la réelle présence du pré- « cieux corps de notre Saulveur et Rédempteur Jésus-Christ « au sacrement de la saincte Eucharistie, par Ch. de Heri- « court, doyen de l'église du dict Laon, 1506. » – 2° (Histoire et procès-verbaux de la délivrance de Nicole Aubry de Vervins.) — XVIIe SIÈCLE.

Provient d'un couvent de Minimes. Le n° 1 a été imprimé. Le n° 2 est écrit en latin.

N° 477 *bis*. Trois volumes grand in-folio. (Froissart.) Chronique d'Angleterre. — XVIIe SIÈCLE.

Provenance inconnue. Le premier volume ne commence qu'au deuxième chapitre du IVe livre.

FIN DU CATALOGUE DES MANUSCRITS DE LA BIBLIOTHÈQUE DE LAON.

MANUSCRITS

DE

LA BIBLIOTHÈQUE

DE LA VILLE

DE MONTPELLIER.

MANUSCRITS

DE

LA BIBLIOTHÈQUE

DE LA VILLE

DE MONTPELLIER.

N° 1. In-4° sur papier. — Vingt-neuvième partie de l'Alcoran, en arabe, comprenant les sourates ou chapitres LXVII-LXXVII. A la fin est une prière par laquelle on demande à Dieu les lumières de sa grâce. — XVIIe SIÈCLE.

On sait que les musulmans sont dans l'usage de lire et de faire lire le Coran dans les mosquées, dans les chapelles et dans les habitations particulières. On lit le Coran à l'intention d'un mort ou en faveur d'un vivant. Comme ce livre est un peu considérable, il a été partagé en trente parties; on en lit une partie chaque jour, et au bout du mois on l'a achevé. C'est ici l'avant-dernière partie. Pour la commodité des lecteurs, les copistes transcrivent quelquefois, comme on le voit ici, le Coran en fragments détachés. — La copie de ce morceau n'est pas correcte, et on y remarque des fautes d'orthographe.

2. In-4° sur papier. — كتاب كنز الاسرار وذخائر الابرار *Livre du trésor des secrets et des ressources des gens de bien.* — XVIe siècle.

C'est ici un traité de cabale, en arabe, accompagné de tableaux de lettres de l'alphabet et de chiffres, lesquels, par leurs diverses combinaisons, doivent

33.

produire les effets les plus merveilleux. On y voit apparaître tour à tour les différents pays de la terre, tels que la Mekke, Damas, l'Égypte, Constantinople, avec les événements qui doivent les frapper, enveloppés sous des lettres de l'alphabet, et qu'il est donné à l'initié de reconnaître. L'auteur s'appuie sur le livre de l'imam Djafar, intitulé *Djefr*, livre aujourd'hui perdu, mais où se trouvaient indiquées les destinées de tout l'univers jusqu'au jour du jugement. Il y a probablement une lacune après le premier feuillet. L'auteur paraît être Mohy-eddin Mohammed, surnommé Ibn-Alaraby, et auteur d'un autre livre intitulé الفتوحات المكية ou « les Victoires de la Mekke, » auquel on renvoie dans celui-ci. Cet écrivain florissait dans le XIIIe siècle de notre ère.

Le volume commence ainsi : الحمد لله الذى اودع السر المكتوم فى طى الحرف المرقوم واظهر من خفايا العلوم بدائع الرسوم « Louange à Dieu qui a dé- « posé le secret des choses cachées dans les traits des lettres, et qui a fait « connaître des particularités nouvelles dans les sciences occultes. »

N° 3. In-folio sur vélin. — (Liber Evangeliorum ex translatione S. Hieronymi.) — VIIIe SIÈCLE.

Ce manuscrit provient de la bibliothèque de l'abbaye de Saint-Guillem-du-Désert, ordre de Saint-Benoît, comme le prouve cette note, « Sancti Guillelmi de Deserto cathalogo inscriptus, » d'où il a passé directement dans la bibliothèque de Montpellier. Il est en minuscule mérovingienne, avec quelques abréviations; les titres sont en lettres rustiques et onciales; l'encre est de diverses couleurs. Il contient cent quarante et un feuillets; il est incomplet à la fin. Ce manuscrit est cité, dans l'édition de saint Jérôme, par les Bénédictins (tom. I, p. 1422, n° 4). Les tables des canons sont renfermées dans des espèces de portiques étroits chargés d'arabesques. Outre le corps des évangiles (chacun desquels est précédé d'une préface et d'une table des chapitres), ce volume contient : 1° la dédicace de saint Jérôme au pape Damase; 2° la préface de saint Jérôme; 3° une lettre d'Eusèbe à Carpianus, traduite par saint Jérôme, et qui commence ainsi : « Eusebius Carpiano fratri in Domino « salutem : Ammonius quidem Alexandrinus, magno studio atque industria. » Cette lettre a été publiée, avec le texte grec, par Fabricius (*Bibliotheca græca*, tom. VI, p. 97); 4° la concordance des canons des quatre évangiles, par Eusèbe, à laquelle la lettre précédente sert de préface.

4. In-folio sur vélin. — S. Ihsidori expositio in Pentateuchum. — IXe SIÈCLE.

Ce manuscrit provient de l'abbaye de Saint-Guillem, comme l'indiquent ces mots en majuscules, à la suite du titre de la préface de saint Isidore : « Liber Gellonis monasterii. » Il est à longues lignes, d'écriture caroline, avec quelques formes de la lombardique; les initiales sont au simple trait. Ce manuscrit contient cent cinquante-cinq feuillets. Au verso du dernier feuillet, qui est gratté, on remarque une suite d'antiennes avec la musique ancienne notée à petits traits et sans portées.

N° 5. In-folio sur vélin. – Commentatio in libros Psalmorum. — IXe SIÈCLE.

Ce manuscrit, à longues lignes, contient quatre-vingt-dix feuillets; il est incomplet au commencement et à la fin; il commence au verset 9 du psaume 56, et finit avec le psaume 90.

6. In-folio sur vélin. – Epistolæ B. Pauli (et aliorum apostolorum, cum argumentis). – Desinit : « Explicit epistola Judæ apostoli. » – Xe SIÈCLE.

Ce manuscrit provient du monastère d'Aniane. Il porte le n° 1735 du catalogue de cette abbaye. Il est écrit à longues lignes; les initiales sont sans ornements, les titres en rouge. Il contient cent trente-six feuillets. Il est taché en plusieurs endroits. A la fin est une prose sur la fin du monde, avec la musique, puis un fragment de l'hymne de saint Guillem, en latin, pareillement avec la musique.

7. In-folio sur vélin. – Brochardi seu Burchardi Wormatiensis episcopi Decretorum libri XX. — XIIe SIÈCLE.

Ce manuscrit provient du couvent des frères Mineurs de Montpellier. Sur la garde on lit : « Ad usum fratrum Minorum conventus Montisp. » Au-dessus est un écusson, et plus bas : « Liberalitate domini D. Fr. Ranchini, univers. Monsp. « med. cancellarii meritissimi. » Il est écrit à deux colonnes. Les initiales, les titres, les sommaires, sont en rouge. Il contient deux cent trente feuillets environ. Ce manuscrit est incomplet à la fin; il se termine au chapitre XVIII du XXe livre, qui en contient cent onze.

8. In-folio sur vélin. – Catholicon, sive summa grammatica (auctore Joanne de Balbis, cum notis marginalibus). — XIVe SIÈCLE.

Ce manuscrit provient de l'abbaye de Saint-Guillem. Il est à deux colonnes, avec initiales ornées et en couleur. Il contient deux cent trente feuillets. Il manque le premier cahier, et plusieurs feuillets dans le corps du volume. On sait que cet ouvrage a été publié plusieurs fois. Les notes sont d'une écriture plus récente que le reste du manuscrit.

N° 9. In-folio sur vélin. – Libri tres de Regimine principum. – « Explicit liber de Regimine principum, editus a fratre « Egidio Romano, ordinis heremitarum S. Augustini. » — XIVe SIÈCLE.

Ce manuscrit, qui provient de l'abbaye de Saint-Guillem, est incomplet. Il se termine par une table de chapitres. Souvent imprimé.

10 et 11. In-12 sur vélin. (Recueil.) – 1° Liber fratris Jacobi de Cesolis, ordinis Prædicatorum, de moribus hominum et officiis nobilium, super ludo scacchorum.–2° Liber morum de regimine dominorum, qui alio nomine dicitur secretum secretorum Aristotelis, ad Alexandrum imperatorem, translatus de arabico in latinum. – XIVe SIÈCLE.

Ces deux ouvrages sont de la même écriture. A la fin du premier, qui a été souvent imprimé, on lit ces mots : « Et ego Arnoldus de Misente, scripsi die « sabbati 24 martii, 1380. Complevi in nocte. » A la fin du deuxième : « Ex- « plicit Secretum secretorum Aristotelis, scriptum et completum per me, Ar- « noldum de Misente de Sumis. » Les lettres et les miniatures qui accompagnent le jeu des échecs sont d'un travail grossier et inachevées. Ce volume est aux armes de M. Bonnier de la Mosson. Le premier traité est précédé de l'éloge du jeu d'échecs, en trente-trois vers latins. « Incipiunt carmina de ludo scacchorum. »

Ludum scacchorum si quis vult scire decorum,
Hoc carmen discat, si docte ludere gliscat.

12. In-8° sur vélin. (Recueil.) – Martyrologium. – 2° Expositio super missam.–Desinit : « Et omnes respondent, Deo gratias. » 3° Præcepta sancti Clementis episcopi (id est, canonum collectio).–Incipit : « Incipiunt præcepta S. Clementis episcopi « ad Jacobum apostolum. Capitula de diversis canonibus. » –4° Excerpta ex regula S. Benedicti, cum glossis.— Xe SIÈCLE.

Ce volume est de diverses mains, à longues lignes. Les titres sont en rouge.

Il se compose de cinquante-deux feuillets, dont huit pour le martyrologe (auquel il manque les trois premiers jours de janvier, mais qui est sans interpolation), seize pour l'explication de la messe, vingt pour le corps des canons, huit pour la règle de saint Benoît. Cette règle ne contient que les chapitres XXXIII-XLVIII. Le n° 3 est formé de fragments et d'extraits de Bède, de saint Grégoire, etc. Il y a plusieurs chapitres touchant la répression des mauvaises mœurs.

N° 13. In-4° sur vélin. (Recueil.) – 1° Martyrologium. – 2° Regula S. Benedicti. – 3° Evangeliarium. – 4° Necrologium. — XIIIe-XIVe SIÈCLE.

Ce manuscrit provient de l'abbaye de Saint-Guillem. L'écriture est de diverses mains, à longues lignes. Il n'y a point d'autres distinctions que l'emploi du caractère rouge pour les rubriques. Ce volume contient cent cinq feuillets, dont vingt-deux pour le martyrologe, quarante-sept pour la règle de saint Benoît, vingt pour l'évangélistaire, seize pour le nécrologe. Le martyrologe et le nécrologe sont percés, dans leurs marges, de nombreuses piqûres d'épingles, qui attestent l'accomplissement des fondations obituaires. D'anciennes fondations ont été effacées par le grattoir pour faire place à de plus récentes.

14. In-folio. – Matricula monachorum professorum congregationis S. Mauri in Gallia, ordinis S. Benedicti (ab anno 1696 ad annum 1785). – Item, fratrum conversorum professorum (ab anno eodem 1696 ad annum 1773). – Item, commissorum stabilitorum ejusdem congregationis (ab eodem anno ad annum 1763). Parisiis, Sevestre, 1698. — XVIIe SIÈCLE.

Il n'y a d'imprimé que les trois titres et les têtes des colonnes. Tous les détails de cet obituaire sont écrits à la main.

15. In-8° sur vélin. – Incipiunt sermones fratris (Aldobrandini) de Cavalcantis, ordinis fratris Prædicatorum, tam de dominicis diebus quam de festis propriis et communibus. — XIVe SIÈCLE.

Ce manuscrit provient de l'abbaye de Saint-Guillem. L'écriture est à deux colonnes, serrée, chargée d'abréviations. Les titres sont en rouge. C'est un recueil de méditations et de réflexions sur les diverses fêtes de l'année.

N° 16. In-folio sur vélin. (Recueil.) – 1° Sermones Augustini in Joannem (scilicet sermones 3-10). – 2° Vita S. Pelagiæ pœnitentis. – 3° Sulpitii Severi vita S. Martini, epistola, et dialogi tres (nec non epistolæ aliquæ). – 4° Vita S. Brixii. – 5° Vita S. Silvestri. – 6° Vita S. Hilarii. – 7° Vita S. Ambrosii. – 8° Vita S. Guillelmi de Desertis. – 9° Sermo in festo ejusdem sancti et miracula. – 10° Vita S. Augustini. – 11° Vita S. Martialis episcopi. – 12° Vita S. Leonardi. – 13° Homelia in S. Evangelia. – 14° Vita S. Bernardi Viennensis archiepiscopi. — XIIe SIÈCLE.

Ce manuscrit provient du monastère de Saint-Guillem-du-Désert; il est à longues lignes et contient deux cent cinquante-huit feuillets; les majuscules sont peintes, les titres en rouge; il est écrit avec soin. A la suite du n° 2 se trouve la copie, en écriture du temps, d'une délibération prise le 29 mai 1328 par le chapitre de Gellone, en faveur du cardinal Raymond de Saint-Eusèbe, pour lui assurer des prières de son vivant et après sa mort, délibération qui a été publiée par Baluze dans son Histoire des papes d'Avignon. La vie de saint Guillem est en partie dégradée par un fréquent usage. Le volume est incomplet au commencement et à la fin. Ce manuscrit est cité par Mabillon, *Acta SS. ordinis S. Benedicti, vita Guillelmi.* Les épîtres qui suivent les dialogues de Sulpice Sévère n'existent pas dans l'édition d'Elzevir. La vie de saint Silvestre est suivie d'un hymne avec la musique. Un autre fragment de musique de chœur se lit à la suite des homélies sur les évangiles.

17. Petit in-4° sur vélin. – (Modus recipiendi monachos ad professionem in monasterio S. Guillelmi.) — XIVe SIÈCLE.

Ce manuscrit provient du monastère de Saint-Guillem. Les titres sont en rouge. Il contient douze feuillets. Le titre de l'ouvrage, d'une écriture du XVIIe siècle, est en tête du premier feuillet, où se lit l'intitulé suivant : « Hic incipit « ordo ad ejiciendos pœnitentes de ecclesia. Post benedictionem veniat abbas « et sacerdos, etc. » Le détail de cette cérémonie contient deux feuillets. « Hic « incipit ordo ad benedicendum monachum.... Conversi, quando promittunt « regulam, stent ante altare. » Ce sont les cérémonies de la profession. « Missa « peracta, det (abbas) suam benedictionem super novicios, etc. » Les deux derniers feuillets paraissent relatifs à la suite des cérémonies usitées pour la grande pénitence.

N° 18. In-4° oblong sur vélin. – Rituale. — XIe SIÈCLE.

Provient de l'abbaye de Saint-Guillem. Il y a quelques lettres peintes; les initiales et les titres sont en rouge. Le manuscrit contient deux cent dix feuillets; il est incomplet à la fin. Le vélin est très-bien conservé et d'une belle blancheur.

19. Petit in-4° sur vélin. – (Breviarium antiquum.) — XIVe-XVe SIÈCLE.

20. In-4° sur vélin. (Recueil.) – 1° Liber processionalis per totum annum. – 2° In festo S. Guillelmi de Desertis. — XIVe SIÈCLE.

Ce manuscrit provient de l'abbaye de Saint-Guillem. Le texte est accompagné de plain-chant, dont les portées sont en rouge. Le volume contient cent quatre-vingts feuillets, dont cent trente-deux pour la première partie. La deuxième partie est d'une autre main.

21. In-4° sur vélin. – Liber processionalis per totum annum. — XIVe-XVe SIÈCLE.

Avec la musique. Les portées, les rubriques et les explications des cérémonies sont en rouge. On y trouve des lettres ornées. Le volume contient cent quarante feuillets, dont les quatre premiers contiennent les chants relatifs à la procession de la fête de saint Benoît. Il est incomplet au commencement et à la fin.

22. In-8° sur vélin.– Graduale. — XIVe SIÈCLE.

Ce manuscrit provient du monastère de Saint-Guillem. Il renferme des initiales et des lettres ornées, assez remarquables par leur fraîcheur et leur éclat; le vélin est du plus beau blanc. Ce volume contient cent cinquante feuillets; il y manque quelques pages.

23. In-folio sur vélin. – (Officiale et missale cum calendario.) — XIIIe SIÈCLE.

L'office de la messe est orné de grandes lettres peintes : plusieurs feuilles sont gâtées par l'humidité.

N° 24. In-18 sur vélin. – Diurnale. — XVe SIÈCLE.

Ce manuscrit provient du monastère de Saint-Guillem; il est incomplet au commencement; les derniers feuillets sont altérés par l'humidité. À la fin, on lit: « Explicit Sanctorale, Deo gratias: anno Domini MCCCCLXXXVI et die x « mensis augusti, per me Raymundum Moneri monacum et sacristam Sancti « Guillelmi. »

25. In-folio sur vélin. – Incipiunt orationes secundum librum orationum alium capelle nostre, scilicet domini Pape, qui veracissimus liber invenitur. — XIVe SIÈCLE.

26. In-8° sur vélin. – Consuetudines liturgicæ per totius anni circulum ad usum monasterii Sancti Guillelmi de Desertis. — XVe SIÈCLE.

Ce manuscrit, provenant du monastère de Saint-Guillem, est incomplet à la fin.

27. In-12 sur vélin. – Horæ B. Mariæ Virginis cum calendario. — XVIe SIÈCLE.

A la fin de ce manuscrit incomplet, on lit: « L'an de grace M VC^t XIX, et « le xxe du mois de octobre, ces presentes heures ont ete scriptes, illuminees, « fleuries, du tout achavees pour moi, Pierre de Las Cubes, prestre et viquero « (*sic*) de la Boissiere, à la instance et requeste, et aux depans du devot et « honorable religieux du monastère sainct Saulveur de Aniane, appele le noble « mesiere de Brunhier, etc. » On trouve dans le corps de l'ouvrage, de la main du copiste, et sous le titre d'Oraisons très-dévotes à *la tresoriere de grace, Vierge Marie,* une prière en vers :

« Glorieuse Vierge, pucelle,
« Fille de Dieu, mere et ancelle, etc. »

28. In-folio sur vélin. – Missale Agathense. — XIVe SIÈCLE.

Ce manuscrit est incomplet; il a encore son ancienne reliure, bardée de cuivre et de fer. Ce missel servait autrefois à l'église de Nésignan-l'Évêque, du diocèse d'Agde, et n'a cessé d'être en usage qu'au temps de Jean de Vesc, évêque de ce diocèse, à la fin du xve siècle.

N° 29. In-8° sur vélin. – Acta synodi Lodovensis, anno 1326 habiti. — XIVe-XVe SIÈCLE.

Une note du XVIIe siècle, en tête du volume, fait connaître les principaux actes du synode en question. Ce volume a beaucoup souffert de l'humidité; il est incomplet.

30. In-4° sur vélin. – Gregorii dialogorum libri IV. — XIVe SIÈCLE.

Ce manuscrit provient de Saint-Guillem-du-Désert. Les titres sont en rouge, et les initiales ornées.

31. In-folio sur vélin. – Bonifacii Decretales cum glossis. — XIVe SIÈCLE.

Ce manuscrit a de petites miniatures; il est incomplet au commencement et à la fin.

32. In-folio sur papier. – (Statuta Avenionensia.) — XVIIIe SIÈCLE.

Provient des archives d'Avignon; c'est une copie faite, en 1769, par Brinquier, prêtre hebdomadaire de l'église d'Agde, et secrétaire de l'évêché, par ordre de M. de Saint-Simon, évêque d'Agde, sur l'original appartenant à Bellonet, prêtre de Marseillan, résidant à Montpellier. Ce volume commence par les *Statuta* de l'année 1243, et renferme des chartes et divers documents jusqu'au pape Jean XXII, etc. L'écriture est très-soignée et très-serrée. Ce volume contient deux cent trente pages.

33. In-folio sur papier. – (Cartularium Capituli cathedralis Agathensis.) — XVIIIe SIÈCLE.

L'écriture en est très-serrée; il contient trois cent quatre pages. Ce cartulaire fort important contient des chartes de la deuxième et de la troisième race, des pouillés, et un arrêt de 1250. Il a été copié par J. Gohin, chanoine camérier de ce diocèse, sur l'original conservé dans les archives du chapitre d'Agde.

33 *bis*. In-8° oblong, sur vélin. – (Fragmenta varia liturgica.) — XIVe-XVe SIÈCLE.

Avec des miniatures italiennes et des arabesques.

N° 34. In-folio sur vélin. – Decretum Gratiani (cum glossis).— XIVe SIÈCLE.

Ce manuscrit, sur beau vélin, contient vingt-neuf miniatures fort jolies, encadrées dans des cartouches de trois pouces de haut sur deux et demi de large. Les lettres tourneures, rehaussées d'or et d'azur, abondent à chaque page. La glose est d'un caractère semblable à celui du texte, mais plus fin. Ce manuscrit, exécuté en France, est incomplet et mutilé.

35. In-folio sur papier. – 1° Accurata sacrorum conciliorum summa per Joannem Dupuy.–2° Illustrata summorum pontificum chronologia. — XVIIe SIÈCLE.

L'ouvrage est dédié à M. de Bonzy, archevêque de Narbonne et président des états de la province du Languedoc.

36. In-4° sur papier. – Registre de recette et de dépense à l'usage du couvent des PP***, à Montpellier. — XVIIe SIÈCLE.

37. In-folio sur papier. – Registre des délibérations et autres à l'usage du couvent de l'ordre de la Sainte-Trinité pour la rédemption des captifs, à Montpellier, depuis l'an 1619 jusqu'en 1669. — XVIIe SIÈCLE.

38. In-folio sur papier. – Registre de papiers et actes concernant la métairie de Jubiargues. — XVIIe SIÈCLE.

39. In-folio sur papier. – Cahier de nouveaux fiefs et reconnoissances féodales, recouvrées par moi P. Marsal, notaire royal du lieu de Saint-Félix, en faveur de messire Ch. de Lauzière, seigneur de Saint-Guiraud, Lacoste et autres lieux.–Reconnoissances féodales pour le seigneur de Saint-Guiraud. — XVIIIe SIÈCLE.

40. In-folio sur papier. – Reconnoissances féodales en faveur du seigneur de Saint-Guiraud, reçues par Douzières, notaire, 1644, et par Marsal, 1674-78. — XVIIe SIÈCLE.

N° 41. In-folio sur papier. – Procès-verbal de l'assemblée générale du Clergé de France, tenue à Paris aux Grands-Augustins. — XVIIIe SIÈCLE.

Bonne copie du temps. Ce volume fait partie du recueil des procès-verbaux des assemblées du clergé. En note, au bas du feuillet portant le titre, on lit ce qui suit : « Cet exemplaire du présent procez verbal est le quatrième « qui ait été transcript; le premier, qui est l'original, a été remis aux archives « du clergé de France; le second, à M. Charles Legoux de la Berchère, ar- « chevêque de Narbonne, président de cette assemblée. La troisième est entre « les mains du S[r] abbé de Premeaux, secrétaire, qui l'a rédigé; et celui-cy « est pour Mgr Charles de Feuquières, évesque et comte d'Agde. Collationné « à l'original.

« L'abbé de Premeaux, secrétaire. »

42. In-folio sur papier. – Anciens procès-verbaux des états de la province de Languedoc, depuis 1501 jusqu'en 1533, inclusivement. — XVIIe SIÈCLE.

C'est le premier volume de la grande collection des procès-verbaux des états.

43. In-folio sur papier. – États-généraux tenus à Paris, après la majorité du roi Louis XIII, en l'an 1615. — XVIIe SIÈCLE.

44. In-folio sur papier. – Mémoires servant à l'histoire de Louis XIV. — XVIIe SIÈCLE.

Bonne copie manuscrite du temps. Ce sont les Mémoires de M. le duc de la Rochefoucauld, plus une « Lettre de M. le cardinal Mazarin à M. le cardi- « nal de Brienne, » et une « Apologie ou défense de M. de Beaufort, contre la « Cour, la noblesse, et contre le peuple. » Cette dernière pièce porte le nom de Saint-Évremond. Ni l'une ni l'autre ne se trouvent dans les éditions des Mémoires de la Rochefoucauld, données par M. Renouard, an XII, et par MM. Petitot et Monmerqué, dans la Collection des mémoires relatifs à l'histoire de France.

45. In-folio sur papier. – Discours de M. de la Chastre, sur ce qu'on le destitue de la charge de colonel des Suisses,

où se trouve l'état de la cour lors de la mort de Louis XIII. – Réponse faicte aux Mémoires de M. de La Chastre, par M. le comte de Brienne, ministre et secrétaire d'état. — XVIIe SIÈCLE.

Bonne copie, du temps, des Mémoires de MM. de La Chastre et de Brienne.

N° 46. In-folio sur papier. – Lettres historiques sur les événements arrivés (en France), dans le courant des années 1651-1652. — XVIIe SIÈCLE.

47. In-folio sur papier. – Mémoires concernant le Languedoc (par M. de Basville, intendant de la province). — XVIIe SIÈCLE.

48. Deux volumes in-folio sur papier. – Mémoires sur le Languedoc, divisés par diocèses et subdélégations, par M. de Ballainvilliers, intendant de la province, en 1788; et hôpitaux ou maisons de charité, par le même, 1788. — XVIIIe SIÈCLE.

Copie du temps. Les deux volumes forment sept cent soixante-sept feuillets.

49. Les Philippiques. Odes par M. D. L. C. (De Lagrange Chancel). — XVIIIe SIÈCLE.

Copie manuscrite du temps, avec des encadrements et vignettes. Ce manuscrit, de cent quarante-trois pages, ne contient que trois odes.

50. In-folio sur papier. – Armorial de Montpellier; original d'un registre servant à prouver : 1° la filiation; – 2° l'identité; – 3° la signature. — XVIIe SIÈCLE.

Ce manuscrit, acheté à la vente de M. de Courcelles, contient cent vingt-sept feuillets. Les figures sont blasonnées à l'encre noire et sans couleurs ; il contient les demandes originales et les signatures autographes des présentants.

N° 51. In-4° sur papier. – Histoire de la cour des aides de Montpellier, depuis son établissement (en 1390) jusques à l'an 1717, par Serres, procureur en la même cour. — XVIIIe SIÈCLE.

Copie autographe de l'auteur pour M. de Bon, premier président en la même cour.

51 *bis*. In-4° sur papier. – Annales de Montpellier, de l'an 1192 à l'an 1693. — XVIIIe SIÈCLE.

Copie du temps de l'auteur, qu'on croit être également M. Serres, cité au numéro précédent. Le manuscrit se compose de deux cent cinquante-six feuillets.

52. In-4° sur papier. – Recueil de lettres adressées à l'ancienne Société royale des Sciences de Montpellier, et conservées par elle. — XVIIIe SIÈCLE.

Ce recueil se compose de cent quatre lettres autographes reçues à l'académie, de 1706 à 1737, de divers académiciens nationaux et étrangers, et de personnages célèbres, savoir : Philippe d'Orléans, Fontenelle (deux); Titon du Tillet, l'abbé Bignon ; Voltaire (quatre), etc. On s'aperçoit que plusieurs lettres ont été enlevées.

53. In-folio sur papier. – Mémoires de mathématique et de physique, présentés à la Société royale des Sciences de Montpellier, et lus dans ses assemblées, dans l'année 1781, rédigés par les soins de feu Jacques Poitevin, de la même société, et présentés par lui à cette compagnie, le 22 mai 1782. — XVIIIe SIÈCLE.

Bonne copie du temps.

54. Deux volumes, dont l'un in-4° et l'autre in-folio, sur

papier. – (Œuvres patoises de l'abbé Favre, prieur de Celleneuve, dans le dernier siècle, savoir : 1° Lou sièche de Cadaroûssa, poëma heroïqua, en trés chants, avec la dédicace à M. de Saint-Priest en vers latins, et une imitation en vers français de cette même dédicace). – 2° Lou trésor dé Sustancioun, coumedia en un acta, mélada d'ariètas. – 3° Requête à M. de Saint-Priest, conseiller d'état ordinaire, intendant de la province de Languedoc, etc. – 4° Odyssée d'Homère, en vers burlesques patois, avec préface, notes et sommaires en français. – 5° L'Eneïda de Çallanova, parodie, en vers burlesques, de l'Énéide de Virgile (les quatre premiers livres, précédés d'une préface dédicatoire en vers français). – 6° Acidalie, ou la fontaine du Peyrou, poëme en deux chants. – 7° Observations sur le poëme de l'Agriculture, en français. – 8° Histoira de Jean L'An prés (on l'a pris), tirada das archivas dé Soulorgués. — XVIIIe SIÈCLE.

Manuscrit autographe de l'auteur, offert par lui à M. de Saint-Priest.

N° 54 *bis*. In-4° (Huit lettres du prieur Fabre à son évêque et à sa famille, écrites de 1761 à 1781). — XVIIIe SIÈCLE.

Autographes et signées.

55. In-folio sur papier. – Nouveau plan d'étude de l'art de ponctuer : suivi d'exercices propres à faciliter l'intelligence et l'application des règles de la ponctuation, par P. A. Basse, ancien professeur de philosophie à l'académie de Montpellier; dédié à M. le marquis Dax d'Axat, et aux membres du conseil municipal de Montpellier. — XIXe SIÈCLE.

Autographe de l'auteur, précédé de la dédicace au maire de Montpellier.

N° 56. In-4° sur papier. — Dissertation sur l'origine et le caractère des Tectosages, l'étendue et l'état de la partie de la Celtique qu'ils occupèrent, jusqu'à l'entrée des Romains dans leur pays, et les excursions qu'ils firent avant cette époque (par de Roudil de Berriac, de Montpellier). — XVIII° SIÈCLE.

Couronné à l'académie des sciences de Toulouse, le 25 août 1767; de quatre-vingt-treize pages.

57. In-folio sur papier. — (Quels furent les noms et les attributs de Vénus chez les différents peuples de la Grèce et de l'Italie; quelles furent l'origine et les raisons de ces attributs; quel a été son culte. Composition de M. Amoreux, académicien de Montpellier, sur la question mise au concours par l'Académie des inscriptions et belles-lettres de Paris.) — XVIII° SIÈCLE.

58. In-4° sur papier. — Catalogue des livres de M. Turretin de Genève, mort en 1772. — XVIII° SIÈCLE.

Copié sur l'original, qui se trouvait, en 1772, chez Samuel Detournes, libraire à Genève, alors possesseur de la bibliothèque formée par Turretin.

59. Vingt-quatre volumes, dont huit grand in-4° et seize in-8° sur papier. — (Copie manoscritte delle opere postume di Vittorio Alfieri; cioè : I. Abele tramelogedia. Copia B. et C. Londra, 1796, in-4°. (2 exemplaires). — II. Le due Alcesti di Euripide. Copia 3ª, col testo greco a fronte. Londra, 1799; in-8°. — III. I Persiani di Eschilo. Copia 3ª, col testo greco a fronte. Firenze, 1803; in-8°. — IV. Il Filottete di Sofocle, col testo greco a fronte. Cop. 3ª, Londra, 1799; in-8°. — V. Le Rane di Aristofane, commedia. Copia 3ª, col testo greco a fronte. Londra, 1802; in-8°. — VI. Satire. Copie tre, cioè : B. 1, gr. in-8°, 1798; B. 2, in-4°, 1799; C. in-4°, 1799,

Londra. – VII. Rime, parte seconda, cioè : B. in-4°, Londra, 1798. C. *idem.* – VIII. Dell' Eneide di Virgilio. Copia 3ª, Firenze, 1803; 2 volumi in-8°. – IX. Commedie di Publio Terenzio. Copia 2ª, Firenze, 1803; 6 volumi in-8°. – X. Sallustio tradotto. Copia 5ª, Londra, 1804; in-8°. – XI. Il Misogallo, prose e rime. Copia F. Londra, 1799, in-4°, avec une copie, à la main, du dessin allégorique qui accompagne le frontispice. – XII. Vita. 2 volumi in-8°.— XVIII-XIXᵉ SIÈCLE.

Ces pièces sont d'une belle écriture, copiées sur les manuscrits originaux, sous les yeux d'Alfieri, revues et corrigées par lui. C'est la dernière mise au net de ses œuvres, devenues posthumes, qu'Alfieri, peu avant sa mort, se proposait de livrer à l'impression, ainsi que le certifient sa signature et les mots, « Adoprato per la stampa, » écrits de sa main, en tête de chaque volume, dans le corps du manuscrit. Il n'y a de la main d'Alfieri que les citations en langue grecque. A ce recueil est joint le manuscrit suivant.

N° 60. In-8° sur papier. – Opere in lode di Vittorio Alfieri. — XIXᵉ SIÈCLE.

C'est le recueil des pièces louangeuses écrites à Alfieri, avec ses réponses inédites. Le volume se compose de soixante-quatre pièces écrites de la même main que les manuscrits n° 59.

61. De divers formats sur papier. – (Pièces diverses. – Notes sur quelques-unes des pièces d'Alfieri, serrées dans des cartons, ou disséminées dans ses livres, savoir : *a.* Copies autographes de manuscrits déjà imprimés, savoir : *Misogallo,* copia *a.* – *Satire.* – Quelques notes sur le temps où les pièces ont été composées. – *b.* Diverses pièces inédites, sonnets ou épigrammes; sentences sur quelques philosophes de l'antiquité, écrites sur feuilles volantes, autographes. – *c.* Pièces rares. Six sonnets imprimés par Alfieri, à Marienbourg. – Un sonnet en patois astésan. – *d.* Travaux sur la langue grecque. – Expressions relevées dans Homère. – Études sur la prosodie de Pindare. – Sur les sentences grecques mises en

épigraphes dans son *Misogallo.* – *e.* Travaux semblables pour la langue latine. – *f.* Extraits de Dante, de Boccace, du chevalier Marin, avec des notes d'Alfieri. – *g.* *La Mandragola* de Machiavel, mise en vers jusqu'à la dixième scène du troisième acte. – *i.* Traduction d'Anacréon, inédite, en vers latins, en marge de l'édition de Tannegui le Fèvre, Saumur, 1680. Avec quelques notes. – *k.* Études sur la langue latine, extraits d'Horace, Claudien, Eutrope, etc. – *l.* Éloges adressés à Alfieri; pièces originales en latin, français, italien, anglais, avec quelques réponses autographes d'Alfieri. – Declamazione contra i Francesi; autographe. – *m.* Notes sur la composition de l'Odyssée d'Homère, sur l'épitaphe d'Alfieri et autres pièces. – *n.* Alfieri et le général Miollis. Originaux de la correspondance; minutes de la réponse; sonnet inédit. Quatre pièces. – *o.* Origine du sonnet « Asti, nobil città. » – Réponse à un Astésan qui l'invitait à léguer sa bibliothèque à Asti. – *p.* Fragments de lettres du cardinal Consalvi; autographes.–Réponses aux commissions d'achat de livres qu'il faisait pour Alfieri. – *q.* Correspondants d'Alfieri : l'abbé Caluso, de 1793 à 1802, douze lettres. – Gaetano Polidori; le révérend comte Bristol, etc. – *r.* Quelques lettres d'Alfieri, en copies autographes. – Lettre testamentaire à sa sœur. – Codicille confirmatif de son testament de 1793. – Ses instructions sur la publication de ses œuvres en portefeuille, etc. — XVIIIe ET XIXe SIÈCLE.

Ces papiers, ainsi que ceux de la comtesse d'Albany et du baron Fabre, ne sont parvenus à la bibliothèque que depuis peu de temps, par suite du décès de l'exécuteur testamentaire de ce dernier, qui en avait reçu le dépôt de M. Fabre lui-même.

N° 62. De divers formats sur papier. – Papiers de madame la comtesse d'Albany : plusieurs cartons contenant : *a.* Plusieurs lettres autographes de Charles-Édouard, alors comte d'Albany. – Une, it. du cardinal d'Yorck. – Une, it. du roi de Suède Gustave III. – Bref du pape. (Toutes en français.) – *b*. Quelques pièces concernant la famille Stuart (copies). – *c*. Dix lettres de l'abbé Caluso à madame d'Albany. 1804-1815; autographe. – *d*. Lettres de dames célèbres, de Malsan, de Genlis, de Staël, la duchesse de Devonshire, madame Dubocage octogénaire; Joséphine Bonaparte, une seule lettre; lady Morgan, et autres. Toutes autographes et en français. – *e*. Lettres de personnages distingués : le duc de Beaufort, Mailly, de Coislin, Capponi, le prince de Cardito, le prince Corsini, le comte Brunetti, le marquis Lucchesini et autres. Autographes en français et en italien. – *f*. Lettres d'hommes de lettres, antiquaires, etc. : d'Ansse de Villoison, une lettre; P. L. Courier, une lettre; Craüfurd, Dampmartin, le comte Boutourlin, le chevalier de Bonstetten, d'Agincourt, Simonde de Sismondi, Millingen, Akerblad. Toutes en français. – *g*. Lettres de Louis de Brême, en italien. – *i*. Lettres de Ugo Foscolo à la même, 1812-1822, soixante-cinq, fort longues, qui formeraient un gros volume. – *k*. Lettres de Canova à la même et à Fabre. – *l*. Diverses notes de voyages, recueillies et rédigées par madame d'Albany. – La traduction française de la Mirra d'Alfieri.

Toutes les lettres de ce numéro sont autographes et adressées à madame la comtesse d'Albany. Les pièces historiques sont des copies recueillies par la comtesse d'Albany.

N° 63. In-12 sur papier. – L'Amour vaincu, par madame la princesse de Carignan. — XVIIIe SIÈCLE.

Copie soignée ayant appartenu à la princesse elle-même, avec encadrements en couleur, vignette sur le frontispice lavée à l'encre de Chine,

N° 64. De divers formats sur papier. – (Cartons des papiers de feu le baron Fabre, contenant: *a.* Lettres d'artistes français, Lethière, Granet, Girodet. Autographes.–*b.* Autres, item, de Guérin, Gérard, Michallon. – *c.* Autres lettres, item Gros, Gudin, Garnier, Guillon-Lethiere, Desmarais, Meynier, Chauvin, Ramey.–*d.* Autres, item, de Boguet, à Rome.–*e.* Autres, item, de Mérimée, Revoil.–*f.* Lettres de sculpteurs français et italiens, Dupaty, Valois, Bartolini. – *g.* Lettres d'architectes français, Mazois, Percier, Fontaine, Debret. – *h.* Lettres de graveurs français, Urbain-Massard, Desnoyers, Aubry-le-Comte.–*i.* Lettres d'amateurs des beaux-arts, Denon, Scitivaux, de Blacas d'Aulps et autres.–*k.* Lettres d'autres idem, lord Holland, lord Bristol, Miattlew, Middleton, Clarke, duc de Feltre, etc.–*l.* Autres, d'hommes de lettres, auteurs, etc.: Castellan, comte de Clarac, de Chazelle, de Fontenay, Poublon, Laneuville, Artaud, Perié Candeille, Ferrandy. – *m.* Autres, de Bertin l'aîné, de 1808 à 1830 (en grand nombre). –*n.* Correspondance italienne : Benvenuti de Florence, 1813-1835 (en grand nombre). – *o.* Lettres de graveurs et dessinateurs italiens: Raph. Morghen, Reinhart, Samuele Jesi, Gmelin, Donadio, Bossi, Bulli. – *p.* Lettres d'architectes italiens: de Cambray-Digny, architecte du grand-duc de Toscane. – *q.* Lettres d'hommes de lettres et amateurs italiens : Degli Alessandri, directeur de la galerie du grand-duc de Toscane, G. Ginori, Gargallo, Ces. d'Azeglio, Bartoldi, Cicciaporci, Leopoldo Cicognara, G. B. Baldelli, etc.)

Toutes les pièces comprises sous ce numéro sont autographes, et adressées à Fabre.

FIN DU CATALOGUE DES MANUSCRITS DE LA BIBLIOTHÈQUE
DE LA VILLE DE MONTPELLIER.

MANUSCRITS

DE

LA BIBLIOTHÈQUE

DE L'ÉCOLE DE MÉDECINE

DE MONTPELLIER.

MANUSCRITS

DE

LA BIBLIOTHÈQUE

DE L'ÉCOLE DE MÉDECINE

DE MONTPELLIER.

N° 1. Cinq volumes grand in-folio sur vélin. – (Vitæ Sanctorum.)

Ier volume. — Passio S. Eustachii. – Vita S. Leonardi. – Passio quinque Martyrum et quatuor Coronatorum. – Passio S. Theodori. – Vita S. Martini archiepiscopi Turonensis. – Passio S. Caterine virginis. – Passio virginum undecim millium. – Passio SS. martyrum Gavini, Proti et Januarii. – Passio S. Menne martyris. – Vita S. Bricii episcopi et confessoris. – Vita S. Machuti episcopi et confessoris. – Vita S. Gregorii Turonensis episcopi. – Vita S. Aniani episcopi et confessoris. – Passio SS. martyrum Romani et Baralis pueri. – Vita S. Odonis abbatis. – Passio S. Eadmundi regis. – Vita S. Columbani abbatis. – Passio S. Cecilie virginis et martyris. — Passio S. Mauri. — Passio S. Clementis pape et martyris. — Gregorius Turonensis de eodem S. Clemente. — Passio S. Felicitatis martyris cum filiis suis. — Vita S. Clementis episcopi et confessoris. — Passio S. Crisogoni martyris. — Passio S. Petri episcopi et martyris. — Passio sive revelatio Vitalis et Agricole martyris. — Vita S. Maximi episcopi et confessoris. — Passio S. Saturnini martyris. — Gregorius Turonensis de eodem Saturnino. — Passio S. Andreæ apostoli. — Miracula S. Andreæ. — Gregorius Turonensis de eodem Andrea. — Vita S. Trojani. — Vita S. Edmundi Cantuariensis archiepiscopi et confessoris. — Inventio Dionisii. — Vita S. Maglorii confessoris. — Ordo visionis Elisabeth ancille Dei, de Scovangia, de gloriosis consodalibus S. Ursule Britanniæ reginæ. — Passio undecim milium virginum.

IIe volume. — Vita S. Egidii. — Vita B. Justi Lugdunensis episcopi. — Passio S. Marcelli. — Vita S. Evurcii episcopi. — Passio S. Reginæ virginis. — Sermo Domni Fulberti Carnotensis de nativitate S. Mariæ. — Penitentia Theophili. — Passio S. Adriani cum multis aliis. — Vita S. Audomari episcopi. — Vita S. Gorgonii martyris. — Gregorii Turonensis vita S. Mauritii Andegavensis. — Miracula ejusdem. — Vita S. Amati abbatis. — Hystorica revelatio de exaltatione S. Crucis. — De ycone Domini. — Passio S. Cornelii papæ, et sociorum ejus. — Passio S. Cypriani episcopi. — Sermo Beati Maximi de eodem. — Passio S. Valeriani. — Vita S. Apri episcopi. — Passio S. Bercharii abbatis. — Passio S. Eufemiæ virginis. — Passio SS. martyrum Luciæ et Geminiani. — Passio beati Lamberti. — Passio beati Floscelli martyris. — Passio beati Ferreoli martyris. — Vita S. Sequani abbatis. — Vita S. Gœrici confessoris. — Passio S. Mathei apostoli et evangelistæ. – Passio S. Mauricii sociorumque ejus. – Vita S. Sadlabergæ abbatissæ. – Obitus ejusdem. – Passio S. Teclæ. – Passio S. Andochii martyris. – Conversio SS. Justinæ virginis et Cypriani martyris. – Confessio vel penitentia ejusdem Cypriani. – Passio ejusdem Cypriani et Justinæ. – Passio SS. Chosmæ et Damiani. – Revelatio B. Michaelis archangeli. – Vita S. Ieronimi presbyteri. – Vita S. Remigii episcopi et confessoris. – Passio S. Platonis martyris. – Passio S. Leodegarii episcopi. – Liber de miraculis ejusdem. – Vita S. Apollinaris episcopi. – Passio S. Fidis virginis et martyris. – Passio beatorum martyrum Dionisii, Rustici et Eleuterii. – Passio S. Calixti papæ et martyris. – Passio S. Januarii martyris. – Vita S. Basoli confessoris. – Sermo de S. Luca evangelista. – Passio SS. martyrum Servandi et Germani. – Vita S. Martini Vertavensis abbatis. – Passio SS. Crispini et Crispiniani.–Passio SS. apostolorum Symonis et Judæ. – Vita S. Pharonis episcopi. – Passio S. Quintini martyris. – In festivitate omnium sanctorum sermones Rabani episcopi. – Passio S. Benigni martyris. – Miracula ejusdem. – Passio S. Cesarii martyris. – Vita S. Marcelli episcopi.–Passio S. Mariæ virginis et martyris.–Vita S. Vigoris episcopi. – Vita S. Quintini. – Passio S. Reparatæ virginis.–Passio SS. martyrum Sergii et Bacchi.–Vita S. Pardulphi confessoris. – Passio S. Benedictæ virginis. – Passio S. Domnini martyris. – Vita S. Venantii abbatis. – Passio SS. Fausti, Januarii et Martialis. – Vita S. Geraldi confessoris. – Vita S. Magnobodi episcopi et confessoris. – Vita S. Frontonis episcopi. – Vita S. Dunstani Cantuariensis archiepiscopi et confessoris. – Liber miraculorum ejusdem patris. – Passio SS. Gavini, Proti et Januarii. – Vita S. Martini abbatis.

IIIe volume. – Gregorii Turonensis de S. Trojano. – Vita S. Eligii episcopi. – Passio SS. Crisanti et Darie. – Vita S. Nicholai episcopi. – Vita S. Romarici abbatis. – Passio S. Eulaliæ. – Passio S. Luciæ virginis. – Passio. S. Thomæ apostoli. – Passio S. Gregorii. – Passio S. Anastasiæ. – Passio S. Eugeniæ virginis. – Passio S. Marini martyris. – Actus et miracula S. Johannis evangelistæ. – Vita et gesta S. Silvestri episcopi. – Passio S. Columbæ virginis. – Passio SS. Saviniani et Potentiani, sociorumque ejus. – Passio S. Potentiani episcopi. – Translatio S. Jacobi apostoli. – Leo papa de translatione ejusdem apostoli. – Calixtus papa, de tribus solemnitatibus S. Jacobi. – Calixtus papa de miraculis S. Jacobi apostoli. – Vita S. Mariæ Magdalenæ, Lazari et Marthæ. – Vita S. Severini Coloniensis archiepiscopi. – Passio S. Eliphii martyris.

IVe volume. – Vita S. Carileppi sacerdotis. – Passio beati Salvii episcopi. – Passio SS. Processi et Martiniani. – Vita Goaris confessoris. – Passio S. Felicitatis cum septem filiis. – Translatio S. Benedicti et S. Scholasticæ sororis ejus. – Passio S. Margaritæ virginis. – Passio S. Eugenii episcopi. – Relatio pastoris de S. Praxede virgine. – Vita S. Mariæ Magdalenæ. – Passio S. Apollinaris. – Miracula ejusdem. – Passio S. Cristinæ virginis. – Passio S. Jacobi apostoli. – Passio S. Christophori. – Passio S. Cucufatis. – Revelatio septem dormientium. – Passio S. Pantaleonis. – Passio SS. Nazarii et Celsi. – Vita S. Sansonis episcopi et confessoris. – Revelatio de consecratione altaris SS. Petri et Pauli. – Passio S. Felicis papæ. – Passio SS. Simplicii, Faustini et Beatricis. – Vita S. Lupi episcopi. – Vita S. Marthæ. – Passio S. Mammetis. – Passio SS. Abdonis et Sennis. – Vita S. Germani Autisiodorensis episcopi. – De celebratione festivitatis quæ vocatur ad vincula S. Petri. – Passio SS. Machabeorum. – Passio S. Eusebii Vercellensis episcopi. – Passio SS. Virginum Spei, Fidei et Caritatis. – Passio S. Felicis. – Passio S. Stephani papæ. – Revelatio B. Stephani prothomartyris et SS. Gamalielis, Nichodemi et Abibon. – Vita S. Cassiani episcopi et confessoris. – Vita S. Memmii episcopi et confessoris. – Passio S. Syxti papæ, et SS. Felicissimi et Agapiti diaconorum. – Passio S. Donati. – Passio S. Cyriaci diaconi sociorumque ejus. – Passio S. Laurentii archidiaconi. – Gregorius Turonensis de S. Laurentio. – Vita S. Taurini episcopi. – Passio S. Ypoliti sociorumque ejus. – Vita S. Radegundis. – Narratio beati Gregorii Turonensis de eadem Radegunde. – Vita S. Deicoli abbatis. – Vita S. Arnulfi. – Passio S. Mammetis. – Passio S. Agapiti. – Vita S. Helenæ (ab Almanno monacho exarata). – Epytaphium ejusdem (metrice). – Vita S. Philiberti abbatis. – Vita S. Audoeni episcopi. – Passio SS. Eusebii, Vincentii, Peregrini et Potentiani. – Passio S. Genesii Arelatensis. – Vita S. Augustini Ypponensis episcopi. – Passio S. Juliani. – Passio S. Sabinæ virginis. – Vita S. Agili abbatis. – Passio SS. Felicis et Adaucti. – Vita S. Turiani archiepiscopi. – Vita S. Alexii. – Vita S. Yonii. – Vita S. Fiacrii confessoris.

Ve volume. – Vita S. Austreberte virginis. – Vita S. Severini abbatis. – Passio S. Saturnini cum sociis suis. – Vita S. Eufrasiæ virginis. – Passio S. Valentini episcopi. – Passio S. Blasii episcopi. – Passio SS. Faustini et Jobitæ martyris. – Passio S. Julianæ virginis. – Passio S. Polochronii episcopi. – Vita S. Silvini episcopi. – Vita S. Mathiæ apostoli. – Inventio capitis precursoris Domini. – Vita S. Alexandri episcopi civitatis Alexandriæ. – Vita S. Albini episcopi Andegavensis. – Passio S. Focæ episcopi. – Passio SS. Perpetuæ et Felicitatis et aliorum sociorum. – Passio S. Philemonis coraulæ et Arriani præsidis. – Passio SS. quadraginta martyrum. – Vita beati Gregorii papæ. – Item vita (alia) ejusdem papæ (a Johanne Diacono compilata). – Vita S. Pauli episcopi. – Passio S. Longini. – Vita S. Geretrudis virginis. – Vita S. Johannis penariensis. – Passio S. Kaloceri. – Vita S. Wlfranni archiepiscopi. – Vita S. Cuthberti Lindisfarnensis episcopi. – Vita S. Ermenlandi abbatis. – Passio S. Hyrenei episcopi. – Vita S. Eustasii abbatis. — XIIe SIÈCLE.

Fonds de Clairvaux. A deux colonnes, excepté, dans le Ier volume, la partie qui contient *Vita S. Edmundi*, et qui est à longues lignes. L'orthographe de ce précieux manuscrit varie presque à chaque ligne, comme on pourra le reconnaître par les noms des saints, que l'on a tâché de reproduire exactement ici. Dans le IVe volume, il manque la fin de la vie de S. Philibert, et le commencement de celle de S. Ouen. Entre la vie de S. Jovien et celle de S. Fiacre, se trouve un passage copié deux fois, et plus moderne, qui commence ainsi, « Anno Domini M° CC° quinquagesimo sexto, cum ego F. Godefridus humilis monachus Clarevallensis destinatus essem ad partes Italiæ, » et où il est question des corps de quelques saints. Le IIe et le IVe volume sont incomplets à la fin. Voyez, au sujet de ce recueil, les Archives de M. Pertz, tom. VII, pag. 191.

N° 2. In-folio sur vélin. – (Appendix ad acta Sanctorum.) – Passio S. Thome episcopi et martyris. – Miracula ejusdem (quatuor libris). – Calixtus papa super translatione S. Jacobi apostoli. – Epistola B. Leonis papæ, de translatione S. Jacobi apostoli. – Incipit secundum opus miraculorum gloriosi martyris Thome Cantuariensis archiepiscopi (sex libris). – Incipit : « Glorioso regi Anglorum Henrico, duci « Normannorum et Aquitanie, comitique Andegavorum, hu- « milis Cantuariensis ecclesiæ Christi conventus ab eo rege « qui celum terramque regit in secula seculorum. » – Vita S. Alpini episcopi et confessoris. – Vita S. Elafii episcopi et confessoris. – Vita S. Leudomiri confessoris. – « Beda « librum vite et passionis S. Felicis confessoris de metrico « Paulini opere in prosam transtuli. » – Vita S. Servatii. – Translationes ejusdem, duæ. — XIIe SIÈCLE.

Fonds de Clairvaux. Voyez les Archives de M. Pertz, tom. VII, p. 193.

N° 3. Deux volumes grand in-folio sur vélin. (Summa conciliorum et canonum.)

Ier volume. – « Incipiunt nomina regionum continentium « infra se provincias centum tredecim. » – Nomina romanorum principum. – Nomina romanorum pontificum. – Quo tempore concilia celebrari ceperint, et de quatuor conciliis. – Epistola Aurelii Carthaginensis episcopi ad Damasum papam. – Rescriptum Damasi papæ ad Aurelium. – (Isidori Mercatoris collectio conciliorum et decretorum.) – Incipit : « Isidorus mercator servus Christi lectori conservo suo. »

IIe volume. – Chronica Pontificum romanorum. – (Collectio conciliorum et decretorum.) — XIIe SIÈCLE.

Fonds de Clairvaux. Le premier volume finit avec les décrets du pape Célestin; il manque un feuillet à la fin. Il manque au second plusieurs feuillets; le dernier appartient au deuxième concile de Reims, sous Eugène III. Voyez sur ces deux volumes les Archives de M. Pertz, tom. VII, p. 193-196.

4. Grand in-folio sur vélin. – Cassiodori variarum formularum libri IV. – Cassiodori variæ epistolæ. – Symachi epistole. – Boetius de Trinitate. – Sidonii Apollinaris epistolarum libri IX. – Ejusdem panegiricus. — XIIe-XIIIe SIÈCLE.

Fonds de l'Oratoire de Troyes, provenant de Pithou. A deux colonnes. Voyez les Archives de M. Pertz, tom. VII, p. 194.

N° 5. Grand in-folio sur vélin. – Glosæ in psalterium per magistrum Petrum Lombardum. — XIIIe SIÈCLE.

Fonds de Clairvaux. Le titre rapporté ici se trouve à la fin du volume, d'une main plus moderne.

6. Grand in-folio sur vélin. – Le songe du Vergier. — XVe SIÈCLE.

Provient de Grosley. Il manque le premier feuillet à ce manuscrit, qui est à deux colonnes.

7. Deux volumes in-folio sur vélin. – Biblia sacra, ex translatione S. Hieronimi. — XVe SIÈCLE.

Fonds de Bouhier, A. 69, A. 70, à deux colonnes. Une note de Bouhier porte: « Ex bibliotheca paparum avenionensium. »

8. In-folio sur vélin. (Recueil.) – 1° Justiniani Institutionum libri IV. – 2° « In nomine Domini nostri Jesu Christi imperatoris Justiniani liber autenticorum incipit (Libri XII). » – 3° Incipiunt Consuetudines feudorum. — XIVe SIÈCLE.

Fonds de Clairvaux; ce manuscrit, qui a été écrit en Italie, contient de petites miniatures fort jolies. Il est accompagné, sur les marges, d'une glose très-étendue. On lit à la fin : « Iste liber vocatur primum volumen et fuit datum monasterio Clarevallis per dominum Jacobum bone memorie de Audelencuria. Ejus anima Deo vivat. Amen. »

9. In-folio sur vélin. – Summa juris canonici, auctore Raimundo, cum glossa. — XIVe SIÈCLE.

Fonds de Clairvaux : ce traité commence par la lettre de Grégoire IX aux docteurs de l'université de Bologne, « Gregorius Episcopus servus servorum Dei dilectis filiis doctoribus et scolaribus universitatis Bononiæ commorantibus. » — En tête du volume sont des vers latins mnémoniques sur les rubriques des décrétales.

Il y a de petites miniatures fort jolies qui paraissent être d'un artiste italien.

N° 10. Grand in-folio sur vélin. – Biblia sacra. – Interpretationes nominum Hebræorum. — XIIIe SIÈCLE.

Fonds de l'Oratoire de Troyes, avec la signature de Pithou ; à deux colonnes. — A la fin de l'Apocalypse, on lit : « Mille ducenti currebant VII viginti. « Gabriel librum finivit bibliotech. » Il y a ensuite ces mots : « MCCCVI. Ista bi« blia est deputata ad usum fratris Johannis de Pozoldo. » Deux feuillets de vélin pour gardes contiennent des redevances d'une église qui paraît avoir été située en Lombardie.

11. Grand in-folio sur vélin. – Epistolæ S. Pauli cum glossa Petri (Lombardi). — XIIIe SIÈCLE.

12. Grand in-folio sur vélin. – Radulphi Flaviacensis explanatio in Leviticum. — XIIe SIÈCLE.

Provient de l'abbaye de Pontigny, diocèse d'Auxerre. Le titre est moderne. Ce traité a été imprimé dans la *Bibliotheca patrum*, Lugdun. in-fol. t. XVII. Voyez les Archives de M. Pertz, tom. VII, p. 194. Il y a à la fin une *Annotatio librorum Pontiniacensium*, qui est un catalogue fort important des manuscrits conservés anciennement dans cette abbaye. Voyez, à ce sujet, l'Appendice à la fin du présent volume.

13. Grand in-folio sur vélin. – Collectio decretalium, a Sixto papa usque ad Eugenium III. — XIIe SIÈCLE.

Provient de l'abbaye de Pontigny. Ce recueil commence par une biographie chronologique des papes ; il contient les mêmes choses qui se trouvent dans le second volume du manuscrit de cette même bibliothèque qui porte le n° 3. Vers la fin est une lettre d'Innocent II contre Abélard, adressée aux archevêques Sanson et Henri, et à S. Bernard, et publiée par Mabillon, notes sur la lettre 194 de S. Bernard, col. 66, et par D. Brial, *Script. rer. gall.* tom. XV, p. 339, not. a.

14. Grand in-folio oblong sur vélin. – Vita SS. apostolorum Petri et Pauli. – Sermo S. Hieronymi de assumptione S. Mariæ virginis. – Actus vel vita egregii confessoris Christi Victoris. – Sermones varii et homiliæ Fulgentii, Augustini,

Isidori, Ambrosii, Gregorii, Leonis, etc. – Lectiones in S. Evangelium. — XIe SIÈCLE.

On lit au commencement de ce volume « Rollandus abbas monasterii Arre« marensis repperit scriptum in registro domini pape quod erat Rome, et ibi « propria manu in scriptum redegit, sicut illuc legerat, quod post passionem « domini nostri Jesu Christi beatus Petrus apostolus tenuit sacerdotalem « cathedram in Antiochia annis septem. Deinde venit Romam, ibique vigenti « quinque annis et mensibus septem et diebus octo pontificatum tenuit. Hic « cum Paulo apostolo martirio coronatus fuit a Nerone Cesare, Romæ, post « passionem Domini anno tricesimo octavo; qui sepultus est via Aurelia, in « templum Apollinis, prope locum ubi crucifixus fuit, juxta palatium Nero« nianum in Vaticano, juxta territorium triumphalem, 3° kal. julii. »

N° 15. In-folio sur vélin. – (Canon Avicennæ.) « Incipit liber « canonis primus, princeps Abohaliab visce de medicina « edidit verba Abohaliab visceni. » — XIIIe SIÈCLE.

Fonds de Clairvaux.

16. In-folio carré sur vélin. – Rabani Mauri de Cruce. — XIe-XIIe SIÈCLE.

C'est une copie de la rédaction adressée et dédiée à Louis le Débonnaire, avec le portrait en pied de ce prince. Le manuscrit est incomplet.

17. In-folio sur vélin. – Parabole Salomonis, Cantica et Ecclesiastes, cum glossa. — XIIIe SIÈCLE.

Fonds de Clairvaux. A la fin se lisent ces mots : « Istum librum dedit « conventui Clarevallis pro remedio anime sue Fredericus canonicus Lingo« nensis. »

18. In-folio sur vélin. – Liber Galieni de elementis secundum sententiam Ypocratis. – Liber Galieni de complexionibus. – Liber Galieni de mala complexione diversa. – Liber Galieni de virtutibus naturalibus. – Liber Galieni de voce. – Liber Galieni de tactu pulsus quem transtulit Johannicius de

greco in arabicum et Marcus Toletanus de arabico in latinum.– Liber Galieni de morbo et accidente.– Liber Galieni de crisi. – Liber de diebus criticis. – Galieni de heresibus his quæ introducuntur liber incipit de greco in latinum domino Henrico regi a Burgundico judice Pisano anno incarnationis MCLXXXV fideliter translatus. – Liber de motibus liquidis. – Liber Galieni de juvamentis membrorum. – Liber de simplici medicina. – Liber sermonis Galieni de arte cognititia egritudinum morborum interiorum et curatione, a Burgundione Pisano judice de greco in latinum translatus. – Liber Galieni de febribus a Burgondione cive Pisano de greco in latinum translatus.–Liber Galieni de regimine sanitatis.–Liber de ingenio sanitatis translatus a magistro Girardo Cremonensi Toleto de arabico in latinum.— XIIIe SIÈCLE.

Fonds de Bouhier, B. 12. Ce volume a été écrit en Italie. Le feuillet 223 contient une rose des complexions et des influences des constellations, avec des aiguilles tournantes, en parchemin. De l'autre côté, il y a de petites tables ajoutées depuis et calculées de 1436 à 1462.

N° 19. Deux volumes in-folio sur papier. – Bibliotheca Buheriana, sive catalogus librorum, numismatum, tabularum pictarum, gemmarum, marmorum, etc. bibliothecæ Joannis de Bouhier, in supremo Burgundiæ senatu præsidis infulati, ab ipso digestus. — XVIIIe SIÈCLE.

Fonds de Bouhier. Autographe.

20. In-folio sur vélin. – Inventarium juris canonici tam textuum quam glossarum, compilatum per Berengarium episcopum Bitterensem. — XIVe SIÈCLE.

21. In-folio sur vélin. – Liber antiquitatis (judaicæ) Josephi historiographi. — XIIIe SIÈCLE.

Ce manuscrit provient de l'abbaye de Pontigny. Il n'est pas complet. Les

Antiquités et la Guerre judaïque se succèdent sans nouveau titre, et sans une nouvelle numération des livres.

N° 22. In-folio sur vélin. — (Vitæ sanctorum.) — Vita magni Basilii archiepiscopi Cappadocie. — Passio S. Concordi. — Passio S. Martine virginis. — Passio S. Eufrosine virginis. — Vita S. Fulgentii episcopi. — Vita S. Eugenii abbatis. — Passio S. Petri martyris. — Passio S. Theogenis. — Vita S. Genovefe virginis. — Vita S. Symeonis monachi. — Vita S. Melanii episcopi. — Vita S. Gregorii episcopi Lingonensis. — Passio S. Luciani presbiteri Antiocheni cum sociis suis. — Passio S. Luciani Belvacensis. — Passio Marciane virginis. — Passio SS. Juliani et Basilisse virginis. — Vita Pauli primi heremite. — Passio S. Archadii martyris. — Vita S. Hylarii episcopi et miracula eiusdem. — Vita S. Viventii confessoris. — Passio S. Saviani. — Vita S. Firmini episcopi et martyris. — Passio S. Felicis Tubizacensis. — Vita S. Boniti Avernensis episcopi. — Vita S. Mauri abbatis. — Passio S. Marcelli papæ cum aliis multis. — Vita S. Fursei abbatis. — Passio SS. geminorum Speusippi, Eleusippi et Meleusippi. — Sermones S. Hylarii de S. Honorato. — Vita S. Sulpicii. — Vita S. Gennulfi et transitus eiusdem. — Vita S. Ricmiri. — Vita S. Antonii. — Passio S. Ponciani. — Vita S. Leobardi. — Vita S. Launomari abbatis. — Passio SS. martyrum Valentini, Mauri et S. Sebastiani et aliorum plurimorum. — Passio S. Agnetis virginis. — Passio S. Fructuosi martyris. — Passio S. Patrocli. — Passio S. Thimothei. — Passio S. Vincentii levite et martyris. — Passio SS. Vincentii, Orontii et Victoris diaconorum. — Passio S. Ascle. — Passio S. Babile episcopi cum tribus pueris. — Passio S. Saviani. — Passio S. Prejecti episcopi et Marini abbatis. — Passio S. Policarpi episcopi. — Vita S. Juliani Cenomanensis episcopi. — Vita

S. Paule. — Vita S. Johannis episcopi. — Vita S. Savine virginis. — Passio S. Tyrsi cum sociis suis. — Vita S. Johannis abbatis. — Vita S. Bathildis regine. — XIIe SIÈCLE.

Fonds de Bouhier, A. 72. Bouhier, dans son Catalogue, croit du Xe siècle ce manuscrit, qui est plus moderne et qui porte cette inscription : « Liber « beatæ Mariæ de Rippatorio. » *Ripatorium*, Larivour, à deux lieues de Troyes, abbaye cistercienne, fille de Clairvaux. Voyez *Gallia christiana*, t. XII, col. 597 ; Beaumier, *Archevêchés, évêchés, abbayes de France*, t. II, p. 823, etc. On lit en tête de ce volume : « Cod. sæpius laudatus a Bollando. »

N° 23. In-folio sur vélin. — « Cy commence la translation du « premier livre de Valerius Maximus, et la declaracion d'i- « celluy avec plusieurs addicions, faite et compilee a la re- « queste de tres puissant et excellent prince le roy Charles « Quint de ce nom, par frere Simon de Hedin, de l'ordre « S^t. Jehan de Jherusalem, docteur en theologie. » — XVIe SIÈCLE.

Fonds de Bouhier, C. 5. Avec de jolis dessins à la plume.

24. In-folio sur papier. — (Lettres latines et françaises de Jean du Bellay, cardinal et évêque de Paris, avec les lettres adressées à ce cardinal par Sleidan, Sturm, Chellius, Curtius, Pomeranius, Wolfgang de Lysenberg, Landry, Veigbold, Latom, Wolfrag de Monteferro, Russocik, Guillaume, Salazar, Peterman, Creuser et Salmonius Macrinus, par François Rabelais, par le duc de Florence, par Martin et Joachim du Bellay, par les cardinaux de Bourbon et d'Augsbourg, par Sadolet, par les cardinaux d'Urbin, de Naples, de Ferrare, de Mantoue, de Lenoncourt, de Chastillon, de Tournon, de Guise, de Bologne, Caraffe et Del Monte; par Henri II, François II et Catherine, par Sigismond Auguste, roi de Pologne; par Louis, duc de Bavière; par Othon de

Brunswick, par le duc de Wittenberg, par Anne de Montmorency, connétable; par Anne de Pisseleu, duchesse d'Étampes; par Diane de Poitiers, etc. etc.) — XVIIIe SIÈCLE.

Fonds de Bouhier. Copié par Jean Bouhier. Il y a une autre copie de cette même correspondance dans la bibliothèque de Dijon.

N° 25. In-folio sur vélin. — « Incipit liber Taysir nierum magni sapientis Abensoar de arabico (seu potius de hebraïco) in latinum (cum prologo, ubi dicitur) : « Archiepiscopus Bracarensis jussit mihi suo famulo Johanni de Capua, humili « servo Christi et servorum suorum, ut manum miterem ab « ebrayca lingua prefatum opus in latinam... reducerem » — XIIIe SIÈCLE.

Fonds de Bouhier, B. 14. Il manque quelques feuillets à la fin.

26. In-folio sur vélin. — (Chronicon S. Mariani Autissiodorensis.) — XIIIe SIÈCLE.

Provient de l'abbaye de Sainte-Marie de Pontigny. Cet exemplaire est annoté par Camusat, auquel il a servi pour l'édition qu'il a donnée de cette chronique. (Troyes, 1608, in-4°.) Dans son édition, Camusat a omis et ajouté différentes choses. Voyez, à ce sujet, l'abbé Lebeuf, *Mémoires sur Auxerre*. L'original autographe de cette chronique est à la bibliothèque d'Auxerre. Voyez aussi les Archives de M. Pertz, tom. VII, p. 195.

27. In-folio, sur vélin. — 1° (Chronicon S. Mariani Autissiodorensis.) — 2° (Chronicon Ademari monachi Engolismensis.) — 3° (De gestis Francorum libri tres.) — XIIIe SIÈCLE.

Fonds de Clairvaux. Le *Chronicon S. Mariani*, comparé avec le n° 26, offre plusieurs variantes. Il commence par la préface, « Cum infinitis, » qui manque dans le n° 26. Ce dernier commence par la *Descriptio totius orbis*, qui n'est autre chose que le second chapitre de Paul Orose. Les *Suffraganei* sont plus étendus dans ce manuscrit, qui pourtant est incomplet, que dans le précédent. La chronique est continuée après l'année 1199, où le manuscrit nº 26 s'arrête, jusqu'en 1225. A la fin du volume, on annonce une *Historia Tyrii Apollonii* qui manque.

Nº 28. In-folio sur papier. — « Catalogus codicum manuscriptorum « bibliothecæ S. Germani a Pratis parisiensis (scriptus manu « Edmundi Martene, anno MDCCXII). » — XVIIIe SIÈCLE.

Fonds de Bouhier, A. 79. Il y a huit cent quatre-vingts manuscrits sans description ni détermination d'âge, excepté pour les dix-neuf premiers. Le format n'est pas indiqué. On ne dit même pas si le manuscrit est sur vélin ou sur papier. Cependant, sous le rapport de l'histoire littéraire, ce catalogue n'est pas sans intérêt, tous les opuscules contenus dans un même volume y étant indiqués.

29. In-folio sur vélin. — Imperatoris Justiniani Digestorum libri primi XXIV priores, qui faciunt Digestum vetus (cum glossa). — XIIe-XIIIe SIÈCLE.

Fonds de Bouhier, A. 13, à deux colonnes. Les gloses marginales sont de différentes époques (XIIIe, XIVe et XVe siècle). La plus ancienne accompagne partout le texte sur les marges; elle est très-développée. Le titre que nous avons donné est moderne.

30. In-folio sur vélin. — (Passionale vetus ecclesiæ S. Benigni divionensis.) — Incipit prologus in passione beatæ Katherine virginis et martyris. — Passio beatæ Katerinae. — Passio S. Stephani papæ. — Revelatio S. Stephani prothomartyris et SS. Gamalielis, Nichodemi atque Abybonis. — Passio beati Sixti papæ. — Passio S. Donati martyris. — Passio S. Laurentii archidiaconi. — Passio S. Cyriaci diaconi sociorumque ejus. — Incipit prologus in vita S. Taurini episcopi. — Passio S. Yppoliti sociorumque eius. — Prologus S. Fortunati in vita S. Radegundis. — Vita S. Radegundis. — Sermo S. Iheronimi presbyteri de Assumptione S. Mariæ Dei genitricis et Virginis — Vita S. Arnulfi. — Passio S. Mammetis. — Passio

S. Agapiti martyris. – Vita S. Philiberti. – Passio S. Symphoriani martyris. – Passio S. Bartholomei. – Vita S. Audoeni. – Passio S. Genesii. – Passio SS. martyrum Eusebii, Vincentii, Peregrini atque Pontiani. – Vita S. Augustini. – Vita S. Egidii abbatis. – Passio S. Marcelli martyris. – Vita S. Evurtii abbatis. – Sermo domini Fulberti in nativitate S. Dei genitricis Marie. – Incipit penitentia Theophyli. – Passio Adriani. – Passio S. Gorgonii martyris. – Incipiunt gesta ymaginis domini. – Passio S. Cornelii papæ. – Passio S. Cypriani episcopi et martyris. – Vita S. Apri. – Passio S. Eufemiæ. – Passio SS. Luciæ et Geminiani martyrum. – Passio S. Lamberti. – Vita S. Sequani abbatis. – Passio S. Mathei apostoli. – Passio Thebeorum martyrum. – Passio SS. martyrum Andochii, Tirsi, et Felicis. – Conversio S. Justine virginis et Cypriani. – Passio eorumdem beatorum martyrum. – Passio SS. Cosme et Damiani. – Revelatio Beati Michaelis archangeli. – Item revelatio S. Michaelis archangeli in monte qui dicitur Tumba in occiduis partibus sub Childeberto rege Francorum facta. – Vita S. Hieronimi presbyteri. – Vita S. Remigii. – Passio S. Leodegarii. – Passio S. Fidis virginis. – Passio S. Dionysii sociorumque eius. – Incipit revelatio que ostensa est S. papæ Stephano. – Passio S. Calisti papæ et martyris. – Passio S. Bercharii abbatis. – Sermo de S. Luca evangelista. – Prologus in passione S. Valerii martyris. – Passio S. Valerii. – Passio SS. Crispini et Crispiniani martyrum. – Passio SS. apostolorum Symonis et Judæ. – Passio S. Quintini martyris. – Prologus Fortunati in vita S. Marcelli Parisiorum episcopi. – Vita S. Marcelli. – Prologus in vita S. Vigoris Baiocensis ecclesiæ episcopi. – Vita eiusdem. – Passio S. Benigni. – Prologus in passione SS. innumerabilium martyrum. – Passio SS. innumerabilium martyrum.–Passio quatuor coronatorum. – Passio beatissimi Theodori martyris. – Passio beati Mennæ martyris. – Epistola Severi ad Desiderium de vita S. Martini episcopi. – Vita S. Martini episcopi.–Epistola Severi ad Eusebium presbyterum.–Epistola Severi ad Aurelium diaconem. – Epistola Severi Sulpicii ad socrum suam Bassulam. – Dialogus Severi de gestis S. Martini. – Vita S. Briccii episcopi. – Vita S. Gregorii archiepiscopi Turonensis. – Vita S. Aniani Aurelianensis episcopi. – Passio S. Romani martyris. – Incipit epistola Jonæ discipuli S. Columbani. – Vita S. Columbani abbatis. – Passio S. Ceciliæ virginis. – Passio S. Clementis papæ et martyris. – « Incipit prologus in miraculis S. Benigni hujus ecclesiæ patroni. » – Passio S. Petri Alexandrini episcopi. – Passio S. Saturnini episcopi et martyris. – Miracula S. Andreæ. – Passio SS. martyrum Crisanti et Dariæ. – Passio SS. martyrum Agricole et Vitalis. – Vita S. Maximi Regensis urbis antistitis. – Vita S. Nicolai. – Passio S. Thome apostoli. – Passio S. Gregori Spolitani episcopi. – Passio S. Eulaliæ. – Passio S. Barbare. – Vita beatissimi patris nostri Francisci. — XIIe et XIIIe SIÈCLE.

Fonds de Bouhier, A. 26. Ce manuscrit, dont l'orthographe est très-variable, de différentes mains, est mutilé et incomplet. Quelques parties ont été rétablies à une époque récente. Plusieurs feuillets sont transposés. Voyez les Archives de M. Pertz, tom. VII, p. 195-196.

° 31. In-folio sur vélin. (Recueil.) Ortus, vita et obitus Alexandri magni.–Incipit : « Egyptii sapientes sati genere divino. » – Epistola Alexandri ad Aristotelem. – Relatio Alexandri de regionibus Indie, de statu celi innumerisque serpentium et hominum ferarumque generibus ad Aristotilem. – Alexandri regis Magni et Dindimi regis Bragmanorum de philosophia facta per litteras collatio. — « Qualiter Alexander « rex a principe sacerdotum et a sacerdotibus in Jerosolima « susceptus sit, et ab omni populo Judæorum honoratus. » — « Incipiunt nomina regionum continentium infra se pro- « vincias centum tredecim. » — « Julius Celsus Constantinus « (immo J. Cæsaris) vir consularis, legicommentarius Ce- « saris consul factus belli gallici liber primus incipit. » — Incipit : « Gallia est omnis in tres partes. » — (Comm nta- riorum liber octavus, auctore Hirtio Pansa.) « Incipit liber « octavus Celsi legicomentarii Cesaris. » — Turpini Historia famosissimi Karoli magni. — « Incipit historia Francorum « collecta a Beato Gregorio Turonensi episcopo : Scripturus « bella regum. » — « Explicit liber decimus. Finiuntur gesta « Francorum : Incipiunt cronica Gregorii Turonensis epis- « copi. — Prologus Gregorii in cronicis. » — Incipit : « Breves « temporum. » — Desinit : « Injuria moritur. » — XIIIe SIÈCLE.

Voyez les Archives de M. Pertz, tom. VII, p. 196.

N° 32. In-folio sur vélin. — Eusebii chronicon (cum præfationibus Hieronymi et Eusebii). — XIIe siècle.

Il y a à la fin une table des consuls. Tous les chiffres sont romains. Voyez les Archives de M. Pertz, tom. VII, p. 196.

33. In-folio sur vélin. (Recueil.) — 1° Aristoteles de celo et mundo, cum commentario. — Adveroys super I de generatione et corruptione. — 3° Adveroys de substantia orbis. — 4° Collectio errorum in Anglia et Parisius condempnatorum, que sic per capitula distinguuntur : et primo de erroribus condempnatis in Anglia, a f^e^ Roberto de Kylwardbi archiepiscopo Cantuariensi, de consensu omnium magistro et regente apud Exoniam, anno Domini M° CC° LXXVI°. — 5° De

erroribus condempnatis a venerabili patre Guillelmo Parisiensi episcopo. – 6° De errores condempnatis a domino Stephano episcopo Parisiensi anno Domini M° CC° LXXVI°. – 7° Adveroys de sensu et sensato. – 8° Adveroys de memoria et reminiscentia. – 9° Tractatus Adveroys super libro de Sompno et Vigilia. – 10° Tractatus Adveroys de morte et vita. – 11° Adverroys super libros Aristotelis de anima. – 12° Digressio commentatoris Adverroys in questione de intellectu separatorum. — XIVe SIÈCLE.

Fonds de Clairvaux. Le dernier traité est incomplet. On lit à la fin : « Completa in hoc libro anno Domini M° CCC° XXI°. »

N° 34. In-folio sur papier. – (Alcoran, en arabe.) — XVIIIe SIÈCLE.

On lit en tête : وقع الفراغ من نسخ هذا القران نهار الاثنين اول يوم من شهر ابريل الذى هو من شهور سنة الف وسبعماية وخمسة عشر مسيحيّة بقلم الحقير الخاطى كليمنطوس كراچلى المتشرف بالامانة المسيحية بعد نفاد اطيب عمره فى الضلالة المحدية ولكنه يسال من القارى فيه والناظر اليه ان يتضرعوا عنه الى الله المجيد والى سيدنا مريم العذرا وابنها الوحيد فى مسامحة الذنوب عما مضى والاعانة على النفس والشيطان فيما بقى وان يغفر له والمعلميه ولكل لمسيحيّين امين « La transcription de ce Coran a été finie le lundi 1er du mois d'avril de « l'année 1715 de l'ère du Messie, par la main du pauvre pécheur Clément « Carraccioli, qui, après avoir consumé la meilleure partie de sa vie dans la « doctrine erronée de Mahomet, a eu l'honneur d'adopter la foi du Messie. Il « prie celui qui lira ce livre, ou qui y jettera seulement les yeux, de solliciter « pour lui auprès du Dieu glorieux et auprès de Notre-Seigneur, Marie la Vierge « et son fils unique, le pardon de ses péchés passés et la force de résister, à « l'avenir, à la concupiscence et à Satan. Il désire qu'on pardonne à lui, « ceux qui l'ont instruit de la vérité, et à tous les chrétiens. Amen. »

Au-dessous sont ces mots : نسخ فى مدينة رومية الكبرى فى عهد خلافة الحبر المعظم والاب المكرم البابا كليمنتى الحادى عشر ادام الله حياته ونفعنا وكل المسيحيين ببركة صلاته امين « Cette copie a été faite dans la ville de Rome

« la Grande, sous le khalifat du docteur suprême et du père vénérable, le Pape « Clément XI ; que Dieu prolonge sa vie, et qu'il fasse profiter, nous et tous les « chrétiens, de la bénédiction de ses prières! Amen. »

On verra ci-dessous, n° 163, un exemplaire des quatre évangiles, copié de la même main. Dans le présent volume, la pagination commence par la fin.

N° 35. In-folio sur vélin. (Recueil.) – 1° (Prudentii) Hymnus et passio S. Vincentii levitae et martyris. Liber invitatorius ad martyrium qui grece Perystephanon dicitur (metrice). – 2° Liber (Marbodi) de preciosis lapidibus (metrice). – Incipit : « Evax rex arabum. » – 3° Hildeberti Cenomanensis de vestibus ecclesiæ (metrice). – 4° De divinis catholicæ ecclesiæ officiis (metrice). – 5° De monacho dormiente ad vigilias (metrice). – 6° Epitaphium Hugonis episcopi Autissiodorensis (metrice). – 7° Proverbia epistolarum Senece (metrice). – 8° (Prudentii opera varia metrice VIII libris contenta.) — XIIIe SIÈCLE.

Ce manuscrit est de diverses mains, tantôt à deux, tantôt à trois colonnes. Le copiste dit à la fin du volume qu'il n'a pu trouver le livre « Exameron de « fabrica mundi, » indiqué par Gennadius, parmi les ouvrages de Prudence. La dernière partie du manuscrit est plus belle que les autres. Les titres sont en lettres rouges et bleues. Le n° 5° n'a que quatre vers.

36. In-folio sur papier. – Journal de la chambre de justice, par André le Fèvre, S^r d'Ormesson, avec plusieurs autres pièces et mémoires concernant les procès du duc de Lorraine, du chancelier Duprat, de l'amiral de Coligny, de Biron, du cardinal de Bouillon, de Cinq-Mars, de Thou, de Fouquet, etc. — XVIIIe SIÈCLE.

Fonds de Bouhier, B. 99.

37. Deux volumes in-folio sur papier. – Recueil de procès-verbaux, relations, etc. concernant les états généraux et

assemblées des notables du royaume, de 1356 à 1617. — XVIIIe SIÈCLE.

Fonds de Bouhier, A. 98 et 99.

N° 38. Deux volumes in-folio sur vélin. — Incipit elementarium Papie sive glosarium. — XIIe-XIIIe SIÈCLE.

39. In-folio sur vélin. (Recueil.) – 1° Descriptio cujusdam de locis sanctis. – Incipit : « Reverentissimo patri et domino H. « Dei gratia Olomacensium antistiti, R. Fretellus stola jocun- « ditatis indui. » – 2° Epistola Odonis (de Diogilo) ad venerandum abbatem suum Suggerium. – 3° (Septem libri historiæ Hierosolimitanæ.) – Incipit : « Anno verbi incarnati « millesimo centesimo quadragesimo VII, gloriosus rex Fran- « corum et dux Aquitanorum. » – Desinit : « De religione divi- « nam gratiam conquirebant. » – 4° Calixti papæ præfatio in libro miraculorum S. Jacobi apostoli Galicie. – 5° Translatio S. Jacobi (cum prologo B. Calixti ac epistola B. Leonis de eodem). – 6° Miracula S. Jacobi a papa Calixto conscripta. – 7° Proemium domini Calixti papæ in passione S. Eutropii. – 8° Turpini historia famosissimi Karoli magni (cum epistola ad Leoprandum). – 9° De corporibus SS. qui in itinere S. Jacobi requiescunt. – 14° (Versus) Aimerici Picaudi de Partiniaco. – 15° Versus Calixti pape. – 16° (Versus) B. Fortunati Pictavensis: – 17° Epistola confirmativa papæ Innocentii. – 18° Vita Amicii et Amelii karissimorum (?). — XIIe SIÈCLE.

Le pape Innocent semble croire ici que les récits des miracles de S. Jacques, et la vie de Charlemagne sont du pape Calixte. Il dit que cet ouvrage a été donné à S. Jacques de Galice par « Aimericus Picaudus de Partiniaco veteri, « et Girberga flandrensis socia ejus. » Voyez, à ce sujet, le manuscrit 142 de cette même bibliothèque. Voyez aussi les Archives de M. Pertz, VIIe volume,

p. 200, et *Chiffletii Bernardi Claravallensis illustre genus assertum*, Divion. 1660, in-4°. Ce manuscrit est incomplet à la fin.

N° 40. In-folio sur vélin. – Sermones S. Bernardi abbatis de sanctis. — XIIIe SIÈCLE.

On trouve au commencement du volume cette note : « Arremarensis bibliotece liber. » C'est le Moustier-Ramey, diocèse de Troyes.

41. In-folio sur vélin. – 1° « Incipit hystoria Freculfi hystoriographi et Luxovicensis episcopi. – 2° (Epistola Johannis Sares beriensis) « Serenissimo Henrico illustri et glorioso « Trecensium comiti palatino. » – Desinit : « Gloria vestra, « illustrissime comes. » — XIIe-XIIIe SIÈCLE.

Ce manuscrit est de différentes mains. Voyez les Archives de M. Pertz, tom. VII, p. 41.

42. In-folio sur vélin. – Severus Sulpitius, de vita et miraculis S. Martini. – Albini magistri liber de vita S. Martini episcopi. – Item, vita S. Briccii episcopi et confessoris. — XIe SIÈCLE.

Fonds de Bouhier, C. 39. Le titre est moderne.

43. In-folio sur vélin. (Recueil.) – Li livre de Boece en Consolation (traduit en vers et en prose). – Les enseigmens Senesque contre mesaventures. – Ci encommencerons a parleir de la sainte arme. – Des dis de plusours sains et de philosophes. – Ensignemens pour larme. – Coment Hue de St-Victour parole damour. – Pour coi Deus retrait aucune fois son confort esperitueil de la persone. – Coment on doit penser a ses pechies. – Les XII poins principaulz damours. – (Chansons diverses, les vers n'y sont pas séparés.) – Lou sermon que maistre Aulbert archevesque de Cologne fist, ou il ait IX poins. – Coment le corps parole a

larme, et larme respont. – Coment on doit son cuer aparillier. – Coment Deus touche lou cuer de la personne. – Coment nostre sires arguet a larme et larme li respont. – La premiere parole que nostre sires dist en la croix dont il en dist VII que sensseuiv et apres. – La premiere gloire que li armes glorifiee averait dont il en y ait VII que senxeuivent apres. – Coment li hons doit ameir et maintenir iustice. – La premiere gloire que li corps glorifies averat dont il en y ait VII, que senxeuent apres. – Coment li hons doit ploreir pour laveir ses pechies et penseir a la mort. – Coment on doit douteir lou iugement. – Les XV signes que venront devant lou iugement. – Coment li humbles et li orguillouz sont contraires en lor vie et en lor volentei. – Contre ceulz qui prennent volentier dons, et de quil ne doient. – Pour coi on doit servir Deu lieement. – Coment on doit recordeir la misericorde nostre Signour. – Sainct Barnart : De bone conscience. – Dumilitei. – De la mort de lome. – Des grans biens qui viennent dameir Deu. – La riegle des cuers ordeneiz. – Plusours dis de saint Augustin. – Coment li profitans monte par XV degreiz. - Saint Barnars : Coment nostre Sires parolet a larme. – De III maniere de contemplation. La premiere contemplation est des mours et de la vie de la persone. – La II contemplacion est des poines denfer et dou iougement. – La III contemplacion est des ioies de paradix et de la bieneurteit des sains. – Ensignement pour resouire nostre signour. – Saint Barnart. – La III contemplation. – Saint Augustins. – Les III vertus divines. – Coment pacience est bone. – De orixon. – Coment obedience est bone. – De humiliteit. – Remede contre yre de prome. – De S. Jeromes. – De S. Barnart. – De S. Anciaume. – Cest li psalmes en romant, que ont dit la foy catholique. Quicumque vult salvus esse. – Ansignement de plusours sains et de plusours phylosophes. — XIVe SIÈCLE.

En tête de ce manuscrit on lit : « Ce livre est a dame Anne de Gournay, fille « signeur Regnalt de Gournay. » Il commence au folio 126, et il est orné de quelques petites miniatures. Dans une note préliminaire, écrite dans le siècle dernier, il est dit que la version de Boèce a été faite probablement par Jean de Mehun; la liste des pièces contenues dans ce manuscrit se trouve au commencement, d'une écriture du XIVe siècle. On a oublié d'y inscrire la dernière de ces pièces.

N° 44. In-folio sur vélin. (Recueil.) – 1° Avicennæ abbrevatio libri Aristotelis de animalibus, translata ex arabico in latinum a Michaele Scoto. – 2° Aristotelis libri de animalium partibus et generatione eorum, ex arabico ab eodem Scoto latine versi. – 3° Ægidii de Roma (Columna, ex ordine Eremitarum S. Augustini) de embryone seu fœtu libellus. — XIIIe SIÈCLE.

Fonds de Bouhier, B. 109, à deux colonnes. Écrit de diverses mains. Le titre est de la main de Bouhier. Le premier ouvrage est dédié à l'empereur Frédéric.

45. In-folio sur vélin. – (Joannis filii Serapionis practica medicinae in VII libros divisa, cum glossario.) – Incipit tractatus primus breviarii Johannis filii Serapionis, translatus a magistro Ghirardo Cremonensi in Toleto de arabico in latinum. — XIIIe SIÈCLE.

Fonds de Bouhier, B. 55, à deux colonnes.

46. In-folio sur vélin. – (Bartholomæi anglici) liber de proprietatibus rerum. — XIIIe-XIVe SIÈCLE.

47. In-folio sur vélin. – Les vingt-quatre livres du vieil digeste mis en françois du temps de St Louis roy de France. — XIIIe SIÈCLE.

Fonds de Bouhier, B. 5, à deux colonnes. Il manque dans ce volume le second feuillet, où devait commencer le Digeste. Le titre est moderne.

Nº 48. In-folio sur vélin. (Recueil.) – 1° Indiculus XXI primorum abbatum Cluniacensium. – 2° Indiculus regum Franciæ a Pharamundo, usque ad Philippum regem Navarriæ et comitis Campaniæ. — XIIᵉ SIÈCLE. – 3° Ordo annorum cycli decemnovennalis. – 4° Præfatio Bedæ in circulos Dionisii exigui, abbatis genere romani. – 5° Dionisii abbatis paschalis circuli una cum aliis tractatibus, usque ad annum 1095. – 6° Chronologia brevis rerum præcipuarum monasterii S. Benigni Divionensis. – 7° Epistolæ duo Abbonis floriacensium abbatis ad Geraldum et Vitalem, de natura magni cycli, et de anno dominicæ passionis et resurrectionis. – 8° Calculatio Albini magistri pro inveniendo paschate, et de ratione embolismorum —9° (Vitæ sanctorum : scilicet) Vita S. Hilarii episcopi scripta a Fortunato ; item de ejusdem miraculis. – Hilarii epistola ad Abram filiam. – Vita D. Felicis et martirium ; item vita Sebastiani martiris Mediolanensium, Fortunato auctore. – Passio S. Agnetis, S. Vincentii, et S. Agathæ. – Vita S. Gregorii papæ. – Passio SS. martyrum Marii, Marthæ et filiorum eorum. – Vita S. Ambrosii.–Passio SS. Georgii, Quiriaci episcopi, Alexandri papæ, S. Gordiani, SS. Nerei et Achillei. – Inventio S. Crucis.–Vita S. Germani Capuani episcopi.–Vita S. Gongulfi. – Vita SS. confessorum et episcoporum Eucharii, Valerii ac Materni. – Vita S. Maximi episcopi. – De passione SS. martyrum qui Lugduni passi sunt sub ducibus Vetio, Epagatho et Zacharia.–Passio S. Marci Evangelistæ, Marcellini et Petri ; et de translatione corporum eorumdem.–Vita S. Goerici episcopi et confessoris. – Passiones SS. martyrum Primi et Feliciani, Nazarii, Celii, Gervasii et Protasii, Naboris et Felicis, S. Gallicani, Johannis et Pauli fratrum, Basilidis, Tripodis et Madalis, S. Bonifacii, S. Gregorii episcopi et martyris, SS. XL martyrum tempore Licinii imperatoris. — XIe SIÈCLE.

Fonds de Bouhier, B. 48. Le manuscrit est formé de plusieurs parties, d'époques et de mains différentes. Dans le n° 2, les quatre derniers rois ont été ajoutés par une main plus récente. Les Cycles de Denis (n° 4) sont insérés dans les œuvres de Bède (tom. I, p. 309). Pour le n° 7, que Bouhier croyait inédit, on peut consulter l'*Iter burgundicum*, de Mabillon, p. 9. La vie de saint Hilaire est accompagnée d'un grand portrait en pied du saint. Voyez les Archives de M. Pertz, tom. III, p. 197. La liste des pièces contenues dans ce volume se trouve sur le premier feuillet, écrite d'une main moderne; on la reproduit ici en la complétant. Tous les chiffres employés dans ce manuscrit sont romains. Les milliers sont indiqués ainsi : ĪĪ pour MM, V̄ pour MMMMM, constamment avec un trait au-dessus de la lettre qui doit indiquer le nombre des milliers.

N° 49. In-folio sur vélin. — « Cy comence Bible hystoriaus, ou les « hystoires escolastres » (de Pierre Comestor, traduites en françois par « ie qui sui prestres et chanoines de S. Pere « d'Aire de leveschie de Terouenne, et Guiars des moulins « sui apeles »). — XIVe SIÈCLE.

Fonds de Bouhier, B. 20. Avec des miniatures de diverses dimensions : les grandes sont assez curieuses; les personnages de la Bible ont les cheveux blonds. Le travail du traducteur a duré depuis 1291 (il avait alors quarante ans accomplis) jusqu'en 1294. Le manuscrit se termine avec le psautier; on lit à la fin : « Qui fine le premier volume. »

50. In-folio sur vélin. — (Flores psalmorum.) Epistola Galteri Magalonensis episcopi in librum de floribus psalmorum a Lamberto S. Rufi abbate editum et in unum collectum. — XIIIe SIÈCLE.

Provient de l'abbaye de Pontigny. A la fin du volume : « Explicit pars prior. »

51. In-folio sur vélin. — Les cinq livres des décrétales translatées en françois du temps de S. Louis. — XIVe SIÈCLE.

Fonds de Bouhier, B. 50. A deux colonnes, avec de petites miniatures. Le titre est moderne.

N° 52. In-folio sur papier. – Histoire de la souveraineté de Dombes, divisée en huit livres, justifiée par titres, fondations de monastères, anciens monuments, etc. (par Guichenon). — XVIIIe SIÈCLE.

Fonds de Bouhier, B. 211. Cet ouvrage, entrepris par ordre de Mademoiselle, est précédé d'un avertissement fort curieux qu'on peut lire dans la Bibliothèque historique de la France, par Lelong, tom. III, p. 458, art. 36,048. On trouve après cet avertissement, qui est suivi de la dédicace, une note portant que Mademoiselle a donné 3000 francs aux héritiers de Guichenon, pour ravoir l'histoire et les titres qu'il avait recueillis, et que, malgré cela, ces héritiers en ont retenu une copie d'après laquelle on a fait celle que nous annonçons ici.

53. In-folio sur carré vélin. – 1° Pelagii papæ II epistola ad Benignum archiepiscopum de translatione episcoporum. – 2° Isidori Hispalensis etymologiarum libri XX. — IXe SIÈCLE.

Fonds de Bouhier, B. 116. A deux colonnes, en minuscule caroline. Le n° 1 se trouve dans les Conciles de Labbe, tom. V, p. 931.

54. In-folio sur vélin. – Tertulliani de patientia; de carne Christi; de carnis resurrectione; adversus Praxeam; adversus Valentinianos; adversus Marcionem; liber apologeticus de ignorantia Dei. — XIe SIÈCLE.

Fonds du collége de Troyes; provenant de Pierre Pithou, qui a mis son nom à la fin. L'écriture est à deux colonnes, un peu penchée. Le premier feuillet a été coupé; la fin manque.

55. In-folio sur vélin. – Passiones sanctorum Petri et Pauli, Andreæ, Jacobi apostoli, Johannis evangelistæ, Jacobi fratris Johannis, Thomæ, Bartholomei, Mathei, Simonis et Judæ, Philippi, Quintini, Vedasti, Dionysii, Remigii, Paterni, Clementis papæ, Silvestri papæ, Agatæ, Luciæ, Ensemiæ, Chrisantii et Dariæ, Gertrudis, Mariæ matris virginis, Juliæ, Melanis, Eufraniæ, conversionis S. Pauli,

Margaretæ, Eufemiæ, Ceciliæ, Valeriani, Tiburtii, Afræ, Eufrosinæ, Eugeniæ, Columbæ, Fructuosi episcopi, Augurii et Euloci diaconorum, Patrocli, Speusippi, Eleusippi, Meleusippi, Babilonis cum tribus parvulis, Sabinæ, Paulæ, Mariæ matris virginis, Protheæ et Theophili, Julianæ, Marcelli, Privati Fereoli, Vincentii, item Marcelli, Fereoli, Christophori, Luceiæ et Euiadæ regis, Eleutheri et Anthiæ, Romani monachi, Ethisici, Palatini, Baraldæ, Parvoli, Benigni, Adriani cum sociis, Memorii, Andochii, Thirsi, Felicis atque sancti Simphoriani Eduensis. — VIIIe-IXe SIÈCLE.

Fonds de Bouhier, B. 8, provenant de S. Étienne d'Autun : manuscrit très-important, de plusieurs mains, incomplet à la fin. Voyez les Archives de M. Pertz, tom. VII, p. 197. La liste des saints, qui est placée en tête, est moderne.

N° 56. In-folio sur papier. – Catalogue alphabétique des livres de la bibliothèque de médecine, de l'Hôtel-Dieu de S. Éloy, établie par Haguenot. — XVIIIe SIÈCLE (1768).

57. In-folio carré sur vélin. – Rabani expositio in evangelium Mathæi. — IXe SIÈCLE.

Fonds de Bouhier, B. 49. Suivant Bouhier, ce manuscrit pourrait servir à remplir de très-grandes lacunes qui existent dans les éditions de l'ouvrage de Raban Maur. Sur le revers du dernier feuillet est le commencement d'un sermon de S. Augustin.

58. In-folio sur vélin. – (Concilium Chalcedonense; versio antiqua. – Edictum piissimi Justiniani Imperatoris, rectæ fidei confessionem continens). — VIIIe-IXe SIÈCLE.

Fonds de Bouhier, B. 51. Ce précieux manuscrit est à deux colonnes. Il est très-bien écrit en minuscule caroline; les titres sont en lettres onciales rouges. Chifflet, dans ses notes *in Vigilium* (p. 85 et 100), croit que la version du Concile de Chalcédoine est de « Rusticus diaconus ecclesiæ romanæ. » (Voyez Labbe, *Concilia*, tom. IV, p. 10; *Baluzii Nova Collectio*, p. 982.) A la suite du

Concilium Chalcedonense on lit : « Contuli, absolvi, VI kal. april. 1683, Steph. Baluzius. »

N° 59. In-folio sur vélin. — « Omeliæ sive tractatus Beatorum Ambrosii, Augustini, Hieronimi, Fulgentii, Leonis, Maximi, « Gregorii, et aliorum catholicorum et venerabilium patrum « legendae per totius anni circulum. » — IXe SIÈCLE.

Fonds de Bouhier, C. 40.

60. In-folio sur vélin. — Policraticus (Johannis Saresberiensis) de curialibus nugis et de vestigiis philosophorum. — XIIe SIÈCLE.

Provient de l'abbaye de Pontigny.

61. In-folio oblong sur vélin. — « Incipit liber omeliarum « beati Gregorii papæ urbis Romæ, explanatio soli Hieze- « chielis prophete. » — VIIIe SIÈCLE.

Provient de l'abbaye de S. Pierre de Troyes. A longues lignes. Les rubriques sont en lettres onciales.

62. In-folio oblong sur vélin. — Elocutio quadripartita (sive sententiæ) quæ Gregorio tribuitur. — IXe SIÈCLE.

Ce manuscrit provient de S. Pierre-la-Celle, diocèse de Troyes. Il est d'une grosse écriture, à longues lignes. Le premier livre a trente-sept chapitres; le dernier a pour titre : « Quot et quibus modis Deus interroget hominem. » A la suite du premier livre se trouvent quelques vers moraux qui commencent ainsi : « Expedit actutos navalia bella secutos. » Le second livre traite : « De incarnatione vel nativitate Domini Jesu Christi. » Le cinquième et dernier livre commence par le chapitre : De dilectoribus mundi. A la fin du volume, on lit : « Sententiæ Gregorii in uno volumine. » Sur les gardes se trouve un fragment de la Thébaïde de Stace, occupant quatre colonnes, d'une écriture du Xe siècle; il commence à :

Illa viam medium clipei conata per orbem.

On lit également sur les gardes : « Sententiæ Gregorii in uno volumine. » Le commencement du manuscrit manque : on a coupé les marges en plusieurs endroits.

N° 63. In-folio sur vélin. – (S. Hieronimi epistolæ.) — XIIe SIÈCLE.

Provient de S. Pierre-la-Celle. Il est incomplet au commencement.

64. In-folio sur vélin. – S. Gregorii papæ in Job expositio (libri X priores). — X^{e}-XIe SIÈCLE.

Provient de S. Pierre-la-Celle.

65. In-folio sur vélin. – S. Gregorii papæ in Job (libri XXIII-XXXIV). — X^{e}-XIe SIÈCLE.

Provient de S. Pierre-la-Celle.

66. In-folio sur vélin. – Bedæ venerabilis homeliæ XXV in Evangelia. — XIe-XIIe SIÈCLE.

Provient de S. Pierre-la-Celle. A longues lignes ; les grandes lettres et les titres sont de plusieurs couleurs ; il y a des lettres incluses.

67. In-4° sur vélin. – 1° « Incipit liber dialogi Basilii atque Johannis. » – 2° « Incipiunt Omeliæ S. Basilii Cesariensis « episcopi quas transtulit Rufinus de greco in latinum. » — XIe SIÈCLE.

Il y a au commencement : « Liber Sancti Petri Sanctique Frodoberti de Cella. »

68. In-folio sur vélin. (Recueil.) – 1° Reimbaldi (monachi, Cluniacensis, ut opinor,) versus de vitæ sequentis auctoribus. – 2° Syri monachi sermo de S. Maiolo abbate Cluniacensi, cum tribus libris de vita et miraculis ejusdem Maioli, quos dictus Syrus inchoavit, et Aldebaldus perfecit. – 3° Anonymi versus de electione S. Odilonis abbatis Cluniacensis. – 4° Eusebii Cæsariensis vita Sylvestris papæ I, ab incerto

latine versa, cum prologo. – 5° Passio S. Stephani papæ. – 6° Conversio S. Justinæ et S. Cypriani episcopi Antiocheni cum ejusdem pœnitentia. – 7° Passio S. Quintini divisa in XVIII capita, incerto auctore. – 8° Vita S. Evorcii episcopi Aurelianensis et confessoris, incerto auctore. – 9° Aimonii, monachi Floriacensis, vita S. Abbonis abbatis, ad Herveum. – 10° Anselli Scholastici et martyris visio cujusdam monachi. – 11° Vita S. Remigii archiepiscopi Remensis. — XIe SIÈCLE.

Fonds de Bouhier, C. 41. A deux et à quatre colonnes, de diverses mains. Voyez les Archives de M. Pertz, tom. VII, p. 197. La table donnée ci-dessus est de la main de Bouhier.

69. In-folio sur vélin. – (Gregorii expositionum in Job libri IX priores, necnon libri XXXI, XXXII, XXXIII, XXXIV, XXXV et XXXVI). — VIIIe SIÈCLE.

Fonds de Bouhier, C. 15. Ce beau manuscrit est en grands caractères mérovingiens. Le volume est incomplet à la fin.

70. In-fol. sur vélin. — Cartes marines, mappemonde, avec quelques cartes géographiques terrestres. — XVIe SIÈCLE.

Ce volume précieux, de vingt et un feuillets, porte au commencement les armes de M. de Clugny, membre du parlement de Dijon, émigré en 1791 : la reliure est ancienne et en bois. Dans l'épaisseur de cette reliure, à la fin du volume, est une petite boussole à pivot recouverte par un verre, et dont la circonférence est divisée en trente-deux parties. L'aiguille a conservé sa polarité. Entre autres choses, cet atlas contient l'Empire, la France, la Palestine, l'Italie, et le Piémont avec Gênes, qui sont à la fin. Ces cartes, sur parchemin (coloriées et dorées), ont été faites en Italie, après le voyage de Magellan, dont on voit le détroit, nommé « El Streto de Maglanes; » mais la côte du Chili est en blanc: elle était donc encore inconnue en Europe, et l'on n'était pas allé du Pérou au détroit de Magellan par mer. Ce détroit se trouve indiqué trois fois. Le navire de Magellan est figuré, ainsi que sa route, sur la mappemonde. C'est le seul voyage maritime indiqué dans ces cartes. La plupart des mots sont en latin; mais il y a aussi des inscriptions en patois italien et en espagnol. L'Espagne manque. Il y a une mappemonde, la sphère, le zodiaque, et une carte de mesures cosmographiques avec les dimensions des orbites des planètes.

N° 71. In-folio sur vélin. – Missale Senonense. — XIV-XVe SIÈCLE.

Provenant de la bibliothèque d'Auxerre.

72. In-folio sur papier. – Interpretatio Alcorani litteralis, per fratrem Dominicum Germanum de Silesia, linguarum orientalium magistrum, ordinis minorum et olim sanctæ sedis apostolicæ Missionis Tartariæ magnum præfectum. — XVIIe SIÈCLE.

Provient de la bibliothèque Albani.

73. In-folio sur papier. – 1° Fol. 1 : Λέοντος ἐν Χριστῷ τῷ ἀθανάτῳ πάντων βασιλεῖ εὐσεβοῦς βασιλέως Ῥωμαίων· αἱ τῶν νόμων ἐπανορθῶτι καὶ πάντων ἀνακαθάρσεις (*Leonis, in Christo immortali omnium rege pii imperatoris Romanorum, legum emendatoriæ omnium expurgationes*). – Incipit : Προοίμιον. Τὸ ποικίλον τῶν ἀνθρωπίνων πραγμάτων. Fin au fol. 74, *b*: Τῆς τῶν δέκα ποδῶν μὴ παραιτουμένης ἀποστάσεως. – 2° Μελέτη περὶ ψιλῶν συμφώνων (*Exercitatio de nudis pactis*). – Incipit : Εἰ μὲν δι' ἔριν τινὰ καὶ δυσμένειαν. Fin au fol. 81, *b* : ἵνα καὶ ἡμεῖς αὐτῶν ἀκουσώμεθα. Ensuite en rouge : Τέλος τῶν διορθωτικῶν τῶν νόμων ἀνακαθάρσεων. — Fin du XVe SIÈCLE.

Fonds de Bouhier, B. 149. A la tête et à la fin, il y a quatre feuillets non numérotés. Sur le premier de ces feuillets, à la tête du volume, on remarque en haut un ancien n° 997, et plus bas une notice en latin, qui paraît avoir été écrite vers la fin du XVIIe siècle. Sur le recto du quatrième feuillet, qui précède immédiatement le commencement du texte, on lit ce titre de la main de Bouhier : LEONIS VI. IMPERATORIS || CONSTANTINOPOLITANI || CONSTITUTIONES NOVELLÆ CXIII. || ITEM || ANONYMI ΜΕΛΈΤΗ ΠΕΡῚ ΤΩ͂Ν ΨΙΛΩ͂Ν || ΣΥΜΦΏΝΩΝ, || SEU EXERCITATIO DE NUDIS PACTIS. || CODEX MS. || BIBLIOTHECÆ BUHERIANÆ || B. 149. || M DCCXXVII. || — Le volume entier est écrit de la même main, à longues lignes, 30 environ par page. Le calligraphe ne s'est pas nommé, mais on reconnaît facilement l'écriture ferme et nette d'un Grec instruit, probablement réfugié en Italie, qui a indiqué, au haut de chaque première page, par des lettres ayant une valeur numérique, le nombre des cahiers ou *quaternions*, qui doivent être de dix feuillets chacun. Il manque deux feuillets au cinquième *quaternion*, qui, par conséquent, ne comprend aujourd'hui que les folios 39-46, et cinq au sixième, comprenant les folios 47-51. Le chiffre 5 (VIe *quaternion*) n'est pas de la main du calligraphe. Entre les folios 50 et 51, la trace d'un feuillet coupé, comme il est dit dans une note ajoutée à la fin, fol. 81, *b* : « Il a été reconnu, le 18 mars 1835, que ce ma« nuscrit se compose de quatre-vingt-un feuillets exactement numérotés, le titre « ajouté non compris; et qu'il manquait deux feuillets entre les n°s 36 et 37, « et un feuillet entre les n°s 50 et 51. H. Kühnholtz, bibliothécaire. » — Point de miniatures ni vignettes; on voit seulement au commencement de chaque novelle une grande initiale byzantine peinte en rouge. Les titres sont en rouge. La couverture est en parchemin jaune et flexible. — Les novelles de l'empereur Léon le Philosophe contenues dans ce volume ont été publiées, d'après un manuscrit de la bibliothèque de Heidelberg (*Codex Palatinus*), coté n° 387, dans le recueil intitulé : *Impp. Justiniani, Justini, Leonis, Novellæ constitutiones... studio Henrici Scrimgeri Scoti* [*Genevæ*], 1558, in-fol. Voyez sur cette publication G. A. Beck, *Liber singularis de Novellis Leonis, earumque usu et auctoritate*, ed. C. F. Zepernick; *Halæ*, 1779, in-8°, p. 330-361 et 366-372. L'*Exercitatio de nudis pactis* se trouve imprimée, d'après un manuscrit appartenant à François Pithou, dans *Juris græco-romani tam canonici quam civilis tomi duo, Johannis Leunclavii Amelburni v. cl. studio ex variis Europæ Asiæque bibliothecis eruti, latineque redditi : nunc primum editi cura* Marquardi Freheri, *Francofurti*, 1596, in-fol. t. II, p. 192, comme Bouhier a eu le soin de le marquer dans une note marginale et autographe, fol. 74, *b*. Un peu plus bas, à la même page, le même Bouhier a ajouté une autre note se rapportant au nom Στεφάνου cité dans le texte : *Stephanus ille, legum interpres insignis, sæpius in Basilicis laudatur.* Le texte des Novelles donné par Henri Scrimger, et celui de l'*Exercitatio* publié par Leunclavius, nous paraît en général assez correct; toutefois, notre manuscrit offre quelques bonnes leçons qui pourraient servir à rectifier plus d'un passage des Novelles. La collation entière de notre volume avec les textes imprimés serait donc d'autant plus à désirer que les manuscrits contenant le recueil complet des 113 Novelles de l'empereur Léon sont extrêmement rares. On n'en connaît jusqu'à présent que trois, savoir : 1° Le *Codex Palatinus*, dont nous avons parlé plus haut, et d'après lequel a été faite l'édition de Scrimger; 2° le manuscrit n° 179 de la bibliothèque de Saint-Marc de Venise; 3° celui de Montpellier. Plusieurs jurisconsultes des siècles derniers parlent d'un manuscrit des Novelles de Léon, qu'ils nomment *Codex Augustini*, n° 185. Nous ne l'avons pas compté ici, car peut-être il n'est autre que celui de Montpellier. Aussi ce dernier a-t-il été souvent mentionné par les calligraphes et les jurisconsultes. Nous ne citerons de ceux-ci que F. A. Biener, *Geschichte der Novellen*, Berlin, 1824, in-8°, p. 551 et suiv. et p. 617; Hænel, *Catalogus librorum manuscriptorum Galliæ, Helvetiæ, Belgii, etc. Lipsiæ*, 1830, in-4°, col. 239; C. E. Zachariæ, *Historiæ juris græco-romani delineatio, Heidelbergæ*, 1839, in-8°, p. 51, où l'on trouve à la note 22 une courte et assez exacte description de notre manuscrit. Au reste, nous ne parlons pas ici des manuscrits contenant une ou plusieurs Novelles extraites de ce recueil, mais de ceux qui renferment la collection complète, qui est aujourd'hui de 113 Novelles, comme nous venons de le dire; du moins, aucun des trois manuscrits cités n'en offre davantage. Mais à la mort de l'empereur Léon, arrivée le 11 mai 911, il en existait un nombre bien plus considérable.

Dans le *Prochiron auctum*, titre XL, chap. CCXXXII, se trouve la citation suivante: Ζήτει καὶ τὴν σα νεαρὰν τοῦ Φιλοσόφου βασιλέως, περὶ τοῦ μὴ εἶναι ἰδιωτικὴν φυλακήν. *Quære etiam novellam ducentesimam primam imperatoris Philosophi, ne sit privatus carcer.*

Il est vrai que du temps de Matthieu Blastarès, vers 1305, on n'en comptait déjà plus que 120. Voici ce que dit Blastarès, dans la préface de son Tableau par ordre alphabétique (Σύνταγμα κατὰ στοιχεῖον) des canons des conciles et des lois des empereurs, publié dans le tome II du *Synodicon* de Guill. Beveregius (Beveridge), *Oxoniæ*, 1672, in-fol. : Πεποίηκε δὲ καὶ οὗτος νεαρὰς διατάξεις εἴκοσι πρὸς τοῖς ἑκατόν. *Fecit autem ille* (Leo imp.) *Novellas constitutiones viginti supra centum.* Ajoutons en terminant que, sur un carré de papier collé sur le plat intérieur de la couverture, on voit gravées des armes qui ne sont pas celles du président Bouhier. Celles du manuscrit de Montpellier sont d'azur à la croix engrelée d'or, chargée en cœur d'un tourteau de gueule, ledit tourteau chargé d'une étoile d'argent, et cantonnée de quatre paons d'or rouants. Les armes de Jean Bouhier, président à mortier au parlement de Dijon, étaient d'azur au chevron d'or, accompagné en chef de deux croissants d'argent, et en pointe d'une tête de bœuf d'or.

N° 74. In-folio sur vélin. — (S. Gregorii papæ homeliæ de lectionibus S. Evangelii.) — IXe siècle.

Provient de l'abbaye de Saint-Germain d'Auxerre, de la congrégation de Saint-Maur. Ce beau manuscrit, dont les rubriques sont en lettres onciales de diverses couleurs, est incomplet à la fin. Il commence par la lettre de S. Grégoire à Secundin.

N° 75. In-folio sur vélin. – Ivonis carnotensis Epistolæ CCLXXVI. — XIIIe SIÈCLE.

Fonds de Bouhier C. 12. Il y a à la fin un feuillet sur lequel se trouvent quelques fragments de deux lettres, la seconde desquelles commence ainsi : « Hugo primæ Lugdunensis sedis archiepiscopus. » Voyez les Archives de M. Pertz, tom. VII, p. 197.

76. In-folio sur vélin. – S. Ambrosii de officiis; expositio missæ; expositio catholicæ fidei; expositio symboli; expositio natalis dominici. Homiliæ quædam incerti auctoris. S. Ambrosii homiliæ XLI. — X^{e}-XIe SIÈCLE.

Fonds de Bouhier, D. 3. Ce manuscrit est incomplet à la fin ; en tête de l'*Expositio missæ* il y a une grande miniature représentant un prêtre à l'autel, suivi de deux diacres, et avant l'*Expositio catholicæ fidei* un dessin à la plume assez singulier. Le titre que l'on a rapporté ici est écrit au commencement, de la main de Bouhier.

77. In-folio sur vélin. (Recueil.) – 1° Prophetæ minores. – 2° S. Hieronimi liber proemiorum veteris et novi Testamenti. – 3° S. Isidori episcopi liber de vita SS. patrum de quibus fit mentio in veteri vel novo testamento. – 4° Haymonis tractatus in cantica canticorum. – 5° Haymonis expositio in apocalypsim. — IX-Xe SIÈCLE.

Fonds de Bouhier, C. 50. Ce manuscrit, de diverses mains, est d'une écriture très-petite. Le titre est moderne.

78. In-folio sur vélin. (Recueil.) – Calixtus II papa de miraculis S. Jacobi. – Historia Karoli magni. – Vita S. Marthæ, S. Catharinæ, S. Jacobi Tarentasiensis archiepiscopi. Passio S. Gregorii, SS. Gervasii et Protasii, S. Vitalis. Miracula

S. Johannis evangelistæ. Liber de ortu B. Mariæ. Liber de ejusdem transitu. Vita Amici et Amelii. — XIIe-XIIIe SIÈCLE.

Fonds de Bouhier, C. 43. La liste des ouvrages contenus dans ce volume est de Bouhier. Voyez les Archives de M. Pertz, tom. VII, p. 198.

N° 79. In-folio sur vélin. - 1° (Liber Proverbiorum Salomonis, Ecclesiastes, Cantica canticorum, Sapientia, Ecclesiasticus.) - 2° (Incerti chronicon, a creatione mundi ad annum 1268.) - Incipit : « In primordio temporis ante omnem diem, Deus. » - Desinit : « Mortuus (Clemens) est Viterbii : se- « pultus est in ecclesia. » — XIVe SIÈCLE.

Fonds de Bouhier, C. 29; de différentes mains. Bouhier remarque que, d'après ce qui se trouve aux années 1179 et 1230, on pourrait penser que l'auteur de la chronique était de Limoges. Cette chronique, qui comprend les feuillets 55-142, est fort développée, surtout pour la partie moderne. A la fin du manuscrit il y a une note de l'année 1301, relative à l'affiliation d'un couvent d'Irlande. Voyez les Archives de M. Pertz, tom. VII, p. 198.

80. In-folio sur vélin. - Justiniani Pandectorum libri XXIV-XXXVIII. — XIIe SIÈCLE.

Fonds de Bouhier, C. 26, à deux colonnes. Il y a quelques notes marginales.

81. In-folio sur vélin. - « El non del pere et del fill et del « sant esperit. Ci commence li premiers livres del code au « tres saint prince Iustinien lempereeur. » — XIIIe SIÈCLE.

Fonds de Bouhier, C. 2. Bouhier dit dans une note que Cujas (*Observat.* lib. XI, cap. II) a corrigé une loi d'après cette version. Il dit aussi que cette traduction a été entreprise par le commandement de la reine Blanche, mère de saint Louis. Le manuscrit s'arrête au titre LXXII du livre V. Il y a des annotations marginales.

82. In-folio sur vélin. - Codicis Justiniani libri IX (cum glossa). — XIe SIÈCLE.

Fonds de Bouhier, C. 37, à longues lignes. Le 27e feuillet de ce précieux manuscrit est du XIIe siècle. Le dernier feuillet est d'un autre manuscrit. Ce volume est incomplet à la fin; il s'arrête à la loi X du titre XXII du livre IX. Les gloses sont du XIIIe siècle.

N° 83. In-folio sur vélin. – Codicis Justiniani libri IX fere integri, cum veteribus glossis. — XIe SIÈCLE.

Fonds de Bouhier, C. 38, à deux colonnes. Sur un feuillet de garde, Bouhier a inscrit cette note : « Fuit olim hic vetus codex Joan. Ant. Lescurii, deinde « Claudii Expellii, tandem Juliani Brodæi, e cujus bibliotheca hunc compa- « ravi ann. 1698. Hujus codicis meminit Car. An. Fabrottus in suis notis ad « indicem glossarum quarumdam et vocum rariorum in juris libris occurren- « tium, extantem inter Ant. Loiselii opusc. voce *ut creari*, pag. 344, 9, et in « Replic. adv. Salmas. p. 63. — Hic codex scriptus est anno 1158, ut patet ex « glossa ad L. 2 Cod. de veteri jure enucleand. — De hoc codice Jul. Brodæus, « in Consuet. Paris. § 182, n. 8, ita loquitur : Dans mon Code manuscrit, qui « est ancien, *et probatæ lectionis*, suivant le témoignage écrit des S. Herault, « Fabrot et autres sçavants jurisconsultes de ce tems, qui l'ont vû et en font « honorable mention dans leurs œuvres. » Les gloses sont de différentes époques.

84. In-folio sur vélin. – (Breviarius Alaricianus, cum interpretatione.) — VIIIe SIÈCLE.

Fonds de Bouhier, C. 1. Ce manuscrit, du plus grand prix, est un peu gâté à la fin ; il est en écriture mérovingienne, à longues lignes. Les rubriques sont en lettres onciales rouges. Le titre rapporté ici est moderne. A la fin des *Tituli* est une longue inscription en lettres onciales, où le copiste Vulfin demande qu'on prie pour lui et pour l'évêque Martin. Voici ce qu'on peut lire encore de cette inscription, que nous reproduisons ici exactement ligne par ligne :

« . . . . um. . . . . . ut exemplar mei hinc cape. . . . t nec
« reputet hinc auferre posse se ullo modo colticencis namque :
« e regis juri consto deditus quod si querat quis me fra
« trum vini mancipaverit; In dei nomen Martinus episcopus dedito
« rem scriptorem Vulfino noverit atque conatus si me ad
« temptaverit sui fore exsecutorem martyrem Georgium,
« preco et suppleco cum grande humilitate et vera ves
« tra caritate utquicumque hunc volumen hic legerit oret
« pro domno Martino episcopo et pro me superius nomina

« to minime scriptore sedem (?) habere meriat protectorem
« Feliciter contuli ut potui cum omni studio.
« si placit ego feci si displicet sic volui
« tamen enim trs digiti scribunt, et totum corpus laborat.
« Iterum preco atque subpleco ut quicumque, legerit volumen
« huius orit pro scriptore sic Christum hic et in aeternum
« habeas adiutorem : amen. »

Après le Breviarius, il y a un petit glossaire de mots de jurisprudence, du IXe siècle, occupant deux feuillets.

N° 85. In-folio sur vélin. – (Capitulare Ludovici pii de vita et reformatione canonicorum.) — XIIe SIÈCLE.

Comme l'indique une note inscrite sur une marge du manuscrit, le traité *De vita et reformatione canonicorum* a été publié par Goldast (*Constitut. imper.* tom. III, p. 164), sous ce titre : *Reformatio ecclesiastica Ludovici pii.* Il manque quelques feuillets dans ce volume. Au feuillet 85 commence un fragment d'une Règle pour les religieuses, qui, d'après une note marginale a été publiée par Labbe. Sur la marge du dernier chapitre, on lit : « In regula ista apud Labbeum ultimum istud caput deest, et loco hujus habetur aliud, in quo tractatur de hospitali sororum. » Ce dernier chapitre a cinq feuillets ; il commence, après « Nec sua querant, » par ces mots : « Nocturnis horis cum ad opus divinum de lectulo surrexit soror. » Voyez les Archives de M. Pertz, tom. VII.

86. In-folio sur vélin. – Eusebii chronicon ex versione B. Hieronimi. — XIe SIÈCLE.

Fonds de Bouhier, C. 6. Le titre est moderne. Il n'y a que des chiffres romains dans ce manuscrit. Voyez les Archives de M. Pertz, tom. VII, p. 198, où ce manuscrit est indiqué comme étant du XIIe-XIIIe siècle.

87. In-folio sur vélin. – Epistole Nicholai de Clamengiis cantoris Baiocensis. — XVe SIÈCLE.

Fonds de l'Oratoire de Troyes, I. a 26, avec la signature de F. Pithou. A la fin, il y a, de la main du copiste : « Sua (Clemengis) manu correcte. »

88. In-folio sur vélin. – Liber de vita, morte et miraculis Beate Elizabeth (cum prologo). — XVIe SIÈCLE.

Fonds de Clairvaux. A la fin, on lit : « Ad requestam et procurationem do-

« mini Petri quondam abbatis Clarevallis scripsit frater Johannes le Becgue de « civitate Trecensi oriundus, religiosus professus de Claravalle, anno Domini « millesimo quingentesimo tertio. » Voyez les Archives de M. Pertz, tom. VII, p. 198.

N° 89. In-folio sur vélin. – 1° Chirurgia magistri Rogerii. — XIVe SIÈCLE. – 2° Pars tertia libri Albucasis. — XIIIe-XIVe SIÈCLE.

Le n° 1 est à deux colonnes; le n° 2 est à longues lignes. Il y a des figures qui représentent les instruments de chirurgie au nombre de deux cent sept.

89 *bis*. In-folio sur vélin. – Chirurgia magistri Rogerii. — XIVe SIÈCLE.

Ce manuscrit est incomplet. Il est orné d'un grand nombre de miniatures.

90. In-folio sur vélin. – (Bernardi Guidonis) Cathalogus pontificum romanorum. – Cathalogus brevis per modum chronicorum de romanis pontificibus, a beato Petro Apostolo ad dominum Johannem papam XXII, pontificatus sui anno XIIII° decurrente. – Imperatores Romanorum (usque ad annum 1329). – De origine prima gentis Francorum. – Incipit: « Franci origine fuere Trojani pagano ritui dediti. » – Genealogiæ regum Francorum (ad annum 1330). – De comitibus Tholosanis. – Incipit : « Legitur in gestis Francorum. » – Tractatus de sanctis synodis (usque ad annum 1317). – Incipit : « De sacrosanctis synodis. » — XIVe SIÈCLE.

De la bibliothèque des Bénédictins de Saint-Germain d'Auxerre. Le commencement manque, et l'on a enlevé les initiales. Dans le catalogue des pontifes, après Jean XXI, on lit ce qui suit : « Huc usque chronica Fr. Martini « Poloni protenditur et finitur. » Puis on trouve une vie de Jean XXII fort développée. C'est là un des recueils de Bernard Guidonis. Voyez les Archives de M. Pertz, tom. VII, p. 198.

91. « Incipit hystoria rerum in partibus transmarinis gesta-

« rum, a tempore successorum Mahumeth usque ad annum « Domini MCLXXXIIII edita a venerabili Guillelmo Tyrensi « archiepiscopo. » — XIIIe SIÈCLE.

Provient de Pontigny. Il manque quelques feuillets à la fin.

N° 92. In-folio sur vélin. – 1° Gaufridi Monemutensis historiæ regum Britanniæ. – 2° Divisio Hiberniæ in IV provincias. – 3° Venerabilis Bedæ presbiteri historia Anglorum. — XIIe SIÈCLE.

Le n° 2 est ajouté, et n'occupe que deux seules colonnes; le n° 3 est de la même écriture que le n° 1. Les marges sont gâtées, mais le texte est intact. Voyez les Archives de M. Pertz, tom. VII, p. 198.

93. In-folio sur vélin. (Recueil.) – 1° Liber gestorum Barlaam et Josaphat editus greco sermone a Johanne Damasceno. – Incipit : « Cum cepissent monasteria construi. » – 2° Duodecim abusiones Cypriani episcopi et martyris. – 3° Epistolæ IIIIC (96) Hildeberti primo Cenomannorum episcopi, postea Turonorum archiepiscopi. — XIIe SIÈCLE.

94. In-folio sur vélin. – 1° Historia Francorum. – Incipit « Principium regni Francorum eorumque originem. » – 2° Orosii historiarum ad Augustinum libri VII. — XIIe SIÈCLE.

De l'Oratoire de Troyes, provenant de Pithou, à deux colonnes. La première chronique est d'Ademar; mais le nom d'Ademar n'est pas dans le manuscrit. Sur les gardes il y a un fragment de l'histoire de France sous la première race. Voyez les Archives de M. Pertz, tom. VII, p. 198.

95. In-folio sur vélin. « Yssi comensan las paraulas de Albucasim. » — XIVe SIÈCLE.

Très-beau manuscrit, à deux colonnes, avec la figure des instruments de chirurgie. C'est une traduction d'Aboulcasin en langue romane.

N° 96. In-folio sur papier. – Recueil de Harangues des états du Languedoc, 1632-1647 et 1651. — XVIIe SIÈCLE.

Fonds de Bouhier, B. 120.

97. Trente-deux volumes in-folio, sur vélin et sur papier. – (Recueil de Guichenon.)

Ce recueil contient un grand nombre de pièces originales et de copies d'actes et de lettres relatifs spécialement à l'histoire de la France et à celle de la Savoie. Il y a des lettres de plusieurs rois de France et de plusieurs ducs de Savoie, de papes et de cardinaux, des cartulaires, des terriers, des vers, des satires, etc. depuis le xe siècle jusqu'au XVIIe. Quelques pièces sont imprimées. Le XXXIIIe volume, qui contenait le cartulaire de Savigny, près Lyon, manque. Le XXXIVe, qui renfermait une chronique de Savoie en latin, citée souvent par Guichenon, a été réservé pour une bibliothèque qu'on ne nomme pas. Dans une note placée en tête du premier volume, Laire dit que ce recueil fut acheté par M. Planelli de la Valette, gentilhomme italien établi à Lyon, et qu'il parvint par succession à M. Planelly de Maubèque, seigneur de Thorigny, près Sens, qui émigra en 1791. Saisis par la Nation, ces volumes furent transportés d'abord à Sens et ensuite à Auxerre, où M. Prunelle les trouva. Ces trente-deux volumes sont de différentes grandeurs et de divers âges. A la suite il y a un inventaire très-exact de toutes les pièces originales et des copies contenues dans ces manuscrits. Il paraît y manquer quelques pièces qui probablement ont disparu depuis la rédaction de cet inventaire, qui semble aussi du XVIIe siècle. Voyez les Archives de M. Pertz, tom. VII, p. 198-199.

98. Petit in-folio sur papier. – (Relation d'un voyage d'Éthiopie, par Jacques-Charles Pernot, dédiée à Clément XI.) — XVIIIe SIÈCLE.

Provient de la bibliothèque Albani, n° 414. On y voit la signature autographe de l'auteur.

99. In-folio sur papier. – Mémoires concernant le siége de la ville et château de Dijon, en l'année 1650. — XVIIe SIÈCLE.

C'est un journal autographe; l'écriture paraît être de Philibert de la Mare.

N° 100. In-folio sur papier. – (Relation du voyage de Perse, par M. de Monherou, en 1641.) — XVIIe SIÈCLE.

De la bibliothèque Albani, n° 1274.

101. In-folio sur papier. – Historia naturale delle cose che si trovano nella nuova Spagna, composta per ordine di Filippo II, re di Spagna, da Francesco Hernando, protomedico di S. M^{tà}, nell' Indie e Nuovo Mondo. – Nota di diverse cose dell' Indie e come s' adoperino. — XVIIe SIÈCLE.

De la bibliothèque Albani, n° 856, de diverses écritures. Il y a la description des animaux et des minéraux; mais, pour les plantes, il n'y a que la table alphabétique; elle est très-développée. Toute la nomenclature contient le nom latin et le nom américain. Il y a aussi une note d'ouvrages sur les deux Indes et différents extraits sur le même sujet. Bien que le titre soit en italien, l'ouvrage de Hernando est en latin. D'après une note du manuscrit, ce traité fut copié pour l'abbé Cassiano dal Pozzo, qui se trouvait à Madrid avec le cardinal Barberino. L'original, beaucoup plus étendu, avec les figures coloriées, était alors à la bibliothèque de l'Escurial. Cassiano dal Pozzo, grand protecteur des arts, est le même à qui Le Poussin a adressé un grand nombre de lettres qui ont été imprimées.

102. In-folio sur papier. – Memorie appartenenti alle missioni dell' Affrica. — XVIIIe SIÈCLE.

De la bibliothèque Albani, n° 416. C'est l'exemplaire offert à Clément XI, auquel cet écrit est adressé. Le volume, en maroquin rouge, est aux armes de ce pape. L'auteur, Niccolo Domenico Forteguerra, dit dans la préface avoir tiré les éléments de ce rapport des archives de la Propagande.

103. In-folio sur papier. (Recueil.) – 1° Trattato delle antichità di Tivoli e della villa Adriana, di Pirro Ligorio. – 2° (Primordia Tyburis, a reverendissimo Episcopo Tyburtino conscripta.) – 3° Della nautica degli antichi, di Pirro Ligorio napoletano, copiato da uno de' tomi dei suoi manoscritti e disegni che si conservano nella libreria del duca di Savoia. – 4° (Dis-

corso copiato da uno che ne aveva il Cav. F. Gualdo della nave del lago di Nemi.) — Incipit : « Il lago chiamato Nemocense. » — Desinit : « Sul monte Pincio. » — XVIIe SIÈCLE.

De la bibliothèque Albani, 1523. Le n° 3 fut copié sur les manuscrits de P. Ligorio qui sont à Turin, et envoyé au cardinal Barberino par le nonce Caffarelli. Le n° 4 contient une relation intéressante du navire qu'on appelle le vaisseau de Caligula, et qui se trouvait au fond du lac de Nemi. On y voit que L.-B. Alberti, architecte célèbre, s'était occupé du sauvetage de ce navire. Une description de ce vaisseau a été donnée par de Marchi, *Dell' architettura militare*. Elle a été reproduite par Cancellieri.

104. In-folio sur papier. (Recueil.) — 1° Lettere di Filippo Sassetti scritte da Goa e d'altri luoghi. — 2° Voyage fait par terre de Paris jusqu'à la Chine par le s^r de Montferran. — 3° Mémoire et advis donné au roy sur le faict de la navigation et commerce de l'Amérique. — 4° Lettere del padre Giacomo Ro da Goa. (Milano, 1620, in-8°.) — 5° Relatione sommaria del Giappone, della China, etc. (1622). — 6° J. Terrentii Epistola, 22 aprilis 1622, Joanni Fabro a Sutscheu Romæ missa. — 7° Præcipui scientiarum libri quibus Chinenses et Japponenses student. — XVIIe SIÈCLE.

De la bibliothèque Albani, 1275. Le n° 4 est un imprimé. La dernière note fut donnée par les jésuites à Urbain VIII.

105. In-folio sur papier. — Remarques chronologiques de M. Laurent Leclerc, docteur de Sorbonne, sur l'histoire des deux premières races des rois de France. — XVIIe-XVIIIe SIÈCLE.

Fonds de Bouhier, B. 146. Copié sur l'original.

106. In-folio sur vélin. — (Plutarchi vita illustrium virum ex versionibus latinis Leonardi Aretini, Justiniani, Francisci

Barbari, Guarini, Jacobi Angeli, Alamanni Rinuccini, Lapi Castiliunculi, cum præfationibus.) — XVe SIÈCLE.

Fonds de Bouhier, C. 3. A la fin de ce beau manuscrit on lit : « Liber Petri « de Medicis Cos. fil. » Les armes peintes sur le frontispice ne sont pas celles de la famille de Médicis. Dans une note préliminaire, Bouhier dit que les préfaces sont inédites. De plus, dans les éditions on attribue ces diverses traductions à d'autres auteurs que ne le fait ce manuscrit.

N° 107. In-folio sur vélin. – Dictionarium Papiæ. — XIIe SIÈCLE.

Provient de Saint-Étienne, de Troyes. A deux colonnes.

108. In-folio sur vélin. – Glossarium Papiæ (pars prima A-P). — XIIe SIÈCLE.

Fonds de Bouhier, C. 23. A deux colonnes.

109. In-folio sur vélin.–Glossarium Papiæ. — XIIIe SIÈCLE.

Fonds de Clairvaux. A deux colonnes.

110. In-folio sur vélin. (Recueil.) – 1° (Vocabularium latino-gallicum vocatum Catholicon.) — XVe SIÈCLE. – 2° Legenda divi Claudii confessoris. — XVIIe SIÈCLE.

A deux colonnes. Il y manque le premier feuillet. Ce vocabulaire a été composé en 1286. Il commence par ces mots : « Ablacto, as; ex ab et lacto, as: *oster du lait.* Il se termine au mot « Zucara, re : *Une manière d'espice succre grillé* (?) »

111. In-folio sur vélin. – Expositiones vocabulorum diversorum et ignotorum que reperiuntur in Biblia (Liber vocatus Summa Britonis.) — XIIIe SIÈCLE.

Fonds de Clairvaux.

112. In-folio sur vélin. – Lucii Anneæ Senecæ tragediæ cum incerti commentariis (nec non introductione). – Incipit

(prohemium) : « Tria genera theologiae distingui a Varrone narrat Augustinus. » — XVe SIÈCLE.

Fonds de Bouhier, C. 32. A deux colonnes. Le commentaire sur l'*Hercules furens* commence ainsi : « In prima tragedia Senece cujus materia. »

113. In-folio sur vélin. – (Lucani Pharsalia cum vita ejus necnon glossis et argumentis in singulos libros.) — IXe-Xe SIÈCLE.

Fonds de Bouhier, C. 24. A la fin de ce précieux manuscrit on lit ces mots : « Paulus constantinopolitanus emendavi manu mea solus. » Ils sont écrits de la main du copiste, et tirés probablement d'un manuscrit beaucoup plus ancien. Duchandorp, dans l'avertissement au lecteur, de son édition de Lucain, dit s'être servi d'extraits de ce manuscrit qui lui avaient été envoyés par le président Bouhier. A la suite du VIe livre, on trouve un petit catalogue des papes : les deux derniers sont Lucianus et Stefanus. Sur le même feuillet, mais au recto, il y a une notice sur les sept merveilles du monde, commençant ainsi : « DE SEPTEM MIRACULIS MUNDI AB HOMINIBUS FACTIS. Primum mi« raculum est Rome capitolium. » Le feuillet 50 est moderne.

114. In-fol. sur vélin. – Terentii comediæ cum glossis. — XVe SIÈCLE.

Fonds de Bouhier, C. 25. Le titre a été ajouté par Bouhier.

115. In-folio sur vélin. – T. Livii decas de Bello Punico secundo. — XVe SIÈCLE.

Fonds de Bouhier, C. 13 ; avec cette note à la fin : « Alma civitate Florentia « scriptus in conventu S. Spiritus ordinis fratrum S. Augustini. » Il y a de fort jolis encadrements.

116. In-folio sur vélin. – Senecæ (philosophi) opera. — XIIe-XIIIe SIÈCLE.

De l'Oratoire de Troyes. Fonds de Pithou, I, A. 18. A deux colonnes. Le titre a été ajouté par Pithou. Incomplet à la fin des Questions Naturelles.

117. In-folio sur vélin. – C. Suetonii Tranquilli de vita Cesa-

rum. – De Cesaribus versus. – Incipit : Cesareos proceres in quorum regna secundis. — XIIe SIÈCLE.

Fonds de Clairvaux.

N° 118. In-folio sur papier. – Recueil de plusieurs pièces fugitives, soit en prose, soit en vers. — XVIIIe SIÈCLE.

Fonds de Bouhier, sans numéro. Il y a dans ce recueil des notes curieuses écrites de la main du président Bouhier, et qui servent à illustrer l'histoire littéraire et anecdotique du XVIIe siècle.

119. In-folio sur vélin. (Recueil.) – 1° « Aisso son las franque« zas e las costumas de la vila de Montpeslier. – Aisso es la« zordenament de las caissas ou son las cartas els preve« leges de la vila de Montpeslier. 2° Lo comensament dels « consolatz (1204.) – 3° Aisso son los aveniments e las anti« quitatz (809-1295). » – (Lettres de Charles VI, roi de France, du 3 avril 1410, accordant la contrainte par corps pour lettres de change.) — XIVe SIÈCLE.

Fonds de Bouhier, C. 131. Quelques feuillets sont plus modernes. D'après une note placée à la fin, par M. Prunelle, ce manuscrit serait unique. Il y en avait, dit-on, une copie plus moderne sur papier, au collége de Clermont; elle fut achetée par Meermann. Il en existait, aux archives de la chambre des comptes de Montpellier, une traduction latine ancienne, mais incomplète. Il y a aussi, à Nîmes, un manuscrit latin de ces Coutumes.

120. In-folio sur vélin. (Œuvres de Syrianus d'Alexandrie, qui dirigea l'école d'Athènes jusque vers l'année 450.) – 1° ΣΥΡΙΑΝΟΥ͂ ΤΟΥ͂ ΦΙΛΟΞΕΝΟΥ ΠΕΡῚ ΤΩ͂Ν ἘΝ ΤΩ͂ $\overline{\text{Β}}$ ΤΗ͂Σ ΜΕΤᾺ ΤᾺ ΦΥΣΙΚᾺ ἈΡΙΣΤΟΤΈΛΟΥΣ ΠΡΑΓΜΑΤΕΊΑΣ ΛΟΓΙΚΩ͂Σ ἨΠΟΡΗΜΈΝΩΝ ΚΑῚ ΔΙΑΊΤΗΣ ἨΞΙΩΜΈΝΩΝ, fol. 1. – 2° ΣΥΡΙΑΝΟΥ͂ ΤΟΥ͂ ΦΙΛΟΞΈΝΟΥ ἘΠΙΣΚΈΨΕΙΣ ΤΩ͂Ν ἈΡΙΣΤΟΤΈΛΟΥΣ ἈΠΟΡΙΩ͂Ν ΠΡῸΣ ΤᾺ ΜΑΘΉΜΑΤΑ ΚΑῚ ΤΟΥ͂Σ ἈΡΙΘΜΟΥ͂Σ ΤΩ͂Ν ἘΝ ΤΩ͂ $\overline{\text{Μ}}$ ΚΑῚ $\overline{\text{Ν}}$ ΤΗ͂Σ ΜΕΤᾺ

ΤᾺ ΦΥΣΙΚᾺ ΠΡΑΓΜΑΤΕΊΑΣ, f. 36, b. – 3° ΕἸΣ ΤᾺ ΠΕΡῚ ΠΡΟΝΟΊΑΣ ΤΊΝΑ ΣΥΝΤΕΛΟΫ́ΝΤΑ, f. 118. — XVIe SIÈCLE.

Provient de la bibliothèque du président Bouhier. — 1° et 2° Le texte grec de ce Commentaire sur Aristote n'a été publié que par extraits, par Brandis; mais il en a paru une version latine sous ce titre : *Syriani, antiquissimi interpretis, in II. XII. et XIII. Aristotelis libros Metaphysices commentarius, a Hieronymo Bagolino, præstantissimo philosopho, latinitate donatus. In academia Veneta*, 1558, in-4°. — 3° Voyez, sur ce Traité de la Providence qui manque dans la traduction de Bagolini, Harles, *Biblioth. gr.* vol. IX, p. 359. Commencement : *Τῶν οὐσιῶν κατ' Ἀριστοτέλην.* Fin. f. 119 : *κατ' εἶδος μὴ οὔσης τινὸς καὶ ἐν ἐκείνοις κινήσεως.* Les manuscrits contenant les trois traités de Syrianus sont nombreux; Harles, *Bibl. gr.* vol. III, p. 258, en cite plusieurs; mais il n'a point connu celui de Montpellier, qui mériterait d'être consulté. Il a été écrit au roseau par un calligraphe grec fort lettré. Les passages tirés d'Aristote sont en rouge; les titres que nous avons transcrits plus haut sont également en rouge et en grandes capitales byzantines.

N° 121. In-folio sur vélin. (Recueil.) – 1° Solinus de mirabilibus mundi. – 2° Hystoria Daretis Trojanorum Frigii, de greco translata in latinum a Cornelio Nepote (cum epistola Cornelii ad Salustium de hac historia.) – 3° (Versus de geographia.) – Incipit : « Naturæ genitor que mundum continet omnem. » – 4° (Versus de unguento precioso.) – Incipit : « Anser sumatur veteranus qui videatur. » – 5° « Incipit « libellus domini Hildeberti Cenomanensis episcopi de di« versis naturis lapidum. » – Incipit (prologus) : « Evax rex « Arabum legitur scripsisse Neroni. » — XIIe SIÈCLE.

Fonds de Clairvaux. L'écriture est de diverses mains. Le dernier opuscule est l'ouvrage bien connu de Marbode qui a été plusieurs fois imprimé.

122. Petit in-folio sur papier. (Recueil.) – 1° Κεφάλαια ε τὰ περὶ παρθενίας. Κεφ. α. Ἠλίου καὶ Ἰωάννου μνήμη. – 2° Fol. 35 : Τοῦ ἐν ἁγίοις πατρὸς ἡμῶν Γρηγορίου ἐπισκόπου Νύσσης εἰς τὴν Φωτοφόρον καὶ ἁγίαν ἀνάστασιν τοῦ Κυρίου. Dans l'édition

de Morel, Paris, 1615, in-fol. t. II, p. 869.–3° Fol. 37, b: Ejusdem ad Theophilum; éd. t. II, p. 677.–4° Fol. 42 : Ejusdem De electione; t. I, p. 872. – 5° Fol. 47, b : De resurrectione; t. II, p. 814. – 6° Fol. 62, b : De resurrectione, oratio altera; t. II, pag. 832.–7° Fol. 75 : De S. Meletio; t. II, pag. 1019. – 8° Fol. 82 : De quadraginta martyribus; t. II, pag. 931. – 9° Fol. 86 : De quadraginta martyribus, oratio altera; t. II, p. 936. – 10° Fol. 94, b : De sancto Stephano; t. II, p. 786. – 11° Fol. 104, b : De sancta Placida; t. II, p. 956. – 12° Fol. 112, b : De ascensione; t. II, p. 873. – 13° Fol. 115 : De die natali; t. II, p. 771. – 14° Fol. 128 : De baptismo J. C.; t. II, p. 798. – 15° Fol. 140 : In dictum Christi : *Quatenus fecisti*, etc. t. I, p. 881. – 16° Fol. 150 : In S. Ephræmum; t. II, p. 1027. – 17° Fol. 167 : Contra Manichæos syllogismi decem; t. II, p. 612. – 18° Fol. 169 : In Ecclesiasten homiliæ octo; t. I, p. 173. — XVIe SIÈCLE.

Manuscrit de 234 feuillets. Sur le premier on lit : Codex ms. bibliothecæ Buherianæ C. 47, MDCCXXI. Suivent deux tables des matières de différentes mains, l'une en majuscules latines, l'autre grecque et latine. 1° C'est l'ouvrage de S. Grégoire de Nysse sur la Virginité, moins les cinq premiers chapitres, comme l'indique une note marginale. Les cinq premiers chapitres doivent se trouver à la fin d'un manuscrit des œuvres de S. Grégoire de Nysse qui formait très-probablement la première partie du nôtre. En effet, le premier feuillet y porte le chiffre ρα (101) indiquant le numéro d'ordre des cahiers; le dernier est coté ρλ (130). Nous n'avons donc ici que les trente derniers cahiers d'un manuscrit qui dans l'origine en contenait cent trente. La division des chapitres du Traité de la Virginité est autre que dans l'édition de 1615; en outre, il y a plusieurs lacunes dans notre manuscrit, et on a indiqué quelques corrections à la marge. — 18° On trouve marqué à la marge les pages de l'édition de Morel ainsi que certaines corrections. Cette portion du manuscrit semblerait avoir servi à l'impression. — Quelques vers héroïques et iambiques occupent le verso du dernier feuillet. Ces vers, d'une autre écriture, sont d'une facture toute byzantine, et les fautes de prosodie n'y manquent point. D'après la première pièce, vers 3 et 4, on pourrait croire que le manuscrit a appartenu à un protonotaire nommé Jean Choniate, ou bien que ce protonotaire était né dans la ville de Colosses en Phrygie, appelée Chonæ pendant le moyen âge, et sur l'emplacement de laquelle se trouve aujourd'hui le village turc de Khonus :

Πρωτονοτάριος ἔσχεν Ἰωάννης βίβλον, ὦ τᾶν,
Τήνδε ὁ Χωνιάτης, εὗ τε τάδ' ἐγράφετο.

Mais l'écriture du manuscrit est du XVIe siècle; elle est tracée à la plume, et non au roseau; le papier est de fabrique européenne, ce qui prouve que le manuscrit a été exécuté en Occident, où, sans doute, il est toujours resté. Par conséquent, il est évident que les vers dont il s'agit ne peuvent s'appliquer à notre manuscrit. Se trouvant dans un exemplaire plus ancien et exécuté en Orient, ils auront été plus tard transcrits sur le dernier feuillet du nôtre.

123. Petit in-folio sur papier. (Recueil.) – 1° La Grammaire grecque de Constantin Lascaris, qui professa à Messine vers la fin du XVe siècle. – 2° Un opuscule sur les affections des mots, extrait des ouvrages de Tryphon le grammairien. – 3° Sur les verbes irréguliers, traité incomplet et s'arrêtant au Δ. — Commencement du XVIe SIÈCLE.

Fonds de Bouhier, D, 17. Ce manuscrit se compose de 72 feuillets. Les ornements coloriés de la première page ressemblent à ceux qui se trouvent sur quelques-uns des manuscrits de Georges Hermonyme de Sparte, conservés à la Bibliothèque Nationale. En bas de cette même page on remarque des armes représentant deux clefs croisées avec un poignard au milieu. L'écusson est placé sur une bande contenant cette inscription en caractères d'or : IOANNES. MONACHVS. ARCHID. CLIM. – L'écriture du manuscrit, fort nette mais pénible, semble tracée par une main occidentale ou latine; les accents manquent souvent ou sont mal placés.

124. In-folio sur papier. (Recueil.) – 1° Ἀθηναίου Περὶ μηχανημάτων. – Incipit fol. 1 : Ὅσον ἐφικτὸν μέν ἀνθρώπῳ. – Desinit fol. 7, b : Τὴν προθυμίαν τῶν μαθημάτων. – 2° Βίτωνος Κατασκευαὶ πολεμικῶν ὀργάνων καὶ καταπελτιστῶν (sic). – Incipit fol. 7, b : Λιθοβόλου ὀργάνου κὰτασκευήν. – Desinit fol. 8,

b : Ἔστω δὲ αὐτὸς ὅπου τόνων (sic) καὶ δήσθω δι' αὐτῶν (sic). — XVIe SIÈCLE.

En tête du manuscrit se trouve une notice sur Athénée, écrite en latin vers le commencement du XVIIIe siècle, et intitulée, *De Athenæo mechanico;* elle occupe deux pages et demie. Les renseignements qu'elle donne sur cet écrivain sont beaucoup moins complets que ceux qu'on lit dans la Bibliothèque grecque de Harles, vol. III, pag. 222-230; toutefois elle nous apprend que le traité d'Athénée sur les machines de guerre est conservé « in quatuor « mss. bibliothecæ Vaticanæ codd., qui signantur numeris 219, 220, 1164 et « 79, qui postremus est bibliothecæ Vaticano-Urbinatis. Horum tertius mem- « branaceus, ut reliquorum antiquissimus ita emendatissimus, septingentos, « aut fere amplius, habet ætatis annos. » — 1° Publié dans la collection de Thévenot : Veterum mathematicorum opera, Parisiis, ex Typographia Regia; in-fol. pag. 1-11. 2° Imprimé dans le même Recueil, p. 105-120, mais notre manuscrit contient à peine la cinquième partie du Traité de Biton ; il y manque tout ce qui se lit dans l'édition après la page 107, l. 27. Dans les deux Traités, les dessins des machines donnés par le manuscrit ressemblent assez à ceux qui ont été gravés, mais le texte est beaucoup plus altéré que celui de l'édition; il paraît que le copiste, quoique Grec de nation, était hors d'état de corriger les fautes nombreuses qui se trouvaient dans l'exemplaire qu'il transcrivait, et qu'à ces fautes il en a ajouté d'autres provenant de sa propre ignorance. Toutefois, parmi une foule de mauvaises leçons, on en rencontre quelques-unes de bonnes, peu importantes, mais pouvant servir néanmoins à rectifier le texte imprimé. Pag. 1, ligne 17 de l'édition, le manuscrit porte : ὁ γὰρ μόνος· pag. 3, ligne 16 : ὁ γεγονὼς αὐτοῦ διδάσκαλος· ligne 17 : φορτία· ligne 23 : δηλοῖ δ' ἡ κριοφόρος· lig. 44 : σχεδίαν· p. 4, lig. 1 : τὴν Διονυσίου τοῦ Σικελιώτου· lig. 2 : τὴν Φιλίππου τοῦ Ἀμύντου· pag. 7, lig. 16 : ἐν τῇ περὶ Χίον. — Au verso du dernier feuillet, non numéroté, une main différente de celle du calligraphe grec a écrit la glose suivante : Ἐμβελές] Ὁ δὲ Ἀρχιμήδης. . . . . τοῖς ἐλάττοσιν. Elle se trouve dans le Lexique de Suidas, tom. I, col. 1214, A, de l'édition de M. Gaisford.

No 125. In-folio carré, sur vélin. – (Persius et Juvenalis cum glosa et vita Juvenalis.) — IXe SIÈCLE.

De l'Oratoire de Troyes, fonds de Pithou. Signé de son nom. On lit à la fin : Codex Sancti Nazarii martiris Christi. Manuscrit précieux, qui offrirait encore à un nouvel éditeur des variantes utiles et des scholies on ne peut plus dignes d'intérêt, quoique Pithou ait donné, d'après ce manuscrit, une édition de Juvénal et de Perse avec les scholies (Paris, 1585), dans laquelle il dit (p. 273) : « In hac editione, lector, illud potissimum nobis « propositum fuit ut, inter plura variaque, nec contemnendæ vetustatis, « exemplaria, unius, omnium sane optimi atque antiquissimi, scripturam « curaremus exprimi, quod de Budensis cladis reliquiis in Thassillionis, « quondam ducis, cœnobium relatum fuisse ex Matthiæ adscripto nomine « facile adductus sum ut crederem. Id ad nos tandem pervenit, Francisci « fratris carissimi dono. » Il faut remarquer que Pithou n'a donné qu'une partie des scholies, et qu'il en reste encore beaucoup d'inédites. Voici une note qui se trouve au haut du feuillet 13, où commence le Juvénal, et que Pithou n'a pas publiée : « Crispinus iste postquam a Nerone factus est senator, tantæ « superbiæ abundans opibus fuit, ut alios anulos hieme, alios ferret æstate, « adeoque delicatus erat, ut anulorum pondus se sustinere non posse fin- « geret, ac per hoc ventilabat digitum cum anulo; quod indicium erat magnæ « luxuriæ. Anulus in signum gratiæ habebatur antiquitus. Quem portabant « familiares regis; unde Assuerus tulit ab Aman anulum quem dedit Mar- « docheo. » Au même feuillet et sur la marge, on lit cette autre note, laissée également par Pithou ; « Scilla et imperator fuit et dictator, qui « accusatus cum cœpisset odio esse Romanis, accepit concilium ab amicis « et a Juvenale ut, dignitate deposita officii, securus viveret. » Au recto du premier feuillet on lit encore : « Mathias, 1469. » Les satires de Perse portent pour titre, écrit en capitales, au haut de chaque feuillet : « Thebaidorum Persi satura. » Pithou, qui avait remarqué ce titre, sans avoir pu en deviner le sens, en fait mention (pag. 277). La glose de cette partie du manuscrit est moderne, sauf quelques notes rares, écrites au IXe siècle. Pithou en a tiré peu de commentaires pour son édition, mais il a puisé plus largement dans la glose de Juvénal, entièrement du IXe siècle, quoiqu'il soit loin, comme nous venons de le dire, d'avoir reproduit ces scholies en entier; elles commencent ainsi : « Semper ego. Iuvenalem aliqui « Gallum propter corporis magnitudinem, aliqui Aquinatem dicunt. » La vie de Juvénal qui termine ce manuscrit a été publiée par Pithou (p. 160); et plus loin (p. 290), il dit : « Juvenalis vita quæ præponitur non est, opi- « nor, ejusdem interpretis; et vero, in optimo codice, ad finem, adscripta fuit « recentiore manu, et in plerisque aliis separatim exstat. Suetonio etiam a « quibusdam tribuitur. »

N° 126. In-folio carré, sur vélin. — (Pars declamationum Quintiliani, Senecæ et Calpurnii.) — IXe SIÈCLE.

De l'Oratoire de Troyes, portant en plusieurs endroits la signature de

Pithou. En bas des deux premiers feuillets, il y a : « Liber S. Theodorici, « auferenti sit anathema. » Ce manuscrit précieux est incomplet au commencement et à la fin ; il est mutilé et taché.

N° 127. In-folio sur papier. (Recueil.) – 1° Le Misopogon de l'empereur Julien. – 2° Fol. 19 : Les Caractères de Théophraste. – 3° Fol. 33 : Discours de Thémistius, intitulé : Βασανιστὴς ἢ φιλόσοφος. – 4° Fol. 46 : Autre discours de Thémistius, Εἰς τὸν αὑτοῦ πατέρα. – 5° Fol. 50 : Discours de l'empereur Julien adressé au préfet Salluste, en l'honneur du Soleil roi, Εἰς τὸν βασιλέα Ἥλιον. — XVIe SIÈCLE.

Écrit en 1540 à Venise, dans le monastère de S. Antoine (ἐν τῷ τοῦ ἁγίου Ἀντωνίου μοναστηρίῳ Ἐνετίησιν), par le moine Valeriano. Sur le premier feuillet de ce manuscrit, qui a 64 feuillets, on lit, « Collegii Monspeliensis Societatis « Jesu catalogo inscriptus ; » et sur le plat intérieur de la couverture : « Ex dono « Antonii Gouan. » C'est le célèbre botaniste, ami de Linnée et de J. J. Rousseau, Antoine Gouan, né à Montpellier le 18 novembre 1733, et mort dans la même ville le 1er septembre 1821, à l'âge de quatre-vingt-huit ans. — 1° Le manuscrit, que nous avons comparé avec l'édition de Spanheim, ne présente que peu de secours pour l'amélioration du texte du Misopogon. Des mots altérés ou passés, des erreurs d'iotacisme fournissent des variantes qui presque toutes ne feraient que surcharger une nouvelle édition, sans bénéfice pour la philologie. 2° Cet article a un intérêt tout particulier, parce que le manuscrit de Montpellier est le seul connu, en France, qui contienne les quinze derniers chapitres des Caractères de Théophraste. Malheureusement la copie est mauvaise, et l'exemplaire sur lequel elle a été faite doit lui-même avoir été très-défectueux. Nous avons collationné ces quinze derniers chapitres avec l'édition de Casaubon, et nous avons acquis la certitude que c'était le même texte avec les mêmes fautes. Il y a donc peu d'avantage philologique à retirer de cette copie ; seulement il était bon d'en signaler l'existence, parce que les manuscrits complets des Caractères sont très-rares. Celui du Vatican paraît être le seul qui ait une importance réelle. 3° Publié dans l'édition de Thémistius, donnée par M. Wilhelm Dindorf, Lipsiæ, 1832, in-8°, p. 296-322. 4° Même édition, p. 285-295. 5° Conforme à l'édition de Spanheim. Ce Valeriano (Albani? Albini?), natif de Forli, était en 1543 chanoine du chapitre de San Salvatore. Il a écrit de sa main le manuscrit grec n° 473 de la Bibliothèque nationale, contenant la Démonstration évangélique d'Eusèbe. A la fin, au folio 238, on trouve la note suivante : Ὁ Οὐαλεριανὸς, Φωρολιβιεὺς, ὁ Ἀλβίνου, κανονικὸς τῆς πολιτείας καλουμένης τοῦ Σωτῆρος ἡμῶν, ταύτην γε βίβλιον (sic) ἐν τῷ του ἁγίου Ἀντωνίου μοναστηρίῳ Ἑνετίησιν ἔγραψεν, ἔτει τοῦ κυρίου ἡμῶν Ἰησοῦ Χριστοῦ αφμγ, τετάρτῃ μηνὸς Σεπτεμβρίου ἱσταμένῃ. Δόξα τῷ Θεῷ ἡμῶν. — Le dernier feuillet du manuscrit de Montpellier se termine par le commencement d'un titre écrit en retour, Ἰουλιανοῦ αὐτοκράτορος, qui indique positivement que le volume était plus considérable dans l'origine. Il manque aussi quatre cahiers (τετράδια) au commencement, puisque le premier porte le chiffre ε (5). Il paraîtrait même que Valeriano aurait fait plusieurs cahiers à part qui auront été réunis ensuite; ainsi au folio 19 commence le cahier α suivi du cahier β; au folio 33, cahier α; fol. 41, cahier β.

128. In-folio sur papier. – Divers mémoires concernant l'histoire de la ville d'Autun. — XVIe-XVIIe SIÈCLE.

Fonds de Bouhier, C. 142 : de plusieurs mains.

129. In-folio sur papier. (Recueil.) – 1° Histoire de la ville d'Autun, par Edme Thomas, chantre et chanoine d'Autun. — 2° Dessin de la colonne de Cussy, avec des remarques par le père Lempereur, et la description par Thomassin. – 3° Lettres de Peiresc, sur diverses antiquités trouvées à Autun. – 4° Ladralia, seu guerra autunea, carmen macaronicum, auctore patre Ignatio Josselin, professore rhetoricæ Æduensis. — XVIIe-XVIIIe SIÈCLE.

Fonds de Bouhier, sans numéro. Le n° 1 est imprimé, mais l'auteur étant mort, la partie inédite a été copiée sur l'original. Montfaucon (Antiquité expliquée, tom. III, p. 50) attribue, à tort, cet ouvrage à Aubery. Voyez les dessins d'Autun, dans les manuscrits Du Puy, n° 667; voyez aussi la Bibliothèque historique de la France, n° 35937. Les lettres de Peiresc sont copiées d'après le volume 717 de Du Puy. Le *Ladralia* est de l'an 1703, et copié par Bouhier.

130. In-folio sur vélin. – Gregorii papæ liber pastorale. — IXe SIÈCLE.

Provient du couvent de S. Germain d'Auxerre, congrégation de Saint-Maur. Il est incomplet à la fin.

N° 131. In-folio sur vélin. – 1° Valerius Maximus de dictis factisque memorabilibus – 2° Solinus, de mirabilibus mundi. – 3° Daretis Frigii Trojanorum historia a Cornelio Nepote de greco in latinum translata. — XIIe SIÈCLE.

132. In-fol. sur vélin. (Recueil.) – 1° Alexandri regis magni et Dindimi regis Brachmanorum de philosophia facta per litteras collatio. – 2° Jeronimus de Seneca (in catalogo virorum illustrium). – 3° Senecæ epistolæ CIII. – 4° Cecilii Statii Cypriani episcopi Carthaginiensis epistola ad Donatum. – 5° Solini collectio rerum memorabilium. — XIIe SIÈCLE.

A deux colonnes; le n° 5 est incomplet à la fin.

133. In-folio sur vélin. – 1° Cicero de officiis (cum glossa). – 2° Ejusdem de amicitia (cum glossa). – 3° Vegetius de re militari. — XIIe SIÈCLE.

Ce volume est incomplet et en mauvais état.

134. In-folio sur papier. – Idée générale de la ville de Montpellier, contenant l'histoire des faits mémorables depuis l'an 615, par Joseph-François Fabre. — XVIIIe SIÈCLE.

Fonds de Bouhier, C. 130. On y voit des portraits à la plume.

135. In-folio sur vélin. (Recueil.) – 1° Warnaharii Acta SS. Tergeminorum martyrum, Speusippi, Eleusippi et Meleusippi. – 2° Passio S. Benigni presbyteri et martyris. — XIe SIÈCLE. – 3° Abdiæ vel potius Pseudo-Abdiæ, Babylonis episcopi historia passionum SS. Matthæi, Judæ, Jacobi, Simonis et Philippi apostolorum. – 4° Acta passionis S. Laurentii martyris. – 5° Aratoris subdiaconi carmen de S. Stephano protomartyre. – 6° Passio S. Vincentii mar-

tyris archidiaconi Cæsaraugustani (cum responsorio). — 7° (De translatione corporis S. Medardi.) — IXe-Xe SIÈCLE.

Fonds de Bouhier, D. 114. Avant d'entrer dans la bibliothèque de Bouhier, ce manuscrit avait appartenu à Saint-Étienne de Dijon. Le n° 2 est incomplet. Bouhier (qui a tracé le titre rapporté ici, mais qui avait omis le dernier article) annonce que quelques-unes de ces vies diffèrent des imprimés : principalement celles de saint Bénigne et de saint Laurent. Voyez les Archives de M. Pertz, t. VII, p. 199.

136. In-folio sur vélin. (Recueil.) — (Breviarii Alariciani Interpretationes.) « In hoc corpore continetur tota lex Romana. » 1° Lex romana de homicidiis. — 2° (Lex salica.) — 3° Incipit decretio : « Childebertus rex Francorum. » Desinit : « Datum secund. kal. mart. anno XXII regni nostri Colonia « feliciter. » — 4° Incipit regnorum (fragment de chronologie des Mérovingiens). — 5° Capitula que gloriosissimo imperator Carolus in lege salica mittere præcæpit. — 6° Capitula quæ in lege salica mittenda sunt de homicidiis clericorum. — 7° Capitula Caroli Magni. — 8° « Hæc sunt capitula pro- « priæ domno Hludowico imperatori ad episcopo vel ad « ordines quosque ecclesiasticos pertinentia. » — 9° « Capitula « quæ legibus addenda sunt, quæ et missi et comites ha- « bere et ceteris nota facere debent de bono ecclesiastico. » — IXe SIÈCLE.

De l'Oratoire de Troyes. Fonds de Pithou. N° 1, manque les deux premiers chapitres des Novelles de Majorien. Voyez les Archives de M. Pertz, tom. VII, p. 199.

137. In-folio sur vélin. (Recueil.) — (Pœnitentiale seu excerpta ex variis patribus de pœnitentia.) — 1° Isidorius, de pœnitentia. — 2° Epistola S. Hieronimi ad Rusticam de pœnitentia. — 3° Incipit liber Augustini de pœnitentia. — 4° In-

cipit omelia S. Augustini de agenda pœnitentia. – 5° S. Johannis os aurei sermo de confessione. – 6° S. Augustini ex libro de vera religione. – 7° S. Augustini ex libro contra Faustum Manicheum. – 8° S. Augustini de laude caritatis. – S. Augustini exhortatio de pœnitentia. – 10° S. Effrem de munditia animæ. – 10° Augustini de Agone Christiano. – 11° (Ejusdem) de paciencia. – 12° Ejusdem de virginitate servanda. – 13° (Incerti) Fides vel dogma ecclesiasticum. – 14° Gregorii ut nullus pravus propter immanitatem facinorum disperet, etc. – 15° Augustini de compunctione cordis. – 16° Ejusdem de confessione. – 17° Remedia contra peccata. – 18° Sententie S. Eucherii. – 19° Augustini de falsis testibus. – 20° Ejusdem de fraude cavenda. – 21° Gregorius de discordia. – 22° Augustinus de his qui inquirunt ut possint scire futura. – 23° Dialogus Petri diaconi et Gregorii de maledictione. – 24° S. Johannis os aurei de compunctione cordis. – 25° Soliloquium S. Augustini. — — IXe SIÈCLE. – 26° Penitentialis de diversis criminibus et remediis eorum (excerptus ex diversis scriptis Patrum). – 27° (Capitularia Caroli Manni ab Ansegisio abbate collecta cum præfatione ejusdem Ansegisii, anni 828.) – 28° (Versus de Carlomanno et Hludovico.) – 29° Kapitulare Caroli Manni. – 30° De utilitate penitentie. – 31° Canones de penitentia. – 32° Canones ex conciliis excerpti. – 33° (Fulberti episcopi Carnotensis Epistolæ.) — XIe-XIIe SIÈCLE.

De l'Oratoire de Troyes, fonds de Pithou; incomplet. Voyez, pour ce précieux recueil, les Archives de M. Pertz, tom. VII, p. 199.

N° 138. In-folio sur vélin. (Recueil.) – 1° Commentarius Johannis Chrysostomi in epistolas Pauli. – 2° Hexameron Basilii.

– 3° Hieronimi Sermones de nativitate Domini. — XIe-XIIe SIÈCLE.

De l'Oratoire de Troyes, fonds de Pithou, I. e, 24. L'écriture est de diverses mains.

N° 139. In-4° sur vélin. (Recueil.) – 1° Thomæ de Capua epistolæ, sive summa dictaminis. – 2° Epistolæ et constitutiones Frederici Imperatoris (seu potius Petri de Vineis). – 3° Fulcherii Carnotensis gesta Francorum expugnantium Jerusalem. – 4° Vita Caroli per Turpinum conscripta. – 5° Galixti papæ de vita et miraculis S. Jacobi. – 6° Vitæ SS. Marthæ, Eutropii, Amicii, et Amelii, et S. Villermi Bituricensis archiepiscopi. — XIVe SIÈCLE.

De l'Oratoire de Troyes, fonds de Pithou, I. e, 19. Écriture de diverses mains. Voyez les Archives de M. Pertz, tom. VII, p. 195.

140. In-folio sur vélin. – Petri de Tarantasia liber primus Sentenciarum. — XIVe SIÈCLE.

Fonds de Clairvaux.

141. In-folio oblong sur vélin. (Recueil.) – 1° Anonymi expositio orationis dominicæ. – 2° Anonymi sermo et expositio in symbolum Nicænum. – 3° Alcuini libri II et III de fide S. Trinitatis. – 4° Ejusdem epistola ad Eulaliam virginem de animæ ratione. – 5° Ejusdem invocatio ad S. Trinitatem. – 6° Ejusdem carmen elegiacum (antea ineditum). – Incipit :

« Qui mare, qui terram, cœlum qui condidit altum,
« Qui regit imperio cuncta creata suo. »

7° Ejusdem quæstiones ad Fredegisum, de Trinitate. – 8° Concilii Romani I acta, seu disputationes Sylvestri papæ I cum Judæis in dicto concilio, habitæ coram Constantino Imperatore anno 315, libri duo. — 9° S. Hieronymi commentarii in epistolas Pauli. — VIII-IXe SIÈCLE.

Fonds de Bouhier, C. 53. Ce précieux manuscrit, en écriture mérovingienne, est en partie palimpseste. Les actes du concile romain, n° 8, ont été écrits sur des feuilles où il existait une écriture plus ancienne. Les pages grattées commencent au feuillet 41, et se terminent au feuillet 79. Voici quelques passages de l'ancien texte :

Fol. 59 r°.

(En capitales rustiques.)

IN HOC COR.....

(En lettres onciales.)

CIANI CÆSARIEN
SIS
GRAMA-
TICI

(En écriture mérovingienne.)

De verbo
De numero
De verbi declinatione
De.....
græcismis
De participio
De pronomine

Fol. 60 v°.

(En écriture mérovingienne.)

De casibus
ipsius pronominis
De.....
De adverbio
De conjunc
tione explicit

(En petite onciale.)

PRISCIANI GRAMA
TICI DE VERBO FELICIT.

(En écriture mérovingienne.)

Verbum est pars orationis
cum temporibus et modis suis, etc.

Fol. 76. (en capitales rustiques.) INCIPIT TRACTATUS PONPEI FE DE VE....

Cette partie du palimpseste contient des fragments de Pompeius Festus, dont il n'existe qu'un ancien manuscrit mutilé par le feu, à Naples, et qui a servi à toutes les éditions. Il est donc très-précieux; malheureusement l'ancienne écriture est très-peu lisible, et, pour la faire revivre, il faudrait employer des réactifs qui détruiraient la nouvelle encre. L'ancien texte était à quatre colonnes, qui partageaient autrefois horizontalement la largeur du manuscrit, et qui maintenant se trouvent placées du haut en bas, car la nouvelle écriture forme un angle droit avec l'ancienne. Ce manuscrit est assez haut et très-étroit. L'ancienne écriture ne semble que de peu antérieure à la nouvelle. Bouhier, qui a rédigé la liste que nous avons donnée des pièces contenues dans ce recueil, soupçonne que l'auteur du n° 1 est Alcuin. Il remarque que le n° 2, incomplet, est imprimé dans les œuvres de S. Augustin, édit. Bened. t. V, P. II, p. 397. Il considère comme inédits les n°s 6 et 8. La préface du n° 7 est incomplète.

N° 142. In-folio sur vélin. (Recueil.) – 1° (Aimoini) Liber de regno et ætatibus Ludovici filii ejus (Caroli magni) qui ei successit in imperium. – 2° Bellum Jerosolimitanum. – Incipit : « Cum jam appropinquasset ille terminus. » – Desinit : « et ibi est locus, ubi Abraham voluit sancti« ficare filium suum. » – 3° (Galfridus) de prophetiis Merlini. – 4° Turpini vita Caroli magni. – Calixtus papa de inventione corporis beati Turpini episcopi et martyris. – 6° Versus Calixti papæ de S. Jacobo. – 7° Versus B. Fortunati. – 8° Calixti papæ de miraculis S. Jacobi apostoli libri II (cum epistola Leonis papæ, etc.). – 9° Calixti vita S. Eutropii (cum epistola confirmativa Innocentii papæ et cardinalium). (Chromatii et Heliodori ad S. Hieronymum et ejusdem ad eosdem epistola.) – 10° Vita Amicii et Amelii romanorum. – 13° Vita Karoli magni imperatoris Augusti et Saxonum apostoli a Bernardo (Eginardo) capellano suo composita. – Incipit : « Gens merovingorum de qua franci « reges sibi creare soliti erant, etc. » – 14° (Karoli Magni et Ludovici Pii historia brevis.) – Incipit : « Post mortem vic« toriosissimi Pipini, cum iterato Longobardi Romam inquie« tarent. » – 15° Fretellus de locis sanctis. – 16° « Incipit « Oddonnis præfatio patris Amandi, in vita dompni illustris « virtute Geraldi. » – 17° (De Sibyllis.) — XIIIe SIÈCLE.

De l'Oratoire de Troyes, fonds de Pithou; à deux colonnes. Le n° 2 est le récit anonyme qui commence le recueil de Bongars. Au f° 67 est un plan de Jérusalem, fait à la plume. Au n° 4° la table ne s'accorde pas avec les chapitres de l'ouvrage. Le chapitre XXXIII est intitulé : « Calixtus papa de inven« tione corporis B. Turpini episcopi et martyris. » Le dernier chapitre, qui est le XXXVIIe, a pour titre : « De corporibus sanctorum quæ in itinere S. Jacobi « requiescunt, et a peregrinis ejus visitanda sunt. » Voyez les Archives de M. Pertz, tom. VII, p. 199-200.

143. In-folio sur papier. – Glossarium græco-latinum vetus

in certa capita, quasi in locos communes, ut plurimum digestum et ab editis diversum. — XVIe SIÈCLE.

Fonds de Bouhier, B. 182, de 34 feuillets. Écrit sur deux colonnes dont l'une est consacrée au texte grec et l'autre à la traduction latine. Le texte grec est écrit en majuscules sans accents et rempli de fautes; il dénote dans le copiste une grande inexpérience, à moins que celui-ci n'ait voulu transcrire religieusement l'original tel qu'il était. Cette dernière conjecture devient même assez probable, si l'on fait attention à une note qui indique clairement que, le manuscrit servant de modèle étant très-fautif, le copiste a soin d'avertir quand il s'est permis de faire des changements. On lit en effet au folio 2, b :

ΑΝΑΓΙΝѠϹΚΑΙ (*sic*)	lege
ΤΡΑΝѠϹ	dissere
ϹΑΦѠϹ	clare

Au mot « dissere (leg. diserte) » on trouve la note suivante : « In ms. respon- « det : ΤΡΑΝѠϹ, clare. Id est transpositio quam correxi describendo. » L'ouvrage commence par une préface en forme de dialogue où l'auteur explique ainsi l'objet de cet opuscule : « Interpretamenta. Quoniam video multos cu- « pientes græce disputare et latine, neque facile posse propter difficultatem « et multitudinem verborum, non peperci hoc facere ut in tribus libris in- « terpretatoriis omnia verba conscriberem. Incipio scribere ab *alpha* usque « o (*sic*), etc. » Et en regard, écrit en de très-petits alinéa, comme le latin : Ἐπειδὴ ὁρῶ πολλοὺς ἐπιθυμοῦντας ῥωμαϊστὶ διαλέγεσθαι καὶ ἑλληνιστὶ, μήτε εὐχερῶς δύνασθαι διὰ τὴν δυσχέρειαν καὶ πολυπλήθειαν τῶν ῥημάτων, κ.τ.λ. (Nous avons ajouté les accents pour faciliter la lecture de ce texte.) Voici l'indication des principales matières traitées dans les *Interpretamenta :* De duodecim signis (fol. 6); de septem stellis (fol. 6, b); de signis cœlestibus (fol. 7); de tempestatibus (fol. 7, b); de diebus festis, de ventis (fol. 8); tempora anni (fol. 8, b); de medicina, de navigatione (fol. 9); de magistratibus, de militia, de agricultura, arboribus, ædibus, spectaculis, adfinitate, serpentibus, civitate, membris humanis, habitatione, escis, potionibus, secunda mensa, carne, oleribus, piscibus, avibus, bestiis quadrupedibus, superlectile (*sic*), vestibus, aureis, argenteis, æneis, ferreis, fictilibus, scorteis, ludo litterario, instructione, natura corporis humani, moribus humanis, forensibus negotiis.—Presque tous les mots donnés sous ces différentes catégories se retrouvent à leur ordre alphabétique, et avec la même interprétation, dans les Glossaires publiés par Labbe. Un ouvrage du même genre et qui contient une portion de la préface indiquée plus haut, mais assez différent par quelques détails, et beaucoup moins considérable, existe dans un manuscrit de la Bibliothèque nationale sous le n° 3049, fol. 81-116, avec ce titre, Πολυδεύκους περὶ καθημερινῆς ὁμιλίας· « Polucis (*sic*) de « quotidiana loquutione (*sic*); » il a été écrit par Georges Hermonyme de Sparte, le premier Grec qui enseigna en France, vers 1472, la langue et la littérature helléniques. Quant aux *Interpretamenta* dont il s'agit ici, ils semblent avoir été rédigés à une époque assez récente, pour faire connaître aux Latins les mots les plus usuels de la langue grecque. L'ouvrage n'est pas d'une grande importance pour la philologie moderne; toutefois nous croyons inédits les deux textes grec et latin, tels qu'ils sont disposés, sans beaucoup d'ordre, dans ce manuscrit.

144. In-folio sur papier. – Chronique ancienne de Savoie. – Début : « En ce présent livre. » — XVe SIÈCLE.

Fonds de Bouhier, D. 7. Ce manuscrit contient le commencement de la vie d'Amé VII (1361) qui manquait dans le manuscrit dont Guichenon parle dans la préface de son Histoire de Savoie. Voyez les Archives de M. Pertz, tom. VII, pag. 200.

145. In-folio sur vélin. – 1° Incipit dragmaticon phylosophiæ M. G. (magistri Guillelmi) de Chonchis. – Incipit : « Queris, « venerande dux Normannorum. » – 2° (Adelardi quæstiones LXXVI per dialogum inter Adelardum et nepotem.) – Incipit : « Meministi, nepos, quod septennio jam transacto, cum « te in gallicis studiis, etc. » (– Cap. I : « Qua ratione herbe « sine preiacenti nascantur semine. – Cap. LXXV : Quo cibo « utantur stelle, si animalia sint. ») – 3° (Tractatus acephalus de stellis.) – Incipit : « Omnibus convenit platonicis ani« mam a lacteo circulo. » – 4° (Claudianus Mamertus, de statu animæ.) — XIIIe SIÈCLE.

De l'abbaye de Pontigny. A deux colonnes. Le premier ouvrage est accompagné de figures coloriées. Les unes représentent la classification des êtres; d'autres sont relatives à l'astronomie, aux éclipses, à la géographie, etc.; aux feuillets 17, 38, 43, 44, il y a des cartes géographiques très-imparfaites, où tout est marqué par des lignes droites. Le traité de Claudien est précédé de quelques lettres de Claudien à Sidonius; il y a aussi le petit traité *Ignoti hæretici* auquel Claudien répond.

N° 146. In-folio sur vélin. (Recueil.) – 1° Roberti monachi S. Remigii de Christianorum in Syriam expeditione, anno 1095, libri VIII. – 2° Incerti (sub nomine S. Hieronimi) libellus de conceptu et nativitate B. Mariæ virginis. – 3° Libellus de miraculis factis, ut dicitur, a B. V. Maria (XXXIII capit. constans). – Incipit : « Quomodo B. Dei genitrix Hyldenfonsum archiepiscopum, albam sacerdotalem ei de « paradiso afferendo, ornaverit. » – (Rubrica ultimi capitis incipit : « Quantum valet oratio B. Virginis super orationem « omnium aliorum sanctorum. ») – 4° (Quædam obs rvationes ex variis patribus excerptæ.) – 5° Passio S. Thome apostoli — XIIe-XIIIe SIÈCLE.

Fonds de Bouhier, D. 33. Ce manuscrit porte aussi la note : *Liber sancte Marie Acineti*. Dans Bongars, l'histoire de Robert a neuf livres. Dans ce manuscrit, à la suite du huitième livre, qui se termine par *inseritur et sanat*, il y a des vers qui commencent ainsi : « Explicit octavus de nullo dogmate pravus. » Pour le n° 2, voyez Baronius, *Apparat. ad annales ecclesiast.* n° 39, et J. A. Fabricius, *Cod. apocryph. Novi Testamenti*, p. 8, 9 et seqq. Le n° 3° est peut-être inédit. Voyez les Archives de M. Pertz, tom. VII, p. 200.

147. In-4° sur papier. – Confessiones et maleficia sortilegorum, extracta ex eorum processibus, a J. Bouhier. — XVIIe SIÈCLE.

Fonds de Bouhier, D. 28. Ce sont des extraits des procès des Vaudois et d'autres hérétiques.

148. In-4° sur papier. – (Recueil de treize traités cabbalistiques, magiques, astrologiques, etc. accompagnés de figures astrologiques, cabbalistiques, etc.) — XVIIe SIÈCLE.

On trouve en tête la liste de ces traités. La voici : 1° كتاب بحر الوقوف فى علم الاوفاق والحروف وما معها وخواصها واصلها « Livre de la mer de la

« science des carrés magiques et des lettres (cabbalistiques), de leur caractère, de leurs particularités et de leur principe, » par le scheikh Zyn-eddin Abd-alrahman, fils de Mohammed albasthamy; fol. 2 r°. — 2° كتاب خواص اسماء الله الحسنى و اوفاقها وما ينسب اليها من الاحرف والكواكب والمنافع « Livre des particularités des beaux noms de Dieu, de leurs carrés magiques, « de l'application qu'on en fait à la cabale et à l'astrologie, et de leurs effets. » (Sur les noms de Dieu et leurs applications, voyez l'ouvrage de M. Reinaud intitulé : *Monuments arabes, persans et turcs de M. le duc de Blacas,* tom. II, pag. 16 et suiv.) fol. 16 r°. — 3° كتاب لطائف الاشارة فى معرفة اماكن السبعة السيارة وما يتبع ذلك في معرفة الشرف والهبوط والوبال « Livre des indications ingénieuses pour la connaissance de la marche des sept planètes, « et pour ce qui concerne leur exaltation, leur chute et leur décadence; » fol. 67 r°. — 4° كتاب خافية للحكيم ارسطاطاليس صاحب الاسرار « Livre du « secret d'Aristote, qui possédait un grand nombre de secrets; » fol. 71 v°. — 5° كتاب في رسالة على ربع الارض وسكنها وبلدانها ومسير افلاكها ومعرفة منازل القمر ومنازل الشمس ومسيرها على الاشهر القبطية « Traité du quart de « la terre qui est habité, de ses villes, de la marche de ses sphères, et des « mansions de la lune et du soleil, d'après l'ordre des mois coftes; » fol. 85 v°. — 6° كتاب حل الرموز وفك الطلسمات والاقلام القديمة والمشكلات على ما رصدوا به العلماء « Traité de la découverte des secrets et de la rupture des « charmes, avec l'explication des anciens alphabets et des signes mystérieux, « conformément aux observations des savants; » fol. 95 r°. — 7° فصل عمل الجواهر والمعادن واللولو من العلم القديم « Chapitre sur la fabrication des « pierres précieuses et des minéraux, d'après la science des anciens; » f. 169 r°. — 8° كتاب فك الطلاسم والكنوز والدخاير والدفين وفيه دعوة السباسب الكبرى بخواتمها ومما شرحه طمطم الهندى ورمزه وما يناسب ذلك الفن « Livre de la rupture des talismans, des trésors et des richesses enfouis, « avec la grande invocation nommée *sabasseb,* et ses conclusions; accompagné « des observations de Thamtham l'Indien, de ses explications secrètes et « d'autres choses du même genre; » fol. 173 r°. — 9° كتاب السر المكتوم فى علم النجوم فيه المنافع فى علم الكواكب « Livre du secret caché, touchant la « science des étoiles; livre très-utile en astrologie; fol. 201 r°. — 10° كتاب مجموع من الحكمة وعلم الصنعة وفيه فوايد جليلة « Recueil sur la philosophie « et sur la science du grand-œuvre, dans lequel sont des recettes fort utiles; » fol 231 r°. — 11° كتاب صفة الاعشاب السبعة واشكالها ومواضعها وصنعتها وكيفية العمل بها « Description des sept plantes, avec leur figure, le lieu « où elles croissent et la manière d'en faire usage; » fol. 234 v°. Les plantes dont il est question ici sont celles qui correspondent aux sept planètes. — 12° كتاب في الصنعة الشريفة والرموز القديمة للحكماء زوسيموس واوتاسيه وما

قالوة في علم الحجر المكرم و تدبيره « Traité de l'art noble (l'alchimie) et des « secrets anciennement révélés par les sages Zozime et Autassyé, avec ce « qu'ils ont dit sur la connaissance de la pierre noble (la pierre philosophale) « et l'art de la traiter; » fol. 257 r°. — 13° كتاب ديباجة في تدبير الحجر المكرم لمولانا السلطان سليم بن السلطان سليمان رحمه الله « Notions préliminaires sur l'art de traiter la pierre noble, par notre maître le sulthan Sélim, fils du sulthan Soleyman, de qui Dieu ait pitié; » fol. 279 v°. On lit à la fin du traité qu'il fut transcrit de la main du sulthan Sélim et enfermé dans le trésor impérial, et que c'est sur un ancien manuscrit qu'a été faite cette copie.

Ce volume est tout entier de la même main, et d'une écriture lisible. La copie a été faite en Égypte ou en Syrie. Malheureusement le copiste ne comprenait pas toujours ce qu'il écrivait : ce qui lui a fait commettre beaucoup de fautes. Les chiffres qui accompagnent chacun des traités indiqués sur la première page se rapportent à la pagination de l'exemplaire sur lequel la copie a été faite. Il est dit, à la suite de cet index, que la personne qui payerait ce volume son poids d'or ne ferait pas un mauvais marché.

N° 149. In-folio sur vélin. – Le livre de Sydrac, de toutes les sciences, au roy Boctus, « translaté de Sarrazinois en latin, « par frère Rogiers de Palerme. » — XIIIe SIÈCLE.

Fonds de Bouhier, D. 11. Avec de petites miniatures. On fait mention dans ce manuscrit de Jean Pierre des Liens de Tolède, traducteur de plusieurs ouvrages. Ce manuscrit porte beaucoup de notes qui sont, selon Bouhier, de la main de Juret.

150. In-folio sur vélin. – (Isidori Hispalensis etymologiæ.) — XIIIe SIÈCLE.

Provient de S. Étienne de Troyes.

151. In-4° sur vélin. (Recueil.) – 1° Sermo de S. Agerico. – 2° Vita S. Aychardi. – 3° Flodoardi chronicon. – 4° Chronologia ab Adamo usque ad Conradi mortem (anno 1039). – Incipit : « Ab Adamo. » – Desinit : « indictione VII. » – 5° Expositio in Job. – Incipit : « Liber iste etiam apud hebreos obliquus fertur. » – 6° (Augustinus de quæstionibus evan-

gelicis.) – 7° Ejusdem de fide, spe et charitate. — XIe-XIIe SIÈCLE. – 8° Prisciani Cesariensis de grammatica. — XIe SIÈCLE. – 9° Commentarius in Priscianum. – Incipit : « Tria « sunt quorum causa ars omnis. » — XIIIe SIÈCLE.

De l'Oratoire de Troyes, fonds de Pithou. Dans le n° 4, les visions de Flothilde commencent le manuscrit de la chronique de Flodoard. Pithou, qui le premier a publié cette chronique, les avait rejetées à la fin. Le n° 8 est incomplet à la fin. Il y a une pièce de vers, à la fin du Priscien, qui commence ainsi : « Porticus est Romæ, qua dum spaciando fero me. » Le n° 10 est mutilé et pourri à la fin. Voyez les Archives de M. Pertz, tom. VII, p. 201.

152. In-4° sur vélin. (Recueil.) – 1° « Incipiunt Glosæ afatæ « (*sic*) et reliqua (alphabetico ordine) ex novo et veteri tes- « tamento. » – 2° (Tabulæ multiplicationis et divisionis ad bissextum necnon ad inveniendum varios cycli terminos.) – 3° Liber S. Laurentii presbyteri de duobus temporibus, quem Iudebertus diaconus Nevernensium civitatem Rovetus Aretadio diacono transcripsit. – 4° Sermones S. Augustini. – 5° Passio SS. Caprasii et Fidis. – 6° Vita S. Mariæ Ægyptiacæ, translata de greco in latinum. — IXe-Xe SIÈCLE. – 7° Regula S. Benedicti. — Xe SIÈCLE.

De l'Oratoire de Troyes, fonds de Pithou, qui a écrit son nom sur le livre. Le n° 1 est mutilé. Le n° 2 est en chiffres romains et à plusieurs colonnes ou compartiments. A côté du multiplicande ou du dividende il y a le produit ou le quotient. Dans la multiplication, les multiplicateurs sont marqués en haut; dans la table de la division (qui commence par les milliers et qui contient les quotients des divisions jusqu'à 38) il n'y a que les neuf premiers nombres, puis les autres nombres ronds jusqu'aux milliers. Ainsi l'on a $\overline{XI}$ $\overline{I}$ pour indiquer que 11000 divisé par 11 donne 1000 pour quotient. Les barres placées au-dessus des chiffres pour marquer les milliers sont très-irrégulières; souvent elles sont remplacées par des lignes courbes; souvent aussi elles manquent. Ces tables ne sont pas complètes. Le n° 6 est incomplet.

N° 153. Petit in-folio sur vélin. – Evangelia cum canonibus.— IXe SIÈCLE.

De l'abbaye de S. Loup de Troyes. Sur la garde sont indiquées quelques pièces contenues dans le trésor de S. Loup. « De thesauro nostro habuerunt « predicatores capsam argenteam Sancti Winebaudi, etc. » Ce manuscrit n'est pas achevé. Les canons sont placés dans cette espèce de portique en couleur qu'on rencontre si souvent dans les manuscrits de cette époque.

154. Petit in-folio sur vélin. (Recueil.) – 1° Stephani Africani vita S. Amatoris episcopi Altisiodorensis et confessoris diaconi, et conversio Mamertini. – 2° Revelatio S. Corcodemi et gesta S. Germani episcopi Altissiodorensis. – 3° Constancii seu Constantini presbyteri vita S. Germani. – 4° Warnaharii acta SS. Tergeminorum martyrum, Speusippi, Eleusippi et Meleusippi, necnon Desiderii. – 5° Acta Fructuosi episcopi Tarraconensis, Auguris et Eulogii diaconorum. – 6° Indiculus romanorum pontificum usque ad Paschalem I. – 7° Damaso papæ falso adscriptæ vitæ paparum. — IXe SIÈCLE.

Fonds de Bouhier, D. 20. Pour le n° 1, voyez *Acta SS. maii*, tom. I, pag. 52. Sur ce manuscrit, voyez les Archives de M. Pertz, tom. VII, p. 200-201. Le manuscrit est incomplet. Les titres transcrits ci-dessus ont été mis par Bouhier.

155. In-folio sur vélin. – Evangelium S. Matthei cum glossa. — XIIIe SIÈCLE.

Fonds de Clairvaux. Sur les gardes : « Henricus regis filius. » Ce manuscrit a été donné à cette abbaye par Henri, moine de Clairvaux, fils de Louis VI roi de France.

156. In-4° carré, sur vélin. (Recueil.) – 1° (Liber passionalis SS. martyrum diœcesis Lingonensis.) – 2° Tractatus brevis de ventis. – Incipit : « Ventus est aer commotus et agitatus. » – 3° Passio S. Benigni martyris gloriosi. – 4° Passio S. Leodegarii martyris. – 5° Passio S. Mammetis martyris. – 6° Passio

S. Desiderii episcopi et martyris. – 7° Passio SS. Mauritii sociorumque ejus. – 8° Passio S. Floscelli martyris. – 9° Vita S. Flaviti confessoris. – 10° Vita S. Remigii episcopi et confessoris. – 11° Passio S. Sebastiani martyris. – 12° Passio S. Apollinaris martyris. – 13° Passio S. Clementis martyris. – 14° Passio SS. Johannis et Pauli martyrum. – 15° Passio SS. Valerii et Vincentii martyrum. – 16° Vita S. Hilarii. – 17° Passio SS. Marcellini et Petri. – 18° Passio SS. Sixti, Felicissimi, Agapiti, Laurenti et Ypoliti. – 19° Passio SS. Modesti et Viti martyrum. – 20° Vita et passio SS. Juliani, Basilisci et comitum ejus. – 21° Passio SS. Adriani et comitum ejus. – 22° Passio beatissimi martyris Christofori et comitum ejus. – 23° Passio SS. Cosme et Damiani. – 24° Passio S. Ignatii episcopi et martyris. – 25° Inventio et reversio sanctæ Crucis. – 26° Passio SS. martyrum Speusippi, Eleusippi, et Meleusippi. – 27° Passio S. Symphoriani martyris. – 28° Passio S. Cypriani episcopi et martyris. – 29° Passio SS. Andochi, Tyrsi et Felicis. – 30° Passio SS. martyrum Germani et Servandi. — IXe-Xe SIÈCLE.

Fonds de Bouhier, D. 55. Voyez les Archives de M. Pertz, tom. VII, p. 201.

N° 157. In-4° carré, sur vélin. (Recueil.) – 1° Liber Timothei episcopi de Pascha. – 2° B. Gregorii papæ de eadem solemnitate. – 3° Theophili Alexandrini paschales epistolæ tres, interprete S. Hieronymo. – 4° Definitio observantiæ paschatis, ex V° libro historiæ Eusebii. – 5° Item ex VII° libro ejusdem historiæ Eusebii. – 6° SS. Cyrilli et Proterii epistolæ paschales. – 7° Paschasii episcopi ad S. Leonem papam de eadem re. – 8° S. Leonis papæ epistola de Pascha, ad episcopos Galliarum et Hispaniarum. – 9° Dionysii exegesis de annis communibus et embolismis. – 10° Ejusdem Dionysii episcopi ad Petronium de ratione paschali. – 11° Bedæ ex III° libro historiæ Anglorum, quæstio de paschali festivitate, adversus errorem Scotorum. – 12° Goffridi abbatis epistola de observatione paschali. – 13° Capita XVII Bedæ de ratione paschali. – 14° Supputatio festi paschalis juxta cursum annorum mundi. – 15° Formula operis paschalis continens descriptionem CXXXIII annorum. – 16° Cycli varii. – 17° Aliquot aliæ methodi paschales. — IXe SIÈCLE.

Fonds de Bouhier, D. 46. Sur le recto, qui est en blanc, du premier feuillet de ce précieux manuscrit on lit :

« VOTO BONÆ MEMORIÆ MANNONI
« LI BER AD
« SEPULCHRUM SČI AUGENDI OBLATUS. »

Les livres que Mannon, directeur des écoles palatines sous Louis le Débonnaire, offrit à l'église de Saint-Oyend, dans le Jura, sont cités par Mabillon. Il existe plusieurs de ces manuscrits à la bibliothèque de Troyes. Les titres sont modernes. Dans les cycles il n'y a que des chiffres romains. Voyez les Archives de M. Pertz, tom. VII, p. 291.

N° 158. In-4° sur vélin. (Recueil.) – 1° Series regum francorum a Meroveo usque ad Philippum I, manu recentiore continuata usque ad Ludovicum VIII. – 2° Hilarionis chronologia, seu potius libellus de mundi duratione. – 3° S. Hieronymi, seu potius Fredegarii Scholastici chronicorum capitula et fragmenta de regno Assyriorum. – 4° Historia Daretis Phrygii de origine francorum, ab editis longe diversa. – Fredegarii Scholastici chronicon ab Helena capta, ex Idacio et aliis excerptum, cum ejus continuatoribus usque ad Pipini regis mortem; omnia in tres libros distincta. — IXe SIÈCLE.

Fonds de Bouhier, D. 51. Les titres ci-dessus sont de la main de Bouhier;

au sujet du n° 2, il renvoie à *Bibliotheca patrum*, ann. 1624, t. VII, p. 257, et à Canisius *Antiquæ lection.* tom. II, p. 708; pour le n° 3, à Canisius, *ibid.* tom. II, pag. 601; pour le n° 6, à Canisius, *ibid.* tom. II, pag. 668. Ce manuscrit a été annoté par Chifflet, qui cite un autre manuscrit de Frédegaire avec l'*ex-voto* de Mannon, qui appartenait à la reine Christine de Suède. Celui dont on donne ici la description est le manuscrit de Dijon, cité par Ruinart. Il est incomplet à la fin. Voyez les Archives de M. Pertz, tom. VII, p. 201.

N° 159. In-folio carré, sur vélin. — 1° Incipit utillimum de musica breviarium. — Incipit : « Quoniam pauci sunt qui majorum et difficiliorum memoriam operum pleniter absque « libris possint retinere. » — Desinit : « sed jam prolixus « sermo finem prestolatur. » — 2° (Antiphonale.) — 3° (Catalogus brevis manuscriptorum.) — Xe-XIe SIÈCLE.

Fonds de Bouhier, C. 54. Le n° 1 a quatorze pages. Dans le n° 2, la musique est notée tantôt par signes, tantôt par lettres. Voici le catalogue contenu dans ce manuscrit : « Libri de armario claustri; Didimus de Spiritu « sancto; Augustinus de Verbo domini; Augustinus de caritate; Gregorius « Nazianzenus; Regula heremitica; Rabanus super Judicum; Omeliæ Origenis « super Lucam; Vita Caroli; Collationes; liber dialogorum Gregorii; Teodulfus, « Epitalamium; Solinus; Augustinus de Virginitate; Gradalia quinque; duo « Responsalia, et Offerendarius; duo Antiphonarii; Vite patrum; Josephus; « Rabanus super Matheum. »

160. In-4° sur vélin. (Recueil.) — 1° Incipit libri Capri de ortografia seu et de verbis dubiis. — Incipit : « Hæc via « quo ducit. » — Desinit : « mulier nubet. » — 2° De quibusdam vocabules nominum per dinumminationem (cum prologo). — Incipit prologus : « Licet origo nominum. » — Desinit : « Alatoris pressores. » — 3° Incipiunt sinonima : « Auc- « tor, orator. » — Desinit : « Flagri, flagelli. » — 4° Incipiunt glose. — Incipit : « Amendare a patria exulare. » — Desinit : « voluptas sive bona sive mala carni adscribitur. » — 5° Incipiunt glose : « Alioquin ; nam si non. » — Desi-

nit : « Zarda, abalienatus. » – 6° De differentiis. – Incipit : « Inter auxilium et presidium et subsidium. » – Desinit : « voluptas corporis. » – 7° (Glossarium.) – Incipit : « Adam « homo sive terrigena. » – Desinit : « Uri agrestes bobes id « est. » — IXe SIÈCLE.

Fonds de Bouhier, D. 68. Ce manuscrit précieux est à trois colonnes, sauf la dernière glose, qui est à deux colonnes seulement. Bouhier a fait remarquer, dans une note, combien le n° 1 diffère de l'ouvrage de Caper publié dans le recueil de Putschius, *Grammaticæ latinæ auctores antiqui* (p. 2239). En effet, si le Caper de ce manuscrit commence de même que celui de l'imprimé, cette ressemblance cesse à ces mots, « Apud medicum, » à partir desquels il est disposé par ordre alphabétique. Il ne traite pas toujours des mêmes mots et il est beaucoup moins étendu que celui qu'a donné Putschius. Le n° 6 commence également comme le traité de *differentiis vocum incerti*, publié dans le même recueil de Putschius (p. 2203); mais il contient une matière triple et il prend un ordre alphabétique à ces mots : « Asperum et ferocem. » La glose du n° 7 est fort étendue.

N° 161. In-folio sur vélin. (Recueil.) – 1° Gerardi cremonensis glosulæ in Viaticum Constantini africani. – 2° Rogerii Parmensis Pratica medicinæ. – 3° Anonymus de simplicibus medicamentis ordine alphabetico. – 4° Nicholaus Myrepsus Alexandrinus, de arborum virtutibus. – 5° Richardi Parisiensis de signis febrium. – 6° Salerni Tabula synonimorum medicinæ. – 7° Geraldina seu Gerardi cremonensis, ut videtur, opusculum de usu purgationum. – 8° Anonymi commentarius in Nicolai Myrepsi Antidotarium. — XIIIe SIÈCLE.

Fonds de Bouhier, C. 35, à deux colonnes. Les titres transcrits ci-dessus sont de Bouhier.

162. In-4° sur vélin. (Recueil.) – 1° Priscianus de constructione. – 2° Ejusdem Barbarismus. – 3° Idem de Accentibus. – 4° Porphyrii Isagoge. – 5° Aristotelis Prædicamenta. –

6° Ejusdem Periermenias. — 7° Liber sex principiorum. — 8° Liber Divisionum Boetii. — 9° Libri Topicorum Boetii. — 10° Libri Topicorum Aristotelis. — 11° Ejusdem Libri Elenchorum. — 12° Ejusdem Analytica priora. — 13° Ejusdem Analytica posteriora. — XIVe SIÈCLE.

Fonds de Clairvaux (?).

N° 163. In-4° sur vélin. — (Les quatre évangiles, en arabe.) — XVIIIe SIÈCLE.

On lit ceci sur la première page :

وقع الفراغ من نسخ هذه الاناجيل الاربعة وهم مارمتى ومرقس ولوقا ويوحنا
فى اوائل شهر فبرار سنة الف وسبعماية واثنى عشر مسيحية على يد الفقير
الحقير المعترف بالذنب والتقصير راجى مغفرة الرب القدير كلمنتى كراچلى المتشرف
بالايمان المسيحى سنة الف وسبعماية وتسعة غفر الله له ولمعلميه ولا الناظر فى
هذا الكتاب ولمن دعا له بالمغفرة والمسامحة ولكافة المسيحيين المعترفين بالايمان
المسيحى امين نسخ فى مدينة رومية الكبرى فى خلافة الحبر الاعظم اليابا كلمنتى
الحادى عشر البانو ادام الله مدة حياته ونفعنا بعلومه وموعظاته امين

« Cette copie des quatre évangiles, à savoir, Saint Matthieu, saint Marc, « saint Luc et saint Jean, a été terminée au commencement du mois de fé- « vrier de l'année 1712 du Messie, par la main du pauvre, faible, confessant « ses péchés et son impuissance, mais espérant dans la miséricorde du maître « tout-puissant, Clément Caraccioli, qui a eu l'honneur d'embrasser la foi du « Messie l'an 1709. Que Dieu soit indulgent pour lui, pour ses maîtres, pour « quiconque lira ce livre, pour tous ceux qui solliciteront en sa faveur la mi- « séricorde et l'indulgence, enfin pour la totalité des Chrétiens qui professent « la foi du Messie; amen. Écrit dans la ville de Rome la grande, sous le « khalifat du docteur suprême le pape Clément XI Albani. Que Dieu prolonge « la durée de sa vie, et qu'il nous fasse jouir de sa science et de ses leçons; « amen. »

La pagination de ce volume est dans nos chiffres arabes, et la personne qui l'a paginé a commencé par la fin.

N° 164. In-folio sur vélin. – 1° « Aristote, dou gouvernemant des rois. » – 2° Ci commacet li passion Jhesu Crit. » — XIVe SIÈCLE.

De l'Oratoire de Troyes. Donné par de Corberon, en 1764. Il y a en tête les armoiries de sire Jehan d'Aix. Le prétendu ouvrage d'Aristote, appelé communément le *Livre des secrets*, est adressé « à Guys de Vallance, gloriou « esveques de la citeit de Tripolle, par Philippes, li plus petits de ces clercs. »

165. In-folio sur papier. (Recueil.) – (Raymundi Lullii opuscula quædam logica, physica, theologica.) – 1° De logica. – 2° (De creatione et resurrectione.) – 3° De creatione mundi. – 4° Ars demonstrativa. – 5° Incipit : Ars juris. – 6° Concordantia ejusdem contradictionis in dictis B. Thome, super conceptione Virginis matris. — XVIe SIÈCLE.

Fonds de Bouhier, D. 98. Une note porte que le n° 2 a été composé à Rome, en 1296.

166. In-folio sur papier. – Hier. Gaubii prælectiones publicæ chemicæ, ann. 1731-32-33. — XVIIIe SIÈCLE.

167. In-folio sur papier. – I quattro libri de' conici d'Apollonio Pergeo con i lemmi di Pappo, e i commenti d'Eutocio e Fed. Commandino, ridotti dal latino nell' idioma italiano da Cosimo de Noferi ad instanza del S. Gio. Bat. Micalori Urbinate. — XVIIe SIÈCLE.

De la bibliothèque Albani, 1614. Au commencement est cette note : « Gio. B^a. Micatori la pagò cinque piastre, cinque lire fiorentine. »

168. In-folio sur papier. – Currus triumphalis antimonii fratris Basilii Valentini. — XVIIe SIÈCLE.

De la bibliothèque Albani, n° 974. Ouvrage d'alchimie.

N° 169. In-folio sur papier. (Recueil.) – Della Taumatologia di G. B. Della Porta. – Criptologia ejusdem. – Della calamita. – Naturalis chirononia ejusdem. – Lettera di G. B. Longo (Napoli, 11 agosto 1635), sopra i fratelli della Porta. — XVIIe SIÈCLE.

De la bibliothèque Albani. Cet ouvrage de Porta est inédit; il n'est pas achevé. Voyez à ce sujet Libri, *Histoire des sciences mathématiques en Italie*, tome IV.

170. In-folio sur papier. (Recueil.) – (Raccolta di notizie naturali.) – Breve trattato del legno fossile minerale di Francesco Stelluti. – Lettera di Federigo Cesi intorno al legno fossile. – Lettera del Peiresc sullo stesso argomento. – Capitolo del succino. – Lettera di V. Mirabella sulle ossa dei giganti. – Nota d'una tela incombustibile trovata a Pozzuolo. – Sopra i venti. – Sopra una pioggia di color di sangue. – Relatione dell' animale chiamato Dafasa in lingua Ethiopa. – Relatione della salamandra. – Misura dell' elephante. – Estratti di varii viaggii. – Discorso del cocco del Paraguai. – Di varii animali. – Modo di custodir fiori, bulbi, etc. – Modo di far pavimento a mosaico, di B. Drei. – Lista di piante di S. Remo. – Dell' orto Barberini. – Della montagna della Sibilla. – Nova descriptio agri Salerni, etc., etc. — XVIIe SIÈCLE.

De la bibliothèque Albani, n° 860.

171. In-4° sur papier. – Observations météorologiques faites à Toulouse, par dom David, chartreux (1772-1775). — XVIIIe SIÈCLE.

172. In-folio sur papier. – Discours sur la dissolution du mariage pour cause d'impuissance de l'homme, par Bouhier,

(avec des additions autographes; et plusieurs dissertations, du même, sur les fruits pendants, etc.) — XVIIIe SIÈCLE.

Fonds de Bouhier. Ces dissertations ajoutées sont dans des cahiers séparés.

N° 173. In-folio sur papier.–Breve descrittione del legno fossile ondato.–(Lettera di Federigo Cesi sullo stesso argomento.) — XVIIIe SIÈCLE.

De la bibliothèque Albani, 861. La *descrittione* est la même que celle qui se trouve dans le n° 170. Stelluti était membre de l'académie des Lincei, dont Cesi fut le fondateur et le président. On doit aussi à Stelluti une traduction de Perse en italien, avec des notes fort instructives pour l'histoire des sciences. L'ouvrage de Stelluti, sur le bois fossile, a été imprimé à Rome en 1637. Dans ce manuscrit les figures sont gravées.

174. In-folio sur papier. – Tabella majorum scientiæ secundum philosophos. — XIIIe SIÈCLE.

De la bibliothèque Albani. Ce manuscrit, qui a appartenu à Cesi, porte encore l'estampille de l'académie des Lincei (qui était, comme on le sait, un lynx) avec cette inscription : *Ex bibliothecâ Lyncaea Federici Caesii march. mont. Caelii.* Cette *Tabella* est un traité d'alchimie, avec figures.

175. In-folio sur papier. – Historia naturale del Elefante, descritta da Vitt. Venturelli d'Urbino. — XVIIe SIÈCLE.

De la bibliothèque Albani. Le manuscrit porte la date de 1630.

176. In-folio sur papier. – Figure di vasi e fornelli di fra Donato, eremita domenicano Napolitano. — XVIIe SIÈCLE.

De la bibliothèque Albani. C'est un recueil de planches gravées et coloriées avec quelques notes manuscrites.

177. Petit in-folio sur vélin. (Recueil.)–1° (Aristotelis) Liber de Generatione et corruptione. – Incipit : « De generatione « autem et corruptione natura. » – 2° Liber de Causis, cum commentario. – Incipit : « Omnis causa primaria princi-

palis. » — 3° Liber de Cœlo et Mundo Aristotelis, translatus de græco in latinum. — 4° Liber Metheororum Aristotelis. — 5° Liber de Vegetabilibus et Plantis. — Incipit : « Tria enim, ut ait Empedocles, in tota rerum varietate. » — 6° De Proprietatibus elementorum et causis, quem scripsit Johanes Wallencis. — 7° Aristotelis de Progressu animalium. — Incipit : « De partibus autem. » — 8° Idem de Physionomia. — Incipit : « Quoniam et anime sequuntur corpora. » — 9° Liber de differentia spiritus et animæ. — Incipit : « Interrogasti me de doctrina spiritus et anime. » — 10° Liber de pomo seu de morte Aristotelis. — Incipit : « Cum homo creaturarum dignissima. » — 11° Liber de intelligentia Aristotelis. — Incipit : « Cum rerum quidem. » — 12° De inundatione fluvii cum commentario. — Incipit : « Propter quid aliis fluminibus. » — 13° De luna et sideribus. — 14° De anima. — Incipit : « Bonorum honorabilium. » — XIVe SIÈCLE.

Fonds de Clairvaux. Le n° 13 n'occupe que deux feuillets.

N° 178. Petit in-folio sur papier. — Platina epitome de naturali historia C. Plinii secundi, ad Augustinum Maffeum. — XVe SIÈCLE.

De la bibliothèque Albani, n° 851.

179. In-folio sur papier. — Catalogues des manuscrits de l'abbaye de Fontenay, d'André Duchesne, du cardinal Granvelle, du cardinal Bagne, des jésuites de Lyon, de l'abbaye de N. D. de Châtillon-sur-Seine, de M. de la Villaulers, de M. de la Maridat, des Jésuites de Paris, d'Eckart, des Augustins déchaussés de Lyon. — XVIIIe SIÈCLE.

Fonds de Bouhier, B. 186. Le dernier de ces catalogues est en partie manuscrit et en partie imprimé.

N° 180. In-folio sur vélin. – Julii Firmici Materni Junioris libri Matheseos (seu de astronomia). — x^e-xie SIÈCLE.

De l'Oratoire de Troyes, fonds de Pithou, I. e. 21. Ce manuscrit, qui a des lacunes, est incomplet à la fin.

181. In-folio sur vélin. – Sententia super librum metaphisice « Ar. (Aristotelis), compilata par Fr. Hymbertum de Gen« dreyo, monachum Cysterciensem prope Bisuntinensem « civitatem, abbatem Prulliacensem, anno Domini M° CC° « nonagesimo primo. » — xiie SIÈCLE.

Fonds de Clairvaux. Voyez, au sujet de l'auteur, le tome XXI de l'Histoire littéraire de la France.

182. In-folio sur vélin. – (Recueil.) – 1° Liber ysagogarum Johannitii ad Tegni Galeni (de pulsibus, de urinis, etc.).– 2° Aphorismi Ypocratis, cum commento. – 3° Liber pronosticorum Ypocratis, cum commento.–4° Liber regimenti acutorum. – 5° Liber Tegni Galeni, cum commento Haly. – 6° Afforismi Johannis Damasceni filii Serapionis (cum commentario). — xive SIÈCLE.

Fonds de Clairvaux.

182 *bis*. In-folio sur vélin. – 1° Johannitius in Tegni Galeni. – 2° Aphorismi Hippocratis. – 3° Liber pronosticorum. – 4° Regimentum acutorum. – 5° De pulsibus. – 6° Liber urinarum Theophili. – 7° Isaac filius Salomonis de urinis. – 8° Liber dietarum. — xive SIÈCLE.

Fonds de Clairvaux.

183. In-folio sur vélin. – Libri physicorum Aristotelis. — xive SIÈCLE.

Fonds de Clairvaux.

N° 184. In-folio sur papier. — « Au nom de Dieu, ci commence « linventaire ou collectaire en la partie cirurgical de me- « decine compile et complet l'an de nostre Signour mil « CCCLXIII par G. de Caillat cirurgin et mestre en medecine « en la estude de Montpellier. » — XIVe SIÈCLE.

Fonds de Bouhier, B. 68. Il y a des figures. Ce manuscrit n'est pas achevé.

185. In-folio sur vélin. (Recueil.) — 1° Afforismi (Hippocratis), cum commento. — Incipit : « Incipiunt aforismorum capitula. « Lector est modicus sensus. » — 2° Antidotum qui facit ad mulierem qui filium non potuit sustinere in utero. — 3° Incipit : « Epistole Hypocratis de flevothomia. » — 4° Quomodo visitare debes infirmum. — Vindicianus Pentadio nepoti suo salutem. — Incipit : « Licet te scire, karissime nepus, grecis « litteris ad hanc disciplinam. — 6° Incipit epistola Hypocratis : Medicina est quae corporis. — 7° (Opuscula et epistolæ de medicina.) — 8° De febribus. — 9° « Incipit « de ponderibus et mensuris Dardanii phylosophy. Ratio « de libra : Libra recipit unias XII. » — Prognostica. — X^{e}-XIe SIÈCLE.

Ce manuscrit, incomplet à la fin, et dont on a indiqué les parties principales, renferme un grand nombre d'extraits qui ne semblent avoir aucune liaison entre eux.

186. In-4° sur vélin. (Recueil.) — 1° Constantini Africani Viaticus. — XIIIe SIÈCLE. — 2° Historia Remensis ecclesiæ, a Flodoardo presbitero et canonico Remensi. — XIIIe SIÈCLE. — 3° (Bernardi Guidonis) catalogus Romanorum pontificum. — 4° Ejusdem tractatus de conciliis. — XVe SIÈCLE.

De l'Oratoire de Troyes, fonds de Pithou, I. e, 17. Les n°s 3 et 4, sur papier, sont gâtés au commencement.

N° 187. In-folio sur vélin. – Constantini Africani Practica. — XIIIe SIÈCLE.

Fonds de Clairvaux. Cet ouvrage est différent du *Viaticus*, renfermé dans le numéro précédent.

188. In-folio sur vélin. (Recueil.) – 1° Johannis Serapionis filii Ysagoge ad Tegni Galieni. – 2° Liber urinarum a voce Theophili (ab aliis Philothei dicti). – 3° (Liber aphorismorum Hippocratis cum commentario Galeni, ab arabico in latinum translatus a Constantino Africano.) – 4° Liber pronosticorum cum commento Galeni. – 5° Liber acutarum egritudinum. – 6° Tegny Galeni, cum commento Haly. — XIVe SIÈCLE.

Fonds de Clairvaux, avec cette note : « De libris Magistri Petri, quondam de « Marcillei volumen primum. » On voit, au feuillet 12 de ce manuscrit, que les indications et les notes, qui se trouvent souvent dans les manuscrits de Clairvaux, sont du père Delannes, qui, en 1734, rédigea le catalogue de ces manuscrits.

189. In-folio sur vélin. – Bartholomei anglici ordinis fratrum Minorum liber de Proprietatibus rerum. — XIVe-XVe SIÈCLE.

Fonds de Clairvaux. L'ouvrage a été souvent imprimé.

190. In-folio sur vélin. – Bartholomei anglici ordinis fratrum Minorum de Proprietatibus rerum. — XIVe SIÈCLE.

Fonds de Clairvaux.

191. In-folio sur vélin. – Bartholomei anglici ordinis fratrum Minorum de Proprietatibus rerum. — XIVe SIÈCLE.

Fonds de Bouhier, C. 14. Ce manuscrit a appartenu à Pierre de Comento, chanoine d'Autun.

192. In-4° et in-folio sur papier. (Recueil.) – (Divers cahiers

de Vaillant, sur la botanique.) – 1° De la structure des fleurs. – 2° Établissement de quatorze genres. – 3° Leçons. – 4° Classification. – 5° Observations naturelles faites aux environs du Havre-de-Grâce, par Deschisaux, botaniste. — XVIIIe SIÈCLE.

Ces cahiers, qui ont appartenu à Chicoyneau, premier médecin du roi, ont été donnés à cette bibliothèque en 1814. Le n° 2 est différent de l'imprimé. Les leçons de Vaillant sont des copies et des autographes mêlés.

N° 193. Deux volumes in-4° sur papier. – Recherches générales de la noblesse en France, par M. de Boulainvilliers. — XVIIIe SIÈCLE.

194. In-folio sur papier. – 1° Serment des chirurgiens. – 2° Anciens Statuts accordés aux chirurgiens en 1268 par saint Louis. – 3° Statuts de l'école de chirurgie. – 4° Noms des prévôts de chirurgie depuis 1675. – 5° Liste des chirurgiens de Paris, morts depuis 1315. – 6° Lettres de noblesse accordées par Louis XIV à divers chirurgiens. — XVIIIe SIÈCLE.

195. Petit in-4° sur vélin. – 1° Biblia Sacra. – 2° Interpretationes hebraïcorum nominum secundum Remigium (Autissiodorensem). — XIIIe-XIVe SIÈCLE.

Fonds de Bouhier, E. 36. Le vélin est très-fin; l'écriture fine et très-régulière; il y a de petites vignettes. Cette interprétation se trouve, selon la remarque de Bouhier, dans les œuvres de Bède (tom. III, p. 36), auquel elle a été attribuée. Le manuscrit porte cette note : « ex libr. episcopi de Ambosia. »

196. Petit in-4° sur vélin. – Chansons anciennes (en latin et en français) avec la musique. — XIVe SIÈCLE.

Fonds de Bouhier, E. 61. Manuscrit fort intéressant, avec de petites miniatures très-bien faites, représentant des jeux, des danses, etc. Les notes sont carrées; la portée a cinq lignes; les mesures sont séparées. Les chansons, dont il y a une liste au commencement, sont très-nombreuses; il y en a de fort jolies.

N° 197. In-4° sur vélin. – La divina comedia di Dante Aldighieri inlustrissimo poeta fiorentino. — XVe SIÈCLE.

Il y a un joli encadrement à la première page. La reliure est ancienne.

198. In-4° sur vélin. – Rime del Petrarca (colla vita e due sonetti in sua lode in fine). — XVe SIÈCLE, 1464.

On lit cette note sur le manuscrit : « Illustr. domino Joanne de Monte-« feretro Roveren. almæ urbis Romæ præfec. Federicus Veteranus Urbin trans-« cripsit, anno Domini MCCCCLX, die IIII kal. mai. »

199. Petit in-4° sur papier. – (Grammaire et vocabulaires de la langue cofte, avec l'explication en langue arabe.) — XVIIe SIÈCLE.

Le volume commence ainsi :

ⲤⲨⲚ ⲐⲈⲰ, « Avec Dieu. » — بسم الله, « Au nom de Dieu. »

بسم الاب و الابن و الروح القدس الاله الواحد

لما كان اباء فضلاء لاجل عدم تغسير اللسان القبطى قد تقدموا عملوا سلما
للتفسير وجمعوا فيه جميع الكلام من الاسماء و الافعال و قصدوا بذلك كمال
معرفة التفسير وان بعض الناس لما استكثروا مقدار جملة الكتاب وانه لا يحصل
به قصد في جزء منه دون حفظه جميعه ولذلك ملّوا وكسلوا اقصى الحال الا
ان عمل تفسير كلام كتب البيعة اعنى الحديثة وهم الاناجيل المقدسة ورسائل
بولس والقتاليقون والابركسيس والمزامير والتسابيح والتاوضكيات والقداسات
والبسخة [1] والابوغالمسيس وبرلكاسات كيهك وقداس الشماس وخدمة

[1] On lit, dans le corps du volume, النسبحة, et on y compte six تسبحة, pour le lundi et les cinq jours suivants. Ces تسبحة consistent en quelques passages tirés du livre de Job, de Daniel, du Pentateuque, etc.

المعمودية والغطاس وما يجرى مجراهم مساق على فصوله اولا فاول وجعل انجيل بوحنا فاتحته لاجل سهولة كلامه ليسهل على الطالب القصد بذلك ستدل بما تقدم على ما تاخر والمذكر على المونث وبالجمع على المفرد وبالماضى على المستقبل وبالحاضر على الغايب معتمدا في ذلك على الموقف وكلما ورد متقدما اسقط متوخرا خشية من التكرير ليلا يكبر الكتاب بلا نفع وان كان يقع سهوا في بعض كلام الفصول وقد جاء في فصل اخر ومن وجد فيه غلط او سهوا فليصلحه ابتغاء لوجه الله تعالى ثم كتبت هذه المقدمة مختصرة لاقسام الكلام القبطى با لله التوفيق والعون له المجد دايما ابدا امين [1]

« Au nom du Père, du Fils et du Saint-Esprit, ne faisant qu'un seul Dieu. Nos pères vénérables, voyant qu'on manquait de livre où se trouvât l'explication de la langue cofte, ordonnèrent de composer un sollam (échelle) qui en tînt lieu, et qui renfermât tous les mots de la langue, noms et verbes. Leur but en cela était de compléter la connaissance de la valeur des mots. Quelques personnes réclamaient un recueil complet; en effet, l'on ne pouvait espérer d'atteindre le but désiré avec une partie seulement des mots, et si on ne les avait pas tous sous la main. Cette lacune tourmenta plusieurs esprits, et on se donna une peine extrême, jusqu'à ce qu'on eût réuni tous les mots des livres de l'église nouvelle, à savoir : les quatre Évangiles, les Épîtres de Paul, les Épîtres catholiques, les Praxis (Πράξεις ou Actes des Apôtres), ainsi que les mots des Psaumes, des Cantiques (de Moyse), des Théotokies (Θεοτόκια ou Prières à la Sainte-Vierge[2]), des liturgies[3], des hymnes, de l'Apocalypse, des leçons (παραλέξεις), du mois de Koyhak (mois consacré au culte de la Vierge), de la liturgie du diacre, de l'office du baptême et de l'Épiphanie, ainsi que de quelques livres du même

[1] Le texte arabe présente quelques anomalies, qui prouvent que le copiste n'était pas au fait des règles de la grammaire. Nous avons reproduit ce passage tel qu'il se trouve dans le manuscrit. Du reste, ce passage se retrouve, à quelques légères différences près, dans le manuscrit cofte de la Bibliothèque nationale, ancien fonds, n° 47.

[2] Les Théotokies ont été publiées à Rome, par Raphaël Tuki, Cofte de naissance, en 1764, un vol. in-4°.

[3] Il s'agit ici des liturgies de saint Basile, de saint Grégoire et de Cyrille d'Alexandrie, dont on trouvera une version latine dans le recueil des liturgies orientales de l'abbé Renaudot, tom. I. Le texte cofte de ces mêmes liturgies a été publié à Rome, en 1736, par Tuki.

genre, par ordre de chapitres, l'un après l'autre. On commença par l'Évangile de saint Jean, à cause de son style facile; et, pour donner au lecteur un moyen d'arriver plus vite au but, on disposa le tout de manière que ce qui précède servît à l'explication de ce qui suit; le masculin conduit au féminin, le pluriel au singulier [1], le passé au futur, la première personne à la troisième, en se conformant à l'usage reçu. Quand un mot a déjà été rapporté, on le supprime, pour prévenir les répétitions, et de peur de grossir inutilement le livre. Si donc il y a quelque omission parmi les mots d'un chapitre, c'est que le mot a été rapporté dans un autre chapitre. Quiconque trouvera dans ce livre une erreur ou une omission, qu'il y porte remède, en vue du Dieu très-haut. J'ai placé en tête cet abrégé des parties du discours de la langue cofte; Dieu seul donne le moyen et la ressource. A lui appartient la gloire pour l'avenir et le passé. Amen.

La grammaire cofte, qui, ainsi qu'on l'a vu, précède le vocabulaire, commence ainsi : اول ذلك كل كلمة اولها ⲡⲓ تدل على اسم مذكر مفرد بالالف واللام كنحوا قولك « Avant tout, tout mot qui commence par les lettres ⲡⲓ, « est un nom masculin singulier déterminé par l'article, comme lorsque tu « dis :

ⲡⲓⲣⲱⲙⲓ, الرجل, « l'homme. »

ⲡⲓⲙⲁⲣⲧⲩⲣⲟⲥ, الشهيد, « le martyr. »

فاما اسماء التعريف فلا يحتاج الى ⲡⲓ كقولك

« Quant aux noms déterminés par eux-mêmes, ils n'ont pas besoin des lettres « ⲡⲓ, comme lorsque tu dis :

ⲡⲁⲩⲗⲟⲥ, بولس, « Paul. »

ⲥⲓⲙⲱⲛ, شمعون, « Simon. »

Il existe trois grammaires à l'usage des Coftes. Celle-ci a pour auteur le cheikh Al-Semenoud, et se rapporte au dialecte memphitique; pour les deux autres, dont l'une a été composée par le cheikh Cayssar, elles ont pour objet les dialectes saydique et baschmourique [2]. Ces trois grammaires ont été pu-

[1] Il faut probablement changer le texte de manière à pouvoir traduire *le singulier au pluriel.*

[2] La grammaire de Semenoudi est celle qu'on rencontre le plus souvent en Égypte. Elle se retrouve non-seulement dans le présent manuscrit, et dans celui de Pietro della Valle, d'après lequel Kircher publia son édition, mais encore à la Bibliothèque nationale, 1° dans le beau manuscrit de la collection Asselin; 2° dans le n° 47 de l'ancien fonds cofte; et 3° dans le n° 43 du supplément du fonds Saint-Germain.

bliées en cofte et en arabe, par le père Kircher, sous le titre de *Lingua Ægyptiaca restituta,* Rome, 1644, un vol. in-4°. Malheureusement Kircher était le premier Européen qui eût entrepris une étude approfondie de la langue cofte, et on ne possédait pas de son temps les ressources dont nous pouvons disposer maintenant. D'un autre côté, les savants modernes qui ont publié des grammaires coftes ont ramené l'étude de cette langue aux principes des grammairiens d'Europe. Ces divers motifs nous ont engagé à reproduire à la fin du volume quelques extraits textuels du traité de Semenoudi, accompagnés d'une nouvelle traduction et de quelques observations.

Indépendamment de la grammaire et du recueil des mots renfermés dans une partie de la Bible et dans les prières de l'Église, ce volume renferme une liste de mots classés par ordre de matières. Dans cette troisième partie se trouvent, non-seulement les mots rapportés précédemment, mais beaucoup d'autres qui n'avaient pas encore été indiqués. Le premier chapitre est consacré aux attributs de Dieu, le deuxième aux noms des anges, le troisième aux planètes, etc. Cette distribution, qui se retrouve chez les Indiens, paraît remonter jusqu'au temps des Pharaons. Voyez, à ce sujet, l'opinion de Champollion, dans l'extrait d'un de ses mémoires inséré dans la préface de son Dictionnaire égyptien en caractères hiéroglyphiques, pag. VII et suiv.

Le volume se termine ainsi :

وكان الفراغ من هذا الكتاب المبارك الذى هو كتاب السلم يوم الاربعا المبارك
سابع وعشرين شهر مسرى المباركة سنة ثلثماية وخمسين بعد الف للشهدا
الاطهار رزقنا الله تعالى ببركاتهم امين وهى السنة الذى ما جاء على كورة
مصر مثلها سنة واباعة الناس فيها اولادهم بسبب النحاس الذى ارسله
السلطان على الخلق واحاط بالفقير والغنى ومنهم قنطارين ومنهم ثلاثة ومنهم
اربعة وكلا منهم على قدر حاله وكان ثمن القنطار ثمانين قرش عن كل قرش
ثلاثون نصف فضة ولوما رحمة الله والبركة الذى اجابها الله للناس والا ما
كان احد سد وهذا شرحه يطول والعياذ بالله من هذه التجربة والعبد
الخاطى المسكين احقر العباد واذلهم باسم قس بقطر يضرب المطانية تحت اقدام
كل واقفا على هذا يدعو لنا بمغفرة الخطايا والذنوب

« La copie de ce livre béni, qui est le Livre de l'Échelle, a été terminée le mercredi béni, 27 du mois de messori béni, de l'année 1350 de l'ère des saints martyrs (1634 de J. C.). Que le Dieu très-haut nous fasse participer à leurs bénédictions! Amen. C'est une année dont la contrée d'Égypte n'a pas éprouvé de semblable, et où les parents ont été forcés de vendre leurs enfants. En effet, le sulthan a imposé sur la population une réquisition de cuivre, et cette réquisition a frappé le pauvre comme le riche. Il y en a qui ont été imposés à deux quintaux, d'autres à trois, quelques-uns à quatre, chacun suivant sa fortune; or le prix du quintal était de quatre-vingts piastres, chaque piastre valant trente demi-pièces d'argent. Si ce n'avait été la bonté de Dieu et sa bénédiction qui sont venues au secours de la population, personne ne se serait sauvé. C'est un événement qu'il serait trop long de raconter. Prions Dieu de nous préserver d'une pareille épreuve. Le serviteur pécheur, mesquin, le plus faible et le plus misérable des serviteurs, prêtre de nom [1] et appelé Bacthar, fait une prosternation (*methanya*, en grec μετάνοια) aux pieds de quiconque lira ce livre, et qui sollicitera pour nous le pardon de nos péchés et de nos fautes.»

Sur la première page on lit le nom de l'illustre Saumaise; sur les gardes, à la fin, se trouvent, de la main du célèbre Peiresc, les lettres de l'alphabet cofte avec les équivalents de l'alphabet grec. Viennent ensuite en cofte les mots: « Au nom du Père, du Fils, etc. » puis l'oraison dominicale. La reliure, en velours noir, annonce que ce manuscrit a appartenu à Bouhier.

N° 200. Petit in-4° sur papier. – (Poëme persan sur la vie contemplative des sofis, accompagné d'un commentaire en prose, également en persan.) — XVIIe SIÈCLE.

Le titre du poëme est *Gulschen-raz*, ou Jardin des Mystères. L'auteur s'appelle Mahmoud, né à Djebester, aux environs de Tauriz. L'auteur du commentaire est Mohammed, fils de Yahya, originaire du Guylan. Ce poëme est très-rare et très-recherché. Il a été publié par M. de Hammer à Vienne, en 1838, en persan et en allemand; un vol. in-4°. Le commentaire est encore plus rare; comme il manquait à la Bibliothèque nationale, l'administration de la Bibliothèque a fait faire une copie du manuscrit de Montpellier. On lit dans la préface :

چنین گوید فقیر خادم الفقراء والاولیاء والعرفاء المقتبس انوار الولایة من
مشکوة خاتم الاولیاء محمد بن یحیی بن علی الجیلانی اللاهیجی النوربخشی وفقه
الله لما یحبه ویرضاه ویجنبه عما یبغضه وینهاه که مدتی بود که جماعتی از

[1] C'est comme si le copiste disait *prêtre indigne*.

سالکان طریق مودت وساکنان مقام محبت استدعا می نمودند ومبالغه می فرمودند که شرح بر کتاب کلشن راز ونسخهٔ جامعهٔ نکات حقیقت بی مجاز من تصانیف افتخار العرفاء والمحققین اختیار الاولیاء الواصلین اکمل المدققین والموحدین الشیخ الکامل نجم الملة والدین المحمود التبریزی الجبستری قدس الله روحه وکثر لنا من عنده فتوحه می باید نوشت واین فقیر از جهت قلت بضاعت خودرا لایق اقدام بدین معنی نمی دانست وچون الحاح برادران دینی زیادت شد استخارة واستجازه از حضرت ملهم الصواب نموده امد اشارت بابشارت باسعاف ملتمس بنوعی رسید که تخلف ازان میسر نبود یوم الاثنین نوزدهم ذو الحجة سنة سبع وسبعین وثمانماية ابتداء تسوید بیاض بالهام مبداء فیاض نموده شد بشرط آنکه از تکلف در عبارت وتصلف در استعارت معرض باشد ودر اثنای هر بیت کلشن انچه زبان وقت املا نماید بعبارت روشن نوشته شود چه غرض اهل فقر خود نمای نیست بلکی مقصود کلی انست که قایلان هریك بقدر استعداد خود از حالات ومکاشفات این طائفه محظوظ کردند امید بکرم واهب العطایا چنانست که مطالعهٔ این نوع معارف را سبب ان کرداند که جماعتی را که بصفاء فطرت مانده باشند موجب تشویق سلوك طریق مستقیم کردد وبواسطهٔ تصفیهٔ باطن بر سرایر فاطن کردند وانچه شنیده باشند بعین بصیرت مشاهده نمایند وبعد از شهود تام کما ینبغی این معانی بر ایشان روشن کردد چه وجدانیات بتعلیم وتعلم دریافتن میسر نیست

« Voici ce que dit le fakir serviteur des fakirs, des amis de Dieu et des hommes habiles dans la voie spirituelle, lequel emprunte les lumières de la sainteté du flambeau du sceau des amis de Dieu (le prophète Mahomet), Mohammed, fils de Yahya, fils d'Aly aldjylany allahidjy alnourbakhschy, que Dieu le conduise à ce qu'il aime et qui lui plaît, et qu'il l'éloigne de ce qui l'irrite et qu'il défend : Il y avait quelque temps que plusieurs d'entre les personnes qui suivent la voie de l'amour (divin) et qui habitent dans la demeure de l'attachement, me sollicitaient et me pressaient de composer un commentaire sur le livre intitulé *Gulschen-raz*, livre qui renferme les traits d'une vérité sans figure, et qui a pour auteur la gloire des hommes habiles dans la voie spirituelle et amis de la vérité, l'élu des amis de Dieu qui ont mérité d'arriver jusqu'à Dieu, le plus parfait des hommes subtils qui rapportent tout à Dieu, le cheikh parfait, l'étoile de la foi et de la religion, Mahmoud le Taurizien et le Djebesterien, que Dieu sanctifie son âme, et qu'il nous accorde par son moyen les grâces célestes. Ce pauvre serviteur, pénétré de son peu de ressource, se reconnaissait peu propre à une pareille tâche. Mais comme les instances de ses frères en religion devenaient plus pressantes, il consulta son supérieur, guide assuré dans une telle incertitude, et le supérieur insista avec une telle force, qu'il devint impossible de se refuser à cette invitation. Je me mis donc à composer ce commentaire, soutenu de la grâce divine, le lundi 19 de doulhadja de l'an 877 de l'hégire (ou milieu du mois de mai de l'année 1473); mais ce fut à la condition que je serais dispensé de toute recherche dans le choix des expressions et l'usage des métaphores, et que je pourrais successivement transcrire, de la manière la plus claire, au sujet de chaque vers du poëme, tout ce qui me viendrait dans le moment. En effet, l'usage n'est pas, chez les fakirs, de s'abandonner aux inspirations de l'ostentation. L'esprit général veut que tous, chacun suivant ses dispositions particulières, fassent part à l'assemblée entière de leurs extases et de leurs visions. J'espère de la bonté du dispensateur des grâces que la lecture de ce recueil d'observations engagera plusieurs des personnes qui ont un cœur pur à suivre avec ardeur la voie droite; que ces personnes, par la pureté de leur intérieur, deviendront aptes à pénétrer les mystères; que ce qu'elles auront entendu, elles le comprendront comme si elles le voyaient de leurs propres yeux, et que la vérité, après qu'elles l'auront examinée entièrement et comme il convient, leur deviendra parfaitement claire. En effet, ce n'est pas en enseignant et en apprenant qu'on peut saisir les vérités d'un ordre surnaturel. »

On lit, à la fin du volume, ce passage qui fait connaître le nom et la patrie de l'auteur du traité, le titre du commentaire, ainsi que le lieu et l'époque de la transcription : ونام شيخ بزركوار ناظم مولانا سعد الدين محمود چبستری بوده وچبستر موضعی است در هشت فرسنکی شهر تبریز ومدفن ومولد ایشان هما نجاست قدس الله سره العزيز الحمد لله الذی وفقنا لاتمام هذا الكتاب المسمى بمفاتيح الاعجاز فی شرح كلشن راز حمدا يوافی نعمه ويكافی كرمه تمت كتابة هذه النسخة فی بدون فی اواسط محرم الحرام سنة تسع وثمانين والف عن يد الحقير سليمان من سكان بدون المحروسه « Le nom du cheikh illustre qui a composé ce poëme est notre maître Saad eddin Mahmoud Djebesterien. Djebester est un lieu situé à huit parasanges de la ville de Tauriz; c'est le lieu de la sépulture du cheikh et de sa naissance. Que Dieu sanctifie son tombeau précieux! Louons Dieu qui nous a mis en état d'achever ce livre intitulé : *Les clefs de la science miraculeuse, en ce qui concerne l'explication du Gulschenraz;* louons-le d'une manière qui soit digne de ses bienfaits, et qui réponde à ses bontés. La copie de ce volume a été achevée à Bude (en Hongrie), dans le milieu du mois de moharrem sacré, l'an 1089 (commencement de mars 1678 de J. C., durant l'occupation de la Hongrie par les Othomans), de la main du pauvre Soleyman, un des habitants de Bude la bien gardée. »

N° 201. Grand in-8° sur papier. – (Divan ou recueil des poésies de Hafez, célèbre poëte persan de la fin du XIVe siècle de notre ère.) — XVIIe SIÈCLE.

Sur Hafez, voyez la Bibliothèque orientale de D'Herbelot, la Biographie universelle, au mot *Hafiz*, etc. *Hafez*, ou plutôt, comme prononcent les Arabes, *Hafedh*, est un mot arabe qui signifie « conservateur, gardien. » C'est une des épithètes que les musulmans donnent à Dieu. Le copiste a eu cette idée en vue, quand, sur la première page, dans un médaillon, au lieu de mettre le titre du livre et le nom de l'auteur, il a inscrit ces mots arabes : فالله خير حافظا « Dieu est le meilleur des conservateurs. » On lit à la fin : حرره العبد المذنب شاه محمد الكاتب « Écrit par le serviteur chargé de péchés, Schah « Mohammed l'écrivain. » Ce volume, d'une fort belle écriture, est couvert d'une reliure orientale élégante. Celui qui a paginé le volume a commencé par la fin.

202. In-8° sur papier. – (Recueil de poésies en persan.) — XVIIe SIÈCLE.

Il manque le commencement. On lit à la fin : ...نب الكتاب ملك الشعرا نجم الدين عبد الواسع الجيلى رحمة الله عليه « L'auteur de ce livre est le roi des « poëtes Nedjm-eddin Abd alouassi aldjily, que Dieu lui fasse miséricorde. » Viennent ensuite ces mots : كتبه العبد قوام بن محمد شيرازى « Écrit par le « serviteur Kaouam, fils de Mohammed, de la ville de Schyraz. » Sur le verso du dernier feuillet on a peint une chasse. Ce volume est également d'une fort belle écriture, et la couverture, qui est orientale, est chargée d'ornements. La pagination est aussi à rebours.

203. In-4° sur papier. – (Recueil de poésies des principaux écrivains persans; à savoir :) – 1° Le divan de Sadi سعدى.

– 2° Le divan de Émyr Khosrou. – 3° Le divan de Myr Hassan. – 4° Un extrait du divan de Hafez. – 5° Le divan de Scheïkh Kemal كمال. – 6° Le divan de Djamy جامی. – 7° Un extrait du divan de Selman سلمان. – 8° Un extrait du divan de Kateby کاتبی. – 9° Un extrait du divan de Myr Schâhy میرشاهی. – 10° Le divan de Émyr Homayoun. – 11° Extrait du divan de Asefy آصفی. – 12° Extrait du divan de Ahly اهلی de la ville de Schiraz. – 13° Extrait du divan de Fagâny فغانی. – 14° Extrait du divan de Schahydy شهیدی. – 15° Extrait du divan de Benây بنائی. – 16° Extrait du divan de Helâly هلالی. – 17° Extrait du divan de Ahly اهلی, de la province du Khorassan. – 18° Extrait du divan de Fedây فدائی. – 19° Extrait du divan de Vefây وفائی. – 20° Extrait du divan de Mâny مانی. – 21° Extrait du divan de Saleh صالح. – 22° Extrait du divan de Ahy آهی. – 23° Extrait du divan de Hayder حیدر. – 24° Extrait du divan de Lissâny لسانی. – 25° Extrait du divan de Scheryf, de la ville de Tauriz. – 26° Extrait du divan de Myrza Scherf شرف. – 27° Extrait du divan de Mohtascham محتشم. – 28° Extrait du divan de Ouaschy وحشی. – 29° Un choix de quatrains détachés.

La première page, en guise de frontispice, porte au haut et au bas ce distique persan, qui fait connaître la pensée première du recueil :

بهتر زهزار مخزن پر گوهر است ‌ ‌ تحلیست که هر گلش زباغی دگر است

Il vaut mieux que mille écrins remplis de perles.

C'est un bouquet dont chaque rose est cueillie dans un jardin différent.

Au milieu de la page, dans un médaillon, sont ces deux vers persans relatifs à Dieu :

از همه کس بی نیاز و بر همه مشفق ‌ ‌ از همه عالم نهان و بر همه پیدا

حاجت موری بعلم غیب بداند ‌ ‌ در بن چاهی بزیر صخرهٔ صما

Il n'a besoin de personne, et il est compatissant pour tous; il est caché à tout le monde, et il voit tout.

Il connaît, par sa science des choses cachées, les besoins d'une fourmi, enfoncée dans un puits, sous la roche dure.

On lit à la fin du volume : تم الكتاب بعون الله تعالى وحسن توفيقه في شهور سنة ثلاث وثمانين وتسعماية « Ce livre a été fini de copier, avec le secours « du Dieu très-haut et son concours bienveillant, dans les mois de l'année 983 « (1575 de J. C.). » Ce volume est aussi d'une très-belle écriture et relié avec goût, à la manière orientale. La pagination est également faite à contre-sens.

N° 204. Petit in-4° sur papier. – (سلسلة الذهب ou Chaîne d'or, poëme mystique en persan, par Djamy. Ce poëme se compose de trois parties, et comme, dans chaque vers, les deux hémistiches riment ensemble, ce qui les fait nommer par les Arabes *metsnevy* مثنوى ou disposés deux à deux, ce poëme a reçu aussi le titre de *Metsnevy*.)

On lit à la fin : تمت بعون الله الملك المنان لاجل مخدوم الاعظم الاكرم شاه قلى بيك كتبه اقل الكاتبين عبد اللطيف كيلانى في اوائل شهر رجب سنة ٩٨٢ « Achevé d'écrire, avec le secours de Dieu, le roi généreux, pour notre « maître puissant et noble schah Couly bey. Écrit par le dernier des copistes « Abd allathyf, originaire du Guilan, au commencement du mois de redjeb « de l'année 982 (fin de septembre 1574 de J. C.). » Ce volume est bien écrit et sa reliure est orientale. La pagination est encore à rebours.

205. In-4° sur papier. – (Recueil de sentences et de maximes de Mahomet, sur le dogme, la morale et les diverses croyances des musulmans; en arabe.)

Le commencement du volume manque; mais il se trouve un exemplaire complet de l'ouvrage à la Bibliothèque nationale, supplément arabe, n° 303. Le titre de cet ouvrage est المصابيح ou *Les Flambeaux*. L'auteur est l'imâm Hosseïn, fils de Massoud alferra, et surnommé *Albagavy*, parce qu'il était originaire de la ville de Bagschour, dans le Khorassan. Cet imâm mourut l'an 516 de l'hégire (1122 de J. C.). Les traditions de Mahomet, appelées par les musulmans du nom de *Hadyts* ou paroles par excellence, servent à régler les points de dogme, de morale et de discipline, sur lesquels l'Alcoran est resté muet. Il existe un grand nombre de recueils de ces traditions, et tous n'ont pas la même autorité, vu que, dans les Hadyts comme dans beaucoup d'autres choses, le faux s'est mêlé au vrai. Dans la présente compilation, les Hadyts sont classés par ordre de matières, et dans chaque chapitre, suivant la source d'où on les a tirés, ils sont divisés en deux catégories marquées en encre rouge : les صحاح ou les purs, et les حسان ou les beaux. Une compilation du même genre a été faite plus tard, et intitulée : *Mischkat almassabyh* مشكاة المصابيح ou *La Torche des Massabyh.* Cette compilation a été traduite en anglais par le capitaine Matthews, et publiée à Calcutta, en 1809, deux volumes grand in-4°. L'auteur reconnaît, dans sa préface, avoir pris pour base de son travail le *Massabyh;* mais le traducteur, au lieu de *Albagavy,* a lu *Albagdady,* comme si l'auteur du *Massabyh* était né à Bagdad. Au commencement du volume, les marges sont chargées de gloses, dont quelques-unes sont en langue turque. On avait d'abord cru que c'était un Alcoran, et, non content de renverser le volume de haut en bas, on a mis sur le dos ce titre imprimé : *Alchoran arabice M. S.* Quoiqu'il n'y ait pas d'autre indication, cependant la reliure du volume (en velours noir) montre qu'il a appartenu à Bouhier.

Ce volume est d'une bonne écriture, et sa transcription paraît remonter au XIVe siècle. Le copiste, qui semble avoir eu la conscience de son talent, a placé à la fin de la première partie, fol. 130, ce quatrain arabe :

لقد اتممتها حمدا لربى   على ما قد اعان من الصواب
ليدعو الله يرجو من راه   بمغفرة وتجزيل الثواب
لقد ايقنت ان الخط يبقى   ويبلى صورتى تحت التراب
يلوح الخط فى القرطاس دهرا   وكاتبه رميم فى التراب

J'ai terminé cette partie, en louant Dieu de la faveur avec laquelle il m'a dirigé.

Il espère que quiconque lira ce manuscrit demandera pour lui à Dieu sa miséricorde et une belle récompense.

Je sais que cette écriture restera, tandis que mon corps se consumera dans la poussière.

L'écriture brille à jamais sur le papier, pendant que le copiste pourrit dans la terre.

N° 206. Petit in-4° sur vélin. — (Horæ B. Mariæ Virginis, cum kalendario ad usum diocesis Senonensis.) — XVe SIÈCLE.

Avec quelques miniatures.

207. Petit in-4° sur vélin. — Horæ B. Mariæ Virginis. — XIVe SIÈCLE.

Avec miniatures.

208 et 209. (Deux volumes chinois imprimés petit in-folio avec beaucoup de gravures.)

210. Petit in-4° sur vélin. — Ægidii Columnæ romani de

ordine fratrum Eremitarum S. Augustini liber de regimine principum. — XIVe SIÈCLE.

Fonds de Bouhier, E. 87. Ce manuscrit porte en plusieurs endroits « Liber Cistercii; » ce qui prouve que Bouhier avait acheté des manuscrits de Cîteaux. L'ouvrage a été souvent imprimé.

N° 211. In-4° sur vélin. (Recueil.) – 1° (Glossæ variæ in Vetus Testamentum.) – 2° (Quæstiones et responsiones de Veteri Testamento.) – 3° (Figuræ constellationum.) – 4° Incipit exordium membrorum. – 5° (Argumentum de regularibus mensium.) — Xe SIÈCLE.

Fonds de Bouhier, D. 37. Dans ce manuscrit les nombres sont toujours indiqués par l'ancienne numération des Romains. Au feuillet 17, on voit les figures des constellations du zodiaque, avec l'indication des noms des étoiles et de la position qu'elles occupent dans le ciel.

212. 1° Nonii Marcelli grammatici opera.—2° Persii Flacci satirarum liber. — IX-Xe SIÈCLE.

Fonds de Bouhier, D. 44. Dans une note placée en tête du manuscrit, après l'énumération des opuscules de Nonius Marcellus qui y sont contenus, on ajoute : « Quæ sunt omni aquæ sub nomine Nonii Marcelli hactenus vulgata sunt, si adjicias tractatus de indiscretis generibus et de numeris et casibus, qui in MS. desiderantur. Unde merito dubitari possint an sint Nonii Marcelli, cum MS. sit optimæ notæ. Plura etiam exempla passim admittit, quæ videntur adjecta a grammaticis posterioris seculi. »

213. Petit in-folio sur vélin.–Cicero de inventione (cum glossa marginali). – X^e-XIe SIÈCLE.

Fonds de Bouhier, D. 25.

214. In-4° vélin. – Cicero de oratore. — XVe SIÈCLE.

Fonds de Bouhier, D. 9. Incomplet à la fin.

215. Petit in-folio sur vélin. – Justinus historicus abbreviator Trogi Pompeii. — XIVe SIÈCLE.

Fonds de Bouhier, D. 12.

N° 216. In-4° sur vélin. — Anicii Manlii Severini Boetii de Consolatione, cum expositionibus F. Nicolai Tirveth anglici, ordinis prædicatorum. — XVe SIÈCLE.

Fonds de Bouhier, D. 64. Avec miniatures. On n'a exécuté que les premières; les autres sont en blanc.

217. In-4° sur vélin. — (Andreæ liber ad Galterium de conciliando amore.) — XIVe SIÈCLE.

Fonds de Bouhier, D. 69. Suivant une note inscrite en tête du volume par Bouhier, cet ouvrage semble avoir été composé en 1174, pour la comtesse de Champagne; il a été publié sous le titre de *Erotica, seu amatoria Andreæ capellani regis vetustissimi scriptoris........ in publicum emissa a Dethmaro Mulhero* (Dorpmundæ, 1605; in-12); Crescimbeni (*Comment. della volgar poesia.....* tom. II, part. 1, p. 96) en indique une traduction italienne, qui est souvent citée dans le vocabulaire *della Crusca.*

218. In-4° sur vélin. — 1° (Prosperi Aquitani episcopi, seu potius Juliani Pomerii) De vita contemplativa. — 2° (Prosperi Aquitani) Epigrammata. — IX-Xe SIÈCLE.

Fonds de Bouhier, D. 48. Sur le véritable auteur du premier ouvrage, Bouhier renvoie à Labbe, *de Scriptoribus ecclesiasticis,* tom. I, p. 653.

219. In-4° carré, sur vélin. — (Aurelii Prudentii Clementis hymni et poemata.) — Xe SIÈCLE.

Fonds de Bouhier, D. 15. Incomplet à la fin.

220. In-4° carré, sur vélin. — (Aurelii Prudentii Clementis hymni et poemata.) — IXe SIÈCLE.

Fonds de Bouhier, D. 57.

221. In-4° sur vélin. — Epistola domni Gevehardi Salzeburgensis archiepiscopi ad venerabilem Herimannum Mediomatricæ sedis antistitem. — XIIe SIÈCLE.

Fonds de Bouhier, D. 82. Dans une note placée en tête du manuscrit, Bouhier remarque que cet ouvrage a été publié à Ingolstadt en 1612, « cum veteribus monumentis contra schismaticos, a Sebastiano Tongnagel. »

N° 222. In-folio sur vélin. – Incipiunt Ysagoge super universum librum memorialem compositum a Magistro Gotifredo Viterbiensi, ad dominum Henricum imperatorem filium domini Federici imperatoris Augusti, etc. — XIVe SIÈCLE.

Fonds de Bouhier, C. 46. Suivant une note de la main de Bouhier, c'est la première rédaction du *Pantheon*, dédié à Urbain III, et imprimé plusieurs fois.

223. In-folio sur vélin. — « Glose in novo et veteri Testamento. » — Desinit : « Expliciunt glose S. Gregorii papæ. » — XIe SIÈCLE.

Fonds de Bouhier, D. 30. Il y a au commencement un petit fragment de grammaire.

224. In-4° sur vélin. – Macrobii Saturnalia. — XIIe SIÈCLE.

De l'Oratoire de Troyes, fonds de Pithou; ce manuscrit a appartenu auparavant à Claude Fauchet. Il est incomplet à la fin.

225. In-4° sur vélin. – Macrobii Saturnalia. — IXe SIÈCLE.

De l'Oratoire de Troyes, fonds de Pithou. Écriture assez longue et penchée. Incomplet au commencement. Ce manuscrit était autrefois relié avec le suivant.

225 *bis*. In-4° sur vélin. – (Evangelia cum breviariis et capitularibus.) — IX-Xe SIÈCLE.

Même origine que le précédent.

226. In-4° sur vélin. – Marci Fabii Quintiliani declamationes. — XIIe SIÈCLE.

De l'Oratoire de Troyes, fonds de Pithou, I, 21.

227. In-4° oblong, sur vélin. – (Terentii comœdiæ.) — XIIe SIÈCLE.

Fonds de Clairvaux; les vers ne sont pas marqués.

N° 228. Petit in-folio sur vélin. – Nova translatio ethycorum Aristotelis. — XIVe SIÈCLE.

Fonds de Clairvaux. Incomplet à la fin.

229. In-folio sur vélin. – Legis Longobardorum liber primus incipit de publicis criminibus. – Liber secundus de Sponsalibus. – Liber tertius de episcopis et clericis (cum glossa.) — XIe-XIIe SIÈCLE.

De l'Oratoire de Troyes, fonds de Pithou, I. e, 26; à deux colonnes. Il y est joint un court commentaire.

230. Petit in-folio sur papier. – Consuetudines antiquæ urbis Monspeliensis (avec la Préface du commentaire de Lazare Gautheron sur les Coutumes de Montpellier, et son commentaire sur l'article 52 de ces coutumes). — XVIIIe SIÈCLE.

Fonds de Bouhier, C. 132.

231. Petit in-folio sur vélin. – Ivonis Carnotensis episcopi epistolæ (cum epistolis Urbani papæ de eodem Ivone). — XIIe SIÈCLE.

Fonds de Clairvaux. Sur la couverture intérieure est écrit : « Henricus regis filius. » C'est un des manuscrits donnés à Clairvaux par Henri, fils de Louis VI. La reliure est en peau, avec beaucoup de petites figures estampées sur les plats.

232. In-folio sur vélin. – Confessiones S. Augustini. — XIIe SIÈCLE.

Fonds de Clairvaux.

233. In-folio sur vélin. – 1° Concordia canonum, seu liber canonum apostolorum, Nicænorum, Ancyranorum, Novæcesariensium, Cangrensium, Anthiocensium, Laodicensium, Calcedonensium, Sardicensium, Cartaginensium; item præsulum Innocentii, Zozimi, Celestini, Leonis et Gelasii. –

2° Incipit Breviatio canonum Fulgentii Ferrandi ecclesiæ Carthaginensis diaconi. — IXe SIÈCLE.

De l'Oratoire de Troyes, fonds de Pithou, I. e, 28. A longues lignes, titres en rouge. Le second ouvrage est incomplet à la fin.

N° 234. In-4° sur vélin. – Petri de Riga Aurora. — XIIIe SIÈCLE.

Fonds de Bouhier, D. 50.

235. In-4° sur vélin. (Recueil.) – 1° Roberti monachi S. Remigii de christianorum in Syriam expeditione. — 2° Turpini historia Caroli magni. – 3° Calixti papæ II de morte et inventione corporis B. Turpini.–4° Anonymi (seu potius Calixti papæ) libellus de S. Jacobi in Galicia miraculis, et de corporibus sanctorum qui in itinere S. Jacobi requiescunt. – 5° Vita SS. Amici et Amelii. – 6° Calixti papæ de translatione S. Jacobi et miraculis ejusdem. – 7° Leonis papæ IX epistola, de eadem translatione. — XIIIe SIÈCLE.

Fonds de Bouhier, D. 43. Dans le n° 1, le commencement manque. Dans l'histoire de Turpin se trouvent, comme aux manuscrits 39 et 42 de cette bibliothèque, quelques chapitres qui manquent dans les anciennes éditions. Le manuscrit est incomplet au commencement.

236. In-4° carré, sur vélin. (Recueil.) – 1° Jordani Rufi Calabri (ut videtur) liber de cura et medicina equorum. – 2° Guillelmi Britonis, ordinis fratrum Minorum, vocabularium difficiliorum vocum Bibliorum, latino-gallicum. — XIVe SIÈCLE.

Fonds de Bouhier, D. 5. Dans le n° 1, Bouhier a ajouté au titre de *Calabri* (ut videtur). Le n° 1 est très-incomplet. A l'égard de Guillaume le Breton, mort en 1356, voyez Ducange, dans la préface du *Glossarium*. Cet ouvrage commence ainsi : « Difficiles studeo partes. » Il y a à la fin quelques fragments en français d'une pièce sur l'*Amoureus jus*, etc.

237. In-4° sur vélin.–1° Incipit liber Ratbani contra perfidos Judeos. – Incipit : « Detestanda judeorum perfidia. » – 2° S.

Hilarii (Pictaviensis episcopi) homelia de Sacramentis. — xe-xie SIÈCLE.

Fonds de Bouhier, C. 58. Bouhier remarque que cet ouvrage de Raban Maur, que Chifflet a publié, a été attribué, par Trithème et par Martène, à Amolon, tandis que Mabillon, dans l'*Iter Burgundicum,* l'attribue à Agobard.

N° 238. In-fol. carré, sur vélin. (Recueil.) – 1° Concilii Aquisgranensis (anni DCCCXVI) pars prima. – 2° Regula formatarum. – 3° Hæc sunt greca elementa. — IXe SIÈCLE. – 4° Passio S. Agapiti. – 5° Passio et miracula B. Antonini. – 6° Passio SS. Victoris et Ursi. – 7° Vita S. Eugendi abbatis Jurensis. — Xe SIÈCLE.

Fonds de Bouhier, D. 16. Ce précieux manuscrit est incomplet à la fin.

239. In-folio sur vélin. – 1° Epistola Anselmi Cantuariensis archiepiscopi ad quemdam monachum, contra instabilitatem monachi. – 2° Expositio Ambrosii episcopi Mediolanensis in evangelium S. Lucæ. — XIe SIÈCLE.

Fonds de Bouhier, C. 48, à une colonne. Le n° 1 a été publié par D. Gerberon, p. 311, parmi les œuvres supposées de saint Anselme.

240. In-folio sur vélin. – (Homiliæ per annum in variis festis dicendæ.) — IXe SIÈCLE.

Fonds de Bouhier, C. 52. Incomplet au commencement et à la fin.

241. Petit in-folio sur vélin. – Lactantius contra gentes. — IXe-Xe SIÈCLE.

De l'Oratoire de Troyes, fonds de Pithou, I. 19. Le commencement a été refait au XIe-XIIe siècle. Sur les gardes, il y a deux feuillets en lettres onciales qui contiennent un fragment d'Eucherius « De quæstionibus veteris testamenti. »

242. In-4° sur vélin. – (Opera varia). – 1° (Excerptorum e Patribus libri decem.) – 2° S. Bernardi de Virgine gloriosa; Liber meditationum; De gratia et libero arbitrio; De præ-

cepto et dispensatione; Epistola ad nepotem suum Robertum; Sermo utilis monachorum, etc. — XIIIe SIÈCLE.

Fonds de Clairvaux. Il est difficile de bien déterminer les ouvrages contenus dans ce manuscrit, car on a arraché le commencement et la fin de tous les livres pour enlever les miniatures.

N° 243. Petit in-4° sur vélin. – Le Roman de Garin le Loherins (par Hugues Metellus, chanoine de S. Léon de Toul). — XIIIe SIÈCLE.

De l'Oratoire de Troyes, à qui le président de Corberon l'avait donné. Il avait appartenu à Perrin Roucels, échevin de Metz, au XIVe siècle. (Voyez l'Histoire littéraire de la France, tom. XVIII, p. 738-748.) Voyez aussi sur Metellus, dom Calmet, dans ses Préliminaires de l'histoire de Lorraine, et *Bibliothèque lorraine*, article *Metellus*.

244. In-folio sur vélin et papier. – Roman de Girard de Roussillon (en vers avec des explications en prose à la fin, et des vers sur les femmes gauloises, etc.). — XVe SIÈCLE.

Fonds de Bouhier, D. 13.

245. In-folio sur vélin. – Le roman de la Rose, avec le testament de Jehan de Meung. — XIVe SIÈCLE.

Fonds de Bouhier, C. 33; à deux colonnes, avec des miniatures. A la fin il y a un cahier sur papier, intitulé : « *Remarques sur le Roman de la Rose*, par « M. Lucotte, Sr du Tillot. »

246. In-folio sur vélin. – Le Roman de la Rose. — XIVe SIÈCLE.

De l'Oratoire de Troyes; donné par le président de Corberon en 1765. Ce manuscrit avait appartenu à Perrin Roucels.

247. In-4° sur vélin. (Recueil.) – 1° Roman de Doon ou Doolin de Mayence. – Début :

Oes, segneurs, pour Dieu qui sus tous a puissanche,
Que Dame-Dieu nous doinst leeiche vie estanche.

– Fin :

Ichi faut le rommans de l'estoire polie.
Dex gart tous cheus de mal qui par cuer l'ont oie!

Moi meisme si fache et me giet de hasquie,
Qi dite la vous ai et a point radrechie.
Dex nous doinst a trestous la perdurable vie.

— 2°. Roman de Gaufrey ou Geoffroy. — Début :

Segnors, or fetes pes, lessies la noise ester,
S'orres bonne canchon qui moult fet a loer.

— Fin :

Segnors, dites amen, que Dieu, par son talent,
Nous voeille tous oster de paine et de tourment.

— 3° Roman d'Ogier le Danois. — Début :

Oes, segnors, que Jhesu bien vous fache,
Le gloriex du chiel, le pere esperitable.

— Fin :

Les tables meitent, n'i ont fet arestee;
Pourquoi feroie de lor mes devise
Le roi menja o la bele esmere.

— 4° Roman de Guy de Nanteuil (cousin germain d'Ogier).
— Début :

Oï avez de dame Aye la bele d'Avignon,
De Garnier de Nantueil le nobile baron.

— Fin :

Sachiez que chi endroit est la canchon finee,
Dex vous garisse tous qui l'avez escoutee,
Par si que moi n'oublit qui la vous ai chantee.

— 5° Roman de Maugis d'Aigremont (Al. le Larron, cousin germain d'Ogier). — Début :

Segneurs, or escoutes, n'i ait noise ne ton,
Que Dame-Dieu de gloire nous doinst beneichon,
Et je vous canteroi d'une bonne canchon.

— Fin :

Duc Buef a Aigremont est en pes demourez,
Et Maugis le sien fix qui l'avoit aames.

— 6° Roman de Vivien l'Amachour de Montbranc (frère de Maugis). — Début :

Segnors, or escoutez, se Dex vous beneie,

Bonne canchon qui bien doit estre oie,
Che est de W. de Monbranc la garnie,
Fix duc Buef d'Aigremont à la chiere hardie.

— Fin :

Jhesus le roi de gloire, par son saintisme nom,
Nous otroit par sa grace de paradis le don.

— 7° Roman des Quatre fils Aymon.

Barons, oes canchon de grant nobilité,
Toute est de vraie estoire sans point de fausseté.

— XIVe SIÈCLE.

Fonds de Bouhier, D, 42. Ce manuscrit à deux colonnes est incomplet à la fin. Voici les derniers vers lisibles :

Se ne fu du chiel que tous li cuer salue,
Mort eust le vassal et sa bonté perdue.

Si l'on en excepte celui d'Ogier n° 3, tous ces romans, évidemment du même auteur et attribués à Huon de Villeneuve, sont en vers alexandrins, et se lient entre eux par les prologues et les épilogues. Ils contiennent, comme on le voit, l'histoire poétique des principaux membres de la famille d'Ogier le Danois, et sont complets, sauf le dernier, auquel il manque peu de feuillets à la fin. Deux lacunes qui se trouvaient dans le roman de Doon ont été comblées récemment à Paris, d'après un autre manuscrit. Ce volume est d'autant plus précieux, qu'il contient l'unique texte que nous connaissions du roman de Gaufrey.

Le poëme d'Ogier, autour duquel les autres semblent avoir été groupés, est seul en vers de dix syllabes; c'est, avec quelques variantes de détail, le texte de Raimbert de Paris, qui a été publié par M. Barrois, *la Chevalerie Ogier de Danemarche.* Paris, in-4° et in-12. Techener, 1842.

N° 248. Petit in-folio sur vélin. — L'Estrif de fortune (par Martin Lefranc, chanoine de Lausanne, et secrétaire du pape Félix).

— XVe SIÈCLE.

Fonds de Bouhier, D. 23. Avec des agrafes ciselées et émaillées, et une miniature.

249. In-folio sur vélin. — (Roman de Graal, ou suite de Perceval le Galois, composé par Chrestien Manesier de Troyes.)

Début :

Qui petit seme petit queult

Et qui auques recueillir velt
En tel lieu sa semence espande
Que fruit a ce doubles li rende.

. . . .

Crestiens seme et fet semence
D'un ronmanz que ci encomence.

— XIII-XIVe SIÈCLE.

Fonds de Bouhier, C. 41; avec des miniatures. A la fin, sur les gardes, il y a une chanson adressée à une femme dont on célèbre la beauté, en vers français. Sur Chrestien de Troyes, voyez l'Histoire littéraire de la France, tom. XV, p. 193-246.

N° 250. In-4° sur papier. – (Romant de la vie de Bertrand du Guesclin.) — XVe SIÈCLE.

Fonds de Bouhier, D. 72. On lit dans ce poëme :

Cils qui le mist en rime est Cuveliers nommez.

Ce roman a été publié dans la Collection des Documents inédits relatifs à l'histoire de France.

251. In-folio sur vélin. (Recueil.) – 1° Le roman de Troye la grande. – 2° Le roman d'Eneas. – 3° Le roman de Brutus. — XIIIe SIÈCLE.

Fonds de Bouhier, C. 51. Au n° 1 il manque le commencement. Le n° 3 est incomplet à la fin. Dans le roman de Brutus on lit : « Mestre Gasse l'a translate. » Bouhier remarque que Galland a attribué ce roman à Chrestien de Troyes, auteur du Perceval; mais qu'il y a deux Perceval, et que celui que cite Galland est probablement de Raoul de Beauvais, qui serait aussi l'auteur du roman d'Eneas (voyez les Mémoires de l'Académie des inscriptions et belles-lettres, tom. II, p. 728 et suiv.); enfin qu'il y a un autre roman de Troye, par Benoist de Sainte-More, cité par Galland. Les trois romans contenus dans ce volume semblent se continuer et n'en former qu'un seul. On sait que le Brut d'Angleterre a été imprimé en 1836-1838.

252. In-folio sur vélin. – (Roman du roi Artus, en vers.) – XIII-XIVe SIÈCLE.

Ce n'est qu'un fragment composé de soixante et un feuillets : le commencement et la fin manquent.

N° 253. In-folio sur vélin. – (Virgilii Maronis Eclogæ, Bucolica, Æneis, cum glossis antiquis.) — IXe-Xe SIÈCLE.

Fonds de Bouhier, C. 27. Beau manuscrit qui a appartenu à d'Urfé. Dom Martène, qui écrivait en 1708, a dit (*Voyage littéraire*, part. 1, p. 145) que ce Virgile avait huit cents ans à peu près. Les différents écrits de Virgile sont précédés de préfaces, d'arguments, etc. Il y a d'abord quatre vers qui commencent ainsi :

Qualis bucolicis, quantus tellure domanda.

Ensuite, « versus Octaviani Cæsaris. » — Incipit :

Ergone supremis potuit vox improba verbis.

Puis, des notes historiques et mythologiques. — Voici la première : « Tempore « Ogie regis Ehebanorum (*sic*) fuit primum diluvium, secundum tempore « Deucalionis; qui Deucalion et Pirra, uxor illius, post diluvium acceperunt « lapides et jactaverunt eos retro dorsa sua. Illos quos Deucalion jactavit, versi « sunt in mares, et quos Pirra, in feminas. Et sunt mixti simul; et inde recu- « peratum est genus humanum. Idcirco hoc factum est quia Deucalion obtinuit « regnum tempore diluvii in montana; unde et illi homines qui confugerunt « ad eum salvi facti sunt. »

La glose est fort étendue et de la même époque que le texte. Quelques annotations sont cependant plus modernes.

La quatrième églogue porte pour titre : « Seculi novi interpretatio. » Parmi les nombreuses notes marginales qui l'entourent, les deux suivantes pourront donner une idée de ces commentaires. « Sicilia insula eum modo quæ quondam « fuit conjuncta Italiæ, sed veniens mare secuit eam semovitque eam ab Italia « in qua nunc est civitas Siracusa, in qua civitate habitavit Teocritus, quem « est imitatus in eglogis Virgilius. Et inde est quod dicit : Sicelides musæ; a « patria in qua Teocritus versabatur nomen traxit musarum. »

« Sibilla virgo fuit quæ habitavit Cumas, prophetavitque multa de Domini « nativitate, quamvis pagana, et de ejus secundo adventu. Legisse Virgilium « ejus versus multi testantur et inde descripsisse hanc eglogam in honore Sal- « vatoris. Quidam dicunt quod in honore Cesaris Octaviani descripsit illam; « quidam autumant in honore Salonini, filii Pollionis, editam, per quem « putabat Pollionem suos agros obtinere apud Cesarem; et ideo in honore « filii sui conscripserit hanc eglogam, ut per filium patrem placaret. Sed si « quis considerare voluerit, ad omnes potest referri, scilicet ad Salvatorem et « ad Octavianum et ad Saloninum, filium Pollionis consulis. »

Au verso du feuillet 54 qui précède l'Énéide, on lit : « Versiculi Ovidii

« Nasonis super duodecim libros Æneidorum. » Puis suivent douze vers. — Incipit :

« Primus habet Libycam veniant ut Troes in urbem. »

En outre, chacun des livres de l'Énéide est précédé d'un argument, également en vers, publié par Taubman (*Virgilii opera*, Wittebergæ, 1618, in-4°), sous le nom de *Modestinus jurisconsultus*, avec cette différence, cependant, que ceux qui sont attribués à cet auteur se composent chacun de dix vers, tandis que les arguments du manuscrit en contiennent tantôt dix, tantôt onze. Dans ce dernier cas, le premier vers est monostique et se trouve aussi dans le Virgile de Taubman, mais sans nom d'auteur. Fabricius (*Bibliotheca latina*, tom. I, p. 465) met au nombre des œuvres supposées d'Ovide les *Epigrammata scholastica de Virgilii XII libris*. Le feuillet 120 n'est composé que de notes, tant sur l'histoire romaine que sur la généalogie d'Énée.

N° 254. Petit in-folio sur vélin. – (Livre de lamentations de mariage et de bigamie, composé en vers latins par Mahieu de Gand, et mis en vers français par Jehan Le Fevre.) — XVe SIÈCLE.

Fonds de Bouhier, D. 29. L'auteur (feuillet 142) cite le roman de la Rose, et Jehan de Laigny, grand philosophe, musicien et *géométrien*.

« Maistre Mahieu avoit bien cause
« De le louer par ses merites. »
. . . .

Au feuillet 143 on lit :

« Et suis appeles Jehan Lefevre. »

Dans une note, Bouhier dit avoir vu cet ouvrage imprimé à Lyon, in-4° gothique, chez Olivier Arnoullet, sans date.

255. Petit in-folio sur vélin. – S. Augustini de Civitate Dei, libri XII-XVIII. — Xe SIÈCLE.

Fonds de Bouhier, D. 24. Ce manuscrit est incomplet au commencement et à la fin. Le livre XIV manque, et il y a des lacunes en différents endroits.

256. Sept volumes in-folio, sur papier. – (Histoire littéraire de la ville de Lyon, seu Lugdunum sacro-prophanum, par Bullioud S. J.)

Ier et IIe volume. – Introductio; de situ, ingenio et fundatione urbis Lugdunensis; de claris sanctitate Lugdunensibus.

IIIe volume. – Clari dignitatibus ecclesiasticis Lugdunenses.

IVe volume. – Clari scriptis et scientia Lugdunenses.

V[e] volume. – Clari militia Lugdunenses.

VIe volume. – Clari dignitatibus forensibus Lugdunenses.

VIIe volume. – Clari dignitatibus . . . . Lugdunenses.

IXe volume. – Institutiones ecclesiarum, collegialium, et parochiarum Lugdunenses. Institutiones ecclesiarum regularium. — XVIIe SIÈCLE.

Provient de la bibliothèque d'Auxerre? L'ouvrage est divisé par *index ;* il n'y a pas de deuxième volume; mais on a vu que les premier et deuxième tomes sont réunis. Quant à l'*index* 8, ou tome VIII, il manque. D'après la table détaillée des matières, placée à la fin du tome IX, on voit que le tome VIII contenait : « Clari cives in republica Lugdunensi; de foro Lugdunensi; de republica « Lugdunensi; de consulibus et scabinis Lugdunensibus; institutio præpositi « mercatorum; de capitanio, vulgo gardiatore; de decurionibus; nundinæ Lug- « dunenses; cambium Lugdunense; pontes; de xenodochiis; de domo chari- « tatis; de theatro Lugdunensi; de muro antiquo et novo urbis Lugdunensis. » Le tome III contient des extraits d'un ancien cartulaire. En tête du neuvième volume, il y a plusieurs pièces détachées relatives à cet ouvrage, et qui sont intitulées : *Collectanea pro ecclesia Lugdunensi.* Il y a aussi le portail de l'église de Saint-Nizier de Lyon, de Saint-Jean de Lyon, et de Saint-Maurice de Vienne. Ces trois portails sont à la plume, et fort bien faits. Ce manuscrit, qui est une copie, contient des additions et des corrections autographes. Cet ouvrage important et inédit renferme une foule de pièces et de documents relatifs à l'histoire du Lyonnais et à celle de la France entière.

N° 257. In-folio sur papier. – (Lugdunum priscum, et alia nonnulla antiqua.) — XVIe SIÈCLE.

Ce manuscrit est l'autographe du président Bellièvre, père du chancelier.

258. Quinze volumes in-folio sur papier. – (Manuscrits de la reine Christine.)

Ier volume. – Lettere di principi. – De l'empereur Leopold; dell' imperatrice Eleonore; de l'archiduchesse Anne; de Louis XIV; de J. Baptiste de Bourbon; de l'abbesse de Fontevrault; du roi d'Espagne; de la reine d'Espagne; de Jean Sobiesky; de la reine de Pologne, Marie Casimir; de Michel, roi de Pologne; de Jean Casimir, roi de Pologne; de la reine Éléonore de Pologne; du roi de Danemark; du prince Mathias (de Médicis); de la république de Venise (sur parchemin); des États Généraux de Hollande; de la république de Gênes; de la ville de Hambourg; du duc de Savoie; de la duchesse de Savoie; du grand-duc de Toscane et de la grande-duchesse; du grand maître de Malte; de l'électeur palatin; des comtes palatins; du duc et de la duchesse de Mantoue; du duc et de la duchesse de Parme; du duc et de la duchesse de Modène; de Turenne; du duc d'Albret, etc. etc. (la plupart signées seulement).

IIe volume. – Lettere di cardinali alla regina. – Acciajoli; Acquaviva; d'Aguirre; Albizzi; Aldobrandini; d'Aragon; Baden; Bandinelli; Barbarigo; Carlo Barberini; Bichi; Buoncompagno; Borghi; Bonsi; Buonviso; Brancacci; Caracciolo; les deux Caraffa; Celsi; Chigi; Ciceri; Conti; Corradi; Corsi; Corsini; Delfino; d'Elci; Fachineti; Fransoni (la plupart signées seulement).

IIIe volume. (Suite des lettres de cardinaux.) – Gabrielli; Gastaldi; Ginetti; Gualterio; d'Hassia; Homodei; Imperiale; Landgrave; Litta; Ludovisi; Maidalchini; Mariani; Marescotti; de Medici (Leopoldo); Nerli; Nini; Orsini; Ottoboni; Pallavicino; Piccolomini; Pignatelli; Pio; Raggi; Rasponi; Ricia; Rospigliosi; Rossetti; Sacchetti; Spada; Spinola; S. Susanna; Vecchiarelli; Visconti.

IVe volume. – Lettere di principi d'eccellenza, nunzii e

ministri alla regina. – Rospigliosi; Pamfili; Chigi; Conti; duca di Northumbria; Avellino; de Lionne; Montecuccoli; Sabioneta; Vladislas Vasa; d'Aragona; patriarca d'Alessandria; nunzio di Pollonia; vescovi varii; ministri della regina; Bidal e del Monte; Rosembach; le père Hacki; marchese Azzolino; de Terlon; Gherardini.

V^e volume. – Lettere communi. – Spinola; l'arcivescovo di Corneto; vescovi varii; Arnauld de Pomponne; Bandinelli; Ornano; Borromeo; Sagredo; Tassoi; Visconti; Santinelli; Carlo Malvasia; Thiene; Corsini; de Varenne; Vitelli; Caprara; Noris; Lionardo da Capua; Heinsius; Cignani; Thiene; Marsigli; O. Ferrari.

VIe volume. – Lettere a principi d'altezza. – Au duc et à la duchesse de Savoie; au grand-duc de Toscane; au duc de Lorraine; au duc de Mantoue; au duc de Parme; au duc de Modène; à l'électeur de Cologne; à l'électeur de Brandebourg; à l'électeur palatin; aux ducs de Mecklembourg, de Hesse, etc. Lettere a principi d'eccellenza. Al vicerè di Napoli; à Morosini; au gouverneur de Milan; à Montecuccoli; au prince de Croy; à Colbert.

VIIe volume. – Lettres diverses. – Au Pape; à l'Empereur, à l'impératrice; à don Juan d'Autriche; à l'archiduchesse; au roi de France; au roi d'Espagne; à la reine d'Espagne; au roi d'Angleterre; au roi de Pologne; au roi de Portugal; à la reine de Portugal; au roi de Suède; à la reine de Suède; au roi de Danemark; à la république de Venise; à la république de Gênes; aux sénats de Hambourg, de Lubeck; au Sacré collége; aux cardinaux Azzolino, de Bullion, de Medicis, Portocarrero, etc. au marquis Azzolino; au résident de Hollande. Information pour le cardinal Mellino, etc.

VIIIe volume. — Lettere della regina ai suoi ministri. — Au grand trésorier de Suède; au grand chancelier; au gouverneur général de Suède; à M. de Steenberg; au maréchal Wurtz; au maréchal Kœnigsmark; à Silbercroön; à Cedercrantz (avec les instructions pour le nonce à Nimègue sur la manière dont les affaires de la reine doivent être conduites dans le traité de Nimègue); à Olivercrantz; à Plettenberg; à M. Bremont, sur les affaires d'Angleterre et du prince d'Orange; à M. de Lionne; à Terlon, sur les dragonnades; à Baudelot; à M. de Court; à Texeira; à Rosenbach.

IXe volume. — Negoziati della regina per salire al trono di Pollonia. Lettere al Nunzio (1668). Lettere del Nunzio (arcivescovo di Corinto). Lettres au père Hacki. Lettre du père Hacki (prieur de Cîteaux). Instructions pour le père Hacki. Lettres à la république de Pologne. Brevi di Clemente IX. Lettere ed istruzioni pel Marchese del Monte inviato della Regina in Svezia. Lettere a varii suoi ministri. Lettre à M. Wasmouth sur son ouvrage. Lettre à Bayle (de Rome, 14 décembre 1686, relative à la lettre que la reine avait écrite à propos des dragonnades). Lettre à Vassano, 1674.

X[e] volume. — Lettere a diversi. — A Mgr Nerli, nunzio a Vienna; al nunzio di Napoli; a diversi vescovi; all' arcivescovo di Taranto; a varii letterati (Lencene, Filicaja, etc.). Correspondance avec son secrétaire, l'abbé Santini. Lettres aux rois de France, de Pologne; au comte Gualdo; au cardinal Azzolino; au pape; cifra.

XIe volume — Diverse scritture della regina sopra la religione (précédées de différentes pièces relatives à Davidson, à Koskiould, etc.). Correspondance avec un astrologue. Affaire d'Hambourg. Lettera in italiano (avec corrections autographes, sur la révocation de l'édit de Nantes).

Lettere al re di Francia; à Bremond. Lettere sulla religione in Svezia. Inscriptions. Scritture relative all' affronto fatto all' ambasciatore di Francia. Lettere di Luigi XIV alla regina. Relazioni di feste, viaggi, etc. Epistolæ Joannis regis Poloniæ de liberatione Viennæ. Copia d'una lettera ad N. N. (relativa a ciò che si dice del papa). Lettres du pape et du roi de Pologne. Lettere del cardinale Azzolino; dell' arcivescovo di Corinto; camera segreta d'Innocenzo XI. Copies de lettres de divers princes. Lettere d'alcuni che parlano della regina (dell' imperatore, et d'altri principi). Lettera del padre Mondoucheid, gesuita, delle doti della regina.

XIIe volume. – Miscellanea politica. – La vie du grand Gustave et sa mort (anonyme; avec des additions et des corrections autographes de la reine Christine). – Début : « Gustave-Adolphe, dit le grand, roy de Suède, dont on en« treprend icy d'escrire la vie. » – Abdication de Christine. – Ce qui s'est passé après la mort du grand Gustave, jusqu'à la paix (avec corrections autographes). – Mémoire de ce qui s'est passé pendant le règne de la reine (avec des additions de la reine, à la fin). – Copia delle aggiunte e correttioni della regina sulle memorie d'Andrea Guldeblad. – Stemma gentilizio di Svezia. – Voyage de la reine en Suède; ce qui lui arriva à Hambourg. – Funérailles du grand Gustave à Stockholm. – La vie de la reine Christine, et la Lettre dédicatoire à Dieu (la vie manque). – Testamento della regina.

XIIIe volume. – Miscellanee. – Accademie. – Costituzioni dell' accademia reale (répétées plusieurs fois). Armi di Svezia. Rinunzia della regina. Costituzione dell' habito militar della passione. – Sbozzo dell' accademia Clementina. – Affare delle *tabulæ Christianæ astro-chronologicæ*, di Matteo Wasmuth. – Affaire de l'histoire que Puffendorf voulait dédier à la reine. – Brevi diretti alla regina. – Plénipotentiaires dépêchés par la reine.

XIVe volume (de 1658 à 1688). – Appendice di lettere. – Lettere al Davidson. – Complimenti pel Cocistoro 1655. – Lettere a Molinos; a Bremont. – Affaire de Wasmuth. – Lettre à Bremont sur la publication de la lettre relative à la révocation de l'édit de Nantes. – Lettres à Bremond, contre le pape. – Autres lettres à Bremond. – Lettre sur le pape (fort vive). – Lettre à l'électeur. – Affaire du prince d'Orange. – Lettre contre le pape. – Lettre à Marsigli. – Lettres au prince d'Orange et au roi d'Angleterre.

XVe volume. – Le grand Alexandre. – (Copie de la vie d'Alexandre, composée par la reine, avec des corrections autographes.) — XVIIe SIÈCLE.

De la bibliothèque Albani, n° 1881-1896. Les quatorze premiers volumes sont reliés en parchemin, et le dernier est en demi-reliure. Ces divers volumes sont en général autographes : il y a beaucoup de copies et de brouillons corrigés par la reine. Il y a d'immenses lacunes, et l'on paraît avoir enlevé depuis longtemps un grand nombre de pièces qui devaient se trouver dans ce recueil; entre autres ce qui était relatif à Monaldeschi, ainsi que la correspondance que la reine Christine entretenait avec les savants français (Pascal et Descartes en particulier), et dont nous n'avons trouvé aucune trace ici. Toutes ces pièces sont postérieures à l'abdication; plusieurs des plus importantes ont été insérées par Archenholtz dans ses Mémoires sur la reine Christine (Amsterdam, 1751-1759, 4 volumes in-4°). Dans ces divers écrits, Christine fait preuve d'esprit et de connaissances: les corrections autographes qu'elle a placées en marge des projets de lettres rédigés par son secrétaire prouvent qu'elle savait bien le français, le latin et l'italien. Elle se passionnait pour la gloire et montrait une extrême fierté. On sait comment elle reçut la nouvelle que le pape lui retirait la pension de 12,000 écus par an qu'il lui faisait. Elle voulut que le comte d'Albert, son secrétaire d'ambassade, allât remercier publiquement le cardinal Cibo pour l'honneur qu'on lui faisait, et écrivit en même temps au cardinal Azzolino une lettre remplie des sentiments les plus hautains. Ce compliment et cette lettre sont connus; ils ont été publiés par Archenholtz. Les originaux se trouvent dans le VIIe volume de cette collection. Il faut parcourir ces manuscrits pour bien se pénétrer de la vigueur d'esprit et de l'indépendance de caractère de cette femme extraordinaire. Ses jugements sur la cour de Rome, sur le pape, sur la révocation de l'édit de Nantes, sont remplis de justesse et de force. Ses remarques sont vives et incisives : il suffira, à ce sujet, de citer ses notes à la marge d'une Vie du grand Gustave qui se trouve par extraits dans le tome XII de ces manuscrits. La reine s'y montre fort animée contre Louis XIV, qu'elle détestait. L'auteur l'avait appelé *Louis le Grand:* elle a mis *Louis, dit par les sots le Grand.* Dans un autre endroit où l'auteur avait dit, « Il (Gustave) estoit hazardeux quelquefois sans nécessité, » elle a ajouté : « Cela est vray ; c'est qu'il n'estoit pas si poltron que Louis XIV, « qui veut passer pour grand. » Dans le détail que nous avons donné des principales pièces contenues dans chaque volume, nous avons suivi les notes originales, qui sont tantôt en français, tantôt en latin.

N° 259. Sept volumes in-folio sur papier. – Sentenze della regina Cristina. — XVIIe SIÈCLE.

De la bibliothèque Albani. C'est un recueil de pensées, copiées à mi-marge, et corrigées par la reine; il y a plusieurs copies de chaque cahier; ils portent différents titres, tels que : l'image des rois; sentences héroïques; pensées de N. N., etc. Dans ces deux recueils (n°s 258 et 259) de la reine Christine, on doit avoir enlevé beaucoup de pièces. On paraît s'être appliqué surtout à faire disparaître les pièces relatives à l'assassinat de Monaldeschi. Il reste pourtant à ce sujet une lettre curieuse. Après avoir abdiqué en Suède, Christine eut la fantaisie de se faire nommer reine de Pologne. Les pièces relatives à cette négociation, qui était appuyée par le pape, se trouvent dans le volume IX du recueil précédent. Les Polonais, en repoussant les projets de la reine, parlèrent de l'assassinat de Monaldeschi. Elle répondit par une apologie de ce crime. Sa correspondance prouve que, dans plusieurs circonstances, elle eut l'idée de faire tuer des personnes attachées à sa maison et dont elle n'était pas contente. Parmi les pièces que devait contenir ce recueil et qui ne s'y trouvent point, on doit regretter particulièrement la négociation secrète qui précéda l'abjuration de Christine.

260. In-folio sur vélin. (Recueil.) – 1° Summa perfectionis Geber philosophi. – 2° (De Consideratione quintæ essentiæ.) – Incipit : « Dixit Salomon Sapiencie C. VII. Deus dedit mihi scientiam veram. » — XIVe SIÈCLE.

De la bibliothèque Albani, sans numéro. Aux armes d'un évêque. 1° Publié dans le tome I, p. 519 de la Bibliothèque chimique de Manget; le n° 2 est un ouvrage d'alchimie et de médecine, écrit par un médecin reçu docteur à Toulouse. Cet ouvrage est en deux livres: le premier a cinquante-sept chapitres; le deuxième en a dix-neuf. On y cite Anselme et Tadée. A la fin il y a des *aquæ mirabiles* et différentes recettes.

N° 260 *bis*. In-8° sur papier. Titre, au fol. 1 : Σχόλια εἰς τὸν αἴαντα τὸν μαστιγοφόρον τοῦ σοφοκλέους. Commencement *ibid.*: Πάρεστι (*sic*) ὀδυσσεὺς ἐπὶ τὴν σκηνὴν ἀγωνιῶν. Fin, fol. 74, b: τεθᾶφθαι (*sic*) τὸν αἴαντα, ὕστερον δὲ ἰδόντος τοῦτο γενόμενον. — XVIe SIÈCLE.

Manuscrit relié en velours noir, et provenant de la bibliothèque du président Bouhier. A la tête, sur le verso d'un feuillet en vélin non numéroté, on lit, de la main de ce magistrat : *Codex ms. Bibliothecæ Buherianæ E. 84. M DCC XXI.* Puis, également de son écriture, dans la partie supérieure de la même page : *Demetrii Triclinii et aliorum grammaticorum veterum Scholia græca in Sophoclis Ajacem Flagelliferum.* La première page du même feuillet contient une miniature sur fond bleu, représentant un grand écusson au milieu duquel se trouve le titre grec : ΣΧΟΛΙΑ ΕΙΣ ΤΟΥ ΣΟΦΟΚΛΕΟΥΣ ΤΟΝ ΑΙΑΝΤΑ : l'écriture de ce titre est moins ancienne que celle du manuscrit. Parmi les scolies, il n'en est aucune qui ne se trouve déjà dans les éditions de Sophocle, depuis celle de Henri Estienne, Paris, 1568, in-4°, p. 1-77, jusqu'à celle d'Erfurdt, Leipzig, 1802, in-8°; elles sont d'un copiste assez instruit, mais n'offrent que peu de variantes. A la marge des feuillets, une main beaucoup plus moderne et très-inhabile a écrit quelques notes sans accents, qui ne sont autre chose que des rappels des matières renfermées dans le reste des scolies. Ces notes ont été coupées en partie par le relieur.

261. Petit in-folio sur vélin. – Missale præcipuorum festorum. — XIVe SIÈCLE.

Fonds de Bouhier, D. 150. Jolies petites miniatures. Il y a à la fin : Acquis en l'année 1759. Il a appartenu à Jean du Tilliot.

262. In-folio sur papier. – Discours sur le vaudeville, prononcé à l'académie de Lyon, par Claude Brossette. — XVIIIe SIÈCLE.

Fonds de Bouhier, C. 127.

N° 263. In-4° sur papier. – (Divers mémoires d'Anquetil : Sur la lecture des écrivains orientaux; Sur les anciennes langues de la Perse; Sur l'authenticité des livres Zend. Système théologique des mages, selon Plutarque, comparé avec celui des anciens livres attribués à Zoroastre. Si l'on peut prouver par les actes des martyrs de Perse que les Perses, sous la dynastie des Sassanides, aient été réellement idolâtres.) — XVIIIe SIÈCLE.

Provient de Barthez, un des fondateurs de la bibliothèque de l'école de médecine de Montpellier. Quelques parties de ce volume sont imprimées. Le dernier mémoire n'est pas relié; il est intitulé : *section huitième.*

264. In-folio sur vélin. – F. Petrarcha, de remediis adversæ fortunæ. — XVe SIÈCLE.

265. In-folio sur vélin. – F. Petrarcha, de remediis utriusque fortune. — XIVe SIÈCLE.

Fonds de Bouhier, C. 28; avec quelques vignettes.

266. In-folio sur papier. (Recueil.) – 1° Traité des chevaux, et des remèdes pour leurs maladies (par Manuel, maître d'hôtel d'Alphonse d'Aragon), traduit de l'espagnol. – 2° La mareschaulcie de chevaulx. – Début: « Comme ainsi soit que le cheval. » – 3° Traité des chevaux par Lortus dit Rutius, maréchal de Rome du cardinal Napolion des Ursins. – 4° Recettes pour les chevaux. — XVe, XVIe et XVIIe SIÈCLE.

Fonds de Bouhier, D. 95. Ce volume est de différentes mains et de divers siècles; les titres sont de Bouhier. Il conjecture que le n° 1 est le même qui se trouvait en espagnol parmi les manuscrits de Baluze, sous le n° 457.

267. In-folio sur papier. (Recueil.) – (Notizie di pitture, antichità ed epitaffj, cioè : Estratti della pittura di Leonardo da Vinci. Nota delle opere attenenti a perspettiva e pittura del liceo theatino P. Matteo Zaccolini da Cesena. Indice di

quadri del Soria, coi prezzi. Indice di antichità e stampe. Scritture del Mazzenta. Lettere di Carlo Venore di Tortona (19 aprile 1655) sulle antichità scoperte a Tortona. Indice delle curiosità del Settala. De Teudulpho Dertonensi episcopo. Lettere dell' arcivescovo di Sorrento sopra i portici di Sorrento. Iscrizioni della Corsica. De amiantho. Iscrizioni. Discorso sulla nave Argo. Iscrizioni moderne, etc.) — XVIIe SIÈCLE.

De la bibliothèque Albani, 1148. De diverses mains. Parmi les tableaux de Soria, on trouve une madone de Michel-Ange pour 300 écus, et une autre de Raphaël pour 100 écus (560 francs). Le père Zaccolini dont il est question ici a composé un grand traité d'optique en quatre volumes, qui existe encore manuscrit.

N° 268. In-folio sur papier. — Variorum illustrium virorum epistolæ autographæ equiti Cassiano a Puteo (scilicet) : Alvarez Semedo; Ath. Kircher; Erycius Putaneus; Gaspar Scioppius; Fred. Gronovius; Mersennus; Gassendi; Dempster; Guill. Harveus (Lond. 20. kal. novemb. 1639); Ottavio Ferrari, etc. — XVIIe SIÈCLE.

De la bibliothèque Albani, n° 1976. Mersenne dit dans une lettre (*ibid.* sept. 1647), qu'en le saignant, un chirurgien lui a coupé l'artère du bras; dans une autre lettre, il parle d'Huyghens, le père du géomètre; il l'appelle *egregius musicus.*

269. In-fol. sur papier. — Poesie et lettere d'uomini illustri e pittori celebri a Ferrante Carli, cioè : Moriani; Dempster; Gualterotti; cav. Marino; T. Stigliani; Achillini; G. Preti; A. Tassoni; G. B. Manzini Bronzino; R. Titi; Cospi; G. R. Doni; Possevino; Carlo Grimaldi; Lodovico Caracci, etc. — XVIIe SIÈCLE.

De la bibliothèque Albani, A. III, 9.

270. In-folio sur papier. — Lettere di varii letterati indirizzate

al cav. Cassiano dal Pozzo : Abraham Bzovio; Ag. Coltellini; Ag. Mascardi; Al. Adimari; Al. Tassoni; Ath. Kircher; Angelico Aprosio Vintimiglia, etc. — XVIIe SIÈCLE.

De la bibliothèque Albani, n° 1976. C'est le premier volume de la correspondance du commandeur Cassiano del Pozzo. Elle contient les lettres des savants dont le prénom commence par un A.

N° 271. Deux volumes in-folio sur papier.

Ier volume. – Lettres originales de M. de Peiresc à Lelio Pasqualino (chanoine de Ste-Marie-Majeure); à M. Menestrier; à M. Girolamo Aleandro; à M. Fontenay-Bouchard (en italien et en français, de 1608 à 1637).

IIe volume. Lettere (italiane) originali di Mr de Peiresc al cavaliere dal Pozzo (sans date). — XVIIe SIÈCLE.

De la bibliothèque Albani, n°s 1991 et 1992, autrefois de la bibliothèque du cardinal Barberini. La plupart de ces lettres sont autographes; quelques-unes sont signées seulement; elles sont très-étendues. Ce sont de véritables dissertations sur diverses matières d'antiquité et d'érudition.

272. In-folio sur papier. – (Lettere autografe a Paolo e ad Aldo Manuzio e ad altri, di varii uomini celebri, fra quali Inocenzio IX; Torquato Tasso; il grand duca di Toscana; Tansillo; Leone Orsini; Cesare Caraffa; Gosellini; Giovio; Seripando; Camillo Portio; Virg. Anguillara; Duca d'Urbino; Mureto; Borromeo; Sirleto Navagero; Sadoleto; Sansovino; F. Piccolomini; F. Patrizio; Luigi Groto cieco d'Adria; B. Vinta, etc. etc.) — XVIe SIÈCLE.

De la bibliothèque Albani, n° 1928. Recueil extrêmement précieux. Voyez au sujet de ce manuscrit et des cinq suivants, le *Trattato della dignità* di Torquato Tasso, publié par M. Gazzera, à Turin, en 1838, in-8°. Les lettres de Tansillo ne sont pas autographes.

273. In-8° sur papier. – Le Sette giornate del mondo creato del S. Torquato Tasso. — XVIIe SIÈCLE.

De la bibliothèque Albani. C'est un exemplaire interfolié de l'édition de

Viterbe (1607), où l'on a marqué, au XVIIe siècle, les variantes et les corrections tirées du manuscrit autographe.

N° 273 *bis*. In-4° sur papier. – Il Monte Oliveto, poema. — XVIe SIÈCLE.

De la bibliothèque Albani, sans numéro. Manuscrit original, écrit de la main du Tasse. Il y a beaucoup de corrections.

274. In-4° sur papier. – Trattato delle dignità del S. Torquato Tasso. — XVIe SIÈCLE.

Bibliothèque Albani. Écrit de la main du Tasse, avec sa signature. C'est d'après ce manuscrit que cet ouvrage, qu'on croyait perdu, a été publié par M. Gazzera.

275. In-folio sur papier. – (Alcune lettere originali di T. Tasso, e frammenti appartenenti alla Gerusalemme liberata.) — XVIe SIÈCLE.

Bibliothèque Albani. Autographe.

276. In-folio sur papier. – Discorso di T. Tasso intorno agli opuscoli di Plutarco. – Della fortuna dei Romani. – Della virtù d'Alessandro. – Il Minturno. – Lettere del Tasso e al Tasso. – Il Cataneo. – Il Ficino. – Dialogo delle virtù. — XVIIe SIÈCLE.

Bibliothèque Albani. Ce sont des copies, mais peut-être le feuillet 83 est-il autographe.

277. In-folio sur vélin et sur papier. (Recueil.) – 1° « Incipit « tabula libri Platonis Apuliensis sive Apulegii de diversis « herbis. » – 2° « Incipit precacio terre quam antiqui pagani « observabant volentes colligere herbas. » – Incipit : « Dea sancta tellus. » – Desinit : « nos jussit nasci. » – 3° « Epis« tola Anthonii Muse, missa Cesari Augusto de herba veto« nica (betonica), quam tradidit sibi magister Agrippa, « quantas virtutes habeat; quæ herba inventa fuit a Scola« pio. » – Incipit : « Antonius Musa cujus magister Agrippa. »

– Desinit : « Experti affirmant. » – 4° Liber Platonis Apuliensis de virtutibus diversarum herbarum, (cui præfigitur) epistola Apulegii ad cives suos. – Incipit liber : « De plan- « tagine. Prime nomen herbe plantago. » – Desinit : « Plu- « ribus usibus profutura. » – 5° « Incipit libellus medicine « nigrane, facte de melota bestiola, quam Greci taxonem « vocant. » – Incipit : « Rex Egipciorum Octaviano Augusto salutem. » – Desinit : « quam barbari inferunt. » – 6° Liber Tesali philosophi de virtutibus herbarum. – Incipit : « Te- « salus philosofus Germano Claudio regi. » – Desinit : « post- « quam venerit tempus colectionis. Explicit liber Thesali « philosofi de virtutibus 19 herbarum. » – 7° Tractatus septem herbarum Alexandri magni. – Incipit : « Hic septem herbas. » – Desinit : « et utere eis. Explicit libellus sep- « tem herbarum, septem planetarum. » – 8° Liber secretorum Artefii. – Incipit : « Viris prudentibus et discretis. » – Desinit : « et per annum dimitte. » – 9° Liber Hirannis Ypocrationis filie (quatuor libris distinctus, scilicet : de cœlo; de animalibus terrestribus; de avibus; de aquatilibus). – Incipit : « Eruditissimo domino Ha. pa. infimus clericus. » – Desinit : « de lapidibus exequemur. Explicit « quarta Hiranidis, quinta et sexta desunt. » – 10° Libellus de hiis qui maleficiis impediti cum uxoribus suis cohire non possunt. – Incipit : « Sunt quidam qui maleficiis diabolicis. » – Desinit : « et sic omnis diabolica virtus destruitur. » – 11° « Incipiunt flores naturarum, quod est primus liber Geberi. » – Incipit : « Universorum Deus sine exemplo singularis conditor. » – Desinit : « quod sit sub circulo lune. » – 12° Liber secundum Hermetem de 4^or confectionibus ad omnia genera animalium capienda. – Incipit : « Dixit « Aristoas : vidistine Hermetem? » – Explicit : « operare per

« ea universa postea. » — 13° « Epistola Ameti filii Habrae « nominati filius Macelaris de proprietatibus ad quemdam « consanguineum suum. » — Incipit : « Conferat tibi Deus mores. » — Desinit : « intellectum ejus. » — 14° Liber institucionum activarum Platonis, in quo Humaym, filius Ysahac sic loquitur dicens. — Incipit : « Galienus cum properavit. » — Explicit : « ad se si Deus voluerit. Comple« tus est liber aggregacionum anagriemis Platonis cum ex« positione Humaym, filii Ysahac. » — 15° « Liber ignium a « Marcho greco descriptus, cujus virtus et efficacia ad com« burendos hostes tam in mari quam in terra plurimum « efficax reperitur, quorum primus hic est. » — Incipit : « Re« cipe sandarace pure. » — Desinit : « pissibus habundabit. » — 16° Liber vulturis. — Incipit : « Provincie Babilonie Alexan« drum regis Romanorum salutem. » — Desinit : « purgat scabiem. » — 17° Liber diversarum arcium. — Incipit : « O « tu quisquis es ad cujus manus. » — Desinit : « ideo sit « finis toti operi. » — 18° Liber Apuliensis Platonis de herbis femininis, quem Simon Januensis vocat librum antiquum « istoriatum. » — Incipit : « De echino, scilicet spina alba, ca« pitulum 1. Prime nomen herbe echinum. » — Desinit : « inde mirifice discutit. » — 19° Liber lapidum preciosorum editum a Marbodio. — Incipit : « Evax rex Arabie scripsit hunc « librum lapidum preciosorum Neroni imperatori Romano. » — Desinit : « justicia est. Explicit liber lapidum editus a « Marbodio episcopo Rodonense ex dictis Evacis regis Ara« bie. » — 20° Secretum de secreto. Epistola Ypocratis ad « Alexandrum de tempore herbarum. — Incipit : « Memento « cavere ad herbas coligendas et conficiendas. » — Desinit : « et grana juniperi. Explicit epistola Ypocratis ad Alexan« drum de tempore coligendi herbas. » — 21° Libellus de virtute herbe momordice id est carauçe. – Incipit : « Herba « momordica quæ oritur in montibus. » – Desinit : « efficitur melius. » – 22° Liber Sesti Platonis de animalibus. – Incipit : « De cervo capitulum primum. Cornu cervi habet virtutes. » – Desinit : « mirifice persanat. Explicit liber Sexti « Platonis de animalibus. » – 23° Liber Aristotelis de lapidibus preciosis secundum verba sapientum antiquorum. – Incipit : « Capitulum de perna. Capitulum primum. Dixit « Aristotiles. Lapidum quos. » – Desinit : « desiderium coitus « provocabit. Explicit liber lapidum Aristoas. » – 24° Liber Alberti Magni de proprietatibus rerum. – Incipit : « Post-« quam scivimus quod oris sapientis. » – Desinit : « brevis « grossa et semiplena. » – 25° Epistola Rasis de responsione quomodo aliqua empirica suis proprietatibus potest juvare vel nocere. – Incipit : « Quesivisti, fili karissime, de incantatione. » – Desinit : propter altitudinem suam magnam. » – 26° Liber Macri de virtutibus herbarum. – Incipit : « Her-« barum quasdam dicam tibi carmine vires. » – Desinit : « si « sint hoc sepe fricate. » — XIVe–XVe SIÈCLE.

Bibliothèque Albani, n° 852. Manuscrit précieux, contenant divers ouvrages inédits. Le n° 3 a été publié plusieurs fois ; mais l'édition avec laquelle il présente le plus de rapport est celle de Gabr. Humelbergius Ravensburgensis, 1537. Au bas du feuillet 2 se trouve un dessin colorié, représentant la « Betonica. » Le n° 4, publié sous le titre *De medicamentis herbarum*, Norimbergæ et Altorfii, 1788, contient CXXXI chapitres ; c'est-à-dire, deux de plus que dans cette édition. Chacun de ces chapitres est précédé d'un espace, laissé en blanc, qui devait être rempli par le dessin d'une plante. Deux seules ont été dessinées ; ce sont la « Centaurea major » et la « Centaurea minor. » Le livre d'Artefius ne contient que des recettes pharmaceutiques ; c'est un ouvrage ne ressemblant en rien à celui qui a été imprimé, sous le même nom, dans le *Theatrum chemicum*, tom. IV, p. 221. On peut consulter aussi l'Histoire de la chimie, par F. Hoefer, tom. I, p. 332. Pour le n° 9, voyez Manget, *Bibliotheca scriptorum medicorum*, tom. III, p. 88. Au n° 13, le nom de l'auteur, écrit *Ametus* au commencement, est écrit *Hametus* à la fin. Le traité de Marchus Græcus a été publié, en 1804, par M. La Porte du Theil, d'après deux manuscrits de la Bibliothèque nationale (n°s 7156 et 7158). Le n° 15 est le même livre, sauf quelques variantes, jusqu'au passage suivant, à partir duquel il diffère complétement. Voici cette partie du manuscrit :

Ignem grecum hoc modo compones :

Accipe glassam et galbanum et sapinum et opoponacum equali pondere, quæ pulveriçata in mortario subtilissime post funde in pocto bene cocto habente longum et strictum orificium lento igne, quibus fusis et liquefactis impone sulfur vivum cacabre et pictam navalem et fimum columbinum pulveriçatum in duplo respectu primi pulveris, et incorpora simul cum spatula; quibus simul bene incorporatis infunde oleum laterinum et terebentinam distillatam et alkitran et oleum sulfuris liquefactum ac calidum equali mensura, et bene move, et cum spatula incorporando, ut fiat admodum unicum; postea infrantum (?) in ampulla pone vitrea, orificio bene clauso, et ipsam ampullam repone in fimo equino bene caldo per dies xv, ut simul dissolvantur et fiat ad modum unguenti liquidum, fimum de septem in septem renovando; postea in cucurbita repone vitrea vel vitreata cum alembic superposito in juncturis undique tenacissimo bene clausis, et distilla oleum a pulveribus velut aquam rosaceam igne lento de carbonibus per nasum distillando. Cum autem hoc igne uti volueris, habeas sagittam quadratam quatuor foraminibus perforatam ac concavam interius, et impone cartas de papiro. Nota quod prædictus ignis extinguitur cum aceto acutissimo et urina antiquata vel arena seu filtro ter in aceto acri imbibito ignem prædictum suffocando. Si vero aquam superspargeris, magis augmentabitur ejus flamma et incendium.

Oleum terebentine hoc modo fit :

Repone ipsam in cucurbita interius bene vitreata, et dissolve ad ignem lentum, ut sit velut aqua currens, et infunde ad pondus ipsius de linoleo, et insimul incorpora bene movendo cum spatula, post alembic superposito et peroptima pasta tritici et albumine ovorum conglutinata, deguta igne lento ejus oleum ad modum aquæ purissimum ac clarum; de quo si scutellam immiseris et illi candelam ardentem applicaveris, mox flammam maximam provocabit, quæ si in ampulla super vinum posueris et, velut jam dictum est, accenderis in tabula, ignem magnum provocabit; vel, si volueris, in testa crema sulfur vivum et per ipsum cum canna jacta oleum prædictum, et emittet flammam maximam et oribilem valde.

Oleum sulfurinum hoc modo fit :

Decoque ova quamplurima in aqua, ut dura efficiantur, post ipsa vitella accipe et in mortario contere studiose, ut velut butirum efficiatur vel unguentum; post accipe sulfur vivum subtilissime cribellatum, et prædictis vitellis peroptime incorpora malaxando; postea in cucurbita repone vitrea bene clausa, et distilla oleum sulfureum a philosophis occultatum.

Modus alius extorquendi oleum a sulfure:

Accipe oleum juniperi et ipsi incorpora sulfur vivum subtilissime cribellatum, ut fiat ad modum unguenti, et in cucurbita repositum vitrea peroptime clausa, distilla ejus oleum, prout de vitellis est jam declaratum. Notandum est quod prædicti olei distilacio fieri proibetur propter ejus fetorem ac incendium, quoniam, si ad altiora ascenderet, periculum immineret.

Oleum de lateribus sive laterinum hoc modo fit :

Accipe tegulas rubeas quas aqua non tetigerit, et ipsas confringe per partes minutas velut sunt nuces vel avelane, quas in patella repone ferrea inter prunas candentes, quas cum optime ignite fuerint velut prune rubicunde, extingue in oleo lini, nucum, sive canabi; quo facto, aliquantulum contere et in ampulla vitrea bona et forti repone bene clausa, et distilla, sicut dixi, de oleo sulfuris. Est enim hoc oleum de secretis philosophorum clarum valde et rubeum. Quod si in manu posueris, ipsam subito pertransibit. Est enim carius balsamo, confortans nervos et arterias ; valet in gutta frigida (?), valet in igne greco quamplurimum ; de quo piscator si rete intinxerit, pissibus habundabit. Amen.

Le n° 19 est une rédaction en prose du livre de Marbode, édité par *Jean Beckman*, Goettingue, 1799 ; cependant la fin, à partir de « Modus consecrandi lapides preciosos, » ne se retrouve pas dans cette édition. Le n° 22 est le *Liber de medicamentis ex animalibus, Sexti Placiti Papyriensis* (ed. Norimbergæ et Altorfii, 1788), quoique moins complet. Le chapitre XVI du n° 23 est intitulé « De lapide qui atrahit carbones. » Pour les n°s 24 et 25, on ne trouve, dans les œuvres d'Albert le Grand, ni dans celles de Rasis (Abubeker Mohammed ben-Zacharia el Rasi), *Venetiis, 1597,* aucun ouvrage dont le titre offre quelque analogie avec ceux de ces n^{os}. Au n° 26, le Macer contient LXXXII chapitres; plusieurs éditions, entre autres, celle d'Alde, *Medici antiqui omnes*, Venetiis, 1547, terminent cet ouvrage avec le chapitre LXXX. Sur les gardes sont deux feuillets de parchemin avec les figures des différentes positions du fétus. Voyez le *Liber diversarum artium*, parmi les pièces inédites, à la fin du volume.

N° 278. Petit in-4° sur vélin. — (Chronique française, depuis la création du monde jusqu'à la mort du roi Robert, en 1031.) — Début : « Au premier jor Nostre Sire fit le ciel. » —

Fin : « et la nueve astrie est la terre de France. » — XIIIe SIÈCLE.

Fonds de Bouhier, E. 60. La chronique est incomplète à la fin. Au feuillet 126 de ce volume commence une petite cosmographie.

N° 279. In-8° sur vélin. — « Chi commenche li livre de partures « des esches et de tables et de merelles et se claime cis « livres Bakot et le trouva Nebrote le ioiant, qui fist pre- « miers en Babylone la tour qu'on claime Babel. » — XIIIe-XIVe SIÈCLE.

Fonds de Bouhier, E. 93. Manuscrit fort curieux : on y a figuré la position des pièces dans divers cas.

280. In-8° sur vélin. (Recueil. — 1° (Rigordi, ut videtur, relatio quomodo Carolus Magnus a Constantinopoli Aquisgranum attulerit Christi clavum et coronam.) — Incipit : « Tempore quo rex. » — Desinit : « per omnia secula seculorum, amen. » — 2° Liber S. Methodii episcopi de consummatione sæculi, translatus de græco in latinum a Petro Monacho. — 3° (Carmina quædam vetera, scilicet : versus Romæ imagini Constantini imperatoris inscripti; Epitaphium Sorani militis; de tribus pastoribus et tribus puellis.) — 4° (Chronicon Remense.) — Incipit : « I, hic primus est annus dominicæ incarnationis. » — Desinit : « M° C. C° » 5° Decreta domini Urbani Secundi pape in concilio Clarmontensi anno domini Dei Christi M°. XC°. V°, VI kal. decembris data. — 6° (Urbani II epistolæ quædam.) — 7° « Incipiunt nomina locorum, civitatum, provinciarum, « regionum que in libro actuum apostolorum..... legun- « tur. » — 8° « Incipiunt nomina XL regionum continentium « infra se provincias CXIII. » — 9° (Index paparum a Petro usque ad Eugenium III.) — 10° (Excerpta varia ex patribus.) — XIIIe SIÈCLE.

Fonds de Bouhier, F. 1. Bouhier remarque qu'une partie du n° 1 a été insérée par Ch. Saussey dans les *Annales ecclesiæ Aurelianensis*, p. 172; que les pièces qui composent le n° 3 (sauf la première) ont été publiées parmi les *Catalecta* de Pithou; que le n° 4 est différent de celui que Labbe a inséré dans la *Bibliotheca nova manuscriptorum*, tom. I, p. 358. C'est une suite de dates d'année en année, avec l'indication des faits qui s'y rapportent. Depuis 1000 jusqu'à 1150 les milliers sont ainsi marqués M; depuis 1151 jusqu'à 1200 les milliers sont marqués ainsi M°. Selon une note de Bouhier, le n° 7 a été publié dans les œuvres de Bède (tom. V, c. 920); mais Oudin (*de Scriptoribus ecclesiasticis*, tom. I, col. 696) dit que l'auteur est Remi d'Auxerre. Dans le n° 8 le M, avec la même abréviation que dans le n° 4, indique les mois.

N° 281. In-8° sur vélin. – Calixtus papa II de translatione et miraculis S. Jacobi apostoli. – Turpini vita Karoli Magni. – Calixtus de vita et passione S. Eutropii, de morte Turpini, de operibus sanctorum quæ a peregrinis imitanda sunt, etc. — XIVe SIÈCLE.

Fonds de Bouhier, F. 13. Bouhier, qui a écrit en tête du volume la liste des ouvrages contenus dans ce volume, croit avec Oudin (*de Scriptoribus ecclesiasticis*, tom. II, col. 69 et 1008) que l'auteur de la vie de Charlemagne est Calixte, et non pas Turpin.

282. In-8° sur papier. – Petite practique de l'oraison mentale. — XVIIe SIÈCLE.

283. Petit in-8° vélin. – (Biblia latina ex versione S. Hieronimi cum explanatione nominum hebraicorum.) — XIVe SIÈCLE.

Fonds de Bouhier, F. 18, caractère excessivement fin.

284. In-4° sur papier. – (Fragments des éditions imprimées de l'abrégé de la Géographie d'Édrisi, en arabe, et d'un psautier arabe et latin.) — XVIe SIÈCLE.

Ces fragments sont précédés d'autres fragments mss. en turc et en arabe, à savoir : 1° Sur l'art de deviner l'avenir et les choses cachées, d'après les doctrines de l'imam Djafar, surnommé Alsadec, en turc; 2° Fragment d'un poëme turc, sur des sujets pieux; 3° Fragment du traité de la religion musulmane, intitulé العقائد ou les dogmes, par Omar Nessefi, en arabe;

4° Fragment d'un commentaire, également en arabe, sur ce même traité. Les deux derniers fragments sont d'une belle main espagnole, du commencement du XVIe siècle de notre ère. On lit à la fin du premier : كمل العقائد النسفية كتبها العبد الفقير الى ربه محمد المدعو بابى الحسين بن محمد الاندلسى صبيحة يوم الخميس السادس لشهر المحرم الحرام عام ثلاثة وعشرين وتسعماية « Fin des dogmes Nessefyens. Écrit par le serviteur qui a besoin de son seigneur, Mohammed Aboul-Hosseïn, fils de Mohammed al-Andalosy, le matin « du jeudi 6 du mois de moharrem sacré, l'an 923 (29 janvier 1517 de J. C.). » Ce volume est paginé à rebours.

N° 285. In-4° sur papier. — (Portions d'un traité de jurisprudence musulmane, en arabe.) — XVIe SIÈCLE.

Le volume commence par les chapitres du mariage et du divorce. Il est d'une écriture africaine, et, comme dans la plupart des manuscrits de cette bibliothèque, la pagination, qui est d'une main européenne, commence par la fin. Au fol. 181, il y a un blanc, et le copiste a ajouté ces mots : الحمد لله يقول كاتب هذه الاحرف وناسخ هذا الكتاب لم توجد فى تونس الا النسخة التى نسخت هذه منها وفيها خصص من هنا الى... « Louanges à Dieu. Voici ce que « dit le copiste de ce livre et celui qui trace ces lettres. On n'a trouvé à Tunis que « l'exemplaire sur lequel a été faite cette copie; or, dans cet exemplaire, il y « avait ici des lacunes jusqu'à.... etc. » Le copiste se nomme à la fin du volume; c'est Mohammed, fils d'Ibrahim. Il dit de plus que, d'après une note marquée sur l'exemplaire d'après lequel cette copie a été faite, la composition de l'ouvrage avait été achevée le 14e jour du mois de redjeb de l'année 869 (commencement de mars 1465 de J. C.). Cette note, qui était de la main du copiste, portait que l'auteur était mort le vendredi 22 de redjeb de l'année 913 (commencement de décembre 1507 de J. C.). La présente copie est nécessairement postérieure à cette époque.

286. Grand in-8° sur papier. — Traité de médecine, intitulé תקון המדוים TIKOUN HAMMADAIM (*Réparation* ou *Guérison des maladies*), et divisé en trois parties :

1° Maladies de la partie supérieure du corps humain, depuis la tête jusqu'aux épaules;

2° Maladies depuis les épaules jusqu'aux pieds;

3° De la fièvre, de la podagre et de quelques autres maladies. — XVIe SIÈCLE.

Le manuscrit est incomplet et ne renferme que la première partie et environ six chapitres de la seconde; il commence au sixième feuillet (qui porte dans la pagination le n° 40); les cinq feuillets qui précèdent paraissent faire partie du même ouvrage et sont probablement transposés.

Le nom de l'auteur ne se trouve nulle part; mais il est évident que l'ouvrage a été composé par un juif espagnol.

N° 287. In-4° sur papier. – (Dictionarium arabico-latinum, Bernardini Baldi.) — XVIIe SIÈCLE.

Bibliothèque Albani, 2206. — Sur le titre on lit : « Bernardinus Baldus Urbinas scribebat, die 22 mensis februarii, anno 1601, Romæ. » Ce manuscrit est autographe.

288. In-8° sur papier. – (Recueil de quelques petits traités sur la grammaire arabe, en arabe. Il y est question des désinences grammaticales, des conjugaisons, etc.)

Le texte est accompagné de quelques gloses en langue turque. La copie paraît être du XVIIe siècle. La pagination, en chiffres arabes, commence par la fin.

289. In-12 sur papier. – (Recueil de poésies en langue turque, par Yahya, un des principaux poëtes du temps du grand Soliman.) — XVIIe SIÈCLE.

Sur ce poëte, voy. l'Histoire de l'empire ottoman, par M. de Hammer, trad. franç. tom. VI, pag. 240, où le nom de Yahya est accompagné du titre de *beg* ou *bey*. Après deux pièces de vers consacrés à la louange de Dieu et plusieurs pièces en l'honneur de Mahomet, Yahya célèbre, dans un autre morceau, les victoires du grand Soliman. Immédiatement après, il fait connaître les motifs qui l'ont engagé à composer ce livre; l'auteur nous apprend qu'il était d'origine albanaise, et que ses parents étaient voués à la carrière militaire. Puis vient une pièce en l'honneur du chef des ulémas, Cadry efendy. Là se terminent les prolégomènes. Le livre proprement dit est divisé en quarante discours qui renferment des conseils pour la conduite à suivre dans cette vie; chaque discours est accompagné d'une historiette qui en présente l'application. Le style en est souvent allégorique, et l'amour divin, qui y joue un grand rôle, est dépeint sous les images familières aux sofis. Le titre et la date de la composition de ce livre ne sont indiqués nulle part. L'auteur, pour montrer qu'il ne voulait pas imiter les poëtes ses contemporains, qui étaient dans l'usage de marquer la date de leurs écrits au moyen d'un chronogramme, s'exprime ainsi vers la fin de son livre : « L'ange Surousch m'a dit à « haute voix : *n'indique pas la date de ce livre.* » Mais cette époque peut être fixée d'une manière assez précise à l'aide du nom de Cadry efendy, en l'honneur de qui une des pièces a été composée. Cadry fut promu à la dignité de mufti en l'année 948 (1541 de J. C.), et il fut destitué l'année suivante. C'est sans doute dans cet intervalle que Yahya composa son recueil. Yahya est de plus l'auteur d'un roman turc, en prose, intitulé *Schah oua keda*, ou *le Roi et le Mendiant*, roman qui est très-répandu en Orient, et d'une relation de la révolte de la ville de Constantinople. On trouvera à la fin de ce volume quelques fragments qui donneront une idée des poésies de Yahya, avec le sommaire des dix premiers discours. La pagination commence par la fin.

N° 290. In-12 sur papier. (Prières en arabe et en turc, à l'usage des Turcs. Une partie des prières arabes consiste en extraits de l'Alcoran.) — XVIe SIÈCLE.

On trouve aussi dans ce volume, comme dans presque tous les volumes arabes, persans et turcs de ce genre, des formules magiques et cabalistiques. Une note en encre rouge, placée un peu avant la fin, indique que la copie a été faite l'an 1006 (1597 de J. C.). La pagination est à rebours. La reliure, à compartiments, est orientale.

291. In-12 sur papier. (Recueil de prières en arabe et en turc, à l'usage des Turcs. Quelques-unes de ces prières consistent en formules pour vaincre ses ennemis et soumettre les cœurs. Le volume renferme aussi quelques chapitres de l'Alcoran.) — XVIe SIÈCLE.

Un des morceaux du volume porte la date de 964 (1557 de J. C.). La pagination procède encore à contre-sens.

292. In-4° sur papier. – (Divan, ou Recueil des poésies de Kemal-eddin Ismaël, en persan.)

La pagination commence par la fin. Le volume, qui est d'une belle écriture, se termine par ces mots : تمت الكتاب من كلام افصح البلغاء وقدوة الشعرا مولانا كمال الدين اسمعيل غفر الله ذنوبه في ست عشر شهر رمضان المبارك سنة تسع

والف من الهجرة على يد العبد الضعيف الى الله الغنى عبد العلى عفى عنه فى جزيرة جرون. « Ce livre, composé des paroles du plus élégant des écrivains « éloquents et du modèle des poëtes, notre maître Kemal-eddin Ismaël, à qui « Dieu pardonne ses fautes, a été terminé le 16 du mois de ramadhan béni de « l'année 1009 de l'hégire (fin du mois de mars 1601 de J. C.), par la main du « serviteur qui a besoin du dieu riche Abd-Alaly, pour qui Dieu soit indulgent, « dans l'île de Djeroun (Hormuz, dans le golfe persique). »

N° 293. In-4° sur vélin. — (Incerti quæstiones in physicam Aristotelis.) — Incipit : « Nunc quæritur utrum ad perfectam rei cognitionem. » — XIIIe - XIVe SIÈCLE.

Fonds de Clairvaux. Après ces *Quæstiones* ce manuscrit contient divers fragments de philosophie sans titre et sans commencement ni fin.

294. Petit in-folio sur vélin. (Recueil.) — 1° Cassiodori variarum libri V. — 2° Versus Hildeberti Cenomannensis episcopi de vita S. Marie Egyptiace. — 3° Passio S. Laurentii (metrice). — 4° Passio S. Vincentii (metrice). — 5° Libellus de pretiosis lapidibus (metrice). — Incipit : « Evax rex arabum « legitur scripsisse Neroni. » — 6° Hildebertus cenomanensis episcopus, de sacratis vestibus ecclesie. — 7° De divinis officiis ecclesie catholice (metrice). — Incipit : « Adventum Christi « patriarchas præmonuisse. » — 8° Anicii Mallii Severini Boetii de trinitate. — 9° Boetii de eodem ad Johannem papam. — 10° Libellus de corruptione et correptione psalmorum, et aliarum quarundam scripturarum. — Incipit : « Volens psal« terium tuum, sicut petieras, abba Dominice. » — 11° De figuris grammaticis et rhetoricis (metrice). — Incipit : « Structure varias parit allotheta figuras. » — XIIe-XIIIe SIÈCLE.

Fonds de Clairvaux. Le traité n° 5 est celui qu'on attribue à Marbode, évêque de Rennes.

295. Petit in-folio vélin. (Recueil.) — 1° Lectionarii fragmentum. — 2° Tractatus Bede presbiteri in libro proverbiorum. —

3° Cronicon Freculfi Luxoviensis episcopi (cum prologo, pars secunda ab incarnatione Domini usque ad regnum Francorum in Gallia, et Langobardorum in Italia). — XIIe-XIIIe SIÈCLE.

Fonds de Clairvaux.

N° 296. Petit in-folio sur vélin. – Psalterium glossatum. — XIIe SIÈCLE.

Fonds de Clairvaux. Il y a de belles initiales coloriées. Sur les gardes on trouve, entre autres choses, un fragment de glossaire gréco-latin, de la fin du onzième siècle, entièrement en caractères romains.

297. Petit in-folio sur vélin. – Legenda sanctorum Fr. Jacobi Januensis, de ordine Prædicatorum. — XIVe SIÈCLE.

Fonds de Clairvaux. Avec cette note : « Scripta finaliter anno Domini « M° CCCXII, die mercurii, quinta die Julii, qua die fuit eclipsis solis in tercia « parte sui. »

298. Petit in-folio sur vélin. – Genesis, cum glossa. — XIIIe SIÈCLE.

Provient de Saint-Étienne de Troyes. Il y a au commencement un grand I colorié et historié représentant le Père éternel qui tient dans une main la balance et dans l'autre une espèce de compas.

299. In-folio sur papier. – Geografia universale, libro intitolato horto delitioso de le regioni, paesi, provincie, isole, città et horizonti, tradotto dalla lingua arabica, da Bernardino Baldi da Urbino, abbate di Guastalla. — XVIIe SIÈCLE.

Bibliothèque Albani, F. VIII; autographe. On lit cette note sur le manuscrit : « Cominciato a tradure nel nome di Dio in Guastalla a dì 5 di giugno « del 1600, e condotto al fine il dì 19 settembre del d° anno. » C'est une traduction d'Edrisi, vulgairement appelé le géographe de Nubie. Baldi, qui était aussi bon poëte et habile mathématicien, a contribué beaucoup à répandre en Italie l'étude des langues orientales.

N° 300. Petit in-4° sur papier. (Divers traités d'alchimie.) — 1° L'œuvre, composé par maistre Guillaume de Sens, chancelier de l'université de Paris.—Commencement: « Pere reverend. » — Fin : « de toutes mauvaises humeurs. » — 2° Turba philosophorum.—3° Versus artem complectens totam.—4° Alii versus de eadem re. — 5° Liber nuncupatus triginta verborum. — 6° Clavicula alkimie, Raymundi Lullii. — XVIe SIÈCLE.

Fonds de Bouhier, F. 75. Le *Turba philosophorum* se trouve dans le *Theatrum chimicum* de Manget, tom. V, p. 1.

301. In-4° sur vélin. (Recueil.) — 1° (Pœnitentiale, seu Collectio antiqua canonum pœnitentialium.) — 2° Breviarium apostolorum. — Incipit : « Simon qui interpretatur. » — IXe SIÈCLE.

Fonds de Bouhier, E. 20. Le *Pœnitentiale* a été publié par Dachéry, *Spicilegium*, tom. XI, p. 1, avec une préface qui manque ici. La table des chapitres du premier ouvrage est mise à la suite du *Breviarium*, qui est d'une autre main. Il y a au commencement des prédictions d'un auteur du IXe siècle; elles commencent ainsi, « Si die dominico fuerint kal. jan. hiems calidus, vernum « humidum, » et finissent par ces mots « motus orbis terrarum. »

302. In-4° sur vélin. (Recueil.) — 1° Dictamen Hugutionis. — 2° Introductiones dictandi compositæ a Trasimundo clarevallensi monacho, et quondam Romanæ curiæ notario. — 3° Exemplaria quædam ex epistolis ejusdem Trasimundi. — 4° Summa quædam de grammatica. — Incipit : « Cum omnis eloquentie. » — 5° (Versus poetarum veterum, profanorum sacrorumque, cum indice nominum, ad prosodiam discendam.) — 6° (Alii versus de prosodia.) — XIIIe-XIVe SIÈCLE.

Fonds de Clairvaux; le glossaire d'Hugution est signalé par Ducange, dans la préface de son glossaire latin, n° 46. Ce manuscrit est de diverses mains.

303. Petit in-4° sur vélin. — Bernonis abbatis Augiensis,

liber de officio missarum; item ordo Romanus antiquus. — XIe SIÈCLE.

Fonds de Bouhier, E. 35. Le premier ouvrage a été imprimé plusieurs fois; mais Bouhier dit, dans une note en tête de ce volume, que ce manuscrit est fort différent de l'édition. Sur ce manuscrit et sur Bernon ou Bennon, il renvoie à Mabillon, *Iter Burgundicum*, p. 10 et 11.

N° 304. In-4° sur vélin. (Recueil.) – 1° Præceptum de eo quod observandum est si ceciderit corpus vel sanguis Domini. – 2° Johannis de Bayeux, Abrincensis tunc episcopi, de officio ecclesiastico. – 3° Concilium Rothomagense (anno 1074, præside eodem Johanne). – 4° Concilii Wintoniensis canones XVI. – 5° Concilium Illebonense (anno 1080, eodem Joanne præside).–6° Fragmentum operis de ratione divini officii (incerti auctoris). – 7° Gregorii papæ epistola ad Secundinum monachum. – 8° Sermo ad monachos (incerti auctoris). – 9° Halitgarii episcopi Cameracensis de vitiis et virtutibus libri II. — XIIe SIÈCLE.

Fonds de Bouhier, D. 71. Les titres ont été mis par Bouhier. Le n° 8 est mutilé. Le n° 9 est mutilé au commencement et à la fin.

305. In-4° sur vélin. (Recueil.) – 1° Palladii Rutilii Tauri Æmiliani, viri inlustris, opus agriculturæ. — IXe SIÈCLE. – 2° Prudentii carmina. — Xe SIÈCLE. – 3° Historia Hyerosolimitana domini Baldrici archiepiscopi. – 4° S. Ambrosii de resurrectione; de pœnitentia; de virginitate; de viduitate; institutio virginis. — XIIIe SIÈCLE.

De l'Oratoire de Troyes, fonds de Pithou. A la fin du n° 1 il y a une petite table de la même époque que le Palladius, pour indiquer la longueur de l'ombre du gnomon aux différentes heures de la journée. Le n° 2 est très-incomplet; l'histoire de Baldéric, en quatre livres, est dans le recueil de Bongars, *Gesta Dei per Francos*.

N° 306. In-4° sur vélin. (Recueil.) – 1° Psalmus : « Ad te levavi animam meam. » – 2° (Ordo ad judicium faciendum per aquam calidam aut frigidam, panem, caseum, aut ferrum candens, cum orationibus.) – Incipit : « Incipit ordo ad judicium faciendum. » – 3° Adbreviato chronicæ per VI ætates (ab Adam usque ad annum DCCCXXXI). – Desinit : « Usque ad « præsentem annum qui est annus Domini DCCCXXXI. » – 4° Ratio quomodo feria qua Dominus passus est invenitur (incerti auctoris, cum aliis rationibus de hebdomadibus). – 5° (Versiculi morales.) – Incipit : « Qui cupis esse bonus, « qui vitam queris honestam. » – 6° (Alii versiculi.) – Incipit : « Felix nimium prior ætas. » – 7° (Theodulfi episcopi Aurelianensis versus elegiaci de Vetere et Novo Testamento.) – Incipit : « Quicquid ab hebreo stilus atticus atque latinus. » – 8° Versus Bedæ de die judicii. – Incipit : « Inter florigeras « fecundi cespitis herbas. » – 9° « Incipiunt libri Catonis philosophi » (versus morales libri IV, cum præfatione). – Incipit : « Si deus est animus. » 10° Versus de Filomela. – Incipit : « Sum noctis socia. » – 11° « Incipit prefatio Alchuini « ad Karolum imperatorem in Vetus et Novum Testamen- « tum » (metrice). – Incipit : « In hoc quinque libri retinentur codice Moysi. » – 12° Incipit horthografia Capri. – 13° (Ejusdem de verbis dubiis.) – 14° Epistola Agroecii ad Eucherium episcopum (de orthographia et proprietate et differentia sermonis). – 15° Incipit de ortografia (incerti auctoris). – Incipit : « Religio ideo dicitur. » – Desinit : « Frictum a frigendo. » – 16° (Isidori Hispalensis differentiarum liber II.) – 17° (Ælii Donati) de posituris. – 18° (Incertus de orthographia.) – Incipit : « Somnior dicendum. » – Desinit : « Alicujus singulariter. » – 19° Differentiæ sermonum ex epitomis Virgilii (nec non ex libro Catonis). – Incipit : « Aliud est dici. » – Desinit : « Vespere et reliqua. » – 20° « Incipiunt « differentiæ similium orationis partium a Cicerone et ab « aliis sapientibus viris in sensu et litteratura per alphabe- « tum. » – Incipit : « Inter absconditum et absconsum. » – Desinit : « Diu sauciatus. » – 21° (Incerti libellus de differentiis vocum.) – Incipit : « Inter auxilium et præsidium et subsidium. » – Desinit : « Stilla cadit. » – 22° « Incipiunt « differentiæ sermonum Remi (Rhemnii) Palemonis ex libro « Suetoni. » – Incipit : « Inter gnatum et natum. » – Desinit : « In genere abs specie. Expliciunt praescriptæ verborum « differentiae ex libro Suetoni Tranquillini qui inscribitur « Pratum. » – 23° « Incipiunt differentiæ Probi Valerii. » – Incipit : « Inter austrum et ostrum. » – Desinit : « Delectat demonstrat. » – 24° (Incerti fragmenta de trinitate, de substantia, de loco, de tempore.) – 25° Ex libro historiarum Eusebii Caesariensis X (excerpta de substantia). – 26° Ex chronica Prosperi (immo Severi de substantia). – 27° Ex libro Anicii Manilii Severini Boethii... de sancta trinitate contra Euticen et Nestorium ad Johannem diaconem. – 28° « Incipit liber differentiarum (Isidori Hispalensis). » – 29° (Bedæ libellus de orthographia, ordine alphabetico.) – 30° De ortographia (incerti). – Incipit : « Ortographia grece. » – Desinit : « per a et i scribendum ē. » – 31° « Incipit liber de ortographia » (Bedae vulgo adscriptus). – 32° « Incipiunt interpretationes nominum AEbraicorum » (Veteris et Novi Testamenti). – 33° « Incipiunt glose in verbis Grecorum. » – Incipit : « Absida, lucida. » – 34° « Inci- « piunt glossæ latinæ. » – Incipit : « Abba pater. » – 35° Incipit : « Introitum in missa in greco. » – 36° Incipit : « Salarium debitæ mercedis. » – 37° ΕΡΜΗΝΕΥΜΑΤΑ, interpreta- « menta. Επιδη ορω.... quoniam video » (glossæ græco-latinæ).

— 38° Incipit : « Interrogatio qua lingua confitentur Dominum nostrum Christum. » — 39° (Glossæ græco-latinæ.) — Incipit : « Αρξασσαι incipite. » — 40° (Versiculi.) — Incipit : « Vos qui germanum gaudetis habere patronum. » — Desinit : « Atque relinquit. » — IXe SIÈCLE.

Fonds de Bouhier, E. 18. Ce manuscrit, écrit en minuscules de diverses mains, contient plusieurs titres et notes de la main du président Bouhier. Le n° 1 commence par un A encadrant une figure grossièrement dessinée, et au bas duquel sont écrits ces mots : « Hunc librum pro institutis in vadium habemus. » La musique du psaume est en partie notée, et la place de quelques initiales a été laissée en blanc, probablement pour recevoir des lettres coloriées. On lit la note suivante à la fin du n° 3 : « Colliguntur a principio « mundi usque ad præsentem annum Domini anni IIII DCCXXXI. Le n° 10 a été mentionné par Fabricius, *Bibliotheca latina* (tom. I, p. 463), comme un ouvrage supposé d'Ovide. » Les dix-huit premiers vers du n° 11 ont été publiés dans les œuvres d'Alcuin, éd. de Ratisbonne, 1777 (tom. II, p. 205), sous ce titre, « In sacrum codicem, cura Radonis, abbatis monasterii S. Vedasti, scriptum ; » mais les derniers vers de cette préface, ainsi que les deux petites pièces qui la terminent, ne se trouvent pas dans cette édition. Voici la fin de la préface :

Jusserat hos omnes Christi deductus amore
Alchuinus ecclesiæ famulus præscribere libros ;
Pro quo quisque legas lector cœlestia verba,
Funde preces Domino devoto pectore posco,
Ut conservet eum Christi pia gratia semper;
Et clemens animæ requiem concedat in ævum ;
Illius æterna semper laus, gloria Christi.

Les deux Caper, n°s 12 et 13, se trouvent dans le recueil de Putschius, *grammaticæ latinæ auctores antiqui* (p. 2239), mais avec des additions et des suppressions, principalement dans le traité « de Verbis dubiis, » dont les sept dernières lignes manquent dans le manuscrit. L'orthographe, souvent mauvaise dans les autres ouvrages sur la grammaire, l'est surtout dans ceux de Caper, où le copiste emploie fréquemment la lettre *e* pour l'*a* et l'*i*. Le n° 14 a été aussi publié dans le recueil de Putschius (p. 2265), avec quelques légères différences. Le « liber differentiarum » du n° 16 n'est pas disposé dans l'ordre ordinaire : au lieu de commencer par « inter polliceri et promittere, » ces mots « inter metum et timorem » sont les premiers. Dans l'édition de Rome des œuvres d'Isidore de Séville (tom. II,

p. 239), Arevali cite un manuscrit du Vatican (n° 624) commençant de même. Le fragment « de Posituris, » n° 17, est exactement reproduit dans Putschius (p. 1742), sous le nom de Donatus Ælius. Le n° 20, ouvrage fort étendu, commence au feuillet 36 et se continue jusqu'au feuillet 58; ainsi que le n° 18, il offre plusieurs points de ressemblance avec quelques-uns des grammairiens publiés par Putschius. Le n° 21 se trouve aussi dans le recueil de Putschius (p. 2203), moins la fin de cet ouvrage, qui en forme à peu près le quart. On peut lire ci-dessous la reproduction de ce texte tel qu'il se trouve dans le manuscrit.

« Inter patrium et paternum hoc interest quod patrium a patria venit, pa-« ternum a patre. Inter pomaria et pometa hoc interest quod pomaria vaga « dicimus sicut olearia et ficaria pometa, quasi maleta, ficeta, oliveta. Inter « ægrum et ægrotum hoc interest quod ægrum mente, ægrotus corpore. Inter « prior venit et antea venit hoc interest quod prior a dignitate, antea ad tempus « refertur. Inter inficere et officere hoc interest quod offecit qui nocet, infecit « quasi qui lanam infecit aut alia. Inter contingere et accidere hoc interest « quod contingunt bona, accidunt mala. Inter gratis et gracit (gratia?) hoc « interest quod gratis agimus, gratias referimus. Inter oleas et olivas hoc in-« terest quod oleas ipsum fructum dicimus unde fit oleum, olivæ arbores sunt « unde fiant olivata. Inter nexis (nexus?) et nisus hoc interest quod nexus ad « corpus refertur id est ad genua, nisus ad animam id est conatus. Inter ne-« farium et nefandum hoc interest quod nefarius a præteritis intelligitur, ne-« fandum opere. Inter nutrit et nutricat hoc interest quod nutrit mulier, « nutricat nutricius. Inter maritimum et marinum hoc interest quod mariti-« mum proximum mari, marinum ex ipso mari. Inter merum et meratum « hoc interest quod merum per se, meratum mixtum. Inter laniat et lacerat « hoc interest quod laniat cum membratim discerpit, lacerat qui partibus « membra distituit, lanciat (laniat?) qui inutiliter membra discerpit. Inter « laurum et laurea hoc interest quod laurus est ipsa arbor, laurea corona vel « virga. Inter imum et infimum hoc interest quod imus loco, infimus ordine. « Inter curam et diligentiam hoc interest quod cura cruciatum habet qui cor-« ruit, diligentia rerum administratio. Inter vires et virtutes hoc interest quod « vires corporis est, virtutes animi. Inter animam et animum mentem et spi-« ritum hoc interest quod anima est qua vivimus, animus quo regimus, spiritus « quo spiramus, mens qualitas bona est aut mala potest referre ad cogita-« tionem. Inter gravem et ponderosum hoc interest quod gravem secundum « ferentem qualitatem, ponderosum naturam. Inter ultorem et vindicem hoc « interest quod ulciscimus nos accepta injuria, vindicamus ne accipiamus.

« Palemonoicetenus insignis grammaticus Romam habetur qui quondam inter-« rogatus quid in stillam et guttam interest, gutta, inquit, stat, stilla cadit. »

Les n°s 22 et 23 ne se trouvent ni dans le recueil de Putschius ni dans celui de Godefroi. N° 28, c'est le *Liber differentiarum rerum* qui a été publié dans le tome V, page 77, des œuvres d'Isidore de Séville, citées ci-dessus. Le n° 29 se trouve dans Putschius (p. 2327), mais dans un ordre qui n'est pas toujours le même et avec plusieurs variantes. Il manque dans l'imprimé le distique suivant, écrit au commencement de cet ouvrage dans le manuscrit.

Me legat antiquas vult qui proferre loquellas.
Me qui non sequitur vult sine lege loqui.

Le n° 30 ne contient que deux pages. Le « liber de orthographia » du n° 31 est disposé par ordre alphabétique, il est reproduit en entier, avec peu de variantes, dans le recueil de Putschius (p. 2775), sous ce titre : *de Orthographia liber Bedæ vulgo adscriptus*. Au-dessus du titre du n° 32, on lit cette note du président Bouhier : « Bedæ operum tom. III; sub ejus nomine editæ sunt « hæ interpretationes, sed auctiores, et ex variis glossis, ut videtur, consarci-« natæ. » En effet, ces interprétations, renfermées dans quatorze pages du manuscrit, sont loin d'être aussi complètes que celles qui ont été publiées dans les œuvres de Bède, tome III, p. 371. Le n° 35 est composé de quelques prières de la messe en grec, mais écrites en caractères latins. Le n° 36 est un fragment de lois romaines sur les immunités des hommes de lettres, médecins et artistes; et le n° 38 est le *Credo* en grec, mais écrit en caractères latins, avec la traduction latine en regard et interlinéaire.

N° 307. In-4° sur vélin. — Rabanus Maurus, in libros Regum. — IXe SIÈCLE.

Fonds de Bouhier, E. 9. Ce manuscrit est incomplet au commencement.

308. In-4° sur vélin. (Recueil.) — 1° S. Ambrosii de fide, ad Gratianum Augustum, libri II priores. — 2° Ejusdem liber de incarnationis mysterio. — 3° Ejusdem sententiæ de fide, sumptæ ex ejus explanationibus in S. Lucam. — 4° S. Augustini homeliæ quædam, de symbolo, articulis fidei, etc. — 5° Ejusdem tractatus de symbolo. — 6° Fulgentii episcopi Ruspensis librorum contra gesta quæ adversus eum Fabia-

nus hæreticus falsa confinxit, excerpta. – 7° Leonis papæ epistolæ IV, adversus Eutychianam hæresim. – 8° Petri Chrysologi, episcopi Ravennatis, epistola ad Eutychen presbyterum. – 9° Flaviani archiepiscopi Constantinopolitani rescriptum de fide, ad Theodosium imperatorem. – 10° Symbola fidei ex variis conciliis, cum eorumdem conciliorum decretis, adversus Arianos, Nestorianos et Euthychianos. – 11° S. Gelasii papæ liber de duabus naturis in Christo. – 12° Epistolæ quædam de fide catholica, Cyrilli Alexandrini, Virgilii papæ, Felicis papæ, Gregorii Nazianzeni, Symmachi papæ, Johannis episcopi (seu, ut puto, papæ II), et Gregorii papæ. — IXe SIÈCLE.

Fonds de Bouhier, E. 13. Les titres ont été mis par Bouhier. C'est, dit-il, de ce manuscrit que P. Fr. Chifflet a tiré les fragments de Fulgence, publiés parmi les écrivains *de fide christiana*. ... (Dijon, 1656, in-4°).

N° 309. In-4° sur vélin. – Albini confessio fidei. — Xe SIÈCLE.

Fonds de Bouhier, E. 5. Bouhier remarque que ce manuscrit a été publié par P. Fr. Chifflet, dans son recueil d'écrivains *de fide christiana*, et qu'il en est parlé par Mabillon, *Vetera analecta*, tom. I, p. 278, etc. Il y a au commencement une petite table pour la durée du jour dans chaque mois.

310. In-4° sur vélin. (Recueil.) – 1° Theodulfus de baptismo ad Magnum episcopum. – 2° S. Ambrosii libri II priores de fide ad Gratianum. – 3° Concilium Aquiliense, anno 381, celebratum. – 4° S. Ambrosii liber de filii cum patre consubstantialitate. – 5° Alcuini epistola ad Carolum imperatorem. — Xe SIÈCLE.

Fonds de Bouhier, E. 38. Les titres reproduits ici sont ceux de Bouhier. Il remarque que Sirmond s'est servi de ce manuscrit dans son édition de Théodulfe (p. 234).

311. In-4° sur vélin. – Benedictionale. — XVIe SIÈCLE.

Fonds de Clairvaux. Sur ce manuscrit en caractères gothiques il y a cette note : « Hunc librum ad requestam et procurationem domini Lupini de « Trecis abbatis Clarevallis scripsit frater Johannes Rolequin de civitate Tre- « censi oriendus, religiosus professus de Claravalle anno Domini M° quing° « octuog° tertio. »

N° 312. In-4° sur vélin. (Recueil.) – 1° Sermones fratris Adam abbatis Persenie. – 2° Ejusdem epistolæ XXIV. — XIIIe SIÈCLE.

Fonds de Cîteaux. Vingt-trois de ces lettres ont été publiées par Dom Martène, *Thesaurus anecdotorum* (tom. I, 669-761).

313. In-4° sur vélin. – Ordo ad celebrandum missam. — XVe SIÈCLE.

Fonds de Bouhier, E. 60.

314. In-4° sur vélin. – (Missale vetus cum kalendario.) — XIe SIÈCLE.

Fonds de Clairvaux. Avec des initiales peintes, dont quelques-unes sont à la plume, et n'ont pas été coloriées.

315. In-4° sur vélin. (Recueil.) – 1° Justiniani Institutionum libri IIII. – 2° Rescriptum Alexandri papæ de appellationibus. – 3° Imperatorum nomina, et imperii tempus usque ad annum M.CL. – 4° Forma juramenti præstandi ab episcopis apostolicæ sedis. – 5° Præsentatio electi episcopi in capitulo, coram archiepiscopo. – 6° Professio ordinandi episcopi. – 7° Homines cancellarii Remensis. — XIIIe SIÈCLE.

Fonds de Bouhier, D. 70. Ces titres sont modernes.

316. Petit in-folio sur vélin. – Institutions de Justinien. — XIIIe SIÈCLE.

De l'Oratoire de Troyes. Ce manuscrit a appartenu à Pithou; il y a de petites vignettes. La traduction paraît avoir été faite à peu près vers l'époque où le manuscrit a été copié.

317. In-4° sur vélin. (Recueil.) – 1° Liber de passionibus mu-

lierum secundum Trotulam. — 2° Liber de secretis secretorum Aristotelis. — 3° Johannis excerpta de libro *salus vite* in civitate alexandrina Egyptorum reperto. — 4° Ægidius de urinis (metrice cum glossa). — XIIIe-XIVe SIÈCLE.

De diverses mains.

N° 318. In-4° sur vélin. — (Collectanea de Medicina.) — 1° Tractatus medicinæ. — Incipit : « Quoniam inter omnia curationum genera medendi. » — 2° Liber coitus. — Incipit : « Creator volens. » — 3° Practica magistri Bartolomei (cum prologo). — 4° De signis morborum. — Incipit : « Assiduis « petitionibus me, karissimi, morborum signa compen- « diose. » — XIIe-XIIIe SIÈCLE.

Le n° 3 est incomplet à la fin.

319. In-folio sur papier. (Miscellanea variorum auctorum præcipue rerum naturalium, nec non variæ epistolæ.) — Epistolæ (latinæ et italicæ) M. Aurelii Severini Neapolitani ad Fortunium Licetum, ad Aprosium Ventimiglia, ad Trulium de lapide fungifero, etc. cum quibusdam responsionibus Liceti. — Del camaleonte. — Dell' aquila barbata. — Pietre dei gambari. — Dell' uccello mosca. — Epistola Gassendi ad Peireskium de eclipsi solari. — Effetti dello specchio concavo. — Epistolæ Puteani, O. Ferrarii, etc. — XVIIe SIÈCLE.

Bibliothèque Albani.

320. In-4° sur vélin. — Anniani paraphrasis in homilias Joannis Chrysostomi de S. Paulo. — Incipit : « Recenti experi- « mento didici quam sint utilia. » — XIe SIÈCLE.

Fonds de Bouhier, E. 42. Bouhier remarque que cet ouvrage a été imprimé dans les éditions de S. Jean Chrysostome, et dans le tome VI des œuvres de Bède.

N° 321. In-4° sur papier. – Recueil de pièces pour impuissance. — XVIIIe SIÈCLE.

Provient de du Tilliot.

322. In-4° sur vélin. (Recueil.) – 1° Tabulæ epactæ. – 2° Ysagoge in compotum lunæ. – 3° (Versus de sedibus clavium, et de aliis rebus cycli cum tabulis.) – 4° Compotus Gerlandi (cum prologo). – Incipit : « Sepe volumina domini Bede de « scientia computandi replicans. » – 5° Denotatio accentuum secundum usum Cisterciensium de accentibus (cum præfatione). – Incipit : « Quoniam non soli nobis nati sumus, « sed toti mundo natura nos peperit. » – Incipit abbreviatio usuum Cistercensium. – Constitutiones in generali capitulo Cistercensium, anno MCLVII. — XIIe SIÈCLE.

Au commencement de ce recueil on trouve l'alphabet grec avec les valeurs numérales des lettres grecques et avec la prononciation qui est adoptée chez les Grecs modernes : *ita, thita,* etc. Le *Compotus Gerlandi,* qui est composé, en apparence, de trente chapitres, n'en contient en réalité que vingt-huit. Le XXXe suit immédiatement le XXVIIe. Dans la suite de la préface de l'*Opusculum de accentibus* on lit le passage suivant, qui prouve que déjà, au XIIe siècle, il y avait différentes manières de prononcer les mots latins : « Quidam dicunt *mulíeres,* « antepenultimam sillabam elevantes, alii *muliéres*..... penultimam. Quidam « dicunt *y'sopus*..... alii *ysópus.* » Ce manuscrit est incomplet à la fin, et il y a quelques lacunes dans le corps de l'ouvrage.

323. In-4° sur vélin. (Recueil.) – 1° (Spheræ cœlestis delineatio.) – 2° (Longitudo et latitudo quarumdam civitatum.) – 3° Kalendarium. – 4° Tabula magna Bede ad habendum diem paschalem. – 5° (Regulæ de cyclo et computo.) – 6° Canon de compositione principalis tabule Gerlandi. – 7° Algorismus de Sacrobosco. – Incipit : « Omnia que « a primeva rerum origine processerunt ratione numerorum « formata sunt. » – 8° Spera magistri Johannis de Sacrobosco

(cum versiculis de constellationibus). – 9° Incipit astrolabium Messeahale (cum figuris). – 10° Theorica planetarum, et primo de sole. – Incipit : « Circulus excen-« tricus, et primo de sole. » – 11° Thebit de motu octave spere et de hiis que indigent expositione antequam legatur Almagestum. – 12° Canones de motibus planetarum. – Incipit : « Quoniam cujusque actionis quantitatem temporis metitur. » – 13° (Tabulæ variæ ad extrahendum annum arabum.) – 14° (Tabula sinus atque declinationis.) – 15° (Tabulæ planetarum.) – 16° Glosule super algorismum. – 17° Cautele algorismi. – 18° Super speram glosule. – 19° Algorismus minuciarum (sive fractionum). – Incipit : « Cum minor quantitas aliquoties sumpta majorem componit. » – 20° Canones Toletani secundum Cremonensem. – 21° (Tabula Dionysii motus planetarum et alias tabulæ.) — XIIIe-XIVe SIÈCLE.

Fonds de Bouhier, E. 3. Au n° 4, on a introduit des chiffres arabes dans cet ouvrage de Bède. L'Algorisme de Jean de Sacrobosco, du n° 7, a été publié à Venise, 1523, in-4°. Voyez Fabricius, *Bibliotheca mediæ et infimæ ætatis*, t. III, p. 130. Au feuillet 22, il y a un tableau où les chiffres ne changent pas de valeur, en allant de droite à gauche, mais seulement en descendant du haut en bas d'une manière particulière. L'astrolabe, qui se suspendait par un anneau, porte au n° 9 une alidade comme celui que Schultz a rapporté dernièrement d'Orient. Au f° 162, on trouve un calcul pour l'année 1281. Au n° 16, il est dit que *algorismus* vient de *Algus philosophus*. Le n° 17 contient quelques problèmes d'algèbre linéaire. Dans le n° 19, pour écrire les fractions, il y a un chapitre, *de Scriptione minuciarum vulgarium*, où il est dit : « *Minu-« ciam vulgarem scribes superius numeratorem inferius denominatorem.* »

N° 324. In-4° sur vélin. – (Constantini Africani) viaticus (medicinæ). – Incipit : « Quoniam quidem ut in rethoricis Tullius. » — XIIIe SIÈCLE.

Il existe de cet ouvrage une édition de Lyon, 1511, in-8°. Il y a à la fin un fragment *de naturis ciborum*.

N° 325. In-4° sur vélin. – (Incerti) Speculum alphabeticum artis grammaticæ per alphabetum. – Incipit : « Admiratione inextimabili. » — XIIIe SIÈCLE.

326. In-4° sur vélin. – Gramaticale (metrice). – Incipit : « Scribere gramatica docet et proferre legenda. » – Desinit : « vosque Dei cuncti sancti sitis benedicti. Amen. » — XIVe SIÈCLE.

Fonds de Clairvaux.

327. In-4° sur vélin. – (Hugutionis Pisani glossarium cum præfatione.) — XIVe SIÈCLE.

Fonds de Bouhier, E. 2. Voyez, au sujet de cet ouvrage, la préface du Glossaire de Ducange.

328. In-4° sur vélin. – Ovidii metamorphoseon (cum commentario et glossis marginalibus). — XIIIe SIÈCLE.

329. In-4° oblong sur vélin. – Lucani Pharsalia (cum notis marginalibus). — XIe SIÈCLE.

De l'Oratoire de Troyes, fonds de Pithou. Ce manuscrit est accompagné de notes, tant marginales qu'interlinéaires, surtout pour les premiers livres de la Pharsale. Malheureusement, ces notes, d'une écriture très-fine, sont souvent effacées. Elles sont beaucoup plus rares dans les sept autres livres de ce poëme. Au bas du premier feuillet, on lit ces mots, ajoutés au XVIe siècle : « Ὕφεσιν καὶ παῤῥησίαν » et au-dessous ceux-ci : « Ne senza sfinge, ne senza Edipo. » Sur la marge du feuillet 33, qui fait partie du huitième livre, par une transposition de cahiers, on trouve cette note, paraissant écrite peu de temps après le corps du manuscrit : « Hic sunt bone glose super Lucanum, et per has potest « Lucanus bene legi, et sunt he glose magistri R. Norv.... » Et sur la dernière page de ce volume, on lit difficilement ces mots très-surchargés : « Iste Lu- « canus est magistri. . . . . de Flor. »

330. In-4° oblong sur vélin. – Claudiani opera (cum præfatione historica, et epitaphio P. Comestoris). — XIIe-XIIIe SIÈCLE.

Fonds de Clairvaux.

N° 331. Petit in-folio sur vélin. – Testimonia in Plautum. – Plauti comœdiæ. — XVe SIÈCLE.

De l'abbaye de Saint-Germain d'Auxerre (Congrégation de St Maur). On lit à la fin de ce manuscrit : « Johannes scripsit. »

332. In-4° sur vélin. – Terentii comœdiæ (cum Terentii vita). — XIVe SIÈCLE.

Fonds de Bouhier, D. 36. A la fin, on lit : « Calliopius recensui. » Ensuite il y a « Terentii epitaphium, » et enfin : « Scriptum et expletum 1370 primo « marcii meridie. »

333. In-4° sur vélin. – C. J. Cæsaris rerum Galliæ libri VIII. — XVe SIÈCLE.

Fonds de Bouhier, E. 29.

334. In-4° carré sur vélin. (Recueil.) – 1° (Hygini astronomicon.) – 2° De anno et partibus ejus. – Incipit : « Annus « solaris habet quattuor tempora. » – Desinit : « primo puncto « finem accepit. » – 3° De ascensu et descensu solis. – Incipit : « Ascensus solis dicitur. » – 4° Argumentum quot horas luna. Expositio de eadem re. De ascensione lunæ. – 5° Excerptum de astrologia. – Incipit : « Duo sunt extremi vertices mundi. » – Desinit : « miliaria CVIIII et CCCLXXV. » – 6° De presagiis tempestatum. – Incipit : « Et enim prædictis « difficilioribus transire convenit. » – Desinit : « diras tempestates prenuntiant. » – 7° De ratione untiarum. – 8° De probatione auri et argenti. – 9° De mensura ceræ et metalli in operibus fusilibus. – 10° Ambrosii Macrobii de mensura et magnitudine terræ circuli per quem solis iter est. – Incipit : « In omni orbe vel sphera. » – 11° Item ejusdem de mensura magnitudine solis. – Incipit : « His « dictis quibus mensura. » – 12° Felicis Capellæ de men-

sura lunæ. – Incipit : « Luna item circuli sui. » – 13° Ejusdem argumentum quo magnitudo terræ deprehensa est. – Incipit : « Eratostenes philosophus. » – Desinit : « dimensionem admittit. » – 14° (Cassiodori præfatio in librum de institutione divinarum scripturarum.) – 15° Fabii Placidiadis Fulgentii viri consularis mitologiarum. — IXe SIÈCLE.

De l'Oratoire de Troyes, fonds de Pithou. Au feuillet 41, on lit cette note : « Anni ab Incarnatione Domini, anno præsenti, sunt DCCXCIII. » Au verso du même feuillet et au recto du suivant, on a écrit les fractions d'heures que la lune reste sur l'horizon, par les signes, plusieurs fois publiés, des *unciæ*. Les chiffres romains Ī, V̄, etc. avec la barre au-dessus, n'ont pas, à ces endroits, de valeur de position ; ils indiquent seulement des unités. Il est probable qu'en reproduisant ce tableau, le copiste a dérangé le parallélisme des chiffres, qui ne répondent plus l'un à l'autre. Les n°s 5 et 7, très-courts, méritent d'être reproduits ici.

« DE PROBATIONE AURI ET ARGENTI.

« Omne aurum purum cujuslibet ponderis, omni argento similiter puro, « ejusdem tamen ponderis, densius est parte sui vicesima; quod ita probari « potest : si purissimi auri libra cum æque puri argenti simili pondere sub aqua « conferatur, in statera XII denariis, id est vicesima sui parte, aurum gravius « argento vel argentum levius auro invenietur. Quapropter si inveneris opus « aliquod, auro formatum, cui argentum per mixtionem inesse videatur, « scireque volueris quantum auri quantumve in eo contineatur argentum, « sume argentum sive aurum, et, examinato suspecti operis pondere, non minus pensantem massam de utrovis metallo fabricato atque utrumque et opus « scilicet et massam stateræ lancibus imponito, aquisque inmergito; si ar« gentea fuerit massa quam fecisti, opus præponderabit; si aurea fuerit, allevato « opere, aurum inclinabitur. Hoc tamen ita fiet, ne quot partibus inclinabitur « aurum, totidem partibus sublevetur argentum : quia quicquid in ipso opere « fuerit sub aqua, præter solitum ponderis, ad aurum propter densitatem « pertinet; quicquid autem levitatis, ad argentum, propter raritatem, est refe« rendum, et, ut hoc facilius possit adverti, considerare debes tam in gravitate « auri quam in levitate argenti, XII denarios significare libram, sicut prima « lectionis huius fronte præfixum est.

« DE MENSURA CERÆ ET METALLI IN OPERIBUS FUSILIBUS.

« In fundendis operibus cujus ponderis metallum quotlibet ad certum ceræ « pondus respondere debeat. Ad ceræ unciam unam, stagni unciæ VII et « denarii XVII, æris albi unciæ VIII et denarii XVI, æris cypri unciæ VIIII et « denarii III, argenti unciæ X et denarii XII, plumbi unciæ XII et denarii V, « auri unciæ XVIIII et denarii VIII. Item si ceræ fuerit libra, stagni VII libræ « et unciæ X et denarii quatuor mittendi sunt, quia quot uncias cera ha- « buerit, tot VII uncias et XVII denarios stagni pondus habere debebit; et ideo « si ceræ fuerit libra, id est XII unciæ, duodecies VII unciæ stagni, quæ « faciunt VII libras, et duodecies XVII denarii mittendi sunt, qui faciunt CCIIII « denarios, id est unciæ X et denarii IIII. Si fuerit ceræ libra, æris albi « libræ VIII sumendæ sunt et duodecies XVI denarii, quod sunt CXCII denarii, « qui faciunt uncias VIIII et denarios XII mittendi sunt. In libram ceræ, æris « cypri libræ VIIII et denarii XII mittendi sunt. Sic in libram ceræ, auricalci « libræ VIIII et duodecies III denarii, qui faciunt unciam unam et denarii XVI. « Contra libram ceræ, auri libræ XVIIII et duodecies octo denarii, quod sunt « unciæ III et denarii XVI. »

Les numéros 8 et 9 se trouvent dans Macrobe, *lib. I, cap. XX commentarii in somnium Scipionis;* mais ils ne forment qu'une partie de ce chapitre, dont ils n'ont ni le commencement ni la fin. Le chapitre intitulé « Quod luna minor sit orbe suo, » placé dans le VIIIe livre du *Satyricon* de Capella, reproduit le n° 10, quoique avec d'autres termes. Quant au n° 11, il ne se trouve ni dans l'édition de Capella, donnée par Grotius, ni dans celle de Francfort, publiée, par Frédéric Kopp, en 1836. Au feuillet 56, on voit quelques lignes relatives à l'Écriture sainte, dans lesquelles il y a des notes tironiennes. Voici le commencement de ce qu'on peut y lire : « David sedens in cathedra « primus et fortissimus omnium fuit. » La Mythologie de Fulgence Planciades, qui termine ce précieux manuscrit, est incomplète à la fin ; il y manque les deux dernières fables et la fin de celle d'Orphée et Eurydice.

N° 335. In-4° sur vélin. (Recueil.) – 1° Cicero de Inventione. – 2° Cicero Rhetorica ad Herennium. – 3° (Incerti) De prosodia. – Incipit: « Tres sunt pedes. » — XIIe SIÈCLE.

Fonds de Clairvaux. Il y a beaucoup de notes marginales.

336. In-4° sur vélin. – Quintilianus de arte oratoria. — XIe-XIIe SIÈCLE.

De l'Oratoire de Troyes, fonds de Pithou, avec la signature de cet érudit célèbre. Les premiers feuillets manquent. Ce manuscrit commence par ces mots du premier chapitre, « Nihil enim pejus est iis; » et finit au chapitre x, de genere dicendi, du XIIe livre, à ces mots : « cum debeat delectare. »

N° 337. In-4° sur papier. — 1° (Scolies sur le Plutus d'Aristophane : ΑΡΙΣΤΟΦΑΝΟΥΣ ΠΛΟΥΤΟΣ, p. 1-48.)-2° (Scolies sur les Nuées : Αριστοφανους νεφελων πρ(ο)θεωρια, p. 49-117.)-3° (Sur les Grenouilles : ΒΑΤΡΑΧΩΝ ΥΠΟΘΕΣΙΣ, p. 118-138.)-4° (Version latine d'une *Catène* ou Chaîne sur le livre de Job, attribuée, par la plupart des auteurs, à Nicétas, métropolitain d'Héraclée, fol. 1-166, b.)— XVIIe SIÈCLE.

Provient du collége de la congrégation de l'Oratoire de Troyes, d'après une note à moitié effacée qui se lit au bas de la page 1re : *E libris Oratorii collegii Trecensis.* — 1° Commencement : ΩΣ ΑΡΓΑΛΕΟΝ] Ἔκθεσις τοῦ δράματος ἰαμβικοὶ τρίμετροι ἀκατάληκτοι. Cette scolie se trouve plus complète dans les *Scholia græca in Aristophanem*, publiés par M. Dübner, *Parisiis*, *editore Ambrosio Firmin Didot*, 1842, in-8°, p. 324, l. 11-13. Fin : ΟΥΚ ΕΤΙ ΤΟΙΝΥΝ] Ταῦτα ἐκ τοῦ ποιητοῦ διὰ τοῦ χοροῦ· voy. l'édition citée, p. 386, l. 41.—2° Comm. Τὸ δράμα τῶν νεφελῶν κατὰ σοκράτους (sic) γέγραπται· éd. p. 77, l. 1. Fin : ἀρκετῶς ἔχει ἡ ἡμέρα· ἀπὸ δὲ τοῦ ποιητοῦ ὁ λόγος. ΤΕΛΟΣ· éd. p. 134, l. 36. 3° Comm. Πλάττεται τῷ ποιητῇ δυσφορῶν ὁ Διόνυσος· édit. p. 274, l. 46. Fin : καὶ τὰ ἕκτα ὁμοίως· τὰ μέντοι τῆς ἀντιστροφῆς ἀντ'· éd. p. 289, l. 31. Il manque donc la plus grande partie des scolies sur cette troisième comédie, les derniers feuillets ayant été perdus; et, en général, les scolies qui se trouvent dans l'édition citée sur le Plutus, les Nuées et les Grenouilles, sont infiniment plus nombreuses et plus correctes que celles de notre manuscrit, copiées, à ce qu'il paraît, d'un exemplaire assez ancien par un helléniste français. A cette copie, dont on a compté les pages, se trouve joint un autre manuscrit dont le numérotage est par feuillets; il serait possible toutefois, vu la ressemblance du format, du papier et de l'écriture, que les deux parties du volume fussent de la même main. — 4° On a publié deux versions latines de la *Catène* de Nicétas sur Job. La première a paru sous le titre : *Catena in beatissimum Job absolutissima, e XXIV Græciæ doctorum explanationibus contexta, a Paulo Comitolo societatis Jesu e græco in latinum conversa, et nunc primum opera et studio Laurentii Cum-Deo in lucem edita. Lugduni,* 1586 (dans la *Bibl. græca* de Fabricius, éd. de Harles, vol. VIII,

p. 647, on a mis, par erreur, 1585), in-4°; elle a été réimprimée à Venise en 1587, même format. Mais comme cette version était très-fautive, Patrice Junius traduisit une seconde fois le Commentaire dont nous parlons, et y joignit le texte grec; son édition porte le titre : *Catena græcorum Patrum in beatum Job, collectore Niceta Heracleæ metropolita, græce nunc primum in lucem edita et latine versa opera et studio Patricii Junii, bibliothecarii Regii. Londini, ex typographia Regia*, 1637, in-fol. La version dont la minute autographe forme la seconde partie du manuscrit de Montpellier diffère des deux interprétations que nous venons de citer, et nous la croyons inédite. Préférable à celle de Comitolo, elle est moins complète et moins exacte que la traduction de Junius, qui avait à sa disposition deux bons manuscrits appartenant à la bibliothèque Bodléïenne. Celui sur lequel la nôtre a été faite a dû contenir un texte plus abrégé, et, en beaucoup d'endroits, disposé d'une manière différente; toutefois, on devait y trouver quelques gloses et explications qui manquaient dans les manuscrits dont Comitolo et Junius se sont servis. Les premières pages ayant été perdues, notre version commence aujourd'hui par les mots : *Multa sunt deserendi genera : estque aliquis qui peccatorum causa et nomine patitur, ut ille cui Servator dicebat.* Ce passage et toute la glose d'Olympiodore dont il fait partie sont omis dans la version de Comitolo. Junius, p. xiv, l. 17, a traduit : *Multi sunt derelictionis modi; hic quidem propter peccatum affligitur, quemadmodum ille cui Salvator dixit.* Fin : *Ipsius Eliphaz filius erat Sophar, et Amalec ex pellice ei natus. Itaque Eliphaz et Sophar fuerunt Isaac et Jacob discipuli : atque ipsius Esau Amalec.* Comitolo, p. 246, l. 30 : *Eliphaz fuit filius S. et A. ei ex pellice natus. Eliphazus igitur et Spharus discipuli Jacob fuerunt. Amalech autem Esau.* Junius, p. 615, l. 8 : *Eliphazi filius fuit Sophar, et Amalec, quem pellex ei peperit. Eliphaz autem et Sophar discipuli fuerunt Jacob, Amalec autem E.* Notre manuscrit est terminé par une espèce de résumé en douze lignes, qui manque dans les deux versions publiées : *SVNT in hoc libro sermones sive dialogi LII in capitibus xxxv, hoc modo : Narrantis Spiritus sermones VI. Domini IX. Diaboli IIII. Angeli IIII*, etc. Puis on lit les mots : Τέλος· τῷ Θεῷ χάρις. Les deux premiers feuillets de cette traduction autographe sont endommagés; d'autres manquent tout à fait. L'auteur, peut-être membre de la Congrégation de l'Oratoire, paraît avoir travaillé avec facilité, car il n'y a que peu de ratures dans le manuscrit; et tout prouve que ce religieux était assez bon latiniste et versé dans la lecture des Pères grecs.

N° 338. In-4° sur vélin. – Le livre de Sydrac (finit avec les XVII pierres précieuses). — XIVe SIÈCLE.

De l'Oratoire de Troyes. Note sur le manuscrit : « de Corberon in suprema

« Alsatiensi curia senatus princeps dono dedit Oratorio d. Jesu Trecensi (seu « Collegio trecopithæano), 1734. » Ce volume porte les armes d'une ancienne famille de Metz, nommée Desch.

N° 339. In-4° sur vélin. – (Recueil de poésies françaises.) – Début : « Après beaux temps vient la pluie et la peste. » — XVe SIÈCLE.

Une note au commencement indique que ce sont les poésies de Jean Meschinot.

340. In-4° sur vélin. – Distinctiones Theologiæ Magistri Petri de Capua, cardinalis. — XIIIe SIÈCLE.

Fonds de Clairvaux.

341. In-4° sur vélin. (Recueil.) – 1° Interpretationes M. Stephani de Langotonia (de Langton) cantuariensis archiepiscopi. – 2° Distinctiones virtutum et vitiorum. – Incipit : « Humilitas est. » – 3° De sacramentis, secundum magistrum Herbertum de Authisiodoro. — XIVe SIÈCLE.

Fonds de Clairvaux.

342. In-4° sur vélin. – (Galteri de Castellione Alexandreis, cum commentario.) — XIVe SIÈCLE.

Fonds de Clairvaux.

343. In-4° sur vélin et sur papier. – Juvenalis satirici libri (cum annotationibus marginalibus et interlinearibus). — XVe SIÈCLE.

Bibliothèque Albani, 2018.

344. In-4° sur papier. – (Plusieurs chapitres de l'Alcoran.) — XVIIe SIÈCLE.

Les premiers feuillets manquent. Cette copie a été faite en Afrique, probablement par quelque musulman d'origine espagnole. La pagination commence par la fin.

N° 345. In-4° sur papier, oblong. – Juvenalis satirarum liber. — XVe SIÈCLE.

Bibliothèque Albani, 2022. a.

346. In-4° sur vélin – Icy encommence le romant des deduis des chiens et des oyseaux (en vers) (par Gaces de la Buygne). — XIVe-XVe SIÈCLE.

Provient de la bibliothèque d'Auxerre. Il y a des notes de Laire. Vers la fin, on lit :

« Gaces a fait ceste beisongne
« Por Philippe duc de Bourgogne. »

Quelques feuillets ont été refaits.

347. In-4° sur vélin. – (Roman de la vie des pères hermites.) – Début : « Aide dex rois Jhesu Christ. » — XIVe SIÈCLE.

Fonds de Bouhier, E. 21.

348. In-4° sur vélin. – Livres de clergie appelez ymage dou monde (avec une introduction ou *capitulatio* en prose). — XIIIe SIÈCLE.

Fonds de Bouhier, E. 26. Vers la fin, on lit :

« Et fenist limage dou monde
. . . .
« en lan de lincarnacion
« au roi a la paracion
« MCCXLV anz
« fu premier retraiz cist romanz. »

Le volume se termine par la série des rois de France, écrite au xve siècle.

349. In-4° sur vélin. – (Roman de Girard de Roussillon.) — XIVe SIÈCLE.

De la bibliothèque d'Auxerre. Il y a une note de Laire. On a refait plusieurs feuillets au XVIIIe siècle.

350. Petit in-4° oblong, sur vélin. – « Le romanz de saint

« Fanuel et de sainte Anne et de Nostre Dame et de Nostre « Segnor et de ses apostres. » – Début : « Ce fu li årbre voire« ment. » – Fin : « a grant honor el ciel assise. » — XIIIe-XIVe SIÈCLE.

Fonds de Bouhier, E. 41. Le commencement manque.

N° 351. In-4° sur vélin. – Dictamina magistri Petri de Vineis. — XIVe SIÈCLE.

Fonds de Bouhier, D. 63. Ce manuscrit ne renferme pas toutes les lettres qui ont été publiées, mais quelques-unes y sont plus étendues que dans l'imprimé.

352. In-4° sur vélin. (Recueil.) – Incipit opus Paulini Petricordiæ (seu Pseudopaulini) de vita S. Martini (metrice). – 2° Paulini de visitatione nepotis sui. — Xe SIÈCLE.

Fonds de Bouhier, E. 15. L'écriture de ce manuscrit est un peu penchée. Le volume est incomplet.

353. In-4° sur vélin. – Le rime del Petrarca. – « Incipiunt « ejusdem quædam dicta reperta in quodam Virgilio in Pa« piensi bibliotheca ipsius manu propria scripta, ut fertur « (de Laura). » – « Hæc etiam sunt verba sua in epistola « quodam scripta ad Jacobum de Columna Lomberiensem « episcopum (de Laura). » – (Ejusdem versus de Valle clausa.) — XVe SIÈCLE.

Beau manuscrit, avec de jolis encadrements, et un portrait de Pétrarque, qui occupe une page entière. A la suite des sonnets, et avant les triomphes, on lit ces mots : « Ο' Ἀντώνιος τόφϊος γέγραφα. τό θεῶ δόξα (sic). A la fin, il y a une épitaphe d'Auguste en vers latins : la reliure est ancienne.

354. In-4° sur papier. – Rime italiane e latine di monsignore Della Casa. — XVIe SIÈCLE.

Fonds de Bouhier, C. 117. Ce manuscrit porte le nom d'Iacopo Corbinelli, et a été annoté par ce savant philologue.

N° 355. Deux volumes in-4° sur papier. – Dialogues de l'Arétin, traduits en français. – Le Luxurieux, comédie (Paris, 1738). – Comédie galante de M. de Bussy. — XVIIIe SIÈCLE.

Fonds de Bouhier, C. 154 et 155. Suivant M. Brunet, la pièce de M. de Bussy a été imprimée dans l'Arétin français.

356. In-4° sur papier. – Excerpta varia autographa Winckelmanni. — XVIIIe SIÈCLE.

Bibliothèque Albani.

357. In-4° sur papier. – (Alanus de Insulis, de natura et virtutibus necnon de complanctu naturæ, cum glossa.) — XVe SIÈCLE.

358. In-4° sur vélin. (Recueil.) – 1° Pompeius de grammatica. – Incipit : « De litera : Ergo quoniam bene fecit Donatus « artem illam priorem scribere infantibus posteriorem om« nibus. » – Desinit : « sensus ubi pes finit. » – 2° Incipit ars Euticii de verbo. – Incipit : « Cum semper novus questiones doctoribus auditores. » – Desinit : « antecedente consonante. » 3° De ortografia. – Incipit : « Ortografia græce latine. » – Desinit : « geminandam esse litteram. » – 4° (Commentarius in Bucolica et Georgica Virgilii.) – Incipit : « Tempore illo, gubernante Julio Cesare imperium, regna« vit Brutus Casius super XII plebes Tuscorum et exortum « est bellum inter Julium Cæsarem et Brutum Casium cum « quo Virgilius erat, superaturque Brutus a Julio. Post hoc « Julius occiditur a senatu scabellis subpedaneis. » – 5° « In« cipit Pompeius expositor regularum Donati grammatici. » – Incipit : « Commentum artis Donati uniuscujusque rei « scientiæ quæritur æthimologia ipsius artis. » – Desinit : « ut viderit oblique dictum. » — IXe SIÈCLE. – 6° (In episto-

las Pauli, Jacobi, Petri et Johannis commentarius anonymus.) — XIIIe SIÈCLE.

De l'Oratoire de Troyes, fonds de Pithou. Ce manuscrit, écrit de diverses mains, a été tellement rogné que beaucoup de notes marginales ont été atteintes : les titres sont ordinairement en onciales et en capitales rustiques dans la portion appartenant au IXe siècle, dans laquelle il y a aussi des lettres incluses. On voit par le passage cité du commentaire sur Virgile, qui contient huit feuillets, combien peu on connaissait l'histoire romaine, à l'époque où ce commentaire a été composé. Des deux ouvrages de Pompeius, n°s 1 et 5, le second, contenant cent cinq feuillets, paraît cependant incomplet à la fin : c'est sans doute l'ouvrage signalé par Heusinger comme se trouvant dans un manuscrit de Wolfenbüttel. Le n° 2, aussi incomplet, se trouve dans le recueil de Putschius, *Grammaticæ latinæ linguæ veteres auctores* (p. 2143). Les deux ouvrages commencent de même et diffèrent très-peu ; mais celui du manuscrit s'arrête au tiers du premier livre de l'imprimé. Le n° 3, également incomplet, est le même traité, *de Orthographia*, placé sous le n° 30, dans le manuscrit 306 de cette même bibliothèque, moins la fin. Les commentaires du n° 6 semblent provenir de mains différentes. La première partie, incomplète, et contenant les Épîtres de saint Paul, est écrite à deux colonnes.

N° 359. Deux volumes petit in-4° sur vélin. — Ciceronis orationes et epistolæ. — XVe SIÈCLE.

Fonds de Clairvaux.

360. Petit in-folio carré, sur vélin. (Recueil.) — 1° Fragmenta Eusebii historiæ. — 2° Gregorii Turonensis gesta francorum. — 4° Eginhardi vita Karoli magni (cum versiculis de Eginhardo). — 4° Passio S. Urbani papæ et martyris. — 5° Passio S. Sydronii. — 6° Ymnum de S. Urbano. — 7° Præfatio Anastasii. — 8° Leontii vita S. Johannis episcopi Alexandrini. — 9° Passio S. Firmini. — Inventio et translatio ejus corporis (cum hymno et musica) in solemnitate S. Germani. — 10° Fragmentum passionis B. Laurentii (cum hymno et musica). — 11° Exaltatio S. Crucis. — 12° Passio S. Marcii episcopi. — 13° Passio S. Eusebii. — 14° (Figura labyrinthi.) —

15° Sallustii bellum Catilinarium. – 16° Sallustii bellum Jugurthinum. — Xe SIÈCLE. — 17° Passio S. Dionysii cum sociis ejus. – 18° Lectio Evangelii secundum Matthæum. – Xe-XIe SIÈCLE.

De l'abbaye de Pontigny. La plupart des feuillets de ce volume ont été transposés. Sur la couverture se trouvent deux feuillets de parchemin, tirés d'un ancien Pontifical du IXe siècle, en lettres d'or et en lettres rouges.

N° 361. In-4° sur vélin. (Recueil.) – 1° Ciceronis de inventione. – 2° Ejusdem ad Herennium rhetorices libri IIII. – 3° Scholasticorum XII carmina in Ciceronis tumulum.—XIIIe SIÈCLE.

Fonds de Bouhier, E. 58. Le n° 1 avait anciennement pour titre *Rhetoricorum ad Antonium.* Pour le n° 3, voyez *Pithœi catalecta*, p. 90.

362. In-4° sur vélin. (Recueil.) – 1° (Sedulii opera cum glossis.) – 2° « Juvencus, nobilissimi generis Hispanus presbyter « IIII Evvangelia exametris versibus, pæne ad verbum trans- « ferens, IIII libros composuit..... » (cum prologo et glossis). – 3° M. Ann. Lucani bello civilis liber (cum glossis, necnon notis et argumentis in singulos libros). – 4° Ad paralisim (remedium). — IXe SIÈCLE.

De l'Oratoire de Troyes, fonds de Pithou, qui a signé son nom. Le n° 1 de ce manuscrit important contient, indépendamment du *Carmen Paschale* de Sedulius, d'autres pièces de vers, qui ont été publiées dans l'édition des ouvrages de cet auteur, donnée à Rome par Arevali. Au verso du feuillet 4, on lit : « Hoc opus Sedulius inter chartulas dispersum reliquit quod recollectum « adunatum atque ad omnem eligantiam divulgatum est a Turcio Rufo Asterio « V C exconsule ordinario atque patricio. » Les trois feuillets 5, 6 et 7, écrits à une époque postérieure, ont été ajoutés, afin de compléter cette partie du manuscrit qui contient les cinq livres du *Carmen Paschale*, quoique le copiste ait écrit à la fin du cinquième « Explicit liber IIII. » Cette erreur commence à la fin du livre II, où on lit « Explicit liber I; » elle se continue ainsi jusqu'à la fin de l'ouvrage. Au feuillet 39, après les deux acrostiches sur Sedulius, se trouvent huit vers relatifs aux Évangélistes et commençant ainsi :

« Matheus instituit virtutum tramite mores. »

Au n° 2, les gloses du Juvencus, peu nombreuses pour le premier livre, le sont encore moins pour le second, et deviennent très-rares pour les deux autres. Au Lucain du n° 3 il manque une partie de l'introduction, qui est en prose. En marge du feuillet 121, compris dans le second livre de la Pharsale, on a figuré le port de Brindes (appelé *Brondisium* dans le manuscrit), avec sa situation relativement à cette ville et à l'Italie. L'écriture des notes interlinéaires ou marginales est de deux époques; quelques-unes sont du IXe siècle comme le texte; d'autres paraissent du XIe siècle. Parmi ces dernières on en rencontre une tenant presque tout le verso du feuillet 141; cette note, comme beaucoup d'autres placées dans les diverses parties dont se compose ce manuscrit, a été atteinte par la rognure. La voici, sauf quelques mots :

« Lucanus fuit Cordubensis. Cordoba civitas est in Hispania, qua devicta « a Nerone, duxit Lucanum et avunculum suum Senecam Romam quem post« ea magistrum devenire honorem; ideo adpulit animum ad scribendum. Titu« lus talis est. Incipit liber Lucani factus de bello quod fuit inter Ponpeium et « Iulium; et notat in ipso titulo negotium ipsum quod quidam vocant inten« tionem. Qualitas carminis est quia innuitur heroico carmine et quia metro « describuntur res gestæ regum et ducum, testante Oratio, quem grandiloquo « describuntur; ideo possumus notare in qualitate operis studium. Numerus « librorum sub denario numero est. Intentio Lucani est in hoc opere laudare « Neronem et hoc per laudes parentum scilicet et laudes Cesaris et Augusti, « de quorum progenie fuit. Et per laudes istorum voluit venire ad singulares « laudes ipsius, nisi fuisset morte præocupatus. Et ideo laudat eum, ut ejus « favorem addipisceretur, et tamen laudes istæ magis sunt vituperationes quam « laudes quibus fuit dignus; quia iste aperte non fuit ausus vituperare, ideo « taliter scribit que utrinque ibi possint intellegit. Alii dicunt : intentio sua est « dehortari homines a civili discordia, quod facit ostendendo quanta mala « evenerint e civili bello. Nam tale malum veniet inde quod tale monstrum « habemus, scilicet Neronem quem nunquam aberemus si civile bellum non « fuisset. Nunc breviter videnda est historia. Legitur olim diversas Romæ digni« tates fuisse, quarum una erat major dictatura. Nam dicebat et injungebat « cæteris quid facerent; et erat quinquennia ...... eligebantur ..... pore fuerunt « Ponpeius, Cesar et Crasus; ex quibus Crasus missus est contra Partos, qui « inimicabantur Romanis. Cesar fuit missus ..... am, ut juvaret Treverenses et « Loterenses, Burgundiones et Francigenas, quos omnes abstraxerat dux « Suevorum ..... imperio et sibi adjunxerat. Qui dux postea interfectus est a « suis, quia fugatus est a Cesare. Sed quia Cesar in quinquennio facere non « potuit ..... factum quod esset dignum triumpho proposuit stale (?) per alios

« quinque annos. Et quia Crassus interfectus est a Partis, quos magis timebant, « ..... mandaverunt Cesari ut rediret; quod si non faceret, nil honoris deberi « impendi pro his quibus ulterius ageret. Devictis omnibus..... Cesar. Pro- « posuit Ponpeius ei patriam interdicere, qui cum obviam venisset, vidit non « bene eventurum de bello, si inciperet. Fugit.... cum omnibus majoribus Ro- « manis, et ibi obsessus a Cesare vix evasit. Quibus peractis, Cesar reversus « est Romam, et despoliavit erarium totum ..... Hispaniam et ibi devincit Pe- « treium et Affranium, qui erant ex parte Ponpei. Quo facto, reversus Romam, « inde Ematiam, ibi pugnavit..... qui devictus fugit in Egitum ad Tolomeum, « et ibi occisus est, vidente uxore et uno filio; nam alter fugerat cum Catone « ..... anis; quos insequutus est Cesar et multos interfecit. Ex quibus duo filii « Ponpei fugerunt apud Mundam, et ibi pugnavit cum eis et interfecit....... « majorem. Sextus Pompeius effugit in Siciliam et ibi exercuit piraticam « artem. Contra quem longo tempore postea missus est Agripa et ocidit eum... « apud Mundam. Reversus est Cesar Romam et in secundo anno interfectus « est in Capitolio viginti quinque vulneribus, a Bruto, consentiente senatu. « Quo interfecto, effugerunt de civitate, proter populum. Antonius, qui fuerat « princeps militie ..... Cesare volens eum vincare, insequutus est, quia consen- « tiente senatu hoc fecerant. Missi sunt autem contra Antonium, quorum unus « ..... Augustus, nepos Julii Cesaris, qui tres priusquam venirent ad Brutum et « Cassium pugnaverunt cum Antonio ..... isti duo. Et remansit totus exercitus « Augusto Cesari, quos duos Dorobella princeps exercitus Antonii..... Reversi « sunt Romam et diviserunt Romanum imperium, et habuit Antonius ultra- « marinas partes. Postea vero .....tonius, frater Marci Antonii, volens aliquid « conradere ab Augusto, cepit inquietare Romanum imperium ..... obsedit apud « Mutinam, et inde fugit Perusinum, et ibi coegit eum deditionem facere. Quod « audiens, Marcus Antonius, ... se ad Brutum et Cassium, ut per illos infes- « taret eum. Quod audiens Augustus, transivit et pugnavit cum eis ..... ibi « duo B. et C. Antonius, relicta uxore sua, quæ erat soror Augusti, transtulit « se ad Cleopatram, reginam Egiti, que minata est Romanum imperium trans- « ferre in Egitum. Cum quo pugnavit Augustus apud Leucas promontorium, « et inde fugavit Cleopatram, et, apositis aspidibus mamillis interfecit se; et « Antonius evasit tunc, sed postea occisus est. »

Dans une partie des feuillets 203, 204 et 205, l'ancien texte a été remplacé par une écriture plus moderne.

N° 363. In-folio sur papier. – (Epistolæ ad Nicolaum de Valle apostolicæ cameræ clericum, et Perusiæ Martini V papæ thesaurarium conscriptæ, ab anno 1429 ad annum 1433. Scribebant Benedictus episcopus Rachanatensis, Oddo de Varris papæ thesaurarius, Petrus Donatus episcopus Paduanus, Nicolutius Crescii, Cinus de Lambardis canonicus Pisanus, Antonius Cencius Pontificiorum militum (ut videtur) præfectus; ipsius Nicolai de Valle epistolæ.) — XVe SIÈCLE.

Bibliothèque Albani. Ces lettres sont autographes.

N° 364. In-8° sur papier. – Petronii Arbitri fragmentum nuper Tragurii repertum. — XVIIe SIÈCLE.

Bibliothèque Albani, C XIIII. 10. C'est un exemplaire de l'édition de Padoue (1638) interfolié, avec une infinité de notes et de corrections marginales, tracées par une main fort savante.

365. In-4° sur vélin. – L. Annæi Senecæ epistolæ. — XVe SIÈCLE.

De S. Germain d'Auxerre.

366. In-4° sur vélin. (Recueil.) – 1° « Prefacio sive argumen« tum Leonis prothonotarii sacri palatii Bizantei sub Natachio « principe in librum Ovidii Nasonis Pelignensis de Vetula : « Ovidius Naso Peligni ruris alumpnus. » — XIIe SIÈCLE. – « 2° (Pseudo-Ovidius de Vetula.) – 3° Liber de rythmomachia. – Incipit : « Qui peritus aritmetice hujus inventi noticiam curat habere. » — XIVe SIÈCLE. — 4° Introitus (seu commentarius) ad Vetulam Ovidii. — XIIe SIÈCLE.

Fonds de Bouhier, E. 56. Les tableaux des combinaisons sont en chiffres arabes dans le poëme *de Vetula*. Trithème attribue à Hermann Contract la Rythmomachie.

367. In-4° sur vélin. – A. M. Torquati Severini Boetii de Consolatione. — XIIe-XIIIe SIÈCLE.

Fonds de Bouhier, E. 55.

N° 368. In-4° sur vélin. Recueil. – 1° Boece, de la Consolation. – 2° Traité contre le livre de la Rose (par Gerson). – Incipit : « Par un matin. » — XVe SIÈCLE.

Fonds de Bouhier, E. 135. La traduction du livre de la Consolation est de Jean de Meun. Elle est incomplète au commencement et à la fin ; le n° 2 est incomplet à la fin.

369. In-4° sur vélin. – Epistole Magistri Petri Blesensis Bathonensis archidiaconi. — XIVe-XVe SIÈCLE.

Fonds de Bouhier, D. 83. Il y a cent quarante-deux lettres.

370. In-4° sur vélin. – Traité de l'équipement et de l'ordonnance des signaux des vaisseaux. — XVIe SIÈCLE.

De S. Germain d'Auxerre. Anonyme et incomplet ; à la fin, on dit que dans le deuxième et dans le troisième livre, « verrez toutes les autres choses « concernans les faictz de la marine et navigaiges. »

371. In-4° sur vélin. – Leonardi Aretini vita Aristotelis. – Ejusdem paraphrasis in libros politicorum Aristotelis. — XVe SIÈCLE.

Fonds de Bouhier, D. 66.

372. In-4° sur vélin. – « Ce est le commencement de la funda- « tion de la sainte maison de lospital de S. Jehan de Jhe- « rusalem qui fu assovie enterment du tout, le XVIIe jour « du mois de mars l'an mil trois cent quarante et quatre « (avec les statuts, etc.). » — XIVe SIÈCLE.

Fonds de Bouhier, E. 33.

373. In-4° sur vélin. – (Les Institutes de l'empereur Justinien en français.) — XIIIe SIÈCLE (an 1296).

Fonds de Bouhier, D. 75. Bouhier remarque que F. Delaunay, dans son Commentaire sur les Institutes coutumières d'Antoine Loisel (p. 271) cite une ancienne traduction des Institutes faite en 1292, par un nommé maître Michel, et où il dit que le traducteur a mis un autre titre, de sa façon, à la place de celui, *De patria potestate;* que dans cette traduction ce chapitre n'a pas changé de titre, et que, par conséquent, ce n'est donc pas celle que Delaunay a citée.

N° 374. In-4° sur vélin. (Recueil.) – 1° Incipit liber Cosmographi Ethici philosophi stillo editus et ab Hieronimo presbitero in latinum translatus. – Incipit : « Philosophorum « scedulas sagaci indagacione investigans. » – 2° Incipiunt curiositates urbis Romæ regionum XIIII cum breviariis suis. – Incipit : « Regio primaporta capena. » – 3° (Methodii sermo de consummatione sæculi, cum præfatione.) – Incipit : « Beati igitur Methodii episcopi et martyris dicta « de greco in latinum transferre sermonem curavi. » — XIe SIÈCLE.

Fonds de Bouhier, D. 62. Le n° 1 est la compilation apocryphe dont Simler avait parlé d'après Gyraldus, qui lui-même ne la connaissait que par ouï dire. (Voyez Fabricius, *Biblioth. lat.* lib. II, cap. VIII.) Le n° 2 a été publié par Panciroli. (Voyez les Antiquités romaines de Grævius, tom. III.) Le sermon de Methodius a été imprimé, comme Bouhier le remarque, sans la préface. (*Bibliotheca patrum,* tom. XIV, 511.)

375. In-4° sur vélin. – (Ægidii de Roya, abbatis S. Mariæ de Regali monte, et postea monachi Dunensis, compendium chronici magni, quod Brando Joannes monachus Dunensis scripserat ab ortu mundi ad annum 1414, et chronodromum nuncupaverat, cum ejusdem continuatione usque ad annum 1430.) — XVe SIÈCLE.

Fonds de Bouhier, E. 101. Le titre rapporté ci-dessus est de Bouhier; il remarque que cet ouvrage a été imprimé, mais seulement à partir de l'année 792, et avec beaucoup de lacunes, à Francfort en 1620, par Sweertius, avec d'autres écrivains.

376. Petit in-4° sur papier. – Histoire du pays et principauté de Dombes, par Guichenon. — XVIIIe SIÈCLE (1742).

Fonds de Bouhier, D. 142. A ce manuscrit il manque la préface.

N° 377. In-4° sur vélin. (Recueil.) – 1° Ademari monachi Engolismensis chronicorum libri III. – 2° Item, excerptum ex alia historia (ab obitu Caroli Calvi ad Hugonem Capetum). – Incipit : « Defuncto Karolo Calvo regnavit filius ejus Ludovicus. » – 3° Item, Excerptum ex chronicis Adonis Viennensis de vita Karoli imperatoris. – 4° (Nominum ad chronologiam spectantium explicatio.) – 5° Nomina regum francorum. — XIIe-XIIIe SIÈCLE.

Fonds de Bouhier, D. 78. La Chronique d'Adémar a été publiée par Labbe, dans la *Bibliotheca nova manuscriptorum*, tom. II, p. 151; mais, pour le troisième livre, il n'a donné qu'un extrait. Suivant Bouhier, l'*Excerptum* de la chronique d'Adon diffère beaucoup des imprimés.

378. In-4° sur vélin. – Galfridi (Monemutensis) historia Britannorum. — XIIe SIÈCLE.

Fonds de Bouhier, E. 31.

379. In-4° sur papier. (Recueil.) – Remarques de Philibert de Lamare sur le Catholicon d'Espagne. – Mémoire du même, pour prouver que Philippe de Comines n'est pas l'auteur de la vie de Charles VIII. – Remarques de Guichenon sur Mezeray. – Mémoire de quelques endroits dont la maison de Savoie n'est pas contente, etc. — XVIIIe SIÈCLE.

Fonds de Bouhier, E. 181.

380. In-4° sur papier. (Recueil de plaidoyers.) – Plaidoyé de M. l'avocat général de Lamoignon sur le congrez. – Plaidoyé de M. Talon, dans l'affaire de madame de Coligny, etc. – XVIIIe SIÈCLE.

Fonds de Bouhier, D. 141.

381. Petit in-4° sur vélin. – Jacobi de Voragine legenda aurea sanctorum. — XIVe SIÈCLE.

Fonds de Clairvaux.

N° 382. Petit in-4° sur vélin. – « Agniolo Pandolfini trattato del « governo della famiglia. »–Début : « I lodati studii. »–Fin : « Con humilta gravita et modestia. » — XVe SIÈCLE.

Bibliothèque Albani, 1134. Joli manuscrit qui paraît du milieu du XVe siècle. Le titre est de la même époque que le reste du manuscrit, et ce titre semble devoir faire repousser l'opinion de plusieurs érudits qui attribuent cet ouvrage au célèbre architecte L. B. Alberti.

383. In-8° sur vélin. – Chartulare urbis Divionensis continens ejus privilegia, jura, consuetudines, etc. (en français et en latin). — XIVe-XVe SIÈCLE.

Fonds de Bouhier, F. 45.

384. In-8° oblong, sur vélin. (Recueil.) – 1° Incipiunt gesta Alexandri regis Macedoniorum. – Incipit : « Egipti sapientes « sati genere divino primi feruntur. » – 2° (Alexandri epistola ad Aristotelem de mirabilibus Indiæ.) – Incipit : « Semper memor tui. » – 3° (Alexandri et Dindymi epistolæ.) – Incipit : « Sepius ad aures meas. » – 4° (De differentia arithmeticæ, geometriæ et musicæ, et de arithmetica.) – Incipit : « Arithmetica una est ex septem liberales artes. » – 5° De ponderibus. – Incipit : « Ponderum hac mensurarum jubet « cognoscere modum. » – 6° De nominibus ponderum. – Incipit : « Calculus minima pars est ponderum. » – 7° De signis ponderum. – Incipit : « Ponderis signa plerisque ignota sunt. » – 8° Hysidori de mensura. – Incipit : « Mensura « est quicquid pondere capacitate. » – 9° Nomina mensurarum. – Incipit : « Ciati pondus adpenditur X dragmis. » – 10° De signis mensurarum. – Incipit : « K y. Kappa græcum « circa finem cornuum adjunctum. » – 11° De militibus. – Incipit : « Legio quidem, legio major XII pugnatorum. » –

12° De septuagies. — 13° De nominibus in mensuris agrorum. — Incipit : « Digitus qui et polex pars minima est in « mensuris agrorum. » — 14° « In nomine Domini nostri Jesu « Christi incipit computatio grecorum sive latinorum edita « a sancto Dionisio greco episcopo et Meturio (?) equitano; « invitati ab Hylario urbis Romæ episcopo. » — Incipit : « De « numero igitur, fratres dilectissimi. » — 15° De divisionibus temporum. — Incipit : « Divisiones temporum quot sunt? XIIII. » — 16° Item de sideribus. — Incipit : « Aries ingre« ditur XV kal. aprilis. » — 17° Incipit compotus grecorum : « Januarius mensis habet. » — 18° Isidori de bissexto. — Incipit : « Bissextus est per annos IIII^or^ unus dies adjectus. » — 19° « Incipit orologium : « Januarius et decembris hora prima. » — 20° De temporibus anni. — Incipit : « Tem« pora anni quot sunt? » — 21° Isidorus de kalendas. — Incipit : « Kalende, mensis inceptio. » — 22° « Incipit de « loquela digitorum : « De temporum, ratione Domino ju« vante dicturi. » — 23° Incipit temporalis : « Kalendæ januarii « si fuerint die dominico. » — Desinit : « et domi cremabuntur. » — 24° Locutio Ambrosii de celum. — Incipit : « Cœ« lum greco vocabulo uranus dicitur. » — IXe-Xe SIÈCLE. — 25° (Incerti de musica.) — Incipit : « Quid est tonus? Regula « que de omni cantu. » — 26 De resurrectione (metrice). — Incipit : « Salve festa dies toto venerabilis evo. » — 27° (Versus morales.) — Incipit : « Plus vigila semper, ne sompno « deditus esto. » — 28° (Hymnus cum musica.) — X^e^ et XIIe SIÈCLE. — 29° (Epistolæ presbyteri Johannis fragmentum.) — XIIIe SIÈCLE.

Ce manuscrit important est de diverses mains. Les pièces qu'il contient, et dont quelques-unes seulement ont été publiées, méritent toute l'attention des savants. Il est difficile de bien déterminer l'étendue de chaque opuscule, qui paraît se composer souvent de plusieurs chapitres, avec des rubriques distinctes, sans que rien puisse prouver cependant d'une manière certaine que ce ne sont pas là autant d'écrits séparés.

Le n° 4 a été publié dans les œuvres d'Isidore de Séville (*Etymologiarum lib. III, cap. I, II, III, IV, V et VIII*); mais le prologue manuscrit est beaucoup plus étendu que les chapitres I et VIII, qui, dans l'imprimé, en reproduisent à peine la moitié. Les n°s 5, 6, 7, 8, 9, 10 et 13 sont aussi des ouvrages d'Isidore de Séville, publiés avec d'autres divisions : ainsi, les n°s 5 et 6 forment le chapitre XXV du XVIe livre des Étymologies, moins deux ou trois phrases ; les n°s 7 et 10 sont confondus dans le chapitre XXVII du même livre ; les n°s 8 et 9 se retrouvent aussi dans ce livre, chapitre XXVI, sauf la première moitié du n° 8, qui commence le chapitre XV du livre XV, et dont le n° 13 forme la fin. Ces trois derniers n^os^, 8, 9 et 13, donnent de nombreuses variantes. Le petit traité du n° 11 présente quelques rapports avec les paragraphes *46, 47, 48, 49, 50 et 51* du chapitre III du livre IX des Étymologies du même auteur ; mais les différences sont plus nombreuses. Le voici tel qu'il est écrit dans le manuscrit.

« DE MILITIBUS. Legio quid est? Legio major XII pugnatorum, legio minor VI.
« Legio minor habet LX centurias, manipulos XXX, coors major X, turmas CC^tas^.
« Centuria quid est? Centuria est C armati milites. Manipulus quid est? Manipulus est CC^torum^ militum. Coors quid est? Coors maior DC viros habet, coors minor CCC^tos^. Coors ad pedites pertinet, turma ad equites. Turma quidem XXX viri cum equitibus. »

Les n°s 14 et 17 sont fort étendus et composés de nombreux chapitres, dont les rubriques ne se distinguent nullement de celles qui servent de titres généraux ; aussi l'observation faite sur la difficulté de limiter chacun des ouvrages renfermés dans ce manuscrit s'applique-t-elle principalement à ces deux derniers articles. On retrouve une partie du n° 18 dans le chapitre XXXV du livre V des Étymologies. Le n° 20 est de Bède ; il a été publié avec peu de variantes, dans le recueil de Godefroi, *Auctores latinæ linguæ* (p. 1545). L'opuscule du n° 22, contenu dans deux feuillets seulement, est terminé par une table de multiplication du nombre XXV. Au verso du même feuillet on en trouve une autre plus étendue, commençant par « Bis I, II, » et finissant par « Q (Quindecies) $\overline{\text{M}}$, $\overline{\text{I}}$ $\overline{\text{XV}}$. » Dans ces deux tables il n'y a que des chiffres romains. Le nombre 1,000 est indiqué, tantôt par un $\overline{\text{I}}$, tantôt par un $\overline{\text{M}}$, ou par MI$\overline{\text{LL}}$. L'écriture de ces deux tables paraît appartenir à la fin du Xe siècle ou au commencement du siècle suivant.

N° 385. Petit in-4° sur papier. – Voyage fait par Remi Pierre

Lescalopier, l'an 1574, de Venise à Constantinople. — XVIe-XVIIe SIÈCLE.

Fonds de Bouhier, F. 25.

N° 386. In-8° sur vélin. (Recueil.) – Chartes des privileges de Dijon. – Comment on doit paier les paages (péages) de toutes choses qui viennent a Dijon ou qui passent par Dijon. – Ce sont les coustumes comment lon paiera les ventes en la foire de la tous sains. – Mestiers (et autres coutumes) de Dijon. – Coutumes gardées et approuvées en la duché de Bourgogne. — XIIIe-XIVe SIÈCLE.

Fonds de Bouhier, F. 42. Quelques-unes des pièces contenues dans cet important recueil sont en français, d'autres sont en latin.

387. In-8° sur vélin. (Recueil.) – 1° Pœnitentiale vetustissimum, incerto auctore. – 2° S. Hieronymi (?) quæstio de modo administrandæ pœnitentiæ. – 3° Beda, de remediis peccatorum. – 4° Orationes variæ super pœnitentem. Item infra aliæ preces. – 5° Bonifacii archiepiscopi Moguntini editio de modo redimendi pœnitentias. – 6° Exorcismorum formulæ. – 7° Confessiones fidei catholicæ. – 8° Expositio fidei ejusdem per interrogationem et responsionem. S. Ambrosii (?) de cœlesti generatione. – 9° Interrogatio eorum qui ad sacros ordines sunt promovendi. – 10° Ordo missæ antiquus cum ejus expositione. — IXe-Xe SIÈCLE. — 11° Remigii (Autissiodorensis, ut videtur) expositio Ælii Donati grammatici. – Incipit : « Iste titulus varie invenitur in multis codicibus. In quibusdam enim ars, in aliis repperitur edicio. » – Desinit : « Liber Remigii explicit. » – 12° Incerti (forte ejusdem Remigii) quæstiones grammaticæ. – Incipit : « Magister quæ pars. » — XIIIe SIÈCLE.

Fonds de Bouhier, F. 20. Ce manuscrit est incomplet à la fin. Les titres rapportés ci-dessus sont écrits à la fin par Bouhier.

N° 388. In-12 sur papier. – (Recueil arabe, persan et turc.) — XVIIe SIÈCLE.

On y remarque : 1° Deux chapitres de l'Alcoran, avec des prières en arabe, en persan et en turc; 2° Le traité de la religion musulmane, en turc, par Mohammed, fils de Pyr-Aly, surnommé Alberkevy. Ce traité a été traduit en français par M. Garcin de Tassy; 3° Un traité de piété, en turc, d'après un traité arabe d'Algazzali; 4° Un traité en turc sur le peu de convenance qu'il y a à se faire donner un salaire pour lire l'Alcoran; 5° Quelques pensées sur la prière, etc. extraites de divers livres arabes et traduites en turc.

Le volume, qui est tout entier de la même main, ne porte pas de date; la pagination est à rebours. Une note placée en tête porte que le nombre des sourates de l'Alcoran est de cent quatorze, celui des mots de quatre-vingt-seize mille quatre cent quatre-vingts, et celui des lettres de trois cent vingt-deux mille six cent quatre-vingt-dix.

389. Petit in-4° sur vélin. – Dell' origine e costumi dei Turchi di Theodoro Spandunino Cantacusino. — XVIe SIÈCLE.

Fonds de Bouhier, F. 3. Cet ouvrage est dédié à Léon X; c'est là l'exemplaire qui fut offert à ce célèbre pontife; il est orné de ses armes et d'un encadrement assez joli.

390. In-18 sur papier. – (Passages de l'Alcoran et prières en arabe et en turc, avec certaines formules magiques et cabalistiques.) — XVIIe SIÈCLE.

Ce volume est paginé à contre-sens.

391. In-18 sur papier. – (Extraits de l'Alcoran et prières en arabe et en turc.) — XVIe SIÈCLE.

Il est dit, à la fin, que la copie a été faite en l'année 988 (1580 de J. C.). La pagination commence par la fin.

392. In-18 sur papier. – (Extraits de l'Alcoran et prières en

arabe et en turc, accompagnés de quelques histoires.) — XVIe-XVIIe SIÈCLE.

N° 393. In-16 sur papier. – Coutumes des duché et comté de Bourgogne. — XVe SIÈCLE.

Fonds de Bouhier, F. 33. En tête du volume sont peintes les armes de Guillaume Hugonet, chancelier de Bourgogne.

394. In-12 sur papier. – « Catalogue des écrivains de Dijon, « contenant ce que j'ai pu apprendre de leurs vies et de « leurs ouvrages (par le président Bouhier). » — XVIIIe SIÈCLE.

Fonds de Bouhier. Ce manuscrit est autographe.

395. Petit in-4° sur vélin. – « Ci si commencent li estaiblisse-« ment le roi de france (S. Louis) selonc lusage dou Chas-« telet de Paris et d'Orliens. » — XIIIe SIÈCLE.

Fonds de Bouhier, E. 77. Il y manque la préface que Ducange a publiée. Ce manuscrit, qui à la fin porte la date de 1273, est postérieur de trois ans seulement à la rédaction de l'ouvrage.

396. In-16 sur vélin. – Evangeliorum quæ per singulas dominicas dies in ecclesia recitantur compendium Germano-Helveticum. — XIVe SIÈCLE.

Fonds de Bouhier, F. 35. Avec des figures grossières, mais fort curieuses, à chaque page.

397. Petit in-4° sur papier. – Testamento e morte del Cardinale Mazzarino. — XVIIe SIÈCLE.

Bibliothèque Albani, 535. b. Reliure aux armes du pape.

398. Deux volumes petit in-4° sur papier. – Essai sur l'état de l'Europe, par M. Koch, professeur à Strasbourg (en 1773). — XVIIIe SIÈCLE.

N° 399. In-4° sur vélin. – (Pontificale, seu rituale episcoporum continens : benedictiones solemnes celebrationes synodorum; dedicationes ecclesiæ; consecrationes regum et reginarum, etc. cum kalendario.) – Incipit : « Omnipotens Deus. » Desinit : « Et munimen per Dominum. » — XIIIe-XIVe SIÈCLE.

Fonds de Bouhier, E. 29. Ce manuscrit a appartenu à Bernard de Chevenon, évêque de Saintes.

400. In-4° sur vélin. (Recueil.) – 1° Collectanea ex patribus. – (Quæstiones et solutiones theologicæ.) – 2° Ernoldi abbatis Bonevallensis liber de cardinalibus operibus Christi Domini nostri (cum prologo ad Adrianum papam). – 3° Symboli expositio. — Incipit : « Symbolum et dominicam. » — XIIe-XIIIe SIÈCLE.

Fonds de Clairvaux.

401. In-4° sur vélin. – Rituale. — XVe SIÈCLE.

De l'Oratoire de Troyes. « Dono R. P. Celoron. »

402. In-4° sur vélin. – Liber antiphonarii et responsorii. — XIIIe SIÈCLE.

Incomplet.

403. In-4° sur vélin. – Jarlandi Chrysopolitani S. Pauli Scholarium præceptoris et canonici, fidei doctrina seu studii salutaris candela. » — XIIe-XIIIe SIÈCLE.

Fonds de Bouhier, E. 6. Bouhier remarque que C. Oudin (*De scriptoribus ecclesiasticis*, tom. II, p. 1289,) cite, au sujet de cet ouvrage, un manuscrit de Clairvaux, qui probablement est celui-ci; le prologue a été publié par D. Martène, *Anecdot.* tom. I, p. 372.

404. In-4° sur vélin. (Recueil.) – 1° Alcuini liber de ratione animæ. – 2° Ejusdem expositio in VII psalmos pœnitentiales, cum præfatione ad Amonem episcopum. – 3° Ejusdem

expositio in psalmum CXVIII. – 4° Ejusdem expositio in canticum graduum, seu in psalmos graduales. – 5° Ejusdem epistola ad pueros S. Martini de confessione peccatorum. – 6° S. Ephrem diaconi (Edesseni) de compunctione cordis (latine, incerto interprete). – Incipit : « Dolor me compellit. » – Desinit : « qui redemit nos. » – 7° Anonymi sermo asceticus. – Incipit : « Audite fratres nostri, familia Christi, « grex summi pastoris. » — VIIIe-IXe SIÈCLE.

Fonds de Bouhier, D. 79. Les titres sont de la main de Bouhier. On lit dans ce manuscrit : liber S. Augendi, et ces deux lignes en capitales :

VOTO BONÆ MEMORIÆ MANNONIS
LIBER AD SEPULCHRUM SANCTI AUGENDI OBLATUS.

Ce manuscrit est incomplet à la fin. Bouhier considère comme inédits la préface du n° 2, et le n° 6.

N° 405. In-4° sur papier, de 154 feuillets. (Nous transcrirons les titres des divers articles, avec les fautes nombreuses d'orthographe et d'accentuation commises par les copistes : – 1° Εὐγγέλια τῶν ἁγίων παθῶν. α̅. Τῇ ἁγίᾳ καὶ μεγάλῃ πέπτῃ, εἰς τὴν λειτουργίαν· ἐκ τοῦ κατὰτθαῖον (l. κατὰ Ματθαῖον), fol. 1–44. – 2° Θρήνος τῆς ὑπὲρ ἁγίας Θεοτόκου, λεγωμένος τῇ ἁγίᾳ καὶ μεγάλῃ παρασκευβῇ, εἰς τὸν ἐπιτάφιον, f. 44–48. – 3° Ἐξήγησις περὶ τῆς ἐξορίας τοῦ Ἀδὰμ καὶ Εὔας, καὶ περὶ τῆς ἑαυτῶν μεταςτάσεος, f. 49–60, b. – 4° Διήγησις περὶ τῆς ζωῆς καὶ θανάτου καὶ τῆς φιλοξενίας τοῦ δικαίου Ἀβραάμ· καὶ πῶς διελέγετο μετὰ τοῦ ἀγγέλου Μιχαὴλ καὶ μετὰ τοῦ θανάτου, f. 61–83. – 5° Τὸ κοντάκιον, f. 83–91. – 6° Εὐχὴ ἐν τῇ ἀνομβρίαν, ἣν ποιῖ ὁ ἱερεὺς ἐν τῇ παρακλήσῃ, f. 91–92, b. – 7° Εὐχὴ τοῦ μεγάλου Βασιλειοῦ, ἐπὶ χειμαζομένων ὑπὸ πνευμάτων ἀκαθάρτων, f. 93–97, b. – 8° Κρίσις Δανιὴλ τοῦ προφήτου, f. 99–105. – 9° Διήγησις περὶ τῶν ἡμερῶν τοῦ Ἀντιχρίστου, τὸ πῶς μέλλει γενέσθε, καὶ περὶ τῆς συντελείας τοῦ αἰῶνος, f. 105–115, b. – 10° Ἀλφάβητος παρενεκτικός κὰι ψυχοφελὲς περὶ τοῦ ματαίου κόσμου τοῦτου, f. 116–121. — 11° Κλαυμὸς σαρκὸς πρὸς ἥδιαν ψυχῆς, f. 121–122, b. – 12° Pièce sans titre, en grec moderne et en vers politiques non rimés, contenant les lamentations d'un prisonnier, f. 123–141. – 13° Ἑρμήνεια τοῦ κὴρ Στεφάνου τοῦ Σαγχλήκει, περὶ τῆς νύκτας τα γὴρήσματα, f. 141–145, b. – 14° Ἑρμηνεῖα τοῦ Σαγχλῆκι πέρη τὰ ζαριὰ τοῦ πὲγνηδίου, f. 145, b – 150. 15° Ἑρμήνεια περὶ τῆς πὸλητικὲς τὰ καμῶματα, f. 150, b–154, b.)–XVe-XVIe SIÈCLE.

Les titres ci-dessus sont en rouge; quelques ornements très-informes, dessinés à la plume et coloriés, se trouvent à la tête et à la fin des premiers articles. Sur la feuille de garde, on lit, « *Ms. grec du 18e siècle;* » puis, sur le feuillet suivant, une notice de la main d'un savant bibliographe, portant la date, Paris, 1805, et commençant ainsi : « La note ci-contre, du R. P. Laire « (ce sont les mots mis en italique plus haut), est une nouvelle preuve de l'igno- « rance de ce moine. L'écriture et les peintures du manuscrit en font remonter la « date au XIIIe ou au XIVe siècle. Il est de la main d'un Grec nommé Emmanuel de « Lampro, etc. » Mais peut-être le savant critique a-t-il commis ici une erreur dans le sens opposé. Selon nous, le manuscrit n'est ni du XVIIIe siècle, ni du XIIIe ou XIVe, mais du XVe, ou du commencement du siècle suivant. Nous ferons observer ensuite que tout le volume n'est pas de la même main; et le nom du calligraphe, *Emmanuel de Lampro*, a été singulièrement défiguré. Voici la souscription f. 154, b : Ἐπελειώθει ὁ Ζαχκλικὴς διὰ χειρὸς ἐμοῦ, φρὰ Νοὲλ δὲ λα Μπρῶ, ἐκ τῆς Ῥοδῶν καβάλλαρεις. Τέλος. Le nom est *Fra* (c'est-à-dire *frater,* frère) Noël de la Brô, chevalier de Rhodes. La portion du volume écrite par ce dernier ne commence qu'au feuillet 123; c'est la plus fautive, comme on a pu le voir par la souscription elle-même et par les titres que nous avons copiés ci-dessus sans nous permettre le moindre changement. Ce qui précède le feuillet 123 est de plusieurs mains grecques un peu plus anciennes. 2° Ces lamentations de la sainte Vierge, à la vue de son Fils crucifié, sont écrites en grec ancien et en vers politiques non rimés. Commencement (pour rendre intelligibles les courts extraits que nous allons donner, nous rectifierons, en transcrivant, les fautes d'orthographe et d'accentuation dont fourmille le manuscrit) : Παριστάμενη τῷ σταυρῷ ἡ πάναγνος Παρθένος, Καὶ τὸν Σωτῆρα βλέπουσα κρεμάμενον ἐν ξύλῳ, Κατανοοῦσα τὰς πληγὰς, βλέπουσα καὶ τοὺς ἥλους. Fin : Μεγάλη δόξα σου, σταυρέ· μεγάλη σου ἡ χάρις· Μεγάλη σου ἡ δύναμις, ξύλον εὐλογημένον. — 3° Narration fabuleuse sur la vie et la mort d'Adam et Ève. Comm. Αὕτη ἡ διήγησις τῶν πρωτοπλάστων Ἀδὰμ καὶ Εὔας, μετὰ τὸ ἐξελθεῖν αὐτοὺς ἐκ τοῦ παραδείσου. Fin (c'est Ève qui parle) : Σὺ γὰρ ἦρας με τοῦ σώματος τῶν μελῶν αὐτοῦ. Ἀλλ' ἀξίωσόν με τὴν ἁμαρτωλὴν εἰσελθεῖν ἐν τῷ παραδείσῳ μετὰ τοῦ σκηνώματος αὐτοῦ· καὶ ὥσπερ ἐν τῇ παραβάσει ἀπ' ἀλλήλων οὐκ ἐχωρίσθημεν, οὕτω καὶ νῦν. Καὶ εὐθὺς παρέδωκε τὸ πνεῦμα· καὶ εὐθὺς υἱοὶ αὐτῆς κατέθησαν τὸ σῶμα αὐτῆς μετὰ τοῦ πατρὸς αὐτῶν Ἀδὰμ, μετὰ τοῦ ἀρχαγγέλου Μιχαήλ· ᾧ ἡ δόξα καὶ τὸ κράτος εἰς τοὺς αἰῶνας· ἀμήν. — 4° Légende concernant la vie et la mort d'Abraham, et l'entretien qu'il eut avec l'archange Michel au moment de sa mort. Comm. Ἔζησε δὲ Ἀβραὰμ τὰ ἔτη τῆς ζωῆς αὐτοῦ πάντα ϡε, ἐν ἡσυχίᾳ καὶ πρᾳότητι καὶ δικαιοσύνῃ. Fin : Καὶ τὴν εἰρήνην καὶ ἀγάπην κτησώμεθα, τὸ ἄλφα τῶν ἀρετῶν· ἵνα καὶ ἡμεῖς τὴν αἰώνιον ζωὴν ἀπολαύσωμεν ἐν Χριστῷ τῷ κυρίῳ ἡμῶν, ᾧ ἡ δόξα κ. τ. λ. — 5° Hymnes à la sainte Vierge. — 6° Prière pendant la sécheresse et pour demander la pluie. — 7° Oraison attribuée à saint Basile, pour guérir les possédés du démon. Elle manque dans les éditions des œuvres de ce Père ; mais elle a été publiée par Fabricius, *Biblioth. gr.* vol. VIII, p. 95 de l'ancienne édition, et par Jacques Goar, *Euchology.* p. 729, avec une traduction latine. — 8° Jugement du prophète Daniel. C'est le chapitre XIII de la version des Septante, tel qu'il se trouve dans le *Vetus Testamentum græcum*, édit. Paris, t. II, 1839, in-8°, p. 634-637. — 9° Prédiction sur l'époque où paraîtra l'Antechrist et sur ce qui doit arriver alors. Comm. Κατὰ τὴν θεόλεκτον φωνὴν τοῦ Εὐαγγελίου. Fin : Καὶ ἡ πλάνη τοῦ διαβόλου παύεται, καὶ ἀνθήσει τὸ φῶς τῆς ζωῆς Χριστὸς ὁ θεὸς ἡμῶν, ᾧ ἡ δόξα κ. τ. λ. — 10° Discours moral sur la vanité du monde. En grec moderne (ainsi que les pièces 12-15 qui suivent) et en vers politiques non rimés. Comm. Ἄνθρωπε πάσχεις καὶ θαρρεῖς, τὸ κάμνεις νὰ κερδήσῃς· Κακοπαθεῖς καὶ μάχεσαι· θέλεις διὰ νὰ πλουτήσῃς. Fin : Καὶ ἡμεῖς ἐκατεσκοπίσθημεν καὶ οὐ βλέπομεν τὸν τρόπον, Καὶ εἴμεθα ἀμέτοχοι ζωῆς τῆς αἰωνίου. — 11° Pleurs et plaintes du corps contre l'âme. En vers politiques, mais en grec ancien. Comm. Πῶς κάθῃ, πῶς ἀμεριμνᾷς, πῶς ἀμελεῖς, ψυχή μου ; Πῶς οὐκ ἀπέχεις τῶν κακῶν ὧν ἔπραξας ἐν βίῳ. Fin : Ἵνα σὲ ῥύσῃ τοῦ πυρὸς ἐκείνου τοῦ ἀσβέστου, Καὶ τῆς μερίδος τάξῃ σε πάντων τῶν σωζομένων. — 13° Poëme en vers politiques rimés (comme les deux autres qui suivent). L'auteur, Étienne Sanchliki, adresse des conseils à un jeune homme nommé *Francesco* (Φρατζησκής), sur le danger de se promener seul, pour son plaisir, pendant la nuit. Francesco, à ce qu'il paraît, goûtait fort peu les incorrectes mais sages exhortations de son Mentor, lequel se plaint de ce que « ses paroles tombent sur le sable » ; s'efforçant de redresser les inclinations vicieuses d'un élève peu docile, il se compare à un homme « qui voudrait aller à Samos sans navire » : Καὶ, φαίνεταί μου, σπέρνω τὰ λόγιά μου εἰς τὸν ἄμμον, Καὶ δίχα ξύλον βούλομαι νὰ πάγω εἰς τὴν Σάμον. Voici le commencement de cette pièce fort singulière : Πολλὰ ἐκοπίασα εὔκαιρα πολλαῖς φοραῖς δι' ἐσένα, Νὰ σὲ διατάξω, Φρατζησκὴ, νὰ λίπης αυτὰ ξένα. Fin : Λοιπὸν τὸ πρῶτον λέγω σε, νύκτα μηδὲν γυρίζης, Ἀνὲν καὶ θέλης τὰ καλὰ, νὰ μὴ τὰ ἀποχωρίζης. — 14° Second discours du même au même, pour lui défendre le jeu des dés comme un jeu dangereux. Comm. Δεύτερον συμβουλεύω σε τὰ ζάρια μὴ τὰ παίζης. Fin : Ἄφες καὶ ταὶς πολιτικαὶς, καὶ μίσησε καὶ τὰ ζάρια. — 15° Troisième discours du même au même, pour éviter les courtisanes. Comm. Τρίτον συμβουλεύω σε, ταὶς πολιτικαὶς ν' ἀφήσης. Fin : Σαχκλικὴς (*sic*) ἤμουν Στέφανος, τῶν πολιτικῶν ὁ Χάρως (le Charon, la mort, l'ennemi mortel des courtisanes), Καὶ ὅταν εἶχαν τίποτε, σὲ μὲν εἶχαν θάρρος. Ces trois derniers morceaux, malgré leur style incorrect, ne manquent pas d'un certain intérêt; ils semblent écrits dans le dialecte populaire de l'île de Rhodes, tel qu'il pouvait être au xve siècle de notre ère.

N° 406. In-4° sur vélin. (Recueil.) – 1° Eusebii Iheronimi descriptio de scriptoribus ecclesiasticis. – 2° Gennadii Massiliensis (de scriptoribus ecclesiasticis).–3° Hisidori Ispalensis episcopi de scriptoribus ecclesiasticis. – 4° Incipit Decretale in urbe Roma ab Ormisda papa editum. — VIIIe-IXe SIÈCLE.

Fonds de Bouhier, E. 27. Il y a au commencement, d'une écriture du IXe siècle : « Iste liber est Hieronimi virorum illustrium. In proximo isto debet « scribi liber Genadii. In tertio loco Ysidori et debent esse toti tres in uno vo« lumine. » Les deux premiers ouvrages sont de la même main; le troisième est d'une écriture qui affecte des formes un peu plus anciennes; à la fin est cette note, d'une écriture du temps : « Pipino interea rege ad celestia, ut cre« dimus, demigrante, Carolus et Carlomannus filii ejus regni administra (*sic*). » Ce manuscrit, dont les titres sont en lettres onciales rouges, a été corrigé. D'après la note de la fin, il semblerait du VIIIe siècle; mais l'écriture paraît être du commencement du IXe. Bouhier remarque que le décret du pape Hormisdas a été publié, d'après ce manuscrit, par Fr. Chifflet, dans ses notes sur Vigile de Thapsus.

407. In-4° sur vélin. – S. Augustini de fide et operibus; De cura pro mortuis gerenda; De continentia. — Xe SIÈCLE.

Fonds de Bouhier, E. 68.

408. In-4° sur vélin. – Breviarium officiorum ecclesiasticorum, cum kalendario. — XVe SIÈCLE.

Fonds de Bouhier, sans numéro. Avec figures.

N° 409. In-4° sur vélin. (Recueil.) – 1° (Psalterium latinum cum veteri interpretatione.) – 2° Incipiunt, canticum Esaiæ prophetæ. – Canticum Annæ. – Canticum Moysi prophetæ. – Canticum Abbacuc prophetæ. – Canticum Moysi ad filios Israel. – Benedictio trium puerorum. – Canticum prophetæ Zachariæ. – Canticum Mariæ ad vesperas. – Canticum Symeonis ad completorium Hymnus dominicæ diei. – Litaniæ Sanctorum. – Incipit oratio sancta. – Oratio S. Augustini episcopi. — VIIIe SIÈCLE (ann. 772-795).

Fonds de Bouhier, E. 69. Manuscrit précieux, provenant de Saint-Germain d'Auxerre. La première partie, le psautier, paraît plus ancienne que la suite. On lit, à la fin du psautier, une inscription demi-latine, en caractères grecs altérés. Au commencement des psaumes, il y a deux grandes figures. Les litanies sont tout à fait conformes aux *litanies carolines* données par Mabillon (*Analecta,* tom. II, p. 682-689), avec les pronoms *lo* et *los* en latin. Il les avait tirées d'un manuscrit de Besançon, communiqué à Dachery par P. Fr. Chifflet. Voyez aussi à ce sujet Raynouard (*Choix de poésies des troubadours*). Les dernières pièces ont été ajoutées par différentes mains, vers la même époque.

410. Petit in-4° carré. – Martyrologium Bedæ presbiteri (præcedentibus notis de lectionibus, de mensibus, etc.). — Xe SIÈCLE.

Fonds de Bouhier, E. 90. Ce manuscrit a été cité par les Bollandistes, *Act. SS. Martii,* tom. II, præf. n° 6, et par Mabillon, *Itiner. Burgund.* p. 8.

411. In-4° sur vélin. (Recueil.) – Sancti Gregorii Nazianzeni liber apologeticus de Nativitate Domini; De luminibus, seu secundis Epiphaniis; De Pentecoste; De Hieremiæ dictis; De reconciliatione et unitate monachorum; De grandinis vastatione, ex versione latina Rufini; Item, excerptum ex libris moralium B. Gregorii in Job. — XIIe SIÈCLE.

Fonds de Bouhier, E. 16. De diverses mains; incomplet avant les extraits de S. Grégoire. Voy. au sujet de ce manuscrit, Fr. Chifflet, *ad Vigilium*, p. 57.

N° 412. Petit in-4° carré sur vélin. (Recueil.) – 1° S. Augustini enchiridion, de fide, spe et charitate. – 2° Capitulare ecclesiastici ordinis seu de divinis officiis. – 3° Ordo Romanus antiquus. – 4° Ordo scrutinii ad electos, seu de baptismo. – 5° Ordo de ordinatoribus. – 6° Ordo librorum catholicorum (seu canonicorum) qui in ecclesia Romana leguntur per totum annum. — IXe SIÈCLE.

Fonds de Bouhier, E. 94. Les titres sont de Bouhier. Les rubriques sont en lettres onciales rouges. Bouhier remarque que Mabillon a parlé de cet *Ordo*, *Mus. ital.* t. II, p. 3.

413. Petit in-4° sur vélin. (Recueil.) – 1° (Excerptum de divisione Galliæ, et gestis regum Francorum.) – Incipit : « Galliæ situs ad orientalem plagam. » – 2° (Incerti carmen, Cur deus homo.) – 3° Invectiva Sallustii in Tullium (cum Tullii responsione). – 4° Hildebertus Cenomannensis episcopus, de animalibus post mortem carnis (metrice). – 5° Beda de die judicii (metrice). – 6° Expositio magistri Roberti Folioth Miledunensis, episcopi Herefordensis, evangelii secundum Joannem. – 7° Hugonis a Sancto Victore tractatus in lamentationes Hieremiæ. – 8° Incerti tractatus de epistolis componendis. – 9° Petrus Anfusus, seu potius Alphonsus, ex judæo christianus, de moribus Saracenorum et Mahomete. – Incipit : « Cum paternam reliqueris fidem. » – 10° Magistri Hugonis a Sancto Victore liber de virtute et genere orandi. – 11° Necrologus SS. patriarcharum, prophetarum et apostolorum, incipiens ab Adam et desinens in Tito Pauli discipulo. – 12° Decretum Gelasii papæ de recipiendis vel non recipiendis libris. – 13° De notitia librorum apocryphorum qui a sanctis patribus damnati sunt. – 14° Sententia domini Lanfranci

archipræsulis Cantuariensis de monacho qui de seculari monasterio, religionis gratia, ad aliud monasterium fugit. – 15° Hugonis a Sancto Victore Parisiensis sententiæ. – 16° Incerti tractatus de conjugio. – Incipit : « Conjugio ut ait. » – 17° Hugo S. Victoris qualiter invisibilia Dei per visibilia intelliguntur. – 18° Versus Hildeberti archiepiscopi de missa. – 19° Incerti tractatus de ecclesiæ sacramentis et vestimentis sacerdotum. – 20° Hugo de Fulleio (seu de Folieto) canonicus et prior S. Laurentii, de claustro materiali, et de XII abusionibus, et de claustro animæ. — XIIe-XIIIe SIÈCLE.

Fonds de Bouhier, E. 64. Les titres ci-dessus ont été inscrits en tête du volume, par Bouhier. Écriture de diverses mains, un peu penchée. Le n° 1 s'arrête à Hugues Capet. N° 10; selon Bouhier, personne n'aurait fait mention de cet ouvrage.

N° 414. In-4° sur vélin. – Preces piæ cum kalendario. — XVe SIÈCLE.

Avec quelques miniatures.

415. In-4° sur papier. (Titre en lettres rouges, sur un feuillet non numéroté) : GLOSSARIUM GRÆCOLATINUM A BONO Accurtio (*sic*) Pisano compilatum ex GLOSSA Joannis (Bouhier a ajouté en interligne, Crastoni) Monachi Carmelitani. (Suit la préface de Buonaccorso, fol. 1) « Bonus « Accursius Pisanus clarissimo viro Antonio Bracello, juris-« consulto primario ac ducali senatori, salutem plurimam « dicit. Quo pacto fieri potest ut. » Fin, fol. 2 : « nulliusque ex-« pertis discipline. Vale, vir magnifice ac sapientissime, et me « commendatum habe. » (Titre du Dictionnaire fol. 3) : Λεξικὸν κατὰ ἀλφάβητον. Dictionnarium secundum alphabetum. Commencement *ibid.* : « A cum B. Aβ ἀπό. Abadir βαίτυλος. »

Fin, f. 183, b : « V cum X. Vxor γυνή. Vxorius γυναικοφίλης. » Finis. Τέλος· τῷ Θεῷ χάρις. — XVIe SIÈCLE.

Provient de la bibliothèque du président Bouhier, qui a écrit de sa main, au bas du feuillet servant de titre : CODEX MS. E. 67 *Bibliothecæ Buherianæ*, M DCC XXI. Puis, au verso d'un feuillet de garde : *De hoc Johannis Crastoni, Placentini, Carmelitani monachi, Lexico, quod primum typis prodiit Regii Lepidi anno 1497, 8°, et iterum Mutinæ ann. 1499, Fol. cum Boni Accursii præfatione, vid. omnino Joan. Alb. Fabricium, Biblioth. græc. lib. V, cap. XL, § 10, tom. mihi XI* (lisez X), *pag. 73.* En effet, Jean Crestone ou Crastone, de Plaisance (et cité quelquefois, à cause de son origine, sous le nom de *Joannes Placentinus*), religieux de l'ordre des Carmes, est le premier qui, lors de la renaissance des lettres, rédigea un Dictionnaire ou plutôt un Vocabulaire latin-grec, imprimé à Milan, in-fol. peu après l'an 1480. Voyez Tiraboschi, *Storia della letteratura italiana*, tome VI, part. II, p. 143. Le Vocabulaire de Crestone, jugé avec trop de rigueur par Henri Estienne (*Epist. de typographiæ suæ statu*, Paris, 1569, in-8°, p. 10), fut réimprimé à Reggio avec une préface de Buonaccorso; cette édition est in-4°, et non in-8°, comme le dit Bouhier, d'après Fabricius (*Bibl. gr.* éd. de Harles, vol. VI, p. 651). En voici la souscription : *Ad laudem Dei beatæque Virginis Mariæ. Impræssum* (sic) *hoc opus Regii per Dionysium de Bertochis et Marchum Antoniam de Bacileriis. Anno salutis M CCCC XCVII.* Mais cette édition n'est pas, à beaucoup près, aussi correcte que notre manuscrit, dont la partie grecque, à ce que nous croyons, a été écrite par George Hermonyme, de Sparte, qui, revenant de Londres, où il avait été envoyé par le pape Sixte IV, s'arrêta, en 1476, à Paris, et enseigna publiquement le grec dans cette ville. Nous prenons au hasard les mots suivants, altérés ainsi dans l'édition de Reggio : *Calvus* φαλλακρός. *Capo* ἀλεκτριών· *Consulo* πυνδάνομαι (pour πυνθάνομαι)· *Consumatio* συντέλια· *Femorale* ἀναξιρίς (pour ἀναξυρίς)· fautes que le calligraphe du manuscrit n'a point commises. Notre volume offre en outre un intérêt tout particulier, c'est que George Hermonyme a très-souvent ajouté les mots grecs modernes sur une troisième colonne. Ces additions ont été faites après coup, comme on peut s'en convaincre d'après la différence de l'encre et de l'écriture. En voici un échantillon pris seulement du feuillet 75 : *Forum* ἀγορὰ φόρος. *Fossa* τάφρος σοῦδα. *Fossor* ὀρυκτὴς σκαφέας. *Fossorium* ὄρυξ φθιάριν. *Fovea* Βόθυνον φόσα (*sic*). *Fragilis* εὔθλαστος εὔκολος νὰ ῥαγῇ. *Fragmentum* κλάσμα τζάκισμα. *Framea* ῥομφαία ξίφος. *Frango* κλάζω τζακίζω. Ces explications en grec moderne, tel qu'il était vers la fin du XVe siècle, et l'écriture autographe d'Hermonyme, qui fut le maître de

Guillaume Budée et de Reuchlin, donnent du prix au manuscrit de Montpellier.

N° 416. Petit in-4° sur vélin. (Recueil.) – 1° (Glossæ hebraïco-græco-latinæ.) – 2° (Ciceronis seu potius Pseudo-Ciceronis epitheta et synonima, quibus præfigitur epistola Pseudo-Ciceronis ad Veterium.) – Incipit epistola : « Cicero Veterio salutem. Collegi hæc verba. » – Incipiunt epitheta et synonima : « Orator, auctor, defensor. » – Desinit : « pertendit, contendit. » – 3° (Glossæ latinæ, ordine alphabetico.) – Incipit : « Abactor, fur jumentorum. » – Desinit : « Zona, cingulum. » — IXe SIÈCLE.

Fonds de Bouhier, E. 72.

Les gloses du n° 3 sont très-étendues ; elles commencent au feuillet 15, et se continuent jusqu'à la fin du volume, où l'on trouve ces mots, en écriture du temps : « Tu qui legis, ora pro me qui scripsi, et Dominum habeas adjuto- « rem in die judicii. »

417. Petit in-4° sur vélin. – Apologia Socratis, et Crito a Leonardo Arretino in latinum translati (cum argumentis ejusdem.) — XVe-XVIe SIÈCLE.

Bibliothèque Albani, n° 1762.

418. In-4° sur vélin. – Justiniani institutiones. — XVe SIÈCLE.

Fonds de Bouhier, E. 57. Avec quelques miniatures.

419. In-4° sur papier. – (Lettere diverse di Ferrante Carli all' Achillini, al Preti, al Testi, colle cagioni dei digusti del Carli col Marino.) — XVIIe SIÈCLE.

Bibliothèque Albani, 1926. Brouillons autographes.

N° 420. In-4° sur vélin. – 1° Petri de Allyaco ymago mundi. — XVe SIÈCLE. — 2° Apparatus sermonum seu florum. — XIVe SIÈCLE.

Fonds de Clairvaux. Le n° 1 est accompagné de figures de cosmographie à la plume.

421. In-4° sur papier. – Variorum authorum flores redacti ordine alphabetico, a Gaspare Scioppio. — XVIIe SIÈCLE.

Bibliothèque Albani. Autographe; petite écriture très-régulière.

422. In-8° sur papier. – 1° Κορνούτου ἐπιδρομὴ τῶν κατὰ τὴν ἑλληνικὴν θεωρίαν παραδεδομένων, fol. 1. – 2° Παλαιφάτου περὶ ἀπίστων, f. 30, b. — XVe ou XVIe SIÈCLE.

Provient de la bibliothèque du président Bouhier. On lit de sa main, sur le premier feuillet servant de garde : codex *MS. bibliothecæ Buherianæ E. 132. M DCC XXI.* — 1° Le texte de notre manuscrit diffère beaucoup de celui qu'a donné Thomas Gale dans les *Opuscula mythologica, ethica et physica*, *Cantabrigiæ*, 1671, in-8°. Non-seulement nous retrouvons ici à peu près toutes les variantes qu'offre le manuscrit nommé par Gale *Oxon. β*, mais encore un grand nombre d'autres que cet éditeur ne mentionne point. Nous en donnerons quelques-unes : p. 2, lin. 8, κεκλῆσθαι l. 11, δὲ αὐτὸν 12, καλεῖται σὺν 14, κάλλιστα διακεκοσμῆσθαι 17, υἱὸν εἶναι 18, ἢ προλαβόντες 23, δῆλον καὶ ἐκ p. 3, l. 1, τὸ ἐξωτάτω 7, ἄστα (*sic*) ἐστὶν p. 105, l. 6, οὕτω δ' ἤδη καὶ 9, τὰ παραδεδειγμένα στοιχεῖα 19, νῦν ἐπιτομικῶς 20, παραδοῦναι 24, οἰκείως p. 106, l. 1, θύειν τε; 3, ἐν τοῖς ἐπιβάλλουσι. On voit que la plupart de ces variantes offrent peu d'intérêt; il y en a cependant, dans le nombre, qu'un futur éditeur ne devra point négliger. 2° Les différentes leçons, également fort nombreuses dans cette partie, sont, à peu d'exceptions près, les mêmes que celles du manuscrit de Moscou et du *cod. 1* d'Oxford, discutées et souvent rejetées par Fischer, dans son édition de Paléphate, *Lipsiæ*, 1789, in-8°. Il est donc inutile de donner ici un spécimen de ces variantes, bien que notre volume tout entier soit écrit par un Grec fort instruit, qui a copié avec soin un exemplaire plus ancien. Une autre main, qui nous paraît également grecque, a tracé après coup, à la marge des premiers feuillets, d'une écriture peu élégante mais hardie, les noms propres et les mots rares qui se trouvent dans le texte. Le volume se termine, fol. 47, par les mots : ὅσα βουλητέον αὐτῷ· ἐκ τούτων οὖν ὁ μῦθος (Fischer, p. 182, l. 5). Il manque donc les huit derniers chapitres, comme dans le manuscrit de Moscou.

N° 423. In-4° sur papier. – Sermons de Guerricus translatez de latin en françois par Jehan de Gaigny docteur et premier aulmosnier du roy. — XVIe SIÈCLE.

Exemplaire du connétable de Montmorency, avec ses armes et sa devise ἀπλανος (*sic*), sur la couverture historiée, qui est de l'époque.

424. In-8° sur vélin. (Recueil.)–1° (Vita brevis Boetii.) – 2° (Boetius de consolatione philosophiæ.) – 3° Ejusdem de trinitate ad Simmachum socerum (cum glossa). – Explicit Boetius de trinitate.–4° Idem de eodem ad Johannem papam. — XIIe SIÈCLE.

Fonds de Clairvaux.

425. In-4° sur vélin. – Q. Horatii Flacci carmina (cum commentario). – Ejusdem Epodon. – Ejusdem liber de arte poetica. – (Ejusdem) epistolarum (libri II). – Ejusdem sermonum libri II. — Xe SIÈCLE.

De l'Oratoire de Troyes, I. o, 22, fonds de Pithou. L'ode à Phyllis (lib. IV, 11), « Est mihi, nonum superantis annum, » est accompagnée de la musique. C'est la seule ode du recueil qui soit notée. Les lignes sont beaucoup plus espacées dans cette ode que dans les autres, et la notation s'arrête à « compede vinctum. » La partie notée occupe une page et demie. Le titre du premier livre des Satires d'Horace, *Epistolarum liber secundus explicit, incipit ejusdem primus liber Sermonum,* est disposé, en grande partie, par colonnes verticales, d'une lettre sur chaque ligne, et en lisant de bas en haut. Les œuvres d'Horace sont précédées d'un *alleluia,* avec les notes anciennes, et de différentes petites pièces en latin, sur divers animaux, sur la durée de leur vie, qui est marquée en chiffres romains sur la marge. Puis :

FAC-SIMILE.

Bibliothèque de Montpellier, Ms. 425, p. 454.

AD PHILLIDEM

Est michi nonum superantis annum
Plenus albani cadus. est inhorto
Phylli nectendis apium coronis.
Est hedere uis
Multa . qua crines religata fulges;
Ridet argento domus; ara castis
Vincta uerbenis . auet immolato
Spargier agno;
Cuncta festinat manus huc et illuc,
Cursitant mixte pueris puelle;
Sordidum flamme trepidant rotantes
Uertice fumum;
Ut tamen noris quibus aduoceris
Gaudiis idus tibi sunt agendae.

Qui dies mensem ueneris marine
Findit aprilem .
Iure sollempnis michi sanctior que
Pene natali proprio . quod ex hac
Luce mecenas meus adfluentes
Ordinat annos;
Telephum quem tu petis occupauit
Non tue sortis iuuenem puella
Diues et lasciua . tenet que grata
Compede uinctum ;
Terret ambustus pheton auaras
Spes . et exemplum graue pbet ales
Pegasus . terrenum equitem grauatus
Bellerofontem ;
Semp ut te digna sequare . et ultra
Quam licet sperare nefas putando
Disparem uites; age iam meorum
Finis amorum .

« ÆDICTUM QUINTI HORATII AD LIBRUM IN QUO
« VITAM SUAM LATENTER INSINUAT. »

« Vertunnum, Janumque, liber, spectare videris,

— Desinit :

« Collegam Lepidum quo duxit Lollius anno. »

« EXPLICIT VATICINIUM VATIS AD LIBRUM. »

La glose, assez étendue pour les trois premières odes d'Horace, devient plus rare dans le reste du manuscrit; souvent des pages entières en sont dépourvues. Elle commence ainsi : « Mecenatem alloquitur indicans alium ab « studio hoc teneri quod appetuntur vel lucri cupiditate vel gulæ. Se vero « poetria delectari et inter Deos misceri si numero lyricorum poetarum ascrip- « tus fuerit. Mecenatem quoque ait atavis regibus editum quod a nobilibus « Etruscorum ortus sit. »

« Presidium et defensio illi erat quoniam non solum a morte illum salvavit « dum comprehensus esset ab illo, sed insuper Augustum conciliavit ei. Deus « illi erat sive ornamentum quod amicicia tanti viri magnum honorem præ- « stabat illi. »

Au dernier feuillet, on lit : « EXEMPLARIA SILLABARUM. Solutio est cum pro « longa sillaba due breves ponuntur. Pentimemeris est cum duos pedes sequi- « tur sillaba que partem terminat orationis. » Suivent encore quelques lignes sur la manière de scander les vers. Enfin, ce précieux manuscrit est terminé par la lettre IX « Septimius, Claudi, nimirum intelligit unus, » qui ne se trouve pas dans le premier livre des épîtres d'Horace.

N° 426. In-4° oblong, sur vélin. - Horatii carmina (cum glossa marginali et interlineari). — XIe SIÈCLE.

Quelques feuillets préliminaires contiennent une partie du commentaire. Ils commencent ainsi : « *Vis*, id est potestas judicandi; *norma*, id est regula « bene loquendi secundum casus et mores et tempora. » Ce manuscrit est incomplet.

427. In-4° oblong, sur vélin. - Virgilii Æneidos (cum argumentis, breviariis et glossa marginali). — XIIe SIÈCLE.

Fonds de Clairvaux. Le premier livre n'a pas d'argument.

428. In-4° sur papier. - (Recueil.) - 1° Theriaca y antidoto

general... composito por el doctissimo filosofo... Sciansed-dino Mohamed Benabibeque Alfarsi. – 2° Liber de venenis generalibus et particularibus ac de somniferis, a quodam philosopho editus. – Incipit : « Morale hominum genus. » — XVIIe SIÈCLE.

Bibliothèque Albani. Suivant une note du chevalier dal Pozzo, l'original du n° 1 se trouvait à Madrid, chez Marc Ovilio, interprète du roi d'Espagne pour l'arabe, en 1626. Dans le n° 2, il y a cinq livres sur les remèdes: on emploie la ciguë, l'aconit, la jusquiame et l'arsenic, etc. d'autres remèdes ne sont que des pratiques superstitieuses.

N° 429. Demetrii Triclinii et aliorum grammaticorum veterum scholia in Sophoclis Ajacem flagelliferum. — XVIIe SIÈCLE.

Fonds de Bouhier, E. 84.

430. Petit in-4° sur vélin. – C. Sallustii Crispi bellum catilinarium et jugurthinum. — XVe SIÈCLE.

Fonds de Bouhier, E. 86.

431. Petit in-4° sur vélin. – Le Testament de maistre Jehan de Mehun. — XIVe SIÈCLE.

Fonds de Bouhier, E. 91.

432. In-8° sur vélin. – (Recueil.) – 1° Æneæ Silvii de curialium miseriis. – 2° Ejusdem historia duorum amantium Euryali et Lucretiæ. – 3° J. Boccacius, de amoribus Guiscardi et Sigismundæ, Leonardo Aretino intreprete. – 4° Boccacii fabula de Griselide, Petrarcha interprete. – 5° Petrus Vergerius, de nobilitate. – Incipit : « Est ad Italie latus. » — XVe SIÈCLE.

Fonds de Bouhier, F. 6. Les titres sont mis par Bouhier.

N° 433. In-8° sur papier. — Winckelman osservationi ed estratti d'antichità. — XVIIIe SIÈCLE.

Bibliothèque Albani, autographe.

434. In-8° sur vélin. — Sedulii carmina. — XVe SIÈCLE.

Biblioth. Albani, n° 2032.

435. Petit in-4° sur vélin. (Recueil.) — 1° Livre traitant des XXVIII années du nombre d'or. — 2° La prophessie (*sic*) de Ezéchiel (sur les XXXII jours malheureux). — 3° Le livre que Salomon fist du cours de la lune. — XVe SIÈCLE.

Fonds de Bouhier, E. 79.

436. In-8° sur vélin. — Roman de Dolopathos, ou des sept saiges. — XIIe SIÈCLE.

De l'Oratoire de Troyes. Donné par Corberon.

437. In-8° sur vélin. (Recueil.) — 1° (Roman de la création du monde, ou des œuvres de Dieu, en vers.) — Début :

« Par ces quarrouges vont chantant
« Et dOlivier et de Rolant... »
. . . .

Fin. — « Lestoire Adam est ci fenie. »

2° « Cil livre de clergie en romant quest appeles lymage dou « monde, contient LV chapitres et XXVIII figures sans quoi « li livre I ne porroit estre legierement entendu. »

Début : « Qui bien veut entendre cest livre
« Et scavoir comment il doit vivre, etc.

3° « Ci commence li livre apele bestiaire. « En cest livre « translater de latin en romant mist grant travail et grant « paine Pierres qui voluntiers le fist par le commandement « levesque Philippon. Volt li evesques que cil livres fust

« fais sens rime, tout selonc le latin que Phisiologes, un des « bons clers dAthenes, traitai. » — XIVe SIÈCLE.

Fonds de Bouhier, E. 140. Au sujet du n° 3, voyez Galland, *Mémoires de l'Académie des inscriptions*, tom. II, p. 678. Bouhier remarque que le Bestiaire est traduit du Φυσιόλογος qu'on trouve parmi les œuvres de S. Épiphane. (Voyez Fabricius, *Bibliotheca græca*, lib. V, cap. 11, § 6. — Cf. Du Verdier, p. 136.) Il est incomplet à la fin.

N° 438. Petit in-4° sur vélin. (Recueil.) – 1° Le roman de la Rose. – 2° Sonetti italiani. — XIVe SIÈCLE.

Fonds de Bouhier, E. 54. Les sonnets italiens occupent vingt-neuf feuillets, à huit sonnets par feuillet. Ces sonnets sont presque tous en dialogue. Ils sont intitulés : « Lamante et amore. Lamante e lo schifo. Lamante e ragione. « Lamante e lamico. Venus e bellaccoglienza. Lamante. Gelosia. Castità. Vergogna. Amico. Falsembiante, Larmata di baroni. La vecchia e falsembiante. « Bellaccoglienza, etc. »

Le premier sonnet commence :

« Lo dio d'amor un suono mi trasse. »

439. Petit in-4° sur vélin. – La complainte de Gennes sur la mort de dame Thomassine Espinolle dame intendezo du roi, avec l'épitaphe et le regret. — XVIe SIÈCLE.

Fonds de Bouhier, E. 63. Miniatures et encadrement en noir. Cette complainte a été publiée par M. Paul Lacroix. M. Kuhnholtz prépare un travail sur ce manuscrit.

440. In-8° sur vélin. (Recueil.) – 1° Liber An. M. Severini Boetii de Trinitate. – 2° Ejusdem utrum Pater, Filius et Spiritus sanctus de divinitate substantiæ prædicentur. – 3° Ejusdem quomodo substantiæ in eo quod sint bonæ sunt. – 4° Ejusdem brevis christianæ fidei complexio. — 5° Ejusdem liber de persona et natura contra Eutychem et Nestorium. — XIIIe SIÈCLE.

Fonds de Bouhier, F. 4. Les titres sont modernes.

N° 441. In-8° sur vélin. (Recueil.)– 1° Romant de Floovaut et du roi Cluovis. — Début :

« Soignors or escoutez que de vos soie amis,
« III vers de bonne estoire si je les vos devis
. . . .

Fin : « Et moi avec noblit qui la vos ai chante. » — XIVe SIÈCLE.

Fonds de Bouhier, F. 8. Il y a à la fin quelques autres poésies.

442. In-8° sur vélin. (Recueil.) 1° – Honorii Augustodunensis liber qui Imago mundi nuncupatur. – 2° Bedæ presbyteri, de VII miraculis mundi. – 3° Incerti liber manualis de computo lunæ. – Incipit : « Cursus lunares si quis dinoscere quærit. » – 4° Alperici (seu Helperici) liber de computo lunæ (cum aliis de computo). — XIIIe siècle.

Fonds de Bouhier, F. 9. Les titres sont de Bouhier. Ce manuscrit incomplet est de diverses mains. D'après les notes de Bouhier, le n° 1, attribué à S. Anselme et publié parmi ses œuvres (pag. 416, édit. 1630), mais sans la préface qui se trouve ici, est d'Honorius d'Autun. (Voyez Fabricius, *Bibliotheca mediæ et infimæ ætatis*, t. III. p. 277.) L'auteur du n° 3 est Jean de Costa. (Voyez *Catalogus manuscriptorum Baluzii*, n° 539.) Le n° 4 a été publié par Pez. (*Anecd.* tom. II, part. 2, p. 182.)

443. In-12 sur vélin. – Juvenalis Satyræ (cum glossis). — XIIe SIÈCLE.

Fonds de Bouhier, F. 15.

444. In-12 sur vélin. – (Gualteri de Castellione Insulani Alexandreis.) – XIIIe SIÈCLE.

Fonds de Bouhier, F. 28.

445. Petit in-8° carré sur vélin. (Recueil.) – 1° G. S. Sidonii Apollinaris Arvernensis episcopi epistolæ. – 2° Senecæ epi-

stolæ. – Ejusdem de naturalibus questionibus libri sex priores. — XIIe SIÈCLE.

Fonds de Bouhier, E. 97. Incomplet à la fin, à partir du chapitre VI des Questions naturelles. Les titres sont de Bouhier.

N° 446. In-8° sur papier de coton. (Titre d'une main moderne, sur un feuillet de vélin non numéroté) : ΤΕΤΡΑΕΥΑΓΓΕΛΟΣ CUM EVSEBII CANONIBVS DECEM EVANGELICIS, OMNIA GRÆCE. – (1° Table des *péricopes* ou passages de l'Évangile que les ecclésiastiques grecs lisent dans la célébration de la liturgie, fol. 1–17. – 2° Les dix Canons d'Eusèbe, tels qu'on les trouve ordinairement dans les manuscrits, f. 17, b – 23, b. – 3° Évangile selon saint Matthieu, f. 25–88. – 4° Évangile selon saint Marc, f. 89–129, b. – 5° Selon saint Luc, f. 130–197, b. – 6° Selon saint Jean, f. 198–252. – 7° Ménologe, avec le titre : Ἀρχὴ σὺν Θεῷ μηνολόγην (*sic*) τοῦ ἱεροῦ καὶ ἁγίου εὐαγγελίου, f. 253–259, b.) — XIVe SIÈCLE.

Provient de la bibliothèque du président Bouhier, qui a écrit au-dessous du titre : *CODEX MS. bibliothecæ Buherianæ F. 12. M DCC XXI.* Puis, au verso du même feuillet : *De hujus codicis fortuna vide Philibertum de la Mare in Guijoniorum Vita, circa initium.* La notice biographique dont il s'agit ici se trouve à la tête de l'ouvrage intitulé : *Jacobi, Joannis, Andreæ et Hugonis Guiionorum Opera varia, ex bibliotheca Philiberti de la Mare, senatoris Divionensis. Divione,* 1658, in-4°. On y lit, p. ij, que Jean de Guyon ou Guijon, voyageant dans l'Orient, se rendit à Rhodes lorsque cette île allait être assiégée par Soliman II, en 1522 ; que lui et son frère Philippe, qui était chevalier de Saint-Jean-de-Jérusalem, y combattirent avec un courage héroïque ; et qu'après la reddition de l'île, Jean de Guyon revint en France. Pendant le siége, il avait reçu à la jambe gauche un coup de feu qui le rendit boiteux pour le reste de ses jours; mais, en revanche, il rapporta de l'Orient notre manuscrit, dont le grand maître de l'ordre, Villiers de l'Isle-Adam, lui avait fait présent. *Reversus est in Galliam,* dit Philibert de la Mare, *hoc uno dives spolio, Novi nempe Fœderis codice ante DC plus minusve annos græce ms., quem a Villerio sibi donatum maximo semper in pretio habuit, veluti justum (ut aiebat) rerum a se bello Rhodio fortiter gestarum præmium ac mercedem. Is autem est qui a Jacobo F. ad Nicolaum Chevaneum, jurisconsultum Divionensem translatus, ab eo postmodum Joannis Boherii senatoris Divionensis bibliothecæ consecratus est.* L'opinion de Philibert de la Mare, au sujet de la haute antiquité de notre manuscrit, a été partagée par Pierre-François Chifflet, né à Besançon en 1592, mort à Paris en 1682. A la fin du volume, sur un feuillet de papier ajouté après coup, on lit, de la main de ce savant jésuite, une note commençant ainsi : *Huic Codici præfigendus est titulus* ΤΕΤΡΑΕΥΑΓΓΕΛΟΣ *cum Eusebii canonibus decem evangelicis. Hos canones Hieronymus latinos fecit : ac de illorum methodo videri potest Sixtus Senensis lib. III Bibliothecæ.* La note se termine, au verso du même feuillet, par ce résumé de calculs relatifs à l'âge de notre volume : *Censeo igitur perscriptum fuisse hunc codicem die Maii 15, feria 2, cyclo Solis Romano 22, cyclo Lunæ Romano 14, anno Christi 1077, a condita Constantinopoli, de scriptoris hujus sententia, 744.* Malgré l'autorité de Chifflet, nous avons de la peine à croire que le manuscrit de Montpellier soit aussi ancien. Il est terminé, f. 259, b, par une souscription qu'on a grattée en partie, probablement pour faire disparaître des chiffres attestant une origine trop moderne. Voici ce qu'il est possible d'y déchiffrer encore aujourd'hui : Τέλος σὺν Θεῷ τοῦ ἱεροῦ καὶ ἁγίου τετραευαγγέλου · ἐν ἡ̃ (*sic*) γέγραπται διὰ χειρὸς τοῦ πολυπαθοὺς (*sic*) ζεϐζλρίλχ (Γρηγορίου ? en écriture cryptographique) μηνὶ Μαΐῳ ιε ἡμέρᾳ β ὥ[ρᾳ] ζ ἰνδ[ικτίωνι] ιδ ἡλίου κύκλῳ κβ ☾ κύκλῳ ιδ ἔτους.. νδ. Ici il devait y avoir quatre lettres grecques indiquant la date. La première, sans aucun doute, était un ͵ς (6000); puis nous croyons distinguer les traces d'un ω (800) : ce qui ferait en tout ͵ςωνδ = 6854 de l'ère mondaine de Constantinople, date qui répond à l'an 1346 de J. C. Il est vrai que la seconde lettre, que nous prenons pour un ω, a paru au P. Chifflet être un ψ, et que dans le ν figuré ainsi, ν, il a cru voir un μ. Mais, en admettant même sa leçon, on aurait, ce nous semble, ͵ςψμδ = 6744, chiffre qui revient non à l'an 1077, mais à l'an 1236 de notre ère. D'ailleurs, l'écriture, l'accentuation, le papier du volume et les fréquents *itacismes* du copiste (f. 251, b, lin. 2 *a fine*, il a écrit τείχοιμοι pour τύχοιμι) indiquent plutôt le commencement du XIVe siècle que celui du XIIIe; et la supposition de faire remonter le manuscrit jusqu'au XIe nous paraît tout à fait inadmissible. Nous croyons donc que ce copiste, fort peu lettré, a fini son travail le lundi 15 mai de l'an de J. C. 1346, année à laquelle appartient précisément l'indiction XIV rapportée ci-dessus.

N° 447. In-4° sur vélin. — Medicæ materiæ arcana utilissima, nec non fucamenta mulierum ac unguentorum odoramenta, a doctissimo medico Magistro Alexandro Petronio Civitalensi. — XVIIe SIÈCLE.

Bibliothèque Albani, 1034. Il y a des caractères alchimiques à la marge.

N° 448. In-4° sur papier. (Recueil.) – 1° Arnaldi de Villanova recepta de arte chymice. – 2° Liber de transmutatione duorum vilissimorum corporum in duo nobilissima. – 3° (Tractatus varii chymici latini et gallici, incertis auctoribus.) – 4° Livre sur la pierre philosophale, de S. Thomas d'Aquin. – XVe-XVIe SIÈCLE.

Fonds de Bouhier, E. 146. Titres mis par Bouhier.

449. In-4° sur vélin. – Regula S. Benedicti, ad usum monasterii S. Benigni divionensis; De officio monachorum et juramento abbatis. — XIVe SIÈCLE.

Fonds de Bouhier, E. 22. De S. Bénigne de Dijon. A la fin, il y a la copie, faite au XVe siècle, d'une charte d'Alexandre de Montaigu, abbé de S. Bénigne.

450. Petit in-4° sur vélin. – Tractatus de variis morbis. – Incipit : « Cephalea est dolor capitis. » – Desinit : « Sine molestia. « Acutum non est nimium. » — XIIe-XIIIe SIÈCLE.

Fonds de Clairvaux.

451. Petit in-4° sur vélin et sur papier. – Bernardi Gordonii Lilium medicinæ. — XVe SIÈCLE.

Fonds de Bouhier, E. 66. Il est dit au commencement que ce livre a été : « Inchoatus...... studio Montispessulani post annum XX lectus a me anno Domini M°CCC° 3° » (*sic*).

452. Petit in-4° sur papier. (Recueil.) – (1° Germanici, de

astronomia ex Arati phenomenis.) – 2° (Ciceronis, ex eodem.) – 3° (Hygini astronomicon.) — XVe SIÈCLE. – 4° Sur vélin. Vita et miracula beati Prudencii. — XIIe-XIIIe SIÈCLE.

De l'Oratoire de Troyes, fonds de Pithou, 1, O, 5. La partie de ce manuscrit qui est sur papier est incomplète au commencement et à la fin. Ce volume n'a pu être formé d'ouvrages de divers formats qu'en rognant la première partie, de manière à enlever des lignes entières.

N° 453. In-4° sur papier. (Recueil.) – 1° (Des maladies des faucons et autres oiseaux de proie, par maître Am. Cassien.) – 2° Sur papier et sur vélin. (Cato de agricultura.) – 3° (Varro de agricultura.) — XVe SIÈCLE.

De l'Oratoire de Troyes, fonds de Pithou, 1, O, 2. Tous ces traités sont incomplets.

454. In-4° sur papier. – La Becchierografia. — XVI-XVIIe SIÈCLE.

Bibliothèque Albani, 1036. C'est un travail anonyme qui a pour objet d'enseigner à faire par la géométrie des verres à boire d'une forme donnée.

455. In-4° sur papier. (Mathematici veteres.) – 1° Ἀθηναίου περὶ μηχανημάτων, p. 1-23. – 2° Βίτωνος κατασκευαί (sic) πολεμικῶν ὀργάνων καὶ καταπελτικῶν, p. 24-41. – 3° Ἥρωνος χειροβαλλίστρας κατασκευὴ καὶ ἐμβετρίας (*sic*), p. 41-49. – 4° Ἥρωνος κτησιβίου βελοποιϊκά, p. 50-83. – XVIe SIÈCLE.

Provient de la bibliothèque du président Bouhier, où il portait le n° E. 127. Les quatre Traités contenus dans ce manuscrit se trouvent dans la collection de Thévenot : *Veterum mathematicorum opera, græce et latine. Parisiis, ex Typographia regia*, 1693, in-fol. Le volume a été écrit à longues lignes, à la plume, et par deux copistes, occidentaux l'un et l'autre. Le premier, dont l'écriture est très-mauvaise, a travaillé jusqu'à la page 18 inclusivement, laquelle est un peu moins mal exécutée et d'une encre moins blanche que le commencement du volume. Les pages suivantes, 19-83, ont été écrites par la deuxième main, dont le caractère est plus distinct et mieux formé. Les dessins des machines manquent; pour les recevoir, on a laissé des blancs qui occupent une grande partie des pages. Le texte du manuscrit est très-fautif, surtout dans la partie écrite par le second copiste, qui ne paraît avoir eu aucune notion de la théorie des accents, ni même de la grammaire grecque; des fautes telles que μίας pour μιᾶς, ποιεῖσθαι (*sic*), πόδος pour ποδὸς, et même ἀπῆχον (*sic*), βοῦλη, τοῦς, πρῶτου pour πρώτου, ἄφεσεις pour ἀφέσεις, ne sont pas rares. On trouve cependant, de loin en loin, quelques leçons pouvant servir à rectifier l'édition donnée par Thévenot. Voyez celle-ci, page 1, ligne 17, où le manuscrit porte, ὁ γὰρ μόνος· p. 10, l. 10, ὁ τροχός· l. 22, τῶν πολιορκουμένων· p. 105, l. 5, προσβολάς· l. 7, ὑπογεγραμμέναις· l. 16, ἠρχιτεκτονευμένον· p. 106, l. 4, ἔχοντες τὸ μὲν μῆκος, en une phrase. A la même page, l. 31, le manuscrit donne une ligne entière de plus que l'édition : ἔστω σφενδόνη ἀπέχουσα ἀπὸ τῶν κανόνων τῶν α β, ἐξ ἑκατέρου, ποδὸς τὸ S. Ἔστω δὲ ἡ σφενδόνη τριχίνη. Tous les mots, depuis ἀπέχουσα jusqu'à τριχίνη, ont été omis par Thévenot, bien qu'ils soient rendus dans la version latine.

N° 456. Petit in-4° sur papier. – 1° (Della natura degi uccelli rapaci, libri II.) – Début : « Li antiqui filosophi secondo vogliano alcuni scriptori. » – Fin : « Peroche la experientia e optima et in tal cosa maestra. » – 2° (Modi per prendere gli uccelli rapaci, colle medicine per questi uccelli, etc.) — XVIe SIÈCLE.

Bibliothèque Albani, 868.

457. Petit in-4° sur papier. – Haliographia de virtutibus salium mineralium, animalium et vegetabilium, ex manuscriptis fratris Basilii Valentini, ordinis S. Benedicti, collecta. — XVIIe SIÈCLE.

Bibliothèque Albani, 863.

458. Petit in-4° sur papier. (Recueil.) – Joachimi Hisberg germani tyrocinium chymicum, Parisiis ab ipso edoctum (excerptum ex ore ipsius, per Fr. Le Sachez, medicum parisiensem). – 2° Cours chymique de Fabry à Paris. — XVIIe SIÈCLE.

Bibliothèque Albani, 987. Le cours de Fabry contient plusieurs recettes curieuses pour l'histoire des arts.

N° 459. Petit in-4° sur papier. – Médecine pour les oiseaux. (Dédié au comte de Vaudemont par J. Autheluche (?) de Lagona.) — XVe SIÈCLE.

460. Petit in-4° sur papier. – In universam medicinam prolegomena. — XVIIe SIÈCLE.

461. Petit in-4° sur papier. – Compendium eorum quæ a Philippo Paracelso suis in scriptis dispersa sunt; Catalogus in quo quamplurima teofrastica vocabula solita obscuritate referta dilucidantur, studio et opera P. Terentii jesuitæ Germani. (Scripsit Theophilus Molitor.) — XVIIe SIÈCLE.

Bibliothèque Albani, 900.

462. Petit in-4° sur papier. – « Disputationes philosophicæ in « præcipuos Aristotelis libros, traditæ a P. Gartoule ex soc. « Jesu et scriptæ a me Henrico Haguenot anno 1665. » — XVIIe SIÈCLE.

463. In-8° sur papier. – Epistola ex Indiis Joannis Burghesii medici missionis chinensis transmissæ a SS. D. A. Clemente XI, P. M., qua fungitur patriarcha Antiochenus D. Carolus Mailard de Tournon, ad Paulum Manfredum præceptorem x febr. 1704. – XVIIIe SIÈCLE.

Bibliothèque Albani, 412.

464. In-4° sur papier. (Recueil.) – 1° Elementi di chimica di M. Clave. – 2° Nota di medicamenti chimici che detto de Clave haveva, con i prezzi. – 3° Trattato delle infermità del detto de Clave. – 4° Aforismi diversi secondo varie materie chimiche. – 5° Segreti del medico Fontana. – 6° Segreti de

M. de Clave. – 7° Ricette del P. Vinier dell' Oratorio. — XVIIe SIÈCLE.

Bibliothèque Albani, 991 A. Les œuvres de Clave ont été publiées, mais moins étendues qu'ici. Tous ces ouvrages sont en français.

N° 465. In-4° sur papier. – Apomasari apotolesmata della significatione et averimenti delli sogni (secondo la dottrina degli Indiani, Egitii, Persiani). – XVIIe SIÈCLE.

Bibliothèque Albani, 832.

466. Deux volumes in-4° sur papier. – (B. S. Albinii physiologia.) — XVIIe-XVIIIe SIÈCLE.

Le premier volume manque.

467. In-4° sur papier. – Observations sur toutes les maladies, selon le sentiment et la pratique de M. Barbeyrac. — XVIIIe SIÈCLE.

468. Petit in-4° sur papier. – Institutiones medicæ (de Chatelain?). — XVIIIe SIÈCLE.

469. In-4° sur papier. (Recueil.) – 1° Raymundi Lulli testamentum, Eduardo V, Anglorum regi, dicatum, anno 1332. – 2° Testamentum Geberis philosophi. – 3° Segreti diversi (in italiano e in francese). – 4° Modo di far l'olio della spagnola. — XVIIe SIÈCLE.

Bibliothèque Albani, sans numéro.

470. In-4° sur vélin. – Dictionarium etymologicum. – Incipit: « Abies, arbor alta robusta. » — XIVe SIÈCLE.

Fonds de Clairvaux.

N° 471. In-4° sur papier. – Hieronymi Cardani Mediolanensis medici et philosophi metoposcopia. — XVIIe SIÈCLE.

Bibliothèque Albani, n° 836. Il y a des figures à la plume.

472. In-4° sur vélin. (Recueil.) – 1° Platearius de medicina. – 2° Tabule Salerni (cum commentario). – 3° Regulæ urinarum Mauri Salernitani. – 4° (Versiculi de medicamentis.) — XIVe SIÈCLE.

Fonds de Clairvaux. Ce manuscrit est de diverses mains.

473. In-4° sur vélin.– Excerpta de Plinio. — XIIe SIÈCLE.

Fonds de Clairvaux. Ces extraits commencent au second livre.

474. In-4° sur papier. (Recueil.) – 1° Clavicula Raimundi Lulli. – Aqua magna. — XVIIe SIÈCLE.– 2° Elucidatio testamenti Raymundi Lulli ad regem Edoardum. — XVIe SIÈCLE. –3° Tesaurum pauperum. — XVe SIÈCLE. — 4° Ricette varie ed elettuarii. — XVe-XVIIe SIÈCLE.

Bibliothèque Albani, n° 987. Le *Tesaurum* est en italien. Il a été imprimé.

475. Petit in-4° sur papier. (Recueil.) – 1° Le meccaniche (o dell' utilità che si cava della scienza meccanica e de' suoi instromenti) del S. Galileo Galilei. – 2° Scrittura del S. Galileo Galilei (all' Ingoli). – Début : « Otto anni sono. » – Fin : « dei vostri discorsi. » — XVIIe SIÈCLE.

Bibliothèque Albani, 1062. Ces divers ouvrages ont été publiés.

476. Petit in-4° sur papier. (Recueil.) – (Opera Fr. Cameli, sive aliorum ab ipso collecta, scilicet) – 1° Dioptrica practica, sive de telescopiis et microscopiis. – 2° Regole e ricordi appartenenti alla professione di segretario. – 3° Massime

politiche tratte dal Machiavelli, etc. – 4° Brevissimi sommarii delle cose di Fiandra, tratti dal Bentivoglio. – 5° Excerpta contra solitudinem et solitarios. – 6° Annotazioni sopra il sonetto : « Apre l'uomo infelice. » – 7° Sulla magia naturale. – 8° Descrizione della fontana ed obelisco di Piazza Navona. – 9° Dell' antica Cupra Montana (oggi Ripa Transone, con un principio di descrizione dello stato e città di Milano). – 10° De vario lanæ usu apud antiquos. – 11° Indici di medaglie. – 12° (Ricordi d' erudizione.) — XVIIe SIÈCLE.

Bibliothèque Albani. Le volume est incomplet.

N° 477. In-4° sur papier. – Theophili Molitoris arcana spagirica. — XVIIe SIÈCLE.

Bibliothèque Albani, 984. Autographe.

478. In-4° sur papier. (Recueil.) – 1° Epistolarum Leonardi Aretini libri IX. – 2° Epistolæ (pseudo) Phalaridis per dominum Franciscum Aretinum de græco in latinum transductæ. – XVe-XVIe SIÈCLE.

Bibliothèque Albani, 1904.

479. In-4° sur papier. (Recueil.) – Variorum tum priscorum tum recentiorum philosophorum (alchymistarum) opuscula : – Commentum sancti Thomæ de Aquino super turbam. – Tractatus pulcher. – Morieni dialogus cum rege Calippo. – Pulcrum compendium. – De proprietatibus rerum tractatus. – Philosophorum compilationes. – De lapide physico, sive de flore lapidis. – S. Thomas de esse et essentia mineralium. – Ex libro Gebris brevissime collecta. – Ex lumine luminum collecta. – Ex epistola Raymundi militis. – Ex quinque libris Alberti magni. – Ex libro qui Textus al-

chymiæ inscribitur. – Quæstio cum solutione optima super philosophorum lapide. – Ex Rosario brevissima collecta. – Ex flore florum. – De elementorum separatione. – Ex libro salium. – Ex libro de secretis secretorum Aristotelis. – Sanctus Thomas de elementis. – Ex epistolis Raymundi militis. – Ex libro qui Speculum secretorum intitulatur. – Ex epistola solis ad lunam crescentem. – Recepta quæ inventa fuit in quodam libro physico. – Ex libro qui (inscribitur) de cura metallorum, Raymundi Lulli. – Aqua mirabilis Mercurii. – Magistri Petri de Zelante tractatus. – Speculum alchimiæ Rogerii Bacconis. – Albertus Magnus. – Joannes de Rupescissa. – De antimonio ex Sedacerio. — XVe SIÈCLE.

Bibliothèque Albani, 910. Ce manuscrit a appartenu à J. B. Zapata, en 1558. La plupart de ces écrits, qui sont dans le *Theatrum chimicum* et dans la *Bibliotheca chimica* de Manget, n'ont que bien peu d'importance.

N° 480. In-4° sur papier. (Recueil.) – 1° Elementa chymica domini de Trugni, Galli. – 2° La vraie anatomie spagirique du mixte (1647). — XVIIe SIÈCLE.

Bibliothèque Albani, 989.

481. Petit in-4° sur vélin. – 1° Liber Tauri Rutili Emiliani (Palladii) de cultura agri. – 2° Tractatus de XIIII beatitudinibus et XIIII miseriis (cum prologo). – Incipit : « Multi « homines quibus nonnumquam boni mores. » – Desinit : « patienter et indesinenter. » — XIIe SIÈCLE.

482. In-4° sur papier. (Recueil.) – 1° Tractatus de aquis mineralibus, a quodam studioso artis, ex scriptis R. Lullii, etc. — XVIIe SIÈCLE. – 2° Variorum philosophorum metallica transformia. — XVIe SIÈCLE.

Bibliothèque Albani, 489.

N° 483. In-4° sur papier. (Recueil.) – 1° (Varia de Vesuvii incendiis ab J. M. Suarez Avenionensi collecta.) – 2° Lettere (di M. Ant. Patavino, residente della R. di Venezia, del Feltrio, del Capece, di G. B. Manso, marchese di Villa, ec.) sull' incendio del 1631. — XVIIe SIÈCLE.

Bibliothèque Albani, n° 1513.

484. In-4° carré sur vélin. – S. Prosperi Aquitani (revera Juliani Pomerii) tractatus de vita contemplativa. – S. Prosperi epigrammata. — IXe SIÈCLE.

La fin a été refaite au XVe siècle.

485. In-4° sur papier. (Recueil.) – (Alchimiæ diversorum philosophorum libri.) – 1° Codex veritatis, sive turbæ philosophorum. – 2° Hermetis allegoriæ. – 3° Aureus tractatus, incerti auctoris. – 4° Saturni philosophi sapientissima practica. – 5° Dialogus Aldemarii et Gullielmi fratris sui super Gebrum. – 6° Johannes Omubeley, Anglicus, de arte mutatoria. – 7° Lilium de spinis evulsum. – 8° Preciosum Dei optimi maximi donum. — XVIe SIÈCLE.

Bibliothèque Albani, 1007. Ce volume a appartenu à J. B. Zapata en 1557.

486. In-4° sur papier. – (Ricette de colori e smalti diversi.) – « 1° Ricette per far vetri colorati e smalti, havute in Murano, 1536. » – 2° « Al nome de nostro Signore Iddio, amen, incommenza un libretto de diversi colori. » – 3° Incommenza un altro libro de colori. – 4° Un altro libro de colori, de metalli e di pietre. — XVIe SIÈCLE.

Bibliothèque Albani, 1055. De diverses mains. A la fin on lit ce qui suit : « Die IIII aprilis 1537, a domino Mauro Neapol. habui id quod scio, memento. » Ce recueil est fort important pour l'histoire de la chimie appliquée aux arts.

N° 487. In-4° sur papier. — (Mélanges d'histoire naturelle.) — 1° Catalogue des plantes du jardin de Paris, démontrées par M. de Jussieu, par M. Lacordaire, médecin. — 2° Description des grottes d'Arcis au comté d'Auxerre, par Jacques de Clugny (faite par ordre de Colbert). — 3° Carrousel du roi Louis XIV. — XVIIe-XVIIIe SIÈCLE.

488. In-4° sur papier. — Remèdes contre diverses maladies, tirés des voyages de M. de Monconys. — XVIIe SIÈCLE.

Fonds de Bouhier, sans numéro.

489. In-4° sur papier. — (Note di cifere, diversi caratteri e parole usate da chimici, colle figure delle cifre cavati dall' onomastico di Leonardo Turneissero da Paracelso, ec.) — XVIIe SIÈCLE.

Bibliothèque Albani, 1003.

490. In-4° sur vélin et papier. (Recueil.) — Liber de consideratione quintæ essentiæ. — Experimenta Magistri Arnaldi de Villanova. — (De las complexiones.) — Début : « Nel nombre de Dios yo maistre G. de Mallorchas hago isto libro « por sumas. » — De stellis. — Liber Samuel de genere prophete Helye de lapidibus preciosis. — Aquì comencia una copilacion per conoscer las piedras minerales. — Aque mirabiles. — Arte per saber cortar. — Excerpta Alberti Magni de virtutibus herbarum, etc. etc. — XVe SIÈCLE.

Bibliothèque Albani, 906. Il y a à la fin une table détaillée de ce recueil, qui ne contient que bien peu de choses importantes.

491. Manque.

492. In-4° sur papier. — La Fontaine des amoureux de science,

compilée par M. Jean de la Fontaine, de Valenciennes, et mise en son entier avec les figures, par Me Antoine du Moulin, Mâconnais (en vers avec les figures). — XVIIe SIÈCLE.

Bibliothèque Albani, 2179.

N° 493. Petit in-4° sur vélin et papier. – (Tractatus chimici varii. Excerpta; Remedia, etc.) — XVe SIÈCLE.

Bibliothèque Albani. Au f° 192, on lit : « 1459 in Neapoli. » Au f° 248, il y a un sonnet attribué à Dante. Au commencement il y a une table très-détaillée de ce recueil d'extraits sans importance.

494. In-8° sur papier. – Tractatus physico-chimicus de elementis corporum. — XVIIIe SIÈCLE.

495. Six volumes in-8° sur papier. – Catalogue des plantes qui naissent aux environs de Dijon et en plusieurs autres endroits du duché de Bourgogne. — XVIIIe SIÈCLE.

496. In-12 sur papier. – Linnæi genera plantarum. — XVIIIe SIÈCLE.

497. In-12 sur papier. – De febribus. — XVIe-XVIIe SIÈCLE.

498. In-12 sur papier. – Plantæ quæ crescunt in horto regis Monspeliensi. — XVIIe-XVIIIe SIÈCLE.

499. In-12 sur vélin. (Recueil.) – 1° Excerpta e libro de Medicina anime. – 2° De naturis avium. – 3° Speculum caritatis abbreviatum. – 4° Sentencie et sermones doctorum. — XIIIe-XIVe SIÈCLE.

Fonds de Clairvaux. Les titres se trouvent à la fin du volume.

500. In-8° sur papier. (Secreta varia de medicina, de alchimia, etc.) — XVIe SIÈCLE.

Bibliothèque Albani, 950. C'est un recueil en latin, en italien et en espagnol.

N° 501. In-8° sur papier. – Aphorismi Hippocratis cum interpretatione Dureti. — XVIe SIÈCLE.

Ce manuscrit est daté de 1567.

502. In-16 sur papier. – 1° Discorso del modo di governar diversa sorte di fiori di Tranquillo Romauli. – 2° Modo di custodir fiori d'Alessandro Gaetano. — XVIe SIÈCLE.

Bibliothèque Albani, 887.

503. In-16 sur vélin. (Recueil.) – 1° Sermones beati Augustini. – 2° Martini Braccarensis Formula vitæ honestæ. – 3° Liber beati Albini presbyteri ad quamdam matronam. Incipit : « Quia tu, mater. » – 4° (Varia de virtutibus.) – 5° Synonyma Ysidori episcopi. – 6° Visio S. Pauli apostoli. – 7° De passione Domini J. C. Nichodemus Pilatus Theodosio imperatori. – 8° Epistole due quas Evax rex Arabiæ misit Tyberio imperatori de nominibus et virtutibus lapidum. – 9° Experimenta de urina, de sanguine, etc. (en français). – 10° Versus de veteri Testamento. – 11° Regula S. Benedicti. – 12° De purgatorio Patricii. – Incipit: « Patri suo in Christo præoptato domino H. Abbati de Saitis fr. H. monachorum de Salteria minimus. » — XIVe SIÈCLE.

Le n° 5 est en français.

504. In-12 sur papier. – Theophilis Molitoris auri potabilis conficiendi modus et usus. — XVIIe SIÈCLE.

Bibliothèque Albani, 1037.

505. In-12 sur papier. – بتينريس اد سمتنتريناس فروكاتوس (Itineris ad septentrionales fructus). — XVIIe SIÈCLE.

Bibliothèque Albani, 1023. Ce manuscrit autographe est d'Eckius, qui, depuis la fondation, était membre de l'académie des Lincei. Ce volume en latin, avec des figures, est écrit en caractères arabes et en signes cabalistiques.

N° 506. In-12 sur papier. – Heckius, fructus itineris per Pomeraniam, Poloniam, etc. — XVIIe SIÈCLE.

Bibliothèque Albani, 883. — Ce manuscrit, daté de 1605, est autographe; il y a des figures et l'estampille des Lincei.

507. In-12 sur papier. – Heckius de vegetabilibus. — XVIIe SIÈCLE.

Bibliothèque Albani, 884. Autographe, avec figures et l'estampille des Lincei.

508. In-12 sur papier. – Heckius de annulosis. — XVIIe SIÈCLE.

Bibliothèque Albani, 882. Manuscrit autographe, avec figures et l'estampille des Lincei.

509. In-4° sur vélin. – Il Dittamondo di Fazio degli Uberti. — XIVe-XVe SIÈCLE.

Bibliothèque Albani. Joli manuscrit avec une miniature sur la première page.

510. In-4° sur papier. – Tableau du numéraire annuel provenant des principales productions végétales et naturelles de la France, par Lolière, agrégé à la société d'émulation de Bourg-en-Bresse; Trévoux, 1790. — XVIIIe SIÈCLE.

511. In-4° sur papier. – (Recueil de remèdes et secrets.) — XVIIIe SIÈCLE.

512. In-folio sur vélin. – (Modèles d'écriture gothique.) – XVe SIÈCLE.

Manuscrit fort bien exécuté et très-curieux.

N° 513. In-folio sur papier.–Registre, sous forme de dictionnaire de bibliographie médicale. — XVIIe SIÈCLE.

514–528. (Sous ces divers numéros on a réuni des livres imprimés avec des annotations manuscrites.)

529. In-8°. – Beschreibung der zweyen warmen Bäder so im Lande zu Meissen nahe bei den löblichenn Bergkstedten S. Annabergk und Wolckenstein gelegen sindt, danebenn auch kürzlich anderer furnemstenn und berümbter warmen Bäder so in Deutschland zu finden; durch Johan Göbel, der Phylosophiæ und Arzney Doctor, Churfürstlichen Sächsischen Leibarzt; nunmehr mit Fleis aus Lateinischer in die Deutsche Sprache gebracht; cum gratia et privilegio. Dresden, 1576. (« Description des eaux thermales qui se trouvent « en deux localités, près des bonnes villes d'Annaberg et « Wolkenstein, en Misnie; avec une notice abrégée sur les « autres eaux thermales les plus remarquables et les plus « renommées de l'Allemagne; par Jean Göbel, docteur en « philosophie et en médecine, médecin de S. A. électorale « de Saxe; traduit présentement, avec soin, du latin en « langue allemande, *cum gratia et privilegio*. Dresde, 1576. ») — XVIe SIÈCLE.

L'ouvrage latin de Jean Göbel, dont notre manuscrit est la traduction allemande, jouissait jadis d'une certaine réputation; il est cité par Paul Ienisch (*Ienisius*) dans sa monographie intitulée : *Annabergæ, Misniæ urbis, historia, Dresdæ*, 1605, in-4°. Après avoir parlé des eaux minérales chaudes d'Annaberg et Wolkenstein, sources sur lesquelles ont également écrit Pansa, Schneemann, Arnold, Garmann, Lehmann, Beckenstein, Kefferstein, Römer, Neuhof, Thurneiser, Schwenkfeld, Hauptmann, Zimmermann, Schreyen, Müller et Schuster, Ienisch ajoute, fol. 7, b : *Pluribus hæc* (*aqua*), *si quis cum ratione utatur, morbis medelam præstat. Quos qui cognoscere cupit, Johannis Gobelii medici editam Thermarum διαγραφὴν consulat.* La traduction allemande de cette διαγραφὴ a été elle-même imprimée deux fois, en 1576 et 1578, problablement d'après notre manuscrit. Voyez M. E. Osann, *Physikalisch-medicinische Darstellang der bekannten Heilquellen der vorzüglichsten Länder Europa's, theil II*, 2e édit. *Berlin*, 1841, in-8°, p. 929. Dans le Dictionnaire des Sciences médicales, Biographie médicale, tome IV, p. 468, il est dit que l'ouvrage latin de Göbel parut à Annaberg, 1675, in-12, et la traduction allemande à Dresde, 1756, in-12. Mais probablement il y a là double erreur de date.

N° 530. In-4° sur papier. – Chastelain professoris Montispessulani tractatus de capitis affectibus. – Ejusdem de febribus. – XVIIe SIÈCLE.

531. In-folio sur vélin. – Lettera del doge Raineri di Venezia, mandando il dono al bey d'Algeri. — XVIIIe SIÈCLE, ann. 1786.

532-533. (Volumes imprimés avec des annotations manuscrites.)

534. In-folio sur papier. – Matière médicale, de Barthez. — XVIIIe SIÈCLE.

535. In-folio sur papier. – Cours de thérapeutique, par Barthez. – XVIIIe SIÈCLE.

536. In-folio sur papier. – Traité des fièvres, par Barthez. – XVIIIe SIÈCLE.

Daté de l'an 1777.

537. In-8° sur papier. – Tractatus de morbis capitis, a D. Antonio de Friezes, prof. Montispessulan. – XVIIIe SIÈCLE, an 1742.

538. In-folio sur vélin. (Recueil.) – 1° S. Bernardi abbatis de laudibus virginis Mariæ. – 2° Ejusdem de gratia et libero arbitrio. – 3° Ejusdem liber apologeticus ad D. Willelmum,

abbatem S. Theodorici. – 4° Ejusdem de duodecim humilitatis gradibus. — XIIe SIÈCLE.

De l'Oratoire de Troyes, fonds de Pithou.

N° 539. In-folio sur vélin. (Recueil.) – 1° Baccarius de pœnitentia. – 2° Interrogatio beati Augustini episcopi Cantuariorum ecclesie, de episcopis, qualiter cum suis clericis conversentur. – 3° De origine mortis humanæ. – 4° De differentia paradisorum. – 5° De circumcisione, et alia theologica. — XIIe SIÈCLE.

De l'Oratoire de Troyes, fonds de Pithou. Incomplet.

540. In-folio sur vélin. – 1° Liber Cypriani martyris, de XII abusionibus seculi. – 2° (Dialogus de fide christiana.) – Incipit : « G. Recipis sanctas septem sinodos? – R. Recipio. » – 3° Epistola Hieronimi ad Paulinum presbyterum. – XIIe SIÈCLE.

De l'Oratoire de Troyes, fonds de Pithou.

541. In-folio sur vélin. – Sidonii epistolæ. – XIIe SIÈCLE.

De l'Oratoire de Troyes, fonds de Pithou.

542. In-folio sur vélin. – Ivonis Carnotensis epistolæ. – XIIe SIÈCLE.

De l'Oratoire de Troyes, fonds de Pithou. Les n°s 538-542 ont été formés en dépeçant le n° 136. Mais comme ces divers traités ne se terminent pas tous au verso d'un feuillet, quelques-uns se trouvent mutilés par suite de ce partage d'un seul manuscrit en plusieurs. Pour les avoir complets, il faut réunir de nouveau ces divers volumes.

FIN DU CATALOGUE DES MANUSCRITS DE LA BIBLIOTHÈQUE
DE L'ÉCOLE DE MÉDECINE DE MONTPELLIER.

MANUSCRITS

DE

LA BIBLIOTHÈQUE

D'ALBI.

MANUSCRITS

DE

LA BIBLIOTHÈQUE

D'ALBI.

N° 1. In-4° sur papier. – Bullarium ecclesiæ Albiensis. — XVIIIe SIÈCLE.

Ce manuscrit a été donné par Clément XIV au cardinal de Bernis, en 1772. Il contient les bulles de nomination des évêques d'Albi, depuis l'an 1009 jusqu'à l'an 1349.

2. In-folio sur vélin. – (Collectio Canonum.) — IXe-Xe SIÈCLE.

Ce manuscrit provient du chapitre de la cathédrale d'Albi. L'écriture est une minuscule caroline un peu altérée. Vers la fin elle est un peu plus grosse qu'au commencement. Les rubriques sont en onciales de différentes couleurs. On lit ce qui suit, au septième feuillet à compter de la fin : « Explicit liber « canonum. Amen. Ego Perpetuus, quamvis indignus presbyter, jussus a « domino meo Didone, urbis Albigensium episcopo, hunc librum cano- « num scripsi post incendium civitatis ipsius. Hic liber recuperatus fuit, Deo « auxiliante sub die VIII kal aug. anno IIII regnantis domini nostri Childerici « regis. » Après ce recueil viennent quelques Canons de Conciles d'Aquitaine : « Incipit synodus Epacnensis..... Canon Burdigalensis..... Canon Latunensis. » Ce manuscrit, que, d'après la note précédente, on a cru authentique et du VIIe siècle, n'est évidemment qu'une copie plus moderne. Il y avait à la fin du volume une autre note qui a été grattée, et où probablement se trouvait indiquée la véritable date de cette copie. A l'égard de l'évêque Didon, on peut consulter Dom Vaissette (*Histoire du Languedoc,* tom. I, pag. 349 et 361), qui paraît avoir connu ce manuscrit, et les Capitulaires de Baluze (tom. II, p. 1229).

N° 3. In-4° sur vélin. – Rituale albiense.—XIe-XIIe SIÈCLE.

Ce manuscrit provient du chapitre d'Albi. Il est d'une belle écriture. Aux titres sont des lettres rouges et vertes. Le copiste s'est nommé; il s'appelait Sicardus. Ce rituel contient, entre autres choses, « Forma professionis canonicorum regularium ecclesiæ Albiensis, » ainsi qu'une « Benedictio aquæ calidæ « ac ferri ad judicia. »

4. In-folio oblong sur vélin.–Liber sacramentorum, ad usum ecclesiæ Albiensis. — Xe SIÈCLE.

Ce manuscrit provient du chapitre de la cathédrale d'Albi. Il est cité par Lebrun (*Liturgia,* tom. I, pag. 171, et tom. II, pag. 297 et 322).

5. In-folio sur vélin. – Liber sacramentorum Sancti Gregorii papæ, ad usum ecclesiæ Albiensis dispositus. — XIe SIÈCLE.

Ce manuscrit provient du chapitre d'Albi. L'écriture en est fort variée, mais toujours belle. Au commencement du manuscrit est un calendrier. A la fin du volume se trouve, avec quelques autres petites pièces, le commencement de l'Évangile selon S. Mathieu, noté en plain chant antique, sans lignes ni clef.

6. Petit in-folio sur vélin. – Liber sacramentorum per anni circulum, ad usum ecclesiæ Albiensis.—XIe-XIIe SIÈCLE.

Ce manuscrit provient du chapitre d'Albi. On y remarque de belles lettres coloriées et de curieux dessins à la plume. L'ouvrage est précédé d'une petite introduction plus moderne qui commence ainsi : « Hæc sunt festa solempnia et « dies in quibus episcopus Albiensis. » Grossus, sacristain de l'église d'Alby, déclare avoir écrit cette introduction en 1248.

N° 7. In-folio sur vélin. (Recueil.) – 1° « Martyrologium ad usum « ecclesiæ Albiensis. »–2° « Breve de guirpement que fet Raimunz Gauters de tota la onor que tenia ille et suus pater « de S. Cecilia, et de tot los seniores de loco las terras et « vineas els localz que dels iavia. Aquesta guirpidas fuit facta « a Guirfre et a Bernart Esteve, in præsentia Sicart Cairel e « de Raimun de Lacura, et Guitart Malaterra et Raimun « Bernar et Amel suo fratri propter istud guirpement super « scriptum accept..... sol. a Bernardo Stephani (?) exceptis « illis triginta solidis quos habebat in ipso guerpiment in « pignore. » – 3° Versus de docte scribere. – Incipit:

« Quisquis es aut fueris qui docte scribere queris,
« Hac duce scriptura digitos inflectere cura. »

– 4° (Hymnus, cum notis musicis.) — XIe SIÈCLE.

Ce manuscrit provient du chapitre d'Albi. L'écriture en est bien conservée. Le martyrologe a été dressé avant la sécularisation. On lit à la fin : « Ego Vivia« nus archidiaconus Ulriquo domino et Sancte Cecilie, etc. » Le *Breve de guirpement* offre un curieux et ancien spécimen d'un acte dressé en latin, avec beaucoup de mots en langue romane. Raynouard, dans son Choix de poésies des Troubadours, a cité d'autres documents du même genre. Les mots *guerpiment* et *guerpidas* ne se trouvent pas dans le Lexique roman de Raynouard, où il y a cependant le verbe *guerpir*.

8. In-folio sur papier. (Recueil.) – 1° Antiquum datarium, seu necrologium ecclesiæ Albiensis.–2° Officium defunctorum. – 3° Martyrologium Usuardi. – 4° Calendarium. — XIVe-XVe SIÈCLE.

Provient du chapitre d'Albi. Le premier feuillet manque.

9. In-4° sur vélin.–(Diurnale et rituale, in quo ritus varii administrandi sacramenta reperiuntur, cum tabula et cantu.)—XIIe-XIIIe SIÈCLE.

N° 10. In-folio sur papier. – Reductio canonicorum ecclesiæ Albiensis facta anno millesimo quadringentesimo. — XVIIe SIÈCLE.

Ce manuscrit n'est qu'une copie collationnée, et d'une mauvaise écriture.

11. In-4° sur vélin. – Processionale Albiense.—XVe SIÈCLE.

Ce manuscrit provient du chapitre d'Albi. Il est écrit en gros caractères.

12. Trois volumes in-4° sur papier.–Vie de sainte Cécile, patronne d'Alby; recherches sur l'origine et le culte de cette vierge (par M. Blainville, musicien?). — XVIIIe SIÈCLE. (1768.)

Ce recueil est d'une mauvaise écriture. C'est un amalgame bizarre de prose et de vers, d'érudition et d'extravagances.

13. In-4° sur vélin. – Evangeliorum liber per circulum anni ecclesiastici. — XIe-XIIe SIÈCLE.

Ce manuscrit, provenant du chapitre de l'église d'Albi, est d'une très-belle écriture.

14. In-folio sur parchemin.–Liber Regum. — XIe SIÈCLE.

Ce manuscrit provient du chapitre d'Albi. L'écriture en est assez bien conservée et très-lisible. Il contient les trois premiers livres des Rois (jusqu'au huitième verset du second chapitre du livre troisième) précédés du prologue de S. Jérôme.

15. In-folio sur parchemin.–Lectionarium ecclesiasticum. — XIe SIÈCLE.

Manuscrit curieux, provenant du chapitre d'Albi. On y trouve des proses et des répons en plain chant noté sans lignes ni clef.

16. In-4° sur papier.–Traité touchant la réception du concile de Trente en France. — XVIIe SIÈCLE.

Ce manuscrit provient du chapitre d'Albi. On y discute les propositions contenues dans le Concile de Trente, et on y apporte les autorités qui les combattent.

Nº 17. In-4° sur vélin. – Divus Joannes Chrysostomus adversus vituperatores vitæ monasticæ. — XVᵉ SIÈCLE.

Provient du chapitre d'Albi. C'est un très-beau manuscrit, avec lettres initiales en or et en couleur. Il y manque le frontispice et les premiers feuillets.

18. In-4° sur vélin. (Recueil.)–1° Meditationum liber in septem dona Spiritus sancti.–2° Liber beati Bernardi de gratia et libero arbitrio.–3° Collectio canonum venerabilis capituli ecclesiæ Albiensis, per Bernardum de Fabrica, canonicum ecclesiæ Albiensis, anno 1369. — XIVᵉ SIÈCLE.

Ce manuscrit provient du chapitre d'Albi. Il est à deux colonnes et d'une assez belle écriture.

19. Deux volumes in-folio sur papier. – Alphonsi Delbene, episcopi Albiensis, historiæ sacræ Summa. — XVIIᵉ SIÈCLE.

Provenant des capucins d'Albi. Ces volumes ont des annotations qui paraissent autographes. Ils portent la date de 1601 et 1605.

20. In-4° sur vélin. – 1° Enchiridion Augustini. – IXᵉ-Xᵉ SIÈCLE. – 2° Bulla Innocentii, anno 1313, qua ecclesiam Albiensem sub tutela sedis apostolicæ accipit. — XIVᵉ SIÈCLE.

L'écriture est très-lisible. Quelques pages ont été rayées.

21. In-folio sur vélin. – Biblia sacra. — XIVᵉ SIÈCLE.

Ce manuscrit provient du chapitre d'Albi. Il est d'une belle écriture.

22. In-folio sur vélin. – Biblia sacra. — XIIIᵉ SIÈCLE.

Très-beau manuscrit, provenant du chapitre d'Albi.

N° 23. Deux volumes in-folio sur vélin. – Novum Testamentum. XIIe SIÈCLE.

Provient du chapitre d'Albi.

24. In-folio sur vélin.–(Novum Testamentum cum tabula epistolarum quæ leguntur per circulum anni. – Kalendarium.)—XIIIe SIÈCLE.

Provient du chapitre d'Albi.

25. In-4° sur vélin. – Expositiones Evangeliorum dominicalium. — XIIIe SIÈCLE.

Ce manuscrit provient du chapitre d'Albi. Il est écrit à deux colonnes.

26. In-folio sur vélin.–Commentarius in quosdam psalmos.— XVe SIÈCLE.

Provient du chapitre d'Albi.

27. In-folio sur vélin.–Summæ divi Thomæ de Aquino liber primus.—XIVe SIÈCLE.

Provient du chapitre d'Albi.

28. In-folio sur vélin. – (De septem vitiis capitalibus.) – Incipit: « Quoniam superius, parte prima, titulo octavo, egimus « de peccato in genere. » — XIVe SIÈCLE.

Provient du chapitre d'Albi. Ce manuscrit est incomplet; il ne renferme qu'un fragment, considérable il est vrai (de 456 pages), d'un ouvrage sur les sept péchés capitaux. Il commence au titre septième de la quatrième partie.

29. Petit in-folio carré sur vélin. (Recueil.) – 1° Incipit synonima Ciceronis. – 2° Incipit glosa de evangelio quod Sanctus Aucerius composuit. – 3° Incipit oratio dominica interpretata. – 4° Humilia S. Augustini de diem judicii. –

FAC SIMILE.

Bibliothèque d'Alby, Ms. 29, Nos 11, 12, 21, p. 487.

DE SENTENTIARUM. DOMNI ISIDORI.

[illegible]

INDICULUM QUOD MARIA VEL VENTI SUNT

oceanum
tirrenicum
caspium
euxinum

Aquilo.

[illegible]

INCIPIT DISCRIPTIO TERRARUM.

[illegible]

FAC-SIMILE.

Bibliothèque d'Alby, Ms. 29, N° 10, p. 487.

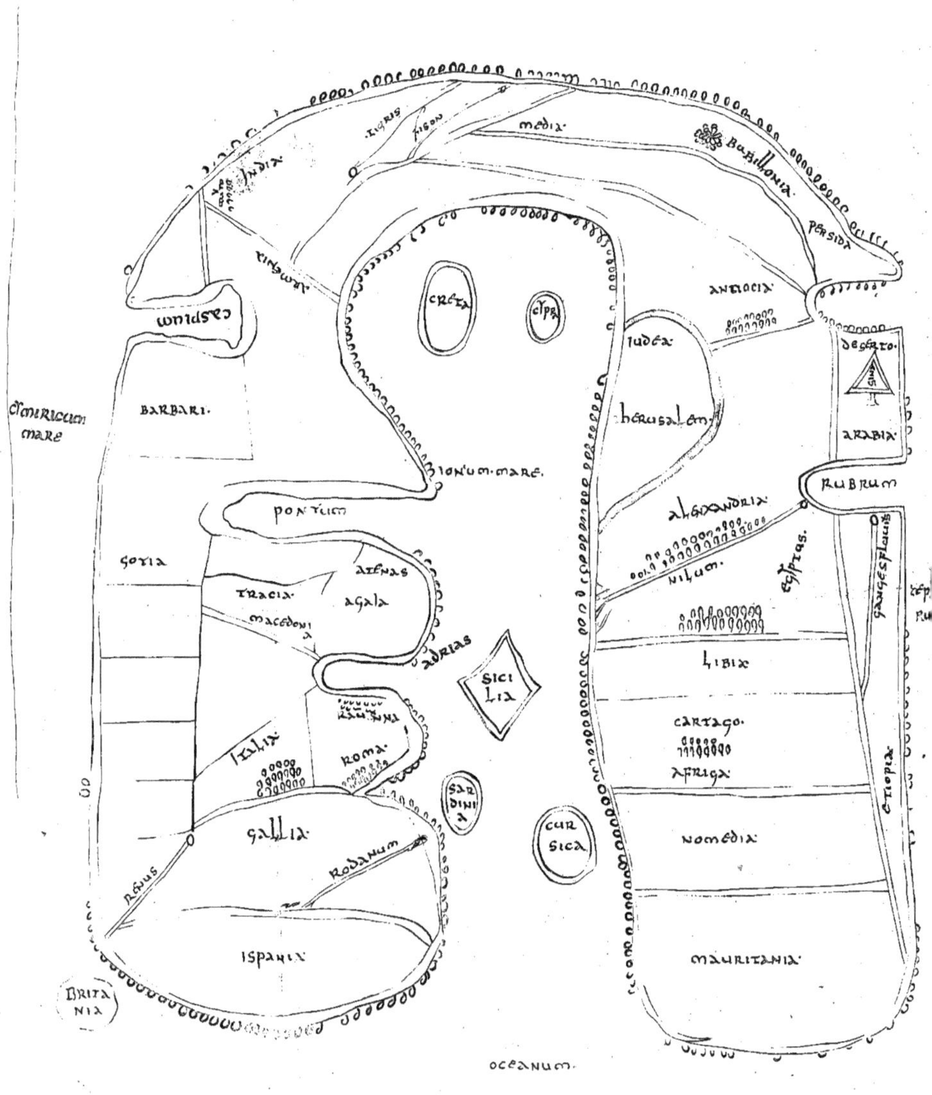

5° Incipit cronica S. Isidori abbreviata. – 6° Incipit de proprietatum sermonum vel rerum.–Incipit : « Inter metum et « timorem et pavorem. » – 7° De questionibus. – 8° Humilia S. Augustini ad castigandum. – 9° Incipit de questionibus difficilioribus Novi et Veteris Testamenti a domino Isidoro editum. — VIIIe SIÈCLE. – 10° (Delineatio geographica orbis.) – 11° Indeculus quod maria vel venti sunt.— VIIe-VIIIe SIÈCLE. –12° Incipit descriptio terrarum.–Incipit : « Majores nostri « orbem totius terre Oceani lymbo circumseptum. » – Desinit : « magis celebres habentur. » – 13° Omnium nomina provinciarum Romanorum. – 14° Incipit definitio ecclesiarum dogmatum. – 15° Gelasius de recipiendis sive non recipiendis. – 16° Expositio super Daniel de Anticristo S. Iheronimi presbyteri. – 17° Incipit de sex etates seculi de chronica Beati Iheronimi presbyteri, etc. – 18° Laterculus consularis quem fecit vir religiosissimus Iheronimus presbyter. – 19° Incipit expositio Patrum. – 20° De libro quæstimum domni Augustini episcopi contra Manicheos. – 21° De libris sententiarum domni. – 22° Omelia S. Agustini episcopi de elemosina. — VIIIe SIÈCLE.

Ce manuscrit précieux provient du chapitre d'Albi. Il contient 156 pages, et est incomplet. Les traités qu'il renferme sont de différentes écritures. Le n° 1 est en petits caractères mérovingiens. Le n° 2 est d'une écriture mérovingienne assez grosse. Les n°s 3, 4, 5, 6 et 7 sont en petits caractères mérovingiens. Le n° 8 est en gros caractères mérovingiens. Le n° 9 est en caractères mérovingiens moins gros. Le n° 10 est une mappemonde très-grossière, exécutée à la fin du septième ou au commencement du huitième siècle. L'écriture est onciale. Le n° 11 est en petite onciale. Le n° 12, qui est en caractères mérovingiens, n'est autre chose que le traité de cosmographie publié plusieurs fois sous le nom d'Æthicus, et qui forme le second chapitre du livre premier de l'histoire de Paul Orose. Les n°s 13-19 sont en petits caractères mérovingiens. Les n°s 21 et 22 sont en grosse écriture mérovingienne.

N° 30. In-folio sur parchemin. – (Isidori collectio, complectens quasdam SS. Clementis, Anacleti, Leonis et Gregorii epistolas.) — IXe-Xe SIÈCLE.

31. In-folio sur vélin. – Incipit annotatio super duodecim prophetas. – Incipit : « Verbum Domini quod factum est ad « Oseae filium Beeri. » – Desinit : « quia ipse suos faciet re« gnare in diversis locis. » — IXe SIÈCLE.

Ce manuscrit provient du chapitre d'Albi. Il est réglé, et contient cent cinquante-six pages.

32. In-folio sur papier. – Francisci Eximenis, patriarchæ Hierosolymitani, liber de angelis. — XVe SIÈCLE.

Provient du chapitre d'Albi. Écrit à deux colonnes.

33. In-4° sur vélin. – S. Augustini opus de consensu evangelistarum. — XIVe SIÈCLE.

Provient du chapitre d'Albi.

34. In-4° carré sur vélin. — (Pontificale et rituale, in quibus continentur variæ benedictiones ad ordinandos clericos.) — IXe-Xe SIÈCLE.

Provient du chapitre d'Albi.

35. In-4° sur vélin. – (Sermones sacri.) — XIIIe SIÈCLE.

Ce manuscrit provient du chapitre d'Albi. Il est dégradé vers la fin.

36. In-folio sur vélin. (Recueil.) – 1° (Kalendarium quod videtur exaratum ad usum ecclesiæ Bituricensis, desinens anno DCCCLIV.) – 2° Acta concilii Aquisgranensis celebrati anno Domini DCCCXV. — IXe SIÈCLE.

Ce manuscrit est mal conservé. Il contient cent trente pages.

Nº 37. In-4º carré sur vélin. (Recueil.) – 1º (Fragmenta cujusdam collectionis canonum.) — IXe SIÈCLE. — 2º Regulæ canonicorum. — XIe-XIIe SIÈCLE. — 3º Acta concilii Aquisgranensis. — IXe SIÈCLE.

Ce manuscrit provient du chapitre d'Albi. Il contient deux cent trente-deux pages. Le nº 2 commence à la page 4. Le nº 3 est incomplet à la fin.

38. In-4º oblong sur vélin. – 1º Collectio canonum. – Incipit : « Primo omnium credendum est atque omnibus generaliter « prædicandum Patrem et Filium. » – 2º (Collectio canonum Dionysii exigui.) — IXe SIÈCLE.

Ce manuscrit incomplet provient du chapitre d'Albi.

38 *bis*. In-4º sur vélin. (Recueil.) – 1º (Collectio canonum.) – 2º (Notitia librorum apocryphorum.) – 3º Capitula S. Gregorii ad Augustinum episcopum Anglorum in Saxoniam missum. – 4º Beda, de remediis peccatorum. – 5º Sententiæ Isidori de gradibus dirimentibus. – 6º Ex decreto papæ Gregorii junioris. – 7º Theodorus de opere die dominica. – 8º Tractatus S. Fausti de symbolo. – 9º Prædicatio S. Augustini episcopi de fide catholica. – 10º Calendarium. – 11º Compotum Græcorum. — IXe SIÈCLE.

Ce manuscrit provient du chapitre d'Albi. Il contient trois cents pages ; il est de diverses mains : l'écriture est une caroline, tantôt penchée, tantôt allongée. Le calendrier du nº 10 paraît dressé pour l'usage de l'église de Bourges. Il s'arrête à l'année 854. Le volume est incomplet.

39. In-4º carré sur vélin. – Doctrina ecclesiastica secundum Nicænum concilium. — VIIIe-IXe SIÈCLE.

Provient du chapitre d'Albi.

N° 40. In-4° sur vélin. – Quæstiones S. Augustini. — IXe-Xe SIÈCLE.

Provient du chapitre d'Albi; il est incomplet.

41. In-folio sur vélin. – 1° Collecta a Floro, de sententiis antiquorum patrum. – 2° (Collectio canonum). – 3° (Concilium Toletanum.) — IXe SIÈCLE.

Provient du chapitre d'Albi.

42. In-4° sur vélin. (Recueil.) – 1° Hincmari episcopi Remensis constitutiones synodicæ. – 2° Archiepiscopo Narbonensi Sigeberdo Almarici monachi et presbyteri responsio ad diversas questiones de baptismo. – 3° (De signo crucis; benedictiones aquæ, salis, cineris et vini; de ecclesia consecranda.) — IXe SIÈCLE.

Provient du chapitre d'Albi.

43. Petit in-4° carré sur vélin. (Recueil.) – 1° De essentia divinitatis. – Incipit : « Omnipotens Deus Pater et Filius et Spi- « ritus sanctus unus atque eternus. » – Desinit : « refertur « ad opus justitiæ. » – 2° Interrogatio sacerdotalis. – Incipit : « Dic mihi per quid es presbiter benedictus. » – 3° Collectio canonum. — IXe-Xe SIÈCLE.

Provient du chapitre d'Albi; il contient deux cent vingt pages. La collection des canons du n° 3 est divisée en quatre livres. Le premier livre a cent vingt chapitres, dont le premier a pour titre : « Quod nulli sit ultima « penitentia deneganda. » Le second livre a cent quinze chapitres, le premier est intitulé : « De conjuratione vel conspiratione. » Le troisième livre a cent quarante-neuf chapitres; le premier a pour titre : « Proborum diaconorum « ordinationes certis celebrare temporibus. » Le quatrième livre a trente-quatre chapitres; il commence par : « Leo huniversis episcopis per Cesariensem Moritaniam. » Ce manuscrit est incomplet.

N° 44. In-4° carré sur vélin. – Antiphonæ et responsoria ecclesiastica. — IXe SIÈCLE.

Provient du chapitre d'Albi.

45. In-4° sur vélin. – Apocalypsis. – Psalmi. – Cantica. – Symbola apostolorum Nicænum, et S. Athanasii. – Litaniæ. – Ecclesiæ Albiensis variæ orationes. — XIe SIÈCLE.

Provient du chapitre d'Albi.

46. In-4° sur vélin. – Liber hymnorum et precum, cum cantu notato. — XVe SIÈCLE.

47. Petit in-4° sur vélin. (Recueil.) – 1° Canticum canticorum. – 2° Actus apostolorum. – 3° Epistolæ canonicæ. – 4° S. Ambrosii sermones. – 5° Expositio S. Hieronimi super Marchum. – 6° Isidori expositio super quatuor evangelia. — XIIIe SIÈCLE.

48. In-4° sur vélin. – Homeliæ S. Augustini in epistolam S. Johannis. — Xe SIÈCLE.

Beau manuscrit, provenant du chapitre d'Albi.

49. In-8° sur vélin. – Canticum canticorum et Apocalypsis. — XIVe SIÈCLE.

50. Petit in-4° sur vélin. – Summa ex libris legum olim vulgariter promulgata, et a magistro Ricardo Pisano a vulgari in latinum noviter translata. — XIVe SIÈCLE.

Provient du chapitre d'Albi. Il est incomplet à la fin.

51. In-8° sur vélin. – Flores sanctorum, ex dono Ademari episcopi Massiliensis, qui obiit anno 1333. — XIVe SIÈCLE.

N° 52. In-12 sur vélin. – Diurnale, seu officium beatæ Mariæ virginis. — XVe SIÈCLE.

Ce manuscrit renferme des lettres d'or.

53. In-12 sur vélin. – Horæ canoniales. — XVe SIÈCLE.

Ce manuscrit renferme des lettres d'or.

54. In-12 sur vélin. – Pastorale S. Gregorii papæ. — XIIIe SIÈCLE.

55. In-4° sur papier. – Declarationes Concilii Tridentini, cum suis decisionibus usque ad diem septimum junii anni 1601. — XVIe-XVIIe SIÈCLE.

56. In-4° sur papier. – Conférences sur la messe, faites dans la congrégation des dames de Grenoble. — XVIIe SIÈCLE.

Provient des jésuites d'Albi.

57. In-folio sur papier. (Recueil.) – 1° Anonymi in libros sententiarum. – 2° Tractatus de penitentia. – 3° Mariani prolegomena in sacram scripturam. — XVIe SIÈCLE.

Ce manuscrit est de diverses mains.

58. In-4° sur papier. – Tractatus de gratia Dei. — XVIIe-XVIIIe SIÈCLE.

59. In-8° sur papier. – Sermones christiani gallice scripti. — XVIIe SIÈCLE.

60. In-4° sur papier. – Sermons sur le Saint-Sacrement. — XVIIe SIÈCLE.

61. Deux volumes in-4° sur papier. – Paraphrases et réflexions sur les Psaumes. — XVIIe SIÈCLE.

N° 62. In-8° sur papier. – Tractatus de humanis actibus, a patre Gisberto, professore in collegio tolosano, 1689. — XVIIe SIÈCLE.

Ce volume a été écrit par Bousquet, prêtre.

63. In-4° sur papier. – Notæ perpetuæ in novem libros codicis Justiniani. — XVIIe SIÈCLE.

Provient du chapitre d'Albi.

64. In-8° sur papier. – Theophilus renovatus, sive breves observationes in institutiones Justiniani, ad usum fori Gallicani. — XVIIe SIÈCLE.

65. In-4° sur papier. – Logica aristotelica. — XVIIe-XVIIIe SIÈCLE.

66. In-4° sur papier. – Logicæ simul et metaphysicæ tractatus Tolosæ dictatus, anno 1617. — XVIIe SIÈCLE.

67. Trois volumes in-4° sur papier. – Institutiones philosophicæ, logica et physica. — XVIIIe SIÈCLE.

68. Deux volumes in-4° sur papier. –Philosophicæ aristotelicæ tomi tres. — XVIIe SIÈCLE.

69. In-8° sur papier. – Consultes faites par M. Chirac, médecin du roi Louis XV, en 1750. — XVIIIe SIÈCLE.

70. In-4° sur papier. — Excerpta ex variis auctoribus græcis et latinis. — XVIIe SIÈCLE.

Ce manuscrit provient du chapitre d'Albi.

71. In-8° sur papier. – Θεοδώρου γραμματικῆς εἰσαγωγῆς, etc. (Theodori Gazæ grammatica græca.) — XVIe SIÈCLE.

Manuscrit d'une belle écriture.

N° 72. In-4° sur papier.–Diversion à ma mélancolie, ou pensées et réflexions philosophiques; ouvrage dédié au cardinal de Bernis par Bignecourt. Reims, 1761.—XVIIIe SIÈCLE.

73. Manque.

74. In-4° sur papier. – Borel, antiquités de la ville de Castres. — XVIIIe SIÈCLE.

Cet ouvrage a été imprimé.

75. In-4° sur papier. — Epitome historiarum Titi Livii, ex editione variorum. — XVIIe SIÈCLE.

76. In-folio sur papier. — Bocace, des nobles malheureux. — XVe-XVIe SIÈCLE.

Ce manuscrit est incomplet.

77. In-folio sur vélin. – Strabonis de situ orbis geographia.— XVe SIÈCLE.

Il y a dans ce magnifique manuscrit des lettres initiales coloriées avec le plus grand soin, et deux grandes peintures qui représentent l'une le traducteur offrant son ouvrage au patricien vénitien Marcello, et l'autre, ce même patricien en faisant hommage au roi René. C'est une traduction latine de Strabon, faite par Guarini de Vérone, en 1458, commencée par les ordres de Nicolas V.

78. In-folio sur vélin. – Actes de la dissolution du mariage de Louis XII, roi de France, et de Jeanne, fille de Louis XI, en 1498 par les commissaires du pape Alexandre VI. — XVIe SIÈCLE.

Les commissaires du pape étaient Louis d'Amboise, évêque d'Albi; Ferdinand, évêque de Ceuta, et le cardinal Philippe de Luxembourg, évêque du Mans, qui présida la commission. Ces actes sont authentiques; ils ont été collationnés sur l'original par les deux notaires présents à la procédure, Nicolas Melittis et Pierre Mesnard.

N° 79. In-folio sur papier timbré. – Acta Bituricensis canonisationis beatæ Joannæ Valesiæ Galliæ primum reginæ, postea fundatricis ordinis Annunciationis beatæ Mariæ Virginis, sub regula Sancti Francisci. — XVIIIe SIÈCLE.

Ce manuscrit, suivi de toutes les pièces originales certifiées par les notaires royaux, contient la procédure faite à Albi, le 26 décembre 1773, pour la canonisation de la bienheureuse Jeanne de Valois.

80. In-folio sur papier. – Frodoardi episcopi Remensis annales, ab anno 919 usque ad annum 966. — XVIe-XVIIe SIÈCLE.

81. In-folio sur papier. – Chroniques des ducs de Savoie, depuis Hugues jusqu'à Aimé VII. — XVe-XVIe SIÈCLE.

Ce manuscrit est d'une écriture courante. Ces chroniques se terminent par des vers.

82. In-folio sur papier. (Recueil.) – 1° États Généraux sous le roi Jean, en 1355. – 2° La relation des barricades, en 1651. – 3° Assemblées de la noblesse tenues à Paris en 1649 et 1651. — XVIIIe SIÈCLE.

Copie d'un manuscrit de la Bibliothèque nationale, signée par François de Becsaing de Busy.

83. Deux volumes in-folio sur papier. – États Généraux tenus à Fontainebleau sous le règne de François II, et à Orléans, sous Charlle IX, en l'année 1560. — XVIIIe SIÈCLE.

Ce manuscrit contient les discours prononcés en ces assemblées; le procès-verbal des États; diverses requêtes présentées aux États; l'état des dépenses et recettes de la France en 1560. La plupart de ces pièces ont été imprimées dans le tome premier du Recueil de pièces originales et authentiques concernant la tenue des États généraux. Du reste, les États généraux de Fontainebleau ne furent qu'une assemblée de notables où fut résolue la tenue des États généraux d'Orléans.

N° 84. In-folio sur papier. – Journal du duc de Nevers, des États tenus à Blois, en 1576.

Copie d'un manuscrit de la Bibliothèque nationale. Ce journal a été imprimé dans le tome III du *Journal de Lestoille*, édition de Lenglet du Fresnoy, et dans le Recueil de pièces originales et authentiques concernant la tenue des États généraux, tome III, page 1.

85. In-folio sur papier. – Procès-verbal de la Chambre de noblesse durant les États généraux tenus à Paris en 1615. — XVIIe SIÈCLE.

Imprimé dans le tome VI du Recueil de pièces originales sur les États généraux.

86. In-folio sur papier. – Assemblée des notables tenue à Paris en 1626 et 1627. — XVIIe SIÈCLE.

87. In-folio sur papier. – Cérémonial des assemblées générales du clergé de France et des processions solennelles. — XVIIe SIÈCLE.

88. In-folio sur papier. (Recueil.) – 1° Harangue au roi par le cardinal de Lorraine au nom du clergé. – 2° Mémoire sur l'histoire de France, contenant l'abrégé de la reine Anne d'Autriche, jusqu'à la mort du roi Louis XIII; non terminé. – Système pour régler les finances au moyen de billets. – 4° Remontrances au roi par la Cour des Aides, avec la réponse du roi. – Remontrance au roi par les agents généraux du clergé de France. — XVIIIe SIÈCLE.

Ces divers mémoires ont été copiés à la Bibliothèque nationale.

89. In-folio sur papier. – Recueil de diverses procédures faites à aucuns évêques et autres criminels de leze-majesté, soit par le concours de l'autorité des papes, soit seulement par

la justice séculière; de l'an 991 à l'an 1523. — XVIIIe SIÈCLE.

N° 90. In-folio sur papier. – Mémoire touchant les affaires de France sous la régence de Marie de Médicis, de 1610 à 1620, par le maréchal d'Estrées. — XVIIe SIÈCLE.

Ces mémoires ont été imprimés.

91. In-folio sur papier. (Recueil.) – Anecdotes historiques sur les Cardinaux et autres dignitaires ecclésiastiques de France, depuis 1480 jusqu'en 1659. – 2° Mémoires sur les rangs qu'ont eus divers ambassadeurs ecclésiastiques, légats, évêques, dans des négociations politiques pendant deux siècles. — XVIIe SIÈCLE.

92. Trois volumes in-folio sur papier. – Traité concernant les ducs et pairs de France, de leur origine et institution, depuis l'an 987 jusqu'en 1468. — XVIIIe SIÈCLE.

93. In-4° sur papier. – Livre des statuts et ordonnances de l'ordre de Saint-Michel. — XVIe SIÈCLE.

Ce manuscrit renferme des lettres en or et des figures.

94. In-4° sur papier. – Recherches sur l'origine des ducs de Savoie et Piémont, par Alphonse Delbène, conseiller d'état en Savoie. — XVIe SIÈCLE.

Ce manuscrit, tiré des vieux titres et mémoires de Haute-Combe, en 1590, a été imprimé en 1610.

95. In-folio sur papier. – Alphonsi Delbene episcopi Albiensis tractatus de gente ac familia marchionum Gothiæ qui

postea comites Tolosani dicti sunt. Albiæ, 1606. — XVIIe SIÈCLE.

Imprimé à Lyon, 1607, in-8°.

N° 96. In-4° sur vélin. – Landulphus de Columna, epitome historiarum. — XVIe SIÈCLE.

Cet ouvrage, intitulé aussi *Breviarium historiale*, a été publié. (Voyez Fabricius, *Bibliotheca latina mediæ et infimæ ætatis*, tom. IV, p. 239.)

97. In-4° sur papier. – Description naïve et sensible de la fameuse église de Sainte-Cécile d'Albi, faite en 1684, le 14 juin, par Boissonnade, avocat au parlement de Toulouse. — XVIIIe SIÈCLE.

Ce manuscrit est copié sur l'original que possédait M. de Rochegude.

98. In-folio sur vélin. – Sedulii carmen paschale continens historias notabiles veteris et novi Testamenti, orationis dominicalis paraphrasim, etc. — IXe SIÈCLE.

99. In-4° sur vélin. – Juvenci historia evangelica, carmine scripta. – Grammatica latina. — IXe SIÈCLE.

100. In-8° sur vélin. – Carmen de septem plagis Ægypti, de decem mandatis legis. — XIe SIÈCLE.

101. Quarante-sept volumes in-folio sur papier. – Mémoires des assemblées du Clergé. — XVIIe-XVIIIe SIÈCLE.

102. In-4°. — Pièces relatives au procès et au supplice de Damiens.

Avec une peinture représentant la *veglia*, ou *veille*.

Ces pièces sont placées à la suite d'un imprimé, les *Pièces originales et procédures du procès fait à R. F. Damiens*, Paris, 1757.

FIN DU CATALOGUE DES MANUSCRITS DE LA BIBLIOTHÈQUE D'ALBI.

APPENDICES.

APPENDICE

AU CATALOGUE

DES MANUSCRITS DE LA BIBLIOTHÈQUE DE LAON.

APPENDICE

AU CATALOGUE

DES MANUSCRITS DE LA BIBLIOTHÈQUE DE LAON.

N° 1.

JOANNIS SCOTI ERIGENÆ COMMENTARIUS

IN EVANGELIUM SECUNDUM JOHANNEM.

. . . .

In propria ergo venit. Hoc est in humana natura incarnatus est.

Et sui eum non receperunt. Hoc dictum est de perfidis Judæis et omnibus impiis qui noluerunt Dei verbum recipere, hoc est neque in eum credere neque eum intelligere voluerunt. Et ne quis putaret omnes homines eum non recepisse, nam ab initio mundi nullum tempus erat in quo receptores divini verbi non essent, propterea addidit: *quotquot autem receperunt eum,* hoc est quicumque crediderunt in eum, *dedit eis potestatem filios Dei fieri.* Non dixit : dedit eis potestatem salvari, aut in pristinum statum et dignitatem humanæ naturæ dedit eis potestatem redeundi, sed, quod ineffabile est, et omni naturæ per se ipsam impossibile, dedit eis per sublimitatem suæ gratiæ filios Dei fieri. *His qui credunt in nomine ejus,* hoc est his qui credunt notitiam ei (*leg.* ejus?) et intelligentiam per fidem in hac vita et per speciem in altera se recepturos.

Qui non ex sanguinibus, hoc est qui non ex seminibus, *neque ex voluntate carnis,* hoc est neque ex sexu femineo. Caro quippe femineum sexum sæpe significat. *Neque ex voluntate viri,* hoc est neque ex semine virili. Potest etiam sic intelligi *neque ex voluntate carnis* ut expositio sit quod sequitur, *neque ex voluntate viri.* Non enim desunt qui irrationabilem motum quo homines concipiuntur in carne, soli carni attribuunt, quasi nihil ad animam pertineat; dum caro sine anima nihil in talibus prævaleat. Ideoque sequitur: *neque ex voluntate viri,* hoc est neque ex voluntate totius hominis. Sæpe sapientes viri vocabulo hominem solent appellare. *Sed ex Deo nati sunt,* per gratiam videlicet baptismatis, in quo incipiunt credentes in Christum ex Deo nasci. Sed ne quis impossibile existimaret hominem mortalem, carnalem, fragilem, corruptibilem in tantam gloriam exaltari ut filius Dei fieret, veluti evangelista respirans, occultisque infidelium cogitationibus respondens, fortissimum posuit argumentum : *Et verbum caro factum est;* ac si dixerit : non mireris carnem, id est mortalem hominem in filium Dei posse transire per gratiam, cum majoris miraculi sit verbum caro factum. Nam si quod superius est ad inferius descendit, quid mirum si quod inferius est in id quod superius, superioris gratia agente, ascendat, præsertim cum ad hoc *verbum caro factum* sit, ut homo filius Dei fieret? Descendit enim verbum in hominem, ut per ipsum ascenderet homo in Deum. Sicut enim dicimus : verbum caro factum est, ita possumus dicere : et caro verbum facta est.

Et verbum caro factum est, hæc evangelica sententia proloquiorum more recurrit.

Et habitavit in nobis. Hoc est conversatum est inter nos homines; verbum habitavit in nobis, hoc est naturam nostram possedit.

Et vidimus gloriam ejus. Nos videlicet, quos elegit de mundo, vidimus gloriam ejus in manifestissimis miraculis, in transfiguratione in monte spirituali, in claritate resurrectionis; et non aliam gloriam, sed *gloriam unigeniti a patre. Plenum gratiæ;* subauditur : plenum vidimus gratiæ secundum humanitatem, *et veritatis* secundum deitatem.

Johannes testatur de ipso verbo, videlicet : *et clamat,* vel sicut in græco legitur : *et clamavit dicens, hic erat quem dixi,* vel, sicut in græco habetur : *quem dicebam,* quod multo significantius est. Nam si præteritum perfectum, quod est *dixi*, poneret, peractum jam prædicationis ejus de Christo opus significaret; præteritum vero imperfectum, quod est *dicebam*, et inchoationem prædicationis Christi ab Johanne significat, et adhuc in ipsa prædicatione perseverantiam. *Hic erat; hic* pronomen est demonstrativum præsentis personæ; ac per hoc datur intelligi adfuisse Christum in illo loco in quo Johannes talem de eo demonstrationem aperte declaravit. Nec hoc mirum; sæpe enim ipse Dominus, adhuc fere omnibus ignotus, priusquam baptisaretur et prædicare inchoaret, ad Johannem solitus erat venire. Ideoque ait Johannes : *hic erat quem dixi.* In hoc loco sicut frequenter et in superioribus, verbum quod est *erat* non significationem temporis sed substantiæ declarat, ita ut intelligamus *hic erat,* ac si aperte diceret *hic est,* hic subsistit quem dicebam vobis. Ad quos dicebat? Ad discipulos profecto suos, quibus et absentem Christum prædicabat, et præsentem demonstrabat, quod in sequentibus manifestatur, ubi ait discipulis suis :

Ecce agnus Dei qui post me venturus est, vel, sicut in aliis codicibus scribitur : *qui post me venit.* Nam quod in græco scriptum est ἐρχόμενος et præteriti temporis participium est et futuri.

Ante me factus est. Ac si aperte diceret : qui post me ordine temporum in conceptione et nativitate venit in mundum, ante me factus est, mihi prælatus ordine dignitatis. Ego enim purus et simplex homo sum, ille plusquam homo ex humanitate et divinitate compositus; ille dominus, ego servus; ille rex, ego præcursor; ideoque sequitur :

Quia prior me erat; non solum æternitate divinitatis, verum etiam humanitatis dignitate. Sed si quis intentus græcum sermonem inspexerit, alio modo intelliget quod ait : *qui post me venturus est,* hoc est qui post me venturus foret, vel qui post me venit in mundum, *ante me factus est,* hoc est coram me apparuit; et quemadmodum prophetavi et cognovi cum spiritualibus oculis, dum essem in utero, ita et nunc carnalibus oculis coram me factum, id est venientem conspicor. Quod enim in græco scriptum est ἔμπροσθέν μου proprie interpretatur, coram me, hoc est ante oculos meos. Et quid in eo perspicio, sive spiritualibus sive corporalibus oculis? Non aliud nisi quia prior me erat, seu, ut significantius in græco : quia primus mei erat. Ad hoc itaque in præsentia mea factus est, ut cognoscerem illum primum esse, hoc est in omnibus me præcedere. Præcedit enim me in plenitudine gratiæ. Quicquid gratia possideo, non aliunde nisi ex plenitudine gratiæ ipsius accipio. Ideo consequenter adjunxit: *et de plenitudine ejus nos omnes accepimus.* Quam plenitudinem dicit? Non aliam nisi eam de qua superius dixit : *et vidimus gloriam ejus, gloriam quasi unigeniti a patre, plenum gratiæ et veritatis.* Plenitudo quippe gratiæ secundum humanitatem, et plenitudo veritatis juxta divinitatem in Christo habitat. Unde ait apostolus : in quo plenitudo divinitatis corporaliter, hoc est veraciter habitat. Sed quomodo in Christo plenitudo gratiæ secundum humanitatem habitat [1]? Non aliter nisi quod ipse sit primum et maximum divinæ gratiæ exemplum, in eo quod homo Christus, nullis præcedentibus meritis, in unitatem substantiæ, vel, ut usitatius dicam, personæ assumptus est. Plenitudo autem veritatis in ipso naturaliter est, quia ipse est veritas, ipso testante : « Ego sum via, veritas et vita. » De plenitudine igitur ejus secundum humanitatem et divinitatem nos omnes accepimus. *Nos omnes,* dicit, qui de Israelitico populo eum recepimus, et qui de cæteris totius mundi nationibus in eum crediderunt, gratiam accepimus qua in eum credimus, et veritatem qua ipsum intelligimus, et hoc est quod sequitur :

Gratiam pro gratia, ut subaudiatur : de plenitudine ejus accepimus gratiam pro gratia; gratiam videlicet contemplationis veritatis pro gratia fidei inhumanationis ejus confessionis, hoc est gratiam speciei pro gratia fidei; gratiam deificationis in futuro pro gratia actionis et scientiæ in præsenti. Et ne quis eorum qui se gloriantur in lege existimaret se gratiam et veritatem ex lege accepisse, continuo subjecit :

Quia lex per Moysen data est. Ac si dixisset : propterea dico ex ple-

[1] Codex : *possidet.*

nitudine Christi nos omnes accepisse gratiam et veritatem, et non ex lege, quia lex tantummodo per Moysen data est, quæ nullam gratiam accipientibus eam secundum litteram impertitur, quoniam nihil aliud est nisi umbra quædam et symbolum Novi Testamenti.

Gratia et veritas per Jesum Christum facta est. Potest et sic intelligi: quia lex dum consideratur in Moysi, id est in littera nuda, solummodo lex est; dum vero in Christo, gratia et veritas est. Spiritus enim legis gratia et veritas est in Christo Jesu. Lex itaque considerata in Moysi, non est gratia et veritas, in Christo autem gratia et veritas est. Beatus Augustinus ita Vetus Testamentum discernit a Novo; ait enim : lex data est ut gratia quæreretur, gratia autem data est ut lex impleretur. Tria itaque proponit; legem, gratiam, veritatem, tres hierarchias insinuans, unam quidem in Veteri Testamento, in obscurissimis ænigmatibus traditam; secundam, quam et mediam dicimus, in Novo Testamento, in quo abundantia gratiæ, et eorum quæ mystice in lege et dicta et facta sunt apertissima declaratio est; tertiam, cœlestem dico, jam in hac vita inchoantem et in altera vita perficiendam, in qua puræ veritatis contemplatio in his qui deificantur absque ulla caligine donabitur. Prima itaque hierarchia legis nomine, secunda gratiæ, tertia veritatis appellatione insinuatur. De quibus tribus hierarchiis quisquis plenius scire desiderat, legat Sanctum Dionysium Areopagitam[1].

Deum nemo vidit unquam. Ad cumulum laudis plenitudinis Christi additur quod ait : Deum nemo vidit unquam; et quasi hac occasione divinæ invisibilitatis omni beatitudine humana privaretur natura, ipsius namque contemplatio vera est beatitudo, si non succurrerit divina bonitas per incarnationem unigeniti filii Dei qui in carne, hoc est in toto homine quem accepit, non solum se ipsum aperuit, sed omnino antea incognitum Deum patrem hominibus manifestavit, sicut ait ipse, « manifestavi nomen tuum hominibus quos dedisti mihi; » et iterum Philippo quærenti et dicenti, « ostende nobis Patrem, et sufficit nobis, » respondetur, « Philippe, qui me videt, et

[1] Codex : *Ariopagitam.*

patrem videt meum; » et iterum : « nemo vidit Filium nisi Pater, neque Patrem nisi Filius et cui voluerit Filius revelare. » Nec solum hoc de hominibus, verum etiam de angelis intelligendum; nam et angeli Deum suum, qui omnem intellectum exsuperat, in sua natura cognoscere non potuerunt, quia invisibilis et incognitus est, Verbo vero incarnato dominum suum intellexerunt, Dei videlicet filium, et in ipso et per ipsum totam remotam ab omnibus trinitatem. Universaliter itaque et rationali et intellectuali creaturæ profuit Dei Verbi inhumanatio : rationali videlicet ad libertatem naturæ ex morte et servitio diabolico et ex ignorantia veritatis; intellectuali vero ad cognoscendam suam causam, quam prius ignorabat. Hinc apostolus : « in quo restaurata sunt omnia quæ in cœlo et in terra. » Sed non immerito quæritur, cur[1], in Veteri Testamento et in Novo frequenter legatur de Deo hominibus apparuisse, sive visibiliter carnalibus oculis, sive invisibiliter propheticis visionibus, dum evangelium ait : « Deum nemo vidit unquam. » Sed si de solo Patre diceretur quod eum nemo vidit, facillime solveretur quæstio, ut persona Filii et Spiritus Sancti sæpe intelligantur visibiliter apparuisse, solum vero Patrem remotum ab omni visione. Quoniam vero non de una persona, sed de tota trinitate, quæ Deus unus est, hoc intelligitur dictum, « Deum nemo vidit unquam, » essentiam videlicet et substantiam unius trinitatis, quoniam superat omnem intellectum rationalis et intellectualis creaturæ, non immerito investigandum est quod apparuit, dum dicitur Deus sive visibiliter sive invisibiliter apparuisse. Beatus Augustinus incunctanter aperit Filium apparuisse in Veteri Testamento, non tamen in ea substantia qua Patri æqualis est, sed in aliqua subjecta creatura sive visibili sive invisibili. Similiter quando apparuisse Spiritus legitur, verbi gratia in specie columbæ, non per se ipsum in ea substantia qua Patri et Filio coessentialis est, sed in subjecta creatura est existimandum. Id ipsum de Patre intellige. Visiones etiam prophetarum, quibus prophetæ Deum vidisse perhibentur, de subjecta quadam spirituali creatura factæ sunt; substantiam vero divinam per

[1] Codex : *cur cum*.

se ipsam nullo modo eis apparuisse Dionysius incunctanter astruit, ne invisibilis et incomprehensibilis aliquo modo videri aut comprehendi posse existimetur. Quæritur etiam utrum hoc [dicatur de] hominibus solummodo adhuc in hac vita degentibus, non autem de virtutibus cœlestibus, quæ semper in divina contemplatione consistunt. Ad hoc dicendum quia nullus humanæ seu angelicæ naturæ particeps ipsum Deum per se ipsum in sua propria natura potest contemplari. Quod enim in latino codice scriptum, « Deum nemo vidit, » in græco « Deum nullus vidit; » οὐδεὶς quippe et nemo et nullus interpretatur. Quid ergo sanctæ animæ hominum et sancti intellectus angelorum vident, dum Deum vident, si ipsum Deum non vident, quem videre perhibentur? Verbi gratia, ut pauca exempla de multis ponamus, Esaias vidit Dominum sedentem super solium excelsum. Dominus dicit in evangelio : « angeli eorum semper vident faciem patris mei qui in cœlis est. » Item « qui diligit me, diligetur a patre meo, et ego diligam eum, et manifestabo me ipsum ei. » In epistola sua Johannes : « Scimus quia filii Dei sumus, sed nondum apparuit quid erimus. Scimus autem quia cum ipse apparuerit, videbimus eum sicuti est. » Paulus item : « videmus nunc per speculum in ænigmate, tunc autem faciem ad faciem, » cæteraque id genus. Quid, inquam, vident homines et angeli, vel visuri sunt, dum apertissime et sanctus Ambrosius et Dionysius Areopagita absque ulla cunctatione inculcant Deum, summam dico trinitatem, nulli per se ipsam umquam apparuisse, nunquam apparere, nunquam apparituram? Apparebit itaque in theophaniis suis, hoc est divinis apparitionibus, in quibus juxta altitudinem puritatis et virtutis uniuscujusque Deus apparebit. Theophaniæ autem sunt omnes creaturæ visibiles et invisibiles per quas Deus et in quibus sæpe apparuit et apparet et appariturus est. Item virtutes purgatissimarum animarum et intellectuum theophaniæ sunt, et in eis quærentibus et diligentibus se Deus manifestat, in quibus veluti quibusdam nubibus rapiuntur sancti obviam Christo, sicut ait apostolus, « rapiemur in nubibus obviam Christo, » nubes appellans altitudines clarissimas divinæ theoriæ in qua semper cum Christo erunt. Hinc est quod Dionysius ait : « et si quis eum, Deum videlicet, vidisse dixerit, non eum vidit, sed aliquid ab eo factum. Ipse enim omnino invisibilis est, qui melius nesciendo scitur, et cujus ignorantia vera est sapientia. »

Unigenitus filius qui est in sinu patris. Vel, ut in græco scribitur: qui est in sinum Patris vel in sinibus Patris. In quibusdam codicibus græcorum singulariter sinus Patris dicitur, in quibusdam pluraliter, quasi sinus multos Pater habeat.

Ipse enarravit. Unigenitus itaque Filius Deum narravit, hoc est in se ipso manifestavit, non in quantum divinitas ejus, quæ omnino invisibilis est, sed in quantum humanitas, quam, ut se ipsum et patrem suum necnon et Spiritum Sanctum suum hominibus manifestaret et angelis, accepit. Nam humana anima, dum per se ipsam invisibilis sit, per motus suos corporeos non quid sit, sed quia sit manifestat. Et quid est quod ait : « qui est in sinu Patris » vel « in sinibus Patris? » Utrum aliud est sinus Patris, aliud unigenitus Filius Patris? Non aliud, sed unigenitus Filius ipse est sinus Patris. Sinus autem Patris dicitur Filius quia Patrem insinuavit mundo. Sinus etiam Patris unigenitus Filius est, quia in secretis paternæ naturæ semper est, sicut ipse ait : « ego in Patre, et Pater in me est. » Quemadmodum igitur domus Patris unigenitus Filius est, sicut ipse ait : « in domo patris mei mansiones multæ sunt; » ac si diceret : in me, in quo Pater veluti in sua propria domo habitat, multæ mansiones sunt, in ea enim unusquisque suam receptionem pro suis meritis et ipsius gratia possidebunt, ita et sinus Patris est Filius; in ipso enim recipit Pater et colligit quos vult recipere et colligere.

Enarravit. Hoc est doctrinam et manifestationem[1] suæ incarnationis Deum invisibilem demonstravit et demonstrat et demonstraturus est; sicut ait in ipsa sententia quam paulo superius introduximus: « qui diligit me, diligitur a patre meo, et ego diligam eum et manifestabo me ipsum ei. »

[1] An leg. *doctrina et manifestatione?*

Et hoc est testimonium Johannis. Ac si diceret : hoc totum quod diximus, ab eo loco « Johannes testimonium perhibet » usque ad id quod est : « ille enarravit, » testimonium Johannis est præcursoris de eo cujus præcursor est. Deinde veluti ex alio primordio narrationis incipit, dicens :

Quando miserunt Judæi ab Jerosolimis, etc. Et est ordo verborum : *et confessus est et non negavit quando miserunt Judæi ab Jerosolimis sacerdotes et levitas* et reliqua. Quid autem non negavit et quid confessus est?

Quia non sum ego Christus. Putabant enim Judæi Johannem Baptistam Christum fuisse, quia in prophetis prædictum quod in mundum venturus esset. Putabant quoque eum Heliam Thesbiten, propter nimiam sui abstinentiam et castitatem et solitariam vitam et asperrimam delictorum reprehensionem et durissimum vindictæ futuræ terrorem. Et præter hoc putabant eum, Johannem dico, unum aliquem ex prophetis iterum surrexisse, videntes maximam prophetiæ gratiam in eo profecisse. « Non sum ego, inquit, Christus, quia Christi præcursor sum et vox clamantis in deserto. »

Helias es tu? Et dixit non sum. Hæc negatio duobus modis intelligitur. Non sum, dixit, Helias, sed in spiritu et virtute Heli veni. Item non sum Helias, ille enim solummodo propheta, ego vero non solum propheta sed et præcursor. Non quod omnes prophetæ præcursores Christi non sint, sed quod nullus prophetarum simul cum Christo uno eodemque anno natus est, qui fieret præcursor parvo spatio interposito.

Propheta es tu? Respondit: non. Item dupliciter intelligitur : aut quia plus quam propheta est, sicut de eo Christus prædicat, ideo negat se prophetam esse; aut quod opinioni eorum respondit. Putabant enim Johannem unum ex mortuis prophetis præteriti temporis fuisse. Ait ergo : non sum unus ex ipsis prophetis de quorum numero existimatis me surrexisse et præsentialiter vobis prædicare.

Dixerunt ergo ei: Quis es? Si Christus seu Helias seu aliquis prophetarum non es, dic quis es, ne absque responso atque ulla cognitione de te ad eos qui nos miserunt redeamus, nullumque responsum eis reddere valeamus.

Quid dicis de te ipso? Audivimus enim te de Christo prædicasse, de te autem ipso nil manifestum asseris. Quid ergo dicis de te ipso?

Ego sum vox clamantis in deserto. « Si quæritis, inquit, quid de me ipso profero, cognoscite quia ego sum vox. » Non dixit « quia ego sum homo, » seu « ego sum Johannes filius Zachariæ, » sed dixit : « ego sum vox. » Non enim in se humanam substantiam consideravit, nec humanam generationem, si quidem ultra hæc omnia exaltatus est præcursor Verbi. Deseruit omnia quæ intra mundum continentur, ascendit in altum, factus est vox Verbi; ita ut nullam in se substantiam fateretur, præter id quod extra omnem creaturam ex abundantia gratiæ accepit, esse videlicet vox Verbi. Hoc autem nomen non a se ipso, sed longe ante ab Esaia propheta, immo a Spiritu Sancto per Esaiam sibi est impositum. Itaque ego sum vox, non mea vox, sed clamantis vox; vox enim relative dicitur. Clamantis igitur Verbi, hoc est per carnem prædicantis vox est Johannes. Et ubi clamat Verbum cujus vox est Johannes?

In deserto. Hoc desertum multi volunt intelligi de Judæa deque toto Israel. Judæa quippe in desertum redacta est, omni divino cultu evacuata, idololatriæque sordibus contaminata, legalem litteram solummodo omni spirituali sensu evacuatam, diversis superstitionibus pollutam sequens; et quæ prius confessio dicta est (Judæa enim confessio interpretatur) in negationem omnino veritatis versa est. In hac itaque solitudine et vox Verbi et ipsum Verbum primo prædicavit. Sed cur vocis appellatione præcursor Verbi significatur, non immerito quæritur. Est igitur vox interpres animi. Omne enim quod intra semetipsum prius animus et cogitat et ordinat invisibiliter, per vocem in sensus audientium sensibiliter profert. Animus itaque, id est intellectus omnium, Dei filius est. Ipse est enim, ut ait sanctus Augustinus, intellectus omnium, imo omnia. Cujus præcursor pulchre vocis vocabulo nominatur, quia primo per ipsum demonstratus est mundo, dicens « ecce agnus Dei » et reliqua. Altiori vero theoria, desertum intelligitur divinæ naturæ ab omnibus remotæ ineffabilis altitudo. Deseritur enim ab omni creatura quia superat omnem intellectum, cum nullum intellectum deserit. Et hoc græco nomine, quod est ἔρημος, luce clarius significatur. Ἐρημία quippe interpretatur remotio et excelsitudo, quod omnino divinæ convenit naturæ. In ipso itaque deserto divinæ celsitudinis Verbum clamat, per quod facta sunt omnia. Audi Moysen in Genesi dicentem : « dixit Deus : fiat lux, » « dixit Deus : firmamentum ; » similiter in omnibus operibus sex dierum præcedit : « dixit Deus ; » ubi Dei nomine Patrem intelligimus, « dixit » autem Dei Verbum significat. Clamat itaque Verbum Dei in remotissima divinæ bonitatis solitudine. Clamor ejus naturarum omnium conditio est. Ipse enim vocat ea quæ sunt tanquam quæ non sunt, quia per ipsum Deus pater clamavit, id est creavit cuncta quæ fieri voluit. Clamavit ille invisibiliter priusquam fieret mundus, mundum fieri. Clamavit in mundum veniens visibiliter, mundum salvari. Prius clamavit æternaliter per solam suam divinitatem ante incarnationem ; clamavit postea per suam carnem. Et quid illa vox ejus, hoc est præcursor ejus, vociferat? Audi.

Dirigite viam Domini. Quid est « Dirigite viam Domini? » Nonne quod sequitur « rectas facite semitas? » Dirigite ergo viam Domini, hoc est recte prædicate et credite Dominum, qui via est, sicut ipse ait : « Ego sum via et veritas et vita. » Potest et sic intelligi. Dirigite viam Domini, hoc est recte credite in Dominum. Non enim per aliam viam Dominus corda hominum ingreditur nisi per fidem, quæ via est Domini.

Sicut dixit Esaias propheta. Videns evangelista sententiam Esaiæ de præcursore Domini in Evangelio secundum Lucam plenissime scriptam, intermittere voluit, ne videretur superfluum eandem sententiam recapitulare. In hoc loco de mysticis præcursoris nominibus pauca inserere non est inconveniens, ut opinor. Vox vocatur, quia sicut vox præcedit mentis conceptum, ita Johannes præcessit Dei Verbum. Πρόδρομος vocatur, id est præcursor, quia non solum Johannes in conceptione et nativitate, verum etiam in mysterio baptismatis et prædicationis pœnitentiæ Dominum præcessit. Φόσφορος dicitur, hoc est lucem ferens, quia ipse primo lucem mundi in notitiam mundo attulit, et in se ipso gestavit. Stella matutina, quam Greci ἄστρον πρωϊνὸν appellant, Johannes dicitur, quia, sicut illa stella quam astrologi luciferum vocant ortum solis præcedit, ita præcursor Domini prius mundo apparuit, quem sol justitiæ subsecutus est. Similiter a Græcis ἀκριδομελιτροφὸς vocitatur, propter suam abstinentiam a communibus hominum alimentis. Ἀκρίς quippe interpretatur locusta, μελὶ mel, τροφὴ[1] esca; ἀκριδομελιτροφὸς itaque locustas et mel silvestre comedens interpretatur.

Et qui missi fuerant, erant ex Pharisæis[2]. Quæritur quare Pharisæi missi sunt ad Johannem. Sed ad hoc dicendum : ideo specialiter Pharisæi audientes prædicationem Johannis generalem omnium resurrectionem ex mortuis populo suasisse, et maxime eo loci ubi ait, « genimina viperarum, quis vos liberabit a superventura ira, » in judicio videlicet post resurrectionem, desiderabant audire Johannem; nam et ipsi resurrectionem mortuorum firmissime credebant et prædicabant, ac per hoc in multis consensisse Christo perhibentur, Paulum quoque apostolum frequenter adjuvisse.

Quid ergo baptizas, si tu non es Christus, neque Helias, neque propheta? Quæritur cur Pharisæi tribuerint auctoritatem baptismatis Heliæ aut cuipiam prophetarum : audierant enim in prophetis Christum in mundum venturum et baptizaturum. Scientes itaque Jordanem figuram baptismatis gessisse, eumque Heliam et Elisæum siccis pedibus transiisse, figuram baptismatis in Helia et Elisæo non dubitabant præcessisse, aut illos ipsos surrexisse ac baptizasse. Ac per hoc non interrogabant : « prophetarum unus es tu ? » sed solummodo : « propheta es tu ? » ipse videlicet qui præfigurabat baptismum. Respondit eis :

Ego baptizo in aqua, ac si diceret : ego tingo in aqua solummodo

[1] Cod. θροφος.
[2] Cod. *Fariseis*.

per purgationem corporum, sanctificationem corporis et animæ in eo qui vere baptizat præfigurans.

Medius autem vestrum stat, hoc est præsens vobis apparet *quem vos nescitis*, quia in eum non creditis, neque quis sit cognoscitis.

Ipse est qui post me venturus est. Hic est qui in divina disputatione et prædicatione, priusquam fieret mundus, diffinitus est quod post me venturus esset in mundum, ut me præcursorem suum subsequeretur.

Qui ante me factus est. Hoc est qui coram oculis mentis meæ et corporis præsens factus est. Ipsum siquidem video, et cognosco in medio vestrum, vos autem eum nescitis. Est et alius intellectus in his verbis, ut Maximo placet. Johannes figuram pœnitentiæ gerit, quoniam pœnitentiam prædicavit, Christus autem figuram justitiæ, non solum quia mundum judicat, verum etiam quia ipse justitia æterna est. Pœnitentia non nisi post prævaricationem justitiæ valet fieri; humana itaque natura, quæ leges divinas in paradiso transgressa est, sub persona Johannis pœnitentiam prædicat et facit, et substantialem Dei Verbi justitiam præcedentem se per divinitatem et post se venturam per carnis dispensationem manifeste declarat, ut eam, humanam dico naturam, juxta divinas leges quas superbiendo spreverat, conversantem ad pristinum æternæ justitiæ statum revocaret.

Cujus ego non sum dignus, et reliqua. Calceamentum Verbi est sua caro quam de virgine assumserat, quæ per figuram calceamenti insinuatur. Ut enim calceamentum ex corio mortuorum animalium efficitur, ita caro Christi propter nos mortalis facta est, ut morte ipsius mors nostra omnino interimeretur. Nam caro Christi non merito sui peccati mortalis facta est, sicut caro nostra, sed ad naturam nostram post peccatum condescensione passibilis erat. Mortem siquidem subire propter nos non renuit, causam vero mortis, peccatum dico, non recepit. Ideoque mors eum detinere non potuit, quia debitor mortis non fuit. Non poterat mors detinere captivum, quem non invenerat criminosum. A primo ergo homine ante peccatum accepit absque peccato esse; ab eodem post peccatum accepit mori posse; quibus duobus totam nostram naturam in se ipso restituit. Mortem quippe nostram omnino in se delevit, et vitam æternam restituit. Eo vero quod peccato caruit, naturam nostram antequam peccaret in se manifestavit. Si itaque calceamentum Verbi caro Verbi est, non incongrue corrigiam calceamenti ejus subtilitatem et investigabilem perplexionem mysteriorum incarnationis intellige. Cujus mysterii altitudinem solvere indignum se præcursor judicat. Notandum tamen quod non dixit, « cujus corrigiam calceamenti non solvam, » sed dixit : « non sum dignus ut solvam corrigiam calceamenti. » Solvit enim ille mysteria incarnationis Christi, quando ipsum apertissime manifestavit mundo, multaque de divinitate et humanitate ipsius aperuit. Indignum tamen ad hoc agendum se comparat. Potest etiam per calceamentum Christi visibilis creatura et sancta scriptura significari; in his enim vestigia sua veluti pedes suos infigit. Habitus quippe Verbi est creatura visibilis quæ eum aperte prædicat, pulchritudinem suam nobis manifestans. Habitus quoque ejus facta est scriptura, quæ ejus mysteria continet, quorum omnium, id est creaturæ et litteræ corrigiam, hoc est subtilitatem, solvere indignum se præcursor existimat. Duo pedes Verbi sunt, quorum unus est naturalis ratio visibilis creaturae, alter spiritualis intellectus divinæ scripturæ. Unus tegitur sensibilis mundi sensibilibus formis; alter divinorum apicum, hoc est scripturarum superficie. Duobus quippe modis divinæ legis expositores incarnationem Dei Verbi insinuant. Quorum unus est qui ejus incarnationem ex virgine qua in unitatem substantiæ humanam naturam sibi copulavit, edocet. Alter est qui ipsum Verbum quasi incarnatum, hoc est incrassatum litteris rerumque visibilium formis et ordinibus asserit. Cujus biformis calceamenti corrigia est diligens in his omnibus veritatis inquisitio ac perplexa admodum vestigatio; cujus solutione indignum se præcursor judicat.

Hæc in Bethania facta sunt trans Jordanem, ubi erat Johannes baptizans. Hæc, inquit, quæ hactenus dicta sunt a præcursore, de divinitate Dei Verbi et humanitate, deque præcursoris ipsius prædicatione Pharisæisque responsione in Bethania facta sunt; trans Jordanen, hoc est ultra Jordanen, Bethania interpretatur domus obedientiæ. Sunt autem duæ Bethaniæ, quarum una ultra Jordanen, ubi erat Johannes baptizans, altera infra Jordanen non longe ab Jerusalem, ubi Dominus Lazarum suscitavit. Sed hæc plenissima mysteriorum sunt. Bethania igitur trans Jordanen præfigurat mystice humanam naturam, quæ domus obedientiæ, priusquam peccaret, facta est. Ad hoc enim creata, ut divinis mandatis sibi intra septa paradisi, hoc est intra naturalia sui bona traditis obediret, ne a contemplatione et amore creatoris sui ad cujus imaginem creata est recederet, sed semper ei adhæreret. Trans Jordanen Bethania, humana natura ultra fluenta divinæ gratiæ quæ, post incarnationem Verbi, in eam diffusa sunt, veluti egestate divinorum bonorum et siccitate infusionis sapientiæ confecta residebat. Bethania vero in Judæa citra Jordanen juxta Jerusalem, eadem natura per incarnationem Verbi Dei liberata, et per fluenta divinæ gratiæ, quæ primitus per sacramenta baptismatis distribuuntur veluti in Judæam, id est in veram confessionem fidei et actionis et scientiæ et in domum obedientiæ, hoc est in unitatem ecclesiæ divinis legibus obedientis transducta juxta Jerusalem posita est. Jerusalem quippe visio pacis interpretatur, quæ cœlestem civitatem significat, ad quam adhuc humana natura non pervenit omnino, quod post generalem omnium resurrectionem futurum esse credimus, quando ad integram plenissimamque divinæ speculationis humana natura introducetur. Adhuc tamen non longe a cœlesti patria distat, dum adhuc in carne moratur in domo obedientiæ. Ex parte enim veritatem cognoscit, sui redemptoris gratia inluminata; ex parte prophetat, invisibilibus symbolis mysticisque doctrinis ea quæ ad purum non intelligit significans. Ac per hoc in hac una sententia evangelistæ tres hierarchiæ, hoc est tria sacerdotia mystice insinuantur. Primum siquidem sacerdotium, quod erat sub lege, veluti Bethania ultra effusiones per Christum gratiæ et veritatis in Novo Testamento constituitur. Quod sacerdotium, dico, longe ab Jerusalem, hoc est a visione pacis distabat, propter obscura sui mysteria et ad intelligendum difficillima, propterque mandatorum ejus densissimas caligines, et a luce veritatis valde remotas. Secundum sacerdotium est in Novo Testamento, quod a prædicatione præcursoris incipit et in fine mundi terminabitur, sicut ait scriptura: « Lex et prophetæ usque ad Johannem, et ab eo regnum cœlorum. » Quod sacerdotium partim lucet clarissima veritatis cognitione, partim obscuratur in symbolis. Symbola autem Novi Testamenti principalia tres τελεταί sunt, hoc est tres mysticæ hostiæ, quarum una baptismatis est, altera συνάξεως[1], hoc est communionis corporis Domini et sanguinis, tertia in mysterio chrismatis. Tertium sacerdotium in futura vita celebrabitur, in qua nulla symbola, nulla figurarum obscuritas, sed tota apparebit clarissima veritas. Ideoque sacerdotium Novi Testamenti medietatem quandam inter præteritum legis et futurum beatæ vitæ obtinet[2]. In quibusdam quippe veritatem considerat ut futurum, in quibusdam in ministeriis celebrat ut præteritum. Bethania itaque trans Jordanen, sacerdotium legis, Bethania citra Jordanen non longe ab Jerusalem, sacerdotium gratiæ, Jerusalem præfigurat futuram beatorum vitam. In sacerdotio igitur legis quasi trans Jordanen sub lege naturæ et sub lege scripta erudita est et correcta ipsa humana natura, quæ imaginem Dei post prævaricationem in se obscuravit per veritatis ignorantiam et contaminavit per rerum temporalium concupiscentiam. In sacerdotio Novi Testamenti sub Christo, eadem natura illuminata et sub lege gratiæ educata, et futuro sacerdotio veluti proxima atque perfecta facta est, illuminata quidem per fidem, educata vero per spem, et proxima facta divinæ visioni per caritatem, in quantum divinarum intelligendarum sublimitates adhuc in carne posita sinitur penetrare. Sed si quæris harum trium legum, naturalis, dico, et scriptæ et gratiæ differentiam, breviter cognosce. Lex naturæ est, quæ imperat omnes homines se invicem æqualiter diligere, ut quemadmodum una eademque natura om-

[1] Cod. *synaxios*.

[2] Cod. *optinet*.

nibus idem, ita et communis omnium ab omnibus dilectio fiat. Lex scripta est quæ prohibet legem naturæ violari, et discernit inter virtutes et vitia, et figuram legis gratiæ gerit. Ipsamque legem scriptam dico adjutorium esse legis naturæ, ut quoniam lex naturæ per se ipsam solummodo humanam naturam corrigere non valuit, violentia legis scriptæ quæ prohibenda sunt coerceret et quæ adimplenda doceret. In tantum quippe lex naturæ in hominibus pene abolita est, ut neque conditorem suum cognosceret, neque inter virtutes et vitia ullam differentiam habere posset. Lex gratiæ est quæ docet non solum homines se invicem diligere, et virtutes et vitia discernit, verum etiam supra hæc, quod soli divinæ gratiæ possibile est, pro hominibus non solum bonis, verum etiam et malis, si necesse est, mori; quam legem Christus in se ipso adimplevit, quando non solum pro omnibus hominibus, verum etiam pro omnibus impiis passus est.

Ubi erat Johannes baptizans. Johannes baptizabat trans Jordanen merito, quia adhuc verum baptisma quod liberat totam humanam naturam non solum de originali peccato, verum etiam de propriis delictis in his qui subeunt illud, non habebat, sed solummodo veluti sub figura quadam perfecti baptismatis, quod in Christo subsecutum est, in sola aqua baptizabat. Ultra igitur Jordanen baptizabat, id est ultra divinorum donorum fluenta, quæ nondum in Christo inchoaverunt in humanam naturam descendere. Johannes erat trans Jordanen, quoniam Johannes figuram legis naturæ necnon et legis scriptæ gestabat. Lex quippe naturæ in Johanne præfigurabatur. Nam qui sub lege naturæ degunt pie et caste, omnique carnalis conversationis contagione remote, veluti in quadam solitudine divinarum virtutum debent vivere, ut Johannes. Legem quoque scriptam Johannes significat, quoniam ipsius finis est; « lex enim et prophetæ usque ad Johannem. » Quoniam vero non solum propheta, verum etiam manifestator Christi factus est, non modo legem significat solam, sed et Evangelium et gratiam. Ideoque sequitur : « et ab eo regnum cœlorum ; » ac si dixisset : in Johanne, veluti quodam confinio, et lex finitur, et manifestatio gratiæ, quam regnum cœlorum vocat, ab eo incipitur.

Altera die, vel, ut in græco significantius scribitur, *alia die, videt Johannes Jesum venientem ad se.* Alia, inquit, die, hoc est alia cognitione. Prima enim cognitio fuit, quando eum concurrentibus ibidem populis manifestavit dicens : « Hic erat quem dicebam vobis. » Nunc autem, veluti secunda notitia, altera die vel alia die videt Johannes Jesum venientem ad se. Duplici contuitu, mentis videlicet et corporis, Johannes præcursor Dominum suum quem præcurrebat cognoscit venientem ad se, non solum corporis gressibus, verum interioris suæ contemplationis accessibus. Jesus venit ad Johannem. Venit igitur Jesus ad Johannem, hoc est dignatus est cognosci ab Johanne secundum divinitatem suam et humanitatem.

Et ait : Ecce agnus Dei, ecce qui tollit peccatum mundi. Manifeste eum populis prædicat, dum dicit : « Ecce agnus Dei. » Verbum Dei ab Johanne agnus nominatur. Ipse enim erat quem mysticus agnus in lege præfigurabat; nec mirum si umbra prædicatur de veritate. Umbra erat legalis agnus, veritas erat ac veluti quoddam corpus umbræ Jesus Christus. Agnus quoque nominatur non irrationabiliter; tria enim agnus possidentibus se ministrat : lac, lanam, esum quoque suæ carnis. Dominus noster credentibus se indumenta præstat virtutum, lacte, hoc est simplici doctrina veritatis, eos nutrit, et ad perfectam escam divinæ suæ contemplationis perducit. Agnus dicitur Christus Dei, quia pro omni mundo immolatus est, ideoque sequitur : *ecce qui tollit peccatum mundi.* Tollit, ait, non de loco ad locum vel de tempore in tempus, sed omnino tollit, ne omnino sit, et per suæ sanctissimæ carnis interemtionem omnino totum mundi peccatum interimit. Peccatum mundi dicitur originale peccatum, quod commune est totius mundi, hoc est humanæ naturæ; cujus reatus nunc gratia baptismatis demittitur, ipsum vero in fine mundi, in resurrectione omnium, omnino destruetur. Est itaque originale peccatum illud quo tota humana natura, simul et semel ad imaginem Dei condita, et in qua omnes homines ab initio mundi usque ad finem et unum sunt et secundum corpus et animam simul creati, leges divinas per inobedientiam transgressa est, in paradiso nolens mandatum Dei custodire. Non enim primus Adam ille, qui ex generalitate naturæ humanæ ante cæteros in mundum hunc visibilem venit, solus peccavit; sed omnes peccaverunt priusquam in mundum procederent. Nam quod apostolus ait : « sicut enim in Adam omnes moriuntur, ita in Christo omnes vivificantur, » non de ipso uno ac primo homine intelligimus, sed nomine Adam omnem generaliter naturam humanam significari accipimus. Ille si quidem singularis Adam non nasceretur in hunc mundum corruptibilem per generationem, si naturæ humanæ non præcederet delictum. Divisio quippe naturæ in duplicem sexum, virilem dico et femineum, et ex ipsis humanæ processionis et numerositatis per corruptionem generatio, pœna generalis peccati est, quo simul totum genus humanum prævaricatum est mandatum Dei in paradiso. Hoc igitur generale peccatum originale dicitur, nec immerito, quoniam peccatum communis omnium originis est, cujus merito mortis et corruptionis omnes homines, excepto Redemptore, debitores sumus; solus siquidem ad medicamentum vulneris Redemptor noster in illa massa totius humani generis absque peccato relictus est, ut per illum solum semper salvum totius naturæ vulnus curaretur, ac per hoc ad pristinum statum salutis totum quod vulneratum est restitueretur. Hoc itaque originale peccatum, singulorumque post generationem in hunc mundum delicta gratiæ baptismatis abundantia per Salvatorem nostrum relaxantur, ut omnino non sint. Et hoc est quod ait evangelista : « Ecce agnus Dei qui tollit peccatum mundi; » hic est unicus et singularis agnus mysticus in cujus figura Israeliticus populus singulos agnos per singulas domus paschali tempore immolabat. Nam et nos qui, post peractam ejus incarnationem et passionem et resurrectionem, in eum credimus, ejusque mysteria, quantum nobis conceditur, intelligimus, et spiritualiter eum immolamus, et intellectualiter mente, non dente, comedimus. Itaque unusquisque credentium Christo, secundum propriam virtutem et subjectum sibi virtutis habitum et qualitatem, et crucifigitur et crucifigit sibimet ipsum Christum, Christo videlicet concrucifixus. Unus quidem soli peccato crucifigitur, dum ab omnibus operationibus ipsius in carne et per carnem suam quietus, veluti quadam morte obrutus efficitur; et illud, peccatum dico, clavis timoris Domini confixum mortificat, dum omnes ipsius impetus, ne quid in sua carne operari valeant, refrenat. Alius passionibus, hoc est infirmis animæ actionibus, quibus primo in se ipsa corrumpitur, priusquam per corpus operetur (actio quippe animæ est, operatio vero corporis), crucifigitur, dum per potentias restauratæ animæ sanatur. Alius passionum fantasiis, hoc est imaginibus rerum sensibilium, quæ in sensibus corporeis, quos sapientes vocant passiones, formantur, crucifigitur, dum eis, fantasiis dico, sui sensus obstruuntur, ne in libidinem cujuspiam rerum temporalium per eos turpiter attrahatur. Alius cogitationibus mentisque conceptionibus, quas per sensus corporeos de sensibilibus rebus hauserat, crucifigitur, ne diutius in eis demoretur, a divinis contemplationibus retractus. Alius non solum phantasiis sensuum, verum etiam omnino ipsis omnibus sensibus moritur, ne per eos ullo errore seducatur. Alius omnem naturaliter familiaritatem et habitum, quem per sensus corporeos ad sensibilia possederat, veluti ipsis omnibus crucifixus, deponit. Alius universaliter omnem sensibilem motum in se ipso, veluti in quadam cruce, extinguit, ita ut nullum omnino in se ipso naturalem habeat actum. Et unusquisque horum secum crucifigit Christum. Unusquisque enim fidelium, qualem in animo habuerit habitudinem per incrementa virtutum, talem de Christo habebit fidem per augmenta intelligentiarum; et quotiens prioris vitæ modis et inferioris moritur, et in altiores gradus subvehitur, totiens opiniones de Christo, quamvis simplices, tamen in ipso et cum ipso morientur, et in sublimiores de eo theophanias fide atque intelligentia provehetur. Itaque in suis fidelibus Christus quotidie moritur et ab eis crucifigitur, dum carnales de eo cogitationes, seu spirituales, adhuc tamen imperfectas, interimunt, semper in altum ascendentes, donec ad veram ejus notitiam perveniant; infinitus enim infinite etiam in purgatissimis mentibus formatur. Alius ab ipsa intellectuali operatione perfecte quiescit, veluti perfecte mortuus; non enim solummodo naturales actus animæ, verum etiam intellectuales ejus operationes superat. Alius activæ crucifigitur philosophiæ. Activa autem philosophia est quæ circa naturalium virtutum adunationes et discretiones versatur. Activa quoque philosophia rationes inhumanati Verbi, quantum valet, considerat; quas omnes, hoc est totam moralem philosophiam de virtutibus animæ deque Christi carne, spiritualis homo superans ad ipsam naturalem contemplationem in Spiritu, veluti a quadam carne Verbi ad ipsius animam transcendit. Alius naturali theoriæ moritur. Est autem naturalis theoria rationabilis animæ, quam Christus accepit, virtus speculativa, cui spiritualis homo moritur, dum jam non solum negat Christum carnem esse, quam jam in spiritum versam esse intelligit, verum etiam ipsum depellit rationabilem animum esse. Ut enim caro ipsius exaltata est et mutata in animam rationabilem, ita rationabilis ipsius anima in intellectum et subvecta est et versa; ac per hoc qui ad eum perfecte ascendit ad uniformem simplamque theoricæ scientiæ in mysteria inductionem, veluti a quadam Christi anima ad intellectum ipsius transvehi necesse est. Alius ab eadem simpla theologica scientia, quæ maxime circa Christi intellectum circumvolvitur, in ipsam perfectam secretamque divinam infinitatem per negationem, omnibus quæ post Deum sunt, moriens, veluti a quodam intellectu Christi ad ipsius divinitatem mystice ascendit. Sic agnus Dei in cordibus fidelium mactatur et mactando vivificatur; sic peccatum mundi ab omni humana natura tollitur. Ubi non spernenda quæstio susurrat. Merito quippe quæritur quomodo agnus Dei, id est salvator mundi, originale totius humanæ naturæ peccatum tollit; utrum re ipsa jam ablatum est et de tota natura purgatum, an adhuc in sola spe, re autem post communem humanæ naturæ resurrectionem auferetur? Nam si jam humana natura ab originali peccato re ipsa liberata est, cur quotidie qui baptizantur in Christo remissionem originalis peccati propriorumque delictorum quæ ab originali peccato, quadam scaturigine, manant, per abundantiam gratiæ accipiunt? Cur etiam qui in carne nascuntur sine carnali concupiscentia, quæ nihil aliud est nisi pœna originalis peccati, nasci non possunt? Si enim causa, peccatum dico originale, penitus eradicata est, quare suos effectus vel potius sua pœna adhuc permanet, de qua pœna qui ex ipsa carnali concupiscentia nascuntur gratia baptismatis purgantur, inchoantes per Spiritum in Christo renasci, ita ut non solum qui in carne per concupiscentiam carnis procreantur, parentum suorum delicti, quo concipiuntur, verum etiam communis criminis, originalis videlicet peccati quo universaliter in primo homine omnes homines deliquerant, indulgentiæ baptismatis indigeant? Ad hoc itaque dicendum quia jam ab originali peccato humana natura neque in omnibus communiter neque in singulis specialiter re ipsa abolitio facta est, perfectaque interemptio. Hoc enim servatur ad ultimam in fine mundi victoriam, quando, ut ait apostolus, novissimus inimicus destruetur mors. Dum enim universaliter destruetur mors, quæ masculino nomine novissimus inimicus vocatur, quoniam græce θάνατος, id est mors, masculini generis est, necessario causa ejus, originale peccatum, omnino ab humana natura delebitur. Præcedet enim abolitio causæ abolitionem effectus; hoc est, præcedet interemptio originalis peccati in omnibus et in singulis interemptionem mortis; similiter in toto et in parte, quando etiam implebitur quod dictum est per prophetam: « Ero mors tua, o mors, et morsus tuus, o inferne. » Adhuc itaque in spe liberata natura, in futuro vero reipsa liberabitur. Quid ergo datur per gratiam divinæ generationis, per baptismum dico, si omnino originale peccatum radicitus non extirpatur? Ad hoc dicendum : reatus solummodo originalis peccati per baptismum laxatur, manente adhuc originali peccato. Aliud enim est sagittam auferre de vulnere, aliud postea vulnus sanare. Hoc igitur totum est quod nobis gratia baptismatis confert. Ex reatu enim peccati nos liberat et in gratiam divinæ filietatis exaltat, ut dimisso reatu vulnera delictorum nostrorum sanari incipiant. Quanto enim tempore reatus, quasi quoddam ferrum, in vulnere remanserit, nullum vulnus sanari possibile est; eo autem subtracto, spirituali medicinæ locus tribuitur[1] . . . .

Erat homo ex Pharisæis Nicodemus nomine, princeps Judæorum. Pharisæus, divisus interpretatur; Pharisæi, divisi. Secta namque eorum divisa est a cæteris Judæis, id est a Scribis et Sadduceis. Soli quippe Pharisæi resurrectionem mortuorum crediderunt, cæteris contendentibus. Nicodemus interpretatur victoria populi vel victor populus, figuram gestans omnium qui ex Judaico populo in Christum crediderunt. Omnis autem qui credit in Christum vincit mundum. *Princeps Judæorum*, hoc est unus de principibus Judæorum, doctus legalis litteræ magister Israel.

Hic venit ad Jesum nocte. Juxta Augustinum, Nicodemus in figura catechumenorum ponitur. Et enim catechumeni, id est in fide instructi, nondum tamen baptizati, neque sacramento corporis et sanguinis Domini imbuti, solam fidem habentes, ad Christum veniunt; ignorantes adhuc virtutem baptismatis quod nondum accipiunt, veluti in quadam nocte ignorantiæ sacramentorum accedunt. Juxta vero Gregorium theologum, Nicodemus veluti quidam nocturnus discipulus accipitur, conformans eos qui perfectissime in Christum credunt, ita ut nihil de integritate catholicæ fidei eos lateat, luce tamen perfectorum operum carent, timentes carnalium suarum cogitationum et actionum, veluti infidelium Judæorum, impetum atque invidiam, sola fide colloquio Christi fruuntur, bonorum operum fiduciam non habentes. Propterea Evangelista ait : « hic venit ad eum nocte. »

Et dixit ei: Rabbi, scimus quia a Deo magister venisti; nemo enim potest hæc signa facere quæ tu facis, nisi fuerit Deus cum eo. Ex his verbis quibus Nicodemus visus est Christum alloqui, datur intelligi ipsum, Nicodemum dico, unum fuisse ex his qui crediderunt paulo ante in die Pascha, de quibus dictum est: « Cum autem esset Hierosolomis in Pascha in die festo, multi crediderunt in nomine ejus, videntes signa

[1] Multa desunt.

ejus quæ faciebat. » Ad hoc enim respicit quod ait : « Nemo potest hæc signa facere quæ tu facis, nisi fuerit Deus cum eo. »

Respondit Jesus, et dixit ei : Amen, amen, dico tibi : nisi quis natus fuerit denuo, non potest videre regnum Dei. Quæritur cur Jesus de secunda nativitate quæ est secundum spiritum respondit Nicodemo, cum ipse nihil inde interrogasse videatur. Sed respondendum : quoniam Dominus vidit eum credidisse sicut et cæteri crediderunt, qui signa ejus viderunt, et existimasse quod sola fides eis sufficeret, absque spiritualis generationis virtute et sacramentis, continuo docere eum cœpit de nativitate quæ est secundum spiritum, ac si ei aperte diceret : non sufficit tibi solummodo in me credidisse, nisi sacramenta baptismatis accipias, virtutemque spiritualis generationis intelligas. Notandum quod in codicibus Grecorum ἄνωθεν legitur ubi in latinis codicibus *denuo* reperitur, ut sit sensus : nisi quis natus fuerit ἄνωθεν, hoc est desursum, ut desursum dicamus pro denuo; quod et facilius intelligitur, et duabus nativitatibus, terrenæ videlicet atque cœlesti, convenientius. Ait enim apostolus : « primus homo de terra terrenus, secundus homo de cœlo cœlestis. » Duæ si quidem nativitates sunt, ut ait Augustinus, quarum una de terra, altera de cœlo, hoc est desursum; una ex parentibus, secundum carnem, altera ex Christo et ecclesia, secundum spiritum; una in similitudine jumentorum per peccatum in mortem, altera in similitudine cœlestium virtutum per gratiam in vitam; una contra naturam per delictum, altera secundum naturam per delictorum remedium. Gregorius autem theologus quatuor nativitates astruit, quas etiam Dominus noster Jesus Christus pro salute humanæ naturæ subiisse dignatus est. Quarum prima est nativitas illa in qua totum genus humanum simul de nihilo natum; de qua scriptum est : « et fecit Deus hominem ad imaginem et similitudinem suam. » Secunda, quæ hominis delictum subsecuta ex utroque sexu, ad similitudinem cæterorum animalium, de qua eadem Scriptura dicit : « masculum et feminam fecit eos; » per quam totum genus humanum in infinitum multiplicatur terrena successione. Tertia, quæ est secundum spiritum, de qua nunc Dominus ait : « nisi quis natus fuerit denuo; » in qua nativitate incipit humana natura ad suam pristinam sedem, de qua corruit, redire. Quarta erit in resurrectione omnium, quando nascetur simul tota nostra natura morte interempta in vitam æternam. Prima itaque naturalis, secunda propter peccatum, tertia per gratiam redemptoris, quarta secundum naturam simul et gratiam. Inest enim naturaliter humanæ naturæ virtus resurrectionis; si quidem contraria omnino sibi est mors æterna. Quid autem natura confert resurrectioni et quid gratia alius disserendi locus est.

Non potest videre regnum Dei. Regni Dei multiplex intellectus est. Regnum Dei est ecclesia fidelium, de qua scriptum : « regnum Dei inter vos est. » Regnum Dei universitas corporalis et spiritualis creaturæ. Regnum Dei cœlestes virtutes et justorum animæ. Regnum Dei est filius Dei qui « a fine usque ad finem adtingit fortiter et disponit omnia suaviter. » Regnum Dei visio veritatis est. Quod ergo ait « non potest videre regnum Dei, » non incongrue intelligitur : non potest me cognoscere, qui sum regnum patris. Non enim solummodo rex omnium sum, sed et illud regnum et omnia. Recte igitur visio veritatis regnum Dei et dicitur et intelligitur.

Dicit ad eum Nicodemus : Quomodo potest homo nasci cum senex sit? Numquid potest in ventrem matris suæ secundo introire et nasci? Carnaliter intellexit qui adhuc secundum carnem solummodo natus fuit, et ideo carnaliter respondit, quoniam non erat natus ex sacramento baptismatis et spiritu. Attamen vere dixit quia nemo potest bis nasci secundum carnem, sicut nemo potest bis nasci secundum spiritum. Ut enim nascitur semel homo in carne ex carne, ita semel nascitur homo ex spiritu in spiritu. Sacramentum namque baptismatis semel acceptum nemo potest iterare.

Respondit Jesus : Amen, amen dico tibi, nisi quis natus fuerit ex aqua et spiritu, non potest introire in regnum Dei. Ubi datur intelligi non aliud esse, videre regnum Dei et aliud introire in regnum Dei, sed idipsum. Qui enim videt regnum Dei, ille intrat; et qui intrat, ille videt. Videre enim intrare est, et intrare, videre, hoc est veritatem cognoscere. « Nisi quis natus fuerit ex aqua et spiritu, » hoc est ex sacramento visibili et intellectu invisibili. Ac si aperte dixisset : nisi quis symbolum baptismatis acceperit visibiliter, et spiritum, id est intellectum ipsius symboli non perceperit, non potest introire in regnum Dei. Potest et sic intelligi : ex aqua, hoc est ex visibili sacramento et Spiritu Sancto. Quæritur qua de causa Dominus visibile sacramentum baptismatis in aqua fieri constituit, cum videatur sola doctrina spiritualis per fidem sufficere ad nativitatem hominis ex spiritu. Sed et hoc dicendum : quoniam homo ex visibili corpore et invisibili anima constituitur, necessarium erat sacramentum visibile ad purificationem visibilis corporis, sicut necessaria est invisibilis fidei doctrina ad sanctificationem invisibilis animæ. Quamvis enim sacramentum visibile baptismatis nihil adhuc in hac vita corpori videatur conferre, in resurrectione tamen futura de mortali efficiet immortale, de corruptibili incorruptibile, et cætera quæ ad gloriam futuræ resurrectionis pertinebunt. Verumtamen etiam in præsenti vita sanctificat fidelium corpora virtus sacramenti, cum templum Dei efficiantur, dicente apostolo : « Nescitis quia corpora vestra templum Sancti Spiritus sunt. » Sed si quis plene virtutem baptismatis noscere desiderat, legat sanctum Dionysium Areopagitam in libro de Ecclesiastica hierarchia.

Sequitur : *quod natum est ex carne caro est, et quod natum est ex spiritu spiritus est.* Duas nativitates repetit, ex carne videlicet et ex spiritu. Quod natum est ex carne, hoc est ex primo homine per carnis successionem, caro est; hoc est, carnale est. Notandum quod in hoc loco nomine carnis, non carnem solummodo, sed totum carnalem hominem significaverit. Si quidem sæpe anima carnalis, carnis nomine vocitatur, unde apostolus : « caro concupiscit adversus spiritum, et spiritus adversus carnem. » Sciendum quoque quod sicut totus homo carnalis anima et corpore caro dicitur, ita et totus homo spiritualis anima et corpore spiritus; quoniam nascentes homines in Christo per Spiritum Sanctum unum cum ipso Spiritu efficiuntur secundum corpus et animam. Ubi datur intelligi quod sacramentum baptismatis mutationem carnis in spiritum futuram esse præfigurat.

Non mireris quia dixi tibi : oportet vos nasci denuo. Ac si dixisset : non sit tibi mirum et incredibile hominem nasci iterum ex spiritu.

Spiritus ubi vult spirat. Ubi Spiritus Sanctus virtutem sanctificationis suæ vult perficere, ibi spirat, ibi sanctificationem perficit. Ex hoc intelligitur quod fides qua credimus in Christum et sacramentum quo renascimur, dona Sancti Spiritus sint, qui ubi vult spirat, hoc est operatur in his in quibus vult operari, dividens singulis propria prout vult.

Et vocem ejus audis. De voce Sancti Spiritus, sat est verba sancti Augustini ponere. Ait enim : « Nemo videt spiritum; quomodo audimus vocem spiritus? Sonat psalmus, vox est spiritus. Sonat evangelium, vox est spiritus. Sonat sermo divinus, vox est spiritus. *Vocem ejus audis, et nescis unde veniat et quo vadat.* Si nasceris et tu de spiritu, hoc eris ut ille. Qui non est natus adhuc de spiritu, nescit de te unde venias et quo vadas, hoc enim ait secutus : *Sic est et omnis qui natus est ex spiritu.* » Hactenus verba Augustini. Vox igitur spiritus est vox Christi quam audivit Nicodemus. Sed quoniam ille adhuc non est natus ex spiritu, neque cognoverat unde veniat spiritus et quo vadat, quamvis vocem ejus audierit, dicitur ei : « sed nescis unde veniat et quo vadat, » quia adhuc non es natus ex spiritu. Ideoque quamvis vocem meam audias, dum de spiritu meo loquor, nescis unde venit spiritus ille, id est qua occasione vult ex se nasci hominem in spiritu, aut ad qualem perfectionem ducit ipsum nascentem ex se hominem. Nam qui ex eo nascitur, unus cum eo efficitur. Quemadmodum ille Spiritus Sanctus est per naturam, ita et nascentem ex se Spiritum Sanctum efficit per gratiam.

Sic est omnis qui natus est ex spiritu. Non ut tu, o Nicodeme, qui nondum natus es ex spiritu, nescis unde veniat spiritus et quo vadat, quamvis vocem ejus audias, omnis qui nascitur ex spiritu, et vocem ejus audit, hoc est intelligit, et qua de causa spirat in his in quibus vult, et ad qualem finem eos perducit. Mihi tamen videtur facilius intelligi, si interrogative proferatur quod Dominus ait, « sic est omnis natus ex spiritu, » ut sit sensus : « spiritus ubi vult spirat, et vocem ejus audis; sed nescis unde venit et quo vadit, quoniam adhuc non es natus ex spiritu; sic est omnis ? » Ac si dixisset : putasne sic esse omnem nascentem ex spiritu, ut audiat vocem spiritus, ignoret autem unde venit et quo vadit. Noli hoc existimare. Nam si nascaris ex spiritu, non solum vocem ejus audies, verum etiam cognosces unde venit et quo vadit. Venit a Patre per Filium, sicut alibi scriptum : « quem mittet Pater in nomine meo, ut ex se credentes in Christum nascantur. » Redit ad Patrem per eundem Filium, nascentes ex se in divinam filietatem reducens.

Respondit Nicodemus, et dixit ei : quomodo possunt hæc fieri? Adhuc hæsitat, qui litteram legis legerat, spiritum autem ipsius omnino ignorabat; quod ait apostolus : « Littera occidit, spiritus autem vivificat. » Lex enim lecta et non intellecta occidit, lecta vero et intellecta vivificat. Proinde impossibile Nicodemo visum erat quod de nativitate ex spiritu Dominus prædicabat; ignorans spiritum divinæ doctrinæ, refellitur judaica superbia, quæ negat altiora esse legis littera, in qua redolent divina mysteria. Ac per hoc reprehenditur Nicodemus a Domino. Ait evangelista :

Respondit Jesus et dixit ei : tu es magister Israel et hæc ignoras! Ubi notandum quod non insultando Dominus dixit, « tu es magister Israel, » sed superbiam opprimendo, quæ nihil præter litteram noverat et carnalem nativitatem.

Amen, amen dico tibi, quia quod scimus loquimur, et quod vidimus testamur, et testimonium nostrum non accipitis. Ac si aperte diceret : putasne, superbe Judæe et virtutem divinorum eloquiorum ignorans, nos dicere quod ignoramus, aut quod non vidimus testari? Non ita est; quod scimus loquimur. Sapientia novit quæ loquitur, et vidit quæ testatur; ipse est enim sapientia quæ nec fallit nec fallitur. Ipse est visio quæ omnia, priusquam fierent, vidit. Et ipsa visio substantia est eorum quæ visa sunt, cujus testimonium verum est, quoniam ipse est veritas. Omne autem quod ex veritate procedit verum esse necesse est. Necnon et ipse Dominus locutio est Patris et sermo Patris, et verbum ejus. De illo sermone propheta ait, « velociter currit sermo ejus; » et ipse de se ipso ait : « sermo quem locutus sum vobis non est meus, sed mittentis me patris. » Inspice ergo vim verborum « quod scimus loquimur; » quoniam ipse est scientia et locutio; « et quod vidimus testamur, » quoniam ipse est visio ac verum testimonium. Quod autem pluraliter dixit, mysterium sanctæ Trinitatis suggerit. « Et testimonium nostrum non accipitis, » quia in nos non creditis, neque ea quæ docemus intelligere valetis; nondum enim ex spiritu nati estis.

Si terrena dixi, vel, sicut in græco legitur, *dicebam vobis, et non creditis, quomodo, si dicam vobis cœlestia, credetis?* Nicodemus quæsivit, « quomodo possunt hæc fieri, » impossibilem esse ex spiritu nativitatem existimans; sed audit a Domino : « si terrena dicebam vobis. » Quæritur cur, cum nihil terrenum in prædictis sermonibus videatur dixisse (omnino enim spiritualia dixit, spiritualem nativitatem ex spiritu docens), dixerit : « si terrena dicebam vobis? » Ad hoc dicendum quia non ad prædicta respicit responsio, sed ad ea quæ superius in die Pascha dixerat quærentibus signum Judæis : « Solvite templum hoc, et in tribus diebus suscitabo illud. » Ait ergo : si de meo terreno adhuc corpore solvendo paulo superius dicebam vobis, et non credidistis, quomodo, si dicam vobis cœlestia, credetis? hoc est spiritualem nativitatem a Sancto Spiritu, quæ cœlestis est atque divina. Si igitur terreni corporis mei solutionem in passione, et tertia die ipsius resurrectionem non credidistis, quid a me quæritis spiritualis nativitatis aperire vobis mysteria, quæ, quoniam renati non estis ex spiritu, omnino credere non valetis? Dicam tamen cœlestia, quamvis intelligere non possitis.

Et nemo ascendit in cœlum nisi qui de cœlo descendit, Filius hominis qui est in cœlo. Ascendit, ambiguum est cujus temporis verbum sit, utrum præteriti, an præsentis. Sed in græco non est ambiguum; præteriti temporis est. In hac sententia quæritur quis est descensus Filii hominis et quis ascensus; et quod cœlum in quod ascendit, et de quo descendit, et in quo semper manet dum ascendit et descendit. Sed ne, multorum sensus de hoc dicendo, moras faciamus, quod verisimilius videtur sat est dicere. In divina Scriptura, Pater cœlestis, qui est principium omnium, nomine cœli crebro nominatur. Sæpe in Evangelio legitur Dominum surrexisse in cœlum, id est in Patrem. Non enim credendum est ipsum elevasse oculos suos in hoc cœlum sidereum, corporale, circumscriptum, mortale. In Patrem igitur elevabat oculos, ut eum aspicientes indubitanter crederent semper in Patre fuisse ad quem intendebat. Quod ergo ait, « nemo ascendit in cœlum nisi qui de cœlo descendit, filius hominis, qui est in cœlo, » pulchre aliis verbis exponitur : nemo ascendit in Patrem nisi qui de Patre descendit, filius hominis, qui est in Patre. Qualis autem descensus ejus et ascensus, ipse alibi aperte exposuit, dicens : « Exivi a Patre et veni in mundum, et iterum relinquo mundum et vado ad Patrem. » Exitus ergo ejus a Patre humanatio est, et reditus ejus ad Patrem hominis quem accepit deificatio, et in altitudinem divinitatis assumptio. Solus ille descendit, quia solus incarnatus est; sed, si solus ascendit, quæ spes est his pro quibus descendit? Magna quidem et inexplicabilis, quoniam omnes quos salvavit in ipso ascendunt nunc per fidem in spe, in fine vero per speciem in re, sicut ait Joannes in Epistola sua : « Scimus quoniam filii Dei sumus; nondum apparuit quid erimus; cum autem apparuerit, similes ei erimus; videbimus enim eum sicuti est. » Solus itaque descendit et solus ascendit, quia ille cum omnibus suis membris unus Deus est unicus Filius Dei. In ipso enim omnes credentes in ipsum unum sunt; unus itaque Christus, corpus cum membris, ascendit in Patrem.

Et sicut Moyses exaltavit serpentem in deserto, sic exaltari oportet Filium hominis, ut omnis credens in eum non pereat, sed habeat vitam æternam. Figuram suam ipsa veritas exponit; umbram suam ipsum corpus asserit. Divina narrat historia populum Dei a serpentibus in deserto afflictum, crebrisque eorum morsibus magnam stragem fuisse; sed Moyses, jubente Domino, æneum serpentem fecerat, quem in alta arbore suspenderat, populoque jusserat ut quicumque morsus esset a draconibus in æneum suspiceret colubrum, et sanaretur et a serpentina plaga liberaretur. Hoc totum umbra futuri est; hoc est figura Christi morituri pro salute omnium quos serpentes delictorum suorum venenosis morsibus interimunt. Moyses itaque ipse Christus est; serpens æneus mors Christi; lignum in quo serpens suspensus crux Christi, in qua mortem subiit pro salute omnium in se credentium. Pulchre quoque mors Christi per serpentem figuratur, ea forma qua causa pro effectu ponitur. Causa quippe mortis Christi serpens erat. Ac per hoc et serpens figurate effectum suum, id est mortem prætendebat, ut omnis qui credit in illum non pereat, sed habeat vitam æternam. Magna distantia est inter litteram et spiritum, inter figuram et veritatem, inter umbram et corpus. Littera est factum quod sancta narrat historia; spiritus est mors Christi, quam tradit Evangelium; serpens figuratur in ligno suspensus; aspicientibus se vitam præstabat temporalem; mors Christi credentibus in eum vitam præstat æternam. Sed quid hæc ad secundam nativitatem ex spiritu non immerito quæritur? Facillime solvitur. Nemo ascendit in Christo ad Patrem nisi qui ex spiritu nascitur, ut conformis fiat imaginis filii Dei, hoc est ut Christus in illo formetur et unum cum Christo sit. Similiter nemo salvatur per mortem Christi, nisi qui ex spiritu nascitur; nemo ex spiritu nascitur per baptismum nisi in morte Christi, sicut ait apostolus : « Consepulti sumus cum Christo per baptismum in mortem, ut, quemadmodum Christus surrexit a mortuis in gloriam Patris, ita et nos in novitate vitæ ambulemus. »

Sic enim Deus dilexit mundum, ut filium suum unigenitum daret. Causam humanæ salutis aperit, Patrem videlicet cœlestem, ex quo omnis salus et restitutio humanæ naturæ, per unigenitum suum, in Spiritu suo. Dilectio itaque Patris causa est humanæ salutis, qui in tantum dilexit mundum ut Filium suum unigenitum daret, hoc est morti traderet, ut omnis aspiciens in mortem ejus non pereat, sed habeat vitam æternam. Sed quæritur quem mundum dilexit Deus; non enim credendum est mundum istum, id est universitatem quæ constat ex cœlo et terra Patrem dilexisse. Ille enim non propter se ipsum, sed propter superiorem mundum factus est. Mundum igitur superiorem, quem ad imaginem et similitudinem suam condidit, id est humanam naturam, Pater dilexit ita ut Filium suum pro eo traderet. Sed notandum quod mundus quem Pater dilexit, id est homo, non propterea mundus vocatur quod quatuor elementis constiterit, quod solum secundum corpus fieri in terreno adhuc homine consideratur; sed ideo homo cosmos vocatur, quoniam ornatus est ad imaginem et simil tudinem Dei, quæ vel solum, vel maxime in anima intelligitur. *Cosmos* quippe græce ornatus proprie interpretatur, non mundus. Et quæ creatura tam ornata est quam ea quæ ad imaginem Creatoris condita? Ad hoc itaque dilexit Deus mundum, et pro eo tradidit Filium, ut omnis credens in eum non pereat, sed habeat vitam, non temporalem, sed æternam.

Non enim misit Deus filium suum in mundum, hoc est in humanam naturam, *ut judicet,* hoc est damnet, propter suum peccatum, *mundum,* hominem videlicet, *sed ut salvetur mundus* humanæ naturæ *per ipsum. Qui credit non judicatur, qui autem non credit jam judicatus est.* Qui autem credit in Filium Dei non judicatur, quoniam dimittuntur ei omnia peccata pro quibus judicaretur. Qui non credit, finitum est de eo judicium, quia non credit, ac per hoc habet peccata pro quibus judicatur, quoniam neque credit, neque dimittere ei sua peccata vult. Ubi notandum quod unusquisque se ipsum judicat, vel non judicat : non judicat se ipsum qui considerat dimissa ei delicta, et non in eo manet quod judicetur; qui autem non credit, ipse se judicat, quoniam in se detinet digna judicio. « Jam judicatus est; » jam dixit adhuc in præsenti tempore; quamvis enim judicium quo se judicat damnandum occultum sit adhuc in hac vita, in futuro tamen manifestabitur. Quare jam judicatus est? Quia non credit in nomen unigeniti filii Dei. Nihil aliud est ergo judicium, id est æterna condemnatio, nisi non credere in filium Dei, sicut nihil aliud est beatitudo et vita nisi credere et cognoscere Filium Dei, sicut ipse ait : « Hæc est autem vita æterna ut cognoscant te verum ac solum Deum et quem misisti Jesum Christum. » Sequitur :

Hoc est autem judicium quia lux venit in mundum. Si lux non veniret in mundum, non esset de mundo judicium, sicut Dominus ait : « Si non venissem et locutus fuissem, peccatum non haberent. » Lux itaque, hoc est Dei verbi incarnatio et doctrina et passio et resurrectio, judicat mundum. Qui vult accedere ad lucem, hoc est ad filium Dei, ut in eum credat eumque cognoscat, non judicatur; qui autem neque in eum credit neque intelligit, in tenebris suis manebit, in quibus damnabitur, hoc est judicabitur nolens accedere ad lucem.

Et dilexerunt homines magis tenebras quam lucem. Pulchre ait homines, hoc est carnales, impii, increduli, non spirituales; nam illi ultra hominem ascendunt et superant suam naturam per ejus qui eos illuminat gratiam. Cur autem homines dilexerunt magis tenebras quam lucem? Consequenter subjungit, dicens :

Erant enim eorum mala opera. Quæ sunt illa mala opera? Non alia nisi impietas et incredulitas et odium æternæ lucis, et nolle eam aspicere, velle autem in tenebris peccatorum manere.

Omnis enim mala agens odit lucem, nec venit ad lucem, ut non redarguantur opera ejus. Ideo fugit impius lucem veritatis ne impietas ejus manifesta fiat, in qua omnia mala opera continentur : ut enim pietas nullo bono opere caret, ita impietas nullo malo.

Qui autem facit veritatem, venit ad lucem ut manifestentur sua opera, quia in Deo sunt facta. Quis est qui facit veritatem, hoc est quis est qui bona opera quæ jubet veritas perficit, nisi qui credit in Christum? Et quis est qui venit ad lucem, hoc est ad Christum et doctrinam ejus ut manifestentur opera sua bona, quia in Deo sunt facta, nisi ipse qui credit in Christum et mandata ejus custodit?

Post hæc venit Jesus et discipuli ejus in Judæam terram, et reliqua. Non est existimandum continuo post disputationem cum Nicodemo quæ facta est in Jerosolimis venisse Jesum et discipulos ejus in Judæam terram, sed peracto spatio temporis, de Galilæa in Judæam rediisse. Morali sensu Judæa terra est cor fidelium. Judæa quippe confessio interpretatur. Confessio autem duplex est. Est enim confessio peccatorum, est et confessio divinarum laudum. In quocumque ergo corde duplex illa confessio fuerit, et peccatorum videlicet et divinarum laudum, illuc venit Jesus et discipuli ejus; hoc est doctrina ejus et illuminatio[1]; et purgat illud ab omnibus delictis. Et hoc est quod sequitur :

Et illic demorabatur cum eis et baptizavit. Juxta litteram demorabatur Jesus cum discipulis vel cum credentibus Judæis in Judæa. Ambiguum enim est quod ait « demorabatur cum eis, » utrum cum discipulis suis, an cum credentibus in eum Judæis, aut, quod verisimilius est, cum utrisque. *Et baptizavit.* Ubi quæritur si Christus ipse baptizavit, quomodo Evangelista in sequentibus dicit :

Quanquam Jesus non baptizaret, sed discipuli ejus. Sed ad hoc dicendum quod ipse Christus baptizavit discipulos suos primum, deinde ipsi discipuli baptizabant credentes in Christum. Quamvis quidam existiment neminem eum baptizasse per se ipsum, sed dicitur baptizasse qui discipulis suis jussit baptizare. Sequitur :

Erat autem Joannes baptizans in Ænnon[2] juxta Saleim, quia aquæ multæ erant illic. Adhuc Joannes baptizabat in Jordane dum Christus in Judæa cœperat et discipulos suos et per eos alios baptizare. Non enim debuerat præcursor discipulus præcursionis suæ mysterium intermittere, priusquam ipse cujus præcursor erat inciperet veritatem ostendere. Umbra adhuc permansit, quia non omnino lux patefacta fuit. In Ænnon, hoc est in aquis; *enos* enim hebraice aqua dicitur; ideo subsecutus ait, quasi interpretationem nominis aperiens : « quia aquæ multæ erant illic. » De Saleim autem varie tradunt. Quidam volunt de Jerusalem accipi, quæ non longo spatio locorum distat ab Jordane. Nam primitus Saleim simpliciter nominata, ut aiunt; deinde Ebussalem, quia ab Ebusseis possessa; deinde Jerusalem, hoc est templum pacis, propter nobilissimi templi a Salomone constructi divulgatam in fines mundi gloriosissimam famam. Alii vero quibus, ut æstimo, fides magis adhibenda, Salem dicunt oppidum ultra Jordanem situm, eo loci quo Jordanus intrat in lacum Asfalti, hoc est in lacum bituminis,

[1] Cod. *et illuminatio, ibique demorabatur.*

[2] Cod. *Αινων.*

et in illo oppido quondam Melchisedec regnasse; cujus oppidi adhuc vestigia remanent. Juxta illud baptizabat Joannes, quia erant ibi aquæ multæ.

Non enim missus fuerat in carcerem Joannes. Nam postquam missus est in carcerem, continuo desivit baptizare, baptismate Christi inchoante. Quæritur quid baptisma Johannis his qui ab eo baptizati sunt profuit. Nullo modo enim credendum est non solum originalis peccati, verum etiam propriorum delictorum remissionem contulisse[1]. Quid ergo contulit? Magnum quidem. Quantum enim catechumenis nondum baptizatis[2] doctrina fidei prodest, tantum Joannis baptisma baptizatis in eo, priusquam baptisma Christi subirent, profuit. Joannes quippe pœnitentiam prædicabat, et baptismum Christi prænuntiabat, et in cognitionem veritatis quæ mundo apparuit attraxit. Nonne similiter quotidie ministri faciunt ecclesiæ? Erudiunt primo venientes ad fidem; deinde peccata eorum redarguunt; deinde remissionem omnium peccatorum in baptismate promittunt; ac sic ad cognitionem et dilectionem veritatis eos attrahunt. Additur ad cumulum laudis et utilitatis quam Johannis baptisma perfecit. Debuit quippe præcursor in omnibus præcursionis suæ effectum implere, ut, quemadmodum præcessit Christum nativitate et prædicatione, ita etiam baptismatis similitudine. Ut enim aurora præcedit ortum solis, ita sacramenta Joannis opera Christi præcesserunt, et quemadmodum aurora quodammodo umbras excutere, ita doctrina et mysterium præcursoris tenebras ignorantiæ totius mundi inchoabat excutere. Itaque ne subito verum baptisma Christi appareret mundo, præcessit figuratum baptisma, ut altius et clarius veritas elucesceret, si prius sedentibus in tenebris figura arrideret. Item quæritur cur Christus baptizatus est a suo servo. Ad quod dicendum : propterea Christus a servo baptizari dignatus est, ut præcursoris sui officium et honorificaret, et verum illud fuisse omnibus Judæis ac toto mundo notum faceret. Sed si sola hæc causa fuit baptizandi a servo suo Domini,

[1] Cod. *non contulisse.*

[2] Cod. *baptismatis.*

cur non solus Christus baptizatus est a Johanne? Sufficiebat enim ad laudem et testimonium baptismatis servi humilitas domini. Sed ad hoc dicendum quod si Christus solus ab Johanne baptizaretur, plus baptisma Johannis quam Christi baptizatis conferre videretur. Multo enim melius potuit existimari unicum baptisma quo Dominus baptizatus est, quam baptisma quo multi ab ipso Domino et discipulis suis baptizati sunt; sed ne hoc putaretur, multi ab Joanne sunt baptizati. Si autem quæritur utrum in aliquo profuit ipsi Domino quod a suo præcursore baptizatus sit, quidam non absurde respondent Christum sanctificationem quamdam Johannis effecisse. Illud autem baptisma nihil Christo contulit. Scimus tamen Græcorum auctores fiducialiter asserere sanctificationem humanitatis Christi per sacramentum baptismatis Johannis auctam fuisse. Quod maxime ex descensione Spiritus Sancti in specie columbæ super ipsum baptizatum argumentantur. Nec mirum, cum Evangelista dicat: « Jesus autem proficiebat sapientia et ætate et gratia apud Deum et homines. » Quid mirum si quoddam augmentum humanitatis Christi per sacramentum præcursoris sui baptismatis Christus acciperet, verbi gratia humilitatis suæ merito, qua baptisma sui servi subire non dedignatus est? Accepit gratiam, ut sui baptismatis virtute omnium delictorum et originalium et propriorum omnes credentes in se remissionem acciperent. Addit etiam Augustinus aliam causam baptizandi Domini a servo suo: ne catechumeni caste atque pie post acceptam fidem viventes superbirent, existimantes mysterium baptismatis nil eis addere posse, cum secundum illam qua imbuti sunt fidem vivant. Sed ne hoc errarent, et in vanum laborarent, Dominus voluit exemplum eis dare de suo baptismate, ut nullus eorum auderet inflari, videntes Dominum suum servi sui baptismum subiisse. Si enim Dominus baptismum sui servi noluit despicere, qua ratione illi baptismum Domini sui nollent subire?

Facta est ergo quæstio ex discipulis Joannis cum Judæis de purificatione. Discipuli Joannis videntes multos Judæorum credidisse in Christum et baptizatos fuisse a discipulis ejus, invidia commoti, interrogabant ipsos Judæos de purificatione, hoc est de baptismate. Mirabantur enim alios posse baptizare, præter Joannem et discipulos ejus, existimantes majorem esse Joannem Christo, quoniam viderunt non longe ante ipsum Christum a Joanne in Jordane baptizatum.

Et venerunt ad Joannem accusare Christum volentes ejusque discipulos, veluti in injuriam ejus baptizare præsumentes, *et dixerunt ei: Rabbi, qui erat tecum trans Jordanem*, qui videbatur discipulus tuus, tempore quo a te baptizatus est trans Jordanem, *cui tu testimonium perhibuisti* dicendo : Ecce agnus Dei, ecce qui tollit peccatum mundi, *ecce hic baptizat* nunc in Judæa, quod valde miramur, *et omnes veniunt ad eum.* Volumus itaque te interrogare quid de hac præsumptione tibi videtur.

Respondit Joannes et dixit : Non potest homo quicquam accipere, nisi fuerit ei datum de cœlo. In quibusdam codicibus Græcorum legitur : *nisi fuerit ei datum desursum de cœlo.* Humiliter respondit servus accusantibus Dominum suum. « Non potest, inquit, homo accipere quicquam; » ac si diceret : putatis me majorem esse ipso, cujus servus et præcursor sum; erratis in eum non credentes, et ignorantes quid sit et unde venit, et putatis me esse quod non sum. Ut autem sciatis quid ille sit et quid ego sum, audite meum responsum : « Non potest homo accipere quicquam. » Homo sum et non Deus, ille vero et Deus est et homo. Ipse est de quo testimonium perhibui dicens : « De plenitudine ejus nos omnes accepimus. » Homo itaque sum; a me nihil accepi, qui non habeo quod a me accipiam. Quicquid accepi, ab eo accepi. Si gratiam accepi præcursoris, ab eo accepi. Existimatis me ultra naturam esse humanam. Quia audistis quod non sine miraculo divinæ virtutis natus sum, ex parentibus quippe provectæ ætatis, ac veluti ultra humanæ naturæ consuetudinem natus sum, propter hoc putatis me ultra hominem esse. Non ita, homo solummodo sum. Si cognovissetis quid sum, non exaltaretis me ultra id quod sum; et si cognosceretis quid ille est, nullo modo compararetis me illi; homo enim sum, ille Deus; quicquid accepi ab illo accepi. Sapientissimus præcursor Christi segregat in se ipso naturam et gratiam, sibi attribuens quod homo, hoc est quod mortalis, quod peccator, quod ex primo homine terreno terrenus factus sit, et cætera quæ de humanæ naturæ infirmitate, et peccato, et pœna peccati in se ipso cæterisque hominibus considerabat, gratiam seorsum segregans a se quam acceperat, non ex meritis, sed ex abundantia plenitudinis ipsius cujus præcursor erat. Duo considerantur in homine, datum videlicet et donum. Datum refertur ad naturam, donum refertur ad gratiam. Et quamvis nullum horum sit nisi ex Deo, sicut ait apostolus : « O homo, quid habes quod non accepisti? » solet tamen Scriptura datum naturæ quasi ipsi homini, donum vero nulli nisi Deo adscribere. Ad hoc enim dedit Deus naturam ut eam ornaret per gratiam, et hoc est quod ait: « Non potest homo, hoc est humana natura, accipere quicquam gratiæ, nisi fuerit ei datum de cœlo. » Datum in hoc loco pro donum Joannes posuit, quod sæpissime invenitur in divina Scriptura. Datum enim pro dono et donum pro dato potest accipi. Ita enim juncta data naturæ et dona gratiæ ut inseparabilia fieri videantur. Nulla quippe natura est rationalis quæ omnino dono gratiæ careat. « Nisi fuerit datum de cœlo. » De quo cœlo? De Patre videlicet. Audi Jacobum apostolum dicentem : « Omne datum optimum et omne donum perfectum desursum est descendens a Patre luminum. » Quibus verbis omnino congruit quod Joannes ait, « Non potest homo accipere quicquam, nisi fuerit ei datum de cœlo, » hoc est de Patre, qui principium est omnium bonorum; ac, si de Patre, utique primo per Filium, de cujus plenitudine nos omnes accepimus.

Ipsi vos mihi testimonium perhibetis. Hoc mihi solummodo in vestris verbis congruit, qui non solum non creditis in eum qui misit me, verum etiam baptisma ipsius irritum putatis, quod mihi testimonium adhibetis.

Quod dixerim: ego non sum Christus, sed quia missus sum ante illum. Audistis ex me hæc verba quando de eo loquebar ultra Jordanem; audistis utique quando dicitis: « Qui erat tecum trans Jordanen, cui testimonium perhibuisti; » et si audistis, quare illum de quo tale testimonium perhibui ad me accusatis, quasi in injuriam meam multos baptizarit? Dixi, non sum Christus, sed simplex homo; non sum unctus a Patre plenitudine spiritus, ille autem unctus, et de plenitudine ejus accepi. Sed quia missus sum ante illum, missus sum in mundum prius nascendo ante illum. Ille ante omnia secula Deus cum Deo patre; ego homo in fine seculi missus in carne, antequam ille nasceretur in carne.

Qui habet sponsam, sponsus est. Videns præcursor cogitationes suorum discipulorum, qui talia de Christo ejusque baptismate proferebant, et audiebant sui magistri responsum de se ipso et de suo baptismate, dicens, « non potest homo accipere quicquam, » humilians se ipsum veraciterque de se ipso pronuntians quod terrenus homo sit, et volebant interrogare : si homo es solummodo et majorem potestatem et gratiam a te ipso non habes, præter quod ab eo accepisti qui nunc baptizat in Judæa, et tu dicis quia missus es ante illum, dic, quæsumus, quid es præter hominem, aut quanties et quid gratiæ accepisti de cœlo, respondit : « Qui habet sponsam sponsus est. » Qui propter ecclesiam venit, ut haberet sponsam venit, quam nunc incipit ex judaico populo vocare, multos Judæorum baptizans. Ipse sponsus est. Ego autem, ut existimatis, neque sponsus sum neque sponsam habeo, sed in numero sponsæ me ipsum computo. Ut sciatis autem quid sum, et qualem gratiam habeo ab illo sponso qui habet sponsam, audite.

Amicus autem sponsi. Non sum sponsus, sed magnam gratiam sponsi habeo, amicus ejus sum. *Qui stat et audit eum, gaudio gaudet.* Ego amicus sponsi sum, et sto in ejus gratia; in ejus amicitia permaneo; non cado; ille me custodit ne cadam; ille mihi donat ne gratiam suam deseram, sed semper stem et audiam eum, audiam doctrinam ejus, non extrinsecus solummodo aure corporis, verum etiam intrinsecus aure cordis, et plus intrinsecus quam extrinsecus. Vox ejus testimonium ejus, quo perhibet se filium Dei et sponsum ecclesiæ; et quia audio verbum ejus, gaudeo *propter vocem sponsi.* De se ipso ergo profert Joannes quod ait, « amicus autem sponsi qui stat et audit eum, gaudio gaudet propter vocem sponsi, » ut discipuli sui aperte cognoscerent quid ipse esset et quid Christus, in quem adhuc non crediderant neque baptismum ejus acceperant.

Hoc ergo gaudium meum impletum est, ac si diceret : in hoc gaudium meum impletum, in eo quod factus sum amicus sponsi, et sto in ejus gratia, et audio vocem sponsi vocantis nunc sponsam in Judæa ex Judæis et inchoantis per se ipsum et prædicare et baptizare; quod jam non sentitis, qui in eum non creditis. Et ne miremini quod ille baptizat, et omnes veniunt ad eum ut credant et baptizentur, et quod plures discipulos habet quam ego :

Illum oportet crescere, me autem minui. Illum oportet crescere in mentibus vestris, quem adhuc solummodo hominem et nullius potestatis existimatis; sed illum oportet crescere ut non solum verum hominem cognoscatis, sed etiam verum Deum et suo æqualem Patri. Oportet itaque eum crescere in cogitationibus vestris, me autem minui. Putatis majorem esse quam sum, illum vero minorem quam est. Opinio vestra de me in vobis minuetur, opinio vestra de illo in vobis augebitur. Quod si cognosceretis, ex visibilibus signis augmentari potuissetis. Ego decollabor, ille exaltabitur in cruce, ut per hoc cognoscatis quia oportet illum crescere super omnia in mentibus perfecte credentium in eum, me autem minui, ut nemo de me existimet præter quod sum et ab eo accepi. Id ipsum significat quod ipse luce inchoante crescere, tenebris autem decrescere, natus sit; ego vero luce incohante minui, tenebris autem inchoantibus crescere, natus sum. Potest et aliter intelligi. Joannes figuram legis gestat, Christus vero figuram suam, id est veritatis. Apparente igitur veritate in mundo, cœpit lex minui, hoc est carnalia opera. Cognoscens hæc præcursor et propheta et plusquam propheta, ait : « Illum oportet crescere, me autem minui. » Ille, quia veritas est, crescet in mundo, hoc est clarissime cognoscetur ab his qui credunt et credituri sunt in eum. Lex autem cujus figuram gero minuetur, veritate crescente.

Qui desursum venit, super omnes est. Iterum redit servus ad comparationem sui et domini sui : qui desursum venit, hoc est qui ex Patre venit in mundum, ut salvaret mundum, super omnes est. Non solum me superat servum et præcursorem suum, verum etiam omnes homines; et non solum homines, verum etiam omnes virtutes cœlestes, et omnia quæ sunt et quæ non sunt. Nec hoc juxta divinitatem, sed juxta humanitatem; homo quippe est et plusquam homo. Divinitas ejus nihil superat, quia omnia est.

Qui est de terra, terra est et de terra loquitur. De se ipso hoc ait, ac si diceret: ego qui de terra sum, hoc est de terrenis parentibus, natus ex illo cui dictum est, « terra es et in terram ibis, » hoc est ipso terreno homine, ex quo omnes terreni peccatum et pœnam peccati, hoc est mortem, traxere, inde sum. Et ideo terra sum, quia de terra natus sum, nec aliud me esse arbitror. Si quid supra hæc habeo, de plenitudine ipsius accipio ante quem missus sum. « Et de terra loquitur, » hoc est de fragilitate meæ naturæ loquor, cognoscens eam nil esse si desursum non acciperet. Et ne mireris Joannem de se ipso veluti de quadam tertia persona dixisse; nec sine ratione, quoniam personam omnis terreni hominis in se ostendit.

Qui de cœlo venit super omnes est. Eadem verba sunt præter quod prius « desursum venit, » nunc autem « de cœlo venit; » et quæ est ista repetitio, et quid vult? An forte aliud est « desursum venit, » aliud « de cœlo venit? » Christus desursum venit, Christus de cœlo venit, ideoque super omnes est et super omnia. Potest itaque talis distantia inter « desursum venit » et « de cœlo venit » intelligi, ut in eo quod dixit « desursum venit, » intelligamus altitudinem humanæ naturæ ante primi hominis delictum, de qua altitudine hominem venisse Christum non dubitamus. Nam si de homine post peccatum veniret, peccato forsan non careret; quoniam vero peccato caruit, recte credendum est hominem ante peccatum accepisse. Nam dominus noster Jesus Christus humanæ conditor naturæ atque salvator et de primo homine accepit ante peccatum, et veluti de secundo homine post peccatum. Quid accepit ab homine ante peccatum? Carere peccato, quia humana natura, priusquam peccaret, omnino peccato carebat. Quid accepit ab homine post peccatum? Mori pro peccato, absque ullo reatu peccati. Quod ergo prius ait « qui desursum venit, » recte intelligitur qui de sublimitate humanæ naturæ ad imaginem Dei factæ ante quam peccaret, venit. Nullus enim inde venit, nisi ipse solus. Quotquot enim venerunt in mundum, ab homine peccante venerunt. Solus ille absque peccato ab homine ante peccatum processit. Quod autem in sequentibus dixit, « qui de cœlo venit, super omnes est, » ibi intelligimus Patrem, cœli nomine significatum, a quo missus est Christus in mundum, sicut ipse ait : « Exivi a patre, et veni in mundum. » Duobus itaque modis unigenitus filius Dei super omnia esse credendus est : primo, quia super omnem humanitatem exaltatur, qui de ipsa, priusquam peccaret, venit; secundo, quod juxta altitudinem divinitatis, in qua Patri æqualis est, omnem superat creaturam.

Et quod vidit et audivit, hoc testatur. Quid est quod filius Dei vidit? Non aliud, nisi cognovit se in Patre et æqualem ipsius esse: *Et audivit.* Quid audivit? Audivit a Patre : « ego hodie genui te. » Vidit igitur se ipsum secundum suam divinitatem in suo patre, et audivit a suo patre quod ipse eum genuerit æqualem sibi. *Hoc testatur.* Quid testatur? Quod filius Dei sit. Et ubi testatur? Redige ad superiora, ubi ipse de se ipso ait : « Non enim misit Deus filium suum in mundum ut judicet mundum, sed ut salvetur mundus per ipsum. Qui credit in eum, non judicatur. Qui autem non credit, jam judicatus est, quia non credit in nomine unigeniti filii Dei. » Hoc itaque est quod vidit filius Dei et de se ipso testatur.

Et testimonium ejus nemo accipit. Si testimonium ejus nemo accipit, quare venit, et quid utilitatis mundo contulit? Joannes præcursor, plenus gratia divinæ prophetiæ, providit eos qui in Christum credituri sunt, testimonium illius accipientes, et eos qui in eum non sunt credituri, testimonium illius respuentes. De his qui non credunt neque credituri, sed a se ipsis [ad] interitum præparati, nemo accepit testimonium filii Dei. De his autem qui credunt et credituri sunt nemo est qui testimonium ejus non accipiat, ac per hoc qui salvus non sit. Ideoque sequitur :

Qui accipit ejus testimonium, signavit quia Deus verax est. Hoc est in corde suo firmavit, et quasi sigillo incommutabili perfectæ fidei conclusit, quia Deus verax est; quod facilius intelligitur si græcus sermo legatur : *Quia Deus verus est*, ut sit sensus : qui accipit testimonium filii Dei de se ipso quod filius Dei sit, et quod pro salute mundi pater suus eum miserit, ille firmiter credit quia Deus verus est, qui de se ipso quod verus Deus sit, veri Dei filius, testimonium perhibuit.

Quem enim misit Deus, verba Dei loquitur. Hoc de filio Dei loquitur solummodo, qui, quoniam a Dei patre missus est, verba Dei loquitur. Nonne[1] et prophetæ ab eo missi sunt? Nonne[2] et apostoli ab eo missi sunt, et verba Dei locuti sunt? Quid ergo de solo Christo dictum est : « quem misit Deus, verba Dei loquitur? » Videtur enim dixisse : quem misit Deus, illius mittentis se Dei verba loquitur, quod prophetæ fecerunt, similiter apostoli. Quid ergo magnum datur Christo quod aliis non datum? Intende in verba: quem misit Deus, Pater videlicet, verba Dei loquitur; quoniam et ille qui missus est, Deus est, ideo verba Dei loquitur, ut sit sensus : quem misit Deus, profecto Deus est, ac, per hoc, verba illius verba Dei sunt; ergo verba Filii de se ipso testimonium perhibentis quod Deus sit, verba Dei sunt. Verba prophetarum et apostolorum verba Dei sunt, quia verba Dei locuti sunt, Sanctus enim Spiritus locutus est in eis, nec tamen illa verba referuntur ad illos ut illorum verba sint, sed veri Dei verba. Verba Christi ad se ipsum referuntur, et verba Dei dicuntur merito, quia naturaliter Deus est, et totus Deus, et tota sapientia, et in eo plenitudo donorum Dei. Propterea sequitur :

Non enim ex mensura dat Deus spiritum. Ac si dixisset : ex mensura dat Deus spiritum suum singulis hominibus sicut ait apostolus : « Alii datur per spiritum sermo sapientiæ, alii sermo scientiæ, » cæteraque spiritualium donorum divisio. Quibus verbis ostenditur ex mensura dari Spiritum Sanctum membris ecclesiæ, quod consequenter ait apostolus dicens : « Unus autem operatur atque idem spiritus, dividens singulis propria prout vult ; » Christo autem, qui est caput ecclesiæ,

[1] Cod. *Nunquid.* — [2] Cod. *Nunquid.*

non e mensura dat Deus spiritum, sed sicut totum ex se ipso toto genuit filium suum, ita incarnato filio suo totum spiritum suum dedit, non participaliter, non per subdivisiones, sed generaliter et universaliter.

Pater diligit filium et omnia dedit in manu ejus. Causam reddit cur cæteris hominibus ex mensura dat Deus spiritum, filio autem suo non ex mensura, sed ex toto dat spiritum. Quare? Non ob aliud, nisi quia Pater diligit Filium, ideo dedit ei totum suum spiritum, et omnia dedit in manu ejus. Quæ omnia? An forte omnia quæ in ipso facta sunt? In principio enim fecit Deus cœlum et terram; et psalmus : « omnia in sapientia fecisti. » Illa itaque omnia quæ in Filio facta sunt dedit Pater in manu ejus. Altius omnia dedit in manu ejus, hoc est: omnia quæ substantialiter habet Pater, dedit Filio, gignendo ipsum de se æqualem sibi per omnia.

Qui credit in filium habet vitam æternam. Quare? Quia ipse filius vita æterna est, sicut ipse ait: « Ego sum veritas et vita. » Merito ergo qui credit in Filium habet vitam æternam; ac si dixisset : qui credit in Filium, habet ipsum Filium, ac per hoc habet vitam æternam, quia ipse Filius vita æterna est. *Qui autem non credit in filio, non videbit vitam æternam.* Eodem genere locutionis: qui autem non credit Filio, non videbit Filium qui est vita. *Sed ira Dei manet super eum.* Non dicit: ira Dei veniet super eum, sed ait : « manet super eum. » Quæ est illa ira Dei? Nihil aliud, nisi maledictio illa qua Deus maledixit primi hominis peccato mandatum suum transgredientis, dicens : « maledicta terra in operibus tuis. » Illius iræ effectus est mors et corruptio et omnino veritatis ignorantia, quæ omnia manent super eum. De illa ira ait apostolus : « fuistis aliquando filii iræ sicut et cæteri. » Ira Dei potest originale peccatum intelligi, quoniam illud originale peccatum iram Dei in humanam naturam provocavit; quod originale peccatum manet in his qui nolunt credere in eum qui pro illis mortuus est.

Ut ergo cognovit Jesus quia audierant Pharisæi quia Jesus plures discipulos facit et baptizat quam Joannes. Etsi Jesus ipse non baptizavit, sed discipuli ejus. Baptizavit Christus et non baptizavit. Baptizavit, id est purgavit in spiritu quos non ipse sed sui discipuli aqua tingebant in corpore.

Reliquit Judæam et abiit iterum in Galilæam. Postquam Dominus cognovit, cui omnia corda cognita sunt, quod audierant Pharisæi plures discipulos ad eum venisse quam ad Joannem, et plures baptizasse quam Joannes, reliquit Judæam. Pharisæi quippe invidia commoti adversus Christum ejusque discipulos, videntes baptismum Joannis paululum vilescere, quoniam maxime ex Pharisæis discipuli Joannis fuerunt, sicut etiam tunc et Christi, baptisma vero Christi crescere et numerum discipulorum ejus, insuper etiam cognoscentes per doctrinam Christi legem evacuari, Veterisque Testamenti cærimonias, quod in doctrina Joannis non potuerunt cognoscere, tali itaque zelo turbati, Christum suosque discipulos omnesque credentes in ipsum cogitabant persequi. Hac occasione reliquit Jesus Judæam, id est Pharisæos incredulos cogitantes eum persequi. Hoc autem fecit non quasi timidus vel impotens, potuit enim permanere in Judæa a persecutione carnalium impiorumque Pharisæorum illæsus, sed ut exemplum credituris in eum relinqueret, dans eis suo exemplo potestatem fugiendi a facie persequentium se, eosque ad tempus deserere, ne, ante tempus Deo placitum et præfinitum, ab eis comprehenderentur. Ac per hoc in Judæa diutius maneret, si quos reliquit credituros cognosceret. Juxta vero leges theoriæ, reliquit Jesus Judæam postquam ex Judaico populo primordium ecclesiæ, in his qui in eum crediderunt, suscepit; reliquit carnales perfidosque Judæos, legis litteram sequentes, et ad spiritum ipsius litteræ, qui est Christus, accedere nolentes. Morabatur itaque Dominus in Judæa ut salvaret quos voluit : reliquit Judæam, deserens quos merito suæ superbiæ salvare neglexit. Deseruit litteram legis quæ neminem ad perfectum ducit. Lex enim neminem ad perfectum duxit. Et ab iis iterum in Galilæam, hoc est in spiritualem ipsius litteræ intellectum, qui per Galilæam symbolice figuratur. Nec vacat quod ait : « Abiit iterum in Galilæam. » De Galilæa enim venit in Judæam, sicut in superioribus scriptum est: « posthac venit Jesus et discipuli ejus in Judæam terram. » Galilæa cœlestis vitæ ac divinæ bonitatis figuram gerit, de qua Dominus nascens in carne, venit in Judæam, hoc est in sacramenta ipsius legis, quæ primo Judæis data est, sicut ait apostolus: « Dum autem venit plenitudo temporum, misit Deus filium suum factum ex muliere, factum sub lege. » Quoniam vero noluit manere sub lege neque eos qui in eum credituri essent, reliquit legem, ne sub lege essent, sed sub spiritu. Et hoc est quod apostolus ait, « ut eos qui sub lege erant redimeret, » hoc est de servitute carnalis legis in libertatem spiritus revocaret. Et hoc est: « abiit in Galilæam. »

Oportebat autem transire per Samariam. Inter Judæam et Galilæam Samaria constituta est, hoc est, inter legem litteræ quæ significatur per Judæam et æternas divinas leges circa Deum revolutas, quarum figuram gerit Galilæa, lex naturalis in medio constituta est. Quoniam igitur Christus primo quidem ex lege litteræ fundamenta suæ sumpsit ecclesiæ, oportebat eum transire per gentes sub lege naturæ constitutas, ut ex eis similiter in structuram quam cœperat electos per fidem lapides vocaret. Samaria quippe ab alienigenis, hoc est ab his qui et legali littera, quæ soli carnali Israel imposita, et naturali lege usi sunt seu abusi, possessa est, ut, cum universali ecclesia et ab Judæis et a gentibus collecta et ædificata, ipse fabricator in Galilæam æternæ beatitudinis rediret. Quod autem Galilæa æternam vitam significet non solum ex interpretatione potest conjici, verum etiam ex divinis gestis quæ in ea peracta sunt. Galilæa quippe transmigratio facta vel revolutio interpretatur: transmigratio autem facta est humanæ naturæ in salvatore suo de lege primum carnali in leges naturales, ab ipsis iterum ultra naturam in leges æternas. In Galilæa quoque juxta fidem rerum gestarum transformatio Christi facta est, per quam significatur humanæ naturæ transmutatio in pristinam gloriam quam peccando deseruit. In Galilæa ascendit in montem in quo octonariam doctrinam discipulis suis tradidit, per quam ad beatitudinem futuræ, quæ octonario numero innuitur, credentes in Christum transituri sunt.

Venit autem Jesus in civitatem Samariæ quæ dicitur Sichar, juxta prædium quod dedit Jacob Joseph filio suo. Samaria, ut prædiximus, gentilis populi sub naturali lege constituti typus est; civitas Samariæ quæ dicta est Sichar, collectionis fidelium illius populi fidem Christi accipientis. Sichar quippe interpretatur conclusio seu ramus. Gentilium populus conclusus erat. Conclusit scriptura omnia sub peccato. Ipse est ramus de oleastro excisus et olivæ, cujus rami fracti sunt, insertus. Notandum Sichar pro Sychem corrupte poni. Sychem interpretatur numeri: electos ex gentibus numeratos investigatio manet. Et quoniam ipsa naturalis ratio non aliunde surgit nisi a causa omnium bonorum, a Deo videlicet, pulchre dicitur *fons Jacob,* id est ratio infinita Patris altitudine procedens. Fons quoque Jacob hanc universitatis infimam partem, hoc est omnia visibilia intra hujus mundi sensibilis terminos coarctata, non incongrue significat. Breviter ergo colligendum : fons Jacob aut sensibilis naturæ aut intelligibilis rationis symbolum est.

Jesus ergo fatigatus ex itinere sedit sic super fontem. Fatigatio Jesu incarnatio ejus est. Nostram quippe naturam merito originalis peccati, laboribus hujus mundi atque ærumnis fatigatam accepit. Iter ejus, descensus divinitatis suæ ad suscipiendam nostræ naturæ similitudinem. Absque labore creavit nos per divinitatem, cum labore creavit nos per humanitatem. Æternaliter in se ipso et in patre suo manens et immutabiliter, movit se ipsum veluti quodam itinere temporalis dispensationis per carnem. *Sedit super fontem.* Sessio Christi incommutabilis divinitatis suæ in nostra natura possessio. Nostra autem natura duplex est : constat quippe ex visibili corpore et invisibili anima. Quæ duo duplex ipsius fontis interpretatio indicat. Prædictum namque est et rationabilem animam et visibilem creaturam fontem figurasse. Quoniam vero humanitas Christi non solum omnem visibilem, verum etiam omnem intellectualem creaturam superat, homo enim dicitur et plus quam homo, apte super fontem sedisse narratur, quamvis ex itinere fatigatus. Infirmitas enim humanitatis ipsius omni creatura fortior est merito, quia in Deum assumpta.

Hora erat quasi sexta. Sexta hora sextam mundi ætatem præfigurat, cujus prima ætas ab expulsione primi hominis de paradiso usque ad altare quod Noe, exiens de arca post diluvium, construxerat, computatur. Secunda, inde usque ad altare in quo Abraham jussus a Deo immolare Isaac. Tertia dehinc, usque ad altare regis David in area Ornan Jebusei. Deinde quarta usque ad altare Zorobabel in templo reædificato. Inde quinta usque ad baptismum Joannis, seu, ut multis non irrationabiliter videtur, usque ad verum altare, hoc est usque ad Christi crucem, quam cuncta præfata typicabant altaria. Protenditur hinc sexta ætas usque ad finem mundi; nunc agitur. Septima namque ætas in alia vita perficitur in animabus corpore solutis; quæ ætas incipit a martyrio Abel, et in fine mundi resurrectione omnium terminabitur. Post quam octava incipiet apparere, quæ nullo fine circumscribetur. Potest etiam in sexta hora perfecta cœlestis gratiæ claritas, quæ Christo inhumanato plenissime illuxit mundo, typice figurata intelligi. Senarius si quidem numerus perfectus est.

Venit mulier ex Samaria haurire aquam. Samaria, ut prædiximus, figuram gentium suggerit. Mulier egressa de Samaria, ecclesia est ex ipsis gentibus collecta, quæ, suscepta fide veritatis, fontem ipsius, id est Christum, haurire desiderat. Item mulier de civitate egressa, naturam indicat humanam quæ naturaliter rationis fontem appetit, unde siti suæ, hoc est indito sibi veræ cognitionis appetitui, satisfacere valeat; quod ante incarnationem conditoris, qui est fons vitæ, adimplere nequiverat. Bibebat tamen laboriose ex naturali fonte rationis sibi insitæ, naturam rerum physico motu vestigans, ipsiusque naturæ creatorem et causam.

Dicit ei Jesus: Da mihi bibere. Discipuli enim ejus abierant in civitatem ut cibos emerent. Jesus super fontem sedens, petit ab ecclesia primitiva quam ex gentibus elegerat potum fidei, qua in eum creditur. Petit a natura potum rationis, qua conditor atque redemtor suus investigatur. Discipuli in civitatem emere cibos abeuntes, apostoli sunt in mundum missi ut emerent spirituales escas, hoc est fidem et actionem et cognitionem, quibus spirituales magistri ecclesiæ satiantur. Primo si quidem ab his quibus prædicant fidem postulant, deinde congruas ipsi fidei actiones, postremo cognitionem veritatis, propter quam et fides prædicatur et actio scientiaque perficitur.

Dicit ergo ei mulier Samaritana : quomodo tu, Judæus cum sis, a me bibere petis, dum sim mulier Samaritana? Non enim coutuntur Judæi Samaritanis. Mulier illa Samaritana, quæ typum ecclesiæ seu naturæ gestabat, miratur Dominum, quem adhuc ignorabat, sed tantum Judæum fuisse cognoverat, cur petierit ab ea bibere, cum esset mulier Samaritana. Non enim, ut ait, coutuntur Judæi Samaritanis. Ubi secundum litteram quæritur quid est, quod ait femina, « non enim coutuntur Judæi Samaritanis, » dum Samaritani et sub lege Moysi omnibusque ejus præceptis et symbolis vixerint simulque cohabitarint, ac per hoc, si sub una lege vivebant, in cibis etiam communicasse existimandum. In quo ergo non coutebantur? Ad hoc dicendum : Judæi et Samaritani sub una lege degentes, unum Deum, Patrem videlicet adorabant, sed de loco orationis contendebant. Judæi quippe in nullo alio loco adorari Deum putabant, nisi in templo quod erat Hierosolimis. Samaritani vero in monte Samariæ in quo habitavit Jacob Deum colendum existimabant. In hoc ergo non coutebantur, de loco orationis discrepantes. Si enim lex judaica Judæos Samaritanis couti prohiberet, fortassis Christus figuratum potum a muliere non peteret, nec suos discipulos cibos ab eis emere sineret, cum indubitanter non potum aquæ corporalis, sed potum fidei spiritualis petiisse credendum sit.

Respondit Jesus et dixit ei : si scires donum Dei et quis est qui dicit tibi, Da mihi bibere, tu petisses eum et dedisset tibi aquam. Ac si dixisset : si tu, mulier, nosses me et in me perfecte crederes, et si scires donum Dei, hoc est Spiritum Sanctum, tu petisses a me bibere, et darem tibi merito tuæ fidei aquam vivam, Spiritum videlicet Sanctum.

Dicit ei mulier : Domine, neque hauritorium habes et puteus altus est. Quomodo ergo habes aquam vivam. Mulier, adhuc carnalis et nondum credens, ignorabat verba loquentis cum ea; putaverat enim illa de sensibili aqua Dominum dixisse, cum ipse de intelligibili tractaret. Puteus altus, ut prædiximus, aut profunditatem humanæ naturæ significat, aut humilitatem sensibilis atque corporalis creaturæ, quæ propterea profunda dicitur, quia nihil in universitate rerum creatarum inferius est corporali natura. Hauritorium vero, studium sapientiæ, quo intimis naturæ sinibus rationis unda promulgatur, dum de humana substantia sensibilive creatura physica tractat investigatio. Sanctus Augustinus puteum profundum delectationem[1] corporalium rerum, ex quibus et in quibus instar aquæ manantis ipsa delectatio surgit, significare astruit, hauritorium vero cupiditatem carnalis animæ quæ semper appetit delectatione[2] temporalium et corporalium rerum satiari. Sequitur :

Nunquid tu major es patre nostro Jacob, qui dedit nobis puteum, et ipse ex eo bibebat, et filii sui, et pecora sua. Mulier Samaritana alienigena erat; patrem autem suum vocat Jacob, nec immerito, quia sub lege Moysi vixerat, et prædium quod Jacob filio suo Joseph dederat possidebat. Quod ergo ait, « numquid tu major es patre nostro Jacob, » videtur hoc velle ac si diceret : numquid majoris potestatis es patre nostro Jacob, qui hunc puteum foderat, et hauritorium habebat, quo aquam et sibi et filiis et pecoribus suis ministrabat? tu autem neque hauritorium habes neque ullum instrumentum aquæ trahendæ, et mihi promittis dare bibere; verba loquentis secum adhuc non intelligens.

Respondit Jesus et dixit ei : Omnis qui bibit ex aqua hac quam haurire vis, femina, et existimas me a te petere, *sitiet iterum*, temporalem videlicet sitim temporaliter extinguit. *Quicumque autem biberit ex aqua quam ego dabo ei, non sitiet in æternum.* Ac si diceret : cuicumque credenti in me donum Sancti Spiritus a Patre per me procedentis dedero, non sitiet in æternum. Dicturus enim est cum psalmista : « satiabor cum apparuerit gloria tua. »

Sed aqua quam dabo ei, fiet in eo fons aquæ salientis in vitam æternam. Aqua spiritualis, hoc est donum Sancti Spiritus, salit in vitam æternam. Aqua corporalis deorsum fluit, aqua spiritualis sursum salit,

[1] Cod. *delectionem.*

[2] Cod. *delectationem.*

ac secum eos qui eam imbibunt in æternam gloriam et beatitudinem subvehit.

Dicit ad eum mulier : Domine, da mihi hanc aquam, ut non sitiam, neque veniam huc haurire. Incipit natura cognoscere conditorem suum; inest enim rationabili creaturæ appetitus beatitudinis et veræ cognitionis, quod per Samaritanam mulierem præfigurabatur. Incipit ecclesia fidem quam prius simpliciter cœpit haurire, altius cognoscere, dum in theologicas rationes inchoat intrare.

Dicit ei Jesus : vade, voca virum tuum et veni huc. Ac si diceret : petis a me aquam salientem in vitam æternam, Spiritum videlicet Sanctum, cujus dono vitam æternam do. Non potes talem aquam bibere nisi virum tuum vocaveris. Vade ergo, si vis bibere; voca virum tuum et cum illo veni huc; hoc est : crede in me, ut et tu et tuus vir Spiritum Sanctum imbibas. In hoc loco de genere in speciem transitus intelligitur theoriæ. Prædictum est namque quod Samaritana mulier et generalis ecclesiæ de gentibus collectæ et generalis humanæ naturæ symbolum sit. Nunc vero eadem mulier, et uniuscujusque in unitate ecclesiæ constituti et uniuscujusque animæ humanam naturam participantis figuram prætendit. Mulier itaque est anima rationalis cujus vir intelligitur animus, qui multipliciter nominatur; aliquando enim intellectus, aliquando mens, aliquando animus, sæpe etiam spiritus. De hoc viro ait apostolus, « Caput mulieris vir, caput viri Christus, caput Christi Deus; » ac si aperte diceret : animæ rationalis caput est vir ejus, intellectus ejus; ipsius vero intellectus caput est Christus. Hic est enim naturalis ordo humanæ creaturæ, ut sub regimine mentis subdatur anima, mens autem sub Christo; ac sic totus homo per Christum jungitur Deo et Patri. Nam et sexus duplex, virilis sane atque fœmineus, qui in solo corpore exterius inspicitur, interiores animi et animæ habitudines prætendit[1]. Ternaria quippe rationabilis animæ divisio est : in animum, et rationem, et sensum interiorem. Animus semper circa Deum volvitur, ideoque vir atque rector cæterarum animæ partium merito dicitur, quoniam inter ipsum

[1] Cod. *pretendunt.*

et creatorem suum nulla alia interposita est creatura. Ratio vero circa rerum creatarum causas et cognitiones versatur; et quicquid animus a superna contemplatione percipit, rationi tradit; ratio vero commendat memoriæ. Tertia pars animæ est sensus interior qui rationi subditur, quasi superiori parti, ac per hoc per rationem subditur menti. Sub illo vero interiori sensu naturali ordine sensus exterior positus est, per quem tota anima quinquepertitum corporis sensum vegetat, regit, totumque corpus vivificat. Quoniam itaque anima rationalis nil de supernis donis percipere valet, nisi per virum suum, hoc est per animum, qui principatum totius naturæ tenet, merito jubetur[1] mulier, anima videlicet, vocare virum suum, intellectum suum, cum quo et per quem dona spiritualia potest bibere, absque quo nullo modo supernæ gratiæ esse particeps. Ideo ait, « voca virum tuum et veni huc; » absque viro tuo minime præsumas ad me venire. Absente quoque intellectu, nemo novit altitudinem theologiæ ascendere nec dona spiritualia participare.

Respondit mulier et dixit ei : non habeo virum; dicit ei Jesus : bene dixisti, quia virum non habes. Bene dixisti, ait; laudo quod dixisti quæ vere dixisti. Novi enim te non habere virum, neque ideo novi quia tu dixisti te non habere, sed per me ipsum, cui vacat omnia nosse.

Quinque enim viros habuisti et nunc quem habes non est tuus vir, hoc vere dixisti. De quinque viris mysticæ mulieris, id est rationalis animæ carnaliter viventis, sensus auctorum variantur. Quidam de quinque libris mosaicæ legis accipiunt; quorum sensus propterea non probatur, quoniam Judæis solummodo data est lex mosaica, hæc autem mulier generaliter omnem humanam animam significat. Augustinus quinque sensus corporis quinque viros intelligit, sub quibus unamquamque animam[2], priusquam ad perfectam ætatem venerit, qua ratione uti possit, non dubium est vivere. Visus enim in infantibus viget, similiter auditus, olfactus, gustus, tactus. Ultra hos carnalis adhuc anima

[1] Cod. *juvetur*.

[2] Cod. *unaquæque anima*.

atque infantilis nihil potest participare. Dum autem venerit ad ætatem adultam, quasi cuidam sexto viro copulatur, id est rationi. Sæpe tamen carnalis anima atque insipiens, neglecto rationabili motu, veluti naturali viro errori subditur, a quo et per quem fallitur, et ea quæ contra naturam sui sunt, derelicto naturali ordine, appetit. Ideoque de eo dicitur, « et nunc quem habes non est tuus vir; » tuum virum deseruisti et obedire ei noluisti, adulterum secuta es, ac per hoc adultera facta. Sed si vis bibere de aqua quam dabo tibi, vade, voca virum tuum, cui subjecta debes fieri et spirituali conjugio adjungi. Desere adulterum, ne sis adultera; desere errorem quo seducta es; virum tuum reliquisti, et naturalem castitatis tuæ pulchritudinem violasti. Hactenus Augustinus. Maximus quinque viros, quinque leges humanæ animæ datas significare asserit. Quarum prima in paradiso ante peccatum data est homini, de illicito et prohibito ligno. Secunda post prævaricationem et expulsionem ejus de paradiso, de multiplicatione humanæ propaginis. Tertia Noe ante diluvium, de arca fabricanda. Quarta post diluvium, de divisionibus gentium. Quinta Abraham, de circumcisione et immolatione filii sui. His quinque legibus, quasi quibusdam quinque viris, humana anima, ab initio mundi usque ad legem Moysi, subjecta erat. Lex autem litteræ quæ data est per Moysen, non ad liberandam animam vel justificandam data est, sed ad redarguendam et gravitatem sacramentorum opprimendam, quæ ei nullam salutem contulerant, nisi ad gratiam Novi Testamenti confugeret. Lex enim data est ut gratia quæreretur, gratia autem data ut lex impleretur. Quoniam igitur lex litteræ nil humanæ naturæ contulerit ad salutem, neminem enim lex ad perfectum duxit, sed ad cumulum delictorum valuit, sicut ait Apostolus, « virtus peccati lex, » idem : « lex autem subintravit, ut abundaret peccatum, » pulchre ait Dominus Samaritanæ : et nunc quem habes non est tuus vir; dimitte litteram, non est tuus vir; vade ad virum tuum, ad spiritum litteræ; voca legem gratiæ quæ est tuus vir, a quo spiritualem virtutum prolem concipies, cum quo dona Sancti Spiritus tibi dabo, quibus in me credere valebis. Repudiato igitur sexto viro, carnali videlicet lege, jubetur rationabilis anima vocare virum suum, hoc est Novum Testamentum, legem gratiæ, sub qua sola salvari poterat.

Dicit ei mulier: Domine, video quia propheta es tu. Ut cognovit mulier ex his quæ ei Dominus de numero virorum suorum deque suo adulterio cum viro alieno quod ipse propheta fuerit, continuo proposuit quæstionem, ac si diceret : quoniam video te et indubitanter cognosco prophetam esse, solve mihi questionem de qua Judæi et Samaritani contendunt, de loco videlicet adorandi Deum, pro qua ipsi Judæi nobis non coutuntur, hoc est à nobis dissentiunt.

Patres nostri in monte hoc adorabant. Id est Jacob et filii ejus et omnes Samaritani qui sub lege mosaica degebant, et vos, Judæi, dicitis quia in Hierosolimis est locus ubi oportet adorare. In hoc itaque dissentimus, in hoc unanimiter non coutimur. In monte hoc Samariæ adoramus Deum, ubi Jacob, vos in templo Hierosolimitano. Quoniam itaque video te prophetam, nosse omnia te non dubito; ac per hoc fac me certam de hac contentione, id est vestra et nostra, ubi adorare Deum debemus, in hoc loco an Hierosolimis.

Dicit ei Jesus: Mulier, crede mihi quia venit hora quando neque in monte hoc neque in Hierosolimis adorabitis Patrem. Vos adoratis quod nescitis, nos adoramus quod scimus. His verbis mulieris jactantiam Samaritanæ omniumque Samaritanorum opprimit. Samaritani quippe putabant se non minoris religionis fuisse quam Judæi. Ex persona igitur Judæorum loquitur, non impiorum se non recipientium, sed patriarcharum et prophetarum et eorum qui in se crediderunt paulo ante in Judæa. Propterea ait : vos adoratis Patrem quem nescitis, nos autem adoramus eundem Patrem quem scimus. Nemo enim potest adorare Patrem, nisi prius adoraverit Filium. Qui credit in Filium, ipse novit Filium, ac per hoc novit et Patrem. Ait enim : « Philippe, qui me videt, et patrem meum videt. » Tu igitur mulier cum tua tota [gente] nescis Patrem quem adoras, quia adhuc non credidisti in filium ejus, per quem ad Patris notitiam pervenitur. Et hoc est quod sequitur :

Quia salus ex Judæis. Ac si aperte diceret : ideo scimus quod adoramus, adjungens se credentibus Judæis, « quia salus ex Judæis, » quia Christus, qui est totius mundi salus, ex Judæis est, non solum origine carnis, verum etiam propagine fidei; ex eis enim orta est fides et primitiva ecclesia.

Sed venit hora et nunc est. Horam dicit præsentiam suam in carne. Tu, inquit, mulier, de loco adorandi me consulis; ideo tibi dico, venit hora, præsens sum et nunc sum in carne.

Quando veri adoratores adorabunt Patrem in spiritu et veritate. Priusquam venirem, nemo potuit adorare Patrem in spiritu et veritate, præter patriarchas et prophetas quibus præsentia mea in carne revelata est per Spiritum antequam venirem in mundum. Non ergo, *o mulier, in monte hoc neque in Hierosolimis* veri adoratores adorabunt me et patrem meum, sed interius in intimo templo cordis sui intelligentiæque suæ. Purgabitur prius per fidem, illuminabitur per scientiam, perficietur per deificationem. In monte theologiæ in spiritu adorabunt, qui Spiritu Sancto illuminati erunt.

Etenim Pater tales quærit adorantes se qui eum in spiritu suo et in veritate cognitionis suæ adorant. Quod prædixit, ratione conclusit dicens :

Spiritus Deus, et adorantes se in spiritu et veritate oportet adorare. Ac si diceret : si Deus corporeus aut corpus esset, fortassis quæreret loca corporalia ad se adorandum. Jam qui a spiritu est eos quærit qui in spiritu suo et in intellectu per veram cognitionem se adorent.

Dicit ei mulier : scio quia Messias venit, qui dicitur Christus. Quoniam prædixit Dominus : « venit hora et nunc est, » putabat mulier de Messia, hoc est de venturo Christo, quem adhuc præsentem non cognoverat, quasi de alio dixisse. Audierat enim ex prophetis Christum venturum. Ideo ait : « scio quia Messias venit. » « Venit, » dixit, non « veniet, » ut sua verba verbis prophetæ compararet cum quo loquebatur ; aut quodammodo illuminata a Spiritu venientem Christum præsentialiter intellexit, aut quia usus loquendi est, ut de eo qui est in itinere « venit, » cum adhuc non venerit, dicatur. Messias hebraicum nomen est, quod græce interpretatur Christus, hoc est unctus.

Cum venerit ille, adnuntiabit nobis omnia. Adhuc non intellexit perfecte præsentem Christum, credidit tamen, a prophetis erudita, adventum Christi et doctrinam ejus futuram. « Adnuntiabit nobis omnia, » cuncta videlicet quæ ad cultum suum et patris sui pertinent.

Dicit ei Jesus : ego sum qui loquor tibi. Primo Dominus intellectum mulieris aperuit, ut crederet, deinde se ipsum ei manifestavit. Illa siquidem credidit prophetas qui de adventu Christi prædixerunt; ideoque meruit loqui cum ipso, quem futurum crediderat, quamvis adhuc præsentem non cognoverat. Cujus fidei merito venit ad cognitionem loquentis de se ipso Christi et dicentis : ego sum ipse Christus; quem cognoscis futurum, jam cognosce præsentem.

Et continuo venerunt discipuli ejus, et mirabantur quia cum muliere loquebatur. Quare mirabantur, cum sæpissime Christus locutus est cum mulieribus? Non ergo mirabantur Dominum suum loqui cum muliere; sed hoc solum mirabantur quia cum Samaritana, id est alienigena muliere; ignorantes mysterium ecclesiæ de gentibus futuræ.

Nemo tamen dicebat : quid quæris aut quid loqueris cum ea. Non enim ausi sunt discipuli interrogare Dominum suum, timentes ne ab eo reprehenderentur, si incaute eum interrogarent, nondum valentes futuræ ecclesiæ mysterium cognoscere.

Reliquit ergo hydriam suam mulier. Postquam ecclesia seu humana natura cognovit præsentiam divinæ substantiæ in carne, reliquit hydriam suam, reliquit usum suum carnalem. Reliquit aquam et studium carnalis scientiæ. . . . .

. . . .

turbam ad se venientem videre non posset, si oculos suos non levaret, qui priusquam fieret mundus omnia viderat, neque unquam corporalium oculorum instrumentis ad videndum indigebat. Elevat ergo oculos suos, edocens cordis nostri oculos elevare, totumque mundum undique ad fidem Christi concurrere. Levare etiam oculos nostri cordis exemplo Christi admonemur, ut si forte, eo nos docente et interius inluminante, altitudinem actionis et scientiæ necnon et theologiæ ascendere permittamur, turba sequentium carnalium cogitationum nos non perturbet et a contemplationis altitudine dejiciat, sed eas spiritualibus escis, quantum possunt capere, satisfaciendo pascere procuremus.

Dicit ad Philippum. Philippus, qui interpretatur os lampadis, figuram gerit prædicantium fidem, quibus in altitudine contemplationis cum Christo constitutis, de carnalium cogitationum turba pascenda Dominus quotidie loquitur.

Unde ememus panes ut manducent hi? Hoc autem dicebat tentans eum, hoc est fidem ipsius de futuro miraculo consulens. Deus tentator malorum est. Tentat autem electos probandi gratia, non supplantandi. Tentationis si quidem duæ species sunt, quarum una justorum probat fidem, altera impiorum reprobat perfidiam.

Ipse enim sciebat quid futurum erat facere. Probandi, inquit, gratia tentat Dominus Philippum, non discendi quid faciendum foret. Ipse enim novit, priusquam fieret mundus, omnia miracula quæ facturus esset in mundo. Quod enim ait, « ipse enim sciebat, » non ante aliquod tempus, sed ante omnia tempora cognoverat quid futurum ei erat facere.

Respondit ei Philippus : ducentorum denariorum panes non sufficiunt his, ut unusquisque modicum quid accipiat. Adhuc Philippus lacte doctrinæ nutritus solidum veræ fidei atque cognitionis cibum capere non valens, juxta suæ jam virtutis facultatem respondit, impossibile existimans tantam multitudinem paucis panibus refici posse. Erudiendi itaque gratia ludit Dominus cum Philippo, tentans ejus fidei simplicitatem, ut per hoc disceret altius ascendere, nullamque difficultatem Deo crederet inesse. Ordo itaque evangelisantium, qui, ut diximus, per Philippum typice insinuatur, tentanti se Domino, hoc est fidem illorum probanti, ac per hoc etiam laudanti, respondit: ducentorum denariorum panes non sufficiunt. Centenarius numerus perfectus est: decies enim decem eum conficiunt; qui numerus si fuerit duplicatus, faciunt ducentos, pulchre perfectionem bonæ actionis et rationabilis scientiæ typum gerens, quæ pascendis, hoc est audiendis in fide non sufficiunt, nisi eis altitudo theologiæ addatur. Actio quippe virtutum fidelium animas solummodo purgat, scientia vero rerum creatarum inluminat; sed illa purgatio atque illuminatio eis non sufficit, nisi habitus perfectæ contemplationis addatur, qui solus animas ad consummatam spiritualium refectionum plenitudinem perducit.

Dicit ei unus discipulorum ejus Andreas frater Simonis Petri: est puerulus unus hic qui habet quinque panes hordeaceos et duos pisciculos, sed hæc quid sunt in tantos? Eadem simplicitate qua et Philippus, respondit Andreas frater Simonis Petri. In ea tamen simplicitate multiplex continetur theoria. Puerulus iste qui, juxta fidem rerum gestarum, aut unus ex discipulis intelligitur aut puerulus quidam ex turba quæ eos sequebatur, mystice legislatorem significat, Mosen videlicet, qui veluti quidam puerulus non incongrue dicitur, quia ipsa lex quæ per eum data est neminem ad perfectam justitiæ ætatem perduxit. Unus puerulus dicitur legislator quia unitatem ecclesiæ futuram præfigurabat factis, dictisque prophetabat. « Hic » dixit, hoc est in Veteri Testamento, quod jam Novo clarescente vilescere cœpit, adhuc tamen omnino non recessit. « Qui habet quinque panes hordeaceos; » quinque panes hordeacei sunt quinque mosaicæ legis libri, qui hordeacei non immerito dicuntur, quia carnales homines illis pascebantur. Hordeum quippe jumentorum est proprie alimentum, non hominum. Carnalis populus adhuc sub littera degens, et vetustatem primi hominis, de quo scriptum est « homo cum in honore esset, non intellexit, comparatus est jumentis insipientibus et similis factus est illis, » non deserens, in numero jumentorum brutorum computabatur, ac per hoc sola littera quasi quodam hordeaceo pane mixto cum palea, non autem spirituali medulla ipsius litteræ vescebatur. Granis siquidem hordeaceis ita naturaliter intimi palearum folliculi adhærent, ut vix ab eorum medulla segregari queant, legalium sacramentorum necnon et præceptorum difficultatem intelligentiæ significantes. Quinarius quoque numerus hordeaceorum panum quinque corporeos sensus insinuare non incongrue intelligitur. Quanto si quidem quis fidelium in his quæ per quinquepertitum corporis sensum accipiuntur delectatur, tanto inter bruta animalia hordeo vescentia computabitur.

Dum vero eos, sensus dico, actionis et scientiæ incremento deserens, spirituali esca vescitur, non jam inter bruta sed inter rationalia animalia reputatur. Quoniam itaque nemo ad altitudinem virtutum et contemplationum sinitur ascendere, nisi prius sensibilium rerum significationibus nutriatur, pulchre Dominus sequenti se turbæ fidelium panes distribuit hordeaceos, ut prius inde satiatos [1], si fidem quam acceperant servaverint, ad spiritualia et altiora rationabilis creaturæ alimenta perducat, quibus, priusquam corporeos sensus omniaque quæ per eos accipiunt transcendant, nutriri non possunt. Quod ergo ait, « sed hoc quid est in tantos? » tale est ac si diceret : legis littera, seu corporei sensus et corporalia, quid sunt? Quid prosunt ad tantam multitudinem fidelium, qui in te credituri sunt et spiritualia alimenta petituri, quæ omnem litteram omnemque corporeum sensum superant? Nec enim oculus vidit, nec auris audivit, nec in cor hominis ascendit quæ præparavit Deus diligentibus se.

Dicit autem Jesus : Facite homines recumbere. Erat autem fœnum multum in loco. Fœnum multum legis litteram significat, quæ multiplex erat in symbolis; fœnum quoque multum carnalium cogitationum, quæ per corporeos sensus animæ ingeruntur ab eaque iterum citissime labuntur, non incongrue significat. Pulchre quoque discipuli jubentur facere homines recumbere, quoniam magistri veritatis nisi prius veluti in infimis locis, in simplicitate litteræ et visibilis creaturæ eos quos nutriverant, erudire incipiant, in altitudinem contemplationis erigere non valent. Primus quippe gradus est, ad ascendendam altitudinem virtutum, sanctæ scripturæ littera rerumque visibilium species, ut prius lecta littera seu creatura inspecta, in spiritum litteræ et in rationem creaturæ rectæ rationis gressibus ascendant.

Recubuerunt ergo viri numero quasi quinque millia. Eadem ratione theoriæ, sicut per quinque panes quinque libri Mosis quantum ad litteram attinet, seu quinque corporis sensus significantur, ita per quinque millia multitudo eorum qui sub lege litteræ vixerunt, seu

[1] Cod. *satiati.*

eorum qui carnalibus sensibus adhuc subjiciuntur, recta ratione innuitur. Millenarius quippe numerus perfectus ac cubicus est. Decies quippe decem decies millenarii numeri summam conficiunt. Qui dum per quinarium numerum multiplicatur, carnaliter viventium plenitudinem insinuat. Qui mox, ut sancta historia et visibili rerum superficie eruditi fuerant, ad altitudinem spiritualium rerum transituri sunt.

Accepit autem panes Jesus, et gratias agens, distribuit recumbentibus, similiter et ex piscibus quantum volebant. Accepit Dominus panes quia ipse legem per Mosen dedit, ita ut lex illius proprie dicatur qui dedit, non illius per quem veluti ministrum data est. « Et gratias agens, distribuit recumbentibus; » cui gratias, nisi Patri, qui sic dilexit mundum, ut filium suum daret, per quem pasceret mundum visibilibus sacramentis et sensibilibus creaturis, ut per hæc ad se cognoscendum perduceret atque nutriret? Duo pisces duo testamenta, quantum ad sensibilia symbola pertinent, insinuant. Pisces quippe in aqua sunt sensibilia symbola, in carnali adhuc populo, perfecte tamen vivere inchoanti. Quæ symbola, dum altius quodammodo intelligi incipiuntur, recte desiderantibus, quantum volunt, distribuuntur. Distribuere quippe est visibilia symbola ab invisibilibus eorum intellectibus discernere, et juxta uniuscujusque capacitatem dispertiri. Quidam volunt per duos pisces duas personas in lege, regis videlicet et sacerdotis, quidam prophetas et psalmos significari.

Ut autem saturati sunt, dicit discipulis suis : Colligite quæ superaverunt fragmenta, ne quid pereat. Simplex fidelium turba sola littera, visibili creatura, necnon et visibilibus symbolis saturata atque contenta; litteræ et creaturæ et symbolorum spirituales intellectus veluti residua quædam fragmenta quæ adhuc carnales non possunt assumere. Magistri ecclesiæ colligere jubentur, ne quid ex ipsis intellectibus non intellectum pereat, sed ex eis spiritualium animarum rationabile desiderium in divinis contemplationibus satietur. Fragmenta itaque sunt hordeaceorum panum, subtiles ac difficiles intellectus Sanctæ Scripturæ et sensibilium sacramentorum, quas doctores ecclesiæ in unum colligunt, ne quid ex eis pereat, hoc est ne aliquid ex eis remaneat quod capacibus intelligibilium sensuum non distribuatur.

Colligebant ergo, et impleverunt duodecim cophinos fragmentorum ex quinque panibus hordeaceis qui superaverant manducantibus. Duodenarius cophinorum numerus capacitatem sapientum spiritualesque intellectus colligentium typice figurat. Duodenarius quippe numerus perfectissimus est, multisque modis consideratus, in actione virtutum, et in scientia rerum, et in theologia quæ circa divina solummodo versatur, præditos divinorum hominum intellectus significat. Primum quidem duodenarii perfectio consideratur eo quod senarii numeri duplus est. Senarius autem numerus perfectionem bonorum operum in hac vita insinuat; quæ si duplicata fuerit, in æternam contemplationem, quæ totius bonæ operationis fructus est, veluti in duodenarii numeri quantitatem concrescit. Item duodenarius intra se totius musicæ harmonias continet. Habet enim diatessaron in quaternario cum ternario collato; habet diapente in ternario et binario; habet diapason inter seipsum et senarium. Intra octonarium quoque numerum integra diapason est. Habet tonum inter novenarium et octonarium : qui omnes numeri intra terminos duodenarii continentur. Ac per hoc omnium rerum visibilium et invisibilium harmonia connexa tali numero figuratur. Quæ harmonia solis divinas res intelligentibus, quantum datur hominibus, nota et comprehensibilis est. Duodenarius quoque numerus in decem dividitur et duo. Propterea et legem significat litteræ, quæ denaria est, et caritatis præceptum, quod in se geminatur et in quo lex pendet[1] et prophetæ. Ideoque qui legem præcepto caritatis adimplent, ipsi sunt cophini in quibus spiritualia fragmenta divinorum intellectuum et colliguntur et salvantur, ne quid eorum pereat. Idem numerus dividitur in septem et quinque, qui numeri musicæ humanæ vocis attribuuntur, mirabilemque concordiam omnium rerum ad unum finem redeuntium

[1] Cod. *pendunt.*

indicat. Quinarius si quidem in se ipso multiplicatus viginti quinque numerum complet. Septenarius vero in duo membra dividitur, quorum majus quaternarius est, minus ternarius. Si itaque septenarium numerum per inferius membrum sui multiplicaveris, viginti unum efficies. Cui numero si majus membrum addideris, erit similiter viginti quinque; ac per hoc ad unum finem quinarius et septenarius multiplicati dicuntur. Spirituales igitur cophini sunt, qui virtute actionis et scientiæ ad unum finem æternæ contemplationis perveniunt.

Homines ergo videntes quod fecit signum Jesus, dicebant: quia ipse est vere propheta qui venit in mundum. Iterum imperfecta turba redarguitur in eo quod propter signum visibile, non propter virtutem intelligibilem signi dicebant : « quia ipse est vere propheta qui venit in mundum. » In hoc miraculo quinariæ quantitatis hordeaceorum panum, non sine causa quæritur quid vult quod fragmenta quinque panum solummodo, non autem duorum piscium, colligantur, ex quibus duodecim cophini implentur, cum ex quinque panibus et duobus piscibus quinque millia hominum saturata fuisse Evangelium narret; cujus mysterii obscura mihi videtur profunditas, ut vix investigari queat. Augustinus quippe, in expositione sua in Johannem, nil inde tractat, sed omnino prætermisit; quanquam multis sufficere videatur quod in Marco legitur : « tulerunt fragmentorum duodecim cophinos plenos, et a piscibus, » ut subintelligatur : et a piscibus tulerunt fragmenta, aut alia aut eadem. Sed si alia, non XII sed XXIIII cophini fuerunt; si eadem, suffecerat dicere : tulerunt fragmentorum duodecim cophinos. Videtur non vacare mysterio, quod veluti post fragmenta panis collecta, ait : « et a piscibus, » absolute nil addens. Matthæus si quidem et Lucas indiscrete fragmenta commemorant, in ambiguo linquentes utrum solummodo panum, ut Johannes, an panum simul et piscium. Conemur itaque, quantum lux mentium dederit, inquirere, non aliorum sensus præjudicando. Prædiximus quippe quinque sensus corporis seu quinque libros Mosaicos quinario panum numero insinuari, duobus vero piscibus utriusque Testamenti symbola; ubi primo quærendum quid inter mysteria distat utriusque legis, litteræ videlicet et gratiæ, et symbola. Mysteria itaque proprie sunt, quæ juxta allegoriam et facti et dicti traduntur, hoc est et secundum res gestas facta sunt et dicta quia narrantur. Verbi gratia mosaicum tabernaculum et secundum rem gestam erat constructum, et textu sanctæ scripturæ dictum atque narratum. Similiter sacramenta legalium hostiarum et secundum historiam facta sunt, et dicta sunt secundum narrationem. Circumcisio similiter et facta est in carne et narrata est in littera. In Novo quoque Testamento mysteria baptismatis, dominici quoque corporis ac sanguinis necnon et sancti chrismatis juxta res gestas conficiuntur, et litteris traduntur et dicuntur. Et hæc forma sacramentorum allegoria facti et dicti a sanctis patribus rationabiliter vocitatur. Altera forma est quæ proprie symboli nomen accepit, et allegoria dicti, non autem facti, appellatur, quoniam in dictis solummodo spiritualis doctrinæ, non autem in factis sensibilibus constituitur. Mysteria itaque sunt quæ in utroque Testamento et secundum historiam facta sunt et secundum litteram narrata; symbola vero, quæ solummodo non facta, sed quasi facta sola doctrina dicuntur. Verbi gratia, in veteri lege scriptum est: « non coques hædum in lacte matris suæ. » Illud si quidem nunquam secundum historiam legitur fuisse, teste Augustino; dictum est tamen et scriptum, ac veluti factum traditur, cum veritas divinæ historiæ factum fuisse non invenitur narrare. Item in Psalmis: « montes exultaverunt ut arietes, et colles sicut agni ovium. » In his enim divinæ scripturæ locis et in multis similibus allegoria sola dicti, non autem facti et dicti, intelligitur. In Novo Testamento multa narrantur quæ secundum fidem historiæ non sunt facta, sed solummodo dicta ac veluti facta; quæ exempla maxime in allegoria parabolarum dominicarum reperiuntur, verbi gratia, parabola de divite et Lazaro paupere in sinu Abraham deque interposito chasmate, de flamma, de lingua, de digito, quæ omnia nulla auctoritas secundum res gestas fuisse tradit, sed figurate omnino dicta sunt. Quæ forma in omnibus fere parabolis cognoscitur, proprieque symbolica nominatur; quamvis usus divinæ Scripturæ sit symbola pro mysteriis et mysteria pro symbolis vicinitate quadam atque similitudine ponere. Ponamus ergo quamdam similitudinem, qua possimus suadere quod volumus asserere. Carnalium fidelium populus et in veteri lege præcessit et in nova. Jam est qui nihil extra litteram sensusque corporeos existimat esse, quoniam altius ultra litteram scripturæ et ea quæ per sensus accipiuntur, non[1] potest ascendere. Similiter in veteri lege perfecti et sapientes in actione et scientia spiritualium intellectuum ac in Novo Testamento fuisse narrantur, qui, veluti discipuli, cum Christo in altitudinem contemplationis tanquam in quemdam montem ascendunt, relictis carnalibus, sub littera et sensu in fœno rerum temporalium recumbentibus. « Omnis quippe caro fœnum, et omnis gloria ejus flos fœni. » Itaque cogitemus in animo veluti multitudinem quamdam simplicium fidelium in lateribus montis seu in planitie, hoc est infra altitudinem divinorum intellectuum, residentem. Nam ex textu Evangelii datur intelligi, non in summitate montis sed in quadam planitie, ubi fœnum multum fuerat, Dominum turbam pavisse. Ubi ait : *reversus est in montem ipse solus;* ut secundum res gestas accipiamus solum Dominum cum discipulis suis prius ascendisse in montem, ac deinde iterum ad inferiora descendisse, miraculoque peracto solum iterum in montem rediisse. Huic multitudini fidem Christi esurienti apponuntur quinque panes et duo pisces, hoc est sacramenta quæ et facta et scripta sunt, et symbola quæ solummodo dicta, non autem facta. Accipiens Christus panes quinque et duos pisces, et gratias agens, Patri videlicet, qui voluit fideles suos symbolis ac sacramentis pascere, tradit discipulis suis, magistris suis, ministris suis, ipsi vero turbæ dividunt. Panes hordeacei a discipulis franguntur, dum ab eis utriusque legis mysteria in res gestas et in earum spirituales intellectus dividuntur. Simplici historia pascuntur carnales, divinos ipsius historiæ intellectus quasi quædam fragmenta colligunt spirituales. Fragmenta quæ comedunt carnales et saturantur, res gestæ; fragmenta quæ comedunt spirituales divini intellectus

[1] In Cod. deest *non*.

rerum gestarum sunt. Verbi gratia, legatur liber Geneseos, eo loci ubi transitus carnalis Israel per mare rubrum narratur. Simplex Christianus adhuc, veluti in fœno rerum temporalium atque carnalium recumbens, sola pascitur historia. Quicquid enim ibi factum est, quinque sensibus corporeis notum fuit. Nam et visi sunt Israelitæ siccis pedibus mare transisse, Ægyptiaci vero necati fuisse. Hoc quoque a finitimis gentibus auditum est, unda marina gustata est, olfacta et tacta. Quæ cuncta simplex adhuc fidelis animus secum tractat et cogitat, indeque, veluti quibusdam fragmentis divinæ historiæ, satiatur. Intellectum vero ipsius litteræ non potest capere, ideoque ab his qui spiritualia sapiunt colligitur, ne pereat, sed valentibus intelligere proficiat. Ecce quinque panes hordeaceos : mysteria videlicet rerum gestarum, in litteram et in spiritum divisa, et, quantum littera est, sensibus corporeis quinariis conveniunt[1]. . . « Abraham, inquit, duos filios habuit, unum quidem de ancilla, alterum de libera. » Ecce historiæ prima fragmenta simplicibus sufficientia. Consequenter subjungit fragmenta spiritualia, dicens: « hæc autem sunt duo Testamenta. » Apponantur pisces duo eidem multitudini, hoc est sola spiritualis doctrina allegorice dicti, non autem secundum historiam facti. Quæ veluti binario numero continetur, quoniam duobus solummodo sensibus percipitur, visu videlicet et auditu, cæteris autem sensibus percipi non potest. Legitur enim oculis, auribus auditur, olfactu vero seu gustu seu tactu remota est. Verbi gratia, ut eisdem utamur exemplis, legatur quod scriptum est in Exodo : « non coques hædum in lacte matris suæ. » Hoc symbolum et per oculos legitur, et per aures auditur; frangi vero non potest, quia juxta rerum gestarum fidem non accipitur, sed solummodo allegorice dictum est. Et quoniam non dividitur, totum memoriæ carnalium fidelium commendatur, ut credant sensum spiritualem his verbis inesse, quamvis non intelligant. Totum ab his qui spiritualiter spiritualia cognoscunt colligitur. In symbolis itaque, hoc est in dictionibus spiritualis doctrinæ, quas sola allegoria facti, non autem dicti, tradit, nulla fragmenta colli-

[1] Hic una linea deest.

guntur, quoniam in historiam et intellectum non dividitur. Solus enim intellectus in eo cogitatur, nullum autem factum. Item in Novo Testamento, ut et inde exemplum accipiamus, corpus et sanguis Domini nostri et sensibiliter secundum res gestas conficitur mysterium, et secundum spiritualis intellectus investigatur cerebrum (?). Quod extrinsecus sentitur et percipitur carnalibus hominibus, quinquepertito corporeo sensui subditis, hordeaceus panis est, quia altitudinem spiritualis intelligentiæ non valent ascendere; ac veluti quoddam fragmentum est, quibus carnalis illorum cogitatio satiatur. Fragmentum spirituale est his qui altitudinem divinorum ipsius mysterii intellectuum valent cognoscere, ideoque ab eis colligitur, ne pereat. Nam mysterium ex littera et spiritu confectum partim perit, partim æternaliter manet. Perit quod videtur, quia sensibile est et temporale; manet quod non videtur, quia spirituale est et æternale. Symboli exemplum fiat : « In principio erat Verbum, et Verbum erat apud Deum et Deus erat Verbum. » Hoc solummodo dictum, in hoc nulla res gesta cognoscitur, ideoque et totum simpliciter a carnalibus accipiatur, et totum uniformiter a spiritualibus. Nec ibi ulla fragmenta possunt fieri, quoniam nil ibi est quod secundum historiam intelligatur, sed totum ad theologiam, quæ omnem sensum et intellectum superat, refertur. Oculis legitur legentium, auribus sentitur audientium, ac per hoc, veluti quidam duo pisces, una eademque evangelistæ theologia accipitur duobus sensibus conveniens......

N° 2.

RATHERII VERONENSIS OPUSCULA.

DE PENTECOSTE.

Eia quid facio, fratres? Si taceo, meipsum re ipsa quæ per me fuerat dispensanda, defraudo, vobis fraudis ejusdem reus existo; et quæ sit dies ista, vel quanta, mihi ipsi quoque abscondo. Loqui si gestio, magnitudini rei ipsius de qua loqui volo ne succumbam formido. Sed facio quod possum, debitorem enim amplius considero nullum. Pentecostes completur hodie, fratres. Quid dixi? Quinquagesima Paschæ hodie terminatur. Quid inde? Dicat qui novit. Melior est, ait, finis orationis quam principium. Intendat qui valet. Qui enim perseveraverit, ait Dominus, usque in finem salvus erit. Felices qui hos quinquaginta dies, ut colendi sunt, coluerunt. Ab alleluia morali nullatenus cessaverunt; dormientes quoque eam minime dimiserunt; salvi tamen tales si cupiunt esse, hodie devotionem perseverantiæ demonstrent suggero suæ. Quinquagesima est hodie dies a resurrectione Domini, ab ascensione decima. Magnum mysterium et inenarrabile donum. Dies est hodie quinquagesima, ex quo in Christo resurreximus, decima, ex quo cum illo cœlos conscendimus. De quibus dico? de illis nimirum, quibus audacter dicit apostolus: Si consurrexistis cum Christo, quæ sursum sunt quærite ubi Christus est in dextera, id est æqualitate patri sedens. Quæ sursum sunt sapite, non quæ super terram. Mortui enim estis, peccati videlicet immunes, et vita vestra abscondita est cum Christo in Deo; « cum enim Christus apparuerit vita vestra, tum et vos apparebitis cum ipso in gloria. » Felices, qui ejusmodi sunt, infelicissimi, qui ab istorum collegio inrecuperabiliter decidunt. Illi enim, non cum Christo in gloria, sed cum Diabolo apparebunt in damnatione perpetua. Præsumentes tamen nos adhuc de illorum societate existere (nescit homo, ait quidam, utrum odio an amore dignus sit, sed omnia in futurum servantur incerta), dicamus, non desperantes de nobis, quia hodie est quinquagesima dies ex quo in Christo resurreximus, decima ex quo cum Christo cœlos ascendimus. Hodie quid præstolamur? Dona nimirum, divisiones gratiarum, carismata beatitudinum omnium. Quæ sunt vero illa depromat apostolus. « Caritas, inquit, Dei diffusa est in cordibus nostris per Spiritum Sanctum qui datus est nobis. » Sed ad quid datus est? Pignoris absque dubio loco. Sicut enim non habemus hic manentem civitatem, ita nec securam beatitudinem. Unde autem novimus quod pignoris loco Spiritum Sanctum acceperimus? Dicente videlicet eodem apostolo: « qui dedit nobis pignus spiritus, » ecce habemus de pignore accepto. Quod hodie illud acceperimus quomodo scimus? Historiographus dicat, Lucas medicus fateatur: « Cum complerentur, inquit, dies Pentecostes, erant omnes discipuli pariter in eodem loco. » In quo loco « cumque intuerentur in cœlum euntem illum, ecce duo viri astiterunt juxta illos, in vestibus albis, qui et dixerunt: Viri Galilæi, quid statis aspicientes in cœlum? sic veniet, quemadmodum vidistis eum euntem in cœlum. Tunc reversi sunt Jerosolymam, ad montem qui vocatur Oliveti, qui est juxta Jerusalem, sabbati habens iter. Et cum introissent in cœnaculum, ascenderunt in superiora, ubi manebant Petrus et Johannes, Jacobus et Andreas, Philippus et Thomas, Bartholomæus et Matthæus, Jacobus Alphæi, et Simon Zelotes et Judas Jacobi. Hi omnes erant perseverantes unanimiter in oratione cum mulieribus et Maria matre Jesu et fratribus ejus. Cum igitur in eodem loco essent, factus est repente de cœlo sonus, tanquam advenientis spiritus vehementis, et replevit totam domum ubi erant. Et apparuerunt illis dispertitæ linguæ tanquam ignis, seditque supra singulos eorum, et repleti sunt omnes Spiritu Sancto, et cœperunt loqui variis linguis prout Spiritus Sanctus dabat eloqui illis. »

O quam hic abyssus Veteris Testamenti abyssum invocat Novi! O quam antiquiora recentioribus concinunt! Quinquagesimo die post occisionem agni, maris transitum rubri, in Syna monte, Moysi decalogus datur; quinquagesima post resurrectionem Christi die, Spiritus Sanctus apostolis mittitur. Quinquagesimus remissionis est annus. Dies noster quinquagesimus gratiæ est consecratus. Illo die, Deus, Dei filius, in monte descendit; isto, scilicet nostro, Deus Spiritus Sanctus igneis linguis demonstratus advenit. Utraque vero ista trinitas adimplevit. Pater illic Filium morti destinavit. Spiritus Sanctus a Patre et Filio missus atque procedens, apostolis istic potestate spontanea sese infudit. Ibi tonitrua et voces, mons quoque fumans. Hic inflammati linguis variis homines apostoli, utique ignis divini ardoribus æstuantes. Ad postremum dominicæ resurrectionis iste est quinquagesimus dies, quem patriarchæ omnes atque prophetæ, cum a pascha usque ad istum cæteros omnes venerationi debitæ deputarent, istum præ omnibus celebrabant. Monstrat hoc Tobias videntissimus cæcus, monstrat hoc Apostolus, ad cœli tertii sublimiora conductus. « Ibam, inquit ille, Pentecosten diem festum nostrum, qui est sanctus a septimanis. » Beatus vero Paulus festinasse legitur diem istum Jerosolimis celebrare; quod sciret illum præ omnibus eminere. Sanctus, inquit, a septimanis. Non perfunctorie, inquam, computa; nam a pascha usque ad Pentecosten istam nostram sanctissimam diem nonnisi septem, nisi fallor, hebdomadas invenies. Lege prophetam, et septiformem spiritum super florem de radice Jesse ascendentem comperies. Quis est autem ille spiritus, nisi qui super Dominum in columba, super apostolos in igne descendit. Quare vero super Dominum in columba, super apostolos vero in igne apparuit, nisi quod mansuetus veniens Dominus mansueto signo se demonstrari voluit hominibus, apostolos vero judicium suum annuntiaturos missurus cum quo terrore judicaturus adveniat, qui ut judicaretur mansuetus advenit, sonitu vehementiore demonstrat? Linguas vero quare igneas demonstravit, nisi ut servos suos et caritate ferventes et sermone promptissimos fore debere monstraret, qui utique, quomodo ex evangelio auditum est, ea veritate depromerent qua dictum cognoscerent. Quid hoc vero est, fratres? « Dixit, inquit, Evangelista, Jesus discipulis suis: si quis diligit me, sermonem meum servabit, » et reliqua. Quis linguam habens igneam istud sophistica tergiversatione confundere audeat? Apertum est, aperte disseratur. Nihil medium, aut diligimus Dominum aut non diligimus. Si diligimus, quod præcipit facimus; si non diligimus, quod jubet minime custodimus. Si diligimus eum, ab eo diligimur; si non, quamvis eum inrationabiliter metuamus, quod nos ille diligat non præsumptuose putemus, quod possit vero fieri minime desperemus. Canitur enim de eo : « Misereris omnium, Domine, et nihil odisti eorum quæ fecisti. » Nihil verius. Non odit Deus quod in te fecit, sed odit quod tu ipse in tui ipsius præjudicium facis. Et ideo tam pius, tam misericors, tam est facilis ad ignoscendum conversis, ut noverimus eum nostram non odio habere quam condidit substantiam, sed malignitatem execrari potius nostram. Quod si ipsius auxilio imitari gestimus, probamus et nos, cum nobis invicem succensemus, non nos propterea invicem odisse, sed malum quod in nobis alterutrum recognoscimus exosum habere. Convertibiles itaque ad invicem cum nostri sint amores vel odia, Deum tanto inconvertibilius et perseverantius diligimus, quanto voluntatem ipsius idem esse quod ipsum cognoscimus. Unde in ipsius amore nulla nobis imponitur mensura, in nostra vero ea ponitur conditio, ut sic diligamus proximos sicut nosmetipsos, id est ut, præter alia, quales nos existere debuissemus, tales et nos desideremus existere. Hæc delectione tantum tetigisse sufficiat evangelica; ad solemnitatis hodiernæ præconium convertamur. Sicut, fratres, canticum canticorum et rex dicitur regum, sic ista dies solemnitatis est solemnitatum. Ad hoc enim natus est Dominus, ut pateretur; ad hoc passus, ut moreretur; ad hoc mortuus, ut resurgeret; ad hoc resurrexit, ut carnem quam de nobis pro nobis sumpserat in cœlum levaret; ad hoc eam illuc transtulit ut immortalem semperque felicem efficeret. Quod non nisi dono Spiritus Sancti poterat fieri. Nisi enim baptismo regenerati novi homines efficeremur, in vetustate manentes, salvari nullatenus potuissemus. Baptizari vero nullomodo nisi in Spiritu Sancto et igni poteramus. Spiritum Sanctum nobis hodie in linguis igneis misit, ut baptizati scilicet, et loquentes de Deo, et amore illius et proximi ferventes, illo quandoque transferremus, quo sine caritate transferri nullomodo poteramus. « Si quis enim, ut ait Apostolus, spiritum Christi non habet, hic non est ejus. » Qui autem non est ejus, consequens est ut non sit particeps regni illius. Spiritus autem possessio, conjectura cum sit caritatis ipsa, eodem dicente Apostolo : « quia caritas Dei diffusa est in cordibus nostris per Spiritum Sanctum qui datus est nobis; » tanto certius de quolibet, utrum Spiritum Sanctum habeat, valemus agnoscere, quanto ferventiorem eum esse cernimus in caritate. « Qui vero, ait Apostolus, habuerit substantiam mundi, et viderit fratrem suum necesse habere et clauserit viscera sua ab eo, quomodo caritas Dei manet in eo? » Quod cum ita sit, probatio absque dubio caritatis exhibitio est, ut ait Gregorius, operis. Exhibitio vero operis est Spiritus Sancti monstratrix, quem hodie in apostolis accepimus, ut est in psalmo ita cantatum, « ascendens in altum captivam duxit captivitatem, » id est captivatam quondam a Diabolo nostram cum anima carnem. Dedit dona hominibus, id est carismata Sancti apostolis hodie Spiritus, qui cum Patre et eodem Spiritu est per sæcula benedictus, amen.

EJUSDEM RATHERII DE MARIA ET MARTHA.

Reminisci utinam dignaremini, fratres, præterita sanctæ Dei genitricis Mariæ solemnitate, id oris nostri obsequium vestro persolvisse collegio, quo ex evangelica lectione monstraremus non minus beatæ Dei genitrici illud convenire, quod ejus ita est prolatum in fine : « Maria optimam partem elegit sibi, quæ non auferetur ab ea » quam ei cui hoc vox ipsa depromsit dominica. Cumque ex eadem evangelicæ serie lectionis vestræ filiationi nostræ facundiæ quod potuit protulisset inopia, quasi nil prolatum fuisset austeri, ita incommotos vos, proh nefas ! omnes, consideratis quorumdam vultibus, vidi. Nihil illic lacrymæ est visum, nulla suspiria, pectorum contusio sonuit nulla. Verissime verum tunc constitit fore quod Augustinum legimus non semel dixisse : quia videlicet nisi ardeat qui docet, accendere auditorem minime valet. Simulque illic, dum consideravimus nos non multum amari et ob hoc vilipendi, illud verissimum perpendimus fore Gregorii : « difficile est ut, quamvis recta prædicet, doctor qui non amatur libenter audiatur. » Itemque : « cujus vita despicitur, restat ut et prædicatio contemnatur. » Isti attamen nostræ querelæ, illud ad prophetam longe quamvis incomparabiliter dictum vidimus evenire : « Domus Israel nolunt audire te, quia nolunt audire me ; » et illud Domini : « Si sermonem meum servaverunt, et vestrum servabunt. » « Nos etiam, ait ille ad cujus æstimationem non possumus aspirare, nos, inquam, ait, quid sumus? » Nec contra nos est murmur vestrum, sed contra Dominum. Cum enim in innumeris proh dolor ! simus reprehensibiles, dum non vituperat quis vestrum quæ fuerant jure in nobis carpenda, sed carpit jure laudanda, probat se hoc agere non justitiæ dilectione, sed odio illorum quæ nollet audire ullo modo. O autem qui tales in vobis existunt, utinam tam captiose intenderent seria quam avidè a nobis prolata intendunt non modo inutilia, sed etiam nociva; et tam animarum suarum profectum quam illarum intendunt, dum convenientes utique illis loquimur dampnum. Sed jam nunc dicendum quid a nobis illic fuerit dictum. Ut ante nos sæpius fuit prolatum, duo in his duabus matronis sunt vivendi genera designata; unum, quod ab actu dicitur πρακτικὸν[1], hoc est actuale; alterum, quod a visu vel otio θεωρικὸν[2] id est contemplativum vocatur. Nimirum enim nemo amplius videnda interius exaggerat quam qui ab opere amplius cessat. Hos autem duos ritus vivendi, cum, cæteros secuti, duas has beatas significare dixissemus sorores, innuit illarum devotio verissimum fore, cum una satagere, id est studere vel laborare dicta sit, circa frequens ministerium, id est non quod tunc primitus incœperit, sed actitandi frequentia in morem converterit, scilicet ut Domino, uti multimode fecerat, de sua facultatula ministraret; altera pedibus assidere Domini maluisse narratur, non illa otiositate tamen quæ inimica est animæ, sed illa de qua clamat per psalmistam Dominus ipse: « vacate et videte quoniam ego sum Dominus. » Sedula vero et hæc, ut illa in ministrando, ita in audiendis quæ de ore procedebant dominico. Et revera nemo in ecclesia nisi hæc duo agit, cum quod debet facere facit. Nullus hic fornicationis locus, adulterium procul, ebriositas longe, falsitas nusquam; et, ne in infinitum nostra procedat locutio, omnis a talibus abest prorsus nequitiæ plenitudo. Sed unum sæcularibus, alterum congruit spiritualibus; unum illis qui sunt audituri: « venite benedicti patris mei, percipite regnum quod vobis paratum est ab origine mundi, quia esurivi, sitivi, hospes fui, infirmus et in carcere, in membris tamen hæc omnia meis et similia multa perpessus et a vobis sum relevatus; alterum eis qui jam in ipsis et cum ipsis audierunt apostolis:

[1] Cod. πρακθικην.

[2] Cod. θηορικην.

« amen dico vobis, quod vos qui reliquistis omnia et secuti estis me, in regeneratione, cum sederit filius hominis, in sede majestatis suæ, sedebitis et vos super sedes duodecim, judicantes duodecim tribus Israel. » Quid modo fratres? Istis taliter constantibus, nullus intra septa quatuor istorum invenietur murorum qui tundere jure debeat pectus, suspirare, gemere? Ubi sunt ergo mei consimiles? Hic non auditur de illis qui aliter agunt, alia sors, conditio alia, quam possit tamen suspicari scelerositas nostra, nisi, « discedite a me, maledicti, in ignem æternum, » qui paratus est non hominibus, sed diabolo et angelis ejus, scilicet vel his qui cum eo de cœlis ruerunt vel his qui ei in hoc sæculo assiderunt. Angelus enim quasi *aggelus*, id est juxta stans dicitur, qui idem utique quod isti jam dicti felices Deo, hoc miseri illi exhibuerunt diabolo, ministrantes utique illi quod quærebat, hoc est flagitiorum acta multigena, assidentes jugiter ei, et suggestiones ejus libentissime amplectentes et opere exequentes. Nullus talium Mariam, nullus imitatus est Martham; nullus Liam, nullus Rachelem duxit uxorem. Nemo talium unam illarum dilexit, alteram toleravit, id est amore Deum videndi bona quæ potuit fecit. Eat ergo qui volet, et mihi, si valet, quod Deus non promisit sperare persuadeat; hoc est ut perpetrans mala, recipiam bona; et nec ut Martha Deo deserviens actualiter, nec ut Maria illi assidens contemplanter, præmium illis solis qui unum eorum fecerunt expectáre promissum, cum e contra ille proclamet: « omnis arbor quæ non facit fructum bonum, » utique unum illorum quem aut Maria fecit, aut Martha, « excidetur et in ignem mittetur, » et de cogitatione solum inutili (væ nobis!) ipse promittat, de otioso vero saltem sermone rationem in die judicii reddituros nos dixerit quoque. Et cum circumspecta istius multitudine ambitus, nullum istarum imitatorem hic inveniam, prorsus me quoque loquendi, ut statum proprietatis causa hic mutavisse non disconveniat multum, cum, ut dixi, vere illarum istic æmulatorem invenire valeam nullum, illarum exsortem ne cernam, præ omnibus quoque continere me hortetur ab eo qui me vexat, inutiliter quamvis, pavore. Nam me non eo beatum confido futurum, vitium propter hunc scilicet abdicans nullum, licet in pœna semper mea sit conscientia, utpote rei dicit fore scriptura. Et, eheu! quam non dissimilis ego Siculo illi tali in sorte tyranno! Cum enim eo quo indignus attollor officio debitorem me utriusque fore non nesciam ritus, id est ut et Domino in membris suis, hoc est sanctæ matris ecclesiæ debeam filiis ministrare, ob hoc tamen a contemplando eo nunquam cessare, sed in lege ejus meditari die ac nocte, et neutrum horum me perspiciam agere, sed e contra non me solum sed et omnes mihi commissos, præcipue vero magis necessarios, corrumpendo, eum die noctuque, quamvis in eum nulla cadat passio, ad iracundiam provocare, quid de me dicere, quid valeo cogitare? Et ut, turpia subsidens, honesta solum, prohibita licet, depromam, si in lege Dei, ut debitorem me fore non nescio, die meditor et nocte, Catullum nunquam antea lectum, Plautum quando jam olim lego neglectum, musicam quando sæpe rogatus expono, cum nequeam, primo arithmetico scilicet cassatus auxilio, milites quando etiam meos ad prælium ob Cæsaris cogo præceptum, quando illos mitto venatum; hic enim nullum colludium, nulla conceditur requies; sed absolute beatus ille asseritur esse qui in lege Dei meditatur die ac nocte. Sed miserrimus ego qualiter in talibus, et, proh dolor! detestabilioribus in infernum vivens descendo; id est non ignorans, quod in infernum ob talia, si remota pietate judices, absque dubio pergo. Cum vero neque laicos meos, neque clericos satagere circa frequens, id est usitatum, Domini video ministerium, si quidem illos opera christianitatis non exequi, istos canonicæ legi usque ad nuptum publicum penitus cerno adversos, neque monachos meos contemplandi Deum amore a sæculi actibus se facere alienos velle, ullomodo ita tenus cerno, ut insuper istum cui adstamus anachoritam transitoria considerem non penitus abdicasse, ubi Martham, ubi sororem ejus Mariam, ubi Liam, ubi miser habeo Rachelem, cum a me infelicissimo de vobis omnibus requisiturus in die judicii sit Dominus, utpote de commissis ovibus, rationem? Ubi ille postremo in his ædibus diaboli est subplantator, qui, dum unam, id est contemplativam desiderat, utrasque sortitur, sic Christo utique ministrando transiens per bona temporalia ut non amittat æterna. Austera nimium hæc atque a nobis inventa cavillatoribus possent, qui nimium abundant nostri, videri, nisi austeriora in dictis hodie hausissemus Gregorii. Qualia vero sint et ista et illa utinam sensus nostri capere atque discernere utiliter valuisset duritia! Ut enim ille nostram denotans ait cohortem! Cum repente conati fuissemus docere quæ magis meditatione quam opere didicissemus, et hoc agere opitulatione alterius cujuslibet gestiremus, incidimus in illum de Evangelio ipsius sermonem, ubi visa civitate Jerusalem refertur Dominus flevisse, atque excidium illius denuntiasse. Quem sicut non piget totum percurrere, valens omnino perpendere utrum illi lugendum sit necne, nobis desinat succensere. Considerata nempe ego tota sermonis ejusdem serie, dum plus eam contemplor aloes quam mellis habere, cœpi satagere an non ibi aliqua consolatio inveniri valeret, quæ titubantem formidine quamvis inutili, quia inconvertibili, animum refoveret. Quippe cum pervenissem ad illum trementissimus locum uti habetur ita descriptum : « Unde curandum nobis est et cum magnis quotidie fletibus cogitandum quam severus, quam liber, quam terribilis sua in nos opera requirens in die nostri exitus princeps mundi hujus veniet, si etiam ad eum carne morientem venit, et in illo suum aliquid quæsivit in quo invenire nil poterit, quid itaque nos miseri dicturi, quid acturi sumus, qui immumera mala commisimus? Quid requirenti adversario et multa sua in nobis invenienti opera dicemus, nisi solum quod nobis est certum refugium, solida spes, quia unum cum illo facti sumus, in quo princeps hujus mundi et suum aliquid requisivit et invenire minime potuit, quoniam solus est inter mortuos liber, et a peccati jam servitio veraci libertate solvimur, quia ei qui vere est liber unimur. Constat enim, nec negare possumus, sed veraciter fatemur quia princeps hujus mundi habet in nobis multa, sed tamen mortis nostræ tempore jam nos rapere non valet, quia ejus membra effecti sumus in quo non habet quicquam. » Istud dum hausi, putaveram deceptissimus mihi non modice suffragari, cum magis ille hoc de se suisque diceret similibus. Sed dum sequentia legi, idem mihi contigit, quod solet sæpe contingere. Nam cum audio majus gaudium esse in cœlo super uno peccatore quam supra nonaginta novem justos, si absolute hoc ut hic est positum diceretur, ad me putarem aliquid pertinere. Sed dum additur, « pœnitentiam agente, » quantum nigrum ad candidum, tantum hoc attinere ad me cerno pœnitentiam nunquam agentem, semperque pœnitenda coacervantem misellum. Ita et hic, dum idem infert sanctissimus doctor, et dicit: « Sed quid prodest, si fide illi jungimur et ab eo moribus disjungimur? Ipse enim dicit : « Non omnis qui dicit mihi Domine, Domine, intrabit in regnum cœlorum, sed qui facit voluntatem Patris mei qui in cœlis est, ipse intrabit in regnum cœlorum. » An non jure pavendo me prorsus extraneum cerno? Quæ est autem voluntas Patris, nisi quod aut Martha, aut faciebat soror ipsius Maria? Nil quippe nobis aliud præcipitur, nisi ut aut ministremus Christo in membris ipsius, aut assideamus Christo in contemplanda voluntate ipsius. Inde aliquid si negligimus, suspiremus, plangamus, pectora tundamus, pœnitentiam agamus, frequens ministerium Dei aut repetamus, aut vacantes orationibus et desiderio cœlestibus a pedibus benigni nullatenus divellamur, donec ad illud unum quod solum est necessarium perveniamus, hoc est eumdem qui nobis solus sufficit Deum. Dicis e contra, sic enim est consuetudo humana : « licet non tanta quanta debeo faciam, bona facio aliqua, et perfecte in Deum credens, spero quæ Deus suis fidelibus præcepit speranda. » O utinam hæc duo fiderem te, frater habere; certus profecto de tua essem salute; videlicet ut et in Deum perfecte crederes et illa tantummodo quæ præcepit speranda sperares. Dicente enim Jacobo: « Quid prodest, fratres, si fidem quis habeat, opera vero non habeat? Numquid poterit sola fides salvare eum? » Una sola audire ista potes sententia: si perfecte credis in Deum, et aliud non speras quam quod ille te operare præcepit, videlicet si opera habes bona; consequenter enim de remuneratione, si tamen perseveraveris, non est tibi opus dubitare perpetua. Quæ sunt autem bona opera, nisi illa que ex caritate procedunt? Quam solam si non habes, nec in fide dico tibi confidas, nec quod suis promisit Deus fidelibus speres : fides enim, si non habeat opera, mortua est in semetipsa; et spes non confundit, « quia caritas Dei diffusa est in cordibus nostris per Spiritum Sanctum qui datus est nobis. » Si ergo caritatem in corde non habes, spem inutiliter habes. Si Spiritum Sanctum non habes, Christi non es; dicitur enim : « Si quis spiritum Christi non habet, et hic non est ejus. » Quam vero habet erga Deum saltem tunc temporis quilibet caritatem cum, ne dicam diligere, saltem timere eum nullatenus probetur, dum eo præsente non timet adulterium, ut hoc solum ex innumeris proferam, perpetrare? Si enim præsentem eum non credidit, quomodo in eum, nedum dicam perfecte, saltem aliquantulum credit? Si autem hoc credit, nonne Deo perspicue rebellis existit, in cujus conspectu perpetrare tam fœda miser et sui interemptor ipsius præsumit? Quid ad hoc nostrum aliquis dicit? Perit, dico, perit, nisi forte illico ad ejus misericordiam pœnitendo confugit. Recentiora enim citius quam vetustiora vulnera usus docet curari; quod innuere scilicet probat qui dicit : « Sol non occidat super iracundiam vestram. » Mea forte hæc quis dicat existere, quæ Jacob dicit et Paulus; suntne, carissimi, mea? Sed ne forte ad desperationem me vos dicatis velle compellere, fateor quod non solum Martham, sed etiam quæ optimam[1] elegit partem, si vultis et quandocumque vultis, imitari valetis cum adjutorio Dei Mariam. Illa enim qualis fuerat antea sapitis, si tamen sapienda cognoscitis, qualis vero per Dei misericordiam facta sit agnoscere, si libet, valetis; neque de vobis id quoque fieri posse desperare quomodocumque debetis. Fac itaque, dico, quod fecit, et spera quod meruit. O quam vero nullum talium usquam putarem desperatissimus gentium me ipsum considerans esse, si non promissum tenerem : « Ecce ego vobiscum sum omnibus diebus usque ad consummationem sæculi. » In quibus enim est nobiscum, nisi in his quos de suis habet nobiscum? Si non est enim mecum pro mea malignitate, est mecum pro illius qui mecum est bonitate. Sic enim

[1] Cod. *obtimam.*

promisit dicendo : « Ubi duo vel tres congregati fuerint in nomine meo, ibi sum in medio eorum. » Quod utinam diabolus non potuisset de suis nobiscum conversantibus dicere. Profecto enim nulli nostrûm probaretur Deus dixisse, « propterea vos verba Dei non auditis, quia ex Deo non estis ; » et utique illi neque surdi, neque absentes erant quibus hoc dicebat, sed voluntate aberant, odio surdescebant, dum his quæ dicebantur consentire nolebant. Quod etsi ammiranda, amplectenda et glorificanda est patientiæ longanimitas Dei, tremenda tamen propter illud quod de ea dicit apostolus : nec irritanda, nec ad iracundiam provocanda, roganda vero et importunissime supplicanda. Ex se namque metitur Deum, qui, postquam eum gravissime offendit, ut nos miseri sæpe, timet ad illum laudandum accedere. Procul dubio enim ita et ipse dedignaretur ab eo qui eum dehonestasset, eadem hora laudari. Sed non faciendum suadet qui dicit : « Si ascenderit super te spiritus potestatem habentis, idem ille dæmon[1] qui Saulem vexabat, prævalescente videlicet tibi ipsius usque ad mortiferum consensum callidissima suggestione, locum tuum ne dimiseris, id est illum statum bonitatis in quo tunc eras, quando in facinus illud quod ille suggessit, cecideras, ne reliqueris, » subjungens causam : « quia curatio, inquit, id est pœnitentia vel Dei clementia cessare faciet delicta. » Unde egregie Augustinus, ut Augustinus : « Omnia quæ timentur, rationabiliter declinantur ; Deus autem solus ita timendus est ut ab ipso ad ipsum confugiatur. Cum utique, cujusmodi impatientiæ nos sumus si Deus fuisset, jam olim nos, heu dolor ! miserrimos aut tellus hiscens gluttisset, aut ignis de cœlo ruens vorasset. » Ex infantissimo vero Deum metitur qui putat eum adeo pium ut non curet quantum a quovis lædatur, sed absque satisfactione debita, non solum veniam, sed etiam præmia immeritis largiatur. Si enim ita esset, amatorem mali Deum existere opinari homo, falso licet, valeret. Ad justum injustitiam diligere non consequitur posse. Consiliarium sed ad hoc habemus perutilem ita dicentem : « De propitiatu peccatorum noli esse sine metu, et ne adjicias pecca-

[1] Cod. *domini*.

tum super peccatum, dicens : Misericordia Dei magna est, multitudini peccatorum meorum miserebitur. Misericordia enim et ira ab illo, et in peccatores respicit ira illius. » Itemque : « Da misericordiam justo, et ne suscipias peccatorem, quoniam et Altissimus odio habet peccatores, et misertus est pœnitentibus, et peccatoribus reddet vindictam, custodiens eos in die vindictæ. » Rursusque : « Benefac humili et ne dederis impio; prohibe panes illi dari, ne in ipsis potentior te sit. Nam duplicia mala invenies in omnibus bonis, quoniam et Altissimus odio habet peccatores, et impiis reddet vindictam. » O quam ergo sine metu peccator debet existere, si ita est vel ad modicum nullus, nedum nostri consimilis ullus. Sapientiæ sed prætitulatur liber qui hoc continet ipse ; videndum ei si possit aliquid quod non sit credendum inesse. Ipse vero est sapientia, qui in Evangelio dicit : « Ego sum veritas. » Cumque fuerit concessum non posse, inferat quod potest veritati contrarius tantæ. Dictum vero mirabilius aliquid utrum possit existere, dicat qui volet. Nam cum tam publice nobis resultet omnium pene contradictionum, non desunt tamen ex vobis qui dicant : « Quare talia et talia fieri consentit episcopus? » Ad quod responsum reddere non immoramur, præcipiente in persona Timothei apostolo nobis, atque dicente, « Argue, » id est reprehende, « obsecra, » hoc est in amore Dei contestare et roga ; « increpa, » id est etiam convitiis, excommunicationibus, verberibus, si competit, quoque, non neglecta vero caritate, commissos fatiga. Dum reprehensio jure reprehendendorum[1] nostro nil facta proficiat ore, obsecratio nec nostri nec Dei respectu quicquam obtineat, ad increpationem si fuerit ventum, pœnitebit, sero licet, alicui, jure fatemur, utillimum se dicentis olim non attendisse consilium : « noli quærere fieri judex, nisi valeas virtutem irrumpere iniquitatis, ne forte extimes eos faciem potentis, et ponas scandalum in agilitate tua. » Verum his alio reservatis, dicendum quod jam diximus lectionem utique hanc hodie ideo lectam, quia quod Maria hæc tunc temporis faciebat quando pedibus Domini assidebat, æquivoca ejus mater Domini a die ortus sui

[1] Cod. *reprehendorum*.

facere cœperat, optimam utique partem eligens, id est quod optimum in existentibus est, utique Deum, visceratim desiderans. Quem quia præ omnibus dilexit, in tantum præ omnibus eo perfrui meruit, ut eum prius mente, postea et mente gestarit et ventre. Quæ pars scilicet neque ab ea est unquam ablata, neque in æternum auferetur ab illa, quoniam quidem virgo fuit ante partum, virgo in partu, virgo mansit post partum. Quæ nobis piissimum suis precibus placatum suum dignetur efficere filium Dominum nostrum, qui cum Patre et Spiritu Sancto vivit et regnat in sæcula sæculorum. Amen.

QUI SUPRA DE OTIOSO SERMONE.

Sententiam scripturæ cujusdam, commemoratione jam quadrifaria propterea tritam, quod hac me solummodo recreari contra desperationem dicerem sola, dum mea utique meique similium perpenderem gesta, non mihi adhuc satisfecisse ut paucis demonstrem, eamdem, ut sæpe, iisdem refero verbis : « Nescit homo utrum odio an amore sit dignus, sed omnia in futurum servantur incerta. » Cui scilicet aliquid sine mei causa subinferam. Quid quave de causa id tam sæpe protulerim ignorare me non diffiteor ipsum. Scio enim, scio dignum me veraciter odio, si ab assuetis non cesso. Utrum vero ab his cessare penitus ante terminum datum sit vitæ, fateor me nullomodo scire. Conor enim meliorari et vincor, laboro et deficio, surgo et relabor, nunquamque in boni alicujus statu permaneo. Usum enim ex vomitu canis suisque ex volutatione infelix miserque frequentans, et hac me solummodo, dum non aliud invenire valeo, sententia recreans, despero sperans, spero desperans, fido diffidens, diffido confidens. Universa quippe quæ Deus promisit, confido eum facturum, sed diffido me inveniri promissa cui conferat dignum! Veniam vero cum nulli promittat nisi converso, inconvertibilem dum memet aspicio, non de ejus miseratione despero, sed de obduratione mea pavesco. Et quid amplius? Odio me magis dignum quam amore et scio et confiteor, si talis qualis sum modo defungor. Defungi vero talem si destinatum sit mihi nullo modo scio; defunctus vero talis si fuero, de perditione mea certificari cunctos posse non nego. Soleant vero dum plures conversionem in finem vitæ differre, cum repentina infinitos rapiens mors, nedum mutos, penitus faciat insensibiles eos, de illis quid sentiam hæsitans, de me, si illud mihi contigerit, sum pene desesperans. Quidam enim in grabatis Deo plurima promiserunt, quæ convalescentes minime attenderunt. Quid igitur facturi, cum rursus ceciderint? Si non promiserint iterum, desperatione perisse probantur haud raro[1]. Si promiserint, et iterum, convalescentes, fuerint mendaces, quid facturi postea tales? Quid Dei eis pietas insinuet? quid? Mihi tamen videtur quia, etiamsi millies hoc eis contingat instinctu diabolico agere, quod non ideo de pietate Domini debeant desperare, quamvis in tam instabilibus promissis nullam possint fiduciam habere. Nescit enim homo utrum odio an amore sit dignus futurus, quamvis noverit quod præsentialiter sit odio dignus, dicente scriptura, quoniam « omnipotens odio habet peccatores, et misertus est justis. » Non enim aliter justi ex peccatoribus poterant fieri, nisi misericordia Dei præventi fuissent, a malo ad bonum conversi, neque illi aliter in peccatis duravissent nisi justitia Dei obdurari potuisse permissi fuissent. Unde et de talibus formidolosa illa est dicentis sententia : « Si concluserit Deus hominem, » hoc est concludi permiserit, « quis potest ei dicere : cur ita facis? » O igitur o inscrutabilia Dei judicia, o investigabiles viæ ejus ! Quis enim mei similium non se formidare valet inevadiliter fore conclusum, indeque odio dignum. Num enim odio non tibi dignus, ut reliqua taceam, de quo apostolus dicit, videtur : « Hoc autem scitote, intelligentes quod omnis fornicator aut immundus aut avarus, quod est idolorum servitus, non habet hæreditatem in regno Christi et Dei? » Cum vero innumerabiles a talibus conversi cessent esse fornicatores, immundi, avari, nimirum de permanentibus in hujusmodi hoc dictum claret sceleribus. Permanet vero in scelere qui, quousque aut ætas aut sanitas ei suffragatur ut possit illud patrare, non dimittit illud committere, aut, si dimittit, non studet illud pœnitendo diluere.

[1] Cod. *haud creperum.*

Cum vero aut senium aut infirmitas interdicit illud efficere, non scelus ille sed illum scelus convincitur reliquisse; ac per hoc neque cessans a fornicatione desinit quis fornicator esse, si non quousque potest desinit fornicari, et fornicatione relicta, jejuniis, elemosynis et lacrymosis gemitibus non studet mundare. Cum igitur legimus vel audimus, « nescit homo utrum odio an amore dignus sit, » nisi « futurus » subintelligamus, ut sit utique sensus: quod nesciat aliquis de aliquo, utrum sit ei concessum ante mortem converti, an in peccatis usque in finem suæ sanitatis durare, fateor me quid velit astruere penitus ignorare, quamvis non desperandum quod etiam ipsa infirmitas ab anteactis quemlibet peccatis emaculet, si tamen gratanter fuerit recepta. Quod tamen de prolixa fieri arbitror ægritudine tantum, patienter tamen, ut dixi, perlata; levius licet concinens taliter senserit:

> et vindicta brevis hic noxia crimina finit,
> ne sine fine habeat debita pœna reos.

« Solos vero, ait Gregorius, temporalia flagella ab æternis liberant, quos immutant. » Hæc duo itaque, id est, aut conversionem salubrem, aut flagellorum Dei suffragium, dum sententiæ illi innisus qua dicitur: « nescit homo utrum odio an amore sit dignus, » expecto, si de tertio, perditione utique certissima suspectus et pavens non exto, insanire me veraciter credo, et quo desiderium vertam, quid optem quidve amplectar ignoro. Repentinum nam imminere cum mihi metuam interitum, prolixum si mereor, ut desiderare me fateor, ævum, clamantem mihi audio, surdus licet, apostolum: « Ignoras quia patientia Dei ad pœnitentem expectat, tu autem thesaurizas tibi iram in die iræ et retributionis justi judicii Dei. » Infelix hujusmodi longævitas, quam tanta sequitur calamitas; aspernabile spatium, congerit quod talem thesaurum; miserabiles induciæ, ad exaggerandam scelerum vindictam concessæ. Melius fuerat, fateor, miserrimo, si de primo Dei contemptu justam excepisset sententiam, quam tandiu expectatus tam innumeros contraxisset reatus, pro singulis videlicet æterniter puniendus. Hoc se ita habente, felicior mihi videtur brevitas quam diuturnitas vitæ. « Væ enim vobis, ait propheta, qui trahitis iniquitatem in funiculis vanitatis. » Est quidem Deus misericors et ineffabiliter pius, sed tamen verax et inenarrabiliter justus. Promittit veniam, computat noxam; veniam largitur perfecte conversis, noxam reservat obduranter aversis. Annon enim evidens cernitur computatio noxæ dicentis : « Amen dico vobis, omne verbum otiosum quod locuti fuerint homines, reddent de eo rationem in die judicii. » Fuitne unquam terribilius aliquid dictum? Cæteri namque quid super hoc sentiant, viderint. Mihi videtur tolerabilius fuisse si dixisset: merebuntur de eo millium annorum supplicium. Miserum enim me, cum nulla minus sint utilia quam turpia. Quid si in eodem loco et forte tali quo dedignaretur aliquis etiam vesci, turpe quid faciens quilibet, turpissimum aliquid dixit, postea de ipsa quam patravit turpitudine pœnitentiam gessit, de ipsa quam dixi quid, rogo, erit? Si in judicio itaque illi improperatum fuerit quod in tali loco tale quid talique pro causa dixerit, putandum quod inter alios, « venite, benedicti Patris mei, » audire ullo modo possit? Post tantam enim coram universo genere humano verecundiam, suspicari eum possumus habiturum nedum cœlestem aliquam gloriam? Nonne enim et quod gessit manifestatum pariter erit, cum idem forsan dixerit quod fecerit, fecerit quod dixit. Condigna pœna rebelli, ut quum videlicet Deum et quod de Deo Christianitatis traxit vocabulum non reveritus, in conspectu ipsius tali in loco tam turpiter præsentem illum non nesciens quoque, recordatus etiam ipsius, non timuit dehonestare, dehonestatus in conspectu totius pereat creaturæ. Quid vero, miseri, de perjuriis sæpissimis, quid de detractionibus perassiduis, quid de mendaciis continuis, quid de verbis deceptoriis, quid de irrisoriis, quid de fraudulentis sumus dicturi promissis, quid de maledictionibus creberrimis, si de « raca » judicium subituri, de « fatue » gehennam, de otioso sumus rationem reddituri sermone? Intelligite mecum, qui mecum obliviscimini Deum, ne quando rapiamur subito et eripiamur a nullo. Sed apostolicum illud de spontaneo nobis inflicto a nobis ipsis judicio dum cum illo confero quod nuperrime me audisse recordor, non parum me animari profiteor. Lectum enim extitit ita : « Si peccata tua recte consideraveris, judicasti ; si abjeceris, occidisti. » Quod ut melius dilucidetur, poni possent cumplurima. Ipsa una nobis divina sufficiat dicendum quomodo quam protulisti sententia. Ait vero : « omne verbum otiosum quod locuti fuerint homines, reddent de eo rationem in die judicii. » Quid est verbum otiosum? Inutile. Nulla autem sunt, ut dixisti, minus inutilia quam turpia, quibus adjicere possumus noxia, contumeliosa, irrisoria, deceptiosa, perjura, fraudulenta, maledica, mendacia, sacrilega, hæretica, apostatica, blasphema, falsum testantia, furiosa, litigiosa; ex quibus omnibus unum solum in allegatione illa proferens superiore, collegisti salvum non posse credi futurum cui in extremo die judicii illo id fuerit quod tali in loco hujuscemodi pro causa dixerit coram universo genere hominum improperatum. Sed dum firmissime nos tenere concedat quod nihil temporaliter contra jus fasque valeat agi quod nequeat temporaliter expiari, desperare istum compellimur, qui illud turpe dixit, nisi consilium ei demus antequam ad illud improperium veniat. Dicamus ergo primum qui erunt illi qui rationem de omni verbo otioso quod locuti fuerint, in die judicii fuerint reddituri. Hi nimirum, hi quibus dicetur, « Ite, maledicti, in ignem æternum, quia esurivi et non dedistis mihi manducare » et cætera ; et : « Amen dico tibi, non exies inde donec reddas novissimum quadrantem. » Et quare, inquis, hoc eis dicetur? Quia non audierunt scilicet dicentem : « Pœnitentiam agite, et non erit vobis iniquitas in ruinam, et convertimini ad me, et ego revertar ad vos. » Postremo quia obduraverunt aurem cordis, dum apostolus clamaret : « Si nosmetipsos dijudicaremus, non utique judicaremur. » Augustinum quoque taliter prosequentem : « Si peccata tua recte consideraveris, judicasti ; si abjeceris, occidisti. » Hoc enim sensu ut et de cæteris flagitiis, ita et de isto turpiloquio intelligendum sermone, ut videlicet tu qui illud protulisti, facias tibi de eo hic diem judicii, damnes illud juxta sui censor æquissimus qualitatem, damnatum punias, punitum occidas, id est abjiciendo illud amplius in æternum non proferas, ita illud turpiloquium ut turpigerum, ita turpigerum uti turpiloquium taxans, a consimilibus quoque, Christo adjuvante, abstinere viribus totis contendas. Videtur enim mihi, hoc ita constante, quod si turpitudo quam fecisti, fuerit perfecte pœnitendo consumpta, ipsa quam illius occasione dixisti, erit pariter enecta, adjuvante illius misericordia qui in hunc mundum ad nostra venit relaxanda facinora; qui cum Patre et Spiritu Sancto vivit et regnat Deus in sæcula sæculorum. Amen.

DE PENTECOSTE.

Quid iterum nunc agimus, fratres? Silemusne an loquimur? Si silemus, ne alicui[1] vestrum noceamus metuimus. Si loquimur, ne ex ore nostro judicemur, timemus. Sed licet loqui nobis inhibeat timiditas, tacere non sinit vel officii nostri proprietas, vel considerata tantæ festivitatis enormitas. Pentecostes nam Paschæ est hodie, solemnitas utique solemnitatum, ut canticum canticorum quoddam dicitur canticum, mare veluti magnum, in quod utique universitas confluit solemnitatum, imo causa omnium spiritalium gaudiorum. Gaudebimus ergo. Quin aliter? Gaudeamus, exultemus atque lætemur, sed, si recte facimus, in Deo, specialius vero in Spiritu, cujus est hodie festivitas, Sancto. Inseparabilis scilicet a Patre et Filio. Quis enim continere se valet a gaudendo, nisi qui vacuus eodem est Spiritu Sancto? Quis autem ille est nisi qui caritatis indiget bono? « Caritas enim Dei, ait apostolus, diffusa est in cordibus nostris per Spiritum Sanctum, qui datus est nobis. » Audistis? Scio quia audistis, sed utinam, ut corporis auribus, ita et mentis. Audistis tamen. Estne vero alia quælibet conjectura quæ innuat quod, qui caritatem habet, Spiritum Sanctum habeat? Recurrat memoria nunc vestra ad ea quæ paulo ante ex apostolorum sunt actibus recitata. « Dum complerentur enim, ait qui scripsit, dies Pentecostes, » et reliqua, usque dum venias ad illud ubi dicitur: « et apparuerunt illis dispertitæ linguæ tanquam ignis, seditque supra singulos eorum, et repleti sunt omnes Spiritu Sancto, et cœperunt loqui » quid, rogo? « magnalia Dei, » salutem populi, ut inibi

[1] Cod. *aliquem.*

continetur, mente confusi. Et quid est aliud caritas, nisi amor Dei et dilectio proximi? Amore igitur Dei laudabant Deum; amore proximi, populum, ut in Deum crederet, ammonebant. Qualiter? « Prout Spiritus Sanctus, inquit, dabat eloqui illis. » Hoc est, prout caritas loqui illos cogebat, quæ in eorum cordibus tanquam ignis fervebat. Quare hoc enim antea non fecerant? Evangelium dicat. « Nondum erat Spiritus datus, » id est, e cœlo tam pleniter missus; quamvis et sanctis non defuerit veteribus, et jam consistente Domino in terra per insufflationem sanctis jam fuerat apostolis datus; « quia Jesus nondum fuerat clarificatus. » Quid est clarificatus? Nondum resurrexerat, nondum cœlos conscenderat, nondum captivitate captivata, dona sua hominibus dederat. At ubi hæc omnia facta sunt, videte quid contigerit. « Cœperunt, ait, loqui. » « Nunquam enim, ait qui novit, amor Dei est ociosus. Operatur enim magna, si est; si vero operari renuit, amor non est. » Intendat caritas si qua est vestra. Si operari amor renuit, amor non est. Operamini itaque bonum, si diligitis Deum. Videamus tamen an et evangelium hujusmodi astruat. « Dixit, inquit, Jesus discipulis suis, » utinam nobis. Felix quippe, non qui solum vocatur, sed qui vere est discipulus Jesu. Discipulus enim a disciplina, disciplina a discendo nomen accepit. Re enim vera, dum flagellatur puer in scola, discit sibi utilia. Disciplinam ergo Jesu diligamus, quia Jesus, cum salvator dicatur, nil aliud docet nisi quod ad salutem perpetuam attinet. Et si te temporaliter flagellat, si discipulus ejus es, ad salutem inde convalescis æternam. Si non es, vindictam saltem recipis debitam. Quid tamen dicat Jesus, audiant utinam nunc discipuli Jesu! » Si quis, ait, diligit me, sermonem meum servabit. » Ecce signum, ecce approbatio. Aut amat aut odit mulier, nihil est tertium, dixisse quidam enim legitur sæculi sapientum. Quis autem ita insaniat, ut odisse se Deum dicere audeat. Sed dum inter amorem et odium nihil sit tertium, aut diligere aut odisse hoc argumento convincimur Deum. Diligimus vero Deum, si sermonem ejus servamus. Nos igitur ipsos discutiamus, et si sermonem ejus servamus, ab ejusdem sermone discamus. Sermo vero ejus talis est : « Diliges Dominum Deum tuum ex toto corde tuo, et ex tota anima tua, et ex tota mente tua. Hoc est, inquit, maximum et primum mandatum; secundum autem simile est huic : diliges proximum tuum, sicut te ipsum; in his duobus mandatis tota lex pendet et prophetæ. » Id est, totam legem implet, qui hoc facit; prophetis omnibus obtemperat, qui istud observat. E regione ergo, qui ista non facit, nihil eorum quæ lex percipit, nil quod prophetæ jusserant, agit. Scriptum est enim : « quicumque totam legem observaverit, offendet autem in uno, id est caritate, erit omnium reus, » quia, etsi non occidit, non mœchatur, non furtum facit, nec tamen pro dilectione Dei hæc agere omittit, nil inde meriti percipit. Vitium vero est, quod virtus non est, neque caret offenso quod non est acceptabile Deo; nisi enim ita esset, nequaquam Dominus otiosorum vitium redarguens, diceret : « Omnis arbor quæ non facit fructum bonum, excidetur et in ignem mittetur. » Quod tamen nusquam docetur apertius, quam loco ubi fatetur apostolus, quod si, linguis hominum loqueretur et angelorum, et si distribueret in cibos pauperum omnes facultates suas, postremo si traderet corpus suum ita ut arderet, quæ utique omnia caritatis videntur quasi quædam indicia certissima fore, caritatem vero non haberet, nihil ei prodesset. Quod videlicet extitit intimasse quia, si hæc omnia sine Dei et proximi amore faceret, tanquam legem scilicet omnem observans, et illud solum, illud unum propter quod lex data est, hoc est, ut Deus ultra vires, proximus pro viribus diligatur, minime ageret, nil remunerationis exinde caperet. Quibus enim his omnibus quasi pro Deo patratis aut certe perpessis, nil aliud præmii contingit recipere nisi quod illi qui propter otiositatem excisi et in ignem sunt missi, causa reddita ita : « amen dico vobis, receperunt mercedem suam, » utique quam pro his omnibus quæsierunt, hoc est ventum humanæ laudis inanem. Non videri valent satis totius transgressione legis rei, nullum scilicet aliud de ejus impletione recipientes meritum, nisi quod alii de transgressione omnium quæ in ea sunt præceptorum. Quomodo enim deceptissimus aliquis horum diligit Deum, cum pro ejus amore nec bonum faciat nec malum dimittat, licet videatur vel bonum facere vel malum cavere? Et si eum non diligit, quomodo excusari valet, quod non illum certissime oderit? Ubi nos modo video, fratres? Ibi, proh nefas! ibi ubi illos, de quibus olim loquebatur psalmista : « Nonne qui oderit te, Domine, oderam et super inimicos tuos tabescebam? » Itemque : « Inimici Domini mentiti sunt ei, et erit tempus eorum in sæcula, » id est sine fine peribunt. « Si quis enim, ait dilectus Domini ille, si quis dixerit, quoniam diligo Deum, et fratrem suum oderit, mendax est, » consequenter igitur et Dei inimicus. Ut enim de inimicis illis specialissimis dicitur Dei, quod vocentur Judæi et non sint, sed sint synagoga Satanæ, ita timendum ne et iste falso Christianus vocetur, quia non esse Christi convincitur, si spiritum Christi non habet. Spiritum enim Christi non habet qui caritatem non habet, et caritatem vero non habet qui nec Deum nec proximum diligit. Deum enim non diligit, qui proximum negligit, proximum vero negligit, qui ei in ipsius necessitate nequaquam succurrit. Succurramus vero quomodo proximis; testibus non indigemus aliis, nisi nobis qui loquimur ipsis. Utinam enim, et si non juvare vellemus, saltem desisteremus eis[1] nocere ! Mentitur sane quod amet Deum qui fratrem odit, mentitur quod Deum non oderit si Deum non diligit. Si vero qui caritatem habet spiritum Christi habet, qui vero spiritum Christi non habet, hic non est ejus, constat procul dubio quod qui non habet caritatem nullam cum Christo habeat sortem, indeque Christiani falsum possideat nomen. Et cum Dominus ipse majus dilectionis studium impendere nobis jubeat et etiam inimicis, quam nos exhibeamus amicis etiam carnis affinitate propinquis, quid inaniter laboramus? Nam, etsi quosdam videmur quasi diligere, eo deteriores quo, eos carnaliter diligentes, animaliter non desinimus perdere. Quosdam enim illorum colloquio non solum malo, sed et, quod est pejus, assiduo, quosdam opere pessimo, innumeros consensu pestifero corrumpentes, necamus, et quo æterna mors temporali est sævior, eo sæviori eos parricidio, ut chronographia hoc quoque nostra non taceat, trucidamus. Cum vero de his quæ aliis injuste auferimus, eos hæreditario jure ditamus, quid aliud agimus

[1] Cod. *eos*.

nisi « injustitia hæc super nos et super filios nostros » cum Judæis clamamus. Quibus ergo loquimur, imo quid sumus miseri ipsi qui loquimur? Istud erat quod metuebamus, istud videlicet, ne si loqueremur, « de ore tuo te judico, serve nequam, » merito audiremus. Scientes enim atque prudentes in flammam mittimus manum, non ignorantes utique damnationis imminere nobis periculum. Neminem enim, superioribus concessis, diligimus fratrum, nullum postremo, nedum quemlibet extraneum saltem, consequenter nec ipsum, qui nos condidit, Deum, nos ipsos neque ad ultimum; qui enim diligit iniquitatem, odit animam suam. Quid ergo faciemus? Desperabimus? Absit, quæsumus, absit. Qui enim dixerit verbum contra Spiritum Sanctum, non remittetur ei, neque in hoc seculo, neque in futuro. Verbum vero contra Spiritum Sanctum Judas dixit in corde et opere, qui flendo non expectavit ut Spiritus Sanctus mitteretur, per quem confertur remissio peccatorum, sed præoccupans conversionis remedium, deliberationis festinavit imponere gutturi miserrimus laqueum. Fugiamus ergo illius exemplum, præstolemur salutis remedium. Cor mundum in nobis creare precemur supplices Deum, spiritum rectum innovari in visceribus nostris, hoc est interioribus cordis, et ne projiciat nos Deus a facie sua, spiritu principali nos confirmari sine intermissione rogemus. Ad mandata ejus custodienda, dum dies est, nos præparemus. Possumus enim adipisci quod adhuc non habemus, quia et illi qui sunt olim illud adepti, non habuerant ante quod, cum placuit, dignatus est Deus illis conferre. Et quia caritatis neglectu[1] in hoc malum decidimus, ut non gaudere sed sine intermissione lugere debeamus, quid sit ipsa caritas nosse primum satagamus, inde eam a Domino nobis donari affectu omnigeno postulemus. Caritas vero est semper bona diligere, mala odisse; non tamen quæ falso dicuntur bona vel mala, sed quæ sunt veraciter bona vel veraciter mala, id est, vel Deo placita, vel Deo exosa. Caritas est cum, si aliquid boni facis, Deo soli inde placere proximoque ut tibi ipsi prodesse contendis, si malum relinquis, ne Deo inde displiceas

[1] Cod. *neglecto.*

proximumque exinde lædas hoc relinquere curas. Hæc est illa caritas quam non habere quosdam, etiam omnes facultates suas in cibos pauperum expendentes, apostolus testatur. Quæ scilicet patiens est, benigna est, quæ non æmulatur, id est non invidet, non agit perperam, hoc est inconveniens aliquid, non inflatur in superbia, utique vel mortifera ira, non est ambitiosa, id est inanis gloriæ cupida, non quærit quæ sua sunt solius, sed quæ Dei vel proximi, non irritatur ad mala proximo inferenda, non cogitat malum explere, non gaudet super iniquitate, congaudet autem veritati, et cætera. In qua timor, licet qui eam possidet timeat, non est, quia videlicet, his observatis, non timet gehennam, utrum vero hæc ut agenda sunt agat nescire se æstimans, ne Dei incurrat offensam formidat, cum psalmista vero, ne pro imperfectione salute deffidat, Domino clamat : « imperfectum meum viderunt oculi tui. » Quod ut et nobis saltem donetur studiosissime rogandum, et tamen ad perfectionem indesinenter nitendum. Quam nobis, concessa venia præteritorum, dignetur benignus præstare, qui non ob aliud nisi propter nimiam caritatem qua dilexit nos, in hunc est mundum dignatus venire. Qui cum Patre et eodem Spiritu Sancto de cujus hodie gratulamur adventu, vivit, regnat et gloriatur Deus per infinita sæcula sæculorum. Amen.

N° 3.

RAIMUNDI DE PENNA-FORTI

SUMMA PASTORALIS.

INCIPIT LIBELLUS PASTORALIS DE CURA ET OFFICIO ARCHIDIACONI.

Primum officium archidiaconi visitantis circa parochias.

Ut erudiat exhortando, arguendo, increpando, instando opportune, importune, et maxime prædicando.

Secundum officium archidiaconi circa parochias.

Quomodo se habeat sacerdos in se ipso et ad se ipsum. — Quomodo in cultu divino. — Quomodo in celebrando. — Quomodo ad prælatos suos. — De libello synodali. — Quomodo se habeat ad suos vicinos compresbyteros. — Quomodo se habeat ad propriam familiam. — Quomodo ad suos parochianos, scilicet ministrando temporale subsidium, vel pastum verbi divini, vel sacramenta, et maxime in audiendo confessiones, injungendo pœnitentiam, et quomodo circa matrimonium, vel extremam unctionem, vel baptismum. — Quomodo se habeat ad defunctos. — De sacerdote gerente vices curati sacerdotis. — De familia sacerdotis, scilicet capellano, clerico et residuo familiæ. — De his quæ pertinent ad cultum divinum, sicut de utroque calice et de abstersoriis. — De pixide ad corpus Domini et de clave, de piscinis, de urceolis, de fontibus et clave. — De oleo et chrismate sancto. — De vestimentis et aliis ornamentis. — De libris, et maxime de missali. — De reliquiis. — De rebus quæ pertinent ad fabricam ecclesiæ. — De pertinentibus ad presbyterum, scilicet de mobilibus et immobilibus et de chartis. — De his quæ circa parochianos sunt inquirenda. — De fœneratoribus. — De fornicatoribus sive adulteriis vel incestuosis et hujusmodi. — De vetulis quæ turpitudinum sunt conciliatrices. — De locantibus hospitia meretricibus prostantibus. — De sortilegis. — De hæreticis. — De his qui festa non observant. — De choreis. — De excommunicatis. — De his qui non observant jejunia ab Ecclesia instituta. — De matrimoniis minus legitimis. — De suspectis utrum sint in matrimonio. — De discordiis. — De his qui non confitentur saltem in Pascha, vel non communicant. — De intestatis. — De executorum negligentia circa testamenta, et aliis quæ circa parochianos possunt occurrere. — De capellaniis in ipsis parochiis fundatis, vel capellis infra metas earum constitutis. — In visitatione abbatiarum inquirendum est quantum ad spiritualia primo : De eleemosyna. — De infirmaria. — De dormitorio. — De vestiario. — De observatione regulæ. — De professione. — De confessoribus. — De jejunio. — De silentio. — De habitu. — De disciplina in capitulo, et aliis quæ circa hoc possunt occurrere. — De conversis. — De statu temporalium. — De statu personarum. — Circa abbatem vel abbatissam. — De priore vel subpriore, priorissa vel subpriorissa. — De officialibus. — De præposito. — Circa moniales specialiter : De capellano earum. — De ancillis. — Circa prioratus conventuales. — Circa priores curam parochialem habentes. — De monachis in grangia manentibus. — De visitanda domo eleemosynaria. — De capellano. — De provisore. — De statu fratrum et sororum. — De statu pauperum. — De rebus ad domum pertinentibus. — De domo eleemosynaria quæ recumbentes infirmos recipere non potest. — De leprosiis in quibus est congregatio. — De provisore. — De capellano. — De fratribus et rebus ad domum pertinentibus. — De bordellis leprosorum.

Tertium officium archidiaconi.

Ut in omnibus supradictis corrigat et reformet secundum quod invenerit esse faciendum, et quantum ad hoc officium, procedat secundum formam sub hujusmodi titulo infra scriptam.

Quartum officium archidiaconi.

Ut referat ad episcopum corrigenda et reformanda quæ ad ipsum episcopum pertinent. Item ea quæ ad solum Papam pertinent, ut per ipsum episcopum ad dominum Papam referantur. Item ea de quibus dubitat, et in quibus requirendum est consilium episcopi. Item ea quæ excedunt vires archidiaconi, et in quibus invocandum est auxilium episcopi.

DE OFFICIO ARCHIDIACONI SECUNDUM MODUM PARISIENSIS ECCLESIÆ.

Officium seu ministerium archidiaconi visitantis, qui debitor est sapientibus et insipientibus, in quatuor ad minus consistit : primo in docendo, secundo in inquirendo modo visitandi congruo, tertio reformando et corrigendo, quarto referendo ad superiorem, seu renunciando.

DE PRIMO OFFICIO ARCHIDIACONI.

Docendo quidem primo exemplo, ut secundum doctrinam Petri, fiat forma subditorum, tam presbyterorum quam populorum subjectorum, ut in eo, tanquam in libro coram eis expanso, legatur humilitas in habitu ordinato, modestia in gestu, temperantia in cibo et in potu. Ne sit superfluitas in expensis. In verbis sit salutaris sapientia, exclusis quæ ad rem non pertinent, hoc est ad salutem animarum. In operibus ejus luceat quæ ad Deum est caritas et proximum, ut in omnibus quæratur Dei gloria. Denique tam in ipso quam in ejus familia refulgeat omnis honestas. Taliter igitur informatus, secure procedat, ut in sacra doctrina divino adjutorio efficaciter erudiat, exhortando, arguendo, increpando, visitando opportune, importune, et maxime prædicando ut, tanquam fidelis servus et prudens super familiam Domini constitutus, det illis cibum in tempore, attendens eorum capacitatem et indigentiam et excessum et defectum, qualitatem et quantitatem, et secundum hoc divini verbi dispenset eis mensuram.

DE SECUNDO ARCHIDIACONI OFFICIO.

Secundum est, ut officium inquirendi, secundum formam visitandi, exerceat in parochiis, in capellaniis fundatis, in ecclesiis parochialibus sive seorsum separatis, item in abbatiis et prioratibus non exemptis, item in leprosiis et domibus elemosinariis.

DE VISITATIONE PAROCHIARUM.

In parochiis quidem quadripartita sit inquisitio. Primo de his quæ tangunt personam curati sacerdotis; secundo de his quæ circa familiam; tertio de his quæ pertinent ad ipsam ecclesiam; quarto de his quæ tangunt parochianos.

DE PERSONA SIVE STATU PERSONÆ SACERDOTIS.

Circa personam sive statum personæ sacerdotis primo videndum est quomodo in se ipso et ad se ipsum se habeat; si contra statuta sacra canonum inhoneste se habeat in habitu, quia deformitas vestium deformitatis animi est indicium. Item si sit luxuriosus, vel ebriosus, vel crapulosus, vel negotiator, vel percussor, vel lusor, vel venator, vel joculator; quæ nullatenus decent sacerdotalem dignitatem. Item si sit litigiosus, vel intolerabiliter avarus aut prodigus. Item, si sit tabernarius, et potatorum et lusorum receptator, vel socius horum et similium, propter quæ nota infamiæ sit respersus et causam scandali præbeat pluribus. Item si sit aliqua sententia innodatus, et præcipue sententia domini Galæ. Item si sit irregularis, quia sic ligatus ordines recepit, vel insusceptis administravit, vel alia quacunque de causa. Sic igitur diligenter perquirendum est utrum dictis criminibus vel similibus sit infamatus seu notatus. Præter hæc autem inquirendum est, quantum ad partem istam de his quæ sine peccato ipsius accidere possunt, videlicet si manus tremant [1], sicut in senibus maxime solet accidere, aut jam sit cæcutiens, sive minus bene videns; et hæc aliquotiens accidunt, præcipue his qui in crapula et ebrietate et luxuria consueverunt vivere. Item inquirendum est utrum sit bene compos mentis, vel si jam desipiat, in decrepita ætate constitutus. Item, si intolerabiliter sit ignarus et indiscretus. Item si sit caducus aut senio, sive alio modo, adeo debilitatus quod ad officium suum exequendum minus sit idoneus. In quibusdam ergo casibus est eis providendum de bonis ecclesiæ, et dandi sunt eis coadjutores; in aliis autem, sicut in criminibus, aliquando debent privari beneficiis, aliquando vero alio modo puniri, secundum culpæ exigentiam, si de his constiterit vel per rei evidentiam, vel per testes, vel purgationis defectum.

QUOMODO SE HABEAT SACERDOS IN CULTU DIVINO.

Sic igitur viso quomodo se habeat sacerdos in se ipso et ad se ipsum, inquirendum est circa personam ejus, quomodo se habeat in his quæ specialiter ratione ordinis sui debet Deo, hoc est in cultu divino. Ut autem hoc archidiaconus certius scire valeat, debet ei injungere quotiens visitat, quatenus tam nocturnum quam diurnum officium in præsentia sua integraliter expleat per ordinem. Et si opportunitas se obtulerit, bonum est ut aliquotiens intersit archidiaconus personaliter quando cathechizat vel baptizat vel inungit, et cæteris hujusmodi, ut in sponsalibus et matrimoniali contractu. Si vero opportunitas se non obtulerit, vel archidiaconus his vacare non possit,

[1] Supplevimus *tremant*.

saltem diligenter inquirat ab eo, quomodo, quo ordine et quibus verbis hæc facere consueverit. In his enim patiuntur quidam sacerdotum defectum non modicum. Sic igitur per experientiam poterit dignoscere utrum sacerdos legat distincte et aperte; et utrum sapienter psallat, hoc est mente et spiritu, et absque syncopa et detruncatione; et utrum convenienter expectet clericum suum vel coadjutorem suum vel contra; et utrum secundum doctrinam apostoli in hymnis et canticis spiritualibus reddant Deo sacrificium laudis, non solummodo cantantes in cordibus suis, sed et auditores ad devotam et spiritualem exultationem, per melodiæ concordiam decoramque laudationem Dei, excitantes. Ad hoc enim cantus ecclesiæ institutus fuisse dignoscitur; sed heu! quanti hodie sacerdotes, circa divinum servitium, maledictionem incurrunt per Jeremiam prolatam : « Maledictus, qui opus Dei facit negligenter, » sive « fraudulenter, » secundum aliam litteram. « Cum enim debent offerre vitulos labiorum, sunt quidam pro vitulo solam pellem offerentes, et non integram, sed detruncatam et dilaniatam. » Cogitent igitur isti si gratanter et sine indignatione reciperent solam pellem pro agno decimali sibi debito. In vitulo qui in lege offerebatur, verba possunt attendi, scilicet pellis, caro, sanguis, pinguedo, ossa et medulla. Similiter in vitulo labiorum, per hæc ubique significata pellis est vox quæ sonat exterius, caro reficiens sensus qui subest interius, pinguedo devotionis affectus; unde dicit beatus Bernardus : « Jungamus ergo sensum usui. » Usum vocat vocem, quæ de consuetudine exterius sonat. Ossa, quæ totum sustentant, robur intentionis significant, quæ in laude divina cor continet ut non evagetur, et hæc vis intentionis ex vivacitate fidei provenit et solidatur. Unde ad Hebræos legitur de Moyse qui, fide factus grandis, sustinebat invisibilem tanquam visibilem; loquebatur enim Deo tanquam homo ad hominem quem coram se videret, quod erat et perspicacitate et vivacitate fidei ipsius. Medulla vero, sine qua ossa arida sunt, est gratia divina. Hæc ergo sunt quinque, quæ vitulum labiorum Deo offerendum in laudem divinam decenter componunt, hoc est sacrificium laudis quod solum Dominum honorat. Sed, heu! jam fit sacerdos sicut populus, de quo Dominus, « populus hic labiis me honorat, cor autem eorum longe est a me, » quia usui non conjungit sensum nec affectum, nec habet ossa seu medullam illud sacrificium. De laude divina, quæ habet quinque prædicta, dicit Dominus per Isaiam, loquens sacerdoti : « Infrenabo os tuum laude mea. » Os enim sacerdotis, quod dedicatum est Evangelio et laudi divinæ consecratum, per hoc debet infrenari, ne deinceps aperiatur ad nugas vel ad scurrilia, seu ad verba illicita vel inhonesta. Sic ergo lingua sacerdotis laude divina sit infrenata, ut sit talis qualem describit Hieronymus, « Beata lingua, quæ non novit nisi de divinis texere sermonem, » scilicet ad laudem divinam et proximi ædificationem, hoc est intentione piæ utilitatis, aut ratione justæ necessitatis; et si labi contingat, ad pedes divinæ misericordiæ recurrendum et lavatorium devotæ confessionis. Sic igitur, sicut dictum est, per experientiam, vel quocumque alio modo poterit, inquirat archidiaconus, quomodo se habeat sacerdos in cultu divino quantum ad nocturnum et diurnum officium, scilicet legendo, psallendo, cantando. Nihilominus autem inquirat de tempore et loco; quia nocturnum officium nocte debet exsolvi, vel saltem mane, et tam nocturnum quam diurnum debent exsolvi in ipsa ecclesia, nisi legitimo impedimento fuerit sacerdos præpeditus, vel aliter fieri aliqua causa necessaria seu rationabilis exegerit, de qua fiat fides archidiacono visitanti. Sed quia posset contingere quod sacerdos bene se haberet in nocturno et diurno officio ad diem visitationis pertinente, tanquam communiter noto et usitato, vel quia sibi in hac parte sibi providisset, non debet sufficere ipsi archidiacono ipsum audire in officio dictæ diei; imo etiam debet eum examinare in aliis, interrogando ipsum circa difficiliora vel minus usitata, maxime si jamdiu sacerdos extiterit, verbi gratia : qualiter sit faciendum de uno confessore non pontifice vel de pluribus pontificibus, vel de sanctis matronis non virginibus, et quantum ad hymnos et capitula et responsoria et cætera hujus modi, vel qualiter soleant facere in septem diebus ante Natale Domini, et in translationibus dominicalium expositionum, ubi multiplex multotiens occurrit diversitas; et de diversitate lectionum et historiarum, secundum diversitatem temporum, et de aliis multis hujusmodi, in quibus sufficienter poterit experiri utrum competenter habeat peritiam et usum divini servitii. Nihilominus autem debet ei injungere ut ad reædificationem sui in divino servitio quærat ordinarium, si non habeat secundum usum diocesis suæ. Si vero fortassis non suppetant facultates ecclesiæ, quod rarissime contingit, cum modici sit pretii, injungendum est ei quod apud vicinos, apud quos poterit reperiri, provideat ne defectum faciat in hac parte, et ea quæ difficiliora sunt, et quæ memoriter tenere non poterit, sibi transcribat in aliqua cedula, vel scribi faciat, ut ad hoc vacet, ut per usum in habitum convertat. Injungat etiam ei archidiaconus quod in habitu honesto prædictum servitium in ecclesia faciat, non in tunica vel supertunicali, sed magis in syllicio, vel cappa de coro, vel saltem in capa sua rotunda; honestum tamen esset, quod alium habitum haberet tunc, et magis ordinatum quam ad usus omnes.

QUOMODO SE HABEAT SACERDOS IN CELEBRANDO.

Præter hoc autem, maxime debet perquirere quomodo circa dignissimam partem cultus divini, videlicet missæ celebrationem, se habeat, ut quotiens visitat sacerdotem, celebrare coram se faciat, nisi legitimum impedimentum, et tunc diligenter attendat, utrum cum reverentia debita vel inreverenter conficiat et tractet sacrosanctum corpus et sanguinem dominicum, et utrum nimis cito et quasi perfunctorie, non attendens quid faciat aut quid dicat, vel utrum nimis prolixe, sic ut auditoribus vertatur in tædium, quod coram populo præcipue est cavendum. Item, attendere debet quomodo se habeat in signaculis faciendis, in fractione et sumptione, et cæteris hujusmodi quæ officium istud circumstant, et maxime utrum elevet corpus Domini ante prolationem illorum verborum, « hoc est enim corpus meum; » quod nullatenus est faciendum, quia tunc populus consuevit inclinare ad adorandum, sicut debet et decet. Debet et archidiaconus inquirere a sacerdote, quot et quas et quando præfationes dicere consuetus sit per annum, et de his quæ ad eas pertinent, quia aliquotiens aliqua varietas solet accidere circa particulas illas : *Communicantes* et *Hanc igitur*. Item inquirat ab eo quibus festis et quibus temporibus dicere soleat symbolum in missa et hymnum angelicum, quia in parte ista plures inveniuntur errare; item inquirere debet utrum, sine causa rationabili et necessaria, pluries celebret in die, quod plures solent facere cupiditate illecti. Inquirat et circa eos qui hujusmodi solent esse suspecti vel infamati, utrum ad petitionem aliquorum, et solum in spe oblationis vel alicujus commodi temporalis et pro causa inhonesta, et præter communem consuetudinem ecclesiæ celebrent aliquotiens, quod apud aliquos sub specie pietatis cupiditas introducit, utpote apud eos qui XII candelis appositis cantant « Ecce advenit » pro adventu alicujus in peregrinis partibus agentis, quod non licet, quia illud servitium ad Epiphaniam pertinet. Sic et in aliis multis peccant, ut, instinctu diaboli, inveniuntur nonnulli celebrando servire quibusdam sortilegiis et superstitionibus et aliis illicitis. Item inquirere debet a sacerdote et quibus causis pluries celebrare consueverit, et utrum tunc ablutiones sumere soleat. Item prohibere debet ne plura capita sive plures introitus in una missa faciat, quod apud quosdam introduxit avaritia. Debet etiam inquirere ex qua materia conficiat, utrum ex pane muscido seu corrupto, et vino jam acetoso et minus ad hoc idoneo, quod multotiens fit per sacerdotis negligentiam et inertiam. Bonum est et expediens, ut ipse archidiaconus, aliquando de ipsis urceolis vinum degustans, hoc experiatur, et hostias consecrandas sibi exhiberi faciat ad videndum. Et hæc etiam potest ex improviso facere, quando solum transitum facit per parochias, ut ibi subito descendat, et ista diligenter videat. Denique eum sacerdos quolibet die quasi suum pascha expectet, quod alii semel habent in anno. Debet archidiaconus ipsum super omnia monere, et eidem injungere, quod semper sit præparatus, quasi quotidie ei immineat ejus pascha, ne, si indigne ad celebrandum accedat, judicium sibi manducet et bibat, non dijudicans corpus Domini. Sicut enim fere nulli meliores quam boni sacerdotes, qui quotidie virtute hujus sacramenti in gratia magis ac magis proficiunt, cum corpori Christi magis incorporantur, sic malis nulli fere deteriores, quibus, exigentibus eorum culpis, tanta medicina vertitur in venenum, et vita in mortem, et salus in damnationem, qui quotidie per substractionem gratiæ magis separantur a vita et elongantur a lumine gratiæ; et ideo vix et raro contingit tales reverti vel illuminari, quia indurati sunt et in reprobum sensum dati, et tanquam sal infatuatum, propter tantum corporis et sanguinis dominici contemptum, a Deo comtempti et abjecti. Sicut ergo secundum Jeremiam, sunt ficus bonæ, bonæ valde, et malæ, malæ valde, sic sacerdos bonus, bonus valde, et malus, malus valde, quia magnitudo contemptus non sinit esse mediocriter malum.

SEQUITUR QUOMODO SE HABEAT SACERDOS APUD PRÆLATOS SUOS.

Tertium quidem debet inquirere, circa personam sacerdotis, et quomodo se habeat ad prælatos suos, scilicet episcopum vel ipsum archidiaconum vel quemlibet alium; utrum fideliter et obedienter, quia fidelitatem et obedientiam canonicam specialiter eis debet et etiam per juramentum, secundum consuetudinem quarumdam diocesum. Infidelis nimium convincitur, si uvam eis debitam, ut pote cicatas (?), quas debet aliquo anno majores et aliquo minores, vel synodalia quæ quidem aliqui media, non reddere, prout debet, inveniatur; similiter si denarios... vel obolos nec fideliter quærat nec integre reddat; quod satis leviter sciri potest per numerum parochianorum et receptæ scripturam. Similiter infideliter se habet, si infractiones cimeterii et ecclesiæ suæ, vel alia in parochia sua ad ipsos pertinentia, quæ revelare debeat, celaverit et tacuerit, amore, vel timore, pretio, vel precibus, seu aliqua gratia ad hoc inductus. Et sic in tribus casibus infideliter se potest habere, scilicet retinendo, non conservando et celando. Postmodum inquirere debet utrum obedienter ad eos se habeat, scilicet sententias eorum exequendo, sicut ei demandantur, et eas, quantum in se est, observando et ab aliis observari faciendo, et eas nullatenus relaxando, absque eorum mandato speciali, nisi in articulo necessitatis; quod tunc et fieri non debet nisi satisfactione recepta vel satisfaciendi cautione, si fieri potest, bona fide et sine omni dolositate. In his enim quatuor sacerdotes valde negligenter se habent et inobedienter, propter quod confunditur fere tota Dei ecclesia, et contemptibiles redduntur sententiæ, et perit justitia, necnon etiam perit innumerabilis animarum multitudo. Item inquirendum est utrum se habeat obedienter, confitendo videlicet de quibus est ei præceptum, scilicet viris discretis, quibus ipse prælatus vices suas in hac parte commisit, et totiens quotiens est ei confitendi præceptum, scilicet ad minus bis in anno, in Quadragesima et in Adventu; nam ab aliis absolvi non potest a mortali, nisi in casu(?), cum ad hoc non sit eis concessa potestas; sed, heu! in hac parte quam plures sacerdotum inveniuntur inobedientes, his diebus, in grave propriarum periculum animarum! Providendum est enim in quolibet decanatu sint duo viri boni et discreti, ad minus, quibus concessa sit potestas audiendi confessiones sacerdotum illius decanatus, nisi possit melius provideri. Et aliquo illorum decedente vel cedente, alius est substituendus. Et hoc etiam procurare apud episcopum, secundum temporis exigentiam, pertinet ad officium archidiaconi; qui et hujusmodi confessoribus injungere debet quod super omnia diligentissime audiant confessiones sacerdotum ad eos venientium, ordinate et patienter et compatiendo, peccata ipsorum et circonstantias audiendo, et cum discretione pœnitentias injungendo, et efficaciter ad omne bonum exhortando, ut, non solum confitentes, per hoc ædificentur, sed ipsi postmodum, per hoc informati, melius noverint subditos suos audire secundum formam eamdem et curare. Nam, pro majore parte, salus animarum pendet ex confessione. Unde et bonum esset quod illi confessores primo per aliqua scripta super hoc confecta instruerentur, vel ad aliquos instruendi mitterentur in his expertos et probatos. Expedit et quod archidiaconus injungat hujusmodi confessoribus quod, quolibet anno, in synodo tradant ei in cedula nomina sacerdotum quorum confessiones audierunt, ut inobedientes in hac parte corrigat; hæc enim negligentia nullatenus est toleranda.

DE LIBELLO SYNODALI.

Tandem specialiter inquirendum est si servet obedientiam, quantum ad præceptum, de synodali libello habendo et sciendo. Quem libellum si sacerdos dicat se habere, faciat archidiaconus sibi exhiberi cum visitat, ut, facta collatione ad illum suum quem semper secum debet habere in visitatione et deferre, scire possit utrum habeat integrum, vel corruptum, vel detruncatum. Nihilominus autem debet archidiaconus ipsum sacerdotem, de cujus negligentia præsumit, examinare corde tenus super aliquibus casibus in libello contentis, ut sic experiatur an sciat et ad manum habeat, sicut tenetur. Sunt enim aliqui qui non habent, et multo plures qui corruptum et detruncatum habent, et adhuc plures qui nunquam ibi legunt, neque respiciunt nec etiam respicere volunt, nisi quando synodo intersunt. Tantus igitur contemptus intolerabilis est, et inobedientia talis nullatenus dissimulanda, quia expediens est, imo maxime necessarium, ut habeant et legant et sciant, per hoc in multis sibi et ecclesiis Dei necessariis et honestis informandi.

QUOMODO SE HABEAT SACERDOS AD SUOS COMPARES VICINOS.

Quarto inquirendum est, circa personam sacerdotis, quomodo se habeat ad suos compares vicinos presbyteros : utrum odiosus et injuriosus eis existat, cura sua eis minuendo, vel limites parochiæ suæ nimis extendendo, vel parochianos eorum ad parochiam suam recipiendo, in ipsorum præjudicium et gravamen, vel decimas eis sustrahendo, vel parochianos eorum in aliquo crimine fovendo et in propria parochia receptando, vel excommunicatis ipsorum scienter communicando, et in aliis hujusmodi. Item, inquirendum est utrum comessationes et talia solitus sit cum eis facere, ex quibus mala multa et inhonesta solent provenire. Item, utrum succurrat eis in suis necessitatibus, videlicet in officio sacerdotali et sacramentorum exhibitione, sicut vellet sibi fieri ; alter enim alterius onera portare debet charitative.

QUOMODO SACERDOS SE HABEAT AD PROPRIAM FAMILIAM.

Quinto inquirendum est, circa personam sacerdotis, quomodo se habeat ad propriam familiam, cujus vitia non debet ultimus scire, sicut novimus pluribus contigisse; nam, quantum ad ipsum pertinet, pro eis debet respondere, si circa curam eorum negligens fuerit, nec eos instruxerit, nec castigaverit, sicut Hely novimus contigisse. Impunitas enim ausum parit, ausus excessum. Domum sacerdotis decet sanctitudo, modestia et honestas, quorum custos est disciplina. Sacerdotis domestici si sint inhonesti et incompositi, fabula sunt in ore omnium et occasio scandali. Videndum est ergo utrum bene præsit domui suæ, quia nec aliter bene præerit Dei ecclesiæ. Ita ergo se habeat ad familiam suam, ut nec eis nimiam austeritatem nec nimiam levitatem vel remissionem; quia illa reddit odibilem, hæc vero, si desit gravitas, reddit contemptibilem. Debet igitur in mediocritate gratiosa consistere, ut nec de nimia severitate sit odibilis, nec de nimia familiaritate sive remissione vel levitate habeatur contemptui. Sic ergo amet eum propria familia tanquam patrem familias, nihilominus tanquam dominum timeat. Si vero in oculis sacerdotis manifeste reperiatur in propria familia vita indisciplinata et inhonesta in habitu vel gestu, seu verbo vel opere, et ipse negligens ad hæc corrigenda inventus fuerit, in caput ipsius pœna redundet, quia ipse culpam eorum quodammodo facit suam, et in hoc inhonestatis ejus quasi certum habetur argumentum secundum quod scriptum est : « Rex iniquus habet impios ministros, » et iterum : « Qualis est rector civitatis, tales qui habitant in ea. »

QUOMODO SE HABEAT SACERDOS AD PAROCHIANOS.

Sexto inquirendum est, circa personam sacerdotis, quomodo se habeat ad subditos parochianos, et ad quos se debet habere tanquam pastor et tanquam sacerdos eorum. Inquirendum est ergo primo utrum tanquam pastor, secundum formam a Christo traditam, Petro dicente, « si diligis me, pasce agnos, » et iterum idem et tertio : « pasce oves meas. » In hac forma verborum, in qua neque vacat unum iota, tria sunt attendenda notabiliter. Primum est quod præmittit de dilectione, quia amor Dei et proximi propter Deum debet introducere in ovile ovium pastorem. Imo, quod plus est, æquum esset ut, sicut præest aliis in dignitate, ita et præcederet in divina dilectione, unde et significanter dicitur Petro : « diligis me plus his? » Secundum est, quod primo et secundo dicitur « agnos, » et tertio dicitur « oves, » quia primo et principaliter quærere non debet, præsens sive temporale commodum, in lacte et lana significatum, quibus adhuc caret agnus. Et quia hoc summopere pastoribus est imprimendum, cum plures, in gravissimum et latissimum ecclesiæ detrimentum, faciant contrarium, ad majorem inculcationem secundo repetitur idem. Sed quoniam quærentibus regnum Dei et justitiam ejus cætera adjiciuntur ad sustentationem hujus vitæ pertinentia, ultimo adjicitur « oves » quæ lac ad pastum, lanam ad vestitum solent ministrare, quod de victu et vestitu, quæ per lac et lanam intelliguntur, sit contentus sicut apostolus : « habentes alimenta, et quibus tegamur, his contenti simus. » Tertium est, quod debet attendi in illa forma verborum, quod ter dicitur « pasce » verbo, exemplo, temporali subsidio, unde post tertium « pasce » subjicitur « oves, » ut insinuetur quod adjiciendus sit temporalis fructus, ex quo subveniri possit indigentibus.

UTRUM PASCAT TEMPORALI SUBSIDIO.

Debet ergo inquirere archidiaconus, utrum sic pascat, scilicet subveniendo suis egentibus et maxime in languore decumbentibus. Per archidiaconum similiter insinuantur alia opera misericordiæ, quæ debet eis ad sustentationem impendere. Quod si de suo ad plenum non possit hoc facere, apud alios unde fiat, pro posse suo, debet affectu paterno procurare. Inquirat etiam et archidiaconus, utrum aliquis tales habeat et quot, et quomodo eis subveniat, et in quo, vel subveniri faciat, et, si in parte ista defectum invenerit, consilium apponat secundum quod melius viderit expedire. Similiter inquirere debet utrum in se pascua vitæ et non mortis ovibus sacerdos exhibeat, hoc [est], ut non solum intus ardeat per amorem, sed et exterius luceat per bonorum operum splendorem, tanquam lucerna ardens et lucens, ut sit de eis de quibus dicit Dominus, « vos estis lux mundi et sal terræ, » [lux] ad illuminandum intellectum, et sal in affectibus condimentum. Oves enim pascua sale respersa cum aviditate solent depascere.

DE PASTU (?) VERBI DIVINI.

Similiter inquirendum est utrum eis verbi divini pascua ministret, tum per se, tum per alios ad hoc idoneos, et quotiens, et quibus temporibus, et per quos, et de quibus. Nam ad archidiaconum spectat, ut sacerdoti injungat quod de his prædicet quæ magis ad subditorum ædificationem faciunt, videlicet ut præcipue proponat eis verbum quinquepartitum, scilicet verbum comminationis divinæ ad injiciendum timorem, verbum promissionis ad alliciendum, verbum dilectionis divinæ ad reamandum, verbum imitationis ad imitandum, et orationis ad impetrandum ut eis diligenter ostendat quanta comminetur Deus, quanta ex adverso promittat, quantam nobis exhibuerit caritatem, et quam multa nobis sanctitatis exempla, tam in se quam in suis, nobis proponat, denique quemadmodum orationum nobis ubique commendet instantiam. De his quinque verbis posset exponi quod dicit apostolus. « Magis volo loqui quinque verba sensu meo, quam decem millia in lingua. » Sic igitur non debet onerare laicos simplices multitudine verborum, sed pauca et efficacia debet eis proponere, et maxime exempla sanctorum et Christi, quæ eos magis movent. Et quoniam contrariorum eadem est disciplina, sub verbo imitationis intelligimus verbum de virtutibus et vitiis, quia imitandi sunt sancti in acceptione virtutum et fuga vitiorum. Nihilominus autem debet eis injungere ut specialiter instruant circa articulos fidei catholicæ, quæ totius ædificii spiritualis est fundamentum. Et non solum majores sed et minores debet sacerdos in his instruere, vel per se, vel per.........

Ad quod faciendum debet sacerdos vocare juniores et ancillas et servientes, qui cum majoribus non possunt ad sermones communes venire. Et hoc faciat in aliquibus festis et horis, quibus illi melius possunt vacare, ad hoc ut, tanquam fidelis dispensator, det toti familiæ, super quam est a Domino constitutus, tritici mensuram in tempore. Quia, sicut scriptum est in libro Sapientiæ, « magnum et pusillum fecit Dominus, et æqualis cura est de omnibus, » unde non sunt minores contemnendi, quorum curam suscepit sicut et majorum. Bonum est igitur ut examinet eum archidiaconus quomodo se habeat in articulis distinguendis, ut agnoscat utrum subditos suos sciat sufficienter instruere in his quæ pertinent ad religionem christianam. Expediens est et ut inquirat ab ipso sacerdote, utrum aliqua habeat horrea, id est hujusmodi sacræ doctrinæ scripta, de quibus hujusmodi triticum recipiat, ut panem inde confectum et in clibano caritatis decoctum, loco et tempore familiæ Domini valeat dispensare. Quod si habeat, faciat sibi exhiberi; si non, injungat eidem ut quam citius poterit sibi acquirat. Quanto enim anima corpore pretiosior, tanto circa provisionem refectionis ejus cura debet esse vigilantior, maxime apud eum cui, ex suscepta cura, providere multis animabus incumbit. Sic igitur patet quod se debet habere ad subditos tanquam pastor, eos cum fistula consolationis et virga correctionis ad pascua tripliciter educendo, et, secundum quod docet Dominus in Ezechiele, quod infirmum fuerit solidando, et quod ægrotum sanando, et quod fractum alligando, et quod abjectum reducendo, et quod periit quærendo. Unde bene pertinet ad archidiaconum agnoscere utrum in his defectum patiatur sacerdos.

UTRUM SACRAMENTA ET SACRAMENTALIA MINISTRAT SICUT DEBET ET QUANDO DEBET.

Secundo, in particula ista, inquirere debet archidiaconus utrum circa subditos impleat ministerium sacerdotis, ut nominis etymologia requirit, in sacra dando. Nam sacerdos quasi sacra dans dicitur. Hoc officium ministrando sacramenta et sacramentalia præcipue consistit; unde cum quinque sacramenta ad ministerium minorum sacerdotum pertineant, scilicet, baptismi, eucharistiæ, pœnitentiæ, matrimonii et extremæ unctionis, interrogandus est si aliquid pro quolibet horum exigit, et quantum, vel utrum gratis exhibeat; et hoc et ab aliis est inquirendum. Quæ si vendit, jam contra nomen sacerdotis facit, qui sacra non dat, sed magis venalia tanquam negotiator exponit, et hoc præcipue hæretici occasionem et argumentum assumunt, ut ecclesiæ sacramenta blasphement et per hoc multos simplices in errorem inducant, prædicantes eis sacerdotes in his non quærere nisi lucrum temporale. Quod, heu! timendum est de multis, qui de templo erant ejiciendi, sicut significatum est in eo quod Dominus cathedras nummulariorum evertit, et vendentes columbas de templo ejecit. Maxime ergo debet diligens archidiaconus esse circa hæc inquirenda et corrigenda. Nihilominus autem debet inquirere de baptismo, sub qua forma tradat vel faciendum doceat laicis in necessitate. Bonum est autem, ut sacerdotem examinet utrum saltem in grosso virtutem baptismi sciat, et inquirat quomodo super hoc subditos suos instruat. Item inquirendum est utrum, pro defectu ipsius sacerdotis, aliquis parvulus in parochia decesserit non baptizatus, et utrum vendat chrismalia sacro jam chrismate sanctificata. Sunt enim aliqui, qui quasi jam de consuetudine certum pretium in hoc posuerunt. Similiter inquirendum est circa sacramentum Eucharistiæ, quomodo infirmis eam ministret, et quid tunc eis dicat, vel ab eis requirat; quia non debet eis ministrare nisi prius pœnitentibus et confessis, et talibus qui adhuc possunt uti et retinere, et qui adhuc sunt compotes mentis. Item diligenter inquirendum est utrum aliquando faciat per diaconum suum, sicut quidam male consueverunt, et utrum in parochia sua aliquis per negligentiam suam sine viatico decesserit, quod frequenter accidit. Item inquirendum est qualiter ministret prægnantibus, imminente parturitione, et cum quanta diligentia omnibus in Pascha, exceptis parvulis nondum idoneis ad hoc, et his qui de consilio ecclesiæ abstinent. Inquirendum est etiam quid faciat de his qui se ab illa communione subtrahunt, minus christiane se habentes. Bonum est etiam et honestum quod injungat archidiaconus sacerdoti ut consulendo, exhortando, viduas suas, religiosas, et alios etiam de quibus viderit expedire, inducat ad hoc ut ter in anno, scilicet in Resurrectione et in Pentecoste et in Natali, præmissa confessione cum jejunio, communicent ad augmentum christianæ religionis et gratiæ divinæ, vel saltem in Resurrectione Domini et Natali, præmisso jejunio adventuum, ad minus cum confessione.

QUOMODO SE HABEAT SACERDOS CIRCA CONFESSIONES ET PŒNITENTIAS.

Circa sacramentum pœnitentiæ, debet inquirere utrum sacerdos sit sapiens et discretus in audiendis confessionibus et pœnitentiis injungendis, et utrum, pro defectu ipsius, aliquis de parochianis sit mortuus inconfessus; et maxime, utrum in propria persona audiat confessiones infirmorum qui, multotiens, pro defectu consilii, omnino pereunt, scilicet, quando sacerdos piger est, vel dormire volens, vel aliquid aliud negotium temporale præponens, personaliter non venit vel tardat ad infirmum accedere, mittens aliquem capellanum minus sufficientis consilii, et cui non est commissa animæ illius cura. Sanguinem quidem istius animæ sic pereuntis requiret de manu sacerdotis Dominus ultionum. Contra talem pigrum qui spopondit apud Dominum pro parochianis suis, dicitur in Proverbiis : « Discurre, festina, suscita amicum tuum, ne dederis somnum oculis tuis, ne dormitent palpebræ tuæ, temetipsum libera. » Inquirendum est etiam, utrum absolvat de peccatis quæ pertinent ad dominum præpositum vel episcopum, ad quæ ligata est ejus potestas. Item, quomodo se habeat in articulo necessitatis erga parochianos suos excommunicatos vel interdictos a domino papa vel delegatis vel quoque superiori. Item, debet injungere sacerdoti, ut frequenter et efficaciter et in consiliis et in confessionibus et in prædicationibus, tum per se tum per alios, inducat[1] ut, quotiens opus fuerit, ad pœnitentiam et confessionem indilate veniant, tanquam hi qui nesciunt

[1] Supplevimus *inducat*.

diem neque horam neque genus mortis suæ, et ipse se semper præbeat[1] benignum et ad hoc paratum, maxime autem inducat eos, prout melius poterit, ut, ante quadragesimam vel ad minus in principio quadragesimæ, veniant ad pœnitentiam et confessionem, ne jejunium sequens, quantum ad meritum, perdant, si in mortali jejunant. Ad quod significandum, Dominus post baptisma ductus est a Spiritu Sancto in desertum, ut ibidem quadraginta diebus jejunaret; per hoc Christianæ religioni insinuans, quod nos statim post baptismum, id est in innocentia baptismali permanentes sine peccato mortali, vel saltem post baptismum lacrymarum et pœnitentiæ, quadragesimam nostram faceremus, ut jejunium nostrum sanctum sit et Deo acceptum. Unde et expediens est ut injungat archidiaconus sacerdoti ut sciat pœnitentias a sanctis determinatas, saltem summatim, ut, facta collatione et considerata pœnitentis qualitate, arbitretur et moderetur pœnitentiam secundum quod viderit expedire, clave tamen non errante, quia si cœcus cœcum duxerit, ambo in foveam cadunt, sicut ipsa veritas dicit. Injungat etiam ei quod, si circa hæc vel alia difficilia aliquando dubitaverit, ad majorum consilium recurrat quam citius poterit. Expedit etiam ut sacerdos aliqua de virtute hujus sacramenti sciat, ut per hoc ad commendationem tanti sacramenti populum suum instruere valeat, sicut oportet et decet. Pœnitentia enim est quasi secunda tabula naufragii, cui omnes qui periclitantur adhærere habent necesse, si evadere volunt. Denique circa articulum istum inquirat, sicut honestius poterit fieri, utrum sacerdos sit proditor confessionum verbo vel facto vel signo quocumque, si ex signis verisimilibus merito super hoc dubitetur. Nullum enim genus proditionis damnosius vel detestabilius; unde se debet habere sacerdos tanquam nesciens penitus ea quæ in confessione audivit, imo plus quam nesciens, secundum illud Augustini: « Quod per confessionem scio, minus scio quam quod nescio. » Unde perutile est quod sacerdos dicat confitenti, si viderit eum hæsitare: « Frater, secure confidas de me sicut de te ipso, quia non audio te tanquam homo, sed tanquam Deus, in vice

[1] Supplevimus *præbeat*.

Dei, cujus oculis omnia nuda sunt et aperta, nec pro toto mundo vellem confessionem tuam revelare, sed magis tibi compati et onus tuum tecum portare. » Expedit igitur, ut archidiaconus hoc injungat suis sacerdotibus, et si quos hujusmodi invenerit, non differat canonice punire vel per se vel per superiorem.

DE MATRIMONIO.

Circa matrimonium examinandus est sacerdos, utrum sciat differentiam formæ verborum per quæ fiunt sponsalia, et formæ verborum per quæ contrahuntur matrimonia. Adeo enim sunt quidam ignorantes quod pro sponsalibus faciunt matrimonium, quod non est mediocre periculum. Examinandus est etiam, utrum sciat impedimenta quæ habent fieri ex compaternitate vel consanguinitate vel affinitate vel alia de causa. Quomodo enim scient laici, nisi fuerint ab eo edocti, quando facit bannos in ecclesia? Et nisi hoc sciverint laici quibus fiunt banni, quomodo poterunt revelare impedimenta? Item inquirendus est utrum confessiones audiat sponsi et sponsæ antequam contrahant; quod fieri debet et propter reverentiam sacramenti, et ut eos melius instruat quomodo se debeant habere in matrimonio, et ut apponat consilium quod poterit, si aliquod impedimentum occultum invenerit. Inquirendum est et utrum aliquod matrimonium fecerit sine bannis debitis, vel tempore non debito, vel clandestine, vel inter personas ad contrahendum minus legitimas, et hoc si sacerdos suspectus habeatur. Item, utrum aliquod munus receperit pro matrimoniis faciendis, seu pro accelerando vel quocumque alio modo. Sunt enim plures, qui aliqua falsa impedimenta fingunt vel occasiones differendi quærunt, ut sic aliquid extorqueant; quod nullatenus est sustinendum. Expedit etiam ut parochialis sacerdos aliqua sciat de virtute hujus sacramenti, et bonis matrimonii et aliis circumstantiis, ut super his subditos suos loco et tempore valeat erudire. Hoc enim plurimum est eis necesse. Multi enim fidem matrimonii non observant, quia virtutem tanti sacramenti et bona ipsius et pericula in quibus sunt ignorant.

DE EXTREMA UNCTIONE.

Similiter circa extremam unctionem, examinandus est sub qua forma verborum eam faciat, et qualiter et quando, et de aliis circumstantiis, et utrum aliquam pecuniam exigat, propter quod multi pauperes petere eam omittunt. Multi etiam tam pauperes quam divites hoc sacramentum inter laicos negligunt, propter negligentiam sacerdotum qui virtutem ejus nesciunt, nec subditos suos super hoc edocent, nec efficaciter monent. Unde et in hac parte valde arguenda est eorum negligentia et ignorantia. Inquirendum est etiam utrum quis de parochianis decesserit sine extrema unctione propter defectum sacerdotis. De aliis duobus sacramentis, scilicet de ordine et confirmatione, nihil ad minores sacerdotes, quia non debent ea ministrare; sed ut digne suscipiantur debent subditos suos, quantum est in se, præparare, et maxime, tam majores quam minores, ad confirmationem loco et tempore opportuno suscipiendam, debent efficaciter exhortari, et eos qui ætatem habent, ut prius confiteantur, si commode fieri potest, vel saltem pœniteant, et propositum habeant confitendi sine dilatione. Et super his debet archidiaconus sacerdotem informare.

QUOMODO SACERDOS SE HABEAT AD DEFUNCTOS.

Septimo et ultimo debet inquirere circa personam sacerdotis, quomodo se habeat ad defunctos, quibus præcipue debitor est ex beneficiis susceptis effectus. Primo igitur inquirendum est utrum exequias debitas et sepulturam debitam gratis impendat : sunt enim aliqui qui etiam sepelire differunt donec pecuniam susceperint vel cautionem bonam habuerint, quod est valde detestandum. Debet et inquirere quomodo annualia vel triennalia faciat vel facturum se promittat; et si inventum fuerit quod illicito modo recipiat vel minus bonum faciat, supercorrigatur et puniatur. Præter hæc autem inquirere debet utrum servitium mortuorum, scilicet vigilias et commendationem, dicat singulis diebus, et quibus debent et possunt dici. Et si potest vacare archidiaconus, bonum est quod eum audiat in præsentia sua, ut experiatur utrum corrupte dicat, vel cum diligentia debita. Gravissimum est enim peccatum vel non solvere vel diminute solvere vel tarde solvere quod defunctis debetur, sine impedimento rationabili, de quorum eleemosynis, pro majore parte, vivunt clerici; juxta id Oseæ : « peccata populi mei comedunt, » et cætera. Unde contra tales dicit beatus Bernardus : « Venient, venient ante tribunal judicis, ubi audietur eorum querela gravis et accusatio dura, quorum vixere stipendiis, non diluere peccata, cœci duces, fraudulenti mediatores. » Quid est ergo quod cum tanto risu et applausu tot et tanta peccata comedunt, qui manducant panem doloris et de rebus pauperum, hoc est eleemosynis nimis delicate vivunt et superfluas expensas faciunt, pauperes suo jure et sua portione defraudando, et largitores in pœnis purgatorii gementes debito suffragio. Talibus dicit beatus Bernardus : « Væ tibi, clerice. Mors in olla carnium, scilicet deliciarum, quia peccata populi constat esse quod comedis, ac si tua tibi sufficere non viderentur. » Debitor enim est et pro suis et pro alienis, et bene dicit, « mors in olla; » nec unica sed multiplex. Prima est mors peccatorum pro quibus eleemosynæ dantur, secundum quod supra dictum est in Osea. Secunda est, mors illorum peccatorum quæ ex deliciis sequuntur et superfluis expensis. Tertia est mors sanctorum, qua bona ecclesiæ, quæ acquisivit Christus sanguine suo et suorum, unde vocantur patrimonium crucifixi, propter quæ debent Deo gratiam et gratiarum actionem, et largitoribus orationem. Quarta est mors pauperum qui portione sua defraudantur. Certum est enim multos propter egestatem nimiam decidere in ægritudines multiplices et languores et tandem in mortem, unde defraudatio talis judicatur homicidium esse; secundum id Ecclesiastici : « panis egentium, vita pauperum est; qui defraudat illum, homo sanguinis est. » Quinta mors est propriæ damnationis, scilicet ejus qui non cavet sibi a præmissis, et maxime si negligens extiterit in reddendo debita subsidia mortuis, ab igne purgatorii morte graviori liberandis. Nisi igitur archidiaconus circa clerum sibi subditum in hujusmodi negligentiis corrigendis curam debitam et diligentiam apposuerit, timendum est ei ne durum expectet judicium ab eo qui judex est vivorum et mortuorum.

DE SACERDOTE GERENTE VICES CURATI SACERDOTIS.

Dictum est de his quæ inquirenda sunt circa personam sacerdotis parochialis et curati. Et hæc omnino inquirenda sunt, si non sit curatus, sed vices curati vel ejus cujus est parochia gerat; et in hoc casu præter illa quæ dicta sunt, alia sunt etiam inquirenda, scilicet utrum illius bonæ fidei simpliciter sit commissa parochia, et quantum ad spiritualia et quantum ad temporalia, vel utrum habeat ad firmam, et sub quibus conditionibus, quod nullo modo debet sustinere archidiaconus in archidiaconatu suo, sed quando potest impedire. Nam firmarii, quasi quidam negotiatores, non tendunt nisi ad lucrum temporale, et, ut lucrentur vel ne perdant, multos modos extorquendi excogitant a parochianis pecuniam, omnia quasi venalia exponentes et pœnitentias in pecuniam convertentes, sub prætextu psalteriorum, missarum et aliorum hujusmodi dicendorum, et vix etiam alicui parcunt. Unde et scandalizantur parochiani, et odio pertinaci indurantur etiamsi se quasi venditos in illa firma asserentes. Vix posset enarrari quot et quanta mala ex hujus modi firmariis proveniant, qui solum lac et lanam ovium quærunt. Quid est ergo, quod eorum fidei non auderent committere minora, scilicet temporalia hi quorum sunt parochiæ, quibus committunt majora sine proportione aliqua, scilicet spiritualia? Contra tales Bernardus : « Mira res! satis ad manum habent quibus animas credant, et cui committant suas facultatulas non inveniunt, optimi æstimatores rerum, qui magnam de minimis et parvam aut nullam de maximis curam gerunt. Sed, ut liquido datur intelligi, patientius ferimus Christi jacturam, scilicet animarum, quam nostram, hoc est temporalium. » Item inquirendum est circa hujus modi sacerdotem, quis eum ordinaverit et de cujus licentia ibi amministret. Nec enim debet sustinere archidiaconus quod hoc fiat nisi de conscientia sua vel episcopi. Item debet inquirere de eo cujus est parochia, ex qua causa absens fuerit et de cujus licentia, cum debeat ibi continuam residentiam; et ad hoc debet archidiaconus laborare ut, quam citius poterit fieri, in propria persona deserviat. Si vero nondum fuerit ordinatus, ad hoc debet eum compellere quantum est in se, ut, quam citius poterit commode fieri, in sacerdotem promoveatur, ut ministerium debitum circa gregem sibi subditum expleat, sicut tenetur.

DE FAMILIA SACERDOTIS.

Inquisitis his quæ inquirenda sunt circa personam sacerdotis, descendendum est ad familiam. Primo circa capellanum, si habet, secundo, circa clericum, tertio, circa familiæ residuum.

DE CAPELLANO.

De capellano quidem, nisi fuerit bene notus, inquirendum est utrum habeat ordinationis suæ certum testimonium vel per litteras vel per vivam vocem, quia aliter non est admittendus. Similiter et de conversatione ipsius est inquirendum; quæ si inhonesta inventa fuerit, statim est amovendus. Examinandus est etiam ab archidiacono super literatura; et si adeo illiteratus inveniatur, ut ad celebrandum vel ad divinum officium faciendum nullatenus sufficiat, non est tolerandus; si vero quantum ad hæc aliquatenus sufficiens inventus fuerit, sed quantum ad danda animæ consilia, vel audiendas confessiones vel pœnitentias injungendas minus idoneus repertus fuerit, potest quidem aliquo modo tolerari, ita tamen quod eidem injungatur quatenus de his nullo modo se intromittat, et ipsi sacerdoti curato præcipiatur ne aliquo modo ipsum ad hoc mittat vel intromittere permittat. Alioquin puniatur uterque, ne tanto periculo committantur periclitantium animæ. Inquirendum est et utrum fuerit de religione sicut frequenter solet accidere, et utrum sit talis persona cui secure possint committi utensilia et ornamenta ecclesiæ; super quo dicendum est sacerdoti quod sibi caveat, et securitatem bonam recipiat, et super hoc pro ipso, si opus fuerit, de rebus ecclesiæ valeat respondere. Inquirendum est etiam in aliquibus parochiis utrum unus sufficiat cum sacerdote. Sunt enim aliquæ adeo populosæ, quod ibi etiam duo vel tres non sufficiunt, maxime in Quadragesima, ad audiendas confessiones, et in hac parte generaliter delinquunt, ut frequentius hujusmodi parochiarum sacerdotes, qui tunc vocant quoscumque capellanos prorsus insufficientes, et confessiones quasi perfunctorie percurrentes, in multarum periculum animarum, quarum cura est eis commissa, et de quibus est ratio ab ipsis Deo reddenda. Inquirat igitur hæc archidiaconus, vel per se vel per alium, in illis parochiis, in quibus hoc consuevit fieri, ut corrigat, sicut debet et expedit saluti animarum. Multa etiam de his quæ dicta sunt circa personam sacerdotis parochialis, circa capellanos ipsos sunt inquirenda, videlicet quæ ad ipsos dignoscuntur pertinere. Denique cum aliquæ sint parochiæ, in quibus sacerdotes tenentur capellanos secum habere, reditibus ad hoc specialiter assignatis, in aliis debet archidiaconus diligenter inquirere utrum sic observetur, et emendare si invenerit aliter rem se habere.

DE CLERICO.

Circa clericum debet inquirere utrum sit conversationis honestæ, utrum aliqua scandala faciat in parochia, et utrum sit idoneus ad officium suum exequendum, quomodo psallat, quomodo legat; et in hujusmodi debet eum examinare, nihilominus attendens utrum habeat honestum habitum et tonsuram et coronam clerico competentem, et utrum in superlicio serviat in ecclesia, ad minus in missa. Si vero in sacris ordinibus constitutus, debet inquirere utrum quotidie horas canonicas, sicut tenetur, exsolvat, nisi legitimum invenerit impedimentum.

DE FAMILIA.

Circa residuum familiæ, debet inquirere utrum sit conversationis inhonestæ, et utrum per aliquem illorum exortum sit scandalum in parochia. Et si sic invenerit, debet purgare expellendo, vel alio modo corrigere. Præcipue vero inquirat utrum aliquam mulierem in hospicio suo habeat vel quasi de hospicio, quæ aliquo modo suspecta possit vel debeat haberi. Quod nequaquam est sustinendum. De sorore etiam sacerdotis vel nepte et hujusmodi aliquando cavendum est et timendum; et si non propter ipsum, tamen propter cohabitantes, vel adventantes. Sicut enim quæ cum sorore mea sunt sorores meæ non sunt, sic et qui cum fratre meo sunt fratres mei non sunt. De vetulis etiam multum timendum est, nisi fuerint comprobatæ honestatis, quia certum est quod aliquæ, imo quamplures, multarum turpitudinum sunt conciliatrices.

DE REBUS ECCLESIÆ PAROCHIALIS.

Rerum ecclesiæ parochialis aliæ specialiter ad cultum sive servitium divinum pertinent, vel ad ornatum sive ad fabricam ecclesiæ; et de his parochiani secundum consuetudinem quarumdam ecclesiarum debent providere; aliæ vero pertinent ad presbyterium, quarum fructus cedunt in partem et usum sacerdotis parochialis tanquam fidelis dispensatoris. Sed, sicut dicit apostolus, jam quæritur ut fidelis quis inveniatur.

DE REBUS QUÆ PERTINENT AD CULTUM DIVINUM.

Circa primum membrum primo est insistendum, ut primo inquiratur de his quæ pertinent ad cultum divinum sive servitium. Debet igitur archidiaconus inspicere circa calicem, utrum sit integer, firmus et munde custoditus, secundum quod decet tanti sacramenti excellentiam. Similiter circa patenam. De abstersorio ipsius calicis quod intus ponitur, debet providere ut sit honestum, ne abominationem faciat intuentibus, sicut apud multos reperitur. Similiter debet videre de calice deputato ad infirmos, utrum sit munde custoditus et honestus secundum quod requirit usus cui est deputatus. Debet et inspicere pixidem in qua conservatur corpus divinum, et eam in qua defertur ad infirmos. Debet et videre utrum in honesto loco reponatur corpus divinum cum pixide in qua conservatur, et utrum sub clave, et inquirere quomodo clavis custodiatur et a quo. Sunt enim aliqui qui clavem ibi faciunt, sed eam non cum tanta diligentia custodiunt, cum quanta modicam pecuniam in arca sub clave custodiunt. Similiter inspicere debet piscinam, utrum bona sit et honesta, et urceolos ad ministrandum deputatos, et abstersoria circa piscinam dependentia, tum ea in quibus absterguntur manus post expalmationem, tum ea a quibus antea absterguntur. Debet ergo inspicere utrum secundum modum suum sint munda et honesta ad usum cui sunt deputata. Videat etiam et inquirat de clavibus fontium et olei et chrismatis sancti, sicut et dictum est de clavibus corporis dominici, et corrigat et puniat, si invenerit minus bene custodiri, providens ut de cætero sub diligenti custodia, tanquam pretiosus thesaurus, habeantur, propter sortilegia et quasdam immunditias, quas instinctu diaboli solent inde facere malefici vel maleficæ, chrisma vel oleum sanctum vel aquam fontium, imo et ipsum corpus dominicum furtive surripientes, vel a perversis capellanis sive clericis ementes, sicut in locis multis et multotiens compertum est. Inspiciat etiam vestimenta sacerdotalia sigillatim, et ornamenta altaris, et maxime pallam et corporalia, in quibus nullam immunditiam, imo nec aliquid reprehensibile, pro posse suo relinquat; ut vere cum psalmista possit dicere : « Dilexi decorem domus tuæ, et locum habitationis gloriæ tuæ. » Hoc vero multum excitare solet populum ad devotionem et ad orandum Deum, et magnificandum, et ut habeant sacramenta ecclesiastica in magna reverentia. Quæ si a sacerdotibus videantur contemni et negligi, non est mirum si et a laicis vilipenduntur vel minus honorantur. Injungat et sacerdoti, ut ecclesiam quoad potuerit mundam teneat, et præcipue circa altare, secundum quod decet angelicam puritatem, quæ ibidem omnium dominatori quotidie assistit, in cujus nomine omne genu debet flecti.

DE LIBRIS ET MAXIME DE MISSALI.

De libris, et maxime in quibus habet fieri divinum officium, non omittat quin diligenter inspiciat, et primum ipsum missale, utrum sit sufficiens et competens secundum ecclesiæ facultates, utrum sit integrum et correctum; et præcipue debet inspicere verba canonis, ut cognoscat si aliquid est ibi diminutum vel superfluum vel corruptum, et maxime in illis verbis in quibus est vis sacramenti. Quod si invenerit, sine dilatione corrigat. Item debet videre utrum ibi sit breviarium ad legendum competens, et antiphonarium et graduale, et hymni ad cantandum, et psalterium ad psallendum, et liber qui dicitur manuale ad baptizandum et inungendum, et cætera quæ circa sacramenta vel sacramentalia fieri debent facienda; et circa hæc quicquid reprehensibile invenerit, vel in ligatura vel in alio defectu quocumque, pro posse suo jubeat et faciat emendari; et condigne puniat circa hoc negligentes. Nam sine his commode servitium divinum fieri non potest. Provideat etiam quod ibidem, si fieri potest, sit legenda integra illius sancti in cujus honore ecclesia est fundata et ibi tanquam patronus invocatur, ut populo aliquotiens exponatur, et in festo illius sancti legatur singulis annis. In cujus festi vigilia provideat archidiaconus ne aliqua dissolutio chorearum vel hujusmodi in ecclesia vel in cimiterio admittatur, ne sic Dominus et ipse sanctus, scilicet patronus ecclesiæ, inhonestetur; et hoc districte injungat sacerdoti ne aliquo modo fieri permittat; et ut populum ab hac consuetudine perversa melius revocet, expedire videtur ut sacerdos, circa mediam noctem, ad nocturnum officium explendum consurgat.

DE RELIQUIIS.

Ad hoc etiam ut archidiaconus perfectius officium visitationis faciat, debet inquirere utrum aliquæ ibi habeantur reliquiæ, et videre si in honesto loco conserventur et cum veneratione debita teneantur. Inquirat nihilominus, prout melius potuerit, quomodo constet de veritate ipsarum, et ne deleatur memoria nominum, renovari faciat litteras supra scriptas, ubi viderit expedire.

DE REBUS QUÆ PERTINENT AD FABRICAM ECCLESIÆ.

De his quæ pertinent ad fabricam ecclesiæ, debet inquirere similiter utrum aliqui redditus sint ad hoc assignati, vel aliqua legata ad hoc facta, et quis recipiat vel custodiat. Solent enim aliqui de parochianis in mutuum recipere, et postmodum, ne compellantur reddere, non permittunt ea in usus debitos expendere, imo et per se et per suos amicos nituntur omnibus modis impedire; propter quod ecclesiæ aliquando remanent stillicidiosæ et ruinosæ, et alios multos patiuntur defectus. Provideat ergo archidiaconus ut hæc per bonos et fideles recipiantur et expendantur, coadjuncto sacerdote; qui etiam de receptis et expensis, loco et tempore, in parochianorum præsentia qui voluerint interesse, diebus assignatis et hora certa, reddant rationem. Inquirat et quomodo ministretur ecclesiæ in oleo de nuce et in cera, et maxime in missa, in qua ad minus, si potest fieri, honestum est ut sint duo cerei.

DE REBUS QUÆ PERTINENT AD PRESBYTERIUM.

Denique circa res presbyterii inquirat de teneuris et reditibus, utrum aliqua per negligentiam vel malitiam sacerdotum sint deperdita vel alienata. Quod si invenerit, faciat revocare. Deinde et alia quæ ad presbyterium pertinent teneri et custodiri faciat in statu competenti; quod si sacerdos hoc facere noluerit, ipse archidiaconus partem redituum saisiat et retineat ad hoc faciendum. Omnes reditus presbyterii conscribi faciat in fine missalis in memoriale perpetuum.

DE CARTIS.

Cartas etiam super bonis presbyterii confectas sibi exhiberi faciat, quas diligenter inspectas in loco tuto faciat conservari, quia in morte sacerdotum frequenter deperduntur, et sic pereunt illarum jura ecclesiarum. Bonum est etiam quod transcripta in fine missalium vel alterius libri conscribantur, ut non oporteat ad cartas semper recurrere, ne periculo exponantur. Debet etiam inquirere utrum presbyterium aliqua habeat bona mobilia, sicut utensilia et pecuniam, ut ea diligenter servari faciat ad opus presbyterii, et maxime pecuniam, quæ debet in emptione poni et in utilitatem presbyterii converti. Non est enim tutum quod omnino in manu sacerdotis remaneat, nisi de ipso bene confidatur. Accidit enim multotiens, quod eam in proprios usus expendant, et aliquando celant, vel ad minus non ita diligenter nec ita cito procurant ut in emptionem alicujus rei ponatur ad opus presbyterii, ne dictam pecuniam oporteat eos reddere, de cujus usu melius gaudere volunt. Contingit et pluries quod in morte ipsorum hujusmodi pecunia deperditur. Unde bonum est quod super hujusmodi rebus provideat archidiaconus ne ecclesiæ damnificentur. Verum tamen non expedit quod ipse in manu sua recipiat, propter suspicionem vitandam, et ut a successoribus suis traheretur in consequentiam, quorum aliqui minus fideliter fortassis servarent quam ipsi presbyteri.

DE HIS QUÆ CIRCA PAROCHIANOS SUNT INQUIRENDA.

Circa parochianos inquirendum est tum a sacerdote, tum ab aliquibus inter ipsos magis fide dignis, et ad hoc vocatis ad præsentiam archidiaconi, si opus fuerit, et etiam a vicinis, de his quæ circa ipsos corrigenda videntur. Et primo utrum inter eos aliqui sint fœneratores notorii, vel ad minus super hoc infamati, et de cujusmodi usura; videlicet utrum aliquis tradat pecuniam vel aliquid aliud sub certo numero vel pondere vel mensura, tali pacto ut aliquid recipiat ultra sortem, vel aliquam habeat gageriam, et fructus colligat ultra sortem, vel aliqua vadiat quibus ad commodum suum interim utatur; secundum quod in Amos dicitur, « super vestimentis pignoratis accubuerunt; » vel utrum habeat equos in pignore, et in pastu computet plus quam possint comedere; vel si habeat obsides, utrum eorum expensis vivat; vel si obsidibus non vult dare dirationem, nisi prius recipiat aliquid inde; vel utrum aliquam possessionem emat longe minori pretio quam valeat, tali conditione quod venditor retrahere possit ad certum terminum, si pretium solvere voluerit, ipse autem certus est quod non poterit; vel utrum aliquid emat minori pretio quam valeat, quia solvit pretium antequam illud recipiat, sicut bladum in terra; vel utrum aliquis ultra sortem ipsa consuetudine et sine pacto recipere soleat, sicut faciunt Cahorsini. Fit enim ibi sicut inter fatuas mulieres et peccantes cum eis; ipsa consuetudo pactum facit et ipsis tacentibus. Contra tales dicitur in Evangelio: « Date mutuum, nil inde sperantes. » Tamen hujusmodi usuras nomine bonitatis palliant, unde timere possunt illam maledictionem in Esaia: « Væ qui dicitis malum bonum. » Item inquirendum est utrum exerceat usuram nomine societatis palliatam, sicut cum quis tradit pecuniam alicui negotiatori, tali conditione, quod sit socius in lucro non in damno. Item utrum tradat animalia sua pauperi medietario, tali conditione, quod sibi non moriantur. Item utrum exerceat usuram nomine pœnæ palliatam, silicet cum in pœnis non intendit, ut solvatur citius, sed ut solvatur amplius. Item utrum exerceat usuram facta translatione a re ad rem, ut cum dives, data pecunia, non vult mutuo accipere a paupere aliam pecuniam super sortem, sed bene accipit, ut operetur in sua vinea duobus diebus vel aliquid simile. Item utrum exerceat usuram palliatam translatione prout ad personam, ut cum non vult in propria persona commodare, sed habet aliquem amicum quem facit accommodare. Invento igitur quot et qui in illa parochia super hujusmodi usuris sint notabiles, nominibus eorum redactis in scriptis, de officio suo procedat contra eos, faciens eos citari ad curiam suam et ad certam diem coram se ipso vel officiali suo super hoc responsuros, etiam si nullus existat accusans, quia fama sic accusat. Si vero super hoc convicti fuerint, vel per rei evidentiam vel per eorum confessionem vel per testes, puniat ipsos secundum quod melius viderit expedire ad tanti criminis detestationem. Quod si directe non potuerunt convinci propter eorum latebras et cautelas multiplices, poterit de facili tamen probari eorum per hoc infamia, ut eis indicatur purgatio per tales qui eorum conversationem noverint et quibus sit omnino fides super hoc adhibenda, quos nunquam vel vix poterunt habere, maxime si fiat purgatio publice et coram omnibus, in loco ubi notorium vel quasi notorium est eos tales esse. Nulli enim alicujus valoris viri aliquo modo vellent incurrere notam perjurii tam manifesti. Porro si archidiaconus velit contra malitias eorum caute et diligenter procedere, vix poterunt sustinere vel subterfugere, videlicet si ita processerit ut, antequam veniatur ad purgationem indicendam, vexet eos laboribus et expensis et impleat facies eorum ignominia, frequenter eos citando et dies multiplices assignando, ut laboribus et expensis et amissione temporis et confusione multiplici ad cor redeant, et se subdant ecclesiasticæ correctioni. Si qui vero nullatenus ad hoc induci potuerint, nullo modo de cætero eis parcatur, et quotiens in defectu vel in contumacia inventi fuerint, ad plenum leventur emendæ, ut sic de bursis eorum fiant contra se expensæ quas hujus modi negotium requiret. Nullatenus, si diligentiam apposuerit archidiaconus et fideliter laboraverit, de proprio etiam faciens, si opus fuerit, poterunt manus ejus fugere, si vere et aperte quærat solum honorem Dei et animarum salutem; cujus certissimum erit indicium, si exceptis expensis, quidquid de usurariis levare poterit, nomine emendarum vel pœnarum restituat pauperibus a quibus extorserint, sicut invenerit esse faciendum, facta publica proclamatione et recepta probatione in parochiis eorum.

DE FORNICATORIBUS.

Similiter inquirere debet, utrum in illa parochia sint aliqui infamati super fornicatione vel adulterio, vel incestu et cæteris hujusmodi peccatis ad carnem pertinentibus, quorum correctio et cohibitio pertinent ad judicem ecclesiasticum; unde apostolus ad Corinthios : « Auditur inter vos fornicatio, et talis fornicatio qualis nec inter gentes, ita ut uxorem patris sui aliquis habeat. Tollatur de medio vestri, qui hoc opus fecit. Ego quidem judicavi, congregatis vobis, et in eo spiritu cum virtute domini Jesu, tradere hujusmodi hominem Sathanæ in interitum carnis, ut spiritus salvus sit. » Ecce quod excommunicatis fieri debet, tanquam animæ medicina. Quod autem debeant omnes congregari et coadunari, ut qui talis est tollatur de medio, apostolus insinuat, cum subdit, « nescitis quia modicum fermentum totam massam corrumpit; » quod dicit, sicut modicum fermenti totam massam pastæ circa se corrumpit, et sibi assimilando in acedinem quamdam convertit, sic unicum hujusmodi peccatum totam fere parochiam vel viciniam corrumpit et inquinat. Alii enim corrumpuntur aliquando opere imitando, alii imitari volendo, alii cooperando, alii consentiendo, alii receptando, alii irridendo, quasi inde gaudentes superbiendo eo quod tales non sunt, cum magis esset super hujusmodi peccatorem dolendum et flendum; unde in eodem loco dicit apostolus, super hoc arguens quosdam de Corinthiis : « Et vos inflati, inquit, estis, et non magis inde luctum habuistis ; non est bona vestra gloria. » Alii etiam corrumpuntur defendendo, alii vero quia corrigere nolunt cum possint; alii etiam tacendo, qui cum videant et sciant, clamare nolunt apud eum qui potest et debet corrigere, sed magis tacendo celant cum Caïn, « Numquid ego custos fratris mei sum; » quasi vellent dicere, quod fratri non debent fraternam dilectionem. Qui talis est, dicere poterit, Væ mihi quia tacui, scilicet timore vel amore vel humani favoris gratia inductus. Non sic ille, qui erat lucerna ardens et lucens, tacuit, cum Herodem arguit, nec timuit eum qui poterat corpus occidere, sed solum eum qui corpus et animam poterat in gehennam ignis mittere. Patet igitur quod hujusmodi peccatores tollendi de medio, tanquam infecti morbo contagioso; unus enim talis peccator multos sibi concatenat in eodem peccato, qui eum custodiunt in carcere et in vinculis diaboli, sicut et contingit fieri, ad litteram, in custodibus prisionum, qui cum eis uno pede ad minus compediuntur. Similiter inquirere debet utrum ibi sint aliquæ vetulæ hujusmodi turpitudinum conciliatrices, vel aliqui publice prostantibus meretricibus sua locantes hospicia. Item, utrum aliquæ sint infamatæ de sortilegiis. Hoc enim vitium nullo modo est dissimulandum, quia in ecclesia Dei magnam facit corruptelam, cum in multis sit quasi quoddam genus infidelitatis. Item, utrum aliqui sint ibi blasphemi, vel hæretica pravitate infecti, vel similiter infamati vel notati; et si aliquid veritatis subesse invenerit vel crediderit, episcopo debet nunciare, et ut apponatur super consilium, omnibus modis quibus potest, debet procurare. Similiter debet inquirere utrum aliqui sint ibi qui festa observanda nolunt observare, sed magis cum scandalo et exemplo pernicioso in illis consueverunt opera servilia facere, contra prohibitionem ecclesiæ; item, utrum in cimiterio vel in ecclesia vel in processionibus soleant choreas ducere, quod est dæmonibus servire, et quasi Deum blasphemare. Hujusmodi rei causa ad minus puniendæ sunt principaliores personæ, si oporteat multitudini cedere, ne in multitudinem feratur sententia. Item, utrum sint ibi aliqui excommunicati, et cujus auctoritate et ex qua causa, et ex quanto tempore et utrum vitentur, ut efficaciter circa hoc consilium apponat secundum quod viderit melius expedire. Hæc enim medicina multis convertitur in pestilentiam, et fere circumquaque totum corrumpit et occidit. Item inquirere debet utrum aliqui, qui ad legitimam ætatem pervenerint, jejunia ab ecclesia instituta, sine causa rationabili, non observent vel observare contemnant, quadam perniciosa consuetudine; item, utrum aliqui sint infamati super hoc quod quasi matrimonialiter minus legitime sint copulati, propter affinitatem vel consanguinitatem vel quamcumque aliam causam; quod aliquando fieri contingit ignoranter, aliquando fraudulenter et malitiose. Debet ergo inquirere diligenter utrum possit veritas super hoc comperiri, et si hoc debet episcopo denuntiare, vel de ejus licentia sive mandato procedere. Et utrum aliqui ibi se habeant pro conjugatis sicut maritus et uxor, de quorum matrimonio non constet, vel quibus non debeat super hoc fides adhiberi. Item bonum est quod inquirat utrum in villa sit aliqua manifesta discordia, vel odium inter aliquos graviter damnosum; quos ad suam præsentiam ibidem vocatos, si vacare potest, reconciliare, pro posse suo, laboret, ut de eo possit dici quod in tempore « factus est reconciliatio. » Item inquirere debet utrum aliqui ante Pascha ad confessionem non venerint, vel ad Pascha Eucharistiam non receperint pro voluntate sua; hi enim secundum constitutionem ecclesiæ debent arceri ab ecclesia, et in morte christiana carere sepultura. Tenentur enim se præparare ut cum aliis christianis, secundum morem ecclesiæ, tantum sacramentum digne possint recipere, ut, saltem semel in anno, tanto domino suum non negent hospitium, ne sint de illis de quibus dicitur : « et sui eum non receperunt. » Diligenter ergo debet inquirere de talibus, et maxime quia de fide possunt haberi suspecti. Item debet inquirere utrum aliqui intestati ibi decesserint, et utrum aliquid de bonis ipsorum pro animabus suis sit ordinatum; item, utrum aliqui executores testamentorum nimis negligenter se habeant in executione fidei eorum commissa. Quod si inventum fuerit, indilate sunt ab archidiacono compellendi propter detrimentum pauperum et animarum defunctorum in purgatorio patientium. Denique inquirendum a sacerdote in summa et injungendum est ei ut revelet si noverit aliqua alia in parochia sua, quæ ad ecclesiasticum pertineant, corrigenda.

DE INQUIRENDIS IN CAPELLANIIS ET CAPELLIS.

Dicto de his quæ circa parochianos sunt inquirenda, dicendum est de his quæ in capellaniis vel capellis debent inquiri. Sive igitur capellania sit fundata in ipsa parochiali ecclesia, sive extra in capella aliqua infra metas parochiæ sita, tripartita est inquisitio facienda, videlicet circa personam capellani et circa familiam ejus, et circa res ad capellaniam sive capellam pertinentes, secundum formam datam superius in parochiis, quantum ad ea in quibus se debent habere similiter et conformiter. Hoc tamen adjiciendum est, ut inquirat archidiaconus cujusmodi fidelitatem debeat hujusmodi capellanus presbytero parochiali, et utrum eam servet. Solet enim inter eos multa suboriri controversia, ex eo quod capellanus nititur usurpare sibi jura parochialia. Item inquirere debet utrum de consuetudine sine causa celebrare omittat, quum potest et debet. Cum enim hujusmodi capellani quasi liberi sint, ut eis videtur, nec subditos habeant, qui de ipsis querimoniam apud archidiaconum vel episcopum proponant, solent esse supra modum in divinis negligentes, non solum quantum ad celebrandum, sed etiam quantum ad horas canonicas dicendas, quin multociens omnino negligunt, vel si dicunt, perfunctorie discurrunt, quasi non attendentes ad quæ et quanta se obligaverunt cum hujusmodi beneficium receperunt; unde expedit quod inquiratur et corrigatur ab archidiacono, ne, propter negligentiam corrigendi, puniat eum cum ipsis Dominus ultionum. Verum tamen non est consuetum quod habeat procurationem in capellis; quia quasi in transitu potest eas visitare, parochias in quibus sitæ sunt visitando, et a quibus quodam modo dependent.

DE VISITATIONE ABBATIARUM.

In abbatiis non exemptis, sive sint monachorum, sive canonicorum, sive monialium, bipertita fieri debet inquisitio: scilicet generalis circa statum communem, et specialis circa personas. Item circa statum communem, qui duplex est, scilicet spiritualium et temporalium, primo inquirendum est de spiritualibus; in quibus primo inquiratur, quomodo fiat ibi servitium divinum; et si in hoc inveniatur defectus, vel in substantia, vel in modo faciendi, vel in paucitate servientium, corrigendum est sicut melius poterit fieri, ut nullus se subtrahat, nisi causa rationabili. Item, qualiter observetur silentium in ecclesia, in claustro, in dormitorio, in refectorio et maxime post completorium. Item, qualiter observetur disciplina in capitulo, utrum corrigantur excessus et defectus sicut fieri debet. Item, qualiter observetur communitas in refectorio, et qui et ob quas causas comedant exterius, et quando, et utrum hora illicita, vel etiam ea qua comedere non licet secundum regulam. Item, de eleemosyna, quanta soleat ibi fieri, et utrum integre colligatur, diligenter servetur, et fideliter distribuatur; solent enim multa subtrahere et pro voluntate sua notis suis mittere, quod nullatenus est sustinendum; et hoc maxime solet inveniri apud moniales nigras, quæ et in pluribus locis vendere solent panem, ova, et alia quæ ipsis de suis remanent portionibus. Inquirendum est etiam de reditibus ad eleemosynam pertinentibus, in quos usus expendantur. Item, de infirmaria, utrum secundum possibilitatem domus bene ministretur infirmis, quia, cum omnia debeant esse illic communia, dividendum est unicuique prout est opus, secundum quod legitur in Actibus apostolorum. Inspiciendum est etiam utrum sit competens locus infirmis assignatus, et qui et quales eis ministrent. Inspiciendum est etiam dormitorium, ut videatur etiam utrum jaceant secundum quod ordo requirit, quantum ad lectisternia et coopertoria et cætera hujusmodi. Inquirendum est etiam si qui jaceant extra, et ex quibus causis. Item inquirendum de vestiaria, utrum fratribus provideatur de vestibus religiosis et honestis, secundum quod decet ordinem eorum, ut in habitu eorum etiam exterius refulgeat omnis honestas et decor religionis. Inquirendum est etiam, utrum observent jejunia quæ secundum regulam vel statuta ordinis sunt observanda, vel, si non observent, quare omittant. Item, utrum bene custodiatur ostium claustri et officinæ ab introitu eorum qui non debent ingredi. Item, utrum observetur ibi hospitalitas, sicut decet fieri apud religiosos. Item, utrum tempore debito facient professionem, et utrum in recipiendis legitimam ætatem observent, maxime apud eos apud quos est determinatum, vel ex suis vel ex domini Papæ constitutionibus. Similiter inquirendum est utrum boni et discreti sint ibi confessores; denique, utrum fratres ibi vivant secundum regulares observantias ad quas dignoscuntur teneri. Unde multum expedit quod archidiaconus, si velit perfecte officium visitationis explere, habeat ad manum regulam illius loci quem visitat, sive sit Benedicti, sive sit Augustini, vel ad minus notabiliora, sive ea in quibus observandis major vis est facienda. Similiter autem et de statutis et consuetudinibus. Non est etiam omittendum de conversis, quin inquiratur quomodo recipiantur, quid voveant aut promittant, et quantum observent, et utrum habeant specialem magistrum religiosum et discretum, qui ipsos instruat in ordine, et aliquando eis prædicet ad ædificationem, et excessus vel defectus eorum corrigat vel ad superiorem referat, et confessiones eorum audiat et utrum de regula eorum observent quæ ad ipsos pertinent.

DE STATU TEMPORALIUM.

Circa statum temporalium, inquirendum est de quantitate redituum et facultatum ecclesiæ, ut per hoc sciatur, utrum plures fratres habere debeat ad divini cultus augmentum. Sunt enim quamplures abbates, qui ex avaritia pauciores quam debeant volunt habere fratres, in Deum, cujus cultum minuunt, peccantes, et in benefactores suos, debitis suffragiis ipsos defraudantes. Item inquirendum, utrum jura ecclesiæ bene serventur illæsa, et utrum sint alienata aliqua, et utrum de bonis ecclesiæ fiunt expensæ superfluæ et præternecessariæ in mundanas pompas vel alios usus illicitos, cum res ecclesiæ sunt res pauperum, sicut dicunt Canones et Augustinus et Jeronimus et Gregorius in locis quamplurimis. Certum est quod eleemosynis sunt dotatæ. Item inquiratur utrum debitis sit obligata, et quantis, et quare, et quibus, et qualiter. Item utrum reddatur ratio sive computus de receptis et expensis, tam ab abbate quam ab aliis ministerialibus, et quotiens in anno, et coram quibus. Bonum est etiam quod hoc fiat coram bonis et discretis de fratribus ad hoc electis, et certis terminis. Item utrum habeantur in scriptis certi redditus ecclesiæ sive in blado, sive in vino, sive in denariis, sive in rebus aliis, ad instructionem successorum, ne successione temporis jura ecclesiæ per ignorantiam vel oblivionem possint deperire. Expedit ergo quod injungat eis archidiaconus ut in duobus quaternis diligenter et integre totum conscribant, et ordinate de unaquaque villa pro se, ad quos habeatur recursus cum aliquod dubium occurrerit, et unus sit penes abbatem, alter vero apud conventum reservetur, et, si opus fuerit, quolibet anno, pro rerum variatione, renoventur.

DE STATU PERSONARUM.

Circa statum personarum, inquirendum est primo in generali, utrum aliquæ personæ sint ibi super vitio proprietatis infamatæ, et maxime inter moniales, ubi hoc solet esse quasi publicum et commune, licet hoc sit contra eas et professionem earum aperte. Imo quod plus est, in quibusdam monasteriis solent esse divisæ per quasdam societates, et quæ major est vel ditior inter eas, solet aliquas quasi sibi commensales habere. Solent enim habere quædam earum non solum pecuniam, sed etiam reditus ad vitam suam; et quod pejus est, decimas sibi impignoratas et animalia apud medietarios, et cætera hujusmodi. Dicuntur et facere legata de his quæ habent, vel sororibus suis vel neptibus, vel aliis quibus volunt, dum tamen sint moniales. Quid dicam? hoc est illud vitium quod maxime deturpavit, imo fere destruxit, tam in viris quam in mulieribus, ordinem monasticum, et etiam in pluribus locis ordinem beati Augustini; unde magno opere laborandum est ad ipsum penitus, quantum fieri potest, eradicandum, imo etiam ad omnes ipsius occasiones tollendas. Inquirendum est etiam qua pœna hujusmodi transgressores soleant puniri, quia facilitas veniæ incentivum tribuit peccandi, et ausum impunitas. Item inquirendum est utrum recipiant ad firmam grangias vel villas vel alios redditus aliqui de fratribus, sive sint monachi, sive conversi; hoc enim multum facit ad vitium proprietatis, nec aliquo modo licitum est, licet ita frequenter soleant recipere monachi ab abbatibus et moniales ab abbatissis; quod nullatenus est sustinendum. Item inquirendum est utrum aliquæ personæ sint infamatæ super aliquo genere peccati luxuriæ, propter quod etiam providendum est, maxime apud moniales, ne sine causa rationabili licentiam habeant exeundi, et etiam tunc cum honesta et secura societate, nec sæculares habeant liberam licentiam intrandi ad eas vel confabulandi cum ipsis. Et præcipue cavendum et præcipiendum ne suspectæ personæ hospitentur apud eas, nec etiam aliæ personæ, nisi in loco ab ipsis remoto et bene clauso, ad quem non pateat eis accessus, nisi fortassis publice et de die, et ex causa rationabili cum licentia. Unde domum hospitium debet inspicere archidiaconus. Solent enim alicubi moniales in sero ad domum hospitium et etiam ad mensam quasi ad festinandum venire, et præsentia sua facere, et etiam aliquando cantare, et postmodum colloquia multa tam publice quam secreto cum eis habere, quod valde inhonestum et periculosum. Item inquirendum est utrum sint ibi aliquæ personæ super vitio simoniæ infamatæ, scilicet quantum ad ingressum vitiosum vel alio modo.

Hoc enim aliquando contingit fieri apud monachos et canonicos, sed quasi communiter et fere semper apud moniales nigras. Similiter inquirendum est de quibuscumque aliis criminibus quæ solent circa hujusmodi personas inveniri. Et si aliqua persona specialiter inventa fuerit infamata, de illa specialiter et nominatim est inquirendum.

CIRCA ABBATEM SEU ABBATISSAM.

Circa abbatem vel abbatissam, penes quos pro magna parte vis ordinis consistit, inquirendum est specialiter quales recipiant et quantum, scilicet utrum simoniace, vel quia compulsi potestate sæculari, vel solum ad instantiam precum amicorum et non propter Dominum, vel intuitu carnis et sanguinis. — Qui enim sic recipiuntur, non intrant per ostium, nec eis ostiarius, scilicet Spiritus Sanctus, aperit, sed magis suffodiunt vel infringunt ostium vel desuper ascendunt. Item inquiratur utrum recipiant inutiles et onerosos sive nocivos. Item inquirendum est qualiter in sua conversatione se habeant quantum ad vitæ honestatem, et qualiter in regimine subditorum, et qualiter ad propriam familiam, et qualiter ad eos qui deforis sunt, et qualiter in administrando res ecclesiæ, ut corrigat in his quæ corrigenda sunt, et si quid inventum fuerit propter quod sint admonendi vel coadjutores eis dandi, ad episcopum referatur tamen cujus auctoritate perficiatur.

DE PRIORE VEL SUBPRIORE, PRIORISSA VEL SUBPRIORISSA.

Similiter specialiter est inquirendum de priore vel subpriore, priorissa vel subpriorissa, utrum in se observent ordinem, et ab aliis faciant observari; et si inventi fuerint minus idonei, injungatur abbati vel abbatissæ quod amoveat sine difficultate et dilatione, ne per insufficientiam et negligentiam ordo ibi depereat; et loco eorum boni et idonei substituantur.

DE OFFICIALIBUS.

Similiter fiat de aliis officialibus, et si citra amotionem vel mutationem eorum aliquid corrigendum inveniatur, prout melius et citius fieri poterit corrigatur.

DE PRÆPOSITO.

De præposito vero, sive de eo qui præest quantum ad justitiam sæcularem, specialiter est inquirendum utrum exactiones indebitas faciat, et judicia vel justitias exerceat taliter quod per hoc irregularitatem incurrat, et utrum pupillos et viduas et hujusmodi miserabiles personas defendat, et utrum malos coerceat, et utrum consuetudines graves super subditos inducat, et utrum munera sive servitia indebita libenter recipiat, quod maxime facit ad judicis excæcationem et corruptionem, et sic de aliis quæ ad officium ejus pertinent.

DE SPECIALITER INQUIRENDIS CIRCA MONIALES.

In monasteriis monialium specialiter præter prædicta est inquirendum utrum sint boni et discreti confessores earum, qui ab episcopo potestatem super receperunt. Non est enim tutum quod ad hoc eligantur earum capellani, neque quod de hoc se intromittant, nisi in articulo necessitatis, et maxime cum sint rudes et minus bene litterati; nec expedit quod sciant earum secretiora vel infirma.

DE CAPELLANIS MONIALIUM.

Item, de capellanis earum debet providere archidiaconus ne aliquis recipiatur ibi in fratrem vel etiam ad tempus admittatur ut ibi serviat, nisi de ejus conscientia, et nisi fuerit ei præsentatus, ut ei constet ad minus de ipsius ordinatione et honestate vitæ, et utrum sciat officium ad quod assumitur.

DE ANCILLIS.

De ancillis vero monialium debet providere archidiaconus, quod unaquæque non habeat suam, sed quatuor vel sex, si opus fuerit, quæ sint boni testimonii et honestæ conversationis, eligantur ad serviendum monialibus communiter. Hujusmodi enim ancillæ et in spiritualibus et in temporalibus solent esse damnosæ, tanquam multarum turpitudinum conciliatrices, et rerum monasterii quas habere possunt asportatrices.

DE PRIORATIBUS.

Circa prioratus conventuales penitus similiter est operandum, sicut et dictum est circa abbatias. Eodem modo et in prioratibus minoribus, excepto eo duntaxat, quod de regularibus institutis ibi non possit observari. Nam in his in quibus possunt, conformare se tenentur secundum regulam quam sunt professi, sicut in victu et in vestitu et lectisterniis et cæteris hujusmodi, ad minus vitando ea quæ regulæ suæ dignoscuntur esse contraria. In prioratibus vero canonicorum, in quibus cura parochialis est annexa, similiter est operandum sicut dictum est circa parochiales presbyteros, hoc addito quod inquiratur ibi de his quæ ad eorum ordinem pertinent, secundum quod pro loco et tempore competit hujusmodi personis. Provideat autem archidiaconus, ne in prioratibus unam solam religiosam personam commorari permittat, cum dicat Salomon, « Væ soli, quia, si ceciderit, non sublevantem, etc. » quod maxime in hoc casu videtur esse intelligendum. Hoc etiam est contra statuta concilii provincialis et domini Papæ.

DE MONACHIS MORANTIBUS IN GRANGIIS AD MANENDUM.

Similiter nullo modo permittat quod monachi in grangiis commorentur. Nec servitium debitum possunt ibi exsolvere sicut debent, et cum mulieribus et cæteris personis sæcularibus conversantur periculose tam nocte quam die; unde vidimus multa scandala provenire. Compellendi sunt igitur hujusmodi homines, qui non quærunt nisi evagari, ut ad monasterium redeant, ordinem suum servaturi; tolerabilius enim est quod aliqua de rebus eorum pereant quam animæ. Verumtamen (?) credimus quod melius et fidelius poterunt servari per alios fideles, ministerio sicut frequenter sumus experti. Nam quidam de monachis miserabiliter excæcati, credunt sibi licere de rebus sui monasterii, quocumque modo possunt, retinere, quasi in hac parte furtum non committant, quia hoc jam apud eos quasi versum est in consuetudinem mira perversitate.

DE VISITANDA DOMO ELEEMOSYNARIA.

In facienda visitatione circa domum eleemosynariam, prius congregatis fratribus et sororibus, et proposito eis verbo Dei diligenter cum salutari exhortatione et efficaci persuasione præcipue ad opera pietatis et misericordiæ, ad humilitatem et pœnitentiam, ad sobrietatem et omnem munditiam et cætera hujusmodi quæ eos maxime tangere videntur, habenda est circa eam quadripartita ad minus vel quinquepartita ad minus consideratio; primo circa capellanum, si domus illa habeat, vel habere debeat, secundo circa provisorem, tertio circa fratres et sorores, quinto circa res ad domum pertinentes. Si ergo domus capellanum habeat, videndum est utrum sit sæcularis vel frater. Si sæcularis vero, et reditus per se assignatos sibi habuerit, sicut pluribus locis invenitur, tunc penitus eadem inquirenda sunt circa eum quæ et circa capellanos dicta sunt, qui, inquam, capellani certas capellanias habent sibi assignatas, de quibus supra dictum est, hoc addito quod inquirendum est utrum se habeat ad domum secundum quod requirit ejus beneficium, et utrum habeat curam animarum fratrum vel sororum vel pauperum ibidem advenientium, et, si habeat curam, a quo recipiat, et quomodo hujusmodi officium expleat, et utrum ad hoc sit idoneus. Si vero sit sæcularis, nec certos reditus habeat, sed assumptus sit a fratribus illius domus ut ibi ministret ad annum, vel ad aliquod certum tempus, sicut in multis locis fieri contingit, tunc eadem penitus inquirenda circa eum, quæ et supradicta sunt circa capellanos sacerdotum. Si vero fuerit frater, tunc amplius est procedendum, scilicet ad ea quæ ad statum suæ religionis pertinent, et utrum vivat de communi vel de aliqua velit sibi appropriare, sicut solent facere hujusmodi capellani, et de cura idem inquirendum est quod prædictum est. In hoc autem sibi provideat archidiaconus, ne aliquis capellanus recipiatur, et maxime in fratrem, sine conscientia sua et licentia, videlicet domini episcopi. Si vero domus capellanum non habeat et habere debeat, pro tanto defectu sunt puniendi, et ad hoc ut habeant. Si autem habere non debeat, quomodo ad hoc sunt dimittendi, ita et ad presbyterum parochialem remittendi, et tunc diligenter inquirendum est quomodo presbyter parochialis ad eos se habeat in exequendo ministerium debitum circa eos, vel quomodo ipsi ad eum.

DE PROVISORE.

Secundo inquirendum est circa provisorem domus, sive sit de ipsa domo, sive de extra domum assumptus, utrum sit fidelis, prudens et honestus, et utrum diligentiam adhibeat et curam debitam, et utrum de receptis et expensis certam et claram reddat rationem. Inquirendum est etiam cujus auctoritate ad hoc officium sit assumptus; hoc enim fieri non debet sine auctoritate episcopi vel archidiaconi loci, nisi fortasse aliqui super hoc habuerunt privilegium vel aliquod jus speciale.

DE STATU FRATRUM ET SORORUM.

Circa statum communem fratrum et sororum inquirendum est primo a quo soleant recipi et sub qua forma, et utrum promittant sive voveant illa talia quæ dicuntur esse de cujuslibet religionis substantia, et in cujus manu et quando, scilicet utrum statim et sine probatione, vel post tempus probationis. Item inquirendum est utrum ab eis aliquid soleat exigi, quasi in necessitate, in ingressu. Et si inventum fuerit quod aliquid vitiosum et per pravam consuetudinem soleat ibi fieri, purgandum est omnino, non obstante consuetudine, quæ magis debet dici corruptela. Similiter si inventum fuerit quod minus bene voveant, vel indiscrete, vel coram eo coram quo non debent, corrigendum est, sic ut de cætero fiat secundum quod melius visum fuerit ad salutem eorum expedire. Nam cum fundamentum est vitiosum, sequitur ut totum ædificium fiat ruinosum. Item inquirendum est quomodo suam observent religionem, et quomodo Deo reddant vota quæ distinxerunt eorum labia; item, utrum habeant habitum ordinatum et religioni congruum; item, seorsum jaceant fratres, seorsum sorores. Nam ille mille artifex, cujus totum desiderium, totum studium, totum negotium est fundere sanguinem animarum, plus insidiatur et magis gloriatur hujusmodi Dei servos præcipitare, ut per casum eorum multas eleemosynas et multa bona valeat impedire. Item inquiratur utrum habeant aliquam regulam scriptam de observantiis suis et bonis consuetudinibus, secundum quam debeant vitam suam ordinare et rectificare. Si dicant se habere, sicut est in pluribus locis, faciat eam legi coram se archidiaconus, vel totam, quia satis brevis est, vel ad minus ea quæ sunt ibi præcipua et notabiliora. Deinde diligenter inquirat si observentur; alioquin transgressores puniat et de cætero faciat observari. Si vero aliquam non habent nec habuerint, faciat unam eis scribi secundum formam alterius domus eleemosynariæ bene ordinatæ, ita tamen quod statuta ibi scripta non sint in præcepto, nec obligent ad culpam sed ad aliquam pœnam certam ibidem subinjunctam secundum magis aut minus, sicut de substractione vini per unum diem vel tres, vel culcitra et jejunio in pane et aqua, et sic de similibus. Et necesse est ut pœnæ ibidem sint scriptæ, et quod gravius puniatur ille qui præest, si inventum fuerit quod per ejus negligentiam observentur minus bene. Et frequenter exponentur eis gallice. Expedit et quod in fine missalis vel alterius libri ista scribantur, ne in posterum per negligentiam oblivioni tradantur, vel malitiose supprimantur. Injungendum est etiam eis quod frequenter teneant capitulum ad correctionem excessuum et defectuum ipsorum. Si vero non habent aliquem qui sciat tenere, provideat eis archidiaconus ad hoc, de aliquo sacerdote vicino honesto et discreto, vel de aliquo religioso. Similiter inquirendum est utrum in cibo et potu et vestitu debitam mensuram teneant, ne bona pauperum luxuriando consumant, sicut in plerisque locis accidit, quia sibi copiose, imo et ad superfluitatem, pauperibus vero nihil vel parum ministrant scilicet vilia et corrupta et eorum infirmitatibus contraria; unde in hac parte multis eorum timendum est ne sint rei mortis ipsorum quibus dati erant tanquam ministri in subsidium, imo servitium pauperum. Item inquirendum est de loco et modo, scilicet qualiter se habeant in mensa comedendo et post. Solent enim ibi de facili suboriri lites et contentiones inter eos; unde necesse est quod ibi lingua refrenetur. Item quomodo teneant domum mundam, in qua jacent infirmi, et lectos et coopertoria et linteamina et vasa ministerio pauperum deputata. Item, quomodo in nocte provideatur de custodia infirmorum. Item, utrum pauperibus assistant in suis necessitatibus, et eos frequenter et salubriter exhortentur ad patientiam et peccatorum confessionem. Item inquirendum est de numero fratrum et sororum, utrum plures sint ibi recepti quam sit opus, quia pauciores sufficerent pauperibus illis servire; et si hoc inventum fuerit, debet archidiaconus inhibere ne quis recipiatur donec ad aliquem numerum sint redacti. Et si domus nimia multitudine receptorum intolerabiliter est onerata, interim aliqui ad alias domos ad tempus sunt emittendi ad domus allevationem. Et si aliqui de illis inveniantur indebito tempore recipi, penitus sunt ejiciendi, et maxime inutiles, qui de nihilo serviunt, nisi quod lites ibi movent et bona domus consumunt. Solent enim burgenses et alii quamplurimi, Deum non habentes præ oculis, quasi sub quodam prætextu pietatis domos hujusmodi onerare, ponentes ibi quosdam familiares suos vel affines, claudos, cæcos, senes et impotentes, cum tamen ad hoc non sint fundatæ domus eleemosynariæ, sed ad præstandum hospitium pauperibus transeuntibus, et præcipue infirmantibus donec convalescant; unde nulli recipiendi sunt in fratres vel sorores nisi qui velint aut possint Dei pauperibus servire in omni patientia et humilitate et paupertate, ita quod nec se dominos reputent sed pauperum servos et ministros. Quoniam igitur sic non intrant quamplurimi, sed ut bibant et comedant, et, ut vulgariter dicitur, panem suum coctum habent cum intraverunt, nec aliis ibi prosunt, nec sibi, sed magis damnationem sibi acquirunt; et est præcipua causa propter quam fere omnes hujusmodi domus eleemosynariæ destruuntur, quia male ingredientes et non sincera intentione, postmodum male vivunt ibidem, nec Deo serviunt ibi nec pauperibus, sicut fieri debet. Unde, ut tanto malo succurrat archidiaconus, debet providere ne quis de cætero recipiatur sine conscientia ipsius vel episcopi, ut videat personam et cognoscat vitam, et sciat modum intrandi et intentionem. Si vero aliqua persona ibi sit infamata super aliquo crimine, specialiter et nominatim debet super hoc inquirere, et secundum quod invenerit corrigere, prout melius viderit expedire.

DE VISITATIONE PAUPERUM.

Circa pauperes ibi decumbentes sic est procedendum, ut primo proposito eis breviter et succincte verbo Dei, si commode fieri potest ad eorum ædificationem et consolationem, postmodum inquiratur diligenter si sint bene confessi, et injungatur his qui recipiunt ipsos, quod in principio ante omnia faciant eos confiteri. Nihilominus tamen repetatur confessio quotiens opus fuerit. Inquiratur etiam utrum ministretur eis sacramentum eucharistiæ et extremæ unctionis, loco et tempore opportuno, et utrum honestæ, sicut decet, tradantur sepulturæ. Solent enim, quia pauperes sunt, a quibusdam negligi, cum tamen propter hoc ab eis magis essent honorandi, si attenderent quod Deus in eis se reputat honorari et quod angeli, spreto divite, Lazari pauperis et ulcerosi honorifice suscipientes animam in sinu Abrahæ collocaverunt, per hoc nobis insinuantes quod cum honore et reverentia sepeliendi sunt pauperes Christi. Item inquirendum est qui fiat de rebus ipsorum; item, qualiter eis fiat servitium[1] in exequiis ipsorum; item, qualiter ministretur eis dum vivunt et quæ et qualia, et quibus horis, et a quibus; item utrum pauciores recipiantur ibi quam debeant secundum loci capacitatem, et domus facultates; item utrum nimis tempestive licentientur, et de domo exire compellantur, videlicet cum adhuc sint debiles nimis et de facili recidivantes; item utrum pedes eorum lavantur et etiam cætera membra, secundum quod necessitas eorum requirit. Et se-

[1] Cod. *serviat.*

cundum hunc modum inquirendum est de quibusque aliis eis necessariis, et corrigendum est prout melius poterit fieri, si quis defectus inventus fuerit.

DE REBUS AD DOMUM PERTINENTIBUS.

Ultimo circa res ad domum pertinentes inquirendum est diligenter, quantum habeat in reditibus, quantum de terris, quantum de vineis, quantum de armentis et ovibus et cæteris possessionibus, ut per hoc certius agnoscatur utrum paucioribus et minus sufficienter ministretur ibi pauperibus; item utrum agri vel vineæ negligenter excolantur; et utrum fructus minus bene colligantur et minus fideliter reserventur vel expendantur; item quantum habeat de grano in horreo vel quantum vini in cellario, ut sciatur an bene provideatur domui, et utrum sufficiant usque ad messem vel vindemiam; item, quantum vini vel grani sufficiat ad expensas domus per annum, ut sciatur quantum vendere possit annuatim. Item inquiratur utrum domus debeat, et quantum et quare et quibus, et utrum ei debeatur; item, utrum aliqua sint alienata vel deperdita; item, quis recipiat legata vel eleemosynas domui factas. Item provideat archidiaconus ut quater in anno vel pluries, si opus fuerit, computet provisor domus de receptis et expensis coram fratribus et aliis bonis viris ad hoc vocatis, et ipse archidiaconus semel in anno intersit computo, si commode possit, ut certius sciat statum domus, vel saltem aliquis vice ipsius, qui in scriptis totum ad archidiaconum referat quod in computo fuerit inventum. Item injungat eis quod scribant diligenter omnes reditus suos et possessiones in duobus quaternis, quorum unum retineant penes se et alium habeat archidiaconus, ut eum et consimiles quantum ad alias domos relinquat suis successoribus perinstruendis.

DE DOMO ELEEMOSYNARIA QUÆ PAUPERES SUSTINERE NON POTEST.

Si vero domus eleemosynaria adeo pauper sit quod nullas facultates habeat, vel ita modicas, quod ad recipiendum infirmos decumbentes non sufficiat, sed solum ad præstandum una nocte hospitium et lectum pauperibus transeuntibus, tunc non restat in tali domo inquirere, nisi de provisore et pauperibus et rebus, qualiter ibi tractantur, et quales sint qui ibi admittantur, ne forte, sub prætextu pietatis, fiat domus illa spelunca latronum, scilicet multarum receptaculum iniquitatum.

DE LEPROSIIS.

In visitatione leprosiæ similiter habenda est quadripertita vel quinquepertita consideratio, et proposito eis verbo Dei, maxime de his quæ pertinent ad pacem et patientiam et temperantiam, fere prorsus eodem modo procedendum est sicut dictum supra de domo eleemosynaria. In hoc tamen differenter se habent, quod leprosi non sunt admittendi ad votum, nec specialiter ad fraternitatem spiritualem, tum quia aliquando sunt uxorati, tum quia vix vel nullatenus possent observari quin aliqua modica habeant ad suarum infirmitatum subventionem consolatoriam et necessitatem, tum quia nunquam vel raro recipiuntur, nisi aliquid afferant, si aliquo modo facere possint. Et sic vix vel nunquam reciperentur, nisi interveniente simoniaca pravitate, si esset ibi spiritualis fraternitas ad quam cum voto reciperentur; nunc autem ad meram temporalitatem secure possunt recipi etiam ex condicto. Posset etiam addi quarta ratio, quia, postquam adjudicati sunt leprosi et recepti, contingit aliquos curari paulatim, et tunc, sicut justum est, ad propria reverti. Item quia sunt hujusmodi homines in potu minus temperati, facienda est quotidie vini mensura quotidiana. Item multum expedit quod eis provideatur confessor bonus, humilis et patiens, qui magis abominetur quod magis est abominabile, hoc est lepram spiritualem, quam corporalem, quam nec Dominus abominatus est, cum propria manu leprosum tenuit et curavit. Expedit et quod archidiaconus vel per se, vel per aliquem de latere suo, vel per aliquos de vicinis sacerdotibus bonos et ad hoc idoneos, faciat eis proponi frequenter verbum ædificationis et salutis; et etiam ut gratius recipiant pitantiam spiritualem, quando in propria persona eis prædicat, faciat eis aliquantulam pitantiam corporalem, vel de suis eleemosynis ad hoc reservatis, vel de alienis, si de suis non potest, vel saltem de rebus ipsius domus ea die faciat eis largius exhiberi.

DE PROVISORE, DE CAPELLANO, DE FRATRIBUS ET DE REBUS.

De provisore et de capellano, de fratribus et de leprosis, et de rebus ad domum pertinentibus inquirendum est secundum formam in domo eleemosynaria superius datam. Necessarium est et ut non negligat archidiaconus de leprosorum bordellis, quando visitat parochias in quibus esse dignoscuntur, quia in eis multa solent fieri mala; propter quod, quantum potest, debet laborare, tum per se, tum per episcopum, tum per dominum terræ et per communitates villarum in quibus habitant, ut reducantur in unum, scilicet in aliquam leprosorum congregationem jam factam vel faciendam, ubi videbitur melius expedire, collectis ad hoc faciendum eleemosynis de villulis ad quas pertinebit suos leprosos ibi collocare, et etiam undecumque alias poterunt haberi. Provideat etiam archidiaconus, quantum poterit, de leprosis vagis, ebriosis et luxuriosis, qui de loco ad locum, de foro ad forum discurrunt, et in prædictis bordellis in sero convenientes vel etiam in aliquibus de leprosiis alios per malum exemplum corrumpunt, et per mulieres ad quas accedunt, multi lepræ contagionem incurrunt. Unde quantum fieri poterit, secundum Deum, discursui ipsorum et tanto periculo est occurendum vigilanter.

DE TERTIO OFFICIO ARCHIDIACONI.

Tertium est in officio archidiaconi, ut agnita veritate super corrigendis et reformandis in parochiis et in monasteriis et in omnibus supradictis, corrigat et reformet in his duntaxat quæ ad suam dignoscuntur pertinere jurisdictionem; ita tamen quod non aspernetur peccatores, sed cum scandalizatis uratur, et cum infirmis infirmetur. Ait enim beatus Gregorius : « Falsa justitia indignationem habet, vera compassionem, non quidem ad vitium, contra quod omnibus modis est indignandum, sed ad personam, cui, salva justitia correctionis, misericorditer est compatiendum. » Attende igitur quod tria præcipue sunt corrigenti necessaria, scilicet compassio, justitiæ zelus, et discretio sive scientia. Hæc tria insinuantur nobis in illa visitatione quam fecit in propria persona Salvator in ramis palmarum Jerusalem: compassio in eo, quod, cum appropinquasset, videns civitatem, flevit super illam; zelus in eo, quod correxit quæ digna invenit correctione, vendentes et ementes de templo ejiciens ; discretio sive scientia, et in eo quod dixit videns civitatem, et in eo quod causam subjunxit, dicens scriptum est: « domus mea, etc. » Hanc visitationem deberent omnes visitatores tenere memoriter et jugiter imitari. Et nota quod non a remotis fecit Dominus hanc visitationem, sed appropinquans, imo et civitatem et templum intrans, et quæ ibi fiebant circumspiciens; unde ad instructionem nostram tria prædicta officia ibidem exercuit, scilicet prædicando, unde ibi scriptum est quod erat usque ad quintam feriam qua captus fuit quotidie docens in templo, et excessus circumspiciendo, et postmodum corrigendo. Non est prætermittendum quod etiam tunc non fuit ibi qui ipsum reciperet in hospitium vel procuraret, sed in qualibet harum dierum Bethaniam redire necesse habebat; unde liquet quod principaliter procurationem non quærebat, sed animarum salutem. Si vero archidiaconus aliqua invenerit quæ statim corrigere non possit in ipsa die visitationis, vel quia sint difficilia vel quia majori indigeant consilio, potest ex causa rationabili ad tempus differre, ne in hujusmodi præcipitanter videatur agere, ita tamen quod quaternum annuæ visitationi deservientem habeat, in quo conscribi faciat omni die qua visitat et locum et diem et ea quæ, sicut dictum[1] est, corrigenda, ut, habito pleniori consilio, quam citius poterit consummet quod incepit, et sub certa distinctione faciat de unoquoque loco singulariter et divisim ubicumque fuerit necessarium. Nihilominus in eodem quaterno conscribi faciat ea quæ nullo modo per se corrigere potest, sive de facto, quia ejus excedunt vires, sive de jure, quia ad ejus officium non pertinent sed superioris.

[1] Cod. *sic ut demum.*

Expedit etiam ut de his quæ correxerit, faciat scribi in illo quaterno ea de quibus probabiliter timere potest ne minus bene observentur, ut, cum postea reversus fuerit, videat et cognoscat utrum observatum fuerit secundum quod ipse ordinavit. Hoc igitur facto, post circuitum annuæ visitationis scire poterit quæ correxit in archidiaconatu suo et quæ remanserunt corrigenda. Bonum est etiam et expediens quod si contigerit ipsum cedere vel decedere, hujusmodi scriptum suo relinquatur successori ad ipsius instructionem. Porro super omnia necesse est, ut si archidiaconus sincere et fideliter velit corrigere, quod omnem irrumpat iniquitatem, sine acceptione personarum et munerum procedens, ut non quærat datum sed fructum, excutiens manum suam ab omni munere; oportet enim ut non quærat marsupia exhaurire, sed corda reficere et crimina corrigere, ne delinquentes, in sua pecunia confidentes, securius audeant delinquere, sperantes correctionem legitimam sic posse declinare. Si vero manifestum fuerit ipsum sic procedere, et solum Deum præ oculis habere, « in matutino interficiet peccatores terræ; » quia necesse est, ut qui solum Deum timet, ab omnibus timeatur, quia in ipso non ipse sed Deus timetur, secundum quod legitur Moyses fuisse constitutus Deus Pharaonis, non quia Pharao crederet ipsum esse Deum, sed quia in eo timebat Deum. Sic ergo se habeat in hoc officio archidiaconus, ut qui offenderit eum, Deum sibi credat offensum. Expedit etiam ut summopere sibi caveat a detractoribus et ab adulatoribus et ab omni perturbatione. Unde Bernardus : « de tali vultu judicium meum prodeat opto cui insit amor, error absit et perturbatio. » Talis tranquillitatis sessio omnem decet judicem. Absit igitur ab archidiacono, et maxime in officio correctionis et reformationis, omnis ira, nisi forsitan illa de qua dicit psalmus: « irascimini et nolite peccare, » sive illa de qua Bernardus in commandatione beati Malachiæ[1] ait: « ira ejus, in manu ejus, qua utebatur et non urebatur, vocata veniebat, ad nutum recedebat. » Non solum etiam necessarium est in hujusmodi procedere cum tranquillitatis serenitate, sed etiam in cordis humilitate et spiritus leni-

[1] Cod. *Mathiæ*.

tate cum mansuetudine, secundum illud: « quoniam supervenit mansuetudo, corripiemur. » Sunt enim quidam qui in spiritu vehementi cum austeritate et potentia imperiose volentes procedere, non tam corrigunt quam conterunt et destruunt; de quibus legitur in Proverbiis, « in ore stulti virga superbiæ, » id est, pro virga correctionis virga iracundiæ et superbiæ. De his conqueritur Dominus in Ezechiele dicens: « Vos imperabitis eis cum austeritate et potentia. » Sic et legitur fecisse Roboam, propter quod recesserunt ab eo decem tribus. Non negamus tamen quin, cum opus fuerit, sit procedendum cum imperio et auctoritate, sed non cum austeritate, imo cum animi dulcedine, in cujus rei signum reposita fuit virga in archa cum manna et etiam cum tabulis, quia cum discretione et compassionis dulcedine fieri debet correctio, secundum illud psalmi, « corripiet me justus, » scilicet in corrigendo, « in misericordia » scilicet cordis, verbi et operis, quantum potest sustinere justitia, « et increpabit » scilicet puniendo. Et nota quod eleganter conjungit veniam et justitiam, contra eos qui propter justitiam relinquunt misericordiam, quod crudelitatis est, et contra eos qui propter misericordiam relinquunt justitiam, quod remissionis est. Sic igitur non a virga manna, nec est a manna virga separanda. Ad memoriam etiam est revocandum quod virga sacerdotalis, scilicet Aaron, sicut legitur Numer. XVII°, floruit et protulit amygdala, sive nuces, secundum aliam litteram, et hoc in figuram, quoniam ecclesiastica correctio floret, cum fit ex compassione in mansuetudinis suavitate et spiritus lenitate. Flos enim amygdali passibilis est, et suavis, et lenis, et de facili perit, vel nec etiam prodire potest, aquilone flante et urente, hoc est spiritu iracundiæ et superbiæ totum humorem gratiæ desiccante. Post florem hujusmodi, debet ecclesiastica correctio proferre fructum amygdalinum, scilicet in refectionem et sanitatem infirmorum, vel etiam nuces, quia etsi correctio corticis habeat amaritudinem exterius, debet tamen servare nuclei dulcedinem interius. Nihilominus debet habere testæ fortitudinem, id est perseverantiæ constantiam et virtutis vigorem et ad irrumpendam omnem iniquitatem.

DE QUARTO OFFICIO ARCHIDIACONI.

Quartum est ut, si qua corrigenda vel reformanda seu facienda invenerit, quæ ad episcopum vel dominum Papam pertineant, ea diligenter in scriptis redacta ad episcopum referat; sicut est de limitatione parochiæ, de privatione beneficiorum, de depositione abbatum vel abbatissarum facienda, de clericis degradandis, de irregularitate, de violenta manuum injectione in clericos vel religiosos, quæ aliquando [ad] Papam pertinent, aliquando vero ad episcopum. Item de incendiariis; item de his qui ordines suscipiendo, primam tonsuram scilicet clericum omiserunt vel aliquem ordinum, vel qui susceperunt excommunicati, vel suspensi, vel in irregularitate, vel in tempore non debito, vel a non suo episcopo præter ipsius licentiam specialem. Similiter de his qui, in ordinibus etiam legitime susceptis, administraverint excommunicati vel suspensi vel irregulares. Similiter de fundatione parochiarum et capellaniarum. Similiter de divisione parochiarum pro multitudine populi vel pro nimia distantia facienda. Item de assignatione decimarum, quæ infra certos limites alicujus parochiæ non sunt constitutæ. Item de ecclesiis, quæ præter conscientiam et concessionem episcopi receperunt decimas de manu laica, nisi fortassis fuerit parochialis ecclesia, quantum ad illas decimas quæ de jure communi ad eam pertinent, quæ infra limites suos sunt constitutæ. Hæc igitur et multa alia ad superiorem pertinentia referre debet ad episcopum, diligenter et sollicite procurando, ut efficaciter, quantum potuerit, quatenus episcopus ea quæ ad ipsum pertinent mandet executioni. Ea vero qua ad solum Papam dignoscuntur pertinere, scribat ipse episcopus summo pontifici, mittens ad eum personas, si opus fuerit, quas tangit negotium, cum suis litteris veritatem[1] rei continentibus, ut in parte ista nec archidiaconus nec episcopus apud Deum merito possit redargui, quem super hoc et aliis judicem districtum expectant.

[1] Cod. *veritatibus.*

QUORUM MEMBRORUM IN CORPORE ECCLESIÆ ACTUS GERAT ARCHIDIACONUS.

Jam liquere potest ex prædictis, quod archidiaconus quantum ad primum officium, in corpore Ecclesiæ assimilari potest ori, cujus actum quodammodo gerit in exercitio dicti officii, secundum quod dicit Dominus in Jeremia, « Si separaveris pretiosum a vili, quasi os meum eris, » videlicet cœlestia a terrenis, virtutes a vitiis, animas a Diabolo prædicatione separando. Quantum ad secundum officium, comparatur archidiaconus naso, de quo legitur in Canticis : « Nasus tuus sicut turris Libani qui respicit contra Damascum. » Nam cum ad investigandum quæ sunt corrigenda procedit, quasi ad venandum feras peccatorum exit, et quodammodo mortis odorem ab odore vitæ distinguit, ut sic peccati feram inveniat et occidat, et, ferinitate peccati destructa, ipsos incorporet Ecclesiæ, secundum quod dictum est Petro in Actibus : « Macta et manduca. » Et nota quod bene dicitur « qui respicit contra Damascum, » id est Diabolum qui bibit et sitit sanguinem animarum. Damascus enim interpretatur bibens sanguinem vel propinans. Nota quod necessarium est maxime in hoc officio, quod archidiaconus habeat turris supereminentiam et fortitudinem et etiam Libani candorem, hoc est vitæ munditiam. Aliter enim contra se ipsum investigaret, nec in se nec in aliis proficeret, cum sic esset excæcatus et lumine gratiæ privatus. Quantum ad tertium officium, scilicet quantum ad opus correctionis et reformationis, habet actum manuum, de quibus in Canticis, « Manus tuæ tornatiles aureæ plenæ jacintis, » quia cum torno correctionis et reformationis, scilicet juris vel æquitatis, debent omnes gibbositates et vitiorum inæqualitates circumquaque et ex omni parte sine scrupulo complanari. Bene etiam dicuntur plenæ aureæ jacintis, quia hujusmodi opera auro caritatis debent informari et intentione cœlestium plenius et per totum insigniri. Quantum ad quartum officium, habet actum oculorum, de quibus in Canticis : « Oculi tui, sicut piscinæ in Esebon, quæ sunt in porta filiæ multitudinis. » Esebon civitas erat habens in porta piscinas in aquis limpidissimis copiosas ad populi potum et sordium ablutionem. Notandum est igitur quod ecclesia triumphans, scilicet Jerusalem superna mater nostra, filiam habet ecclesiam militantem, quæ personarum continet multitudinem; et hæc scilicet ecclesia militans generaliter multas habet filias, scilicet dioceses singulas, quarum unaquæque potest dici secundum hunc modum filia multitudinis et Esebon, quæ interpretatur cingulum mœstitiæ. Et enim quælibet diocesis, quodammodo cincta et restricta universali ecclesia militante, est etiam cincta id est circumdata cingulo pœnitentiæ et mœroris et miseriis hujus peregrinationis. Porta Esebon, in qua secundum consuetudinem antiquam reddebantur judicia, est episcopus, cujus specialiter est judiciaria potestas ecclesiastica, et ad quem pertinet alios admittere, alios excludere. Piscinæ in Esebon, archidiaconi, qui quodammodo debent esse sub episcopo et in episcopo, tanquam ejus oculi qui ei renuntiant, sicut oculi quæ vident animæ representant, et hi, tanquam piscinæ, peropportune aquis doctrinæ gratiæ et lacrymarum, quæ omnia desursum descendunt, debent abundare ad potandum populum et a sordibus abluendum. Habemus igitur quantum locum, imo quot et quanta loca et quam utilia et quam necessaria tenere possit et debeat archidiaconus in ecclesia Dei, in cujus corpore debet esse tanquam os docendo et prædicando, tanquam nasus investigando, tanquam manus corrigendo et reformando, tanquam oculus in renuntiando. Sed heu! heu! quot et quantas hodie videmus ecclesias, quæ hujusmodi oculos caligantes habent aut cæcutientes, imo, ut in pluribus, magis penitus extinctos. Quia etsi in aliquibus sapientia mundana lucere videatur exterius, tamen, extincta pupilla, lumine gratiæ privati sunt interius. Similiter multas et magnas ecclesias videre possumus hujusmodi manus paralyticas habentes, et ora muta, et nares corruptas et infectas, adeo quod jam, sicut oporteret, non discernunt, nec fœtorem nec abominationem peccatorum sentiunt. Væ hujusmodi ecclesiis, in membris suis sic deturpatis et desolatis, et væ hujusmodi membris, videlicet hujusmodi archidiaconis, qui quod debent non exsolvunt, damnationem sibi acquirunt et hanc etiam cumulatam. Et hoc maxime cum ipsi, sicut tenentur, non visitant, nec susceptum exequuntur officium. Nihilominus tamen procurationes, ratione ministerii debitas, exposcunt et recipiunt, non attendentes quod coram districto judice super hoc rationem sunt reddituri, contra quos legitur Sapientiæ sexto : « Horrende et cito apparebit vobis, quoniam judicium durissimum in his qui præsunt, fiet, et potentes potenter tormenta patientur. »

QUALIS DEBEAT ESSE ARCHIDIACONUS.

Superest ut in conclusione breviter et quasi summatim perstringamus qualis[1] debeat esse archidiaconus. Oportet enim, ad decorem et integritatem ecclesiæ, ipsum esse moribus compositum, zelatorem animarum et in zelo sobrium, scientia et eloquentia præditum, in judicio rectum, gratis faciendo justitiam injuriam patientibus, fidelem ad dispensationem, in consilio providum, in jubendo discretum, in disponendo industrium, in loquendo modestum, in agendo strenuum, in adversitate constantem, in prosperitate humilem et devotum, in misericordia non remissum, in justitia non nimium, in causa rei familiaris non anxium; ut liberum possideat animum rei alienæ non cupidum, et suæ non cupidum, in agendis vigilem et circumspectum, inter fraudulentos cautum, inter adulatores facie tristem et nubilosum, inter detractores Deo odibiles non credulum, familiæ propriæ bene præpositum, qui sibi subditos et vulgus non spernat sed doceat, divites non palpet, pauperes non gravet, qui ad ecclesias cum turba et fastu non intret nec cum ira exeat, qui marsupia non exhauriat, sed corda reficiat et crimina corrigat, qui famæ suæ provideat nec invideat alienæ, qui orandi studium et usum habeat, et plus fidat orationi et in divino auxilio, quam industriæ propriæ et labori, qui bonos familiariter diligat et foveat, juvet et promoveat, duros dure redarguat, malignantes et superbos coerceat, qui non quærat datum sed fructum, et post visitationes relinquat, quantum in se est, ordinem monasteriis, clericis, et Deo populum acceptabilem, bonorum operum sectatorem.

[1] Cod. *qualem*.

Ut autem expeditius et efficacius et cum majori certitudine hæc prædicta exequatur archidiaconus, expedit ut cum hoc scripto et libello synodali scribat per ordinem decanatus sui archidiaconatus, et in quolibet decanatu parochias cum patronis earum; similiter capellanias et capellas, abbatias, prioratus, domos eleemosynarias et leprosias.

EXPLICIT SUMMA PASTORALIS.

NOTICE

SUR UN GLOSSAIRE LATIN DES GENRES,

OU

TRAITÉ ALPHABÉTIQUE *DE GENERIBUS NOMINUM*,

Manuscrit anonyme de la bibliothèque de Laon.

Un manuscrit de la bibliothèque publique de la ville de Laon, volume in-folio sur parchemin, coté 463, et provenant de l'ancienne abbaye bénédictine de Saint-Vincent, fondée par Brunehaut, près de Laon, vers la fin du VIe siècle [1], va nous permettre de compléter un ouvrage assez précieux de critique grammaticale, qui n'avait été publié qu'en partie, et seulement dans ces derniers temps.

M. Étienne Endlicher, en 1836, dans son Catalogue des manuscrits latins de la bibliothèque impériale de Vienne [2], décrivant celui qui porte le n° 89, et qui avait appartenu, sous le n° 72, à la bibliothèque de Salzbourg, donne au sixième article de ce recueil le titre suivant, *Tractatus de Generibus nominum, secundum seriem alphabeti;* et, tout en regrettant que l'ouvrage soit incomplet, et qu'il ne commence qu'au mot *Canis*, il annonce que ce fragment, où sont textuellement cités de nombreux auteurs de la langue latine depuis Ennius jusqu'à saint Am-

[1] *Gall. christ.* t. IX, col. 566.

[2] *Catalogus codicum philologicorum latinorum bibliothecæ palatinæ Vindobonensis.* Vienne, 1836, gr. in-8°, p. 198.

broise (il fallait dire, jusqu'à Fortunat et Isidore), mérite de sortir de l'oubli, et que M. Haupt doit bientôt le publier.

En effet, M. Maurice Haupt, en 1838, à la suite d'une nouvelle récension des Halieutiques d'Ovide et des Cynégétiques de Gratien et de Némésien, accompagnée de deux morceaux inédits (*Hymnus*, et *de Septem miraculis mundi*)[1], fit imprimer à Leipsick ce glossaire des Genres, dont il avait préparé et promis l'édition depuis deux ans. Il regarde, ainsi que M. Endlicher, le manuscrit in-folio sur parchemin comme étant du IXe siècle, et il nous apprend aussi que, dans le recueil, ce traité s'étend du feuillet 170 au feuillet 175. Lorsque l'édition parut, la lacune du commencement, que M. Haupt ne jugeait que d'un feuillet, n'avait pu encore être suppléée par aucun autre manuscrit.

C'est ce vide des deux premières lettres de l'alphabet et de la moitié de la troisième, que nous venons remplir aujourd'hui. Le manuscrit de Laon, qui, à commencer du mot *Opes*, n'a conservé qu'une liste assez négligée des mots et des genres, sans y joindre les noms des auteurs ni les exemples, ne paraît point jusque-là trop défectueux, quoique les lettres A et B n'y soient certainement pas complètes. Ce glossaire y est précédé, comme dans le manuscrit de Vienne, des prétendus Synonymes de Cicéron et de gloses sur divers mots de la Bible, et suivi de plusieurs traités de Hugues de Saint-Victor, dont le principal est le *Didascalicon*. Écrit, vers le XIIe siècle, par une main très-ignorante, notre exemplaire offre du moins encore, à travers beaucoup d'altérations, assez de choses intéressantes et neuves, pour qu'il ne soit pas sans utilité de combiner ce qu'il nous donne avec ce que nous avions déjà, et de présenter enfin à l'érudition, sous un seul coup d'œil, tout l'ensemble de ces fragments.

Ni l'un ni l'autre des deux manuscrits n'a de titre : nous conservons celui qu'ont adopté MM. Endlicher et Haupt, *de Generibus nominum*, quoiqu'il y ait çà et là des observations grammaticales qui ne regardent point les genres : ce titre étant déjà familier aux savants, qui l'ont cité plusieurs fois[2], il nous a paru convenable de ne le point changer.

Nous pensons, comme ceux-là mêmes qui n'ont encore vu qu'une partie de ce manuel[3], que l'on peut y découvrir la trace de deux rédactions différentes. L'une, toute défigurée qu'elle est à présent par les diverses mains qui nous l'ont transmise, semble venir originairement d'un grammairien des premiers siècles de l'empire romain, homme d'un goût délicat et sévère, qui n'al-

[1] *Ovidii Halieutica, Gratii et Nemesiani Cynegetica, ex recensione Mauricii Hauptii. Accedunt inedita latina.* Leipsick, 1838, in-8°, p. 74-105.

[2] Lachmann, dans son édition de *Charisius*, Leipsick, 1840, pag. XII et 177; Meyer, dans sa seconde édition des *Fragm. des or. romains*. Zurich, 1842, pag. 196, 470, etc.

[3] M. Haupt, l. c. p. XXIX.

lègue le plus souvent que des écrivains du temps d'Auguste, surtout des poëtes, et qui peut-être avait servi de guide à Probus et à Caper, auteurs de traités analogues sur les genres douteux, *de Dubiis generibus*, dont quelques débris nous sont restés[1]. L'autre rédaction, moins latine, moins intelligente, et beaucoup plus moderne, se révèle par de nombreuses interpolations, pour lesquelles on a puisé dans les traductions latines de la Bible et, presque à tout moment, dans les poëtes chrétiens.

Il y a, en effet, un singulier rapport, au moins pour le choix des exemples, entre ce glossaire et les fragments *de Orthographia*, publiés, d'après un manuscrit de la bibliothèque Vallicelliana, sous le nom de L. Cecilius Minutianus Apuleius, d'abord par Mgnor Mai, à Rome, en 1823[2], et ensuite, avec un ample commentaire, en 1826, à Darmstadt, par M. Frid. Osann[3]. On pourrait même supposer que le glossaire des Genres est aussi d'un Apuleius : voici sur quel fondement. Dans le manuscrit de Laon, au mot *Arbor* (n° 8), le grammairien s'exprime ainsi : « Sed plenius in sequenti, cum de arboribus propria scribimus, declaramus. » Or, il y avait un Apulée qui avait écrit un traité des arbres, cité par Servius : « Apuleius in libris, quos de arboribus scripsit[4]. » Ne serait-ce pas une présomption suffisante pour ne reconnaître qu'un seul auteur à deux petits ouvrages qui semblent avoir entre eux une grande analogie, et qui pouvaient faire partie d'un grand corps de grammaire, d'où l'on aurait extrait aussi, avec le nom d'Apulée, en leur faisant subir de semblables altérations, les livres *de Nota aspirationis* et *de Diphthongis*[5]? Il est vrai que cette conjecture tombe, ou à peu près, si l'on attribue, comme on l'a fait, le traité des Arbres à Apulée de Madaure[6]; car personne ne croira que l'auteur de l'Ane d'or ait jamais écrit les deux manuels sur l'Orthographe et sur les Genres.

Ces deux petits livres élémentaires, qui, tels qu'ils nous sont parvenus, pourraient sembler, si on les croit également authentiques, avoir été rédigés, vers le VIIe ou le VIIIe siècle, d'après d'autres traités plus anciens, ne nous offrent presque partout l'un et l'autre (et c'est là ce rapport de composition dont nous voulions parler) que des autorités tirées des poëtes. Mais nous sommes plus heureux pour l'un que pour l'autre : dans les fragments sur l'Orthographe, après le nom de chaque poëte, la citation manque d'ordinaire, parce qu'elle aura été, dit-on, pri-

[1] Priscien, col. 659, Putsch. — Endlicher, *Analecta grammat.* præfat. p. XX.— Voy. Caper, *de Verbis dubiis*, col. 2247-2250, Putsch.

[2] *Juris civilis et Symmachi orationum partes*, etc. curante Angelo Maio. Rome, 1823, in-8°, p. LXXII-LXXX, 127-140.

[3] *L. Cæc. Minutian. Apuleii de Orthographia Fragmenta, et Apuleii minoris*, etc. ed. Frid. Osann. Darmstadt, 1826, in-8°.

[4] Servius, *ad Virgil. Georg.* II, 126.

[5] Voy. Bosscha, *ad Apul.* t. III, p. 521. — Osann, l. c. p. 87-146.

[6] Bosscha, l. c. p. 515.

mitivement écrite en rouge et qu'elle se sera plus vite effacée[1], tandis que notre glossaire offre toujours, à la suite du nom de l'auteur, le texte de cet auteur même.

Si l'on s'étonnait de voir ainsi des grammairiens ne prendre guère que des poëtes pour garants de leurs préceptes sur l'orthographe et sur les genres, nous répondrions que les vers se gravent plus aisément dans la mémoire que la prose, et qu'il leur importait surtout de ne se servir pour exemples que de mots dont la forme devait leur paraître désormais invariable, comme étant rigoureusement fixée par le rhythme et la prosodie.

On sait que la principale valeur des diverses compilations grammaticales qui nous restent consiste dans les fragments d'auteurs anciens qu'elles nous ont conservés comme exemples de leurs règles : c'est aussi là le seul mérite que puisse avoir aujourd'hui pour nous le glossaire des Genres, qui avait au moins une de ces citations pour chaque mot.

Déjà le traité de l'Orthographe nous avait fait passer sous les yeux, quelquefois avec les titres de leurs œuvres, la plupart de ces poëtes latins, si nombreux à Rome du temps d'Auguste, dont la gloire n'a pu se soutenir à côté de celle de quatre ou cinq grands poëtes leurs contemporains, et que nous voyons nommés avec affection, rarement avec reproche, dans les épîtres d'Ovide pendant son exil, surtout dans celle où il trace comme le catalogue d'une bibliothèque poétique, uniquement composée de poëtes de son siècle, et mêle à quelques noms célèbres beaucoup de noms oubliés[2] : Varius, Rabirius, Cornelius Severus, Macer, Gracchus, Fontanus, Melissus, Cinna, Cotta, Turranius, Trinacrius, Marius, Tuscus, Camerinus, Lupus, etc. Tous ces noms, dont quelques-uns sans doute ne furent jamais illustres, se retrouvent, avec des titres d'ouvrages, dans les préceptes attribués à Apulée sur l'Orthographe. Mais c'est précisément cette richesse inouïe de documents littéraires qui a été fatale à ces fragments : un critique, M. Madvig, a essayé d'établir, par les raisons les plus spécieuses, que tout cela n'est que l'œuvre d'un faussaire[3]; et il faut avouer, entre autres motifs de doute, que la seule copie que l'on connaisse de l'ouvrage est de la main d'Achille Statius (Estaço), Portugais du XVIe siècle, qui ne fut pas étranger à quelques doctes fraudes[4]. On doit naturellement aussi se défier de cet Apulée qui, d'après un usage d'où sont nées tant d'incertitudes et d'erreurs, prend un ancien nom de grammairien connu par Suétone[5], comme on voit, au temps des Visigoths, des gens qui se font appeler Virgile, Varron, Térence et Caton[6].

[1] Préf. de Monsign. Mai, p. LXXVII.

[2] Ovide, *de Ponto*, IV, 16.

[3] J. N. Madvig, *Opuscula academica*. Copenhague, 1834, in-8°, p. 1-28.

[4] Voyez ses notes sur Suétone, éd. de Burmann, 1736, t. II, p. 399. — Affò, *Mem. degli scrittori parmigiani*, t. I, p. 14.

[5] *De illustr. grammat.* c. 3.

[6] *Classici auctores ex codd. Vaticanis*. Rome, 1833, t. V, p. XIII, etc.

Ici tout l'avantage est encore de notre côté : quoique fort riche en citations des meilleurs temps, notre anonyme, qui ne prend le nom de personne, transcrit, au IXe et au XIIe siècle, par les plus ignorants des copistes, et où l'on ne trouve d'autres interpolations évidentes que celles d'un grammairien chrétien, assurément trop peu habile pour prêter avec vraisemblance ses propres vers à Rabirius et à Bibaculus, nous paraît être, jusqu'ici du moins, à l'abri du soupçon. Nous ne croyons pas, en effet, que son glossaire, qui, maintenant surtout qu'on en saisit mieux la composition, devra entrer pour beaucoup dans cette controverse, ait paru suspect à aucun de ceux qui jusqu'à présent l'ont pu connaître ; nous osons même dire qu'il est peu probable que l'on révoque jamais en doute l'origine vraiment ancienne de ce recueil d'autorités. Et cependant, si vous joignez la partie que nous publions à celle que l'on possédait déjà, quel autre grammairien aura pu vous offrir, en aussi peu d'espace, une moisson plus abondante de témoignages inattendus ? Vous allez trouver ici, dans quelques pages, et les noms et les vers, soit de plusieurs de ces mêmes poëtes, accueillis avec une si vive défiance, et que l'on prétendait n'avoir été nommés par personne depuis Quintilien [1], soit de quelques autres, que ni leurs contemporains ni les grammairiens n'avaient cités. Un certain nombre, sans doute, étaient indiqués déjà par Flavius Caper, et surtout par Charisius, dont le premier auteur du lexique des Genres aurait le plus profité, s'il ne lui avait fourni lui-même une partie de ses exemples ; mais il nous semble toutefois avoir entrevu qu'une étude plus longue et plus attentive que la nôtre pourra tirer de ces fragments, pour l'histoire des lettres latines, quelques nouvelles lumières. Les remarques suivantes donneront du moins une idée de ces sortes de recherches et de conjectures.

Le nom du poëte Rabirius est redevenu célèbre un moment, parce qu'on s'est empressé de lui attribuer les soixante-deux vers sur la guerre d'Actium, souvent imprimés depuis 1809 [2], le seul texte latin retrouvé jusqu'à présent parmi les manuscrits grecs d'Herculanum. Aux deux fragments authentiques de ce poëte [3], on en peut ajouter maintenant trois autres (nos 107, 110, 315), entre lesquels on remarquera ce vers,

Ac veluti Numidis elephas circumdatus alis,

qui offre une telle ressemblance avec les vers où Lucain représente le centurion Sceva, entouré de toutes parts, à Dyrrhachium, sous l'image d'un éléphant assailli par les Numides,

Sic Libycus densis elephas oppressus ab armis [4],

[1] Madvig, l. c. p. 15.

[2] A part, en 1814, par Kreyssig.

[3] Sénèque, *de Benefic.* VI, 3 ; Charisius, col. 49. Voy. Weichert, *de Vario et Cassio Parmensi*, p. 157-164.

[4] *Pharsal.* VI, 208.

que l'on regrette de ne pouvoir quelquefois mettre ainsi l'auteur de la Pharsale en parallèle avec ceux de ses devanciers qui avaient traité des sujets nationaux.

Cotta, célébré par Ovide [1], est un de ces poëtes : nous trouvons indiqué, dans le livre de l'Orthographe [2], son poëme *de Pharsalico bello*, dont le titre ne peut avoir été, comme quelques autres, suggéré par la lecture d'Ovide, qui ne dit rien d'un tel poëme. Il est fâcheux que le seul passage où Cotta paraisse cité par notre grammairien (n° 267) ne soit pas plus correct, et ne puisse pas nous être plus utile. Cotta était un avocat qui faisait des vers : en avait-il fait sur la cause jugée à Pharsale? Nous ne le savons encore que par un témoin qu'on refuse de croire.

Un autre contemporain d'Ovide et de Virgile, Valgius, compterait un fragment de plus, outre ceux que M. Weichert a recueillis [3], si *Vallius* (n° 247), comme M. Haupt l'a supposé, devait être remplacé par *Valgius*.

Le manuscrit de Laon nous donne seul un fragment inédit de Bibaculus (n° 38), *nam meo grabato;* fragment de mauvais augure pour un poëte, s'il faut prendre ce mot dans le sens défavorable qu'il avait déjà chez les anciens, et qu'il a conservé. C'est toujours un nouveau texte à joindre aux vers qui nous restent du poëte de Crémone, M. Furius, qui avait bien mérité, disaient quelques-uns, son surnom de Bibaculus [4].

Nous n'en avions pas, au moins de certain [5], de ce Volumnius Eutrapelus, l'ami de Cicéron, qui dînait chez lui, avec la courtisane Cytheris, surnommée alors Volumnia [6]; Eutrapelus, qui, du parti d'Antoine le triumvir, passa probablement dans celui d'Auguste; que les meilleurs juges, Horace lui-même, ne dédaignaient pas de citer pour ses plaisanteries [7], et dont la réputation de bon convive s'accorde assez avec cette unique citation (n° 46), malheureusement tronquée par le copiste, et que nous avons osé restituer :

Stridenti dabitur patella cyma.

Il y aurait lieu de songer aussi au Volumnius que Varron cite comme auteur de tragédies étrusques [8], si ce vers, qui semble avoir fait partie d'une invitation à dîner, ne rendait notre conjecture assez vraisemblable, et s'il ne restait quelque doute sur le nom du poëte de Varron, que les derniers éditeurs, d'après deux ou trois manuscrits, ont appelé Volnius [9].

Melissus, rarement cité ailleurs, et qui ne l'est ici qu'une fois (n° 61), pour-

[1] *De Ponto*, IV, 16, 41.

[2] Chap. III.

[3] *Poetar. lat. reliquiæ*. Leipsick, 1830, p. 203-240.

[4] Weichert, l. c. p. 331-364.

[5] Il y en a un fort douteux dans les *Classic auct. ex codd. Vatic.* t. V, p. 103.

[6] Cic. *Epist. fam.* IX, 26.

[7] Hor. *Epist.* I, 18, 31.

[8] *De ling. lat.* l. V, n. 55. Voy. Ad. Lange, *Vindiciæ trag. rom.* Leipsick, 1822, p. 13.

[9] Léonard Spengel, Berlin, 1826, p. 61. — Otfried Müller. Leipsick, 1833, p. 22.

rait être pris d'abord pour un simple grammairien, pour l'un des deux Melissus de Suétone[1]; car, dans l'article où se trouve son nom, il s'agit d'un de ces termes peu usités qui plaisent tant aux régulateurs du langage. Mais Suétone lui-même nous apprend que le second, celui de Spolète, l'affranchi de Mécène, fit des comédies romaines d'un nouveau genre, *trabeatas;* et nous reconnaissons encore un des poëtes que regrette Ovide exilé[2].

C'est notre manuscrit de France qui nous donne ces trois autorités, entièrement nouvelles, de Bibaculus, de Volumnius et de Melissus. On y trouve aussi (n° 64) un mot de plus des livres de César sur l'Analogie.

Varron, le plus docte des Romains, est souvent cité dans le glossaire, comme le sont d'autres grammairiens; mais on peut croire que ce nom y désigne quelquefois Varron d'Atax, le poëte de la Gaule Narbonnaise, qui eut l'honneur d'être imité et même copié par Virgile[3].

Nous ne savons quel est le Brutus dont le témoignage est invoqué pour l'emploi du mot *requietem* (n° 279). Sallustius, Trogus, Nepos, T. Livius, cités une ou deux fois, sont probablement les historiens.

Le nom d'Horace ne reparaît que deux fois, comme celui de Pollion, son ami, cité pour un mot qu'on aurait cru d'origine moderne, *turturella.* Quatre passages, peut-être cinq, sont empruntés de Cornelius Severus, et ils ont pu appartenir à son grand poëme historique cité par Probus, *Rerum romanarum libri*[4]. Deux nouveaux fragments d'Emilius Macer doivent accroître le petit nombre de ceux que nous avions de son poëme *de Herbis,* remplacé, au moyen âge, par un ouvrage pseudonyme[5]. Six exemples, presque tous connus, viennent d'Ovide, quatre de Properce, un seul de Tibulle. Virgile, l'arbitre souverain de quiconque rédigeait un traité de grammaire, est nommé plus de cent fois.

Mécène, le protecteur de tous ceux de ces poëtes qui chantèrent Auguste et son ministre, s'enrichira ici de quelques fragments peu importants, qui ne démentiront point son ancien renom d'écrivain obscur et affecté. Le manuscrit de Laon, toujours incorrect, nous donnera cependant le moyen de corriger un vers déjà connu (n° 58), bien digne des autres poésies de Mécène, et dont ses derniers éditeurs, ni M. Albert Lion, ni M. Frandsen[6], n'avaient pu rétablir la vraie leçon:

Ingere fumantes calido cum farre catinos.

[1] *De illustr. grammat.* c. 3 et 21.

[2] *De Ponto,* IV, 16, 30. Voy. Weichert, l. c. p. 167.

[3] *Hist. litt. de la France,* t. I, part. I, p. 108-114.

[4] Probus, *de Nomine,* n° 12, éd. d'Endlicher, p. 216.

[5] Voy. Theod. Grässe, *Lehrbuch einer allgemeinen Literärgeschichte, etc.* Dresde, 1838, t. I, part. II, p. 622, 716.

[6] Alb. Lion, *Mæcenatiana.* Göttingen, 1824; sec. édit. 1846. — Frandsen, *C. Cilnius Mäcenas..... Leben und Wirken.* Altona, 1843.

Parmi les écrivains antérieurs au siècle d'Auguste, on trouvera cités, mais pour très-peu de phrases: Ennius, Nevius, Afranius, Plaute, Térence, Lucilius, Caton, Lucrèce; Pomponius, l'auteur d'Atellanes; Gracchus, s'il faut rapporter la citation à l'un des deux tribuns; l'orateur Porcina, dont nous n'avions que trois ou quatre mots [1]; Celius, l'orateur plutôt que l'historien [2], et Cicéron, qu'on ne pouvait oublier.

Nous avons dit que la série des écrivains profanes qui fournissent au plus ancien rédacteur ses autorités s'arrête presque immédiatement après Auguste. En effet, quelques mots de Fabianus, ce philosophe romain pour lequel Sénèque exprime tant d'admiration [3], et dont les livres d'histoire naturelle avaient été lus par Pline, Charisius et Diomède; une citation de Pétrone, qui donne un nouveau fragment; une de Martial; une de Claudien, s'il ne s'agit pas plutôt de Claudianus Mamertus; voilà tout ce qui représente les derniers siècles : ni Sénèque, ni Lucain, ni Stace, ni Silius, ni Valerius Flaccus, ni aucun des prosateurs païens des mêmes temps, à l'exception de Symmaque, n'ont de place dans ce long recueil de textes; on passe brusquement de l'âge littéraire de Virgile à la littérature chrétienne.

Il est aisé de se figurer un grammairien chrétien du VIIe ou du VIIIe siècle (et d'autres peut-être encore après lui), lisant ou dictant à ses élèves cette liste alphabétique dressée autrefois dans les écoles de Rome, de Marseille ou de Toulouse, et, pour recommander à la sienne des noms qu'il n'y prononce qu'avec respect, ajoutant à la marge de son exemplaire des phrases prises dans la traduction latine des livres saints, dans Cyprien, dans Lactance, à qui il attribue, sans hésiter, le poëme du *Phénix;* dans Juvencus, Ambroise, Prudence, qu'il cite le plus après Virgile; dans Paulin, Ausone, qu'il regardait comme infailliblement chrétien; dans Sulpice Sévère, Sedulius, Sidoine Apollinaire, Fortunat, Isidore de Séville. Ainsi se sont formés, des matières les plus disparates, un grand nombre de ces recueils élémentaires.

Les nouveaux modèles dans l'art d'écrire proposés à l'imitation de la jeunesse studieuse portent quelquefois des noms bien peu connus. Dynamius (n° 125) pourrait être, ou le rhéteur de Bordeaux chanté par Ausone, ou le patricien d'Arles, dont Fortunat vante les poésies [4]. Nous n'oserions, à plus forte raison, prendre un parti sur Valentinus (n° 85), qui n'est probablement, ni l'ancien poëte comique Valerius Valentinus, antérieur à Lucilius, et nommé par Festus et par Priscien [5], ni l'orateur de Trèves, dont l'éloquence, dans l'assemblée de Reims

[1] Voy. Meyer, *Orat. rom. fragm.* Zurich, 1842, p. 195.

[2] *Ibid.* p. 470.

[3] *Epist.* 40 et 100.

[4] *Histoire littéraire de la France,* tom. I, part. II, pag. 232; tom. III, p. 457-464.

[5] Festus, au mot *Tappullam legem*, p. 275, Lindem. — Priscien, col. 679, 712, Putsch. — Voy. Quadrio, *Storia d' ogni poesia,* t. I, p. 181; t. IV, p. 718.

en 70, appela les Gaulois aux armes contre la domination de Rome[1], mais qui ne paraît être non plus, ni l'évêque d'Arles, présent au concile de Sardique en 347, ni le C. Julius Valentinus des inscriptions[2], ni aucun de ceux dont le souvenir ait vécu jusqu'à nous. Ce qui n'est point douteux, c'est qu'il peut s'appliquer exactement les seuls mots qui restent de lui, en exceptant toutefois l'auteur inconnu qui seul les a cités :

.... Nullus mea carmina laudat.

Les renseignements certains nous manquent encore plus, s'il est possible, sur un Apollonius (n° 132), dont le nom est peut-être défiguré, et qui n'est sans doute pas le grammairien grec souvent cité par Priscien ; sur un Alexander (n° 257), qui avait écrit en latin, et qui, à moins qu'il ne s'agisse du texte latin encore inédit d'une des prétendues lettres du conquérant de l'Inde, pourrait être l'Alexandre que l'on compte parmi les commentateurs de Virgile[3], etc. Ou plutôt, sur quelques-uns de ces auteurs obscurs, il serait difficile de dire s'ils ont été romains ou grecs, païens ou chrétiens, ni même, tant la critique de l'interpolateur nous est suspecte, s'ils ont vécu.

M. Haupt n'avait point réussi à deviner d'où vient la phrase chrétienne précédée de ces mots, qu'il n'explique pas (n° 150) : *ut ad Frontonium discipuli*. Nous avons été plus heureux, et nous avons trouvé une solution à cette énigme dans les Vies des Pères du désert, dans ce célèbre ouvrage qu'on désignait jadis par le titre populaire de *Vitas patrum*, et qui, après avoir été sans cesse réimprimé, est assez rare aujourd'hui. La Vie de saint Frontonius, abbé, œuvre anonyme que les Bollandistes croient du IIe siècle, et qui fut attribuée faussement à saint Jérôme[4], nous montre, en effet, les disciples de Frontonius, qui, poussés par le démon à quitter la solitude où ils ont suivi leur maître, s'en viennent lui dire : « Quoi donc, parce qu'on habite les villes et les villages, est-on privé à jamais de la vue de Dieu ? ne peut-on voir Dieu que dans le désert ? » Le texte n'est pas exactement celui du grammairien, qui ne cite peut-être que de mémoire, comme pour la réponse de Prudence à Symmaque (n° 130), ou d'après une autre traduction latine ; car plusieurs de ces Vies ont été d'abord rédigées en grec. L'Apollonius du n° 132 pourrait être aussi un des Apollonius de ces légendes[5]; mais, en général, nous devons répéter qu'il sera prudent, avant de se livrer à de telles

[1] Tacite, *Hist.* IV, 68.

[2] Maffei, *Mus. Veron.* 248, 2.

[3] Servius, *ad Æn.* VIII, 330. — Heyne, *ad Virg.* t. VII, p. 422, Lem. — *Class. auct. Vatican.* publ. par Mai, t. V, p. XIV, 103.

[4] *Vitæ Patrum*, éd. de Rosweyde. Anvers, 1615, pag. 239. — Bolland. *Acta Sanctorum*, t. II d'avril, p. 202. — R. Gautier, *Les Vies et miracles des saints pères*, etc. Lyon, 1618, p. 336.

[5] *Vitæ Patrum*, éd. de Rosweyde, p. 460-465, 469, 477, 717, 747-752, 982, etc.

conjectures sur des passages souvent tronqués, d'attendre, ou de nouveaux documents, offerts quelquefois par le hasard, ou surtout de nouveaux manuscrits.

Il n'en est pas moins vrai que, dès à présent, plusieurs de ces noms pourront servir à compléter l'histoire littéraire des premiers siècles de l'Église, comme les noms profanes répandront, de leur côté, quelque lumière sur la foule des poëtes latins au siècle de Virgile.

L'édition que nous donnons aujourd'hui du texte de ce glossaire est une édition *princeps*, d'après un seul copiste, et le plus ignorant des copistes; car, du n° 69 au n° 237, l'exemplaire de Laon, sauf quelques légères variétés dans la disposition alphabétique, fort peu régulière des deux parts, est presque identique avec celui de Vienne. Il n'y avait ainsi pour nous que de bien faibles secours à espérer de la collation, ordinairement si utile, de deux leçons différentes. Une autre ressource nous restait, celle des manuscrits de Paris ou des autres villes de France : nous n'y avons rien trouvé qui pût nous servir. Nous laissons donc le texte tel qu'il est. Quand même les autres grammairiens, que nous avons soigneusement consultés, nous auraient fourni, pour le corriger, plus de points de comparaison, la saine critique, dans l'état barbare où il nous est transmis par le copiste, eût défendu d'y toucher. Les corrections que M. Haupt a osé y introduire nous ont été fort utiles; mais nous avons toujours cru ne devoir proposer qu'au bas des pages ses conjectures et les nôtres. C'est son commentaire, assez court, qui, pour ces notes difficiles, a encore le plus allégé notre peine : nous le remercions de ce que nous devons à ses recherches, soit pour l'éclaircissement de quelques passages que le nombre des fautes rendait horriblement méconnaissables, soit pour l'indication précise des exemples cités, lorsqu'ils n'étaient pas inédits. Mais l'estimable éditeur de Leipsick, outre qu'il n'a point connu notre texte de France, est loin d'avoir pu tout expliquer dans la partie qu'il a publiée : il a laissé quelque chose à faire après lui, et nous laisserons beaucoup à faire après nous.

M. Haupt dit très-bien lui-même[1] : *Ceterum si, in magna nominum et vocabulorum depravatione, neque emendare omnia, neque suis quæque auctoribus assignare potui, eorum, qui similem laborem unquam subierint, non defuturam mihi esse spero excusationem.*

Cette modestie de l'habile critique nous avertit du danger qu'il y aurait eu à ne point conserver, plus rigoureusement qu'il ne l'a fait, le texte du manuscrit. Malgré notre répugnance pour toute cette barbarie, nous n'y changeons pas une seule lettre. Nous avions eu d'abord l'intention de donner une restitution continue, au bas de la leçon, presque toujours très-fautive et très-inintelligible, du copiste : nous avons reconnu, après quelques essais, combien une sem-

[1] *Præfat.* p. XXIX.

blable entreprise serait téméraire. Il est possible de corriger avec certitude les exemples tirés d'auteurs connus, et nous ne manquons jamais de les rectifier dans les notes; mais quand les exemples sont entièrement nouveaux, vouloir les rétablir tous par conjecture serait une hardiesse prématurée. Ce n'est pas aux connaisseurs qu'il est besoin de dire que plusieurs années et même plusieurs siècles se passent avant qu'un texte ancien, qui sort des mains d'une longue suite de copistes, commence à devenir correct et à pouvoir être partout compris. Le grammairien qui a écrit sur les genres ne méritera peut-être pas un si long travail; mais nous avons fait comme s'il le méritait.

On a quelquefois abusé des fragments, même de ceux dont la source était le plus douteuse : tantôt, à l'aide des débris de Salluste, épars dans des grammairiens comme le nôtre, on a refait tous les livres de la grande Histoire perdue depuis des siècles; tantôt, en combinant des demi-lignes et même des demi-mots, on s'est imaginé qu'on avait retrouvé toutes les aventures des Sabins, des Volsques, des Herniques, des Opiques, des Pélasges, quoiqu'on ne voulût point croire à l'histoire romaine écrite par les Romains. Nous n'avons pas à craindre ou à espérer qu'on assimile en rien à ces reconstructions hardies quelques timides rapprochements de cette préface, trop peu importante pour donner l'idée d'une telle comparaison, et trop courte pour renfermer beaucoup d'erreurs. Toutefois, il est possible que, plus tard, ces mêmes fragments, joints à ceux que nous ont déjà rendus les manuscrits, et à ceux qu'ils peuvent nous rendre encore, deviennent, à leur tour, les auxiliaires de quelque grand système historique ou grammatical, et suscitent, comme tout ce qui est obscur, de vives controverses. Il ne faudra point s'en plaindre, si les savants y trouvent une nouvelle occasion d'apprendre combien de choses il leur est permis d'ignorer.

VICTOR LE CLERC.

DE GENERIBUS NOMINUM.

1. *Egiptus*, gen. fem., ut David : letata est Egiptus.
2. *Aara*, gen. neutri, ut Virgilius : aera per tenerum.

1. Lisez, « Aegyptus, » et ensuite, « læta est Aegyptus. » La lettre initiale peut manquer, comme il arrive souvent. Le passage cité appartient au psaume CIV, verset 38 : c'est le texte latin de la Vulgate.

2. Il faut corriger sans doute : « Aer, gen. masc. » Les mots cités sont de l'Énéide, IX, 699.

3. *Aurum*, gen. neut., ut illud : in colites.

Arvum, gen. neut., ut illud : incolites arvum. Pluraliter arva : Galileaque arva.

4. *Amor*, gen. masc., ut Juvencus : fraterno demum reconciliatus amore.

5. *Æstus*, de inundatione, gen. masc., ut Virgilius : estumque secabant. Nam de estate intelligendum est, quando feminini generis dicitur.

6. *Artus* singuli in numero non habet, sed pluraliter, masculini gen., ut Juvencus : splendebant corporis artus.

7. *Ager*, gen. masc., ut Dominus in Evangelio : ager hic mundus est.

8. *Arbor*, gen. fem., ut Paulinus : Erit ut arbor, que propinqua flumine. Ideoque omnes arbores, tam in proprio quam in appellativo nomine, fem. gen. sunt vocande; sed plenius in sequenti, cum de arboribus propria scribimus, declaramus.

9. *Anguis*, gen. masc., ut Virgilius : inimicus immensi sordibus anguis.

10. *Ardor*, gen. masc. Hinc ardor dicendum, et bis ardor.

11. *Archanum*, gen. neut. Hoc archanum, et hec archana.

12. *Ambago*, gen. fem., ut Prudentius : Ambage fallit atra.

13. *Ædes*, gen. fem., edita dedicendum.

3. Les deux premiers exemples sont tronqués et inintelligibles. On trouve, « Galilæa per arva, » dans Sedulius, IV, 189. Il y a une telle confusion des deux articles que nous n'avons point voulu les séparer.

4. Juvencus, I, 512 :

« Fraterno demum jam conciliatus amori. »

5. Virgile, *Æneid.* VIII, 674. On confond ensuite « æstus » et « æstas. »

6. Lisez : « Artus singularem numerum non habent. » Plus bas, Juvencus, I, 623 :

« . . . . Splendebunt corporis artus. »

7. S. Matthieu, XII, 38, cité mal à propos ; car « mundus » est substantif dans le texte évangélique.

8. Peut-être faut-il lire :

« Eritque ut arbor, quæ propinqua flumini. »

Nous n'avons trouvé ce vers ni dans S. Paulin de Nole, qui en a fait peu de cette mesure, ni dans les hymnes iambiques de S. Paulin d'Aquilée.

9. *Æneid.* II, 204 :

« . . . . Immensis orbibus anguis. »

« Inimicus » est de trop.

10. Peut-être y avait-il : « Hic ardor dicendum, et hi ardores. »

11. Lisez, « Hoc arcanum, et hæc arcana. »

12. Prudence, *Cathemer.* VI, 48.

13. Peut-être faut-il corriger, « ædis, ab æde dicendum, » d'après Priscien, col. 771.

14. *Antrum*, gen. neut., quia pluraliter antra dicuntur.

15. *Acumen*, gen. neut., pluraliter vero acumina dicuntur.

16. *Bracas* non bracis, ut Livius : laxisque bracis.

17. *Bace* multe, baca una, ut Virgilius : teretur Sitiona bace.

18. *Baculum* et baculi, quia masc. gen. est; nam quidam [scripserunt] dederunt bacilli et bacilla.

19. *Barones* dicendum, sicut Cicero ad Pansam.

20. *Babe* viciose dicitur, sed pape dicendum, sicut Varro in satira.

21. *Barbam* tundere dicendum, non facere, sicut Varro. Barbam antiqui singulariter dicebant, nunc pluraliter, ut Virgilius : interea barbas incanaque mente.

22. *Bubum*, avis, gen. fem., ut Virgilius : volaque culminibus fera decurmine bubo.

23. *Balneas* antiqui dederunt, nunc neutri gen., balneum et balnea.

24. *Birimas* dicebant antiqui naves, nunc birimes melius, ut Virgilius : frigiasque biremes.

25. *Boves*, gen. fem., ut Virgilius : meus arari boves.

26. *Baxeas*, calciamenta feminarum, ut Varro dicit.

16. Peut-être : « Bracas, a bracis. » Les mots, « laxis bracis » sont dans Ovide, *Trist.* V, VII, 49.

17. Virgile, *Georg.* II, 518 :

« . . . . . . Teritur Sicyonia bacca trapetis. »

18. Mieux, « Baculus, » pour répondre à ce qui suit. « Baculum hunc, non hoc, » dit Caper, col. 2247. « Bacillus » est dans Isidore, *Orig.* XX, 13.

19. Ce mot se trouve plusieurs fois dans Cicéron, mais non dans une lettre à Pansa.

20. « Babæ » est dans Plaute, *Pers.* V, II, 25; *Pseudol.* I, III, 130; *Stich.* V, VII, 3.

21. « Lisez, « tondere. » Virgile, *Georg.* III, 311.

« . . . . . . interea barbas incanaque mento. »

Cité aussi par Charisius, col. 74. Mais Caper, col. 2243, fait cette distinction : « Barbam hominum, barbas pecudum dicimus. »

22. Lisez, « Bubo, » et dans le vers de Virgile, *Æneid.* IV, 462 :

« Solaque culminibus ferali carmine bubo. »

23. Cette observation ne s'accorde point avec celle de Charisius, col. 76. Cicéron, *pro Sext. Roscio*, c. 7 : « Occiditur ad balneas Palatinas. »

24. Peut-être, « Biremas, » et ensuite, « birêmes. » Virgile, *Æneid.* I, 182 :

« . . . . phrygiasque biremes. »

25. Virgile, *Eclog.* I, 9 :

« . . . . . . meas errare boves. . . . . »

26. « Baxeæ » ne se trouve plus dans Varron, mais on le rencontre dans Plaute et dans Apulée.

27. *Beavit*, beatum fecit, et ab hoc benignitas dicta, quia beat. Sic Oratius : seum remota gramini per dies festus reclinatum beares.

28. *Bustum*, gen. neut., quia plura busta dicuntur.

29. *Carecta*. Virgilius in Bucolices : tu sub carecta latebas. Nunc caricta.

30. *Circos* antiqui, nunc circulos dicendum.

31. *Confligit* et conflictus, non conflexatus. Sicut Virgilius : inflicta vadis, non flicxa.

32. *Contiguum*, quod tangi potest. Sicut Virgilius : hunc vobis contiguum misse fore.

33. *Celum*, gen. neut. Virgilius : eripiunt subito nubes celumque diemque. Pluraliter autem celi, ut illud : commovebuntur celi fragoribus.

34. *Cannabi*, gen. neut., non cannabis.

35. *Coturnicem* antiqui. David : nunc coturnix.

36. *Compellat* antiqui pro appellat, ut Virgilius : Erican vocibus compellat.

37. *Coruscum*, et vibratum, et rispum, Virgilius pro tremulo : tum silvis scena coruscis; item pro rutilo coruscus est, pro sole rubens. Item pro vibrato : telum coruscat.

38. *Crebattum* antiqui, nunc grabatum, gen. neut., ut Babiculus : nam meo grabato.

39. *Candens* plena luna dici potest, ut Virgilius : juvencum candentem. Ex quo apparet commune hoc esse candenti ex candenti.

27. Horatius, *Carm.* II, III, 6 :

« Seu te in remoto gramine per dies
Festos reclinatum bearis. »

29. Virgile, *Eclog.* III, 20.

31. Virgile, *Æneid.* X, 303. Il faut lire sans doute : « non conflixus,... non flixa. »

32. Virgile, *Æneid.* X, 457 :

« Hunc ubi contiguum missæ fore credidit hastæ.

33. Virgile, *Æneid.* I, 88.

34. Extr. de Caper, col. 2247.

35. « David : venit coturnix. » *Ps.* CIV, 40.

36. Virgile, *Æneid.* IV, 34 :

« . . . . . . Ænean compellat vocibus ultro. »

37. Lisez, « crispum. » Virg. *Æn.* I, 164 :

« . . . . tum silvis scena coruscis. »

Georg. I, 233 : « corusco sole rubens. » *Æneid.* XII, 885 et 917, « telum coruscat. »

38. Lisez, « Crabatum antiqui, nunc grabatum, gen. neutri, ut Bibaculus : nam meo grabato. »

39. *Æneid.* IX, 627 et 628. Lisez ensuite, « candenti et candenti. »

40. *Collum,* gen. neut., quia plura colla dicuntur, ut Prudentius de serpente : colla fractus sibilat.

41. *Crepundia,* cunenatorum habitacula, ut Prudentius : hunc quem latebra cimule.

42. *Cospis,* gen. feminini, ut Prudentius : pollutam rigida transfigens cuspide linguam.

43. *Cinctus,* gen. masc. Dicendum hinc cinctus, et biscinctus.

44. *Colos* in lanificia, sicut Cicero docet.

45. *Cupido,* gen. fem., ut Virgilius : habenda ceta cupido.

46. *Clemam,* alii ciemam, ut Volumnius : stridenti dabitur patella clemee.

47. *Capillum* antiqui singulariter, sicut barbam, sed nunc pluraliter, ut Virgilius : comptus ex mole capillus.

48. *Canalis,* gen. masc., ut hic canalis, et hii canales, ut Avitus : in extremum certans manare canalem.

49. *Caminus,* gen. masc., sicut Pullo Asinius.

50. *Calicem* hominis aut jumenti, fem. gen. dicendum, ut Virgilius : ferratā calice fatigat. Calix vero edificiorum, fem. gen., cujus nom. cals per non per x, ut Varro : cals cirrum fura aquam.

40. Prudence, *Cathem.* IX, 179. D'autres lisent, « Colla fractus sibila. »

41. Texte fort défectueux, où l'on pourrait cependant lire, « cunabulorum crepitacula, » et où l'on reconnaît ensuite les vers de Prudence, *Cathem.* XI, 98 :

« Hunc quem latebra, et obstetrix,
Et virgo feta, et cunulæ. »

42. Lisez, « Cuspis. » Prudence, *Psychomach.* v. 718.

43. Caper, col. 2248 : « Cinctus, non cinctum. »

44. « Colus in lanificio, sicut Cicero docet, » (*de Orat.* II, 68.) « Colus hæc, » dit Caper, col. 2248.

45. Virgile, *Æneid.* II, 349 :

« . . . . . . audentem extrema cupido est
Certa sequi . . . . »

46. Leçon très-fautive. Nous croyons toutefois pouvoir proposer : « Cyma, alii cymam, ut Volumnius :

Stridenti dabitur patella cyma. »

Voy. Nonius, III, 29; Priscien, col. 679; Isidore, *Orig.* XVII, VI, 20, p. 531, Lind.

47. Virgile, *Æneid.* X, 832 :

« . . . . . . comptos de more capillos. »

48. Avitus, V, 135 :

« Sanguis in externum certans manare canalem. »

49. C'est bien certainement « Pollio Asinius. »

50. Lisez, « Calcem. » (Virgile, *Æneid.* XI, 714.) Lisez ensuite : « Calx vero ædi-

51. *Corbes*, gen. fem., ut Cato : corbes messories.

52. *Cubitum* corporis, gen. masc., mensure autem, gen. neut.

53. *Cornu* boves, gen. neut., sed est arbor cornus, de quo Virgilius : et bona bello cornus; cujus fructum cornum, ut pomum, et corna, ut idem Virgilius : lapidos atque forma.

54. *Compitum*, gen. neut., et pluraliter compita, ut Prudentius : Tam multa surgunt perfidorum compita.

55. *Cavum*, si per se dicas, gen. neutri est; caverna autem gen. fem. Scribuntur cavi parietes, cave spelunce, ample caverne. Notandum quod parietes gen. masc. dixerunt.

56. *Clipeus*, gen. masc., ut Ennius, cecidit clipeus; et Virgilius pluraliter sceptraque clipei dixit; et Pompeius gen. neut. : clipeum in medio fixum est; sed non recipitur.

57. *Catinus*, gen. masc., ut Micenas : et fumantes celi dum cum ferre catinos.

58. *Callum*, gen. masc., ut Cicero : ipse labor callum obduxit. Cal-

ficiorum, gen. fem., cujus nominativ. cals per s, non per x, ut Varro : Cals.... » Nous ne devinons pas le reste en ce moment. Le grammairien Caper, col. 2242 : « Calcs dicendum, ubi materia est, per cs; at cum pedis est, calx per x. »

51. Lisez, « messorias. » Cicéron, *pro Sextio*, c. 38 : « messoria se corbe contexit. » On trouve « corbi, » mais sans l'épithète, dans Caton, *de Re rust.* c. 136.

53. Lisez, « Cornu bovis » (Caper, col. 2248), et ensuite, « de qua. » Virgile, *Georg.* II, 447 : « ...... et bona bello Cornus. » *Æneid.* III, 649 : « lapidosaque corna. » Voyez Probus, *Ars minor*, éd. de Vienne, 1836, p. 337, ou dans le recueil de M[gnor] Mai, *Classic. auctor.* t. V, p. 245.

54. Prudence, *Apotheosis*, præf. v. 19.

56. Virgile, *Æneid.* VII, 186 : « Spiculaque, clypeique. » Il faut restituer ensuite « Pomponius, » d'après Charisius, col. 59, et y corriger, d'après notre texte, la leçon fautive, « in medium, » conservée par Bothe, *Fragm. com.* p. 107; Munck, *de Pompon. Bononiensi*, p. 66; Lindemann, éd. de Charisius, p. 42.

57. Lisez, « ut Mæcenas :

« Ingere fumantes calido cum farre catinos. »

Les anciens éditeurs des poésies de Mécène, comme Albert Lion, p. 28, en prenant ce vers dans Charisius, col. 61,

« Jugeribus fumans calido cum farre catinus, »

n'avaient pu le corriger. Il y a aussi *Jugeribus* dans M. Grandsen, *C. Mäcenas..... Leben*, 1843, p. 161. Barthius, *Adversar.* III, 7, proposait *Gigeriis*. Avec notre texte, la restitution est devenue plus facile.

58. Lisez, « gen. neut. » d'après Charisius, col. 55, qui cite ce même exemple. Et dans Cicéron : « Ipse labor quasi callum quoddam obducit dolori. » (*Tusculan.* II, 15.) — « Callidos autem dixerunt qui-

lideus, ut dixerunt quidam, quorum tanquam manus opere, sic manus usu concalluerit.

59. *Cameli,* gen. fem., dicendi.

60. *Cortina* per duci circum non cortina.

61. *Clibanum,* gen. masc., ut Melissus docet.

62. *Comee* et coma nam quidam vetabant dici, sed nunc admittitur.

63. *Compago,* gen. fem., ut Varro : hec compages.

64. *Crinis,* gen. masc., ut Cesar de Analogia.

65. *Calcis,* gen. masc., ut Virgilius : per occultus lucebat semita calcis.

66. *Carcer* a coarcendo dictus, ut Virgilius, gen. masc.

67. *Corcodrillus,* gen. masc., nam prius corcodrillus dicebatur.

68. *Cancer,* bobo, gen. neutri, ut Livius : malum latere solet inmedicabile cancer. Pluraliter autem cancromata dicenda.

69. *Capis,* gen. fem., ut Virgilius : rapide venanti iuli commoveri canes.

70. *Culter,* gen. masc., ut Virgilius : subponunt alii cultris.

dam, quorum tanquam manus opere, sic animus usu concalluerit. » (Ex Cic. *de Nat. deor.* III, 10.)

59. Avec « gen. fem., » il faut lire « dicendæ. »

60. Peut-être, « Cortinna, per duplicem n, nōn cortina. »

61. Lisez, « Clibanus. » Caper, c. 2248 : « Clibanus hic, non clibanum hoc. »

62. Probablement, « Comæ et comarum quidam vetabant dici, sed nunc admittitur. »

64. Fragment à joindre à ceux des livres de César sur l'Analogie.

65. « Callis, gen. masc., ut Virgilius :

« . . . . . . per occultos lucebat semita calles. »

Æneid. IX, 383.

66. « Carcer a coercendo, » est de Varron, *de Ling. lat.* V, 151, éd. de Müller; et Caper dit aussi, col. 2245, « in quo homines coercentur. » Mais quand on renvoie à Virgile, on fait peut-être allusion au vers :

« . . . . Styx interfusa coercet. »

Georg. IV, 480; *Æneid.* VI, 439.

67. Telle est aussi, dans les fables de Phèdre, I, 25, l'orthographe du manuscrit de Pithou.

68. Cancer, bubo (du grec βουβών).

69. Ici commence le manuscrit de la bibliothèque impériale de Vienne. Lisez, « Canis, gen. fem., ut Virgilius :

. . . . rapidæ venantis Iuli
Commovere canes. »

Æneid. VII, 493, où on lit maintenant « rabidæ. »

70. *Æneid.* VI, 248.

« Supponunt alii cultros. . . . . »

71. *Cardo,* gen. masc., de cardine, ut Prudentius : cardo dissolubilis.

72. *Clunes,* gen. fem., ut Scevola : lasas clunes.

73. *Colustrum,* gen. neut., ut Marcialis, ut qui colustrum luteum; et Plautus : meum mel, mea colustra.

74. *Currus,* gen. masc., et diminutive curriculis : nam Cicero curriculos et curricula dixit.

75. *Crocus,* gen. neut., sed Macer Emilius : pallentesque crocis.

76. *Cristallum,* gen. neut., ut Ovidius: currus cristallo lucedus alba.

77. *Corticem* prioris gen. fem. dederunt, sed nunc masc. gen. dici debet, ut Ovidius : rupto cortice; et Virgilius : tegmina quis capitur raptus de supore cortix.

78. *Caseus,* gen. masc., ut Virgilius : pingues premere caseos.

79. *Culmus,* gen. neutri, ut Nepus vult; Cicero autem : erit breves culmus. Ergo non neut., nec fem., sed masc., ut Varro : in tritici culmo. Virgilius dixit, mala culmus.

80. *Cutis,* gen. fem., ut Sidonius : ut solidit calidam frigida limfa cutem.

71. Prudence, *Cathemer.* IX, 72.

72. Le texte de Charisius, col. 78, est ici fort mutilé. Ce mot, « Scævola, » pourrait appartenir à un vers de Laberius. Il y a cependant un poëte Scævola cité par Pline, *Epist.* V, 3.

73. Martial, XIII, 38, au titre, mais sans l'épithète « luteum. » Plaute, *Pœnulus,* I, II, 174.

74. Emprunté de Charisius, col. 59. Lisez, « curriculus. »

75. Il faudrait « crocum, » et ensuite, « crocos. »

76. « Currus crystallo lucidus alba. » Si l'on conserve « alba, » il faut « sed Ovidius. » Ces mots ne se rencontrent pas dans Ovide.

77. Lisez, « priores. » Ovide, *Amor.* I, XIV, 12 : « derepto cortice. » Virgile, *Æneid.* VII, 742 :

« Tegmina quis capitum raptus de subere cortex. »

78. Virgile, *Eclog.* I, 35 :

« Pinguis....... premeretur caseus...... »

79. Lisez, « Nepos. » Ce passage, « erit brevis culmus, » ne se trouve plus; mais M. Haupt propose de corriger, d'après l'Économique de Xénophon (c. XVIII, n. 2), que Cicéron avait traduit : « Eruunt breves culmos. » Nous n'avons point reconnu, dans Varron, « in tritici culmo. » Dans Virgile, *Georg.* I, 150, le grammairien paraît n'avoir point compris :

« ....ut mala culmos
Esset rubigo. »

80. Sidonius, *Carm.* XIX, 2 :

« Ut solidet calidam frigida lympha cutem. »

81. *Cingula,* gen. fem., ut Ovidius : nova velocem cingula ledit equus.

82. *Culleum,* gen. neut., ut Cato : culia vini. Dederunt alii culeus, sed non recipitur.

83. *Cineres,* gen. masc., ut Virgilius : alia cicineres.

84. *Cassidem,* gen. fem., ut Prudentius : auream cui postquam nudavit cassida ferontem.

85. *Carmen,* gen. neut., ut Valantinus : nullus mea carmina laudat.

86. *Cunubium,* gen. neut., ut Juvencus : si quis connubia rumpit.

87. *Caput,* gen. neut., ut Sidonius : et mihi ut vivam capita tolletria.

88. *Culmen,* gen. neut., ut Sidonius : tolluntur culmina cono.

89. *Concilium,* gen. neut., ut Virgilius : concilium sacrum.

90. *Convitium,* gen. neut., ut Reverus : evomitum ille convitia.

91. *Corpus,* gen. neutri, ut Virgilius : corpora natorum esternuntur limine primo.

92. *Callis,* gen. masc., ut Prudentius : recto calle lineam.

93. *Calor,* gen. masc., ut Lactantis : flammam parturit ipse calor.

94. *Candor,* gen. masc., ut Prudentius : candore tinguis lacteo.

95. *Clamis,* gen. masc., ut Severus : divisa clamis.

81. Ovide, *Rem. am.* v. 236 :

« Ut nova velocem cingula lædat equum. »

82. Le mot « culleum » est dans Caton, *de Re rust.* c. 11, mais non « cullea vini. » Il y a « culleos vini » dans Varron, *de Re rust.* I, 2.

83. Virgile, *Æneid.* II, 431 :

« Iliaci cineres......... »

84. Au lieu de « Cassidem, » lisez, « Cassida. » Le vers,

« Aurea cui postquam nudavit cassida frontem, »

est cité par Charisius, col. 79, comme de Properce, chez qui on le lit aujourd'hui, III, 11, 15.

85. Sur ce Valentinus, v. l'Introduction.

86. Juvencus, I, 567.

87. Sidonius, *Carm.* XIII, 20 :

« Hic capita, ut vivam, tu mihi tolle tria. »

88. Sidonius, *Carm.* XVIII, 3.

89. Virgile, *Æneid.* XI, 234 :

« ...... concilium magnum...... »

90. Sulpice Sévère (car Reverus est une faute grossière du copiste), *Dialog.* III, 15 : « evomuit mille convicia. »

91. Cet exemple, où il faut lire, « sternuntur, » est formé de divers lambeaux de Virgile, *Æneid.* II, 214; VI, 427.

92. Prudence, *Cathemer.* VII, 50.

93. Lactance (lisez, « Lactantius »), *Phœn.* v. 96.

94. Prudence, *Cathemer.* II, 70.

95. M Haupt, qui paraît avoir lu dans

96. *Caligo,* gen. fem., ut Prudentius : caligo terre scinditur percussa solis spiculo.

97. *Dorsum,* gen. neut., ut Virgilius : dorsum immane mari; et alibi, dorsa cerulea.

98. *Dies* aput grecos gen. fem., a nobis autem masc. et promiscue dicitur; nam aput grammaticos alii putant masc. gen., pro eo quod dicimus hodie, quod est hoc die; alii fem. gen., quoniam que ablativo casu e littera [e] producta finiuntur latina, omnia feminina sunt, ut spes, fides [caritas], facies.

99. *Domus,* gen. fem., ut Virgilius : at domus interius regales splendida luxu.

100. *Diadem,* gen. neut., ut Gracus : purpura et diadema.

101. *Dolus,* gen. masc., ut Juvencus : hic dolus inimice tuos.

102. *Dapis,* gen. fem., ut Juvencus : que dapis.

103. *Diploidis,* gen. fem., ut : diploidem suam.

104. *Diurnum* dicitur, quod per singulos dies fit.

105. *Ebur,* gen. neutri, ut Virgilius : ut flavit cum pinguis ebur; unde et eburnea, non eburrea, dicendum.

106. *Equleus,* gen. masc., ut Cicero : inequitavit equleus.

107. *Erinaceus,* non eritius; tamen Rabirius : portarum qui fuit custos ericius.

le manuscrit de Vienne, « Calamus » et « calamis, » n'a rien trouvé de semblable dans Sulpice Sévère; mais « divisa chlamys » peut être fort bien le titre du second chapitre de la Vie de saint Martin, ou celui-ci « chlamydem mediam dividit. » On voit qu'il faut, « gen. fem. »

96. Prudence, *Cathemer.* II, 5.

97. Virgile, *Æneid.* I, 110.

98. Quelques mots seulement sont copiés de Charisius, col. 85.

99. Virgile, *Æneid.* I, 637 :

« At domus interior regali splendida luxu. »

100. Lisez, « Diadema, gen. neut., ut Gracchus : purpuram et diadema. » Ces mots n'ont point été regardés par M. Meyer comme un fragment des Gracques, car il n'en dit rien dans son recueil, *Orat. rom. fragm.* éd. de 1842.

101. Juvencus, II, 809 :

« Hic dolus est, inimice, tuus. »

102. Ne se trouve pas.

105. Virgile, *Georg.* II, 193 :

« Inflavit cum pinguis ebur Tyrrhenus ad aras. »

106. Cicéron, *in Verr.* II, IV, 20 : « in his equitabit equuleis. »

107. Rabirius :

« Portarumque fuit custos ericius ;

comme dans cette phrase de César, *Bell. civ.* III, 67 : « Erat objectus portis ericius. »

108. *Error,* gen. masc., ut Juvencus : nam tibi preteritus vite donavit error.

109. *Eccinus,* gen. masc., ut Oratius : Circeis Miseno oriuntur echini.

110. *Elephantus,* gen. masc., ut Rabirius : ac velut in umidis elephans circumdatur aliis.

111. *Effigies,* gen. fem., ut Prudentius : prisca renascetur effigies.

112. *Fons,* gen. masc., ut Prudentius : purusque fons ab etra.

113. *Frux,* gen. fem., ut Virgilius : frugesque receptas.

114. *Flos,* gen. masc., ut Juvencus : primevo in flore jugavit. Pluraliter flores, ut Prudentius : sarvite flores martirum.

115. *Fretum,* gen. neutri, et pluraliter freta, ut Petronius : freta Nereidum.

116. *Fores,* gen. fem., ut illud : ante tuas fores.

117. *Filium,* gen. neutri, pluraliter fila, ut Lactantius : fila canora lire.

118. *Funes,* gen. masc., ut David : funes peccatorum circumplexi sunt me.

119. *Funus,* gen. neutri : funus hoc exsequimur.

120. *Fron,* gen. fem., ut Virgilius : frontes subadversa.

121. *Flumen,* gen. neutri, ut Ausonius : redite rursum flumina.

108. Juvencus, II, 81 :

« Nam tibi præteritus vitæ donabitur error. »

109. « Echinus, gen. masc., ut Horatius, » *Sat.* II, IV, 33 :

« Ostrea Circæis, Miseno oriuntur echini. »

110. Rabirius :

« Ac veluti Numidis elephas circumdatus alis. »

M. Haupt lit :

« . . . . circumdatur altus. »

111. Prudence, *Cathemer.* III, 194 : « prisca renascitur effigies. »

112. Prudence, *Cathemer.* VI, 35 : « Purusque fons ab æthra. »

113. Virgile, *Æneid.* I, 178.

114. Juvencus, I, 65. Prudence, *Cathem.* XII, 125 : « Salvete flores martyrum. »

115. Pétrone, « freta Nereidum. » Nouveau fragment.

116. L'exemple, « ante tuas fores, » paraît formé de deux passages, l'un d'Horace, *Carm.* III, X, 3; l'autre d'Ovide, *Amor.* II, XIX, 21.

117. Lisez, « filum. » Lact. *Phœn.* v. 50.

118. David, Ps. CXVIII, v. 61.

120. Lisez, « Frons. » Virg. *Æn.* I, 166 :

« Fronte sub adversa. . . . . . . »

121. Le vers d'Ausone ne se retrouve pas.

122. *Fatum*, gen. neutri, ut Virgilius : fata Sicei.

123. *Favum*, gen. neutri, ut illud : super mel et favum. Pluraliter autem, favi et celi.

124. *Frumenti*, gen. neutri, ut Virgilius : frumenta in viride estipula. Sic et ordeum : serite ordea campis. Sic et vinum ; nam et Salomon dixit : sciphus et urceus ad vina fundendas. Sed prohibent hoc gramaticis. Sed et Virgilius dixit : nam rivis mella fluent. Omne enim, quod pensatus in liquidis, masc. gen. gramatici scribi volunt.

125. *Filo mella*, gen. fem., ut Dinamius : letas edens filo mella fronde.

126. *Germen*, gen. neutri, ut Juvencus : proprio vestitur germine pomi.

127. *Gaudium*, gen. neutri, ut illud : cumulantur gaudia nobis.

128. *Gramen*, gen. neutri, ut Virgilius : mala gramina passus.

129. *Gladius*, gen. masc., ut Sedulius : fervidus ingente gladius consumeret hostem.

130. *Genus*, gen. neutri, ut Virgilius : genus esse deorum. Et Prudentius contra paganos, genera multa deorum, rediculum esse.

131. *Gens*, gen. fem., ut Virgilius : gens inimica mihi.

132. *Gennasium*, gen. neutri, sicut balneum : in Apollonio gennasium patet.

122. Virgile, *Æneid.* II, 25 : « fata Sychæi. »

123. Psalm. XVIII, 11 : « dulciora super mel et favum. » *Ecclesiastic.* XXIV, 27 : « hereditas mea super mel et favum. »

124. Virgile, *Georg.* I, 315 : « Frumenta in viridi stipula. » *Ibid.* I, 210 : « serite ordea campis. » Salomon, *Eccles.* II, 8 : « Scyphos et urceos in ministerio ad vina fundenda. » Lisez ensuite, « grammatici, et « pensatur. » L'exemple, « nam rivis mella fluent, » est formé de deux vers de Virgile, *Georg.* I, 132, « rivis currentia vina ; » *Eclog.* III, 89 : « Mella fluant illi. »

125. « Philomela, gen. fem., ut Dynamius : Læta sedens Philomela fronde. » Voy. l'Introduction.

126. Juvencus, I, 738.

128. Virgile, *Æneid.* II, 471 :

« . . . . mala gramina pastus. »

129. Sedulius, I, 151 :

« Fervidus ingentem gladius consumeret hostem. »

130. Virgile, *Æneid.* IV, 12. On rappelle ensuite, non les expressions, mais l'idée principale des livres de Prudence contre Symmaque. Lisez, « ridiculum. »

131. Virgile, *Æneid.* I, 67.

132. Lisez, « gymnasium. »

133. *Grex,* gen. masc., ut Prudentius : grege candido.

134. *Guttu,* gen. neutri, ut Virgilius : triformia guttura pandens.

135. *Gremium,* gen. neutri, ut Prudentius : magis ad oratum gremium.

136. *Glandis,* gen. fem., ut Virgilius : querna pellere glande famem.

137. *Homo,* promiscui gen. Nam ut vir homo, ita et mulier homo dicitur; et Jesus ideo filius hominis, quia filius Virginis.

138. *Humum,* gen. fem., ut illud : super aridam humum.

139. *Honor,* gen. masc., ut illud Apostoli : honore mutuo prevenientes.

140. *Honos,* de honore, ut Virgilius : semper honos, regnumque tuum, laudisque manebant.

141. *Harundo,* gen. fem., ut illud Evangelii : harundinem quassatam.

142. *Hirundo,* avis, gen. fem., ut illud : jam rediit velox hirundo.

143. *Hastile,* gen. neutri, ut Prudentius : hastile fixum. Et alibi : hastilia fracta vidit.

144. *Hostes,* gen. masc., ut illud : hostes iniquus adest.

145. *Horreum,* gen. neutri, ut ait quidam : horrea vestra frugibus plena.

146. *Hiems,* gen. fem., ut Virgilius : emissamque hieme sensit.

133. Prudence, *Cathemer.* III, 157.

134. Lisez, « Guttur. » Virgile, *Æneid.* VI, 421 :

« .... tria guttura pandens. »

135. Prudence, *Apoth.* v. 647 :

« Matris adoratum gremium. »

136. Les mots attribués à Virgile sont de Tibulle, II, I, 38.

137. Extrait en partie de Charisius, c. 79.

138. *Exod.* IV, 9 : « super aridam. »

139. S. Paul, Épître aux Romains, XII, 10, où on lit : « honore invicem prævenientes. »

140. Virgile, *Ecl.* V, 78; *Æn.* I, 609 :

« Semper honos, nomenque tuum, laudesque manebunt. »

141. Évangile de S. Matthieu, XII, 20.

143. Prudence, *Peristeph.* X, 29.

144. Il y a seulement, dans Virgile, *Æneid.* IX, 38 :

« Hostis adest. »

145. M. Haupt suppose que ce peut être une réminiscence d'un vers de Juvencus, II, 813 :

« Horrea nostra dehinc purgata fruge replebit. »

146. Virgile, *Æneid.* I, 125 :

« Emissamque hyemem sensit. »

147. *Humor,* gen. masc., ut Lactantius : necavit exalto turbidus humor aque.

148. *Haspes,* gen. fem., ut Paulinus : parvus extracta trucibus cavernis aspide ludet; et Reverus, quasi de aspide incantanta carminibus : cerula colla deposuit.

149. *Humerus,* gen. masc., ut Virgilius : hos humeros deoque similes. Singulare numerum caret.

150. *Heremus,* gen. fem., ut ad Frontonium discipuli : numquid in solam heremum castitas custodire potest.

151. *Iacinctus,* gen. masc., ut Lactantius : ingentes oculos credas geminos iacinctos.

152. *Ignis,* gen. masc., ut p. Prudentius : hunc ignem populus sanguinis inclite.

153. *Incendium,* gen. neutri, ut illud : incendia magna videntur.

154. *Iter,* gen. neutri, ut Juvencus : ad virum convertit iter.

155. *Jus,* gen. neutri, ut Juvencus : hoc jus dixere propheta.

156. *Imago,* gen. neutri, ut illud : imago tua demonstrat.

157. *Jubar,* gen. masc., ut illud : jubar splendidus.

147. Lactance, *Phœn.* v. 24 :

« Nec cadit ex alto turbidus humor aquæ. »

148. Lisez, « Aspis. » S. Paulin, *Carm.* XVII, 295 : « Parvus extracta trucibus cavernis Aspide ludit. » Lisez ensuite, « Severus de aspide, quasi incantata, » comme dans le manuscrit de Vienne.

149. Virgile, *Æneid.* I, 589 :

« Os humerosque deo similis. »

On peut corriger ensuite : « Singulari numero caret. »

150. Il est probable qu'il faut lire : « Numquid in sola eremo castitas custodiri potest? » Extr. des Vies des Pères du désert (éd. de Rosweyde, Anvers, 1615, p. 239). Voyez notre Préface.

151. Lisez, « Hyacinthus. » Lactance, *Phœn.* v. 137 :

« Ingentes oculos credas geminos hyacinthos.

152. Prudence, *Cathemer.* V, 37 : « Hunc ignem populus sanguinis inclyti. »

154. Juvencus, I, 24 :

« Ad verum convertet iter. »

155. Juvencus, I, 680 :

« . . . . . . hoc jus dixere prophetæ. »

156. Lisez, « Imago, gen. fem. »

157. « Jubar » est aussi masculin dans un vers d'Ennius cité par Priscien, colonne 658 :

« Interea fugit albu' jubar Hyperioni' cursum ; »

dans celui-ci du poëme sur l'Etna, v. 332 :

« Purpureoque rubens surgat jubar aureus ostro ; »

et dans l'Anthologie latine (Burmann, t. I, p. 467) :

« Quæque meat. . . aureus astra jubar. »

V. Barthius, *Adv.* l. XVI, c. III, p. 865.

158. *Ingens*, gen. neutri, ut Prudentius : nutabat inguens autium.

159. *Inber*, gen. masc., ut Virgilius : accipiunt inimicum imbrem.

160. *Jugum*, gen. neutri, ut Lactantius : sed trimontes quorum juga celsa putantur.

161. *Jaculum*, gen. neutri, ut Virgilius : jaculum incidit melior.

162. *Jugerum*, gen. neutri, ut Prudentius de Juda : solviturus juggera collo.

163. *Jocus*, gen. masc., ut Paulinus : inlecebras turpesque jocos.

164. *Jus*, de jure, gen. neutri; pluraliter jura, id est jucella.

165. *Jugulum*, gen. neutri, ut Prudentius : jugulum meretricis adacto transfigit gladio. Ab hoc dictum jugulare.

166. *Ludum*, gen. neutri, ut Prudentius : ludum volupe. Pluraliter ludi dicendum.

167. *Labes*, gen. fem., ut Paulinus : nulla nos etas nulla tibi labet.

168. *Letum*, gen. neutri, ut Prudentius : letum versatile et anceps.

169. *Linum*, gen. neutri, ut Sidonius : nive pulcriora lini gerit oribus.

170. *Lolium*, gen. neutri, ut Virgilius : infelix lolium.

171. *Liber*, gen. masc., ut Prudentius ait : hic in res gestis liber est celestibus.

158. « Inguen, gen. neutri, ut Prudentius (*Cathemer.* II, 82) : nutabat inguen saucium. »

159. Lisez, « Imber. » Virgile, *Æneid.* I, 123.

160. Lactance, *Phœn.* v. 7 :

« Sed nostros montes, quorum juga celsa putantur. »

161. Virgile, *Æneid.* V, 68 :

« Aut jaculo incedit melior. »

162. Prudence, *Psychom.* v. 535 :

« .... obliso luiturus jugera collo. »

163. S. Paulin, *Carm.* IV, 10.

164. Mieux, « juscella, » comme dans ce vers de Fortunat, *Carm.* VI, x, 18 :

« Plus juscella coci, quam mea jura, valent. »

165. Prudence, *Psychom.* v. 49.

166. Prudence, *Peristeph.* IX, 41 :

« Ludum discipulis volupe est ut præbeat ipse Doctor. »

167. S. Paulin, *Carm.* XVII, 293 : « Nulla nos ætas tibi labis unquam... revellet. »

168. Prudence, *Psychom.* v. 171. Les mots, « ut Prudentius, » manquent dans le manuscrit de Laon.

169. Sidonius, *Epist.* XI, XIII, v. 33 :

« Nive pulchriora lina
Gerat orbis. »

170. Virgile, *Eclog.* V, 37; *Georg.* I, 154.

171. Prudence, *Peristeph.* X, 1132 :

« Hic in regestis liber est cœlestibus. »

172. *Libido*, gen. neutri, ut Prudentius : prostrata jacis luculenta libido.

173. *Locus*, gen. ut illud : locus ille maximam parabat invidiam. Pluraliter loca Virgilius dixit.

174. *Laus*, gen. fem., ut Prudentius : illa laus occulta non est.

175. *Lumen*, gen. neutri, ut Sidonius : lumina vestra natant.

176. *Lavacrum*, gen. neutri, ut Prudentius : dum ad lavacrum preconando curritis.

177. *Livor*, gen. fem., ut Juvencus : mox livor demonis atra.

178. *Lucrum*, gen. neutri, ut Paulinus : sacri lucrum commulans talenti.

179. *Lignum*, gen. neutri, ut e Regum : ligna inputribilia.

180. *Limen*, gen. neutri, ut Virgilius : limine primo.

181. *Littus*, gen. neutri, ut Virgilius : lavinia atque venit littora.

182. *Liquor*, gen. masc., ut Prudentius : sustinuit gressum domini famulus liquor.

183. *Labor*, gen. masc., ut illud : labor iste non erit irritus.

184. *Ludibrium*, gen. neut., ut illud : ludibria multa sectatus et gula.

185. *Ligumen*, gen. neutri, ut Ysiderus : ligumina mari ; et illud : legumina multa.

172. Lisez, « gen. fem. » Prudence, *Psychom.* v. 87 :

« . . . . quod victa jaces, lutulenta libido. »

173. Lisez, « gen. masc. » Sulpice Sévère, *Dialog.* I, 7. Virgile, *Æneid.* I, 51 :

« . . . . loca feta furentibus austris ; »

et souvent ailleurs.

174. Prudence, *Peristeph.* I, 82.

175. Sidonius, *Carm.* XIX, 4.

176. Prudence, *Peristeph.* X, 158.

177. Le grammairien se trompe. Il y a dans Juvencus, I, 367 :

« . . . . mox livor dæmonis atram
Cum terrore rapit mentem. »

178. S. Paulin, *Carm.* XVII, 274 : « His sacrum lucris cumulans talentum. »

179. Lisez, « ut in Regum. » Les mots cités ne se trouvent point dans la Vulgate, au troisième livre des Rois, I, 6 ; mais on lit dans Isaïe, XL, 20 : « Forte lignum et imputribile. »

180. Virgile, *Æneid.* VI, 427 ; XI, 423.

181. Virgile, *Æneid.* I, 2. :

« . . . . Lavinaque venit
Littora. »

182. Prudence, *Apoth.* v. 66.

184. Au lieu de « gula, » il paraît que dans le manuscrit de Vienne on lit, « jugula. » M. Haupt propose « jocula. »

185. Lisez, « Legumen, legumina. » Le texte d'Isidore (*Orig.* XVII, IV, p. 525,

186. *Lucifer,* gen. masc., ut Sidonius : nitidus lucifer.

187. *Lapis,* gen. masc., ut Prudentius : lapis ecce nostro fixus offensaculo est.

188. *Lepus,* gen. masc., ut Ausonius : investigatum ferri dolus lepori.

189. *Lucus,* gen. masc., ut Virgilius : lucus in urbem fuit mediar tissimus umbra.

190. *Lacus,* gen. masc., ut Virgilius : accipisse lacu.

191. *Laqueos,* gen. masc., ut psalmista : laqueos contritus est.

192. *Latex,* gen. masc., ut Prudentius : tianeus latex umbram trahit inminentis hostri.

193. *Lacunar,* gen. neutri, ut ibi : credas moveri fluctibus lacunar.

194. *Limus,* gen. masc., ut Prudentius : miratus hostis posse limum tabium.

195. *Lilium,* gen. neutri, ut Sidonius : lilia permixtus insultavere pruinis.

196. *Lichinus,* gen. masc., pluraliter lichini, ut Virgilius : dependent lichini laquearibus aureis.

197. *Linces,* gen. fem., ut Virgilius : quid linces bace varie.

198. *Mari,* gen. neutri, ut Virgilius : maria omnia circum.

Lindem.) n'offre rien qui puisse aider à rectifier le premier exemple.

186. On trouve dans Ovide, *Trist.* I, III, 71 :

« . . . . Cœlo nitidissimus alto
Lucifer. »

187. Prudence, *Apoth.* præf. sec. v, 33.

188. Le passage d'Ausone ne se trouve pas. M. Haupt voudrait lire :

« Investigato ferre dolos lepori. »

189. Virgile, *Æneid.* I, 441 :

« Lucus in orbe fuit media, lætissimus umbra. »

190. Virgile, *Æneid.* VI, 393 :

« Accepisse lacu. »

191. Psaume CXXIII, v. 7 : « laqueus contritus est. »

192. Prudence, *Peristeph.* XII, 41 : « Cyaneusque latex umbram trahit imminentis ostri. »

193. Prudence, *Peristeph.* XII, 42.

194. Prudence, *Cathemer.* VII, 191 : « Miratus hostis posse limum tabidum. »

195. Sidonius, *Carm.* II, 111 :

« Lilia permixtis insultavere pruinis. »

196. Lisez, « Lychnus, lychni. » Virgile, *Æneid.* I, 726 :

« . . . . dependent lychni laquearibus aureis. »

197. Lisez, « Lynces. » Virgile, *Georg.* III, 264 :

« Quid lynces Bacchi variæ? »

198. Lisez, « Mare. » Virgile, *Æn.* I, 32.

199. *Mantile,* gen. neut., Virgilius : tunsisque fertur mantilia villis.

200. *Membram,* gen. neut., ut Virgilius : solvuntur frigore membra.

201. *Mustum,* gen. neutri, ut Juvencus : callidum committere mustum. Idemque : spumantia musta.

202. *Murmur,* gen. neutri : murmura multa.

203. *Mundus,* gen. neutri, ut Juvencus : cocunctum sapiat ultima mundum.

204. *Morbus,* gen. masc., ut Juvencus : morbus dissolverat ater.

205. *Moles,* gen. fem., ut Severus : moles torrita surrexerat.

206. *Metus,* gen. masc., ut Lactantius : nec metus aspes adhesit.

207. *Materies,* gen. fem., ut Prudentius : Deus inlustravit alunna materiem.

208. *Mos,* gen. masc., ut Simachus : suus cuique mors.

209. *Mittallum,* gen. neutri, ut Prudentius : rursus et ad proprium restillet vena metallum.

210. *Mentum,* gen. neutri, ut Virgilius : canaque menta.

211. *Misterium,* gen. neutri, ut Ambrosius : misterium mirabile.

212. *Manipulus,* gen. masc., ut psalm. pluraliter : portantes manipulos suos.

213. *Mel,* gen. neutri; quamvis grammatici vetent, pluraliter tamen Virgilius ait : stipantia mella.

199. Ajoutez « ut » avant « Virgilius. » *Georg.* IV, 377 :

« . . . tonsisque ferunt mantilia villis. »

200. Virgile, *Æneid.* I, 92.

201. Juvencus, II, 375 (lisez, « calidum »), et II, 377.

203. Lisez, « gen. masc. » Juvencus, præfat. v. 5 :

« . . . quo cunctum rapiet flamma ultima mundum.

204. Juvencus, II, 77 :

« . . . . morbus dissolverat acer. »

205. Sulpice Sévère, *Dialog.* III, 8 : « moles turrita surrexerat. »

206. Lactance, *Phœn.* v. 16 :

« Nec metus asper adit. »

207. Prudence, *Contra Symm.* II, 257 :

« . . . . Deus illustravit alumnam Materiem. »

208. Symmaque, *Epist.* X, 61 : « suus cuique mos. »

209. Lisez, « Metallum. » Prudence, *Contra Symmach.* II, 287.

210. Virgile, *Georg.* III, 312 ; *Æneid.* VI, 808 :

« . . . . incanaque menta. »

211. Lisez, « Mysterium. »

212. Psaume CXXV, v. 6.

213. Virgile, *Æneid.* I, 432 :

« . . . . liquentia mella Stipant. »

214. *Menia*, gen. fem., ut Virgilius : felices quorum jam menia surgunt.

215. *Mens*, gen. fem., ut Paulinus : semper adnixa sine fine tecum mente futuros.

216. *Mercis*, gen. fem., ut Avitus : mercede reposita.

217. *Nomen*, gen. neutri, ut Juvencus : nomen vidisse supernum.

218. *Nemus*, gen. neutri, ut Virgilius : nemorea inter frondea turbam.

219. *Nubes*, gen. fem., ut Virgilius : collectasque fugat nubes.

220. *Nares*, gen. fem., ut Virgilius : huic gemineque nares.

221. *Nasum*, gen. neutri, ut Lucilius : nasum hoc corpusque scutum.

222. *Nucleus*, gen. masc., nam Cicero pluraliter nucleus dixit.

223. *Nix*, gen. fem., ut Ennius : he nives.

224. *Netius*, gen. neutri; sed Varro ad Cicerone : hic nevus.

225. *Negotium*, gen. neutri, ut Sidonius : negotium criminale pasturent.

226. *Nefas*, gen. neutri, ut Prudentius : ex ore proabsum nefas.

214. Lisez, « Mœnia, gen. neutri. » Virgile, *Æneid.* I, 437 :

« O fortunati, quorum jam mœnia surgunt ! »

215. S. Paulin, *Carm.* XVII, 3.

216. Lisez, « Merces. » Cet exemple, « mercede reposita, » ou mieux « reposta, » ne se retrouve point dans Avitus; mais on y lit, V, 349, « mercede soluta. »

217. Lisez, « Numen. » Juvencus, I, 45 :

« . . . . numen vidisse supernum. »

218. Virgile, *Æneid.* I, 191 :

« . . . . nemora inter frondea turbam. »

219. Virgile, *Æneid.* I, 143.

220. Virgile, *Georg.* IV, 300 :

« . . . . . . huic geminæ nares. . . . . . »

221. Nonius, III, 146, cite d'autres exemples de « nasum » au neutre, d'après Lucilius. Dans celui-ci, M. Haupt propose de lire, « scitum. »

222. « Cicero nucleos dixit. » Probablement dans un ouvrage perdu.

223. Nous ne trouvons pas ailleurs ce fragment d'Ennius.

224. Lisez, « Nævus. » Ces mots, « Varro ad Ciceronem, » semblent désigner ceux des livres sur la Langue latine que Varron avait dédiés à Cicéron. Nous ne trouvons pas « hic nævus » dans ce qui reste de cet ouvrage.

225. Rien de semblable dans Sidonius. On pourrait croire qu'il y avait « postulent. » Il paraît que M. Haupt a lu « parturit » dans le manuscrit de Vienne.

226. Prudence, *Cathem.* I, 58 : « Ex ore prolapsum nefas. »

227. *Oraculum*, gen. neutri, ut Avitus : episcopus responsa potius quam oracula destinavit.

228. *Opidum*, gen. neutri, ut Virgilius : exportant calates adit opida partor.

229. *Opinio*, gen. fem., ut Severus : auditam diu opinionem ejus.

230. *Ostrum*, gen. masc., ut Virgilius : ille victor egotirio conspectui nostro.

231. *Odor*, gen. masc., ut Apostolus : bonus odor sumus.

232. *Holochaustum*, gen. neutri, quia pluraliter holochausta, et holochaustomata, ut psalm. holochasta medullata, et holochautomata vestra.

233. *Ostium*, gen. neutri, ut Virgilius : contra tiberinaque ostia.

234. *Onus*, gen. neutri, ut Virgilius : suscipiunt onera venientum.

235. *Ovum*, gen. neutri, quia ovum et ova dici potest.

236. *Os*, de ore, gen. neutri, ut Virgilius : ante ora parentum.

237. *Os*, de ossum, gen. neutri, ut Virgilius : postquam pavor ossa relinquid[1].

238. *Opes*, gen. fem., ut Paulinus : has opes condens Domino perenni.

227. L'exemple ne se trouve point dans Avitus.

228. Lisez, « Oppidum. » Virgile, *Georg.* III, 402 :

« . . . . . . exportant calathis, adit oppida pastor. »

229. M. Haupt lit ainsi cette phrase, « audi tamdiu opinionem ejus, » sans l'avoir trouvée non plus dans Sulpice Sévère.

230. Lisez, « gen. neutri. » Virgile, *Georg.* III, 17 :

« Illi victor ego, Tyrio conspectus in ostro. »

231. S. Paul aux Corinthiens, II, II, 15.

232. Psaume LXV, v. 15. Et dans Jérémie, VI, 20; VII, 21, « holocaustomata vestra. » On lit aussi, « holocautomata. »

233. Virgile, *Æneid.* I, 13 :

« . . . . . . Italiam contra Tiberinaque longe Ostia. »

234. Virgile, *Georg.* IV, 167; *Æneid.* I, 434 :

« Aut onera accipiunt venientum . . . . »

236. Virgile, *Georg.* IV, 477.

237. Lisez, « de osse. » Virgile, *Æneid.* III, 57 :

« . . . . Postquam pavor ossa reliquit. »

238. S. Paulin, *Carm.* XVII, 273.

[1] Ici le copiste du manuscrit de Laon s'est fatigué; il s'arrête même après « postquam pavor, » sans achever l'exemple, et il ne donne, pour les dernières lettres, qu'une simple nomenclature. Nous devons donc toute la fin de ce Glossaire au manuscrit de Vienne. On trouvera ci-après, à la suite du texte et des notes, la liste des mots telle qu'elle a été conservée dans l'exemplaire de Laon.

239. *Oleastrum*, gen. neutri; sed Virgilius : foliis oleaster amaris.

240. *Opus*, gen. neutri : opera multa.

241. *Origo*, gen. fem., ut Juvencus : origine clara.

242. *Ordo*, gen. masc., ut Juvencus : sectandus complectitur ordo.

243. *Odium*, gen. neutri, ut Severus : multorum mihi odia concitavi.

244. *Obices*, gen. masc., ut Prudentius : obice extrorsum recluso.

245. *Orbis*, gen. masc., ut Cicero : quem vos orbem lacteum nuncupatis.

246. *Pomex*, gen. masc., ut Virgilius : latebroso in pomice pepli.

247. *Pelves*, gen. neutri, ut Vallius : perfusam pelvem.

248. *Parapsidis*, gen. fem., ut Prudentius : nec ære defit expolita pelves, gravesque et ampla argentea est parapsidis.

249. *Peristromum*, gen. neutri; sed Cicero eligantius dixit hoc peristroma et hec peristromata.

250. *Paries*, gen. masc., quia dicunt hunc parietem, et hos parietes.

251. *Pavimentum*, gen. neutri : pavimenta multa.

252. *Palpitum*, gen. neutri, ut Prudentius : cygnus stroprosa peccat inter pulpita.

239. Virgile, *Georg.* II, 314.

241. Juvencus, I, 166 :

« Nam genitus puer est, Davidis origine clara. »

242. Juvencus, I, 356 :

« Justitiæ consectandus complebitur ordo. »

243. Sulpice Sévère, *Dialog.* II, 8 : « tanta mihi omnium feminarum cunctorumque monachorum odia concitavi. »

244. Prudence, *Cathemer.* IX, 74.

245. Cicéron, *Somn. Scip.* c. 3 (*de Republ.* VI, 9).

246. Lisez, « pumex. » *Æneid.* V, 214 :

« ...... latebroso in pumice nidi. »

Ibid. XII, 587 :

« ...... latebroso in pumice pastor. »

247. Lisez, « Pelvis, gen. fem. » M. Haupt retrouverait volontiers « Valgius » dans « Vallius. »

248. Lisez deux fois, « parapsis. » Prudence, *Peristeph.* præfat. v. 16 et 18 : « Nec ære defit expolita pelvis... Gravisque et ampla argentea est parapsis. »

249. « Peristromum » paraît incorrect. Lisez ensuite, « elegantius. » Cicéron, *Philippic.* II, 27 : « Conchyliatis Cn. Pompeii peristromatis servorum in cellis lectos stratos videres. »

252. Prudence, *Peristeph.* X, 221 : « Cycnus stuprator peccat inter pulpita. » Le grammairien avait lu, « stuprosa. »

253. *Porticus,* gen. neutri, ut Cyprianus : pampineam porticum frondea tecta fecerunt. Et Hieremias altas porticos dixit. Sed in Evangelio porticu legimus Salomonis.

254. *Putei,* gen. masc., ut Cato et Varro.

255. *Panis,* gen. masc., hujus panis. Pluraliter genitivum facit, id est horum panum. Sunt et panucule in lanificio.

256. *Palumbis,* gen. fem., ut Virgilius : aeree palumbes.

257. *Palus* luti, gen. fem., ut Alexander : palus erat sicca. Palus ligni, gen. masc.

258. *Papaver,* gen. neutri, ut Lactantius : quo fera greste papaver. Dixerunt et alii genere masculino, ut Varro : infriasse papaverem. Virgilius dixit : perfusa papavera somno.

259. *Perdix,* gen. fem., ut Varro : garrula limoso prospicit elice perdix.

260. *Parsimonia,* gen. fem. Sed Virgilius parsimonium tempus sibi dixit.

253. Lisez, « gen. fem. » S. Cyprien, *Epist.* I, où on lit maintenant, « viteam. » Jérémie, LI, 58, où la Vulgate traduit ainsi : « Et portæ ejus excelsæ igni comburentur. » C'est dans l'Évangile de S. Jean, X, 23, qu'on trouve, « in porticu Salomonis. »

254. Le manuscrit de Laon donne, « Poteum, gen. neutri. » On ne trouve point « puteus » dans Caton; mais Varron emploie ce mot, *de Re rust.* I, 57, 2, éd. de Schneider; *de Ling. lat.* V, 25; VI, 84, éd. de Müller.

255. Il n'y avait jusqu'ici d'exemple de « panucula » ou « panuncula » que dans les Notes tironiennes. M. Haupt croit qu'avant cette observation il devait s'en trouver une sur « panus » ou « pannus. »

256. Virgile, *Eclog.* III, 69 :

« . . . . aeriæ. . . . palumbes. »

257. La distinction entre « Palus luti » et « Palus ligni » manque tout à fait dans le manuscrit de Vienne; elle nous est fournie par celui de Laon.

258. Lactance, *Phœn.* v. 127 :

« . . . . . . quæ fert agreste papaver. »

Nonius, III, 177 : « Varro in Admirandis : Infria seni papaverem. » Charisius, col. 64 : « Varro in Admirandis : Infriasse papaverem. » Virgile, *Georg.* I, 78 :

« Urunt Lethæo perfusa papavera somno. »

259. Varron avait dit, selon Nonius, III, 163, « perdicas Bœotios. » Le vers est ainsi dans Ovide, *Metam.* VIII, 237 :

« Garrula ramosa prospexit ab ilice perdix. »

260. Rien de semblable ne peut se trouver dans Virgile; mais il y a dans une inscription publiée par Donati, 35, 4 : « de suo parcimonio. »

261. *Pretextum*, gen. neutri. Sed vicet consuetudo, que pretexitas dicit, quoniam toga precepta.

262. *Puteus*, gen. masc., sed putei in Evangelio. Mira in reliquo differentia. Putea enim aquarum Italis fontanas appellari certum est. Unde in Evangelio fontem Jacob, et puteus altus dicitur.

263. *Pylleum*, gen. neutri, ut Varro : est ibi inquit si festinas pylleum. Quod Omerus genere masculino dixit.

264. *Pugnum* Plautus gen. neutr. dixit : mihi hec balista pugnum est. Sed melius masculinum est.

265. *Pix*, gen. fem., ut Varro : Ideasque pices.

266. *Pylagus*, gen. neutri, ut Virgilius : pylagus temere rates.

267. *Presepia* vocant grammatici singularem et de genere querunt. Sed Varro horum presepiis, et alibi hoc presepe. Cotta : nunc ad presepia. Proprie non sunt in presepibus boves. Et Virgilius : plena ad presepia ponunt. Sed consuetudo neutro genere prestat dici.

268. *Pax*, gen. fem., et pluralem non habet.

269. *Porrum*, gen. neutri. Sed Varro : ponuntur tenues porri.

---

261. Emprunté de Charisius, col. 73. Lisez, « vicit » et « prætextas, prætexta. »

262. Ce mot de la langue vulgaire, « fontana, » se lit aussi dans les Agrimensores, publiés par Van der Goes, p. 245 : « Casa sub se habet aliam fontanam. » Évangile S. Jean, IV, 6, « fons Jacob ; » et IV, 11 : « puteus altus. »

263. Telle est la leçon de notre manuscrit, « Pylleum. » M. Haupt, qui donne « Pelleum, » croit que l'on peut lire, « Pteleum, » et renvoie au vers d'Homère, *Iliad.* II, 697 :

« . . . . ἠδὲ Πτελεὸν λεχεποίην. »

Il s'agit peût-être simplement de « pileus » et « pileum. » « Pylæus » est un nom propre dans l'*Epitome Iliados Homeri*, v. 239.

264. Notre manuscrit porte « Pugnus, gen. masc. » Et Plaute fait en effet ce mot masculin, *Captiv.* IV, II, 16 : « nam meus est balista pugnus. »

265. L'auteur a mal transcrit un passage de Charisius, col. 71, où les mots cités sont avec raison attribués à Virgile (*Georg.* III, 450) :

« . . . . Idæasque pices. »

266. Virgile, *Æneid.* V, 8 :

« Ut pelagus tenuere rates. »

267. Tout cet article est fort confus et certainement altéré. « Præsepiis » est dans Varron, *de Re rust.* II, 15, 16 ; « nunc ad præsepia, » dans Tibulle, II, 1, 7 ;

« Et dulces animas plena ad præsepia reddunt, »

dans Virgile, *Georg.* III, 495.

269. Ce fragment paraît nouveau.

270. *Pampinus*, gen. fem., ut Cornilius : purpureis geminata pampinus uvis.

271. *Pistrinum*, gen. neutri. Sed Varro : media est pistrina.

272. *Pulvis*, gen. masc. Sed Propertius : horrida pulvis.

273. *Plebs*, gen. fem., ut Juvencus : eteranam plebs.

274. *Palleum*, gen. neutri, ut Juvencus : ferat palleas secum.

275. *Proles*, gen. fem., ut Juvencus : proles veneranda tonantis.

276. *Progenies*, gen. fem., ut Prudentius : ecce venit nostra progenies.

277. *Pharus*, gen. fem., ut Fortunatus : Gallica celsa pharus.

278. *Palmes*, gen. masc., ut Prudentius : pamponie brachia palmite.

279. *Quies*, gen. fem., unde Brutus requietem dixit.

280. *Questio*, gen. fem., ut Varro : questionum epistolarum.

281. *Quercus*, gen. fem., sicut alia arbor.

282. *Querites* singulari numero non habet; nam Micenas dixit queritem, sed non recipitur.

283. *Regnum*, gen. neutri, ut Virgilius : Tyria regna vides.

284. *Rabies*, gen. fem., ut Juvencus : rabies vesana veneni.

270. Quoique ces mots de Cornelius Severus soient altérés, ils peuvent servir à faire reconnaître une lacune dans un passage de Charisius, col. 81. Comme ce grammairien lit « gemmavit, » on peut restituer ici « gemmata. »

271. Charisius, col. 55, donne ainsi cet exemple, « media e pistrina, » et l'attribue à Lucilius

272. Properce, II, XIII, 35,

« . . . . . . qui nunc jacet horrida pulvis, »

cité, mais incorrectement, par Charisius, col. 69.

273. Juvencus, I, 13 :

« Cetera nam foribus plebes adstrata rogabat. »

274. Lisez, « Pallium. » Juvenc. I, 557 :

« . . . . . pariterque ferat tua pallia secum. »

275. Juvencus, IV, 675.

276. Prudence, *Cathemer.* III, 136 : « Ecce venit nova progenies. »

277. Fortunat, *de Vita S. Martini*, I, 47.

278. Prudence, *Cathemer.* III, 5 : « pampineo brachia palmite. »

279. L'article paraît tronqué. « Requietem » se trouve aussi dans quelques manuscrits de Cicéron, et Charisius l'y avait lu, col. 52.

280. Cet ouvrage de Varron, « Epistolicarum quæstionum libri, » est souvent cité par les anciens. Voy. Varron, éd. de Deux-Ponts, t. I, p. 194-197.

282. Lisez, « Quirites singularem numerum non habet; nam Mæcenas dixit quiritem, etc. »

283. Virgile, *Æneid.* I, 338 :

« Punica regna vides, Tyrios. . . . . . . »

284. Juvencus, I, 407.

285. *Ritus*, gen. masc., ut Symmachus : Suus cuique ritus.

286. *Ramus*, gen. masc., ut Cornilius : pomosa lentos servabat in arbore ramos.

287. *Radius*, gen. masc., ut Juvencus : abscondit furvis rutilus sol radios umbris.

288. *Rupes*, gen. fem., ut Virgilius : sub rupe cavata. Ceu magno.

289. *Rus*, gen. neutri, ut Claudianus : rus istud pretio constat vili.

290. *Rubigo*, gen. fem., ut Prudentius : egram pecoram rubiginem.

291. *Rumor*, gen. masc., ut Ausonius : quæ tante tenuere more rumore sub omni.

292. *Rorem*, gen. masc., ut Prudentius : rorem subisse sanctum.

293. *Renes*, gen. masc., ut David : renes mei resoluti sunt. Et alibi : ure renes meos. Singulariter autem numerum carent.

294. *Rosium* dederunt quidam singulariter, rosa pluraliter, quasi generis neutri esset. Sed nunc rosa singulariter, et pluraliter rosas, ut Sidonius : rosas utiles coronat. Et alibi : hiberne rubere rose. Sed gen. fem. est.

295. *Rates*, gen. fem., ut Paulinus : rate armata titulo salutes.

296. *Remus*, gen. masc., ut Virgilius : frangunt littora remi.

297. *Religio*, gen. fem., ut Virgilius : religione sacra.

285. Symmaque, *Epist.* X, 61.

286. Peut-être Cornelius Severus. Ce vers était inconnu.

287. Juvencus, IV, 151 :

« Sol rutilus furvis radios abscondet in umbris. »

288. Virgile, *Æneid.* I, 310; III, 229. Le second exemple est inachevé.

289. Ce passage pouvait se trouver dans quelque lettre de Claudien Mamert.

290. Prudence, *Cathemer.* VII, 205 :

« Quod limat ægram pectorum rubiginem. »

291. Ces mots : « Quæ tantæ tenuere moræ? » sont de Virgile, *Æneid.* II, 282. Il était bien plus simple de citer, « rumore acerbo, » *Æneid.* IV, 203, ou « rumore secundo, » *ibid.* VIII, 90.

292. Prudence, *Cathemer.* VI, 127.

293. Psaume LXXII, v. 21; psaume XXV, v. 2. Lisez ensuite, « Singulari autem numero carent. »

294. Il eût fallu dire « Rosum. » Notre manuscrit porte ici : « Rosa, gen. fem., et tamen dicunt aliqui, Rosium, gen. neutri. » Sidonius, *Epist.* IX, 13 : « rosa sutilis coronet; » *Carm.* II, 110 :

« Hibernæ rubuere rosæ. »

295. Lisez, « Ratis. » S. Paulin, *Carm.* XVII, 106 : « rate amata titulo salutis. »

296. Réminiscence du vers de Virgile, *Æneid.* I, 104 :

« Franguntur remi.............. »

297. On lit à tort dans le manuscrit

298. *Radix,* gen. fem., ut illud : in radice olegena.

299. *Sulphur,* gen. neutri, ut Virgilius : spumas miscent argenti vivaque sulphora.

300. *Sapor,* gen. masc., ut illud : rejecisse bonos turbata mente sapores.

301. *Scopulum,* gen. masc., ut Virgilius : scupulo quem fixit acuto. Et pluraliter : geminique minantur in celum scupuli. »

302. *Series,* gen. fem., ut Fortunatus : blanda conscribens serie salutes.

303. *Stadia,* gen. neutri et masc., quia dicimus staduus et stadia.

304. *Syrma,* gen. neutri, priores fem., ut Cornilius : tria greca syrma.

305. *Situs* loci, gen. masc., ut Porcina : illis situs felix.

306. *Scabillum,* gen. neutri, sicut scamnum, ut Varro in actionibus scinis.

307. *Sues* gen. fem. dederunt antiqui, ut illud : sus lota in volutabro luti. Sed Virgilius gen. masc., inmundi miminere sues.

308. *Saccus,* gen. masc., ut Varro : vinum cui nihil sacculus abstulit.

de Vienne, « gen. neutri. » Virgile, *Æneid.* VII, 608:

« Religione sacræ. . . . . »

298. Virgile, *Georg.* II, 31 :

« Traditur e sicco radix oleagina ligno. »

299. Virgile, *Georg.* III, 449 :

« Et spumas miscent argenti, ac sulfura viva. »

300. Vers à chercher.

301. « Scuplum » dans le manuscrit de Vienne. Lisez, « Scopulus. » *Æn.* I, 45 :

« . . . . scopuloque infixit acuto. »

Ibid. I, 162 :

« . . . . geminique minantur
In cœlum scopuli. »

302. Fortunat, *Poem.* VIII, VII, 3 : « Blanda conscribens famina salutis, » ce qui n'est pas plus régulier.

303. Notre manuscrit dit beaucoup mieux, « Stadium, gen. neutri. » Nous ne savons s'il admettait ensuite un mot comme « stadius. »

304. M. Haupt corrige ainsi le passage de Cornelius : « tragica syrma. » Priscien, col. 679, a conservé ce vers du poëte comique Valerius :

« Quid hic cum tragicis versibus et syrma facis ? »

305. M. Meyer, dans sa seconde édition des Fragments des orateurs romains, Zurich, 1842, p. 196, propose de lire : « Ille situs felix. »

306. Charisius cite plusieurs fois l'ouvrage de Varron *de Actionibus scenicis.*

307. S. Pierre, *Epist.* II, II, 22. Virgile, *Georg.* I, 400 :

« Immundi meminere sues. . . . . »

308. Il y a du rapport entre ce texte

309. *Stips*, de stipide, gen. fem., ut Stirps, ab stirpe.

310. *Seps*, gen. fem., ut Virgilius : vicino ab limites seps. Sed melius sepis, quia presepis, non preseps.

311. *Stomachus*, gen. masc., quamvis pluraliter dicat : stomachi nuper decepti.

312. *Stiria* dicuntur ab stitis, quia Virgilius gen. fem., Varro neutro dixit; sed vicit Virgilii auctoritas.

313. *Straes*, gen. fem., ut Favianus : coacervata strues.

314. *Scalas* et *Scupas* negant grammatici pluraliter, sed consuetudo vicit.

315. *Serum lactis*, gen. fem., ut Rabirius : in teneum est deducta parsimonia lactis.

316. *Salientes aquarum*, gen. masc., ut Celius : perpetuum salientem.

317. *Serta* pluraliter dicit Virgilius. Huc ades aumacrine circumdate serte. Sed Propertius dicit : cum tua preandent demisse in poculo serte. Sunt enim serte sicut corone.

318. *Simbulum*, gen. neutri, ut Varro in Neronem.

---

et quelques mots de Lucilius conservés par Cicéron, *de Finib.* II, 8 : « vinum.... cui nihil sacculus abstulerit. »

309. Lisez, « stipite. »

310. Manuscrit de Laon, « Sepe. » Lisez, « Sepes. » Virgile, *Eclog.* I, 53 :

« .... vicino ab limite sepes. »

311. Cet article est tronqué; celui de Charisius, col. 62, ne l'éclaircit pas.

312. Lisez, « Stiria dicitur ab stillis, quam Virgilius, etc. » Virgile, *Georg.* III, 366 :

« Stiriaque impexis induruit horrida barbis. »

313. M. Haupt lit, « Fabianus. »

314. On trouve dans la liste donnée par le manuscrit de Laon : « Scale dicendum, et Scope, gen. fem. »

315. Conjecture de M. Haupt :

« In tenerum est deducta serum pars intima lactis. »

316. « Cœlius. » Nouveau fragment de l'orateur Celius, qui paraît extrait de son discours *de Aquis*, dont il est question dans une de ses lettres (Cic. *Epist. fam.* VIII, 6), et dans Frontin, *de Aquæduct.* c. 76.

317. On a mal transcrit le texte de Charisius, qui attribue, col. 83, à Cornelius Severus le vers :

« Huc ades, Aonia crinem circumdate serta. »

Properce, II, XXXIII, 37 :

« Cum tua præpendent demissæ in pocula sertæ. »

318. Lisez, « Simpulum, » et ensuite « ad Neronem. »

319. *Sal*, gen. masc., ut Favianus : sal mixtus. Et in Evangelio : quod si sal evanuerit. Et os salis potest dici.

320. *Squalor*, gen. masc., ut Avitus : squalore vicino.

321. *Silex*, gen. fem., ut Virgilius : stabat acuta silex. Sed dicunt alii gen. masc., ut Prudentius : incusso silice.

322. *Simia*, gen. fem., ut in Regum volumine : simias et pavos; quamvis Cicero simiolum dixerit.

323. *Sagus*, gen. masc., ut Afranius : quia quadrati sunt sagi.

324. *Stimulus*, gen. masc., ut Terentius : nam que insitia est, adversus stimulus calces.

325. *Stuprum*, gen. neutri, ut Niveus : magnum stuprum fieri per gentes.

326. *Scalper*, gen. masc., sicut culter, ut Titus Livius; quamvis quidam scalprum dicant.

327. *Sidus*, gen. neutri, ut Virgilius : sidera cuncta notat.

328. *Suboles*, gen. fem., ut Juvencus : propria moridis subolem.

329. *Semen*, gen. neutri, ut Virg. : vaga semina fane.

319. Charisius, col. 82, cite, au sujet du même mot, le second livre des Causes naturelles de Fabianus, « Fabianus Causarum naturalium secundo. » Le texte de Charisius, qui n'est pas ici tout à fait d'accord avec notre grammairien, se lit aussi dans Probus, édition d'Endlicher, Vienne, 1836, p. 218. L'Évangile est celui de S. Matthieu, v, 13. Lisez ensuite, « hos sales. »

320. Ne se retrouve point dans le poëte chrétien Alcimus Avitus.

321. Virgile, *Æneid.* VIII, 233. Prudence, *Cathemer.* V, 7 : « incussu silicis. »

322. Liv. des Rois, III, x, 22. Cicéron, *Epist. fam.* VII, 2 : « Hic simiolus animi causa me, in quem inveheretur, delegerat. »

323. Charisius, col. 81 : « Saga neutro genere dicitur, sed Afranius in Deditione masculine dixit : « quod quadrati sunt sagi. »

324. Térence, *Phorm.* I, II, 27 : « Namque inscitia est, adversum stimulum calces. »

325. Festus, au mot « Stuprum » (Lindem. p. 250), où l'on voit qu'il faut changer ici « Niveus » en « Nævius. » Les éditeurs de Festus proposent de lire, « pergitis. »

326. Tite-Live a dit lui-même au neutre, XXVII, 49 : « Fabrile scalprum cum malleo habebant. »

327. Virgile, *Æneid.* III, 515.

328. Juvencus, I, 62 :

« Et propriam credi sobolem, gaudetque, jubetque. »

329. Il y a « Virg. » dans le manuscrit de Vienne; mais ce vers est de Juvencus, I, 178 :

« Dispergunt late celebris vaga semina famæ. »

330. *Seges,* gen. fem., ut illud : segite decisa.

331. *Signum,* gen. neutri, ut illud : signa dabant populis.

332. *Sepulchrum,* gen. neutri, ut illud : sepulchra multa.

333. *Serpens,* gen. masc., ut Prudentius : hec ille serpens ore dictat regio.

334. *Turris,* gen. fem., ut hec turris.

335. *Trames,* gen. masc., ut Virgilius : clivosi tramites.

336. *Tofus,* gen. masc., ut Varro : et tofus scaber.

337. *Trabes,* gen. fem., ut illud : multe trabes.

338. *Turnus,* gen. masc., ut Micenas : cardine turno.

339. *Talpas,* gen. masc., ut mures, ut Virgilius : aut collegit capiti federe cubilia talpe.

340. *Turtur,* gen. masc., ut Plautus : tu tibi habeas hos turtures. Quamvis Pullio et alii dicant turturellas.

341. *Torques,* gen. fem., ut Propertius : torquem auream.

342. *Tempus,* gen. neutri, ut Juvencus : constructum veteris regnum olim me templum.

343. *Thalamus,* gen. masc., ut Virgilius : quinquaginta erant illi thalami.

330. Lisez, « segete decisa. »

331. Virgile, *Georg.* I, 471 :

« Signa dabant............ »

333. Prudence, *Peristeph.* X, 36.

335. Virgile, *Georg.* I, 108 : « clivosi tramitis. »

336. Les mots cités sont de Virgile, *Georg.* II, 214 :

« Et tophus scaber, et nigris exesa chelydris
Creta. »

338. Notre manuscrit donne ici « Turnus, » et non « Turnum, » comme celui de Vienne. Lisez, « Tornus, » et « torno. »

339. Virgile, *Georg.* I, 183 :

« Aut oculis capti fodere cubilia talpæ. »

340 Plaute, *Mostellar.* I, 1, 4. On peut reconnaître Asinius Pollion dans « Pullio, » comme ci-dessus, n° 49, dans « Pullo Asinius. » Nous trouvons ici, dès le siècle d'Auguste, ce mot de la langue populaire, « turturella. » M. Meyer (*Orat. rom. fr.* éd. de 1842, p. 500) n'a pas admis ce nouveau fragment de Pollion.

341. « Torquem auream » n'est pas dans Properce; mais on y lit, IV, x, 44 :

« Torquis ab incisa decidit unca gula. »

342. Lisez, « Templum. » Juvencus, II, 172 :

« Constructum veteris regni molimine templum. »

343. Virgile, *Æneid.* II, 503 :

« Quinquaginta illi thalami, spes tanta nepotum. »

344. *Turbo,* gen. masc., ut Virgilius : turbine fumante piceo.

345. *Torus,* gen. masc., ut Virgilius : torosi consos ab alto.

346. *Tribunal,* gen. neutri, ut Juvencus : celsum stans ante tribunal.

347. *Vas,* gen. neutri; dicimus enim vas vinarium, et vasa vindimiatoria. Dicunt quidam et vasum, sed receptum non est.

348. *Vepres,* gen. fem., ut Titus Livius : has vepres. Sed singularem non accipit, quamvis Emilius masculine dicat : veper occulta ruis.

349. *Veternum,* gen. neutri, ut Cicero : liceat fenerare veternum.

350. *Vallus* in from. et excuti, gen. fem., ut Virgilius : nunc mystica vallus.

351. *Vallum* castrorum, gen. neutri, quia intervalla dicuntur. Et genere masculino valli, qui tanquam pali prefiguntur infesti, ut Virgilius : exacuunt alii valles.

352. *Vehes,* gen. masc., ut Ovidius : innumerosque vehes. Sunt genere feminino dicitur.

353. *Uter,* gen. masc., ut Virgilius : unctos saliere per utres.

354. *Viscus,* de viscere, gen. neutri, quia viscera dicuntur, ut Pru-

344. Virgile, *Æneid.* III, 573 :

« Turbine fumantem piceo. »

345. Virgile, *Æneid.* II, 2 :

« . . . . toro . . . . . sic orsus ab alto. »

346. Juvencus, IV, 593 :

« Interea celsum Dominus stans ante tribunal. »

347. Lisez, « vindemiatoria. » Sur « vasum, » qu'on trouve dans Caper, col. 2250, « alii vasum, » voy. Pontedera, *Antiquitat. enarrat.* p. 461.

348. On ne peut indiquer ce mot dans Tite-Live. M. Haupt propose ensuite : « veper occulit artus. » Nous aimerions mieux : « veper occidit arvis. »

349. Texte qui ne s'est point retrouvé. On peut croire qu'il y avait « fenerari. »

350. Lisez, « Vallus in frumentum excutiendum. » « Vallus, » comme diminutif de « vannus, » est employé par Varron, *de Re rust.* I, XXIII, 52. On lit aussi dans Caper, col. 2250 : « Vallus hic, quo frumentum excutitur. » Virgile, *Georg.* I, 166 :

« Arbuteæ crates et mystica vannus Iacchi. »

351. Virgile, *Georg.* I, 264 :

« Exacuunt alii vallos furcasque bicornes. »

352. L'exemple ne se trouve pas dans Ovide. Au lieu de « Sunt, » M. Haupt propose « Sed et. »

353. « Utres, » dans le manuscrit de Vienne. Virgile, *Georg.* II, 384.

354. Prudence, *Peristeph.* IX, 56. Fortunat, *Vita S. Mart.* I, 399 :

« Ecce perit, secumque trahit mea viscera leto. »

dentius : pars viscus intrat. Et Fortunatus : vehit sua viscera secum.

355. *Viscus* ad capiendum aves, gen. masc., ut illud : in querco viscus exstat. Sed consuetudo viscum, quasi neutri, dicit.

356. *Vomer*, gen. masc., ut Lucritius : decrescit vomer in arvis.

357. *Urceus*, gen. masc., et urcei, non urcea. Nam Juvencus dixit: urceus est nullus, nec sunt ibi fincula funum.

358. *Vulgus*, gen. neutri, ut Virgilius : ignobile vulgus. Nec dicitur pluraliter.

359. *Venenum*, gen. neutri, ut Salustius : prohibet nocere venenum quod tibi datur. Et alii dicunt venena.

360. *Ursum* antiqui non declinabant in masculino, ut Virgilius: pelli bus tidis urse. Sed Varro dixit : conspectusque in montes horruit ursus.

361. *Vectes*, gen. masc., ut in psalmis, vectes ferreos. Sed Trogus genere feminino dixit.

362. *Vulpis*, gen. fem., ut Prudentius : callida vulpes.

363. *Umerus*, gen. masc., ut illud : subposuit umeros.

364. *Vigor*, gen. masc., ut Prudentius : vigor igneolus.

365. *Vellus*, gen. neutri, ut Lactantius : nulla super campos tendet sua vellera nubes.

355. Nous ajoutons « aves » d'après notre manuscrit. Lisez ensuite, « in quercu. »

356. « Lucretius, » I, 315.

357. Probus, *de Nom.* n. 29 : « Urcioli, non urciola dicuntur, » éd. d'Endlicher, p. 220. Juvencus, II, 262 :

« Urceus est nullus, nec sunt tibi vincula funis. »

358. Virgile, *Æneid.* I, 149.

359. Ce fragment de Salluste paraît nouveau.

360. Virgile, *Æneid.* V, 37; VIII, 338 :

« . . . . et pelle Libystidis ursæ. »

Le vers suivant est d'Ovide, *Metamorp.* II, 494 :

« Ursaque conspectos in montibus horruit ursos. »

361. Psaume CVI, v. 16. Caper, col. 2250 : « Vectes hæ, et hi, ut veteres. » Il paraît qu'il y eut un Trogus commentateur de Virgile. Voyez Servius, *ad Æneid.*. VI, 783. Mais on désigne peut-être l'historien.

362. Prudence, *Diptyc.* XVIII, 3.

363. Cette orthographe (« umerus » pour « humerus ») est conforme à la règle du grammairien Eutychès (ou Eutychius; v. Lindemann, *Grammat. lat.* t. I, p. 151), conservée par Cassiodore, *de Orthogr.* col. 2312, Putsch.

364. Prudence, *Cathemer.* III, 186.

365. Lactance, *Phœn.* v. 23.

366. *Vulnus*, gen. neutri, ut Virgilius : vulnus alit venis. Et alibi : vulnera mille.

367. *Ululatus*, gen. masc., hi ululatus.

368. *Vis*, gen. fem., ut Prudentius : quis sit hujus alites.

369. *Vapor*, gen. masc., ut Virgilius : vapor ater at auras.

370. *Ymnus*, gen. masc., ut Prudentius : grates reddimus et sacramus ymnos.

371. *Zelus*, gen. masc., ut Paulinus : zelus discrepat atrox.

366. Virgile, *Æneid.* IV, 2.

368. Prudence, *Cathemer.* I, 50 : « Quæ vis sit hujus alitis. »

369. Virgile, *Æneid.* VII, 466 :

« . . . . vapor ater ad auras. »

370. Lisez, « Hymnus, » et « hymnos. » Prudence, *Cathemer.* IV, 75.

371. Fragment nouveau de S. Paulin. Le copiste du manuscrit de Laon a omis ce dernier mot.

NOMENCLATURE DU MANUSCRIT DE LAON,

INDIQUÉE PLUS HAUT, PAGE 678.

Opes, gen. fem.
Oleastram, gen. neut.
Opus, gen. neut.
Origo, gen. fem.
Ordo, gen. masc.
Odiam, gen. neut.
Obices, gen. masc.
Orbis, gen. masc.

Pomex, gen. masc.
Pelves, gen. neut.
Parapsidis, gen. fem.
Peristromum, gen. neut.
Paries, gen. masc.
Palpitum, gen. neut.
Pavimentum, gen. neut.
Porticus, gen. neut.
Poteum, gen. neut.
Panis, gen. masc.
Palumbis, gen. fem.
Palus ligni, gen. masc.
Palus luti, gen. fem.
Perdix, gen. fem.
Papaver, gen. neut.
Parsimonia, gen. fem.
Pretextum, gen. neut.
Poteus, gen. masc.
Pylleum, gen. neut.
Pugnus, gen. masc.
Pix, gen. fem.
Pillabus, gen. neut.
Presepium, gen. neut.
Porrum, gen. neut.
Pax, gen. fem.
Pampinus, gen. fem.
Pistrinum, gen. neut.
Pulvis, gen. masc.
Plebs, gen. fem.
Pallium, gen. neut.
Pratum, gen. neut.
Proles, gen. fem.
Progenies, gen. fem.
Palmes, gen. masc.
Pharus, gen. neut.

Quies, gen. fem.
Questio, gen. fem.
Quirites, gen. masc.
Quercus, gen. fem.

Regnum, gen. neut.

Rabies, gen. fem.
Ritus, gen. masc.
Ranus, gen. masc.
Radius, gen. masc.
Rupes, gen. fem.
Rubigo, gen. fem.
Rumor, gen. masc.
Ros, gen. masc.
Renes, gen. masc.
Rosa, gen. fem., et tamen dicunt aliqui
Rosium, gen. neut.
Rates, gen. fem.
Remus, gen. masc.
Religio, gen. fem.
Radix, gen. fem.

Sulfur, gen. neut.
Sapor, gen. masc.
Scopulum, gen. masc.
Series, gen. fem.
Stadium, gen. neut.
Sirma, gen. neut.
Suppellex, gen. fem.
Situs loci, gen. masc.
Scabillum, gen. neut.
Stirps, gen. fem.
Sues, gen. fem.
Sacus, gen. masc.
Sepe, gen. fem.
Stomacus, gen. masc.
Strues, gen. fem.
Scale dicendum, et *Scope*, gen. fem.
Serum lactis, gen. neut.
Salientes aquarum, g. m.
Sirtum, gen. neut.
Simbolum, gen. neut.
Sal, gen. masc.
Squalor, gen. masc.
Sagus, gen. masc.
Stimulus, gen. masc.
Stuprum, gen. neut.
Scaper, gen. masc.
Sidus, gen. neut.
Suboles, gen. fem.
Semen, gen. neut.
Seges, gen. fem.
Signum, gen. neut.
Sepulchrum, gen. neut.
Serpens, gen. masc.

Turris, gen. fem.
Tofur, gen. masc.
Trabres, gen. fem.
Turnus, gen. masc.
Talpa, gen. fem.
Tustur, gen. masc.
Torques, gen. fem.
Tempus, gen. neut.
Talamus, gen. masc.
Turbo, gen. masc.
Torus, gen. masc.
Tribunal, gen. neut.

Vas, gen. neut.
Vepres, gen. fem.
Veternum, gen. neut.
Vallis, gen. fem.
Vallus, gen. fem.
Vallum castrorum, g. n.
Vestix, gen. masc.
Uter, gen. masc.
Vehes, gen. masc.
Viscus ad capiendum aves, gen. masc.
Vomer, gen. masc.
Urceus, gen. masc.
Vulgus, gen. neut., plur. non habet.
Venenum, gen. neut.
Ursus, gen. masc.
Vulpis, gen. fem.
Vectes, gen. masc.
Umerus, gen. masc.
Vigor, gen. masc.
Ululatus, gen. masc.
Vis, gen. fem.
Ulnis, gen. neut.
Vapor, gen. masc.

Ymnus, gen. masc. Finit.

AUTEURS CITÉS DANS LE GLOSSAIRE DES GENRES.

APPENDICE

AU CATALOGUE

DES MANUSCRITS DE LA BIBLIOTHÈQUE

DE L'ÉCOLE DE MÉDECINE

DE MONTPELLIER.

APPENDICE

AU CATALOGUE

DES MANUSCRITS DE LA BIBLIOTHÈQUE

DE L'ÉCOLE DE MÉDECINE

DE MONTPELLIER.

ANNOTATIO LIBRORUM PONTINIACENSIUM.

DE LIBRIS SANCTI AUGUSTINI EPISCOPI.

Augustinus super psalmos, in tribus voluminibus, divisis per quinquagenos psalmos.

Super evangelium Johannis, in duobus voluminibus. Prima pars ab initio evangelii usque ad illum locum ubi scriptum est, « prope « erat pascha Iudeorum, » sermonibus XLV. Secunda pars ab illo loco usque ad finem evangelii, sermonibus LXXVIIII. In eodem volumine expositio ejusdem Augustini, super epistolam predicti Johannis; sermonibus X.

Volumen unum ejusdem de civitate Dei, libris viginti duobus;

Aliud volumen de Trinitate, libris XV.

Volumen unum confessionum, libris XIII.

Volumen unum contra Faustum hereticum, libris XXXII.

Volumen unum super Genesim ad litteram, libris duodecim.

Volumen unum de concordia IIII evangelistarum, libris IIII.

Volumen unum locutionum, libris VII. Et in eodem, questionum libri itidem septem.

Aliud magnum volumen librorum sancti Augustini, in quo continentur Retractationum libri duo. De Achademicis, libri IIII. De beata vita, liber I. De ordine, duo libri. Soliloquiorum libri duo. De immortalitate anime, liber I. De moribus ecclesie catholice et moribus Manicheorum, duo libri. De quantitate anime, unus. De libero arbitrio, tres. De Genesi adversus Manicheos, libri II. De musica, VI. De magistro, unus. De vera religione, unus. De utilitate credendi, unus. De duabus animabus, liber unus. Actorum contra Fortunatum Manicheum liber unus. De fide vel simbolo, unus. De Genesi ad litteram, imperfectus liber unus. De sermone Domini in monte, libri duo.

Volumen aliud, in quo continetur liber unus contra Adimantum, Manichei discipulum. Expositionis quarumdam propositionum ex epistola Pauli ad Romanos, liber unus. Expositionis epistole ad Galathas, liber unus. Epistole ad Romanos inchoate expositionis, liber unus. De diversis questionibus LXXXIII, liber unus. De mendatio, liber unus. Ad Simplitianum episcopum, duo. Contra epistolam Manichei quam dicunt fundamenti, liber unus. De agone Christiano, unus. De doctrina Christiana, quatuor. Contra Felicem Manicheum, duo libri. De natura boni, unus. Questionum evangeliorum libri II. Annotationum in Job, unus. De cathecizandis rudibus, liber unus. Contra epistolam Parmeniani, tres. De baptismo, libri septem. Ad inquisitiones Januarii duo libri. De opere monachorum unus liber. De bono conjugali, unus. De sancta virginitate, unus. De bono viduitatis ad Julianam, libri duo.

Est et aliud volumen, continens diversa beati Augustini opuscula, id est : Contra litteras Petiliani heretici, libros tres. Ad Cresconium grammaticum donatistam, IIII libros. De divinatione demonum, librum unum. Questionum expositarum contra paganos numero sex, librum unum. De peccatorum meritis et remissione et de baptismo parvulorum ad Marcellinum, libros tres. De unico baptismo contra Petilianum ad Constantinum, librum unum. De gratia novi testamenti ad Honoratum, librum unum. De spiritu et littera ad Marcellinum, librum unum. De fide et operibus, unum. De videndo Deo, unum. De natura et gratia, unum. Ad Orosium presbyterum contra Priscilianistas, librum unum. Ad beatum Jeronimum libros duos, unum de origine anime, et alium de sententia beati Jacobi apostoli. De correptione Donatistarum, I. De presentia Dei ad Dardanum, librum unum. Contra Pelagium et Celestium de gratia Christi et peccato originali, libros duos. Contra sermonem Arrianorum, unum. De nuptiis et concupiscentia, ad Valerium comitem, duos.

Volumen aliud, in quo habentur predicti Augustini libri quatuor de anima et ejus origine. De adulterinis conjugiis ad Pollentium, libri duo. Contra adversarium legis et prophetarum, duo. Contra mendacium, liber unus. Contra duas epistolas Pelagianorum, quatuor. Ad Laurentium de fide spe et karitate liber unus qui dicitur encheridion. De cura pro mortuis gerenda ad Paulinum episcopum, liber unus. De octo Dulcitii questionibus, unus. Ad Valentium et cum illo monacho de gratia et libero arbitrio, unus. Ad eosdem de correptione et gratia, alius liber. De omnibus heresibus, unus liber. Cum Orosio presbytero, unus. De perfectione justitie hominis, unus. Contra monachos Massilienses, duo libri. De fide rerum invisibilium, unus. De diffinitionibus recte fidei et ecclesiasticorum dogmatum, unus. De decem cordis, unus. De arte dialectica, unus liber.

Volumine alio continentur libri isti Augustini. De nuptiis et concupiscentia contra Pelagianos, libri duo. Contra Julianum, sex. Contra eumdem, alii sex. Gesta cum Emerito Donatistarum episcopo, libro uno.

Volumen aliud, quod dicitur de verbis Domini, multos de diversis evangeliorum et apostolorum scriptis beati Augustini continens tractatus, sermonibus nonaginta septem.

Item volumine [1] alio beati Augustini liber unus de perfectione

[1] A cet endroit, il y a dans le manuscrit cette note marginale: *Volumen hoc in Unguria.*

justitie hominis. De natura et gratia, alius. De gratia et libero arbitrio, unus. De correptione et gratia, unus. De predestinatione sanctorum, unus. De bono perseverantie, unus. Annotationum in Job, alius. In eodem volumine, Jeronimi de penitentia Theophili, liber unus.

Volumen aliud, in quo duo libri sepe dicti Augustini contra Pelagianos habentur. Et etiam expositio quarundam propositionum ex epistola Pauli ad Romanos, libro uno. Expositionis epistole ad Galathas, liber unus. De natura boni, unus. Contra Adimantium Manichei discipulum, unus. De diversis questionibus LXXXIIII, liber unus. Retractationum libri duo.

Volumine alio contra Felicem manicheum Augustinus, libris duobus. Contra Pelagium et Celestium de gratia Christi et peccato originali, ad Albinam, Pinianum et Melaniam, libris duobus. De gratia testamenti novi ad Honoratum, liber unus. De diffinitionibus recte fidei et ecclesiasticorum dogmatum, unus. In eodem volumine est liber Aurelii Cassiodori de anima, et decretum Gelasii pape de scripturis recipiendis et non recipiendis.

Volumen aliud, in quo Augustinus dę libero arbitrio, libris tribus. Soliloquiorum, duobus. De quantitate anime, uno. De magistro, uno. Dialogus ejusdem Augustini, libro uno. De decem cordis, uno.

Volumen[1] aliud, in quo liber unus de vera religione. De sermone Domini in monte, duo. Ad quendam comitem, unus. De vita et conversatione sanctimonialium, unus[2].

Volumine uno, Augustinus de opere monachorum, libro uno. De bono conjugali, alio.

Alio volumine, sermo beati Augustini de simbolo. De pastoribus, liber unus. De ovibus, alius. Liber beati Ambrosii episcopi, de laude et exhortatione viduitatis. Commonitorium Orosii presbyteri ad sanctum Augustinum, de Priscillianistis et Origenis errore. Res-

[1] Ici on a écrit après volumen : *In Ungaria.*

[2] Après ce dernier mot, on lit : *In Ungaria.*

ponsio Augustini contra predictas hereses, libro uno. Liber unus de correctione Donatistarum. De fide et operibus, unus. Item ejusdem liber de dialectica. Cathegorie Aristotilis de greco in latinum translate a beato Augustino. Epistola Johannis pape urbis Rome, de fide contra Euthicianistas. Collatio beati Augustini de trinitate a se ipso ad semet ipsum, libello uno.

Volumine uno, liber sancti Augustini qui dicitur speculum.

Volumine alio, Encheridion sancti Augustini. Fulgentius de regula vere fidei, libro uno.

Epistole ejusdem Augustini centum quadraginta tres, in uno volumine.

Excerpta Evipii ex libris sancti Augustini, in uno volumine.

Liber qui dicitur Florus, ex multis sancti Augustini libris super totum corpus epistolarum Pauli a venerabili Beda presbytero collectus, duobus voluminibus. Prima pars continet epistolas duas ad Romanos videlicet, et primam ad Corinthios. In secunda parte continentur relique apostoli epistole, et liber Didimi videntis de spiritu sancto, de greco translatus in latinum a beato Jeronimo, et sermo domni Anselmi venerabilis Cantuariensis archiepiscopi, de eterna beatitudine.

Epistole sanctorum Augustini atque Jeronimi in quibus ad invicem disputant, in uno volumine.

Volumen aliud, in quo sancti Augustini sermones habentur de simbolo ad cathecuminos et ad instructionem omnium fidelium, numero sex. Deinde sermones de lapsu mundi et de quibusdam scripturarum locis, XXV. Postea sermones et tractatus sanctorum Augustini, Ambrosii atque Ieronimi, XXVIIII.

Volumine uno, confessiones Augustini. Regula Augustini. Expositio cujusdam super eandem regulam. Augustinus de pastoribus, liber I. Augustinus de ovibus, liber I. Collatio beati Augustini de trinitate. Augustinus contra Pelagianos et Celestianos. Augustinus de mirabilibus novi et veteris testamenti. Epistole beati Augustini LXXXIIIIor.

DE LIBRIS BEATI AMBROSII EPISCOPI.

Volumine uno, Ambrosius de virginitate ad Marcellinam sororem suam, libris quatuor. De perpetua virginitate beate Marie, libro uno. Exhortatio ejusdem ad virginitatem, uno libro. De patriarchis, duo libri : primus de Abraam, secundus de Ioseph. De benedictionibus patriarcharum, liber unus. De apologia David, unus. De vinea Nabuthe, unus. De jejunio, unus. Pastoralis beati Ambrosii, libro uno. De penitentia, duo libri. De excessu Satyri fratris sancti Ambrosii, duo libri.

Volumen aliud, in quo beati Ambrosii duo libri de officiis. De sacramentis, tres. De Ysaac et anima, unus. De bono mortis, unus. De fuga seculi, unus. De Jacob et beata vita, unus. De paradiso, unus. De consolatione mortis Valentiniani, unus. Epistola ad Vercellenses.

Volumine uno, beatus Ambrosius super psalmum *beati immaculati*.

Volumine alio, Exameron beati Ambrosii, libris VI.

Volumine iterum alio continentur ejus epistole numero LXXXIIII.

Alio volumine, Ambrosii expositio super omnes epistolas Pauli. In eodem volumine versus Hyldeberti Cenomannensis episcopi de missa.

Alio volumine, expositio ejusdem Ambrosii super totum evangelium Luce.

Volumen aliud, in quo beati Ambrosii continentur de trinitate libri tres; de incarnatione Domini unus. In eodem volumine continentur etiam beati Athanasii de trinitate libri quinque; sextus de beatitudine fidei. Gesta ejusdem Athanasii, cum hereticis Ario, Sabellio atque Fotino. Liber Ferrandi, qualis debeat esse dux religiosus in actibus militaribus.

Volumen unum, expositio Rabani Mauri super libros Machabeorum, libris tribus. Ambrosii de officiis, libris III; Ambrosii de mysteriis, libro I; Ambrosii de sacramentis, libris VI. Liber sancti Augustini Cantuariensis archiepiscopi, de vita christiana.

DE LIBRIS SANCTI JERONIMI PRESBYTERI.

Volumen unum in quo continetur liber Ysaye prophete expositus a beatissimo Jeronimo presbytero, libris duodeviginti.

Volumine alio continetur ejusdem Jeronimi expositio super duodecim prophetas, viginti libris. Super Osee prophetam, tribus. Super Amos, tribus. Super Jonam, uno libro. Super Abdiam, alio. Super Micheam sunt duo libri. Super Naum, unus. Super Abacuc, duo. Super Sophoniam, unus. Super Aggeum, alius. Super Joel, unus. Super Malachiam, unus. Super Zachariam vero sunt tres libri. Et ita fiunt viginti libri super XII prophetas.

Volumine uno, Jeronimus super Jeremiam, et breves quedam annotationes super eundem et super ejus lamentationes et super Danielem.

Item Jeronimus in uno volumine Jezechielem exponit libris.

Volumine alio totum exponitur psalterium a supradicto Jeronimo.

Alio volumine, Jeronimus super Danielem, libris octo, et super Ecclesiasten, libro uno.

Sed et duo evangeliste, Matheus videlicet et Marchus, in volumine alio disseruntur a beato Jeronimo.

Epistole beati Jeronimi in uno magno volumine, fere centum XXXV.

Volumine uno, Jeronimus contra Jovinianum hereticum libris IIII.

Alio volumine, Jeronimus contra Pelagium et illius heresim sub specie dialogi. In eodem volumine, liber apologeticus Orosii presbyteri contra predictam heresim.

Volumine uno, habentur exposite quatuor Pauli apostoli epistole a predicto Jeronimo: epistola quidem ad Galathas, tribus libris; ad Ephesios, tribus; ad Titum, uno, et ad Phylemonem alio libro.

Volumine uno, Jeronimi de ortu beate Marie virginis gloriose.

In eodem volumine, sermo sancti Augustini de pacientia. Idem de agenda penitentia. Sermo sancti Johannis Chrisostomi de confessione. Exhortatio beati Cipriani de penitentia. Liber beati Effrem de munditia anime. Exhortatio Johannis Chrisostomi de penitentia. Lamentatio Ysidori Yspalensis episcopi. Edictum Justiniani imperatoris, de confessione recte fidei. Sermo Augustini de proverbiis Salomonis. Tractatus ejus de quatuor virtutibus caritatis. Sermo ejusdem de tempore barbarico. Exhortatio Athanasii episcopi ad monachos. Omelie Cesarii episcopi ad monachos, numero decem. Sermones Fausti episcopi ad monachos, duo. Item unus sermo de penitentia.

Alio volumine continetur beati Jeronimi liber de hebraicis questionibus. Item de interpretatione nominum, liber unus. De locis transmarinis, alius.

Cronica beati Jeronimi volumine uno.

Volumine uno, expositio beati Jeronimi presbyteri super Ysaiam prophetam abbreviata a magistro Ernaldo abbate Bonevallis.

Volumine uno, dialogus Jeronimi[1].

Liber Policraticus de vestigiis philosophorum, in uno volumine[2].

DE LIBRIS BEATI GREGORII PAPE.

Expositio moralium super librum beati Job in duobus voluminibus, libris XXXV. Prima pars continet, ab initio libri usque ad illum locum ubi scriptum, « abscondita est sapientia ab oculis omnium viventium, volucres quoque celi latet, » libros X et VIII. In secunda parte continetur quod residuum est predictæ prophetie, libris X et VII.

Volumine uno continentur due partes expositionis beati Gregorii pape super prophetiam Iezechielis, omeliis triginta duabus.

Job glosatus, in uno volumine[2].

[1] On lit à la marge : « Ignoratur ubi sit, « utrum in Ungaria, necne. »

[2] Ces trois derniers paragraphes sont de trois écritures différentes, et paraissent ajoutés à la première rédaction du manuscrit.

Volumine[1] uno, sunt omelie evangeliorum, qui liber usitato nomine vocatur XL^{ta}.

Registrum epistolarum beati Gregorii pape uno volumine, libris XIIII.

Libri quatuor dialogorum beati Gregorii pape, volumine uno[2].

Volumine uno, liber pastoralis regule.

Excerpta Patherii, ex libris ejusdem beati Gregorii, volumine uno.

Item excerpta cujusdam Adalberti ex libris moralium, volumine uno.

Volumen unum dialogorum Gregorii pape, libri IIII^{or}. Volumine eodem Arcuinus (Alcuinus) de salute anime. Augustinus de disciplina christiana. Diadema monachorum. Expositio magistri Richardi de visionibus Iezechielis prophete ad litteram. De patientia liber unus. (Sermo[3] cujusdam canonici Premonstracensis de canone misse. Epistola abbatis Ysaac de canone. Missa Grecorum. Missa Johannis Chrisostomi)[4].

DE LIBRIS BEATI LEONIS PAPE.

Sermones de multis sollempnitatibus anni et multe ad diversos beati Leonis epistole continentur apud nos in uno volumine.

DE LIBRIS BEATI CIPRIANI EPISCOPI ET MARTYRIS.

Opuscula beati Cipriani martyris et episcopi, uno volumine comprehensa, breviter hic annotata sunt. Ad Donatum, liber unus. De disciplina et habitu virginum, unus. Liber de lapsis, unus. De catholice ecclesie unitate, alius. De oratione dominica tractatus. Item de mortalitate, alius. De opere et elemosinis, alius. De bono patien-

[1] Au-dessous de « volumine, » on a écrit, postérieurement et d'une écriture plus fine, « in Ungaria. »

[2] Ce paragraphe entier est effacé, et au-dessus est écrit : « in Ungaria. »

[3] On trouve écrit à la marge : « quæ parenthesi includimus desunt nunc in libro. » Cette note, qui paraît avoir été écrite au XVIIe ou au XVIIIe siècle, a rapport à une parenthèse qui effectivement est ouverte avant le mot « sermo. »

[4] L'écriture de ce paragraphe est un peu plus récente que celle du reste.

tie, unus. De zelo et livore, unus. Adversum Demetrianum, unus. Ad Fortunatum de exhortatione martyrii, unus. De laude martyrii, unus. Ad Quirinum, libri tres. Item epistole ad diversos in eodem volumine, multe. Postea sequitur tractatus de duobus montibus, et cena Cipriani.

DE LIBRIS SANCTI HYLARII PICTAVIENSIS EPISCOPI.

Libri beati Hylarii Pictaviensis episcopi doctissimi et eloquentissimi viri uno volumine continentur apud nos. Contra Arrianos de trinitate, libri XII. Liber de sinodis, contra omnes hereses. Item liber unus contra Constantium imperatorem. Duo libri ejusdem ad eundem. Exemplum blasphemie Auxentii Arriani episcopi. Item libellus contra eundem Auxentium.

DE LIBRIS BEATI YSIDORI YSPALENSIS.

Ethimologiarum libri XXI editi a beato Ysidoro, volumine I. Volumine alio, idem liber.

Volumine uno, super aliqua veteris Testamenti capitula libri X. Super Genesim unus, super Exodum unus, super Leviticum unus, super librum Numeri unus, super Deuteronomium unus, super Jesumnave (Josue) unus, super librum Judicum unus, super librum Ruth unus, super quatuor libros Regum quatuor, et super Esram unus. Sermo beati Leonis pape, ad ecclesie filios instruendos. De ordine creaturarum Ysidori liber unus. Volumine uno, Ysidorus sententiarum.

Volumine uno, soliloquiorum libri duo [1].

DE LIBRIS BEATI JOHANNIS CRISOSTOMI.

Beatus Johannes Crisostomus partim exponit Mathei evangelium omeliis viginti quinque, sub uno volumine.

[1] Au-dessous de ces derniers mots, se trouve écrit : « hæc duo volumina supra- « scripta, videlicet Ysidori sententiarum, « id est soliloquiorum, ignorantur. » L'écriture de cette note est plus récente que le texte.

Volumine uno, ejusdem omelie XLIII de diversis scripturarum locis, et epistola ejus ad Olimpiam, et sermones sancti Augustini de passione et resurrectione Domini.

Volumine uno, super epistolam ad Hebreos sermones triginta quinque.

Volumine uno, liber Quod nemo leditur nisi a se ipso, et de reparatione lapsi liber alius. De cordis compunctione duo. De superscriptione psalmi quinquagesimi unus. Item tractatus ejusdem super eundem psalmum. Ammonitiones Cesarii episcopi.

DE LIBRIS VENERABILIS BEDE PRESBYTERI.

Volumine uno, super parabolas Salomonis libri quatuor, super Cantica canticorum septem, super Apocalipsin qûatuor, venerabilis Bede. In eodem volumine Victorinus super Apocalipsin.

Volumine alio, Beda super epistolas canonicas. Super epistolam Jacobi apostoli, libro uno. Super duas Petri epistolas libris duobus. Super epistolam Jude apostoli, uno. In eodem volumine, Bede super Actus apostolorum liber unus. De sententia Ysaie prophete, unus. Epistole ejusdem IIII. De locis sanctis, liber unus.

Volumine uno, Beda super tabernaculum Moysi.

Volumine uno, Beda super librum Tobie.

Volumine uno, omelie Bede LVI.

Volumine uno, Beda super templum Salomonis. Et liber de temporibus. In illo volumine, Helpericus de compoto lune.

Volumine uno, Beda super Genesim, et questiones ejusdem in libro Regum.

DE LIBRIS ORIGENIS.

Volumine uno, super Genesim Origenis omelie XVII. Super Exodum, XII. Super Leviticum, XVII. Super librum Numeri, XXVIIII. Super Jesumnave, XXVI. Super librum Judicum, VIIII. Super libros Regum, I. Super Cantica canticorum, II. Super Ysaiam, VIIII. Super Jeremiam, XIIII.

Volumine uno, Origenes super epistolam ad Romanos, libris x, et vita ipsius Origenis.

Volumine uno, super Cantica canticorum libri quatuor ejusdem Origenis.

Volumine uno, Origenes super Matheum.

Volumine uno, Origenes super psalmum tricesimum sextum, et tricesimum octavum. Explanatio Rufini in symbolo. Explanatio Jeronimi decem temptationum. Questiones hebraice in libris Regum. Questiones hebraice in Paralipomenon. Questiuncule de Genesi collecte ab Albino.

Volumine uno, unum ex IIII^or libris quatuor.

Volumine uno, Radulfus super Leviticum libris XX^ti.

Volumine uno, Guibertus super minores prophetas [1].

DE LIBRIS CASSIODORI SENATORIS.

Cassiodorus super totum psalterium in tribus voluminibus per psalmos quinquagenos divisis.

Epistole Cassiodori, et epistole Sidonii, et versus Hildeberti de pluribus, et libellus quidam de natura gemmarum, sed et passiones sanctorum martyrum Laurentii atque Vincentii, versibus digeste, in uno volumine.

DE LIBRIS PROSPERI.

Volumine uno, Prosperi liber de vita contemplativa.

Volumine alio, ejusdem Prosperi liber unus contra Cassianum. Liber alius responsionum ad excerpta que de Genuensi civitate sunt missa. Contra capitula Gallorum, liber unus. Contra capitula objectionum Vincentianarum, liber unus. De vocatione gentium, duo. Ad Ruffinum ejusdem epistola, de gratia et libero arbitrio.

DE LIBRIS BEATI GREGORII NAZANZENI EPISCOPI.

Opuscula [2] beati Gregorii Nazanzeni episcopi, clarissimi eruditis-

[1] Ces trois derniers paragraphes paraissent ajoutés à la première rédaction du manuscrit.

[2] On lit dans l'O qui commence ce mot : « In Ungaria. »

simi viri, volumine uno comprehensa, sunt hec : Apologeticus ipsius, liber I. Liber secundus, in semet ipso de agro reversus. Tercius liber de Jeremie sententia, « ventrem meum, ventrem meum doleo, » etc. Quartus de reconciliatione monachorum. Quintus de grandinis vastatione. In eodem volumine, epistola Sancti Augustini ad Casulanum de jejunio sabbati. Item sermo ejusdem Augustini de continentia.

DE LIBRIS SANCTI BASILII EPISCOPI.

Volumine uno, vita sancti Basilii, et regula ejusdem, et doctrina ejus ad monachos, sermo quoque unus de eo quod scriptum est : « Attende tibi ne forte fiat in corde tuo s. o. iniquitas, » et de proverbiis Salomonis alius sermo.

DE LIBRIS RABANI.

Rabanus super Matheum, in uno volumine. Alio volumine, idem Rabanus super quatuor libros Regum.

Volumine uno, epistole Pauli apostoli glosate a magistro Anselmo.

Volumine uno, omelie cujusdam super evangelia per totum annum. Item sermones magistri Ivonis Carnotensis de precipuis sollempnitatibus. Item quedam exceptiones de scripturis sanctis. Sermones cujusdam super « ecce quam bonum, » numero V, cum quibusdam aliis sermonibus. Item liber magistri Hugonis farseti de duodecim abusionibus claustri [1].

DE ALCUINO.

Omelie Alcuini, in uno volumine, LVIIII. Ammonitionum beati Cesarii episcopi, sermones VIIII. Item collationum domini Odonis abbatis libri tres.

DE LIBRIS AMBROSII AUSPERTI.

Volumine uno [2] Ambrosius Aupterus super Apocalypsin, duobus voluminibus.

[1] Ce dernier paragraphe semble ajouté à la première rédaction du manuscrit.

[2] Ces deux mots, « volumine uno, » sont rayés dans le manuscrit.

DE BERENGARIO.

Berengarius super apocalipsin, volumine uno.

DE LIBRIS PASCHASII.

Paschasius Radbertus super lamentationes Jeremie, libris quinque in uno volumine.

DE LIBRIS REMIGII.

Remigius super duodecim prophetas, in uno volumine.

Alio volumine, Remigius super Genesim. In eodem volumine, liber de honesto et utili, qui est ysagoge et tanquam verbum abbreviatum in totam ethicam. Item de tunica nuptialis vestimenti Christi et ecclesie, sermo unus. Boetii de trinitate liber unus. Epistola Johannis diaconi ad Boetium. Item Boetius de bono, et de Christi incarnatione et duabus naturis et una persona ad eundem Johannem, libri tres. Martini abbatis de quatuor virtutibus liber unus.

Volumine uno, kalendare. Sententie patrum de vita sacerdotum. De penitentia. De gravibus criminalibusque peccatis. De materia octo principalium viciorum. Meditationes Anselmi. Orationes quarum quedam prosaice quedam vero metrice descripte sunt. Parabole Salomonis [1].

DE LIBRIS IVONIS CARNOTENSIS.

Epistole Ivonis Carnotensis episcopi, in uno volumine CCLXXVI.

Alio volumine, Ivonis Carnotensis episcopi sermones. De sacramentis neophitorum, unus. De excellentia sacrorum ordinum et vita ordinandorum, unus. De significationibus indumentorum sacerdotalium, I. De dedicatione ecclesie et consecratione altaris, unus. De convenientia veteris ac novi sacerdotii, duo. Ordo sancti Mammerti Viennensis episcopi de his quæ ad officium misse pertinent, et de expositione ejusdem [2].

[1] En suivant la ligne, on lit : « In Unguaria. »

[2] On trouve ici une note effacée qui paraît avoir dû être semblable à la précédente.

MAGISTRI GAUTERII LAUDUNENSIS.

Volumine uno, sententie magistri Gauterii Laudunensis episcopi. Alterius cujusdam sententie, in uno volumine [1].

LIBER PETRI ALFUNSI EX SARRACENO CHRISTIANI.

Volumine uno, Petrus Alfunsi contra Judeos et paganos.

DE LIBRIS LANFRANCI.

Volumine uno, Lanfrancus Cantuariensis archiepiscopus de corpore et sanguine Domini nostri, libris....... [2] Eodem, quedam sententie de libero arbitrio. Postremo, quedam exceptiuncule ex regulis Prisciani.

DE LIBRIS ANSELMI CANTUARIENSIS ARCHIEPISCOPI.

Anselmi Cantuariensis archiepiscopi libri, uno volumine comprehensi, sunt isti [3] : Cur Deus homo, libri duo. De conceptu virginali, unus. De processione Spiritus sancti, duo. De sacrificio azimi et fermentati, epistola I. De sacramentis ecclesie, epistola. Item de corpore et sanguine Domini.

Ejusdem Anselmi Monologium, libro uno. Tractatus de veritate, uno. De libertate arbitrii, altero. De casu diaboli, altero. Epistola ejusdem de incarnatione Verbi. Conquestio cujusdam scolastici de vita mortali. Omnes hii sub uno volumine.

Item alio volumine, epistola Anselmi ad Lanfrancum. Monologion, liber unus.

Proslogion, alius. Epistole XIIII. Didascalicon magistri Hugonis, libri VI. Miracula Eugenii pape, numero septem. Sermo propheticus cujusdam sanctimonialis, ad religiosos viros.

[1] Sur cette ligne est écrite cette note : « De his duobus ignoramus. »

[2] Le manuscrit présente une lacune en cet endroit, qui a été gratté.

[3] A la marge on lit : « De hoc ignoramus. »

Sermones beati Bernardi abbatis Clarevallensis et vita ejusdem in uno magno volumine[1].

DE LIBRIS BEATI BERNARDI ABBATIS CLAREVALLENSIS.

Volumine uno continentur libri quidam domini Bernardi Clarevallensis abbatis, hoc est, super evangelium, « Missus est Gabriel, » liber unus. De gratia et libero arbitrio, unus. Ad milites templi exhortatio, libro uno. De precepto et dispensatione, liber unus. Epistola ejusdem ad quendam cardinalem. De XII^{cim} gradibus humilitatis, liber unus. In eodem volumine magistri Hugonis prioris Sancti Victoris parisiensis sunt isti libri. De virginitate beate Marie, liber unus. De institutione novitiorum, unus. De arra anime, unus. De laude karitatis, unus. De virtute orandi, unus. De sapientia Christo et sapientia Christi, unus. De cibo Emmanuelis, unus. De tribus diebus, unus.

Ejusdem Bernardi abbatis epistole numero CCXXX, in uno volumine.

Tractatus ejus super Cantica canticorum in uno volumine, ab initio usque ad eum locum ubi dicitur, « capite vulpes parvulas, » sermonibus.

De consideratione ad papam Eugenium, libri quinque.

Volumine uno, Bernardus in vita sancti Malachie episcopi. Et in ipso volumine de conceptione sancte Marie[2].

DE LIBRIS MAGISTRI HUGONIS.

Magistri Hugonis prioris sancti Victoris parisiensis liber de sacramentis divisus est apud nos in duobus voluminibus : In primo, narrationis series a principio usque ad incarnationem Verbi deducitur, partibus sive clausulis XII^{cim}. In secundo, ab incarnatione Verbi usque ad finem et consummationem omnium ordine proceditur, partibus videlicet XVIII. In secunde partis volumine, multe de quibusdam scripturarum locis ejusdem sententie.

Volumine uno, ejusdem super Ecclesiasten libri VI. Super lamen-

[1] Ce paragraphe est d'une écriture un peu plus moderne.

[2] Cet article est d'une écriture un peu plus moderne.

tationes Jeremie, unus. Super angelicam ierarchiam, libri xv. De archa Noe, unus.

Psalterium Gilleberti, in uno volumine.

Gillebertus super epistolas Pauli in tribus voluminibus, quorum unum totum habetur amen (?). Item ejusdem psalterium unum per se [1].

DE LIBRIS MAGISTRI RICHARDI.

Item Richardi alterius prioris sancti Victoris liber de patriarchis, uno volumine. Ejusdem tractatus super illam Ysaie sententiam : « Omne caput languidum, » et cetera. In eodem volumine, sententie Hugonis abbatis Radingie de quibusdam scripturarum questionibus, libris sex. Item, epistola Ysaac abbatis Stellensis de anima.

Volumine alio, ejusdem Richardi historia.

DE LIBRIS PETRI ITALICI PARISIENSIS EPISCOPI.

Sententie magistri Petri italici parisiensis episcopi, in uno volumine.

Volumine alio, idem liber.

Item alio volumine, idem liber [2].

Volumine uno, psalterium ab eo glosatum.

Volumine alio, idem liber.

Item [3] super epistolas Pauli sermones magistri Petri Comestoris.

DE LIBRIS HERVEI MONACHI DOLENSIS.

Herveius sancte Marie Dolensis monachus, super librum Judicum, in uno volumine.

Aliud volumen ejusdem Hervei super Ysaiam prophetam.

Volumine uno Ernaudus super Leviticum liber unus. Super librum Numeri unus. Super Deuteronomium, unus. Super Jesumnave liber unus. Epistola Augustini ad Esicium episcopum de fine seculi.

Volumine uno, decreta Gratiani.

[1] L'écriture de ces deux derniers paragraphes est plus moderne. — [2] Ces deux paragraphes sont rayés dans le manuscrit. — [3] L'écriture très-fine de ce paragraphe doit être du XIIIe siècle.

Volumine uno, prima pars corporis canonum.

Volumine altero, secunda pars eorum canonum.

DE LIBRIS SENECE PHILOSOPHI.

Volumine[1] uno, Seneca de beneficiis, libris sex. De clementia, duobus. De remediis fortuitorum bonorum, uno. De finibus bonorum et malorum, VI[2].

Ejusdem epistole in alio volumine, ad Lucilium, numero CIII.

DE QUINTILIANI LIBRO.

Quintilianus de causis, XVIII, volumine uno[3].

DE LIBRO MAGISTRI GUILLELMI DE CONCHIS.

Uno volumine philosophia magistri Guillelmi de Conchis, et eodem cujusdam Adelardi philosophia, cum quibusdam philosophorum de natura elementorum sententiis. Claudianus Viennensis ad postremum de triplici animarum statu, tribus libris.

DE LIBRIS HISTORIARUM.

Historia Josephi illustris Hebreorum historiographi, in uno volumine, libris viginti.

Historia ecclesiastica in uno volumine, et libris undecim. In quo volumine sunt actus Silvestri pape, et miraculum Petri ignei. Liber quoque beati Jeronimi de viris illustribus. Gennadius similiter de viris illustribus. Sed et Ysidorus Hispalensis episcopus de viris illustribus. Cassiodori etiam senatoris de institutione divinarum scripturarum, libri duo.

Historia Egesippi in uno volumine, et libris quinque.

Historia tripartita in uno volumine, et libris duodecim.

Historia de Barlaam et Josaphath et epistole Hildeberti Cenomannensis episcopi, in uno volumine.

[1] On lit dans la lettre V de ce mot : « Vacat. » — [2] On trouve écrit en marge « Vacat, » avec une ligne tirée, pour indiquer que ce mot s'applique à ce volume. — [3] A la suite de ce paragraphe, on lit : « Ignoratur de hoc. »

Historia Pauli Orosii contra paganos, in uno volumine, et libris VII.

Suetonius de vita Cesarum, uno volumine, et libris XII [1].

Historia Britannorum cum prophetia Merlini et gestis Artusii in uno volumine. Eodem volumine Anglorum historia edita a Beda venerabili presbytero.

Historia Alexandri, regis Macedonum, volumine uno. Epistola ejusdem Alexandri ad Aristotilem magistrum suum. Collatio Dindimi regis Bragmanorum et Alexandri regis facta per litteras, de philosophia. De bellis gallicis historia Julii Cesaris, libris VII. Item de agricultura, Palladii libri duo.

Historia [2] de gestis Romanorum atque Francorum, volumine uno et libris quatuor. Item historia Francorum, libris tribus. Historia Longobardorum, libris sex. Historia Troiana Frigii daretis, uno libro. Historia Apollonii Tyrii, uno libro.

Valerius Maximus de dictis et factis egregiis, volumine uno. Eodem Solinus de mirabilibus mundi.

Volumine uno, hystoria Jerusalem libris quatuor. Descriptio locorum sanctorum circa Jerusalem. Historia Clementis pape libris decem. Due epistole ejusdem ad sanctum Jacobum [3].

DE SERMONARIIS.

Sermones diversorum auctorum in duobus voluminibus, in altero quorum continentur sermones ab adventu Domini usque ad festum sancti Johannis Baptiste, in altero vero a festo sancti Johannis usque ad adventum Domini. In eodem Algerus de misericordia et justitia libris III^{bus}. Et tractatus ejusdem de corpore et sanguine Domini, libris III^{bus}.

[1] On voit écrit, au-dessus du mot *Suetonius*, « deest. » Les trois premiers mots de ce paragraphe sont raturés légèrement; et une note qui avait été écrite à la fin a été tellement grattée, qu'on n'en découvre plus qu'une ligne tracée à l'encre, qui l'entourait.

[2] Après « Historia, » on avait écrit « ecclesiastica ; » mais ce mot a été raturé.

[3] Ce volume a été inscrit plus récemment.

Volumine uno, sermones Petri Ravennatis.

Volumine uno, sermones Guerrici abbatis Igniaci. Eodem sermo Fulberti Carnotensis episcopi de vinculis sancti Petri. Item, sermones magistri Ernaldi abbatis Bonevallensis, de V verbis Domini in cruce. Hystoria de transmarinis partibus, in uno volumine. Prima pars Papie, in uno volumine. Secunda, in altero volumine, cum hystoria ferculi.

Libri glosati. Exodus glosatus, in uno volumine. Ysaias, in uno volumine. Iezechiel, in uno volumine. Jeremias, in uno volumine. Daniel, in uno volumine. Quatuor Salomonis, in uno volumine. Liber Regum primus, in uno volumine. Mateus et apocalipsis, in uno volumine. Duodecim prophete, in uno volumine. Mateus et Johannes, in uno volumine. Lucas, in uno volumine. Psalterium glosatum, in uno volumine. Genesis glosata, in uno volumine. Mateus solus, in uno volumine. Lucas et Johannes, in uno volumine. Hystoria magistri Petri Manducatoris, in uno volumine.

Volumine uno, vite Patrum.

Volumine alio, collationes et instituta eorum.

DE PASSIONARIIS.

Passiones et gesta sanctorum per totum annum, in sex magnis voluminibus.

Gilebertus super cruce (?), in uno volumine.

Sermones magistri Petri. Expositio ejusdem super Naum, in uno volumine.

Questiones Odonis et declamationes Senece, volumine uno[1].

Historia Alexandri magni. Liber qui vocatur paradysus. Epistole Gileberti.

DE BIBLIOTHECA MAGNA[2].

Prima hystoria continetur in v magnis voluminibus, in quorum

[1] Ces trois derniers paragraphes sont d'une écriture plus fine et plus récente.

[2] A partir de « Bibliotheca magna, » le reste du manuscrit est d'une écriture un peu plus récente.

primo continetur Penthatheucum, Josue, Judicum, Ruth. Volumine secundo, quatuor libri Regum, Paralypomenon, Esras.

Volumine tertio, Ysaias, Jeremias, Iezechiel, Daniel, duodecim Prophete.

Volumine quarto, psalterium Jeronimi. Parabole Salomonis. Cantica canticorum. Ecclesiastes. Liber sapientie. Ecclesiasticus. Liber Job. Liber Thobie. Liber Judith. Liber Hester. Liber Machabeorum.

Volumine quinto. Novum Testamentum, id est : Matheus, Marchus, Lucas, Johannes, Actus apostolorum, epistole canonice, epistole Pauli, apocalipsis Johannis.

Hystoria secunda, totidem voluminibus et eodem ordine est disposita, excepto quod psalterium Jeronimi deest.

Historia parva, tota simul uno volumine.

Volumine uno, lectiones de dominicis diebus per totum annum.

Volumine altero, lectiones de festis sanctorum per totum annum.

Volumine uno, kalendare totius anni et regula sancti Benedicti.

Duobus voluminibus, duo antiphonaria integra per totum annum.

Duobus aliis voluminibus, duo antiphonaria, ab adventu Domini usque ad pascha. Item aliis duobus duo antiphonaria, a pascha usque ad adventum Domini.

Tribus voluminibus, tria gradalia integra per totum annum.

Gradale quartum, duobus voluminibus, quorum unum ab adventu usque ad pascha, alterum a pascha usque ad adventum.

Volumine uno, collectaneum integrum per totum annum.

X et IX psalteria.

De libris glosatis : Exodus; Ysaias; Iezechiel; Jeremias; Daniel; Libri Salomonis; Liber Regum primus; Matheus et apocalipsis; XII Prophete; Matheus et Johannes; Lucas; Psalterium; Genesis; Numeri; Exodus; Job; Papias in II voluminibus.

N° 199[1].

GRAMMAIRE COPTE-ARABE DE SÉMÉNOUDI.

La langue copte appartient à cette classe d'idiomes dépourvus de flexions, et qui forment leurs mots au moyen de syllabes accessoires jointes ou plutôt juxtaposées à la racine, et ne recevant dans ce rapprochement aucune altération. Ces éléments additionnels donnent à l'idée mère que la racine renferme, des acceptions particulières, en faisant passer cette idée d'un état de notion vague et générale à un état de signification déterminée et spéciale. Elles servent, par exemple, à en faire un substantif abstrait, ou un nom d'agent, ou un verbe, ou bien à marquer les rapports logiques et grammaticaux, c'est-à-dire les relations de dépendance ou de concordance, qui lient les mots entre eux dans le discours. C'est la manière dont ces rapports s'expriment, en copte, qui forme la base de tout le système grammatical de Séménoudi. Si l'on considère le rôle que jouent dans toute énonciation les deux principaux éléments de la pensée humaine, le nom et le verbe, il est facile de s'apercevoir que la dépendance d'un nom à l'égard d'un autre, ainsi que l'action exercée ou subie par le sujet du verbe, a lieu dans l'un des trois états correspondant à ce que les grammairiens désignent par le terme technique de *première, deuxième* et *troisième personne*. A la notion de personne sont inhérentes celles de nombre et de genre : mais, en suivant une analyse plus rigoureuse, on pourrait considérer ces deux dernières séparément et comme étant purement accessoires et secondaires; et ce qui le prouve, c'est qu'il y a des langues où les idées de nombre et de genre ne sont point indiquées par la forme extérieure des mots exprimant la personne, c'est-à-dire des pronoms personnels, lesquels peuvent être pris au singulier ou au pluriel, au

[1] Cet extrait a été fait par M. Édouard Dulaurier, professeur de langues malaye et javanaise à la Bibliothèque nationale, et auteur de diverses publications relatives à la langue copte.

masculin ou au féminin, suivant les circonstances du récit ou le sens de la phrase. En copte, ces notions diverses sont représentées par des groupes de syllabes placées en préfixes devant la racine. Le genre de la deuxième et de la troisième personne, au singulier, a deux formes spéciales, l'une pour le masculin, et l'autre pour le féminin; la première personne du singulier et les trois personnes du pluriel n'ont qu'une seule forme, qui est commune aux deux genres.

Ces groupes de syllabes se composent de deux parties bien distinctes: la partie principale, qui, pour les substantifs, fournit l'article et, pour les verbes, les marques des modes et des temps, et la partie secondaire, ou la terminaison, qui varie suivant la personne, le nombre, et quelquefois le genre qu'il s'agit de noter. Ainsi, l'article déterminatif masculin ⲡⲓ, *le*, fait, en se combinant avec les terminaisons pronominales, au singulier, à la première personne, genre commun ⲡⲁ, à la deuxième masculine, ⲡⲉⲕ, à la deuxième féminine, ⲡⲉ, à la troisième masculine, ⲡⲉϥ, à la troisième féminine, ⲡⲉⲥ[1]. La marque du verbe au parfait est pour le singulier ⲁⲓ, première personne, genre commun; ⲁⲕ, deuxième personne masculine; ⲁⲣ ou ⲁⲣⲉ, deuxième personne féminine; ⲁϥ, troisième personne masculine; ⲁⲥ, troisième personne féminine.

Le même système de formation se reproduit dans les textes hiéroglyphiques, mais avec cette différence, que les groupes de syllabes dont je viens de parler sont placés après la racine au lieu de la précéder, comme en copte. Cette transposition tient à la nature des procédés particuliers à l'écriture hiéroglyphique, dont la règle fondamentale est de présenter en première ligne l'idée principale

[1] C'est une idée très-logique qui a conduit les Égyptiens à former leurs pronoms possessifs de l'article déterminatif accru des marques de personnes. En analysant la nature des pronoms personnels, on verra qu'ils ne renferment autre chose que ces deux idées : celle de la détermination, exprimée par l'article, et celle d'une relation personnelle. Lorsque je dis, *mon père, ton père, son père*, j'unis, dans les pronoms *mon, ton, son*, l'idée de l'article qui restreint le mot *père* à une désignation particulière, individuelle, et de plus l'idée de la possession. C'est comme si je disais : *le père de moi, de toi* ou *de lui.*

ou la racine, et de rejeter, à la suite des caractères qui servent à sa notation, les signes de toutes les modifications de genre, de nombre, de temps ou de personnes que cette idée peut subir, c'est-à-dire les marques grammaticales[1]. Il y a tout lieu de croire qu'à la lecture des textes sacrés, on rétablissait ces marques à la place qu'elles occupaient dans la langue orale, dont la forme usuelle nous a été conservée dans les livres coptes.

Séménoudi, dans sa grammaire, a parfaitement distingué les deux éléments, de nature très-diverse, qui composent les groupes de syllabes préposés à la racine, tandis que plusieurs des philologues européens qui, depuis Kircher, se sont livrés à l'étude de la langue copte, les ont confondus sous la dénomination commune de préfixes. Séménoudi nomme les uns حروف, *lettres*, c'est la partie variable, la terminaison, qui sert à caractériser les personnes, les genres et les nombres, et les autres علامات, *signes*, c'est la partie principale qui représente l'article ou les marques de la conjugaison. Je donnerai à ces groupes de syllabes le nom de *lettres* ou *syllabes préformatives*, qui est déjà en usage dans nos grammaires coptes modernes, mais en le leur appliquant exclusivement, et je réserverai celui de *préfixes* aux syllabes qui servent à former les différentes espèces de noms ou de verbes et dont il sera question plus loin. Les grammairiens coptes-arabes, en analysant ainsi les deux éléments dont se composent les préformatives, ont fait preuve d'une grande sagacité et d'une finesse d'aperçus très-remarquable. Cette distinction les a conduits à une théorie grammaticale, fort ingénieuse et très-vraie au fond, car elle est conforme de tout point au génie de l'idiome dont elle donne les règles. Ils ont rassemblé la série des préformatives qui constituent tout le système grammatical de la langue copte, et les ont fait passer successivement par toutes les variations que les idées de personne, de genre et de nombre peuvent leur faire subir. Je ne puis mieux faire connaître ce système qu'en donnant ici l'extrait de la partie de l'ouvrage de Séménoudi où il se trouve exposé.

[1] Champollion, *Grammaire égyptienne*, page 391.

DES PRÉFORMATIVES NOMINALES ET VERBALES.

باب ما يقاس عليه جميع الكلام فى الاسماء والافعال وهى ثمانية حروف ولكلّ حرف اربعة عشر علامة وهذه الاحرف الثمانية هى علامة الواحد المذكّر والمؤنّث للحاضر والغايب وكذلك للجماعة المذكّرين والمؤنّثين للحاضرين والغايبين[1] (Ms. fol. 3 v.)

Chapitre qui contient le paradigme de la formation des mots, soit noms, soit verbes. On se sert pour cela de huit lettres, chacune desquelles se rapporte à quatorze signes. Ces huit lettres sont employées pour indiquer le singulier masculin et féminin, présent et absent. Elles servent pareillement pour le pluriel masculin et féminin, présent et absent[2].

ⲉⲓ, ⲁ	ⲛ	ϥ	ⲕ
ⲥ	ⲉⲣ	ⲁⲩ, ⲟⲩ, ⲉⲩ	ⲧⲉⲛ

الاوّل يدلّ على انسان يتكلّم عن نفسه فى الاسماء اوّلا كقولك

La première [ⲁ, ⲉⲓ] sert à indiquer un homme qui parle de lui-même[3] et en premier lieu dans les noms, comme lorsque tu dis :

ⲡⲁϭ̅ⲥ̅	ربّى ، سيّدى	Mon seigneur.
ⲛⲁϭ̅ⲥ̅	اربابى ، اسيادى	Mes seigneurs.
ⲧⲁϭ̅ⲥ̅	ربّتى ، سيّدتى	Ma dame[4].

[1] Le manuscrit Asselin (Bibl. nat. de Paris) et celui de Pietro della Valle, édité par le P. Kircher, dans son *Prodromus*, ajoutent : وفعله الماضى والمستقبل والحال، « ainsi que pour les verbes au passé, au futur et au présent. » Il y a de plus, dans le ms. Asselin, وهى هذه الاحرف « et ces lettres sont les suivantes. »

[2] Dans le langage technique des grammairiens arabes, il faut entendre par le mot *présent* حاضر, la première et la deuxième personne, et par le mot *absent* غائب la troisième. La première personne du singulier se nomme المتكلّم ou bien نفس المتكلّم « celui qui parle, » la seconde المخاطب « celui à qui l'on adresse la parole, » et la troisième الغائب « celui qui est absent. » La première personne du pluriel, dans laquelle celui qui parle se réunit à d'autres, est nommée المتكلّم عن نفسه وعن غيره بمشاركة، c'est-à-dire : « celui qui parle de lui-même et d'un autre en commun. » La seconde مخاطبة اشخاص حاضرين، « l'interpellation adressée aux personnes présentes, » et la troisième اسماء جماعة غير حاضرين، « les noms pluriels de personnes absentes. »

[3] La première personne du singulier, genre commun.

[4] Je traduis le mot ربّة par *dame*, faute d'avoir dans notre langue le féminin du mot *seigneur*.

وفى الفعل الماضى		DANS LES VERBES AU PARFAIT.
ⲁⲓⲥⲁϫⲓ	تكلّمت	J'ai parlé.
ⲉ̀ⲧⲁⲓⲥⲁϫⲓ [1]	لمّا تكلّمت	Lorsque j'ai parlé.
ⲛⲁⲓⲥⲁϫⲓ	كنت اتكلّم	Je parlais.
ϣⲁⲓⲥⲁϫⲓ [2]	لانّى تكلّمت	Parce que j'ai parlé.
وفى المستقبل		AU FUTUR.
ⲉⲓⲉ̀ⲥⲁϫⲓ [3]	اتكلّم	Je parlerai.
ⲉⲓⲛⲁⲥⲁϫⲓ [4]	اريد اتكلّم	Je veux parler.
ⲉⲑⲣⲓⲥⲁϫⲓ [5]	لكى اتكلّم	Pour que je parle.
ⲛ̀ⲧⲁⲥⲁϫⲓ	لاتكلّم	Afin que je parle.
ⲙⲁⲣⲓⲥⲁϫⲓ [6]	فلاتكلّم	Que je parle.
ⲉ̀ϯⲥⲁϫⲓ [7]	الذى اتكلّم	Moi qui parlerai.

[1] ⲉ̀ⲧⲁⲓ et les autres formes de la même préformative ⲉ̀ⲧⲁⲛ, ⲉ̀ⲧⲁⲕ, ⲉ̀ⲧⲁⲥ, etc. se composent de la conjonction ⲉⲧ, *lorsque*, et de la préformative du parfait ⲁⲓ, ⲁⲛ, ⲁⲕ, etc.

[2] La préformative ϣⲁⲓ se compose de la préformative du parfait ⲁⲓ, précédée de la lettre ϣ. Elle sert à indiquer le présent ou le parfait indéfini et à marquer la continuité ou l'habitude de l'action exprimée par le verbe. On conçoit, d'après cela, comment le ms. de Montpellier range cette préformative parmi celles qui caractérisent le passé, le ms. de Pietro della Valle parmi celles du futur, et le ms. Asselin tantôt parmi les préformatives du futur et tantôt parmi celles du passé.

[3] La préformative du futur défini ⲉⲓⲉ̀ se compose de celle du présent ⲉⲓ *je suis* et de la préposition ⲉ̀ *pour*. ⲉⲓⲉ̀ⲥⲁϫⲓ, littéralement : *je suis pour parler, je parlerai*. Cette préformative est principalement usitée dans les textes hiéroglyphiques.

[4] Les préformatives ⲉⲓⲛⲁ et ϯⲛⲁ, auxquelles il faut joindre ⲁⲓⲛⲁ que Séménoudi ne donne point, servent à marquer le futur indéfini, quelquefois aussi le futur prochain.

[5] ⲉⲑⲣⲓ est formée de la préposition ⲉ̀ *pour*, de l'article féminin, employé aussi en copte pour le neutre, et du verbe ⲣⲉ, *être, faire* : ⲉⲑⲣⲓⲥⲁϫⲓ, littéralement *pour que je sois parlant*. Cette préformative et la suivante ⲛ̀ⲧⲉ indiquent le subjonctif; mais, comme ce dernier temps renferme une idée de futurition, l'auteur égyptien a pu comprendre ces préformatives dans la catégorie de celles du futur المستقبل.

[6] ⲙⲁⲣⲓ est le signe de l'optatif. Cette préformative se compose de ⲙⲁ, *donne*, impératif que l'on attribue ordinairement au verbe *donner*, et du verbe paragogique ⲣⲉ, *être*; ⲙⲁⲣⲓⲥⲁϫⲓ, littéralement : « Da me esse loquentem. »

[7] Dans ⲉ̀ϯ, la lettre ⲉ̀ est la préposition *pour*, ϯ la marque de la première

في الحال AU PRÉSENT.

ⲉⲓⲥⲁϫⲓ	متكلّم , فيما انا متكلّم	[Moi] parlant, tandis que je suis parlant.
ϯⲛⲁⲥⲁϫⲓ [1]	اتكلّم	Je parlerai.

جميع هذه العلامات الذى للمتكلّم عن نفسه اربعة عشر علامة وهي

Le nombre des signes employés pour la personne qui parle d'elle-même est de quatorze; ce sont les suivants :

ⲡⲁ . ⲛⲁ . ⲧⲁ . ⲁⲓ . ⲉ̀ⲧⲁⲓ . ⲛⲁⲓ . ϣⲁⲓ .
ⲉⲓⲉ̀ , ⲉⲓⲛⲁ . ⲉⲑⲣⲓ . ⲛ̀ⲧⲁ . ⲙⲁⲣⲓ . ⲉ̀ϯ . ⲉⲓ . ϯⲛⲁ .

وهذا الحرف ⲛ يدلّ على انسان يتكلّم عن نفسه وعن غيره بمشاركة الاسماء كقولك

La lettre ⲛ sert à indiquer une personne qui parle de soi et d'une autre en commun [2], d'abord dans les noms, comme lorsque tu dis :

ⲡⲉⲛϭ̅ⲥ̅	ربّنا , سيّدنا	Notre seigneur.
ⲛⲉⲛϭ̅ⲥ̅	اربابنا , اسيادنا	Nos seigneurs.
ⲧⲉⲛϭ̅ⲥ̅	ربّتنا , سيّدتنا	Notre dame.

وفي الفعل الماضي DANS LES VERBES AU PARFAIT.

ⲁⲛⲥⲁϫⲓ	تكلّمنا	Nous avons parlé.
ⲉ̀ⲧⲁⲛⲥⲁϫⲓ	لمّا تكلّمنا	Lorsque nous avons parlé.
ⲛⲁⲛⲥⲁϫⲓ	كنّا نتكلّم	Nous parlions.
ϣⲁⲛⲥⲁϫⲓ	لانّا تكلّمنا	Parce que nous avons parlé.

personne du singulier, littéralement : *pour que je parle*, « qui loquar. » Elle appartient au futur, comme on l'a vu note 4 de la page précédente.

[1] C'est par une erreur de copiste que, dans le ms. de Montpellier la préformative ϯⲛⲁ est placée parmi celles du présent.

[2] La première personne du pluriel, genre commun.

وفى المستقبل AU FUTUR.

ⲛⲉⲛⲥⲁϫⲓ	نتكلّم	Nous parlerons.
ⲉⲛⲛⲁⲥⲁϫⲓ	نريد نتكلّم	Nous voulons parler.
ⲉⲑⲣⲉⲛⲥⲁϫⲓ	لكى نتكلّم	Pour que nous parlions.
ⲛ̀ⲧⲉⲛⲥⲁϫⲓ	لنتكلّم	Afin que nous parlions.
ⲙⲁⲣⲉⲛⲥⲁϫⲓ	فلنتكلّم	Que nous parlions.
ⲉ̀ⲧⲉⲛⲥⲁϫⲓ	الذى نتكلّم	Nous qui parlerons.
ⲧⲉⲛⲥⲁϫⲓ	نتكلّم	Nous parlerons.

وفى الحال AU PRÉSENT.

ⲉⲛⲥⲁϫⲓ	متكلّمين فيما نحن متكلّمين	[Nous] parlants, tandis que nous sommes parlants.

فجميع علامات الانسان المتكلّم عن نفسه وعن غيره خمسة عشر علامة وهى

Le nombre des signes employés pour l'homme qui parle de lui-même et d'un autre est de quinze; ce sont les suivants :

ⲡⲉⲛ . ⲛⲉⲛ . ⲧⲉⲛ . ⲁⲛ . ⲉ̀ⲧⲁⲛ.
ⲛⲁⲛ . ϣⲁⲛ . ⲛⲉⲛ . ⲉⲛⲛⲁ . ⲉⲑⲣⲉⲛ .
ⲛ̀ⲧⲉⲛ . ⲙⲁⲣⲉⲛ . ⲉ̀ⲧⲉⲛ . ⲧⲉⲛ . ⲉⲛ .

وهذا حرف ϥ يدلّ على شخص مذكّر غير حاضر اوّلا فى الاسماء كنحو قولك

La lettre ϥ sert à indiquer une personne du genre masculin, non présente[1], et en premier lieu dans les noms; comme, par exemple, lorsque tu dis :

ⲡⲉϥϭⲟ̅ⲥ̅	سيّده ، ربّه	Son seigneur.
ⲛⲉϥϭⲟ̅ⲥ̅	اربابه ، اسياده	Ses seigneurs.
ⲧⲉϥϭⲟ̅ⲥ̅	ربّته ، سيّدته	Sa dame.

وفى الفعل الماضى DANS LES VERBES AU PARFAIT.

ⲁϥⲥⲁϫⲓ	تكلّم	Il a parlé.
ⲉ̀ⲧⲁϥⲥⲁϫⲓ	لما تكلّم	Lorsqu'il a parlé.

[1] La troisième personne du singulier, au masculin.

ⲛⲁϥⲥⲁϫⲓ	كان يتكلّم	Il parlait.
ϣⲁϥⲥⲁϫⲓ	لانه يتكلّم	Parce qu'il parle[1].

وفى المستقبل AU FUTUR.

ⲉϥⲉ̀ⲥⲁϫⲓ	يتكلّم	Il parlera.
ⲉϥⲛⲁⲥⲁϫⲓ	يريد يتكلّم	Il veut parler.
ⲉⲑⲣⲉϥⲥⲁϫⲓ	لكى يتكلّم	Pour qu'il parle.
ⲛ̀ⲧⲉϥⲥⲁϫⲓ	ليتكلّم	Afin qu'il parle.
ⲙⲁⲣⲉϥⲥⲁϫⲓ	فليتكلّم	Qu'il parle.
ⲉ̀ⲧⲉϥⲥⲁϫⲓ	الذى يتكلّم	Lui qui parlera.

وفى الحال AU PRÉSENT.

ⲉϥⲥⲁϫⲓ	يتكلّم , فيما يتكلّم	Il parle, tandis qu'il parle.

فجميع علامات الشخص الغائب اربعة عشر

Le nombre des signes qui caractérisent une personne absente est de quatorze.

ⲡⲉϥ . ⲛⲉϥ . ⲧⲉϥ . ⲁϥ . ⲉ̀ⲧⲁϥ .
ⲛⲁϥ . ϣⲁϥ . ⲉϥⲉ̀ . ⲉϥⲛⲁ . ⲉⲑⲣⲉϥ .
ⲛ̀ⲧⲉϥ . ⲙⲁⲣⲉϥ . ⲉ̀ⲧⲉϥ . ⲉϥ .

وهذا الحرف ⲕ̅ يدلّ على شخص حاضر مذكّر اوّلا فى الاسماء كقولك

La lettre ⲕ sert à indiquer une personne présente du genre masculin[2] et en premier lieu dans les noms, comme lorsque tu dis :

ⲡⲉⲕϭ̅ⲥ̅	ربّك , سيّدك	Ton seigneur.
ⲛⲉⲕϭ̅ⲥ̅	اربابك , ساداتك	Tes seigneurs.
ⲧⲉⲕϭ̅ⲥ̅	ربّتك , سيّدتك	Ta dame.

[1] D'après le système suivi dans la copie ou plutôt dans la rédaction de la grammaire de Séménoudi qu'offre le ms. de Montpellier, il faudrait ici لانه تكلّم, *parce qu'il a parlé;* ce manuscrit donnant à la préformative ϣⲁϥ la valeur du passé, tandis que le ms. de Pietro della Valle lui assigne toujours, et celui d'Asselin le plus souvent, la valeur du futur ou plutôt celle du présent indéfini.

[2] La deuxième personne du singulier, genre masculin.

وفى الفعل الماضى DANS LES VERBES AU PARFAIT.

ⲁⲕⲥⲁϫⲓ	تكلّمت	Tu as parlé.
ⲉ̀ⲧⲁⲕⲥⲁϫⲓ	لما تكلّمت	Lorsque tu as parlé.
ⲛⲁⲕⲥⲁϫⲓ	كنت تتكلّم	Tu parlais.
ϣⲁⲕⲥⲁϫⲓ	لانك تكلّمت	Parce que tu as parlé.

وفى المستقبل AU FUTUR.

ⲉⲕⲉ̀ⲥⲁϫⲓ	تتكلّم	Tu parleras.
ⲉⲕⲛⲁⲥⲁϫⲓ	تريد تتكلّم	Tu veux parler.
ⲉⲑⲣⲉⲕⲥⲁϫⲓ	لكى تتكلّم	Pour que tu parles.
ⲛ̀ⲧⲉⲕⲥⲁϫⲓ	لتتكلّم	Afin que tu parles.
ⲙⲁⲣⲉⲕⲥⲁϫⲓ	فلتتكلّم	Que tu parles.
ⲉ̀ⲧⲉⲕⲥⲁϫⲓ	الذى تتكلّم	Toi qui parleras.

وفى الحال AU PRÉSENT.

ⲉⲕⲥⲁϫⲓ	متكلّم . فيما انت متكلّم	(Toi) parlant, tandis que tu parles.

فجميع علامات مخاطبة الشخص الحاضر اربعة عشر علامة وهو

Le nombre total des signes qui dénotent l'interpellation adressée à une personne présente est de quatorze; ce sont les suivants :

ⲡⲉⲕ . ⲛⲉⲕ . ⲧⲉⲕ . ⲁⲕ . ⲉ̀ⲧⲁⲕ .
ⲛⲁⲕ . ϣⲁⲕ . ⲉⲕⲉ̀ . ⲉⲕⲛⲁ . ⲉⲑⲣⲉⲕ .
ⲛ̀ⲧⲉⲕ . ⲙⲁⲣⲉⲕ . ⲉ̀ⲧⲉⲕ . ⲉⲕ .

وهذا الحرف ⲥ يدلّ على شخص مؤنّث غير حاضر فى الاسماء اوّلا كقولك

La lettre ⲥ sert à indiquer une personne du genre féminin non présente[1], dans les noms en premier lieu, comme lorsque tu dis :

ⲡⲉⲥⲟ̅ⲥ̅	سيّدها , ربّها	Son seigneur.
ⲛⲉⲥⲟ̅ⲥ̅	ساداتها . اربابها	Ses seigneurs.
ⲧⲉⲥⲟ̅ⲥ̅	سيّدتها	Sa dame.

[1] La troisième personne du singulier, au féminin.

وفى الفعل الماضى DANS LES VERBES AU PARFAIT.

ⲁⲥⲥⲁϫⲓ	تكلّمت	Elle a parlé.
ⲉ̀ⲧⲁⲥⲥⲁϫⲓ	لما تكلّمت	Lorsqu'elle a parlé.
ⲛⲁⲥⲥⲁϫⲓ	كانت تتكلّم	Elle parlait.
ϣⲁⲥⲥⲁϫⲓ	لانها تكلّمت	Parce qu'elle a parlé.

وفى المستقبل AU FUTUR.

ⲉⲥⲉ̀ⲥⲁϫⲓ	تتكلّم	Elle parlera.
ⲉⲥⲛⲁⲥⲁϫⲓ	تريد تتكلّم	Elle veut parler.
ⲉⲑⲣⲉⲥⲥⲁϫⲓ	لكى تتكلّم	Pour qu'elle parle.
ⲛ̀ⲧⲉⲥⲥⲁϫⲓ	لتتكلّم	Afin qu'elle parle.
ⲙⲁⲣⲉⲥⲥⲁϫⲓ	فلتتكلّم	Qu'elle parle.
ⲉ̀ⲧⲉⲥⲥⲁϫⲓ	الذى[1] تتكلّم	Elle qui parlera.

وفى الحال AU PRÉSENT.

ⲉⲥⲥⲁϫⲓ	متكلّمة , فيما هى متكلّمة	Parlant (elle), tandis qu'elle parle.

جميع علامات الشخص المؤنّث غير حاضر اربعة عشر علامة

La totalité des signes de la personne du genre féminin non présente est de quatorze.

ⲡⲉⲥ . ⲛⲉⲥ . ⲧⲉⲥ . ⲁⲥ . ⲉ̀ⲧⲁⲥ .
ⲛⲁⲥ . ϣⲁⲥ . ⲉⲥⲉ̀ . ⲉⲥⲛⲁ . ⲉⲑⲣⲉⲥ .
ⲛ̀ⲧⲉⲥ . ⲙⲁⲣⲉⲥ . ⲉ̀ⲧⲉⲥ . ⲉⲥ .

وهذين الحرفين ⲉⲣ يدلّ على مخاطبة شخص مؤنّث حاضر فى الاسماء اوّلا كنحوا

[1] Lisez التى. On a déjà fait remarquer que la copie du manuscrit était peu soignée; c'est ce qui a fait qu'on s'est dispensé de relever ici toutes les formes incorrectes.

Ces deux lettres ⲉⲣ marquent l'interpellation adressée à une personne du genre féminin présente[1] et en premier lieu dans les noms, comme :

ⲡⲉϭ̅ⲥ̅	سيّدكِ، ربّكِ	Ton seigneur.
ⲛⲉϭ̅ⲥ̅	ساداتكِ، اربابكِ	Tes seigneurs.
ⲧⲉϭ̅ⲥ̅	سيّدتكِ، ربّتكِ	Ta dame.

وفي الفعل الماضي DANS LES VERBES AU PARFAIT.

ⲁ̀ⲣⲉⲥⲁϫⲓ	تكلّمتي	Tu as parlé.
ⲉ̀ⲧⲁ̀ⲣⲉⲥⲁϫⲓ	لما تكلّمتي	Lorsque tu as parlé.
ⲛⲁⲣⲉⲥⲁϫⲓ	كنتي تتكلّمي	Tu parlais.
ϣⲁⲣⲉⲥⲁϫⲓ	لانكِ تكلّمتي	Parce que tu as parlé.

وفي المستقبل AU FUTUR.

ⲉ̀ⲣⲉⲥⲁϫⲓ	تتكلّمي	Tu parleras.
ⲉⲣⲛⲁⲥⲁϫⲓ	تريدي تتكلّمي	Tu voudras parler.
ⲉⲑⲣⲉⲥⲁϫⲓ	لكي تتكلّمي	Pour que tu parles.
ⲛ̀ⲧⲉⲥⲁϫⲓ	لتتكلّمي	Afin que tu parles.
ⲙⲁⲣⲉⲥⲁϫⲓ	فلتتكلّمي	Que tu parles.
ⲉ̀ⲧⲉⲥⲁϫⲓ	الذي (التي) تتكلّمي	Toi qui parleras.

وفي الحال AU PRÉSENT.

ⲉⲣⲥⲁϫⲓ	انتي متكلّمة	Toi (tu es) parlant.

جميع علامات المؤنّث الحاضر اربعة عشر

La totalité des signes employés pour une personne du genre féminin présente est de quatorze.

ⲡⲉ . ⲛⲉ . ⲧⲉ . ⲁ̀ⲣⲉ . ⲉ̀ⲧⲁ̀ⲣⲉ . ⲛⲁⲣⲉ .
ϣⲁⲣⲉ . ⲉ̀ⲣⲉ . ⲉⲣⲛⲁ . ⲉⲑⲣⲉ . ⲛ̀ⲧⲉ .
ⲙⲁⲣⲉ . ⲉ̀ⲧⲉ . ⲉⲣ .

[1] La deuxième personne du singulier, au féminin.

وهولاء الحرفين ⲁⲩ, ⲟⲩ يدلّوا على اسماء جماعة غير حاضرين الاسماء اوّلا كنحوا قولك

Ces deux syllabes ⲁⲩ, ⲟⲩ, caractérisent les noms pluriels lorsqu'il s'agit de personnes non présentes[1], et, en premier lieu, à l'égard des noms, comme lorsque tu dis :

ⲡⲟⲩϭ̅ⲥ̅	ربّهم ، سيّدهم	Leur seigneur.
ⲛⲟⲩϭ̅ⲥ̅	اربابهم ساداتهم	Leurs seigneurs.
ⲧⲟⲩϭ̅ⲥ̅	ربّتهم سيّدتهم	Leur dame.

وفى الماضى DANS LES VERBES AU PARFAIT.

ⲁⲩⲥⲁϫⲓ	تكلّموا	Ils ont parlé.
ⲉ̀ⲧⲁⲩⲥⲁϫⲓ	لما تكلّموا	Lorsqu'ils ont parlé.
ⲛⲁⲩⲥⲁϫⲓ	كانوا يتكلّموا	Ils parlaient.
ϣⲁⲩⲥⲁϫⲓ	لانهم تكلّموا	Parce qu'ils ont parlé.

وفى المستقبل AU FUTUR.

ⲉⲩⲉ̀ⲥⲁϫⲓ	يتكلّموا	Ils parleront.
ⲉⲩⲛⲁⲥⲁϫⲓ	يريدوا يتكلّموا	Ils veulent parler.
ⲉⲑⲣⲟⲩⲥⲁϫⲓ	لكى يتكلّموا	Pour qu'ils parlent.
ⲛ̀ⲧⲟⲩⲥⲁϫⲓ	ليتكلّموا	Afin qu'ils parlent.
ⲙⲁⲣⲟⲩⲥⲁϫⲓ	فليتكلّموا	Qu'ils parlent.
ⲉ̀ⲧⲟⲩⲥⲁϫⲓ	الذى يتكلّموا	Eux parleront.
ⲥⲉⲥⲁϫⲓ	يتكلّموا	Ils parleront.

وفى الحال AU PRÉSENT.

ⲉⲩⲥⲁϫⲓ	متكلّمين	[Eux] parlants.

فجميع علامات الاشخاص غير الحاضرين خمسة عشر

[1] La troisième personne plurielle, genre commun.

Le nombre des signes des personnes absentes est de quinze :

ⲡⲟⲩ . ⲛⲟⲩ . ⲧⲟⲩ . ⲟⲩ . ⲉ̀ⲧⲁⲩ .
ⲛⲁⲩ . ϣⲁⲩ . ⲉⲩⲉ̀ . ⲉⲩⲛⲁ . ⲉⲑⲣⲟⲩ . ⲛ̀ⲧⲟⲩ .
ⲙⲁⲣⲟⲩ . ⲉ̀ⲧⲟⲩ . ⲥⲉ . ⲉⲩ .

وهذه الاحرف ⲧⲉⲛ تدلّ على مخاطبة اشخاص حاضرين فى الاسماء اوّلا كقولك

Ces lettres servent à indiquer l'interpellation adressée aux personnes présentes[1], et, en premier lieu, dans les noms, comme lorsque tu dis :

ⲡⲉⲧⲉⲛϭ̅ⲥ̅	ربّكم , سيّدكم	Votre seigneur.
ⲛⲉⲧⲉⲛϭ̅ⲥ̅	اربابكم , ساداتكم	Vos seigneurs.
ⲧⲉⲧⲉⲛϭ̅ⲥ̅	ربّتكم , سيّدتكم	Votre dame.

وفى الماضى DANS LES VERBES AU PARFAIT.

ⲁ̀ⲣⲉⲧⲉⲛⲥⲁϫⲓ	تكلّمتم	Vous avez parlé.
ⲉ̀ⲧⲁⲣⲉⲛⲥⲁϫⲓ	لمّا تكلّمتم	Lorsque vous avez parlé.
ⲛⲁⲣⲉⲧⲉⲛⲥⲁϫⲓ	كنتم تتكلّموا	Vous parliez.
ϣⲁⲣⲉⲧⲉⲛⲥⲁϫⲓ	لانكم تكلّمتوا	Parce que vous avez parlé.

وفى المستقبل AU FUTUR.

ⲉ̀ⲣⲉⲧⲉⲛⲥⲁϫⲓ	تتكلّموا	Vous parlerez.
ⲧⲉⲧⲉⲛⲛⲁⲥⲁϫⲓ	تريد وتتكلّموا	Vous voulez parler.
ⲉⲑⲣⲉⲧⲉⲛⲥⲁϫⲓ	لكى تتكلّموا	Pour que vous parliez.
ⲛ̀ⲧⲉⲧⲉⲛⲥⲁϫⲓ	لتتكلّموا	Afin que vous parliez.
ⲙⲁⲣⲉⲧⲉⲛⲥⲁϫⲓ	فلتتكلّموا	Que vous parliez.
ⲉ̀ⲧⲉⲧⲉⲛⲛⲁⲥⲁϫⲓ	الذى تتكلّموا	Vous qui parlerez.

وفى الحال AU PRÉSENT.

ⲧⲉⲧⲉⲛⲥⲁϫⲓ	فيما انتم متكلّمين	Tandis que vous parlez.

[1] La deuxième personne plurielle, genre commun.

لجميع ذلك اربعة عشر علامة وانما كرّرنا هولاء الاحرف وعلاماتهم ليترصع ذكرهم في الذهن

Le nombre total de ces derniers signes est de quatorze. Nous avons répété ces lettres et leurs signes afin que le souvenir s'en grave dans l'esprit.

القول في اشتراك الافعال لهذه الثمانية المذكورة وان لكلّ ثمانية فاعله ثمانية مفعوله في الافعال الاربعة اعني الماضي والمستقبل والامر والحال بل يختصر على بعضها ونقول

De l'association du verbe avec les huit [lettres] précitées. Chacune de ces huit [lettres] peut exprimer l'agent ou le patient dans les quatre divisions de la conjugaison, savoir : le passé, le futur, l'impératif[1] et le présent. Mais on abrégera ce qu'il y a à dire de plusieurs d'entre elles, et l'on se bornera aux exemples suivants :

في الماضي — AU PARFAIT.

ⲁϥⲛⲁⲩⲉ̀ⲣⲟⲓ	رأني	Il m'a vu.
ⲉⲧⲁϥⲛⲁⲩⲉ̀ⲣⲟⲕ	لما رأك	Lorsqu'il t'a vu.
ⲛⲁϥⲛⲁⲩⲉ̀ⲣⲟⲥ	كان يرأها	Il la voyait.
ϣⲁϥⲛⲁⲩⲉ̀ⲣⲟⲛ	لانه يرأنا	Parce qu'il nous a vus.

وفي المستقبل — AU FUTUR.

ⲉϥⲉ̀ⲛⲁⲩⲉ̀ⲣⲱⲟⲩ	يرأهم	Il les verra.
ⲉϥⲛⲁⲛⲁⲩⲉ̀ⲣⲱⲧⲉⲛ	يريد يرأكم	Il veut vous voir.
ⲉⲑⲣⲉϥⲛⲁⲩⲉ̀ⲣⲟ	لكي يرأكِ	Pour qu'il te voie (toi, fém.)
ⲙⲁⲣⲉϥⲛⲁⲩⲉ̀ⲣⲟⲛ	فليرأنا	Qu'il nous voie.
ⲛ̀ⲧⲉϥⲛⲁⲩⲉ̀ⲣⲟⲓ	ليرأني	Afin qu'il me voie.
ⲉ̀ⲧⲉϥⲛⲁⲩⲉ̀ⲣⲟϥ	الذي يرأه	Lui qui le verra.

[1] En confondant ici un mode du verbe, l'impératif, avec les trois temps, passé, futur et présent, Séménoudi a suivi les vues particulières aux grammairiens arabes. On peut voir ce qu'a dit à ce sujet Silvestre de Sacy, *Gramm. arabe*, t. I, p. 147.

وفي الحال AU PRÉSENT.

ⲉϥⲛⲁⲩⲉ̀ⲣⲟⲓ فيما هو ينظرني Tandis qu'il me regarde.

وفي الامر À L'IMPÉRATIF.

ⲁ̀ⲛⲁⲩⲉ̀ⲣⲟϥ انظره Regarde-le.

PARADIGME DU PRONOM, RÉGIME OBJECTIF, PLACÉ APRÈS LE VERBE.

واعلم ان اخر الحروف هذه صورتها

Sache que les dernières lettres[1] ont cette forme :

ⲉ̀ⲣⲟⲓ ني moi, ⲉ̀ⲣⲟⲛ نا nous, ⲉ̀ⲣⲟϥ ه lui.
ⲉ̀ⲣⲟⲕ كَ toi, *masc.* ⲉ̀ⲣⲟⲥ ها elle, ⲉ̀ⲣⲟ كِ toi, *fém.*
ⲉ̀ⲣⲱⲟⲩ هم eux, elles, ⲉ̀ⲣⲱⲧⲉⲛ كم vous.

وكذلك Il en est de même de

ⲙ̀ⲙⲟⲓ ني moi, ⲙ̀ⲙⲟⲛ نا nous, ⲙ̀ⲙⲟϥ ه lui.
ⲙ̀ⲙⲟⲕ كَ toi, *masc.* ⲙ̀ⲙⲟⲥ ها elle, ⲙ̀ⲙⲟ كِ toi, *fém.*
ⲙ̀ⲙⲱⲟⲩ هم eux, elles ⲙ̀ⲙⲱⲧⲉⲛ كم vous.

DE L'IMPÉRATIF.

L'impératif en copte est la racine verbale dans son état de plus grande simplicité. On peut le considérer comme le thème non-seulement du verbe, mais encore des noms qui appartiennent à la même famille. C'est le sens de la phrase et les mots dont l'impératif est accompagné qui déterminent les idées de personnes, de nombre et de genre. Quelquefois, pour rendre la détermination plus certaine et la phrase plus énergique, on fait suivre immédiatement l'impératif

[1] L'auteur entend par dernières lettres les suffixes ou variations qui terminent les deux formes du pronom personnel ⲉ̀ⲣⲟ et ⲙ̀ⲙⲟ, placé, comme régime objectif, après le verbe.

d'un pronom personnel séparé. Il arrive aussi que l'on donne à l'impératif la terminaison des pronoms personnels suffixes; mais cette terminaison ne se rencontre que dans un petit nombre de verbes. Voici ce que dit Séménoudi de l'impératif copte :

باب الامر منه ما يكون بعلايم للثلثة المخاطبين اعنى المذكّر والمؤنّث والجمع كقولك (Ms. fol. 11 r.)

Chapitre de l'impératif. — A ce mode se rattachent les verbes qui ont l'un des signes des trois personnes interpellées, c'est-à-dire le masculin, le féminin et le pluriel[1], comme :

ⲧⲱⲛⲕ	قم	Lève-toi (masc.).
ⲧⲱⲛⲟⲩⲛⲟⲩ	قوموا	Levez-vous.
ⲧⲱⲛⲟⲩⲛⲓ	قومى	Lève-toi (fém.).
ⲙⲁϣⲉⲛⲁⲕ	امض	Va (masc.).
ⲙⲁϣⲉⲛⲱⲧⲉⲛ	امضوا	Allez.
ⲙⲁϣⲉⲛⲉ	امضى	Va (fém.).
ⲁ̀ⲙⲱⲓⲛⲓ	تعالوا	Venez.
ⲁ̀ⲙⲟⲩ	تعال	Viens (masc.).
ⲁ̀ⲙⲏ	تعالى	Viens (fém.).

ومنه ما يكون بغير علايم وهو ان كلّ كلمة فاعله اذا لم يكن لها علامتين مثل ⲁϥⲧⲱⲛϥ قام وغيرها وتخلّوا من علامتها الاولى تصير امر للثلثة المذكورين كقولك

A ce mode appartiennent les verbes dépourvus de signes; c'est tout verbe actif qui n'a pas les deux signes[2] existant dans ⲁϥⲧⲱⲛϥ, *il se leva*, et autres mots

[1] L'auteur entend ici par ces mots *les trois personnes interpellées*, la deuxième, masculine et féminine, au singulier, et la deuxième, genre commun, au pluriel.

[2] Ceci a besoin d'une explication. L'auteur entend par ces mots, *les deux signes*, la préformative qui précède le verbe et le pronom suffixe qui quelquefois s'y joint en qualité de régime objectif. Les deux *signes* qui se trouvent dans le verbe ⲁϥⲧⲱⲛϥ, qu'il donne pour exemple, sont la préformative du parfait, troisième personne, genre masculin, ⲁϥ, et le pronom suffixe de la troisième personne masculine, ayant ici un sens réfléchi : ⲁϥⲧⲱⲛϥ, *il se leva*.

semblables, et qui est dépouillé de son premier signe[1]. Il est pris alors comme impératif à l'une des trois personnes précitées[2], comme si tu dis :

ⲟⲩⲱⲙ	كل كلوا كلي	Mange (masc.), mangez, mange (fém.).
ⲥⲱ	اشرب اشربوا اشربي	Bois (masc.), buvez, bois (fém.).
ⲁ̀ⲣⲉϩ	احفظ احفظوا احفظي	Garde (masc.), gardez, garde (fém.).
ϭⲓ	خذ خذوا خذي	Prends (masc.), prenez, prends (fém.).
ϯ	اعط اعطوا اعطي	Donne (masc.), donnez, donne (fém.).
ⲙⲟϣⲓ	امشوا امش امشي	Marchez, marche (masc.), marche (fém.).
ⲁ̀ϫⲟⲥ	قولوا قل قولي	Dites, dis (masc.), dis (fém.).
ⲁ̀ⲛⲁⲩ	انظر انظروا انظري	Regarde (masc.), regardez, regarde (fém.).
ⲥⲱⲧⲉⲙ	اسمع اسمعوا اسمعي	Écoute (masc.), écoutez, écoute (fém.).
ⲁ̀ⲣⲓ	اصنع اصنعوا اصنعي	Fais (masc.), faites, fais (fém.).

وهولاء لا يتميّزوا الا فيما يأتي بعدهم كنحوا

Ces impératifs ne se distinguent que par le sens des mots qui les suivent. Ex. :

ⲥⲱⲧⲉⲙ ⲡⲁϣⲏⲣⲓ	اسمع يا بني	Écoute, ô mon fils.
ⲥⲱⲧⲉⲙ ⲛⲓⲉⲑⲛⲟⲥ	اسمعوا ايّها الامم	Écoutez, ô nations.
ⲥⲱⲧⲉⲙ ⲧⲁϣⲉⲣⲓ	اسمعي يا بنتي	Écoute, ô ma fille.

وقس على ذلك Règle-toi d'après cela.

DES VERBES PROHIBITIFS OU NÉGATIFS.

Ils se forment, en copte, au moyen de préformatives particulières. Pour marquer le présent de ces verbes, on se sert de la lettre pré-

[1] *Un verbe dépouillé de son premier signe* est celui qui n'a pas de préformative. La forme d'impératif dont il est ici question offre le thème nu du verbe et sert également pour la deuxième personne du singulier, masculin et féminin, et pour la deuxième personne plurielle, genre commun.

[2] C'est-à-dire que la préformative ⲙ̀ⲡⲉⲣ ne prend pas les pronoms personnels suffixes et reste invariable.

fixe ⲛ, accrue de la terminaison des pronoms personnels, et l'on fait suivre le verbe de l'adverbe négatif ⲁⲛ. Exemple :

ⲛ̀ϯⲙⲟϣⲓ ⲁⲛ, je ne marche pas, ⲛ̀ⲕⲙⲟϣⲓ ⲁⲛ, tu ne marches pas, ⲛ̀ϥⲙⲟϣⲓ ⲁⲛ, il ne marche pas, etc.

Pour le passé, on se sert de ⲙ̀ⲡⲓ ou ⲙ̀ⲡⲉ, et, pour le futur, de ⲛ̀ⲛⲉ. L'une et l'autre de ces deux préformatives prennent la terminaison des pronoms personnels.

La préformative invariable ⲙ̀ⲡⲉⲣ indique l'impératif.

Séménoudi a parlé dans sa grammaire des préformatives du parfait, du futur et de l'impératif; mais il ne dit rien de la manière dont se forme le présent des verbes négatifs.

باب النهى منه ما يكون للثلثة المخاطبين بغير علامة كقولك (Ms. fol. 12 r.)

Chapitre de la prohibition. — Ce mode comprend les verbes qui sont aux trois personnes interpellées, sans signes [1], comme lorsque tu dis :

ⲙ̀ⲡⲉⲣ لا non.

ⲙ̀ⲡⲉⲣⲟⲩⲱⲙ لا تأكل, لا تأكلوا, لا تأكلى ne mange pas, *masc.* ne mangez pas, ne mange pas, *fém.*

ومنه ما يكون بعلايم للثمانية المذكورة كنحوا قولك

Le prohibitif comprend aussi les verbes où se trouvent des signes d'entre les huit lettres précitées [1], comme lorsque tu dis :

ⲛ̀ⲛⲁⲟⲩⲱⲙ	لا آكل	Je ne mangerai pas.
ⲛ̀ⲛⲉⲕⲟⲩⲱⲙ	لا تأكل	Tu ne mangeras pas.
ⲛ̀ⲛⲟⲩⲟⲩⲱⲙ	لا تأكلوا	Vous ne mangerez pas.

وبقيّة الثمانية على هكذا باب لم وهو يجوز فى الثمانية المذكورة كقولك

[1] L'auteur veut parler des verbes négatifs précédés de la préformative ⲛ̀ⲛⲉ, accrue de l'une des huit *lettres* ou pronoms personnels suffixes.

Il en est de même pour le reste des huit lettres. — Chapitre du Lam[1]. Il peut se combiner avec les huit lettres[2] comme lorsque tu dis :

ⲙ̀ⲡⲓ لم non (moi), ⲙ̀ⲡⲉⲛ لم non (nous), ⲙ̀ⲡⲉϥ لم non (lui).
ⲙ̀ⲡⲉⲕ لم non (toi, *masc.*), ⲙ̀ⲡⲉⲥ لم non (elle), ⲙ̀ⲡⲉ لم non (toi, *fém.*).
ⲙ̀ⲡⲟⲩ لم non (eux ou elles), ⲙ̀ⲡⲉⲧⲉⲛ لم non (vous, *masc.* et *fém.*).

كقولك Comme lorsque tu dis :

ⲙ̀ⲡⲓⲥⲁϫⲓ	لم اتكلّم	Je n'ai pas parlé.
ⲙ̀ⲡⲉⲛⲁ̀ⲥⲁϫⲓ	لم نتكلّم	Nous n'avons pas parlé.
ⲙ̀ⲡⲉϥⲥⲁϫⲓ	لم يتكلّم	Il n'a pas parlé.

وبقيّة الثمانية على هذا النظام فاعلم ذلك

Le reste des huit lettres donne lieu à de semblables combinaisons. Sache-le.

Le reste de l'ouvrage de Séménoudi est consacré à l'exposition de plusieurs règles particulières. Dans le nombre de ces règles, il en est qui touchent à des points capitaux, mais auxquelles l'auteur n'a pas donné un développement suffisant et dont il a omis de faire remarquer l'importance : on peut citer, par exemple, celle qui a rapport à la dérivation des mots. Pour bien comprendre ce qu'il dit à cet égard, et les remarques que je vais ajouter, il est nécessaire d'avoir une idée de la génération des mots en copte. Elle a lieu, comme je l'ai fait remarquer plus haut, au moyen de préfixes, qu'il faut distinguer avec soin des préformatives. Ainsi, le nom abstrait se forme en plaçant devant un adjectif ou un mot ayant la valeur du participe neutre, la préfixe ⲙⲉⲧ; par exemple, de ⲕⲟⲩϫⲓ, *petit*, on fait ⲙⲉⲧⲕⲟⲩϫⲓ, *petitesse;* de ⲁⲧⲧⲁⲕⲟ, *non corrompu* ou *incorruptible*, ⲙⲉⲧⲁⲧⲧⲁⲕⲟ, *incorruptibilité, intégrité.*

Une autre forme de nom abstrait se tire d'une racine verbale à

[1] لم *lam*, en arabe, est un adverbe négatif qui donne au verbe la valeur du prétérit.

[2] L'auteur veut dire ici que la préformative copte ⲙ̀ⲡⲓ, qui répond à l'adverbe لم, peut prendre l'une des huit terminaisons du pronom personnel suffixe.

laquelle on ajoute la préfixe ϫⲓⲛ. De ⲱⲛϧ, *vivre*, vient ϫⲓⲛⲱⲛϧ, *l'action de vivre, la vie;* de ⲑⲱⲟⲩϯ, *rassembler*, vient ϫⲓⲛⲑⲱⲟⲩϯ, *assemblée, église.*

La préfixe ⲣⲉϥ placée devant un verbe en fait un nom d'agent : de ϫⲓⲥⲃⲱ, *apprendre, s'instruire,* vient ⲣⲉϥϫⲓⲥⲃⲱ, *disciple;* de ϫⲓⲙⲓ, *trouver*, ⲣⲉϥϫⲓⲙⲓ, *inventeur.*

Deux, trois, et même quatre préfixes peuvent se trouver réunies à la fois devant une racine et donner naissance à des dérivés complexes à différents degrés. Ainsi, de la racine ϩⲱⲟⲩ, qui signifie *mauvais*, se tire, en plaçant devant cette racine l'article relatif ⲡⲉⲧ, le mot ⲡⲉⲧϩⲱⲟⲩ, *celui qui est mauvais,* puis le composé inusité ⲉⲣⲡⲉⲧϩⲱⲟⲩ, qui veut dire *être mauvais, faire le mal,* lequel, avec la préfixe d'agent, fait ⲣⲉϥⲉⲣⲡⲉⲧϩⲱⲟⲩ, *celui qui fait le mal,* et enfin, avec une nouvelle addition, celle de la préfixe ⲙⲉⲧ, le composé ⲙⲉⲧⲣⲉϥⲉⲣⲡⲉⲧϩⲱⲟⲩ, *la qualité* ou *l'état de celui qui fait le mal.*

Ce système de formation de mots, aussi simple qu'ingénieux, est la source d'une multitude de composés qui font la richesse de la langue égyptienne. Séménoudi ne parle, dans sa grammaire, que des noms abstraits dérivés. Il les compare, avec raison, à cette sorte de mots que les Arabes appellent مصدر *masdar* ou nom d'action. Adoptant la doctrine des grammairiens de l'école de Basra, qui regardent le nom d'action comme la racine du verbe, il applique les mêmes principes à la langue copte. Cette manière de voir n'est exacte que tout autant que l'on considère le nom d'action comme la racine logique du verbe, ce nom exprimant l'action ou la manière d'être dont l'idée est contenue dans la racine, avec abstraction de l'existence de tout sujet déterminé ou indéterminé et sans aucune circonstance de temps et de relation, et répondant exactement à notre infinitif, et que tout autant que l'on donne pour racine étymologique au verbe, la troisième personne masculine du parfait.

Voici ce que dit Séménoudi à ce sujet :

وفى القبطى كلام اصل الكلمة التى تخرج منها الفعل وتسمّى المصادر فى المؤنّث (Ms. fol. 23 r.)
كتبوا ϯⲙⲉⲧ

ϯⲙⲉⲧⲕⲟⲩϫⲓ التصغير

فيخرج منها الصغير والصغيرة والصغار

وفى المذكّر ⲡⲓϫⲓⲛ

ⲡⲓϫⲓⲛϩⲱⲥ التسبيح

فيخرج منها التسبيح والمسبّح وسبّحوا وسبّحى وسبّح

En copte la parole qui est la racine du mot d'où sort le verbe et que l'on appelle *masdar* [au pluriel *masadir*], fait au féminin avec la préfixe ϯⲙⲉⲧ

ϯⲙⲉⲧⲕⲟⲩϫⲓ, *petitesse*,

d'où naissent les mots *petit, petite, petits*. Et au masculin avec la préfixe ⲡⲓϫⲓⲛ,

ⲡⲓϫⲓⲛϩⲱⲥ, l'action de louer,

d'où viennent les mots *louant, louez, loue* (au fém.), *loue* (au masc.)

C'est ici le lieu de faire observer que les noms abstraits formés au moyen de la préfixe féminine ⲙⲉⲧ, et ceux qui le sont au moyen de la préfixe masculine ϫⲓⲛ, présentent dans leur dérivation et dans leur signification des différences assez considérables, que l'auteur semble avoir confondues, mais qu'il importe de distinguer.

La préfixe ⲙⲉⲧ ne se place que devant des noms ou des adjectifs pour exprimer la signification abstraite de la qualité dont le mot primitif donne l'idée, ou bien pour faire un nom abstrait d'un nom concret. J'ai cité déjà pour exemple ⲙⲉⲧⲕⲟⲩϫⲓ, *petitesse*, qui se forme de l'adjectif ⲕⲟⲩϫⲓ, *petit*. Je citerai maintenant le mot ⲙⲉⲧⲓⲱⲧ, *famille, patrie*, dérivé du mot ⲓⲱⲧ, *père*.

Ce n'est point là, à proprement parler, le *masdar*, ou nom d'action, tel que le conçoivent les grammairiens arabes dans son acception primitive et véritable. Cette dénomination ne convient véritablement qu'aux noms formés avec la préfixe ϫⲓⲛ, laquelle se place toujours devant une racine verbale et exprime d'une manière abstraite et générale l'action indiquée par le verbe, ou bien marque l'accomplissement actuel de cette action.

Si l'on juge la grammaire de Séménoudi du point de vue où nous placent les habitudes rigoureusement didactiques de notre esprit occidental, on trouvera sans doute qu'elle manque d'ordre et d'unité. L'auteur ne s'est pas astreint à la méthode qui classe les mots d'une langue d'après les données de l'étymologie, qui ramène à des lois générales les différentes formes sous lesquelles ils se présentent dans le discours, et qui règle l'emploi de ces formes. Cette méthode est celle qu'ont suivie les autres auteurs égyptiens qui ont écrit sur la grammaire copte, comme Ebn Kateb Kaïsar, Ebn Daheri, etc. et qui ont adopté la triple division en usage dans la grammaire arabe, du nom, du verbe et de la particule. Le système de Séménoudi est moins analytique, mais il fait pénétrer peut-être plus profondément dans le génie de la langue égyptienne et en fait mieux connaître l'organisme. Je dois ajouter que ses préceptes sont énoncés généralement avec une grande clarté, sous une forme aphoristique qui les grave et les fait retenir facilement dans la mémoire.

A la fin de cette grammaire, dans le manuscrit de Montpellier, on lit la note suivante :

هذا اخر ما انتهت اليه هذه المقدّمة ومن تنبّه الى شئ فليدوّنه ويصلحه فله
عن ذلك الاجر والثواب ولله المجد الى الابد امين

Ceci termine ces prolégomènes. Quiconque y remarquera une erreur, qu'il la note et qu'il la corrige, et qu'en retour de ce service il obtienne la rétribution et la récompense qu'il mérite. C'est à Dieu qu'appartient la gloire à toujours. Amen.

N° 277.

INCIPIT LIBER DIVERSARUM ARCIUM.

O tu, quisquis es, ad cujus manus hec mea pagina diversarum F. 81 v. col. 1.
arcium pervenerit, non absque nutu Dei, deprecor et conjuro, ne eam nisi probo viro et sapienti, qui in timore Dei sit, et ad id idoneus fore videatur, perferas sive ostendas. Recordamini ergo illius

proverbii, quia stultus est ille negociator qui thesaurum subito sub terra reperit, si illum coligere et conservare neglexerit. Hec enim sparsi meo generi et etiam omnibus sapientibus. Laudemus ergo Deum qui dat sapientiam sapientibus; ipse est principium omnium, cum ipse sit sine principio; cunctarumque ultimus, cum nullus sit ejus finis. Hic est omnium factor et a nullo factus, cujus voluntas ubique rata est, cum non sit qui ei contradicere valeat, cujus imperium eternum est et cujus opera bona sunt cuncta. Quapropter, o karissime fili, hec que a Deo tibi gratis offeruntur humiliter recipe. Si enim hanc meam scripturam tenaci memoria atque ardenti amore sepius perlegeris et diligenter perscrutaveris, scire poteris modum et naturam designandi, confectiones et naturas colorum, distemperaciones et mixturas et imposiciones eorum, et ornatum auri et argenti, et quorumdam aliorum metallorum. Quia ergo designacio est fundamentum istius operis, merito de ea prius tractemus. Quis ergo sit modus et que natura, per inferiora capitula satis dillucide patebit.

Incipiunt capitula primi libri :

DE MODO ET NATURA DESIGNANDI. — CAP. I.

Modus autem designandi talis est. Primo adiscere debes designare F. 82 r. col. 1. in tabula lignea incretata cum albo de ossibus et sapone, ut mos est, et cum grafio eraminis ymagines et flores, folia, vites, corigulas, tracta longa et recta, troni tracta quadra et squadria, et diversa genera volucrum, bestiarum, pissium, et, ut ita dicam, omnia ea que in orbe tangi et videri possunt. Potes etiam quodam modo designare et ymaginem ab ymagine vel aliud ab alio exemplare, verbi gracia : — Nota. Recipe cartam pulcram et subtilem que subtiliter abradatur : postea in oleo lini conficiatur et in pinguedine galine, et in circulo vel alio ponatur ; ita siccetur ne vicietur ; et si cum ea volueris opus adexemplare, hanc cartam supra imponas, et sic umbra operis ab alia parte apparebit. Natura autem designandi talis est ut scias tenere modum et formam ymaginum, literarum elevatarum, videlicet ymaginem corporis humani, volucrum, bestiarum et omnium animalium et rerum omnium que in celo, que in mari, que in terra nascuntur, seu reperiuntur : scias tenere tracta recta, recta; rotunda vero, ro-

tunda; quadra, similiter quadra; revolvere corigulas; et sic deinceps. Si enim in carta volueris designare, primitus cum plumbino, sesto et rigula opus tuum designetur. Plumbinum sic fit. Quod plumbinum fiat de tribus partibus plumbi et una eraminis hoc modo : prius confla eramen; postea supra ponas plumbum. Eis infusis, misce cum carbone vivo, ut mos est fabrorum, et secundum hanc formam ipsum conficiatur. Sestum vero fit de plumbo vel de ligno secundum hanc formam compositum. Rigula sit lignea, ut mos est. Cum enim, ut
Col. 2. supra dixi, opus tuum designasti, cum cinaprio distemperato penna opus tuum designatum trahe : si vero aliquid superfluitatis de signatura plumbini remanserit, cum mica panis albi abice, fricando super eam. Hoc facto, antequam colores in ea trahantur, cum dente vel ematite carta liniatur, posita subtus asidella. Dens enim sit de cane vel de lupo, posito in manubrio secundum hanc formam, et optime intus cum colla firmato. Ematites est lapis qui in orientali et occidentali parte reperitur : si enim ematitem politum non haberes, sic polias; facias cutim de plumbo et trita smerigium ad modum farine; eo trito, super cutim asperge; postea ematitem desuper frica et line; cum autem satis fricueris, habeas assidem de fico vel nuce, et super asperge de alumine rocie bene trito, et desuper line ematitem : hic enim lapis operatur in liniendo auro, et maxime super lignum vel gipsum. Assidella vero sit plana et quadra, et fiat de busso vel alio ligno bono. Qualiter ergo in ligno et muro et lapide et metallis designetur, in tractibus dicemus.

De figura humana. Sciendum tamen est quod corpus humanum ita natura composuit, ut capud a mento usque ad frontem summam circha radices ymas capillorum esset octava pars corporis : habet manus palmam ab articulo ad extremum digitum. Tantum capud a mento ad summum verticem uipes (*sic*), et jam altitudinis corporis est sex pedum, a pectore ad summum verticem quarta. Facies autem trifarie dividitur : prima tercia pars est ab ymo mento ad ymas nares; nasus est secunda, ab ymis naribus ad finem superciliorum; tercia ab eo fine ad ymas radices capillorum; et est illa pars tercia. Rursus locus et altitudo oris ipsa est tercia pars in mentum ad ymas nares. Reliqua eciam membra suas habent commensuras et proporciones; ita, cubitus est quarta pars corporis; sic et genua quarto loco sunt po- F. 82 v. col. 1. sita. Carnes vero crurium, et carnes que dicuntur mures brachiorum, ad mensuram manus palme sui octavam partem habet corporis; centrum medium naturaliter est umbilicus. Item quadrature designacio in eo invenitur : nam si a pedibus ymis ad summum capitis mensuratum erit, eaque mensura relata fuerit ad manus spansas, invenietur eadem latitudo que et altitudo. Hiis et hujusmodi commensuracionibus et proporcionibus antiqui pictores et statuarii nobiles usi sunt, et magnas laudes assequti sunt.

QUI COLORES IN CARTIS UTANTUR. — CAP. II.

Sciendum est quod isti colores utuntur in cartis, açurum, indicum, nigrum, inclaustrum, cinaprium, sanguineum, minium, grana, sanguis draconis, folium, brunum, album, viride eramen, viridis terra, auripigmentum, crocum, ocrea; colores qui fiunt de suco herbarum et florum.

DE CONFECTIONE ET PURIFICACIONE ET ABLUCIONE AÇURI, ET DE COLORE EI ACQUIRENDO ET EJUS DISTEMPERACIONE ET BONITATIS COGNICIONE. — CAP. III^{m}.

Lapis laçuli vena terre est, de qua fit laçulum, vocaturque lapis armenicus, quia in Armenia reperitur; assimilatur enim celesti colori, et habet in se quedam corpuscula quasi aurea; ille autem qui quasi plus albidus est, plus habet terrestritatis; lapis vero armenicus levior est et subalbidum habet colorem. Qualiter ergo de eo fiat laçulum videamus. Accipe lapidem illum, et pone in aqua, et lava, et frica, deinde tere, et quod purum inveneris seorsum servabis; deinde tere, et in minutissimum pulverem redige; postea tolles et ablues, donec purus color remaneat et appareat; et in unaquaque

commixtione, siccari permitte; ad ultimum accipe gummi arabicum, colofoniam, ceram albam, añ. aloe epaticum, parum resine ad libi-
Col. 2. tum; hec omnia solve ad lentum ignem in vase nitido, et forma in modum pillule rotunde vel longe; et pulverem primo dissolutum in aqua pone intus pillulam, quam volves et revolves : et si fuerit ibi aurum vel argentum vel aliud sordiciei, adhererit pilule, et purus remanebit pulvis : postea colla, et ad solem sicca, et usui serva. — Confectio alia. Quidam modus faciendi açurum. Viridis eraminis ʒ II, argenti vivi ʒ - mitte in aceto, et fit açurum : vel argentum purum mitte in vinaciis vini et sine. — Confectio alia. Lapis laçuli optime teratur; deinde resina pulveri admisceatur; diu agittato aquam; postmodum multis vicibus abluatur, in ultimo vero, sapone dilligenter abluatur, et usui servetur. Si flores açurini qui sunt in segetibus conterantur, ex eis litere possunt fieri açure. — Confectio alia. Fac bulire endicum de bagadeo lento igne, et dispuma cum penna; de tali spuma tempera gipsum non coctum, sed lucidum; et si vis, adde sucum bacharum ebuli, et erit simile açuris. — Confectio alia. Summe ampulam de puro cupro, et pone intus calcem de albo marmore : ista cum dimidia sit, adhibe acetum fortissimum ut plena sit, et reconde eam cohopertam in calido loco, scilicet fimo : et post unum mensem invenies intus açuro simile; valet enim in picturis lignorum et macerie; et ad solem sicca. — Confectio alia. Accipe ollam novam que nunquam in opus fuerit, et mitte in eam laminas purissimi argenti quantas vis, et mitte bene ipsam ollam in profundo in vindemia que est projecta de torculari; et illam bene cohoperi de ipsa vindemia; et bene serva usque ad diem trigesimum quintum; sic aperies ipsam ollam, et illum florem qui est in circuitum laminarum excucies in nitido vase, et habebis; et
F. 83 r. col. 1. si iterum ibi eas laminas posueris, iterum habebis. — Confectio alia. Accipe ampullam de purissimo cupro, et imple fortissimo aceto et cohoperi os ejus, ne quid humoris vapore suo possit exire; adde etiam, si necesse est, tenacem terram vel pastam, et ipsam ampullam ita clausam pone in aliquo calido loco, aut in terra aut in fimo limi :

et sic dimitte per mensem, et aperi ipsam; et quod intus inveneris ad solem sicca. — Confectio alia. Auricalcum in laminis perductum et rasum cum melle cocto liniatur ex utraque parte, et subfundatur acetum et urina, ambo calida, pari mensura; sicque cohoperiatur, et post dies XIIII^or tollatur; et erit color similis açuro. — Purificacio açuri. Purificare si volueris açurum, liga in paniculo de lino gummi, sicque ferveat in olla nitidissima. Deinde açurum teratur parum in lapide purfiritico cum liquore isto; post pone in concha et infunde liquorem gummi, et sic permitte stare per noctem unam : et sic ter vel quater aqua lavabis : sed aqua que ejecta fuerit reservetur, quia illud quod in fundo invenitur bonum est. Super purum açurum predictum açurum bene purgatum tere super lapidem cum predicto colore fortiter; hoc açurum est per optimum açurum blavum. — Alia melior sic : primo tere cum aqua et colige cum III guttis clari, et sine siccari ad solem, et iterum cum tempore sicare : et hoc fac ter vel quater : post distempera cum oleo et aqua gummi, et utere. Purificacio alia. Açurum si non est bonum, accipe aquam gummi et cum ea mole, et pone in alio vase cum digito, et inde evacua in alio vase, et quod remanet in fundo prohice, et sic facias lavando donec nichil remaneat in fundo : quod bonum remanserit repone in aqua in qua dissolutum erit gummi; et pone intus ibi de brasile distemperato, et dimitte per duos dies et amplius, et utere cum aqua gummi in cartis. — Purificacio alia. Oleum olive accipe et tere cum eo açurum in lapide purfiritico : postea accipe, et bulias multum in vase nitido; et omnem superficiem que superius aparuerit prohice; et ablues; et sicca. — Purificacio alia. Fac lixivium de cinere et aqua; et cola ita ut nil rubeum ibi appareat; postea accipe bonum saponem, et tere super lapidem açurum cum eo ; et bulias ad ignem cum lixivio : prohicies omnem superfluitatem turbidam : postea accipe de predicto lixivio, et pone intus, et sine residere, et prohice; et iterum mitte, et prohice; et tamdiu facies donec purum sit : si enim pilos vel sabulonem teneret, per pannum colletur. Potest etiam cum predicto lixivio iterum meliorari et ablui.

— Purificacio alia. Accipe picem grecam et tere, mundatam liquefac cum sufficienti oleo, ut temperate molificetur; postea in sufficienti vase eneo vel alio prohice, et statim açurum pulveriçatum admisce perfecte, et illico aquam ferventissimam super infunde, et cum spatula semper agita picem, et aquam supernatantem in alio vase colige, et aliam aquam ferventissimam super infunde, et cum spatula semper agita picem, et acquam supernatantem in alio vase colige, et aliam aquam ferventissimam iterum super picem funde, et dilligenter cum spatulla misce diu; et postea in vase ubi prior aqua fuerit eam colige, ferventissimam aliam superpone, et ut supra facias quousque inde aliquid trahere poteris, et aqua quasi alba exierit : et postquam aqua resederit, eam colla dilligenter; et quod in vase sederit colige et sicca. — Coloracio açuri. Ad açurum carens colore oleum amigdarum agrestium ʒ III et olivarum id idem; et pone in vas lapideum : et ipsum fac bulire cum açuro quasi ad ignem sine fummo a mane per quatuor vices usque ad horam none; postea ablue cum
F. 83 v. col. 1. aqua colata et humida, et sic dimitte per IIIIor dies in vitreo vase. — Coloracio açuri. Si enim colorem amisit, sic acquiras : habeas de predicto lixivio et brasile et alumine et fac sanguineum clarum, et mitte intus açurum, et dimitte pausari; et eo pausato, remitte intus de sanguineo, et misce; et sic fac donec sit optimi coloris, semper siccando ipsum ad auram vel umbram. Vel ita : açurum in urina in coclea ad solem sicca, et postea ablue; et melioratur. — Distemperacio açuri. Si vis distemperare açurum ad scribendum, terciam partem vini cum claro adhibebis, quia exinde color pulcrior et clarior erit. Açurum lavandum est aqua post decem dies propter fetorem suum : hoc autem caveatur ne clara in açuro diucius moretur. — Distemperacio alia. Açurum terrestre molle supra petram cum aqua; postea colla per pannum delicatum ut mundior sit, removendo digito et aquam apponendo ut possit per pannum transire : quo purificato et exicato, pone claream novam fortem : postea accipe de vitello ovi crudi, et misce cum aqua et vino equaliter, et valde parum pone in colore : et faciet melius de penna exire, quod utique ad omnes colores valet; et

si nigrior fuerit, ter vel quater aqua lavabis, vel etiam amplius, et sic meliorabitur : per duos enim vel tres dies potes in eo dimittere claram; sed quam sepius mutabis, tanto melior erit. — Ut terat (?) optime, accipe quantum granum ciceris de sale duro albo claro, et pone in aceto claro, et quiescat parum et solvatur, et pone de eo in açurum. — Distemperacio alia. Potest quoque distemperari açurum albumine ovi, fricando digito in vasculo donec satis sit; postea lavabis cum aqua, et eo siccato, pone claram puram, et post duos dies vel tres, iterum lavabis pro ovo inveterato et nigro facto, et dimitte donec siccatum sit propter humorem aque. — Distemperacio alia. Col. 2.
Açurum ita distemperetur : accipe açurum, et tere in lapide purfiritico cum claro, et aliquantulum vitelli, et cum aliquantulo ceroti auricule ; postea colige et dimitte sic per unum diem in cornu cupri vel argenti, vel in coquela ; postea claram; ista prohice, et pone intus de recenti ; si enim non esset boni coloris, mitte intus de sanguineo sicco, si nimis esset blavum. — Nota. Si autem in claro per nimium nigresceret, ablue. — Nota. In spaciis et campis tunc distemperetur clara et aqua, ut clarior sit et melius currat. — Distemperacio alia. Açurum bonum moliatur cum aqua : postea in cornu argenteo vel stagneo ponatur, et tunc cum aqua sicca fuerit sive ejecta, pone clarum ovi, sicque de eo illuminabis : si vis eum serenissimum fieri, adde pusillum gummi liquefacti. — Distemperacio alia. Tere açurum super lapidem cum aqua ; deinde pone in vasculum, et distemperetur cum clara recenti; et, si nimis fuerit obscurum, misce cum eo terciam partem gummi arabici cum aqua. — Distemperacio alia. Açurum bene tere et diu ; cum clara recenti pone in coclea, dimitteque residere, et prohice postquam requieverit totam claram, et permitte siccari. Cum volueris uti, pone claram intus et frica cum digito fortiter, et pone quantum vis in cornu, et operare. — Nota. Si nigrescit, aponetur aqua quousque videbis bonum colorem habere. Inde summo studio cavere debes ut in açuro et in cinaprio duas vel tres guttas aqua mittas, et in mane prohicias. — Nota. Et si tellam fecerit desuper, cum penna abice. Hoc autem

summo studio observare sine negligencia oportet in temperacione omnium colorum, ut de clara non nimis ponas, quia nullum bonum
F. 84 r. col. 1. opus de ipsis facere posset, et maxime in açuro et cinaprio. — Distemperacio alia. Açurum sic distemperant Anglici : primo accipiunt dragantum et desuper fundunt mundam et calidam aquam; postea accipiunt vasculum vel aliud vas aptum, et colorem immittunt, deinde aquam predictam; et dimittunt stare in hac aqua tribus vel quatuor noctibus, quousque bene dissolvatur; quarto die summunt et ligniculo adapto vel digito mundo, in concha bene agitant, et sic ad horam deponunt usque color bene resideat; cum autem resederit, aquam cum sordibus supernatantibus abiciunt, et aliam recentem superponunt; et cum jam operari volunt, in marmore purfirico subtillissime terunt, et juxta superiorem modum super lapidem dissolvunt, et postea operantur. — Nota. Unum tamen est, quod si non fiat, qualicumque modo preparetur, nunquam bene valebit; et hoc scias paucissimos nosce, scilicet ut loca in quibus homo colorem imponere voluerit, priori die vel ipsa, de aqua gummi arabici vel de glutino de pergameno facto inungas, quia, ut nosti, quandoque humiditas vel natura pergameni colores immuttat. — Distemperacio alia. Si vis optime distemperare açurum ad campum, accipe gummi arabici distemperatum cum aqua calida, et pone açurum in concha; sed prius teratur ut predictum est; postea accipe de clara quantum volueris, et apone brasilis ut color aliquantulum mutetur; et parum de colla pergameni misce cum eo; sed si hec confectio nimis fortis esset, apone de aqua, cum hac confectione tere açurum, et cum eadem distempera. — Distemperacio alia. Açurum tere cum aqua, et lavetur; et tere diu cum aqua, in concha diu lavetur, donec sordes effundantur : deinde de gummi de ceraso per pannum exprimatur, et cum aqua hac pensetur et admista distemperetur, et, si açurum bonum
Col. 2. fuerit, vitellum aponatur. — Cognicio boni açuri. Açurum sic cognoscitur si bonum erit vel malum : accipe salivam et pone in açuro cum digito, et distempera, et pone supra corticem ovi deforis, et permitte sicare : si retinet colorem, bonum est; sin autem, contra. Eodem modo

probatur ad ungulam; probatur et si mittatur super ferrum calidum; probatur et in scribendo et distemperando de eo. — Confectio açuri. Açurum principale, id est optimum : folia floris violle que sunt in circuitu floris colige bene et in mortario mundo bene teres; et mitte saponem ex axungia, id est ex pinguedine porci, et sine calce mundum facies cum aqua tepida, et saponem solve in libra aque cum una, id est tantum de aqua quantum ponderat una libra saponis, et frica ipsum saponem subtiliter cum aqua, et dimitte refrigerare : post hoc mitte ipsam comixtionem, id est saponem distemperatum in ipsos flores tritos, et mitte illud in vase vitreo ut possis manum mittere, et repones illud ibi, id est in illo vase; et post tempus aliquod illud comiscere jubemus semper comiscens eodem modo, et permiscens comixtos, aut si non comisces quotidie, moves semel in die usque ad unam ebdomodam; post hoc teres et dimittes per duos parvulos dies donec decoquas : post hoc tolles lilium fuscum majorem quod est purfirum, id est purpureum florem habens, qui habet folia veluti cultellus; similiter et ipsum defricas in mortario subtiliter, et dimittis sine sapone, mittens aquam, et postea tolles ex viollis composicionem, libras duas de lilio majore fusco, libram unam aluminis egipcii spumati (alumen egipcium genus est terre). Spumam aluminis non jubet hic mittere, si sapo iste spumatus fuerit bene, et si non fuerit bene spumatus, tunc alumen mittere jubet. — Nota. Si autem tunc non expressum colorem habuerit, in ipsam medicacionem tunc mittat alumen non coctum, id est crudum nec F. 84 v. col. 1.
spumatum, videlicet uncias duas. Si fortis est sapo, spumatum alumen mittes : si debile est, id est, non expressum colorem habens, crudum mittis, uncias II, urine spumate libram I, et lento igne decoquas per VI horas; et si multum viride est, mittes urinam; si vero multum venetum, plus alumen mittes. Si autem açurum juscidum, id est fuscum fuerit, ex albo lilio domestico mittes quod sufficiat, et decoques. Custum autem, id est probacio coctionis in sequentibus ubi tali versu completur hoc capitulum, tale sit : colles in lignum concavum et eice laçurum. — Confectio alia açuri. De

açuro quomodo fiat, et quod melius erit illo quod extrahitur de minera : summe marmorem valde album et alumina ipsum in igne suavi per diem unam et noctem; quod postquam alluminatum fuerit, super alium marmorem valde durum subtilissime teras, et deinde summe spumam indici que in caldaria tinctorum est, in qua fit endicus color; ex qua predicti marmoris pulverem imbibe, et fortiter supra predictum marmorem frica; et, cum siccum fuerit, iterum imbibe, quod tamdiu facias donec açuri colorem habeat; deinde a lapide remove, et reconde, et cum opus fuerit, utere. — Color açuri. Herbam vero papaveris coctam cum foliis florum repones in pigmata, id est vase quodam novo, una die, et operiens ad solem una die, et dum marcescet, tolles aquam icticolon, id est gluten factum de pissibus, decoquetur et mittes in ipsa folia florum, et teres subtiliter cum modico cinaberi, id est colore qui fit ex argento vivo; commisce, et exiet color candidus generaliter ex diversis coloribus compositus. Et hec tibi de açuro dicta sufficiant.

Col. 2. DE COGNICIONE INDICI ET CONFECTIONE ET DISTEMPERACIONE. — CAP. IIII.

Nunc de natura et confectione et distemperacione indici tractemus. Unde sciendum est quod genera istius coloris fiunt de quadam herba. Coquitur enim illa herba in vase donec cocta sit velut sucus ut nichil de substancia appareat; postea desicatur. Diversis nominibus nominatur, quia in diversis partibus conficitur; ergo bagadeus eligatur, et quod magis açurinum est. — Distemperacio indici. Indicus prius teratur cum aqua, et coligatur in coquella; et sine residere; postea cum aqua gummi distemperetur. Verum tamen ad ematiçandum super viridem glaucum, distemperatur de aceto viridi facto in vase eneo; in mixtura auripigmenti quidam cum clara, quidam cum gummi, quidam cum claro et aqua et gummi.

DE CONFECTIONE NIGRI ET EJUS DISTEMPERACIONE. — CAP. V.

Nigrum componitur de carbonibus viteis vel salicis, terendo cum cucurbita combusta. Hoc modo in igne supradicta comburantur, et cum aceto intingantur, deinde tantum aque. Si volueris distemperare nigrum, distemperetur cum aqua gummata, et imponatur intus aliquantulum braxilli.

DE CONFECTIONE ENCLAUSTRI. — CAP. VI.

Si autem enclaustrum componere delectat, recipe onciam et dimidiam vel duas galeti, et totidem gummi arabici, et segregatim pulveriça; deinde galete primo mittantur, et gummi arabicum postmodum in XXIIII^or unciis optime vini rubei vel albi, vel in duas libras et dimidiam, semper miscendo dum funditur, donec incorporentur; et sic maneat usque ad terciam; postea coletur in bacinar; postea superponatur plus medietatis uncie vitriolli, tamen miscendo; iterum coletur per stamegnam; postmodum pone medietatem uncie vitriolli pulveriçati semper miscendo; et exinde adhuc coletur; et erit bonum ad scribendum. — Aliter enclaustrum durum facere potes. Tede in vase eneo fructum colige, et raso vase nigrum collige in F. 85 r. col. 1.
carta, qua suaviter duplicata, constringe fortiter ne evollet, et cum tercia vel quarta parte gummi arabici pulveriçati admisce, et cum pauca aqua vel vino distempera, et usui serva. — Alio modo mense madii flores papaveris rubei terere, et sucum expressum bulias parum, et colatum per mensem repone, et utere.

DE CONFECTIONE CINABRII, ET EJUS COGNICIONE, ET DISTEMPERACIONE. — CAP. VII.

Cinaprium bonum est de Yspania aportatum : eligendum est quod est album et lucidum et magis rubeum. — Confectio. Cinaprium sic fit. Sulfur diligenter super lapidem siccum teratur, albi et crocei coloris; addantur ei due partes argenti vivi; quidam dicunt due sulfuris, et unam argenti equo pondere statere; et cum dilligenter mixta fuerint, mitte in ampullam vitream, et cohoperiatur ex omni parte argilla, et os obstruatur ex parvissima tegula ne fumus exeat; deinde

mittatur intus carbones vivos super tres vel quatuor lapides; mox autem, cum ceperit calefieri, auditur frangor interius, quomodo se vivum argentum miscet se sulphuri ardenti; ignis quidem semper sit lentus; et quando videris fumum rubeum lividum, quasi crocei coloris, cohoperi bene; et quando videris fumum vermiculum, et sonus penitus cessaverit, tolles ab igne, et frange ampullam, et habebis optimum cinaprium et multum bonum. — Aliter. Accipe vas tereum cum fundo planum rotundum, cujus parietes super fundum emineant per quatuor digitos, et fac fieri ollam longam habens fundum rotundum, et aliquantulum acutum, et ventris latera plusquam in ore,
Col. 2. cujus os intret in isto vase, et cum eo claudatur sicut cupa; postea fac fornacem altitudinis unius cubiti vel plus, inferius latam, superius strictam, et imple bene vas istud terra yspania ad hoc apta, et mitte super os fornacis, et cohoperi eam, et gipsa perfecte in circuitu ut non suspiret; postea fac bonum ignem in fornace per totam noctem; tunc sublato igne, dimitte usque mane, et suaviter separa ollam a vase, et quod in eo inveneris collige et repone. — Si vis cinaprium, faç vasculla terea invitreata, in ore lata, in fundo acuta, et pone vas super os fornacis; cum terra supradicta imple supradictum vasculum, illis revolutis ut ora sint inferius in terra pressa, et fundi superius; deinde cohoperi ollam, et gipsa ut supra; fac ignem similiter, et mane discohoperi, et vascula plena de cinaprio invenies. — De distemperacione. Cinaprium molle cum aqua in lapide, et pone in coquella, et, cum sederit, aquam prohice, et iterum pone intus de aqua, et misce; iterum sine sedere, et aquam prohice, et sic fac donec purus color remaneat; postea in lapide prohice, et sine siccari; et eo sicco, cum claro et aliquantullum vitelli ovi distempera, et sine usque ad alium diem; hoc enim valde bonum est ad miniandum cum penna. — Distemperacio alia. Cinaprium potest distemperari cum clara que sit quarta pars vini. Si cinaprium nigrescet et putrescet, extrahe claram et ablue cum vino; et iterum operare cum clara; si lucidum, apone parum de aqua. Potest et cinaprium teri siccum, et cum clara et vitello ovi distempera. — Nota. Si enim volueris spumositates de colo-

ribus prohicere in distemperando, mitte intus aliquantulum ceroti auricule, et maxime in cinaprio et açuro, et hiis coloribus qui cum clara distemperantur. — Distemperacio alia. Cinaprium in hieme potest distemperari cum clara ovi, et in estate cum vino; et in plumbeo vase reservabitur, — Distemperacio alia. Cinaprium potest distemperari cum claro et tercia parte aque. Et hec de cinaprio dicta sufficiant.

DE NATURA ET DISTEMPERACIONE ET COGNICIONE BRAXILLI VEL SANGUINEI COLORIS. — CAP. VIII.

F. 85 v. col. 1.

Nunc de sanguineo vel brasileto vel roseato tractemus. Lignum quidem brasili nascitur in partibus Alexandrie. Est enim rubei coloris; illud autem quod venas habet albas, et quod est dulce in tactu oris, elige. — Confectio. Color iste de eo fit hoc modo : lignum brasili accipe, et subtiliter cum vitro vel cum cultello rade, et radituram pone in conca; deinde infunde urinam, et sic per diem unam et noctem temperetur : sed permitte antequam permisceatur refrigerari. In crastino vero adhibe aquam coctam ad modum predicti liquoris, et apone alumen quod sufficiat, et sic permitte stare per spacium unius diei : deinde per pannum vel cendatum coletur, et sic stet donec color omnino coadunatus sit in fundo : et liquor qui supernataverit eiciatur; deinde aqua lava bis vel ter, ut urina omnino expurgetur; postea exsica, et quod inveneris in conca, distempera cum gummi : et cum exicatur iste color, infunde desuper aquam, et sic per aliquam horam diei stet; deinde eiciatur, et cum gummi vel claro et aqua distemperetur; vel cum colla nova ac tepida, si sicca fuerit, anellando irrigetur; sed si hiemps, igne calefiat: deinde, si volueris, poteris iterum secundo infundere braxillum aqua. — Confectio alia. Braxillem rade, et in cocleam pone; et habeas claram et aquam gummatam bene preparatam, et bis tantum de clara quantum de aqua gummata imponas predictam, et de aqua pura quantum media gummate quam posuisti, et iterum apone, et postea pone alumen quantum granum ciceris,

et misce. — Nota. Si autem cum isto bonam rosam vis facere statim,
Col. 2. accipe album et misce de isto braxile, et operare statim. — Nota. Alioquin nil valeret postea, si operari diferres hac rosam. — Nota. Si autem campum literre de prefato braxille facere volueris, tunc lacham scutariorum accipe, et cum prefato braxille misce, et operare; vel super cinaprium mitte, vel, si placet, de isto braxile comiscere cum laçuro et albo. Erit optimum de isto eodem braxille minium vel cinaprium cum albo. Poteris mantiçare vel açurum. Et ubicumque fuerit açurum vel piscium in folium vel vitibus seu in formis, tangere de predicto braxille poteris optime secundum tuum velle. Similiter omnes colores virides. — Item de roseato vel sanguineo colore. Primo omnium accipias braxille, et subtiliter cum vitro radas; deinde accipe calcem recentem, et urinam desuper mittas in apto vasculo, et bene depurari facias; interius habeas granam licet paucam que dissoluta sit in aqua gummi arabici; post tolle urinam de calce in tanta quantitate, ut braxillum immergi possit, et fundas super braxilum, et ad dimidiam horam vel minus desuper dimittes; sed statim habebis album Apulie quanto melius et candidius invenire poteris, et illi expressum braxillum statim superfundes : aluminis parum apones; deinde quod de granis extraxisti, secundum quod ruborem vel intendere vel remittere volueris, apone; et sic exsicatum servare poteris usque ad multos annos semper in sui claritate. — Nota. Et bene dico quod si hunc bene preparaveris, nullus color huic com-
F. 86 r. col. 1. parari poterit. Medulla tamen istius ligni non est bona nisi tantum coribus (?).

DE CONFECTIONE LACHE ET DISTEMPERACIONE. — CAP. VIIII.

Transeamus nunc ad confectionem lache et sinopidis et distemperacionem. — Nota. Lacha est gummi unius arboris que aportatur a Veneciis, et Pisis vocatur lacha cruda : et dicitur esse gummi juniperi, et est similis thuri; et quod magis lucida est eligatur. Hanc conterere optime; deinde accipe duo vasa, et pone urinam multam, et bulias, et spuma bene urinam cum penna, et bulias : que urina sit pueri XII annorum, utentis bono vino. Cum autem bene spumata fuerit, accipe predictum gummi terciam et bulias in predicta urina, et postea accipe de alumine çucharino, et misce in urina, et prohice in alia ad ignem, et coque. Ad coctionem venimus diu probando ad ignem; cum autem bene rubea fuerit, extrahe ab igne et colla per sacullum longum lineum, et iterum de urina frigida cum alumine impone divite: quidam no (*sic, pro* vero?) in liberacione ponunt vel I, vel aluminis (?) x 2 gummi arabici quo coaguletur. — Confectio. Sinopel autem facturus sic facit: marcio mense, cum omnia genera herbarum sucum a terra recipiunt, edera subola vel aculo tantum perforetur, et egredietur liquor gummi qui vocatur gummi edere : hic cum urina coquatur, et erit sanguineus color qui vocatur lacha vel sinopel. — Distemperacio. Lacha cum vermiculo distemperetur, et ut vermiculus distemperatur, et in amatiçata rose ponitur lacha cum vermiculo, et insimul miscentur.

DE CONFECTIONE ET DISTEMPERACIONE MINII. — CAP. X.

Tractemus nunc de confectione minii et carminii : et ejus distemperacione. Minium fit de albo plumbi, hoc modo : cerusa sicca optime teratur, et in ollam mittatur, et igni apponatur, et tamdiu ad Col. 2.
ignem turbuletur aliquo ferro donec satis ruffum sit. — Confectio. Laminarum plumbearum mitte in aliam ollam et pone super ignem, et semper movebis ipsum colorem usque dum efficiatur album ut nix ; et tunc tolles ab igne, semper movendo, et de ipso summe quantum vis, qui color vocatur cerusa, et reliquam partem pone super ignem; et semper movebis donec rubeum efficiatur minium; quia, si semper non moveres, in plumbum reverteretur; et tolles ab igne; et ipsam ollam sine refrigerare. — Si vis carminium facere, misce album cum cinaprio, et habebis. — Distemperacio. Distemperatur cum aqua gummata: quod magis rubeum est ellige.

DE DISTEMPERACIONE GRANE ET GORME. — CAP. XI.

Qualiter ergo grana et gorma distemperetur videamus. — Confectio. Accipe granam optimam, et molle bene in mortario; postea pone in coclea vel in alio vase nitido, et accipe aquam gummi, et pone in grana; et pone intus de alumine parum, et pone super prunas, et permitte bulire lento igne donec habeat optimum colorem. Si vero cognoscere volueris, pone super unguem : cum fuerit rubicundum, bonum erit; et utere in cartis. Gorma quidem color est qui trahit in purpuram, et affertur de quadam regione que Rosia dicitur. Cum volueris distemperare gormam, accipe calcem novam et fortem, et pones in vasculo : hoc facto, accipe vinum, et aquam et claram ovi pari mensura, et distempera cum hiis calcem : postea accipe gormam, et cum tali confectione molles. Hoc facto, cum eadem distemperatura de gorma illa distemperare poteris et operari.—Nota. Quod hoc scias : cum gorma tua vetus fuerit, accipe aquam et pones in gormam; et dimittendum est una die, et cave ne superhabundet
F. 86 v, col. 1. aqua, sed cum tali mensura pone ut tantummodo humorem aqua senciat : sicque renovabitur.

DE NATURA ET DISTEMPERACIONE SANGUINIS DRACONIS. — CAP. XII.

Transeamus nunc ad naturam et distemperacionem sanguinis draconis. Sanguis draconis dicunt quidam quod sucus herbe sit, quod frivolum est; est autem gummi arboris in Persia et India nascentis. Sanguis draconis dicitur, quia sanguini assimilatur; est vero elligendus subrubicundus, et interius sicut minium. — Distemperacio. Distemperacio ejus fiat de claro et gummi arabico, et aqua, ut dictum est de braxile.

DE NATURA ET DISTEMPERACIONE FOLII SEU MORELLE. — CAP. XIII.

Sciendum est de natura et distemperacione folii. Morella quedam herba est in terra Sancti Egidii. Ex hac herba tria grana in semine exeunt; et ex hiis granis maxime telle tinguntur; sicque mirum colorem reddunt, qui color folium dicitur; qui color sic distemperatur. Pannum foliculi scindes, et fissuram in coquella pones; postea superfundes claram ovi; et sine maturescere, et fit purpureus. — Distemperacio. Folium temperetur cum aqua tepida vel cum urina per noctem unam : deinde purgetur et distemperetur cum claro recenti; adhibe modicum calcis. — Confectio. Folium in frusta nimis tenuia et modica incidatur, et glutine casei parato distemperetur : et sic permittatur, donec bene permixtum sit : quod gluten ita fiat. — Confectio glutinis casei. Caseus recens in aqua multum calida intus manus conteratur et maceretur donec nichil lactis interius remaneat : et postea cum urina et calce conteratur. Hoc autem sub terra servari potest; et cum siccum fuerit, feces ejus eice, et album colorem simul misce, et optimum colorem habebis. Folii tria sunt genera : unum rubeum, aliud purpureum, tercium saphireum; quem sic temperabis in cartis. Cineres optime cribentur per pannum, et cum aqua Col. 2. fundantur, et inde fac tortellos qui in igne comburantur; ipsis combustis, mitte de eis in vas fictile, et perfundes urina movendo; cum aqua resederit lucida, pone intus rubeum, tamen modice; teratur super marmorem; et cum sufficienter fuerit perfusum, diligenter per pannum coletur, et eo sicco, cum claro distemperetur. Purpureum quidem folium et saphireum non teres, sed perfunde temperatam eo modo, in concha, movendo ligno; et cum per noctem steterit, in crastino cola, et sicca, et cum claro veteri operare; cineres autem coctos qui remanserint servare quidem diu poteris siccos. Et hec quidem de folio tibi dicta sufficiant.

DE CONFECTIONE ET DISTEMPERACIONE BRUNI COLORIS. — CAP. XIIII.

Bruni confectio et distemperacio hec est : brunum quidem color est mortivus, nec niger, nec prorsus rubeus; ejus confectio talis est : accipe ocriam et combures in igne, donec brunum habeat colorem; hunc colorem distempera cum aqua gummata.

DE CONFECTIONE ALBI ET COGNICIONE ET DISTEMPERACIONE. — CAP. XV.

Nunc tractemus de confectione et distemperacione et cognicione albi coloris. Albus bonus est qui de Apulia affertur; et fit albus ex ossibus combustis, vel cuculis ovorum; fit et albus de plumbo, qui et cerusa dicitur. Albius quidem et subtilius elligatur. — Confectio. Confectio albi, scilicet ceruse, sic fit : plumbeas laminas tenues de plumbo, non maleatas, in vase fictili vel quercino, posito intus aceto, impone, ita ut acetum non tangant per spacium trium digitorum : postea cohoperi orificium vasis, et claude bene, et mitte in loco obscuro et humido et calido, videlicet in sterquilino; et sic dimitte per
F. 87 r. col. 1. IIIIor menses. Postea aperi os vasis ut vis aceti exallet; et invenies quasdam nubolositates et mucilagines circha plumbum. Illas vero cultello abrade, et pone in vase, et apone de aqua, et pedibus vel alio instrumento comove; postea aquam illam abice, et pone in vase substanciam que remanet aliquantulam, et apone aquam, et soli apone; et illa consumpta de alia apone; et ita facias donec album sit albissimum. Postea formulas rotundas fac et sicca. Illi autem qui istum colorem faciunt, sepius incurrunt apoplexiam, epilepsiam, paralisim arteticam, propter frigiditatem aceti dissolventem et molifficantem. Potest fieri cum urina eodem modo ut cum aceto; quidam autem laminas prius involvunt in fecibus cerevisie vel vini; quidam autem cum melle et sale; quidam autem cum calido aceto, et ponunt istum album, et fàciunt ut supra. — Distemperacio. Distemperetur hoc modo : album diu et diu in marmore cum aqua gummata teratur. — Nota. Quia iste color per nimium non posset teri; et cum predicta gumma distemperetur modice, ut nec nimis duram sit, nec prorsus mollis.

DE CONFECTIONE VIRIDIS ERAMINIS ET COGNICIONE ET DISTEMPERACIONE. — CAP. XVI.

Nunc de confectione viridis eraminis, et ejus distemperacione tractemus. Unum sciendum est, quod viridis invenitur qui dicitur grecum et salsum, et ispanicum, et romagensium; quod autem de Grecia aportatur melius est. Si autem vis viride grecum facere, accipe ollam novam, et pone in ea laminas purissimi cupri, et imple ipsam ollam fortissimo aceto, et ita cohoperi, et sigilla ipsam ollam, et mitte in aliquo calido loco, vel in sterquilino, et in terra usque ad sex saltem vel septem menses; tunc accipies ipsam ollam; et que in ea inveneris mitte super ligneam tabulam, et mitte ad solem siccare. — Confectio. Viridis sic fit: sal primitus comburatur; deinde dilligenter Col. 2. conteratur; postea cupree tabule rase cocto melle ex utraque parte liniantur, et ipso sale aspergantur, et in quercinum vas, ut acetum non tangant, ponantur; et acetum calidum vel urinam subtus fundatur, et vas cohoperiatur, et in sterquilino ponatur, et post IIII^or septimanas tollatur collectio. Si vis viridem romagensium facere, accipe laminas purissimi cupri, et lima eas, et line eas in circhuitu de optimo sapone, et illas mitte in ollam novam, et imple eam ollam fortissimo aceto, et cohoperi et sigilla, et mitte eam in aliquo loco calido, et sic uno mense vel XV diebus dimitte; et tunc aperies ollam; et quod inveneris ad solem sicca. — Confectio. Si vero viride ispanicum facere volueris vel componere, tolle cupri tabulas atenuatas, et rades eas dilligenter ex utraque parte, et perfundes aceto puro calido absque melle et sale; et compone eas in ligno vel vase isto, ne acetum tangant; et cetera ut supra: et post duas septimanas respice, ac rade; sicque facias donec tibi sufficiat.

Confectio calcucecumenon. Calcucecumenon, id est flos eris, fit ex eramento mundissimo, hoc modo: prius petala lamina munda pones in cacabo mundissimo inusitato, quod scilicet non habeatur in usu, vel olla, et postea sulfur vivum sterne desuper; et postea superpone petala, et post hoc asperges sulfur, et ita fac donec impleas ipsum cacabum; et post pone ipsum cacabum cohopertum et sigillatum in fornace ultra quatuor dies, et dum refrigidaverit confringes eum, sicut de sulfure prius jusit facere. — Nota. Ita et nunc de alumine asirio (?) jubet facere, in alumine asirio composicionem sulphuris. Similiter cohoperiatur ipse cacabus, et liniatur cum argilla secundum

composicionem prioris, et coquatur per dies sex : ipse autem dum
F. 87. v. col. 1. confringitur solvet calcucecumenon ad glutem auream. — Confectio. De ere usto quomodo fiat. Eris rubei limaturam summe, super quam jacias sulfuris quantum ejus pars octava ; deinde pone in olla, quam postquam argillaveris, donec siccetur dimitte ; et cum desiccata fuerit, in igne qui fit tõẽ (torrere?) per diem unam et noctem pone, et postea aperi, et invenies es ustum bonum. — Nota. Quomodo fit flos eris : summe calcucecumenon, salis armoniaci, aluminis iameni ; omnium trium partes equales ; tere hec omnia, et pone in aceto fortissimo, et fiet flos eris in die una. — Confectio. De eodem dicitur alibi deiarin quomodo debeas facere : tolles laminas eramenti, et abrade bene, et suspende super acetum, et colectiones quas facit coliges, et rades ; sed vas cohoperiatur cohopertorio ; et pone in calido loco, scilicet fimo. — Nota. Hab verdure de Babilonie per x. b. p. de semare v. de alcus e. 2. de nesedar, e met tut ensemble, et metes desus 4 once de vin adigne, et faices bulir une hore del çur, et post le metes jus, e quant vos vudres laborer une nostre labur sera veyt e bel. Exponitur : tolle decem oncias pondus viride eris, et quinque pondus de alcus, id est es ustum, et oncias duo pondus salis armoniaci, et pone insimul, et pone in aliquo vase, et pone intus quatuor oncias de aceto fortissimo, et facias bulire una hora diei ; et depone ab igne, et sine refrigerare ; et cum volueris, operare de eo ; eritque multum viride et optimum. — Distemperacio viridis. Cum dictum sit de confectione viridis eris, nunc de distemperacione tractemus. Si ergo volueris distemperare viride, eramineum tere cum aceto vel vino, et repone in vase eneo, quod habeat cohoperculum, et apone acetum vel vinum et aliquantulum croci orientalis, et dimitte
Col. 2. donec viride brunum videatur. — Nota. Cum ergo volueris operare, octo diebus antea prefatum viride conficere debes, quia quanto plus acetum illud vel vinum in vase predicto steterit, tanto majoris efficacie erit. Tunc alium viridem accipe, et cum aceto predicto tere, et cum parvo gommato, et usui serva in cuculla enea, cum aliquanto croco. — Distemperacio alia. Color viridis cum aceto vel vino in bus-

sulla enea distemperetur; postea pulvis viridis coloris inde distemperetur, ipso bene molito super lapidem; et super ignem in vase eneo ter buliat, et ter ab igne trahatur; et in cornu eneo reservetur, vel in cera munda et pura. Viridem ramineum ita tempera : cum aqua et uno flore croci et parum gummi arabici, molle supra petram fortiter; postea pone in vase eneo, et adjunge parum aque, ita ut bene cohoperiatur; et mitte ad solem, et agita cum ligno bis vel ter in die vel nocte, et dimitte ad serenum per unam noctem et diem, et post hoc prohice aquam que supernatat; inde accipe (?) in vase eneo, et dimitte per quatuor horas ad solem; et postea accipe de alio viridi, et tere cum predicta aqua, et operare. — Distemperacio alia. Aliter fac bulire gummi cum vino vel aceto, et cum eodem teratur pulvis viridis in lapide, et ad auram ponatur, et sic stet ibi per duos dies vel tres, et adhibe sucum rute vel foliorum sambuci vel caulium, vel gladiolli seu morelle, que est melior omnium succorum, vel alterius herbe viridissime; et cum liquore sic temperetur; et adhibe aliquantulum viridis pulveris, ut suci ejus desiccentur. — Distemperacio alia. Aliter viride es molle sicut nosti cum suco rute et aceto optimo; et cum scribere volueris, accipe gummi arabicum, et pone in suco rute et aceto; et distempera cum hoc, et semper recens fiat hoc. — Distemperacio alia. Aliter, quod melius est: accipe F. 88 r. col. 1.
gummi arabicum et pone in aceto : quo dissoluto pone viride es in vase eneo, et pone intus de hoc aceto, et misce, et permitte siccari; iterum fac et iterum donec intret acetum. Si laborare volueris, molle optime et distempera aceto predicto, et scribe. Hoc viride durat per longum tempus. — Distemperacio alia. Accipe viridem de eramine, tres partes et unam albi, et mitte intus de suco rute; et tere cum aceto viridi in marmore, et mitte ad solem et sicca, et eo sicco iterum cum predicto aceto et ruta distempera, et sicca in vase, et sic fac quantum vis. — Nota. Quia quanto plus feceris tanto melius erit, si teneres etiam in faciendo per annum unum; estat enim clarissimi coloris; potest etiam cum penello et pena trahi. Cum operari volueris, time acetum gummetur. — Nota. Eodem modo de solo viridi

potest fieri; et erit optimi coloris ad ematiçandum. — Distemperacio. Viridem colorem ad scribendum si vis temperare, vas eneum vel cupreum vel vitreum accipe, et ponatur intus viridis distemperatus cum melle et aceto equo pondere, et in sterquilino ponatur per duas septimanas; postea tollatur, et de lucido qui supernatat scribatur, et feces abiciantur. Viridem de Grecia in vase eneo pone, superfunde vinum et move cum baculo, et sic dimitte quousque viridescat; liquorem hujus viridis pone in alio vase eneo, et iterum in primo de quo liquorem extracsisti pones vinum vel acetum; quo iterum macerato et extracto, tercio pones vinum, sicque cessabis, et tunc cum illo operari poteris; tamen gummi adatur. — Distemperacio alia. Viride raminum macina supra petram cum aceto, et ad solem sicca; postea de viridi qui supernatat pone in vase et macina cum isto viridi; et habebis bonum viridem. — Distemperacio alia. Qui-
Col. 2. dam autem infundunt vinum sine aceto in vase cupreo cohoperculato, et miscent viridem cum vino, et reponunt illud in loco humido VIII diebus; postea exponunt illud ad calorem solis usque ad X horas diei, et iterum mittunt in locum suum ad terram; et sic quotidie faciunt donec ad spissitudinem perveniat, ut inde scribere valeant; et tunc recipiunt illud leviter in vase cupreo vel vitreo; et iterum infundunt vinum vel acetum super feces, et reponunt in supradicto loco, et sic faciunt per totum annum, adentes de viridi aliquantulum. — Distemperacio alia. Qui autem cicius volunt de viridi habere, mollunt illud cum vino vel aceto ut supra dictum est; et tunc cum inde scribitur ut de açuro vel vermiculo hoc fiat. — Distemperacio alia. Accipe enim vinum optimum, et pone in vase eneo et bulias, et optime dispuma; custodi illud, et inde tempera viridem colorem; pone ad tepidum solem vel ad lentum, donec spissus sit mensurate, et posito in eodem de croco et gummi. — Si de pulvere ossis combusti posueris, alterum contrahet virorem et meliorem; vel si miscueris novum cum veteri, alteram viridituram habebit; vel si color siccatus fuerit, vel nimis grossus, pone parum de aqua. — Distemperacio alia. Aliter: pone preter predicta viride in vinum, et frica satis

digito, cui adato acetum quod liquidum est, et pone ad lentum solem, vel in loco ubi possit spissari. Quando aptum fuerit ad scribendum, pone in vase vitreo vel terra vel eraminis, ubi poteris servare bene. — Nota. Si nigrior fuerit, pone aliquantulum çafarani, vel de pulvere ossis combusti. Si cicius vis illuminare, accipe de vitello ovi crudi, et misce cum eo viride vinum; et cum hoc liquore molle supra petram viride et inde distempera; et sic bonum erit.

DE NATURA VIRIDIS TERRE, ET EJUS DISTEMPERACIONE. — CAP. XVII.

Nunc de viridi terrestre tractemus : unum sciendum est, quod viride terrestre ideo sic apellatur, quia in terra nascitur, et de monte F. 88 v. col. 1.
Gelboe affertur; et dicitur viridis pressus; molitur enim primitus cum aqua ut omnes colores possunt fieri et coligi; et aqua ejecta, cum aqua gummata distempera.

DE NATURA ET DISTEMPERACIONE ET COGNICIONE AURIPIGMENTI. — CAP. XVIII.

Auripigmentum, quod alii arsenicum sive lempniacum vocant, est autem color croceus et de monte Gelboe affertur : hic enim mons ex una parte croceus est et ex alia viridis; et sic in eo viride et croceum reperiuntur. Cujus species sunt quatuor, citrinum, rubeum, album, viride seu nigrum; est enim vena terre ut diximus. Quod citrinum est eligatur et magis squamosum; et quod naturaliter est extrinsecus in modum auri refulgens, et assimilatur odori sulfuris, melius citrinum et pulveriçabile. Verum est optimum et sincerissimum quod ab Asia et Elesponte affertur; quod cominuitur in laminas tenues, et in minutas et laciores; et est aurei coloris limpidissimum. — Distemperacio. Auripigmentum molitur cum ingenti labore. Quod ut levius ciciusque expleatur, accipiendum est principio molendinum in quo et teritur; postea in marmore aqua molendum, et colige in cucula et sine sedere; postea prohice aquam et cum claro distempera; et ponatur intus parum vitelli ovi et de ceroto auricule; si enim nimis forte esset, adde de aqua clara. Verumtamen antequam distemperes cum claro, si non est bene purum et mundatum, per pannum cola. Potest et intus adjungi de irco croco; et melioris coloris erit. Quidam autem molliunt cum aqua gummata; postea accipiunt claram ovi, et ponunt intus de çafarano, et cum clara illa distemperant auripigmentum : et scribe ubi vis.

DE NATURA ET COGNICIONE ET DISTEMPERACIONE CROCI. — CAP. XVIIII.

Est autem alius color croceus qui sapharanum sive crocus dicitur; et de Yspania affertur. Sunt autem due maneries, ortensis et orientalis : ortensis, quia in ortis sine aliquo preparamento nascitur; orientalis, quia in partibus Orientis invenitur, sed non nascitur sine
Col. 2. preparamento; cujus naturale est, cum flores producit, in medio florum tres vel IIII^or flores producere. Qui omnino ruffi vel subruffi sunt, eligantur; qui habent aliquid citrinitatis abiciendi sunt. Nascitur in pluribus locis, cujus flos herbe melinus est crossus, et quasi deauratus, et odorifferus, et est optimus, qui cum bona longitudine et equali mastitudine, et nimis in summo aspice, veluti albicantem florem habet; et recens, et aspectum ut lucinum perlucens, et ad tactum humidum, et ad gustum longe submordens, et salivam diu multumque inficiens : per v annos servatur in corio in vasculo stricto. Ejus distemperacio talis est : mitte illum in cacula; desuper jace claram et mundam, et sine donec clara efficiatur bene glauca; et si nimis fortis esset, adhibe aquam. Melior modus est ut ipsum distemperes cum clara : postea sicca, et tere in marmore; et sic inde optimum colorem habebis.

DE NATURA ET DISTEMPERACIONE ET COGNICIONE OCREE. — CAP. XX.

Invenitur et alius croceus color qui ocrium dicitur : invenitur enim in partibus clavenne (?) et in multis locis; est enim genus terre; sed illud quod a Turonensi urbe affertur preciosius est ceteris; maxime operatur ab illis qui maleant aurum et argentum. — Distemperacio. Distemperatur enim sic : teritur cum aqua; et ea ejecta, cum aqua gummata distemperatur. — Confectio. Fel acrius magni pissis rupto foliculo super lapidem in quo colores teruntur, effundatur; et gutta veteris aceti admisceatur; deinde candidum crete parum apponatur, et simul ponatur : mox erit color ocrio similis auripigmento.

DE CONFECTIONE QUORUNDAM COLORUM. — CAP. XXI.

Sucus bacharum ebuli diligenter colligatur, et siccetur ad solem, et de eo qui remanserit fiant pastilli, et cum pauco aceto et vino, et sic utantur. — Color. Pictores cum volunt salvaticum colorem immittari, accipiunt violas aridas, et in vase cum aqua ad ignem ponunt, F. 89 r. col. 1.
et buliunt, et cum bene cocte fuerint, per pannum exprimuntur, et in mortario cum calce vel creta cribellata conteruntur, et fit salvaticus color. — Color. Colige in estate lividos flores, et tritos exprime in vase nitidissimo ; deinde pone super album de plumbo bis vel ter, ita ut prius exsicetur id quod prius ponis quam supra mittas aliud : et istud valet in pingendo in pergameno : et reddit bonum colorem.

COLORUM VERSUS.

Flores in varios qui vult mutare colores
Causa scribendi quos libri pagina poscit,
Est opus ut segetes in summo mane pererret.
Et tunc diversos flores ortuque recentes
Inveniet; properetque sibi decerpere eosdem.
Cumque domi fuerit, caveat ne ponat in unum
Illos; sed faciat quod talis res sibi querit.
Cum super equalem petram contriverit ipsos,
Flores in cottum pariter tunc conjunge gipsum.
Hic quoque siccatos poterit servare colores.
Ex quibus in viridem si vult mutare colorem,
Calcem commisceat cum floribus, inde virebit.

DE CONFECTIONE CLARI OVI. — CAP. XXII.

Clarum ovi sic fit : vinum enim clarum fit ex albumine ovi, sic : extrahe albumen in vase nitido; postea cum spongia tamdiu preme et frica et imbibendo et premendo, ut demum aqua clara videatur; si autem spongiam habere non posses, de lacte fici in albumine impone et frica, donec efficiatur ut aqua. Si volueris ut musce non aproximent ad eam, pone intus de mirra.

DE NATURA GUMI ARABICI ET COGNICIONE ET DISTEMPERACIONE. — CAP. XXIII.

Gumi arabicum simile est draganto. Gummi arabicum dicitur, quia in Arabia reperitur; cujus triplex est differencia : album scilicet quod melius est, et citrinum et subruffum, quantum clarum est eligatur; virtutem habet humectandi et liniendi : probatur bonitas illius in ore; si enim super linguam decolatur, bona est. Quomodo autem de ista possit fieri aqua gummata, videamus : accipe gummi et pone
Col. 2. in vase vitreo, in quo sit aqua quantum sufficit; et sic dimitte usque quo de gumma nichil appareat. Cum volueris operari, proba : si tenet se in fricando cum digito bene, bona est; sin autem, junge de gumma ut sufficiat; si nimis forte esset junge de clara aqua. In estate vero mitte intus mirram et incensum ne musce comedant. Aliter : Fac bulire gummi arabicum in aqua calida, et adhibe parum pergameni vitelli ovi, et cum eo distemperetur; et istud est bonum ad omnes colorum mixturas, et ad açurum.

DE CONFECTIONE ACETI ET COGNICIONE. — CAP. XXIIII.

Acetum sic potest fieri. Vinum in vase ponatur, ita quod sit semiplenum et discohopertum; et ita potest fieri. Si vis cicius facere, calibem calefacias vel lapidem, et pone in vino, ore vasis aperto; vel vas ponatur ad solem per duos vel tres dies; vel ponantur intus grana ordei combusta, vel crusta panis ordeacei. Si autem porrum imponeretur, de aceto vinum efficeretur. Si autem de alumine rocie intus mittatur, melius erit ad istud opus. Bonitas illius sic probatur : prohice de eo in terra; si bulierit, bonum erit.

DE CONFECTIONE COLLARUM ET GLUTINE PERGAMENI. — CAP. XXV.

Cornua cervi minutatim confracta maleo ferreo mittantur in olla nova donec sit dimidia, et impleatur aqua, sicque igni aponatur; et buliat donec digiti intincti sibi cohereant; deinde gluten infundatur in vas mundum, et servetur, et iterum aqua infundatur, et coquatur

ut prius. — Colla. Vesica pissis qui vocatur uso lavetur tepida aqua ter, deinde incidatur particulatim ac mittatur in ollam parvam rudem cum frigida aqua, ut molescat; in crastinum coquatur super carbones, ut buliat, donec probetur si digitus cohereat.—Colla. Colla que invenitur intus vesicam sturionis accipe, et fac inde rotullas, et sine siccare; cum volueris operari, aceto distempera. — Colla. Pergamenum vitulinum spissum incidatur et lavetur, et coquatur quousque sufficiat. — Colla. Felem quoque anguile diligenter concisum et lotum, coquatur quousque inhereat. Ossa capitis pissis qui dicitur F. 89 v. col. 1.
lupus diligenter lota cum calida aqua in ollam novam coquatur; et optimum gluten faciunt. — Colla. Accipe ossa pissis luçi vel alterius pissis masculi, et sicca; postea tere cum maleo; et pone in olla nova cum tanta aqua que sufficiat, et fac bulire donec ossa liquefiant, et temptandum si digitis inhereat; sin autem, coquatur donec sic contingat, et coletur; et repone; donec sit coagulata, repone ad ventum.

DE SAPONE FACIENDO. — CAP. XXVI.

Accipe mensuram oley communis, et duos quartos capitelli, et in aliquo vase lento igne dimitte bulire, donec veniat ad spissitudinem; quod probabis ponendo guttam unam super marmore; si se tenuerit, bonum est; et iterum melius potest sciri in sapore lingue, quod aperte det saporem acutum, et sic facias de tercio, tantumdem ponendo, sed minus habet acutum saporem, et sic de secundo et primo, et ecce sapo saracenicus. Capitellum sic fit : accipe duas mensuras cineris, et terciam calcis vive, et pone in aliquo vase perforato, et supra pone aque II cum altera secundum quantitatem vasis; illud vas suspende; prima aqua que exinde exierit, erit primum capitellum, quod est fortissimum; postea alia aqua erit secundum minus forte primo, et sic per quatuor vices.—Nota. Sapo judaicus sic fit, sive galicus aut sparentus : accipe arietini sepi colati II libras, et libram primi capitelli, et misce; et lento igne facias bulire, semper agittando cum spatula, donec se tenuerit, ut supra dictum est : possent et aponi cineres lupinorum vel fabe vel lentissi seu ciceris.

DE MIXTURA COLORUM. — CAP. XXVII.

Videamus nunc quomodo fiant mixture colorum, et quomodo ipsi colores miscentur. Mixture autem sic fiunt : mitte braxiletum de urina cum açuro, et fac purpuram. — Purpura. Açurum misce cum albo plumbi. —Vermiculum. Vermiculum purum incide in
Col. 2. bruno vel sanguine draconis, matiça de auripigmento. — Rosa. Vermiculum misces cum albo plumbi et facies rosam; incide de vermiculo, matiça de albo plumbi. — Rosam facies de sanguine draconis, et de albo plumbi; incide de sanguine draconis, matiça de albo plumbi. — Glaucus. Misce auripigmentum cum sanguine draconis, incide de bruno, matiça de auripigmento. — Rubis. Carminium incide de bruno, matiça de rubeo minio. — Rosa. Item rosam facies de carminio et albo plumbi; incide de carminio; matiça de albo plumbi. — Glaucus. Auripigmentum misce cum vermiculo, incide de vermiculo, et matiça de auripigmento et croco. — Croceum. Si vis facere croceum viride, auripigmentum cum nigro misce, matiça de auripigmento. Si vis facere similem, misce açurum cum albo plumbi; incide de açuro, matiça de albo; et quando siccum fuerit, cohoperies de cloro croco. — Nigrum. Viride grecum distempera cum vino, incide de nigro, matiça de albo quod fit de cornu cervino. Item viride misce cum albo plumbi, incide de viridi cum succo, matiça de albo plumbi. — Granetam incide de viridi, matiça de albo plumbi. — Açurum. Indicum incide de nigro, matiça de açuro. — Açurum. Item misce indicum cum albo, incide de açuro, matiça de albo plumbi. — Nigrum. Brunum incide de nigro, matiça de rubeo minio. — Rosa. Rosam facies de minio et albo plumbi; incide de bruno, matiça de albo plumbi. — Crocus. Crocum incide de vermiculo, matiça de albo plumbi. — Crocus. Item misce crocum cum albo plumbi; incide de croco, matiça de albo plumbi. — Rubeum misce cum auripigmento, brunum cum nigro. — Minium rubeum incide de nigro vel de bruno, matiça de albo plumbi. — Incarnatura. Facias incarnaturam de rubeo plumbo et albo; incide de vermiculo,

matiça de albo plumbi.—Purpureus. Açurum misce cum folio, et habebis purpureum colorem ignotum et optimum.—Brunum violatum fit de açuro, et vermiculo et albo.—Ad capillos. Brunum ad capillos ex nigro et cinaprio.— Incarnatura. Item incarnatura ex multo albo et pauco cinaprio, et ocria.— Glaucus. Glaucus ex ocria et paucho albo et parum sapharani.—Viridis glaucus. Viridis glaucus est ex endego bagadeo et auripigmento, et distemperatur claro, et quanto insimul steterit, tanto melior efficitur.—Auricella. Auricellam fac açuro et albo et braxile; de açuro vel braxile incide, matiça de albo.—Color. Color ex ocria et albo.—Item, in amatiçatura rose ponitur lacha cum vermiculo. — Indicum et cinaprium misce, et braxile et album. —Bissius fit ex açuro et albo. — Blavetum. Mitte album et açurum; fac blavetum; incide cum açuro vel sanguineo; matiça de albo plumbi.—Viridis. Mitte auripigmentum et indicum vel açurum; fac viride glaucum; incide de indico temperato cum aceto vel açuro, ut magis sit viridis; matiça de auripigmento. —Blavum. Mitte indicum et album et sanguineum; fac blavum; incide cum sanguineo, matiça de asto (*leg.* albo?).—Rosa. Mitte album et sanguineum, fac rosam; incide cum sanguineo; matiça de albo. —Capillatura. Mitte cinaprium et nigrum; fac capillaturam; incide cum sanguineo, vel de lacha cum vermiculo distemperata; maticetur de albo.—Incarnatura. Mitte album et paucum croci, et cinaprium, et fac incarnaturam; incide cum cinaprio vel viridi terre, matiça cum albo plumbi.—Viride clarum. Mitte viride cupri et album, fac viride clarum; incide cum viridi puro, facto cum suco, matiça de albo; et si vis ipsum viridem imbrunire, apone aliquantulum nigri vel enclaustri.—Viride clarum. Item mitte viridem terre et album; fac viride clarum, incide terre parum, matiça de albo.—Glaucum. Mitte auripigmentum, incide cum indico vel croco vel cinaprio, et ematicetur de auripigmento.—Rosa. Mitte quintam partem ossis combusti bovis vel alterius bestie, et quartam cinaprii, et habebis bonum colorem.—Album. Ubi mittis album, fere cum omnibus coloribus potest incidi.—Açurum. Ubi açurum, potest incidi cum sanguineo

F. 90 r. col. 1. … Col. 2.

forti tincto de lacca. — Ocria. Ubi ocria, cum cinaprio. — Auripigmentum. Tabulum de ossibus potest misceri cum auripigmento; que mixtura de alio albo fieri non potest. — Contraria. Que sunt sibi ipsis contraria audire desiderans, audi : auripigmentum non concordat cum folio, nec cum viridi, nec rubeo plumbi, nec cum albo. Item : viridis non concordat cum folio, nec album vel rubeum plumbi. Item : campum aureum non concordat cum auripigmento. — Nota. Notandum est quod omnes iste mixture colorum distemperantur de claro et gummato et aqua ut buxillum. — Nota. Præterea auripigmentum quando miscetur cum indico, et tunc cum clara, et preter viridem cum suis mixturis quia cum aceto distemperatur, viridem dico eraminis.

DE MODO IMPONENDI COLORES IN YMAGINIBUS ET FLORIBUS ET TRACTIBUS ET VITEIS. — CAP. XXVIII.

In nomine Patris et Filii et Spiritus sancti, amen. Cumque cartam tuam cum plumbino ut libuerit et sesto et rigula designasti, et cum cinaprio extracsisti, et cum dente vel ematite, posita assidella carte linisti, et cum mica panis albi superfluitates plumbini abisti, et in ea
F. 90 v. col. 1. secundum quod designasti, pingere ac colorare volueris, delectat, sic incipe. Incipiamus igitur ad pingendum humanam creaturam que est dignior aliarum rerum et creaturarum; sed quia capud est suprema pars tocius corporis, merito a capite incipiamus. — Membrana. Primo accipe colorem qui membrana vocatur, de quo facies et corpora nuda pingentur; fit enim ex cerusa non trita combusta ut sit rubea, cum albo plumbi insimul molitis et tritis aqua; et adatur parum cinaprii, donec carni similis sit, cujus mixtura in tuo arbitrio fiat, ut si rubeas facies habere vult, addat plus cinaprii, si candidas, plus albi. — Præxinus. Si autem palidas, pro cinabrio ponatur parum præxini : qui præxinus est color viridis et niger; ejus natura est quia non teritur, sed missus in aqua resolvitur, et collatur per pannum. Usus ejus pro viridi in muro satis utilis habetur : ex isto enim colore omnia membra nuda et facies pingantur; deinde accipe de predicta membrana et misce cum

præxino et rubeo quod ex ocria fit que comburitur, id est brunum et modicum cinaprii, et fit inde color qui dicitur posci.— Posci. De illo enim colore designabis supercilia et oculos, et nares, os, mentum, circha nares, tibias, ruge in fronte et in collo, et rotunditas faciei, et articuli manuum et pedum, et omnia membra in nudo corpore, et barbe juvenum et generationes eorum.—Rosa. Cum membrana misceatur modicum cinaprii et minii, fit color qui dicitur rosa: unde rubricantur ruge in fronte, et ipsa frons superius, timpia ex utraque parte, gene, nasus in longitudine, et utraque maxilla, os, mentum inferius, ruge colli, articuli manuum et pedum, et cetera membra in nudo corpore. — Lumen. Cum simplici combusta cerusa, misceatur alba cerusa bene trita; et fit color qui dicitur lumen, ex quo illuminantur ruge frontis modice, supercilia superius, nasus in longitudine et supra foramina narium; subtiles tractus ex utraque Col. 2.
parte circha oculos; timpia inferius circha aures, labium superius, mentum superius, ruge colli modice, articuli manuum et pedum in medio, et cetera membra in nudo corpore modice.—Veneda. Nigro colori misceatur modicum albi, et fit color qui dicitur veneda, ex quo impleantur pupille oculorum. Cui adatur de albo amplius, et impleantur oculi ex utraque parte; et de simplici albo liniatur inter pupillas; et ipse color lavetur cum aqua modice versus angulos oculorum.—Umbra prioris posce. Posce admisceatur amplius de præxino et rubeo, ita ut sit umbra prioris posce, et impleatur medium spacium inter oculos et supercilia et sub oculis medium et juxta nasum et inter os et mentum, et crines gravonum et barbarum adolescencium, et palmas dimidias versus policem, et pedes supra minores articulos, et facies puerorum et mulierum, a mento usque ad timpora. —Umbra prioris posce. Pose superius dicte admisceatur plus cinaprii, inde fiant subtiles tractus, super priorem rosam in fronte, in tota facie, in collo, in medio oris, ita ut anterior superius pareat, et designentur inde articuli in palmis, et ungues, et juncture omnium membrorum.—Exudra. Rubeo, id est brunum admisceatur modicum nigri, et fiat color qui dicitur exudra cum quo fiant tractus inter

os et mentum et supercilia, et circha frontem, et maxillas senum interius; et in plena facie, nasum in dextra parte et foramina narium; et in conversa facie, nasum in anteriori parte, et angulos oris in utraque parte, et circha aures et digitos manuum et pedum in circhuitu, et omnes tractus circa nuda corpora fiant de isto colore, vel solo
F. 91 r. col. 1. prun. Umbra primi luminis. Si autem facies nimis fuerit tenebrosa, et ei non sufficiat predictum lumen, adatur eidem lumini amplius de albo, et liniatur in loco prioris luminis ubi necesse fuerit. — Nota. Supercilia infantum et mulierum fient cum exudra. — Nota. Supercilia juvenum cum simplici nigro, ita ut superius aliquantulum rubei appareat. — Nota. Supercilia senum vel decrepitum fiant de veneda. — Capilacio. Cum ocrea et modico nigri impleantur capilli infantum, et cum nigro simplici discernantur. — Capilacio. Adde amplius nigri cum ocrea, et impleantur capilli adolescentum et mulierum, et cum nigro discernantur, et cum primo illuminetur. — Capillacio. Misceatur ocrea rubeum et nigrum : et impleantur capilli juvenum nigro, et discernantur, et illuminentur cum secundo. — Barbe. Barbe autem eorum impleantur commixtis rubeo præxino cenaprio vel modica rosa, et ex capillorum implecione discernantur, eorum illuminacione illuminentur. — Capillacio. Misceatur cum cerusa modicum nigri, et impleantur capilli et barbe senum; adde amplius nigri, et modicum rubei, et discerne, et simplici albo illuminetur. — Barba cani. Misceatur rursus minus de nigro cum cerusa, et impleantur capilli et barbe decrepitum et discerne cum implecione senum; et simplici albo illuminentur. — Nigros. Si nigros capillos facere delectat, commisceatur cum exudra plus rubei, et impleatur cum nigro, et discernatur, et simplici rubeo illuminetur. — Vestimentum. Menisch misceatur cum folio purpureo vel cum nigro et modico rubeo, et imple vestimentum; tractus fiant cum exudra ; exterior umbra fiat adito plus nigri; deinde misceatur açurum modico menisch vel cum folio vel cum implecione; et fiat primum lumen, et cum puro açuro secundum lumen. — Vestimentum. Misceatur brunum cum modico nigri, et imple vestimentum;

adde plus de nigro, et fiant tractus; exterior umbra cum nigro solo;
et illumina cum açuro, vel viridi, vel cinaprio minio mixto, vel in- Col. 2.
dico, vel ocrea nigro mixta, vel sinopida açuro mixta. — Vestimentum. Misceatur viride cum suco, et adatur parum ocree, et imple
vestimentum; addatur plus de suco et fiant tractus; addatur modicum nigri, et fiat exterior umbra; addatur cum implecione plus
viridis sine suco, et illumina primo; addatur plus viridis, parum
albi : illumina secundo. — Vestimenta. Misceatur modicum cinaprii cum auripigmento vel ocrea, albo mixto, et illumina primo
cum simplici auripigmento vel ocrea; illumina secundo, albo satis
mixto. — Vestimenta. Misceatur auripigmentum vel ocrea bleic
cum indico et menisch vel suco sambuci, et imple vestimentum;
adde plus de aliquo eorum, et fiant tractus; adde parum nigri et
fiat exterior umbra; adde cum implecione plus auripigmenti vel
ocree bleic, albo satis mixto; illumina secundo. — Vestimenta. Misceatur menisch cum folio, et imple vestimentum; adde plus folii,
et fiant tractus; adde parum nigri, et fiat exterior umbra; sine simplici menisc illumina primum; adde parum albi, et illumina secundo. — Vestimenta. Misceatur ocrea modico nigro, et imple vestimentum; adde plus nigri et fiant tractus; adde plus nigri et fiat
exterior umbra; adde cum implecione plus ocree et illumina primum; adde album et illumina secundo : cum ocrea et rubeo fiat
simile. — Vestimenta. Misce album et viride, imple vestimentum;
cum simplici viridi fiant tractus; adde sucum et fiat exterior umbra;
adde cum implecione plus albi, et illumina primo; cum simplici
albo illumina secundo. — Vestimenta. Bisat imple vestimentum,
misce açurum et sinopel vel sanguineum, et fiant tractus, et cum
folio purpureo fiant tractus; adde brunum et fiat exterior umbra;
adde cum implecione plus albi, et illumina primo; cum simplici albo
illumina secundo. — Vestimenta. Minio imple vestimentum, cum
cinaprio fac tracta, cum exudra exterior umbra; adde cum minio
parum albi; illumina primo; adde plus albi; illumina secundo. F. 91 v. col. 1.
— Vestimenta. Misceatur viridi parum de albo, et imple vestimen-

tum; adde plus de viridi et suco, et fiant tractus; misceatur sinopel et brunum, et fiat exterior umbra; adde cum implecione plus albi, illumina primo; cum simplici albo illumina secundo. — Vestimenta. Ocrea imple vestimentum, adde parum bruni, et fiant tractus; adde modicum nigri, fiat exterior umbra; adde plus albi, et illumina primo; adde plus albi, et illumina secundo. — Vestimenta. Misce brunum et album, imple vestimentum; adde plus bruni et fiant tractus, cum exudra fiat exterior umbra; adde plus albi, illumina primo; adde plus albi, illumina secundo. — Vestimentum. Açuro imple vestimentum, adde parum nigri, et fiant tractus; adde plus nigri, exterior umbra; cum biset illumina primo; adde plus albi, illumina secundo. Cum sinopel et veridi et folio idem fiat. — Vestimenta. Biset imple vestimentum, tracta fiant cum açuro. — Vestimentum. Purpura pingatur cum cinaprio et defloretur albo. — Purpura. Minio plus mixto cinaprio albo mixto imple vestimentum; et tracta fiant cum cinaprio puro. — Purpura pingatur cum exudra, defloretur cum albo vel auripigmento. — Vestimenta. Cinaprio albo mixto imple vestimentum, tracta fiant puro cinaprio : purpura pingatur cum indico et defloretur albo. — Vestimentum. Viridi albo mixto imple vestimentum ; tracta fiant puro viridi ; purpura pingatur cum exudra, defloretur albo. — Vestimenta. Sinopel albo mixta imple vestimentum; tracta fiant puro sinopel; purpura pingitur cum viridi modico albo mixto, defloretur cum cinaprio. — Vestimentum. Folio purpureo vel sinopel mixto modico açuro imple vestimentum; tracta fiant cum eodem admixto modico nigro ; purpura pingatur cum bisat, defloretur cum auripigmento vel ocrea mixta cum albo.
Col. 2. — Vestimenta. Auripigmentum vel ocrea mixta albo imple vestimenta; tracta fiant cum indico; purpura pingatur cum exudra, defloretur cum cinaprio. — Vestimentum. Albo simplici imple vestimenta; tracta fiant cum ocrea tantum, vel açuro vel viridi vel sinopel tantum; purpura pingatur cum exudra, defloretur cum cinaprio. — In hunc quidem modum fiunt diverse picture ad placitum artificis secundum diversitates colorum quas hic memoravimus, et qui isto

libro memorati sunt, cum mixturis eorum et incisionibus et ematiçaturis. — Cani capilli. Possent etiam fieri cani pili ut si inducas album, et obumbretur flavo laçuro, et postea nativo, et illumina albo. Potest simili modo fieri in veridi colore. — Nigri capilli. Item ad nigros capillos, tolle nigrum et brunum quod vulgo dicitur sudre, vel purpureum, et super inducto, et obumbra nigro vel nigriore sudra, et illumina açuro vel ocrea. — Lucidiores capilli. Si volueris lucidiores capillos facere, tolles sudram, addesque modicum ocree; quo superinducto, obumbra purpura, et illumina flavo ocrea. — Alios capillos. Aliis quidem capillis inducto flavum quod dicitur fiunt (?), et obumbra nativo, et illumina açuro. — Alia incarnatura. Si vis aliam incarnaturam facere, summe album colorem et parum ocree et de ruffo, et superinducto, postea comisce ocream et viridem colorem, et umbrabis ipsa corpora; deinde cinaprio et albo colore mixto fac rubentes facies, et nativo albo illumina, necnon purpureo colore discrimina, deinde nigro. — Vestibus interioribus. Vestibus interioribus, ut sunt camisie, induc album, et obumbra flavo açuro, deinde nativo; similiter facies de omnibus coloribus. — Vestibus exterioribus. Exterioribus paliis induc brunum, et obumbra sudra, et illumina cinaprio. — Viridibus. Viridibus induc nativum viridem, et obumbra viridi mixto cum nigro, vel suco herbarum mixto, et illumina flavo, vel induc prius flavum, viride obumbra, puro illumina albo. — Croceis. Croceis induc nativam ocream, et nativo cinaprio obumbra, et illumina flavo ocrea. Idem potest fieri cum auripigmento. — Vestimenta nigra. Nigris vestibus induc sudra, et obumbra nigriori sudra, et illumina açuro ocree sive fusch mixto; obumbretur cinaprio. — Vestimenta lucida. Ad lucida vestimenta summe cinaprium flavum, et induc et obumbra nativo dictum brunum, et illumina cinaprio et albo nativo. — Lucidiora vestimenta. Lucidioribus vestimentis induc flavum viridem, et obumbra nativo, postea suco herbarum mixto eodem colore vel flaviore, sive albo lucidiore. — Croceus. Et croceo induc flavam ocream, et obumbra nativo, postea cinabrio, et illumina flaviori sive albo. — Açurinis. Flavum

F. 92 r. col. 1.

açurum superinduc, et obumbra minus flavo, postea nativo, et illumina albo. — Turres. Rotunde turres fiunt cum ocrea, ita ut in medio sit albus tractus, ex utraque parte procedat ocrea omnino palida, et paulatim trahat ad croceum colorem, usque ad penultimum tractum; cum quo misce modicum rubri, deinde plus et iterum plus, sic tamen ut in fine simplex rubeus sit. De cinaprio idem fit, de açuro, de sinopel, de viridi, de nigro, albo mixto. — Turium muri fiunt ex ocrea et cinaprio; de ceteris autem coloribus columpne fiunt. Stipites arborum. Comisces ex viridi et ocrea simul aditis cum umbra suco et modico nigro. — Terra et montes quo colore pinguntur. Ex viridi et albo sine suco brunum, et albo et nigro et albo, ita tamen ut interius sit palidum, et exterius trahat umbras mixtas modico nigro.

De pluviali arcu.

Tractus autem qui immittatur speciem pluvialis arcus conjungitur diversis coloribus, videlicet ceno et viridi; ceno, meno et viridi, et ocrea; ceno et folio; viridi et folio; qui hoc modo componitur : fiunt tractus duo equa latitudine, ex supradictis coloribus albo mixtis, ita ut
Col. 2. tres partes sint albi, quatuor, colorum; deinde admisce plus de colore, et fiant quot colores voluerit. Verbi gracia. Si de cinabrio fuerit primus tractus, sit modicum rubeus, secundo plus, tercio plus, quarto aduc amplius, donec ad simplex cenaprium veniat; cui admisce modicum rubeum, deinde simplex rubeum; post hoc admisce rubeo nigro, ad ultimum nigro solum.

De tronis quadrangulis, tractis, et floribus.

Hoc opere troni rotundi et quadranguli et tractus circha libros, et stipites arborum et rami earum, et trabes rotunde, et columpna et sedilia, et quidquid rotundum aparere placuerit; fiunt eciam arcus super columpnas in domibus eodem opere, scilicet uno colore, ita ut interius sit album, deinde trahat umbras, et exterius sit nigrum. — Flores. Flores vero et folia sic pinguntur : primo induc flavum colorem, postea cum nativo forti tritum inferius umbrietur cum penello, et interius secundum hanc formam, relicto in superiori parte albo, postea umbrietur cum minus forti, postea cum albo vel auripigmento perfiletur. — Et hic est notandum quod ubi relinquitur canalis flavus vel aliquid in picturis vel tractibus vel foliis vel vitibus vel alibi, cum albo vel viridi pīg. (pigmento?) trahantur. Et si volueris pulcram amatiçaturam facere, cum enim album per canale traxeris cum pello penello vel auripigmento, postea cum aqua gummata vel claro asperge cum predicto penello, et siccari dimitte; eo sicco, de vivo albo vel auripigmento trahe cum penello; et melius cum penna trahitur, et subtilius imittando cum penello eam. — Penellus. Penellus fiat de pilis caude arconini; ligentur pili insimul, et extrahantur per capud unius penne et mittantur intus justa hanc formam. Hanc enim formam teneas in pingendo; primo trahat de colore flavo, postea cum penna de nigro totum opus trahatur; postea coloribus fortibus amaticetur, et umbrietur; in fine albo emacentur, et perfilentur albo vel auripigmento. Si enim opus tuum volueris colorare, aqua gummi vel clara tincta de braxilo opus jam siccum liniatur cum penello; et semel tantum per locum penellum trahatur. Si vis facere optimam investituram, misce album cum pauco indico, et de puro albo umbra, optima est, et similiter albo cum cinaprio umbrata, et lacca vel cum folio cinaprium. F. 92 v. col. 1.

DE COLORANDIS CAMPIS. — CAP. XXVIIII.

Nunc de colorandis campis tractemus. Spaciis de açuro induc solum açurum, tamen ematicetur de sanguineo si vis et piga de albo, et trahe circhum cinaprio; spaciis blavetis induc blavetum, postea deumbretur claro açuro, et incide cum forti distemperato cum braxileto, postea in angulis palii pigam de rubeo vel glauco. — Spaciis rosaciis, primo rosacium, postea obumbra de sanguineo claro et cum forti incide secundum hanc formam. — Viridibus. Primo viride clarum deumbra de magis viridi; incide cum forti mixto cum nigro parum, postea incisuras de braxileto deumbra. — Spaciis de auro,

ornetur circhum de viridi vel blavo vel blaveto, postea ematicetur. — Spaciis argenteis similiter; tamen si vis, argentum potes cohoperire de aliis coloribus; sed convenientius de sanguineo vel croco, si sanguineus. Fit inde auricella, si crocus mittatur in aureo colore, sed oportet ut sint ejusdem temperatura cum confectione argenti. — Spaciis blavis induc blavum, postea umbra cum sanguineo claro, postea incide cum forti; et hoc potest fieri de açuro et indico. — Item fac campum de folio mixto cum calce.—Item campum de lacca, mixto aliquantulo nigri, et deumbra braxillo vel nigro mixto aliquantulo lacce. — Fac campum de açuro mixto albo, et sanguineo, et obumbra sanguineo. — Item fac campum de puro auripigmento, et
Col. 2. trahe circhum cinaprio; vel de puro cinaprio tracto circhum de auripigmento vel de viridi sine suco, vel de viridi facto de auripigmento et indico, vel de minio, et incidatur cinaprio, vel blavetum; et incide cum sanguineo. — Ocream tere et permitte siccari, et cum gummi et cinaprio pone, et fac campum, et cum lacca braxili vel cinaprio vel bruno, vel braxile cum açuro umbra.

DE MODO IMPONENDI AURUM ET ARGENTUM IN CARTA.—CAP. XXX.

Vidimus superius qualiter colores conficiantur, et qualiter in cartis distemperentur, et qualiter ex eis pingatur : nunc tractemus qualiter aurum possit imponi et argentum. Modus autem imponendi aurum in cartis talis est; cum enim cartam tuam cum plumbino et sesto et rigula designasti, et cum cinaprio traxisti, et dente vel ematite cartam linisti, subtus imposita asidella, si enim in campo vel agro loco ipsius operis placuerit auro vel argento ornare, antequam alii colores imponantur, hec omnia fac : confectionem auri cum penna seu penello super locum induc, et sine siccari, ut mos ejus est; postea de eadem confectione magis claram super induc, videlicet supra primam cum penello, et donec recens fuerit, aurum de foliis extrahe de libro, cum moleta, et incidatur ut inferius dicitur, et aurum cum asta penelli sputo balneata, ut vix teporem senciat, sublevetur, et in cartis super confectionem mittatur, ipso dico inciso super

foliis aurum cum radicione in minutis frustribus, et potest poni simplum et duplum et triplum ad libitum secundum bonitatem operis, quod duplatur ita : ponuntur folia auri in libro una super aliam, et stringitur, et ita duplatur, et bene tenetur; sed melius potest fieri in libro ubi maleatur, maleo cudendo supra marmor, et ita imponatur aurum per spacia, vel alibi; et capud unius frustri sit super F. 93 r. col. 1.
aliud. Asta quidem penelli sit in summitate quasi ampla et acuta. Et sine siccare non ultra modum, quia sicut aurum est molius, ita molia requirit; quod probatur ab alia parte carte. Cum enim ab alio latere carta fuerit sicca, tunc est siccum. Tunc cum dente vel ematite lixetur : si enim in lixacione vescice in auro fierent, sic medica : rade et mitte de confeccione ut supra, et super mitte aurum vel argentum, et sine siccari, et line : cum autem linieris, cum artavo circhum superfluitates raddas, et cum palio de carta prohicias; quia aurum confectum non removebitur. — Nota. Item aspicere debes aurum ab alia parte carte tenendo contra lucem ; ubi enim quasi foramina lucis apparerent, ibi de confectione, a parte auri mittatur et aurum imponatur et lixetur, et sic fac donec carta aspirando appareat clausa communiter; et sic bonum aurum habebis. — Nota. Cavendum est etiam a pulvere, pilis, arena, a vento, a nimia siccitate aeris, quia hec omnia sunt auro contraria ; ponatur ergo in loco non nimis humido, nec calido, clauso et cohoperto, et habebis quod vis. — Nota. Amplius cum aurum super cartam imponitur, ipso imposito, cum flatu superius affla ut in confectione intret, et ut lux non noceat tibi utrum bene posuisti nec ne. — Nota. Amplius sciendum est quod ante omnes colores debet imponi, ut cum aliis coloribus ab extremitatibus aurum vel argentum poliatur. — Nota. Amplius, si volueris, digitum tuum in palio involvas, et plane supra cartam tange aurum, ut melius in confectione intret, et hoc antequam siccetur. — Nota. Amplius, si carta viciatur propter fortitudinem colorum vel confectionis auri, sic medica : aceto carta viciata supra ponatur, non a parte Col. 2.
auri et colorum, et sine revenire; postea cum brochiis extende in pulcro loco et sine siccare; tamen hoc fiat expleto opere tuo. —

Nota. Omnia autem que diximus de auro, et de argento inteligantur. — Aurum et argentum et auricalcum vero contritum aliter imponitur; et in sequenti, Deo anuente, in suomet tractatu qualiter conteratur et mittatur dicemus.

DE CONFECTIONE PETULE AURI ET ARGENTI. — CAP. XXXI.

Videamus ergo qualiter petula auri et argenti conficiatur. Tolle pergamenam grecam que fit ex lana ligni, et fricabis eam ex utraque parte cum rubeo colore qui componitur ex ocrea minutissime trita et sicca, et polies eam dente castorei vel ursi vel apri diligentissime, donec sicut lucida fiat, et idem color ipsa fricacione adhereat: deinde incide forpice ipsam pergamenam per partes quadras, ad latitudinem quatuor digitorum, equaliter latas et longas, et post modum facies eamdem mensuram ex pergameno vituli, quasi marsupium, et fortiter consues, et ut multas partes rubricate pergamene possis imponere; quo facto, tolle aurum purum, et fac illud attenuari maleo super incudem equalem dilligentissime, ita ut nulla sit in eo fractura, et incide illud per quadras ad mensuram digittorum duorum; deinde mitte in illud marsupium unam partem rubricate pergamene, et super eam unam partem auri, in medio sitque pergamena, et rursus aurum, atque ita facies donec impleatur marsupium; et aurum vel argentum semper sit in medio commixto; deinde habeas maleum fuxile ex auricalco, juxta manubrium gracile, et in plana latum, unde percucies ipsum marsupium super lapidem magnum et equalem,
F. 93 v. col. 1. graviter sed moderate; et cum sepius inspexeris, considerabis ipsum aurum omnino facere tenue vel mediocriter spissum; si autem super excreverit aurum in atenuando et marsupium excesserit, precide illud forpice parvulo et levi, tantummodo ad hoc opus facto. Hec autem est racio auree petule; si autem placuerit eam in carta imponere, has confectiones que infra leguntur atende.

DE CONFECTIONE AD AURUM ET ARGENTUM IMPONENDUM. — CAP. XXXII.

Accipe gipsum et ocream equali pondere; insimul terantur, et

cum colla sturionis vel alia colla distempera; postea impone cartis, et dimittatur ut siccetur; ipso sicco poliri debet cultello peroptime acuto, et postea aurum vel argentum desuper ponatur cum aqua et aliquantulum clare, et cum dente vel ematite line. — Confectio. Ocrea cum tercia parte gipsi distemperata cum aqua et aliquantulum clari ovi et aqua gummata, bona est. — Confectio. Colla pissis distemperata cum aceto et gummi arabico et aqua, valde bona est. — Confectio. Idem potest fieri in gipso, sed ad ultimum, eo sicco et polito aqua cum claro et croco super trahatur. — Confectio. Fac gluten pergameni in vase nitido de vino vel aqua cum cartis; postea habeas album optimum et subtile, et tere in lapide cum predicto glutine; postea in coclea coligatur, et cum predicto glutine distemperetur; et cum penello trahe super cartam, et sicca, et rade, et sic facias per quatuor vices, si vis, siccando et radendo et dente liniendo, ad ultimum de claro de unda; et impone aurum duplum: hec enim confectio magis facit opus elevatum. — Confectio. Item accipe ocream sufficienter et albuminis lache, et tere in lapide cum aqua vel vino, et mitte de croco et aliquantulum vitelli ovi, et sicca: eo sicco, mitte in cornu eraminis, et distempera cum clara partibus duabus, aqua gummi parte Col. 2.
una, aqua frigida, quantum est media aqua gummi, et utere. — Confectio. Potest et aurum et argentum imponi super cartis glutine solo. — Confectio. Item ocrea cinaprium vel minium teratur, et distemperetur aquis istis. — Confectio. Potest etiam imponi aurum super ocream distemperatam cum aqua gummi. — Confectio. Si volueris facere aurum stellatum, liga paniculum duplum vel triplum, ligneo stilo ebetatum, ita ut aurum ledi non possit, et involve in quercino carbone trito, ut carbonis nichil remaneat in paniculo predicto, tamen aliquantulum cummaculetur, et sic super aurum bene politum vel rotando rotundetur, vel rotundando premes. — Si volueris facere diadema aureum in campo aureo dissimilem, antequam pingatur ymago, recipe frustrulum pellis corduvani ad modum diadematis, et partem illam pones ad aurum que corni juncta fuit, et pones cum stilo per medium illum, ita ut fixum sit in fronte ymaginis, et pone

policem desuper ita ut aurum non tangat, et sic volve policem rotando premes in circhuitu diadematis, et color auri imitabitur. — Item si volueris crucem facere in diademate auri, fac stilum ligneum et ebetatum ita ut non sit nimis durus nec nimis lenis, et cum stilo predicto trahe; trahes moderate, ita ut aurum non confringatur; et, hoc facto, aurum trium colorum habebis.

DE AURO ET ARGENTO IN LIBRIS IMPONENDO. — CAP. XXXIII.

De confectionibus istis tractavimus tam in auro quam in argento : nunc de auro contrito in libris imponendo seu argento vel auricalco tractemus. — Confectio. Primitus ergo sentenciam illius peritissimi Jerosolimitani magistri in medium deducamus : accipe ergo vas te-
F. 94 r. col. 1. reum, et pone in igne, donec totum ardens videatur. Item pone aliud vas de terra, et pone argentum vivum in eo, et disterpe aurum, et pone in vivo argento; deinde pariter misce cum digito, et cum videris vas quod super ignem est, rubeum, extrahe; prohice in eo mixturam illam; postea super ignem repone, movens pariter utrumque cum ligno; deinde extrahe et prohice in vase quod dimidium sit aque, sic ut aurum versa ejectione cadat in aqua; deinde pone vas super ignem quod de igne antequam ejecisses aurum extracsisti, et de vase aquam eice, et versa aurum in palma tua, et pariter misce cum digito tuo; postea versa in vas quod super ignem est, et sulphur simul tritum; deinde cohoperi testâ, et quamdiu videris fumum sulphuris exeuntem, dimitte super ignem; sed cum sic excoctum fuerit, et aurum appareat rubeum, et fumus sulphuris evanescat, versa in vase sicco, esuflans ex eo cineres, et tunc pone super lapidem, et in modum coloris mole, et lavabis bene; postea distemperetur cum gummi arabico, vel cum clara. — Confectio. Aliter lima cum lima subtilissima, et trita illud in mortario auricalchi et pistello eodem, postea mole ipsum inter duos lapides purfuriticos, et distemperetur cum clara recenti vel gummi arabico, et, cum siccum fuerit, debet poliri; tolle lac fici vel armoniaci, et scribe qualescumque litteras vis sive minutas sive grossas, et permitte siccari; postea cum flatu calefac

et apone aurum, et cum carta alba premes. — Nota. Eodem modo potest fieri de auricalco; et cum tritum et pulveriçatum fuerit, lavetur; deinde ponatur super prunas ardentes in vase eneo, movendo sepius, postea cum claro vel gummi distemperetur. — Confectio. Accipe aurum de foliis et sulfur crudum, et pone super petram, et contere et mitte simul in igne in aliquo vasculo de terra, quousque fortiter calefiat; et iterum pone super petram, et tere fortiter, et iterum calefac vasculum, in eum pulverem, usque dum pulvis purgetur; et iterum tere in petram cum aqua, postea mitte in auricula pisses, et bene ablue, et postea claro ovi vel gummi quod sufficit. — Confectio. Vel accipe quodcumque aurum habeas et argentum vivum, et in eum fortiter digitis imprime quousque molescat, postea accipe corium, in quo simul liga totum, et constringe ut argentum exeat, et postea accipe vasculum de terra, et sic cetera, ut supra dictum est. — Confectio. Potes et scribere, si vis, de pulvere auri cum glutine pergameni, et lima ematite, sed in calido loco fac. — Confectio. Aurum lima tenuiter cum lima subtili, et mitte in bacinar vel vitreo vase cum aqua, et dimitte consumere; consumpto, extrahe aquam ut nichil remaneat; postea fac crusiculum ad similitudinem cupe cum cohoperculo, et mitte intus limaturam auri cum aliquantulo sulphuris super carbones vivos, et ita maneat a mane usque ad medium diem et plus, et sine refrigescere; refrigerato, tere ut cinaprium; postea gummi et claro equaliter distempera, et cum penello vel penna impone, et cum dente lupino splendifica. Idem dico de auricalco. — Confectio. Conflans plumbum frequenter, et extingue in aqua frigida, et tunc confla aurum, et extingue in predicta aqua de plumbo, et erit frangibile; deinde terre diligenter salem cum vino; argentum ipsum autem fetet, quod cum siscis, purga id dilligenter, et misce gummi liquidum, et scribe, cannam vel pennam unge alumine liquido. — Confectio. Sanguine draconis indici intinge aurum, et pone in eneo vase, et circhumda deforis carbonibus, et statim solvitur in tanto liquido, ut ex eo scribere possis. — Confectio. Item summe stagnum et digitis confrica, et cum tibi nigrescere

Col. 2.

F. 94 v. col. 1. ceperit, confrica ex eis aurum, donec asumat eamdem nigredinem, et tunc confla: postquam refrigescerit, tere, et fac ut nosti. Cum autem scripseris, si vis ut luceat, coclea matina vel dente aprino frica literas. — Confectio. Vesica essocis moliri debet in aqua donec inter manus valeat epinsari, et inde cerotum fiat; tunc in olla ponatur in limpidissima aqua, et ponatur ad focum caute ut non buliat, sed tantummodo teporem habeat usque dum liquefiat ceu aqua; et tunc coletur per nitidum et subtilem pannum, et ponatur in locum ventosum, et sic coagula ut, si digitum superponas, viscus ad impressionem resistat. Item demum igitur liquefiat, et superponatur aurum et argentum de foliis, vel aurum contritum de eo distemperetur. Si autem viscus crasescit, admisceatur parum aque; si vero viscus tam molis est ut nequeat digiti impressionem substinere, coquatur ad ignem: nam facile potest hic viscus mollis et fortis fieri; et operetur in calida stupa. — Confectio. Si vis facere literas omnium metallorum, accipe quodcumque metallum volueris, et lima : postea accipe gummam prunariam, et distempera aceto, et dimitte per diem et noctem; et postea extrahe foras et mitte eam in aquam claram aliqualiter tepidam, et ibi dimitte per diem et noctem. Postea gummam predictam cum limatura tere supra petram, et distemperando semper cum aqua distemperatur pulvis ille tantum ut bene possis scribere. — Nota. Si non habes gummi, accipe armoniacum et distempera cum aqua calida, in qua armoniacum dimitte per medium diem; postea distempera, ut dictum est, utrumque, facque literas quas volueris; quas siccatas polies cum dente vel ematite. — Confectio. Ubi cum auro scribere delectat, primitus pagina cum folio vel alio colore pertrahatur, et desuper, cum auro molito, cum penna scribatur. —
Col. 2. Confectio. Aurum limetur, et in mortario eneo cum acerrimo aceto teratur, et in bacinar fundatur; ubi autem acetum colorem auri habuerit, tunc addatur granum salis aut nitrum, et sic solvitur; postea glutino vel gummi temperetur. — Confectio. Aurum mittatur in vas vitreum, et adatur fel taurinum et turbuletur, sicque triduo dimittatur; deinde effundatur fel sursum, et infundatur aqua salsa,

et in alio metalino vase calefiat, et iterum lavetur; et cum siccatum fuerit, admisceatur liquidum gluten, et scribe. — Confectio. Lamine auree vel argentee conterantur in mortario durissimo cum sale vel nitro, donec non compareant; et cum visum fuerit bene tritum, aponatur aqua et lavetur et aqua efundatur, deinde auro et argento aponatur flos eris et modicum fel taurinum, et comisce et scribe. — Argentum vivum et tornitura stagni simul in mortario terantur, et deinde acetum infundatur, et terantur simul, et scribe. — Terram lapidis stagni mole in marmore, et cum fuerit bene molitum, distempera cum clara ovi, et scribe de eo quidquid volueris, et cum siccum fuerit, frica eum cum auro; idem potest fieri cum pomice, et de lapide paragonis.

Hii versus omnem dant nobis auri confectionem :

Scripturam si quis querit sibi scribere pulcram
Ex auro, legat hoc quod vili carmine scribo :
Aurum cum puro mero molat, utque solutum
Hoc nimium fuerit, move quod sepe lavetur.
Nam quia deposcit hoc tandem pagina libri,
Ex hinc taurini fiat pinguedine felis,
Hoc liquidum si vult, seu cum pinguedine gummi.
Atque rogo pariter calamo cum ceperit aurum,
Illud comoveat, pulcre si scribere querit;
Hinc siccata sed ubi fuerit scriptura, intentet
Hanc nimium faciat verso cum dente feroci.

AD CARTAM INCISAM CONSOLIDANDAM. — CAP. XXXIV.

Si autem cartam incisam aliquo casu volueris consolidare, recipe gummam de prunis vel cerasi, et distempera cum claro; postea car- F. 95 r. col. 1
tam quam vis jungere ab illis duabus sumitatibus in quibus vis jungere subtilia cum rasorio; postea unge de predicta confectione, et junge, et una ponatur super aliam; postea habeas de radituris cartarum unde fiunt vili quaternorum, vel de aliis taliaturis cartarum abrasis, et subtiles cum predicto liquore mitte; eo sicco cum raditore auferas superfluitates, et cum pomice aplana.

Explicit liber primus diversarum arcium.

INCIPIT PROLOGUS LIBRI SECUNDI DIVERSARUM ARCIUM SECUNDUM RUBRICAM ORNACIONIS LIGNI.

Satis competenter et diligenter assignavimus vobis confectiones colorum et distemperaciones et ornaciones eorum et auri et argenti in carta; nunc de ornatu eorum in ligno tractare non pretermittatur: sed quia quedam ad ipsa ligna aptanda, ut est gluten casei et gipsum, operantur, merito de hiis prius in illo secundo libello tractemus, consequenter visuri de distemperacione et imposicione colorum, et auri et argenti, in ligneo opere; quod quidem per inferiorem scripturam satis dilucide patebit.

INCIPIUNT CAPITULA SECUNDI LIBRI.

DE CONFICIENDIS TABULIS ET CLIPEIS JUNGENDIS DE GLUTINE CASEI.—CAP. I.

Tabule et clipei primum et particulatim diligenter conjungantur junctorio instrumento quo utuntur dolarii sive tornarii; deinde conjungantur glutine casei, quod hoc modo fit.—Colla casei. Caseus mollis minutatim incidatur, et aqua calida in mortario cumpila; tamdiu lavetur, donec aqua multociens infusa inde clara exeat; deinde idem caseus atenuatur manu, et mittatur in frigidam aquam, donec durescat: post hoc teratur minutissime in lignea tabula cum altero ligno; sic rursum mittatur in mortario, et cum pila diligenter tundatur, addita aqua cum viva calce mixta, donec spissetur ut feces. Hoc glutine tabule compaginate postquam siccantur, ita sibi inherent, ut nec calore nec humore disjungi possint : primo tamen planari debent planatorio ferro in juncturis, et extra cum ferro quod curvum et interius acutum habet duo manubria; ex utraque manu trahatur; et cum eo hostia secuta tabule radantur ut omnino fiant plana.

DE CORIO IMPONENDO ET GLUTINE. — CAP. II.

Inde cohoperiantur corio cervino, equi sive asini, sive porche, quod aqua madefactum, mox ut pili erasi fuerint, aqua aliquantulum extorquatur et ita humidum cum glutine casei supraponatur : quo dilligenter exsiccato, tolle incisuras ejusdem corii similiter exsiccatas, et particulatim incide; et accipies cornua cervi minutatim confracta maleo super incudem; et mitte in ollam donec sit dimidia, et imple eam aqua; sic coque ad ignem, donec extorquatur tercia pars ejusdem aque, fit ut buliat; et sic probabis imponendo digitum : F. 95 v. col. 1.
si ei adheret, bonum est; sin autem, fac donec sic contingat; deinde ipsum gluten in vas mundum pone, et rursum imple ollam aqua, et coque sicut prius. Potest hoc gluten fieri de omnibus cartis.

DE ALBATURA GIPSI SUPER CORIUM ET LIGNUM, ET EJUS APTACIONE. — CAP. III.

Si autem, hoc facto, volueris procedere, accipe gipsum : est autem gipsum color qui ab Ansiacensi urbe affertur. Incoctum vero lucet ut glacies; eo cocto, efficitur albus ut nix : coque ergo more calcis, sive pone cretam loco gipsi, de qua dealbantur pelles, et tere dilligenter super lapidem cum aqua; deinde mitte in vas testeum, et infunde gluten corii, et pone super carbones ut liquetur, sicque linies pincello minutissime; deinde, cum siccum fuerit, linies aliquantulum spissius, et si opus fuerit linies tercio; cumque omnino siccum fuerit, cum ferro rade, et cum asperella fricabis, donec omnino sit plana et lucida. Potest hoc fieri de creta que invenitur in ripis fluviorum et eodem temperamento; tamen sub aurum non imponatur nisi gipsum; si autem corium defuerit, loco corii ponatur pannus de lino. — Nota. Potest et lignum sine corio dealbari gipso, hoc modo; vel talis est res quod corrium non potest mitti, ut sedes plicatoria ac cetera que scumpuntur (*leg.* sculpuntur?); mox ut raseris ferro, fricabis asperella, et sic bis dealbabis gipso, et in fine planabis asperella; tamen antequam gipsum imponatur, cum glutine lignum liniatur quod sit de carta. — Nota. Cum vero scire volueris si gipsum sit bonum, accipe cultellum et rade; si vix raditur, erit nimis forte; si leviter rasiatur, erit temperatum; si levaveris ficcas in rasura, erit debile.—Nota. Si autem illi placuerit colores mittere, primo totum bis vel ter de albo ad oleum cooperiatur cum manu, et cum ea aplanando; si autem aurum vel argentum vel stagnum, tunc tantum gipsum, ut supra legi, rasum cum cultello, et asperella applanatum.

Col. 2.

DE OLEO LINI CONFICIENDO. — CAP. IIII.

Oleum lini sic fit: accipe oleum lini, et sica in sartagine super ignem sine aqua; deinde mitte illud in mortario, et contunde pilla donec tenuissimus pulvis fiet; rursum mittes in sartagine, et infunde aque modicum; sic calefacies fortiter; postea involve illud in pannum novum, et pone in pressatorium ubi exprimatur, factum forma tali.

DE GLUTINE VERNICON. — CAP. V.

Pone oleum lini in ollam novam parvam; adde gummi quod vocatur servix vel grassa, minutissime tritum, et assimilatur thuri; deinde ponatur ad lentum ignem ut coquatur ita ut non buliat, usque dum tercia pars consumatur; omnimode etiam caveatur ab igne, quia multum periculosum est, et de levi non extinguitur.

DE AURO ET ARGENTO IN LIGNO IMPONENDO. — CAP. VI.

Tolle petullam auri vel argenti, et incide forpice particulas quantas volueris; si autem de eis volueris facere campum vel flores vel ymagines, tolle claram que percutitur ex albumine ovi sine aqua, et inde cum penello leviter linies locum in quo vis aurum imponere, et caudam ejusdem penelli more tuo madefactam, cum tetigeris unum cornu incise petule, et ita elevas, et suma velocitate impones, vel cum collo unius carte imponatur. Oportet te a vento cavere et ab halitu continere. Que cum fuerit composita et siccata, si volueris, eodem modo aliam superpone, et cum dente vel ematite frica. — Nota. Et cave ne ponas ad solem ubi vernicabis prius, quia scinderetur in mille partes. — Nota. Cave etiam si gipsum est forte; tunc cum claro secundum fortitudinem pone de aqua; si temperatum, temperate; si debille, tunc cum claro tantum, ut supra legitur. — Confectio. Accipe clarum ovi et parum calcis, et dragagantum, et cinaprium; et omnia per se terantur, et misce cum claro, et unge cessum per tres vices; postea aurum vel argentum impone. F. 96 r. col. 1.

DE PETULA STAGNI FACIENDA ET IMPONENDA. — CAP. VII.

Stagnum parasinum atenuabis dilligenter super incudem maleo, quantum et quam tenues partes volueris; et cum aliquantulum atenuari ceperit, purgabis eos in una parte, panno laneo et carbonibus, sicque singulis vicibus facies, donec omnino atenuaveris; cum volueris imponere gipso, tunc accipe collam cartarum et liquefac, et cum ea petulam stagni impone, ipsa superius posita; cum aqua petullam desuper balnea cum panno lineo; postea cum ematite frica; eo fricato, cum cinere posito in panno vel carbonibus tritis purgabis, usquequo luceat; postea cum doratura inaura.

DE CONFECTIONE DORATURE. — CAP. VIII.

Doratura sic fit. Accipe aloes epatici unciam unam; oley linose libras duas, parum croci, et fac bulire simul in olla, donec aloe bene sit liquatum; postea cola per pannum in aliquo vase, et cum manu subtiliter bis vel ter deaura cum hac doratura; et aurum melioratur, et stagnum maxime, et argentum. In auro vero tantum semel subtiliter color ille trahatur. — Item ad colorem aureum faciendum, accipe unam partem de rasa, et duas de aloe epatico; quod si invenire nequiveris, accipe III de aloe cabalino, et decimam unius partis de sanguine draconis, et simul liquefac; et bulito oleo lini, simul comisce, et bene cohoperias, et hoc maneat intactum donec frigescat.

DE GLUTINE VERNICON.

Ad vernicem, accipe glassam vel servix; gumma autem est que vernix; et fac eam lente liquare, et bulito oleo linose, insimul misce; comixtum intactum dimitte bene cohopertum donec frigescat.

DE CERMINIO.

Col. 2. Ad cerminium, accipe sanguinem draconis, et liquefac, et bulito oleo lini simul lini, et cum ipso oleo in sartagine distempera cerminium.

QUI COLORES UTANTUR IN LIGNIS. — CAP. VIIII.

In lignis utimur hiisdem coloribus quemadmodum in cartis, et hiisdem mixturis et ematiçaturis; distemperacio vero eorum dissimilis est. Et excipiuntur quidam colores, folium, sanguineum, grana, enclaustrum, sanguis draconis. Omnia autem genera colorum qui ad solem siccari debent, in ligneo opere terri et imponi possunt.— Nota. Quia quocienscumque unum colorem imposueris, alter ei superponi non potest, nisi prior exicatur, quod in ymaginibus diuturnum et tediosum est nimis. — Nota. Si autem volueris opus tuum festinare, cum gummi de ceraso vel pruni cum aqua mixto et infuso, ad ignem in vase, in yeme, vel ad solem in estate, ut liquescant, vel cum claro ovi mixto cum aqua, teri et poni potest. Verum tamen minium et cerusam et cerminium mitte tantum cum claro et aqua, viridi yspanico non misceatur sucus.— Nota. Albus vero si jungatur nigrescit, unde semper cum oleo mittatur, et non vernigetur in caris operibus. — Açurum si cum oleo distemperetur nigrescit; unde album ei addatur donec ad pristinum revocatur. — Nota. In cinaprio potest misceri album in illo qui in priori loco ponitur. — Notandum est, lacca omnibus coloribus potest superponi preterquam viridi et glauco. Si superponatur açuro vel blaveto fit violatum obscurum ; si supra rubeo solo, magis rubeum.—In campis et ymaginibus plenisque tantum nigro vel auro vel argento, vel etiam aliorum colorum, debent perfilari. — Nota. Sic pinge campum vel ymaginem : duas vel tres manus ponere debes de illo colore, de quo volueris campum vel ymaginem facere; verum tamen prima et secunda manus potest fieri de flavo colore, ultima de puro, et due cum claro ovi, et ultima ad oleum, vel omnes cum oleo, excepto quod cum ymago debet perfilari de auro aplanado, tunc prime manus imponantur cum oleo, ultima vero ad aquam et ovum. Verbi gracia, primitus impone ad oleum unam manum de blaveto et sicca, consequentur unam de açuro ad oleum et sicca, ultimam ad aquam cum ovo, et sicca; si volueris perfilare cum auro, prius perfila de colore qui subponitur auro aplanato. — Indicus si cum oleo distemperatur, non siccatur, unde cum claro et aqua imponatur; cinaprium mitte iterum de minio ut siccetur, si cum oleo distemperetur. F. 96 v. col. 1.

DE AURO APLACATO IMPONENDO. — CAP. X.

Aurum aplacatum sic imponas : accipe viride es et blancum et doraturam et minium et vernicem; molle insimul cum oleo predicto fortiter et diutissime; cum hac confectione fac quod volueris, et permitte tantum quod videatur mordens; postea pone aurum et argentum, et digito ponendo huc et illuc, cavendum est ne super colores positos cum oleo vel jam vernicatos trahatur, quia nil valeret, sed imposito auro, postea vernigetur. Si opus fuerit vernicatum et volueris aves vel aliud de auro vel argento facere in carta, opus incidatur, et super vas vel tabulam carta ponatur, et super cartam aurum vel argentum ponatur, et erit similis incisioni; et vide formam.

QUALITER COLORES IMPONI DEBEANT. — CAP. XI.

Notandum est quod omnes colores, sive claro vel oleo vel gummi tritos in ligno positos, et eos siccatos, et opere delato ad solem dilligenter linies cum glutine vernicon ; et cum defluere ceperit a colore, leviter manu fricabis, ac tercio sic facies, et tunc sine donec penitus exsiccetur.

DE PICTURA TRANSLUCIDA SIVE AURIOLA. — CAP. XII.

Col. 2. Fit etiam quedam pictura que dicitur translucida sive auriolla, quam hoc modo facies super politum, et inde cohoperies crocum quam ita pingere volueris; deinde colores imponendos diligentissime oleo lini ac valde tenues, et trahe cum pincelo acuto; postea aplana cum amplo facto de comis asini; huic enim colori valet maxime et viridis.

DE COLORE QUI NON SICCATUR. — CAP. XIII.

Fit etiam alius color qui non siccatur, hoc modo : quemcumque colorem volueris, cum mele distempera; iste enim color maxime in pictura translucida operatur; cum enim volueris ymaginem argenteam vel stagneam facere viridem, et de ipsomet argento relinquere, perfilaturas cum illo colore perfila; postea imple totam ymaginem de viridi; completo opere et vernicato, cum asta penelli sicuti instrumento colorem quem posuisti abice et ablue; et, si vis, cum doratura ipsos tractus argenti vel stagni poteris inaurare. Album quidem et auripigmentum non valet super argentum vel stagnum vel aurum, nisi sub eis rubeum imponatur, quia mortivi fiunt, et auripigmentum nunquam juxta aurum ponatur.

QUIDAM MODUS DEAURANDI. — CAP. XIIII.

Est quidam alius modus deaurandi, quod fit super lignum non dealbatum gipso sed ipso ligno aplanato, ut sunt selles, et asperella fricato : distemperatum super locum induc, et aurum impone secundum modum istum, tunc cum aurum imponitur anellando irrigetur.

QUALITER TORNARII DECORANT LIGNA. — CAP. XV.

Tornarii vero colores miscent cum resina, et cum turno sic pingunt, et cum ligno applanant.

INCIPIT PROLOGUS LIBRI TERTII SECUNDUM RUBRICAM DE ORNATU MURORUM ET LAQUEARII EORUM. F. 97 r. col. 1.

Tercius noster liber tractat de ornatu muri et laqueari. Videndum est ergo qualiter murus et laquear cum coloribus ornetur et in eis aurum et argentum imponatur, et videamus qualiter ipsi colores imponantur et distemperentur et ematicentur in opere isto : qualiter ergo hoc possit fieri per inferiora capitula vobis aperiemus.

INCIPIUNT CAPITULA TERCII LIBRI.

QUI COLORES IN MURO ET LAQUEARI UTANTUR. — CAP. I.

In muro et laqueari hiisdem coloribus utimur ut in lignis, excepto quod in madido muro accipimus pro albo colore cretam, id est, calcem ; et siccis muris gipsus vel ossa combusta, aut unum quod dicitur cridir. — Nota. Et in laqueari pro albo colore gipsum, vel creta utimur ; yspanicum viride in muro non valet, sed salsum.

DE PINGENDO IN MURO ET LAQUEARI. — CAP. II.

In madido autem muro pinge aqua austa de creata (*leg.* creta?) ; in laqueariis et siccis muris pinge claro percusso et vitello ovi admixto majori parte aque. — Nota. Omnibus coloribus qui sub aliis ponuntur in muro, admisceatur calx propter firmitatem in distemperacione, hoc modo : calx viva in vase aliquo vel fossa cum aqua turbuletur ut resideat, et ex illa aqua terantur, preter açurum et viride et cenaprium et auripigmentum. Auripigmento non utimur in muris, sed eo loco crocum. Açurum cum glutine pissis teratur, et gutta vitelli imponatur. Viridem salsum cum suco teratur herbarum, et siccetur; deinde cum aqua calcis iscria (?) imponatur. Cinaprium cum ovo et aqua in vase agittato.

Col. 2.

QUOMODO COLORES SUPERPONANTUR. — CAP. III.

Sub açuro et menisch ponitur veda 1. album cum nigro mixtum; sub viridi, ocrea nigro mixta; sub cenaprio, minium mixtum cum aqua calcis; sub omnibus aliis coloribus eorum eadem calce mixta.

QUOMODO MISCENTUR COLORES. — CAP. IV.

Mitte sutra et album; fac sutram albam; mitte nigrum et album, fac venetum; desuper mitte açurum et ubi mittis supra illa sutra, incide cum sutra. — Sutra rubeum. Mitte nigrum et cinaprium, fac sutra; desuper mitte açurum, et incide cum nigro. — Viridem. Mitte viridem et album, et fac viridem clarum : incide cum puro. — Ocrea clara. Mitte ocream et album; incide cum sutra. Mitte minium et açurum, fac purpuram, incide cum nigro. — Rosa. Mitte sinopidam et album, fac rosam, incide cum sinopida. — Umbra. Mitte viridem et ocream, fac umbram. — Oricella. Mitte oricellam et album, fac oricelatum, incide oricella. — Camisola. Mitte indicum et album vel nigrum et album, fac camisola; incide açuro vel indico. — Incarnacio. Mitte album et viride et paucam ocream et sinopidam, fac incarnacionem; ubi mittis incarnacionem in vultu cum ocrea clara deumbra, ruborem, sinopida, sutra, nigro, albo. — Viride. Mitte auripigmentum et açurum vel indicum; fac viride. — Viride. Tempera viride raminum cum lactificio de capo fici, et erit bonum. — Auripigmentum. Mitte minium et auripigmentum, incide auripigmento. — Umbra russa. Mitte sinopidam et viride russa, incide ocrea clara. — Clarum. Mitte ocream et sutra, fac terra, incide ocrea clara. — Açurum. Mitte açurum et album, incide açuro. — Ocrea clarum brunum, ocrea combusta in igne, donec brunum fiat, et utere.

DE VESTIMENTIS. — CAP. V.

De vestimentis et ematiçaturis et umbriaturis satis competenter tractavimus tam in ligno quam in carta et muro. — Nota. Hujusmodi enim muratores primo conficiunt murum; si debent eum colorare, cohoperiunt totum ita recens de sinopida distemperata aqua et ovo, et super eam variant colores quos volunt. — Nota. Nos primitus in F. 97 v. col. 1. muro trahimus calcem bene cribellatam cum instrumento muratoris, postea secundum modum instrumentum imponimus, et variamus colores.

DE AURO IMPONENDO IN MURO. — CAP. VI.

Si enim aurum in muro imponere delectat, eodem modo ut supra dixi de ligno, supra gipsum ponatur. — Nota. Aliter, ut etiam in ligno ponitur : cum armoniaco liquato supra ponatur; primo armoniacum trahatur et siccetur; postea anelitu calefac, et aurum superponatur. — Nota. Potest etiam aurum aplatatum imponi sic : fac lixivium de cineribus frigidis et aqua frigida; deinde gipsus in pilla coctus, optime siccus, tundatur et cribetur, et cum lixivio temperetur in loco ubi aurum poni delectat hoc modo : primitus cementum usque ad murum auferatur, et foramen eodem lixivio madefiat, deinde gipsum imponatur, secundum grossitudinem quam volueris, et cultello secundum formam rade, et dimitte siccari : eo sicco, trahe de colore qui sit ex cerusa et minio et cinaprio et sinopel et vernice, et sine siccare aliquantulum, ut mos est, et impone aurum.

DE AURO GRANATO IMPONENDO. — CAP. VII.

Si autem volueris aurum granatum facere, quod valet in muro et ligno, sic procede : gipsum in bruno mixtum ut color mutetur, accipe, et tere cum liquore distemperato in colla tepida et recenti, et ipsum; et sic facies tres lectos vel quatuor; postea rade diligenter super faciem extremi lecti moderate et diligenter polias cum dente lupi vel canis, quidquid volueris cum stilo caliburneo et subtilissimo mucrone designa, novissimo de predicto colore trahatur pincello quidem subtiliter sicut illud, et si liquor fuerit nimis fortis adhibeatur aqua, et sic super illud pone aurum.

DE MODO DESIGNANDI IN MURO. — CAP. VIII.

Modus autem designandi in muro idem est ut in ligno, videlicet cum ferro vel stilo caliburneo vel penello et sesto et rigula et corda vel condermenia (?) facta de carta, quia bona est.

Col. 2.

INCIPIT LIBER QUARTUS ET ULTIMUS IN LIBRO DIVERSARUM ARCIUM.

In isto nostro ultimo libello curavimus metalla omnia ornare, recipientibus uno colorem alterius; fatigamus etiam invenire qualiter linum et lanam et pannum et etiam lignum et coria tingantur diversorum colorum; dedimus operam inveniendi qualiter vasa terrea fiant, et varientur diversis coloribus, et qualiter vitrum ornetur et deauretur, et de eo lapides preciosi fiant; que quidem et alia quedam in isto nostro libello curavimus per diversa capitula tractare, et de eis imponere.

INCIPIUNT CAPITULA.

DEAURACIO ERAMINIS. — CAP. I.

Eramen ita deauratur et deargentatur. Accipe argenti vivi et folium auri vel argenti forficati, et misce insimul donec de auro vel argento nichil compareat, et quanto plus de auro vel argento miseris, tanto melior erit confectio; postea in crusiculo mitte in igne, movendo intus carbones vivos, et non diu, sed parum, et prohice in aqua, et ablue in palma, et post accipe et mitte in urina vel aliqua aqua forti, et prohice intus ferrum calidum; postea opus tuum unge cum manu bene limatum et politum, et ad ignem tene, donec habeat colorem auri; postea cum ferro pulcro line; poteris, si volueris, supra istam deauraturam ponere folium auri, et cum onichino splendificare.

DEAURACIO FERRI. — CAP. II.

Eodem modo ferum deauratur ut supra legi, sed primo ferrum debet fieri scabrosum cum cercino, ut mos est illorum qui faciunt frenos.

DEAURACIO ARGENTI. — CAP. III.

Argentum si volueris deaurare, eodem modo ut supra legi deaurabis, vel aliter : accipe fel arietis et buliatur in vase eneo ad spissitudinem melis, deinde lamina argentea liniatur, et supra eam te-
Col. 2. gulam vetustissimam cum sale subtiliter pulveriçatis ponas, et in olla vitrea lento igne decoquas, et hoc ter vel quater fac donec colorem auri habeat. —Vel sic : argenti limaturam, sal armoniacum, sal gema, terra rubea, cinaprium, crocum combustum, viride raminum eodem pondere misceas, in vitreo vase bene opturato lento igne decoquas, in colore auri argentum mutabitur.

DEAURACIO AURICALCHI. — CAP. IV.

Auricalcum eodem modo deaurabis ut supra legi de eramine.

DEAURACIO STAGNI. — CAP. V.

Stagnum ita deaurabis : cum asperella vas stagneum corodatur ut crispus fiat, deinde petulla auri imponatur, et cum honichino splendificetur; verum tamen prospice ne manu vel lana tangas, antequam aurum superponatur; postea vernica et ad solem sicca; vel cum doratura pictorum potest vas stagneum deaurari.

DEARGENTACIO FERRI. — CAP. VI.

Ferrum eodem modo deargentatur ut deauratur.

DEARGENTACIO STAGNI. — CAP. VII.

Stagnum ita deargentatur ut deauratur.

DEARGENTACIO ERAMINIS. — CAP. VIII.

Eramen ita deargentatur ut deauratur; postea in sepo vel oleo debet buliri, donec de oleo nichil compareat vel sepo; postea in crepo vel cripo et sale buliatur.

DEARGENTACIO AURICALCHI. — CAP. IX.

Auricalcum eodem modo ut eramen argentetur.

DESTAGNACIO FERRI. — CAP. X.

Ferrum ita stagnatur : decolletur stagnum in capcia, et mitte intus ferrum cohopertum de gumma illa que vocatur yspania, et frica intus, et cum forpice ferreo extrahe, cudendo supra alium ferrum, ut mos est fabrorum.

STAGNACIO ERAMINIS. — CAP. XI.

Eramen quidem ut ferrum stagnatur et auricalcum.

DE MELIORACIONE COLORIS AURI. CAP. XII.

Si volueris auro meliorem colorem dare, salem armoniacum, viridem yspanie, equaliter accipe, et fortiter in modum unguenti cum F. 98 v. col. 1.
aceto tere; de hoc linies aurum, et impone in igne; et cum caluerit, extrahes, et ita fiat bis vel ter, et ablue vel coque in sulfure et aqua.

DEALBACIO ARGENTI. — CAP. XIII.

Si volueris dealbare argentum, coque in crepola et sale ad ignem cum aqua.

DE NIGILLO. — CAP. XIV.

Est quidam color qui ponitur in cavaturis et designaturis argenti et auri in vasis, quod nigillum vocatur; fit enim sic : accipe plumbum, eramen, argentum; simul confla equales partes; ipsis in igne conflatis, cum carbone vivo misce, postea super addice sulfur quantum ad super totum sunt ista metalla et misce cum carbone vivo, coque sulfur, et cum combustum fuerit, prohice in aliquo loco ubi sit aqua clara, et cum borana distempera; et scribe in cavaturis quidquid vis, et unge; impone; est enim açurini coloris.

DE ASMALTO.—CAP. XV.

Si enim eramen volueris pulcriter decorare, designa in eo quidquid vis, sive bestias vel aves vel ymagines ut in crucibus oportet, et cava eas; postea accipe asmaltum, quod est genus lapidis quod aportatur a Roma, et potest inveniri de eo diversorum colorum, et tere, et pone in cavaturis secundum formam pingendi cum pincello vel ligno, et pone in igne, et coque usquequo liquefiat, deinde extrahe; et cum cote et sabulone opus tuum line usquequo bene sit planum.

QUALITER LANA VEL FILUM VEL LINUM TINGANTUR AD RUBEUM COLOREM. CAP. XVI.

Qualiter tingatur ad rubeum colorem : si linum tingere volueris aut filum, accipe lentiscum et bulias ut coquatur, extrahe in caldaria et mitte in decoctione ejus pannum vel filum, et stet per noctem; postea extrahe et sicca, et exicatum mitte in alumine distemperato in aqua tepida; et si sunt XL brachia, media libra aluminis; sic infusum
Col. 2. dimittesque in alumine, quousque frigescat bene, et per noctem, et extracto de alumine sica iterum. Et accipe mediam libram galle rotunde, et duas rubee domestice, et buliat rubea aliquantulum; postea mitte brachia XL panni, et libra media galle, et buliant simul satis, et bene bulitas extrahe, et lava aqua frigida, et sica, et usui serva. — Si lucidum facere vis, accipe brasile, et minutatim incide, et buliat in aqua; et pannum ibi mitte ut supra.

CAP. XVII.

Si vis lanam tingere in rubeo colore, accipe rubeam qualemcumque et bulias in aqua, postea lanam cum galla ut supra mitte, et buliat agitando bene, ut supra; postea cum eadem aqua cinerem distempera cribratum, et in calderia mitte ut buliat, ut supra.

AD COLOREM PALUMBINUM. — CAP. XVIII.

Accipe indicum et tartarum de vino, et in urina humana tepida infunde per duos dies vel plus ut bene molescat, et in eadem eum distempera; deinde quod non grvi (?) immitte et extractum sicca et serva.

AD VIRIDEM. — CAP. XIX.

Si viridem facere volueris, glaucum in eodem indico mittas.

AD GLAUCUM. — CAP. XX.

Accipe filatum et alumina ut supra; deinde sica; postea accipe herbam, et bulias in aqua, et extrahe eam, et filatum mitte, ut refrigeretur, extrahe, lava et usui serva; quem si multum viridem facere volueris, mitte multum de indico; si parum, parum.

AD SCOTANUM. — CAP. XXI.

Ad scotanum, prius illumina ut supra; deinde accipe lignum scotani, et minutatim incide, et buliat in aqua et alumine, essiccatum immisce et buliat, et refrigidatum extrahe, et lava, et usui serva.

AD PURPUREUM. — CAP. XXII.

Accipe auricellum, et in urina humana distempera, et buliat, et filatum postea mitte, et refrigidatum extrahe, ut supra.

AD NIGRUM. — CAP. XXIII.

Accipe gallam minorem et rotundam, vel lentiscum qui parum minoris virtutis est, et cola; et buliat in aqua; postea immitte filatum per noctem, et refrigidatum extrahe, et sicca et illumina; postea accipe molituram molle ferariorum, et buliat in aceto; deinde illuminatum immitte, et refrigeratum extrahe; et lava, et usui serva. F. 99 r. col. 1.

AD LIGNA TINGENDA. — CAP. XXIV.

Sciendum est quod lignum gravius tingitur quam lana; quod si una vice tingatur, non bene tingitur : quare iterum sica et tinge, donec bene tingatur lignum.

DE PELLE TINGENDA COLORE RUBEO ET VIRIDI ET NIGRO. — CAP. XXV.

Tolle pellem depilatam et lotam utiliter, et ex galla pone per unamquamque pellem libras v, aque vero libras III, et mitte pellem, et agitta uno die; post hoc lava bene, et sicca; deinde tolle aluminis asiani libram mediam pro qualibet pelle, et mitte in calidam aquam; et cum rescederit, funde ex illa aqua, et mitte iterum tepentem aquam, et exagitta, et mitte in ipsam confectionem unam aut duas pellium per noctem unam, et tolles et lavabis illas semel; de vermiculo autem habeat unaqueque pellis libram et dimidiam, quarum prima hec est : mitte urinam expumatam in cacabum; et pone ad ignem, et vermiculum in mortario tritum, ligans in lintheo raro, mitte in cacabum calentem, et exagitta quousque exeat quod exierit de lintheollo, et in cacabum calentem positum exagitta, donec de vermiculo nichil in linteolo remaneat. Postea sue pelles in vires modum, et mittes ex ipsa iota, id est confectione supradicta per unamquamque pellem libram unam et dimidiam, et frica bene, et dimitte ibi tota nocte macerare in ipsa confectione : mane autem iterum confice quantum sufficiat, et efusa iota, lava pelles et defrica. — In
Col. 2. eadem iota de priori pelle tingitur pellis peccore, id est, in ipsa medicacione in qua pelles caprine tincte sunt. — Alius modus. Coque libram mediam vermiculi in aqua vel urina, quousque tercia minuatur, et iterum adde libram mediam coloris, et coquatur ad terciam iterum, fac ita ter; postea tinge pelles illuminatas, sicut nigre tinguntur cum lana, et ita fac de quolibet colore. In calce jaceat pellis diebus sex; et mitte in sale et ordeo diebus sex : postea dimitte siccare, et tunc macera, post coque cum vino vermiculum et mitte iota in pelles una hora, permitte siccare. Si volueris pellem viridem facere, de fructibus pc̄i (?) cervini tinge, et erit viridis. Si nigram volueris facere, pellem confectam accipe, et pone in roso, et sicca, et unge de atramento facto de foiatarum aqua et molatico.

DE PANNO VEL CENDATO DEAURANDIS. — CAP. XXVI.

Si volueris pannum vel cendatum vel purpuram vel de quocumque opere cum bestiollis vel avibus et aliis quibuscumque volueris inaurare, primo accipe cendatum, et quatuor lignis extendas, deinde in urina distempera, et teras in lapide, et cum terueris pincello in cendato, sive purpura, qualecumque volueris opus prepingas, deinde aurum et argentum quo scutarii utuntur superinducas, et videbis aurum non aliter aparere quam si ipsi purpure mixtum sit.

DE VASIS DE TERRA FACIENDIS. — CAP. XXVII.

Vasa quidem fiant de terra qualitercumque volueris; si autem volueris ea ornare diversorum colorum, hec atende.

DE COLORE ALBO. — CAP. XXVIII.

Albus color sic fit : accipe duas partes ceruse, tres partes pulveris lapidum qui inveniuntur in fluminibus albi et rotundi, et primo coquantur et pulveriçentur subtiliter, et cribentur. Cerusa illa sic fit : accipe vas terreum, et pone intus acetum usque ad medium; postea accipe laminas plumbi, et pone in ipso vase ut non tangant acetum, sed sint longe per tres digitos, et cohoperi vas et sic dimitte per novem dies, et postea illud tere et per pannum cola dilligenter, et sine sedere. Quod supernataverit prohice, et alliud serva, et sic fac F. 99 v. col. 1.
bis vel ter, et erit optima cerusa. Si de plumbo remanserit, eodem modo fac ut supra dicitur.

DE VIRIDI COLORE IN VASIS. — CAP. XXIX.

Fiat autem viridis : in duabus libris de albo colore mitte duas uncias de viridi ere, et tempera ut predictum est, et erit viridis clarus. —Viridem nigrum, folia solatri pista, et sucum extrahe, et de illo suco misce cum albo colore, secundum quod nigrescere vis.

DE RUBEO. — CAP. XXX.

Si rubeum tegule bene cocte subtiliter pulvericetur, et pone duas partes albi coloris, et terciam tegullarum.

DE MANGANES. — CAP. XXXI.

Alius color qui vocatur manganese, id est, niger, sic fit: accipe nigros lapides et coquas, et ex eis sic facias ut de aliis lapidibus. Si vim habes, cerusam fac de plumbo sic : plumbum combure in igne; postea mitte de pulvere illo ut de cerusa. Sed nota quod manganes non debet misceri alicui colori, quia per se conficitur pulvis ille sine comixtione aliorum pulverum; et primo debes infundere vasa in viridi colore, postea exsiccari, ad ultimum cum manganes designentur, et picturas quas volueris facere compone.

DE VITREIS TABULIS DEAURANDIS. — CAP. XXXII.

Si tabulas vitreas et vasa vis inaurare, fac de ligno fagineo vetustissimo quanto spissius lixivium facere poteris; deinde summe tabulas vitreas, et ipso lixivio per totum cohoperi; deinde petullam auri vel argenti desuper mittas et ad solem sicca : hoc facto, accipe tabulas, et cum penello in eis rade aves vel bestias, vel aliud : quo facto, accipe quoddam vitrum quod habent aurifices, quod superponunt electro, et in pulverem illud redige, et illud desuper tenue sparge, et in igne in fornace vitreorum mitte quousque candescat, et habebis mirabile opus; sic poteris facere siffos. Si vitrum inaurare delectat, primum lapide vel ferro scabrosum et rugosum fiat, deinde pars de glutine pissis, et pars de gummi amigdale, simul coquantur, et inde vitrum liniatur, et desuper aurum secundum similitudinem que placet incisum ponatur; sic namque fit in lapide vel ligno, et cum siccaverit, cum lapide vel ferro fricetur.

DE VITRIS PINGENDIS SUOMET COLORE. — CAP. XXXIII.

Si vero mirabile opus vis facere, accipe de omni genere vitri romani, et singulatim tere in mortario; deinde tolle pulverem, et in
Col. 2. pelvi cum aqua mitte, et sepe move, donec pulvis sursum appareat et ascendat; hunc effundas, et iterum aquam novam supraponas tamdiu usquequo omnis pulvis recedat; deinde colles et teres in

modum aliorum colorum, et ita commisceas, et cum predicto lixivio tempera, et super vitrum operare vel ymagines vel quidquid volueris, et mitte in fornace ut predixi, et habebis opus quod nunc amat magis Grecia. — Lamine cupri in igne calefiant donec candescant, et prohiciantur in bacinar, ubi sit vinum sale mixtum infusum, et exinde cuprum consumitur in scoriam, et sic fac quantum vis, et scoria vino lavetur aqua bis vel ter, et siccetur in patella super carbones, et teratur in marmore optime, et aponatur vitrum saphireum ita ut una et dimidia pars sit vitrum, dimidia cuprum, et adatur modicum ferri quod jacet circha cudem fabri, sicque conteratur singulatim, postea simul cum vino vel urina vel aceto saphir tertiam partem, scorie eris pars una, squame ferri quarta partis, manganes parum. — Albus color de quo umbre fiunt in vitro sic fit : saphireum diligenter teratur super porfiricum, et nichil adatur nisi vinum et acetum et albus color : qui colores mittantur in ferrea vasa vel plumbea cohoperta ne pulvis inruat, et pincella nullo alio colore polveratur (?); et vitrum quod ex eis pingitur, quamdiu incoctum sit, cohoperiatur, et adatur in distemperacione cujuslibet coloris pulvis ceruse predictus vel muratat aut lapis bauracis ad candorem, ita quod tres partes sint coloris, et II bauracis. Si autem placuerit quasi gemas facere in aliquo ornatu vitri vel aliquid huic simile alterius coloris, fiant rotunda vitra in modum gemarum, et imponatur in loco ubi placuerit, et ex albo colore vel nigro, quos supra diximus fiant in circuitu spissi tractus, ita tamen ut ambo vitrum contingant superius et inferius, sicque cum reliquis partibus in furno coquantur, et ita sibi adherebunt, et nunquam cadent. Super tabulam ferream ad mensuram furni preparatam ita ut in circuitu ejus sit spacium inter ipsam et furnum interius cribrum calx sicca spissitudine unius festuce, et cum equali ligno componatur ut firmiter jaceat et plane : postea apponatur vitrum desuper pictum separatim, ut non hereat, et interius saphirum et viride; exterius autem album, çallum, et alia que duriora sunt circha ignem, cum magna cautella, donec videbitur flamma circhumquaque intus furnum, et

tabulas ascendere, transire, et vitrum quasi tingendo cohoperire, donec refrigeretur; et ad hoc autem valet calx et cinis super tabulis,
F. 100 r. col. 1. ne super nudum ferrum a calore ignis vitrum confringatur.

DE LAPIDIBUS DE VITRO FACIENDIS. — CAP. XXXIV.

Si capud vitreum vel aliam materiam volueris facere, accipe cretam unde scutarii dealbant sellas, et tunc tere tantum cum aqua, et misce in modum terre mollis, et impone cuicumque rei volueris, postea exsiccari facias; cum exsiccatum fuerit, mitte in igne et tege carbonibus; pulverem vitri prius contritum immittas, et tamdiu in igne dimittas usquequo liquescat; postea ab igne auferas et scutellas tegas. De omni genere vitri lapides facere curavi. Accipe cretam pelipariorum, vel cretam unde calcem vivam extinctam crementum fit, et in ea sculpe sive rotundam sive oblongam vel qualemcumque placuerit formam; postea fac vitrum secundum illam formam lapidis; et primo fac ignem tantum de carbonibus vel lignis, cui primo cum vitro imponas, et sine infulacione cohoperias, et sic permittas donec vitrum candescat; cum vero incanduerit, habebis ferrum ita dispositum ad modum cubiti longum; et cum vitrum canduerit, premas vitrum pene usque ad fundum tangas; caveas ut ferrum ante impressionem sit calidum; cum autem presseris, et de igne simul cum lapide extracseris vasculo mori cohoperias ne ventus dissolvat. — Item aliud nobilius. — Si vis facere manubrium smaragdinum, ita ut possis etiam exponere vel vendere pro libra, sic procede : summe omne genus vitri romani pari quantitate, et in mortario contere, sed in subtilem pulverem; deinde accipe cretam de qua superius dictum est, et in ea qualemcumque volueris manubrium, quadrum sive rotundum insculpas, deinde pulverem immittas; postmodum ad ignem adhibeas, et tamdiu ibi relinquas usquequo dissolvatur : in ipsa autem dissolucione laminas ferri imponas, sicque residere facias; deinde ab igne auferas : ipsum manubrium, si opus fuerit, lapsabis, deinde polies ligno salicino, et ad usus tuos servabis.

DE VASE FRACTO RESTITUENDO. — CAP. XXXV.

Si vas vitreum fuerit fractum, sic refice vel restitue : accipe lixivium de ligno fagineo factum quanto spissius fieri potest, et primo vas ipsum vitreum de ipsis cineribus siccis imple : pone intus scisuras et cineres panniculum de subtili lino pone cum ipso lixivio, impleas fixuram, deinde pone in fornace ubi fenestre fiunt vitree ut conso- Col. 2. lidetur, et sic videbis vas sanum. — Album ovi cum calce mixtum vitrum consolidat temperatum in igne.

DE VERMICULACIONE AURICALCHI VEL ALTERIUS CUPRI. — CAP. XXXVI.

Ad vermiculandum auricalchum vel alium cuprum, sic facias : primo rade in una parte ut bene luceat; deinde superduc oleum lini et super carbones ipsum cuprum ponas, et secundum quód diu jacuerit, diversos colores habebit; si dimittas parum, videbis aureum colorem; si plus, videbis subrubeum; si magis, videbis scarlateum : cum hunc videbis, de igne trahes, et cum infractum fuerit, cum instrumento ferreo sic disposito rimabis quantumcumque volueris, vel designabis; et quod designaveris, aparebit aureum; deinde colore quem superinducunt clipearii auro vel argento qui apelatur doratura superducas, et siccari facias.

DE CONFECTIONE PONENDA AD ANULLUM AURICALCHI UT HABEAT COLOREM AUREUM. — CAP. XXXVII.

Si vis ut anullus auricalchi appareat de puro auro, accipe sal armoniacum et tere et misce cum sputo et involve anullum et pone ad ignem, et calefac. Si de here volueris facere argentum, accipe laminam eream et in foco pone ut rubeat, et in albumine ovi cum melle mixto equali pondere ; intus extingue laminam ardentem quousque fuerit album. Si vis cupri tabulas vel auricalchi ad aureum repercutere colorem, ita ut visu omnibus apareat aurum, sic fàc : accipe primo ederam ; sucum ejus exprime ; deinde tabulas calefactas in ipso suco novies intinge ; cum autem hoc siccaveris, habeas sanguinem yrcinum, consimiliter calefactas in igne novem vicibus intingas, et videbis quod, quantum ad visum, ab auro nulla erit differencia.

DE IGNE INEXTINGUIBILI.

Ignis inextinguibilis quem dicunt ignem grecum sic facias. Accipe vinum rubeum fortissimum quod invenire poteris, sulfur, vinum, tartarum, sale gema, hec omnia in pari quantitate, ac tantum de sale aut plus quam de aliis; et hec simul commisceas in vase fictili quod habet ventrem diffusum, collum longum; reponas, et desuper cohoperias, et usquequo ad medietatem decoctum sit, in igne dimittas, deinde excipias et in vase vitreo colatum reponas, et sic ad plures annos servare poteris.

Si hō (?) hercus alicui alto edificio sit impositus, ut alicui domui,
F. 100 v. col. 1. ut cornu mirabiliter resonet sic facies : primo facias ymaginem fusilem vel fictilem que ventrem habeat intus positum quasi assere ex ipsa materiatum unde est ymago; deinde imple inferiorem partem carbonibus; sint etiam a dorso ymaginis aliqua foramina per que ventus intus hiens carbones vivificet, superiorem autem ymaginis partem impleas aqua, sicque procul dubio scias quod cum aqua incaluerit ymaginem mirifice resonare.

Rota que perpetuo volvitur sic fit : accipe circinum, et a puncto ejusdem circuli circumferenciam facias, prout possis, magis equalem; deinde de ipso circino distinguas ipsam rotam in XII partes; rota fiat de ligno tilie levissimo vel de alio levi ligno, et in eo, ut dictum est, distinguantur XII partes; fiant autem in hunc modum recurve, et in illis distinctionibus imponendum est vivum argentum secundum quod rota magna est. Sciendum etiam quod partes ille non sunt replende, ymo semper ad decem partes vix in una argentum imponatur, reliquis partibus vacuis permanentibus. — Quidam modus imponendi aurum: accipe cretam et gummam combustam, ita quod creta sit tres partes, gumma sit quarta pars, et tere simul cum aqua, et habeas collam cartarum factam cum mero, et cum ea distempera, et pone ubi volueris super cartam, et dimitte siccare; eo sicco, si volueris imponere aurum, affla desuper, et statim pone aurum et linias cum ematite. — Aliter. Colla liquefacta mittatur in garanulo ovi, et sagaciter ordinatur in olla plena calida aqua, posita super prunas, et paulatim misce aurum cum gipso multum macinato, et in carta ubi aurum ponendum est, subtiliter cum pincello liniatur, et siccetur, et cum cultello rade. — De melioratione coloris auri. Coloratum fiet aurum de fummo cujuslibet penne, aut rasure cornu irci, fumo dico asperso in faciem auri; qui fumus sic coligitur: fumus jam tepefactus sufricco vase et cohoperto, in lateribus vasis facit fuliginem que digitis colecta confricatur auro, et inde coloratum multum certum est.

QUIDAM MODUS DEAURANDI LITERAS. — CAP. XXXVIII.

Ponitur aurum mactum cum armoniaco vel galbano : armoniacum misce cum urina in sero, in mane fiet sicut lac; ex hoc liquore scribantur quelibet litere, et siccentur et dimittantur siccari si vult per annum, et postea cum flatu peragretur, et cum digito bene abluto poliatur. — Quidam modus alius deaurandi literas. Aliter accipe armoniacum et tantum de aceto quod sint v partes; postea accipe parum croci, et ponatur in aquam quousque sit tincta, et tere armoniacum cum aqua croci, et pone parum blache simul, tere, et cum hac confectione scribe ubi vis, et permitte siccari; postea cum flatu calefac, et apone aurum, et cum pulcro bombice premes vel carta alba. — Auripigmentum tritum et pulveriçatum subtiliter mittatur in crusolo, et coquatur donec immutetur, et temperetur cum claro, mixto cum eo aliquantulo aque gummi; hoc glaucum est optimum et probatissimum in literis; et si ponatur intus tercia pars ossis combusti triti cum vitello ovi, erit bonum. — Cinaprium tritum cum aqua ponatur super carbones, donec omnis humiditas exiet; postea cum oleo tempera, et optimum erit; vel cum urina, optimum erit, probatum, et postea temperetur cum claro, et aliquantulo gummi aque. Ut musce non tangant eum, pone intus de scamonea. — Lacha de byrcino sic fit: tolle bircinum seu braxile, et rade eum subtiliter Col. 2.

cum vino, et adde acetum et alumen similiter, et mitte has in vasa, et sine eum molificare, per tres vel quatuor dies, et postea colla per pannum in alio vasculo, et pone super prunas, et sine calefacere, et tunc habeas petram purfiriticam, et pone vinum illud super petram, et adde alumen vel calcinam, et molle insimul multum bene, et colige in lapare, et pone ad solem, dum erit sicca. Eodem modo confectio ista ponatur super prunas, dimittatur dum bene cocta fuerit, et erit bona. Sanguis yrci et anseris, et amurca olei et acetum equaliter lento igne, in vase calefacto, vitrum et gemas mollit ita ut scindi possint ferro. — Pone gummi pini in aqua munda, et buliat donec mensurate sit spissa vel tenax, et distempera açurum ea; quociens videris nigrum, impone pusillum de lacca. — Quicumque voluerit viridem colorem ad usum scribendi facere, ponat īff. (?) et acetum mixtum in vase eneo, et ponatur in sterquilino ut calescat vehementius.

DE FACIENDO CLIBANO, ET INSTRUMENTIS, ET DE LOCO INCENDII ET COCTIONE VITRI. — CAP. XXXIX.

Circulo itaque ad palmarum quatuor latitudinem in terra signato, super eumdem in piramidis similitudine furnum cujus sex palmorum altitudo convenit; in eminenciorique parte loco juxta conservationis modum fenestra. In tribus vero a vertici nota duabus palmis relictis quatuor inter (?) foramina, ac supra horum singulorum manice speciem aliquantulum retortam, ne aer directo ingredi, tamen fumus egredi valeat, formabis; per superiorem tamen fenestram ignis aera asorbebit, non minus quoque duorum foraminum spacio e contrario locatam, supra ipsius linea fundamenti constituere memento, cujus palme unius latitudo, aliquantulum tamen alcior erigenda, sed e contrario, et in alio latere fenestram ad medium palme quantitatem rotundam facies, ut clibano calefacto, per ea primas ad pavimentum emundandum depellas, et vasa inducas latens etiam quotquot necesse fuerint lateri aclines, ut similiter calefiant, statuantur; preterea circha furni medium exterius in solii sive domicilii modum ad palme latitudinem quasi gradum, te erigere oportebit ut vasa depicta antequam introducantur suscipiat; ea enim quasi pedetentim ad ignis calorem accedere opus est. — Rursus pallam hinc acutam, inde rotundam habens formam ad vasa post susceptum introducenda calorem necessaria est, cum videlicet ipsum furnum post ruborem candescere et lateres circhumpositos calefieri deprendes; hiis autem notatis, latere super palla collocato, vas ipsum supra lateris super finem deposito ore tamen ne aer subingrediens idem confringat, superposito furno paulatim induces, res et tempus ortatur; minus quidem et palla, ne vas ipsum corruat, subducenda erit; habeat denique oracionis ordinem, dum cetera introducis, observatio, tam janua quam fenestre omnes usque dilluculo obturande erunt. Cum ergo frigus omnia modeste occupaverit, vasa, ut qui aerem sic dijudices, educenda erunt; nam et hoc tam majoribus quam maximis quam minoribus utile videtur artificium.

DE COLLIS AD LAPIDES FIRMANDOS. — CAP. XL.

De collis dictum est superius in illo ultimo libro capitulo XXXIV; ideo sit finis toti operi.

Explicit liber diversarum arcium.

Deo gratias. Amen.

N° 289.

I.

LOUANGES AUGUSTES DE SOLEÏMAN-KHAN, L'UNIQUE DE SON TEMPS ET DE SON SIÈCLE, LE ROI DES ROIS DU MONDE, LE CONQUÉRANT.

Il est le possesseur de l'épée et de la plume (*seyf* ou *calam*), le roi des conquêtes, l'objet des bontés de l'Être suprême;

L'ombre de Dieu, le souverain des sept climats; le roi dont le cœur est aussi vaste que la mer; le prince généreux;

Modèle des peuples, orthodoxe dans sa croyance; propagateur de la justice, ennobli par des qualités augustes;

Il est le plus équitable de son temps; la plus généreuse de toutes les créatures; le plus excellent de son époque; le plus savant de tous les hommes ;

Juste, droit, humble, savant, actif, il est l'objet des pensées de tous les serviteurs de Dieu.

Enfin il est le roi des rois du monde, le mahdy de son temps[1], le Salomon (Soleïman) de son époque.

Ce prince (que Dieu prolonge ses jours!) est la caaba de la religion du Prophète (le centre de la religion musulmane); et c'est par pitié pour ses serviteurs que le souverain maître a mis à leur tête un roi tel que lui :

Car il est l'axe des pôles de la sainteté et le prince de la vie contemplative.

Ses peuples font des vœux pour son bonheur. Dieu puisse-t-il lui accorder ses faveurs et ses bénédictions !

Tantôt il s'occupe d'œuvres de bienfaisance; tantôt il fait de l'un de ses serviteurs le souverain de l'Égypte[2].

Son étendard est semblable à un point noir[3] sur le visage de la victoire et de la conquête; le croissant dans le ciel est le reflet de son drapeau.

Rustem et Djem[4] ne sont pas dignes de lutter avec lui ; les rois ne sont que les serviteurs de ses esclaves.

Le coursier céleste (Iris) n'est qu'un piéton devant le cheval de ce prince, lorsqu'il prend sa course.

Par sa justice il est devenu le souverain des deux villes saintes[5]; et son existence pour le monde est aussi précieuse que la lumière de l'œil.

Il n'a de relations qu'avec les saints; et dans sa noble essence se retrouvent les qualités d'un ange.

[1] Sur ce personnage mystérieux, voyez l'ouvrage de M. Reinaud, intitulé : *Monuments arabes, persans et turks*, t. I, p. 376 et suiv.

[2] Le poëte fait allusion à l'affermissement de la puissance ottomane en Égypte.

[3] Signe de beauté chez les Orientaux.

[4] Deux personnages de l'histoire de l'ancienne Perse.

[5] La Mekke et Médine. C'est une allusion à la conquête de l'Yémen par Soliman.

L'œil des siècles n'a jamais vu son pareil ; car ce roi est un prince aussi généreux que les anges.

Comme ses aïeux, il est parvenu au plus haut degré de la justice ; mais, dans la famille d'Othman, il est le plus parfait.

Par l'éclat de son équité, ce noble chef de race a été la gloire de ses augustes ancêtres.

Il réunit les qualités de Djem, de Djemchid et de Feridoun[1]; il est couvert du manteau de la grandeur.

Son caractère est aussi élevé que sa stature ; et nous vivons heureux sous son ombre protectrice.

Ce prince ressemble à un cavalier dont la tête est comme un soleil levant au haut de la montagne.

Les malfaiteurs ont été brisés par son souffle, l'hypocrisie ne se montre plus au jour ;

Et pendant la durée de son règne, ceux qui se livraient à l'injustice et aux vexations ont courbé leur tête comme des boucles de cheveux.

Comme le soleil, il est la source de toute libéralité ; il n'a pas accordé un instant de répit à ses ennemis.

Il a enlevé à ses ennemis des forteresses auxquelles jamais les tours du ciel[2] ne pourront être comparées.

Il a brûlé et ravagé le pays allemand et lancé le feu sur les clochers de la Hongrie.

Ses vaisseaux sont semblables à des crocodiles ; que deviendraient les Francs s'ils osaient se montrer en mer ?

Il a mis en fuite les généraux des hérétiques, ces Persans méprisables.

Il s'est emparé de leur pays ; partout dans le monde la renommée l'a proclamé le grand roi.

Il est le mahdy de son temps ; personne ne peut entrer en lice avec lui.

[1] Rois de l'antique Perse.

[2] Les douze constellations du zodiaque, auxquelles les Orientaux donnent le nom de tours, en grec πύργος. Quant aux forteresses dont il est parlé ici, ce sont Belgrade, Szigeth, Rhodes, etc.

Ce prince a tellement établi la justice dans l'univers, que, secrètement ou en public, personne n'entrave la marche d'autrui et ne se procure des richesses par des moyens injustes et vexatoires.

[Par ses guerres continuelles] il n'a laissé de repos à ses sujets que lorsque l'ange de la mort est venu leur demander leur vie.

Les habitants de la terre s'efforcent de lui plaire, et ceux du ciel ne cessent de prier pour lui.

Mais abrége tes discours, ô Yahya! fais seulement du fond de ton cœur cette prière pour ce prince :

Que son glaive vainqueur soit l'emblème de la victoire! Que le Dieu très-haut terrasse ses ennemis!

Puisse-t-il, en tout temps, réaliser les désirs de son cœur, et vivre en paix sous une étoile favorable!

II.

HISTOIRE D'UN ARABE.

Il se trouvait à Damas un Arabe entièrement noir, mais dont la barbe était blanche. Ce corbeau nocturne était d'une stature aussi longue qu'une nuit d'hiver, et sa barbe paraissait en être l'aurore. Il avait de l'argent et des biens en grande quantité, et il était un des principaux négociants de Damas. Il voyageait pour son commerce avec ses sept fils, qui tous avaient un visage aussi noir qu'une corneille; du matin au soir il se livrait au négoce, et il faisait des voyages fréquents dans le pays de Roum (province de Constantinople).

Un jour, le gouverneur de Damas le fit appeler et lui dit : « Amène-« moi deux jeunes garçons du pays de Roum ; les sourcils de chacun « d'eux devront ressembler au croissant de la lune, leur front à la « lune dans son plein, leur visage au soleil. Quant à leur stature, « elle devra être comme celle du *Sidret*[1] (puisse la durée de leur exis-

[1] Le sidret est un arbre du paradis, placé devant le trône de Dieu, et que ni les anges ni les hommes ne peuvent dépasser. Voyez le Coran, sour. XVII et LIII.

« tence être longue!). Qu'ils donnent la mort par la grâce de leur dé-
« marche; qu'ils rendent à la vie par les charmes de leurs discours. » Après avoir entendu les paroles du gouverneur, le marchand partit aussitôt pour la capitale du pays de Roum. Puis, lorsqu'il eut terminé ses affaires dans ce pays, il revint riche et joyeux. Ensuite il se rendit auprès du gouverneur; et, après lui avoir adressé ses hommages, il lui présenta deux de ses fils, et les lui offrit en disant: « J'ai traversé et parcouru le pays de Roum en tous sens; je n'ai trouvé nulle part de beaux garçons dans ces contrées; je n'en ai pas vu qui pussent t'être offerts à la place de mes deux fils; car lorsque la beauté de mes enfants s'est montrée, elle a couvert de honte les jeunes garçons de Roum. » Le gouverneur se mit à rire, à ces paroles de l'Arabe, et il prit ces deux jeunes gens à son service : car l'Arabe trouvait ses enfants beaux, et il ne voyait pas leurs imperfections.

Lorsque je connus cette anecdote, je m'appliquai le sens moral qu'elle renferme; comme l'Arabe, moi pauvre individu, j'ai fait humblement de mes écrits les enfants de mon imagination. Ce livre est mon ouvrage, et toutes ses défectuosités me paraissent autant de vertus. Ce langage fleuri est comme mon enfant : il est le produit de ma vie. Mon origine est albanaise; chacun de mes aïeux a revivifié sa race par le sabre. Qu'auraient été les peuples guerriers, si, comme le faucon, ils avaient vécu au milieu des rochers! Les Albanais ont ce mérite : ils ressemblent à ceux qui ont vécu au milieu des rochers.

Un homme illustre me dit alors : « Porte ce livre au roi du siècle :
« le souverain du monde est plein de générosité, il jettera un voile sur
« les imperfections de ton ouvrage; et il est possible que ce livre soit
« présenté et agréé ainsi que l'ont été les fils de l'Arabe. » J'accueillis ces paroles bienveillantes, et mon cœur s'en réjouit. J'envoyai aussitôt mon livre au seuil de la porte du grand monarque; j'espère qu'il l'accueillera avec bonté, et que les mérites de ce fils chéri ne seront pas méconnus. O mon Dieu! accorde à ce glorieux prince, dont la justice est préconisée dans tout l'univers, accorde-lui une vie

longue et prospère, l'accroissement de sa gloire et de sa puissance ! Comble-le de biens dans ce monde et dans l'autre ! Renverse et détruis tous ses ennemis !

III.

DESCRIPTION DU PRINTEMPS ET MOTIF DE LA COMPOSITION DE CE LIVRE.

Pendant un certain temps, les fleurs du printemps avaient occupé nuit et jour mon cœur et mes pensées; mais l'automne, comme la mort, atteignit les roses, et celles-ci, de terreur, perdirent l'incarnat de leur visage. Les maladies de l'arrière-saison se précipitèrent sur la verdure, dont la face devint jaune comme celle d'un malade. Le rossignol des jardins resta silencieux, et les corneilles apparurent dans les vergers. Celles-ci voulaient tout détruire et souillaient le narcisse, la plus pure des fleurs. Comme un brigand, la fortune, dans sa colère et sa fureur, dépouillait tous les arbres. Tu aurais pensé que ce jour était celui de la résurrection : car les boutons de roses, semblables aux étoiles, tombaient tous de leur tige; les feuilles abandonnaient leurs rameaux, et l'on pouvait dire à coup sûr que les hiboux répandaient leur funeste influence. Les corbeaux et les corneilles se dirigèrent vers les jardins; le sol se joncha de lis[1]. De tous côtés les noirs corbeaux se promenaient, comme si, ô pécheur, il n'y eût plus eu d'hommes sur la terre! Chaque fleur ferma les yeux et s'éteignit, et la main du temps jeta de la terre sur sa tête. Saisi de terreur, et sans avoir la force de gémir, le platane (comme un pieux musulman) faisait passer dans sa main les grains de son chapelet (il se dépouillait de ses fruits). Les feuilles des arbres jaunirent et périrent les unes après les autres : c'est ainsi que l'hiver détruisit tout, et que le monde sembla sur le point de finir, comme si (l'archange) Asrafyl avait embouché la trompette (du jugement dernier).

Stupéfait à ce spectacle, mes yeux, pendant quelques instants, se

[1] Littéralement : Le lis, dans sa main, laissait tomber sa trompette.

remplirent de larmes, et je me dis en moi-même : « O méchant ! « digne du blâme des générations, quand même ta vie durerait mille « années, la main de la destinée lui fera toujours boire le calice de la « mort ! Si tes actions ne sont pas aussi belles que la rose, tes mains, « en récompense, seront refroidies par le vent d'hiver ; si ta con- « duite est aussi tortueuse que la jacinthe, ton séjour sera une « tombe obscure. Supposons que ton corps soit une feuille de jas- « min ; il n'en sera pas moins enveloppé d'un linceul. Or, tout homme « qui, à la fin de sa vie, laisse de nobles souvenirs, fera vivre sa re- « nommée jusqu'au jour de la résurrection. Commence donc et oc- « cupe-toi de cette tâche. Ne sois pas avare de bons exemples. Tra- « vaille et complète ton œuvre, de sorte que ton nom soit prononcé « avec éloge, et qu'en lisant ton livre les hommes fassent revivre ta « mémoire et apprennent les choses qu'ils ignoraient jusqu'alors. »

Dès que j'eus terminé ces réflexions, mon calam, aussi noir que de l'ambre, prit une feuille de papier blanc au visage de camphre ; mais la nuit étendit ses ombres [1], et l'ange se prosterna pour faire sa prière. On aurait dit que les neuf cieux, ouvrage de la divinité, n'étaient plus qu'une masse noire, et que Dieu avait donné un nouvel éclat à l'œil du monde, en le parant du collyre de la nuit [2]. Ce soir-là aussi, la coupe de l'amour divin m'enivra, et procura la lumière aux yeux de mon âme. Puis la fenêtre du sommeil, se présentant à mes regards, laissa tomber un voile devant mon œil clairvoyant. Je traversai alors l'espace du néant, et le monde intellectuel me fut dévoilé. L'esprit divin descendit jusqu'au troisième ciel, et il commença à dessiller les yeux de mon cœur. Il se manifesta, et tout l'espace fut rempli de ses rayons lumineux. Son langage était aussi éloquent que celui du rossignol, son visage aussi beau et aussi agréable que celui de la rose. Il avait sur la tête un turban vert que tu aurais pris pour un perroquet perché sur l'arbre du *Sidret*. Les

[1] Littéralement : Le temps lut la sourate de la nuit. Voy. le Coran, sourate XCII.

[2] Les femmes de Syrie et d'Égypte ont la coutume de se colorer les yeux, au moyen d'une poudre impalpable, que l'on nomme *surmé*.

prophètes étaient les esclaves de sa gloire et de sa majesté; les saints formaient la base de son trône; enfin je vis en songe, dans le monde céleste, tous ceux qui font la gloire d'ici-bas. Mon cœur s'embrasa d'amour et mes yeux furent frappés de stupeur. Cette vision ouvrit les yeux de mon âme : à Dieu ne plaise que ce soit une invention et une fourberie! Dieu sait ce qui m'arriva, et personne ne doit penser que ce soit le résultat d'une folle imagination.

Je me réveillai plein d'ardeur; et le feu de la haine pour le monde, semblable à un tison allumé, dévora la maison de mon cœur. Je tournai mes regards vers les cieux : le jour naissait et l'aurore commençait à poindre ; le jour soulevait le voile de la nuit et déchirait le collet de l'aurore véritable[1]. Le soleil prit en main son *calam* d'or, et l'univers fut pour lui comme une feuille de papier blanc; l'astre lumineux éclaira le ciel pour tracer ces faits sur la voûte céleste. Tu aurais cru qu'en ce jour le soleil, parti de l'orient, avait, comme un marchand, fait un voyage de la Syrie en Grèce (des pays obscurs dans les contrées lumineuses). Alors je me rendis chez l'un de mes amis les plus chers, et je lui racontai ce qui m'était arrivé. Il m'expliqua le mystère de cette vision dans le langage le plus élégant; puis, mettant sa confiance en Dieu, il consulta le Coran au hasard[2]. Les grâces divines en ma faveur sont infinies : car nous trouvâmes ce verset, à l'ouverture du livre : « Prends ce livre, ô « Yahya, avec une résolution ferme. En effet, nous avons donné à « Yahya la sagesse, etc.[3] » Mon ami vit avec joie cet heureux augure, et me dit : « Ce noble verset t'exhorte lui-même ; les songes sont un miroir pour l'homme, et ils lui font voir ses mérites et ses défauts[4]. Tes bonnes œuvres, ô homme juste, se font voir sous des

[1] Les Turks distinguent deux sortes d'aurore, l'une appelée *aurore menteuse* (sobhi kadzeb), lorsque les premières lueurs commencent à poindre au milieu de l'obscurité ; et l'autre nommée *aurore véritable* (sobhi sadic).

[2] Le Coran est pour les musulmans un livre de sorts; en l'ouvrant au hasard, ils regardent le premier passage qui s'offre à leurs yeux comme un indice de ce qu'ils cherchent. Ce genre de divination se nomme استخاره.

[3] Voyez le Coran, sour. XIX, vers. 13.

[4] Les Orientaux ont une foi entière aux

formes agréables! Si ton humilité se cache au fond de ton cœur, elle se manifestera dans ce miroir évident. Si tu commets des erreurs et des fautes, elles se montreront, dans ce miroir, dans toute leur laideur et leur difformité. La colère et la présomption sont un feu dont la fumée se révèle dans les qualités de l'orgueilleux; le naturel brut se montre continuellement et les actions condamnables sont toujours dévoilées; la méchanceté, le vice, le crime et le mensonge, se révéleront à tes yeux sous l'image des porcs et des serpents. Si un événement malheureux s'offre à toi, c'est l'image de la mort; tiens-toi sur tes gardes! » Tel fut à peu près le langage de cette mine de fidélité. J'écoutai ces paroles, j'en compris le sens, et, en toute hâte, je retournai à ma demeure. Je rendis grâce au Dieu souverainement bon, et, dès le matin même, je me mis au travail. Puisse le Seigneur bénir cette œuvre, et la regarder avec bienveillance et bonté!

IV.

LOUANGES DU CHEF DES OULAMAS, DU SOUTIEN DES HOMMES VERTUEUX, LE TRÈS-EXCELLENT, TRÈS-SAINT CADRY EFFENDI, LE PLUS GRAND DES HUMAINS, LE HÉROS DE LA RELIGION, L'ÊTRE LE PLUS NOBLE DE L'UNIVERS.

Savant dans la science des athlètes de la foi, instruit dans les degrés de la vérité, Cadry est le prince des princes, le firmament du monde et la pleine lune de la perfection. Quiconque a considéré le soleil de sa beauté a autant de mérite que s'il avait jeûné pendant le mois de ramazan. Son rang est aussi élevé que l'arbre du *Sidret;* l'oiseau de la pensée ne peut l'atteindre. Quel homme illustre! Quel être favorisé par la religion! Les pléïades ne pourraient se placer à côté de cette pleine lune. Sa science et ses perfections ont été écrites sur la table éternelle pour servir d'exemples. Ses pensées sont nobles, son intelligence est puissante; il conserve dans sa mémoire

songes, et la Bibliothèque nationale possède plusieurs traités arabes sur l'art de les interpréter.

toutes les traditions prophétiques. (L'archange) Gabriel respire sur ses lèvres; ses moustaches sont ses ailes et ses plumes, et sa noble lignée est comparable aux joues de la rose. L'éclat de ses moustaches a fait l'ornement du visage du jour; on peut à juste titre le nommer Zoul-noureïn (doué des deux lumières)[1]. Il est le chef de la caravane de la voie divine; il est le prince des observateurs de la loi religieuse. Soir et matin, la coupole des cieux retentit de ses discours sur la loi divine. Quiconque reçoit ses leçons devient à l'instant un océan de science, quand même il n'en aurait été qu'une seule goutte. Ceux qui parviennent jusqu'à lui obtiennent une renommée sans fin; il est le but de tous ceux qui recherchent la science; il est le plus éminent des docteurs. Quel savoir! Quelle sagacité! Que d'esprit dans chacune de ses paroles! En prose ou en vers, il est l'écrivain le plus parfait, et sa réputation embrasse l'univers entier : c'est par sa science et son talent qu'il a obtenu le rang suprême (mufti); il a réduit au silence les savants les plus diserts. Dans sa personne, le savoir et son application peuvent être regardés comme deux ailes; son visage est aussi lumineux que le flambeau du matin. Celui qui recherche l'honneur de le contempler est comme un atome qui se place devant le soleil : il lit et se consume dans ce texte lumineux, devant lequel le soleil même tremblerait de froid. La puissance divine l'a rendu le dépositaire du trésor de la science, qui tout entière s'est concentrée en lui, de même que le monde s'est effacé sous la puissance de *Soleïman* (le sultan). Si quelques paroles sortent de sa bouche, chacune d'elles peut être considérée comme tout un livre. Son corps se prosterne par la dévotion et par la piété; son doigt, courbé comme le croissant de la lune, indique la voie (de Dieu); et bien que sa science soit supérieure à celle de tous les hommes, il ne cesse de montrer une

[1] Le khalife Osman fut appelé *Doué des deux lumières*, parce qu'il avait eu l'avantage d'épouser deux des filles de Mahomet. (Voyez l'ouvrage de M. Reinaud, déjà cité, tom. I, p. 227.) Mais ici le poëte veut probablement dire que Cadry effendi était également habile dans la connaissance de la loi écrite et de la tradition.

humilité profonde. Personne n'a considéré la noble stature de Cadry sans reconnaître encore plus sa propre infériorité et le haut mérite de Cadry. Que serait-ce si tous les humains possédaient ses qualités, lui qui est mon seigneur et mon maître ? Puisse cet homme illustre obtenir à tout instant, par l'effet de son mérite et de ses vertus, la réalisation de tous ses vœux !

V.

PREMIER ENTRETIEN.

Sur le détail des divers degrés et des effets merveilleux des maladies du cœur, causées par l'amour qui excite l'angoisse, et l'amitié qui est mêlée d'amertume.

SECOND ENTRETIEN.

Sur les vérités étonnantes et extraordinaires de l'honneur que l'on reçoit des pratiques religieuses, des bienfaits du culte et des heureux effets de la prière.

TROISIÈME ENTRETIEN.

Qui expose la supériorité de la prière faite en secret, suivant le verset du Coran : « Invoquez votre Seigneur avec humilité et en « secret[1]. »

QUATRIÈME ENTRETIEN.

Qui expose l'obligation de faire le bien, en réalité plutôt qu'en apparence, d'après le sens de cette maxime : « Les allégories ne sont « qu'un passage pour arriver à la réalité. »

CINQUIÈME ENTRETIEN.

Il fait connaître que le Satan maudit revêt quelquefois la forme d'un dévot vénérable pour corrompre et faire le mal.

[1] Sourate VII, v. 53.

SIXIÈME ENTRETIEN.

Contenant des avis et des conseils, selon le sens de cette maxime : « Dieu élèvera celui qui s'est abaissé, et abaissera celui qui s'est « élevé. »

SEPTIÈME ENTRETIEN.

Qui excite et porte à la connaissance de Dieu, laquelle constitue la sagesse et la droiture ; et cela d'après le sens de cette maxime : « Cherche la science depuis le berceau jusqu'au tombeau. »

HUITIÈME ENTRETIEN.

Qui fait connaître l'orgueil de la science, la vanité du mérite, les mauvaises pensées et les passions.

NEUVIÈME ENTRETIEN.

Qui fait voir que l'homme respecté et honoré dans le monde obtiendra, par sa persévérance en toute chose, la réalisation de ses désirs.

DIXIÈME ENTRETIEN.

Qui montre que les hommes paresseux et lourds, les gens oisifs et ceux qui suivent une mauvaise voie, manquent entièrement d'habileté et de courage.

I.

فريد الدهر والعصر سلطان سلاطين جهان صاحب قران زمان سليمان
خانك تفصيلى ومدح جليلى در ابد الله دولته

صاحب سيف قلم شاه غزات   مظهر لطف رفيع الدرجات
ظل حق پادشاه هفت اقليم   شاه دريا دلى وسلطان كريم
سرور خلق وحنيفى مذهب   داور عالم سنى مشرب
اعدل العصر كريم الاخلاق   افضل الدهر وعليم الافاق

حاكم وعادل ودرويش نهاد   عالم وعامل ومقصود عباد
يعنى سلطان سلاطين جهان   مهدئ دور سليمان زمان
كعبهٔ دين نبيدر اول شه   طوّل الله تعالى عمره
رحم ايدوب قوللرينه اول مولا   قلدى انك كبى سلطان عطا
قطب اقطاب كرامتدر اول   شمدى سلطان ولايتدر اول
داعى دولتيدر خلق قمو   رضى الله تعالى ورضو
كاه اولور همت احسان ايلر   مصره بر قولنى سلطان ايلر
توغيدر فتح وظفر يوزينه خال   علمى عكسيدرر كوكده هلال
رستم وجم انك افكندهسيدر   شاهلر بندهسنك بندهسيدر
انى اوكنجه پياده هر بار   يوررر ايسه براشور سام سوار
اولدى عدليله امير الحرمين   عالمه ذاتى درر نور العين (1)
صلحا ايله انك الفتى وار   ذات پاكنده ملك خصلتى وار
كورمدى مثلن انك چشم فلك   ملكى ملك سخا در او ملك
بولدى اجداد كبى عدل كمال   ال عثمانده او در خير الآل
شرف عدليله اول خير خلف   اولدى اجداد كرامينه شرف
جم وجمشيد وفريدون صفت   دوشر اوستينه لباس عظمت
همتى قدى كبى اولدى بلند   سايهسنده اولورز فائدهمند
بكزر اول شاه سواره شكلا   سرى كوه اوزره طوغن شمس ضحا
اوغريلر اولدى دمنده پا مال   يوزه كلمز دهن بار مثال
دور عدلنده ايدن ظلم جفا   اولدى كاكل كبى باشى اشغا
كون كبى شمدى او سر چشمهٔ جود   ويرمدى ذرّجه اعدايه وجود
قلعهلر الدى عدودن كم اكا   ابدى اويكمز برج سما
الامان ايلنى ياقدى يقدى   اونكروسك چكّنه اوت طقدى
اولدى كشتيلرى مانند نهنك   نوله دريادة قرار اتسه فرنك

[1] Les mots نور العين ou *lumière de l'œil,* sont arabes ; les Persans disent, dans le même sens, نور ديده et نور چشم. Quelques souverains ont pris le titre persan de نور چشم زمين واسمان ou *lumière de l'œil de la terre et du ciel.* Voyez l'ouvrage de M. Reinaud, déjà cité, tom. II, p. 174.

رافضيلر بولكينك باشى   يعنى كم سرخ سرك اوباشى
قچوروب ايللرينى الدى صدى   نطع عالمده اكا شاه ديدى
مهدى عصرى درر دورانك   كمسه ميدانمنه كلمز انك
شويله عدل ايتديكه اول شاه جهان   عالم ايچنده عيان وپنهان
كمسنك كمسه بولينه كلمز   ظلم وجوريله متاعن المز
ويرميوب ادمه دورنده امان   ملك الموت مكر كمراله جان
جمله ير اهلى رضا جوى انك   جمله كوك اهلى دعا كوى انك
مختصر قيل سوزكى اى يحيى   ايله اخلاصله اول شاهه دعا
قلجى اوستون اوله فتحه مثال   دشمنن كسر ايده رب المتعال
هر زمان كوكلى مرادن بولسون   دولتيله اوغورى خير اولسون

II.

حكايت عرب

واردى شامده بر قاره عرب   اق صقللو ايدى اول زاغ شب
شب يلدا كبى اوزون اريدى   صقلى طاق يرينه بكزر ايدى
اقچه ومالى انك وافر ايدى   شام شهرنده اولو تاجر ايدى
يدى اوغليله كيدردى سفره   هر برى زاغ كبى يوزى قره
كار كسب اوزره ايدى شام سحر   جانب رومه كيدر اولدى مكر
چاغروب ديدى اكا حاكم شام   رومدن باكه كتور ايكى غلام
هر برينك اوله ابروسى هلال   النى ماه ويوزى خورشيد مثال
ايلرسه قدى بلنديننه نكاه   سدره‌يه مالك اوله طال بقاه
اولدره شيوهٔ رفتاريله   ديركوره لذّت كفتاريله
دكليوب حاكم شامى اول ان   روم تختيننه دكن اولدى روان
رومده اولدى چو مقصودى تمام   ايلدى كلدى كروشاى مقام
حاكم شامه واروب اتدى دعا   ايكى اوغلون كتورب ويردى اكا
ديدى كزدم كتورى رومى تمام   كورمدم رومده حسن اسّى غلام
بولمدم بو ايكى اوغلومه بدل   خدمتوك ايلمكه اوله محل

حسنی اولادمك ایدنجه ظهور   روم دلبرلرنی ایلدی خور
کولدی اولدم عربك سوزینه اول   الدی اوغللرنی اتدی قبول
عربه خوش کلور ایمش ولدی   عیبنی کورهمزیمش ابدی
بکا معلوم اولیجق بو قصّه   قصّهدن کل کب الدم حصّه
اول عرب کبی فقیرانه فقیر   زادهٔ طبعم اتدم تحریر
زادهٔ طبعم اولوبدر بو کتاب   هر خطاسی کورینور باکه صواب
ولدم کبی بو زیبا سخنم   عمرومك حاصلی در شمدی بنم
ارنود اصلی اولوبدر اصلم   قلیجیله دریلور هر نسلم
نوله اول طائفهٔ شیر افکن   قلسه شاهن کبی طشلرده وطن
ارنود اصلی اولانده بو هنر   اکه بکزر کم اوله طشده کهر
دیدی بن بندهیه بر خوب صفت   بو کتابی شه دورانه ایلت
کرم اسّی درر اول شاه جهان   جملهٔ عیبنی ایلر پنهان
اوله شاید بو کتابی مدخول   ذکر اولان ابن عرب کبی قبول
بو نصیحت سوزینی کوش اتدم   خاطری عاطری خوش اتدم
ایلدم بن بو کتابی فی الحال   شاه دوران ایشکینه ارسال
اوماریں ایده عنایتله نظر   ضایع اولمایه بو فرزند هنر
یا الهی بو شه عالی شان   عبدالله اولدی چو مشهور جهان
عمرینی دولتنی ایله مزید   شوکت وعزّتنی ایله مزید
ایکی عالمده انی مسرور ایت   جمله دشمنلرنی مقهور ایت

III.

صفت بهار وسبب تالیف کتاب درکه ذکر اولنور

دل ودیوانمی ازهار بهار   بر زمان اکلریدی لیل ونهار
کوللره ایردی اجل کبی حزان   اوچدی اول خوفله بکزندهکی قان
سبزیه درد حزان اندی غلو   چهرهسی صیرو کبی اولدی صرو
بلبل کلشن اولوب اهل فراغ   اوچ ادم قالقر ایدی باغده زاغ
اوکدوقلیغه ایدوب جمله هوس   اشرهفیسینی چورتدی نرکس

ایلیوب دور زمان خشم وغضب　　صویدی اشجاری حرامی کب هپ
ضنه‌سن ایردی دم روز قیام　　غنجه یلدزلری دوکلدی تمام
شاخ ترك ایلریدی برك حزان　　معنیء بوم یغر اولدی عیان
کلشنه زاغ وزغنلر اوشدی　　زنبقك الده نفیری دوشدی
باغی سیر ایلریدی زاغ سیاه　　صانکه محشر یرینی اهل کناه
هرچچك یومدی کوزین اولدی هلاك　　بشنه دست زمانه قودی خاك
اولدی بو خوفله بی طاقت زار　　الده تسبیحنی دوشردی چنار
شجرك یپراغی جمله صولدی　　بر ایق بیمك ایق اوزره اولدی
سبزه جمعیتنی قلدی قتیل　　چالدی صورین صناسن اسرافیل
بو تماشایه قلورکن حیران　　باشله طولدی کوزم ینیه زمان
کندو کندومه خطاب اتدم او دم　　دیدم ای عاصی مزموم امم
نیجه بیك ییل اوله کر عمر حیات　　ایچرر دست اجل جام ممات
کل کبی اولمسه حسنوکه بدل　　ایرشور باد حزاندن صوق ال
سنبل اولورسه دخی طوارلرك　　عاقبت خاك سیاه اوله یروك
طوتلم جسمك اوله برك سمن　　صاریلور اخری کار اکه کفن
کیمکه صوکنده قویه خوب اثر　　ادنی حشره دکن زنده ایدر
ابتدا ایت یوری بو تالیفه　　کم مثال اولمیه بو تصنیفه
بو کتابی دورشوب قل اباد　　ایده‌لر تاکه سنی خیرله یاد
اوقیوب ادوکی احیا قله‌لر　　نیجه‌لر بلدوکنی بیله‌لر
ایلدم چونکه بو افکاری تمام　　طوتدی کافور یوزینی عنبر خام
اوقیوب سورهٔ واللیل فلك　　سجده‌یه واردی نماز ایچره ملك
بو طقوز جز فلکی صنغ الله　　صنه‌سن ایلدی بر جلد سیاه
عالمك عیننه اول شب کویا　　کحل شامیله خدا ویردی جلا
جان کوزیله کوربجك اول شامی　　بنی مست ایلدی غیرت جامی
یبولومه کلدی بنم روزن خواب　　دیدهٔ ظاهریمه اصدی حجاب
کچدم اقلیم فنادن اول ان　　منکشف اولدی بکا عالم جان
اوج افلاکه رجوع ایلدی روح　　ایردی کوکل کوزینه فتح فتوح

ایلدی باکه تجلّی بالذّات طولدی انواریله بو جمله جهات
سوزی بلبل کبی غاینده فصیح یوزی کل کبی صغابخش وملیح
سبز دستار بشنده کویا طوطی در قلدی سَرِ سدرده جا
انبیا بندهٔ عزّ وجاهی اولیا خاك دری درکاهی
یعنی کم عالم معنیده عیان دوشومه کیردی بنم فخر جهان
شوقدن یاوی قلوب کندزومی حیرت الدی او زمانده کوزومی
اچدی جانم کوزونی بو رؤیا ایشدن ایلمسون جهل وریا
حق بلور واقع حالمدر بو صانمسون مکسه خیالمدر بو
اویانوب شوقله مانند چراق یاقدی کوکلم اوینی نار فراق
ایلدم جانب افلاکه نظر کون طوغوب کلدی ظهور اتدی سحر
روزدن پردهٔ ظلمت کتدی صبح صادق یقهسن چاك اتدی
اله زرّین قلم الدی خورشید اولدی عالم اکه اوراق سفید
چرخه یازلمغیچون بو تحریر فلکی مهرهلدی مهر منیر
صنهسن خواجهٔ مهر خاور شامدن رومه او کون قلدی سفر
بر عزیزه وارب اول لحظه همان ایلدم واقعهٔ جمله بیان
واقعه سرّنی تقریر اتدی احسن وجهله تعبیر اتدی
جانب حقّه توکّل قلدی اچدی قران تفاؤّل قلدی
همت اولدی بکا حقدن غایت کلدی فألمده بنم بو آیت
قوله تعالی یا یحیی خذ الکتاب ب قوّة وآتیناه الحکم الآیة
کوردی خوش کلدی بکا فال شریف ددی وعظ ایلیوب اول ذات لطیف
ادمك آیینهسیدر رؤیا هنر وعیبنی ایلر پیدا
عمل صالحك ای ذات جمیل صلحا شکلنه اولور تبدیل
مسکنت واریسه کوکلده نهان اولور اول ایینهده اب روان
ایلسك سهو وخطاییله کناه کوربنور انده سکا زشت وسیاه
عجبله فعل غضب اود اولور متکبّر صفتی دود اولور
خام اولان نسنه ظهور اتسه مدام فعل نابختهکی ایلر اعلام
شرّت وذم ومساوی ویلان کوربنو کوزوکه خنزیر ویلان

یرتیجی قسم عیان اولسه اکر — اجلك صورتیدر ایله حذر
بکا بو وجهله اول کان وفا — جمله تعبیری دیدی اجمالا
دکلدم سوزنی ادراك ایتدم — شوقله خامه طوغرو کتندم
ایلدم حمد وثنا غفّاره — بشلدم وقت سحرده کاره
بارك الله زهی کار شریف — که الهی اوله تالیف لطیف

IV.

سید العلما وسند الصلحا افضل الفصحا واصلح البلغا همام الانام وحسام الاسلام عالمك ارجمندی قدری افندینك مدحیدر

عارف معرفت مجتهدین — واقف منزلت اهل یقین
فلك عالم وکمالك بدری — یعنی سلطان موالی قدری
ایلین شمس جمالینه نظر — رمضان ابی کبی قدره ایرر
یوجهدر مرتبه‌سی سدره مثال — رفعتنده اوچمز مرغ خیال
ای نبیجه سیّد وهم سعد الدین — اولمز اول ماه یننده پروین
اولدی محفوظ قمو علم وکمال — لوح محفوظه نوله اولسه مثال
همّتی عالی وادراك قوی — جمله حفظنده حدیث نبوی
لبی جبریل وخطی درپر وبال — کل یکاغیدر انك خیر الال
کون یوزین نور خطی ایلدی زین — یریدر دیرسم اکا ذی النورین
پیر ارباب طریقت اولدر — میر اصحاب شریعت اولدر
بحث علمنده انك صبح ومسا — پور صدا قبّهٔ افلاکه سما
مکه شاکرد اوله بر دمده — بحر اولور قطره ایکن عالمده
کیمه کم پایه‌سنی قلدی مقام — منتها ادیبله اولدی بنام
جمله طالبلرك اول مطلوبی — جمله عالملر انك مغلوبی
اولدی هر نظم بلیغنده نهان — نیجه بیك علم ومعانی وبیان
نظم وانشاده مسلم در اول — بحریله برده مکرّمدر اول
بولدی اول علم وکمالیله کمال — حکمت اهلینی ایدر منطق لال
ذاتنه علم وعمل ایکی جناح — چهرهٔ انوری مصباح صباح

ایلیین عز حضوریں مقصود　　ذرّه‌وش مهری ایله بولدی وجود
متن شمسیه اوقور سوخته‌وش　　دئرر اوکنده انك کلسه کونش
ایلدی حضرت حق انی همین　　معرفت کنج نهانینه امین
علم اکا اولدی مسخّر هر آن　　نیته کم امر سلیمانه جهان
کلمات ایلسه خلقه دهنی　　بر کتاب اولور انك هر سخنی
طاعت وزهده ایدوب قدّنی دال　　اولدی انکشت نما همچو هلال
جمله‌دن ارتوغیکن معرفتی　　قومز الدن طرف مسکنتی
کمسدن کورمدی قدرین عالی　　کوکلی الچاغ اوله وقدری عالی
نوله فضلیله چقرسه آدم　　هم افندمدر او هم اوستادم
دولت وفضلیله اول ذات بنام　　بیك مراده ایره بر دمده مدام

V.

اوّلکی مقاله

عشق مشقّت انکیزه ومحبّت محنت آمیزه درد دل مراتبنی وعجایبنی تفصیلا بیان وعیان اولنور

اکنجی مقاله

اشراق طاعات والطاف عبادات صلوات مزید لحسناتك حقائق عجیبه ودقایق غریبه بیان ایدر

اوچنجی مقاله

ادعو ربکم تضرّعا وخفیة آیتیله قیاسا ذکر خفینك افضلیت اولولغی دلیل عقلی ایله اثبات اولنور

دردنجی مقاله

المجاز قنطرة لحقیقة مفهونجه تقلید صلاح تحقیقی صلاح مستلزم اولدیغنك ذکریدر

بشنجی مقاله

شیطان لعین درویش دلریش صورت صلاحیتنه دخول ایدوب سبب اضلال واختلال اولدوغیدر

التنجی مقاله

من تواضع رفعه الله ومن تکبّر وضعه الله معناسنجه نوایح ونصایح درکه تصریح اولنور بیان اولنه

یدنجی مقاله

اطلب العلم من المهد الی اللحد فحواسنجه عقل وطبع مستقیم اولان رفعت معرفته طالب وراغب اولدوغیدر

سکزنجی مقاله

غرور معرفت وسرور اهلیت وافکاری فاسد واطوار زاید اولدیغنی اشعار ایدر

طوقزنجی مقاله

عالمده بنی ادم مکرّم ومحترم اولوب هر کارده ثابت قدم اولمغله وصول وحصول مرام ایدوکنی بیان در

اوننجی مقاله

کاهل وثقیل اولمق وافعال البطالین واعمال الضالّین معرفت وصنعت وقلبندن اج اولدوغیدر

TABLE DES AUTEURS.

A

B

C

D

E

F

G

H

K

L

M

N

O

P

Q

R

S

T

U

V

W

X

Y

FIN DE LA TABLE DES AUTEURS.

TABLE

DES

OUVRAGES ANONYMES.

A

B

C

D

E

F

G

H

I

J

K

L

M

N

O

P

Q

R

S

T

U

V

FIN DE LA TABLE DES OUVRAGES ANONYMES.

ERRATA.

Pages 108, l. 4, tom. III, *lisez* tom. IV.
115, avant-dernière ligne, le n° 4, *lisez* le n° 8.
180, art. 319, Fabricii, tom. IV, *lisez* tom. VI.
186, l. 15, S. Narci, *lisez* S. Marci.
234, l. 5, veterem, *lisez* veterum.
240, l. 3, liber VI, *lisez* liber IV.
243, l. 13, excerptæ Geta, *lisez* excerpta e Geta.
Ibid. l. 25, epsitolis, *lisez* epistolis.
251, l. 12, le n° 5, *lisez* le n° 6.
305, l. 4, comitis, *lisez* comitem.
414, l. 19, p. 278, *lisez* p. 178.
421, l. 15, les n°s 5 et 7, *lisez* les n°s 8 et 9.
422, l. 18, les n°s 8 et 9, *lisez* 10 et 11.
Ibid. l. 22, n° 10, n° 11, *lisez* n° 12, n° 13.
458, l. 7, Verdier, p. 136, *lisez* Verdier, t. I, p. 266, éd. in-4°.

TABLE DES MATIÈRES.

FIN DE LA TABLE DES MATIÈRES.

www.ingramcontent.com/pod-product-compliance
Lightning Source LLC
Chambersburg PA
CBHW070612270326
41926CB00011B/1666

* 9 7 8 2 0 1 2 5 2 8 7 6 5 *